二十四史新译

# 梁書

二

主编 楼宇烈

执行主编 梁光玉 萧祥剑

〔唐〕姚思廉 撰 沈蔚 译

国徽出版社

© 团结出版社，2025 年

图书在版编目（ＣＩＰ）数据

梁书 /（唐）姚思廉著；沈蔚译 . -- 北京：
团结出版社，2025.2
　ISBN 978-7-5234-1174-2

Ⅰ . K239.130.42

中国国家版本馆 CIP 数据核字第 2024K77U04 号

责任编辑：夏明亮
封面设计：肖宇岐

出　版：团结出版社
　　　　　（北京市东城区东皇城根南街 84 号　邮编：100006）
电　话：（010）65228880　65244790
网　址：http://www.tjpress.com
E-mail：zb65244790@vip.163.com
经　销：全国新华书店
印　装：北京印匠彩色印刷有限公司

开　本：145mm×210mm　32 开
印　张：46.5　　　　　　　　字　数：966 千字
版　次：2025 年 2 月　第 1 版　印　次：2025 年 2 月　第 1 次印刷

书　号：978-7-5234-1174-2
定　价：198.00 元（全二册）
　　　　（版权所属，盗版必究）

# 目　录

## 卷四十七

## 卷四十八

## 卷四十九

## 卷五十

**卷五十五**

**卷五十六**

卷三十一——卷五十六

# 卷三十

## 列传第二十四

裴子野 顾协 徐摛 鲍泉

### 裴子野

裴子野，字几原，河东闻喜人，晋太子左率康八世孙。兄黎，弟楷、绰，并有盛名，所谓"四裴"也。曾祖松之，宋太中大夫。祖骃，南中郎外兵参军。父昭明，通直散骑常侍。

子野生而偏孤，为祖母所养，年九岁，祖母亡，泣血哀恸，家人异之。少好学，善属文。起家齐武陵王国左常侍，右军江夏王参军，遭父忧去职。居丧尽礼，每之墓所，哭泣处草为之枯，有白兔驯扰其侧。天监初，尚书仆射范云嘉其行，将表奏之，会云卒，不果。乐安任昉有盛名，为后进所慕，游其门者，昉必相荐达。子野于昉为从中表，独不至，昉亦恨焉。久之，除右军安成王参军，俄迁兼廷尉正。时三官通署狱牒，子野尝不在，同僚辄署其名，奏有不允，子野从坐免职。或劝言诸有司，可得无咎。子野笑而答曰："虽惭柳季之道，岂因讼以受服。"自此免黜久之，终无恨意。

二年，吴平侯萧景为南兖州刺史，引为冠军录事，府迁职解。时中书范缜与子野未遇，闻其行业而善焉。会迁国子博士，乃上表让之曰："伏见前冠军府录事参军河东裴子野，年四十，字几原，幼禀至人之行，长厉国士之风。居丧有礼，毁瘠几灭，免忧之外，蔬

## 裴子野

裴子野字几原，河东闻喜人，是西晋太子左卫率裴康的八世孙。他的兄长裴黎，弟弟裴楷、裴绰，与他都负有盛名，人称"四裴"。曾祖父裴松之，官至刘宋一朝的太中大夫。祖父裴驷，官至南中郎外兵参军。父亲裴昭明，官至通直散骑常侍。

裴子野出生后母亲去世，由祖母来抚养他，九岁时，祖母亡故，裴子野伤心恸哭到泪尽泣血，家人都觉得他不是普通人。他年少时很好学，善于写文章。初任南齐的武陵王国左常侍，右军江夏王参军，遭遇父丧丁忧去职。他居丧期间竭尽哀礼，每次前往父亲的坟前，哭泣之处野草都为之枯萎，有白兔驯服地卧在他身旁。天监初年，尚书仆射范云十分嘉赏他的品行，将要表奏朝廷，不巧范云这时去世，事情就没有结果。乐安人任昉当时享有盛名，受到年轻后辈的仰慕，凡登门与他交游者，任昉必会为之举荐官职。裴子野和任昉是从表兄弟，唯独他不登任昉家门，任昉也因此而怨他。很久以后，裴子野被除授为右军安成王参军，不久迁任兼廷尉正。当时由三名官员联名批复诉讼案件的文牒，裴子野曾有一次不在官署，同僚就代他签了名，后来上级不同意他们的奏报，裴子野因牵涉此事而被免职。有人劝他向有关部门说明情况，可以免担罪责。裴子野笑着回答道："虽然我愧无柳下惠的操守，怎能因为诉讼而领受封赏。"从此他被罢黜了很久，始终不曾有忌恨之意。

天监二年（503），吴平侯萧景（萧昺）出任南兖州刺史，引荐任用他为冠军录事，萧景调任后裴子野的职务就解除了。当时中书侍郎范缜和裴子野不曾见过面，听说了他的品行事迹很称许他。正逢范缜迁任国子博士，就上表请求将职位让给裴子野："前冠军府录事参

水不进。栖迟下位，身贱名微，而性不慄慄，情无汲汲，是以有识
嗟推，州闾叹服。且家传素业，世习儒史，苑囿经籍，游息文艺。著
《宋略》二十卷，弥纶首尾，勒成一代，属辞比事，有足观者。且章
句洽悉，训故可传。脱置之胶庠，以弘奖后进，庶一夔之辩可寻，三
豕之疑无谬矣。伏惟皇家淳耀，多士盈庭，官人迈乎有妫，械朴越
于姬氏，苟片善宜录，无论厚薄，一介可求，不由等级。臣历观古今
人君钦贤好善，未有圣朝孜孜若是之至也。敢缘斯义，轻陈愚瞽，
乞以臣斯忝，回授子野。如此，则贤否之宜，各全其所，讯之物议，
谁曰不允。臣与子野虽未尝衔杯，访之邑里，差非虚谬，不胜懔懔
微见，冒昧陈闻。伏愿陛下哀怜悾款，鉴其愚实，干犯之愆，乞垂赦
宥。"有司以资历非次，弗为通。寻除尚书比部郎，仁威记室参军。
出为诸暨令，在县不行鞭罚，民有争者，示之以理，百姓称悦，
合境无讼。

初，子野曾祖松之，宋元嘉中受诏续修何承天《宋史》，未及
成而卒，子野常欲继成先业。及齐永明末，沈约所撰《宋书》既行，
子野更删撰为《宋略》二十卷。其叙事评论多善，约见而叹曰："吾
弗逮也。"兰陵萧琛、北地傅昭、汝南周舍咸称重之。至是，吏部尚
书徐勉言之于高祖，以为著作郎，掌国史及起居注。顷之，兼中书
通事舍人，寻除通直正员郎，著作、舍人如故。又敕掌中书诏诰。是
时西北徼外有白题及滑国，遣使由岷山道入贡。此二国历代弗宾，

军河东人裴子野，现年四十岁，字几原，小时候就有良善的品行，长大后又有国士之风，居丧期间谨守礼节，因哀伤消瘦得几乎丧命，服丧结束后仍不进饭食。他的地位低微，身份卑贱声望微薄，但并无贪图富贵的性格，汲汲于名利的情操，因此有识之士都嗟叹并推重他，州府民间都叹服他的为人。而且他的家学世相承袭，世代都攻习儒经史籍，博览群书，涵泳文艺。曾著有《宋略》二十卷，涵括刘宋一代首尾，勾勒出该朝的历史，其文辞与记事，都有值得一观之处。加之他熟知古籍章句，训诂足可流传，若是录用于庠学，以开导奖掖后进晚辈，当可发挥他独当一面之才，纠正文献记载中的谬误。因我朝皇恩浩荡，众多才士济济一堂，授官之盛超过虞舜，人才之众胜于姬周，若其人有些许嘉善之处就予以录用，无论其名声厚薄，只要其人具有点滴才能就予以搜求，不问其贵贱等级。微臣历数古今君主中能任贤用能者，没有如我朝这般求贤若渴孜孜以求的。大胆遵循这一精神，轻率地陈述了一己之愚见，请求以微臣忝居之旧职，除授于裴子野。如此一来，则贤与不贤之人，各得其所，试问朝中众议，谁又认为这样不公平呢。微臣与裴子野虽然未曾会面，但在都邑坊间查访，传闻大抵不是无根据的杜撰，以上恭谨陈述一些浅见，冒昧地请陛下闻知。伏请陛下垂怜臣诚恳之心意，鉴察其实情，如有冒犯之罪，还乞请陛下宽赦。"有司因为裴子野的资历不合授任此职的次序，没有为他破格变通。不久被除授为尚书比部郎，仁威记室参军。出京任诸暨令，他在县中不推行鞭笞刑罚，民间有争讼者，他就示之以理，百姓都称心悦服，全境之中不再有狱讼。

起初，裴子野的曾祖父裴松之，在刘宋元嘉年间奉诏令续修何承天的《宋史》，未及完成就去世了，裴子野常常想继续完成前人的工作。到了齐朝永明末年，沈约所著的《宋书》已经刊行于世，裴子野进一步加以删补写成《宋略》二十卷。这部书的叙事评论多有佳良处，沈约见到后感叹说："我比不上他。"兰陵人萧琛、北地人傅昭、汝南人周舍都称赞重视这部书。到了此时，吏部尚书徐勉就对高祖说起他，任命他为著作郎，掌管国史及起居注。过了些时，又兼任中书通事舍人，不久被除授为通直正员郎，著作郎、舍人之职照旧。

莫知所出。子野曰："汉颍阴侯斩胡白题将一人。服虔《注》云：'白题，胡名也。'又汉定远侯击虏，八滑从之，此其后乎。"时人服其博识。敕仍使撰《方国使图》，广述怀来之盛，自要服至于海表，凡二十国。


子野与沛国刘显、南阳刘之遴、陈郡殷芸、陈留阮孝绪、吴郡顾协、京兆韦棱，皆博极群书，深相赏好，显尤推重之。时吴平侯萧劢、范阳张缵，每讨论坟籍，咸折中于子野焉。普通七年，王师北伐，敕子野为喻魏文，受诏立成。高祖以其事体大，召尚书仆射徐勉、太子詹事周舍、鸿胪卿刘之遴、中书侍郎朱异，集寿光殿以观之，时并叹服。高祖目子野而言曰："其形虽弱，其文甚壮。"俄又敕为书喻魏相元叉，其夜受旨，子野谓可待旦方奏，未之为也，及五鼓，敕催令开斋速上，子野徐起操笔，昧爽便就。既奏，高祖深嘉焉。自是凡诸符檄，皆令草创。子野为文典而速，不尚丽靡之词，其制作多法古，与今文体异，当时或有诋诃者，及其末皆翕然重之。或问其为文速者，子野答云："人皆成于手，我独成于心，虽有见否之异，其于刊改一也。"


俄迁中书侍郎，余如故。大通元年，转鸿胪卿，寻领步兵校尉。子野在禁省十余年，静默自守，未尝有所请谒，外家及中表贫乏，所得俸悉分给之。无宅，借官地二亩，起茅屋数间。妻子恒苦饥寒，唯以教诲为本，子侄祗畏，若奉严君。末年深信释氏，持其教

天子又下敕令让他掌管中书省的诏诰。当时西北边境外有白题及滑国，派遣使者从岷山道进入梁朝进贡。这两个国家历代以来不曾前来称臣，无人知道其渊源。裴子野说："西汉颍阴侯灌婴曾斩杀胡虏的一名白题将。服虔在《史记》的注释中说：'白题，是胡人一部的名字。'还有东汉代定远侯班勇抗击胡虏，曾有滑人八部跟从他。这个白题和滑国就是他们的后裔吧。"时人都佩服他的渊博学识。天子下敕令让他撰写《方国使图》，广泛记述梁朝怀柔少数民族的盛况，从边疆直至海外，一共记录了二十个国家。

裴子野与沛国人刘显、南阳人刘之遴、陈郡人殷芸、陈留人阮孝绪、吴郡人顾协、京兆人韦棱，都博览群书，互相深为钦佩激赏，刘显尤其推重裴子野。当时吴平侯萧劢、范阳人张缵，每逢讨论到古籍，都会请裴子野来评判。普通七年（526），梁朝大军北伐，天子下敕令让裴子野写作晓谕北魏的檄文，他接到诏书立即作成，高祖因为这件事关系重大，召集尚书仆射徐勉、太子詹事周舍、鸿胪卿刘之遴、中书侍郎朱异，在寿光殿共同观看此文，一时众人都叹服。高祖看着裴子野说："他的身形虽然文弱，其文章甚是雄壮。"不久又令他写信晓喻北魏丞相元叉，领受上旨的当晚，裴子野认为可以待到天亮后再上奏，就没有动笔，到了五鼓时分，天子传敕令开启斋阁大门疾速呈报上来，裴子野徐徐起身操笔，天将放亮时就写好了。上奏之后，高祖深深地赞赏此文。从此凡是各种符书和檄文，都令他来起草。裴子野写文章既典雅又迅速，不崇尚华丽的辞藻，文章写法多师法古人，与今文的体例相异，当时曾有人持批评的看法，但到了后来都一致推崇其文。有人曾问他疾速成文的诀窍，裴子野答道："他人的文章都以手写就，独有我是写于心中，虽然有看得见和看不见的差异，但是在修改上是一样的。"

不久迁任中书侍郎，其余职衔照旧。大通元年（527），转任鸿胪卿，不久兼领步兵校尉。裴子野在宫中任职十几年，始终安静沉默，不曾为私事向人请托，母家和父家家族中如有家境穷乏的亲戚，裴子野就把所得的薪俸尽数分发给他们。他没有家宅，借了二亩官地，造起茅屋数间。妻儿时常苦于饥寒，他只是以教诲为治家之本，子侄

戒，终身饭麦食蔬。中大通二年，卒官，年六十二。

先是子野自克死期，不过庚戌岁。是年自省移病，谓同官刘之亨曰："吾其逝矣。"遗命俭约，务在节制。高祖悼惜，为之流涕。诏曰："鸿胪卿、领步兵校尉、知著作郎、兼中书通事舍人裴子野，文史足用，廉白自居，勤劳通事，多历年所。奄致丧逝，恻怆空怀。可赠散骑常侍，赙钱五万，布五十匹，即日举哀。谥曰贞子。"

子野少时，《集注》《丧服》《续裴氏家传》各二卷，抄合后汉事四十余卷，又敕撰《众僧传》二十卷、《百官九品》二卷、《附益谥法》一卷、《方国使图》一卷，文集二十卷，并行于世。又欲撰《齐梁春秋》，始草创，未就而卒。子謇，官至通直郎。

## 顾协

顾协，字正礼，吴郡吴人也。晋司空和七世孙。协幼孤，随母养于外氏。外从祖宋右光禄张永尝携内外孙侄游虎丘山，协年数岁，永抚之曰："儿欲何戏？"协对曰："儿正欲枕石漱流。"永叹息曰："顾氏兴于此子。"既长，好学，以精力称。外氏诸张多贤达有识鉴，从内弟率尤推重焉。

起家扬州议曹从事史，兼太学博士。举秀才，尚书令沈约览其策而叹曰："江左以来，未有此作。"迁安成王国左常侍，兼廷尉正。太尉临川王闻其名，召掌书记，仍侍西丰侯正德读。正德为巴西、梓潼郡，协除所部安都令。未至县，遭母忧。服阕，出补西阳郡丞。还除北中郎行参军，复兼廷尉正。久之，出为庐陵郡丞，未拜，会西丰侯正德为吴郡，除中军参军，领郡五官，迁轻车湘东王参军事，兼记室。普通六年，正德受诏北讨，引为府录事参军，掌书记。

们都敬畏他，像对待严父一样侍奉他。他晚年笃信佛教，依照戒律修持，终身食素。中大通二年（530），他在官任上去世，时年六十二岁。

在此之前裴子野自己预测去世的日期，不会超过庚戌年。这一年他从禁省中因病搬出，对同僚刘之亨说："我就要辞世了。"留下遗命丧葬从简，务必要节制用度。高祖深感痛惜悼念，为他流泪。下诏命说："鸿胪卿、领步兵校尉、知著作郎、兼中书通事舍人裴子野，文史渊博足资运用，以廉洁清白的节操自持，勤劳于朝政公务，历经多年。忽然一朝陨丧，令朕哀怜感怀。可追赠为散骑常侍，赠钱五万，布五十匹资助其丧葬，即日为他举哀。谥号为贞子。"

裴子野年少时，编有《集注》《丧服》《续裴氏家传》各二卷，抄录收集东汉旧事四十几卷，又奉敕令撰写有《众僧传》二十卷、《百官九品》二卷、《附益谥法》一卷、《方国使图》一卷、文集二十卷，都在世间流传。又想撰写《齐梁春秋》，刚开始起草，不及完成而去世。儿子裴骞，官至通直郎。

### 顾协

顾协字正礼，吴郡吴县人。他是晋代司空顾和的七世孙。顾协幼年丧父，随母亲受养于外祖家。外从祖父刘宋右光禄大夫张永曾经带着内外侄甥游览虎丘山，当时顾协年方数岁，张永抚摸着他说："娃娃想玩什么游戏？"顾协回答说："娃娃正要枕石漱流。"张永感叹道："顾氏一族将会兴于此子。"他长大后，非常好学，以专心竭力著称。外祖一族中诸多张姓贤达都了解顾协，其中从内弟张率尤其推重他。

初任扬州议曹从事史，兼太学博士。被举荐为秀才，尚书令沈约阅览了他的策问答卷而感叹说："自晋室东渡以来，未曾有过如此之作。"迁任安成王国左常侍，兼任廷尉正。太尉临川王萧宏听闻了他的名声，召他掌管书记，并侍奉西丰侯萧正德读书。萧正德出任巴西、梓潼郡太守，顾协被除授为其下属的安都县令，他未曾到县赴任，遭母丧丁忧去职。服丧结束后，出京补任西阳郡丞。回京后除授为北中郎行参军，再度兼任廷尉正。很久之后，出京任庐陵郡丞，未曾拜官，时值西丰侯萧正德出任吴郡太守，他就被除授为中军参军，兼领

军还，会有诏举士，湘东王表荐协曰："臣闻贡玉之士，归之润山；论珠之人，出于枯岸。是以刍荛之言，择于廊庙者也。臣府兼记室参军吴郡顾协，行称乡间，学兼文武，服膺道素，雅量邃远，安贫守静，奉公抗直，傍阙知己，志不自营，年方六十，室无妻子。臣欲言于官人，申其屈滞，协必苦执贞退，立志难夺，可谓东南之遗宝矣。伏惟陛下未明求衣，思贤如渴，爰发明诏，各举所知。臣识非许、郭，虽无知人之鉴，若守固无言，惧贻蔽贤之咎。昔孔愉表韩绩之才，庾亮荐翟汤之德，臣虽未齿二臣，协实无惭两士。"即召拜通直散骑侍郎，兼中书通事舍人。累迁步兵校尉，守鸿胪卿，员外散骑常侍，卿、舍人并如故。大同八年，卒，时年七十三。高祖悼惜之，手诏曰："员外散骑常侍、鸿胪卿、兼中书通事舍人顾协，廉洁自居，白首不衰，久在省闼，内外称善。奄然殒丧，恻怛之怀，不能已已。傍无近亲，弥足哀者。大殓既毕，即送其丧柩还乡，并营冢椁，并皆资给，悉使周办。可赠散骑常侍，令便举哀。谥曰温子。"

协少清介有志操。初为廷尉正，冬服单薄，寺卿蔡法度谓人曰："我愿解身上襦与顾郎，恐顾郎难衣食者。"竟不敢以遗之。及为舍人，同官者皆润屋，协在省十六载，器服饮食，不改于常。有门生始来事协，知其廉洁，不敢厚饷，止送钱二千，协发怒，杖二十，

该郡的五官掾，迁任轻车湘东王参军事，兼记室。普通六年（525），萧正德接受诏命北伐，任用顾协为府录事参军，掌管书记。

　　大军班师后，正值朝廷下诏广泛举荐才士，湘东王萧绎上表举荐顾协说："微臣听闻贡献宝玉的人，来自润泽灵动的山野；辨识珠玑的人，出自枯寂无奇的岸滩。因此砍柴割草的乡人之言，也应受到庙堂之上的拣选参考。微臣府中兼记室参军吴郡人顾协，品行受到乡里普遍称赞，才学兼顾文韬武略，信奉淳朴高洁的道德，胸怀宽广高远的志向，能够安守贫困宁静修身，性格克己奉公耿直不屈，因他无有知己官居朝中显位，而他也心志不在为己钻营，年纪已过六十，仍独身不娶。微臣欲向朝廷建言，申诉其怀才而屈居低位的情形，顾协却苦苦坚守坚贞谦退的原则，其素志难以改变，可谓是遗落于江南的一块珍宝了。因陛下渴求人才不待天明，思慕贤才如同口渴，于是颁下贤明的诏令，令臣僚各自举荐所知的人才。微臣的见识不及许劭、郭泰，虽然缺乏知人的洞察力，倘若闭口不言，也怕会犯下埋没贤人的过失。昔年孔愉曾有上表推荐韩绩的鉴才，庾亮曾有举荐翟汤的美德，微臣虽然不堪与孔、庾二位名臣并列，顾协则实在足以与韩、翟二位才士齐驱。"天子当即召顾协拜授为通直散骑侍郎，兼中书通事舍人，累加升迁为步兵校尉，守鸿胪卿，员外散骑常侍，卿和舍人之职都照旧。大同八年（542），顾协去世，时年七十三岁。高祖对他的逝世感到痛悼惋惜，亲手写诏书说："员外散骑常侍、鸿胪卿、兼中书通事舍人顾协，一直以廉洁的品行自持，直到年老也不曾松懈，久在宫中任职，受到内外的称道赞许。忽遭陨丧，朕心中哀怜伤痛之情，不能平息。他孤身一人旁无近亲，更令人哀叹。待其大殓完毕，就送灵柩回乡，并置办棺椁墓葬，一应所需都由朝廷出资供给，都要办理周全。可追赠为散骑常侍，即刻为之举哀。谥号为温子。"

　　顾协自少年时起就清正耿介，颇有志向和操守。他初任廷尉正时，冬衣很单薄，寺卿蔡法度对人说："我愿脱下身上的短袄给顾郎穿，就怕顾郎难以接受他人赠予的衣食。"竟不敢以衣物相赠。到了顾协任中书通事舍人时，同僚官员都居室华丽饶有家资，而顾协在禁省中任职十六年，家中器皿服饰和日常饮食，与平常一个样子。有个门

因此事者绝于馈遗。自丁艰忧，遂终身布衣蔬食。少时将娉舅息女，未成婚而协母亡，免丧后不复娶。至六十余，此女犹未他适，协义而迎之。晚虽判合，卒无胤嗣。

协博极群书，于文字及禽兽草木尤称精详。撰《异姓苑》五卷、《琐语》十卷，并行于世。

### 徐摛

徐摛，字士秀，东海郯人也。祖凭道，宋海陵太守。父超之，天监初仕至员外散骑常侍。

摛幼而好学，及长，遍览经史。属文好为新变，不拘旧体。起家太学博士，迁左卫司马。会晋安王纲出戍石头，高祖谓周舍曰："为我求一人，文学俱长兼有行者，欲令与晋安游处。"舍曰："臣外弟徐摛，形质陋小，若不胜衣，而堪此选。"高祖曰："必有仲宣之才，亦不简其容貌。"以摛为侍读。后王出镇江州，仍补云麾府记室参军，又转平西府中记室。王移镇京口，复随府转为安北中录事参军，带郯令，以母忧去职。王为丹阳尹，起摛为秣陵令。普通四年，王出镇襄阳，摛固求随府西上，迁晋安王咨议参军。大通初，王总戎北伐，以摛兼宁蛮府长史，参赞戎政，教命军书，多自摛出。王入为皇太子，转家令，兼掌管记，寻带领直。

摛文体既别，春坊尽学之，"宫体"之号，自斯而起。高祖闻之怒，召摛加让，及见，应对明敏，辞义可观，高祖意释。因问《五经》大义，次问历代史及百家杂说，末论释教。摛商较纵横，应答如

生刚开始侍奉顾协，知道他廉洁，不敢以厚礼相赠，只送给他二千钱，顾协大怒，杖责他二十下，因此侍奉他的门人都不敢给他送礼。自从父母过世之后，他就终身穿布衣吃素食。少年时本要娶他舅舅的女儿为妻，未及成亲而顾协的母亲去世，顾协服丧结束后也不再婚娶。到了顾协六十几岁时，这个女子仍未嫁于他人，顾协感念她的情义而迎娶了她。虽然晚年成婚，也因此而没有子嗣。

顾协博览群书，于文字训诂及禽兽草木尤其精通。撰有《异姓苑》五卷、《琐语》十卷，都通行于世。

## 徐摛

徐摛字士秀，东海剡县人。祖父徐凭道，官至刘宋海陵太守。父亲徐超之，天监初年官至员外散骑常侍。

徐摛自幼好学不倦，长大后，遍览经史典籍。他写文章喜好求新求变，不拘泥于旧有文体。初任太学博士，迁任左卫司马。时逢晋安王萧纲出镇石头戍，高祖对周舍说："为我访求一人，要文章学问都好而且有嘉良的品行，我要让他与晋安王交游相处。"周舍说："微臣的外弟徐摛，外形质朴矮小，好像连衣服也撑不起来一样，但他堪当此选。"高祖说："若真的有王仲宣那样的才华，也不挑拣其容貌了。"就让徐摛任侍读。后来晋安王出镇江州，徐摛也补任云麾府记室参军，又转任平西府中记室。晋安王移镇京口，徐摛又随府转任为安北中录事参军，兼带剡县令，因母丧丁忧去职。晋安王任丹阳尹时，起用徐摛为秣陵令。普通四年（523），晋安王出镇襄阳，徐摛坚持请求随府西上，迁任晋安王咨议参军。大通初年，晋安王总领大军北伐，任命徐摛兼任宁蛮府长史，参与襄理军政，晋安王的教令和军队文书，大多由徐摛写成。晋安王入宫成为皇太子后，徐摛转任太子家令，兼掌管记，不久兼统领卫兵。

徐摛的文体与传统不一致，太子东宫之中都模仿他的文章写法，"宫体"的说法，从此而生。高祖听说之后很是恼怒，召唤徐摛加以责备，徐摛觐见时，回复应对智而机敏，言辞义理颇有可观之处，

响，高祖甚加叹异，更被亲狎，宠遇日隆。领军朱异不说，谓所亲曰：
"徐叟出入两宫，渐来逼我，须早为之所。"遂承间白高祖曰："摛
年老，又爱泉石，意在一郡，以自怡养。"高祖谓摛欲之，乃召摛曰：
"新安大好山水，任昉等并经为之，卿为我卧治此郡。"中大通三
年，遂出为新安太守。至郡，为治清静，教民礼义，劝课农桑，期月
之中，风俗便改。秩满，还为中庶子，加戎昭将军。

是时临城公纳夫人王氏，即太宗妃之侄女也。晋宋已来，初
婚三日，妇见舅姑，众宾皆列观，引《春秋》义云"丁丑，夫人姜氏
至。戊寅，公使大夫宗妇觌用币"。戊寅，丁丑之明日，故礼官据此，
皆云宜依旧贯。太宗以问摛，摛曰："《仪礼》云'质明赞见妇于舅
姑'。《杂记》又云'妇见舅姑，兄弟姊妹皆立于堂下'。政言妇是外
宗，未审娴令，所以停坐三朝，观其七德。舅延外客，姑率内宾，堂
下之仪，以备盛礼。近代妇于舅姑，本有戚属，不相瞻看。夫人乃妃
侄女，有异他姻，觌见之仪，谓应可略。"太宗从其议。除太子左卫
率。

太清三年，侯景攻陷台城，时太宗居永福省，贼众奔入，举兵
上殿，侍卫奔散，莫有存者。摛独嶷然侍立不动，徐谓景曰："侯公
当以礼见，何得如此。"凶威遂折。侯景乃拜，由是常惮摛。太宗嗣
位，进授左卫将军，固辞不拜。太宗后被幽闭，摛不获朝谒，因感
气疾而卒，年七十八。长子陵，最知名。

高祖的怒意便消释了。于是问他《五经》的大义，然后问他历代古史及百家杂说，最后又论及佛教。徐摛纵横高论，应答迅捷犹如回声，高祖甚是惊叹其才，于是徐摛受到圣眷亲近，恩宠日隆。领军朱异对此感到不快，对左右的人说："徐老汉进出两宫之间，权势渐渐要逼近我了，必须及早让他离开。"于是找了一个机会对高祖说："徐摛年老，又爱好泉石山水，他本意是主政一郡，以安度晚年。"高祖以为徐摛想要如此，就召徐摛说："新安郡有大好山水，任昉等都曾在此地任职，卿为我无为而治此郡吧。"中大通三年（531），徐摛就出京担任新安太守。来到郡中后，徐摛治政清静无为，教导郡民遵行礼义，劝导勉励人民从事农桑之业，一个月内，境内风俗就有改观。任期满后，回京担任中庶子，加官戎昭将军。

这个时候正逢临城公萧大连迎娶夫人王氏，她是太宗妃子的侄女。自晋宋以来，凡新婚三日，新媳妇就要拜见公婆，众宾客都来围观，这是援引《春秋》经义所载"丁丑日，夫人姜氏来到。戊寅日，鲁庄公让诸大夫及其夫人与姜氏相见并赠送礼物"。戊寅日，乃是丁丑日的第二天，所以礼官依据这一记载，都说应该依照古时旧例来行礼。太宗以此事询问徐摛的意见，徐摛说："《仪礼》中说'天刚亮时引导新妇拜见公婆'。《杂记》又说'新妇拜见公婆，兄弟姊妹都立于堂下'。正说的是新妇本属外来宗族，不清楚她的娴雅之德如何，所以留住三日，观察其七德。然后公公延请外客，婆婆率领内宾，众宾客聚会于堂下举行仪式，以作为一个盛大的典礼。近代以来，新妇和公婆之间，若本来已有亲属关系，就不再行拜见之礼。夫人乃是王妃之侄女，不同于其他姻亲，所以拜见之礼，我认为应该可以省去。"太宗听从了他的建议。除授为太子左卫率。

太清三年（549），侯景攻陷台城，当时太宗住在永福省中，贼兵奔入，各举兵刃拥上殿来，宫廷侍卫纷纷四散逃窜，一个也没有留下来。唯独徐摛侍立于太宗身旁岿然不动，徐缓地对侯景说："侯公应当以礼相见，怎能如此。"群贼的威风气焰于是受挫。侯景便拜见了太宗，从此时常忌惮徐摛。太宗继承皇位之后，升任徐摛为左卫将军，徐摛坚决辞谢不上任。太宗后来遭到幽禁，徐摛不得谒见，为此

## 鲍泉

鲍泉，字润岳，东海人也。父机，湘东王咨议参军。

泉博涉史传，兼有文笔。少事元帝，早见擢任。及元帝承制，累迁至信州刺史。太清三年，元帝命泉征河东王誉于湘州，泉至长沙，作连城以逼之，誉率众攻泉，泉据栅坚守，誉不能克。泉因其弊出击之，誉大败，尽俘其众，遂围其城，久未能拔。世祖乃数泉罪，遣平南将军王僧辩代泉为都督。僧辩至，泉愕然，顾左右曰："得王竟陵助我经略，贼不足平矣。"僧辩既入，乃背泉而坐，曰："鲍郎有罪，令旨使我锁卿，卿勿以故意见期。"因出令示泉，锁之床下。泉曰："稽缓王师，甘罪是分，但恐后人更思鲍泉之愦愦耳。"乃为启谢淹迟之罪。世祖寻复其任，令与僧辩等率舟师东逼邵陵王于郢州。

郢州平，元帝以长子方诸为刺史，泉为长史，行府州事。侯景密遣将宋子仙、任约率精骑袭之。方诸与泉不恤军政，唯蒱酒自乐，贼骑至，百姓奔告，方诸与泉方双陆，不信，曰："徐文盛大军在东，贼何由得至？"既而传告者众，始令阖门。贼纵火焚之，莫有抗者，贼骑遂入，城乃陷。执方诸及泉送之景所。后景攻王僧辩于巴陵，不克，败还，乃杀泉于江夏，沉其尸于黄鹄矶。

初，泉之为南讨都督也，其友人梦泉得罪于世祖，觉而告之。后未旬，果见囚执。顷之，又梦泉著朱衣而行水上，又告泉曰："君勿忧，寻得免矣。"因说其梦，泉密记之，俄而复见任，皆如其梦。

染上气疾而病故，时年七十八岁。长子徐陵，最为知名。

## 鲍泉

鲍泉字润岳，东海人。父亲鲍机，官至湘东王咨议参军。

鲍泉广泛涉猎经史传记，亦有文辞之才。少年时起就侍奉元帝，很早就得到拔擢任用。到了元帝秉承天子旨意治事后，鲍泉累加升迁为信州刺史。太清三年（549），元帝命令鲍泉前往湘州征讨河东王萧誉，鲍泉来到长沙，构筑连营进逼萧誉军，萧誉率军攻击鲍泉，鲍泉据营坚守，萧誉无法攻克。鲍泉就趁萧誉军疲乏时出击，萧誉大败，鲍泉俘获其大量士卒，趁势包围了城池，但很久未能攻克。元帝就列举了鲍泉的罪状，派平南将军王僧辩代替鲍泉任都督。王僧辩来到军营中，鲍泉很惊愕，对左右说："得到王竟陵协助我治军，敌人不难平定了。"王僧辩进来之后，背对着鲍泉而坐，说："鲍郎有罪，大王下旨令我锁卿，请不要以旧交情来期待我手下留情。"于是拿出诏令来给鲍泉看，将他锁于胡床之下。鲍泉说："延误了王师的战机，心甘情愿认罪，只恐怕后人更能想起的是鲍泉的糊涂。"于是上书认罪并请求原谅延宕战机之过。元帝不久恢复了他的职务，令他与王僧辩等人率领水军向东前往郢州进逼邵陵王萧纶。

郢州平定后，元帝任命世子萧方诸为郢州刺史，鲍泉为长史，代行府州事。侯景秘密派遣将领宋子仙、任约率领精锐骑兵袭击郢州，萧方诸与鲍泉不问军政事务，成日只是赌博饮酒作乐，贼骑已经杀到，百姓奔走相告，萧方诸和鲍泉正在玩双陆棋，不信这个消息，说："徐文盛大军就在东边，贼军哪里能来到郢州？"不久通报紧急军情的人越来越多，他们才下令关闭城门，贼纵火焚烧城门，竟无人拒敌，贼骑于是杀进郢州，城池就陷落了。贼军抓获萧方诸和鲍泉送到侯景那里。后来侯景在巴陵攻打王僧辩的军队，无法取胜，败退回到郢州，就在江夏城上杀死了鲍泉，将尸骸沉入黄鹄矶下的江中。

起初，鲍泉担任南讨都督时，他的朋友梦见鲍泉获罪于元帝，醒来就告诉给他听。后来不足十天，鲍泉果然被收捕关押了起来。不久，又梦见鲍泉穿着朱红的官服行走于水上，就又告诉鲍泉说：

泉于《仪礼》尤明，撰《新仪》四十卷，行于世。

陈吏部尚书姚察曰：阮孝绪常言，仲尼论四科，始乎德行，终乎文学。有行者多尚质朴，有文者少蹈规矩，故卫、石靡余论可传，屈、贾无立德之誉。若夫宪章游、夏，祖述回、骞，体兼文行，于裴几原见之矣。

"您不要忧虑，很快就能免罪了。"并把梦境说给他听，鲍泉谨记此梦，很快又重新接到了任命，都如梦境中所说的那样。

鲍泉尤其通晓《仪礼》，撰有《新仪》四十卷，通行于世间。

陈朝吏部尚书姚察说：阮孝绪常说，孔子论四科，始于德行，终于文学。有德行的人大多崇尚质朴，有文才的人很少循规蹈矩，因此卫绾、石奋二人没有多余的言论流传，屈原、贾谊二人没有立德的美誉。若论既能师法子游、子夏之才，又能效仿颜渊、闵子骞之德，兼备文采与德行，如此人物可以在裴子野的身上见到了。

# 卷三十一

## 列传第二十五

袁昂子君正

袁昂，字千里，陈郡阳夏人。祖洵，宋征虏将军、吴郡太守，父顗，冠军将军、雍州刺史，泰始初，举兵奉晋安王子勋，事败诛死。昂时年五岁，乳媪携抱匿于庐山，会赦得出，犹徙晋安，至元徽中听还，时年十五。初，顗败，传首京师，藏于武库，至是始还之。昂号恸呕血，绝而复苏，从兄象尝抚视抑譬，昂更制服，庐于墓次。后与象同见从叔司徒粲，粲谓象曰："其幼孤而能至此，故知名器自有所在。"

齐初，起家冠军安成王行参军，迁征虏主簿，太子舍人，王俭镇军府功曹史。俭时为京尹，经于后堂独引见昂，指北堂谓昂曰："卿必居此。"累迁秘书丞，黄门侍郎。昂本名千里，齐永明中，武帝谓之曰："昂昂千里之驹，在卿有之，今改卿名为昂。即千里为字。"出为安南鄱阳王长史、寻阳公相。还为太孙中庶子、卫军武陵王长史。

丁内忧，哀毁过礼。服未除而从兄象卒。昂幼孤，为象所养，乃制期服。人有怪而问之者，昂致书以喻之曰："窃闻礼由恩断，服以情申。故小功他邦，加制一等，同爨有缌，明之典籍。孤子凤以不天，幼倾乾廕，资敬未奉，过庭莫承。藐藐冲人，未达朱紫。从兄提养训教，示以义方，每假其谈价，虚其声誉，得及人次，实亦有由。兼开拓房宇，处以华旷，同财共有，恣其取足。尔来三十余年，怜爱

　　袁昂字千里，陈郡阳夏人。祖父袁洵，官至刘宋征虏将军、吴郡太守。父亲袁顗，官至冠军将军、雍州刺史，泰始初年，他举兵拥立晋安王刘子勋，起事失败被诛杀。袁昂当时年仅五岁，他的乳母抱着他藏匿于庐山中，遇到大赦才得以出山，还是被流放到晋安郡，直到元徽年间才获准返回原籍，这时他已十五岁。起初，袁顗事败，首级被传至京师，收藏在武库中，直到此时才还给家属。袁昂号泣吐血，气绝昏厥又苏醒过来，堂兄袁彖曾来安抚劝喻他，袁昂再度为父服丧，在父亲墓旁结庐而居。后来他与袁彖一起拜见堂房叔父司徒袁粲，袁粲对袁彖说："他自幼丧父而能如此，故而可知官爵地位自是有来历的。"

　　南齐初年，袁昂初任冠军安成王行参军，迁任征虏主簿，太子舍人，王俭镇军府功曹史。王俭当时任丹阳尹，曾在后堂独自接见袁昂，指着北堂对袁昂说："卿日后必定居于此处。"累加升迁为秘书丞，黄门侍郎。袁昂本名千里，南齐永明年间，齐武帝对他说："昂昂千里之驹，这种才干在卿身上就有，现在改卿名为昂，就以千里为字。"出京任安南鄱阳王长史、寻阳公相。回京后任太孙中庶子、卫军武陵王长史。

　　后遭母丧丁忧去职，服丧期间极尽哀礼。守制尚未结束，堂兄袁彖也去世了。袁昂自幼丧父，曾受袁彖抚养，就为他服为期一年的期服之丧。有人觉得奇怪而向他问起，袁昂致信向他解释说："我听闻礼是由恩义决定的，服礼是为了传达情思的，所以小功之丧若是丧于异邦，就增加一等来服丧，相依而居的服外亲属去世则可以服缌麻之丧，这些都明白地记载于典籍之中。我这个孤子早早失去慈父，自幼得不到父爱荫庇，不曾向父亲尽孝，也不曾承受父亲的训诲，一

之至，无异于己。姊妹孤侄，成就一时，笃念之深，在终弥固，此恩此爱，毕壤不追。既情若同生，而服为诸从，言心即事，实未忍安。昔马棱与弟毅同居，毅亡，棱为心服三年。由也之不除丧，亦缘情而致制。虽识不及古，诚怀感慕。常愿千秋之后，从服期齐；不图门衰祸集，一旦草土。残息复罹今酷，寻惟恸绝，弥剧弥深。今以余喘，欲遂素志，庶寄其罔慕之痛，少申无已之情。虽礼无明据，乃事有先例，率迷而至，必欲行之。君问礼所归，谨以咨白。临纸号哽，言不识次。"

　　服阕，除右军邵陵王长史，俄迁御史中丞。时尚书令王晏弟诩为广州，多纳赇货，昂依事劾奏，不惮权豪，当时号为正直。出为豫章内史，丁所生母忧去职。以丧还，江路风浪暴骇，昂乃缚衣著柩，誓同沉溺。及风止，余船皆没，唯昂所乘船获全，咸谓精诚所致。葬讫，起为建武将军、吴兴太守。

　　永元末，义师至京师，州牧郡守皆望风降款，昂独拒境不受命。高祖手书喻曰："夫祸福无门，兴亡有数，天之所弃，人孰能匡？机来不再，图之宜早。顷藉听道路，承欲狼顾一隅，既未悉雅怀，聊申往意。独夫狂悖，振古未闻，穷凶极虐，岁月滋甚。天未绝

个柔弱的幼童，不明了人世的是非道理。是堂兄对我抚育教导，指引我遵循仁义正道，常常经由他的谈论和评价，获得一些虚名浮誉，得以进入社会，实在也是仰仗于他。而且他为了我而扩修房舍，令我有华阔的住处，又将财产与我共有，任我取用充足，到如今已有三十余年，对我的怜爱关心备至，视同己出。他扶助姊妹孤侄，济他人一时之危，对此我感念至深，日久弥坚，此恩此爱，终身不忘。既然与他情如同产兄弟，若依照堂兄弟辈的礼仪来服丧，扪心自问对于这件事，实在难以安忍。昔年东汉马棱与堂兄马毅共同生活，马毅亡故后，马棱为他服心丧三年。子路为姊服丧，可以除服而不除，也是因为情义深重而愿为之守制。我虽见识不及古贤，心中实在也仰慕他们的作为。常愿千秋之后，为兄长守期服之制；不料家门不幸，祸事集于一旦，丧母残余之人，又遭遇如今这惨痛的霊耗，只能为之恸哭至昏厥，痛苦愈加深重了。现在以此残存之性命，想要实现素有的志愿，以寄托无尽哀思之痛楚，稍事抒发无边之愁绪。虽然此礼没有明文的依据，但事情已有先例在前，便不加分辨地决定了，一定要如此行事。您问起守此礼的原因，谨此对您告白。面对信纸哭泣哽咽，言语已失去了伦次。"

服丧结束后，袁昂被除授为右军邵陵王长史，不久迁任御史中丞。当时尚书令王晏的弟弟王诩担任广州刺史，大量收受财货贿赂，袁昂依据事实弹劾参奏，不惧怕豪强权势，时人都说他为官正直。出京担任豫章内史，遭生母丧丁忧去职，扶灵柩回乡时，在江中风浪大起，袁昂将自己与灵柩绑缚到一起，誓要与之一同沉溺。到了风暴停息后，其余船只都已沉没，唯独袁昂所乘之船完好无损，众人都说这是他一片精诚之心所致。安葬完后，他被起用为建武将军、吴兴太守。

永元末年，义师打到京师，诸多州牧郡守都望风而降，只有袁昂据守州境不听号令。高祖亲笔写信晓喻他说："祸福无定数，兴亡有天命，上天所抛弃者，人又怎能匡正？机会不会重来，应该及早决断。近来听闻路人传言，您打算固守吴兴，我既不曾了解您的心思，聊且在此说说我的心意。独夫昏君狂谬悖理，其乱行亘古未闻，可谓穷

齐，圣明启运，兆民有赖，百姓来苏。吾荷任前驱，扫除京邑，方拨乱反正，伐罪吊民，至止以来，前无横阵。今皇威四临，长围已合，遐迩毕集，人神同奋。锐卒万计，铁马千群，以此攻战，何往不克。况建业孤城，人怀离阻，面缚军门，日夕相继，屠溃之期，势不云远。兼荧惑出端门，太白入氐室，天文表于上，人事符于下，不谋同契，实在兹辰。且范岫、申胄，久荐诚款，各率所由，仍为掎角，沈法瑀、孙胅、朱端，已先肃清吴会，而足下欲以区区之郡，御堂堂之师，根本既倾，枝叶安附？童儿牧竖，咸谓其非，求之明鉴，实所未达。今竭力昏主，未足为忠，家门屠灭，非所谓孝，忠孝俱尽，将欲何依？岂若翻然改图，自招多福，进则远害全身，退则长守禄位。去就之宜，幸加详择。若执迷遂往，同恶不悛，大军一临，诛及三族。虽贻后悔，宁复云补。欲布所怀，故致今白。"昂答曰："都史至，辱诲。承藉以众论，谓仆有勤王之举，兼蒙诮责，独无送款，循复严旨，若临万仞。三吴内地，非用兵之所，况以偏隅一郡，何能为役？近奉敕，以此境多虞，见使安慰。自承麾旆届止，莫不膝祖军门，惟仆一人敢后至者，政以内揆庸素，文武无施，直是东国贱男子耳。虽欲献心，不增大师之勇，置其愚默，宁沮众军之威。幸藉将军含弘之大，可得从容以礼。窃以一飡微施，尚复投殒，况食人之禄，而顿忘一旦。非惟物议不可，亦恐明公鄙之，所以踌躇，未遑荐璧。遂以轻微，爰降重命，震灼于心，忘其所厝，诚推理鉴，犹惧威临。"建康城平，昂束身诣阙，高祖宥之不问也。

凶极虐，日甚一日。上天未曾弃绝齐朝，圣明的新君再度开启国运，亿兆人民都有了依赖，百姓在苦厄中得以复苏。我受命挥军前驱，扫平京邑，正欲拨乱反正，吊民伐罪，出征以来，兵锋所指无人可挡。如今君主的威严降临四方，对京城的长围已经合拢，远近各处的部队已经集结完毕，人神一同振奋天威。我军精锐士卒数以万计，铁甲战马数以千群，以此天兵攻战讨伐，还有哪里打不下来呢。况且京师已是一座孤城，人心已然离散，那些自我绑缚前往我军营门前投诚的人，日以继夜川流不息，破城之日，势必不远。更兼如今火星出于太微垣之南门，太白星进入氐宿，上表天象，下应人事，天人不谋而合，实在就在此刻。而且范岫、申胄二人，早已对我军投诚，各率所部人马，仍为我军犄角。沈法瑂、孙胗、朱端，已先行肃清了吴郡、会稽，而足下想以吴兴区区一郡，抵御堂堂之师，大树根系已然倾覆，枝叶又能依附何处？就连放牧的孩童，都知道徒劳顽抗是错误的，让明智的人来判断，实在没有通达之理。如今您为昏君效命到底，不足以称为忠，全家遭遇屠灭，不可以称为孝，忠孝皆空，您还想要依据什么立身呢？何如幡然醒悟改旗易帜，自求多福，进能远离祸害保全性命，退亦可长保禄位。何去何从，请君慎重抉择。若执迷不悟一意孤行，效忠昏乱不愿悔改，待到大军降临，势必夷灭三族。届时只留下悔恨，怎么可能再行补救呢。想要对您开诚布公，故而有此告白。"袁昂回信说："信使来到，承蒙教诲。您因众人的议论，认为我有勤王之举，又受到您的责备，说我独不投诚送款。体味您的严厉辞句，惴惴不安如临万仞深渊。三吴地处内地，本非用武之地，更何况吴兴偏处一隅，焉能兴兵对战？我新近奉旨，因此地多有灾患发生，朝廷令我安抚该郡。自您的大军兵临京邑，各方官员没有不肉袒膝行到您营前请降的，唯独我一人胆敢在他人之后归附您，正是因为我资质平庸鲁钝，毫无文才武略，只是东部地区一个卑贱男子罢了。虽然想向您投降，却自觉不能增添大军的勇猛；保持这愚钝的沉默，又岂能有损诸军的威名？幸好凭借将军宽宏的胸怀，得以从容以礼相待。我以为一顿微薄的饭食，尚且值得殒身相报答，何况食人俸禄，怎能立刻转眼就忘怀于心。如此行径不但将为众议所不齿，恐

天监二年，以为后军临川王参军事。昂奉启谢曰："恩降绝望之辰，庆集寒心之日，焰灰非喻，荑枯未拟，抠衣聚足，颠狈不胜。臣遍历三坟，备详六典，巡校赏罚之科，调检生死之律，莫不严五辟于明君之朝，峻三章于圣人之世。是以涂山始会，致防风之诛；酆邑方构，有崇侯之伐。未有缓宪于斫戮之人，赊刑于耐罪之族，出万死入一生如臣者也。推恩及罪，在臣实大，披心沥血，敢乞言之。臣东国贱人，学行何取，既殊鸣雁直木，故无结绶弹冠，徒藉羽仪，易农就仕。往年滥职，守秩东隅，仰属龚行，风驱电掩。当其时也，负鼎图者日至，执玉帛者相望。独在愚臣，顿昏大义，殉鸿毛之轻，忘同德之重。但三吴险薄，五湖交通，屡起田儋之变，每惧殷通之祸，空慕君鱼保境，遂失师涓抱器。后至者斩，臣甘斯戮。明刑徇众，谁曰不然。幸约法之弘，承解网之宥，犹当降等薪粲，遂乃顿释钳赭。敛骨吹魂，还编黔庶，濯疵荡秽，入楚游陈，天波既洗，云油遝沐。古人有言：'非死之难，处死之难。'臣之所荷，旷古不书；臣之死所，未知何地。"

怕也会受到明公您的鄙夷，因此心中犹豫，未曾归顺。于是我这无足轻重之人，收到您的严厉命令，内心震荡惶恐，实在不知所措，诚心寻求您的理解鉴察，依然慑服于您的天威。"建康城平定后，袁昂绑缚了自己入朝请罪，高祖赦免了他没有治罪。

　　天监二年（503），任命袁昂为后军临川王参军事。袁昂奉旨后上奏谢恩说："厚恩垂降于绝望之时，福庆汇集于寒心之日，死灰复燃已不算比喻，枯杨生稊也已算不得比拟了。所以凡事都像提起衣襟一步一个台阶那样小心翼翼，不胜颠沛惶恐。微臣遍读古籍，详查经典，查阅历代赏罚的科条，检索生死的判决记录，凡明君之朝无不严明五刑，圣人之世没有不峻厉执行约法三章的。所以昔年大禹会诸侯于涂山而防风氏后至，终被诛杀；西伯侯迁都酆邑前，先讨伐了商纣之臣崇侯虎。从未有过像微臣这样罪不容诛而蒙受宽宥，合族当斩而不加刑罚，最后脱离万死而保全性命的。将皇恩推及罪人之身，对微臣而言实乃无上之恩典，我愿意对陛下披肝沥胆，陈言心曲。臣乃东部地区一介微贱之人，学识品行有何可取之处，既非有才堪用之人，所以无人推荐我出仕，只是凭借些微家门声望，任官以代替务农。过去不称职地做过东部一郡之守，仰望王师执行天罚，如风驰电掣一般扫荡昏暗。在那个时候，每天都有人向义军输诚献款，携带礼物归附者沿路相望不绝。唯独愚臣，迷惑而不识大义，欲殉不及鸿毛之轻的臣节，而忘记与天命同德同心的重要。只是三吴之地险要而瘠薄，五湖四海在此交汇，屡屡有田儋一样阴谋造反的事变发生，我常常惧怕遭遇殷通那样谏阻谋反而惹出的祸患，因为羡慕昔日孔奋保境安民之功，于是就犯下效法师涓为纣王抱器投水的过失。本来天兵降临，后至者当斩，微臣甘愿认罪受戮。严明法条以昭示众人，谁说不应该如此。幸得陛下法网宽宏，我受到网开一面的宏宥，本来仍应该减罪一等来加以惩罚，结果全然未曾受到刑罚。收拾幸存之躯体与甫定之惊魂，重新回到庶民的行列，洗心革面改过自新，前往楚地和陈地游历，如今受到皇恩的洗礼，忽然间沐浴隆重的恩泽。古人曾说：'死并不难，困难的是等待死亡的降临。'微臣所承恩典，旷古以来史书未曾记载；微臣将死之处，现在正不知在何方啊。"

高祖答曰："朕遗射钩，卿无自外。"俄除给事黄门侍郎。其年迁侍中。明年，出为寻阳太守，行江州事。六年，征为吏部尚书，累表陈让，徙为左民尚书，兼右仆射。七年，除国子祭酒，兼仆射如故，领豫州大中正。八年，出为仁威将军、吴郡太守。十一年，入为五兵尚书，复兼右仆射，未拜，有诏即真。寻以本官领起部尚书，加侍中。十四年，马仙琕破魏军于朐山，诏权假昂节，往劳军。十五年，迁左仆射，寻为尚书令、宣惠将军。普通三年，为中书监、丹阳尹。其年进号中卫将军。复为尚书令，即本号开府仪同三司，给鼓吹，未拜，又领国子祭酒。大通元年，加中书监，给亲信三十人。寻表解祭酒，进号中抚军大将军。迁司空、侍中、尚书令、亲信、鼓吹并如故。五年，加特进、左光禄大夫，增亲信为八十人。大同六年，薨，时年八十。诏曰："侍中、特进、左光禄大夫、司空昂，奄至薨逝，恻怛于怀。公器寓凝素，志诚贞方，端朝燮理，嘉猷载缉。追荣表德，实惟令典。可赠本官，鼓吹一部，给东园秘器，朝服一具，衣一袭，钱二十万，绢布一百匹，蜡二百斤，即日举哀。"

初，昂临终遗疏，不受赠谥。敕诸子不得言上行状及立志铭，凡有所须，悉皆停省。复曰："吾释褐从仕，不期富贵，但官序不失等伦，衣食粗知荣辱，以此阖棺，无惭乡里。往忝吴兴，属在昏明之际，既暗于前觉，无识于圣朝，不知天命，甘贻显戮，幸遇殊恩，遂得全门户。自念负罪私门，阶荣望绝，保存性命，以为幸甚；不谓叨

高祖答复他说："朕已如齐桓公放过射中他带钩的管仲那样既往不咎，望卿切勿再将自己视为外人。"后来除授他为给事黄门侍郎。这一年中他迁任侍中。第二年（504），袁昂出京担任寻阳太守，行江州事。天监六年（507），朝廷征召袁昂任吏部尚书，他屡次上表陈言辞让，改任左民尚书，兼右仆射。天监七年（508），他被除授为国子祭酒，兼仆射的职位照旧，又兼领豫州大中正。天监八年（509），出京任仁威将军、吴郡太守。天监十一年（512），入朝任五兵尚书，再一次兼任右仆射，尚未拜官，天子有诏命他正式担任右仆射。不久以本身官职兼领起部尚书，加官侍中。天监十四年（515），马仙琕在朐山打败了北魏军，天子下诏让袁昂假节，前往前线劳军。天监十五年（516），迁任左仆射，不久担任尚书令、宣惠将军。普通三年（522），袁昂出任中书监、丹阳尹。这一年他进号为中卫将军，再度担任尚书令，以本号开府仪同三司，朝廷赐给鼓吹乐班，尚未拜授，又兼领国子祭酒。大通元年（527），袁昂加官为中书监，获赐亲信护卫三十人。不久他上表解除祭酒一职，进号为中抚军大将军，迁任司空、侍中、尚书令，亲信护卫、鼓吹乐班的仪仗都照旧。大同五年（539），加官特进、左光禄大夫，增加亲信护卫为八十人。大同六年（540），袁昂薨逝，时年八十岁。天子下诏说："侍中、特进、左光禄大夫、司空袁昂，忽遭陨丧，朕内心哀痛叹惋。袁公毕生品行高洁，诚恳老实忠贞方正，主持尚书省协和治理朝政，嘉良的政绩屡见记载。追述功臣的荣耀，表彰贤臣的懿德，实乃国家垂范后世的典章法度。可追赠本身官职，并赐鼓吹乐班一部，赠以皇室规格的棺木，朝服一具，衣冠一袭，钱二十万，绢布一百匹，蜡二百斤资助其丧葬，即日就为他举哀。"

起初，袁昂临终时曾上疏，表示不愿接受朝廷追赠职衔谥号，并命令诸子不得上奏其生平事迹及刻立墓志碑铭，所有丧葬需要的种种，全都要停罢裁省。他又说："我脱去布衣进入仕途，不期望得到荣华富贵，只要职位符合资历的次序，大致能做到衣食足而知荣辱，以这样的待遇盖棺送终，足以无惭于乡里了。旧年我担任吴兴太守时，正值昏明交替之际，既目光短浅缺乏前瞻，未能预见圣朝的兴

窃宠灵，一至于此。常欲竭诚酬报，申吾乃心，所以朝廷每兴师北伐，吾辄启求行，誓之丹款，实非矫言。既庸懦无施，皆不蒙许，虽欲罄命，其议莫从。今日瞑目，毕恨泉壤，若魂而有知，方期结草。圣朝遵古，知吾名品，或有追远之恩，虽是经国恒典，在吾无应致此，脱有赠官，慎勿祗奉。"诸子累表陈奏，诏不许。册谥曰穆正公。

子君正，美风仪，善自居处，以贵公子得当世名誉。顷之，兼吏部郎，以母忧去职。服阕，为邵陵王友、北中郎长史、东阳太守。寻征还都，郡民征士徐天祐等三百人诣阙乞留一年，诏不许，仍除豫章内史，寻转吴郡太守。侯景乱，率数百人随邵陵王赴援，及京城陷，还郡。

君正当官莅事有名称，而蓄聚财产，服玩靡丽。贼遣于子悦攻之，新城戍主戴僧易劝令拒守；吴陆映公等惧贼脱胜，略其资产，乃曰："贼军甚锐，其锋不可当；今若拒之，恐民心不从也。"君正性怯懦，乃送米及牛酒，郊迎子悦，子悦既至，掠夺其财物子女，因是感疾卒。

史臣曰：夫天尊地卑，以定君臣之位；松筠等质，无革岁寒之心。袁千里命属崩离，身逢厄季，虽独夫丧德，臣志不移；及抗疏高祖，无亏忠节，斯亦存夷、叔之风矣。终为梁室台鼎，何其美焉。

起，不知晓天命，甘心为了旧朝送命，幸得主上给予特殊的恩遇，于是得以保全门户。我自以为戴罪亲族，荣耀亲族的愿望已然破灭了，能够保全性命，就认为是非常幸运了；不料身蒙天子恩宠，禄位竟至于此。常常想竭尽心力来酬报圣恩，以实现我的心意，所以朝廷每次兴兵北伐，我都启奏请求从军出行，以一片丹诚之心立下誓言，实非空谈。但我平庸懦弱无才可施，所请都未得准许，虽然想以生命报答皇恩，自己的建议都未获允准。今天就要辞世了，九泉下仍怀抱着这个遗憾，若魂灵泉下有知，正期望能在死后继续报答厚恩。我朝一向遵从古代典制，知道我出身名门，也许会有追怀老臣的恩典，虽然这是治理国家的传统制度，对我来说则没有资格接受，如果有追赠的官衔，万不可奉旨。"他的几个儿子屡屡上表陈奏，高祖都下诏不予批准。册赠其谥号为穆正公。

袁昂之子袁君正，风神仪态十分俊美，平日的仪容举止都恪守礼仪，以贵公子的身份在当时享有盛名。不久，兼任吏部郎，因母丧丁忧去职。服丧结束后，担任邵陵王友、北中郎长史、东阳太守。很快被征召回京，东阳郡的隐士徐天祐等三百人入朝请求让他留任一年，天子没有批准，仍然除授他为豫章内史，不久转任吴郡太守。侯景之乱发生后，袁君正率数百人随邵陵王萧纶赶赴建康救援，京城陷落后，他回到吴郡。

袁君正任官治事有好的名声，但也大量蓄积财富，服饰玩好都十分奢侈华贵。叛贼派于子悦攻打他，新城戍主戴僧易劝他严守疆界，吴郡的陆映公等人害怕如果叛贼战胜，将要掠夺他们的家产，就说："贼兵气势十分勇锐，兵锋不可阻挡；如今我们若加以抵抗，恐怕民心不会跟从我们。"袁君正性格怯懦，就派人送上粮米牛酒，到郊外去迎纳于子悦，于子悦来到吴郡之后，劫掠了袁君正的财产子女，他于是染病而死。

史臣说：苍天为尊大地为卑，故而定下了君臣间的位分；青松翠竹都有高洁不变的品质，所以没有因冬季严寒而改变本心。袁昂恰逢旧朝瓦解的时代，身处乱世之中，虽然其君主是丧失德行的独夫民贼，他也没有改易自己的臣子忠心；后来他上疏不驯从于高祖，没有

玷污其忠贞的节操,也有当年伯夷、叔齐不食周粟的风骨了。终成有
梁一代的社稷重臣,何其美好啊。

# 卷三十二

## 列传第二十六

### 陈庆之 兰钦

**陈庆之** 陈昕

陈庆之，字子云，义兴国山人也。幼而随从高祖。高祖性好棋，每从夜达旦不辍，等辈皆倦寐，惟庆之不寝，闻呼即至，甚见亲赏。从高祖东下平建邺，稍为主书，散财聚士，常思效用。除奉朝请。

普通中，魏徐州刺史元法僧于彭城求入内附，以庆之为武威将军，与胡龙牙、成景俊率诸军应接。还除宣猛将军、文德主帅，仍率军二千，送豫章王综入镇徐州。魏遣安丰王元延明、临淮王元彧率众二万来拒，屯据陟□。延明先遣其别将丘大千筑垒浔梁，观兵近境。庆之进薄其垒，一鼓便溃。后豫章王弃军奔魏，众皆溃散，诸将莫能制止。庆之乃斩关夜退，军士得全。

普通七年，安西将军元树出征寿春，除庆之假节、总知军事。魏豫州刺史李宪遣其子长钧别筑两城相拒。庆之攻之，宪力屈遂降，庆之入据其城。转东宫直阁，赐爵关中侯。

大通元年，隶领军曹仲宗伐涡阳。魏遣征南将军常山王元昭等率马步十五万来援，前军至驼涧，去涡阳四十里。庆之欲逆战，韦放以贼之前锋必是轻锐，与战若捷，不足为功，如其不利，沮我军势，兵法所谓以逸待劳，不如勿击。庆之曰："魏人远来，皆已疲倦，去我既远，必不见疑，及其未集，须挫其气，出其不意，必无不

## 陈庆之 陈昕

陈庆之字子云，义兴国山人。他自幼作为随从事奉高祖。高祖生性喜好弈棋，常通宵达旦下棋不休息，其他随从都疲倦睡去，只有陈庆之不睡觉，听到呼唤立刻就来，故而受到高祖的赏识亲近。他跟从高祖东下平定建康，有时为高祖掌管文书，散财聚士，常常想得到任用为国效力。被除授为奉朝请。

普通年间，北魏徐州刺史元法僧在彭城请求内附，朝廷任命陈庆之为武威将军，与胡龙牙、成景儶率诸军接应元法僧。回朝后任宣猛将军、文德主帅，又率军二千，护送豫章王萧综赴徐州镇守。北魏派遣安丰王元延明、临淮王元彧率军二万前来拒敌，屯驻于陟□。元延明先派他的别部将领丘大千在浔梁构筑营垒，靠近边境观察梁军。陈庆之逼近敌营，一战就击溃了敌军。后来豫章王丢下部队投奔北魏，梁军溃退四散，诸将都无法约禁，陈庆之就打破城门连夜退却，所部军士得以保全。

普通七年（526），北魏安西将军元树出征寿春，梁朝除授陈庆之为假节、总知军事。北魏豫州刺史李宪派其子李长钧另筑两城拒敌梁军，陈庆之攻打他，李宪无力抵挡就投降了，陈庆之进据他所筑的两城。朝廷命他转任东宫直阁，赐爵关内侯。

大通元年（527），陈庆之隶属在领军曹仲宗麾下讨伐涡阳。北魏派征南将军常山王元昭等率步骑兵十五万前来救援，前军抵达驼涧，距离涡阳四十里。陈庆之想要迎战，韦放认为敌人前锋必然是悍勇精锐的轻装部队，攻打若是战胜了，不足以取得战功，如若进攻失利，就会折损梁军声势，兵法有所谓以逸待劳之说，不如不要迎击。陈庆之说："北魏军远道而来，都已疲倦，距离我军既很遥远，必然败之理。且闻虏所据营，林木甚盛，必不夜出。诸君若疑惑，庆之请独取之。"于是与麾下二百骑奔击，破其前军，魏人震恐。庆之乃还与诸将连营而进，据涡阳城，与魏军相持。自春至冬，数十百战，师老气衰，魏之援兵复欲筑垒于军后，仲宗等恐腹背受敌，谋欲退师。庆之杖节军门曰："共来至此，涉历一岁，糜费粮仗，其数极多。诸军并无斗心，皆谋退缩，岂是欲立功名，直聚为抄暴耳。吾闻置兵死地，乃可求生，须虏大合，然后与战。审欲班师，庆之别有密敕，今日犯者，便依明诏。"仲宗壮其计，乃从之。魏人掎角作十三城，庆之衔枚夜出，陷其四垒，涡阳城主王纬乞降。所余九城，兵甲犹盛，乃陈其俘馘，鼓噪而攻之，遂大奔溃，斩获略尽，涡水咽流，降城中男女三万余口。诏以涡阳之地置西徐州。众军乘胜前顿城父。高祖嘉焉，赐庆之手诏曰："本非将种，又非豪家，觖望风云，以至于此。可深思奇略，善克令终。开朱门而待宾，扬声名于竹帛，岂非大丈夫哉！"

大通初，魏北海王元颢以本朝大乱，自拔来降，求立为魏主。高祖纳之，以庆之为假节、飚勇将军，送元颢还北。颢于涣水即魏帝号，授庆之使持节、镇北将军、护军、前军大都督，发自铚县，进拔荥城，遂至睢阳。魏将丘大千有众七万，分筑九城以相拒。庆之攻之，自旦至申，陷其三垒，大千乃降。时魏征东将军济阴王元晖业率羽林庶子二万人来救梁、宋，进屯考城，城四面萦水，守备严固。庆之命浮水筑垒，攻陷其城，生擒晖业，获租车七千八百辆。仍

不会疑心，趁他们尚未集结，必须挫败其锐气，出其不意地攻打，敌人没有不败的道理。而且听说敌军驻扎营垒之处，林木很茂盛，他们必不会夜间出兵。诸位若是心存疑惑，请让陈庆之独力攻取之。"于是他与麾下二百骑兵长途奔袭，打破了敌军的先头部队，北魏军深感震恐。陈庆之就撤回来与诸将一起连营进军，占据了涡阳城，与北魏军相持。从春天对峙到冬天，经过数十上百次交战，部队都疲劳不堪士气低迷，北魏的援兵又想在梁军背后筑营，曹仲宗等担心腹背受敌，谋划想要退兵。陈庆之在军门前挂着旄节说："我等共来此地，已有一年时间，耗费的粮草军械，数量极多，现在诸军心无斗志，都想退缩，这哪里是打算建功立业，简直是聚众打家劫舍。我听闻部队身处绝境，才会奋力求生，要等敌军大规模集结，然后再与之开战。诸位若一定要班师，陈庆之另奉有天子密敕，今日如有违犯者，就依圣旨加以处置。"曹仲宗佩服他的计谋，就听从了他的建议。北魏军依掎角之势筑起十三座营垒，陈庆之率军悄悄地趁夜偷袭，攻陷了其中的四座，北魏涡阳城主王纬于是请求投降。剩下的九座营垒中，北魏军力还很充足，陈庆之就陈列出所擒的北魏士卒及杀掉的北魏士卒的左耳，大张旗鼓地进攻，敌军于是土崩瓦解，几乎尽数被梁军斩杀和俘虏，涡水也为之阻塞。涡阳城中投降的男女人口达三万余人。朝廷下诏以涡阳全境设置西徐州。梁军乘胜进至城父。高祖对这次胜利大加称赞，赐陈庆之亲笔诏书说："卿本非将门之后，又不是名门豪族出身，只因有建功立业的志愿，以至于此。要深思奇谋，让胜利善始善终。打开朱门迎宾客，扬名青史留佳话，岂非大丈夫吗？"

大通初年，北魏的北海王元颢因为朝中大乱，就自行开拔向梁朝投降，请求册封为北魏国主。高祖接纳了他，任命陈庆之为假节、飙勇将军，护送元颢北归。元颢在涣水即北魏帝号，授任陈庆之为使持节、镇北将军、护军、前军大都督，从铚县出发，攻下了荥城，于是进抵睢阳。北魏将领丘大千有军队七万人，分别筑起九座营寨与之拒敌。陈庆之攻打他，从黎明战至下午申时，攻陷了三座营垒，丘大千于是投降。当时北魏征东将军济阴王元晖业率领北魏的禁卫军二万人前来救援梁、宋两地，进屯考城，此城四面环水，防备非常严趋大梁，望旗归款。颢进庆之卫将军、徐州刺史、武都公。仍率众而西。

魏左仆射杨昱、西阿王元庆、抚军将军元显恭率御仗羽林宗子庶子众凡七万，据荥阳拒颢。兵既精强，城又险固，庆之攻未能拔。魏将元天穆大军复将至，先遣其骠骑将军尔朱吐没儿领胡骑五千，骑将鲁安领夏州步骑九千，援杨昱；又遣右仆射尔朱世隆、西荆州刺史王罴骑一万，据虎牢。天穆、吐没儿前后继至，旗鼓相望。时荥阳未拔，士众皆恐，庆之乃解鞍秣马，宣喻众曰："吾至此以来，屠城略地，实为不少；君等杀人父兄，略人子女，又为无算。天穆之众，并是仇雠。我等才有七千，虏众三十余万，今日之事，义不图存。吾以虏骑不可争力平原，及未尽至前，须平其城垒，诸君无假狐疑，自贻屠脍。"一鼓悉使登城，壮士东阳宋景休、义兴鱼天愍逾堞而入，遂克之。俄而魏阵外合，庆之率骑三千背城逆战，大破之，鲁安于阵乞降，元天穆、尔朱吐没儿单骑获免。收荥阳储实，牛马谷帛不可胜计。进赴虎牢，尔朱世隆弃城走。魏主元子攸惧，奔并州。其临淮王元彧、安丰王元延明率百僚，封府库，备法驾，奉迎颢入洛阳宫，御前殿，改元大赦。颢以庆之为侍中、车骑大将军、左光禄大夫，增邑万户。魏大将军上党王元天穆、王老生、李叔仁又率众四万，攻陷大梁，分遣老生、费穆兵二万，据虎牢，刁宣、刁双入梁、宋，庆之随方掩袭，并皆降款。天穆与十余骑北渡河。高祖复赐手诏称美焉。庆之麾下悉著白袍，所向披靡。先是洛阳童谣曰："名师大将莫自牢，千兵万马避白袍。"自发铚县至于洛阳十四旬，平三十二城，四十七战，所向无前。

密坚固。陈庆之下令跨水筑营，攻克了此城，活捉元晖业，俘获运输租赋的车辆七千八百辆。又进军大梁，北魏军望风而降。元颢晋升陈庆之为卫将军、徐州刺史、武都公。陈庆之继续率军西进。

北魏左仆射杨昱、西阿王元庆、抚军将军元显恭统帅着配备皇家仪仗的精锐禁卫军共计七万人，占据荥阳以抵抗元颢。北魏守军十分精强，而且荥阳城险峻牢固，陈庆之攻城未能攻克。北魏将领元天穆的大军又即将赶到，先派了麾下的骠骑将军尔朱吐没儿率领胡族骑兵五千人，骑兵将领鲁安率领夏州的步骑兵九千人，二军一同增援杨昱；又派遣右仆射尔朱世隆、西荆州刺史王罴率领骑兵一万人，占据虎牢。元天穆、尔朱吐没儿军队先后到达，旗鼓相望。当时荥阳城久攻不下，梁军士卒都很恐慌，陈庆之就解下马鞍放马吃草料，亲自晓喻众士卒说："我等自从来到此地，屠灭城池攻略地盘，实在不少；诸位杀死敌人的父兄，掠去敌人的子女，数量又是极多。元天穆的部队，都与我们有死仇。我们只有七千人，敌军共有三十多万，现在的局势，万无幸存之理。我看敌军以骑兵为主，不可与之力争平原，在敌军全部抵达之前，必须拿下他们的城池营垒，诸位不要心存狐疑，自致屠戮宰割。"擂鼓一通后下令全军攻城，壮士东阳人宋景休、义兴人鱼天愍越过城墙雉堞杀入城中，于是攻陷了荥阳。不久北魏军在城外合围，陈庆之率三千骑兵背靠城池拒敌，大破敌军，鲁安在阵前投降，元天穆、尔朱吐没儿单骑逃脱。整点荥阳城中的物资财货，缴获的牛马粮草丝帛数不胜数。梁军进抵虎牢，尔朱世隆弃城逃走。北魏孝庄帝元子攸害怕了，逃往并州。北魏的临淮王元彧、安丰王元延明率领百官，封好府库，备下法驾仪仗，奉迎元颢进入洛阳的宫殿，在前殿中宣布改元和大赦。元颢任命陈庆之为侍中、车骑大将军、左光禄大夫，增加食邑一万户。北魏大将军上党王元天穆、王老生、李叔仁又率军四万，攻陷大梁，分派王老生、费穆率军二万，占据了虎牢，刁宣、刁双进入梁地和宋地，陈庆之依据情势突然袭击，北魏军各部纷纷溃败投降。元天穆带着十几个骑兵北渡黄河。高祖再度赐亲笔诏书称赞陈庆之。陈庆之麾下将士全都穿白色战袍，所向披靡。此前洛阳有童谣唱道："骄兵悍将莫要自认坚牢，

　　初，元子攸止单骑奔走，宫卫嫔侍无改于常。颢既得志，荒于酒色，乃日夜宴乐，不复视事。与安丰、临淮共立奸计，将背朝恩，绝宾贡之礼；直以时事未安，且资庆之之力用，外同内异，言多忌刻。庆之心知之，亦密为其计。乃说颢曰："今远来至此，未伏尚多，若人知虚实，方更连兵，而安不忘危，须预为其策。宜启天子，更请精兵；并勒诸州，有南人没此者，悉须部送。"颢欲从之，元延明说颢曰："陈庆之兵不出数千，已自难制；今增其众，宁肯复为用乎？权柄一去，动转听人，魏之宗社，于斯而灭。"颢由是致疑，稍成疏贰。虑庆之密启，乃表高祖曰："河北、河南一时已定，唯尔朱荣尚敢跋扈，臣与庆之自能擒讨。今州郡新服，正须绥抚，不宜更复加兵，摇动百姓。"高祖遂诏众军皆停界首。洛下南人不出一万，羌夷十倍，军副马佛念言于庆之曰："功高不赏，震主身危，二事既有，将军岂得无虑？自古以来，废昏立明，扶危定难，鲜有得终。今将军威震中原，声动河塞，屠颢据洛，则千载一时也。"庆之不从。颢前以庆之为徐州刺史，因固求之镇。颢心惮之，遂不遣。乃曰："主上以洛阳之地全相任委，忽闻舍此朝寄，欲往彭城，谓君遽取富贵，不为国计，手敕频仍，恐成仆责。"庆之不敢复言。魏天柱将军尔朱荣、右仆射尔朱世隆、大都督元天穆、骠骑将军尔朱吐没儿、荣长史高欢、鲜卑、芮芮，勒众号百万，挟魏主元子攸来攻颢。颢据洛阳六十五日，凡所得城，一时反叛。庆之渡河守北中郎城，三日中十有一战，伤杀甚众。荣将退，时有刘灵助者，善天文，乃谓荣曰："不出十日，河南大定。"荣乃缚木为筏，济自硖石，与颢战于河桥，颢大败，走至临颍，遇贼被擒，洛阳陷。庆之马步数千，结阵东反，荣亲自来追，值嵩高山水洪溢，军人死散。庆之乃落须发为沙门，间行至豫州，豫州人程道雍等潜送出汝阴。至都，仍以功除千军万马都须躲避白袍。"自从发兵铚县到占领洛阳，一百四十天之中，陈庆之攻克三十二座城垒，大小四十七战，所向无敌。

　　起初，北魏孝庄帝元子攸单人匹马逃走，他的后宫妃嫔和侍从都原样未动，元颢得志称帝后，沉湎于酒色，日夜饮宴，不再理朝政，与安丰王、临淮王一起立下奸计，将要背弃梁朝，断绝臣服进贡之礼；只是因为时局尚未安定，还要借助陈庆之的力量，所以貌合神离，言辞间多有忌妒刻薄之意。陈庆之心中已经知觉，也暗中定下计谋。就劝说元颢道："如今我等远来此地，尚未臣服的人还很多，若他人知道了我们的虚实，还会有新的战事，而居安思危，需要预先想好对策。应该启奏天子，请求再派精兵增援；并传令各州，凡有南朝人流落其间的，都需要押送来此。"元颢打算听从他的建议，元延明劝元颢说："陈庆之兵不过数千，已经难以控制；如今再增其兵力，他岂肯再为我所用？权柄一旦失去，我们的一举一动都要听从外人调遣，北魏的宗庙社稷，从此就要灭亡了。"元颢因此而产生了怀疑，对陈庆之渐渐开始疏远和加以防备。他担心陈庆之会秘奏高祖，就主动上表对高祖说："河北、河南一时之间已经平定，只有尔朱荣还敢跋扈顽抗，臣与陈庆之自能擒讨他。如今各州郡都是新近臣服，正需要绥靖安抚，不宜再增派部队，动摇民心。"高祖于是下诏命令各部队都停留在疆界内。洛阳境内的南朝人马不足一万，北方族裔的兵力有十倍之多，军副马佛念对陈庆之说："功劳甚高而不获封赏，震慑主君而身陷危境，现在这两种情况都已经出现了，将军岂能不作考虑？自古以来，废昏立明、扶危定难之人，很少有得到善终的。如今将军威震中原，声动河塞，杀死元颢占据洛阳，机会千载难逢。"陈庆之没有听从他的建议。元颢在此之前曾经任命陈庆之为徐州刺史，陈庆之这时就坚持请求前往徐州镇守。元颢内心忌惮他，拒绝派遣他去，说："天子将洛阳之地全部委托给我等，将军忽然要舍弃朝廷的委托，想要去往彭城，天子以为您乍得富贵，不再为国家设想，皇上频频送来亲笔写的敕令，只怕您一走就会成为我的罪责。"陈庆之就不敢再说起此事。北魏天柱将军尔朱荣、右仆射尔朱世隆、大都督元天穆、骠骑将军尔朱吐没儿、尔朱荣的长史高欢及鲜右卫将军，封永兴县侯，邑一千五百户。

　　出为持节、都督缘淮诸军事、奋武将军、北兖州刺史。会有妖贼沙门僧强自称为帝，土豪蔡伯龙起兵应之。僧强颇知幻术，更相扇惑，众至三万，攻陷北徐州，济阴太守杨起文弃城走，钟离太守单希宝见害，使庆之讨焉。车驾幸白下临饯，谓庆之曰："江、淮兵劲，其锋难当，卿可以策制之，不宜决战。"庆之受命而行。曾未浃辰，斩伯龙、僧强，传其首。

　　中大通二年，除都督南北司西豫豫四州诸军事、南北司二州刺史，余并如故。庆之至镇，遂围悬瓠。破魏颍州刺史娄起、扬州刺史是云宝于溱水，又破行台孙腾、大都督侯进、豫州刺史尧雄、梁州刺史司马恭于楚城。罢义阳镇兵，停水陆转运，江湖诸州并得休息。开田六千顷，二年之后，仓廪充实。高祖每嘉劳之。又表省南司州，复安陆郡，置上明郡。

　　大同二年，魏遣将侯景率众七万寇楚州，刺史桓和陷没，景仍进军淮上，贻庆之书使降。敕遣湘潭侯退、右卫夏侯夔等赴援，军至黎浆，庆之已击破景。时大寒雪，景弃辎重走，庆之收之以归。

卑、芮芮诸部，起兵号称百万，挟持孝庄帝前来攻打元颢。元颢占据洛阳六十五日，凡所占领的城垒，一时间全部反叛。陈庆之渡过黄河守卫北中郎城，三天之内交战十一次，杀伤北魏军甚多。尔朱荣将要退军，这时有个叫刘灵助的人，擅长天文星占，对尔朱荣说："不出十天，河南之地将会大定。"尔朱荣就捆扎木材制成木筏，自硖石渡过黄河，与元颢在河桥交战，元颢大败，逃至临颍，遇贼兵被俘，洛阳陷落。陈庆之率马步军数千人，排成阵势向东撤退，尔朱荣亲自来追击，时值嵩高山洪水暴发，梁军士卒大量死亡溃散。陈庆之就剃去胡须头发装成僧人，抄小路来到豫州，豫州人程道雍等秘密将他送出汝阴。他回到京师后，仍然因功被除授为右卫将军，封永兴县侯，食邑一千五百户。

出京任持节、都督缘淮诸军事、奋武将军、北兖州刺史。当时有妖贼沙门僧强自称皇帝，土豪蔡伯龙起兵响应他。僧强颇会施展幻术，更兼以煽动蛊惑，其追随者达到三万人，攻陷了北徐州，济阴太守杨起文弃城逃走，钟离太守单希宝遇害，朝廷派陈庆之讨伐乱贼。天子驾幸白下为他饯行，对陈庆之说："江、淮一带的健卒十分悍勇，其兵锋难以阻挡，卿可用计谋智取，不宜决战。"陈庆之领命出发。不到十二天，斩杀了蔡伯龙、僧强，传递他们的首级至京师。

中大通二年（530），陈庆之被除授为都督南北司、西豫、豫四州诸军事，南北司二州刺史，其余职衔照旧。陈庆之来到驻地，就率军包围了悬瓠城。在溱水击破北魏颍州刺史娄起、扬州刺史是云宝，又在楚城击败了北魏行台孙腾、大都督侯进、豫州刺史尧雄、梁州刺史司马恭。他取消了义阳的驻防军，结束了水陆物资转运，使江湖诸州都得以休养生息。开辟屯田六千顷，两年之后，仓廪充实。高祖常常嘉奖慰劳他。他又上表请求撤销南司州，恢复安陆郡，并设置了上明郡。

大同二年（536），北魏派遣将领侯景率军七万进犯楚州，梁朝楚州刺史桓和死于军中，侯景又进军淮河，向陈庆之发来书信劝降。天子派湘潭侯萧退、右卫将军夏侯夔等前来救援，援军到达黎浆时，陈庆之已经击破了侯景军。当时天气严寒下了大雪，侯景抛弃辎重进号仁威将军。是岁，豫州饥，庆之开仓赈给，多所全济。州民李升等八百人表请树碑颂德，诏许焉。五年十月，卒，时年五十六。赠散骑常侍、左卫将军，鼓吹一部。谥曰武。敕义兴郡发五百丁会丧。

庆之性祇慎，衣不纨绮，不好丝竹，射不穿札，马非所便，而善抚军士，能得其死力。长子昭嗣。

第五子昕，字君章。七岁能骑射。十二随父入洛，于路遇疾，还京师。诣鸿胪卿朱异，异访北间形势，昕聚土画地，指麾分别，异甚奇之。

大同四年，为邵陵王常侍、文德主帅、右卫仗主，敕遣助防义阳。魏豫州刺史尧雄，北间骁将，兄子宝乐，特为敢勇。庆之围悬瓠，雄来赴其难，宝乐求单骑校战，昕跃马直趣宝乐，雄即散溃，仍陷溱城。六年，除威远将军、小岘城主，以公事免。十年，妖贼王勤宗起于巴山郡，以昕为宣猛将军，假节讨焉。勤宗平，除阴陵戍主、北谯太守，以疾不之官。又除骠骑外兵，俄为临川太守。

太清二年，侯景围历阳，敕召昕还，昕启云："采石急须重镇，王质水军轻弱，恐虑不济。"乃板昕为云骑将军，代质，未及下渚，景已渡江，仍遣率所领游防城外，不得入守。欲奔京口，乃为景所擒。景见昕殷勤，因留极饮，曰："我至此得卿，余人无能为也。"令昕收集部曲，将用之，昕誓而不许。景使其仪同范桃棒严禁之，昕因说桃棒令率所领归降，袭杀王伟、宋子仙为信。桃棒许之，遂盟约，射启城中，遣昕夜缒而入。高祖大喜，敕即受降，太宗迟疑累日逃走，陈庆之收拾好缴获的物资才撤回。进号为仁威将军。这一年（536），豫州遭遇饥荒，陈庆之开仓赈济饥民，救活了很多人。州民李升等八百人上表请求为他树碑颂德，天子下诏同意其请。大同五年（539）十月，陈庆之去世，时年五十六岁。追赠他为散骑常侍、左卫将军，赐鼓吹乐班一部。谥号为武。朝廷敕命义兴郡调遣五百壮丁共同参与丧葬。

陈庆之性格十分谨慎，从不穿丝绸衣服，也不喜好音乐，无力挽强弓、骑烈马，但善于抚恤士卒，能得到部下的誓死效力。长子陈昭继承爵位。

陈庆之的第五个儿子陈昕，字君章。七岁就能骑马射箭。十二岁跟随父亲进入洛阳，在路上染病，返回京师。他拜访鸿胪卿朱异，朱异问起北地的形势，陈昕聚土勾勒地形，指点讲述条理清晰，朱异感到非常惊奇。

大同四年（538），陈昕任邵陵王常侍、文德主帅、右卫仗主，天子命他协防义阳。北魏豫州刺史尧雄，乃是北朝一员骁将，其兄长之子尧宝乐，作战特别勇猛。陈庆之包围悬瓠城，尧雄前来救援，尧宝乐单人匹马向梁军挑战，陈昕飞马直取尧宝乐，尧雄的部队当即溃散，梁军就攻陷了溱城。大同六年（540），陈昕被除授为威远将军、小岘城主，因为公事被免职。大同十年（544），妖贼王勤宗在巴山郡起兵反叛，朝廷任命陈昕为宣猛将军，假节征讨叛党。王勤宗之乱平定后，陈昕被除授为阴陵戍主、北谯太守，因病没有赴任。又除授为骠骑外兵，不久任临川太守。

太清二年（548），侯景包围了历阳，天子传令召陈昕回京，陈昕启奏说：“采石急需重兵镇守，王质的水军兵力薄弱，恐怕无法防御。”于是委任陈昕为云骑将军，代替王质，还不等陈昕到达江边，侯景已然渡过了长江，陈昕仍率部巡防于城外，没有能够入城驻守。陈昕想赶赴京口，被侯景捉住。侯景见陈昕治军殷勤用心，就留下他畅饮，说：“我在此得到卿，就无须其他人了。”他命令陈昕召集部曲，将要使唤他们，陈昕誓死不从。侯景派麾下的仪同范桃棒严密监押他，陈昕就趁机游说范桃棒让他率部归降，以袭杀王伟、宋子仙作

不决，外事发泄，昕弗之知，犹依期而下。景邀得之，乃逼昕令更射书城中，云"桃棒且轻将数十人先入。"景欲裹甲随之。昕既不肯为书，期以必死，遂为景所害，时年三十三。

## 兰钦

兰钦，字休明，中昌魏人也。父子云，天监中，军功官至云麾将军，冀州刺史。

钦幼而果决，趫捷过人。随父北征，授东宫直阁。大通元年，攻魏萧城，拔之。仍破彭城别将郊仲，进攻拟山城，破其大都督刘属众二十万。进攻笼城，获马千余匹。又破其大将柴集及襄城太守高宣、别将范思念、郑承宗等。仍攻厥固、张龙、子城，未拔，魏彭城守将杨目遣子孝邕率轻兵来援，钦逆击走之。又破谯州刺史刘海游，还拔厥固，收其家口。杨目又遣都督范思念、别将曹龙牙数万众来援，钦与战，于阵斩龙牙，传首京师。

又假钦节，都督衡州三郡兵，讨桂阳、阳山、始兴叛蛮，至即平破之。封安怀县男，邑五百户。又破天漆蛮帅晚时得。会衡州刺史元庆和为桂阳人严容所围，遣使告急，钦往应援，破容罗溪，于是长乐诸洞一时平荡。又密敕钦向魏兴，经南郑，属魏将托跋胜寇襄阳，仍敕赴援。除持节、督南梁南北秦沙四州诸军事、光烈将军、平西校尉、梁南秦二州刺史，增封五百户，进爵为侯。破通生，擒行台元子礼、大将薛俊、张菩萨，魏梁州刺史元罗遂降，梁、汉底定。进号智武将军，增封二千户。

为效忠的凭信。范桃棒答应了，于是立下盟约，射箭将消息通知城中，并派陈昕连夜缒城而入。高祖大喜，下令即刻接受范桃棒的投降，但太宗萧纲迟疑多日不决，城外范桃棒投降的事已经泄露，陈昕还不知道，仍然按照约定日期缒城而出。侯景截获了他，就逼他重新射书信入城，说"范桃棒将带领数十人先行入城。"侯景打算裹藏铠甲跟随其后混入。陈昕不肯写这封信，抱定了必死的决心，于是被侯景杀害，时年三十三岁。

## 兰钦

兰钦字休明，中昌魏人。父亲兰子云，天监年间，因军功官至云麾将军，冀州刺史。

兰钦自幼性格果断，矫健敏捷过人，随父北伐，被授任为东宫直阁。大通元年（527），率军攻打北魏的萧城，打了下来。又击破彭城别将郊仲，进军攻打拟山城，击败北魏军大都督刘属率领的二十万大军。进军攻打笼城，缴获战马千余匹。又打败北魏大将柴集及襄城太守高宣、别将范思念、郑承宗等人。又进攻厥固、张龙、子城，未能攻克，北魏彭城守将杨目派儿子杨孝邕率领轻装部队赶来增援，兰钦迎击将其击退。又击败了谯州刺史刘海游，回师攻克了厥固，抓获了刘海游的家人。杨目又派都督范思念、别将曹龙牙统兵数万前来增援，兰钦与之交战，在阵前斩杀了曹龙牙，首级传送至京师。

朝廷假兰钦节，都督衡州三郡兵马，讨伐桂阳、阳山、始兴的叛乱蛮族，他的军队一到就平定击破了蛮贼。被封为安怀县男，食邑五百户。又击破天漆蛮族统帅晚时得。时值衡州刺史元庆和被桂阳人严容的叛军包围，派使者告急，兰钦就前去救援，在罗溪击败严容，于是长乐诸洞一时全部平定下来。朝廷又密令兰钦进军魏兴郡，途经南郑，时值北魏将领托跋胜进犯襄阳，朝廷下诏令兰钦赶赴救援。除授他为持节、督南梁南北秦沙四州诸军事、光烈将军、平西校尉、梁南秦二州刺史，增加食邑五百户，进爵为侯。他击破通生，抓获行台元子礼、大将薛儁、张菩萨，北魏梁州刺史元罗就请降了，梁州汉中一带都被平定。进号为智武将军，增加食邑二千户。

俄改授持节、都督衡桂二州诸军事、衡州刺史。未及述职，魏遣都督董绍、张献攻围南郑，梁州刺史杜怀宝请救。钦率所领援之，大破绍、献于高桥城，斩首三千余，绍、献奔退，追入斜谷，斩获略尽。西魏相宇文黑泰致马二千匹，请结邻好。诏加散骑常侍，进号仁威将军，增封五百户，仍令述职。

经广州，因破俚帅陈文彻兄弟，并擒之。至衡州，进号平南将军，改封曲江县公，增邑五百户。在州有惠政，吏民诣阙请立碑颂德，诏许焉。征为散骑常侍、左卫将军，寻改授散骑常侍、安南将军、广州刺史。既至任所，前刺史南安侯密遣厨人置药于食，钦中毒而卒，时年四十二。诏赠侍中、中卫将军，鼓吹一部。

子夏礼，侯景至历阳，率其部曲邀击景，兵败死之。

史臣曰：陈庆之、兰钦俱有将略，战胜攻取，盖颇、牧、卫、霍之亚欤。庆之警悟，早侍高祖，既预旧恩，加之谨肃，蝉冕组珮，亦一世之荣矣。

不久改授为持节、都督衡桂二州诸军事、衡州刺史，还未赴任，北魏派遣都督董绍、张献包围攻打南郑，梁州刺史杜怀宝求救，兰钦率部赴援，在高桥城大破董绍、张献军，斩首三千多级，董绍、张献溃逃，梁军追至斜谷，将魏军几乎尽数歼灭和俘虏。西魏丞相宇文泰赠给梁朝马二千匹，请求结成睦邻友好的关系。朝廷下诏加官兰钦为散骑常侍，进号仁威将军，增加食邑五百户，仍然令他赴衡州就职。

兰钦经过广州，趁势击破俚族首领陈文彻兄弟，将二人俘获。抵达衡州后，进号为平南将军，改封曲江县公，增加食邑五百户。兰钦在衡州有惠民之政，属吏百姓入朝请求为他立碑颂德，天子降诏批准。征召他为散骑常侍、左卫将军，不久改授为散骑常侍、安南将军、广州刺史。他赴任之后，前任刺史南安侯萧恬秘密派厨人在兰钦食物中下毒药，兰钦中毒身亡，时年四十二岁。天子下诏追赠为侍中、中卫将军，赐鼓吹乐班一部。

儿子兰夏礼，侯景攻至历阳时，率其部曲截击侯景，兵败被杀。

史臣说：陈庆之、兰钦都有带兵打仗的谋略，战则胜攻则取，可与廉颇、李牧、卫青、霍去病归为一类将才了。陈庆之聪颖警悟，很早就侍奉高祖，既有旧日的恩义，又加之他为人谨慎恭肃，终于取得显贵的高位，也是一世的荣耀了。

# 卷三十三

## 列传第二十七

王僧孺　张率　刘孝绰　王筠

### 王僧孺

王僧孺，字僧孺，东海郯人，魏卫将军肃八世孙。曾祖雅，晋左光禄大夫、仪同三司。祖准，宋司徒左长史。

僧孺年五岁，读《孝经》，问授者此书所载述，曰："论忠孝二事。"僧孺曰："若尔，常愿读之。"六岁能属文，既长，好学。家贫，常佣书以养母，所写既毕，讽诵亦通。

仕齐，起家王国左常侍、太学博士。尚书仆射王晏深相赏好。晏为丹阳尹，召补郡功曹，使僧孺撰《东宫新记》。迁大司马豫章王行参军，又兼太学博士。司徒竟陵王子良开西邸招文学，僧孺亦游焉。文惠太子闻其名，召入东宫，直崇明殿。欲拟为宫僚，文惠薨，不果。时王晏子德元出为晋安郡，以僧孺补郡丞，除候官令。建武初，有诏举士，扬州刺史始安王遥光表荐秘书丞王暕及僧孺曰："前候官令东海王僧孺，年三十五，理尚栖约，思致悟敏，既笔耕为养，亦佣书成学。至乃照萤映雪，编蒲缉柳，先言往行，人物雅俗，甘泉遗仪，南宫故事，画地成图，抵掌可述；岂直鼦鼠有必对之辩，竹书无落简之谬，访对不休，质疑斯在。"除尚书仪曹郎，迁治书侍御史，出为钱唐令。初，僧孺与乐安任昉遇竟陵王西邸，以文学友会，及是将之县，昉赠诗，其略曰："惟子见知，惟余知子。观行视言，要终犹始。敬之重之，如兰如芷。形应影随，曩行今止。百行之首，立人斯著。子之有之，谁毁谁誉。修名既立，老至何遽。谁其执

## 王僧孺

王僧孺字僧孺，东海郯县人，是曹魏时卫将军王肃的八世孙。曾祖父王雅，官至东晋左光禄大夫、仪同三司。祖父王准，刘宋一朝官至司徒左长史。

王僧孺五岁时读《孝经》，问讲授者这本书所记载叙述的内容，其人答道："论的是忠与孝两件事。"王僧孺说："若是这样，希望能常常读到它。"六岁就能写文章，长大后十分好学。王僧孺家中贫困，常靠为别人从抄书来赡养母亲，书本抄写完成后，他也能通顺地背诵。

入仕于齐朝，初任王国左常侍、太学博士。尚书仆射王晏非常欣赏喜欢他。王晏任丹阳尹，召他补为丹阳郡功曹，让他撰写《东宫新记》。迁任大司马豫章王行参军，又兼任太学博士。司徒竟陵王萧子良开辟西邸招揽文人学士，王僧孺也曾在其中交游。文惠太子听说了他的名声，招入东宫，在崇明殿值班。正要任用他当东宫的属官，恰逢文惠太子薨逝，未能成事。当时王晏的儿子王德元出任晋安郡太守，召王僧孺补任郡丞，除授为侯官令。建武初年，朝廷诏令各地举荐才士，扬州刺史始安王萧遥光上表举荐秘书丞王暕及王僧孺称："前任侯官令东海人王僧孺，三十五岁年纪，志趣简约而专注，才思敏达而恬静，曾靠写文章来奉养家人，也曾为人抄书而成就学识。乃至囊萤映雪，编蒲辑柳来刻苦攻读，先哲古贤的言行，历史人物的雅俗，前代朝廷的仪典，昔日宫中的掌故，他都十分熟知，到了可在地上勾画成图，指着掌心娓娓道来的程度；何止是必然能回答出辨认鼮鼠的难题，保证古籍解读不出现遗漏的谬误，更能滔滔不绝地回答君主咨询的问题，解除主上的疑惑。"除授他为尚书仪曹郎，迁任治书侍御史，出京任钱塘令。起初，王僧孺与乐安人任昉曾在竟陵

鞭，吾为子御。刘《略》班《艺》，虞《志》荀《录》，伊昔有怀，交相
欣勖。下帷无倦，升高有属。嘉尔晨灯，惜余夜烛。"其为士友推重
如此。

　　天监初，除临川王后军记室参军，待诏文德省。寻出为南海太
守。郡常有高凉生口及海舶每岁数至，外国贾人以通货易。旧时州
郡以半价就市，又买而即卖，其利数倍，历政以为常。僧孺乃叹曰：
"昔人为蜀部长史，终身无蜀物，吾欲遗子孙者，不在越装。"并
无所取。视事期月，有诏征还，郡民道俗六百人诣阙请留，不许。既
至，拜中书郎、领著作，复直文德省，撰《中表簿》及《起居注》。迁
尚书左丞，领著作如故。俄除游击将军，兼御史中丞。僧孺幼贫，其
母鬻纱布以自业，尝携僧孺至市，道遇中丞卤簿，驱迫沟中。及是拜
日，引驺清道，悲感不自胜。寻以公事降为云骑将军，兼职如故，顷
之即真。是时高祖制《春景明志诗》五百字，敕在朝之人沈约已下
同作，高祖以僧孺诗为工。迁少府卿，出监吴郡。还除尚书吏部郎，
参大选，请谒不行。

　　出为仁威南康王长史，行府、州、国事。王典签汤道愍昵于
王，用事府内，僧孺每裁抑之，道愍遂谤讼僧孺，逮诣南司。奉笺
辞府曰："下官不能避溺山隅，而正冠李下，既贻疵辱，方致徽绳，

王的西邸中相遇，因文学爱好而结下友情，到了王僧孺将要去钱塘县赴任时，任昉赠给他诗作，其诗大略写道："只有君了解我，只有我才了解君。目睹君之言行，前后始终如一。敬佩您啊看重您，如芳兰亦如白芷。昔日如影随形，浮生今须一别。百种德行之首，立人最是紧要。君之挺拔人格，谁人可堪毁誉。待到声名已立，倏忽老之将至。谁人执鞭追随，有我为君驾御。刘歆曾著《七略》，班固亦有《汉书·艺文志》，虞预撰成《晋书·艺文志》，荀勖写下《文章叙录》，昔日曾共吟咏，彼此欣赏勉励。闭门读书不倦，仕官笔耕不辍。惜我夜读烛短，愿君晨灯长明。"他就是如此受到士族友人的推重。

天监初年，王僧孺被除授为临川王后军记室参军，在文德省待诏。不久出京担任南海太守。南海郡常常有被贩卖的高凉人及海船每年前来数次，外国商人乘这些船前来通商，过去州郡长官都以极其低廉的价格采购，买进后随即售出，获利可达数倍，历来主政者都视之为寻常事。王僧孺叹息道："昔日有人出任蜀郡长史，却一生没有享用过蜀郡物产，我准备遗留给子孙后代的，不在于越地蓄积的财货。"他对贸易巨利分毫无取。视事刚满一个月，朝廷下诏令召他回京，郡中道俗百姓有六百人入朝请求将他留任在郡中，朝廷没有批准。回京之后，他被拜为中书郎，兼领著作，再度在文德省值班，撰写《中表簿》及《起居注》。迁任尚书左丞，依旧兼领著作。不久被除授为游击将军，兼任御史中丞。王僧孺小时家贫，他的母亲贩售纱布来营生，曾经带着王僧孺去市场，中途遇到御史中丞的仪仗，被清道者驱使逼赶进了沟渠中。现在到了他拜官为御史中丞的日子，引驺骑从也为他前驱清道，他不胜感慨悲叹。不久因为公事被降职为云骑将军，所兼职衔照旧，过了些时就转为正职。当时高祖作了一首五百字的《春景明志诗》，敕令朝中官员自沈约以下都一同作诗唱和，高祖认为王僧孺的诗作最为精巧。迁任少府卿，出京监管吴郡。回京后任尚书吏部郎，参掌铨叙选官，求官者拜谒请托之风随之消失。

出京担任仁威南康王长史，行府州国事。南康王的典签汤道愍受到南康王宠昵，在府中跋扈专权，王僧孺常常打压制裁他，汤道愍就诽谤诬告王僧孺，有司收捕了王僧孺带赴御史台。王僧孺写信辞别

解篆收簪，且归初服。窃以董生伟器，止相骄王；贾子上才，爰傅卑土。下官生年有值，谬仰清尘，假翼西雍，窃步东阁，多惭祗服，取乱长裾，高榻相望，直居坐右，长阶如画，独在僚端。借其从容之词，假以宽和之色，恩礼远过申、白，荣望多厕应、徐。厚德难逢，小人易说。方谓离肠陨首，不足以报一言；露胆披诚，何能以酬屡顾。宁谓罻罗裁举，微禽先落；阊阖始吹，细草仍坠。一辞九畹，方去五云。纵天网是漏，圣恩可恃，亦复孰寄心骸，何施眉目。方当横潭乱海，就鱼鳖而为群；披榛扪树，从虺蛇而相伍。岂复仰听金声，式瞻玉色。顾步高轩，悲如霰委；踟蹰下席，泪若缨縻。"

僧孺坐免官，久之不调。友人庐江何炯犹为王府记室，乃致书于炯，以见其意。曰：

近别之后，将隔暄寒，思子为劳，未能忘弭。昔李叟入秦，梁生适越，犹怀怅恨，且或吟谣；况歧路之日，将离严网，辞无可怜，罪有不测。盖画地刻木，昔人所恶，丛棘既累，于何可闻，所以握手恋恋，离别珍重。弟爱同邹季，淫淫承睫，吾犹复抗手分背，羞学妇人。素钟肇节，金飚戒序，起居无恙，动静履宜。子云笔札，元瑜书记，信用既然，可乐为甚。且使目明，能祛首疾。甚善甚善。

南康王道："下官不能为预防溺水就躲入山中，而在李树下整理了顶上之冠，给他人留下了口实因而受辱，即将被绳捆索绑，注销官员簿籍而收去官服冠簪，将要重新穿上入仕前的布衣了。我想昔日董仲舒那样的大器之才，只不过担任了骄奢的江都易王刘非之相；贾谊才具过人，亦只出任了远在卑湿之地的长沙国太傅。而下官生逢其时，谬受皇恩，得以在太学中踏入仕途，在宰相的宾客座中占据一席，惭愧地穿着官员的华服，拖曳起长长的衣裾，诸臣列坐高椅，臣径居其右，诸臣侍立长阶，臣独立其端。王上待我言辞从容，态度宽和，恩泽与礼遇都远超前汉的申公、白公，荣赏与厚望有过于后汉的应玚、徐干。大王厚德难逢，下官小人易悦。正所谓剖肠断头，不足报答主公勉励之言；披肝沥胆，怎能酬谢主公屡顾之恩。谁料罗网刚举，微小的禽鸟最先落网；秋风乍起，纤细的草茎就被吹落。我从此将离开芳兰之圃，即将前往朝中候审。纵使天网宽恕我，圣上的宏宥可以指望，但我又能将此身心寄放于何处，身为人臣的尊严体面又将如何存立呢。应该会远遁湖海之间，与鱼鳖相伴；攀援山野林间，与毒蛇为伍了。岂能再次仰听您的金玉良言，瞻望您的和颜悦色啊。远望您高贵的车驾，悲情如霰雪纷飞；我徘徊在卑微的坐席前，泪水似丝缕不绝。"

王僧孺坐罪免官，很久得不到起用。他的朋友庐江人何炯仍在担任王府记室，他就给何炯写信，表达自己的胸臆。信中说：

自最近离别以后，分隔就要满一岁寒暑了，思念你至深，始终未能忘怀。昔年老聃西入秦关，梁鸿东徙吴越，他们心中怀有惆怅遗憾，尚且要吟咏歌谣来排解；更何况我仕途步入歧途，要遭遇严厉的法网，辩解之词不获怜悯，待决之罪莫可推测。任由法吏苛暴审判，这是古人所厌恶的，既已身处囹圄之中，即便发声又有何处听得见呢？所以分别时与你握手恋恋不舍，互道离别珍重。贤弟对我的情谊有如平原君门下的邹文、季节，分别时潸然泪下，我已然举手告别而去，因为羞于如妇人一般临别啼哭。秋季已经到了，金风劲吹，愿你起居无恙，动静适意。你的文章如同谷子云的笔札，阮元瑜的书

吾无昔人之才而有其病，癫眩屡动，消渴频增。委化任期，故不复呼医饮药。但恨一旦离大辱，蹈明科，去皎皎而非自污，抱郁结而无谁告。丁年蓄积，与此销亡，徒窃高价厚名，横叨公器人爵，智能无所报，筋力未之酬，所以悲至抚膺，泣尽而继之以血。

顾惟不肖，文质无所底，盖困于衣食，迫于饥寒，依隐易农，所志不过钟庾。久为尺板斗食之吏，以从皂衣黑绶之役，非有奇才绝学，雄略高谟，吐一言可以匡俗振民，动一议可以固邦兴国。全璧归赵，飞矢救燕，偃息藩魏，甘卧安郢，脑日逐，髓月支，拥十万而横行，提五千而深入，将能执圭裂壤，功勒景钟，锦绣为衣，朱丹被毂，斯大丈夫之志，非吾曹之所能及已。直以章句小才，虫篆末艺，含吐缃缥之上，翩跹樽俎之侧，委曲同之针缕，繁碎譬之米盐，孰致显荣，何能至到。加性疏涩，拙于进取，未尝去来许、史，遨游梁、窦，俯首胁肩，先意承旨。是以三叶靡遷，不与运并，十年未徙，孰非能薄。及除旧布新，清晷方旦，抱乐衔图，讼讴有主，而犹限一吏于岑石，隔千里于泉亭，不得奉板中涓，预衣裳之会，提戈后劲，厕龙豹之谋。及其投劾归来，恩均旧隶，升文石，登玉陛，一见而降颜色，再睹而接话言，非藉左右之容，无劳群公之助。又非同席共研之夙逢，笥饵厄酒之早识，一旦陪武帐，仰文陛，备聘、佚之柱下，充严、朱之席上，入班九棘，出专千里，据操撮之雄官，参人伦之显职，虽古之爵人不次，取士无名，未有蹑影追风，奔骤之若此者也。

记，既受到主上的信用，更能使人快乐。读过令人双目清明，祛除头晕目眩的症状。实在是非常好啊。

我没有昔人的才华而空有他们的病症，颠眩屡屡发作，消渴的症候日益严重。我已把身体交给命运，生死任由其摆布，所以不再延请医生医治服药，只恨一朝身陷法网，触犯了法条，告别了皎皎清白之身却并非自身有污点所致，心怀郁结而无人可诉苦，壮年以来素有的志向，从此销亡，往日窃据的俸禄声名、公器人爵都付诸东流，才智本领再无可以报效的地方，躯体之力也无处可以施展，所以悲伤到抚胸长叹，泪尽而泣血。

只因我天生不才，无论文采还是质地本性都一无可取，为衣食所困，饥寒所迫，必须依靠出仕做官，所望不过是一点微薄的俸禄。起初我长期担任低级官员，充任穿黑衣的值殿侍从和佩墨绶的县令，并非有什么奇才绝学、雄略良谋，一句话就能匡世俗振民心，一个奏议就能保边境兴国家。像古代蔺相如完璧归赵，鲁仲连飞矢克燕，段干木止兵救魏，孙叔敖甘寝安郢，卫青霍去病驱逐匈奴破灭月氏，樊哙统军十万横行匈奴，李陵提兵五千深入大漠，手执玉圭裂土封侯，功勋铭于庙堂钟鼎之上，以锦绣为服，乘坐红色轮毂的华丽车舆，这些乃是大丈夫的志向，并非我这类人之所能企及的。只能以寻章摘句的渺小才能，舞文弄墨的微末技艺，徜徉于书卷之间，盘桓于酒宴之侧，小心翼翼事奉主公如同穿针引线，职事繁琐细碎如同柴米油盐，哪里能带来显贵荣华呢。加之我性情迂阔拘谨，拙于仕途进取，不曾与外戚皇亲高攀结识，亦不曾与朝中权贵亲密交游，对之俯首胁肩，曲意逢迎，所以家中三代人仕途都不通达，不能顺应时运，十年得不到调职，这又能怪罪谁呢。及至高祖建立梁朝，重新开启清朗的国运，臣子得以拥抱新朝，有了明主可以颂扬讴歌，而我依然是远在山隔的一个小官，身处偏僻之地与京师相隔千里，不能在宫廷中任职，参与国家间的友好盟会，也不能操起武器投身军旅，贡献英雄豪杰的谋略。待到我辞官归乡，忽遇朝廷施恩惠于前朝旧吏，我竟能走上宫廷，登上玉阶，初次觐见得睹龙颜，再次觐见得以与天子接谈，这并非借助了圣上左右的美言，也没有劳烦朝中公卿的襄

盖基薄墙高，途遥力踬，倾蹶必然，颠蕈可俟。竟以福过灾生，人指鬼瞰，将均宥器，有验倾卮，是以不能早从曲影，遂乃取疑邪径。故司隶懔懔，思得应弦，譬县厨之兽，如离缴之鸟，将充庖鼎，以饵鹰鹯。虽事异钻皮，文非刺骨，犹复因兹舌杪，成此笔端，上可以投界北方，次可以论输左校，变为丹赭，充彼春薪。幸圣主留善贷之德，纡好生之施，解网祝禽，下车泣罪，愍兹众诉，怜其觳觫，加肉朽胔，布叶枯株，辍薪止火，得不销烂。所谓还魂斗极，追气泰山，止复除名为民，幅巾家巷，此五十年之后，人君之赐焉。木石感阴阳，犬马识厚薄，员首方足，孰不戴天？而窃自有悲者，盖士无贤不肖，在朝见嫉；女无美恶，入宫见妒。家贫，无苞苴可以事朋类，恶其乡原，耻彼戚施，何以从人，何以徇物？外无奔走之友，内乏强近之亲。是以构市之徒，随相媒蘖。及一朝捐弃，以快怨者之心，吁可悲矣。

助。我不是曾与圣上同席读书的老同学，或是交游酒宴上的旧相识，
却忽然间已在武帐中陪侍御驾，在殿阶上仰望龙颜，担任老聃、史
佚那样的御史官在殿柱下等候天子的指派，充任严助、朱买臣一样的
文臣在坐席上辅佐君王的政务，在京则位列九棘之班次，出京则管
理千里之州郡，占据权力在握的官位，参掌皇子藩国的显职，虽然古
时封爵不依次序，取士不论名望，也没有像我这样升迁得如同快马
追风逐影一般的了。

　　凡墙基浅薄而墙面高耸，路途遥远而脚步踉跄，则墙的倒塌无
可避免，人的摔倒也指日可待。福庆过后灾难就会萌生，受众人指
点者也凶鬼也会盯上，要调整宥坐之器的水位令之不多不少，难免有
酒樽倾倒的效验，就因我不能早早屈从于奸邪之人，于是就走入歧
途遭到有司的怀疑。所以司职纠察之官严正查办此案，想要获得猎
物，我就像那悬于庖厨的野兽，即将进入升鼎之中，又像被弓矢射中
的飞鸟，成为猎鹰的饵食。虽然此案的判决与钻皮飞羽刻意矫饰有所
不同，断罪的文案也并非峻刻严苛至极，但还是因法吏如簧的巧舌，
落于笔端成为我的一纸罪名，严惩则可以流徙至北方极远之地，轻
判则可以押入左校服劳役，成为一个穿赤色囚服的监犯，从事舂米
砍柴一类的苦役。幸亏圣上有免罪以励善的美德，垂降下爱惜生灵的
仁慈胸怀，开恩解开罗网，他的宽仁如同大禹下车询问哭泣的罪人一
样，怜悯这被指责诟病的对象，哀怜其惊恐畏惧的模样，让腐朽之
躯长出新肉，令枯死之树生出新叶，撤去薪柴来熄灭火焰，使我没有
就此销亡腐烂，正所谓从北极星那里迎回魂魄，从泰山地府追回呼
吸，朝廷只是将我官籍除去贬为平民，从此身穿布衣存身于闾巷间，
我今后的五十年寿命，都是圣上所赐予的。木头石块尚且能感受天
地阴阳之别，犬马牲畜尚且知晓待遇厚薄之分，一介圆首方足之人，
难道还不知感谢天恩吗？而自己私下仍感到伤怀的是，士人不分贤
愚，只要在朝任职就会遭人嫉恨；妇女无论美丑，只要入宫侍奉就
会被人妒忌。我这家境贫寒之人，没有厚礼可以四处馈赠结交，又
厌恶世俗的乡愿伪善，耻于胁肩谄笑取媚于人，如何能做到巴结他
人，随声附和呢？在外没有为我奔走的朋友，在内缺乏显贵而亲近的

　　盖先贵后贱，古富今贫，季伦所以发此哀音，雍门所以和其悲曲。又迫以严秋杀气，具物多悲，长夜展转，百忧俱至。况复霜销草色，风摇树影。寒虫夕叫，合轻重而同悲；秋叶晚伤，杂黄紫而俱坠。蜘蛛络幕，熠燿争飞，故无车辙马声，何闻鸣鸡吠犬。俯眉事妻子，举手谢宾游。方与飞走为邻，永用蓬蒿自没。怆其长息，忽不觉生之为重。素无一廛之田，而有数口之累。岂曰匏而不食，方当长为佣保，糊口寄身，溘死沟渠，以实蝼蚁。悲夫！岂复得与二三士友，抱接膝之欢，履足差肩，摛绮縠之清文，谈希微之道德。唯吴冯之遇夏馥，范式之值孔嵩，愍其留赁，怜此行乞耳。傥不以垢累，时存寸札，则虽先犬马，犹松乔焉。去矣何生，高树芳烈。裁书代面，笔泪俱下。

　　久之，起为安西安成王参军，累迁镇右始兴王中记室，北中郎南康王咨议参军，入直西省，知撰谱事。普通三年，卒，时年五十八。

　　僧孺好坟籍，聚书至万余卷，率多异本，与沈约、任昉家书相埒。少笃志精力，于书无所不睹。其文丽逸，多用新事，人所未见者，世重其富。僧孺集《十八州谱》七百一十卷、《百家谱集》十五卷、《东南谱集抄》十卷，文集三十卷、《两台弹事》不入集内为五卷，及《东宫新记》，并行于世。

亲族。因此那些构陷挑拨之徒，竞相诬蔑陷害我。终于有一天被褫夺了官职，令嫌怨者感到快意，哎！多么可悲啊。

先高贵而后低贱，过去富有而现在贫寒，石季伦曾为这样的人生而哀叹，雍门子周也曾为这种遭遇奏出悲哀的琴曲。更加上深秋时节弥漫着肃杀之气，万物多有悲意，漫漫长夜辗转反侧，各种忧思同时涌起。何况寒霜令百草失色，秋风摇撼着树影。那寒虫在黄昏纷纷发声鸣叫，众声汇聚而同样悲凉；秋叶在傍晚最为伤心，黄紫斑驳而相继坠落。蜘蛛在编缀它的网幕，流萤们争相飞舞，门庭冷落没有车马喧哗，不闻鸡鸣犬吠。低眉照顾妻儿，举手谢绝交游。我将要与飞禽走兽比邻而居，永久地在蓬蒿草莽间隐藏此身了。一声长长的叹息过后，忽然不再觉得活着是多么重要的一件事。我素来并无一分田亩，而身有数口家累。谁说不出仕的人就不食人间烟火，我将要长期当他人的雇工，以求得糊口立身，待到某日死于沟渠中，成为蝼蚁的餐食，多么可悲啊！哪里还会得与二三士子友人，促膝欢谈，并足比肩，撰写思绪绮丽多姿的美文，谈论玄虚而不可感知的大道呢。后汉吴冯偶遇隐居的夏馥，刺史范式结识做随从的孔嵩，怜悯他们为谋生而受雇佣，同情他们行乞的窘况。倘若你不认为我的耻辱会成为你的拖累，时常以书信短札往来，那么我即便是壮年早逝，也会像赤松子、王子乔一样永生不殁了。再会吧何君，愿你事业有成留下美盛的功业。见字如面，临纸泪流。

时隔很久，朝廷才起用王僧孺为安西安成王参军，累加升迁为镇右始兴王中记室，北中郎南康王咨议参军，进入秘书省值班，主持撰定各地家谱的工作。普通三年(522)，王僧孺去世，时年五十八岁。

王僧孺喜好古籍，藏书多至一万多卷，大都是罕见珍本，与沈约、任昉家的藏书不相上下。他少年时专心致力于博览群籍，没有不看的书。其文章雅丽飘逸，多采用新鲜史事为材料，都是人们所未曾见过的，世人都看重他知识渊博。王僧孺辑有《十八州谱》七百一十卷、《百家谱集》十五卷、《东南谱集抄》十卷，又有文集三十卷，《两台弹事》未收入文集的内容共五卷，以及《东宫新记》，全都通

## 张率

张率，字士简，吴郡吴人。祖永，宋右光禄大夫。父瓌，齐世显贵，归老乡邑，天监初，授右光禄，加给事中。

率年十二，能属文，常日限为诗一篇，稍进作赋颂，至年十六，向二千许首。齐始安王萧遥光为扬州，召迎主簿，不就。起家著作佐郎。建武三年，举秀才，除太子舍人。与同郡陆倕幼相友狎，常同载诣左卫将军沈约，适值任昉在焉，约乃谓昉曰："此二子后进才秀，皆南金也，卿可与定交。"由此与昉友善。迁尚书殿中郎。出为西中郎南康王功曹史，以疾不就。久之，除太子洗马。高祖霸府建，引为相国主簿。天监初，临川王已下并置友、学。以率为鄱阳王友，迁司徒谢朏掾，直文德待诏省。敕使抄乙部书，又使撰妇人事二十余条，勒成百卷。使工书人琅邪王深、吴郡范怀约、褚洵等缮写，以给后宫。率又为《待诏赋》奏之，甚见称赏。手敕答曰："省赋殊佳。相如工而不敏，枚皋速而不工，卿可谓兼二子于金马矣。"又侍宴赋诗，高祖乃别赐率诗曰："东南有才子，故能服官政。余虽惭古昔，得人今为盛。"率奉诏往返数首。其年，迁秘书丞，引见玉衡殿。高祖曰："秘书丞天下清官，东南胄望未有为之者，今以相处，足为卿誉。"其恩遇如此。

四年三月，禊饮华光殿。其日，河南国献舞马，诏率赋之，曰：

臣闻"天用莫如龙，地用莫如马。"故《礼》称骊骝，《诗》诵

行于世。

## 张率

张率字士简，吴郡吴县人。祖父张永，官至刘宋一朝的右光禄大夫。父亲张瓌，是南齐的显贵，辞官告老还乡，天监初年，梁朝授任他为右光禄大夫，加官给事中。

张率十二岁时，已经能做文章，常常限定每天作诗一篇，稍有进步后就作赋颂，到了十六岁时，诗赋已经积累了二千多首。南齐始安王萧遥光担任扬州刺史时，召迎他出任主簿，他没有去就职。初任著作佐郎。建武三年(496)，被举荐为秀才，朝廷任命他为太子舍人。他和同郡人陆倕自幼就友善亲昵，常常乘同一辆车去拜访左卫将军沈约，有一次正好任昉在场，沈约就对任昉说："这两位是后进晚生中才华出众的精英，都是江南本土的人杰，卿可与他们定下交情。"由此张率和任昉成为朋友。迁任尚书殿中郎。出京担任西中郎南康王功曹史，因病没有去赴任。很久以后，被除授为太子洗马。高祖被封为建安王设置藩府时，任用他为相国主簿。天监初年，临川王萧宏以下设置了友、学等僚佐，就任命张率为临川王友。迁任司徒谢朏掾，在文德待诏省值班。天子敕令他抄写史部图书，又让他撰写妇女史事二十几条，辑成一百卷，让擅长书法的琅琊人王深、吴郡人范怀约、褚洵等加以缮写，以供应后宫使用。张率又写作了《待诏赋》奏上，深得高祖称赞赏识，亲笔写敕令答复他说："你的省赋写得非常好。司马相如的赋文精巧但才思并不敏捷，枚皋的赋文写作飞快而稍欠精工，卿可谓集二人之长于省赋中了。"又有一次张率侍宴赋诗，高祖单独赐张率一首诗，写道："东南有才子，故能服官政。余虽惭古昔，得人今为盛。"张率奉旨也酬答了数首。这一年，迁任秘书丞，在玉衡殿谒见天子。高祖说："秘书丞乃是天下最清贵显要的官职，江南望族中还从来没有人担任过这个职务，今天将之授予你，足以成就卿的美名了。"他就是如此受到天子的恩遇。

天监四年(505)三月，君臣在华光殿修禊饮宴。这一天，河南国进献舞马，天子诏令张率作赋，他写道：

臣听说"翱翔于天际没有比乘龙更好的，驰骋于大地没有比

骝骆。先景遗风之美，世所得闻；吐图腾光之异，有时而出。洎我大梁，光有区夏，广运自中，员照无外，日入之所，浮琛委贽，风被之域，越险效珍，軨服乌号之骏，騊駼拳龙之名。而河南又献赤龙驹，有奇貌绝足，能拜善舞。天子异之，使臣作赋，曰：

维梁受命四载，元符既臻，协律之事具举，胶庠之教必陈，檀舆之用已偃，玉辂之御方巡。考帝文而率通，披皇图以大观。庆惟道而必先，灵匪圣其谁赞。见河龙之瑞唐，瞩天马之祯汉。既叶符而比德，且同条而共贯。询国美于斯今，迈皇王于曩昔。散大明以烛幽，扬义声而远斥。固施之于不穷，谅无所乎朝夕。并承流以请吏，咸向风而率职。纳奇贡于绝区，致龙媒于殊域。伊况古而赤文，爰在兹而朱翼。既效德于炎运，亦表祥于尚色。资皎月而载生，祖河房而挺授。种北唐之绝类，嗣西宛之鸿胄。禀妙足而逸伦，有殊姿而特茂。善环旋于荠夏，知蹈躐于金奏。超六种于周闲，逾八品于汉厩。伊自然之有质，宁改观于肥瘦。岂徒服皂而养安，与进驾以驰骤。尔其挟尺县凿之辨，附蝉伏兔之别，十形五观之姿，三毛八肉之势，臣何得而称焉，固已详于前制。

徒观其神爽，视其豪异，轶跨野而忽逾轮，齐秀骐而并末驷。

骑马更好的"。所以《礼》中提到骐骥,《诗》中咏叹骊骆。千里马先景、遗风的美妙,世人都有所耳闻;尧帝时代龙马吐图、荣光出河的奇异景象,后来也曾出现。到了我大梁一朝,广有诸夏,宏大的国运肇始于中,德泽遍及四方毫无例外,太阳落下之国,仁风感化之域,纷纷跋山涉水历尽艰险,入朝进献珍宝,有䡾服、乌号那样的骏马,亦有骖騄、騄龙一般的名驹。而河南国又献上赤龙驹,有奇特的外貌独特的四足,能够跪拜且擅长舞蹈。天子认为它很不寻常,令臣作赋以记之,其辞为:

大梁承受天命已然四载,上天祥瑞的符命已经齐备,乐教协调的事宜皆已完成,官立学校的教育普遍开展,兵车战具的使用已经止息,帝王华贵的车驾将要巡行。考释天降的图纬大都已经解通,披览皇朝的版图以综观四方天地。福庆必先降临于有道的人君,若无圣者之灵又怎会得到人神辅翼。唐尧时代黄河中龙马现身,汉武一代大宛有天马来朝。二者道理一致帝德相仿,而且是同一规律贯彻如一。比较今日国朝的美善之德,有过于往昔的先皇古帝。大放光明烛照幽暗,仁义之声远扬四方。施行仁政无穷无尽,普及教化不分朝夕。各国都承泽而请求归附,无不向化而朝贡献礼。从绝远的异乡纳上珍奇的贡品,从陌生的远方带来罕见的骏骐。远古龙马的身上有赤色的纹理,今日舞马的毛色有如朱红的双翼。天马对应着汉朝火德的国运,也是以颜色显祥瑞于尚红的朝代。舞马乃是大地凭借皎洁明月而生,其源起是天河中的房宿所授。它延续着北方尧帝龙马的血脉,也承嗣了西域大宛天马的苗裔。迈着曼妙绝伦的步伐,有着独特俊秀的姿态。善于跟随《荠夏》的音律回旋转圈,懂得踏着钟镈奏响的节拍轻快起舞。超过了周朝马圈划分的六种等级,逾越了汉朝马厩评定的八个品级。它自有它天然的本性,怎会改观外形的肥瘦来取悦评家。它不止会卧于马槽前安然休息,更能拉动车驾疾速飞驰。至于它挟尺、悬凿等位置的辨识,附蝉、伏兔等特征的区别,十处部位的形状、五种外观的姿态,三毛八肉的体势,微臣哪里懂得如何去逐一品评赞美,前人在著作中早已详细论述过了。

只观察它飒爽的风度,审视它与众不同的豪气,已经超越了跨

贬代盘而陋小华，越定单而少天骥。信无等于漏面，孰有取于决鼻。可以迹章、亥之所未游，逾禹、益之所未至。将不得而屈指，亦何暇以理辔。若迹遍而忘反，非我皇之所事。方润色于前古，邈深文而储思。

　　既而机事多暇，青春未移。时惟上巳，美景在斯。遵镐饮之故实，陈洛宴之旧仪。漕伊川而分派，引激水以回池。集国良于民俊，列树茂于皇枝。纷高冠以连袚，锵鸣玉而肩随。清辇道于上林，肃华台之金座。望发色于绿苞，伫流芬于紫裹。听磬镈之毕举，聆《韶》《夏》之咸播。承六奏之既阕，及九变之已成。均仪禽于唐序，同舞兽于虞庭。怀夏后之九代，想陈王之紫骍。乃命涓人，效良骏，经周卫，入钩陈。言右牵之已来，宁执朴而后进。既倾首于律同，又蹀足于鼓振。擢龙首，回鹿躯，睋两镜，蹙双凫。既就场而雅拜，时赴曲而徐趋。敏躁中于促节，捷繁外于惊枑。骐行骥动，虎发龙骧；雀跃燕集，鹄引凫翔。妍七盘之绰约，陵九剑之抑扬。岂借仪于褕袣，宁假器于氂皇。婉脊投颂，俯膺合雅。露沫散红，沾汗流赭。乃却走于集灵，驯惠养于丰夏。郁风雷之壮心，思展足于南野。

野、逾轮这样的传奇名马，可以与秀骐、末驷这样的绝世名驹并驾齐驱。在它面前，代盘、小华等良马都会显得逊色丑陋，定单、天骥这些上古骏马也将会甘拜下风。更加不是漏面、决鼻这些病马可以望其项背的。可以乘上它抵达太章、竖亥所未曾游历的秘境，逾越夏禹、伯益治水时未曾经过的地方。它风驰电掣一般的速度将让骑手无法屈指计算里程，也没有时间整理缰辔。至于像周天子驾八骏巡游天下流连忘返，我王不会效仿于他。陛下正在心中用远古骏马的典故润色辞赋，为了邈远深邃的文采而积蓄灵感。

现在正逢机要政务的间隙多有余暇，春光虽短尚未消逝。在这上巳的春日，美景就在眼前。遵循西周在镐京禊饮的往事，铺陈周公在洛邑宴集的旧仪。开挖伊水而分导水流，引导激流回到太液池中。国之良臣和民之俊杰都会集于此，皇亲国戚宗室贵枝都列队园中。那成片的高冠下人们衣襟相连，在玉珮清脆的撞击声中人们比肩相随。清空皇家苑囿中的辇道，肃清华丽殿堂上的金座。远望林木枝条萌发的绿色芽苞，紫色花苞中蕴藏着流动的芬芳。倾听那一齐奏响的悠扬钟磬声，这是《韶》《夏》礼乐的优雅之音。依次奏响六代之乐所有乐章，演奏九次均已完成。此情此景如同凤凰降临唐尧的堂下，仿佛又见群兽献舞于虞舜的庭前。怀想起夏启的骏马九代，联想到陈王曹植的良马紫骍。于是命令内侍，献上这匹骏马，要先环绕内廷周围的官署，最后再进入后宫。有人报告右牵献马之人已经到来，其人竟执着赶马棒走在马的身后进入。舞马频频点头配合着音律，又随着鼓声蹈踏四足。耸起龙头，回转鹿躯，两只明镜似的眼睛斜视周遭，水鸟一样的双耳收缩起来。它当场优雅地跪拜，又随着乐曲而徐徐前进。它的动作快慢都合乎急促的音乐节奏，在紧张的鼓声中快速地转换各种肢体动作。以骏马独有的姿态完成一举一动，有时又好似猛虎待发蛟龙昂首；敏捷如同雀鸟腾跃莺燕会集，轻盈好似白鹤引颈水鸭滑翔。身姿就像七盘之舞一样柔美曼妙，动作的抑扬准确胜过九剑那样的杂技表演。它何曾借助华丽的舞衣来增添仪容，也不曾借助牦牛尾和羽毛制成的道具。脊背的起伏合乎颂乐的拍子，俯身的动作也合乎雅乐的节奏。口中喷出的唾沫都是红色的，

　　若彼符瑞之富，可以臻介丘而昭卒业，搢绅群后，诚希末光，天子深穆为度，未之访也。何则？进让殊事，岂非帝者之弥文哉。今四卫外封，五岳内郡，宜弘下禅之规，增上封之训，背清都而日行，指云郊而玄运。将绝尘而弭辙，类飞鸟与驱驴。总三才而驱骛，按五御而超掳。翳卿云于华盖，翼条风于属车。无逸御于玉轸，不泛驾于金舆。饰中岳之绝轨，营奉高之旧墟。训厚况于人神，弘施育于黎献。垂景炎于长世，集繁祉于斯万，在庸臣之方刚，有从军之大愿。必自兹而展采，将同界于庖犉。悼长卿之遗书，悯周南之留恨。

　　时与到洽、周兴嗣同奉诏为赋，高祖以率及兴嗣为工。

　　其年，父忧去职。其父侍妓数十人，善讴者有色貌，邑子仪曹郎顾玩之求娉焉，讴者不愿，遂出家为尼。尝因斋会率宅，玩之乃飞书言与率奸，南司以事奏闻，高祖惜其才，寝其奏，然犹致世论焉。

　　服阕后，久之不仕。七年，敕召出，除中权建安王中记室参军，预长名问讯，不限日。俄有敕直寿光省，治丙丁部书抄。八年，晋安王戍石头，以率为云麾中记室。王迁南兖州，转宣毅咨议参军，并

身体浸湿的汗水也都是赤赭色的。于是它从宫阙殿堂中退下离开，驯从地接受皇宫盛夏对它的饲养。疾驰风雷的壮心郁结于胸中，想要在南野放开四蹄尽情驰骋。

像这样的符命祥瑞大量显现，足可以登上高山昭告天地大业已成，朝中的臣僚与诸侯，也都希望借此增添些微的荣光，但天子具有庄重肃穆的气度，没有造访名山。为什么呢？可封禅而不封，这种特别的谦让，岂不是身为帝王者文治更为深厚的表现吗。如今四方藩卫之国分封在外，刺史太守主政州郡于内，应该推行关于下禅和上封的规定训令，离开京城朝着太阳出发，向着远郊的方向行进。车马急速奔驰，迅疾如同飞鸟和驱驴。总揽天地人三才纵横驱驰，施展驾车的五种技艺而腾跃。让五彩祥云成为笼罩车驾的华盖，让春日劲吹的东风为属车插上翅膀。华贵的车驾不能失去控制，金质的车舆不可在路中翻覆。装饰嵩山已经中断了的封禅场所，重建奉高县旧日泰山封禅的墟址。对人神奉上丰厚的馈馐，对众贤臣广施培育教诲。在世间留下我朝的大德恒久流传，为万千人民带来繁多的福祉，我虽是一介庸臣但也血气方刚，素有从军北伐的宏大志愿。封禅之后必然能施展抱负，这种激励也将同样施于厨师和下吏。哀悼司马相如临终时为汉武帝留下《封禅文》，悲悯司马谈留滞洛阳未能参加泰山封禅的遗憾。

当时张率与到洽、周兴嗣一同奉诏写作赋文，高祖认为张率及周兴嗣的赋作更为工巧。

这一年，张率遭父丧丁忧去职。他的父亲有侍妓几十人，有一个擅长唱歌的侍妓颇有姿色，同邑人仪曹郎顾玩之请求迎娶她，这个歌者不愿意，就出家做了尼姑。她曾经因为斋会而前往张率的家中，顾玩之就写匿名信揭发说她和张率通奸，御史台将此事上奏天子，高祖爱惜他的才华，平息了奏议，然而还是引起了时人的非议。

张率服丧结束后，过了很久仍不出仕。天监七年（508），天子敕令召他出仕，任命为中权建安王中记室参军，并将他列入官员替补名单之中，不限替补的先后时日顺序。不久有敕令让他在寿光省值班，专门从事《子部》《集部》图书的抄缮。天监八年（509），晋安王萧纲

兼记室。王还都，率除中书侍郎。十三年，王为荆州，复以率为宣惠咨议，领江陵令。府迁江州，以咨议领记室，出监豫章、临川郡。率在府十年，恩礼甚笃。

还除太子仆，累迁招远将军、司徒右长史、扬州别驾。率虽历居职务，未尝留心簿领，及为别驾奏事，高祖览牒问之，并无对，但奉答云"事在牒中"。高祖不悦。俄迁太子家令，与中庶子陆倕、仆刘孝绰对掌东宫管记，迁黄门侍郎。出为新安太守，秩满还都，未至，丁所生母忧。大通元年，服未阕，卒，时年五十三。昭明太子遣使赠赗，与晋安王纲令曰："近张新安又致故。其人才笔弘雅，亦足嗟惜。随弟府朝，东西日久，尤当伤怀也。比人物零落，特可凄慨，属有今信，乃复及之。"

率嗜酒，事事宽恕，于家务尤忘怀。在新安，遣家僮载米三千石还吴宅，既至，遂耗太半。率问其故，答曰："雀鼠耗也。"率笑而言曰："壮哉雀鼠。"竟不研问。少好属文，而《七略》及《艺文志》所载诗赋，今亡其文者，并补作之。所著《文衡》十五卷，文集三十卷，行于世。子长公嗣。

## 刘孝绰

刘孝绰，字孝绰，彭城人，本名冉。祖勔，宋司空忠昭公。父绘，齐大司马霸府从事中郎。

孝绰幼聪敏，七岁能属文。舅齐中书郎王融深赏异之，常与同载适亲友，号曰神童。融每言曰："天下文章，若无我当归阿士。"阿

出镇石头戍，任命张率为云麾中记室。晋安王迁任南兖州刺史，张率转任宣毅咨议参军，并兼任记室。晋安王回京后，张率被任命为中书侍郎。天监十三年（514），晋安王任荆州刺史，再度任命张率为宣惠咨议，兼领江陵令。王府迁往江州后，张率以咨议参军兼领记室，出州城代理豫章、临川郡政事。张率在晋安王府中任职十年，所受恩遇甚是笃厚。

回京后任命为太子仆，累加迁任为招远将军、司徒右长史、扬州别驾。张率虽然担任过许多职位，但不曾留心过官府的簿册记录，他任别驾时上奏言事，高祖看过奏牒后问他详情，他答不出来，只回答说"事情全写在奏牒中"。高祖颇为不悦。不久迁任太子家令，与中庶子陆倕、仆刘孝绰一起掌管东宫管记，迁任黄门侍郎。出京担任新安太守，任职期满后回京，还没有抵达时，遭生母丧丁忧。大通元年（527），他服丧尚未结束就去世了，时年五十三岁。昭明太子派使者赠送钱款资助他的丧葬，并对晋安王萧纲说："最近张率又辞世了。此人文笔高雅，实在也值得嗟叹惋惜。他追随贤弟在府中任职，与我东西相隔已经很久，故而我尤感伤心。近时我朝屡有人物凋零，特别令人伤痛感慨，今日又有丧讯传来，于是再度想起了他。"

张率喜欢饮酒，行事十分宽容，对于家务尤其不放在心上。他在新安郡时，曾派家僮运送三千石米至吴县的家宅，运到了之后，折耗了一大半。张率问其缘故，家僮回答说："途中被崔鼠吃掉了。"张率笑着说："好厉害的崔鼠。"竟然不加追究了。他自少年时起就喜好写文章，《七略》及《艺文志》所载的诗赋，流传至当时已经亡佚原文的，他就都为之补作。所著的《文衡》十五卷，文集三十卷，都通行于世。儿子为张长公。

### 刘孝绰

刘孝绰字孝绰，彭城人，本名刘冉。祖父刘勋，是刘宋一朝的司空忠昭公。父亲刘绘，南齐一朝官至大司马霸府从事中郎。

刘孝绰自幼聪敏，七岁即能作文。舅舅南齐中书郎王融对他深为赏识，视为非同寻常之人，常与他同乘一车拜访亲友，称他为神

士，孝绰小字也。绘，齐世掌诏诰。孝绰年未志学，绘常使代草之。父党沈约、任昉、范云等闻其名，并命驾先造焉，昉尤相赏好。范云年长绘十余岁，其子孝才与孝绰年并十四五，及云遇孝绰，便申伯季，乃命孝才拜之。天监初，起家著作佐郎，为《归沐诗》以赠任昉，昉报章曰："彼美洛阳子，投我怀秋作。讵慰耋嗟人，徒深老夫托。直史兼褒贬，辖司专疾恶。九折多美疹，匪报庶良药。子其崇锋颖，春耕励秋获。"其为名流所重如此。

迁太子舍人，俄以本官兼尚书水部郎，奉启陈谢，手敕答曰："美锦未可便制，簿领亦宜稍习。"顷之即真。高祖雅好虫篆，时因宴幸，命沈约、任昉等言志赋诗，孝绰亦见引。尝侍宴，于坐为诗七首，高祖览其文，篇篇嗟赏，由是朝野改观焉。

寻有敕知青、北徐、南徐三州事，出为平南安成王记室，随府之镇。寻补太子洗马，迁尚书金部侍郎，复为太子洗马，掌东宫管记。出为上虞令，还除秘书丞。高祖谓舍人周舍曰："第一官当用第一人。"故以孝绰居此职。公事免。寻复除秘书丞，出为镇南安成王咨议，入以事免。起为安西记室，累迁安西骠骑咨议参军，敕权知司徒右长史事，迁太府卿、太子仆，复掌东宫管记。时昭明太子好士爱文，孝绰与陈郡殷芸、吴郡陆倕、琅邪王筠、彭城到洽等，同见宾礼。太子起乐贤堂，乃使画工先图孝绰焉。太子文章繁富，群才咸欲撰录，太子独使孝绰集而序之。迁员外散骑常侍，兼廷尉卿，顷之即真。

童。王融常常说："天下文章之冠，若是没有我则当数阿士。"阿士是刘孝绰的小名。刘绘在南齐一朝执掌诏令诰命。刘孝绰还未满十五岁时，刘绘就常常让他代自己起草诏诰。父亲的朋友沈约、任昉、范云等听说了他的名声，争相驾车来造访这个神童，任昉尤其赏识喜爱他。范云比刘绘年长十几岁，他的儿子范孝才和刘孝绰都是十四五岁年纪，范云见过刘孝绰之后，就让二人结为异姓兄弟，让范孝才拜刘孝绰为兄。天监初年，刘孝绰初任著作佐郎，写了一首《归沐诗》赠给任昉，任昉回赠其诗写道："彼美洛阳子，投我怀秋作。讵慰耋嗟人，徒深老夫托。直史兼褒贬，辖司专疾恶。九折多美疹，匪报庶良药。子其崇锋颖，春耕励秋获。"刘孝绰就是如此受到名流的看重。

迁任太子舍人，不久以本身官职兼任尚书水部郎，他奉旨后启奏谢恩，高祖亲笔写下敕令答复他说："华美的锦缎不能立刻就裁制衣袍，官署的文书公务也应该稍加熟习才行。"过了一些时就由兼任改为实授。高祖喜好鸟虫篆，当时宫中每次举行宴会，高祖常让沈约、任昉等人赋诗言志，刘孝绰也受到引见赴宴。他有一次侍宴时，在座位上作诗七首，高祖浏览他所作诗文，对每一篇都赞赏慨叹不已，从此朝野上下都对刘孝绰另眼相看。

不久天子下敕令让刘孝绰分掌青、北徐、南徐三州政事，出京任平南安成王萧秀记室，随王府前往藩镇。不久补任太子洗马，迁任尚书金部郎，又担任太子洗马，掌管东宫管记。出京任上虞令，迁任秘书丞。高祖对舍人周舍说："一等重要的官职应当用第一流的人才。"所以让刘孝绰出任此职。后因公事免职。不久又任命为秘书丞，出京担任镇南安成王咨议，后入朝因事免职。被起用为安西记室，累加迁任为安西骠骑咨议参军，天子敕令他暂管司徒右长史的职事，迁任太府卿、太子仆，又掌管东宫管记。当时昭明太子喜士好文，刘孝绰与陈郡人殷芸、吴郡人陆倕、琅琊人王筠、彭城人到洽等，都作为太子的座上宾受到礼遇。太子起造乐贤堂，让画工先为刘孝绰画像于堂中。太子所著文章篇目繁多，众多才士都想为他编纂文集，太子唯独让刘孝绰编辑成集并作序。迁任员外散骑常侍，兼任廷尉卿，不久就实授此职。

　　初，孝绰与到洽友善，同游东宫。孝绰自以才优于洽，每于宴坐，嗤鄙其文，洽衔之。及孝绰为廷尉卿，携妾入官府，其母犹停私宅。洽寻为御史中丞，遣令史案其事，遂劾奏之，云："携少妹于华省，弃老母于下宅。"高祖为隐其恶，改"妹"为"姝"。坐免官。孝绰诸弟，时随藩皆在荆、雍，乃与书论共洽不平者十事，其辞皆鄙到氏。又写别本封呈东宫，昭明太子命焚之，不开视也。

　　时世祖出为荆州，至镇与孝绰书曰："君屏居多暇，差得肆意典坟，吟咏情性，比复稀数古人，不以委约而能不伎痒；且虞卿、史迁由斯而作，想摛属之兴，益当不少。洛地纸贵，京师名动，彼此一时，何其盛也。近在道务闲，微得点翰，虽无纪行之作，颇有怀旧之篇。至此已来，众诸屑役。小生之诋，恐取辱于庐江；遮道之奸，虑兴谋于从事。方且褰帷自厉，求瘼不休，笔墨之功，曾何暇豫。至于心乎爱矣，未尝有歇，思乐惠音，清风靡闻。譬夫梦想温玉，饥渴明珠，虽愧卞、随，犹为好事。新有所制，想能示之。勿等清虑，徒虚其请。无由赏悉，遣此代怀。数路计行，迟还芳札。"孝绰答曰："伏承自辞皇邑，爰至荆台，未劳刺举，且摛高丽。近虽预观尺锦，而不睹全玉。昔临淄词赋，悉与杨修，未殚宝笥，顾惭先哲。渚宫旧俗，朝衣多故，李固之荐二贤，徐珍之奏七郡，威怀之道，兼而有之。当欲使金石流功，耻用翰墨垂迹。虽乖知二，偶达圣心。爰自退居素里，却扫穷闾，比杨伦之不出，譬张挚之杜门。昔赵卿穷愁，肆言得失；汉臣郁志，广叙盛衰。彼此一时，拟非其匹。窃以文豹何辜，以文为罪。由此而谈，又何容易。故韬翰吮墨，多历寒暑，既阙子幼南山之歌，又微敬通渭水之赋，无以自同献笑，少酬褒诱。且才乖体物，不拟作于玄根；事殊宿诺，宁贻惧于朱亥。顾己反躬，载怀累息。但瞻言汉广，邈若天涯，区区一心，分宵九逝。殿下降情白

　　起初，刘孝绰与到洽相友善，一同在东宫交游。刘孝绰自认为才学高于到洽，每每在饮宴集会时，嘲笑鄙薄其文章，到洽对此心存怨恨。刘孝绰担任廷尉卿时，带着妾室住进了官宅，他的母亲还住在私宅中。到洽不久担任了御史中丞，派令史查办此事，就弹劾参奏刘孝绰，说他"携同少妹住在华丽的府署，将老母抛弃在下等家宅中。"高祖为刘孝绰隐讳罪过，将"妹"字改为"姝"字。刘孝绰获罪免官。刘孝绰的几个弟弟，当时都跟随藩府在荆州、雍州等地任职，就致信给他议论到洽处理不公的十件事，信中文辞都在鄙薄到洽。又将信的副本呈递至东宫，昭明太子下令将信烧掉，不曾开启查看。

　　当时元帝出镇荆州，到达州中后给刘孝绰去信说："您隐居多有闲暇，当可尽情浏览古籍，吟咏诗词抒写性情，比拟那些古代人物，不因为疲病穷困就不写书作文；如著成《虞氏春秋》的虞卿和写下《史记》的司马迁都是遭遇免官而著书立说，想来您文章创作的兴致，更是应该不少。左思之赋令洛阳纸贵，谢灵运作诗而名动京师，古时与今世并无不同，您的文学成就该是多么丰盛啊。我最近在路途中多有闲暇，略有著述，虽然没有记述行旅的作品，但也颇有怀旧性质的篇章。抵达这里以来，琐碎事务日渐繁多。想要任用贤能，又担心被汉朝朱云那样的清高才士所拒绝而受辱；考虑擢用旧交，又担心出现昔日陈涉招纳故人行迹不端的丑闻。所以正要掀开帷幔激励自己，检讨自己的失误不敢停息，文章创作的事，哪里还有闲暇来做呢。至于心中对文学的爱好，从不曾停息，想念您的书信翰墨，却迟迟不得聆听您的诗作。就好像在梦中记挂温润的美玉，思慕明亮的宝珠一样，我虽然自愧不如古代识美玉的卞和、得宝珠的随侯，却也同样喜好珍宝一样的文学作品。您新近如有所创作，希望能给我欣赏一二。切勿谦虚顾虑，让我的请求落空。无从得见您的片言只字，只好写此信代为抒发心怀。我计算着此信所走的路程，久久地守候您的回信。"刘孝绰答复他说："自殿下您离开京师，初至荆州上任，尚未以州中政务为辛劳，故多有文学方面的创作。近来我虽然在您的来信中预先读到了一部分，但不曾得览其全貌。昔日临淄王曹植所作的词赋，全都交给杨修品评指点，而我未能尽数获得您的大作，

屋,存问相寻,食椹怀音,矧伊人矣。"

　　孝绰免职后,高祖数使仆射徐勉宣旨慰抚之,每朝宴常引与焉。及高祖为《籍田诗》,又使勉先示孝绰。时奉诏作者数十人,高祖以孝绰尤工,即日有敕,起为西中郎湘东王咨议。启谢曰:"臣不能衔珠避颠,倾柯卫足,以兹疏僿,与物多忤。兼逢匿怨之友,遂居司隶之官,交构是非,用成萋斐。日月昭回,俯明枉直。狱书每御,辄鉴蒋济之冤;炙发见明,非关陈正之辩。遂漏斯密网,免彼严棘,得使还同士伍,比屋唐民,生死肉骨,岂伻其施。臣诚无识,孰不戴天。疏远亩陇,绝望高阙,而降其接引,优以旨喻,于臣微物,足为荣陨。况刚条落叶,忽沾云露;周行所真,复齿盛流。但雕朽杇

对比先哲实在有愧。回顾荆州过去旧有的习俗，在此任职的官员多有变故，东汉李固主政荆州时曾举荐杨厚、贺纯二位贤士，徐珍出任荆州刺史则劾奏了五郡太守的不法行径，治理州政的威慑与怀柔之法，常常兼而用之。应当致力于留下刻金勒石的治政功绩，而以只有诗赋文章传世为羞耻。虽然这种看法并不全面，但偶尔也有符合圣贤本意的时候。我自从罢官退居寒舍之后，息交绝游，效仿东汉杨伦的深居简出，模拟西汉张挚的闭门谢客。当年赵国虞卿身陷穷愁后，就著书立说畅谈得失；汉代司马迁郁郁不得志，就撰写《史记》详论历史盛衰。他们和我境遇相同，而我自忖不能与他们相比。我认为文士正如同斑纹豹子一样何尝有罪，招来罪愆的正是其文啊。因此评古论今，又谈何容易。所以我搁笔不写，已经颇有年月，既没有写出西汉杨子幼得罪后描写种豆南山的诗歌，又没有留下东汉冯敬通退居渭水所作的赋文，拿不出可以博君一笑的作品来略微酬答您的褒美鼓励。而且我才华浅薄不足以描摹事物，缺乏文学创作的慧根；在此之前也并不曾许下写作文章的承诺，故而不怕留下没有像战国时的朱亥那样报恩的恶名。对着自己深刻反省，感慨满怀几度长叹。只是古诗都说汉水宽广，我与您相距遥远如同天涯，对您的思念之情，即使是夜半时分也内心难平。殿下屈尊牵挂我这居于茅屋之人，对我惦念慰问，林中之鹪吃到甜美的桑葚也会感念植树者的仁德而唱出悦耳的音符，更何况生而为人区区在下您呢。"

刘孝绰免职之后，高祖几次派遣仆射徐勉前去对他宣旨加以抚慰，每逢举办宫廷宴会常常招他来参加。后来高祖写了《籍田诗》，又派徐勉先拿给刘孝绰看。当时奉旨作诗唱和的有几十人，高祖认为刘孝绰的和诗尤其工巧，当天就传达敕令，起用他为西中郎湘东王咨议。刘孝绰上奏辞谢说："微臣不能如衔珠起舞的玄鹤那样避免明珠跌落，亦不能如向日葵一般用落叶保护自己的根系，只因自己生性粗疏刚直，多有忤逆众议之处。更兼以遇到暗中怨恨我的友人，登上监察百官的官位后，构陷是非，进奏谗言。日月之光昭然轮回，清楚明白地洞烛是非曲直。刑狱文书多次呈上，是因为魏武帝鉴察到了蒋济的冤屈；汉光武帝能明察烤肉上有头发丝的罪责，与陈正的自

粪，徒成延奖；捕影系风，终无效答。"又启谢东宫曰："臣闻之，先圣以'众恶之，必察焉；众好之，必察焉'。岂非孤特则积毁所归，比周则积誉斯信。知好恶之间，必待明鉴。故晏婴再为阿宰，而前毁后誉。后誉出于阿意，前毁由于直道。是以一犬所噬，旨酒贸其甘酸；一手所摇，嘉树变其生死。又邹阳有言，士无贤愚，入朝见嫉。至若臧文之下展季，靳尚之放灵均，绛侯之排贾生，平津之陷主父，自兹厥后，其徒实繁。曲笔短辞，不暇殚述，寸管所窥，常由切齿。殿下诲道观书，俯同好学，前载枉直，备该神览。臣昔因立侍，亲承绪言，飘风贝锦，譬彼谗慝，圣旨殷勤，深以为叹。臣资愚履直，不能杜渐防微，曾未几何，逢訧罹难。虽吹毛洗垢，在朝而同嗟；而严文峻法，肆奸其必奏。不顾卖友，志欲要君，自非上帝运超己之光，昭陵阳之虐，舞文虚谤，不取信于宸明，在缧婴缠，幸得蠲于庸暗。裁下免黜之书，仍颁朝会之旨。小人未识通方，絷马悬车，息绝朝觐。方愿灭影销声，遂移林谷。不悟天听罔已，造次必彰，不以距违见疵，复使引籍云陛。降宽和之色，垂布帛之言，形之千载，所蒙已厚；况乃恩等特召，荣同起家，望古自惟，弥觉多忝。但未渝丹石，永藏轮轨，相彼工言，构兹媒䜩。且款冬而生，已凋柯叶，空延德泽，无谢阳春。"

我辩白无关。因此我能逃脱法度制裁的罗网，免受囹圄监禁之苦，得
以回归士人的行列，重新做回天子的良民，我的生死和骨肉身躯，就
如同是陛下施舍的一样。臣尽管并无才识，又怎敢不感恩戴德于天
地间。已然远远地隐遁于田野间，断绝了入朝为官之望，而又蒙陛下
降诏引见，以优厚的旨意劝谕我，臣微渺之身，即便自此陨丧也足可
为荣了。正如刚刚凋落的树叶，忽然间沾上了云雾甘露；被逐出大臣
行列之人，重新又跻身于名流贵族中间。唯恐微臣有如雕刻腐朽的木
头、用粪土来抹墙，终是对我这平庸之人的徒劳奖励；又如捕捉日
影抓握清风，终究不会有所收效。"他又对太子启奏辞谢称："臣听
闻，至圣先师说过'对众人都厌恶的人事，一定要仔细洞察；对众人
都爱好的人事，也一定要仔细洞察。'世间之事，岂不是孤立无援就
会成为诋毁之词累积的对象，营私结党就会积累起令人信服的美誉
吗？所以可知众人好恶之间，必然有待明鉴。所以晏婴两度出任东阿
宰，前一次受人非议而后一次受人赞誉。后一次受人赞誉是因他和光
同尘，前一次受人非议是因他行事耿直刚正。故而因为一条恶犬的吓
阻，美酒就从甘冽变得酸涩；只因拔树者举手之劳，易于存活的嘉木
终至枯死。汉代邹阳也曾说过，士人无论贤明还是愚笨，只要入朝
为官就会遭人妒忌。还有那鲁国臧文仲明知展禽之贤而使之屈居下
位，楚国靳尚打压屈原致其流放，汉代周勃排挤贾谊，公孙弘构陷
主父偃，从古至今，数不胜数。笔墨所限，难以穷举，仅仅管中窥豹，
常常已经要切齿愤恨。殿下教诲正道博览群书，俯身侧耳好学不倦，
古今历史上的冤枉屈直，全都洞览无遗。臣昔日曾在您身旁侍奉，当
面聆听过您的言辞教喻，您以飘忽之风和浮华锦缎来形容那些谗
佞之人，用心良苦情意恳切，令我深深感叹。臣资质愚鲁行事刚直，
不能防微杜渐，不久就遭到指责罹患祸难。虽然有人极力搜检我的
过失，在朝同僚都在感叹我的冤屈；而那些严刻的指责峻厉的法条，
奸佞之人得到机会必然用于参奏构陷。他不惜出卖友人，意在逢君
之恶，幸得天子圣明如日光烛照一切，洞悉下和之冤，那些玩弄文字
无中生有的诽谤，不能够在圣上面前取得信任，获罪入狱之人，有幸
在黑暗的牢狱中得到豁免。罢黜我的诏书刚刚颁下，仍旧传来召我参

后为太子仆，母忧去职。服阕，除安西湘东王咨议参军，迁黄门侍郎，尚书吏部郎，坐受人绢一束，为饷者所讼，左迁信威临贺王长史。顷之，迁秘书监。大同五年，卒官，时年五十九。

孝绰少有盛名，而仗气负才，多所陵忽，有不合意，极言诋訾。领军臧盾、太府卿沈僧杲等，并被时遇，孝绰尤轻之。每于朝集会同处，公卿间无所与语，反呼驺卒访道途间事，由此多忤于物。

孝绰辞藻为后进所宗，世重其文，每作一篇，朝成暮遍，好事者咸讽诵传写，流闻绝域。文集数十万言，行于世。

孝绰兄弟及群从诸子侄，当时有七十人，并能属文，近古未之有也。其三妹适琅邪王叔英、吴郡张嵊、东海徐悱，并有才学；悱妻文尤清拔。悱，仆射徐勉子，为晋安郡，卒，丧还京师，妻为祭文，辞甚凄怆。勉本欲为哀文，既睹此文，于是阁笔。

加朝会的圣旨。小人不识大理，停息车马闭门杜客，中断了朝觐。正打算销声匿迹，从此隐居深谷山林。未曾想圣听无边，须臾之间必定彰显，圣上没有以我违旨而降罪，反而再次召我入宫任职。对我垂降宽和的龙颜，赐以比布帛还温暖的劝慰之言，对比千载以来的历史，我所蒙恩典已属极厚；况且此恩等同于特别征召，荣耀相当于平民在家中被起用，比较古今人臣的恩遇，更加觉得自己受之有愧。然而我那矢志不渝的一片忠心，已经永久地收藏起了入仕为官的念头，只愿旁观那些工于巧言之徒，行构陷谗诬之事。况且若植物凌寒而生，已经凋零了枝叶，即便徒然再度沐浴雨露润泽，也无法酬答阳春的恩德了。"

后来他出任太子仆，遭母丧丁忧去职。服丧结束后，被任命为安西湘东王咨议参军，迁任黄门侍郎，尚书吏部郎，因坐罪收受他人馈送的一束丝绢，被馈赠者告发，降职为信威临贺王长史。不久，迁任秘书监。大同五年（539），刘孝绰在任上去世，时年五十九岁。

刘孝绰从小就负有盛名，因而仗恃其才任性使气，常常欺凌轻慢他人，若对方不合己意，就极力以言语诋毁贬低。领军臧盾、太府卿沈僧杲等人，都是当时受到恩宠礼遇的大臣，刘孝绰尤其轻慢他们。每当和群臣在朝廷一起参加集会时，刘孝绰总是和公卿臣僚们无话可说，反而呼唤给自己清道的下人询问路上所见闻之事，因此颇受时人的批评。

刘孝绰的文学创作受到后进文人的推崇师法，当时的文人很看重他的文章，他每作成一篇，上午写好下午就已经传遍京城，好事者纷纷背诵传抄，一直流传到非常远的地方。他的文集有数十万字，通行于世。

刘孝绰的兄弟及宗族中诸子侄，当时有七十人，都很能写文章，这种情形近世以来从未有过。他的三个妹妹分别嫁给了琅琊人王叔英、吴郡人张嵊、东海人徐悱，她们也都有才学；徐悱的妻子文章尤其清秀逸群。徐悱，乃是仆射徐勉之子，任晋安郡太守，去世后，灵柩回到京师，其妻写了祭文悼念他，文辞凄楚怆惋。徐勉本来想写哀文悼念儿子，看到这篇祭文后，就搁笔不再写了。

刘谅

孝绰子谅，字求信。少好学，有文才，尤博悉晋代故事，时人号曰"皮里晋书"。历官著作佐郎、太子舍人、王府主簿、功曹史、中军宜城王记室参军。

## 王筠

王筠，字元礼，一字德柔，琅邪临沂人。祖僧虔，齐司空简穆公。父楫，太中大夫。

筠幼警寤，七岁能属文。年十六，为《芍药赋》，甚美。及长，清静好学，与从兄泰齐名。陈郡谢览，览弟举，亦有重誉，时人为之语曰："谢有览、举，王有养、炬。"炬是泰，养即筠，并小字也。

起家中军临川王行参军，迁太子舍人，除尚书殿中郎。王氏过江以来，未有居郎署者，或劝逡巡不就，筠曰："陆平原东南之秀，王文度独步江东，吾得比踪昔人，何所多恨。"乃欣然就职。尚书令沈约，当世辞宗，每见筠文，咨嗟吟咏，以为不逮也。尝谓筠："昔蔡伯喈见王仲宣，称曰：'王公之孙也，吾家书籍，悉当相与。'仆虽不敏，请附斯言。自谢朓诸贤零落已后，平生意好，殆将都绝，不谓疲暮，复逢于君。"约于郊居宅造阁斋，筠为草木十咏，书之于壁，皆直写文词，不加篇题。约谓人云："此诗指物呈形，无假题署。"约制《郊居赋》，构思积时，犹未都毕，乃要筠示其草，筠读至"雌霓五激反连踡"，约抚掌欣抃曰："仆尝恐人呼为霓五鸡反。"次至"坠石磓星"，及"冰悬垎而带坻"，筠皆击节称赞。约曰："知音者希，真赏殆绝，所以相要，政在此数句耳。"筠又尝为诗呈约，即报书云："览所示诗，实为丽则，声和被纸，光影盈字。夔、牙接响，顾有余惭；孔翠群翔，岂不多愧。古情拙目，每仵新奇，烂然总至，权舆已尽。会昌昭发，兰挥玉振，克谐之义，宁比笙簧。思力所该，一至乎此，叹服吟研，周流忘念。昔时幼壮，颇爱斯文，含咀之间，倏

刘谅

刘孝绰的儿子刘谅，字求信。年少时十分好学，有文学才能，尤其十分熟悉晋代的历史典故，时人称他为“皮里晋书”。历任著作佐郎，太子舍人，王府主簿，功曹史，中军宣城王记室参军。

## 王筠

王筠字元礼，又字德柔，琅琊郡临沂县人。祖父王僧虔，官至南齐司空，谥号为简穆公。父亲王辑，官至太中大夫。

王筠自幼聪明颖悟，七岁即能写文章。十六岁时，写了一篇《芍药赋》，十分优美。长大后，性格清静好学，与堂兄王泰齐名。陈郡人谢览及弟弟谢举，在当时也有很大的名望，时人称他们为：“谢有览举，王有养炬。”炬是指王泰，养就是指王筠，都是他们的幼名。

王筠初任中军临川王行参军，迁任太子舍人，任命为尚书殿中郎。王氏一族自从晋室南渡以来多居要职，还从没有就任殿中郎的，有人劝王筠拖延不去赴任，王筠说：“担任过此职的陆机乃是东南一带的杰出才士，王坦之也是江东的一流人物，我能够承续这二位前贤的足迹任职，还有什么可埋怨的。”于是欣然就职。尚书令沈约，当时被奉为文坛泰斗，他每次读到王筠的文章，总会吟咏感叹，自认为比不上他。他曾对王筠说：“当年蔡邕见到王粲称赞他说：‘您是司空王公之孙，我家的藏书，全部都是您的。’我虽不才，也想照此仿行。自从谢朓等诸位贤士去世以来，我平生所欣赏看重的人物，差不多就要绝迹了，谁知在这衰疲的暮年，又遇到了您。”沈约在京郊的住宅中起造楼阁书斋，王筠作了十首咏叹园中草木的诗，写在墙壁上，都是直接写出词句，不加篇名标题。沈约对别人说：“这组诗写景摹形栩栩如生，不需要借助标题就知道写的是什么。”沈约写作《郊居赋》，构思了很长时间，还没有全部写完，就邀来王筠给他看草稿，王筠读到“雌霓连踡”，沈约拍着手掌高兴地说：“我曾担心别人读成霓。”后来读到“坠石磓星”以及“冰悬坎而带坻”，王筠两度击节称赞。沈约说：“知音难觅，真正懂得欣赏的人已经快绝迹了，

焉疲暮。不及后进，诚非一人，擅美推能，实归吾子。迟比闲日，清
觐乃申。"筠为文能压强韵，每公宴并作，辞必妍美。约常从容启高
祖曰："晚来名家，唯见王筠独步。"

累迁太子洗马，中舍人，并掌东宫管记。昭明太子爱文学士，
常与筠及刘孝绰、陆倕、到洽、殷芸等游宴玄圃，太子独执筠袖抚
孝绰肩而言曰："所谓'左把浮丘袖，右拍洪崖肩'。"其见重如此。
筠又与殷芸以方雅见礼焉。出为丹阳尹丞、北中郎咨议参军，迁中
书郎。奉敕制《开善寺宝志大师碑文》，词甚丽逸。又敕撰《中书表
奏》三十卷，及所上赋颂，都为一集。俄兼宁远湘东王长史，行府、
国、郡事。除太子家令，复掌管记。

普通元年，以母忧去职。筠有孝性，毁瘠过礼，服阕后，疾废
久之。六年，除尚书吏部郎，迁太子中庶子，领羽林监，又改领步
兵。中大通二年，迁司徒左长史。三年，昭明太子薨，敕为哀策文，
复见嗟赏。寻出为贞威将军、临海太守，在郡被讼，不调累年。大同
初，起为云麾豫章王长史，迁秘书监。五年，除太府卿。明年，迁度
支尚书。中大同元年，出为明威将军、永嘉太守，以疾固辞，徙为光

之所以邀请您来，正是为了这几句。"王筠又曾经作诗呈送给沈约，沈约当即写信答复说："看过您送来的诗句，实在是美丽典雅，仿佛吟和之声笼罩在纸端，每一个字都充满了光影。若是让夔和伯牙来接续其韵律，他们也要自顾羞惭；若是让孔雀、翠鸟来比照此诗的华美，岂不是要自感惭愧。古代诗家情怀目光短浅，每逢见到新奇景物，光彩夺目的辞藻骤然堆砌，刚刚开始就已用尽了。您的诗作气势昌盛文采飞扬，文辞铺陈声调铿锵，其韵律和谐的精微之处，堪比笙簧演奏的乐曲。人的才思所及，竟然到了如此地步。我叹服不已吟咏研究，详细体味而心无他念。过去我少壮之时，颇为喜爱文学创作，吟咏之间，转眼已是疲累的暮年。超过我的后起之秀，诚然不止一人。而论起文章之美才华之最，实在要数您了。待到今后闲暇之日，再尽情与您探讨研究。"王筠作诗文能够压很生僻的韵，每次宫廷宴会上群臣赋诗时，他的诗作必定至为优美。沈约常常从容地对高祖说："近世以来的文章名家，只有王筠独领风骚。"

累加迁任为太子洗马，中舍人，并掌管东宫管记。昭明太子亲近文人才士，常常与王筠及刘孝绰、陆倕、到洽、殷芸等人在玄圃中一同游宴，太子唯独牵住王筠的袖子抚拍着刘孝绰的肩膀说："所谓左手拉住浮丘袖，右手抚拍洪崖肩。"他就是如此被太子看重。王筠又和殷芸一起因风度方正典雅而受人礼遇。出京担任丹阳尹丞、北中郎咨议参军，迁任中书郎。他奉天子敕令写作了《开善寺宝志大师碑文》，词句十分清丽飘逸。又曾奉敕令撰有《中书表奏》三十卷，连同他奏上的赋颂，都收为一集。不久兼任宁远湘东王长史，摄行王府、封国和郡的事务。后任命为太子家令，再一次执掌管记。

普通元年(520)，王筠遭母丧丁忧去职。他至为孝顺，逾越礼制哀伤过度而致健康受损，服丧结束后，患病无法视事持续了很长时间。普通六年(525)，被任命为尚书吏部郎，迁任太子中庶子，兼领羽林监，又改兼领步兵。中大通二年(530)，迁任司徒左长史。中大通三年(531)，昭明太子薨逝，高祖敕令王筠撰写哀册文，此文再度得到高祖的赞叹欣赏。不久王筠出京任贞威将军、临海太守，他在郡

禄大夫，俄迁云骑将军、司徒左长史。太清二年，侯景寇逼，筠时不入城。明年，太宗即位，为太子詹事。筠旧宅先为贼所焚，乃寓居国子祭酒萧子云宅，夜忽有盗攻之，惊惧坠井卒，时年六十九。家人十余人同遇害。

筠状貌寝小，长不满六尺。性弘厚，不以艺能高人，而少擅才名，与刘孝绰见重当世。其自序曰："余少好书，老而弥笃。虽遇见瞥观，皆即疏记，后重省览，欢兴弥深，习与性成，不觉笔倦。自年十三四，齐建武二年乙亥至梁大同六年，四十六载矣。幼年读《五经》，皆七八十遍。爱《左氏春秋》，吟讽常为口实，广略去取，凡三过五抄。余经及《周官》《仪礼》《国语》《尔雅》《山海经》《本草》并再抄。子史诸集皆一遍。未尝倩人假手，并躬自抄录，大小百余卷。不足传之好事，盖以备遗忘而已。"又与诸儿书论家世集云："史传称安平崔氏及汝南应氏，并累世有文才，所以范蔚宗云崔氏'世擅雕龙'。然不过父子两三世耳；非有七叶之中，名德重光，爵位相继，人人有集，如吾门世者也。沈少傅约语人云：'吾少好百家之言，身为四代之史，自开辟已来，未有爵位蝉联，文才相继，如王氏之盛者也。'汝等仰观堂构，思各努力。"筠自撰其文章，以一官为一集，自《洗马》《中书》《中庶子》《吏部》《左佐》《临海》《太府》各十卷，《尚书》三十卷，凡一百卷，行于世。

史臣陈吏部尚书姚察曰：王僧孺之巨学，刘孝绰之词藻，主非

中卷入诉讼,多年都得不到升迁。大同初年,他被起用为云麾豫章王长史,迁任秘书监。大同五年(539),任命为太府卿。次年迁任度支尚书。中大同元年(546),出京任明威将军、永嘉太守,他因患病坚持推辞此职,改任光禄大夫,不久迁任云骑将军、司徒左长史。太清二年(548),侯景反叛逼围京师,王筠当时没有退守到城中。次年,简文帝即位,王筠担任太子詹事。王筠的旧家宅在此之前被贼兵焚毁,他寓居在国子祭酒萧子云家中,一天夜里忽然有盗匪攻进来,王筠惊惧之下坠井而死,时年六十九岁。家人十余人也一并遇害。

王筠其貌不扬身材矮小,身高不满六尺。生性宽厚,从不自恃才艺而瞧不起他人,从少年时起就有才子之名,和刘孝绰一起受到当世的推崇。他的文集自序说:“我自幼喜好读书,老来益加沉迷,即便是偶然瞅见零星片段,都会当即分条记录下来,以待日后读览,这种乐此不疲的兴致日益加深,已经从习惯变成了性格,从不觉得下笔疲倦。自从我十三四岁时起,即从南齐建武二年(495)乙亥直至梁大同六年(540),已经过了四十六年了。幼年读《五经》,都读了七八十遍。爱读《左氏春秋》,吟诗常用其典故,广泛拣择取材,共计通读了三遍抄录了五遍。其余的经书以及《周官》《仪礼》《国语》《尔雅》《山海经》《本草》都各抄录了两遍。子部和史部诸文集都抄录了一遍。从未假借他人之手,都是亲自抄录,大小共有百余卷。并不值得传给好事者,只是用来备忘而已。”他又给几个儿子写信讲述家世说:“史书上说安平的崔氏和汝南的应氏,好几代人都富有文才,所以范蔚宗说崔氏‘世擅雕龙’。然而他们不过父子相传两三代而已;并不像我们王氏家门中,七代人的名望德行都受人瞩目,高位显爵承续不断,人人都有文集传世。少傅沈约曾对人说:‘我自幼喜好百家之言,撰写过四个朝代的历史,自开天辟地以来,从来没有过能够像王氏这样爵位蝉联、文才相继的家族。’你们要仰怀先辈的成就,各自常思努力进取。”王筠自己撰写的文章,以每任一职收录为一集,从《洗马》《中书》《中庶子》《吏部》《左佐》《临海》《太府》都各有十卷,《尚书》三十卷,共计一百卷,通行于世。

史臣陈朝吏部尚书姚察说:王僧孺之饱学,刘孝绰之文采,君不好也，才非不用也，其拾青紫，取极贵，何难哉！而孝绰不拘言行，自踬身名，徒郁抑当年，非不遇也。

主并非不喜好，其才干也并非得不到录用，他们要获取高官显爵和位极人臣的待遇，有何困难呢！而刘孝绰不注意自身言行，令自己的身名遭受挫折，以致当年徒然郁郁不得志，并不是得不到贤主知遇啊。

# 卷三十四

## 列传第二十八

张缅弟缵 绾

### 张缅

张缅字元长，车骑将车弘策子也。年数岁，外祖中山刘仲德异之，尝曰："此儿非常器，为张氏宝也。"齐永元末，义师起，弘策从高祖入伐，留缅襄阳，年始十岁，每闻军有胜负，忧喜形于颜色。天监元年，弘策任卫尉卿，为妖贼所害，缅痛父之酷，丧过于礼，高祖遣戒喻之。服阕，袭洮阳县侯，召补国子生。

起家秘书郎，出为淮南太守，时年十八。高祖疑其年少未闲史事，乃遣主书封取郡曹文案，见其断决允惬，甚称赏之。还除太子舍人、云麾外兵参军。缅少勤学，自课读书，手不辍卷，尤明后汉及晋代众家。客有执卷质缅者，随问便对，略无遗失。殿中郎缺，高祖谓徐勉曰："此曹旧用文学，且居鹓行之首，宜详择其人。"勉举缅充选。顷之，出为武陵太守，还拜太子洗马，中舍人。缅母刘氏，以父没家贫，葬礼有阙，遂终身不居正室，不随子入官府。缅在郡所得禄俸不敢用，乃至妻子不易衣裳，及还都，并供其母赈赡亲属，虽累载所畜，一朝随尽，缅私室常阒然如贫素者。累迁北中郎咨议参军、宁远长史。出为豫章内史。缅为政任恩惠，不设钩距，吏人化其德，亦不敢欺，故老咸云"数十年未之有也。"

## 张缅

张缅字元长，是车骑将军张弘策之子。他几岁时，外祖父中山人刘仲德认为他很不寻常，曾经说："这个孩子不是普通人，乃是张氏之宝啊。"南齐永元末年，义师兴起，张弘策跟随高祖出征，把张缅留在襄阳，当时他年仅十岁，每每听闻义师作战有所胜负，担忧和喜悦都表露在脸上。天监元年（502），张弘策任卫尉卿，被妖贼杀害，张缅悲痛父亲死得很惨，服丧超过礼法的要求，高祖派人劝慰晓喻他。服丧结束后，张缅继承了洮阳县侯的封爵，应召补为国子学的生员。

他最初担任秘书郎，后出京任淮南太守，时年十八岁。高祖怀疑他年纪轻不熟悉郡中公事，就派主书封存取来淮南郡官署的案卷，见他批复决断都公允得当，十分称赞欣赏。回京后被任命为太子舍人、云麾外兵参军。张缅自幼勤奋学习，自己督促自己读书，手不释卷，尤其熟悉东汉及晋代各家学术。宾客中曾有人拿着书考测张缅，他随问随答，毫无错漏之处。时值殿中郎有缺额，高祖对徐勉说："这个官职过去一直任命有文才之人，而且居于朝臣序列之首，其人选应该详加拣择。"徐勉举荐张缅担任此职。不久，他出京任武陵太守，回京后担任太子洗马、中舍人。张缅的母亲刘氏，因她父亲去世时家中贫困，下葬的礼数有所欠缺，就终身不以正室自居，也不跟随张缅住到官府中。张缅任郡守所得俸禄都不敢使用，以致妻室子女从不曾裁制新衣，到了回京时，将俸禄积蓄一起拿出来供养母亲并资助亲属，虽是多年所蓄积的钱财，一天之内就散尽了。张缅自己的房间总是空荡荡仿佛贫家一样。累加升迁为北中郎咨议参军、宁远长史，出京任豫章内史。张缅主政多施行恩惠，不设推问拷打之具，他的下吏受他仁德的感染，也不敢欺凌百姓，郡中故老都说"已经数

大通元年，征为司徒左长史，以疾不拜，改为太子中庶子，领羽林监。俄迁御史中丞，坐收捕人与外国使斗，左降黄门郎，兼领先职，俄复为真。缅居宪司，推绳无所顾望，号为劲直，高祖乃遣画工图其形于台省，以励当官。

中大通三年，迁侍中，未拜，卒，时年四十二。诏赠侍中，加贞威将军，侯如故。赙钱五万，布五十匹。高祖举哀。昭明太子亦往临哭，与缅弟缵书曰："贤兄学业该通，莅事明敏，虽倚相之读坟典，郄縠之敦《诗》《书》，惟今望古，蔑以斯过。自列宫朝，二纪将及，义惟僚属，情实亲友。文筵讲席，朝游夕宴，何曾不同兹胜赏，共此言寄。如何长谢，奄然不追！且年甫强仕，方申才力，摧苗落颖，弥可伤惋。念天伦素睦，一旦相失，如何可言。言及增哽，揽笔无次。"

缅性爱坟籍，聚书至万余卷。抄《后汉》《晋书》众家异同，为《后汉纪》四十卷、《晋抄》三十卷。又抄《江左集》，未及成。文集五卷。子傅嗣。

张缵

缵字伯绪，缅第三弟也，出后从伯弘籍。弘籍，高祖舅也，梁初赠廷尉卿。缵年十一，尚高祖第四女富阳公主，拜驸马都尉，封利亭侯，召补国子生。

起家秘书郎，时年十七。身长七尺四寸，眉目疏朗，神采爽发。高祖异之，尝曰："张壮武云'后八叶有逮吾者'，其此子乎。"缵好学，兄缅有书万余卷，昼夜披读，殆不辍手。秘书郎有四员，宋、齐

十年未曾有过这样的人了。"

大通元年（527），朝廷征他为司徒左长史，他因病没有接受，改任太子中庶子，兼领羽林监。不久迁任御史中丞，因逮捕人时和外国使者发生争斗而获罪，降职为黄门郎，兼领原有职务，不久官复原职。张缅在御史任上，处事执法从不顾忌蹰躇，有刚劲正直的官声，高祖就派画工在台省摹画了他的样貌，以勉励继任的官员。

中大通三年（531），张缅迁任侍中，尚未担任就去世了，时年四十二岁。天子下诏追赠为侍中，加官贞威将军，侯爵照旧。赠钱五万，布五十匹资助其丧葬。高祖为他举哀，昭明太子也前往他家哭吊，并给张缅的弟弟张缵写信说："贤兄博通学问，处事明敏，虽然古代有熟读三坟五典的倚相，饱读《诗》《书》的郤縠，自古及今，也没有超过他的。自他入列朝臣，差不多有二十四载了，职务上他是我的下属，但实际上我们情同亲友。我们曾在文学宴会讲席上交往，早晨出游傍晚欢宴，何尝没有一起共赏美景，唱和诗文。为何他早早撒手而去，让人追思不及！而且他正值壮年，刚刚展露其才华，就这样摧折凋落，更令人伤感惋惜。想到您弟兄素来情谊敦睦，忽然阴阳分隔，这种痛楚该如何表述。书信至此哽咽难抑，笔下语无伦次"

张缅生性喜爱古籍，家中藏书多至万余卷。他抄录有《后汉书》《晋书》各家版本的异同，撰有《后汉纪》四十卷、《晋抄》三十卷。又抄录编纂有《江左集》，没来得及完成。他的文集有五卷。儿子张傅继承爵位。

张缵

张缵字伯绪，是张缅的三弟，过继给了从伯父张弘籍。张弘籍，是高祖的舅舅，梁朝初年追赠为廷尉卿。张缵十一岁那年，迎娶了高祖的第四女富阳公主，被授为驸马都尉，封利亭侯，应召补为国子学的生员。

张缵初为秘书郎，时年十七岁。他身高七尺四寸，眉目疏朗，神采清爽飘逸。高祖认为他非同寻常，曾经说："西晋壮武郡公张华曾说过'身后八世将有能赶上我的人'，说的就是这孩子吧。"张缵很好学，兄长张缅有藏书万余卷，他昼夜披览，手不释卷。秘书郎有员额

以来，为甲族起家之选，待次入补，其居职，例数十百日便迁任。缵固求不徙，欲遍观阁内图籍。尝执四部书目曰："若读此毕，乃可言优仕矣。"如此数载，方迁太子舍人，转洗马、中舍人，并掌管记。

缵与琅邪王锡齐名。普通初，魏遣彭城人刘善明诣京师请和，求识缵。缵时年二十三，善明见而嗟服。累迁太尉咨议参军，尚书吏部郎，俄为长兼侍中，时人以为早达。河东裴子野曰："张吏部在喉舌之任，已恨其晚矣。"子野性旷达，自云"年出三十，不复诣人。"初未与缵遇，便虚相推重，因为忘年之交。

大通元年，出为宁远华容公长史，行琅邪彭城二郡国事。二年，仍迁华容公北中郎长史、南兰陵太守，加贞威将军，行府州事。三年，入为度支尚书，母忧去职。服阕，出为吴兴太守。缵治郡，省烦苛，务清静，民吏便之。大同二年，征为吏部尚书。缵居选，其后门寒素，有一介皆见引拔，不为贵要屈意，人士翕然称之。

五年，高祖手诏曰："缵外氏英华，朝中领袖，司空以后，名冠范阳。可尚书仆射。"初，缵与参掌何敬容意趣不协，敬容居权轴，宾客辐凑，有过诣缵者，辄距不前，曰："吾不能对何敬容残客。"及是迁，为表曰："自出守股肱，入尸衡尺，可以仰首伸眉，论列是非者矣。而寸衿所滞，近蔽耳目，深浅清浊，岂有能预。加以矫心饰貌，酷非所闲，不喜俗人，与之共事。"此言以指敬容也。缵在职，议南郊御乘素辇，适古今之衷；又议印绶官备朝服，宜并着绶，时并施行。

四人，自宋、齐以来，一向是世家子弟入仕的起点，依次序等候补缺任官，在这个职位上，照例只要几十上百天就会迁任。张缵坚持请求不迁任他职，想要看遍内府收藏的图书。他曾经拿着经史子集四部图书的目录说："若是把这些都读完了，才可以说有能力升迁更好的职务。"就这样做了几年秘书郎，方才迁任太子舍人，转任洗马、中舍人，并掌管记。

张缵与琅邪人王锡齐名。普通初年，北魏派彭城人刘善明到京师请求议和，他想要结识张缵。当时张缵二十三岁，刘善明见到后深感叹服。张缵累加升迁为太尉咨议参军，尚书吏部郎，不久任长兼侍中，时人都认为他年少早达。河东人裴子野说："张吏部担任喉舌机要之重任，这一任命已经嫌晚了。"裴子野性格疏旷豁达，自己说："我三十岁过后，不再与人结交。"起初他并不曾与张缵会过面，就虚心推崇他，因而成为忘年之交。

大通元年（527），张缵出京任宁远华容公长史，代行琅邪、彭城二郡国政事。大通二年（528），又迁任华容公北中郎长史、南兰陵郡太守，加官贞威将军，代行府州事。大通三年（529），入京担任度支尚书，遭母丧丁忧去职。服丧结束后，他出京担任吴兴太守。张缵治郡，省减百姓的苛烦负担，以清静为要务，人民和下吏都大感便利。大同二年（536），朝廷征他为吏部尚书。张缵主持吏部时，对于那些门第不高的士人，只要有一介之才就会予以任用拔擢，也不会因为对方出身高贵显要而改变意见，士人都一致称赞他。

大同五年（539），高祖手书诏书说："张缵是朕外祖一族中的精英，朝臣中的领袖，继西晋司空张华之后，声名在张氏祖籍范阳郡中居于首位。可任他为尚书仆射。"起初，张缵和以尚书仆射身份参掌选官的何敬容志趣不相谐，何敬容身居中枢要职，门下宾客云集，其中有顺路拜访张缵的，张缵就拒绝接待，说："我不能面对何敬容剩下的客人。"到了这次迁任尚书仆射时，张缵就上表说："臣自从出任一郡太守，又入朝执掌选官以来，可以意气昂扬，坦然评论罗列人物的功过是非。而有的人受浅狭的胸怀滞碍，闭目塞听，对于人才的深浅清浊，哪里有能力干预评论呢？况且故作姿态以掩饰真情，对

　　九年，迁宣惠将军、丹阳尹，未拜，改为使持节、都督湘桂东宁三州诸军事、湘州刺史，述职经途，乃作《南征赋》。其词曰：

　　岁次娵訾，月惟中吕，余谒帝于承明，将述职于南楚。忽中川而反顾，怀旧乡而延伫；路漫漫以无端，情容容而莫与。乃弭节叹曰：人之寓于宇宙也，何异夫栖蜗之争战，附蚋之游禽。而盈虚倚伏，俯仰浮沉，矜荣华于尺影，总万虑于寸阴。彼忘机于粹日，乃圣达之明箴。妙品物于贞观，曾何足而系心。抚余躬之末迹，属兴王之盛世；蒙三栾之休宠，荷通家之渥惠。登石渠之三阁，典校文乎六艺。振长缨于承华，眷储皇之上叡。居衔舣而接席，出方舟以同济。彼华坊与禁苑，常宵盘而昼憩。思德音其在耳，若清尘之未逝。经二纪以及兹，悲明离之永翳。惟平生之褊能，实有志于栖息。惭灭没之千里，谢韩哀于八极。如蘘裘之代用，譬轮辕之曲直。愧周任之清规，谅无取于陈力。逢濯缨之嘉运，遇井汲之明时。怀君恩而未答，顾灵琐而依迟。总端揆以居副，长庶僚而称师。犹深泉之短绠，若高墉而无基。伊吾人之罪薄，岂斯满之能持。奉皇命以奏举，方驱传于衡疑。遵夕宿以言迈，戒晨装而永辞。行摇摇于南逝，心眷眷而西悲。

心中提防的对象极力非议，臣不喜此等俗人，却要与之共事。"这番话就是指何敬容。张缵在尚书仆射职位上，曾建议天子在南郊祭祀时乘坐无装饰的辇车，以符合古今礼制的初衷；又建议凡有印绶的官员在准备朝服时，应一并佩戴绶带，这两个建议当时都获准施行。

大同九年（543），张缵迁任宣惠将军、丹阳尹，尚未任职，改任为使持节、都督湘桂东宁三州诸军事、湘州刺史，他面见天子后启程赴任，作了一篇《南征赋》，这样写道：

时逢岁星在娵訾，月份为四月，我于承明殿内觐见了皇帝，将要赴南楚上任。在河流中央忽而回首凝望，心恋旧乡而长久伫立；长路漫漫看不到尽头，心绪不宁却无人倾诉。于是停下车来，叹息道：人之寄寓宇宙间，其渺小程度，与蜗牛左右角上的两国互相争战有何不同，又与依附在水禽身上的蚊虻有何差异啊？而充盈与空虚相生相依，人在命运中俯仰沉浮，短暂的生命里为荣华富贵而骄矜，又在转瞬即逝的光阴中为了万千事务而忧虑。在纯净的日子里消除机巧之心，此实乃圣哲明智的箴言。在天地正道上欣赏万物之妙，又有什么事值得纠结羁绊呢？回顾我这一生的微末事迹，正值王道兴起的盛世；我与父兄三人皆蒙受荣宠，又得到联姻皇室的深恩。登上宫廷藏书的石渠阁，执掌儒家典籍校订。在太子东宫盛装而侍，深蒙睿智的太子殿下眷顾。居宫中则接席而坐，出宫游则并身而行。那些华美的宫阙范围，我们常在其中秉烛夜游而白日休憩。思念太子的德音似仍在耳畔，他车驾扬起的尘埃好像从未消失。从那时至今已有二十四载，哀痛于太子光辉的永久黯淡。我平生才能寡薄，实际上有志于栖隐山林。惭愧骏马飞奔千里之遥，想要远远隐遁而辞谢善御的韩哀。蓑衣不可以取代貂裘的作用，制作车轮的曲木也不能用于制作车辕。羞愧于古代史官周任所说的"陈力就列，不能者止"，自我估量自己才薄本不该忝列高位。只是身逢沧浪之水澄清见底的幸运世道，赶上了稍有能力者即受到重用的昌明时代。感念君主的深恩尚未报答，回望天子的宫殿而依依不舍。于是掌管尚书省担任副职，位列百僚之首而被称为人师。这就像用短绳索拴桶去汲取深泉之水，又好似筑起高高的城墙却并无墙基。才能寡薄是我之罪过，要保守已

尔乃横济牵牛，傍瞻雉库；前观隐脉，却视云布。追晋氏之启戎，覆中州之鼎祚。鞠三川于茂草，霑两京于朝露。故黄旗紫盖，运在震方；金陵之兆，允符厥祥。及归命之衔璧，爰献玺于武王；启中兴之英主，宣十世而重光。观其内招人望，外攘干纪；草创江南，缔构基址。岂徒能布其德，主晋有祀，《云汉》作诗，《斯干》见美而已哉！乃得正朔相承，于兹四代；多历年所，二百余载。割疆埸于华戎，拯生灵于宇内；不被发而左衽，繄明德其是赉。次临沧之层巘，寻叔宝之旧埏；蕴珠玉之余润，昭罗绮之遗妍。怀若人之远理，岂喜愠其能迁。虽魂埋于百世，犹映澈于九泉。经法王之梵宇，睹因时之或跃；从四海之宅心，故取乱而诛虐。在苍精之将季，翦洪柯以销落；既观蝎而逞刑，又施兽而为谑。候高烽以巧笑，俟长星而欢噱。何惵惵之黔首，思假命其无托。信人欲而天从，爰物睹而圣作。

我皇帝膺箓受图，聪明神武，乘衅而运，席卷三楚。师克在和，仁义必取；形犹积决，应若飙举。于是殪桑林之封豨，缴青丘之大风；戢干戈以耀德，肆时《夏》而成功。放流声于郑、卫，屏艳

有的政绩岂能长久。曾奉天子之命举荐人才，现在要向衡山九疑之地远行。将要像屈子夕宿辰阳一样远游，备下清晨上路的行装而辞别故土。路途漫漫延向南方，内心恋恋伤感西行。

横渡建康城外的浮桥，凭栏回望宫廷的大门；眼前是京师繁华的市井，身后之路途则云霭重重。回想晋代司马氏开启兵乱，中原王朝终被颠覆。三川沃野衰败荒芜，两京之地朝不保夕。因此黄色旌旗和紫色伞盖的帝王气象，出现在了国运兴起的东方。金陵之地出现的吉兆，正吻合符瑞吉祥的运势。吴主孙皓举国归降被封为归命侯，他将玉玺献给了晋武帝；后来晋元帝司马睿中兴晋朝，自他以下东晋又经历十代帝王。看这一朝对内积聚人望民心，对外攘除不法的祸患；草创基业于江南，缔造帝王之业的根基。岂止是能广布仁德、主持国家祭祀、像《诗经·大雅·云汉》所说那样推行王化、像《诗经·小雅·斯干》所记那样受到人民赞美啊！于是东晋颁行的历法承续相传，到如今已经嬗递了四个朝代；南渡以来年月渐久，迄今已有二百多年。分割开华夏与夷狄的疆域，拯救四海之内的生灵；华夏百姓没有披发左衽归化异族，全都是拜其明德所赐。我来到面临沧水的青山间，寻找名士卫玠的旧墓；江宁之地蕴藏着这位才子的遗骨，闪烁着他生前俊美容颜的余辉。怀想他高远的理想，还有他无论喜怒都不改面色的涵养。虽然他入土下葬已有数百年，其英魂依然在地下倒映着清澈的九泉。我又经过法王寺，瞻仰这因我朝龙兴而建起的古刹；当时我主顺从四海所归的民心，因而平定祸乱而诛灭暴君。在南齐之末季，那昏君四处搜罗民间奇花异木；令犯人受毒蝎蛰刺作为极刑，又在市井释放猛兽以取笑作乐。像周幽王一样点燃烽燧以博后妃一笑，又像晋孝武帝那样对着空中的彗星欢歌长啸。百姓们多么惶恐无措，想保全性命而无处存身。真是上天应从了人民的愿望，于是人们目睹了圣王的兴起。

我大梁皇帝得受天赐图箓，聪明神武，抓住机遇运筹帷幄，席卷荆雍三楚之地。因上下一心而所战必克，以仁义之师而所取必取；义师兵势如江河决堤，人们响应如狂风吹卷。于是杀死了像野猪封豨和恶鸟大风一样的害人元凶；止息兵戈以昭示仁德，列出演奏优

质于倾宫；配轩皇以迈迹，岂商、周之比隆。化致升平，于兹四纪；六夷膜拜，八蛮同转。教穆于上庠，冤申于大理；显三光之照烛，降五灵之休祉。谅殊功于百王，固无得而称矣。


泝金牛之迅渚，睹灵山之雄壮，实江南之丘墟，平云霄而竦状。标素岭乎青壁，茸颓文于翠嶂；跳巨石以惊湍，批冲岩而骇浪。铲千寻之峭岸，漅万流之大壑；隐日月以蔽亏，抟风烟而回薄。崖映川而晃朗，水腾光而倏烁；积霜霰之往还，鼓波涛之前却。下流沫以洊险，上岑崟而将落；闻知命之是虞，故违风而靡托。讯会骸之诡状，云怒特之来奔。及渔人之垂饵，沉潜锁于洪源。鉴幽涂于忠武，驰四马之高轩。不语神以征怪，情存之而勿论。晒姑孰之旧朔，访遗迹兮宣武；挟仲谋之雄气，朝委裘而作辅。历祖宗之明君，犹负芒于盛主；势倾河以覆岱，威回天而震宇。虽明允之笃诚，在伊、稷而未举；矧有功而无志，岂季叶其能处。惧贻笑于文、景，忧象贤之覆餗；虽苞蘖以代兴，终夷宗而殄族。彼儋石之赢储，尚邀之而俟福；况神明之大宝，乃阚干于天禄。造扃键之候司，发传书于关尉；据辕辕乎伊洛，守衡津于河渭。无矫且以招宾，阙捐襦而待贵。实祗敬于王典，怀鞠躬而屏气。惟函谷之襟带，疑武库之精兵。采风谣于往昔，闻乳虎于宁成。在当今而简易，止讥鉴其奸情；陋文仲之废职，鄙祈门之食征。

美《夏》乐的乐班宣告大功告成。将郑卫之地的靡靡之音远远驱离，将前代蓄积的美姬放还出宫；盛大功绩可与轩辕黄帝比肩，岂是上古商、周诸帝可同日而语。王化带来长久的承平之世，到如今已有四十年；夷狄纷纷膜拜朝贡，蛮族亦受纳了天朝的文明教化。庠学传授宗庙次序，刑狱伸张百姓冤屈。日、月、星三光明亮烛照，麒麟、凤、龟、龙、白虎五灵降下福祉。料想圣上的杰出功勋超过历代帝王实在没有合适的言语来称颂。

我逆急流上溯至金牛渚，目睹了灵山雄壮的山形，实乃江南一大高山，高耸入云临江峥嵘。青石壁上白岭耸立，苍翠山岭上重叠着赤纹；湍流冲激巨石，骇浪撞击凸崖。水流冲刷千丈的陡岸，众多支流汇聚在这巨大的峡谷；日月在深谷的掩映下黯淡了光明，谷中聚集的风烟来回飘荡。悬崖倒映流水晃动着耀眼的波光，水波闪烁着阳光似在腾跃；积聚的霜雪来回飘动，鼓动的波涛前涌而又退却。下方水流急险而泛起泡沫，上方山势险峻似欲坠落；听说了解命运的人也会为运势的上下而忧虑，所以远离狂风而无所依托。潮汛奔流时，有着如堆砌的尸骸一般诡异的形状；云雾涌起时，奔腾宛如健硕的壮牛。还有渔人投饵垂钓，其钩沉于洪流的源起深处。东晋名臣温峤曾在此地照见水中的幽冥之人，他们驱驰着四马拉的高盖车驾。且不要谈论怪力乱神吧，神鬼有其存在的道理但不可论究。我又观览姑孰城的旧史，探访曾镇守于此的东晋权臣桓温之遗迹；他身负孙仲谋那样的英雄豪气，朝拜先帝衮衣而担任辅政大臣。他一生经历东晋多位明君，却还是让简文帝芒刺在背一般忐忑焦虑；他的权势足可吸尽黄河覆灭泰山，威力能逆转上天震动宇宙。他虽明白地表示忠诚于晋室，实际却没有去效仿古代贤臣伊和稷；更何况他徒有功劳而无大志，怎能在东晋的末叶有所成就。他怕别人嘲笑他比不上把持曹魏朝政的晋文帝、晋景帝，又忧虑后人不能像先贤一样建功立业；虽然后来他的儿子建立了桓楚以代晋，但最终还是令宗族夷灭殆尽。他的家族仅有微薄的一点功德，尚且仗恃它等待福荫降下；何况帝位乃神授天命，他竟然在暗中干预上天的福禄。掌握门户关锁的候司，又发传书给边关守将；在伊水、洛水一带占据险要的轘辕关，

于是近睇赭岑，遥瞻鹊岸，岛屿苍茫，风云萧散。属时雨之新晴，观百川之浩溎；水泓澄以闇夕，山参差而辨旦。忽临睨于故乡，眇江天其无畔；溯洄流而右阻，遵长薄而左贯。独向风以舒情，搴芳洲其谁翫。息铜山而系缆，访叔文之灵宇；得旧名而犹存，皆攒芜而积楚。想夫君之令问，实有声于前古；拯巴汉之废业，爰配名于邹鲁。辨山精以息讼，对祠星而寤主。每抚事以怀人，非末学其能睹。嘉梅根之孝女，尚乘肥于媵姬；嗟吴人之重辟，忧峻网于将贻。彼沉瓜而显义，指沧波而为期；此浮履以明节，赴丹爓其何疑。信理感而情悼，实凄怅于余悲；空沉吟以遐想，愧邯郸之妙词。望南陵以寓目，美牙门之守志；当晋师之席卷，岂藩篱而不庇。携老弱于穷城，犹区区乎一篑。虽挈瓶之小善，实君子之所识。阙一句。是谓事人之礼。入雷池之长浦，想恭武之芳尘；临鱼官以辍膳，践寒蒲之抽筠。又有生为令德，没为明神。或捐家事主，携手拜亲；或正身殉义，哀感市人。所以家称纯孝，国号能臣。扬清徽于上列，并异世而为邻。发晓渚而溯风，苦神吴之难习。岸曜舟而不进，水腾沙以惊急。天曀曀其垂阴，雨霏霏而来集；愍征夫之劳瘁，每搴帷而伫立。由江淹之派别，望彭汇之通津，涂未中乎及绛，日已盈于浃旬。

在黄河、渭河上把守过河的津渡。没有矫托诏命却仍旧广招宾客，没有通关的绢缯凭信也期待贵人来投效。实际上他还是敬畏东晋王朝的典制，心怀恭敬而屏气敛形。占据了函谷关这样的险要关塞，却又因朝廷武库的精良装备而怀疑犹豫。采集古代的民间歌谣来比喻他的话，听闻汉代人们宁见母老虎也不愿见到严酷的关都尉宁成发怒。当今人们对桓温的评价已经很简易，只讥笑他身为人臣而不忠的污名；轻视他如臧文仲一样窃居高位而不履责，鄙薄他像彤班一样占据门户而聚敛。

于是近观赭岑岭，遥望江对面的鹊岸，江心岛屿苍茫，风云悄然流散。时逢雨过天晴，观览百川的浩瀚辽阔；天光将近时江水清澈宁静，日出天明时群山参差矗立。忽然望向故乡的方向，渺渺江天望不到尽头；逆着回旋的江水行舟，船右舷受到阻力，沿着草木丛生的野岸行船，靠左才能前行。独自对着清风舒展情怀，采撷洲中芳草而有谁可一起赏玩。在铜山泊舟休息，寻访祭祀西汉张宽的庙宇；得知庙宇的旧名依然留存，只是其地荒芜杂木丛生。回想张宽的美好声名，在古代确实广为流传；他振兴了巴蜀汉中废弛的文教，使当地经学水平可与邹鲁齐名。明察蜀山的精魄而息止民间诉讼，面对主祭祀的星象使皇帝醒悟。常面对今事而怀想古人，其所见绝非肤浅无知的人所能看到的。称赞梅根冶铁官的孝女李娥，胜过那些生活奢阔的美姬；她感叹吴国采用的重刑，忧虑父亲将遭受酷刑。又想到那沉瓜入水而显示了情义的曹娥，手指水波约定了自己投江的期限；而这位李娥投身熔炉以表明孝节，跳进朱赤的烈焰中毫不迟疑。真是天理感人令人惋悼，所余下的悲情实在引人凄怅；空自沉吟而遐想，自愧我没有邯郸淳那般高妙的辞藻来纪念她。我又把目光望向南陵，赞美曾驻守此地的吴将吾彦的志节；当时晋朝军队席卷东下，他负责藩屏驻守岂能不护翼京师。他在孤城中率领老弱固守城池，不过是挡在洪水面前的区区一筐土而已。他所作所为虽然只是用瓶汲水一样的小善，其实正是君子才有的见识。这可以称作事奉君主所应有的礼义了。小舟进入雷池的长浦，想起昔日吴国人孟仁的美好事迹；孟仁担任鱼官后其母亲就不再食鱼，他冒着严寒为母亲寻笋，孝心令

于是千流共归，万岭分状；倒影悬高，浮天泻壮。清江洗涤，平湖夷畅；翻光转彩，出没摇漾。岷山、嶓冢，悠远寂寥；青溢、赤岸，控汐引潮。望归云之翁翁，扬清风之飘飘；界飞流于翠薄，耿长虹于青霄。若夫灌莽川涯，层潭水府，游泳之所往还，喧鸣之所攒聚。群飞沙涨，掩薄草渚；奇甲异鳞，雕文绛羽。听寡鹤之偏鸣，闻孤鸿之慕侣；在客行而多思，独伤魂而凄楚。美中流之冲要，因习坎以守固。既固之而设险，又居之而务德。南通珠崖、夜郎，西款玉津、华墨。莫不内清奸宄，外弭苛慝，篱屏京师，事有均于齐德也。

眄匡岭以踌躇，想霞裳于云仞；流姮娥之逸响，发王子之清韵。若夜光而可投，岂荣华之难摈。羡还丹其何术，伫一丸于来信。径遵途乎鄂渚，迹孙氏之霸基；陈利兵而蓄粟，抗十倍之锐师。在贤才之必用，宁推诚而忍欺；图富强以法立，属贞臣而日嬉。识余基于江畔，云钓台之旧址；方战国之多虞，犹从容而宴喜。钦辅吴之忠谅，叹仲谋之虚己；处君臣而并得，良致霸其有以。伊文侯之雅

地下之笋也为他萌生。又有人在世时有美德的声名，死后成为明神。有人弃家而效忠君主，挽着手拜别亲人；或修身为道义而殉死，使集市之人都哀哭感动。所以凡在家中被称赞为纯孝之人，往往也被国家称之为能臣。在朝廷大臣之位播扬清操，与不同时代的人等列相近。早晨我逆风从水边出发，苦于不熟悉水神天吴的脾性。岸上阳光明媚，小舟仿佛完全没有前进，江水腾起含沙的浪涛，急流如同受到惊吓一般。天色晦黯阴云低垂，细雨霏霏落在江上；我哀怜护送我远行的从人十分劳累，常揭开帷帐静立良久。行船于长江的一脉支流上，望见彭蠡泽的通津，行程未至一半刚刚抵达绛水，时间就已过去十几日。

在此处千流共归一处，万岭形态各异；太阳高悬放射光芒，空中的浮云倾泻下壮丽的光影。清澈的江水一碧如洗，宁静的湖面疏旷平畅；轻舟经过处阳光改变着色彩，山与水的倒影逐次出没荡漾。岷山和嶓冢，悠远而寂寥；青溢与赤岸，控制着晨昏潮汐。眺望浓密的归云，江面清风习习；在苍翠的两岸间江水飞逝分界，如同苍茫青空之中横亘着的一道长虹。那些灌莽川涯，极为幽深的水域，水族在其中游泳往还，鸣叫的水鸟在水上攒聚。鸟群高飞沙岸水涨，水流淹没了江心的草渚；江畔那些奇异罕见的生物，有复杂的纹理和缤纷的羽毛。听见了孤鹤的远鸣，又闻独鸿求侣的叫声；人在客途多有思虑，独自一人伤怀凄楚。赞美这中流之地的险峻冲要，借险要地形而牢固扼守着大江。人们既加固它设置险关，又在这里居住而行仁德之事。向南可通向珠崖、夜郎，向西则使玉津、华墨归附。历代无不利用这中流之地内清奸邪，外除暴政，藩屏京师，这种立功可与立德并列。

我斜观庐山徘徊不前，想慕云端仙人的霞衣；怀念着嫦娥的逸事，浮想王子乔的美妙音乐。假若夜光美玉有可以投托的所在，荣华富贵又何难割舍。羡慕介象还丹修仙的法术，盼望信使送来士燮服食的丸药。船行经过鄂渚，这里是孙权霸业兴起的基础；他曾在此屯集精兵与粮秣，对抗曹操十倍于他的大军。他逢贤才必加任用，推诚待人而忍受急慢；为实现富强而设立法规，任用忠贞的臣子而一同居游。我在江畔认出残存的基址，人们说那是钓台的旧址；孙权生

望，诚一代之伟人；祢观书以心服，玉比德而誉均。遘时雄之应运，方协义以经纶；名既逼而愈赏，言虽闻而弥亲。惜勤王于延献，俾汉京之惟新；何天命其弗与，悲盛业之未申。泛芦洲以延伫，闻伍员之所济；出怀珠而免雠，归投金以答惠。彼无求于万钟，唯长歌而鼓枻；慨斯诚之未感，乃沉躯以明誓。空负恨其何追，徒临浍而先祭；及旋师于郑国，美邀福于来裔。入郢都而抵掌，壮天险之难窥；允分荆之胜略，成百代之良规。贾生方于指大，应侯譬之木披。所以居宗振末，强本弱枝，闻古今之通制，历盛衰而不移，可不谓然与？美经国之远体也。

　　酌忠言于城郖，播终古之芳猷；忘我躬之匪阅，顾社稷而怀忧。服庄王之高义，乃征名于夏州；耻蹊田之过罚，纳申叔之嘉谋。观巫臣之献箴，鉴《周书》以明喻；何自谋其多僻，要桑中而远赴。若葆申之诛丹，实匡君以成务；在两臣而优劣，居二主其并裕。临赤崖而慷忾，摧雄图于魏武；乘战胜以长驱，志吞吴而并楚。总八州之毅卒，期姑苏而振旅；时有便乎建瓴，事无留于萧斧。霸孙赫其霆奋，杖迈俗之英辅；裂宇宙而三分，诚决机乎一举。嗟玄德之矫矫，思兴复于旧京；招卧龙于当世，配管仲而称英。收散亡之余弱，结与国而连横，延五纪乎岷汉，绍四百于炎精。望巴丘以邅回，遵洞庭而敞悦，沉轻舟而不系，何灵胥之浩荡。眺君、徧之双峰，徒临风以增想；偿瑶觞而一酌，驾彩蜺而独往。

逢交战各国尔虞我诈之时，他依然从容地在此宴乐。我钦佩辅吴将军张昭的忠诚，也感叹孙权的虚怀若谷；君臣融洽各得所宜，实乃孙权最终成就霸业的原因。以张昭的崇高声望，确实堪称一代之伟人；祢衡看到他的书信而心悦诚服，美玉与他的德行相比也不分伯仲。他身逢时势造英雄的期运，就顺应大义出谋献策；他的声名逼近主君而愈受宠赏，言论广范流传而更受亲信。只可惜他未能勤王捍卫汉献帝，并更新东汉的国祚；上天为何不赋予他这种命运，可悲叹啊他的壮志不得施展。船行至芦洲我长久伫立，听说这里是当年伍员渡江的地方；他拿出怀藏的宝珠以躲避仇敌，归来时投金入水报答他人的恩惠。救伍员的渔父对楚国的高官厚禄并无所求，只是高歌着摇曳船橹；他感慨自己的忠诚未被理解，于是投水自尽以表明本心。伍员徒然抱憾又能如何补救，只好在每餐之前先祭奠这位渔父；等到他从郑国班师回吴国，很好地回报了渔父的后人。我进入郢州治所而击掌赞叹，赞美这雄城天险的难以窥测；从荆州划分出郢州的良策实在高明，已经成为百代延续的良规。贾谊曾用指头肿大来形容地方的坐大，范雎则类比为果多枝折。这正是帝王位居中央而统治地方，强固主干而削弱枝权的方法，是古今传承的通制，历经朝代嬗变而不改变，谁能说不是这样呢，这是多么好的长久治理之道啊。

品味当年子囊增修郢都城墙的忠言，他播下遗芳千古的好策略；忘记了自己不见容于人，临终仍旧顾念国家心怀忧虑。我佩服楚庄王的高义，在陈国建立夏州成就了大名；他耻于踏田夺牛的过分惩罚，采纳了申叔时的上佳计谋。观看申公巫臣进献的谏言，他借用《周书》以阐明喻意；为什么申公巫臣为自己谋算时有许多不端之举，私下娶了夏姬之后远远逃离楚国。像葆申那样诛杀楚文王的丹姬，实乃匡辅君主以成就王业之举；这两个臣子各有优劣，而这二位君主都有宽大的襟怀。我来到赤壁意气激昂，探讨曹操当年南征的雄图；他乘着北方战事的胜利而长驱南下，志在吞并吴地而占有荆楚。总会八州的精锐士卒，目标是打到姑苏再整顿部队；当时的形势是他已占据上游有居高临下之势，装备精良志在必得。雄霸东南的孙权振奋他的雷霆之威，依靠超凡脱俗的英武臣属；割裂天下而三国

　　尔乃南奠衡、霍，北距沮、漳；包括沅、澧，汲引潇、湘。澹澹长迈，漫漫回翔；荡云沃日，吐霞含光。青碧潭屿，万顷澄澈；绮兰从风，素沙被雪。杂云霞以舒卷，间河洲而断绝；回晓仄于中川，起长飙而半灭。税遗构之旧浦，瞻汨罗以隃泗；岂怀宝而迷邦，犹殷勤而一致。蕴芳华以襞积，非党人之所媚；合《小雅》之怨辞，兼《国风》之美志。譬弹冠而振衣，犹自别于泥滓；且杀身以成义，宁露才而扬己。悲先生之不辰，逢椒、兰之妒美；有骅骝而不驭，焉遑遑于千里。既践境以思人，弥流连其无已。修行潦之薄荐，敢凭诚于沼沚。谒黄陵而展敬，奠瑶席乎川湄。具兰香以膏沐，怀椒糈而要之。延帝子于三后，降夔、龙于九疑。腾河灵之水驾，下太一之灵旗。抚安歌以会舞，疏缓节而依迟。日徘徊以将暮，情眇默而无辞。愠秦皇之巡幸，尤土壤以加戮；昧天道之无亲，勤望祀以祈福。将人怨而神怒，故飞川而荡谷；推冥理以归詈，遂刊山而赭木。

　　于是下车入部，班条理务，砥课庸薄，夕惕兢惧。存问长老，

鼎立的局面，实在就取决于这关键的一战。我感叹刘备的英勇威武，他想兴复汉室还于旧都；招纳了当世的人杰诸葛卧龙，可堪与管仲媲美并称英豪。他们集结逃散的残余部队，与东吴结盟而连横，在岷山汉中之地延续了汉朝的国号近五十年，使汉朝的火德传承达到四百年。我眼望巴丘而舟行徘徊，深入洞庭而恍惚神往，将轻舟沉于水中不系缆绳，这洞庭的波涛为何如此浩荡。远眺君山、禗山双峰对峙，临风徒增无限遐想；且斟满玉觞来畅饮一番，驾起彩虹而独自神游醉乡。

　　洞庭湖南望衡山、霍山，北连沮河、漳河；融汇沅水、澧水，引来潇江、湘江。无边无际，回旋奔流。飘浮在云中，冲荡着红日，喷吐云霞而口含霞光。那青绿的深潭和岛屿，一碧万顷澄澈无比；绮丽的芳兰随风摇曳，素净的白沙如雪覆大地。云霞时舒时卷，河洲时断时绝；在河心的沙洲前水流微微转折，长风劲吹而半途停息。停留在有前代遗迹的旧港汊，看到汨罗江而涕泪清涕；屈原何曾身怀异才而隐居不仕呢，他即便被流放仍然殷勤忧国与从前一样。蕴蓄芳华折叠为衣，不是为了博取他人的喜好；他的诗赋吻合《诗经·小雅》的哀怨之辞，兼有《诗经·国风》的美好志向。就像抖落衣冠上的灰尘，让自己和泥污划分界限；并且杀身以成就道义，展现才华而抒发自己。我悲哀屈子生不逢时，受到子椒、子兰的妒美；楚王有骏马良驹而不去驾驭，又如何能匆匆忙忙地求得千里马。来到楚国的疆境而思念屈原，更加徘徊留恋不能自己。在行舟中备办下微薄的祭品，在湖沼间以一片诚心祭祀他。访问黄陵庙表达敬意，在湘江之滨的瑶草坐席上祭奠。以兰香沐浴清洁自己，置下祭神的花椒和精米请他降临。延请娥皇、女英于三后庙，在九疑山恳请夔、龙下降。江河上腾起河神的水车，空中降下东皇太一的灵旗。跟随徐缓的歌曲一起舞蹈，疏缓的节奏从容不迫。太阳徘徊将近日暮，心情寂寥无法言语。怨恨昔日秦始皇的巡幸，归咎于这片土地而滥施砍伐；他不顾天道无亲的道理，殷勤地举行望祀以祈求长寿。弄得人神都对他怨怒不已，因此江水咆哮而荡涤山谷；他推测幽冥的因果而归罪于神明，便砍伐树木使山体裸露。

　　于是我到任进入湘州官署，逐条颁布政令治理政务，勉强督促

隐恤泯庶，奉宣皇恩，宽繇省赋。远哉盛乎，斯邦之旧也。有虞巡方以托终，夏后开图而疏决，太伯让嗣以来游，□臣祈仙而齐洁。固是明王之尘轨，圣贤之踪辙也。若夫屈平《怀沙》之赋，贾子游湘之篇，史迁摘文以投吊，扬雄《反骚》而沉川。其风谣雅什，又是词人之所流连也。亦有仲宁、咸德，仍世相继，父子三台，缁衣改敝。古初抱于烈火，刘先高而忤世，蒋公琰之弘通，桓伯绪之匡济，邓究时之绝述，谷思恭之藻丽，实川岳之精灵，常间出而无替也。至于殊庭之客，帝乡之贤，神奔鬼化，吐吸云烟。玉笥登之而却老，金人植杖以尊泉，苏生骑龙而出入，处静驾鹿以周旋。配北烛之神女，偶南荣之偓佺。时仿佛其遥见，亦往往而有焉。

　　尔乃历省府庭，周行街术，山川远览，邑居近悉。割黔中以置守，献青阳而背质，邹生所谓还舟，楚王于焉乘驷。巡高山之累仞，褒吴文之为宰；彼非刘而八王，皆国亡而身醢。在长沙而著令，经五叶其未改；知天道之福谦，胜一时之经始。寻太傅之故宅，今筑室以安禅；邑无改于旧井，尚开流而冽泉。怀伊、管之政术，遇庸臣而见迁；终被知于时主，嗟汉宗之得贤。受齐君之远托，岂理谢而生全；哀怀王之不秀，遂抱恨而伤年。修定祀于北郭，对林野而幽蔼；庶无吐于馨香，祀琼茅而沃酹。景十三以启国，惟君王其能大；迨炎正之中微，实斯藩而是赖。顾四阜之纡余，乍升高以游目；审山川之面带，将取名于衡麓。下弥漫以爽垲，上钦亏而重复；风瑟瑟以鸣松，水琤琤而响谷。低四照于若华，竦千寻于建木。冀嚣尘之可屏，登岩阿而寱宿。舍域中之常恋，慕游仙之灵族。是时凉风

缴纳赋税，日日夜夜谨慎戒惧不敢怠慢。慰问郡中耆老，抚恤庶民百姓，宣示皇帝的恩惠，宽免徭役减省赋税。何其广远而兴盛啊，国家的这一片古老的土地。虞舜南来巡幸而葬于此地，大禹开启河图而在此疏浚过百川，太伯礼让王位来此漫游，□臣祈仙求福并斋戒。这里曾是贤明的舜帝游经之地，也留下了圣贤哲人行吟的踪迹。屈原所作《怀沙》之赋，贾谊所写漫游湘水的篇章，司马迁作文以寄托凭吊之意，扬雄亦作《反离骚》投入江中。这里的风俗歌谣雅丽篇章，又是词人所爱慕留恋的。还有东汉的梁统、梁竦，世代相继，父子都担任朝廷要职，像郑武公父子一样辅助君主实行善政。古初不顾烈火守护父亲的灵柩，刘先节操高洁不随世俗，还有蒋琬宏量通达，桓阶匡时济时，邓究时著述绝妙，谷思恭辞藻华丽，他们实是此地川岳的精气所孕育，往往是人才辈出而无可取替。还有那天庭妙境的仙客，天帝家乡的贤人，神奔鬼化，吐吸云烟。玉笥山登上就会长生不老，铜人以杖叩地就会涌现山泉，苏耽骑白马而出入，陶淡驾麋鹿而往返。匹配北烛仙人的神女，还有南方偓佺仙人的伴侣。有时好像能遥望见她们，也往往有这样的神迹存留。

　　我历观官署的厅堂，行遍州城的街道，远望山川，近观民居。楚国在这里分出黔中郡设置郡守，这里有楚国向秦国献出后又违背盟约的青阳县，也有邹阳所说的还舟之地，楚庄王也是在此乘战车出征灭庸。我巡视高山万丈，赞美在此主政的汉长沙王吴芮；那些并非刘姓而受封的汉初八王，都一一失去封国而被杀死。只有吴芮在长沙声名上佳，封爵历传五代不曾改换；能了解天道的福谦，胜过一时的经营事业。我又寻找太傅贾谊的故宅，如今已经修造为佛堂；城邑的旧井并未改变样貌，仍能涌出清冽的泉水。贾生怀有伊尹、管仲的政治才华，遇到庸臣排挤而被贬谪；最终他受到汉文帝的知遇，令人感叹汉王朝终于得到贤才。他受文帝的嘱托辅佐梁怀王，岂能推辞而惜身；可悲的是梁怀王早逝不寿，于是贾谊心怀歉疚而含恨辞世。我在北郊修定祠庙，面对山林雾霭幽深；希望这馨香能被神灵接受，祭祀时又使用了灵草占卜并以酒浇于土地。汉景帝十三子全都立国封王，只有孝武皇帝能光大国运；在汉王朝中途衰微之时，实际

暮节，万实西成，华池迥远，飞阁凄明。嘉南州之炎德，爱兰蕙之秋荣。下名柑于曲榭，采芳菊于高城。树罗轩而并列，竹被岭而丛生。瞰栖禽之夕返，送旅雁之晨征。悲去乡而远客，寄览物而娱情。惟传车之所骛，实鹰扬其是掌，或解组以立威，乍露服而加赏。遵圣主之恩刑，荷天地之厚德。沾河润于九里，泽自家而刑国。阙小道之可观，宁畏涂其易克；眄高衢而愿骋，忧取累于长缰。闻困石之非据，承炯戒乎明则；愧寿陵之余子，学邯郸而匍匐也。

缵至州，停遣十郡慰劳，解放老疾吏役，及关市戍逻先所防人，一皆省并。州界零陵、衡阳等郡，有莫徭蛮者，依山险为居，历政不宾服，因此向化。益阳县人作田二顷，皆异亩同颖。缵在政四年，流人自归，户口增益十余万，州境大安。

太清二年，征为领军，俄改授使持节、都督雍梁北秦东益郢州之竟陵司州之随郡诸军事、平北将军、宁蛮校尉。缵初闻邵陵王纶当代己为湘州，其后定用河东王誉，缵素轻少王，州府候迎及资待

正是长沙王国成为国家中兴的依赖。环视四方山丘的起伏延伸，忽然登上高处以极目远望；审视山川的地形方位，将在衡山之麓取得南岳盛名。山下之地平坦干爽，上方的山体却曲折而重复；山风瑟瑟令松树鸣唱，山泉叮咚在深谷回响。若木之花光华四照，高大树木挺立千丈。希望这里能隔绝喧嚣的尘世，登上山岩在此露宿。抛弃世人寻常所迷恋的东西，仰慕周游四海的仙家灵族。这时已经是凉风吹拂的金秋，万物都已成熟，昆仑华池相距遥远，仙宫高阁凄凉寒冷。我欣赏湘州温暖的气候，爱慕这里兰花蕙草在秋季依旧盛开。在曲榭前摘取有名的柑橘，在高城下采集芬芳的菊花。茂林围环轩室而并列，修竹覆盖山岭而丛生。我观赏栖禽日暮归飞，目送旅雁在清晨远行。为自己远离家乡客居异地而伤悲，就览物娱情以寄托情怀。驿车在大路上疾速奔驰，只因我执掌政务威武而迅猛，时而解除僚属官职以树立威信，有时则宣布任命并加以封赏。遵照圣上的意愿严明刑赏，蒙受天地的深厚恩德。将此恩广泛施与治下的百姓，可以泽被众人而成为国家的榜样。我缺少可观的末小技艺，治理一州的道路并不平坦易行；但我瞻行大道愿意尽力驰骋，只忧虑自己德行不足会像千里马一样被长索羁绊。我听闻不能走奸邪之道，所以要接受修明的法则的鉴戒；惭愧自己像是那个寿陵的孩童，学邯郸人的姿态走路结果是匍匐爬行。

张缵来到湘州后，终止了十郡的慰劳负担，遣散了年老患病的下吏差役，连同集市上负责巡逻的旧有守备人员，一起都裁减省并了。州中零陵、衡阳等郡，有叫做莫徭的蛮族，依山区险要之地居住，历任刺史都不能使他们宾服，自张缵来后他们就开始归化朝廷。益阳县有人耕种了二顷田地，不同地块都生长出一模一样的带芒谷穗。张缵在湘州主政四年，流散外地的人都自动回归家乡，户口增加了十几万，州内治安也大为安定。

太清二年（548），朝廷征召他任领军，不久改授为使持节、都督雍梁北秦东益郢州之竟陵司州之随郡诸军事、平北将军、宁蛮校尉。张缵起初听说邵陵王萧纶会取代自己接任湘州刺史，后来朝廷决定任用河东王萧誉，张缵一向很轻视河东王，所以其州府沿途候

甚薄，誉深衔之。及至州，遂托疾不见缵，仍检括州府庶事，留缵不遣。会闻侯景寇京师，誉饰装当下援，时荆州刺史湘东王赴援，军次郢州武城，缵驰信报曰："河东已竖檝上水；将袭荆州。"王信之，便回军镇，荆、湘因构嫌隙。寻弃其部伍，单舸赴江陵，王即遣使责让誉，索缵部下。既至，仍遣缵向襄阳，前刺史岳阳王詧推迁未去镇，但以城西白马寺处之。会闻贼陷京师，詧因不受代。州助防杜岸绐缵曰："观岳阳殿下必不容使君，使君素得物情，若走入西山，招聚义众，远近必当投集，又帅部下继至，以此义举，无往不克。"缵信之，与结盟约，因夜遁入山。岸反以告詧，仍遣岸帅军追缵。缵众望岸军大喜，谓是赴期，既至，即执缵并其众，并俘送之。始被囚絷。寻又逼缵剃发为道人。其年，詧举兵袭江陵，常载缵随后。及军退败，行至澧水南，防守缵者虑追兵至，遂害之，弃尸而去，时年五十一。元帝承制，赠缵侍中、中卫将军、开府仪同三司。谥简宪公。

　　缵有识鉴，自见元帝，便推诚委结。及元帝即位，追思之，尝为诗，其序曰："简宪之为人也，不事王侯，负才任气，见余则申旦达夕，不能已已。怀夫人之德，何日忘之。"缵著《鸿宝》一百卷，文集二十卷。

　　次子希，字子颜，早知名，选尚太宗第九女海盐公主。承圣初，官至黄门侍郎。

迎礼节以及物资供给都十分怠慢，萧誉对此深怀怨恨。他到湘州后，就称病不去见张缵，但依旧接管了州府的日常事务，把张缵扣留下来不遣送回京。这时听说侯景进犯京师，萧誉就整顿行装要率军顺江而下去救援建康，当时荆州刺史湘东王萧绎已经出发赴援，部队正驻扎在郢州武城，张缵派人飞马向他报信称："河东王已经派出水师逆流而上，将要袭击荆州。"湘东王相信了这个消息，就回军镇守荆州，从此荆州、湘州之间就产生了嫌隙。不久张缵丢下自己的部伍，乘坐一叶孤舟逃往江陵，萧绎派使者去谴责萧誉，并索取张缵的部下。待张缵的部下来到荆州后，仍派张缵去往襄阳赴任，前任刺史岳阳王萧詧推故逗留不离开襄阳，只安排张缵住在城西的白马寺。这时叛贼攻陷京师的消息传来，萧詧就拒绝接受张缵的取代。州助防杜岸哄骗张缵说："我看岳阳王殿下必定容不下使君，使君您一向深受百姓爱戴，若是逃进西山，招募接纳义军，远近之民必然会前来投效，随后我再率领部下加入您，这样举义，定然会战无不克。"张缵相信了他，与他定下盟约，趁夜逃进山中。杜岸回来后就向萧詧告发了此事，萧詧就派杜岸领军追赶张缵。张缵的队伍望见杜岸军大喜，以为是按照约定来加入己方的，杜岸到了之后，立即逮捕张缵又合并了他的部伍，把张缵及俘获的人送到萧詧那里。一开始萧詧只是囚禁他，后来又逼迫张缵剃发做道士。这一年，萧詧起兵袭击江陵，常常将张缵随押于大军后方。后来部队战败撤退，走到淯水南，看押张缵的军士顾虑追兵快要赶上来，就将他杀死，抛弃尸体逃走，时年五十一岁。元帝承天子旨意便宜行事后，追赠张缵为侍中、中卫将军、开府仪同三司。谥号为简宪公。

张缵有识人之才，自他见到元帝后，就推诚布公与他深相结交。后来元帝登上帝位，追忆起他，曾写诗悼念，其序言说："简宪公之为人，从不巴结王侯，自负其才而任气傲物，见到我却朝夕陪侍，不能稍止。深深怀念他的仁德，哪一天曾经忘怀过啊。"张缵著有《鸿宝》一百卷，文集二十卷。

次子张希，字子颜，早年已经很有名气，被选中迎娶了简文帝第九女海盐公主。承圣初年时，张希官至黄门侍郎。

张缵

缵字孝卿，缵第四弟也。初为国子生，射策高第。起家长兼秘书郎，迁太子舍人、洗马、中舍人，并当管记。累迁中书郎，国子博士。出为北中郎长史、兰陵太守，还除员外散骑常侍。时丹阳尹西昌侯萧渊藻以久疾未拜，敕缵权知尹事，迁中军宣城王长史，俄徙御史中丞。高祖遣其弟中书舍人绚宣旨曰："为国之急，惟在执宪直绳，用人本不限升降。晋宋之世，周闵、蔡廓并以侍中为之，卿勿疑是左迁也。"时宣城王府望重，故有此旨焉。大同四年元日，旧制仆射、中丞坐位东西相当，时缵兄缵为仆射，及百司就列，兄弟导驺，分趋两陛，前代未有也，时人荣之。岁余，出为豫章内史。缵在郡，述《制旨礼记正言》义，四姓衣冠士子听者常数百人。

八年，安成人刘敬宫挟祆道，遂聚党攻郡，内史萧倪弃城走。贼转寇南康、庐陵，屠破县邑，有众数万人，进寇豫章新淦县。南中久不习兵革，吏民恇扰奔散。或劝缵宜避其锋，缵不从，仍修城隍，设战备，募召敢勇，得万余人。刺史湘东王遣司马王僧辩帅兵讨贼，受缵节度，旬月间，贼党悉平。

十年，复为御史中丞，加通直散骑常侍。缵再为宪司，弹纠无所回避，豪右惮之。是时城西开士林馆聚学者，缵与右卫朱异、太府卿贺琛递述《制旨礼记中庸义》。

太清二年，迁左卫将军。会侯景寇至，入守东掖门。三年，迁吏部尚书。宫城陷，缵出奔，外转至江陵，湘东王承制，授侍中、左卫将军、相国长史，侍中如故。出为持节、云麾将军、湘东内史。

### 张缵

张缵字孝卿，是张缵的四弟。起初是国子学的生员，射策考试的成绩优等。最初担任长兼秘书郎中，迁任太子舍人、洗马、中舍人，并掌理管记。累加升迁为中书郎，国子博士。出京担任北中郎长史、兰陵太守，回京后担任员外散骑常侍。时逢丹阳尹西昌侯萧渊藻因长期患病一直没有担任其职，天子敕令张缵暂时代理丹阳尹职事，迁任中军宣城王长史。不久转任御史中丞，高祖派张缵的弟弟中书舍人张绚宣旨说："治国最紧要之事，乃是执行法度严明纲纪，用人本来并不限于职级升降。晋宋时代，周闵、蔡廓都曾以侍中之职而执掌御史台，卿勿要怀疑这个任命是降职。"当时宣城王府中官职普遍声望隆重，所以高祖如此降旨。大同四年（538）元日朝会，按照旧制仆射和御史中丞的座位分列于东西，张缵的兄长张缵正任仆射之职，百官各就其列时，张缵张缵两兄弟由卫士引导，分列在御阶东西，这种情形前代从未有过，当时的人都认为是罕见的殊荣。过了一年多，张缵出京任豫章内史。张缵在豫章郡时，讲述《制旨礼记正言》的大义，郡中各大望族士子前来听讲的常有数百人。

大同八年（542），安成人刘敬宫挟妖邪之道，聚集党徒攻打安成郡城，内史萧悦弃城逃走。贼众转而进犯南康、庐陵，攻破县邑，人数发展到几万之多，进而侵犯豫章郡的新淦县。豫章地区长期不曾经历战事，吏民惊扰四处逃散。有人劝张缵躲避贼兵锋芒，张缵却不听从，而是加固城防，整顿战备，招募勇敢士卒，得到万余人。刺史湘东王派司马王僧辩率军讨贼，受张缵节度，十日之内，贼党全都被讨平。

大同十年（544），张缵再度担任御史中丞，加官通直散骑常侍。张缵二度执掌监察纠劾，参奏弹劾无所避讳，朝中豪族贵戚都颇为忌惮。这时京师城西开辟了士林馆以召集求学之人，张缵和右卫朱异、太府卿贺琛接连在此讲述《制旨礼记中庸》大义。

太清二年（548），迁任左卫将军。时值侯景叛军来到京师，张缵入城把守东掖门。太清三年（549），迁任吏部尚书。台城陷落后，张缵出逃，转赴江陵，湘东王承天子旨意便宜行事后，授任张缵为侍承圣二年，征为尚书右仆射，寻加侍中。明年，江陵陷，朝士皆俘入关，绾以疾免，后卒于江陵，时年六十三。

次子交，字少游，颇涉文学，选尚太宗第十一女安阳公主。承圣二年，官至太子洗马，秘书丞，掌东宫管记。

陈吏部尚书姚察曰：太清版荡，亲属离贰，缵不能协和藩岳，成温、陶之举，苟怀私怨，构隙潇湘，遂及祸于身，非由忠节；继以江陵沦覆，实萌于此。以缵之风格，卒为梁之乱阶，惜矣哉。

中、左卫将军、相国长史，侍中之职照旧。他出任持节、云麾将军、湘东内史。承圣二年（554），元帝征召他任尚书右仆射，不久加官侍中。第二年，江陵陷落，朝中士人全都被俘虏押送往关中，张绾因患病而免遭遣送，后来在江陵去世，时年六十三岁。

张绾次子张交，字少游，广泛涉猎文学，被选中迎娶了简文帝第十一女安阳公主。承圣二年（554），官至太子洗马，秘书丞，掌理东宫管记。

陈朝吏部尚书姚察说：太清之乱梁廷动荡，宗室之间离心构衅，张缵不能促成藩王之间和谐融洽，成就温峤、陶侃那样的靖乱之举，却心怀私人恩怨，在湘东王与河东王之间制造嫌隙，结果祸及自身，并非死于效忠国家的气节；后来江陵的沦陷，实际正萌芽于此。以张缵的风骨格局，最终竟成为梁末丧乱的祸端之一，可惜啊。

# 卷三十五

## 列传第二十九

萧子恪弟子范　子显　子云

### 萧子恪

萧子恪字景冲，兰陵人，齐豫章文献王嶷第二子也。永明中，以王子封南康县侯。年十二，和从兄司徒竟陵王《高松赋》，卫军王俭见而奇之。初为宁朔将军、淮陵太守，建武中，迁辅国将军、吴郡太守。大司马王敬则于会稽举兵反，以奉子恪为名，明帝悉召子恪兄弟亲从七十余人入西省，至夜当害之。会子恪弃郡奔归，是日亦至，明帝乃止。以子恪为太子中庶子。东昏即位，迁秘书监，领右军将军，俄为侍中。中兴二年，迁辅国咨议参军。天监元年，降爵为子，除散骑常侍，领步兵校尉，以疾不拜，徙为光禄大夫，俄为司徒左长史。

子恪与弟子范等，尝因事入谢，高祖在文德殿引见之，从容谓曰："我欲与卿兄弟有言。夫天下之宝，本是公器，非可力得。苟无期运，虽有项籍之力，终亦败亡。所以班彪《王命论》云：'所求不过一金，然终转死沟壑'。卿不应不读此书。宋孝武为性猜忌，兄弟粗有令名者，无不因事鸩毒，所遗唯有景和。至于朝臣之中，或疑有天命而致害者，枉滥相继。然而或疑有天命而不能害者，或不知有天命而不疑者，于时虽疑卿祖，而无如之何。此是疑而不得。又有不疑者，如宋明帝本为庸常被免，岂疑而得全。又复我于时已年二岁，彼岂知我应有今日。当知有天命者，非人所害，害亦不能得。我初平建康城，朝廷内外皆劝我云：'时代革异，物心须一，宜行处分。'我

## 萧子恪

萧子恪字景冲，兰陵人，是南齐豫章文献王萧嶷的次子。永明年间，他以王子身份被封为南康县侯。十二岁时，他为应和堂兄司徒竟陵王萧子良的《高松赋》也作赋一首，卫军王俭见到后大感惊奇。起初萧子恪担任宁朔将军、淮陵太守，建武年间，迁任辅国将军、吴郡太守。大司马王敬则在会稽举兵反叛，打着奉萧子恪为天子的名号，齐明帝将萧子恪的兄弟亲族七十余人招入西省，打算入夜后全部杀害。时逢萧子恪抛弃吴郡逃回京城，恰是这一天赶到，齐明帝便不再伤害他们。任命萧子恪为太子中庶子。东昏侯即位后，萧子恪迁任秘书监，兼领右军将军，不久担任侍中。中兴二年（502），迁任辅国咨议参军。天监元年（502），爵位被降为子，除授为散骑常侍，兼领步兵校尉，因病没有拜授，转任光禄大夫，不久担任司徒左长史。

萧子恪与弟弟萧子范等，曾经因某事入朝谢恩，高祖在文德殿接见了他们，从容地对他们说："我对卿兄弟有话要说。天下之主的位置，本是公器，并非仅凭武力可取得。若是得不到上天期运，即便有项籍那样的拔山之力，终究也难免败亡。所以班彪的《王命论》说：'所求不过一金，然而最终反而死于沟壑。'卿不应不读此书。宋孝武帝性格猜忌，兄弟中稍有些声名的，他无不借故毒杀之，所遗留下的只有前废帝刘子业。至于朝臣之中，怀疑某人有天命而加以杀害的，他也相继枉杀了多人。然而他也许是怀疑有天命而不能加害，也许是不知其有天命而没有怀疑，总之当时虽然曾经对卿的祖父有所怀疑，而没有将他怎么样。这是怀疑而没有施害的。又有不加怀疑的情形，譬如宋明帝本来是因为智识庸常而幸免于祸，岂是被怀疑却得以保全？我在那时已经有两岁，孝武帝岂知我有登上帝位的今日？

于时依此而行, 谁谓不可! 我政言江左以来, 代谢必相诛戮, 此是伤于和气, 所以国祚例不灵长。所谓'殷鉴不远, 在夏后之世'。此是一义。二者, 齐梁虽曰革代, 义异往时。我与卿兄弟虽复绝服二世, 宗属未远。卿勿言兄弟是亲, 人家兄弟自有周旋者, 有不周旋者, 况五服之属邪? 齐业之初, 亦是甘苦共尝, 腹心在我。卿兄弟年少, 理当不悉。我与卿兄弟, 便是情同一家, 岂当都不念此, 作行路事。此是二义。我有今日, 非是本意所求。且建武屠灭卿门, 致卿兄弟涂炭。我起义兵, 非惟自雪门耻, 亦是为卿兄弟报仇。卿若能在建武、永元之世, 拨乱反正, 我虽起樊、邓, 岂得不释戈推奉; 其虽欲不已, 亦是师出无名。我今为卿报仇, 且时代革异, 望卿兄弟尽节报我耳。且我自藉丧乱, 代明帝家天下耳, 不取卿家天下。昔刘子舆自称成帝子, 光武言'假使成帝更生, 天下亦不复可得, 况子舆乎'。梁初, 人劝我相诛灭者, 我答之犹如向孝武时事: 彼若苟有天命, 非我所能杀; 若其无期运, 何忽行此, 政足示无度量。曹志亲是魏武帝孙, 陈思之子, 事晋武能为晋室忠臣, 此即卿事例。卿是宗室, 情义异佗, 方坦然相期, 卿无复怀自外之意。小待, 自当知我寸心。"

又文献王时, 内斋直帐阉人赵叔祖, 天监初, 入为台斋帅, 在寿光省, 高祖呼叔祖曰: "我本识汝在北第, 以汝旧人, 故每驱使。汝比见北第诸郎不? " 叔祖奉答云: "比多在直, 出外甚疏, 假使暂

要知道有天命之人，绝非人所可伤害，即便要杀害也不能实现。我刚平定建康城时，朝廷内外都劝我说：'改朝换代，需要统一人心，前朝宗室最好尽数除去。'这个时候我若要依此行事，谁说不可以！我正是认为南渡以来，凡帝位更替必然会屠戮宗室，这种做法有伤人伦和睦，所以这些朝代国祚照例都不长久。所谓'夏灭亡的教训就在眼前，殷的后代应引以为戒'这是一个原因。再者，齐梁虽说鼎革换代，其意义与前朝不同。我与卿兄弟虽然断绝服丧已经有两代，但宗属关系尚未远隔。卿不要说兄弟关系就一定很亲密，自家兄弟中尚有往来密切的，也有往来不密切的，更何况是五服相隔的远亲呢？齐朝创立之初，宗室也都是同甘共苦的，对此我心知肚明。卿兄弟年少，对此应该不甚了解。我与卿兄弟，就是情同一家，岂能不顾念这种亲情，只当作陌路人来处理？这是第二个原因。我有今日，并非本意所求。况且齐明帝屠灭卿的家族，致令卿兄弟生活困苦无着。我统率义兵举事，不仅仅是为自家兄弟报仇雪恨，也是为了卿兄弟复仇。卿等若是能在齐明帝、东昏侯在位的时候，拨乱反正推翻他们，那么我即便在襄阳之地起兵举义，又岂能不放下兵器尊奉你们继承国统？即便不愿放下武器，也是师出无名了。如今我为卿等报仇，而且改朝换代成为天子，正寄望卿兄弟尽臣节效忠来报答我。而且我是因齐末丧乱，取得了齐明帝家的天下而已，不是夺取卿家天下。西汉末年刘子舆自称汉成帝之子，光武帝说'即便是成帝复活也不能再取得天下，何况是刘子舆呢'？梁朝建立之初，旁人劝我诛灭前朝宗室，我的回答就正如过去宋孝武帝时的旧事一样：他们若真有天命，则不是我所能杀得了的；若是没有天命，又何必忽然大行杀戮呢？岂不是显示我毫无胸怀度量？曹志是魏武帝之孙，陈思王之子，而他事奉晋武帝能做晋朝的忠实臣子，这就是卿等效仿的先例。卿是宗室，情义与他人不同，我已开诚布公相待，卿等不要再怀有把自己当作外人的心思。且稍待时日，自会知晓我的用心"。

又有文献王时在内斋值班的阉人赵叔祖，天监初年，他入宫担任台斋帅，在寿光省，高祖叫来赵叔祖说："我本来在文献王府中认识你，因你是旧人，所以常常使唤。你之前见到文献王诸子否？"赵

出，亦不能得往。"高祖曰："若见北第诸郎，道我此意：我今日虽是革代，情同一家；但今磐石未立，所以未得用诸郎者，非惟在我未宜，亦是欲使诸郎得安耳。但闭门高枕，后自当见我心。"叔祖即出外具宣敕语。

子恪寻出为永嘉太守。还除光禄卿，秘书监。出为明威将军、零陵太守。十七年，入为散骑常侍、辅国将军。普通元年，迁宗正卿。三年，迁都官尚书。四年，转吏部。六年，迁太子詹事。大通二年，出为宁远将军、吴郡太守。三年，卒于郡舍，时年五十二。诏赠侍中、中书令。谥曰恭。

子恪兄弟十六人，并仕梁。有文学者，子恪、子质、子显、子云、子晖五人。子恪尝谓所亲曰："文史之事，诸弟备之矣，不烦吾复牵率，但退食自公，无过足矣。"子恪少亦涉学，颇属文，随弃其本，故不传文集。

子瑳，亦知名，太清中，官至吏部郎，避乱东阳，后为盗所害。

萧子范　萧滂　萧确

子范字景则，子恪第六弟也。齐永明十年，封祁阳县侯，拜太子洗马。天监初，降爵为子，除后军记室参军，复为太子洗马，俄迁司徒主簿，丁所生母忧去职。子范有孝性，居丧以毁闻。服阕，又为司徒主簿，累迁丹阳尹丞，太子中舍人。出为建安太守，还除大司马南平王户曹属，从事中郎。王爱文学士，子范偏被恩遇，尝曰："此宗室奇才也。"使制《千字文》，其辞甚美，王命记室蔡薳注释之。自是府中文笔，皆使草之。王薨，子范迁宣惠咨议参军，护军临

叔祖奉答说："他们近来大多在宫中当值，甚少外出，即便暂时出宫，我也无暇前去与他们相见。"高祖说："你若见到文献王诸子，向他们转述我的这个意思：我今日虽是改朝换代，与他们却是情同一家；但现在我自家的宗室尚未册封，之所以没有对文献王诸子厚加封赏，不仅是因为这样做于我未宜，也是想让他们得到安定。你让他们只管闭门高枕无忧，日后自会见我本心。"赵叔祖就出宫对他们传达了高祖的这番话。

萧子恪不久出京任永嘉太守。回京后担任光禄卿、秘书监。出京任明威将军、零陵太守。天监十七年（518），入朝任散骑常侍、辅国将军。普通元年（520），迁任宗正卿。普通三年（522），迁任都官尚书。普通四年（523），转任吏部尚书。普通六年（525），迁任太子詹事。大通二年（528），出京担任宁远将军、吴郡太守。大通三年（529），在郡城官舍中去世，时年五十二岁。高祖下诏追赠为侍中、中书令。谥号为恭。

萧子恪兄弟十六人，都在梁朝仕官。其中有文学才华的，有萧子恪、萧子质、萧子显、萧子云、萧子晖五人。萧子恪曾经对亲近的人说："文史方面的学问，诸弟已经很齐备了，我不必再尽力钻研，只要保持廉洁，不犯过失就足够了。"萧子恪年少时也曾涉猎学问，颇写了不少文章，后来他放弃原本志向，因而没有文集流传。

儿子萧瑳，也颇知名。太清年间，官至吏部郎。他避乱于东阳郡，后来被盗匪杀害。

萧子范　萧滂　萧确

萧子范字景则，是萧子恪的六弟。南齐永明十年（492），封为祁阳县侯，担任太子洗马。天监初年，封爵降为子，担任后军记室参军，再度担任太子洗马，不久迁任司徒主簿，遭母丧丁忧去职。萧子范生性孝顺，居丧期间因哀伤过度而闻名。服丧结束后，再度担任司徒主簿，累加升迁为丹阳尹丞、太子中舍人。出京任建安太守，回京后担任大司马南平王户曹属、从事中郎。南平王萧伟喜爱文人学士，萧子范受到他的偏爱恩宠，萧伟曾说："此人是宗室中的奇才。"萧伟让他写作千字文，其文辞十分优美，南平王就让记室蔡薳为此文作

贺王正德长史。正德为丹阳尹，复为正德信威长史，领尹丞。历官十余年，不出藩府，常以自慨，而诸弟并登显列，意不能平，及是为到府笺曰："上藩首佐，于兹再忝，河南雌伏，自此重升。以老少异时，盛衰殊日，虽佩恩宠，还羞年鬓。"子范少与弟子显、子云才名略相比，而风采容止不逮，故宦途有优劣。每读《汉书》，杜缓兄弟"五人至大官，唯中弟钦官不至而最知名。"常吟讽之，以况己也。

寻复为宣惠武陵王司马，不就，仍除中散大夫，迁光禄、廷尉卿。出为戎昭将军、始兴内史。还除太中大夫，迁秘书监。太宗即位，召为光禄大夫，加金章紫绶，以逼贼不拜。其年葬简皇后，使与张缵俱制哀策文，太宗览读之，曰："今葬礼虽阙，此文犹不减于旧。"寻遇疾卒，时年六十四。贼平后，世祖追赠金紫光禄大夫。谥曰文。前后文集三十卷。

二子滂、确，并少有文章。太宗东宫时，尝与邵陵王数诸萧文士，滂、确亦预焉。滂官至尚书殿中郎，中军宣城王记室，先子范卒。确，太清中历官宣城王友，司徒右长史。贼平后，赴江陵，因没关西。

### 萧子显　萧序　萧恺

子显字景阳，子恪第八弟也。幼聪慧，文献王异之，爱过诸子。七岁，封宁都县侯。永元末，以王子例拜给事中。天监初，降爵为子。累迁安西外兵、仁威记室参军，司徒主簿，太尉录事。

注释。从此王府中的文书，都让萧子范来草拟。南平王去世之后，萧子范迁任宣惠咨议参军、护军临贺王萧正德长史。萧正德担任丹阳尹时，萧子范又出任萧正德的信威长史，兼领尹丞。他任官十余年，不曾调任藩府以外的职位，常常因此而自己感慨，而诸弟都登上了显赫的职位，他内心不能平和，这次他到府任职时就写了一封书笺说："藩国的首席僚属，今日我再度担任。犹如汉末的赵温不愿雌伏屈居人下，自此获得升迁。我与赵温一老一少年纪悬殊，时代盛衰亦不相同，如今我虽蒙受恩宠，还是因自己年老而羞愧。"萧子范年少时与弟弟萧显、萧子云才华名气都差不多，而风采容貌不及他二人，所以仕途的经历有优劣差异。每次他读《汉书》，杜缓兄弟"五人至大官，唯中弟杜钦任官不高而最为知名"。萧子范常常吟诵这段话，用来比况自身。

萧子范不久重新担任宣惠武陵王司马，他没有就职，又担任中散大夫，迁任光禄、廷尉卿。出京任戎昭将军、始兴内史。回京后担任太中大夫，迁任秘书监。简文帝即位后，召他任光禄大夫，加金章紫绶，他因为不愿接近侯景叛军而没有担任。这一年简皇后下葬，太宗让萧子范与张缵都写作哀册文，读过之后说："今日送葬的仪礼虽然有缺，这篇哀册文仍保持了旧时的庄严。"不久萧子范染病身故，时年六十四岁。侯景之乱平定后，元帝追赠他为金紫光禄大夫。谥号为文。他前后有文集三十卷。

萧子范有两个儿子萧滂、萧确，都从小就有文才。简文帝还是太子时，曾经与邵陵王点评宗室中的文士，萧滂、萧确也在其中。萧滂官至尚书殿中郎、中军宣城王记室，先于萧子范去世。萧确，太清年间历任宣城王友、司徒右长史。侯景之乱平定后，他前往江陵，后来死于西魏。

萧子显 萧序 萧恺

萧子显字景阳，是萧子恪的八弟。从小聪慧，文献王萧嶷认为他非同常人，宠爱胜于其他诸子。七岁时，被封为宁都县侯。永元末年，以王子身份照例担任给事中。天监初年，爵位降为子。累加升迁为安西外兵、仁威记室参军、司徒主簿、太尉录事。

子显伟容貌，身长八尺。好学，工属文。尝著《鸿序赋》，尚书令沈约见而称曰："可谓得明道之高致，盖《幽通》之流也。"又采众家《后汉》，考正同异，为一家之书。又启撰《齐史》，书成，表奏之，诏付秘阁。累迁太子中舍人，建康令，邵陵王友，丹阳尹丞，中书郎，守宗正卿。出为临川内史，还除黄门郎。中大通二年，迁长兼侍中。高祖雅爱子显才，又嘉其容止吐纳，每御筵侍坐，偏顾访焉。尝从容谓子显曰："我造《通史》，此书若成，众史可废。"子显对曰："仲尼赞《易》道，黜《八索》，述职方，除《九丘》，圣制符同，复在兹日。"时以为名对。三年，以本官领国子博士。高祖所制经义，未列学官，子显在职，表置助教一人，生十人。又启撰高祖集，并《普通北伐记》。其年迁国子祭酒，又加侍中，于学递述高祖《五经义》。五年，选吏部尚书，侍中如故。

子显性凝简，颇负其才气。及掌选，见九流宾客，不与交言，但举扇一撝而已，衣冠窃恨之。然太宗素重其为人，在东宫时，每引与促宴。子显尝起更衣，太宗谓坐客曰："尝闻异人间出，今日始知是萧尚书。"其见重如此。大同三年，出为仁威将军、吴兴太守，至郡未几，卒，时年四十九。诏曰："仁威将军、吴兴太守子显，神韵峻举，宗中佳器。分竹未久，奄致丧殒，恻怆于怀。可赠侍中、中书令。今便举哀。"及葬请谥，手诏"恃才傲物，宜谥曰骄"。

子显尝为《自序》，其略云："余为邵陵王友，忝还京师，远思

萧子显容貌英伟,身高八尺。爱好学习,善写文章。他曾写了一篇《鸿序赋》,尚书令沈约见后称赞道:"可称得上深得文学的高妙情趣,应可与班固的《幽通赋》相提并论。"萧子显又广采各家《后汉书》,考证异同之处,自成一家。又启奏请求撰写《齐史》,书写成后,表奏高祖,高祖下诏交付秘阁。累加升迁为太子中舍人、建康令、邵陵王友、丹阳尹丞、中书郎、守宗正卿。出京任临川内史,回京后担任黄门郎。中大通二年(530),迁任长兼侍中。高祖很喜欢萧子显的才华,又赞叹他的容貌举止,每逢御宴侍坐,总偏爱去他的座前。曾从容地对萧子显说:"我编撰《通史》,此书若是完成,则众家史书都可以不必流传了。"萧子显对答说:"孔仲尼彰明《易》之玄理,因此《八索》之书就被抛弃,他讲述职方,所以《九丘》之书就默默无闻,圣人所制古今相同,今日又再度出现了这种景象。"当时人都以此为名对。中大通三年(531),萧子显以本身官职兼领国子博士。高祖所撰经书义理,没有交给学官整理,萧子显在职时,表奏请求设置助教一人,生员十人。又启奏请求编撰高祖文集,并撰写《普通北伐记》。这一年他迁任国子祭酒,又加官侍中,在国子学中讲授高祖的《五经义》。中大通五年(533),迁任吏部尚书,侍中之职照旧。

萧子显性格庄重朴实,自恃才气过人。到他掌管铨叙选官时,见到各路求仕的宾客,从不与之交谈,只是举扇一挥而已,众多士大夫都在私底下忌恨他。然而简文帝一直看重他的为人,身为太子时,常常请他来参加宴席。有一次萧子显曾经起身如厕,简文帝对在座众宾客说:"曾听闻世间每隔一阵就会有异人出现,今日才知就是萧尚书。"他就是如此受到看重。大同三年(537),萧子显出京任仁威将军、吴兴太守,到郡中上任不久就去世了,时年四十九岁。高祖下诏说:"仁威将军、吴兴太守萧子显,神采气宇俊逸拔群,是宗室中的佳器。授任未久,忽遭陨丧,朕心怀恻隐悲怆。可追赠为侍中、中书令。今日就为他举哀。"到了下葬时请求赠以谥号,高祖手书诏书"恃才傲物,宜谥曰骄"。

萧子显曾经写过一篇《自序》,大略写道:"我担任邵陵王友,忝蒙征召回归京师,想要与前代人物作一类比,就好比楚之唐勒、宋

前比，即楚之唐、宋，梁之严、邹。追寻平生，颇好辞藻，虽在名无成，求心已足。若乃登高目极，临水送归，风动春朝，月明秋夜，早雁初莺，开花落叶，有来斯应，每不能已也。前世贾、傅、崔、马、邯郸、缪、路之徒，并以文章显，所以屡上歌颂，自比古人。天监十六年，始预九日朝宴，稠人广坐，独受旨云：'今云物甚美，卿得不斐然赋诗。'诗既成，又降帝旨曰：'可谓才子。'余退谓人曰：'一顾之恩，非望而至。遂方贾谊何如哉？未易当也。'每有制作，特寡思功，须其自来，不以力构。少来所为诗赋，则《鸿序》一作，体兼众制，文备多方，颇为好事所传，故虚声易远。"子显所著《后汉书》一百卷、《齐书》六十卷、《普通北伐记》五卷、《贵俭传》三十卷、文集二十卷。

二子序、恺，并少知名。序，太清中历官太子家令，中庶子，并掌管记。及乱，于城内卒。恺，初为国子生，对策高第，州又举秀才。起家秘书郎，迁太子中舍人，王府主簿，太子洗马，父忧去职。服阕，复除太子洗马，迁中舍人，并掌管记。累迁宣城王文学，中书郎，太子家令，又掌管记。恺才学誉望，时论以方其父，太宗在东宫，早引接之。时中庶子谢暐出守建安，于宣猷堂宴饯，并召时才赋诗，同用十五剧韵，恺诗先就，其辞又美。太宗与湘东王令曰："王筠本自旧手，后进有萧恺可称，信为才子。"先是时太学博士顾野王奉令撰《玉篇》，太宗嫌其书详略未当，以恺博学，于文字尤善，使更与学士删改。迁中庶子，未拜，徙为吏部郎。太清二年，迁御史中丞。顷之，侯景寇乱，恺于城内迁侍中，寻卒官，时年四十四。文集并亡逸。

玉，汉之严忌、邹阳。回首平生，颇好辞藻，虽然并未成就什么名气，但心中已经满足。登临高处，临水饯别，春日风起，秋夜月明，早雁初莺，花开叶落，每当此等景致映入眼帘，每每不能控制自己的创作欲。前代的贾谊、傅毅、崔瑗、马融、邯郸淳、缪袭、路粹这些人，都以文章而显名，因此我屡屡进献歌颂的诗文，将自己比作古人。天监十六年（517），刚刚参与重阳朝宴，与会者济济一堂，唯独我接到天子的旨意称：'今日云彩景物十分优美，卿能否发挥文采对景赋诗。'诗写好后，天子又降旨说：'可谓才子。'我告退后对人说：'天子高看一眼的恩宠，并非想要有就能有的。所以想成为像贾谊一样的才士如何？不容易啊。'我每次有所创作，都不是苦思之功，须待辞藻自然而来，无须尽力去构思。自我年少时以来所作的诗赋，则有《鸿序》这一篇，文体兼采众长，文笔采用多家，颇被喜好者所传颂，所以虚名容易远扬。"萧子显所著作品有《后汉书》一百卷、《齐书》六十卷、《普通北伐记》五卷、《贵俭传》三十卷、文集二十卷。

两个儿子萧序、萧恺，都年少知名。萧序，太清年间历任太子家令、中庶子，并掌理管记。侯景之乱发生后，在台城内去世。萧恺，起初是国子学生员，策问考试成绩优等，州中举为秀才。初任秘书郎，迁任太子中舍人、王府主簿、太子洗马，遭父丧去职。服丧结束后，再度被授为太子洗马，迁任中舍人，并掌理管记。累加升迁为宣城王文学、中书郎、太子家令，又一次掌理管记。萧恺才学声望卓著，时人将他与其父亲相比，简文帝做太子时，很早就召见他。当时中庶子谢嘏出京任建安太守，天子在宣猷堂设宴饯行，并召当时的才士赋诗，众人同用十五个难押的韵来作诗，萧恺的诗最先写成，其文辞又非常优美。简文帝给湘东王发送教令说："王筠自是文坛老一辈的领袖，后进人物有萧恺值得称道，确是一个才子。"这之前太学博士顾野王曾奉太子令撰写《玉篇》，简文帝嫌他写的书详略不得当，因萧恺博学，尤其擅长文字创作，就让他和学士加以删改。迁任中庶子，尚未任职，转任为吏部郎。太清二年（548），迁任御史中丞。不久，侯景之乱爆发，萧恺在台城中迁任侍中，不久在官任上去世，时年四十四岁。文集都失传了。

萧子云　萧特

子云字景乔，子恪第九弟也。年十二，齐建武四年，封新浦县侯，自制拜章，便有文采。天监初，降爵为子。既长勤学，以晋代竟无全书，弱冠便留心撰著，至年二十六，书成，表奏之，诏付秘阁。

子云性沉静，不乐仕进。年三十，方起家为秘书郎。迁太子舍人，撰东宫新记奏之，敕赐束帛。累迁北中郎外兵参军，晋安王文学，司徒主簿，丹阳尹丞。时湘东王为京尹，深相赏好，如布衣之交。迁北中郎庐陵王咨议参军，兼尚书左丞。大通元年，除黄门郎，俄迁轻车将军，兼司徒左长史。二年，入为吏部。三年，迁长兼侍中。中大通元年，转太府卿。三年，出为贞威将军、临川内史。在郡以和理称，民吏悦之。还除散骑常侍，俄复为侍中。大同二年，迁员外散骑常侍、国子祭酒，领南徐州大中正。顷之，复为侍中，祭酒、中正如故。

梁初，郊庙未革牲牷，乐辞皆沈约撰，至是承用，子云始建言宜改。启曰："伏惟圣敬率由，尊严郊庙，得西邻之心，知周、孔之迹，载革牢俎，德通神明，黍稷苹藻，竭诚严配，经国制度，方悬日月，垂训百王，于是乎在。臣比兼职斋官，见伶人所歌，犹用未革牲前曲。圜丘眠燎，尚言'式备牲牷'；北郊《諴雅》，亦奏'牲玉孔备'；清庙登歌，而称'我牲以洁'；三朝食举，犹咏'朱尾碧鳞'。声被鼓钟，未符盛制。臣职司儒训，意以为疑，未审应改定乐辞以不？"敕答曰："此是主者守株，宜急改也。"仍使子云撰定。敕曰："郊庙歌辞，应须典诰大语，不得杂用子史文章浅言；而沈约所撰，亦多舛谬。"子云答敕曰："殷荐朝飨，乐以雅名，理应正采《五经》，圣人成教。而汉来此制，不全用经典；约之所撰，弥复浅

萧子云 萧特

萧子云字景乔,是萧子恪的九弟。他十二岁那年,即南齐建武四年(497),被封为新浦县侯,他自己写了拜谢的表章,就颇有文采。天监初年,爵位降为子。年纪稍长后勤于学习,因为当时没有一部完整的晋朝史书,他从二十岁起就留心著述,到了二十六岁时,书写好了,上表呈献天子,高祖下诏交付秘阁。

萧子云性格沉静,不爱做官。他三十岁时,方才出任秘书郎。迁任太子舍人,撰写《东宫新记》奏上,高祖赐他丝帛。累加升迁为北中郎外兵参军、晋安王文学、司徒主簿、丹阳尹丞。当时湘东王担任丹阳尹,对萧子云非常欣赏,亲密得如同布衣之交。迁任北中郎庐陵王咨议参军,兼尚书左丞。大通元年(527),担任黄门郎,不久迁任轻车将军,兼司徒左长史。大通二年(528),入京任吏部尚书。大通三年(529),迁任长兼侍中。中大通元年(529),转任太府卿。中大通三年(531),出京任贞威将军、临川内史。他在临川郡以治政和谐融洽而著称,吏民都爱戴他。回京后担任散骑常侍,不久再度担任侍中。大同二年(536),迁任员外散骑常侍、国子祭酒,兼领南徐州大中正。不久,再度担任侍中,祭酒、中正之职照旧。

梁朝初年时,郊庙祭祀还没有改变用纯色全牲献祭的制度,乐辞都是沈约所撰,一直沿用,直到萧子云建议应该修改。他启奏说:"圣上尊重前代旧制,庄严慎重地举行郊祀,深得周文王的心意,体知文王与孔子之心迹,于是改革祭祀的礼制,仁德感通神明,以黍稷等庄稼和苹藻等水草来祭祀,极尽诚意严格配享,治国的制度,如同日月高悬在天,未来垂训百王的,必然是这样的典例。臣近来兼任掌管祭祀之官,见伶人所唱歌曲,依旧使用未曾改革牲礼祭祀时的旧辞。在祭天圆坛上检视柴燎时,歌辞仍说'仪式备下了纯色全牲';北郊祭祀时的送神曲辞,也有'牲礼和美玉都已备好'之句;宗庙中奏颂赞祖宗的歌曲,则称'我使用洁净的牲畜';南北郊、太庙、明堂三朝献上祭品举祭时,仍在咏唱'朱尾碧鳞'。这些歌辞经由钟鼓伴奏,不符合我朝的盛大礼制。臣司职解释儒家经典,心中认为此事有疑,不知是否应该改定乐辞?"高祖传敕令回答说:"这是主管

杂。臣前所易约十曲，惟知牲牷既革，宜改歌辞，而犹承例，不嫌流俗乖体。既奉令旨，始得发矇。臣夙本庸滞，昭然忽朗，谨依成旨，悉改约制。惟用《五经》为本，其次《尔雅》《周易》《尚书》《大戴礼》，即是经诰之流，愚意亦取兼用。臣又寻唐、虞诸书，殷《颂》周《雅》，称美是一，而复各述时事。大梁革服，偃武修文，制礼作乐，义高三正；而约撰歌辞，惟浸称圣德之美，了不序皇朝制作事。《雅》《颂》前例，于体为违。伏以圣旨所定乐论钟律纬绪，文思深微，命世一出，方悬日月，不刊之典，礼乐之教，致治所成。谨一二采缀，各随事显义，以明制作之美。覃思累日，今始克就，谨以上呈。"敕并施用。

子云善草隶书，为世楷法，自云善效钟元常、王逸少而微变字体。答敕云："臣昔不能拔赏，随世所贵，规摹子敬，多历年所。年二十六，著《晋史》，至《二王列传》，欲作论语草隶法，言不尽意，遂不能成，略指论飞白一势而已。十许年来，始见敕旨《论书》一卷，商略笔势，洞澈字体；又以逸少之不及元常，犹子敬之不及逸少。自此研思，方悟隶式，始变子敬，全范元常。逮尔以来，自觉功进。"其书迹雅为高祖所重，尝论子云书曰："笔力劲骏，心手相应，巧逾杜度，美过崔寔，当与元常并驱争先。"其见赏如此。

的官员墨守成规，要尽快改定。"就让萧子云撰定新辞。下敕令说：
"郊庙歌辞，应使用典雅不俗之语，不得杂用子部史部文章所用的浅
白用语；而沈约所撰歌辞，也多有谬误之处。"萧子云答复敕令说：
"奏盛大乐歌祭祀天地鬼神以及太庙祭祀，配以文辞高雅的乐歌，
理应采用《五经》之言，使用圣人现成的教义。而自汉代以来的这类
礼制，没有全部采用经典；沈约所撰歌辞，更是浅白杂糅。臣之前所
改易的十首沈约所撰歌曲，只知道纯色全牲献祭的制度已经改革，
应该修改歌辞，而文辞体例上仍然是继承旧有的先例，没有顾及语言
的浅俗不当。接受圣上的令旨之后，才得以眼界大开。臣素来平庸凝
滞，现在豁然开朗，谨遵照陛下的旨意，对沈约所制乐曲全部加以修
改。只以《五经》为根本，其次采用《尔雅》《周易》《尚书》《大戴
礼》，即便是经诰之类，愚意也认为可以兼采使用。臣又寻求讲述唐
尧、虞舜时代事迹诸书，有《诗》之《商颂》和《周雅》，以赞颂为主，
也各自叙述了该朝代的事迹。我大梁取代旧朝，止息兵戈振兴文化，
制礼作乐，功德超越夏商周三代；而沈约所撰歌辞，只停留于称赞圣
德之美，完全没有讲述我朝制礼作乐的成就。以《周雅》和《商颂》
作为前例，则沈约所作有违体例。臣认为陛下圣旨所定的乐论钟律纬
序，文思深刻微妙，公布于世后，就如日月高悬，成为不可改易的典
例，礼乐的教化，必将带来治世的成就。我只是略作采撷连缀，各处
随事显义，以阐明我朝制礼作乐的美善功德。经多日深思，今天方才
完成，谨上呈给陛下。"高祖敕令全部采用。

　　萧子云擅长草隶书法，是世人效法的楷模，自称善于模仿钟
繇、王羲之而略微改变了字体。他曾答复天子敕令说："臣过去不懂
鉴别欣赏，只是追随时人的喜好，师法和摹仿王献之，已有多年时
间。二十六岁时，我撰写《晋史》，写到《二王列传》，想要论述草隶
书法，但词不达意，于是未能写成，只是简略地讨论了飞白这一个书
体而已。十几年来，才见到陛下亲自撰写的《论书》一卷，品评书法
笔势，透彻地讲解字体；又认为王羲之不及钟繇，正如王献之不如
王羲之一样。我以此为契机揣摩思索，才悟出隶书之法，开始改变对
王羲之的看法，全力摹仿钟繇。从那以后，自觉功力又有进步。"他

　　七年，出为仁威将军、东阳太守。中大同元年，还拜宗正卿。太清元年，复为侍中、国子祭酒，领南徐州大中正。二年，侯景寇逼，子云逃民间。三年三月，宫城失守，东奔晋陵，馁卒于显灵寺僧房，年六十三。所著《晋书》一百一十卷、《东宫新记》二十卷。

　　第二子特字世达。早知名，亦善草隶。高祖尝谓子云曰："子敬之书，不及逸少。近见特迹，遂逼于卿。"历官著作佐郎，太子舍人，宣惠主簿，中军记室。出为海盐令，坐事免。年二十五，先子云卒。

### 萧子晖

　　子晖字景光，子云弟也。少涉书史，亦有文才。起家员外散骑侍郎，迁南中郎记室。出为临安令。性恬静，寡嗜好，尝预重云殿听制讲《三慧经》，退为《讲赋》奏之，甚见称赏。迁安西武陵王咨议，带新繁令，随府转仪同从事、骠骑长史，卒。

　　陈吏部尚书姚察曰：昔魏藉兵威而革汉运，晋因宰辅乃移魏历，异乎古之禅授，以德相传，故抑前代宗枝，用绝民望。然刘晔、曹志，犹显于朝；及宋遂为废姓。而齐代，宋之戚属，一皆歼焉。其祚不长，抑亦由此。有梁革命，弗取前规，故子恪兄弟及群从，并随才任职，通贵满朝，不失于旧，岂惟魏幽晋显而已哉。君子以是知高祖之弘量，度越前代矣。

的书迹受到高祖看重,高祖曾经谈论萧子云的书法说:"笔力刚劲俊秀,心手相应,技巧超越杜度,美感胜过崔寔,应当可与钟繇并驱争先。"他就是如此受到赏识。

大同七年(541),出京任仁威将军、东阳太守。中大同元年(546),回京担任宗正卿。太清元年(547),再度出任侍中、国子祭酒,兼领南徐州大中正。太清二年(548),侯景叛军逼近,萧子云逃至民间。太清三年(549)三月,台城失守,萧子云东奔晋陵,在显灵寺僧房中饿死,时年六十三岁。所著有《晋书》一百一十卷、《东宫新记》二十卷。

萧子云次子萧特字世达。早年就很知名,也擅长草隶。高祖曾经对萧子云说:"王献之的书法比不上王羲之。近来看到萧特的字,水平已经逼近卿了。"历任著作佐郎、太子舍人、宣惠主簿、中军记室。出京任海盐令,出了事被免职。二十五岁那年,先于萧子云去世。

萧子晖

萧子晖字景光,是萧子云的弟弟。自幼广泛涉猎经史典籍,也有文才。最初担任员外散骑侍郎,迁任南中郎记室。出京担任临安令。他生性恬静,没有什么嗜好,曾经参加重云殿听天子讲解《三慧经》,告退后写了一篇《讲赋》呈奏上去,非常受高祖赞赏。迁任安西武陵王谘议,兼带新繁令,随府转任仪同从事、骠骑长史,后去世。

陈朝吏部尚书姚察说:当年曹魏借助兵威而取代汉朝,晋朝又以宰辅重臣的身份取走了曹魏的天命,这两个朝代更替都和上古的禅让不一样,并非传位给有德之人,所以后继的那一个朝代就会翦除前代宗室,以断绝人民对前朝的寄望。然而刘晔、曹志,仍然在新的朝代中得到荣显;直到刘宋一朝这两家才成为默默无闻的姓氏。而南齐取代刘宋,刘宋一朝的宗室亲属,都被屠戮殆尽。南齐国祚不长,也是因为这个缘故。有梁一代鼎新革故,没有采取前代的做法,所以萧子恪以及诸堂兄弟,都在梁朝随才任职,其中仕途亨通地位显贵者满朝都是,他们的禄位待遇不低于前朝,这哪里是因为曹魏昏暗而晋朝光明磊落呢?君子由此可知高祖的宽宏雅量,实在已经超越前代了。

# 卷三十六

## 列传第三十

### 孔休源　江革

#### 孔休源

孔休源字庆绪，会稽山阴人也。晋丹阳太守冲之八世孙。曾祖遥之，宋尚书水部郎。父珮，齐庐陵王记室参军，早卒。

休源年十一而孤，居丧尽礼，每见父手所写书，必哀恸流涕，不能自胜，见者莫不为之垂泣。后就吴兴沈驎士受经，略通大义。建武四年，州举秀才，太尉徐孝嗣省其策，深善之，谓同坐曰："董仲舒、华令思何以尚此，可谓后生之准也。观其此对，足称王佐之才。"琅邪王融雅相友善，乃荐之于司徒竟陵王，为西邸学士。梁台建，与南阳刘之遴同为太学博士，当时以为美选。休源初到京，寓于宗人少府卿孔登宅，曾以祠事入庙，侍中范云一与相遇，深加褒赏，曰："不期忽觏清颜，顿祛鄙吝，观天披雾，验之今日。"后云命驾到少府门，登便拂筵整带，谓当诣己，既而独造休源，高谈尽日，同载还家，登深以为愧。尚书令沈约当朝贵显，轩盖盈门，休源或时后来，必虚襟引接，处之坐右，商略文义。其为通人所推如此。

俄除临川王府行参军。高祖尝问吏部尚书徐勉曰："今帝业初基，须一人有学艺解朝仪者，为尚书仪曹郎。为朕思之，谁堪其选？"勉对曰："孔休源识具清通，谙练故实，自晋、宋《起居注》诵略上口。"高祖亦素闻之，即日除兼尚书仪曹郎中。是时多所改作，

## 孔休源

孔休源字庆绪，会稽山阴人。是晋朝丹阳太守孔冲的八世孙。曾祖孔遥之，刘宋一朝官至尚书水部郎。父亲孔珮，南齐一朝官至庐陵王记室参军，很早就去世了。

孔休源十一岁丧父，居丧期间极尽哀礼，每逢见到父亲亲笔写的信札，必会哀恸涕泣，不能自已，见到的人没有不落泪的。后来向吴兴人沈驎士学习儒家经典，略通大义。建武四年（497），州中举秀才，太尉徐孝嗣看了他的策文，深以为善，对同座之人说："董仲舒、华谭如何能超过此人，可称得上后辈中的楷模了。看他的这篇策文，足够称得上王佐之才。"琅琊人王融与他友情甚深，向司徒竟陵王推荐他，担任西邸学士。高祖萧衍受封梁公建立台府后，他和南阳人刘之遴一起出任太学博士，时人都认为是得宜之选。孔休源初到京师，寓居在同宗的少府卿孔登家中，曾因祭祀前往庙里，侍中范云一遇见到他，就深深赞赏，说："不曾料到忽然得见清秀的容颜，顿时驱走了鄙俗的感觉，拨云见日露出青天的说法，今天终于应验了。"后来范云命车驾前往少府家宅，孔登就布置宴席整理冠带，以为范云来拜访自己，结果范云单独会见孔休源，高谈阔论了一整天，同乘一车回家，孔登大觉惭愧。尚书令沈约乃是当朝的显贵，贵客的车马在门前云集，孔休源有时在他人之后来访，沈约必然虚心接待他，让他坐到身边来，讨论文章义理。他就是这样受到名流的推崇。

不久被授任临川王府行参军。高祖曾经问吏部尚书徐勉道："如今帝业刚刚奠定基础，须有一个有学问又了解朝仪的人担任尚书仪曹郎。为朕思考一下，谁堪当此任？"徐勉对答道："孔休源有清晰通达的见识，熟知前代掌故，自晋、宋以来的《起居注》他大都能出

每逮访前事，休源即以所诵记随机断决，曾无疑滞。吏部郎任昉常谓之为"孔独诵。"

　　迁建康狱正，及辨讼折狱，时罕冤人。后有选人为狱司者，高祖尚引休源以励之。除中书舍人，司徒临川王府记室参军，迁尚书左丞，弹肃礼闱，雅允朝望。时太子詹事周舍撰《礼疑义》，自汉魏至于齐梁，并皆搜采，休源所有奏议，咸预编录。除给事黄门侍郎，迁长兼御史中丞，正色直绳，无所回避，百僚莫不惮之。除少府卿，又兼行丹阳尹事。出为宣惠晋安王府长史、南郡太守、行荆州府州事。高祖谓之曰："荆州总上流冲要，义高分陕，今以十岁儿委卿，善匡翼之，勿惮周昌之举也。"对曰："臣以庸鄙，曲荷恩遇，方揣丹诚，效其一割。"上善其对，乃敕晋安王曰："孔休源人伦仪表，汝年尚幼，当每事师之。"寻而始兴王憺代镇荆州，复为憺府长史，南郡太守、行府州事如故。在州累政，甚有治绩，平心决断，请托不行。高祖深嘉之，除通直散骑常侍，领羽林监，转秘书监，迁明威将军，复为晋安王府长史、南兰陵太守，别敕专行南徐州事。休源累佐名藩，甚得民誉，王深相倚仗，军民机务，动止询谋。常于中斋别施一榻，云"此是孔长史坐"，人莫得预焉。其见敬如此。

　　征为太府卿，俄授都官尚书，顷之，领太子中庶子。普通七年，扬州刺史临川王宏薨，高祖与群臣议代王居州任者久之，于时贵戚王公，咸望迁授，高祖曰："朕已得人。孔休源才识通敏，实应此

口成诵。"高祖也曾一直耳闻他的才学，当日就任命他为兼尚书仪曹郎中。当时朝廷礼仪多有改动和创新，每逢要参考旧事，孔休源就根据所诵记的相关内容随时加以判断，从没有滞碍游疑的。吏部郎任昉常称之为"孔独诵"。

迁任建康狱正，辨别诉讼断案定罪时极少冤枉无辜者。后来每逢有选拔执掌刑狱的官员时，高祖还举孔休源的例子来激励他们。孔休源被任命为中书舍人、司徒临川王府记室参军，迁任尚书左丞，弹劾整肃尚书省，深得朝中人望。当时太子詹事周舍撰写《礼疑义》，从汉、魏直至齐、梁，历代礼仪都加以搜集采用，而孔休源所有奏议，都加入进去予以编录。担任给事黄门侍郎，迁任长兼御史中丞。他严肃风纪执行纠劾，无所回避，朝中百官都忌惮他。担任少府卿，又兼行使丹阳尹职事。出京任宣惠晋安王府长史、南郡太守、行荆州府事。高祖对他说："荆州总控上游冲要，重要性超过周公召公的分陕而治，现在将年仅十岁的晋安王萧纲委托给卿，要好好辅佐他，不要怕像汉代周昌一样刚正直谏。"孔休源答道："臣资质平庸鄙陋，承蒙陛下恩遇，必当怀丹诚之心，虽能力有限也必倾尽所有。"高祖认为他答得很好，就对晋安王说："孔休源是人臣的师表楷模，你的年纪还小，要事事向他学习。"不久始兴王萧憺代替晋安王镇守荆州，孔休源又任萧憺府中长史、南郡太守、行荆州府事。他在荆州长期主政，甚有政绩，刑狱决断公平，无人敢私下请托。高祖深深地嘉许他。担任通直散骑常侍，兼领羽林监，转任秘书监，迁任明威将军，再次出任晋安王府长史、南兰陵太守，朝廷又另行命他专行南徐州事。孔休源数次辅佐知名藩王，在民众中声誉很好，晋安王对他非常倚重，无论军机还是民政事务，大小事情都向他咨询参谋。常常在正厅里单独放置一榻，说"这是孔长史的座位"，旁人不能坐在这里。他就是如此受到敬重。

征为太府卿，不久被任命为都官尚书，过了一段时间，兼领太子中庶子。普通七年（526），扬州刺史临川王萧宏薨逝，高祖与群臣商讨代替临川王治理扬州的人选，讨论了很久，当时的贵戚王公，都希望都到这个任命，高祖就说："朕已经想到人选了。孔休源才识通

选。"乃授宣惠将军、监扬州。休源初为临川王行佐,及王薨而管州任,时论荣之。而神州都会,簿领殷繁,休源割断如流,傍无私谒。中大通二年,加授金紫光禄大夫,监扬州如故。累表陈让,优诏不许。在州昼决辞讼,夜览坟籍。每车驾巡幸,常以军国事委之。

昭明太子薨,有敕夜召休源入宴居殿,与群公参定谋议,立晋安王纲为皇太子。四年,遘疾,高祖遣中使候问,并给医药,日有十数。其年五月,卒,时年六十四。遗令薄葬,节朔荐蔬菲而已。高祖为之流涕,顾谓谢举曰:"孔休源奉职清忠,当官正直,方欲共康治道,以隆王化。奄至殒殁,朕甚痛之。"举曰:"此人清介强直,当今罕有,微臣窃为陛下惜之。"诏曰:"慎终追远,历代通规;褒德畴庸,先王令典。宣惠将军、金紫光禄大夫、监扬州孔休源,风业贞正,雅量冲邈,升荣建礼,誉重搢绅。理务神州,化覃歌咏,方兴仁寿,穆是彝伦。奄然永逝,倍用悲恻。可赠散骑常侍、金紫光禄大夫,赗第一材一具,布五十匹,钱五万,蜡二百斤。克日举哀。丧事所须,随由资给。谥曰贞子。"皇太子手令曰:"金紫光禄大夫孔休源,立身中正,行己清恪。昔岁西浮渚宫,东泊枌壤,毗佐蕃政,实尽厥诚。安国之详审,公仪之廉白,无以过之。奄至殒丧,情用恻怛。今须举哀,外可备礼。"

休源少孤,立志操,风范强正,明练治体,持身俭约,学穷文艺,当官理务,不惮强御,常以天下为己任,高祖深委仗之。累居显职,纤毫无犯。性慎密,寡嗜好。出入帷幄,未尝言禁中事,世以此敏，实在应该能胜任此职。"就任命他为宣惠将军、监扬州。孔休源之前曾任临川王的僚佐，临川王薨逝之后执掌州政，时人都认为十分光荣。而扬州是梁朝一大都会，公务文书数量繁多，孔休源处理起来行云流水，旁人也无法私下向他请托。中大通二年（530），朝廷加授他为金紫光禄大夫，照旧监扬州。他多次上表辞让，天子降下优厚的诏命不准推辞。他在扬州白天判决诉讼，夜间博览古籍。天子车驾每次巡幸扬州，常以军国大事委托他。

昭明太子去世后，天子有敕令连夜召孔休源进入宴居殿，与群公商定谋划，册立晋安王萧纲为皇太子。中大通四年（532），孔休源患病，高祖派宫使探问病情，并送医送药，一日内有十趟之多。这一年五月，孔休源去世，时年六十四岁。遗令薄葬，年节只用蔬菜祭祀。高祖为他流泪，回头对谢举说："孔休源对待职事清廉忠诚，为官正直，正要与他一起完善治政之道，以广大王化。忽然遭遇陨丧，朕心中甚为伤痛。"谢举说："此人清正耿介顽强正直，当今罕有，微臣也替陛下感到惋惜。"下诏说："思忆追怀逝去的老臣，是历代通行的规则；褒扬有德者酬谢有功之臣，乃是先代帝王流传的典例。宣惠将军、金紫光禄大夫、监扬州孔休源，风格节操忠贞正直，胸怀广远，高居尚书省要职，在百官中声望隆重。治理扬州的重要政务，教化深及歌曲唱辞，正期待他仁者长寿，和睦人伦，忽然一夕陨丧，朕倍感悲恻。可追赠散骑常侍、金紫光禄大夫，赐以上等木材制作的棺木一具，布五十匹，钱五万，蜡二百斤。即日为他举哀。丧事所需一应物资，由朝廷按需供给。谥号为贞子。"皇太子传达手书教令称："金紫光禄大夫孔休源，立身忠诚正直，为人廉洁恭谨。旧年他曾西镇荆州，东守帝乡，辅佐藩政，实在尽进忠诚。晋朝孔安国的处事谨慎，汉朝公仪休的清廉高洁，都不能超过他。忽遭陨丧，我心情悲怆难安。今日须为他举哀，外朝可准备哀礼。"

孔休源年少丧父，早立志操，作风刚强正直，熟悉政事体例，持身俭约，学问深通文艺，任职处事，不畏豪强，常以天下为己任，高祖甚为倚重他。他长期身居要职，却分毫不犯法度。性格谨慎缜密，没有什么嗜好。他出入军机重地，从来不曾谈起宫中事务，世人因此而重之。聚书盈七千卷，手自校治，凡奏议弹文，勒成十五卷。

长子云童，颇有父风，而笃信佛理，遍持经戒。官至岳阳王府咨议、东扬州别驾。少子宗轨，聪敏有识度，历尚书都官郎，司徒左西掾，中书郎。

### 江革　江从简

江革字休映，济阳考城人也。祖齐之，宋尚书金部郎。父柔之，齐尚书仓部郎，有孝行，以母忧，毁卒。

革幼而聪敏，早有才思，六岁便解属文，柔之深加赏器，曰："此儿必兴吾门。"九岁丁父艰，与弟观同生，少孤贫，傍无师友，兄弟自相训勖，读书精力不倦。十六丧母，以孝闻。服阕，与观俱诣太学，补国子生，举高第。齐中书郎王融、吏部谢朓雅相钦重。朓尝宿卫，还过候革，时大雪，见革弊絮单席，而耽学不倦，嗟叹久之，乃脱所着襦，并手割半毡与革充卧具而去。司徒竟陵王闻其名，引为西邸学士。弱冠举南徐州秀才。时豫章胡谐之行州事，王融与谐之书，令荐革。谐之方贡琅邪王汎，便以革代之。

解褐奉朝请。仆射江祏深相引接，祏为太子詹事，启革为府丞。祏时权倾朝右，以革才堪经国，令参掌机务，诏诰文檄，皆委以具。革防杜形迹，外人不知。祏诛，宾客皆罹其罪，革独以智免。

除尚书驾部郎。中兴元年，高祖入石头，时吴兴太守袁昂据郡距义师，乃使革制书与昂，于坐立成，辞义典雅，高祖深赏叹之，因

看重他。他藏书超过七千卷，都亲手加以校订，写作的奏议弹劾章疏，编为十五卷。

长子孔云童，颇有父风，而笃信佛理，长期修持佛经戒律。官至岳阳王府咨议、东扬州别驾。幼子孔宗轨，聪敏有才识器度，历任尚书都官郎、司徒左西掾、中书郎。

### 江革 江从简

江革字休映，济阳考城人。祖父江齐之，刘宋一朝官至尚书金部郎。父亲江柔之，南齐一朝官至尚书仓部郎，十分孝顺，遭母丧哀伤过度而病故。

江革年少聪敏，早年即有才思，六岁就会做文章，江柔之非常欣赏器重他，说："这孩子必定能兴旺我家。"九岁时丧父，与弟弟江观是同胞所生，少而丧父生活贫困，家里也没有师友扶持，兄弟二人互相鼓励，读书精力不倦。十六岁时母亲去世，以守丧尽孝而闻名。服丧结束后，江革与江观一起前往太学，补国子学生员，考试优等。南齐中郎王融、吏部尚书谢朓都对他很看重。谢朓曾经在宫中宿卫，回家时顺路去看望江革，当时下着大雪，只见江革破衣单席，而仍旧苦学不倦，谢朓慨叹良久，就脱下身上穿的短袄，又亲手割下半张毡毯给江革作为卧具才离开。司徒竟陵王听说了他的名声，任用他为西邸学士。江革二十岁时，被南徐州举为秀才。当时豫章人胡谐之代行州事，王融给胡谐之去信，让他举荐江革。胡谐之正打算举荐琅琊人王汎，这时就以江革取代了他。

江革出仕担任奉朝请。仆射江祏对他深相结交，江祏任太子詹事后，启奏请求任命江革为府丞。江祏当时权倾朝野，他认为江革有治国之才，令他参掌机密要务，诏令诰命文告檄书，都交付他草拟。江革谨慎地收藏形迹，外人都不知道这些工作。后来江祏被诛杀，其宾客全都牵连获罪，只有江革因机智而免祸。

被任命为尚书驾部郎。中兴元年（501），高祖进驻石头城，当时吴兴太守袁昂据守郡城抵御义师，高祖就让江革修书送给袁昂，江

令与徐勉同掌书记。建安王为雍州刺史，表求管记，以革为征北记室参军，带中庐令。与弟观少长共居，不忍离别，苦求同行，乃以观为征北行参军、兼记室。时吴兴沈约、乐安任昉并相赏重，昉与革书云："此段雍府妙选英才，文房之职，总卿昆季，可谓'驱二龙于长途，骋骐骥于千里'。"途次江夏，观遇疾卒。革时在雍，为府王所礼，款若布衣。王被征为丹阳尹，以革为记室，领五官掾，除通直散骑常侍，建康正。频迁秣陵、建康令，为治明肃，豪强惮之。入为中书舍人，尚书左丞，司农卿，复出为云麾晋安王长史、寻阳太守、行江州府事。徙仁威庐陵王长史，太守、行事如故，以清严为百城所惮。时少王行事多倾意于签帅，革以正直自居，不与签帅等同坐。俄迁左光禄大夫南平王长史御史中丞，弹奏豪权，一无所避。

除少府卿，出为贞威将军、北中郎南康王长史、广陵太守，改授镇北豫章王长史，将军、太守如故。时魏徐州刺史元法僧降附，革被敕随府王镇彭城。城既失守，革素不便马，乃泛舟而还，途经下邳，遂为魏人所执。魏徐州刺史元延明闻革才名，厚加接待，革称患脚不拜，延明将加害焉，见革辞色严正，更相敬重。时祖暅同被拘执，延明使暅作《欹器》《漏刻铭》，革骂暅曰："卿荷国厚恩，已无报答，今乃为虏立铭，孤负朝廷。"延明闻之，乃令革作《丈八寺碑》并《祭彭祖文》，革辞以囚执既久，无复心思。延明逼之逾苦，将加箠扑。革厉色而言曰："江革行年六十，不能杀身报主，今日得死为幸，誓不为人执笔。"延明知不可屈，乃止。日给脱粟三升，仅余性命。值魏主请中山王元略反北，乃放革及祖暅还朝。诏曰："前贞威将军、镇北长史、广陵太守江革，才思通赡，出内有

革在座位上片刻即写成，辞义典雅，高祖深深地赞叹欣赏他，就令他与徐勉一同执掌书记。建安王任雍州刺史时，上表请求朝廷委派管记，于是任命江革为征北记室参军，兼带中庐县令。江革与弟弟江观从小到大一起生活，不忍离别，苦苦请求二人同行，朝廷就任命江观为征北行参军，兼记室。当时吴兴人沈约、乐安人任昉都很赏识江革，任昉给江革写信说："近来雍州刺史府妙选英才，其文房之职，交给你兄弟二人，可谓驾御双龙远行长途，纵释骐骥以致千里。"他们途径江夏时，江观染病身故。江革在雍州时，受到建安王的礼遇，交情亲密如布衣之交。建安王被征召出任丹阳尹，就任命江革为记室，兼领五官掾，担任通直散骑常侍、建康正。不久迁任秣陵、建康令，治政严明清正，豪强都忌惮他。入京任中书舍人、尚书左丞、司农卿，又出京任云麾晋安王长史、寻阳太守、行江州府事。转任仁威庐陵王长史、太守，行事之职照旧，因清峻严厉而被百城忌惮。当时庐陵王萧续行事大多迎合府中签帅，江革以正直自居，不与签帅等同坐。不久迁任左光禄大夫、南平王长史、御史中丞，他弹劾参奏朝中权贵，毫不避讳。

担任少府卿，出京担任贞威将军、北中郎南康王长史、庐陵太守，改授镇北豫章王长史，将军、太守之职照旧。当时北魏徐州刺史元法僧投降归附梁朝，江革接受敕令随豫章王镇守彭城。彭城失守后，江革一向不善骑马，就乘船撤退，途径下邳时，被北魏俘获。北魏徐州刺史元延明听闻江革的才名，很优厚地接待他，江革推脱脚步患病不对他下拜，元延明将要加害于他，见到江革义正词严，更加敬重他。当时祖暅也一同被拘押，元延明让祖暅写了《欹器》《漏刻铭》，江革骂祖暅说："卿身蒙国家厚恩，已经无法报答，如今竟然为胡虏写作碑铭，辜负朝廷的恩典。"元延明听说后，就命令江革写丈八寺碑文及祭彭祖文，江革用囚禁太久没有灵感的理由来推辞。元延明逼迫得更紧，将要施以鞭笞之刑。江革厉声说道："江革就要六十岁了，不能舍身报答君主，今日得到一死，很幸运了，誓不替人执笔。"元延明知道不能让他屈服，就放弃了。每天只供应他三升糙米，仅够留得性命。时值北魏国主请中山王元略北归，于是就释放江

闻，在朝正色，临危不挠，首佐台铉，实允金谐。可太尉临川王长
史。"

　　时高祖盛于佛教，朝贤多启求受戒，革精信因果，而高祖未
知，谓革不奉佛教，乃赐革《觉意诗》五百字，云"惟当勤精进，自
强行胜修；岂可作底突，如彼必死因。以此告江革，并及诸贵游。"
又手敕云："世间果报，不可不信，岂得底突如对元延明邪？"革因
启乞受菩萨戒。

　　重除少府卿、长史、校尉。时武陵王在东州，颇自骄纵，上召革
面敕曰："武陵王年少，臧盾性弱，不能匡正，欲以卿代为行事。非
卿不可，不得有辞。"乃除折冲将军、东中郎武陵王长史、会稽郡
丞、行府州事。革门生故吏，家多在东州，闻革应至，并赍持缘道迎
候。革曰："我通不受饷，不容独当故人筐篚。"至镇，惟资公俸，食
不兼味。郡境殷广，辞讼日数百，革分判辨析，曾无疑滞。功必赏，
过必罚，民安吏畏，百城震恐。琅邪王骞为山阴令，赃货狼藉，望风
自解。府王惮之，遂雅相钦重。每至侍宴，言论必以《诗》《书》，王
因此耽学好文。典签沈炽文以王所制诗呈高祖，高祖谓仆射徐勉
曰："江革果能称职。"乃除都官尚书。将还，民皆恋惜之，赠遗无
所受。送故依旧订舫，革并不纳，惟乘台所给一舸。舸艚偏欹，不得
安卧。或谓革曰："船既不平，济江甚险，当移徙重物，以迮轻艚。"
革既无物，乃于西陵岸取石十余片以实之。其清贫如此。

　　寻监吴郡。于时境内荒俭，劫盗公行，革至郡，惟有公给仗身

革和祖暅回到梁朝。天子降诏说："前任贞威将军、镇北长史、广陵太守江革，才思通博，远近闻名，在朝中公正严肃，在敌营临危不屈，任用他来辅佐国家重臣，实在是适宜得当之选。可任命为太尉临川王长史。"

当时高祖笃信佛教，朝中贤臣大多都启奏请求受戒，江革深信因果，而高祖还不知道，以为江革不信奉佛教，就赐给江革《觉意诗》五百字，说："人应该勤于精进，自我激励进行修行；岂可行事顽固倔强，像那个只求必死的囚徒一样。以此言劝告江革，以及朝中的大臣贵族。"又手书敕令说："世间因果报应，不可不信，岂能顽固倔强得好像面对元延明呢？"江革就启奏请求受菩萨戒。

再度担任少府卿、长史、校尉。当时武陵王萧纪在东扬州，行事颇为骄纵，高祖召来江革当面敕令他说："武陵王年轻，臧盾性格软弱，不能匡正他，朕想让卿代为辅助。非卿不可，不得推辞。"于是担任他为折冲将军、东中郎武陵王长史、会稽郡丞、行府州事。江革的门生故吏，家乡大多在东扬州，听说江革要来上任，都一起带着礼物在道旁迎候他。江革说："我一概不接受馈赠，不可独受故人赠礼。"到达州中后，只靠俸禄生活，吃饭时不设两种以上的菜肴。东扬州面积辽阔，每天诉讼多达数百起，江革辨析判决，毫无滞碍。有功必赏，有过必罚，百姓安心下吏畏惧，百城震恐。琅琊人王骞任山阴令，贪污了无数财货，江革到后他闻风投案自首。武陵王也忌惮他，就开始钦佩看重江革。每当江革侍宴，谈话必然以《诗》《书》为话题，武陵王因此也喜好学习和写作。典签沈炽文将武陵王所作的诗篇呈给高祖看，高祖对仆射徐勉说："江革果然能称职。"于是封江革为都官尚书。将要回京时，百姓都感到恋恋不舍，赠送给他礼物而一概不收。依照惯例送旧官回京要定做新船，江革不接受，只肯乘一条官造的小船。船身已经歪斜，人在其中无法安卧。有人对江革说："船身不平，渡江的话很危险，应该搬取重物，压在轻身中。"江革行囊空空，就在西陵渡口岸边取了十几块大石头压在舱中。他就是如此清贫。

不久奉命监吴郡。当时郡中灾荒穷乏，盗匪横行，江革来到郡

二十人，百姓皆惧不能静寇；反省游军尉，民下逾恐。革乃广施恩抚，明行制令，盗贼静息，民吏安之。

武陵王出镇江州，乃曰："我得江革，文华清丽，岂能一日忘之，当与其同饱。"乃表革同行。又除明威将军、南中郎长史、寻阳太守。征入为度支尚书。好奖进闾阎，为后生延誉，由是衣冠士子，翕然归之。时尚书令何敬容掌选，序用多非其人。革性强直，每至朝宴，恒有褒贬，以此为权势所疾，乃谢病还家。

除光禄大夫、领步兵校尉、南北兖二州大中正，优游闲放，以文酒自娱。大同元年二月，卒，谥曰强子。有集二十卷，行于世。革历官八府长史，四王行事，三为二千石，傍无姬侍，家徒壁立，世以此高之。

长子行敏，好学有才俊，官至通直郎，早卒，有集五卷。

次子从简，少有文情，年十七，作《采荷词》以刺敬容，为当时所赏。历官司徒从事中郎。侯景乱，为任约所害，子兼叩头流血，乞代父命，以身蔽刃，遂俱见杀，天下莫不痛之。

史臣曰：高祖留心政道，孔休源以识治见知，既遇其时，斯为幸矣。江革聪敏亮直，亦一代之盛名欤。

中，只有官府配给的护卫二十人，百姓都怕他不能平定盗匪；江革反而裁省了游军尉，人们更加害怕。江革就在郡中广施恩惠安抚群众，严明号令，盗贼很快消失，下吏和百姓都感到安定。

武陵王出京镇守江州，就说："自我得到江革，文章也写得清秀华丽了，岂能忘记他一日，应当与他同甘苦。"于是上表请求江革同行。朝廷就又任命江革为明威将军、南中郎长史、寻阳太守。后征召他入朝任度支尚书。江革喜欢鼓励举荐无官职的人才，替后辈延揽声誉，于是衣冠士子都归心于他。当时尚书何敬容主持选官，其所选任的大多不是合适的人选。江革生性刚强直率，每逢参加朝宴，常常有所褒贬，因此被朝中权势者所忌恨，于是他称病回家。

被封为光禄大夫、领步兵校尉、南北兖二州大中正，职事悠闲散漫，他就以文酒自娱。大同元年（535）二月，江革去世，谥号为强子。有文集二十卷，通行于世。江革前后做过八任府长史，四个藩王的行事，三度担任二千石，而身无姬妾，家徒四壁，世人因此而对他评价很高。

长子江行敏，好学而有才，官至通直郎，很早去世，有文集五卷。次子江从简，年纪很小就有文采，十七岁时，写作《采荷词》讽喻何敬容，受到时人激赏。历任司徒从事中郎。侯景之乱时，被任约杀害，他的儿子江兼叩头到流血，乞求代父赴死，并用身体阻挡兵刃，于是父子二人都被杀害，天下人没有不痛惜的。

史臣说：高祖留心治政之道，孔休源因才识而受知遇，生逢其时，真是幸运。江革聪敏而耿直不屈，也是一代名士啊。

# 卷三十七

## 列传第三十一
### 谢举 何敬容

**谢举**

谢举字言扬，中书令览之弟也。幼好学，能清言，与览齐名。举年十四，尝赠沈约五言诗，为约称赏。世人为之语曰："王有养、炬，谢有览、举。"养、炬，王筠、王泰小字也。

起家秘书郎，迁太子舍人，轻车功曹史，秘书丞，司空从事中郎，太子庶子，家令，掌东宫管记，深为昭明太子赏接。秘书监任昉出为新安郡，别举诗云："讵念耋嗟人，方深老夫托。"其属意如此。尝侍宴华林园，高祖访举于览，览对曰："识艺过臣甚远，惟饮酒不及于臣。"高祖大悦。转太子中庶子，犹掌管记。

天监十一年，迁侍中。十四年，出为宁远将军、豫章内史，为政和理，甚得民心。十八年，复入为侍中，领步兵校尉。普通元年，出为贞毅将军、太尉临川王长史。四年，入为左民尚书。其年迁掌吏部，寻以公事免。五年，起为太子中庶子，领右军将军。六年，复为左民尚书，领步兵校尉。俄徙为吏部尚书，寻加侍中。出为仁威将军、晋陵太守。在郡清静，百姓化其德，境内肃然。罢郡还，吏民诣阙请立碑，诏许之。大通二年，入为侍中、五兵尚书，未拜，迁掌吏部，侍中如故。举祖庄，宋世再典选，至举又三为此职，前代未有也。

## 谢举

谢举字言扬，是中书令谢览的弟弟。自幼好学，能清谈，与谢览齐名。谢举十四岁时，曾经写了五言诗赠给沈约，受到沈约称赞。世人为此流传一句话："王有养、炬，谢有览、举。"养、炬，是王筠、王泰的小名。

起初担任秘书郎，迁任太子舍人、轻车功曹史、秘书丞、司空从事中郎、太子庶子、家令，掌东宫管记，深受昭明太子欣赏亲近。秘书监任昉出京任新安太守，写诗和谢举告别说："你若挂念我这老迈而忧叹之人，才算不负老夫之所托。"他就是如此受到看重。曾经在华林园中侍宴，高祖向谢览了解谢举，谢览对答道："见识才学超过臣很远，唯独饮酒比不过臣。"高祖很高兴。谢举转任太子中庶子，仍掌管记。

天监十一年（512），迁任侍中。天监十四年（515），出京任宁远将军、豫章内史，治政和洽得当，甚得民心。天监十八年（519），再度入京担任侍中，兼领步兵校尉。普通元年（520），出京任贞毅将军、太尉临川王长史。普通四年（523），入京任左民尚书。这一年调任执掌吏部，不久因公事被免职。普通五年（524），被起用为太子中庶子，兼领右军将军。普通六年（525），再度担任左民尚书，兼领步兵校尉。不久转为吏部尚书，后又加官侍中。出京任仁威将军、晋陵太守。他在郡中治政清静无为，百姓受他的德政感化，境内十分安定。郡守被罢免后回京，下吏和百姓入朝请求为他立碑，天子下诏批准。大通二年（528），入宫任侍中、五兵尚书，尚未就职，改为执掌吏部，侍中之职照旧。谢举的祖父谢庄，在刘宋一朝两度执掌吏部，到了谢举又三度担任吏部尚书，这是前代从未有过的。

举少博涉多通，尤长玄理及释氏义。为晋陵郡时，常与义僧递讲经论，征士何胤自虎丘山赴之。其盛如此。先是，北渡人卢广有儒术，为国子博士，于学发讲，仆射徐勉以下毕至。举造坐，屡折广，辞理通迈，广深叹服，仍以所执麈尾荐之，以况重席焉。

四年，加侍中。五年，迁尚书右仆射，侍中如故。大同三年，以疾陈解，徙为右光禄大夫，给亲信二十人。其年，出为云麾将军、吴郡太守。先是，何敬容居郡有美绩，世称为"何吴郡"，及举为政，声迹略相比。六年，入为侍中、中书监，未拜，迁太子詹事、翊左将军，侍中如故。举父瀟，齐世终此官，累表乞改授，敕不许，久之方就职。九年，迁尚书仆射，侍中、将军如故。举虽居端揆，未尝肯预时务，多因疾陈解，敕辄赐假，并手敕处方，加给上药。其恩遇如此。其年，以本官参掌选事。

太清二年，迁尚书令，侍中、将军如故。是岁，侯景寇京师，举卒于围内。诏赠侍中、中卫将军、开府仪同三司，侍中、尚书令如故。文集乱中并亡逸。

二子禧、碬，并少知名。碬，太清中，历太子中庶子，出为建安太守。

### 何敬容

何敬容字国礼，庐江人也。祖攸之，宋太常卿；父昌寓，齐吏部尚书；并有名前代。

敬容以名家子，弱冠选尚齐武帝女长城公主，拜驸马都尉。天监初，为秘书郎，历太子舍人，尚书殿中郎，太子洗马，中书舍人，谢举自幼广泛涉猎学问十分通博,尤其擅长玄理和佛教义理。担任晋陵郡太守时,他常与义僧轮流讲述佛教经论,不应朝廷征召的隐士何胤也从虎丘山赶来听讲,其讲经盛况就是如此。在此之前,从北朝南渡的卢广有儒术,担任国子博士,在国子学中开坛讲学,仆射徐勉以下官员都来听讲。谢举参加后,屡次辩驳卢广,文辞义理都很通达,卢广深深叹服,就将自己所持的麈尾赠给谢举,以示对他的尊重。

中大通四年(532),加官侍中。中大通五年(533),迁任尚书右仆射,侍中之职照旧。大同三年(537),因病上书请求解职,转任右光禄大夫,赐给亲信二十人。这一年,他出京任云麾将军、吴郡太守。在此之前,何敬容主政吴郡有美好的声名,世称"何吴郡",待到谢举主政这里,他的声名与何敬容差不多。大同六年(540),入京任侍中、中书监,尚未拜官,迁任太子詹事、翊左将军,侍中之职照旧。谢举的父亲谢瀹,南齐一朝时在太子詹事任上去世,谢举多次上表请求改授他职,天子敕令不准许,他过了很久才就职。大同九年(543),迁任尚书仆射,侍中、将军之职照旧。谢举虽然位居尚书仆射,却从不肯参与时政,多次称病请求解职,天子就赐他休假,并且亲手给他开处方,赐以天子用药。他所受恩遇就是如此之厚。这一年,以本身官职参掌选官。

太清二年(548),迁任尚书令,侍中、将军之职照旧。这一年,侯景进犯京城,谢举在围城中去世。天子降诏追赠为侍中、中卫将军、开府仪同三司,侍中、尚书令之职照旧。他的文集在战乱中全部丢失了。

谢举有两个儿子谢禧、谢嘏,二人从小都颇有名气。谢嘏,太清年间,历任太子中庶子,出京担任建安太守。

### 何敬容

何敬容字国礼,庐江人。祖父何攸之,刘宋一朝官至太常卿;父亲何昌寓,南齐一朝官至吏部尚书,二人在前代都非常知名。

何敬容以名门子弟于二十岁时被选中迎娶了齐武帝的女儿长城公主,被封为驸马都尉。天监初年,担任秘书郎,历任太子舍人、尚

秘书丞，迁扬州治中。出为建安内史，清公有美绩，民吏称之。还除黄门郎，累迁太子中庶子、散骑常侍、侍中、司徒左长史。普通二年，复为侍中，领羽林监，俄又领本州大中正。顷之，守吏部尚书，铨序明审，号为称职。四年，出为招远将军、吴郡太守，为政勤恤民隐，辨讼如神，视事四年，治为天下第一。吏民诣阙请树碑，诏许之。大通二年，征为中书令，未拜，复为吏部尚书，领右军将军，俄加侍中。中大通元年，改太子中庶子。

敬容身长八尺，白皙美须眉。性矜庄，衣冠尤事鲜丽，每公庭就列，容止出人。三年，迁尚书右仆射，参掌选事，侍中如故。时仆射徐勉参掌机密，以疾陈解，因举敬容自代，故有此授焉。五年，迁左仆射，加宣惠将军，置佐史，侍中、参掌如故。大同三年正月，朱雀门灾，高祖谓群臣曰："此门制卑狭，我始欲构，遂遭天火。"并相顾未有答。敬容独曰："此所谓陛下'先天而天不违'。"时以为名对。俄迁中权将军、丹阳尹，侍中、参掌、佐史如故。五年，入为尚书令，侍中、将军、参掌、佐史如故。

敬容久处台阁，详悉旧事，且聪明识治，勤于簿领，诘朝理事，日旰不休。自晋、宋以来，宰相皆文义自逸，敬容独勤庶务，为世所嗤鄙。时萧琛子巡者，颇有轻薄才，因制卦名、离合等诗以嘲之，敬容处之如初，亦不屑也。

十一年，坐姜弟费慧明为导仓丞，夜盗官米，为禁司所执，送领军府。时河东王誉为领军将军，敬容以书解慧明，誉即封书以奏。高祖大怒，付南司推劾，御史中丞张缙奏敬容挟私罔上，合弃市刑，

书殿中郎、太子洗马、中书舍人、秘书丞，迁任扬州治中。出京任建安内史，清廉公允有美好的政绩，百姓下吏都称道他。回京后担任黄门郎，累加升迁为太子中庶子、散骑常侍、侍中、司徒左长史。普通二年（521），再度担任侍中，兼领羽林监，不久又兼领本州大中正。不久，试任吏部尚书，对官吏的资历政绩掌握得一清二楚，有称职的官声。普通四年（523），出京任招远将军、吴郡太守，为政勤恳体恤百姓，决断诉讼明辨如神，在郡中治理四年，政绩为天下第一。下吏百姓入朝请求为他树碑纪德，天子下诏批准。大通二年（528），征召他任中书令，未曾就职，再度出任吏部尚书，兼领右军将军，不久加官侍中。中大通元年（529），改任太子中庶子。

何敬容身高八尺，皮肤白皙美须眉。性格持重端庄，衣冠尤其光鲜华丽，每次朝会站在百官行列中，容貌举止都十分出众。中大通三年（531），迁任尚书右仆射，参掌选官，侍中之职照旧。当时仆射徐勉参掌机密，因病上书请求解职，举荐何敬容取代自己，所以何敬容才得以担任此职。中大通五年（533），迁任左仆射，加官宣惠将军，设置佐史，侍中、参掌之职照旧。大同三年（537）正月，朱雀门发生火灾，高祖对群臣说："这个城门规制狭小，我之前就想重建，于是被天火烧毁。"众人面面相觑无人对答。只有何敬容说："这正是所谓陛下'先于天而天不会违逆'。"时人视为名对。不久迁任中权将军、丹阳尹，侍中、参掌、佐史照旧。大同五年（539），入京任尚书令，侍中、将军、参掌、佐史照旧。

何敬容长期执掌尚书省，对旧事非常熟悉，而且聪明干练，勤于批阅簿册文书，从清晨开始处理工作，直到天色很晚也不休息。自从晋、宋以来，官居宰相者都以诗文自娱，唯独何敬容勤于政务，受到世人的嘲讽鄙薄。当时萧琛的儿子萧巡，颇有轻薄他人的才能，就以"卦名""离合"等诗体形式来嘲笑何敬容，何敬容淡然处之，不屑与之一般见识。

大同十一年（545），何敬容因妾室的弟弟费慧明担任导仓丞时夜间偷盗官仓储米而获罪，费慧明被禁司逮捕，送至领军府。当时河东王萧誉任领军将军，何敬容写信给他为费慧明开脱，萧誉就将书诏特免职。初，天监中，有沙门释宝志者，尝遇敬容，谓曰："君后必贵，然终是何败何耳"。及敬容为宰相，谓何姓当为其祸，故抑没宗族，无仕进者，至是竟为河东所败。

中大同元年三月，高祖幸同泰寺讲《金字三慧经》，敬容请预听，敕许之。又有敕听朔望问讯。寻起为金紫光禄大夫，未拜，又加侍中。敬容旧时宾客门生喧哗如昔，冀其复用。会稽谢郁致书戒之曰："草莱之人，闻诸道路，君侯已得瞻望朝夕，出入禁门，醉尉将不敢呵，灰然不无其渐，甚休，甚休！敢贺于前，又将吊也。昔流言裁作，公旦东奔；燕书始来，子孟不入。夫圣贤被虚过以自斥，未有婴时衅而求亲者也。且曝鳃之鳞，不念杯杓之水；云霄之翼，岂顾笼樊之粮。何者？所托已盛也。昔君侯纳言加首，鸣玉在腰，回丰貂以步文昌，耸高蝉而趋武帐，可谓盛矣。不以此时荐才拔士，少报圣主之恩；今卒如爱丝之说，受责见过，方复欲更窥朝廷，觖望万分，窃不为左右取也。昔窦婴、杨恽亦得罪明时，不能谢绝宾客，犹交党援，卒无后福，终益前祸。仆之所吊，实在于斯。人人所以颇犹有踵君侯之门者，未必皆感惠怀仁，有灌夫、任安之义，乃戒翟公之大署，冀君侯之复用也。夫在思过之日，而挟复用之意，未可为智者说矣。君侯宜杜门念失，无有所通，筑茅茨于钟阜，聊优游以卒岁，见可怜之意，著待终之情，复仲尼'能改'之言，惟子贡'更也'之譬，少戢言于众口，微自救于竹帛，所谓'失之东隅，收之桑榆'。如此，令明主闻知，尚有冀也。仆东皋鄙人，入穴幸无衔窦，耻天下之士不为执事道之，故披肝胆，示情素，君侯岂能鉴焉。"

信上奏天子。高祖大怒，将何敬容交付御史台推问弹劾，御史中丞张绾参奏何敬容挟私情欺君罔上，应处以弃市极刑，高祖下诏特别开恩只予以免职。起初，天监年间，有僧人叫做释宝志的，曾经遇到何敬容，对他说："您日后必将显贵，然而最终会败于何。"到了何敬容当宰相时，认为何姓之人会成为自己的祸害，就压制自己的宗族，无人入仕任官，到了此时竟然是被河东王所败。

中大同元年（546）三月，高祖驾幸同泰寺讲《金字三慧经》，何敬容请求参加听讲，高祖敕令批准。又有敕令准许他逢初一、十五入宫问候。不久起用他为金紫光禄大夫，尚未就职，又加官侍中。何敬容旧时的宾客门生又像过去一样云集门下，希望他再次获得重用。会稽人谢郁给何敬容写信告诫他说："我一介草莽中人，在路旁听说，君侯已经能够朝拜天子，出入宫禁，醉酒的霸陵尉将不敢呵斥您，熄灭的死灰也将要有渐渐复燃的势头，快停止吧，快停止吧！我斗胆在此祝贺您，同时又将要哭吊您了。昔年流言才刚刚兴起，周公旦就东奔避祸；燕王的上书刚刚传来，霍光就不再入见。圣贤受到不实的指责就会自我斥责，从没有在受人指摘时还仍然力求亲宠的。而且在龙门曝鳃的大鱼，不会怀念小杯的水；翱翔云霄的鹏鸟，岂会回头看视鸟笼中的粮食。为什么会这样？因为它的依托已经很盛大了。昔日君侯您头戴天子近臣的头巾，腰佩叮叮作响的美玉，冠上有华丽的貂尾，行走于尚书省中，蝉冠高耸而直趋天子武帐，这种待遇可谓隆盛了。您不在这个时候举荐人才拔擢士子，稍稍报答圣主的洪恩；现在您像汉代袁盎一样挟持私心来游说，为此受到责罚和怪罪，又想重新获得朝廷重用，寄托了万分的厚望，我替您感到不足取啊。当年窦婴、杨恽也曾得罪于明主，他们不能遣散宾客，依旧纠结党羽，最终失去福荫，反而加重了之前的祸事。我所说的哭吊，原因实际就在于此。那么多人之所以还云集于君侯门下，未必是因为他们感怀您的恩惠和仁德，有灌夫、任安一样的情义，而是因为他们吸取了当年翟公在门上题字的教训，正期待君侯您重新获得朝廷重用啊。人在应当思过的日子里，心怀重获起用的念头，这不是智者应有的想法。君侯应该闭门反思，不再广结宾客，在钟山上建起茅屋，暂时悠游度

太清元年，迁太子詹事，侍中如故。二年，侯景袭京师，敬容自府移家台内。初，景于涡阳退败，未得审实，传者乃云其将暴显反，景身与众并没，朝廷以为忧。敬容寻见东宫，太宗谓曰："淮北始更有信，侯景定得身免，不如所传。"敬容对曰："得景遂死，深是朝廷之福。"太宗失色，问其故。敬容曰："景翻覆叛臣，终当乱国。"是年，太宗频于玄圃自讲《老》《庄》二书，学士吴孜时寄詹事府，每日入听。敬容谓孜曰："昔晋代丧乱，颇由祖尚玄虚，胡贼殄覆中夏。今东宫复袭此，殆非人事，其将为戎乎？"俄而侯景难作，其言有征也。三年正月，敬容卒于围内，诏赠仁威将军，本官并如故。

何氏自晋司空充、宋司空尚之，世奉佛法，并建立塔寺；至敬容又舍宅东为伽蓝，趋势者因助财造构，敬容并不拒，故此寺堂宇校饰，颇为宏丽，时轻薄者因呼为"众造寺"焉。及敬容免职出宅，止有常用器物及囊衣而已，竟无余财货，时亦以此称之。

子毂，秘书丞，早卒。

陈吏部尚书姚察曰：魏正始及晋之中朝，时俗尚于玄虚，贵为放诞，尚书丞郎以上，簿领文案，不复经怀，皆成于令史。逮乎江

日，显现值得怜悯的意态，表露等待命终的情绪，重复孔子关于幡然改过的言论，思考子贡关于改正错误的譬喻，减少人们口中的非议，稍稍挽回史册对您的评价，所谓'在日出时失去的东西，在日落时又重新找到'。像这样，让明主有所耳闻，则还有一线希望。我只是隐居田间的一个微贱之人，如同老鼠一样入穴尚无妨碍，以天下之人不向您指出忧患为耻，所以披肝沥胆，直陈心曲，君侯您能察鉴否？"

太清元年（547），何敬容迁任太子詹事，侍中之职照旧。太清二年（548），侯景袭击京师，何敬容从府中搬家到台城内。起初，侯景在涡阳被东魏击败逃走，朝廷得不到确实的消息，有人传说侯景的将领暴显造反，侯景自己和其部队都被消灭了，朝廷得知后十分担忧。何敬容进入东宫，简文帝对他说："淮北还有消息传来，侯景一定能逃脱，不像传言的那样。"何敬容回答说："若是侯景战死，才是朝廷的福气。"简文帝大惊失色，问他是何缘故。何敬容说："侯景是反复无常的叛臣，最终一定会搅乱国家。"这一年，太宗频繁在玄圃亲自讲授《老子》《庄子》两本书，学士吴孜当时寄住在太子詹事府里，每日都去听讲。何敬容对吴孜说："当年晋朝丧乱，很大程度是因为君主崇尚玄虚，致使胡虏倾覆华夏。如今东宫再度继承此风气，恐非正道，莫非我们又将遭遇战祸了吗？"不久侯景之乱爆发，他的话得到了印证。太清三年（549）正月，何敬容在围城内去世，天子下诏追赠为仁威将军，本身官职全部照旧。

何氏从晋代司空何充、刘宋司空何尚之起，世代信奉佛法，而且建立了不少佛塔和寺庙；到了何敬容时又将宅院东边施舍作佛寺，随趋附和者又资助钱财增添构筑，何敬容并不拒绝，所以这座寺庙的佛堂殿宇规格装饰，颇为宏伟华丽，当时轻薄之徒都称之为"众造寺"。到了何敬容被免职搬出此宅时，只有日常器物及装在布囊中的衣物而已，竟然没有多余的财货，时人也因此而称许他。

何敬容的儿子何毂，官至秘书丞，很早即去世。

陈朝吏部尚书姚察说：曹魏正始年间及西晋时，当时流俗崇尚玄学，以行为放诞为贵，尚书丞郎以上，官署的簿册文案，都不再处

左，此道弥扇，惟卞壸以台阁之务，颇欲综理，阮孚谓之曰："卿常无闲暇，不乃劳乎？"宋世王敬弘身居端右，未尝省牒，风流相尚，其流遂远。望白署空，是称清贵；恪勤匪懈，终滞鄙俗。是使朝经废于上，职事隳于下。小人道长，抑此之由。呜呼！伤风败俗，曾莫之悟。永嘉不竞，戎马生郊，宜其然矣。何国礼之识治，见讥薄俗，惜哉。

理，全部交给令史。到了南渡之后，玄学之风气更盛，只有卞壶重视台阁政事，很想认真处理，阮孚对他说："卿总是不得闲暇，这样不累吗？"刘宋时王敬弘主持尚书省，从不曾批阅过公文，这种风气受到推崇，影响深远。官员只署文牍不问政务，称为清贵；勤恳谨慎不敢懈怠的人，却长期滞留于低微之职。这就使得朝廷之上纲纪荒废，衙署之下政务堕落。奸邪之道开始滋生，也是由此而来。啊！伤风败俗，却无人醒悟。西晋衰乱，国都沦亡，这是很自然的了。何敬容远见卓识，却受到浅薄世俗的讥笑，可惜啊。

# 卷三十八

## 列传第三十二

朱异 贺琛

### 朱异

朱异字彦和，吴郡钱唐人也。父巽，以义烈知名，官至齐江夏王参军、吴平令。

异年数岁，外祖顾欢抚之谓异祖昭之曰："此儿非常器，当成卿门户。"年十余岁，好群聚蒲博，颇为乡党所患。既长，乃折节从师，遍治《五经》，尤明《礼》《易》，涉猎文史，兼通杂艺，博弈书算，皆其所长。年二十，诣都，尚书令沈约面试之，因戏异曰："卿年少，何乃不廉？"异逡巡未达其旨。约乃曰："天下唯有文义棋书，卿一时将去，可谓不廉也。"其年，上书言建康宜置狱司，比廷尉，敕付尚书详议，从之。

旧制，年二十五方得释褐。时异适二十一，特敕擢为扬州议曹从事史。寻有诏求异能之士，《五经》博士明山宾表荐异曰："窃见钱唐朱异，年时尚少，德备老成，在独无散逸之想，处阇有对宾之色，器宇弘深，神表峰峻。金山万丈，缘陟未登；玉海千寻，窥映不测。加以珪璋新琢，锦组初构，触响铿锵，值采便发。观其信行，非惟十室所稀，若使负重遥途，必有千里之用。"高祖召见，使说《孝经》《周易》义，甚悦之，谓左右曰："朱异实异。"后见明山宾，谓曰："卿所举殊得其人。"仍召异直西省，俄兼太学博士。其年，高祖自讲《孝经》，使异执读。迁尚书仪曹郎，入兼中书通事舍人，累

## 朱异

朱异字彦和，吴郡钱唐人。父亲朱巽，以义节烈知名，官至南齐江夏王参军、吴平令。

朱异几岁时，外祖父顾欢抚摸着他对朱异祖父朱昭之说："这个孩子绝非常人，一定会成就您的家门。"他十几岁时，喜欢聚众赌钱，父老乡亲都视他为祸患。长大后，就改易节操拜师学习，遍习《五经》，尤其通晓《礼》《易》，又涉猎文史，兼通杂艺，博戏、棋道、书法、算术，都是他所擅长的。二十岁那年，前往京师，尚书令沈约面试他，就和朱异开玩笑说："卿小小年纪，为何如此贪婪？"朱异犹豫不知其所指。沈约就说："天下之艺唯有文史、经义、棋道与书法，一时全都得去，可谓贪婪了。"这一年，朱异上书说建康应该设置狱司，比照廷尉，天子敕令将此事交付尚书详加讨论，最终采纳了这个建议。

按照旧制，士人二十五岁后方能任官。当时朱异才二十一岁，天子特别敕令擢拔他担任扬州议曹从事史。不久有诏令访求异能之士，《五经》博士明山宾上表举荐朱异说："我见钱塘人朱异，年纪尚轻，但道德完备处事老成，独处时没有放纵邪恶的想法，无人时神色仍和面对宾客时一样，器度博大胸怀深沉，神采仪表超逸不凡。学识高深，如同万丈金山千寻玉海，旁人莫测。而且他是新琢的圭玉，初裁的锦帛，遇有机会一定会绽放异彩。观察他的忠信品行，不仅世所罕有，若委以重任，必然能有千里马一样特出之用。"高祖就召见朱异，让他讲解《孝经》《周易》大义，十分欣赏，对左右说："朱异确实非同一般。"后来见到明山宾，对他说："卿所举荐十分得

迁鸿胪卿，太子右卫率，寻加员外常侍。

普通五年，大举北伐，魏徐州刺史元法僧遣使请举地内属，诏有司议其虚实。异曰："自王师北讨，克获相继，徐州地转削弱，咸愿归罪法僧，法僧惧祸之至，其降必非伪也。"高祖仍遣异报法僧，并敕异军应接，受异节度。既至，法僧遵承朝旨，如异策焉。

中大通元年，迁散骑常侍。自周舍卒后，异代掌机谋，方镇改换，朝仪国典，诏诰敕书，并兼掌之。每四方表疏，当局簿领，咨询详断，填委于前，异属辞落纸，览事下议，从横敏赡，不暂停笔，顷刻之间，诸事便了。

大同四年，迁右卫将军。六年，异启于仪贤堂奉述高祖《老子义》，敕许之。及就讲，朝士及道俗听者千余人，为一时之盛。时城西又开士林馆以延学士，异与左丞贺琛递日述高祖《礼记中庸义》，皇太子又召异于玄圃讲《易》。八年，改加侍中。太清元年，迁左卫将军，领步兵。二年，迁中领军，舍人如故。

高祖梦中原平，举朝称庆，且以语异，异对曰："此宇内方一之征。"及侯景归降，敕召群臣议，尚书仆射谢举等以为不可，高祖欲纳之，未决；尝夙兴至武德阁，自言"我国家承平若此，今便受地，讵是事宜，脱致纷纭，悔无所及"。异探高祖微旨，应声答曰："圣明御宇，上应苍玄，北土遗黎，谁不慕仰，为无机会，未达其心。今侯景分魏国太半，输诚送款，远归圣朝，岂非天诱其衷，人奖其计。原心审事，殊有可嘉。今若不容，恐绝后来之望。此诚易见，愿陛下无疑。"高祖深纳异言，又感前梦，遂纳之。及贞阳败没，自魏遣

宜。"就召朱异在中书省当值，不久兼任太学博士。这一年，高祖亲自讲解《孝经》，令朱异充当执读人。迁任尚书仪曹郎，太子右卫率，不久加官员外常侍。

普通五年（524），梁朝大举北伐，北魏徐州刺史元法僧派使者请求献出属地归附，天子诏令有司讨论其虚实。朱异说："自从王师北伐，相继攻城掠地，北魏徐州之地渐被削弱，于是都愿归罪于元法僧，他害怕祸事临头，其降必非诈降。"高祖就派朱异前去答复元法僧，并敕令众军接应，受朱异节度。朱异到徐州后，元法僧就遵奉梁朝旨意，和朱异预计的完全一样。

中大通元年（529），朱异迁任散骑常侍。自周舍去世后，朱异代替他执掌军国政事，方镇更换、朝廷仪典、诏令诰命和天子敕书，都由他兼管。各地奏报的表疏，各部门记事的文书，政务详情的讨论决议，全都堆积在他面前，朱异构思下笔，批阅上奏的文书，才智纵横敏捷灵活，不曾片刻停笔，顷刻之间，各种事情都能处理完毕。

大同四年（538），迁任右卫将军。大同六年（540），朱异启奏请求在仪贤堂奉旨讲解高祖的《老子义》一书，天子敕令准许。到了开讲时，朝中士人及道教信徒俗众前来听讲者达千余人，成为一大盛事。当时城西又开设了士林馆以延请学士，朱异与左丞贺琛轮流讲解高祖的《礼记中庸义》，皇太子又召朱异在玄圃讲解《易》。大同八年（542），改加官侍中。太清元年（547），迁任左卫将军，兼领步兵校尉。太清二年（548），迁任中领军，舍人之职照旧。

高祖梦见中原平定举朝欢庆，天亮后告诉了朱异，朱异对答说："此乃宇内将要统一的征兆。"到了侯景来降时，高祖敕令召集群臣商议，尚书仆射谢举认为不可接纳，高祖想接纳侯景，犹豫未决；他曾早起来到武德阁，自言自语说"我朝至今一直承平无事，现在接受侯景献地，如果因为此事，导致政局动乱，后悔就来不及了"。朱异揣摩高祖的心思，应声回答道："陛下圣明统治海内，上应天命，北地的遗民百姓，谁不仰慕陛下，只因没有机会，不能实现归顺的心愿。如今侯景分掉东魏半壁江山，输诚送款，远远地前来归附我朝，岂不是上天启发他的心思，众人促成他的计策？分析其初心度量其局

使还，述魏相高澄欲更申和睦，敕有司定议，异又以和为允，高祖果从之。其年六月，遣建康令谢挺、通直郎徐陵使北通好。是时，侯景镇寿春，累启绝和，及请追使。又致书与异，辞意甚切，异但述敕旨以报之。八月，景遂举兵反，以讨异为名。募兵得三千人，及景至，仍以其众守大司马门。

初，景谋反，合州刺史鄱阳王范、司州刺史羊鸦仁并累有启闻，异以景孤立寄命，必不应尔，乃谓使者：“鄱阳王遂不许国家有一客！”并抑而不奏，故朝廷不为之备。及寇至，城内文武咸尤之。皇太子又制《围城赋》，其末章云：“彼高冠及厚履，并鼎食而乘肥，升紫霄之丹地，排玉殿之金扉，陈谋谟之启沃，宣政刑之福威，四郊以之多垒，万邦以之未绥。问豺狼其何者？访虺蜴之为谁？”盖以指异。异因惭愤，发病卒，时年六十七。诏曰：“故中领军异，器宇弘通，才力优赡，咨谋帷幄，多历年所。方赞朝经，永申寄任。奄先物化，恻悼兼怀。可赠侍中、尚书右仆射，给秘器一具。凶事所须，随由资办。”旧尚书官不以为赠，及异卒，高祖惜之，方议赠事，左右有善异者，乃启曰：“异忝历虽多，然平生所怀，愿得执法。”高祖因其宿志，特有此赠焉。

异居权要三十余年，善窥人主意曲，能阿谀以承上旨，故特被宠任。历官自员外常侍至侍中，四官皆珥貂，自右卫率至领军，四职

势，非常值得嘉许。如今我朝若不容纳，恐怕会断绝后来者的希望。这份忠诚清楚可见，愿陛下不要再怀疑。"高祖一向很听从朱异的意见，又被之前的梦境所感，于是就接纳了侯景。待到贞阳侯萧渊明战败被俘，从东魏派回使者，说东魏的丞相高澄希望再度与梁朝和平共处，高祖敕令有司讨论，朱异又主张与东魏议和，高祖果然采纳了。这一年(548)六月，高祖派建康令谢挺、通直郎徐陵出使东魏通好。这时，侯景镇守在寿春，多次上奏请求中断和议，并请追回梁朝使臣。侯景又给朱异致信，言辞十分迫切，朱异只是阐述了一番天子旨意来答复他。八月，侯景随即举兵反叛，打出诛杀朱异的名号。朱异招募士卒得到三千人，侯景打到京师时，朱异率部据守大司马门。

起初，侯景谋划反叛时，合州刺史鄱阳王萧范、司州刺史羊鸦仁都曾多次上表报告其异动，朱异认为侯景势单力薄把性命寄托于梁朝，必不会有叛心，就对使者说："鄱阳王竟然容不得国家有一个客人吗？"他将这些表章压下不上奏，所以朝廷没做防备。到了叛军兵临城下时，城内文武官员全都怪罪朱异。皇太子萧纲又作了一首《围城赋》，其最后一段写道："有的人头戴高冠足穿厚履，钟鸣鼎食轻车肥马，登上天子居住的殿堂，出入皇宫玉殿的金门，陈述开导帝王的谋划，宣扬政事刑狱的福威，京师郊外因他而战火连天，海内万邦因他而不得平静。试问谁是豺狼？谁是害人的罪魁？"所指就是朱异。朱异因为惭愧愤恨，发病而死，时年六十七岁。天子下诏说："故中领军朱异，器宇弘大，才力过人，为国家运筹帷幄，已经久历年岁。正仰赖他辅助朝政，时时委以重任。忽然先行谢世，令朕恸悼伤怀。可追赠为侍中、尚书右仆射，赐给皇室规格棺木一具。一应丧葬所需，由朝廷供给备办。"按照惯例尚书的官职不用于追赠，朱异去世时，高祖痛惜不已，就与群臣讨论追赠官职之事，左右有和朱异亲善者，启奏说："朱异任职虽多，但他平生所念的，就是尚书仆射一职。"高祖因这是他的夙愿，就特别予以追赠。

朱异身居掌权要职长达三十余年，善于窥测天子的心思，能够阿谀以迎合皇帝的意愿，所以特别受宠。他历任的官职从员外常侍到侍中，四个官职都可在冠上插貂尾，从太子右卫率到中领军，四个官

并驱卤簿，近代未之有也。异及诸子自潮沟列宅至青溪，其中有台池甃好，每暇日与宾客游焉。四方所馈，财货充积。性吝啬，未尝有散施。厨下珍羞腐烂，每月常弃十数车，虽诸子别房亦不分赡。所撰《礼》《易》讲疏及仪注、文集百余篇，乱中多亡逸。

长子肃，官至国子博士；次子闰，司徒掾。并遇乱卒。

## 贺琛

贺琛字国宝，会稽山阴人也。伯父玚，步兵校尉，为世硕儒。琛幼，玚授其经业，一闻便通义理。玚异之，常曰："此儿当以明经致贵。"玚卒后，琛家贫，常往还诸暨，贩粟以自给。闲则习业，尤精《三礼》。初，玚于乡里聚徒教授，至是又依琛焉。

普通中，刺史临川王辟为祭酒从事史。琛始出都，高祖闻其学术，召见文德殿，与语悦之，谓仆射徐勉曰："琛殊有世业。"仍补王国侍郎，俄兼太学博士，稍迁中卫参军事、中书通事舍人，参礼仪事。累迁通直正员郎，舍人如故。又征西鄱阳王中录事，兼尚书左丞，满岁为真。诏琛撰《新谥法》，至今施用。

时皇太子议，大功之末，可以冠子嫁女。琛驳之曰：

令旨以"大功之末可得冠子嫁女，不得自冠自嫁。"推以《记》文，窃犹致惑。案嫁冠之礼，本是父之所成，无父之人，乃可自冠，故称大功小功，并以"冠子""嫁子"为文；非关惟得为子，己身不得也。小功之末，既得自嫁娶，而亦云"冠子娶妇"，其义益明。故先列二服，每明冠子嫁子，结于后句，方显自娶之义。既明小功自

职都有卤簿仪仗前驱开道，这种显贵近代以来从未有过。朱异及诸子的家宅从潮沟直抵青溪，府中有楼台池塘各种珍玩，每逢闲暇他就和宾客在其中游玩。四方所馈的各种财货都充积于府中。朱异性格吝啬，从未散施家财。厨房中的珍馐美味多至腐烂，每月常常要丢弃十几车，即使是儿子和亲戚也不分送。他所著《礼》《易》讲疏及仪注、文集百余篇，侯景之乱中大多丢失了。

长子朱肃，官至国子博士；次子朱闻，官至司徒掾。二人都在这次叛乱中去世。

### 贺琛

贺琛字国宝，会稽山阴人。伯父贺玚，官至步兵校尉，是当世的大儒。贺琛年幼时，贺玚为他传经授业，贺琛一听讲解就能通晓义理。贺玚认为他异于常人，经常说："这个孩子会因为通晓经义而显贵。"贺玚去世后，贺琛家陷入贫困，常常往返于山阴、诸暨之间，贩卖粟米度日。有余暇就学习，尤其精通《三礼》。在此之前，贺玚曾在乡里聚徒授课，到此时这些学生又依附在贺琛身边。

普通年间，刺史临川王征辟贺琛为祭酒从事史。贺琛初到京师，高祖听闻了他的学术名望，在文德殿召见他，交谈过后很喜欢他，对仆射徐勉说："贺琛确实有家传的学问。"就补为王国侍郎，不久兼任太学博士，过些时迁任中卫参军事、中书通事舍人，参与修定礼仪的工作。累加升迁为通直正员郎，舍人之职照旧。又迁为征西鄱阳王中录事，兼尚书左丞，满一年后实授。天子下诏令贺琛撰写《新谥法》，施行至今。

当时皇太子萧统建议，大功之丧的末期，可以给儿子行冠礼及嫁女儿。贺琛反驳道：

"殿下认为'大功之丧的末期可以给儿子行冠礼及嫁女儿，但子女不得自冠自嫁'。以《礼记》文义加以推敲，我还有些疑惑。所谓嫁女冠子之礼，本来是人父主持的，父亲不在世者，即可自行加冠，故称大功小功，并写成'冠子''嫁子'；并不是说只能为子女行冠嫁礼，而不能自冠自嫁。小功之丧的末期，既然可以自行嫁娶，而且也娶，即知大功自冠矣，盖是约言而见旨。若谓缘父服大功，子服小功，小功服轻，故得为子冠嫁，大功服重，故不得自嫁自冠者，则小功之末，非明父子服殊，不应复云"冠子""嫁子"也。若谓小功之文言己可娶，大功之文不言己冠，故知身有大功，不得自行嘉礼，但得为子冠嫁。窃谓有服不行嘉礼，本为吉凶不可相干。子虽小功之末，可得行冠嫁，犹应须父得为其冠嫁。若父于大功之末可以冠子嫁子，是于吉凶礼无碍；吉凶礼无碍，岂不得自冠自嫁？若自冠自嫁于事有碍，则冠子嫁子宁独可通？今许其冠子而塞其自冠，是琛之所惑也。

　　又令旨推"下殇小功不可娶妇，则降服大功亦不得为子冠嫁"。伏寻此旨，若谓降服大功不可冠子嫁子，则降服小功亦不可自冠自娶，是为凡厥降服大功小功皆不得冠娶矣。《记》文应云降服则不可，宁得惟称下殇？今不言降服，的举下殇，实有其义。夫出嫁出后，或有再降，出后之身，于本姊妹降为大功；若是大夫服士父，又以尊降，则成小功。其于冠嫁，义无以异。所以然者，出嫁则有受我，出后则有传重，并欲薄于此而厚于彼，此服虽降，彼服则隆。昔实期亲，虽再降犹依小功之礼，可冠可嫁。若夫期降大功，大功降为小功，止是一等，降杀有伦，服末嫁冠，故无有异。惟下殇之服，特明不娶之义者，盖缘以幼稚之故，夭丧情深，既无受厚佗姓，又异传重彼宗，嫌其年稚服轻，顿成杀略，故特明不娶，以示本重之恩。是以凡厥降服，冠嫁不殊；惟在下殇，乃明不娶。其义若此，则不得言大功之降服，皆不可冠嫁也。且《记》云"下殇小功"，言下殇则不得通于中上，语小功则不得兼于大功。若实大小功降服皆不

说'冠子娶妇'，其原意更加明显。所以先列出大功小功二服，每服写明'冠子''嫁子'，在后一句的结尾，才显明自娶之意。既然明白了小功自娶，就可以知道大功自冠了，这是其言辞简约而本旨明显的缘故。若说是因为父亲服大功之丧，子女服小功之丧，小功服较轻，所以可以为子女冠嫁，大功服重，所以不能自嫁自冠，那么在小功的末期，没有说明父子所服有所不同，就不应又说'冠子''嫁子'了。若说是小功的文义是说可以自娶，大功的文义没有说自冠，所以可以知道身服大功时，不能自行嘉礼，但是可以为子女冠嫁。我认为有丧服在身不行嘉礼，本意是因为吉凶不能冲突。子女在服小功的末期，虽然可以行冠嫁礼，但还需父亲能够为其主持冠嫁才行。若是父亲在大功之丧的末期可以'冠子''嫁子'，那就是说不会产生吉礼凶礼的冲突；既然吉礼凶礼不冲突，怎不能自冠自嫁？若是自冠自嫁会构成冲突，那么'冠子''嫁子'怎会不冲突？现在允许其冠子，而不准其自冠，这就是贺琛有所迷惑之处。

"殿下又主张'下殇之丧小功不能娶妇，则降服一等的大功也不能为子女冠嫁'。我分析您的说法，若说是降服一等的大功不能为子女冠嫁，则降服一等的小功也不能自冠自娶，也就是说凡降服一等，大功小功都不能行冠娶之礼了。那么《礼记》的文句就应该说降服一等则不可，怎能单单只称下殇？现在它不说降服一等，而单列举了下殇，其实是有道理的。出嫁和过继至别家，有时有降两级服丧的情况，过继至别家的人，为亲姊妹降为服大功之丧；若遇到大夫为士人身份的父亲服丧的情况，则又因地位尊贵而降一级，则变成服小功之丧。这些对于冠嫁之礼，是不会发生改变的。究其原因，出嫁必有接纳自己的名分，过继则有传承香火的重任，都是要让一个家庭中的关系变薄而另一个家庭中的关系变厚，离开的家庭这边服虽然降低了，接受的家庭那边服就隆升了。过去为亲戚实服一年的期丧，即便降两级也仍然按小功的礼制服丧，可以行冠嫁礼。若是从期丧降为大功，或者大功降为小功，只是降服一等，递减有序，在服丧的末期冠子嫁女，所以没有发生改变。唯独下殇之服，要特别说明不可行娶妻礼的道理，是因为逝者年幼的缘故，幼儿夭折亲人悲情深

冠嫁，上中二殇亦不冠嫁者，《记》不得直云"下殇小功则不可"。
恐非文意。此又琛之所疑也。

遂从琛议。

迁员外散骑常侍。旧尚书南坐，无貂；貂自琛始也。顷之，迁御
史中丞，参礼仪事如先。琛家产既丰，买主第为宅，为有司所奏，坐
免官。俄复为尚书左丞，迁给事黄门侍郎，兼国子博士，未拜，改为
通直散骑常侍，领尚书左丞，并参礼仪事。琛前后居职，凡郊庙诸
仪，多所创定。每见高祖，与语常移晷刻，故省中为之语曰："上殿不
下有贺雅。"琛容止都雅，故时人呼之。迁散骑常侍，参礼仪如故。

是时，高祖任职者，皆缘饰奸谄，深害时政，琛遂启陈事条封
奏曰：

臣荷拔擢之恩，曾不能效一职；居献纳之任，又不能荐一言。
窃闻"慈父不爱无益之子，明君不畜无益之臣"，臣所以当食废飧，
中宵而叹息也。辄言时事，列之于后。非谓谋猷，宁云启沃。独缄胸
臆，不语妻子。辞无粉饰，削槁则焚。脱得听览，试加省鉴。如不允
合，亮其戆愚。

其一事曰：今北边稽服，戈甲解息，政是生聚教训之时，而天
下户口减落，诚当今之急务。虽是处凋流，而关外弥甚，郡不堪州之

切，既没有他姓受纳的厚待，也不同于为外姓传宗接代的重要，若嫌逝者年幼而服轻，就会变成降至省略不服丧的情形，所以特别说明不可行娶礼。这个道理既是如此，就不能说是大功之丧降服，一概不可以冠嫁了。而且《礼记》说'下殇小功'，说下殇就表示不同于中殇和上殇，说小功则表明不能同时适用于大功。若是真的大小功降服都不可冠嫁，连上殇中殇也不可冠嫁的话，《礼记》就不会只说'下殇小功则不可'了。殿下所说恐怕并非《礼记》文句之原意。这又是一处贺琛有所怀疑的地方。"

随后朝廷就采纳了贺琛的意见。

贺琛迁任员外散骑常侍。按旧例，尚书面南而坐，冠上无貂尾装饰；从贺琛开始，尚书冠加以貂尾。不久，迁任御史中丞，像以前一样参掌修定礼仪。贺琛家产丰厚起来之后，买了公主的府邸作为家宅，被有司弹奏，获罪免官。不久再度担任尚书左丞，迁任给事黄门侍郎，兼国子博士，尚未就职，改任通直散骑常侍，兼领尚书左丞，一起参与修定礼仪的工作。贺琛前后担任官职，凡郊庙祭祀诸多仪典，大多由他创定。每次觐见高祖，常常和他长谈很久，所以宫中为此流传一句话："上殿不下有贺雅。"贺琛容貌举止优雅，所以时人这样称呼他。迁任散骑常侍，参与修定礼仪的工作照旧。

这个时期，高祖所任命的官员，都是些文过饰非、奸邪谄媚之徒，深深地妨害时政，贺琛就以密封奏章分条陈述启奏称：

"微臣身蒙陛下拔擢的厚恩，却未曾在一职上尽责效力；身居司职直谏得失的官位，却不能向陛下进谏一言。我听说'慈父不疼爱对他无裨益的儿子，明君不容留对他无裨益的臣子'，为此臣茶饭不思，通宵慨叹。于是特向陛下陈言时事，列于后文。并非深谋远略，毋宁说是苦言劝谏。现将心中所想和盘托出，不曾对妻子儿女吐露分毫。言辞坦白未加粉饰，封事奏上即焚草稿。倘得陛下听览，愿陛下试着施以察鉴。若不够公允合宜，望宽恕臣之戆直愚鲁。

"其一：如今北方边境驯服宁静，解衣卸甲兵戈不起，正是休养生息教化训练之时，然而天下户口日益凋落，实为当前一大紧急要

控总，县不堪郡之哀削，更相呼扰，莫得治其政术，惟以应赴征敛为事。百姓不能堪命，各事流移，或依于大姓，或聚于屯封，盖不获已而窜亡，非乐之也。国家于关外赋税盖微，乃至年常租课，动致逋积，而民失安居，宁非牧守之过。东境户口空虚，皆由使命繁数。夫犬不夜吠，故民得安居。今大邦大县，舟舸衔命者，非惟十数；复穷幽之乡，极远之邑，亦皆必至。每有一使，属所搔扰；况复烦扰积理，深为民害。驽困邑宰，则拱手听其渔猎；桀黠长吏，又因之而为贪残。纵有廉平，郡犹掣肘。故邑宰怀印，类无考绩，细民弃业，流冗者多，虽年降复业之诏，屡下蠲赋之恩，而终不得反其居也。

其二事曰：圣主恤隐之心，纳隍之念，闻之遐迩，至于翾飞蠕动，犹且度脱，况在兆庶。而州郡无恤民之志，故天下颙颙，惟注仰于一人，诚所谓"爱之如父母，仰之如日月，敬之如鬼神，畏之如雷霆"。苟须应痛逗药，岂可不治之哉？今天下宰守所以皆尚贪残，罕有廉白者，良由风俗侈靡，使之然也。淫奢之弊，其事多端，粗举二条，言其尤者。夫食方丈于前，所甘一味。今之燕喜，相竞夸豪，积果如山岳，列肴同绮绣，露台之产，不周一燕之资，而宾主之间，裁取满腹，未及下堂，已同臭腐。又歌姬舞女，本有品制，二八之锡，良待和戎。今畜妓之夫，无有等秩，虽复庶贱微人，皆盛姬姜，务在贪污，争饰罗绮。故为吏牧民者，竞为剥削，虽致赀巨亿，罢归之日，不支数年，便已消散。盖由宴醑所费，既破数家之产；歌谣之具，必俟千金之资。所费事等丘山，为欢止在俄顷。乃更追恨向所

务。虽然户口四处都在减少，以边关外的新光复州郡最为严重，郡不堪承受州的事务促逼，县不堪承受郡的聚敛搜括，一层层压迫搅扰，导致治政乏术，只以应付征敛为要务。百姓不堪重负，纷纷流徙他乡，有的依附于豪强大姓，有的聚集在屯田之地，都是迫不得已而流窜逃亡，并非乐于如此。国家在边关外新复州郡征得的赋税非常少，以至于每年的例行租赋，动辄欠租逐年累积，而人民无法安居乐业，这岂非州郡长官之过？东部地区户口空虚，皆因朝廷钦差使者过于频繁。地方上只有夜无犬吠，人民才能安居。如今每个大郡大县，奉朝廷命令乘船巡行的使者岂止十辈；即便贫困偏僻的地区，极偏远的乡邑，使者也必会经过。每来一个使者，必然会有所骚扰，更何况使者不断累积，深深地成为民间的祸害。那些驽钝困窘的邑宰，只能拱手听任鱼肉；那些奸猾狡诈的长吏，又借机贪残聚敛。即使有清廉公平的地方官吏，也会受到上级郡的牵制。所以邑宰空怀大印，其实就和没有考绩一个样，而底层乡民抛弃本业，流亡异乡者日渐增多，虽然朝廷年年降诏招纳流民回乡复业，屡次颁布减免租赋的恩典，而流民最终也不能回归原籍。

"其二：陛下怜惜苍生之心，救民水火之念，远近皆知，以致飞鸟小虫，都能得到解脱超度，更何况亿兆黎民。而州郡官员没有恤民之心，所以天下人所切盼仰仗的，只在于陛下您一人，正所谓'爱之如父母，仰之如日月，敬之如鬼神，畏之如雷霆'。既然民间需要对症下药来解救痛苦，岂可不加以治疗？如今天下地方长官之所以都崇尚贪污，少有廉洁自奉者，都是因为奢侈靡费的风气，使得他们如此。奢侈浪费的弊病，实在非止一端，粗略列举二条，以陈述其中最突出者。宴会时菜肴丰盛至超过一丈见方，实际受欢迎的不过是其中一二味而已。如今的欢聚宴饮，竞相夸耀炫富，备办的果品堆积如山，罗列的菜肴如陈锦绣，足够起造高台的资财，却不够置办一次宴席，而宾主双方，只不过取食一饱，不等客人下堂，那些华美佳肴已经等同于腐臭了。再者就是歌姬舞女，本有规格级别，女乐十六人的赏赐，是留待通好异族时才用的。而今蓄养歌伎之人，不分等秩级别，即便是庶民微贱之人，也大蓄女伎，以贪污为要，争相以绫罗取之少, 今所费之多。如复傅翼, 增其搏噬, 一何悖哉! 其余淫侈, 著之凡百, 习以成俗, 日见滋甚, 欲使人守廉隅, 吏尚清白, 安可得邪! 今诚宜严为禁制, 道之以节俭, 贬黜雕饰, 纠奏浮华, 使众皆知, 变其耳目, 改其好恶。夫失节之嗟, 亦民所自患, 正耻不及群, 故勉强而为之, 苟力所不至, 还受其弊矣。今若厘其风而正其失, 易于反掌。夫论至治者, 必以淳素为先, 正彫流之弊, 莫有过俭朴者也。

其三事曰: 圣躬荷负苍生以为任, 弘济四海以为心, 不惮胼胝之劳, 不辞癯瘦之苦, 岂止日昃忘飢, 夜分废寝。至于百司, 莫不奏事, 上息责下之嫌, 下无逼上之咎, 斯实道迈百王, 事超千载。但斗筲之人, 藻棁之子, 既得伏奏帷扆, 便欲诡竞求进, 不说国之大体。不知当一官, 处一职, 贵使理其紊乱, 匡其不及, 心在明恕, 事乃平章。但务吹毛求疵, 擘肌分理, 运掎摭之智, 徼分外之求, 以深刻为能, 以绳逐为务, 迹虽似于奉公, 事更成其威福。犯罪者多, 巧避滋甚, 旷官废职, 长弊增奸, 实由于此。今诚愿责其公平之效, 黜其谗愚之心, 则下安上谧, 无徼幸之患矣。

其四事曰: 自征伐北境, 帑藏空虚。今天下无事, 而犹日不暇给者, 良有以也。夫国弊则省其事而息其费, 事省则养民, 费息则

锦缎来妆饰姬姜。所以当官治民者，竞相盘剥百姓，即便做官积下亿万家私，罢官归乡后，不过数年，财富就已消散。这是因为奢侈宴会的开销，已经足令几家人破产；席间轻歌曼舞的费用，必定耗去千金之资。花费之高如同丘山，所带来的欢乐不过片刻。于是更加追悔当权时聚敛太少，而现在所费太多，如若再次得到当政之机，则加倍聚敛搜括，这是多么不合理啊！其余奢侈浪费之弊，一一写出将有百数，形成习惯构成风俗，则愈演愈烈，要想太守品行端正，下吏行事清白，如何能做得到！现在实在应该严加禁止约束，以节俭为治国之道，贬黜雕饰之官，纠奏浮华之臣，使众人周知，变革其耳濡目染的环境，改换其奢俭好恶。其实失去节操的感叹，也是人民所忧虑的，只因耻于落在人后，所以勉强为之，若是力量本不足以侈靡，反而受其祸害。如今若是朝廷纠正这种风气而改正民间的过失，一定易如反掌。要讲论实现大治，必然要以淳朴风俗先行，要改变民生凋敝的弊病，莫过于倡行俭朴。

"其三：圣上亲身肩负造福苍生的重任，胸怀广济四海的心愿，不惧胼手胝足的辛劳，不辞清癯消瘦的劳苦，岂止是日头偏西而忘记饥饿，夜至三更而不去就寝而已。至于朝中百司，没有不向上奏事的，上级没有责备下级的理由，下级没有逼迫上级的过错，我朝治理之道有过于百代，陛下勤政事迹无匹于千载。但是器量短浅之人，才具欠缺之辈，既得到御前奏事的机会，就想以诡言求得晋升，而不言及国家大政。不知道当一官，处一职，贵在理顺乱事，匡正政务的缺漏，需要用心明信宽厚，才能明辨事理。他们只知吹毛求疵，分析表面现象，用浅陋的智慧，追求非分的目标，以严峻刻薄为能事，以纠举斥逐为要务，所作所为虽然看似奉公，实际上只是为了成就其威福。犯罪的官员数量众多，普遍都巧妙地逃避了惩处，尸位素餐荒废职责，长期积弊助长奸风，实在都由此而出。诚恳地希望陛下能督促官员公平履行本身职责，断绝他们谄谀媚主的心愿，那么就会下级安定上级静谧，不必担心有侥幸的祸患。

"其四：自我朝大军北伐以来，国库空虚。当今天下无事，而财政依然天天捉襟见肘，实在是有原因的。国家府库空虚就应减少大的

财聚，止五年之中，尚于无事，必能使国丰民阜。若积以岁月，斯乃范蠡灭吴之术，管仲霸齐之由。今应内省职掌，各检其所部。凡京师治、署、邸、肆应所为，或十条宜省其五，或三条宜除其一；及国容、戎备，在昔应多，在今宜少。虽于后应多，即事未须，皆悉减省。应四方屯、传、邸、冶，或旧有，或无益，或妨民，有所宜除，除之；有所宜减，减之。凡厥兴造，凡厥费财，有非急者，有役民者；又凡厥讨召，凡厥征求，虽关国计，权其事宜，皆须息费休民。不息费，则无以聚财；不休民，则无以聚力。故蓄其财者，所以大用之也；息其民者，所以大役之也。若言小事不足害财，则终年不息矣；以小役不足妨民，则终年不止矣。扰其民而欲求生聚殷阜，不可得矣。耗其财而务赋敛繁兴，则奸诈盗窃弥生，是弊不息而其民不可使也，则难可以语富强而图远大矣。自普通以来，二十余年，刑役荐起，民力彫流。今魏氏和亲，疆场无警，若不及于此时大息四民，使之生聚，减省国费，令府库蓄积，一旦异境有虞，关河可扫，则国弊民疲，安能振其远略？事至方图，知不及矣。

书奏，高祖大怒，召主书于前，口授敕责琛曰：

謇謇有闻，殊称所期。但朕有天下四十余年，公车谠言，见闻听览，所陈之事，与卿不异，常欲承用，无替怀抱，每苦侄偬，更增惛惑。卿珥貂纡组，博问洽闻，不宜同于阘茸，止取名字，宣之行政举以削减支出, 政事清静则可休养人民, 支出减少则可蓄积财富, 只需要五年时间, 若国家无事, 必定能使国库充盈百姓殷实。若能长久如此, 正是当年范蠡助越灭吴之策, 亦是管仲相齐而称霸之道。现在应该对内反省朝廷各部门职事, 各自检查其下级部门。凡京师治、署、邸、肆所行之事, 或者十件事中减省其五, 或者三件事中去除其一; 关于国家礼法、军事武备, 在过去应着力建设, 而现在则应减少投入。即便未来需要多加投入, 但现在暂不需要的, 都应减省。一应四方的屯田所、驿传、邸店、冶炼场, 如果是陈旧的, 或者无益的, 或者妨害百姓的, 只要有应该撤除的, 全都撤除; 只要有应该缩减的, 全部缩减。所有待兴造的工程, 凡是花费财用的项目, 如有不是迫切需要的, 有役使人民的; 以及凡是征讨招抚、征求收集, 虽然关系国家大计, 但其事可以权宜缓行的, 都需要削减开支与民休息。不削减开支, 则无法积累财富; 不与民休息, 则无法聚集人力。之所以蓄积财富, 是为了派大用场; 之所以要与民休息, 是为了更好地使用民力。若说小的政事不足以危害财政, 那么政事开支就会终年不息; 若认为小的劳役不足以妨害民生, 则劳役之事终年不止。扰乱民生而想实现户口增长财富积累, 那是无法实现的。消耗民间财富而广立名目征收赋敛, 就会导致民间奸诈盗窃进一步增加, 此弊端不除, 百姓就不堪驱使了, 也就难以再谈富强国家而为远大目标图谋了。自普通年间以来, 二十余年, 刑罚徭役一再兴起, 民力凋残。如今北魏与我朝和亲, 边疆不再传来警报, 若不趁此时机休息民力, 使之繁衍聚集, 减省开支, 令府库充实, 一旦北朝出现动荡, 一统天下的机遇到来, 则我朝国弊民疲, 如何能实现长远的谋略? 等到事情迫在眉睫才想法解决, 知道方法也来不及了。"

贺琛奏上之后, 高祖大怒, 把主书召到面前, 口授敕令责问贺琛说:

"卿的直谏之言已经听闻, 甚是符合朕的期望。但朕领有天下四十余年, 公车上书直陈正直之言, 报告所见所闻, 其所述之事, 与卿并无不同, 朕虽常想采纳, 以免辜负言事之人良苦用心, 却总苦于朝政繁忙, 更加增添了心中困惑。卿身居要职, 学问广博见闻丰富, 不应路。言"我能上事，明言得失，恨朝廷之不能用"。或诵《离骚》"荡荡其无人，遂不御乎千里"。或诵《老子》"知我者希，则我贵矣"。如是献替，莫不能言，正旦虎樽，皆其人也。卿可分别言事，启乃心，沃朕心。

卿云"今北边稽服，政是生聚教训之时，而民失安居，牧守之过"。朕无则哲之知，触向多弊，四聪不开，四明不达，内省责躬，无处逃咎。尧为圣主，四凶在朝；况乎朕也，能无恶人？但大泽之中，有龙有蛇，纵不尽善，不容皆恶。卿可分明显出：某刺史横暴，某太守贪残，某官长凶虐；尚书、兰台，主书、舍人，某人奸猾，某人取与，明言其事，得以黜陟。向令舜但听公车上书，四凶终自不知，尧亦永为闇主。

卿又云"东境户口空虚，良由使命繁多"，但未知此是何使？卿云"驽困邑宰，则拱手听其渔猎；桀黠长吏，又因之而为贪残"，并何姓名？"廉平""掣肘"，复是何人？朝廷思贤，有如饥渴，"廉平""掣肘"，实为异事。宜速条闻，当更擢用。凡所遣使，多由民讼，或复军粮，诸所飙急，盖不获已而遣之。若不遣使，天下枉直云何综理？事实云何济办？恶人日滋，善人日蔽，欲求安卧，其可得乎！不遣使而得事理，此乃佳事。无足而行，无翼而飞，能到在所；不威而伏，岂不幸甚。卿既言之，应有深见，宜陈秘术，不可怀宝迷邦。

卿又云：守宰贪残，皆由滋味过度。贪残糜费，已如前答。汉文虽爱露台之产，邓通之钱布于天下，以此而治，朕无愧焉。若以下民

该与那些地位低下者一样，只求获得直谏之名以宣示路人，说'我能对上言事，明言得失，只恨朝廷不能采纳'。要么吟诵着《离骚》中的'荡荡其无人，遂不御乎千里'，要么吟诵着《老子》中的'知我者希，则我贵矣'。这种建言，谁都可以说，正月初一朝廷宴会上手持白虎樽的，都是这样的人。卿可以分清具体问题来说，畅抒胸臆，启发朕心。

"卿说'如今北方边境驯服宁静，正是休养生息教化训练之时，而百姓无法安居，这是刺史太守们的过失'。朕缺少知人的鉴察力，随处皆是弊病，四方视听闭塞，反躬自省，实在难辞其咎。唐尧虽是圣明君主，朝堂上尚且有四凶这样的恶人；何况朕呢，岂会没有恶人？但是一片大泽当中，龙蛇混杂，纵然不全是善类，也不可能全员恶人。卿可分别点明：某刺史横暴，某太守贪残，某官长凶虐；尚书、御史，主书、舍人，某人奸猾，某人受贿或行贿，说明其情节，方好罢黜制裁。若舜帝只听公车上书的泛泛之谈，自己终将不知道四凶的存在，唐尧也会永远沦为昏黯之君。

"卿又说'东部地区户口空虚，皆因使者繁多'，但不知是些什么使者？卿说'驽钝困窘的邑宰，只能拱手听任鱼肉；那些奸猾狡诈的长吏，又借机贪残聚敛'，这些人姓甚名谁？受到上级掣肘牵制的廉洁公平的地方官员，又是指谁？朝廷访求贤臣，如饥似渴，廉洁公平之人遭人牵制，实在是怪事。应该速速报来，一定加以拔擢任用。朝廷所遣使者，多是因为人民诉讼，或者是督办军粮，各成所急需供给，都是不得已而派出。若不派使者，天下狱讼曲直如何审理？政务该要如何执行？到时候恶人一天比一天增多，善人一日比一日罕见，想求得安卧，实现得了吗？不派遣使者而能办妥诸事务，这是大好事。没有脚而能走，没有翅膀而能飞，能随意抵达想去的场所；不必展示威严就可令下民服从，岂不是幸运至极。卿既如此说，当有高深的见解，应该公布秘诀，不要吝惜而让国家迷惑。

"卿又说：刺史太守贪婪凶残，都是因为饮食奢侈过度。贪残靡费，已如前答。汉文帝虽然节省爱惜修露台的一点钱，但邓通所铸之钱也流遍天下，以这个例子而治国，朕问心无愧。若是认为黎民

饮食过差，亦复不然。天监之初，思之已甚。其勤力营产，则无不富饶；惰游缓事，则家业贫窭。勤修产业，以营盘案，自己营之，自己食之，何损于天下？无赖子弟，惰营产业，致于贫窭，无可施设，此何益于天下？且又意虽曰同富，富有不同：悭而富者，终不能设；奢而富者，于事何损？若使朝廷缓其刑，此事终不可断；若急其制，则曲屋密房之中，云何可知？若家家搜检，其细已甚，欲使吏不呼门，其可得乎？更相恐胁，以求财帛，足长祸萌，无益治道。若以此指朝廷，我无此事。昔之牲牢，久不宰杀，朝中会同，菜蔬而已，意粗得奢约之节。若复减此，必有《蟋蟀》之讥。若以为功德事者，皆是园中之所产育。功德之事，亦无多费，变一瓜为数十种，食一菜为数十味，不变瓜菜，亦无多种，以变故多，何损于事，亦豪芥不关国家。如得财如法而用，此不愧乎人。我自除公宴，不食国家之食，多历年稔，乃至宫人，亦不食国家之食，积累岁月。凡所营造。不关材官，及以国匠，皆资雇借，以成其事。近之得财，颇有方便，民得其利，国得其利，我得其利，营诸功德。或以卿之心度我之心，故不能得知。所得财用，暴于天下，不得曲辞辩论。

卿又云女妓越滥，此有司之责，虽然，亦有不同：贵者多畜妓乐，至于勋附若两掖，亦复不闻家有二八，多畜女妓者。此并宜具言其人，当令有司振其霜豪。卿又云："乃追恨所取为少，如复傅翼，增其搏噬，一何悖哉。"勇怯不同，贪廉各用，勇者可使进取，怯者可使守城，贪者可使捍御，廉者可使牧民。向使叔齐守于西河，岂能济事？吴起育民，必无成功。若使吴起而不重用，则西河之饮食超过其本分，也毫无道理。天监初年，已经充分考虑过这个问题。人民中勤奋经营产业的，没有一个不饶有家资；做事迟缓懒惰好闲的，则家业贫乏困窘。勤奋打理产业，以换取案前餐食，自己经营，自己享受，对天下有何损害？无赖子弟，惰于治产，陷入穷乏，无计可施，这对天下又有何补益？而且虽然都称作富，富与富也有所不同：富而吝啬者，终究不能有所建设；富而奢侈者，对社会有何损害？若是朝廷缓刑不究，奢风最终不得解除；若要严厉追究，那么深宅大院之中的事，如何可知？若是对每一户人家加以搜检，这已经极其严密，而要想下吏不上门扰民，还能做得到吗？而且酷吏恐吓要挟，勒索财帛，足以滋长祸乱，对治理之道毫无禅益。若是指朝中有奢侈饮食之弊，我没有这回事。过去宗庙用全牲祭祀，现在已经久不宰杀，朝会之宴，只用蔬菜而已，我想已经粗略践行了节俭简约。若还要继续减省，必然要引起《诗经·国风·唐风·蟋蟀》中那种俭不中礼的讥讽了。若是说供佛积功德耗费太奢，其实所供供品都是园中所产。供佛所用，也没有很多开销，将一种瓜变成数十种供品，将一道菜做成数十味而已，瓜菜都没变换，也没有多用许多种，只是做法不同而显多，哪里会有妨害，更丝毫不关乎国家。若是得到财富而使用得法，就不会有愧于外人。我除了公务宴会，从不吃国家廪食，已经很多年了，乃至于宫人，也都不食国家仓粟，历年都是如此。凡有所营造，没有劳烦材官，以及国匠，都是通过雇佣借用，将工程完成。近来获得财富，颇有方便，人民得到利益，国家得到利益，我得到利益，且增进了功德。或许以卿之心揣测我心，所以不能理解。我所得财用，都公开曝露于天下，无需巧言狡辩。

"卿又说女妓泛滥，这是有司的责任，虽然如此，也有不同的情况：高贵之家多蓄歌伎女乐，但即便是贵戚近臣或宫室权贵，也从不曾听闻家中有了赏赐的十六人女乐，仍然多多蓄养女妓的。这也应该明确指出其人，当令有司整治其豪奢。卿又说：'追悔当权时聚敛太少，如若再次得到当政之机，则加倍聚敛搜括，这是多么不合理啊。'人的勇敢程度不同，贪婪者和清廉者各有各的用处，勇敢的人可以派去攻城略地，胆怯者可以令其据守城池，贪婪的人可以让其

功废。今之文武，亦复如此。取其搏噬之用，不能得不重更任，彼亦非为朝廷为之傅翼。卿以朝廷为悖，乃自甘之，当思致悖所以。卿云"宜导之以节俭"。又云"至治者必以淳素为先"。此言大善。夫子言"其身正，不令而行；其身不正，虽令不从"。朕绝房室三十余年，无有淫佚。朕颇自计，不与女人同屋而寝，亦三十余年。至于居处不过一床之地，雕饰之物不入于宫，此亦人所共知。受生不饮酒，受生不好音声，所以朝中曲宴，未尝奏乐，此群贤之所观见。朕三更出理事，随事多少，事少或中前得竟，或事多至日昃方得就食。日常一食，若昼若夜，无有定时。疾苦之日，或亦再食。昔要腹过于十围，今之瘦削裁二尺余，旧带犹存，非为妄说。为谁为之？救物故也。《书》曰："股肱惟人，良臣惟圣。"向使朕有股肱，故可得中主。今乃不免居九品之下，"不令而行"，徒虚言耳。卿今惭言，便罔知所答。

卿又云"百司莫不奏事，诡竞求进"。此又是谁？何者复是诡事？今不使外人呈事，于义可否？无人废职，职可废乎？职废则人乱，人乱则国安乎？以咽废飧，此之谓也。若断呈事，谁尸其任？专委之人，云何可得？是故古人云："专听生奸，独任成乱。"犹二世之委赵高，元后之付王莽。呼鹿为马，卒有阎乐望夷之祸，王莽亦终移汉鼎。

卿云"吹毛求疵"，复是何人所吹之疵？"擘肌分理"，复是何人乎？事及"深刻""绳逐"，并复是谁？又云"治、署、邸、肆"，何

抵御外侮,廉洁者可令其治理百姓。假如让叔齐代替吴起去镇守西河,岂能成功?若让吴起治理百姓,也必定不会成功。如果征召了吴起而不重用,则西河的防守就会白费。今天的文武官员,也是如此。为发挥他们的特长而加以重用,如果不行也不会另加任用,他们也不是因为被朝廷任用就为非作歹的。卿认为朝廷不合理,这是一厢情愿的想法,应当思考导致不合理的原因。卿说'应该倡行节俭',又说'要讲论实现大治,必然要以淳朴风俗先行'。此言极正确。孔子说过'自身端正者,不必下令而人人追随;自身不端正者,即便有令也无人听从'。朕断绝床笫之欢已经三十余年,并无放荡好色之举。朕很注重自己的养生,不与女人同室而寝,也有三十余年。至于居处不过是一床之地,华丽雕饰的器物不得入宫,这也是人人都知道的。天性不饮酒,天性不好音乐,所以朝中举办宴会,不曾奏过音乐,这也是众位贤臣亲眼所见。朕三更即起身治事,随事多少,事少时中午前能处理完,有时事多到太阳西斜才能进餐。每日常常只吃一餐,或白天或夜晚,没有定时。患病苦楚的日子,有时要吃两餐。从前我腰围超过十围,如今瘦削只有二尺多,旧腰带还保留着,并非妄说。这么做是为了谁?是为了拯救万物啊。《书》曾说:'有了股肱方才成其为人,有了良臣方才成其为圣主。'假若朕有股肱良臣,就可以成为中等的君主。现在只恐我难免居于九品之下了,所谓'不必下令而人人追随',应该是无法实现的空想了。卿今日有怨言,朕实在不知如何回答。

  "卿又说'朝中百司,没有不向上奏事的,想以诡言求得晋升'。这指的又是谁?什么是诡言?如今若不让外人入朝奏事,从道理上可否说得通?没有人玩忽职守,那么职务就可以废除吗?职务废除则人心大乱,人心大乱则国家更加安定吗?因噎废食,说的就是这样吧。若是中断奏事,谁来履行这个责任?值得专门委任的人,如何才能得到?所以古人云:'偏听则生奸,独任则成乱。'一如秦二世之专委赵高,元后之专用王莽。赵高指鹿为马,最终引出阎乐在望夷宫逼死秦二世的祸事,王莽也最终篡夺了西汉的政权。

  "卿说'吹毛求疵',又是什么人所吹之疵?'分析表面现象'的,又是何人?以及'严峻刻薄'、'纠举斥逐',又是指谁?卿又说

者宜除？何者宜省？"国容戎备"，何者宜省？何者未须？"四方屯、传"，何者无益？何者妨民？何处兴造而是役民？何处费财而是非急？若为"讨召"？若为"征赋"？朝廷从来无有此事，静息之方复何者？宜各出其事，具以奏闻。

卿云"若不及于时大息其民，事至方图，知无及也"。如卿此言。即时便是大役其民，是何处所？卿云"国弊民疲"，诚如卿言，终须出其事，不得空作漫语。夫能言之，必能行之。富国强兵之术，急民省役之宜，号令远近之法，并宜具列。若不具列，则是欺罔朝廷，空示颊舌。凡人有为，先须内省，惟无瑕者，可以戮人。卿不得历诋内外，而不极言其事。仁闻重奏，当复省览，付之尚书，班下海内，庶乱羊永除，害马长息，惟新之美，复见今日。

琛奉敕，但谢过而已，不敢复有指斥。

久之，迁太府卿。太清二年，迁云骑将军、中军宣城王长史。侯景举兵袭京师，王移入台内，留琛与司马杨曒守东府。贼寻攻陷城，放兵杀害，琛被枪未至死，贼求得之，舁至阙下，求见仆射王克、领军朱异，劝开城纳贼。克等让之，涕泣而止，贼复舁送庄严寺疗治之。明年，台城不守，琛逃归乡里。其年冬，贼进寇会稽，复执琛送出都，以为金紫光禄大夫。后遇疾卒，年六十九。

琛所撰《三礼讲疏》《五经滞义》及诸仪注，凡百余篇。

子诩，太清初，自仪同西昌侯掾出为巴山太守，在郡遇乱卒。

'冶、署、邸、肆',哪些可以除去? 哪些可以减省? '国家礼法、军事武备',哪些应省? 哪些无用? '四方屯传',哪些没有益处? 哪些妨害民生? 哪里的建设项目属于过度役使百姓? 哪里的财政开支属于并非急需? 什么是'征讨招抚'? 什么是'征求收集'? 朝廷从来没有做过这些事,要停息的究竟何事? 应该分别列举,详细奏来。

"卿说'若不趁此时机休息民力,等到事情迫在眉睫才想法解决,知道方法也来不及了'。事情果真如卿所言的话,那么现在朝廷就是在大肆役使民力,不知是用在何处? 卿说'国弊民疲',若是真像卿所说的这样,就需要举出实际事例,不能泛泛虚指。能够言语说清,则必然能够实际遵行。富国强兵的途径,赈济黎民减省徭役的措施,号令远近地方的方法,都要详细列举。若不详细列举,就是欺骗蒙蔽朝廷,只为逞显口舌之辩。凡人要做事,应该先反躬自省,只有自身没有瑕疵,才可以口诛笔伐他人。卿不能把朝廷内外批评个遍,而不具体说明事实。待到卿重新奏上,朕定会再次详览,并交付尚书省,对海内颁布实行,希望能永久除去乱国之羊,平靖害群之马,古书所说的革旧布新的美政,必会重现于今日。"

贺琛接到敕令,只能认错而已,不敢再有什么指斥。

过了很久,迁任太府卿。太清二年(548),迁任云骑将军、中军宣城王长史。侯景举兵袭击京师时,宣城王迁入台城中,留下贺琛与司马杨暾守卫东府城。贼兵很快攻陷了城池,纵兵杀掠,贺琛身受枪伤而没有死,贼兵抓获了他,用车载至台城下,请求面见仆射王克、领军朱异,劝说他们开城纳降。王克等人斥责他,他涕泣而止,贼兵又把他送到庄严寺治伤。第二年(549),台城失守,贺琛逃回家乡。这一年冬天,贼兵进犯会稽郡,又抓获贺琛解送至京城,朝廷任命为金紫光禄大夫。后来他染病去世,时年六十九岁。

贺琛所著《三礼讲疏》《五经滞义》及诸种礼仪法式,共有百余篇。

儿子贺翊,太清初年时,以仪同西昌侯掾的身份,出任巴山太守,在郡中遭遇乱事而去世。

　　陈吏部尚书姚察云：夏侯胜有言曰："士患不明经术；经术明，取青紫如拾地芥耳。"朱异、贺琛并起微贱，以经术逢时，致于贵显，符其言矣。而异遂微宠幸，任事居权，不能以道佐君，苟取容媚。及延寇败国，实异之由。祸难既彰，不明其罪，至于身死，宠赠犹殊。罚既弗加，赏亦斯滥，失于劝沮，何以为国？君子是以知太清之乱，能无及是乎。

　　陈朝吏部尚书姚察说：夏侯胜曾说："士人最怕不明晓经术；能明晓经术，取得高官显位就好像拾取地上的草芥一样容易。"朱异、贺琛都出身于微贱之家，凭借经术而受到时遇，升官到显贵的位置，与上面这番话正相符合。而朱异倚恃帝宠，专事擅权，不能以大道辅佐君主，一味苟且阿谀谄媚。后来引贼入寇祸害国家，实在都是由朱异而起。祸事已经彰显后，高祖仍不能明察其罪，乃至在他身死之后，还赠予殊荣。君主不仅不惩罚罪臣，还要滥施赏赐，更不听取直谏劝阻，这样国家还如何成其为国家？君子因此可以知道太清之乱，怎么可能不发展成这样呢。

# 卷三十九

## 列传第三十三

元法僧子景隆　景仲　元树子贞　元愿达

王神念杨华　羊侃子鹍　羊鸦仁

### 元法僧

元法僧，魏氏之支属也。其始祖道武帝。父钟葵，江阳王。法僧仕魏，历光禄大夫，后为使持节，都督徐州诸军事、徐州刺史，镇彭城。普通五年，魏室大乱，法僧遂据镇称帝，诛锄异己，立诸子为王，部署将帅，欲议匡复。既而魏乱稍定，将讨法僧，法僧惧，乃遣使归款，请为附庸，高祖许焉，授侍中、司空，封始安郡公，邑五千户。及魏军既逼，法僧请还朝，高祖遣中书舍人朱异迎之。既至，甚加优宠。时方事招携，抚悦降附，赐法僧甲第、女乐及金帛，前后不可胜数。法僧以在魏之日，久处疆埸之任，每因寇掠，杀戮甚多，求兵自卫，诏给甲仗百人，出入禁闼。大通二年，加冠军将军。中大通元年，转车骑将军。四年，进太尉，领金紫光禄。其年，立为东魏主，不行，仍授使持节、散骑常侍、骠骑大将军、开府同三司之仪、郢州刺史。大同二年，征为侍中、太尉，领军师将军，薨，时年八十三。二子景隆、景仲，普通中随法僧入朝。

### 元景隆

景隆封沌阳县公，邑千户，出为持节、都督广越交桂等十三州诸军事、平南将军、平越中郎将、广州刺史。中大通三年，征侍中、

## 元法僧

元法僧，是北魏的宗室支属。他的始祖是北魏太祖拓跋珪。父亲元钟葵，是北魏江阳王。元法僧在北魏仕官，历任光禄大夫，后来担任使持节、都督徐州诸军事、徐州刺史，镇守彭城。普通五年（524），北魏朝中大乱，元法僧就据守徐州称帝，诛锄异己，立诸子为王，部署将帅，想要策划靖乱。后来北魏乱局稍稍安定，将要讨伐元法僧，他感到恐惧，就遣使投诚梁朝，请求作附庸，高祖同意了，授任他为侍中、司空，封为始安郡公，食邑五千户。北魏军逼近徐州，元法僧请求回归梁朝，高祖派中书舍人朱异迎接他。入朝之后，高祖对他十分优待宠信。当时梁朝正在招降纳附，为抚慰取悦前来归降的人，赐给元法僧豪华宅第、女乐以及金帛，前后赏赐不可胜数。元法僧因为在北魏时，长期担任边疆统帅，每次侵略劫掠总会杀戮很多人，就求朝廷派兵保护自己，高祖下诏赐予披甲执锐的武士一百人，允许他出入禁宫。大通二年（528），加官冠军将军。中大通元年（529），转任车骑将军。中大通四年（532），进位为太尉，兼领金紫光禄大夫。这一年，立他为东魏国主，未能北上，仍授任为使持节、散骑常侍、骠骑大将军、开府同三司之仪、颍州刺史。大同二年（536），征召他为侍中、太尉，兼领军师将军，他于此年薨逝，时年八十三岁。两个儿子元景隆、元景仲，普通年间随元法僧入朝。

### 元景隆

元景隆封为沌阳县公，食邑一千户，出京担任持节、都督广越交桂等十三州诸军事、平南将军、平越中郎将、广州刺史。中大通三年

安右将军。四年，为征北将军、徐州刺史，封彭城王，不行，俄除侍中、度支尚书。太清初，又为使持节、都督广越交桂等十三州诸军事、征南将军、平越中郎将、广州刺史，行至雷首，遇疾卒，时年五十八。

### 元景仲

景仲封枝江县公，邑千户，拜侍中、右卫将军。大通三年，增封，并前为二千户，仍赐女乐一部。出为持节、都督广越等十三州诸军事、宣惠将军、平越中郎将、广州刺史。大同中，征侍中、左卫将军。兄景隆后为广州刺史。侯景作乱，以景仲元氏之族，遣信诱之，许奉为主。景仲乃举兵，将下应景。会西江督护陈霸先与成州刺史王怀明等起兵攻之，霸先徇其众曰："朝廷以元景仲与贼连从，谋危社稷，今使曲江公勃为刺史，镇抚此州。"众闻之，皆弃甲而散，景仲乃自缢而死。

### 元树 元贞

元树字君立，亦魏之近属也。祖献文帝。父僖，咸阳王。树仕魏为宗正卿，属尔朱荣乱，以天监八年归国，封为邺王，邑二千户，拜散骑常侍。普通六年，应接元法僧还朝，迁使持节、督郢司霍三州诸军事、云麾将军、郢州刺史，增封并前为三千户。讨南蛮贼，平之，加散骑常侍、安西将军，又增邑五百户。中大通二年，征侍中、镇右将军。四年，为使持节、镇北将军、都督北讨诸军事，加鼓吹一部。以伐魏，攻魏谯城，拔之。会魏将独孤如愿来援，遂围树，城陷被执，发愤卒于魏，时年四十八。

子贞，大同中，求随魏使崔长谦至邺葬父，还拜太子舍人。太清初，侯景降，请元氏戚属，愿奉为主，诏封贞为咸阳王，以天子之

（531），征召他为侍中、安右将军。中大通四年（532），担任征北将军、徐州刺史，封为彭城王，没有赴任，不久被任命为侍中、度支尚书。太清初年时，再次担任使持节、都督广越交桂等十三州诸军事、广州刺史，上任途中走到雷首时，染病去世，时年五十八岁。

### 元景仲

元景仲封为枝江县公，食邑一千户，拜为侍中、右卫将军。大通三年（529），增加其封邑，加上之前的封邑共二千户，并赐予女乐一部。出京担任持节、都督广越等十三州诸军事、宣惠将军、平越中郎将、广州刺史。大同年间，征召他为侍中、左卫将军。继兄长元景隆之后出任广州刺史。侯景叛乱，因为元景仲是元氏一族的苗裔，侯景派人送信引诱他，许诺将奉他为皇帝。元景仲就举兵，将要前往京师响应侯景。这时西江督护陈霸先与成州刺史王怀明等起兵攻打他，陈霸先晓谕元景仲的部众说："朝廷因元景仲与叛贼串通，阴谋危害社稷，现任命曲江公萧勃为刺史，镇抚广州。"其部众听后，全都弃甲散去，元景仲就自缢而死。

### 元树 元贞

元树字君立，也是北魏宗室支属。祖先是北魏显祖拓跋弘。父亲元僖，封为咸阳王。元树在北魏任宗正卿，时值尔朱荣作乱，于天监八年（509）归附梁朝，封为邺王，食邑二千户，拜为散骑常侍。普通六年（525），奉命接应元法僧回朝，迁任使持节、督司霍三州诸军事、云麾将军、郢州刺史，增加封邑与之前所封合为三千户。征讨南蛮贼，讨平了他们，加官散骑常侍、安西将军，又增加封邑五百户。中大通二年（530），征召为侍中、镇右将军。中大通四年（532），担任使持节、镇北将军、都督北讨诸军事，加增鼓吹乐班一部。率军讨伐北魏，攻打谯城，打了下来。遇北魏将领独孤如愿赶来救援，就包围了元树，城池陷落被俘，郁闷之下在北魏境内去世，时年四十八。

儿子元贞，大同年间，请求随东魏使者崔长谦到邺城殡葬父亲，回朝后担任太子舍人。太清初年，侯景降梁，请求放还元氏宗室，愿礼遣还北，会景败而返。

## 元愿达

元愿达，亦魏之支庶也。祖明元帝。父乐平王。愿达仕魏为中书令、郢州刺史。普通中，大军北伐，攻义阳，愿达举州献款，诏封乐平公，邑千户，赐甲第女乐。仍出为使持节、散骑常侍、都督湘州诸军事、平南将军、湘州刺史。中大通二年，征侍中、太中大夫、翊左将军。大同三年，卒，时年五十七。

## 王神念

王神念，太原祁人也。少好儒术，尤明内典。仕魏起家州主簿，稍迁颍川太守，遂据郡归款。魏军至，与家属渡江，封南城县侯，邑五百户。顷之，除安成内史，又历武阳、宣城内史，皆著治绩。还除太仆卿。出为持节、都督青冀二州诸军事、信武将军、青冀二州刺史。

神念性刚正，所更州郡必禁止淫祠。时青、冀州东北有石鹿山临海，先有神庙妖巫，欺惑百姓，远近祈祷，糜费极多，乃神念至，便令毁撤，风俗遂改。

普通中，大举北伐，征为右卫将军。六年，迁使持节、散骑常侍、爪牙将军，右卫如故。遘疾卒，时年七十五。诏赠本官、衡州刺史，兼给鼓吹一部。谥曰壮。

神念少善骑射，既老不衰，尝于高祖前手执二刀楯，左右交度，驰马往来，冠绝群伍。时复有杨华者，能作惊军骑，并一时妙捷，高祖深叹赏之。

子尊业，仕至太仆卿。卒，赠信威将军、青冀二州刺史，鼓吹一部。次子僧辩，别有传。

尊奉为国主，天子下诏封元贞为咸阳王，以天子之礼遣送回北方，遇侯景战败而返回。

## 元愿达

元愿达，也是北魏宗室支属。祖先是北魏太宗拓跋嗣。父亲是乐平王拓跋丕。元愿达在北魏任职中书令、郢州刺史。普通年间，梁朝大军北伐，攻打义阳，元愿达献州投降，天子下诏封为乐平公，食邑一千户，赐给豪华府邸和女乐。又出京担任使持节、散骑常侍、都督湘州诸军事、平南将军、湘州刺史。中大通二年（530），征召他任侍中、太中大夫、翊左将军。大同三年（537），去世，时年五十七岁。

## 王神念

王神念，太原祁县人。自幼爱好儒术，尤其通晓佛家经典。最初被北魏起用为州主簿，后来迁任为颍川太守，就据郡归降梁朝。北魏军打来，王神念与家属渡江，被朝廷封为南城县侯，食邑五百户。不久，封为安成内史，又历任武阳、宣城内史，都有良好的政绩。回京后担任太仆卿。出京任持节、都督青冀二州诸军事、信武将军、青冀二州刺史。

王神念生性刚强正直，所主政的州郡一定会禁止不合礼制的祭祀。当时青冀二州东北有石鹿山临海，之前山上有神庙，有巫师在此欺骗蛊惑百姓，远近人民都前来祈祷，浪费了很多资财。王神念上任后，就下令将神庙捣毁，风俗于是改变了。

普通年间，梁朝大举北伐，征召王神念任右卫将军。普通六年（525），迁任使持节、散骑常侍、爪牙将军，右卫将军之职照旧。染病去世，时年七十五岁。天子下诏赠以本身官职、衡州刺史，并赐以鼓吹乐班一部。谥号为壮。

王神念自幼擅长骑射，至年老而不衰，曾经在高祖面前手执两副刀盾，纵马往来奔驰，勇武冠绝全军。当时还有一个杨华，擅长惊军骑之术，二人都被视为当时武技最高妙矫捷者，高祖深为赞叹欣赏。

儿子王尊业，任官至太仆卿。去世后，追赠为信威将军、青冀二州刺史，并赠鼓吹乐班一部。次子王僧辩，另外有传。

## 杨华

杨华，武都仇池人也。父大眼，为魏名将。华少有勇力，容貌雄伟，魏胡太后逼通之，华惧及祸，乃率其部曲来降。胡太后追思之不能已，为作《杨白华歌辞》，使宫人昼夜连臂蹋足歌之，辞甚凄惋焉。华后累征伐，有战功，历官太仆卿，太子左卫率，封益阳县侯。太清中，侯景乱，华欲立志节，妻子为贼所擒，遂降之，卒于贼。

## 羊侃

羊侃字祖忻，泰山梁甫人，汉南阳太守续之裔也。祖规，宋武帝之临徐州，辟祭酒从事、大中正。会薛安都举彭城降北，规由是陷魏，魏授卫将军、营州刺史。父祉，魏侍中，金紫光禄大夫。

侃少而瑰伟，身长七尺八寸，雅爱文史，博涉书记，尤好《左氏春秋》及《孙吴兵法》。弱冠随父在梁州立功。魏正光中，稍为别将。时秦州羌有莫遮念生者，据州反，称帝，仍遣其弟天生率众功陷岐州，遂寇雍州。侃为偏将，隶萧宝夤往讨之，潜身巡堑，伺射天生，应弦即倒，其众遂溃。以功迁使持节、征东大将军、东道行台，领泰山太守，进爵钜平侯。

初，其父每有南归之志，常谓诸子曰："人生安可久淹异域，汝等可归奉东朝。"侃至是将举河济以成先志。兖州刺史羊敦，侃从兄也，密知之，据州拒侃。侃乃率精兵三万袭之，弗克，仍筑十余城以守之。朝廷赏授，一与元法僧同。遣羊鸦仁、王弁率军应接，李元履运给粮仗。魏帝闻之，使授侃骠骑大将军、司徒、泰山郡公，长为兖州刺史，侃斩其使者以徇。魏人大骇，令仆射于晖率众数十万，及高欢、尔朱阳都等相继而至，围侃十余重，伤杀甚众。栅中矢尽，南军不进，乃夜溃围而出，且战且行，一日一夜乃出魏境。至渣口，

### 杨华

杨华,武都仇池人。父亲杨大眼,是北魏名将。杨华自幼勇力过人,容貌雄伟,北魏胡太后逼他私通,杨华怕招来祸患,就率领部曲归降梁朝。胡太后想念他不能自已,为他做了一首《杨白华歌辞》,让宫女昼夜挽着手臂踏着节拍唱这首歌,其词句十分凄婉。杨华后来屡次领军征伐,作战有功,历任太仆卿、太子左卫率,封为益阳县侯。太清年间,侯景作乱,杨华想树立志节报国立功,而妻子儿女被叛军抓获,就投降了叛军,后在死于叛军中。

## 羊侃

羊侃字祖忻,泰山梁甫人,是汉朝南阳太守羊续的后代。祖父羊规,宋武帝镇守徐州时,征辟他为祭酒从事、大中正。时值薛安都以彭城投降北魏,羊规于是陷于北魏,被授任为卫将军、营州刺史。父亲羊祉,官至北魏侍中、金紫光禄大夫。

羊侃少年时就身材魁伟,身高七尺八寸,爱好文史,广泛涉猎书籍和书牍奏记,尤其喜好《左氏春秋》及《孙吴兵法》。二十岁时随父亲在梁州立功。北魏正光年间,曾担任别将。当时秦州有个羌人莫遮念生,占据秦州反叛,称帝,又派遣弟弟莫遮天生率军攻陷岐州,遂后进犯至雍州。羊侃时任偏将,在萧宝夤统领前往征讨,藏身于壕堑中,伺机用弓箭射莫遮天生,莫遮天生应弦而倒,其部队就溃散了。因功升迁为使持节、征东大将军、东道行台,兼领泰山太守,进爵为钜平侯。

起初,羊侃的父亲常有南归的愿望,经常对诸子说:"人之一生岂可长期滞留在异域,你等可回去事奉东朝。"到了这个时候羊侃就打算献出北魏黄河、济水一带的土地归附梁朝以完成先人之志。兖州刺史羊敦,是羊侃的堂兄,秘密得知了这个计划,据守兖州抵抗羊侃。羊侃率精兵三万袭击,未能攻克,就筑起十几座城寨围困兖州。梁朝对羊侃的封赏授任,全与元法僧一样。又派遣羊鸦仁、王弁率军接应,李元履输送供应粮草器械。北魏皇帝得知后,派人封羊侃为骠骑大将军、司徒、泰山郡公,并长任兖州刺史,羊侃斩杀了使者以表决心。北魏人极为震恐,令仆射于晖率几十万大军,与高欢、

众尚万余人，马二千匹，将入南，士卒并竟夜悲歌。侃乃谢曰："卿等怀土，理不能见随，幸适去留，于此别异。"因各拜辞而去。

侃以大通三年至京师，诏授使持节、散骑常侍、都督瑕丘征讨诸军事、安北将军、徐州刺史，并其兄默及三弟忱、给、元，皆拜为刺史。寻以侃为都督北讨诸军事，出顿日城，会陈庆之失律，停进。其年，诏以为持节、云麾将军、青冀二州刺史。

中大通四年，诏为使持节、都督瑕丘诸军事、安北将军、兖州刺史，随太尉元法僧北讨。法僧先启云："与侃有旧，愿得同行。"高祖乃召侃问方略，侃具陈进取之计。高祖因曰："知卿愿与太尉同行。"侃曰："臣拔迹还朝，常思效命，然实未曾愿与法僧同行。北人虽谓臣为吴，南人已呼臣为虏，今与法僧同行，还是群类相逐，非止有乖素心，亦使匈奴轻汉。"高祖曰："朝廷今者要须卿行。"乃诏以为大军司马。高祖谓侃曰："军司马废来已久，此段为卿置之。"行次官竹，元树又于谯城丧师。军罢，入为侍中。五年，封高昌县侯，邑千户。六年，出为云麾将军、晋安太守。闽越俗好反乱，前后太守莫能止息，侃至讨击，斩其渠帅陈称、吴满等，于是郡内肃清，莫敢犯者。顷之，征太子左卫率。

大同三年，车驾幸乐游苑，侃预宴。时少府奏新造两刃稍成，长二丈四尺，围一尺三寸，高祖因赐侃马，令试之。侃执稍上马，左右击刺，特尽其妙，高祖善之。又制《武宴诗》三十韵以示侃，侃

尔朱阳等相继杀到,将羊侃包围了十几重,羊侃的部队损失很大,营寨中弓矢用尽,而梁朝部队逗留不前,于是羊侃连夜突围而出,且战且退,经过一天一夜才离开北魏的国境。到达渣口时,士卒尚有万余人,战马二千匹,将要进入梁境,士卒们整夜悲歌。羊侃就对他们说:"尔等怀念旧土,按情理不能够再追随我,望你们决定去留,就在此地分别。"于是部下拜辞而去。

羊侃在大通三年(529)抵达京师,天子下诏授任为使持节、散骑常侍、都督瑕丘征讨诸军事、安北将军、徐州刺史,并将他的兄长羊默及三个弟弟羊忱、羊给、羊元,全都封为刺史。不久任命羊侃为都督北讨诸军事,进至日城屯扎,时值陈庆之出战失利,大军停止进军。这一年,天子下诏任命羊侃为持节、云麾将军、青冀二州刺史。

中大通四年(532),天子下诏任命羊侃为使持节、都督瑕丘诸军事、安北将军、兖州刺史,随太尉元法僧北伐。元法僧此前启奏说:"我与羊侃是旧交,希望得到他同行。"高祖就召唤羊侃询问作战方略,羊侃详细陈述了进军的策略。高祖就说:"知道你希望与太尉同行。"羊侃说:"臣离开北方回归圣朝,常愿为国效命,然而实在不曾希望与元法僧同行。北人虽然认为臣是南人,南人却已经称臣为胡虏,如今与元法僧同行,还是变成同族裔相类聚,不但有违我夙愿,也会让北魏轻视我大梁朝中无人。"高祖说:"朝廷如今需要卿同行。"就下诏任命他为大军司马。高祖对羊侃说:"军司马一职久已废止,现在特为卿而重置。"部队抵达官竹,元树又在谯城损兵折将。大军撤退,羊侃入朝任侍中。中大通五年(533),封为高昌县侯,食邑一千户。中大通六年(534),出京任云麾将军、晋安太守。闽越之地人民风俗喜欢叛乱,前面历任太守都无法弹压,羊侃来到后征讨剿灭,斩杀了头目陈称、吴满等人,于是郡内肃清,无人再敢侵犯。不久,被征召为太子左卫率。

大同三年(537),天子车驾临幸乐游苑,羊侃参与宴会。这时少府启奏新打造的两刃矟已制成,长二丈四尺,围径一尺三寸,高祖就赐羊侃骏马,令他试矟。羊侃执矟跨马,左右刺击,技艺极尽高妙,高祖十分赞赏。又写了三十韵的《武宴诗》给羊侃看,羊侃当即在席

即席应诏，高祖览曰："吾闻仁者有勇，今见勇者有仁，可谓邹、鲁遗风，英贤不绝。"六年，迁司徒左长史。八年，迁都官尚书。时尚书令何敬容用事，与之并省，未尝游造。有宦者张僧胤候侃，侃曰："我床非阉人所坐。"竟不前之，时论美其贞正。九年，出为使持节、壮武将军、衡州刺史。

太清元年，征为侍中。会大举北伐，仍以侃为持节、冠军，监作韩山堰事，两旬堰立。侃劝元帅贞阳侯乘水攻彭城，不纳；既而魏援大至，侃频劝乘其远来可击，旦日又劝出战，并不从，侃乃率所领出顿堰上。及众军败，侃结阵徐还。

二年，复为都官尚书。侯景反，攻陷历阳，高祖问侃讨景之策。侃曰："景反迹久见，或容豕突，宜急据采石，令邵陵王袭取寿春。景进不得前，退失巢窟，乌合之众，自然瓦解。"议者谓景未敢便逼京师，遂寝其策，令侃率千余骑顿望国门。景至新林，追侃入副宣城王都督城内诸军事。时景既卒至，百姓竞入，公私混乱，无复次第。侃乃区分防拟，皆以宗室间之。军人争入武库，自取器甲，所司不能禁，侃命斩数人，方得止。及贼逼城，众皆恟惧，侃伪称得射书，云"邵陵王、西昌侯已至近路"。众乃少安。贼攻东掖门，纵火甚盛，侃亲自距抗，以水沃火，火灭，引弓射杀数人，贼乃退。加侍中、军师将军。有诏送金五千两，银万两，绢万匹，以赐战士，侃辞不受。部曲千余人，并私加赏赉。

间赋诗应和，高祖看过后说："我听说仁者有勇，今天看见了勇者有仁，可谓邹鲁遗风，英贤不绝。"大同六年（540），迁任司徒左长史。大同八年（542），迁任都官尚书。当时尚书令何敬容当权主政，羊侃与他同处尚书省，却不曾有所来往。有个宦官张僧胤等候羊侃，羊侃说："我的床不是阉人可以坐的。"竟不见他，时论都赞美他的忠贞正直。大同九年（543），出京任使持节、壮武将军、衡州刺史。

太清元年（547），朝廷征召他任侍中。这时梁朝大举北伐，就任命羊侃为持节、冠军将军，监督修造韩山堰，二十天后韩山堰修成。羊侃劝元帅贞阳侯萧渊明趁水势攻打彭城，意见未被采纳；后来东魏援军大批赶到，羊侃多次劝萧渊明趁东魏军远来疲敝可以袭击，次日天明又劝他出战，他都不听从，羊侃就率所部屯扎于韩山堰上。后来众军溃退，羊侃军结成阵势徐徐退回。

太清二年（548），羊侃再次担任都官尚书。侯景反叛后，攻陷历阳，高祖向羊侃询问讨伐侯景的策略。羊侃说："侯景谋反的迹象出现已经很久，有可能会长途奔袭，我军应该迅速占据采石，再邵陵王袭取寿春。这样侯景进不能渡江而前，退又失去后方巢穴，他的乌合之众，自然就会瓦解。"有讨论此事的大臣认为侯景不敢直逼京师，于是羊侃的策略就被搁置了，天子命令羊侃率一千多骑兵屯扎在望国门。侯景打到新林，追击羊侃使他退入建康，作为宣城王萧大器的副手都督城内诸军事。当时侯景军袭来，百姓争先恐后入城，官民人流十分混乱，失去了秩序。羊侃就区分开官与民加以防卫，以宗室进行监督。当时军卒争相进入武库，自己拿取武器盔甲，管理人员不能约禁，羊侃下令立斩数人，混乱才平息下来。叛军逼近城池时，众人全都十分慌乱恐惧，羊侃假称得到城外射进来的书信，宣布"邵陵王、西昌侯的援兵已经到达京城附近"。众人才略得镇定。叛军进攻东掖门，放火焚烧火势很猛，羊侃亲自登城拒敌，浇水灭火，火焰熄灭，他开弓射杀了数个敌人，叛军于是退走。朝廷为他加官侍中、军师将军。天子下诏送他黄金五千两，白银一万两，丝绢一万匹，用于赏赐战士，羊侃辞谢不接受。他的部曲有千余人，他都用私财赏赐奖励。

贼为尖顶木驴攻城，矢石所不能制，侃作雉尾炬，施铁镞，以油灌之，掷驴上焚之，俄尽。贼又东西两面起土山，以临城，城中震骇，侃命为地道，潜引其土，山不能立。贼又作登城楼车，高十余丈，欲临射城内，侃曰："车高堑虚，彼来必倒，可卧而观之，不劳设备。"及车动果倒，众皆服焉。贼既频攻不捷，乃筑长围。朱异、张绾议欲出击之，高祖以问侃，侃曰："不可。贼多日攻城，既不能下，故立长围，欲引城中降者耳。今击之，出人若少，不足破贼，若多，则一旦失利，自相腾践，门隘桥小，必大致挫衄，此乃示弱，非骋王威也。"不从，遂使千余人出战，未及交锋，望风退走，果以争桥赴水，死者太半。

初，侃长子鹭为景所获，执来城下示侃，侃谓曰："我倾宗报主，犹恨不足，岂复计此一子，幸汝早能杀之。"数日复持来，侃谓鹭曰："久以汝为死，犹复在邪？吾以身许国，誓死行阵，终不以尔而生进退。"因引弓射之。贼感其忠义，亦不之害也。景遣仪同傅士哲呼侃与语曰："侯王远来问讯天子，何为闭距，不时进纳？尚书国家大臣，宜启朝廷。"侃曰："侯将军奔亡之后，归命国家，重镇方城，悬相任寄，何所患苦，忽致称兵？今驱乌合之卒，至王城之下，虏马饮淮，矢集帝室，岂有人臣而至于此？吾荷国重恩，当禀承庙算，以扫大逆耳，不能妄受浮说，开门揖盗。幸谢侯王，早自为所。"士哲又曰："侯王事君尽节，不为朝廷所知，正欲面启至尊，以除奸佞。既居戎旅，故带甲来朝，何谓作逆？"侃曰："圣上临四海将五十年，聪明叡哲，无幽不照，有何奸佞而得在朝？欲饰其非，宁无诡说。且侯王亲举白刃，以向城阙，事君尽节，正若是邪！"士哲

叛军制造尖顶木驴攻城，矢石无法摧垮，羊侃就制作雉尾炬，前面带有铁镞，后面灌上油脂，投掷到木驴上焚烧，片刻就将木驴尽数烧毁。叛军又在城的东西两面堆起土山，以便居高临下来攻打，城里十分震动恐惧，羊侃下令挖掘地道，偷偷挖空底土，土山于是立不起来。叛军又修造了登城楼车，高达十几丈，想要用弓箭俯射城中，羊侃说："楼车高而堑壤土地不实，楼车靠近必然会倒塌，我们可以躺着欣赏，不需要费事防备。"到了楼车开动时果然倒塌，众人都佩服羊侃的见识。叛军屡攻不下，就筑起长围。朱异、张绾提议出城迎击，高祖询问羊侃的意见，羊侃说："不可。叛贼连日攻城，既无法攻克，所以立起长围，是想引出城中投降的人。现在去攻打，出击的人数若少，不足以击破敌人，人数若多，则一旦进攻受挫，就会自相践踏，城门狭窄吊桥短小，一定会导致严重损失，这是示弱于敌，并不能张扬王威。"高祖没有接受他的意见，于是派千余人出战，还没有交锋，梁军就望风退走，果然因为争着过吊桥而落入水中，死掉了一大半。

起初，羊侃长子羊鷟被侯景抓住，绑到城下来给羊侃看，羊侃对叛军说："我就是全族献身报答天子，还嫌不够，哪里会在乎这一个儿子，希望你们早点杀死他。"几天后又绑了羊鷟前来，羊侃对羊鷟说："还以为你早已死了，怎么还活着？我以身许国，发誓要战死沙场，绝不会因为你而产生动摇。"于是以弓箭射羊鷟。叛军被羊侃的忠义所感动，也不去杀害羊鷟。侯景派仪同傅士哲呼唤羊侃对他说："侯王远道而来问候天子，为什么闭城抵抗，不及时迎纳？尚书乃是国家的重臣，应该去向朝廷通禀。"羊侃说："侯将军逃亡之后，归附我朝，镇守边疆要地，朝廷寄予重托，他有何苦衷，忽然要起兵相攻？现在驱使着乌合之众，来到王城脚下，索虏的马匹饮水于秦淮，叛乱的弓矢对准了宫阙，岂有做人臣子而如此行事的道理？我受国家厚恩，应当秉承朝堂的策略，扫除大逆不道的乱臣，不能妄自相信没有根据的说辞，开门揖盗。请告知侯王，早早替自己考虑为好。"傅士哲又说："侯王尽臣节侍奉主君，忠心却不为朝廷所知，正要当面向圣上启奏，以除去奸佞之人。因他长居军旅之中，所以带甲朝觐，

无以应，乃曰："在北之日，久挹风猷，每恨平生，未获披叙，愿去戎服，得一相见。"侃为之免胄，士哲瞻望久之而去。其为北人所钦慕如此。

后大雨，城内土山崩，贼乘之垂入，苦战不能禁，侃乃令多掷火，为火城以断其路，徐于里筑城，贼不能进。十二月，遘疾卒于台内，时年五十四。诏给东园秘器，布、绢各五百匹，钱三百万，赠侍中、护军将军，鼓吹一部。

侃少而雄勇，膂力绝人，所用弓至十余石。尝于兖州尧庙蹋壁，直上至五寻，横行得七迹。泗桥有数石人，长八尺，大十围，侃执以相击，悉皆破碎。

侃性豪侈，善音律，自造《采莲》《棹歌》两曲，甚有新致。姬妾侍列，穷极奢靡。有弹筝人陆太喜，著鹿角爪长七寸。舞人张净琬，腰围一尺六寸，时人咸推能掌中舞。又有孙荆玉，能反腰帖地，衔得席上玉簪。敕赉歌人王娥儿，东宫亦赉歌者屈偶之，并妙尽奇曲，一时无对。初赴衡州，于两艖舫起三间通梁水斋，饰以珠玉，加之锦缋，盛设帷屏，陈列女乐，乘潮解缆，临波置酒，缘塘傍水，观者填咽。大同中，魏使阳斐，与侃在北尝同学，有诏令侃延斐同宴。宾客三百余人，器皆金玉杂宝，奏三部女乐，至夕，侍婢百余人，俱执金花烛。侃不能饮酒，而好宾客交游，终日献酬，同其醉醒。性宽厚，有器局，尝南还至涟口，置酒，有客张孺才者，醉于船中失火，延烧七十余艘，所爇金帛不可胜数。侃闻之，都不挂意，命酒不

怎能说是大逆不道？"羊侃说："圣上治理天下已经将近五十年，明察秋毫，洞烛幽暗，有什么奸佞之人藏在朝中？想要文过饰非，就编造这些狡诈的说辞。而且侯王亲自举着兵刃攻向城阙，尽臣节侍奉君主，就是这个样子的吗？"傅士哲无言以对，就说："我在北方的时候，久仰您的风度品格，长恨平生，没有机会与您推诚叙谈，希望您除去戎装，让我见识一下尊颜。"羊侃就取下头盔，傅士哲瞻望了很久才走开。羊侃就是如此受到北朝人的钦慕。

后来天降大雨，城中的土山崩塌，叛军趁机攀城而入，梁军苦战而不能阻挡，羊侃就下令大量投掷火把，构筑起一道火城阻断叛军的攻势，又从容地在火城内部筑起城墙，叛军无法前进。十二月，羊侃染病在台城中去世，时年五十四岁。天子下诏赐以皇室规格的棺木，布绢各五百匹，钱三百万，追赠为侍中、护军将军，并赐鼓吹乐班一部。

羊侃自少年时就雄壮勇敢，膂力过人，所开之弓强劲至十几石。他曾在兖州的尧帝庙前演练走壁，直上墙壁达到五寻高，并能在墙上横行达七步。泗水桥头有几个石人，高八尺，有十围粗细。羊侃抓起它们互相撞击，石人全都被击得破碎。

羊侃性格豪放奢侈，还精通音律，自己谱成《采莲》《棹哥》两曲，非常有新意。姬妾侍列时，服饰极为奢靡华丽；有个弹筝人陆太喜，所佩的拨弦鹿角爪长达七寸；舞人张净琬，腰围只有一尺六寸，当时人们都说她能在人手掌上起舞。又有孙荆玉，能反身下腰贴地，衔得席上的玉簪。天子所赐的歌人王娥儿，还有太子所赐歌人屈偶之，都有绝妙的歌艺擅唱奇曲，在当时无媲美者。羊侃被任命为衡州刺史后赴任，在两艘大船间搭起三间横梁贯通的水上斋阁，以珠玉装点，又饰以色彩艳丽的织锦，设立起许多屏风帷幔，女乐侍立其间，乘着潮水解开缆绳，在水上置酒饮宴，沿途的湖塘水岸上，全都挤满了旁观者。大同年间，东魏使者阳斐，与羊侃在北方时曾是同窗，天子诏令羊侃请阳斐一起饮宴。参席宾客达三百余人，器皿都是金玉宝石制成，席间三部女乐班子伴奏，入夜之后，侍宴婢女一百余人，都手执金花烛。羊侃不能饮酒，只喜好与宾客交游，整日应酬，

辍。孺才惭惧，自逃匿，侃慰喻使还，待之如旧。第三子鹍。

## 羊鹍

鹍字子鹏。随侃台内，城陷，窜于阳平，侯景呼还，待之甚厚。及景败，鹍密图之，乃随其东走。景于松江战败，惟余三舸，下海欲向蒙山。会景倦昼寝，鹍语海师："此中何处有蒙山！汝但听我处分。"遂直向京口。至胡豆洲，景觉，大惊，问岸上人，云"郭元建犹在广陵"，景大喜，将依之。鹍拔刀叱海师，使向京口。景欲透水，鹍抽刀斫之，景乃走入船中，以小刀抉船，鹍以矟入刺杀之。世祖以鹍为持节、通直散骑常侍、都督青冀二州诸军事、明威将军、青州刺史，封昌国县公，邑二千户，赐钱五百万，米五千石，布、绢各一千匹，又领东阳太守。征陆纳，加散骑常侍。平峡中，除西晋州刺史。破郭元建于东关，迁使持节、信武将军、东晋州刺史。承圣三年，西魏围江陵，鹍赴援不及，鹍王僧愔征萧勃于岭表。闻太尉僧辩败，乃还，为侯瑱所破，于豫章遇害，时年二十八。

## 羊鸦仁

羊鸦仁字孝穆，太山钜平人也。少骁果有胆力，仕郡为主簿。普通中，率兄弟自魏归国，封广晋县侯。征伐青、齐间，累有功绩，稍迁员外散骑常侍、历阳太守。中大通四年，为持节、都督谯州诸军事、信威将军、谯州刺史。大同七年，除太子左卫率，出为持节、都督南北司豫楚四州诸军事、轻车将军、北司州刺史。侯景降，诏鸦仁督土州刺史桓和之、仁州刺史湛海珍等精兵三万，趋悬瓠应接景，仍为都督豫司淮冀殷应西豫等七州诸军事、司豫二州刺

与客人一同醉醒。性格宽厚，有器量格局，曾经从北地南归至涟口，布置酒宴，有个客人张孺才，醉酒后在船上引发火灾，延烧七十多艘船，大火烧掉的金帛无法计数。羊侃听说后，毫不在意，下令酒宴不要中断。张孺才心中惭愧害怕，自己逃匿，羊侃派人安慰劝谕他让他回来，和从前一样待他。羊侃第三子叫羊鹍。

羊鹍

羊鹍字子鹏。跟随羊侃在台城内防守，台城陷落后，他出逃至阳平，侯景派人叫他返回建康，待他十分优厚。到了侯景败亡时，羊鹍暗中谋划袭击他，就跟随他东逃。侯景在松江战败，只剩下三艘小船，下海想前往蒙山。时值侯景困倦日间睡觉，羊鹍对船工说："此处哪里有蒙山！你只要听我处置。"于是船只直奔京口。到达胡豆洲时，侯景醒来，大吃一惊，问岸上人，听说"郭元建还在广陵"，侯景大喜，要去依附他。羊鹍拔刀斥责船工，让他将船划向京口。侯景要跳水逃跑，羊鹍抽刀劈砍他，侯景逃进舱中，用小刀撬挖船体，羊鹍持槊入舱将他刺死。元帝任命羊鹍为持节、通直散骑常侍、都督青冀二州诸军事、明威将军、青州刺史，封昌国县公，食邑二千户，赐钱五百万，米五千石，布绢各一千匹，又兼领东阳太守。羊鹍征讨陆纳，加官散骑常侍。又平定了峡中，被封为西晋州刺史。他在东关击破郭元建，迁任使持节、信武将军、东晋州刺史。承圣三年（555），西魏包围了江陵，羊鹍赶赴救援不及，随同王僧愔前往岭南征讨萧勃。听闻太尉王僧辩兵败，于是撤回，被侯瑱击破，在豫章遇害，时年二十八岁。

## 羊鸦仁

羊鸦仁字孝穆，太山钜平人。自幼骁勇果敢有勇力，在郡中任主簿。普通年间，率兄弟从北魏回归梁朝，被封为广晋县侯。他征伐青州、齐州一带，屡立战功，迁任员外散骑常侍、历阳太守。中大通四年（532），担任持节、都督谯州诸军事、信威将军、谯州刺史。大同七年（541），担任太子左卫率，出京任持节、都督南北司豫楚四州诸军事、轻车将军、北司州刺史。侯景投降梁朝后，朝廷下诏令羊鸦仁都督土州刺史桓和之、仁州刺史湛海珍等精兵三万人，进至悬瓠城接应侯景，仍担任都督豫司淮冀殷应西豫等七州诸军事、司豫二州刺

史，镇悬瓠。会侯景败于涡阳，魏军渐逼，鸦仁恐粮运不继，遂还北司，上表陈谢，高祖大怒，责之，鸦仁惧，又顿军于淮上。及侯景反，鸦仁率所部入援。太清二年，景既背盟，鸦仁乃与赵伯超及南康王会理共攻贼于东府城，反为贼所败。台城陷，鸦仁见景，为景所留，以为五兵尚书。鸦仁常思奋发，谓所亲曰："吾以凡流，受宠朝廷，竟无报效，以答重恩。社稷倾危，身不能死，偷生苟免，以至于今。若以此终，没有余愤。"因遂泣下，见者伤焉。三年，出奔江西，其故部曲数百人迎之，将赴江陵，至东莞，为故北徐州刺史荀伯道诸子所害。


史臣曰：高祖革命受终，光期宝运，威德所渐，莫不怀来，其皆殉难投身，前后相属。元法僧之徒入国，并降恩遇，位重任隆，击钟鼎食，美矣。而羊侃、鸦仁值太清之难，并竭忠奉国。侃则临危不挠，鸦仁守义殒命，可谓志等松筠，心均铁石，古之殉节，斯其谓乎。

史，镇守悬瓠城。时逢侯景在涡阳被东魏击败，东魏军渐渐逼近，羊鸦仁担心粮运跟不上，于是撤回北司，上表陈述战况谢罪，高祖大怒，责备他，羊鸦仁很害怕，就屯军于淮河边。侯景反叛后，羊鸦仁率所部进京救援。太清二年（548），侯景背叛与梁军的盟约，羊鸦仁就与赵伯超及南康王萧会理一起在东府城攻击侯景叛军，反被叛军击败。台城陷落后，羊鸦仁见到侯景，被侯景留下，任命为五兵尚书。羊鸦仁常常想发奋救国，对他的亲信说：“我出生寒门，受朝廷恩宠，竟然无法报效，以酬答重恩。现在社稷倾危，我不能以死报国，苟且偷生，直到今日。如果现在忽遭横死，我也不会遗憾。”随即落泪，见到的人没有不伤心的。太清三年（549），羊鸦仁出京逃至长江以西，他的旧日部曲数百人迎接他，将要赶赴江陵，走到东莞郡时，被前任北徐州刺史荀伯道诸子杀害。

史臣说：高祖应时鼎革承受天命，光大了国家的期运，其威德所流布之处，人们纷纷向化而归附，那些殉难投身者，前后相继不绝。元法僧等人入朝，都蒙受天子恩遇，职位显重任命优隆，得享钟鸣鼎食，实为美谈。而羊侃、羊鸦仁身逢太清之乱，都能尽忠奉国。羊侃临危坚定不移，羊鸦仁坚守忠义而死，可谓志行如松竹一般贞洁，心地像铁石一般坚定，古之殉节，说的就是这样的行为吧。

# 卷四十

## 列传第三十四

司马褧 到溉 刘显 刘之遴弟之亨 许懋

### 司马褧

司马褧字元素,河内温人也。曾祖纯之,晋大司农高密敬王。祖让之,员外常侍。父燮,善《三礼》,仕齐官至国子博士。

褧少传家业,强力专精,手不释卷,其礼文所涉书,略皆遍睹。沛国刘瓛为儒者宗,嘉其学,深相赏好。少与乐安任昉善,昉亦推重焉。初为国子生,起家奉朝请,稍迁王府行参军。天监初,诏通儒治五礼,有司举褧治嘉礼,除尚书祠部郎中。是时创定礼乐,褧所议多见施行。除步兵校尉,兼中书通事舍人。褧学尤精于事数,国家吉凶礼,当世名儒明山宾、贺场等疑不能断,皆取决焉。

累迁正员郎、镇南咨议参军,兼舍人如故。迁尚书右丞。出为仁威长史、长沙内史。还除云骑将军,兼御史中丞,顷之即真。十六年,出为宣毅南康王长史、行府国并石头戍军事。褧虽居外官,有敕预文德、武德二殿长名问讯,不限日。十七年,迁明威将军、晋安王长史,未几卒。王命记室庾肩吾集其文为十卷,所撰《嘉礼仪注》一百一十二卷。

### 到溉

到溉字茂灌,彭城武原人。曾祖彦之,宋骠骑将军。祖仲度,骠骑江夏王从事中郎。父坦,齐中书郎。

## 司马褧

司马褧字元素，河内温县人。曾祖父司马纯之，是晋朝大司农高密敬王。祖父司马让之，官至晋朝员外常侍。父亲司马燮，擅长《三礼》，在南齐一朝官至国子博士。

司马褧自幼传承家学，术业专精，手不释卷，关涉礼法文史的所有书籍，他几乎全部读遍。沛国人刘瓛是当时儒者中的一代宗师，十分嘉赞司马褧的才学，对他极为赏识。司马褧自幼与乐安人任昉相友善，任昉也很推重他。起初任国子学的生员，被起用为奉朝请，后迁任王府行参军。天监初年，天子下诏举荐学问渊博的儒者修定五礼，有司举荐司马褧负责嘉礼，担任尚书祠部郎中。这时梁朝创定礼乐制度，司马褧所提出的建议大多得到施行。担任步兵校尉，兼中书通事舍人。司马褧的学问尤其精于占卜人事吉凶的术数，当世的名儒明山宾、贺场等有疑而不能决断的问题，都请他帮忙解决。

累加升迁为正员郎、镇南咨议参军，兼舍人之职照旧。迁任尚书右丞。出京任仁威长史、长沙内史。回朝后担任云骑将军，兼御史中丞，不久就实授此职。天监十六年（517），出京任宣毅南康王长史、行府国及石头戍军事。司马褧虽然身居外官，天子仍敕令将他列入文德、武德二殿的指定咨询者名单中，不限时日。天监十七年（518），迁任明威将军、晋安王长史，不久去世。晋安王命令记室庾肩吾将司马褧的文章编成文集十卷，他所撰《嘉礼仪注》有一百一十二卷。

## 到溉

到溉字茂灌，彭城五原人。曾祖到彦之，刘宋一朝官至骠骑将军。祖父到仲度，官至骠骑江夏王从事中郎。父亲到坦，官至南齐一朝中书郎。

溉少孤贫，与弟洽俱聪敏有才学，早为任昉所知，由是声名益广。起家王国左常侍，转后军法曹行参军，历殿中郎。出为建安内史，迁中书郎，兼吏部，太子中庶子。湘东王绎为会稽太守，以溉为轻车长史、行府郡事。高祖敕王曰："到溉非直为汝行事，足为汝师，间有进止，每须询访。"遭母忧，居丧尽礼，朝廷嘉之。服阕，犹蔬食布衣者累载。除通直散骑常侍，御史中丞，太府卿，都官尚书，郢州长史、江夏太守，加招远将军，入为左民尚书。

溉身长八尺，美风仪，善容止，所莅以清白自修。性又率俭，不好声色，虚室单床，傍无姬侍，自外车服，不事鲜华，冠履十年一易，朝服或至穿补，传呼清路，示有朝章而已。

顷之，坐事左迁金紫光禄大夫，俄授散骑常侍、侍中、国子祭酒。

溉素谨厚，特被高祖赏接，每与对棋，从夕达旦。溉第山池有奇石，高祖戏与赌之，并《礼记》一部，溉并输焉，未进，高祖谓朱异曰："卿谓到溉所输可以送未？"溉敛板对曰："臣既事君，安敢失礼。"高祖大笑，其见亲爱如此。后因疾失明，诏以金紫光禄大夫、散骑常侍就第养疾。

溉家门雍睦，兄弟特相友爱。初与弟洽常共居一斋，洽卒后，便舍为寺，因断腥羶，终身蔬食，别营小室，朝夕从僧徒礼诵。高祖每月三置净馔，恩礼甚笃。蒋山有延贤寺者，溉家世创立，故生平公俸，咸以供焉，略无所取。性又不好交游，惟与朱异、刘之遴、张绾同志友密。及卧疾家园，门可罗雀，三君每岁时常鸣驺枉道，以

到溉年少丧父家境贫寒，与弟弟到洽都聪敏有才学，很早就被任昉所知，于是声名更加远播。最初被起用为王国左常侍，转任后军法曹行参军，历任殿中郎。出京任建安内史，迁任中书郎，兼尚书吏部郎，太子中庶子。湘东王萧绎担任会稽太守，任命到溉为轻车长史、行府郡事。高祖敕令湘东王说："到溉不只是你府中的行事，足可做你的老师，你的进退举止，要常常向他咨询请教。"遭母丧丁忧去职，居丧期间极尽哀礼，朝廷很嘉赞他。服丧结束后，到溉仍然多年坚持吃素食、穿布衣。担任通直散骑常侍、御史中丞、太府卿、都官尚书、郢州长史、江夏太守，加官招远将军，入朝任左民尚书。

到溉身高八尺，风度仪态十分优美，姿态举止很文雅，所居官职都以清白廉洁自持。他的性格又直率俭朴，不喜好声色，居室空净简单仅一单床，别无姬妾侍女，外出的车马服饰，从不鲜艳华丽，头上冠、足下履都是十年才一换，朝服有时甚至洞穿打上补丁。出行也有清道引导的仪仗，仅表示朝廷有此仪规而已。

后来，因事牵连降职为金紫光禄大夫，不久被任命为散骑常侍、侍中、国子祭酒。

到溉素来恭谨仁厚，特别受到高祖的赏识，常常与他对弈，从晚上下到天明。到溉府中山池有奇石，高祖曾和他开玩笑用此石来打赌，赌注还有一部《礼记》，到溉把二者都输掉了，尚未进献，高祖对朱异说："卿认为到溉输掉的东西可以送来否？"到溉收起手板答道："臣既然事奉圣主，岂敢失礼。"高祖哈哈大笑，他就是如此受到亲宠。后来到溉因病双目失明，天子下诏任命他为金紫光禄大夫、散骑常侍，回府养病。

到溉家庭关系和睦，几兄弟特别亲密友爱。起初与弟弟到洽常常共居于一所斋舍中，到洽去世后，到溉就将它施舍为佛寺，戒断荤腥，终身食素，另外收拾出一个小房间，早晚随僧人礼佛诵经。高祖每个月为他三置素斋，恩遇十分隆盛。蒋山有一所延贤寺，是到溉家祖上所创立，所以他一生为官所得俸禄，都拿来供养此寺，自己很少保留。性格又不喜欢交游，只与朱异、刘之遴、张绾志向相同友善亲

相存问，置酒叙生平，极欢而去。临终，托张、刘勒子孙以薄葬之礼，卒时年七十二。诏赠本官。有集二十卷行于世。时以溉、洽兄弟比之二陆，故世祖赠诗曰："魏世重双丁，晋朝称二陆，何如今两到，复似凌寒竹。"

子镜，字圆照，安西湘东王法曹行参军，太子舍人，早卒。

### 到荩

镜子荩，早聪慧，起家著作佐郎，历太子舍人，宣城王主簿，太子洗马，尚书殿中郎。尝从高祖幸京口，登北顾楼赋诗，荩受诏便就，上览以示溉曰："荩定是才子，翻恐卿从来文章假手于荩。"因赐溉《连珠》曰："研磨墨以腾文，笔飞毫以书信。如飞蛾之赴火，岂焚身之可吝。必耄年其已及，可假之于少荩。"其见知赏如此。除丹阳尹丞。太清乱，赴江陵，卒。

### 刘显

刘显字嗣芳，沛国相人也。父虇，晋安内史。

显幼而聪敏，当世号曰神童。天监初，举秀才，解褐中军临川王行参军，俄署法曹。显好学，博涉多通，任昉尝得一篇缺简书，文字零落，历示诸人，莫能识者，显云是《古文尚书》所删逸篇，昉检《周书》，果如其说，昉因大相赏异。丁母忧，服阕，尚书令沈约命驾造焉，于坐策显经史十事，显对其九。约曰："老夫昏忘，不可受策；虽然，聊试数事，不可至十也。"显问其五，约对其二。陆倕闻之叹曰："刘郎可谓差人，虽吾家平原诣张壮武，王粲谒伯喈，必无此对。"其为名流推赏如此。及约为太子少傅，乃引为五官掾，俄兼廷尉正。五兵尚书傅昭掌著作，撰国史，引显为佐。九年，始革尚

密。后来他病休在家，门可罗雀，这三个人每年常常出行绕道，去他家问候，饮酒叙述平生事，尽兴而去。到溉临终时，托张缵、刘之遴监督子孙以薄礼安葬自己，去世时年七十二岁。天子下诏赠以本身官职。到溉有文集二十卷通行于世。时人将到溉、到洽两兄弟比作晋朝的陆机、陆云兄弟，所以元帝赠诗说："曹魏看重二丁，晋朝称赞二陆，何如今世两到，俊秀有如寒竹。"

儿子到镜，字圆照，官至安西湘东王法曹行参军，太子舍人，去世很早。

### 到荩

到镜的儿子到荩，从小聪慧，最初被起用为著作佐郎，历任太子舍人、宣城王主簿、太子洗马、尚书殿中郎。曾经跟从高祖驾幸京口，登上北顾楼赋诗，到荩接到诏令片刻就写好了，高祖看后拿给到溉看说："到荩一定是个才子，只恐卿的文章一直都是请到荩代笔写的吧。"于是赐到荩《连珠》诗说："研磨墨以腾文，笔飞毫以书信。如飞蛾之扑火，岂焚身之可吝。必耄年其已及，可假之于少荩。"他就是如此受到天子欣赏。被任命为丹阳尹丞。太清之乱时，到荩前往江陵，在那里去世。

### 刘显

刘显字嗣芳，沛国相县人。父亲刘瓛，官至晋安内史。

刘显自幼聪敏，时人称他为神童。天监初年，被举为秀才，入仕任中军临川王行参军，不久代理法曹。刘显好学，博涉旁通，任昉曾经得到一篇缺简的古书，文字凌乱，先后拿给很多人看，没有人能辨识出来，刘显说这是《古文尚书》所删掉的逸篇，任昉检视《周书》，果然像他说的那样，任昉于是对刘显大为欣赏。刘显遭母丧去职，服丧结束后，尚书令沈约乘车去拜访他，在座位上策问刘显有关经史的十个问题，刘显对答出其中的九个。沈约说："老夫昏忘，已经不能应对策问；不过虽然如此，聊且也试答几个问题，不要问至十个啊。"刘显就问了他五题，沈约对答出其中的两个。陆倕听说以后感叹道："刘郎真可谓奇人，就算是当年我家祖上的陆机拜访张华，以

书五都选，显以本官兼吏部郎，又除司空临川王外兵参军，迁尚书仪曹郎。尝为《上朝诗》，沈约见而美之，时约郊居宅新成，因命工书人题之于壁。出为临川王记室参军、建康平。复入为尚书仪曹侍郎，兼中书通事舍人。出为秣陵令，又除骠骑鄱阳王记室，兼中书舍人，累迁步兵校尉、中书侍郎，舍人如故。

显与河东裴子野、南阳刘之遴、吴郡顾协，连职禁中，递相师友，时人莫不慕之。显博闻强记，过于裴、顾，时魏人献古器，有隐起字，无能识者，显案文读之，无有滞碍，考校年月，一字不差，高祖甚嘉焉。

迁尚书左丞，除国子博士。出为宣远岳阳王长史，行府国事，未拜，迁云麾邵陵王长史、寻阳太守。大同九年，王迁镇郢州，除平西咨议参军，加戎昭将军。其年卒，时年六十三。友人刘之遴启皇太子曰："之遴尝闻，夷、叔、柳惠，不逢仲尼一言，则西山饿夫，东国黜士，名岂施于后世。信哉！生有七尺之形，终为一棺之土。不朽之事，寄之题目，怀珠抱玉，有殁世而名不称者，可为长太息，孰过于斯。窃痛友人沛国刘显，韫椟艺文，研精覃奥，聪明特达，出类拔群。阖棺郢都，归魂上国，卜宅有日，须镌墓板。之遴已略撰其事行，今辄上呈。伏愿鸿慈，降兹睿藻，荣其枯骴，以慰幽魂。冒昧尘闻，战栗无地。"乃蒙令为志铭曰："繁弱挺质，空桑吐声，分器见重，播乐传名。谁其均之？美有髦士。礼著幼年，业明壮齿。厌饫典坟，研精名理。一见弗忘，过目则记。若访贾逵，如问伯始。颖脱斯出，学优而仕。议狱既佐，芸兰乃握。搏风池水，推羊太学。内参禁

及王粲谒见蔡邕，也一定不能有如此对答。"他就是这样受到名流的推崇欣赏。后来沈约出任太子少傅，就任用刘显为五官掾，不久兼任廷尉正。五兵尚书傅昭执掌著作，撰写国史，任用刘显为助手。天监九年（510），朝廷开始改变尚书五都的人选，王显以本身官职兼任吏部郎，又被任命为司空临川王外兵参军，迁任尚书仪曹郎。他曾作了一首《上朝诗》，沈约见后认为作得非常好，当时沈约建康东郊的宅邸新近修成，就命令善书法者题此诗于壁上。刘显出京担任临川王记室参军、建康平，又入朝担任尚书仪曹侍郎，兼任中书通事舍人。出京担任秣陵令，又被任命为骠骑鄱阳王记室，兼中书舍人，累加升迁为步兵校尉、中书侍郎，舍人之职照旧。

刘显与河东人裴子野、南阳人刘之遴、吴郡人顾协，接连在宫中任职，互称师友，时人没有不羡慕的。刘显博闻强记，超过裴子野、顾协，当时北魏进献古董，隐隐有镌刻的铭文，没有人能够识别，刘显逐字释读，没有停滞而释读不出的，并考证其年月，一字不差，高祖十分嘉许。

迁任尚书左丞，被任命为国子博士。出京担任宣远岳阳王长史、寻阳太守。大同九年（543），岳阳王移镇郢州，刘显被任命为平西咨议参军，加官戎昭将军。这一年，刘显去世，时年六十三岁。他的朋友刘之遴启奏皇太子萧纲说："微臣曾听闻，伯夷、叔齐、柳下惠，若是没有孔仲尼的赞誉之言，则这些首阳山中饿死的义士、鲁国屡被贬黜的贤人，其声名将无法流芳后世。此言何其正确啊！人生在世有七尺之躯，死去终化为一棺之土。不朽于世的事迹，应当寄托于题刻文字中，那些怀抱珠玉之美德，离开人世就声名寂寂的贤士，实在值得长长叹息，还有什么遗憾有过于此呢。我哀痛友人沛国人刘显，他饱读艺文典籍，精通学术奥义，才智通达过人，学识出类拔萃。在郢州与世长辞，魂归京师，已经择定阴宅，尚需镌刻碑铭。微臣已略撰其事迹，现在呈上给您。愿您降下宏大的恩慈，赐予精美的辞藻，让家中之人得享殊荣，以安慰逝者幽幽之魂。冒昧地请您闻知我心，战栗不安无地自容。"于是太子下令墓碑镌刻铭文为："良弓木质挺拔，佳瑟吐露妙声，美器分授而重，名琴播乐而传。谁可调和二者？唯有中, 外相藩岳。斜光已道, 殒彼西浮; 百川到海, 还逐东流。营营返魄, 泛泛虚舟。白马向郊, 丹旒背巩。野埃兴伏, 山云轻重。吕掩书坟, 扬归玄冢。尔其戒行, 途穷土垄。弱葛方施, 丛柯日拱。壒柳黄春, 禽寒敛翮。长空常暗, 阴泉独涌。衬彼故茔, 流芬相踵。"

显有三子: 莠、茬、臻。臻早著名。

## 刘之遴

刘之遴字思贞, 南阳涅阳人也。父虬, 齐国子博士, 谥文范先生。

之遴八岁能属文, 十五举茂才对策, 沈约、任昉见而异之。起家宁朔主簿。吏部尚书王瞻尝候任昉, 值之遴在坐, 昉谓瞻曰: "此南阳刘之遴, 学优未仕, 水镜所宜甄擢。" 瞻即辟为太学博士。时张稷新除尚书仆射, 托昉为让表, 昉令之遴代作, 操笔立成。昉曰: "荆南秀气, 果有异才, 后仕必当过仆。" 御史中丞乐蔼, 即之遴舅, 宪台奏弹, 皆之遴草焉。迁平南行参军, 尚书起部郎, 延陵令, 荆州治中。太宗临荆州, 仍迁宣惠记室。之遴笃学明审, 博览群籍。时刘显、韦棱并强记, 之遴每与讨论, 咸不能过也。

还除通直散骑侍郎, 兼中书通事舍人。迁正员郎, 尚书右丞, 荆州大中正。累迁中书侍郎, 鸿胪卿, 复兼中书舍人。出为征西鄱翩翩才俊。幼弱即晓礼义,成年通明术业。熟读古代典籍,精研各家义理。文章一见不忘,诗篇过目成诵。博通若访贾逵,明章如问胡广。才子脱颖而出,人杰学优则仕。辅佐朝议刑狱,复又执掌秘书。展才中书省内,得名国子学中。在内参议宫禁,外任藩岳辅佐。晚景余晖在道,长逝我朝西方;百川终须归海,碧波不废东流。魂魄徘徊返都,天地一叶归舟。丹幡赤旗出城,白马素车向郊。野径尘埃腾起,远岭白云起伏。不韦书埋坟茔,扬雄魂归玄冢。登此最后途程,路尽则入土垒。坟头将生弱草,墓木日渐可拱。墓道纤柳春萌,风起寒鸦敛绒。头顶青空常暗,脚下黄泉独涌。长眠先祖侧畔,流芳百世相踵。"

刘显有三个儿子:刘莠、刘荏、刘臻。刘臻很早就知名于世。

## 刘之遴

刘之遴字思贞,南阳涅阳人。父亲刘虬,官至南齐一朝国子博士,谥号文范先生。

刘之遴八岁即能作文,十五岁被举为茂才参加对策,沈约、任昉见到后都认为不同寻常。最初被起用为宁朔主簿。吏部尚书王瞻曾经拜访任昉,时值刘之遴在座,任昉对王瞻说:"这位是南阳人刘之遴,学业优秀而未仕官,正是有明鉴者应该擢用之选。"王瞻当即征辟他为太学博士。当时张稷刚刚被任命为尚书仆射,委托任昉写作一份辞让的奏表,任昉让刘之遴代笔,他提笔立即写成。任昉说:"荆南之地钟灵毓秀,果然有特异之才,你今后仕进必会超过我。"御史中丞乐蔼,是刘之遴的舅舅,他执掌的御史台的弹劾纠奏表章,都是刘之遴来草拟。迁任平南行参军,尚书起部郎、延陵令、荆州治中。简文帝任荆州刺史时,刘之遴迁任宣惠记室。刘之遴笃学明审,博览群书,当时刘显和韦棱都以博闻强记著称,刘之遴每次与他二人讨论,二人都不能超过他。

回京后被任命为通直散骑常侍,兼任中书通事舍人。迁任正员郎、尚书右丞、荆州大中正。累加升迁为中书侍郎、鸿胪卿,再一次兼阳王长史、南郡太守，高祖谓曰："卿母年德并高，故令卿衣锦还乡，尽荣养之理。"后转为西中郎湘东王长史，太守如故。初，之遴在荆府，尝寄居南郡廨，忽梦前太守袁象谓曰："卿后当为折臂太守，即居此中。"之遴后果损臂，遂临此郡。丁母忧，服阕，征秘书监，领步兵校尉。出为郢州行事，之遴意不愿出，固辞，高祖手敕曰："朕闻妻子具，孝衰于亲；爵禄具，忠衰于君。卿既内足，理忘奉公之节。"遂为有司所奏免。久之，为太府卿，都官尚书，太常卿。

之遴好古爱奇，在荆州聚古器数十百种。有一器似瓯，可容一斛，上有金错字，时人无能知者。又献古器四种于东宫。其第一种，镂铜鸥夷榼二枚，两耳有银镂，铭云"建平二年造"。其第二种，金银错镂古樽二枚，有篆铭云"秦容成侯适楚之岁造"。其第三种，外国澡灌一口，铭云"元封二年，龟兹国献"。其第四种，古制澡盘一枚，铭云"初平二年造"。

时鄱阳嗣王范得班固所上《汉书》真本，献之东宫，皇太子令之遴与张缵、到溉、陆襄等参校异同。之遴具异状十事，其大略曰："案古本《汉书》称'永平十六年五月二十一日己酉，郎班固上'，而今本无上书年月日字。又案古本《叙传》号为中篇，今本称为《叙传》。又今本《叙传》载班彪事行，而古本云'稚生彪，自有传'。又今本纪及表、志、列传不相合为次，而古本相合为次，总成三十八卷。又今本《外戚》在《西域》后，古本《外戚》次《帝纪》下。又今本《高五子》《文三王》《景十三王》《武五子》《宣元六王》杂在诸传秩中，古本诸王悉次《外戚》下，在《陈项传》前。又今本《韩彭英卢吴》述云'信惟饿隶，布实黥徒，越亦狗盗，芮尹江湖，云起

任中书舍人。出京任征西鄱阳王长史、南郡太守，高祖对他说："卿的母亲年德并高，所以让卿衣锦还乡，尽荣养孝亲之天理。"后转任西中郎湘东王长史，太守之职照旧。之前，刘之遴在荆州任职时，曾寄居在南郡太守官署中，忽然一夜梦见前太守袁彖对自己说："卿以后会成为折臂太守，就住在这里面。"刘之遴后来果然伤了手臂，于是成为南郡太守。遭母丧去职，服丧结束后，朝廷征召他为秘书监，兼领步兵校尉。朝廷令他出京任郢州行事，刘之遴本意不愿出任，就坚持拒绝，高祖亲手写诏令称："朕听说一个人有了妻子儿女，对双亲的孝行就要衰退；有了显爵厚禄，对君主的忠诚就要衰退。卿身家已得满足，自然就忘掉了奉公尽忠的臣节。"于是刘之遴被有司参奏免职。过了很久，他才担任太府卿、都官尚书、太常卿。

刘之遴爱好古董珍奇，在荆州时收藏古器数十上百种，有一个古器形似瓯，容量有一斛之多，上面有错金铭文，当时没有人能够辨识。他又曾向太子进献过四种古器。其第一种，是两枚镂铜鸱夷榼，两耳处有嵌银镂刻，铭文写着"建平二年造"。其第二种，是两枚错金错银镂刻的古酒樽，有篆体铭文"秦容成侯适楚之岁造"。其第三种，是一口异域风格的洗涤容器，铭文写着"元丰二年，龟兹国献"。其第四种，是一枚古制澡盘，铭文写着"初平二年造"。

当时鄱阳嗣王萧范得到一本班固所进的《汉书》真本，献给东宫，皇太子令刘之遴与张缵、到溉、陆襄等人参考校对其与今本的异同。刘之遴详细指出了十处不同之处，其大略说："案古本《汉书》称'永平十六年（73）五月二十一日己酉，郎班固上'，而今本没有写年月日字样。又案古本《叙传》称为中篇，今本则称为《叙传》。又今本《叙传》记载了班彪的事迹，而古本称'班稚生班彪，自有别传'。又今本的纪、表、志、列传没有合在一起编排次序，而古本是合在一起编排次序，总共为三十八卷。又今本《外戚传》在《西域传》之后，古本《外戚传》在《帝纪》之后。又今本《高五子》《文三王》《景十三王》《武五子》《宣元六王》都掺杂在各列传中，古本诸王传全部集于《外戚》下，在《陈胜项籍传》之前。又今本《韩彭英卢吴传》叙述说'信惟饿隶，布实黥徒，越亦盗狗，芮尹江湖，云起龙骧，化为侯

龙骧，化为侯王'，古本述云'淮阴毅毅，杖剑周章，邦之杰子，实惟彭、英，化为侯王，云起龙骧'。又古本第三十七卷，解音释义，以助雅诂，而今本无此卷。"

之遴好属文，多学古体，与河东裴子野、沛国刘显常共讨论书籍，因为交好。是时《周易》《尚书》《礼记》《毛诗》并有高祖义疏，惟《左氏传》尚阙，之遴乃著《春秋大意》十科、《左氏》十科、《三传同异》十科，合三十事以上之。高祖大悦，诏答之曰："省所撰《春秋》义，比事论书，辞微旨远。编年之教，言阐义繁，丘明传洙泗之风，公羊禀西河之学，铎椒之解不追，瑕丘之说无取。继踵胡母，仲舒云盛，因循《穀梁》，千秋最笃。张苍之传《左氏》，贾谊之袭荀卿，源本分镳，指归殊致，详略纷然，其来旧矣。昔在弱年，乃经研味，一从遗置，迄将五纪。兼晚冬暑促，机事罕暇，夜分求衣，未遑搜括。须待夏景，试取推寻，若温故可求，别酬所问也。"

太清二年，侯景乱，之遴避难还乡，未至，卒于夏口，时年七十二。前后文集五十卷，行于世。

### 刘之亨

之亨字嘉会，之遴弟也。少有令名。举秀才，拜太学博士，稍迁兼中书通事舍人，步兵校尉，司农卿。又代兄之遴为安西湘东王长史、南郡太守。在郡有异绩。数年卒于官，时年五十。荆土至今怀之，不忍斥其名，号为"大南郡""小南郡"云。

## 许懋

许懋字昭哲，高阳新城人，魏镇北将军允九世孙。祖珪，宋给王'，古本则叙述说'淮阴毅毅，杖剑周章，邦之杰子，实惟彭、英，化为侯王，云起龙骧'。又古本第三十七卷，解读发音阐释字义，以帮助训诂，而今本没有这一卷。"

刘之遴爱好诗文创作，多学古体，与河东人裴子野、沛国人刘显常常一起讨论书籍，因此成为好友。当时《周易》《尚书》《礼记》《毛诗》都有高祖所作义疏，唯有《左氏传》尚未作解读，刘之遴就撰写了《春秋大义》十种、《左氏》十种、《三传同异》十种，合共三十种呈献给高祖。高祖十分高兴，下诏答复他说："浏览卿所撰《春秋》大义，比拟古事抒发议论，辞义精微主旨深远。以编年体释读古史，从来都是言辞明白而大义深繁，左丘明承袭孔子儒风，公羊高秉承子夏之学，铎椒的解说已不可详知，瑕丘江公的阐释在当时也未能流行。后续又有胡母生、董仲舒的《公羊》学兴盛于世，继承发扬《榖梁》学的，则以蔡千秋最为用力。还有张苍传播《春秋左氏传》，贾谊承袭荀卿之学，诸家源流已自大相径庭，旨意所归也十分不同，详略不一而足，这些差异都由来已久。朕弱冠之年时，颇曾钻研体味，自从放置一旁，迄今已经接近六十载了。而且现在深冬时节白昼短促，政事机要罕有闲暇，往往忙到需夜半加衣的时候，无瑕再搜括钻研。须等到夏季白昼绵长时，再试作取舍推求，若是可以温故知新，再来酬答卿之所问。"

太清二年（548），侯景叛乱，刘之遴避难回乡，尚未抵达，在夏口去世，时年七十二岁。前后有文集五十卷，通行于世。

### 刘之亨

刘之亨字嘉会，是刘之遴的弟弟。自少年起就有美好的声名。被举为秀才，拜为太学博士，逐渐迁任为兼中书通事舍人、步兵校尉、司农卿。又代替兄长刘之遴任安西湘东王长史、南郡太守。他在郡中治政有很好的政绩。数年后在任上去世，时年五十岁。荆州人士至今都很怀念他兄弟二人，不忍直呼他们的名字，叫他们"大南郡""小南郡"。

### 许懋

许懋字昭哲，高阳新城人，是曹魏一朝镇北将军许允的九世事中, 著作郎, 桂阳太守。父勇慧, 齐太子家令, 冗从仆射。

懋少孤, 性至孝, 居父忧, 执丧过礼。笃志好学, 为州党所称。十四入太学, 受《毛诗》, 旦领师说, 晚而覆讲, 座下听者常数十百人, 因撰《风雅比兴义》十五卷, 盛行于世。尤晓故事, 称为仪注之学。

起家后军豫章王行参军, 转法曹, 举茂才, 迁骠骑大将军仪同中记室。文惠太子闻而召之, 侍讲于崇明殿, 除太子步兵校尉。永元中, 转散骑侍郎, 兼国子博士。与司马褧同志友善, 仆射江祏甚推重之, 号为"经史笥"。天监初, 吏部尚书范云举懋参详五礼, 除征西鄱阳王咨议, 兼著作郎, 待诏文德省。时有请封会稽禅国山者, 高祖雅好礼, 因集儒学之士, 草封禅仪, 将欲行焉。懋以为不可, 因建议曰:

臣案舜幸岱宗, 是为巡狩, 而郑引《孝经钩命决》云"封于泰山, 考绩柴燎, 禅乎梁甫, 刻石纪号"。此纬书之曲说, 非正经之通义也。依《白虎通》云, "封者, 言附广也; 禅者, 言成功相传也"。若以禅授为义, 则禹不应传启至桀十七世也, 汤又不应传外丙至纣三十七世也。又《礼记》云:"三皇禅奕奕, 谓盛德也。五帝禅亭亭, 特立独起于身也。三王禅梁甫, 连延不绝, 父没子继也。"若谓禅奕奕为盛德者, 古义以伏羲、神农、黄帝, 是为三皇。伏羲封泰山, 禅云云, 黄帝封泰山, 禅亭亭, 皆不禅奕奕, 而云盛德, 则无所寄矣。若谓五帝禅亭亭, 特立独起于身者, 颛顼封泰山, 禅云云, 帝喾封泰山, 禅云云, 尧封泰山, 禅云云, 舜封泰山, 禅云云, 亦不禅亭亭, 若合黄帝以为五帝者, 少昊即黄帝子, 又非独立之义矣。若谓三王禅梁甫, 连延不绝, 父没子继者, 禹封泰山, 禅云云, 周成王封泰山, 禅社首, 旧书如此, 异乎《礼说》, 皆道听所得, 失其本文。假

孙。祖父许珪，官至刘宋给事中、著作郎、桂阳太守。父亲许勇慧，官至南齐太子家令、冗从仆射。

许懋幼年丧父，性格至为孝亲，为父亲服丧时，守孝超过礼法的要求。他一心向学，受到州中乡党的称道。十四岁进入太学，受习《毛诗》，上午听了老师解说，晚上就能对他人讲授，座下听他讲的人常常有数十上百之多，他撰写了《风雅比兴义》十五卷，盛行于世间。他尤其通晓前朝旧事，以其仪注之学受人称道。

最初被起用为后军豫章王行参军，转任法曹，举茂才，迁任骠骑大将军仪同中记室。南齐文惠太子听说了他将他召来，侍讲于崇明殿中，担任太子步兵校尉。永元年间，转任散骑常侍，兼国子博士。许懋与司马聚志同道合关系亲密，仆射江祏非常推崇他，称他为"经史书柜"。天监初年，吏部尚书范云举荐许懋参加五礼的修定，后任命他为征西鄱阳王咨议，兼著作郎，在文德省待诏。当时有人请求天子封会稽山并禅国山，高祖喜好仪礼，就召集儒学之士，起草封禅的礼仪，准备前往。许懋认为此事不可，就上奏建言说：

"臣稽考舜帝驾幸泰山之事，乃是巡行狩猎，而郑玄引《孝经钩命决》说'在泰山祭天，点燃祭柴汇报功绩，在梁甫山祭地，并刻石纪年'。这是谶纬类书的歪曲之说，并非正规经典的大义。据《白虎通》解释，'所谓封，是指依附广大者；所谓禅，是指以成就的功业相传承'。若是以禅受来解释，则大禹不应传位于夏启到夏桀十七世而亡，商汤也不应该传位于外丙到纣王三十七世而亡。又《礼记》说：'三皇在奕奕山祭地，意为昭显盛德。五帝在亭亭山祭地，意为帝王之位特立独出。三王在梁甫山祭地，意为帝位连绵不绝，父殁子继。'若说在奕奕山祭地意为昭显盛德，古代以伏羲、神农、皇帝为三皇。伏羲在泰山祭天，在云云山祭地，黄帝在泰山祭天，在亭亭山祭地，都没有在奕奕山祭过地，这样所谓盛德之意，就无法寄寓了。若说五帝在亭亭山祭地，意为帝王之位特立独出，颛顼在泰山祭天，在云云山祭地，帝喾在泰山祭天，在云云山祭地，尧在泰山祭天，在云云山祭地，舜在泰山祭天，在云云山祭地，都不曾在亭亭山祭地，若是加上黄帝以称五帝，少昊是黄帝之子，又不合于帝位特立独出之使三王皆封泰山禅梁甫者，是为封泰山则有传世之义，禅梁甫则有揖让之怀，或欲禅位，或欲传子，义既矛盾，理必不然。

又七十二君，夷吾所记，此中世数，裁可得二十余主：伏羲、神农、女娲、大庭、栢皇、中央、栗陆、骊连、赫胥、尊卢、混沌、昊英、有巢、朱襄、葛天、阴康、无怀、黄帝、少昊、颛顼、高辛、尧、舜、禹、汤、文、武，中间乃有共工，霸有九州，非帝之数，云何得有七十二君封禅之事？且燧人以前至周之世，未有君臣，人心淳朴，不应金泥玉检，升中刻石。燧人、伏羲、神农三皇结绳而治，书契未作，未应有镌文告成。且无怀氏，伏羲后第十六主，云何得在伏羲前封泰山、禅云云？

夷吾又曰“惟受命之君然后得封禅。”周成王非受命君，云何而得封泰山禅社首？神农与炎帝是一主，而云神农封泰山禅云云，炎帝封泰山禅云云，分为二人，妄亦甚矣。若是圣主，不须封禅；若是凡主，不应封禅。当是齐桓欲行此事，管仲知其不可，故举怪物以屈之也。

秦始皇登泰山，中坂，风雨暴至，休松树下，封为五大夫，而事不遂。汉武帝宗信方士，广召儒生，皮弁搢绅，射牛行事，独与霍嬗俱上，既而子侯暴卒，厥足用伤。至魏明使高堂隆撰其礼仪，闻隆没，叹息曰：“天不欲成吾事，高生舍我亡也。”晋武泰始中欲封禅，乃至太康议犹不定，竟不果行。孙皓遣兼司空董朝、兼太常周处至阳羡封禅国山。此朝君子，有何功德？不思古道而欲封禅，皆是主好名于上，臣阿旨于下也。

意。若说三王在梁甫山祭地，意为帝位连绵不绝，父殁子继的话，禹在泰山祭天，在云云山祭地，周成王在泰山祭天，在社首山祭地，旧书如此记载，与《礼说》所言抵触，这都是依据道听途说而来，已经偏离了原意。假如三王都在泰山祭天而在梁甫山祭地，那么在泰山祭天就有传位子嗣的含义，在梁甫山祭地则有让位于贤者的心怀，一会儿要禅位于贤，一会儿要传位于子，用意已经矛盾，于情理而言必定不是这样。

"还有所谓七十二君，乃是管子所记，但其中的世系，一共才只有二十几个君主：伏羲、神农、女娲、大庭、栢皇、中央、粟陆、骊连、赫胥、尊卢、混沌、昊英、有巢、朱襄、葛天、阴康、无怀、黄帝、少昊、颛顼、高辛、尧、舜、禹、汤、文、武，中间有一个共工，霸有九州，不能算是帝王，怎么能说有七十二君封禅的事迹？而且燧人氏以前至周之世，未有君臣之分，人心淳朴，不可能会大封书函祭天，刻石而上告成功。燧人、伏羲、神农三皇结绳记事治理天下，没有文字，不会有刻字告成之事。况且无怀氏，乃是伏羲之后第十六个君主，又怎么会在伏羲之前在泰山祭天在云云山祭地呢？

"管子又说：'只有君主接受天命之后才能进行封禅。'周成王并非接受天命的君主，如何得以在泰山祭天在社首山祭地？神农与炎帝乃是同一个君主，而说神农在泰山祭天在云云山祭地，炎帝也在泰山祭天在云云山祭地，分为二人，这是十分虚妄的。若是圣明之主，则不须行封禅之事；若是庸凡之主，则不应行封禅之事。当年齐桓公想要行封禅，管仲知道不可行，所以列举出奇怪的事物以阻止他。

"秦始皇登泰山，来到半山坡时，忽然风雨大作，在松树下休息，将它封为五大夫，封禅之事就没有完成。汉武帝笃信方士，广召儒生，让士大夫都戴上白色鹿皮冠，行射牛之礼，只与霍嬗二人单独登上泰山，后来霍嬗暴病而死，令武帝伤痛不已。到了魏明帝时，让高堂隆撰定礼仪，听说高堂隆病逝，就叹息说：'上天不想成全我完成封禅，高生于是弃我而死。'晋武帝在泰始年间想要封禅，而直至太康年间仍然没有讨论决定，最终没有成行。孙皓派遣兼司空董朝、兼太常周处到阳羡封禅国山。这个朝代的君子，有什么功德可言？不

夫封禅者，不出正经，惟《左传》说"禹会诸侯于涂山，执玉帛者万国"，亦不谓为封禅。郑玄有参、柴之风，不能推寻正经，专信纬候之书，斯为谬矣。盖《礼》云"因天事天，因地事地，因名山升中于天，因吉土享帝于郊"。燔柴岱宗，即因山之谓矣。故《曲礼》云"天子祭天地"是也。又祈谷一，报谷一，礼乃不显祈报地，推文则有。《乐记》云："大乐与天地同和，大礼与天地同节；和故百物不失，节故祀天祭地。"百物不失者，天生之，地养之，故知地亦有祈报，是则一年三郊天，三祭地。《周官》有员丘方泽者，总为三事，郊祭天地，故《小宗伯》云"兆五帝于四郊"，此即《月令》迎气之郊也。《舜典》有"岁二月东巡狩，至于岱宗"，夏南，秋西，冬北，五年一周，若为封禅，何其数也！此为九郊，亦皆正义。至如大旅于南郊者，非常祭也。《大宗伯》"国有大故则旅上帝"，《月令》云"仲春玄鸟至，祀于高禖"，亦非常祭。故《诗》云"克禋克祀，以弗无子"。并有雩祷，亦非常祭。《礼》云"雩，禜水旱也"。是为合郊天地有三，特郊天有九，非常祀又有三。《孝经》云："宗祀文王于明堂，以配上帝。"雩祭与明堂虽是祭天，而不在郊，是为天祀有十六，地祭有三，惟大禘祀不在此数。《大传》云："王者禘其祖之所自出，以其祖配之。"异于常祭，以故云大于时祭。案《系辞》云："《易》之为书也，广大悉备。有天道焉，有地道焉，有人道焉，兼三才而两之，故六。六者非佗，三才之道也。"《乾·象》云："大哉乾元，万物资始，乃统天。云行雨施，品物流形，大明终始，六位时成。"此则应六年一祭，坤元亦尔。诚敬之道，尽此而备。至于封禅，非所敢闻。

深思古道而想要封禅，都是因为上有君主贪慕虚名，下有佞臣阿谀迎合的缘故。

"所谓封禅，事迹并非出自于正规经典，只有《左传》说过'禹在涂山大会诸侯，手执玉帛参会的有一万个小国之君'，也没有称之为封禅。郑玄像曾参、高柴一样愚鲁，不能够推敲还原正规经典之本意，而专门采信谶纬之书，这是非常错谬的。《礼》中说'借接近天之处事奉上天，借靠近地之处事奉大地，借名山祭告上天，借吉土祭祀天帝于郊野。'在泰山点燃祭柴，就是借山势近天的缘故。所以《曲礼》会说'天子祭天地'。又有向天祈求谷物丰熟的祭祀一次，报告谷物丰熟的祭祀一次，这些礼仪没有明确指出向地祈报谷丰的祭礼，推求其文意则应该有。《乐记》说'大乐与天地同和，大礼与天地同节；和故而百物不失，节所以祀天祭地。'之所以百物不失，是天令其滋生，地使其滋养，所以可知对地也应该有所祈报，为此就一年三次郊天，三次祭地。《周官》有冬至在圆丘祭天而夏至在方泽祭地之说，总为三事，郊祭天地，所以《小宗伯》说"在四郊设坛祭祀五帝"，这就是《月令》中所说的在四郊迎接四季的祭礼。《舜典》有'这一年二月东巡狩，抵达泰山'的记载，夏季南巡，秋季西巡，冬季北巡，五年一轮回，若是封禅的话，这是何其频繁啊！这乃是九郊之祭礼，都符合正规的经义。至于在南郊举行大旅之祭，不是常年都有的祭祀，《大宗伯》说'国家有大事则行大旅祭上帝'。《月令》说'仲春玄鸟飞来，祭祀媒神'，这也不是常年都有的祭祀，所以《诗》说'祷告祭祀天神，以免没有子嗣'。还有求雨的雩祭，也不是常年都有的祭祀，《礼》说'雩，是指禳除水旱灾害'。所以合祭天地有三种，特殊祭祀有九种，非常情况下的祭祀又有三种。《孝经》说：'在明堂祭祀文王，以配享上帝。'雩祭与明堂之祭虽然是祭天，却不是在四郊进行，所以天祀有十六种，地祭有三种，只有大禘之祀不在其中。《大传》称：'王者在宗庙祭其先祖，以其祖先配享。'因为此祭与平常的祭祀不同，所以称它大于时祭。案《系辞》有云：'《易》这本书，包罗万象。有天道，有地道，有人道，兼有此三才并加以重复，所以才成其为六爻。六不是指别的，正是指三才之道'《乾·象》说：

高祖嘉纳之，因推演懋议，称制旨以答，请者由是遂停。

十年，转太子家令。宋、齐旧仪，郊天祀帝皆用衮冕，至天监七年，懋始请造大裘。至是，有事于明堂，仪注犹云"服衮冕"。懋驳云："《礼》云'大裘而冕，祀昊天上帝亦如之。'良由天神尊远，须贵诚质。今泛祭五帝，理不容文。"改服大裘，自此始也。又降敕问："凡求阴阳，应各从其类，今雩祭燔柴，以火祈水，意以为疑。"懋答曰："雩祭燔柴，经无其文，良由先儒不思故也。按周宣《云汉》之诗曰：'上下奠瘞，靡神不宗。'毛注云：'上祭天，下祭地，奠其币，瘞其物。'以此而言，为旱而祭天地，并有瘞埋之文，不见有燔柴之说。若以祭五帝必应燔柴者，今明堂之礼，又无其事。且《礼》又云'埋少牢以祭时'，时之功是五帝，此又是不用柴之证矣。昔雩坛在南方正阳位，有乖求神；而已移于东，实柴之礼犹未革。请停用柴，其牲牢等物，悉从坎瘞，以符周宣《云汉》之说。"诏并从之。凡诸礼仪，多所刊正。

以足疾出为始平太守，政有能名。加散骑常侍，转天门太守。中大通三年，皇太子召诸儒参录《长春义记》。四年，拜中庶子。是岁，卒，时年六十九。撰《述行记》四卷，有集十五卷。

陈吏部尚书姚察曰：司马褧儒术博通，到溉文义优敏，显、懋、

'天之元气实在盛大啊，万物都依靠它而生发，并受天统属。云气流动雨雪下降，万千物种变化成形，日月的光明始终烛照，上下四方的空间才得以形成'因此应该六年祭祀一次天，对地也是如此。敬事天地之道，都因此而完备。至于封禅之事，则非臣所敢听闻的。"

高祖嘉许并采纳了此议，于是推演许懋之议，颁布圣旨答复群臣，请求封禅者于是就不再请求。

天监十年（511），许懋转任太子家令。依刘宋、南齐的旧制度，郊天之祭皇帝都应穿衮服、冠冕，到天监七年时，许懋率先请求制作黑羔裘供天子穿着郊祀。这个时候，凡明堂上有祭祀之事，仪注仍然称"服衮冕"。许懋驳斥说："《礼》中说'穿黑羔裘并冠冕，祭祀昊天上帝也是这样'。这是因为天神尊贵而邈远，祭礼应以虔诚质朴为贵。如今泛祭五帝，按理也不可华服繁饰。"天子改穿黑羔裘郊天的习惯，就是自这时开始的。高祖又降旨问道："凡求阴阳，应该顺应其属性类别，如今求雨的雩祭也要燃柴升烟，以燃火来祈水，朕心中对此有疑惑。"许懋回答说："雩祭烧柴，在经书上并无相关文句，应是前辈儒者未加深思之故。按周宣《云汉》诗中说：'埋物以上祭天下祭地，神明无不受到尊敬。'毛注说：'上祭天，下祭地，设下束帛，埋下物品。'由此来说，因天旱而祭祀天地，都有埋物于土中的文句，而没有见到燃柴的说法。若是说祭祀五帝必须要燃柴，现在明堂祭祀的礼仪中，又没有必须燃柴一说。而且《礼》又说'埋猪羊以祭天时'，司职天时的功能在于五帝，这又是不用燃柴的证据了。从前祈雨的祭坛在南方正阳位，于求神不安；后来移至东方，实际上燃柴之礼仍未改革。请陛下停止燃柴祈雨的做法，祭祀所用猪羊等物，都埋于祭坑之中，以符合周宣《云汉》的说法。"高祖下诏全部听从他的见解。凡是国家的诸种礼仪典制，许懋都多有校正。

因足疾出京任始平太守，治政有能干的官声。加官散骑常侍，转任天门太守。中大通三年（531），皇太子召集诸位大儒参录《长春义记》。中大通四年（532），许懋被拜为中庶子。这一年，许懋去世，时年六十九岁。他曾撰有《述行记》四卷，另有文集十五卷。

陈朝吏部尚书姚察说：司马褧儒术广博精通，到溉文章义理通

之遴强学洽洽，并职经便繁，应对左右，斯盖严、朱之任焉。而溉、之遴遂至显贵，亟拾青紫；然非遇时，焉能致此仕也。

洽，刘显、许懋、刘之遴勤学而能融会贯通，都屡次履行职责，应对于天子左右，做到了汉代严助、朱博那样的职责。而到溉、刘之遴都因此而地位显贵，取得了高官显爵；然而若不是他们有时运的帮助，又如何能实现这样的仕途呢？

# 卷四十一

## 列传第三十五

王规刘毅　宗懔　王承　褚翔　萧介从父兄洽　褚球

刘孺弟览　遵　刘潜弟孝胜　孝威　孝先　殷芸　萧几

### 王规　王褒

王规字威明，琅邪临沂人。祖俭，齐太尉南昌文宪公。父骞，金紫光禄大夫南昌安侯。

规八岁，以丁所生母忧，居丧有至性，太尉徐孝嗣每见必为之流涕，称曰孝童。叔父暕亦深器重之，常曰："此儿，吾家千里驹也。"年十二，《五经》大义，并略能通。既长，好学有口辩。州举秀才，郡迎主簿。

起家秘书郎，累迁太子舍人，安右南康王主簿，太子洗马。天监十二年，改构太极殿，功毕，规献《新殿赋》，其辞甚工。拜秘书丞。历太子中舍人，司徒左西属，从事中郎。晋安王纲出为南徐州，高选僚属，引为云麾咨议参军。久之，出为新安太守，父忧去职。服阕，袭封南昌县侯，除中书、黄门侍郎。敕与陈郡殷钧、琅邪王锡、范阳张缅同侍东宫，俱为昭明太子所礼。湘东王时为京尹，与朝士宴集，属规为酒令。规从容对曰："自江左以来，未有兹举。"特进萧琛、金紫傅昭在坐，并谓为知言。普通初，陈庆之北伐，克复洛阳，百僚称贺，规退曰："道家有云，非为功难，成功难也。羯寇游魂，为日已久，桓温得而复失，宋武竟无成功。我孤军无援，深入寇境，威势不接，馈运难继，将是役也，为祸阶矣。"俄而王师覆没，其识达事机多如此类。

## 王规　王褒

王规字威明，琅邪临沂人。祖父王俭，是南齐一朝的太尉南昌文宪公。父亲王骞，是金紫光禄大夫南昌安侯。

王规八岁时，因生母去世丁忧，居丧期间十分有孝行，太尉徐孝嗣每次见到他必然落泪，称他为孝童。叔父王暕也很器重他，常常说："这孩子是我家的千里驹。"他十二岁时，《五经》的大义都能大略贯通。长大后，好学而有口辩之才。州中举荐他为秀才，郡里任用他为迎主簿。

最初被起用为秘书郎，累加升迁为太子舍人、安右南康王主簿、太子洗马。天监十二年（513），宫中改造太极殿，落成后，王规进献《新殿赋》，文辞十分工整。担任秘书丞。历任太子中舍人、司徒左西属、从事中郎。晋安王萧纲出京任南徐州刺史，严格选择僚属，任命王规为云麾咨议参军。很久后，王规出任新安太守，遭父丧丁忧去职。服丧结束后，袭封为南昌县侯，被先后任命为中书侍郎、黄门侍郎。天子敕令他与陈郡人殷钧、琅邪人王锡、范阳人张缅一同侍奉东宫，都受到昭明太子的礼遇。湘东王萧绎当时正任丹阳尹，与朝士宴集，席间让王规行酒令。王规从容地对答道："自晋室南渡以来，从未有过这样的做法。"当时特进萧琛、金紫光禄大夫傅昭都在座，二人都认为他的话很有见地。普通初年，陈庆之北伐，收复了洛阳城，朝中百官无不称贺，王规退下后说："道家有云，下功夫做事并不难，难的是收取成事之功。游牧民族侵占中原，为时已经很久，晋代桓温先胜而后败，宋武帝刘裕亦未能北伐成功。如今我军孤立

六年，高祖于文德殿饯广州刺史元景隆，诏群臣赋诗，同用五十韵，规援笔立奏，其文又美。高祖嘉焉，即日诏为侍中。大通三年，迁五兵尚书，俄领步兵校尉。中大通二年，出为贞威将军骠骑晋安王长史。其年，王立为皇太子，仍为吴郡太守。主书芮珍宗家在吴，前守宰皆倾意附之，是时珍宗假还，规遇之甚薄，珍宗还都，密奏规云"不理郡事"。俄征为左民尚书，郡吏民千余人诣阙请留，表三奏，上不许。寻以本官领右军将军，未拜，复为散骑常侍、太子中庶子，领步兵校尉。规辞疾不拜，于钟山宋熙寺筑室居焉。大同二年，卒，时年四十五。诏赠散骑常侍、光禄大夫，赙钱二十万，布百匹。谥曰章。皇太子出临哭，与湘东王绎令曰："威明昨宵奄复殂化，甚可痛伤。其风韵遒正，神峰标映，千里绝迹，百尺无枝。文辩纵横，才学优赡，跌宕之情弥远，濠梁之气特多，斯实俊民也。一尔过隙，永归长夜，金刀掩芒，长淮绝涸。去岁冬中，已伤刘子，今兹寒孟，复悼王生，俱往之伤，信非虚说。"规集《后汉》众家异同，注《续汉书》二百卷，文集二十卷。

子褒，字子渊。七岁能属文。外祖司空袁昂爱之，谓宾客曰："此儿当成吾宅相。"弱冠，举秀才，除秘书郎，太子舍人，以父忧去职。服阕，袭封南昌侯，除武昌王文学，太子洗马，兼东宫管记，迁司徒属，秘书丞，出为安成内史。太清中，侯景陷京城，江州刺史

无援，深入敌境，朝廷的威势未能与之相接，粮秣运输难以接济，这一场战役，将要成为祸事的起源了。"不久出征的梁军果然全军覆没，王规看事情的深入透彻大都如此。

普通六年（525），高祖在文德殿为广州刺史元景隆钱行，诏令群臣赋诗，共用五十个韵，王规很快就挥毫写成，其文辞又十分优美。高祖非常嘉许，当日下诏任命他为侍中。大通三年（529），王规迁任五兵尚书，不久兼领步兵校尉。中大通二年（530），出京担任贞威将军骠骑晋安王长史。这一年，晋安王被册立为皇太子，王规又出任吴郡太守。主书芮珍宗家在吴郡，前任的太守都曲意讨好他，这个时候芮珍宗休假回家，王规接待他的礼遇甚是轻薄，芮珍宗回到京师后，秘密参奏王规"不理郡事"。很快朝廷征召王规任左民尚书，吴郡的下吏百姓一千余人入朝上奏请求留任王规，其奏表三度呈上，天子不予准许。不久王规以本身官职兼领右军将军，尚未就职，又被任命为散骑常侍、太子中庶子，兼领步兵校尉。王规以患病为由辞谢没有任职，在钟山上的宋熙寺筑起精舍隐居其中。大同二年（536），王规去世，时年四十五岁。天子下诏追赠为散骑常侍、光禄大夫，赐钱二十万，布一百匹资助其丧葬。谥号为章。皇太子亲临哭吊，并给湘东王萧绎发去教令说："王威明昨夜忽然去世，心中甚是伤悲。他风度美好清正，神韵出众拔群，可谓千里无匹，一枝独秀。文思辩才纵横飞逸，能力学识丰赡优异，放诞不拘之情十分旷远，隐居出世的志趣特别悠深，实是一位俊杰之士。他的生命如白驹过隙，已然归于永寂，如光芒骤灭，长水涸绝。去年冬天，已经失去了刘遵，今年初冬，又失去王规，风流人物一往俱往之说，看来不是凭空之言啊。"王规集采众家《后汉书》的异同，注为《续汉书》二百卷，另有文集二十卷。

儿子王褒，字子渊。七岁就能作文。外祖父司空袁昂很疼爱他，对宾客说："这孩子必当光大我家。"二十岁时，被举为秀才，担任秘书郎、太子舍人，遭父丧丁忧去职。服丧结束后，承袭封爵为南昌侯，担任武昌王文学、太子洗马，兼东宫管记，迁任司徒属、秘书丞，出京任安成内史。太清年间，侯景攻陷京师，江州刺史当阳公萧大心举州投

当阳公大心举州附贼，贼转寇南中，褒犹据郡拒守。大宝二年，世祖命征褒赴江陵，既至，以为忠武将军、南平内史，俄迁吏部尚书、侍中。承圣二年，迁尚书右仆射，仍参掌选事，又加侍中。其年，迁左仆射，参掌如故。三年，江陵陷，入于周。

褒著《幼训》，以诫诸子。其一章云：

陶士衡曰："昔大禹不吝尺璧而重寸阴。"文士何不诵书，武士何不马射。若乃玄冬修夜，朱明永日，肃其居处，崇其墙仞，门无糅杂，坐阙号呶，以之求学，则仲尼之门人也，以之为文，则贾生之升堂也。古者盘盂有铭，几杖有诫，进退循焉，俯仰观焉。文王之诗曰："靡不有初，鲜克有终。"立身行道，终始若一。"造次必于是"，君子之言欤。

儒家则尊卑等差，吉凶降杀。君南面而臣北面，天地之义也。鼎俎奇而笾豆偶，阴阳之义也。道家则堕支体，黜聪明，弃义绝仁，离形去智。释氏之义，见苦断习，证灭循道，明因辨果，偶凡成圣，斯虽为教等差，而义归汲引。吾始乎幼学，及于知命，既崇周、孔之教，兼循老、释之谈，江左以来，斯业不坠，汝能修之，吾之志也。

初，有沛国刘毅、南阳宗懔与褒俱为中兴佐命，同参帷幄。

### 刘毅

刘毅字仲宝，晋丹阳尹真长七世孙也。少方正有器局。自国子礼生射策高第，为宁海令，稍迁湘东王记室参军，又转中记室。太

降叛贼，叛军转而进犯南中，王褒仍据守在安成郡抵抗叛军。大宝二年（551），元帝下令征召王褒赴江陵，他到达以后，被任命为忠武将军、南平内史，不久迁任吏部尚书、侍中。承圣二年（554），迁任尚书右仆射，仍参掌铨叙选官，又加官侍中。这一年，迁任左仆射，依旧参掌选官。承圣三年（555），江陵被攻陷，王褒入仕北周。

王褒著有《幼训》，以告诫诸子。其中有一章写道：

陶侃曾说："当年大禹不吝惜一尺之玉璧而看重点滴之光阴。"文士怎能不诵读书卷，武士怎能不纵马骑射。若是时值隆冬长夜，盛夏永昼，能静肃自己的居室，整顿门户院墙，使得门前没有闲杂人等来往，坐在房间里高声诵读，以这种精神来求学，则必能成为孔门弟子那样的学生，以这种精神来写文章，则必能成为西汉贾谊那样的大家。古代盘盂都有铭文，桌案手杖亦刻有警语，进退举止都遵循它们，俯仰所见都在观看它们。文王有诗说："人们无不有一个好的开始，但是能坚持到最后的人总是很少。"立身行事，要始终如一。"在最紧要的关头也不可违背仁"，这是君子之言了。

儒家讲究的是尊卑有序，吉礼凶礼自上而下的递减变化。天子面南，臣子面北，这是为了符合天地之义。祭礼上所用鼎俎为奇数而笾豆则为偶数，这是为了符合阴阳之义。道家则看破了身形躯体，贬黜人的聪明机智，抛弃所谓义和仁，脱离形体远离心智。佛教的道义，是践行苦修断绝常习，参证遵循寂灭之道，辨明因果，令凡夫俗子也能成为圣哲，这三家虽然教义有所不同，其义理都归结于引导众生。我自幼求学，已到了知天命之年，既尊崇周公、孔子的学说，又遵循道家、佛家的义理，自晋室南渡以来，儒释道的学问不曾衰落，你们若能刻苦进修，就是完成我的心愿了。

起初，有沛国人刘𪟝、南阳人宗懔与王褒一起担任中兴佐命的大臣，一同参与策略运筹。

刘𪟝

刘𪟝字仲宝，是晋朝丹阳尹刘真长的七世孙。他年少时就性格方正有器量格局。以国子学礼生的身份参加射策考试，成绩优等，担

清中,侯景乱,世祖承制上流,书檄多委毅焉,毅亦竭力尽忠,甚蒙赏遇。历尚书左丞,御史中丞。承圣二年,迁吏部尚书、国子祭酒,余如故。

### 宗懍

宗懍字元懍。八世祖承,晋宜都郡守,属永嘉东徙,子孙因居江陵焉。懍少聪敏好学,昼夜不倦,乡里号为"童子学士"。普通中,为湘东王府兼记室,转刑狱,仍掌书记。历临汝、建成、广晋等令,后又为世祖荆州别驾。及世祖即位,以为尚书郎,封信安县侯,邑一千户。累迁吏部郎中,五兵尚书,吏部尚书。承圣三年,江陵没,与毅俱入于周。

## 王承

王承字安期,仆射暕子。七岁通《周易》,选补国子生。年十五,射策高第,除秘书郎。历太子舍人,南康王文学,邵陵王友,太子中舍人,以父忧去职。服阕,复为中舍人,累迁中书、黄门侍郎,兼国子博士。时膏腴贵游,咸以文学相尚,罕以经术为业,惟承独好之,发言吐论,造次儒者。在学训诸生,述《礼》《易》义。中大通五年,迁长兼侍中,俄转国子祭酒。承祖俭及父暕尝为此职,三世为国师,前代未之有也,当世以为荣。久之,出为戎昭将军、东阳太守。为政宽惠,吏民悦之。视事未期,卒于郡,时年四十一。谥曰章子。

承性简贵有风格。时右卫朱异当朝用事,每休下,车马常填门。时有魏郡申英好危言高论,以忤权右,常指异门曰:"此中辐辏,皆以利往,能不至者,惟有大小王东阳。"小东阳,即承弟稺也。当时惟承兄弟及褚翔不至异门,时以此称之。

任宁海令，后迁任湘东王记室参军，又转任中记室。太清年间，侯景叛乱，元帝在荆州秉承天子旨意便宜行事后，檄文诏令大多交给刘毂起草，刘毂也尽心竭力辅佐，深受元帝知遇宠赏。历任尚书左丞，御史中丞。承圣二年（554），迁任吏部尚书、国子祭酒，其余官职照旧。

宗懔

宗懔字元懔。他的八世祖宗承，是晋朝宜都郡太守，永嘉年间东迁，子孙就居住在江陵。宗懔自幼聪敏好学，昼夜不倦，乡里称他为"童子学士"。普通年间，宗懔出任湘东王府兼记室，转任刑狱，仍旧掌管书记。历任临汝、建成、广晋等县县令，后来又担任元帝的荆州别驾。到了元帝登基时，被任命为尚书郎，封为信安县侯，食邑一千户。累加升迁为吏部郎中、五兵尚书、吏部尚书。承圣三年（555），江陵沦陷，宗懔与刘毂一起入仕北周。

## 王承

王承字安期，是仆射王暕的儿子。七岁就通晓《周易》，入选补任国子生。十五岁那年，王承参加射策考试成绩优等，被任命为秘书郎。历任太子舍人、南康王文学、邵陵王友、太子中舍人，遭父丧丁忧去职。服丧结束后，再次担任太子舍人，累加升迁为中书侍郎、黄门侍郎，兼国子博士。当时的王公贵族子弟，都以诗赋文章作为爱好，很少有主力钻研经术的，唯有王承爱好研究，言谈议论，是一个善辩的儒者。他在国子学教诲诸生，讲述《礼》《易》大义。中大通五年（533），迁任长兼侍中，不久转任国子祭酒。王承的祖父王俭及父亲王暕都担任过这个职务，祖孙三代相继主持国子学，这在前代从未有过，当世人都认为十分荣耀。很久后，他出京任戎昭将军、东阳太守。王承在太守任上治政宽缓惠民，下吏百姓都感到喜悦。未满任期，在郡中去世，时年四十一岁。谥号为章子。

王承的性格轻视权贵而有风骨。当时右卫将军朱异把持朝政，每逢他休假退朝，家门前常常车马壅塞。魏郡人申英喜欢作危言高论，讥讽权贵，他常常指着朱异家大门说："此门中聚集的，都是些逐利之徒，能够不来这里的，只有大小王东阳而已。"小东阳，就是王承的弟弟王稺。当时只有王承兄弟二人以及褚翔没有登门结交朱异，时

## 褚翔

褚翔字世举，河南阳翟人。曾祖渊，齐太宰文简公，佐命齐室。祖蓁，太常穆子。父向，字景政，年数岁，父母相继亡没，向哀毁若成人者，亲表咸异之。既长，淹雅有器量，高祖践阼，选补国子生。起家秘书郎，迁太子舍人，尚书殿中郎。出为安成内史。还除太子洗马，中舍人，累迁太尉从事中郎，黄门侍郎，镇右豫章王长史。顷之，入为长兼侍中。向风仪端丽，眉目如点，每公庭就列，为众所瞻望焉。大通四年，出为宁远将军、北中郎庐陵王长史，三年，卒官。外兄谢举为制墓铭，其略曰："弘治推华，子嵩惭量；酒归月下，风清琴上。"论者以为拟得其人。

翔初为国子生，举高第。丁父忧，服阕，除秘书郎，累迁太子舍人，宣城王主簿。中大通五年，高祖宴群臣乐游苑，别诏翔与王训为二十韵诗，限三刻成。翔于坐立奏，高祖异焉，即日转宣城王文学，俄迁为友。时宣城友、文学加它王二等，故以翔超为之，时论美焉。

出为义兴太守，翔在政洁己，省繁苛，去浮费，百姓安之。郡之西亭有古树，积年枯死，翔至郡，忽更生枝叶，百姓咸以为善政所感。及秩满，吏民诣阙请之，敕许焉。寻征为吏部郎，去郡，百姓无老少追送出境，涕泣拜辞。

翔居小选公清，不为请属易意，号为平允。俄迁侍中，顷之转散骑常侍，领羽林监，侍东宫。出为晋陵太守，在郡未期，以公事

人也以此而赞许他们。

### 褚翔

褚翔字世举，河南阳翟人。曾祖父褚渊，官至南齐一朝的太宰，谥号为文简公，是辅助齐朝开国的功臣。祖父褚蓁，是南齐的太常，谥号穆子。父亲褚向，字景政，只有几岁时，父母相继去世，褚向悲痛消瘦得和成年人一样，亲族都认为他很不寻常。长大后，褚向渊博有器量，高祖践祚登基后，他补选为国子监生员。最初被起用为秘书郎，迁任太子舍人、尚书殿中郎。出京任安成内史。回朝后担任太子洗马、中舍人，累加升迁为太尉从事中郎、黄门侍郎、镇右豫章王长史。不久，入宫任长兼侍中。褚向风姿仪态端庄俊美，眉目如同画中人物一般，每逢百官在朝堂分班站列，他总是吸引众人瞻望。普通四年（523），出京任宁远将军北中郎庐陵王长史，大通三年（529），褚翔在官任上去世。表兄谢举为他作墓志铭，大略写道："东晋杜弘治也要推崇他的风采，西晋庾子嵩也要自叹器量不如他；他已把酒魂归月下，空余琴弦长吟清风。"论者都认为这些比拟十分形象。

褚翔最初是国子生，策问考试成绩优等。遭父丧丁忧去职，服丧结束后，被任命为秘书郎，累加升迁为太子舍人、宣城王主簿。中大通五年（533），高祖在乐游苑大宴群臣，单独下诏让褚翔和王训作二十韵诗，限定他们在三刻钟内完成。褚翔在座位上片刻就写好奏上，高祖认为他异于常人，即日就转任他为宣城王文学，不久迁任为宣城王友。当时宣城王友和文学比其他藩王的辅职高出二等，所以天子破格任命了褚翔，时人都以此为美谈。

褚翔出京担任义兴郡太守，他治政廉洁克己，减省繁苛的政令，裁去浮华不必要的开支，百姓的生活得以安宁。郡中的西亭有一颗古树，已经枯死多年，褚翔来到该郡后，古树忽然重新长出枝叶来，百姓都认为是被他的善政感化所致。到了他任期已满的时候，下吏百姓入朝请求将他留任，天子敕令准许。不久征召他任吏部郎，离开郡中时，百姓无论老少都追送出境，哭泣着与褚翔告别。

褚翔担任吏部郎公正清廉，不因他人请托而改变自己的看法，时人都称颂他公正平允。不久迁任侍中，后来转任散骑常侍，兼领羽

免。俄复为散骑常侍，侍东宫。太清二年，迁守吏部尚书。其年冬，侯景围宫城，翔于围内丁母忧，以毁卒，时年四十四。诏赠本官。

翔少有孝性。为侍中时，母疾笃，请沙门祈福，中夜忽见户外有异光，又闻空中弹指，及晓疾遂愈，咸以翔精诚所致焉。

## 萧介

萧介字茂镜，兰陵人也。祖思话，宋开府仪同三司、尚书仆射。父惠蒨，齐左民尚书。

介少颖悟，有器识，博涉经史，兼善属文。齐永元末，释褐著作佐郎。天监六年，除太子舍人。八年，迁尚书金部郎。十二年，转主客郎。出为吴令，甚著声绩。湘东王闻介名，思共游处，表请之。普通三年，乃以介为湘东王咨议参军。大通二年，除给事黄门侍郎。大同二年，武陵王为扬州刺史，以介为府长史，在职清白，为朝廷所称。高祖谓何敬容曰："萧介甚贫，可处以一郡。"敬容未对，高祖曰："始兴郡顷无良守，岭上民颇不安，可以介为之。"由是出为始兴太守。介至任，宣布威德，境内肃清。七年，征为少府卿，寻加散骑常侍。会侍中阙，选司举王筠等四人，并不称旨，高祖曰："我门中久无此职，宜用萧介为之。"介博物强识，应对左右，多所匡正，高祖甚重之。迁都官尚书，每军国大事，必先询访于介焉，高祖谓朱异曰："端右之材也。"中大同二年，辞疾致事，高祖优诏不许，终不肯起，乃遣谒者仆射魏祥就拜光禄大夫。

林监，侍奉东宫。出京担任晋陵太守，在郡中任期未满，因公事被免职。不久重新担任散骑常侍，侍奉东宫。太清二年（548），改为试任吏部尚书。这一年冬天，侯景包围台城，褚翔在围城中遭母丧丁忧去职，因哀伤过度损害健康而去世，时年四十四岁。天子下诏以本身官职追赠。

褚翔自幼有孝敬父母的天性。他任侍中时，母亲病重，他请来僧侣为母亲祈福，半夜时分忽然见到门外有异光，又听见空中弹指声，到了天明时母亲的病就痊愈了，人们都认为这是褚翔的孝心精诚所至。

## 萧介

萧介字茂镜，兰陵人。祖父萧思话，官至刘宋一朝开府仪同三司、尚书仆射。父亲萧惠蒨，官至南齐一朝的左民尚书。

萧介自幼聪明颖悟，有器量见识，博涉经史，而且善写文章。南齐永元末年，他入仕担任著作佐郎。天监六年（507），他被任命为太子舍人。天监八年（509），迁任尚书金部郎。天监十二年（513），转任主客郎。出京担任吴县令，治政甚有声誉。湘东王萧绎听闻了萧介的名声，想要与他一起交游相处，就上表请求。普通三年（522），高祖就任命萧介为湘东王咨议参军。大通二年（528），被任命为给事黄门侍郎。大同二年（536），武陵王萧纪任扬州刺史，以萧介为府长史，他在任上廉洁清白，受到朝廷称道。高祖对何敬容说："萧介很穷，可以让他治理一郡。"何敬容还没有回答，高祖说："始兴郡很久没有一个佳良的太守，五岭之上的人民颇不得安定，可以让萧介去做太守。"于是他出京担任始兴太守。萧介到任后，树立威信施行德政，郡中迅速平定下来。大同七年（541），朝廷征召他为少府卿，不久加官散骑常侍。这时侍中一职有缺，负责选官的有司举荐了王筠等四人，都不奉召，高祖说："宫中长期没有人担任这个职位，可以让萧介担任此职。"萧介博闻强记，在天子左右应对咨询，多有所匡正，高祖很器重他。迁任都官尚书，每有军国大事，高祖必然先向萧介询问意见。高祖对朱异说："此人有宰辅之才。"中大同二年（547），萧介以染病为由辞官退休，高祖降下优厚的诏令不予批准，

太清中，侯景于涡阳败走，入寿阳，高祖敕防主韦黯纳之，介闻而上表谏曰：

臣抱患私门，窃闻侯景以涡阳败绩，只马归命，陛下不悔前祸，复敕容纳。臣闻凶人之性不移，天下之恶一也。昔吕布杀丁原以事董卓，终诛董而为贼；刘牢反王恭以归晋，还背晋以构妖。何者？狼子野心，终无驯狎之性；养虎之喻，必见饥噬之祸。侯景兽心之种，鸣镝之类。以凶狡之才，荷高欢翼长之遇，位忝台司，任居方伯，然而高欢坟土未干，即还反噬。逆力不逮，乃复逃死关西；宇文不容，故复投身于我。陛下前者所以不逆细流，正欲以属国降胡以讨匈奴，冀获一战之效耳。今既亡师失地，直是境上之匹夫，陛下爱匹夫而弃与国之好，臣窃不取也。

若国家犹待其更鸣之晨，岁暮之效，臣窃惟侯景必非岁暮之臣；弃乡国如脱屣，背君亲如遗芥，岂知远慕圣德，为江淮之纯臣！事迹显然，无可致惑。一隅尚其如此，触类何可具陈。

臣朽老疾侵，不应辄干朝政；但楚囊将死，有城郢之忠，卫鱼临亡，亦有尸谏之节。臣忝为宗室遗老，敢忘刘向之心。伏愿天慈，少思危苦之语。

高祖省表叹息，卒不能用。

介性高简，少交游，惟与族兄琛、从兄视素及洽、从弟淑等文

而萧介始终不肯被起用，高祖于是派谒者仆射魏祥任命萧介为光禄大夫。

太清年间，侯景在涡阳被东魏击败逃走，逃进寿阳，高祖敕令防主韦黯收留侯景，萧介听说后上表谏阻道：

"臣抱病于家中，听说侯景在涡阳战败，单人匹马归附我朝，陛下不因他此前引出的祸患而追悔，又一次下令容纳他。臣听说恶人的本性是不会改变的，天下的恶人都是一个样子。当年吕布杀死丁原以事奉董卓，最后终于杀死董卓而自己成为乱贼；刘牢之背叛王恭以效忠晋朝，后来又背叛晋朝而事奉谋反的桓玄。这是什么原因呢？狼子野心，终究不会变成驯服顺从的性格；养虎为患的比喻，说的就是养虎者一定会有虎饥噬主的惨祸。侯景有禽兽之心，本属冒顿单于一类的反复无常的夷狄。他以凶险狡诈的军事才能，得到高欢的提拔和知遇，位列三公，被重用为一方封疆大吏，然而高欢死后坟土还没有干透，侯景就起兵反叛。他举事不成，就亡命投向西魏；宇文泰不收他，所以才转投我朝。陛下此前之所以宽宏接纳他，正是要借归附的胡人来讨伐北方索虏，希望他以力战来报效我朝。如今他丧师失地，只不过是边境上的一个匹夫，陛下要对匹夫宽大仁慈而抛弃与东魏之间的和平友好，臣认为不足取啊。

"若是国家仍然期待侯景再次振作，尽其余力报效朝廷，臣认为侯景必定不是竭尽余力报效国家的臣子；他抛弃故国就像丢弃破鞋，背叛君主亲族就像舍弃草芥，又怎会知道要仰慕陛下的盛德，来做我梁朝的忠义臣子？此事的前后迹象清晰明显，没有可疑惑之处。仅这一个方面尚且如此，其余类似的事情又何须再具体分析呢。

"臣已老朽多病，不应该再参预朝政；但楚国子囊临死前，尚有修筑郢城的忠贞之举，卫国史鱼临终，也有以自己尸体进谏的气节。臣愧为宗室遗老，岂敢忘记汉朝宗室大臣刘向直言力谏的拳拳之心。愿陛下垂降慈悲，稍稍思考一下臣的苦心危言。"

高祖读到他的奏表发出长叹，却最终没有采用。

萧介性格高傲不群，很少与人交游，只和族兄萧琛、堂兄萧眎

酒赏会，时人以比谢氏乌衣之游。初，高祖招延后进二十余人，置酒赋诗，臧盾以诗不成，罚酒一斗，盾饮尽，颜色不变，言笑自若；介染翰便成，文无加点，高祖两美之曰："臧盾之饮，萧介之文，即席之美也。"年七十三，卒于家。

第三子允，初以兼散骑常侍聘魏，还为太子中庶子，后至光禄大夫。

萧洽

洽字宏称，介从父兄也。父惠基，齐吏部尚书，有重名前世。

洽幼敏寤，年七岁，诵《楚辞》略上口。及长，好学博涉，亦善属文。齐永明中，为国子生，举明经，起家著作佐郎，迁西中郎外兵参军。天监初，为前军鄱阳王主簿、尚书口部郎，迁太子中舍人。出为南徐州治中，既近畿重镇，吏数千人，前后居之者皆致巨富，洽为之，清身率职，馈遗一无所受，妻子不免飢寒。还除司空从事中郎，为建安内史，坐事免。久之，起为护军长史，北中郎咨议参军，迁太府卿，司徒临川王司马。普通初，拜员外散骑常侍，兼御史中丞，以公事免。顷之，为通直散骑常侍。洽少有才思，高祖令制同泰、大爱敬二寺刹下铭，其文甚美。二年，迁散骑常侍。出为招远将军、临海太守，为政清平，不尚威猛，民俗便之。还拜司徒左长史，又敕撰《当涂堰碑》，辞亦赡丽。六年，卒官，时年五十五。有诏出举哀，赗钱二万，布五十匹。集二十卷，行于世。

素及萧洽、堂弟萧淑等以诗文饮宴相聚会，时人将他们比作乌衣巷谢家诸子的交游。起初，高祖召集朝中晚辈士子二十几人，置酒赋诗，臧盾因赋诗不成，罚酒一斗，他一饮而尽，脸色毫无改变，仍然谈笑自如；萧介则提笔即成，文不加点，高祖赞美他二人道："臧盾善饮，萧介善文，都是宴席上最值得赞美的了。"萧介七十三岁时，在家中去世。

萧介第三子萧允，最初以兼散骑常侍的官职出使北魏通好，回朝后迁任太子中庶子，后来官至光禄大夫。


萧洽

萧洽字宏称，是萧介的堂兄。父亲萧惠基，官职南齐吏部尚书，在前朝享有盛名。

萧洽自幼聪明颖悟，七岁时，诵读《楚辞》已能通顺上口。长大后，勤奋好学博涉群书，也擅长写文章。南齐永明年间，成为国子学生员，被举为明经，最初被起用为著作佐郎，迁任西中郎外兵参军。天监初年，担任前军鄱阳王主簿、尚书□部郎，迁任太子中舍人。出京任南徐州治中，南徐州是接近京师的重镇，有属吏数千人，前后担任治中者都成为巨富，萧洽担任此职时，克己廉洁，他人馈赠一概不接受，妻子儿女也不能免受饥寒。回京后被任命为司空从事中郎，担任建安内史，因事牵连而免职。很久后，被起用为护军长史、北中郎咨议参军，迁任太府卿，司徒临川王司马。普通初年，被拜为员外散骑常侍，兼御史中丞，因公事被免职。后来担任通直散骑常侍。萧洽自少年时起就很有才思，高祖令他撰写同泰寺、大爱敬寺两座寺庙的塔下铭文，其文辞非常优美。普通二年（521），迁任散骑常侍。出京担任招远将军、临海太守，他的政风清廉平和，不崇尚威猛严酷，百姓都感到便利。回朝后拜为司徒左长史，高祖又敕令他撰写《当涂堰碑》，文辞也十分绮丽优美。普通六年（525），在官任上去世，时年五十五岁。高祖下诏为他举哀，赠钱二万，布五十匹。他的文集有二十卷，通行于世。

## 褚球

褚球字仲宝，河南阳翟人。高祖叔度，宋征虏将军、雍州刺史；祖暖，太宰外兵参军；父绩，太子舍人；并尚宋公主。

球少孤贫，笃志好学，有才思。宋建平王景素，元徽中诛灭，惟有一女得存，其故吏何昌寓、王思远闻球清立，以此女妻之，因为之延誉。仕齐起家征虏行参军，俄署法曹，迁右军曲江公主簿。出为溧阳令，在县清白，资公俸而已。除平西主簿。

天监初，迁太子洗马，散骑侍郎，兼中书通事舍人。出为建康令，母忧去职，以本官起之，固辞不拜。服阕，除北中郎咨议参军，俄迁中书郎，复兼中书通事舍人。除云骑将军，累兼廷尉，光禄卿，舍人如故。迁御史中丞。球性公强，无所屈挠，在宪司甚称职。普通四年，出为北中郎长史、南兰陵太守。入为通直散骑常侍，领羽林监。七年，迁太府卿，顷之，迁都官尚书。中大同中，出为仁威临川王长史、江夏太守，以疾不赴职。改授光禄大夫，未拜，复为太府卿，领步兵校尉。俄迁通直散骑常侍，秘书监，领著作。迁司徒左长史，常侍、著作如故。自魏孙礼、晋荀组以后，台佐加貂，始自球也。寻出为贞威将军、轻车河东王长史、南兰陵太守。入为散骑常侍，领步兵。寻表致仕，诏不许。俄复拜光禄大夫，加给事中，卒官，时年七十。

## 刘孺

刘孺字孝稚，彭城安上里人也。祖勔，宋司空忠昭公。父悛，齐太常敬子。

孺幼聪敏，七岁能属文。年十四，居父丧，毁瘠骨立，宗党咸异

## 褚球

褚球字仲宝，河南阳翟人。他的高祖父褚叔度，刘宋一朝官至征虏将军、雍州刺史；祖父褚暧，官至太宰外兵参军；父亲褚绩，官至太子舍人；二人都被选中迎娶了刘宋一朝的公主。

褚球年少时丧父，笃志好学，富有才思。刘宋的建平王刘景素，在元徽年间被诛杀，只有一个女儿存活下来，其故吏何昌寓、王思远听闻褚球清高坚贞，就将这个女儿嫁给他为妻，并为他延揽声誉。褚球入仕南齐，最初被起用为征虏行参军，不久代署法曹，迁任右军曲江公主簿。出京任溧阳令，在县令任上廉洁清白，只靠官俸养家。被任命为平西主簿。

天监初年，迁任太子洗马，散骑侍郎，兼任中书通事舍人。出任建康令，遭母丧去职，朝廷以原有官职起用他，他坚持辞谢不拜授。服丧结束后，被除授为北中郎咨议参军，不久迁任中书郎，再度兼任中书通事舍人。被任命为云骑将军，又兼任廷尉、光禄卿，中书通事舍人之职照旧。后迁任御史中丞。褚球个性秉公刚正，不畏豪强，在御史中丞任上十分称职。普通四年（523），出京任北中郎长史、南兰陵太守。入朝担任通直散骑常侍，兼领羽林监。普通七年（526），迁任太府卿，不久，迁任都官尚书。中大同年间，出京担任仁威临川王长史、江夏太守，因病没有赴任。改授为光禄大夫，尚未就职，又被任命为太府卿，兼领步兵校尉。不久迁任通直散骑常侍、秘书监，兼领著作。迁任司徒左长史，常侍、著作之职照旧。自曹魏的孙礼、晋朝的荀组以后，在担任三公副佐的同时又任中朝官的，褚球是第一个。不久出京任贞威将军轻车河东王长史、南兰陵太守。入朝担任散骑常侍，兼领步兵校尉。不久褚球上表请求告老还乡，天子下诏不予批准。不久再度担任光禄大夫，加官给事中，在官任上去世，时年七十岁。

## 刘孺

刘孺字孝智，彭城安上里人。祖父刘勔，在刘宋一朝官至司空，谥号忠昭公。父亲刘悛，官至南齐太常，谥号敬子。

刘孺自幼聪敏，七岁就能作文。十四岁那年，为父亲居丧，哀伤

之。服阕，叔父瑱为义兴郡，携以之官，常置坐侧，谓宾客曰："此儿吾家之明珠也。"既长，美风采，性通和，虽家人不见其喜愠。本州召迎主簿。

起家中军法曹行参军，时镇军沈约闻其名，引为主簿，常与游宴赋诗，大为约所嗟赏。累迁太子舍人，中军临川王主簿，太子洗马，尚书殿中郎。出为太末令，在县有清绩。还除晋安王友，转太子中舍人。

孺少好文章，性又敏速，尝于御坐为《李赋》，受诏便成，文不加点，高祖甚称赏之。后侍宴寿光殿，诏群臣赋诗，时孺与张率并醉，未及成，高祖取孺手板题戏之曰："张率东南美，刘孺雒阳才，揽笔便应就，何事久迟回？"其见亲爱如此。

转中书郎，兼中书通事舍人。顷之迁太子家令，余如故。出为宣惠晋安王长史，领丹阳尹丞，迁太子中庶子，尚书吏部郎。出为轻车湘东王长史，领会稽郡丞，公事免。顷之，起为王府记室，散骑侍郎，兼光禄卿。累迁少府卿，司徒左长史，御史中丞，号为称职。大通二年，迁散骑常侍。三年，迁左民尚书，领步兵校尉。中大通四年，出为仁威临川王长史、江夏太守，加贞威将军。五年，为宁远将军、司徒左长史，未拜，改为都官尚书，领右军将军。大同五年，守吏部尚书。其年，出为明威将军、晋陵太守。在郡和理，为吏民所称。七年，入为侍中，领右军。其年，复为吏部尚书，以母忧去职。居丧未期，以毁卒，时年五十九。谥曰孝子。

孺少与从兄苞、孝绰齐名，苞早卒，孝绰数坐免黜，位并不高，惟孺贵显。有文集二十卷。

过度形销骨立，宗族亲戚都认为他很不寻常。服丧结束后，叔父刘瑱出任义兴郡太守，带刘孺赴任，常常让他坐在身畔，对宾客说："这孩子是我家的明珠。"刘孺长大后，风采俊美，性情通达和谐，即便是家人也看不到他喜怒形于颜色。本州征召他为迎主簿。

刘孺被起用为中军法曹行参军，当时镇军将军沈约听说了他的名声，引用他为主簿，常常一起游宴赋诗，刘孺深受沈约赞叹欣赏。累加迁任为太子舍人、中军临川王主簿、太子洗马、尚书殿中郎。出京任太末令，在县中有清廉的政绩。回朝后被任命为晋安王友，转任太子中舍人。

刘孺自少年时起就善写文章，又天生才思敏捷，曾经在天子座前写过一篇《李赋》，接到诏令立刻写成，而且完全不需要修改，高祖非常赞赏他。后来在寿光殿侍宴时，高祖诏令群臣赋诗，当时刘孺与张率两人都喝醉了，没能完成，高祖取过刘孺的手板题诗取笑他们说："东南俊杰有张率，雒阳才子数刘孺，诗篇本应落笔成，何故迟迟未赋得？"他就是如此受到天子的宠爱。

转任中书郎，兼中书通事舍人。不久迁任太子家令，其余职衔照旧。出京担任宣惠晋安王长史，兼领丹阳尹丞，迁任太子中庶子、尚书吏部郎。出京任轻车湘东王长史，兼领会稽郡丞，因公事被免职。不久，被起用为王府记室、散骑侍郎，兼光禄卿。累加迁任为少府卿、司徒左长史、御史中丞，有称职的官声。大通二年（528），迁任散骑常侍。大通三年（529），迁任左民尚书，兼领步兵校尉。中大通四年（532），出京任仁威临川王长史、江夏太守，加官贞威将军。中大通五年（533），任宁远将军、司徒左长史，尚未就职，改任都官尚书，兼领右军将军。大同五年（539），代理吏部尚书。这一年，出京担任明威将军、晋陵太守。他在晋陵郡治政通达和顺，受到下吏和百姓的称道。大同七年（541），入京任侍中，兼领右军将军。这一年，再度担任吏部尚书，遭母丧去职。居丧未满，因哀伤过度病逝，时年五十九岁。谥号为孝子。

刘孺从少年时起就与堂兄刘苞、刘孝绰齐名，刘苞早逝，刘孝绰累次因事获罪被罢黜，官位并不高，只有刘孺地位显贵。有文集二十

子刍，著作郎，早卒。孺二弟：览，遵。

## 刘览

览字孝智。十六通《老》《易》。历官中书郎，以所生母忧，庐于墓，再期，口不尝盐酪，冬止著单布。家人患其不胜丧，中夜窃置炭于床下，览因暖气得睡，既觉知之，号恸欧血。高祖闻其有至性，数省视之。服阕，除尚书左丞。性聪敏，尚书令史七百人，一见并记名姓。当官清正，无所私。姊夫御史中丞褚湮，从兄吏部郎孝绰，在职颇通赃货，览劾奏，并免官。孝绰怨之，尝谓人曰："犬啮行路，览噬家人。"出为始兴内史，治郡尤励清节。还复为左丞，卒官。

## 刘遵

遵字孝陵。少清雅，有学行，工属文。起家著作郎，太子舍人，累迁晋安王宣惠、云麾二府记室，甚见宾礼，转南徐州治中。王后为雍州，复引为安北咨议参军、带敢邵县令。中大通三年，王立为皇太子，仍除中庶子。遵自随藩及在东宫，以旧恩，偏蒙宠遇，同时莫及。大同元年，卒官。皇太子深悼惜之，与遵从兄阳羡令孝仪令曰：

贤从中庶，奄至殒逝，痛可言乎！其孝友淳深，立身贞固，内含玉润，外表澜清。美誉嘉声，流于士友，言行相符，终始如一。文史该富，琬琰为心，辞章博赡，玄黄成采。既以鸣谦表性，又以难进自居，未尝造请公卿，缔交荣利，是以新沓莫之举，杜武弗之知。自阮

卷。

　　儿子刘刍，官至著作郎，去世很早。刘孺有两个弟弟：刘览，刘遵。

### 刘览

　　刘览字孝智。十六岁时就已经精通《老》《易》。出任中书郎，因生母去世丁忧去职，在墓侧造起一座草庐，在里面住了两年，饮食仅限淡而无味的素食，冬天只穿单布衣裳。家人担心他的身体吃不消，半夜偷偷将炭盆放在他的床下，刘览因感觉到暖意而睡着了，不久醒过来发现了炭火，嚎啕大哭乃至呕血。高祖听说他至为孝顺，多次来探望他。服丧结束后，担任尚书左丞。性情聪敏，尚书省办事的令史有七百人之多，他见过一面后就能全部记住姓名。为官清廉正直，没有私心。他的姐夫御史中丞褚湮，堂兄吏部郎刘孝绰，任职时贪污了不少财货，刘览弹劾参奏他们，最终两个人都被免职。刘孝绰心中怨恨，曾对人说："野狗咬路人，刘览咬家人。"刘览出京担任始兴内史，治理该郡特别注意保持清白的节操。回朝后再度担任尚书左丞，在官任上去世。

### 刘遵

　　刘遵字孝陵。年少时清高文雅，学问品行俱佳，擅长文学创作。最初被起用为著作郎、太子舍人，累加升迁为晋安王宣惠、云麾二府记室，深受礼遇，转任南徐州治中。晋安王后来担任雍州刺史，就引用他担任安北咨议参军，兼邾县令。中大通三年（531），晋安王被立为皇太子，刘遵被任命为太子中庶子。刘遵从外藩到太子东宫一直追随萧纲，因为旧日恩义，特别受到太子宠信，同时代的人没有比得上他的。大同元年（535），在官任上去世。皇太子深深地悼念惋惜，给刘遵的堂兄阳羡令刘孝仪发去教令说：

　　"贤堂弟太子中庶子刘遵，忽然殒逝，悲痛之情实在难以言表。他孝敬父母友爱兄弟，感情至为淳深，立身坚贞志节不移，内有如玉般温润的气质，外有澄清如水的仪表。他的美好声誉，在士子友人中流传，言行一致，始终如一。博通文史知识，心怀美好品德，文辞多

放之官，野王之职，栖迟门下，已逾五载，同僚已陟，后进多升，而怡然清静，不以少多为念，确尔之志，亦何易得。西河观宝，东江独步，书籍所载，必不是过。

吾昔在汉南，连翩书记，及忝朱方，从容坐首。良辰美景，清风月夜，鹢舟乍动，朱鹭徐鸣，未尝一日而不追随，一时而不会遇。酒阑耳热，言志赋诗，校覆忠贤，摧扬文史，益者三友，此实其人。及弘道下邑，未申善政，而能使民结去思，野多驯雉，此亦威凤一羽，足以验其五德。比在春坊，载获申晤，博望无通宾之务，司成多节文之科，所赖故人时相媲偶；而此子溘然，实可嗟痛。"惟与善人"，此为虚说；天之报施，岂若此乎！想卿痛悼之诚，亦当何已。往矣奈何，投笔恻怆。

吾昨欲为志铭，并为撰集。吾之劣薄，其生也不能揄扬吹歔，使得骋其才用，今者为铭为集，何益既往？故为痛惜之情，不能已已耳。

### 刘潜 刘孝胜 刘孝威 刘孝先

刘潜字孝仪，秘书监孝绰弟也。幼孤，与兄弟相励勤学，并工属文。孝绰常曰"三笔六诗"，三即孝仪，六孝威也。天监五年，举秀才。起家镇右始兴王法曹行参军，随府益州，兼记室。王入为中抚军，转主簿，迁尚书殿中郎。敕令制《雍州平等寺金像碑》，文甚

彩而丰赡，布局成篇绚丽多彩。他早已表达过谦退淡泊的志向，又始终以安然自足的态度看待仕途，从不曾四处拜谒权贵，谋取荣华利禄，所以像山涛一样执掌吏部的人没有举荐过他，像杜预一样主持朝政的人并不知晓他。自他担任太子中庶子的职位，在我的麾下效力，已经有五年多了，他的同僚多已升迁，连后进晚辈也多有仕进超越他的，但他清虚沉静怡然自处，不以待遇厚薄为念，这种高尚的志操，岂是轻易可有的。战国时西河观宝的吴起，东晋时东江独步的王坦之，史书中所载的这些仁人志士，也必定不能超过他了。

"我当年在荆州任刺史，他长期为我掌管书记，后来我出任南徐州刺史，他仍居僚属之首。每逢良辰美景，多少风清月明之夜，我们乘坐轻舟，朱鹭之曲在湖上悠然奏响，他没有一日不与我相追随，无一时不与我伴随相聚。每每酒酣耳热时，我们赋诗言志，指点品评忠贤人物，探讨切磋文史技艺，孔子说过'益者三友'，他实在正是这样的人啊。后来他主政邡县，没有反复申明政举，已经能使人民在他离开之日留恋不舍，四野中的雊鸡都归化驯服，这也正如同威凤之一羽，足以见证他的仁德。近来我身处东宫，与他多有见面晤谈的机会，身为太子无法广交宾客，司成之官又多以礼仪条规约束我，我只有仰赖他这位故人相陪伴；而如今斯人溘然长逝，实在值得嗟叹悲痛啊。《老子》所谓'天道无亲，惟与善人'，实在是虚妄之说；上天所施行的报应，怎能像这样啊！遥想卿的伤感痛悼之情，又该如何抑制？无奈逝者已去，只得含悲搁笔。

"我昨日想为他撰写墓志铭，并为他编纂文集。然而以我之劣才薄德，当他在世时都未能为他弘扬美名，使他大展才用，现在再来撰铭纂集，又对往事有什么补益呢？故而对他的痛惜之情，久久不能停息了。"

### 刘潜 刘孝胜 刘孝威 刘孝先

刘潜字孝仪，是秘书监刘孝绰的弟弟。幼年丧父，他和众兄弟互相勉励勤奋学习，都擅长写文章。刘孝绰常常说"三弟善作无韵文而六弟善作诗"，三弟即是指刘孝仪，六弟即刘孝威。天监五年（506），刘潜被举为秀才。最初被起用镇右始兴王法曹行参军，跟

宏丽。晋安王纲出镇襄阳，引为安北功曹史，以母忧去职。王立为皇太子，孝仪服阕，仍补洗马，迁中舍人。出为戎昭将军、阳羡令，甚有称绩，擢为建康令。大同三年，迁中书郎，以公事左迁安西咨议参军，兼散骑常侍。使魏还，复除中书郎。顷之，权兼司徒右长史，又兼宁远长史、行彭城琅邪二郡事。累迁尚书左丞，兼御史中丞。在职弹纠无所顾望，当时称之。十年，出为伏波将军、临海太守。是时政网疏阔，百姓多不遵禁，孝仪下车，宣示条制，励精绥抚，境内翕然，风俗大革。中大同元年，入守都官尚书。太清元年，出为明威将军、豫章内史。二年，侯景寇京邑，孝仪遣子励帅郡兵三千人，随前衡州刺史韦粲入援。三年，宫城不守，孝仪为前历阳太守庄铁所逼，失郡。大宝元年，病卒，时年六十七。

孝仪为人宽厚，内行尤笃。第二兄孝能早卒，孝仪事寡嫂甚谨，家内巨细，必先咨决。与妻子朝夕供事，未尝失礼。世以此称之。有文集二十卷，行于世。

第五弟孝胜，历官邵陵王法曹、湘东王安西主簿记室、尚书左丞。出为信义太守，公事免。久之，复为尚书右丞，兼散骑常侍。聘魏还，为安西武陵王纪长史、蜀郡太守。太清中，侯景陷京师，纪僭号于蜀，以孝胜为尚书仆射。承圣中，随纪出峡口，兵败，被执下狱。世祖寻宥之，起为司徒右长史。

第六弟孝威，初为安北晋安王法曹，转主簿，以母忧去职。服阕，除太子洗马，累迁中舍人、庶子、率更令，并掌管记。大同九年，

随王府出镇益州，兼任记室。始兴王入朝担任中抚军，刘潜转任其主簿，迁任尚书殿中郎。高祖敕令他写作《雍州平等寺金像碑》，文辞十分宏大华丽。晋安王萧纲出镇襄阳，引用他为安北功曹史，因母丧丁忧去职。晋安王被立为皇太子后，刘潜服丧期满，补为太子洗马，迁任中舍人。出京担任戎昭将军、阳羡令，在县中政绩颇受称道，被擢升为建康令。大同三年（537），迁任中书郎，因公事被降职为安西咨议参军，兼散骑常侍。他出使北魏回朝后，又被任命为中书郎。不久，暂时兼任司徒右长史，又兼任宁远长史、行彭城琅琊二郡事。累加升迁为尚书左丞，兼御史中丞。他在此职位上弹劾纠奏无所避讳，受到时人的称赞。大同十年（544），出京担任伏波将军、临海太守。当时朝廷法纪松弛，百姓大多不遵守禁令，刘孝仪到任之后，宣示政令制度，勤勉治理该郡，境内安宁和顺，风俗大为改变。中大同元年（546），回朝代理都官尚书。太清元年（547），出京任明威将军、豫章内史。太清二年（548），侯景侵犯京师，刘孝仪派儿子刘励率领郡兵三千人，跟随前衡州刺史韦粲入京救援。太清三年（549），台城失守，刘孝仪被前历阳太守庄铁所逼迫，丢失了豫章郡。大宝元年（550），刘孝仪病逝，时年六十七岁。

刘孝仪为人宽厚，平日居家品行非常笃厚。他的二哥刘孝能早逝，刘孝仪事奉寡嫂十分恭谨，家里事无巨细，必然先同她商议决定。他和妻子儿女朝夕供养事奉嫂嫂，从未失礼。时人都因此而赞许他。有文集二十卷，通行于世。

五弟刘孝胜，历任邵陵王法曹、湘东王安西主簿记室、尚书左丞。出京任信义太守，因公事被免职。很久后，再度担任尚书右丞，兼任散骑常侍。出使北魏通好后回朝，出任安西武陵王萧纪长史、蜀郡太守。太清年间，侯景攻陷京师，萧纪在益州僭号称帝，任命刘孝胜为尚书仆射。承圣年间，刘孝胜随萧纪出峡口，兵败，被捕入狱。元帝不久赦免了他，起用他为司徒右长史。

六弟刘孝威，起初任安北静安王法曹，转任主簿，遭母丧丁忧去职。服丧结束后，担任太子洗马，累加升迁为中舍人、庶子、率更令，并掌理管记。大同九年（543），白色的乌雀集中出现于东宫，刘孝威

白雀集东宫，孝威上颂，其辞甚美。太清中，迁中庶子，兼通事舍人。及侯景寇乱，孝威于围城得出，随司州刺史柳仲礼西上，至安陆，遇疾卒。

第七弟孝先，武陵王法曹、主簿，王迁益州，随府转安西记室。承圣中，与兄孝胜俱随纪军出峡口，兵败，至江陵，世祖以为黄门侍郎，迁侍中。兄弟并善五言诗，见重于世。文集值乱，今不具存。

## 殷芸

殷芸字灌蔬，陈郡长平人。性倜傥，不拘细行；然不妄交游，门无杂客。励精勤学，博洽群书。幼而庐江何宪见之，深相叹赏。永明中，为宜都王行参军。天监初，为西中郎主簿、后军临川王记室。七年，迁通直散骑侍郎，兼中书通事舍人。十年，除通直散骑侍郎，兼尚书左丞，又兼中书舍人，迁国子博士，昭明太子侍读，西中郎豫章王长史，领丹阳尹丞，累迁通直散骑常侍，秘书监，司徒左长史。普通六年，直东宫学士省。大通三年，卒，时年五十九。

## 萧几

萧几字德玄，齐曲江公遥欣子也。年十岁，能属文。早孤，有弟九人，并皆稚小，几恩爱笃睦，闻于朝野。性温和，与物无竞，清贫自立。好学，善草隶书。湘州刺史杨公则，曲江之故吏也。每见几，谓人曰：“康公此子，可谓桓灵宝重出。”及公则卒，几为之诔，时年十五，沈约见而奇之，谓其舅蔡撙曰：“昨见贤甥杨平南诔文，不减希逸之作，始验康公积善之庆。”

释褐著作佐郎，庐陵王文学，尚书殿中郎，太子舍人，掌管记，迁庶子，中书侍郎，尚书左丞。末年，专尚释教。为新安太守，郡多山

上奏称颂，文辞是十分优美。太清年间，迁任太子中庶子，兼任通事舍人。侯景之乱爆发后，刘孝威从被围困的台城中逃出，跟随司州刺史柳仲礼西上，来到安陆时，染病去世。

七弟刘孝先，任武陵王法曹、主簿。武陵王迁任益州刺史，他随府转为安西记室。承圣年间，与兄长刘孝胜二人一起随萧纪的军队出峡口，兵败，来到江陵，元帝任命他为黄门侍郎，迁任为侍中。他兄弟二人都善作五言诗，受到时人的看重，文集因遭遇乱世，今已不传。

### 殷芸

殷芸字灌蔬，陈郡长平人。生性潇洒倜傥，不拘细节；然而也不随便交游，门前没有闲杂宾客。他立志学业勤奋钻研，博览群书。年幼时庐江人何宪曾见到他，深深地欣赏赞叹。南齐永明年间，他出任宜都王行参军。梁天监初年，他任西中郎主簿、后军临川王记室。天监七年（508），迁任通直散骑侍郎兼中书通事舍人。天监十年（511），被任命为通直散骑侍郎兼尚书左丞，又兼中书舍人，迁任国子博士、昭明太子侍读、西中郎豫章王长史，兼领丹阳尹丞，累加升迁为通直散骑常侍、秘书监、司徒左长史。普通六年（525），入值东宫学士省。大通三年（529），殷芸去世，时年五十九岁。

### 萧几

萧几字德玄，是南齐的曲江公萧遥欣的儿子。年方十岁时，已能做文章。很早就丧父，有九个弟弟，都很幼弱，萧几非常关爱他们，情谊深重，此事朝野皆知。他性情温和，与人无争，清贫自立。爱好学习，又擅长草隶书法。湘州刺史杨公则，是曲江公旧日的属吏。他每次见到萧几，就对人说：“曲江康公的这个儿子，可谓桓玄再世了。”到了杨公则去世时，萧几为他写作诔文，时年十五岁，沈约见到此文大感惊奇，对萧几的舅舅蔡撙说：“昨天见到贤甥为杨平南所作诔文，文笔不亚于宋时的谢庄，这正是康公积善留下福庆的验证呀。”

入仕担任著作佐郎、庐陵王文学、尚书殿中郎、太子舍人、掌管记，迁任庶子、中书侍郎、尚书左丞。萧几晚年，一心尊崇佛教。担任

水，特其所好，适性游履，遂为之记。卒于官。

子为，字元专，亦有文才，仕至太子舍人，永康令。

史臣曰：王规之徒，俱著名誉，既逢休运，才用各展，美矣。萧洽《当涂》之制，见伟辞人，刘孝仪兄弟，并以文章显，君子知梁代之有人焉。

新安太守，郡中多有山水佳景，他特别喜好，随性游览，并写下游记。在官任上去世。

儿子萧为，字元专，也有文才，官至太子舍人、永康令。

史臣说：王规等人，都享有盛誉，身逢时运，得以各自施展才华，足称美谈。萧洽所撰《当涂堰碑》，受到文学界的推崇，刘孝仪众兄弟，也都以文章显名，故而君子可知有梁一代之人才辈出了。

# 卷四十二

## 列传第三十六
臧盾弟厥 傅岐

### 臧盾

臧盾字宣卿，东莞莒人。高祖焘，宋左光禄大夫。祖潭之，左民尚书。父未甄，博涉文史，有才干，少为外兄汝南周颙所知。宋末，起家为领军主簿，所奉即齐武帝。入齐，历太尉祭酒，尚书主客郎，建安庐陵二王府记室，前军功曹史，通直郎，南徐州中正，丹阳尹丞。高祖平京邑，霸府建，引为骠骑刑狱参军。天监初，除后军咨议中郎、南徐州别驾，入拜黄门郎，迁右军安成王长史、少府卿。出为新安太守，有能名。还为太子中庶子，司农卿，太尉长史。丁所生母忧，三年庐于墓侧。服阕，除廷尉卿。出为安成王长史、江夏太守，卒官。

盾幼从征士琅邪诸葛璩受《五经》，通章句。璩学徒常有数十百人，盾处其间，无所狎比。璩异之，叹曰："此生重器，王佐才也。"初为抚军行参军，迁尚书中兵郎。盾美风姿，善举止，每趋奏，高祖甚悦焉。入兼中书通事舍人，除安右录事参军，舍人如故。

盾有孝性，随父宿直于廷尉，母刘氏在宅，夜暴亡，左手中指忽痛，不得寝，及晓，宅信果报凶问，其感通如此。服制未终，父又卒，盾居丧五年，不出庐户，形骸枯悴，家人不复识。乡人王端以状闻，高祖嘉之，敕累遣抑譬。

## 臧盾

臧盾字宣卿，东莞莒县人。高祖父臧焘，在刘宋一朝官至左光禄大夫。祖父臧潭之，官至左民尚书。父亲臧未甄，博通文史，有才干，少年时即为表兄汝南人周颙所知。刘宋末年，被起用为领军主簿，所侍奉的就是后来的齐武帝萧道成。入齐之后，历任太尉祭酒、尚书主客郎、建安庐陵二王府记室、前军功曹史、通直郎、南徐州中正、丹阳尹丞。高祖平定京邑后，受封建安公开府治事，引用臧未甄为骠骑刑狱参军。天监初年，他被任命为后军咨议中郎、南徐州别驾，入朝拜为黄门郎，迁任右军安成王长史、少府卿。出京任新安太守，有能干的政声。回朝后担任太子中庶子、司农卿、太尉长史。遭母丧丁忧去职，他在墓侧结庐而居，长达三年。服丧结束后，被任命为廷尉卿。出京任安成王长史、江夏太守，在官任上去世。

臧盾小时候跟随不应征召的隐士琅琊人诸葛璩学习《五经》，精通其中章句。诸葛璩的学生常常有数十上百人，臧盾在这些孩子中间，从不与其他人一起嬉闹。诸葛璩认为他很不寻常，感叹道："这个学生持重有格局，必是王佐之才。"起初任抚军行参军，迁任尚书中兵郎。臧盾风姿仪态俊美，举止雍容优雅，每次趋前进奏，高祖很喜欢他。入朝兼任中书通事舍人，被任命为安右录事参军，舍人之职照旧。

臧盾生性孝顺，随父亲入宫在廷尉卿任上值班，母亲刘氏在家中，当晚暴病而死，臧盾左手中指忽然负痛，无法入睡，到了天明时，家里人报信果然传来噩耗，他母子心灵感应竟至于如此地步。服丧期未满，父亲又去世，臧盾服丧五年，不曾走出草庐，瘦削憔悴形容枯槁，家里人都认不出来了。同乡王端将此事传扬出去，高祖十分嘉

服阕，除丹阳尹丞，转中书郎，复兼中书舍人，迁尚书左丞，为东中郎武陵王长史，行府州国事，领会稽郡丞。还除少府卿，领步兵校尉，迁御史中丞。盾性公强，居宪台甚称职。

中大通五年二月，高祖幸同泰寺开讲，设四部大会，众数万人，南越所献驯象，忽于众中狂逸，乘舆羽卫及会皆骇散，惟盾与散骑郎裴之礼巍然自若，高祖甚嘉焉。

俄有诏，加散骑常侍，未拜，又诏曰："总一六军，非才勿授。御史中丞、新除散骑常侍盾，志怀忠密，识用详慎，当官平允，处务勤恪，必能缉斯戎政。可兼领军，常侍如故。"大同二年，迁中领军。领军管天下兵要，监局事多。盾为人敏赡，有风力，长于拨繁，职事甚理。天监中，吴平侯萧景居此职，著声称，至是盾复继之。

五年，出为仁威将军、吴郡太守，视事未期，以疾陈解。拜光禄大夫，加金章紫绶。七年，疾愈，复为领军将军。九年，卒，时年六十六。即日有诏举哀。赠侍中，领军如故。给东园秘器，朝服一具，衣一袭，钱布各有差。谥曰忠。

子长博，字孟弘，桂阳内史。次子仲博，曲阿令。盾弟厥。

臧厥

厥字献卿，亦以干局称。初为西中郎行参军，尚书主客郎。入兼中书通事舍人，累迁正员郎，鸿胪卿，舍人如故。迁尚书右丞，未

许，多次遣人劝慰他。

服丧结束后，臧盾被任命为丹阳尹丞，转任中书郎，又兼任中书舍人，迁任尚书左丞，出任东中郎武陵王长史，行府州国事，兼领会稽郡丞。回朝后担任少府卿，兼领步兵校尉，迁任御史中丞。臧盾生性秉公刚强，在御史中丞任上十分称职。

中大通五年（533）二月，高祖驾幸同泰寺开坛讲经，设比丘、比丘尼、优婆塞、优婆夷四部众大会，参会者数万人，南越所进献的驯象，忽然在人群之中发狂逃逸，天子车驾和羽林近卫及参会者全都惊骇逃散，唯独臧盾与散骑郎裴之礼岿然不动神色自如，高祖十分赞赏。

不久天子有诏，臧盾加官为散骑常侍，尚未就职，又有诏书说："统领天子六军的职责，只能授予有才之人。御史中丞、新任命的散骑常侍臧盾，心志忠贞心思缜密，见识广博做事谨慎，任官治事公平允当，处理政务勤勉恭谨，必定能担当军机重任。可兼任领军，常侍之职照旧。"大同二年（536），迁任中领军。领军掌管天下军旅政务，主管的事务繁多。臧盾为人敏捷有见识，做事雷厉风行有魄力，善于处理繁杂多绪的事务，履行职务十分有条理。天监年间，吴平侯萧景（萧昺）曾经担任此职，有非常称职的政声，到这时臧盾又延续了他的表现。

大同五年（539），臧盾出京任仁威将军、吴郡太守，任职期限未满，他因患病而请求解职。被封为光禄大夫，加佩金章紫绶。大同七年（541），他的疾病痊愈，再度担任领军将军。大同九年（543），臧盾去世，时年六十六岁。当日天子下诏为他举哀，追赠为侍中，领军之职照旧。赐给皇室规格的棺木，朝服一具，衣冠一袭，并赐钱和布数量不等。谥号为忠。

儿子臧长博，字孟弘，官至桂阳内史。次子仲博，官至曲阿令。臧盾的弟弟叫臧厥。

臧厥

臧厥字献卿，也以才干器度著称。起初任西中郎行参军、尚书主客郎。入朝兼任中书通事舍人，累加升迁为正员郎、鸿胪卿，舍人之职照旧。迁任尚书右丞，未曾就职，出京任晋安太守。晋安郡依山拜，出为晋安太守。郡居山海，常结聚逋逃，前二千石虽募讨捕，而寇盗不止。厥下车，宣风化，凡诸凶党，皆襁负而出，居民复业，商旅流通。然为政严酷少恩，吏民小事必加杖罚，百姓谓之"臧虎"。还除骠骑庐陵王咨议参军，复兼舍人。迁员外散骑常侍，兼司农卿，舍人如故。大同八年，卒官，时年四十八。

厥前后居职，所掌之局大事及兰台、廷尉所不能决者，敕并付厥。厥辨断精详，咸得其理。厥卒后，有挝登闻鼓诉者，求付清直舍人。高祖曰："臧厥既亡，此事便无可付。"其见知如此。

子操，尚书三公郎。

## 傅岐

傅岐字景平，北地灵州人也。高祖弘仁，宋太常。祖琰，齐世为山阴令，有治能，自县擢为益州刺史。父翙，天监中，历山阴、建康令，亦有能名，官至骠骑咨议。

岐初为国子明经生，起家南康王左常侍，迁行参军，兼尚书金部郎，母忧去职，居丧尽礼。服阕后，疾废久之。是时改创北郊坛，初起岐监知缮筑，事毕，除始新令。县民有因斗相殴而死者，死家诉郡，郡录其仇人，考掠备至，终不引咎，郡乃移狱于县，岐即命脱械，以和言问之，便即首服。法当偿死，会冬节至，岐乃放其还家，使过节一日复狱。曹掾固争曰："古者乃有此，于今不可行。"岐曰："其若负信，县令当坐，主者勿忧。"竟如期而反。太守深相叹异，遽以状闻。岐后去县，民无老小，皆出境拜送，啼号之声，闻于数十里。至都，除廷尉正，入兼中书通事舍人，迁宁远岳阳王记室参军，舍人如故。出为建康令，以公事免。俄复为舍人，累迁安西中记室，

傍海，常常有逃亡的罪犯结伙聚集，前任太守虽曾募集勇士征讨剿捕，贼寇仍未平息。臧厥到任之后，宣扬教化改善风气，境内凡是与匪盗沾亲带故者，都拖儿带女逃出郡中，人民恢复生业，商旅也重新自由通行。然而臧厥治政严酷少恩，下吏和百姓即使犯有小错也必定加以杖罚，百姓称他为"臧虎"。回朝后担任骠骑庐陵王咨议参军，再度兼任中书通事舍人。迁任员外散骑常侍，兼任司农卿，舍人之职照旧。大同八年（542），在官任上去世，时年四十八岁。

臧厥前后所任官职，其主管的部门大事以及御史廷尉所不能决断的疑难案件，天子都敕令交给臧厥处理。臧厥辨析决断十分精到准确，诸多事务都得到合理的解决。臧厥去世后，有人击打殿外的登闻鼓鸣冤上诉，请求将案件交付清廉正直的中书通事舍人审理。高祖说："臧厥已死，此事再无人可以托付了。"他就是如此受到天子知遇。

儿子臧操，官至尚书三公郎。

### 傅岐

傅岐字景平，北地灵州人。高祖父傅弘仁，刘宋一朝官至太常。祖父傅琰，南齐一朝曾任山阴令，有出色的治政才能，从山阴县被提拔为益州刺史。父亲傅翙，梁朝天监年间，历任山阴、建康令，也颇有能干的政声，官至骠骑咨议参军。

傅岐起初是国子学的明经生，被起用为南康王左常侍，迁任行参军，兼任尚书金部郎，遭母丧丁忧去职，服丧期间极尽哀礼。服丧结束后，因哀伤过度染病，不能视事持续了很长时间。这时正逢朝廷改创北郊祭坛，就开始起用傅岐监理修缮筑坛的工作，工程结束后，傅岐被除授为始新令。始新县中有一个因斗殴致死的百姓，死者家属向郡中上诉，郡吏逮捕了仇家，百般拷问，这人始终不认罪，郡吏就将案件移交给县里，傅岐当即命令除去刑具，以温和的言语加以询问，于是此人认罪。依法他应偿命抵罪，时值冬至的节日，傅岐就释放他回家，让他在家过节一日后再回到监狱。下属佐吏极力劝谏说："在古代才有如此做法，当今之世不可行。"傅岐说："他若不守信，县令自当连坐，管事的人不需担忧。"结果犯人如期返回。郡太

镇南咨议参军，兼舍人如故。

　　岐美容止，博涉能占对。大同中，与魏和亲，其使岁中再至，常遣岐接对焉。太清元年，累迁太仆，司农卿，舍人如故。在禁省十余年，机事密勿，亚于朱异。此年冬，豫州刺史贞阳侯萧渊明率众伐彭城，兵败陷魏。二年，渊明遣使还，述魏人欲更通和好，敕有司及近臣定议。左卫朱异曰："高澄此意，当复欲继好，不爽前和；边境且得静寇息民，于事为便。"议者并然之。岐独曰："高澄既新得志，其势非弱，何事须和？此必是设间，故令贞阳遣使，令侯景自疑当以贞阳易景。景意不安，必图祸乱。今若许澄通好，正是堕其计中。且彭城去岁丧师，涡阳新复败退，令便就和，益示国家之弱。若如愚意，此和宜不可许。"朱异等固执，高祖遂从异议。及遣和使，侯景果有此疑，累启请追使，敕但依违报之，至八月，遂举兵反。十月，入寇京师，请诛朱异。三年，迁中领军，舍人如故。二月，景于阙前通表，乞割江右四州，安其部下，当解围还镇，敕许之。乃于城西立盟，求遣宣城王出送。岐固执宣城嫡嗣之重，不宜许，遣石城公大款送之。及与景盟讫，城中文武喜跃，望得解围。岐独言于众曰："贼举兵为逆，未遂求和，夷情兽心，必不可信，此和终为贼所诈也。"众并怨怪之。及景背盟，莫不叹服。寻有诏，以岐勤劳，封南丰县侯，邑五百户，固辞不受。宫城失守，岐带疾出围，卒于宅。

守深深叹服，就将此事上奏朝廷。傅岐后来调离始新县，百姓不分老幼，都来拜别送行直到出县境，哭泣之声数十里可闻。傅岐回到京师，被任命廷尉正，入宫兼任中书通事舍人，迁任宁远岳阳王记室参军，舍人之职照旧。出京任建康令，因公事被免职。不久再度担任舍人，累加升迁为安西中记室、镇南咨议参军，兼舍人之职照旧。

　　傅岐容貌俊美举止优雅，博涉文史善于言谈应对。大同年间，梁朝与东魏保持和平亲善，东魏使者一年里两次访问南朝，朝廷常常派傅岐去接待招呼魏使。太清元年（547），累加升迁为太仆、司农卿，舍人之职照旧。他在宫中任职十几年，勤勉参与朝廷的枢机要务，仅次于朱异。这一年冬天，豫州刺史贞阳侯萧渊明领军攻打彭城，兵败被东魏俘获。太清二年（548），萧渊明派遣使者回京师，叙述东魏希望两国议和通好的意愿，天子敕令有司及近臣商议。时任左卫将军的朱异说：“高澄的这个意愿，应该是想与我朝重归于好，保持和过去一样的和平；如此则我朝边境将可以平息边患，令人民休养生息，对我朝较为有利。”参与讨论的人都赞同他的意见。只有傅岐说：“高澄刚刚取得军事上的胜利，其兵势并不弱，为何会主动求和？这必定是他的离间计，所以让贞阳侯派来使者，让侯景怀疑我朝会交出他换回贞阳侯。侯景若不能自安，必然会策划祸乱。现在我们要是答应高澄与之通好，就正好落入他的诡计中。而且我朝去年在彭城折损了部队，今年又有涡阳之败，就这样求和，只会显出国家的颓弱。依我愚见，这个和议不可批准。”朱异等坚持主张求和，高祖就采纳了朱异的意见。梁朝派出议和的使者之后，侯景果然生出这个疑惑，屡次上奏请求追回使者，天子只是模棱两可地搪塞他，到了八月，侯景就举兵反叛。十月，侯景军进犯京师，请求朝廷诛杀朱异。太清三年（549），傅岐迁任中领军，舍人之职照旧。二月，侯景在宫廷前递交奏表，请求割占长江以西四州，以安顿其部下，承诺会解围返回藩镇，高祖下敕令同意了。于是在城西立下盟约，侯景请求派宣城王萧大器出城护送。傅岐坚决表示宣城王是皇太子的嫡亲嗣子，不可准许此请，于是朝廷派石城公萧大款为侯景送行。待到与侯景缔结盟约后，城中文武都非常喜悦，认为就要解围了。只有傅岐对

　　陈吏部尚书姚察曰：夫举事者定于谋，故万举无遗策，信哉是言也。傅岐识齐氏之伪和，可谓善于谋事，是时若纳岐之议，太清祸乱，固其不作。申子曰："一言倚，天下靡。"此之谓乎。

大家说："叛贼举兵作乱，不会轻易求和，蛮夷之人的狼子野心，必定不可信任，定下这个和约最后会被叛贼欺骗的。"众人都埋怨责怪他。后来侯景背叛盟约，众人没有不叹服傅岐的见识的。不久有诏令，以傅岐勤奋参与国事，封为南丰县侯，食邑五百户，傅岐坚决辞让不肯接受。台城失陷后，傅岐带病逃出包围，在家宅中去世。

陈朝吏部尚书姚察说：做事先定好周密的谋划，这样无论做何事都不会有纰漏，这句话是多么正确啊。傅岐能识破北齐假意求和的奸计，可谓善于谋事了，这时如果能采纳傅岐的建议，则太清年间的祸事，一定不会发生。申不害说过："一个错误的建言，导致天下大乱。"说的就是这种情形吧。

# 卷四十三

## 列传第三十七

### 韦粲

韦粲字长蒨，车骑将军叡之孙，北徐州刺史放之子也。有父风，好学仗气，身长八尺，容貌甚伟。初为云麾晋安王行参军，俄署法曹，迁外兵参军，兼中兵。时颍川庾仲容、吴郡张率，前辈知名，与粲同府，并忘年交好。及王迁镇雍州，随转记室，兼中兵如故。王立为皇太子，粲迁步兵校尉，入为东宫领直，丁父忧去职。寻起为招远将军，复为领直。服阕，袭爵永昌县侯，除安西湘东王咨议，累迁太子仆，左卫率，领直并如故。粲以旧恩，任寄绸密，虽居职屡徙，常留宿卫，颇擅威名，诞倨，不为时辈所平。右卫朱异尝于酒席厉色谓粲曰："卿何得已作领军面向人！"

中大同十一年，迁通直散骑常侍，未拜，出为持节、督衡州诸军事、安远将军、衡州刺史。皇太子出饯新亭，执粲手曰："与卿不为久别。"太清元年，粲至州无几，便表解职。

二年，征为散骑常侍。粲还至庐陵，闻侯景作逆，便简阅部下，得精卒五千，马百匹，倍道赴援。至豫章，奉命报云"贼已出横江"，粲即就内史刘孝仪共谋之。孝仪曰："必期如此，当有别敕，岂可轻信单使，妄相惊动，或恐不然。"时孝仪置酒，粲怒，以杯抵地曰："贼已渡江，便逼宫阙，水陆俱断，何暇有报；假令无敕，岂

## 韦粲

韦粲字长蒨，是车骑将军韦叡的孙子，北徐州刺史韦放之子。他颇有父风，好学而有个性，身高八尺，外貌十分魁伟。起初任云麾晋安王行参军，不久代理法曹，迁任外兵参军，兼中兵。当时颍川人庾仲容、吴郡人张率，都是知名的前辈人物，与韦粲共事于晋安王府中，成为忘年之交。后来晋安王迁任雍州刺史，韦粲随之转任记室，兼中兵之职照旧。晋安王被立为皇太子后，韦粲迁任步兵校尉，入宫任东宫领直，遭父丧丁忧去职。不久被起用为招远将军，再度担任领直。服丧结束后，承袭爵位永昌县侯，被任命为安西湘东王咨议，累加升迁为太子仆、左卫率，领直之职照旧。韦粲因旧日事奉晋安王的恩义，被寄以重任，虽然他的职务屡有迁徙，却常常留在宫中宿卫，颇为专擅威柄，行为放诞倨傲，当时的名流常对此不满。时任右卫将军的朱异曾在酒席间声色俱厉地对韦粲说："卿怎么能摆出一副领军将军的面目对人！"

中大同十一年（545），迁任通直散骑常侍，未曾就职，出京任持节、都督衡州诸军事、安远将军、衡州刺史。皇太子出宫在新亭为他饯行，拉着韦粲的手说："与卿不可长久分别。"太清元年（547），韦粲抵达衡州不久，就上表请求解除任职。

太清二年（548），朝廷征召他任散骑常侍。韦粲回京行至庐陵，听闻侯景反叛，就在部下中拣选勇士，得到精兵五千，战马百匹，日夜兼程赴京救援。抵达豫章时，接到返回的探报说"叛贼已经自横江过江"，韦粲立即与内史刘孝仪一同谋划对策。刘孝仪说："假如真的如此，朝廷当另有敕令，岂可轻信单使，轻举妄动，或许情况并非如此。"当时刘孝仪已摆好酒宴，韦粲发怒，将酒杯掷落在地说：

得自安？韦粲今日何情饮酒！"即驰马出部分。将发，会江州刺史当阳公大心遣使要粲，粲乃驰往见大心曰："上游藩镇，江州去京最近，殿下情计，实宜在前；但中流任重，当须应接，不可阙镇。今直且张声势，移镇溢城，遣偏将赐随，于事便足。"大心然之，遣中兵柳昕帅兵二千人随粲。粲悉留家累于江州，以轻舸就路。至南州，粲外弟司州刺史柳仲礼亦帅步骑万余人至横江，粲即送粮仗赡给之，并散私金帛以赏其战士。

先是，安北将军鄱阳王范亦自合肥遣西豫州刺史裴之高与其长子嗣，帅江西之众赴京师，屯于张公洲，待上流诸军至。是时，之高遣船渡仲礼，与合军进屯王游苑。粲建议推仲礼为大都督，报下流众军。裴之高自以年位，耻居其下，乃云："柳节下是州将，何须我复鞭板。"累日不决。粲乃抗言于众曰："今者同赴国难，义在除贼，所以推柳司州者，政以久捍边疆，先为侯景所惮；且士马精锐，无出其前。若论位次，柳在粲下；语其年齿，亦少于粲，直以社稷之计，不得复论。今日形势，贵在将和；若人心不同，大事去矣。裴公朝之旧齿，年德已隆，岂应复挟私情，以沮大计。粲请为诸君解释之。"乃单舸至之高营，切让之曰："前诸将之议，豫州意所未同，即二宫危逼，猾寇滔天，臣子当勠力同心，岂可自相矛盾，豫州必欲立异，锋镝便有所归。"之高垂泣曰："吾荷国恩荣，自应帅先士卒，顾恨衰老，不能效命，企望柳使君共平凶逆，谓众议已从，无俟老夫耳。若必有疑，当剖心相示。"于是诸将定议，仲礼方得进军。

"贼军已经渡江,就要直逼宫阙了,水陆交通都被切断,哪里还会有使者回报? 假如一直没有朝廷敕令,我又岂能自安? 韦粲今日哪里还有心情饮酒!"立即驰马而出,布置妥当将要出发,遇江州刺史当阳公萧大心派使者前来邀请韦粲,韦粲就驰马去见萧大心说:"上游诸藩镇中,数江州离京师最近,从殿下的情况来考虑,实在应该前往救援;但是江州扼守长江中游任务重大,各路勤王之师会需要接应,不可无人坐镇。现在您暂且大张声势,移镇溢城,派遣偏将随同我赴京,如此行事便足够了。"萧大心同意了,派遣中兵柳昕率军二千人跟随韦粲。韦粲将家小都安置在江州,率军登轻舟启程。抵达南州,韦粲的表弟司州刺史柳仲礼也率领步骑万余人抵达横江,韦粲立即赠送粮秣器械给他们,并拿出私财赏赐这些士卒。

在此之前,安北将军鄱阳王萧范也从合肥派遣西豫州刺史裴之高与自己的长子萧嗣,率领长江以西的部队赶赴京师,屯驻于张公洲,等待上游勤王诸军前来会合。这时,裴之高派遣船只渡柳仲礼军过江,与他们合兵一处进屯王游苑。韦粲建议推戴柳仲礼为大都督,并通报下游各支梁军。裴之高自认为年纪与地位都高于柳仲礼,耻于位居其下,就说:"柳将军是一州刺史足以主持军政,何需我等再来临时委任。"此事拖延多日不决。韦粲就对众人大声说:"今日我等共赴国难,宗旨在于为国除贼,之所以推戴柳司州,正是因为他长期捍卫我朝边疆,已经为侯景所忌惮;而且他的人马十分精锐,没有人比得过。若论官位序列,柳司州在韦粲之下;比较年龄,他也比我韦粲年青,但为了社稷考虑,不能再讲这些。今日的形势,贵在诸将齐心;若人心相异,大事便办不成。裴公是朝廷老臣,年高德隆,岂能怀有私心妨碍大计。韦粲请求为诸君化解这场纠葛。"于是乘一叶轻舟来到裴之高的军营,恳切地批评他说:"之前诸将的提议,裴豫州您未能同意,目前天子与太子都身处险境,狡猾的贼寇气焰熏天,身为臣子应当勠力同心,岂能彼此争斗不休,豫州一定要持反对意见,便是与我军为敌了。"裴之高流着泪说:"我身受国家恩典,自然应该身先士卒,只恨自己年老体衰,不能为国效命,期望与柳使君共同讨平逆贼,我以为众人之见已经一致,不必再等待老夫的赞同。若一

次新亭，贼列阵于中兴寺，相持至晚，各解归。是夜，仲礼入粲营，部分众军，旦日将战，诸将各有据守，令粲顿青塘。青塘当石头中路，粲虑栅垒未立，贼必争之，颇以为惮，谓仲礼曰："下官才非御侮，直欲以身殉国。节下善量其宜，不可致有亏丧。"仲礼曰："青塘立栅，迫近淮渚，欲以粮储船乘尽就泊之，此是大事，非兄不可。若疑兵少，当更差军相助。"乃使直阁将军刘叔胤师助粲，帅所部水陆俱进。时值昏雾，军人迷失道，比及青塘，夜已过半，垒栅至晓未合。景登禅灵寺门阁，望粲营未立，便率锐卒来攻，军副王长茂劝据栅待之，粲不从，令军主郑逸逆击之，命刘叔胤以水军截其后。叔胤畏懦不敢进，逸遂败。贼乘胜入营，左右牵粲避贼，粲不动，犹叱子弟力战，兵死略尽，遂见害，时年五十四。粲子尼及三弟助、警、构、从弟昂皆战死，亲戚死者数百人。贼传粲首阙下，以示城内，太宗闻之流涕曰："社稷所寄，惟在韦公，如何不幸，先死行阵。"诏赠护军将军。世祖平侯景，追谥曰忠贞，并追赠助、警、构及尼皆中书郎，昂员外散骑常侍。

粲长子臧，字君理。历官尚书三公郎，太子洗马，东宫领直。侯景至，帅兵屯西华门，城陷，奔江州，收旧部曲，据豫章，为其部下所害。

### 江子一　江子四　江子五

江子一字元贞，济阳考城人，晋散骑常侍统之七世孙也。父法成，天监中奉朝请。

子一少好学，有志操，以家贫阙养，因蔬食终身。起家王国侍

定有所怀疑，我当剖心以见。"于是诸将定议，柳仲礼才得以进军。

　　大军来到新亭，叛贼在中兴寺列阵，两军相持至夜晚，各自归营。当晚，柳仲礼来到韦粲营中，调拨各路人马，天明出战，诸将各有据守的防区，命令韦粲屯扎于青塘。青塘正当石头城中路，韦粲考虑不等营垒扎好，贼军必会来攻，对此颇为忌惮，就对柳仲礼说："下官才能不足以抵御外侮，但愿意以身殉国。将军请妥善考虑此项任务，不可使我军受挫。"柳仲礼说："在青塘建营立栅，临近秦淮河，就是想把运送粮秣物资的船只全都停泊在这里，这是大事，非兄长不可。若怀疑兵力不够，我当再派军相助。"就派直阁将军刘叔胤去支援韦粲，率所部水陆并进。当晚时值月色昏暗且有大雾，军卒迷失道路，待到抵达青塘时，夜晚已经过去了一半，梁军营栅直到破晓仍未合拢。侯景登上禅灵寺的门阁，望见韦粲营垒尚未立好，就率领锐卒前来攻打，军副王长茂劝说韦粲据守于栅内以待敌军，韦粲不听，下令军主郑逸迎击，并命令刘叔胤率水军截断敌军后路。刘叔胤畏敌不前，郑逸就被打败。贼军乘胜攻入军营，左右拉韦粲避贼，韦粲不为所动，仍然指挥家族子弟奋力抵抗，部队死伤殆尽，于是遇害，时年五十四岁。韦粲的儿子韦尼及三个弟弟韦助、韦警、韦构、堂弟韦昂全部战死，亲族中战死者达数百人。贼军将韦粲首级传于台城之下，给城中的守军看，萧纲听说后流泪说："国家寄予厚望的就是韦公了，为何如此不幸，先行死于军前。"天子下诏追赠为护军将军。元帝讨平侯景后，为韦粲追加谥号为忠贞，并将韦助、韦警、韦构及韦尼都追赠为中书郎，韦昂追赠为员外散骑常侍。

　　韦粲长子韦臧，字君理。历任尚书三公郎、太子洗马、东宫领直。侯景军攻至建康，韦臧率军屯守于西华门，台城陷落后，逃奔江州，收集旧日部曲，占据了豫章，被部下所害。

## 江子一　江子四　江子五

　　江子一字元贞，济阳考城人，是晋朝散骑常侍江统的七世孙。父亲江法成，天监年间任奉朝请。

　　江子一年少时十分好学，有志节操守，因家贫对父母供养不足，

郎，奉朝请。启求观书秘阁，高祖许之，有敕直华林省。其姑夫右卫将军朱异，权要当朝，休下之日，宾客辐凑，子一未尝造门，其高洁如此。稍迁尚书仪曹郎，出为遂昌、曲阿令，皆著美绩。除通直散骑侍郎。出为戎昭将军、南津校尉。

弟子四，历尚书金部郎，大同初，迁右丞。兄弟性并刚烈。子四自右丞上封事，极言得失，高祖甚善之，诏尚书详择施行焉。左民郎沈炯、少府丞顾璵尝奏事不允，高祖厉色呵责之，子四乃趋前代炯等对，言甚激切，高祖怒呼缚之，子四据地不受，高祖怒亦止，乃释之，犹坐免职。

及侯景反，攻陷历阳，自横江将渡，子一帅舟师千余人，于下流欲邀之，其副董桃生家在江北，因与其党散走。子一乃退还南州，复收余众，步道赴京师。贼亦寻至，子一启太宗云：“贼围未合，犹可出荡，若营栅一固，无所用武。”请与其弟子四、子五帅所领百余人，开承明门挑贼。许之。子一乃身先士卒，抽戈独进，群贼夹攻之，从者莫敢继，子四、子五见事急，相引赴贼，并见害。诏曰：“故戎昭将军、通直散骑侍郎、南津校尉江子一，前尚书右丞江子四，东宫直殿主帅子五，祸故有闻，良以矜恻，死事加等，抑惟旧章。可赠子一给事黄门侍郎，子四中书侍郎，子五散骑侍郎。”侯景平，世祖又追赠子一侍中，谥义子；子四黄门侍郎，谥毅子；子五中书侍郎，谥烈子。

子一续《黄图》及班固“九品”，并辞赋文笔数十篇，行于世。

他就终身食素。最初被起用为王国侍郎、奉朝请。他上奏请求观看秘阁藏书，高祖批准，敕令他在华林省执勤。他的姑父右卫将军朱异，在当时朝中权倾一时，每逢休假在家之时，前去拜会巴结他的宾客成群结队，而江子一从未去登门拜访过，他的高洁品格就像这样。后迁任尚书仪曹郎，出京任遂昌、曲阿令，都有良好的政绩。被任命为通直散骑侍郎。出京任戎昭将军、南津校尉。

他的弟弟江子四，曾任尚书金部郎，大同初年，迁为尚书右丞。他们兄弟二人都性情刚烈。江子四居尚书右丞之职时曾上封事进奏，畅谈政务得失，高祖十分欣赏他，诏令尚书详细拣择加以实行。左民郎沈炯、少府丞顾玙有一次奏事不恰当，高祖厉声呵斥他们，江子四就上前代沈炯等人对答，言辞非常激昂恳切，高祖大怒呼喊侍卫来绑缚他，江子四伏地而不受缚，高祖的怒气也就停息了，释放了他，但是江子四仍因此事被免职。

侯景反叛后，攻陷历阳，将要从横江渡过长江，江子一率领水军千余人，想从下游截击侯景，但他的副帅董桃生家在江北，这时就与其党羽四散逃走了。江子一退回到南州，重新收拢剩余的军卒，从旱路赶赴京师。叛军不久也抵达建康，江子一启奏太子萧纲说："叛军的包围圈尚未合拢，我军仍可出城冲杀敌军，若是他们营栅都安扎牢固了，那时就会无用武之地了。"请求与他的弟弟江子四、江子五率所领部曲百余人，打开承明门向叛军挑战。萧纲同意了。江子一就身先士卒，持戈独自冲在最前面，群贼两面夹攻他，他的部属没有敢继续前进的，江子四、江子五见情势危急，相继冲入敌阵，全部被杀害。天子下诏说："已故戎昭将军、通直散骑常侍、南津校尉江子一，前尚书右丞江子四，东宫直殿主帅江子五，听闻他们受祸蒙难的消息，朕心中十分恻隐怜悯，死国难者应增加嘉奖悼念的等级，这也是历代承袭的旧制。可追赠江子一为给事黄门侍郎，江子四为中书侍郎，江子五为散骑侍郎。"侯景之乱平定后，元帝又追赠江子一为侍中，谥号义子；江子四为黄门侍郎，谥号毅子；江子五为中书侍郎，谥号烈子。

江子一曾续写《三辅黄图》及班固《汉书·古今人表》，连同他

## 张嵊

张嵊字四山,镇北将军稷之子也。少方雅,有志操,能清言。父临青州,为土民所害,嵊感家祸,终身蔬食布衣,手不执刀刃。州举秀才。起家秘书郎,累迁太子舍人,洗马,司徒左西掾,中书郎。出为永阳内史,还除中军宣城王司马、散骑常侍。又出为镇南湘东王长史、寻阳太守。中大同元年,征为太府卿,俄迁吴兴太守。

太清二年,侯景围京城,嵊遣弟伊率郡兵数千人赴援。三年,宫城陷,御史中丞沈浚违难东归,嵊往见而谓曰:"贼臣凭陵,社稷危耻,正是人臣效命之秋。今欲收集兵力,保据贵乡。若天道无灵,忠节不展,虽复及死,诚亦无恨。"浚曰:"鄙郡虽小,仗义拒逆,谁敢不从!"固劝嵊举义。于是收集士卒,缮筑城垒。时邵陵王东奔至钱唐,闻之,遣板授嵊征东将军,加秩中二千石。嵊曰:"朝廷危迫,天子蒙尘,今日何情,复受荣号。"留板而已。贼行台刘神茂攻破义兴,遣使说嵊曰:"若早降附,当还以郡相处,复加爵赏。"嵊命斩其使,仍遣军主王雄等帅兵于鳢浤逆击之,破神茂,神茂退走。侯景闻神茂败,乃遣其中军侯子鉴帅精兵二万人,助神茂以击嵊,嵊遣军主范智朗出郡西拒战,为神茂所败,退归。贼骑乘胜焚栅,栅内众军皆土崩。嵊乃释戎服,坐于听事,贼临之以刃,终不为屈,乃执嵊以送景,景刑之于都市,子弟同遇害者十余人,时年六十二。贼平,世祖追赠侍中、中卫将军、开府仪同三司。谥曰忠贞子。

的辞赋及无韵文章共数十篇，都通行于世。

## 张嵊

张嵊字四山，是镇北将军张稷之子。少年时就性格方正高雅，有志行节操，擅能清谈。父亲在担任青州刺史时，被土著居民害死，张嵊因家门罹祸，终身只穿布衣并食素，手中从不拿刀刃。州中举他为秀才。最初被起用为秘书郎，累加升迁为太子舍人、洗马、司徒左西掾、中书郎。出京任永阳内史，回朝后除授为中军宣城王司马、散骑常侍。又出京担任镇南湘东王长史、寻阳太守。中大同元年（546），朝廷征召他为太府卿，不久迁任吴兴太守。

太清二年（548），侯景围困京城，张嵊派弟弟张伊率领郡兵数千人赶赴京师救援。太清三年（549），台城失陷，御史中丞沈浚逃难东归，张嵊前往拜访他对他说："贼臣侵扰朝廷，社稷倾危蒙耻，正是人臣为国效命的时候。现在我想集结兵力，固守贵乡以拒敌。若是天道不显灵，忠贞的志节不得施展，即便是最终死去，也没有什么遗憾的。"沈浚说："鄙郡虽小，您依据大义抵御逆贼，谁敢不从！"就力劝张嵊举义。于是张嵊收集士卒，修缮城防工事。当时邵陵王萧纶东逃至钱唐县，听说此事，就派遣使者临时任命张嵊为征东将军，加俸至中二千石。张嵊说："朝廷危在旦夕，天子被迫蒙尘，今日何等情势，我岂能再受荣耀封号。"仅仅只留下了邵陵王任命他的文书而已。叛贼任命的行台刘神茂攻破了义兴郡，派使者来游说张嵊说："若是及早投降归附，还会让你掌管一郡，外加爵位赏赐。"张嵊下令斩杀了使者，派遣军主王雄等率军在鳝渎迎击叛军，击破刘神茂军，刘神茂退走。侯景听闻刘神茂战败，就派遣他的中军侯子鉴率精兵二万人，协助刘神茂攻击张嵊。张嵊派军主范志朗赴郡西迎战，被刘神茂击败，退归郡城。叛贼骑兵乘胜焚烧梁军营栅，栅内的梁军士卒土崩瓦解。张嵊就卸下戎装，坐在官署中，叛贼以刀刃逼近他，他始终没有屈服，于是叛军将他抓起来送交侯景，侯景在京师市曹将他处死，家族子弟一同遇害的有十余人，时年六十二岁。侯景之乱平定后，元帝追赠他为侍中、中卫将军、开府仪同三司。谥号为忠贞子。

## 沈浚

沈浚字叔源，吴兴武康人。祖宪，齐散骑常侍，齐史有传。

浚少博学，有才干，历山阴、吴、建康令，并有能名。入为中书郎，尚书左丞。侯景逼京城，迁御史中丞。是时外援并至，侯景表请求和，诏许之。既盟，景知城内疾疫，复怀奸计，迟疑不去。数日，皇太子令浚诣景所，景曰："即已向热，非复行时，十万之众，何由可去，还欲立效朝廷，君可见为申闻。"浚曰："将军此论，意在得城。城内兵粮，尚支百日。将军储积内尽，国家援军外集，十万之众，将何所资？而反设此言，欲胁朝廷邪？"景横刃于膝，瞋目叱之。浚正色责景曰："明公亲是人臣，举兵向阙，圣主申恩赦过，已共结盟，口血未干，而有翻背。沈浚六十之年，且天子之使，死生有命，岂畏逆臣之刀乎！"不顾而出。景曰："是真司直也。"然密衔之。及破张嵊，乃求浚以害之。

## 柳敬礼  柳仲礼

柳敬礼，开府仪同三司庆远之孙。父津，太子詹事。

敬礼与兄仲礼，皆少以勇烈知名。起家著作佐郎，稍迁扶风太守。侯景渡江，敬礼率马步三千赴援，至都，据青溪埭，与景频战，恒先登陷陈，甚著威名。台城没，敬礼与仲礼俱见于景，景遣仲礼经略上流，留敬礼为质，以为护军。景饯仲礼于后渚，敬礼密谓仲礼曰："景今来会，敬礼抱之，兄拔佩刀，便可斫杀，敬礼死亦无所恨。"仲礼壮其言，许之。及酒数行，敬礼目仲礼，仲礼见备卫严，不敢动，计遂不果。会景征晋熙，敬礼与南康王会理共谋袭其城，

## 沈浚

沈浚字叔源，吴兴武康人。祖父沈宪，官至南齐一朝的散骑常侍，南齐史书中有传记。

沈浚年少时博学旁通，很有才干，历任山阴、吴、建康令，都留下善于治政的名声。入朝担任中书郎、尚书左丞。侯景逼近京城时，沈浚迁任御史中丞。这个时候外来勤王的部队全都抵达京师，侯景上表求和，高祖下诏准许。两军盟誓过后，侯景知道城内瘟疫流行，再度心怀奸计，长久盘桓不撤军。好几天后，皇太子命沈浚去见侯景，侯景说："天气已经转热，不再适合启程，十万人马，如何撤得？而且我还想报效朝廷，您可以替我向天子解释。"沈浚说："将军此番言论，目的在于夺取台城。城内军粮，还足够支持百日。将军内部储积的粮秣已经耗尽，外部又有朝廷援军大量集结，十万人马，如何能支撑下去？而您反而说出这番话，是要威胁朝廷吗？"侯景将佩刀横放在膝盖上，瞪眼呵斥沈浚。沈浚严肃地责备侯景说："明公身为人臣，却举兵包围宫阙，圣主已经施恩赦免你的罪过，两军已经结下盟约，口上的盟誓之血还未擦干，将军就要背盟。我沈浚年已六十，而且是天子的使臣，生死自有天命，岂会畏惧叛臣的刀刃！"说罢径直头也不回地出去了。侯景说："这是真正的御史中丞啊。"然而暗中仍忌恨他。后来他击破了张嵊，就搜捕到沈浚将他杀害了。

### 柳敬礼 柳仲礼

柳敬礼，是开府仪同三司柳庆远的孙子。父亲柳津，官至太子詹事。

柳敬礼与兄长柳仲礼，二人年轻时都以勇猛刚烈而知名。最初被起用为著作佐郎，后来逐渐转任为扶风太守。侯景渡江时，柳敬礼率领步骑三千人赴京救援，来到京师后，占据青溪埭，与侯景频繁接战，常常冲锋在前，颇有威名。台城陷落后，柳敬礼与柳仲礼都面见了侯景，侯景派遣柳仲礼经略上游地区，留下柳敬礼做人质，任命为护军。侯景在后渚为柳仲礼设宴饯行，柳敬礼秘密对柳仲礼说："侯景今日来会，我将他抱住，兄长拔出佩刀，就可当场砍死他，敬礼我虽死也无所恨了。"柳仲礼敬佩他这个提议的壮勇，就答应了。当酒过数巡，柳敬礼对柳仲礼使眼色，而柳仲礼见侯景的侍卫戒备

克期将发，建安侯萧贲知而告之，遂遇害。

　　史臣曰：若夫义重于生，前典垂诰，斯盖先哲之所贵也。故孟子称生者我所欲，义亦我所欲，二事必不可兼得，宁舍生而取义。至如张嵊二三子之徒，捐躯殉节，赴死如归，英风劲气，笼罩今古，君子知梁代之有忠臣焉。

森严，不敢下手，这条计策就未能成功。时值侯景出征晋熙郡，柳敬礼与南康王萧会理一起密谋袭取京城，到了约定的时间将要举事，建安侯萧贲知悉此事而向叛军告密，柳敬礼于是遇害。

史臣说：大义重于生命，此乃前代典籍传下的训诫，这是先哲所看重的品质。所以孟子说生命是我所想要的，大义也是我想要的，二者若必不能两全，宁可舍弃生命而成全大义。像张嵊这几个人，捐弃生命殉其气节，决然赴死如同归乡，其英烈刚劲之浩气，穿越时空笼罩古今，君子可以知道梁代是有忠臣的了。

# 卷四十四

## 列传第三十八

### 太宗十一王　世祖二子

#### 太宗十一王

太宗王皇后生哀太子大器、南郡王大连，陈淑容生寻阳王大心；左夫人生南海王大临、安陆王大春；谢夫人生浏阳公大雅；张夫人生新兴王大庄；包昭华生西阳王大钧，范夫人生武宁王大威，褚修华生建平王大球，陈夫人生义安王大昕；朱夫人生绥建王大挚。自余诸子，本书不载。

#### 寻阳王萧大心

寻阳王大心字仁恕。幼而聪朗，善属文。中大通四年，以皇孙封当阳公，邑一千五百户。大同元年，出为使持节、都督郢南北司定新五州诸军事、轻车将军、郢州刺史。时年十三，太宗以其幼，恐未达民情，戒之曰："事无大小，悉委行事，纤毫不须措怀。"大心虽不亲州务，发言每合于理，众皆惊服。七年，征为侍中、兼石头戍军事。太清元年，出为云麾将军、江州刺史。二年，侯景寇京邑，大心招集士卒，远近归之，众至数万，与上流诸军赴援宫阙。三年，城陷，上甲侯萧韶南奔，宣密诏，加散骑常侍，进号平南将军。大宝元年，封寻阳王，邑二千户。

初，历阳太守庄铁以城降侯景，既而又奉其母来奔，大心以铁旧将，厚为其礼，军旅之事，悉以委之，仍以为豫章内史。侯景数

## 太宗十一王

太宗简文帝王皇后生下了哀太子萧大器、南郡王萧大连；陈淑容生下了寻阳王萧大心，左夫人生下了南海王萧大临、安陆王萧大春，谢夫人生下了浏阳公萧大雅，张夫人生下了新兴王萧大庄，包昭华生下了西阳王萧大钧，范夫人生下了武宁王萧大威，褚修华生下了建平王萧大球，陈夫人生下了义安王萧大昕，朱夫人生下了绥建王萧大挚。此外的诸子，本书不作记载。

### 寻阳王萧大心

寻阳王萧大心字仁恕。从小聪明开朗，善作文章。中大通四年（532），以皇孙受封当阳公，食邑一千五百户。大同元年（535），出京任使持节、都督郢南北司定新五州诸军事、轻车将军、郢州刺史。时年十三岁，简文帝因他年幼，恐怕他不能通晓民情，就告诫他说："事情无论大小，全都交给行州府事的官员处理，丝毫不要干预。"萧大心虽然不曾亲自处理州务，每次发表意见都能合于情理，众人都惊讶而叹服。大同七年（541），朝廷征召他为侍中、兼石头戍军事。太清元年（547），出京任云麾将军、江州刺史。太清二年（548），侯景进犯京师，萧大心募集士卒，远近义勇都来归附他，军队人数多至数万，与上游各支勤王部队一起赶赴台城救援。太清三年（549），台城陷落，上甲侯萧韶南逃，宣读了高祖密诏，萧大心加官散骑常侍，进号为平南将军。大宝元年（550），封为寻阳王，食邑二千户。

起初，历阳太守庄铁献城投降侯景，后来又携其母亲来投奔萧大心，萧大心因他是朝中宿将，给予优厚的礼遇，凡军政之事，全都委派给他办理，仍任命他为豫章内史。侯景屡次派遣军队西上侵

遣军西上寇抄，大心辄令铁击破之，贼不能进。时鄱阳王范率众弃合肥，屯于栅口，待援兵总集，欲俱进。大心闻之，遣要范西上，以溢城处之，廪馈甚厚，与勠力共除祸难。会庄铁据豫章反，大心令中兵参军韦约等将军击之，铁败绩，又乞降。鄱阳世子嗣先与铁游处，因称其人才略从横，且旧将也，欲举大事，当资其力，若降江州，必不全其首领，嗣请援之。范从之，乃遣将侯瑱率精甲五千往救铁，夜袭破韦约等营。大心闻之大惧，于是二藩衅起，人心离贰。景将任约略地至于溢城，大心遣司马韦质拒战，败绩。时帐下犹有勇士千余人，咸说曰："既无粮储，难以守固，若轻骑往建州，以图后举，策之上者也。"大心未决，其母陈淑容曰："即日圣御年尊，储宫万福，汝久奉违颜色，不念拜谒阙庭，且吾已老，而欲远涉险路，粮储不给，岂谓孝子，吾终不行。"因抚胸恸哭，大心乃止。遂与约和。二年秋，遇害，时年二十九。

## 南海王萧大临

南海王大临字仁宣。大同二年，封宁国县公，邑一千五百户。少而敏慧。年十一，遭左夫人忧，哭泣毁瘠，以孝闻。后入国学，明经射策甲科，拜中书侍郎，迁给事黄门侍郎。十一年，为长兼侍中。出为轻车将军、琅邪彭城二郡太守。侯景乱，为使持节、宣惠将军，屯新亭。俄又征还，屯端门，都督城南诸军事。时议者皆劝收外财物，拟供赏赐，大临独曰："物乃赏士，而牛可犒军。"命取牛，得千余头，城内赖以飨士。大宝元年，封南海郡王，邑二千户。出为使持节、都督扬南徐二州诸军事、安南将军、扬州刺史。又除安东

犯，萧大心多次令庄铁击破他们，叛贼不能前进。当时鄱阳王萧范率众放弃合肥，屯驻在栅口，等待各路援兵会合，打算一起进军。萧大心听说后，遣使邀请萧范西上，让出溢城供他驻扎，赠送的粮饷十分丰厚，准备两军联手共除祸难。时值庄铁占据豫章郡反叛，萧大心命令中兵参军韦约等领军去攻打，庄铁战败，又请求归降。鄱阳王的世子萧嗣此前曾与庄铁交游相处，盛赞庄铁才智纵横，而且是军中旧将，如要举大事，应当借助其力量，若是他投降江州，寻阳王必然不会保全他的性命，萧嗣请求去救援他。萧范就听从了，就派遣将领侯瑱率领精锐甲士五千人前往救援庄铁，趁夜袭击攻破韦约等人的军营。萧大心听说之后非常畏惧，于是两个藩王之间产生了嫌隙，军中生出异心。侯景的将领任约一路劫掠到溢城，萧大心派司马韦质拒敌，被击败。当时萧大心帐下还有千余名勇士，他们都劝他说："现在我们已经没有粮用储备，难以固守江州，若轻装骑马前往建州，以图日后东山再起，不失为上策。"萧大心没有下定决心，他的母亲陈淑容说："现在圣上年纪渐长，太子平安健康，你久不曾得见龙颜，也不挂念拜谒宫阙问候二宫。况且我也老了，要我随你去远涉艰险，一路粮储又不得接济，这怎能算是孝子所为？我不会跟随你去的。"说完捶胸恸哭，萧大心就没有出发。于是他与任约议和。大宝二年（551）秋，萧大心遇害，时年二十五岁。

## 南海王萧大临

南海王萧大临字仁宣。大同二年（536），被封为宁国县公，食邑一千五百户。他少而聪敏。十一岁时，生母左夫人去世，萧大临伤心哭泣而影响健康，因孝行而闻名。后来进入国子学中，明经射策考试成绩优等，拜为中书侍郎，迁任给事黄门侍郎。大同十一年（545），担任长兼侍中。出京任轻车将军、琅琊彭城二郡太守。侯景叛乱时，他担任使持节、宣惠将军，屯驻于新亭。不久又奉诏回京，屯驻在端门，都督城南诸军事。当时商议对策的大臣都主张收集城外财物，用来赏赐部队，只有萧大临说："财物是为了赏励士卒，而牛则可以犒劳三军。"就命令牵牛入城，得到千余头，围城后城中赖此供给士卒。大宝元年（550），被封为南海郡王，食邑二千户。出京任使持节、

将军、吴郡太守。时张彪起义于会稽，吴人陆令公、颍川庾孟卿等劝大临走投彪。大临曰："彪若成功，不资我力；如其挠败，以我说焉，不可往也。"二年秋，遇害于郡，时年二十五。

## 南郡王萧大连

南郡王大连字仁靖。少俊爽，能属文，举止风流，雅有巧思，妙达音乐，兼善丹青。大同二年，封临城县公，邑一千五百户。七年，与南海王俱入国学，射策甲科，拜中书侍郎。十年，高祖幸朱方，大连与兄大临并从。高祖问曰："汝等习骑不？"对曰："臣等未奉诏，不敢辄习。"敕各给马试之，大连兄弟据鞍往还，各得驰骤之节，高祖大悦，即赐所乘马。及为启谢，词又甚美。高祖佗日谓太宗曰："昨见大临、大连，风韵可爱，足以慰吾老年。"迁给事黄门侍郎，转侍中，寻兼石头戍军事。太清元年，出为使持节、轻车将军、东扬州刺史。侯景入寇京师，大连率众四万来赴。及台城没，援军散，复还扬州。三年，会稽山贼田领群聚党数万来攻，大连命中兵参军张彪击斩之。大宝元年，封为南郡王，邑二千户。景仍遣其将赵伯超、刘神茂来讨，大连设备以待之。会将留异以城应贼，大连弃城走，至信安，为贼所获。侯景以为轻车将军、行扬州事，迁平南将军、江州刺史。大连既迫寇手，恒思逃窜，乃与贼约曰："军民之事，吾不预焉，候我存亡，但听钟响。"欲简与相见，因得亡逸，贼亦信之，事未果。二年秋，遇害，时年二十五。

都督扬南徐二州诸军事、安南将军、扬州刺史。又被任命为安东将军、吴郡太守。当时张彪在会稽郡起义反抗叛军，吴县人陆令公、颍川人庾孟卿等劝萧大临前去投奔张彪。萧大临说："张彪若能成功，不需要我的助力；如果他败亡了，我的劝说就会成为致败的原因，不可前去。"大宝二年（551）秋，在郡中遇害，时年二十五岁。

## 南郡王萧大连

南郡王萧大连字仁靖。年少时俊逸爽朗，能写文章，举止风流倜傥，常有奇思妙想，精通音律，又擅长绘画。大同二年（536），被封为临城县公，食邑一千五百户。大同七年（541），与南海王萧大临一起进入国子学，射策考试成绩优等，拜为中书侍郎。大同十年（544），高祖巡幸朱方县，萧大连与其长萧大临都跟随前往。高祖问他们："你们学习骑术了没有？"答道："臣等没有接到诏令，不敢轻易学习骑术。"高祖敕令给他们马匹来试骑，萧大连两兄弟据鞍驰马往返，都掌握了骑马奔驰的要领。高祖非常高兴，就将所乘之马赐给他们。到了二人上奏谢恩时，言辞又甚为优美。高祖后一日对简文帝说："昨天见到大临、大连二人，风韵可爱，足以安慰我的老年。"萧大连迁任给事黄门侍郎，转任侍中，不久兼石头戍军事。太清元年（547），出京任使持节、轻车将军、东扬州刺史。侯景入寇京师时，萧大连率军四万前来救援。后来台城陷落，援军四散，萧大连又回到扬州。太清三年（549），会稽山贼田领群纠集党羽数万人前来攻打扬州，萧大连命令中兵参军张彪击破并斩杀了田领群。大宝元年（550），朝廷封萧大连为南郡王，食邑二千户。侯景又派他的将领赵伯超、刘神茂来攻打扬州，萧大连做好防守准备等待敌军。这时将领留异献城降贼，萧大连就弃城逃走，跑到信安时被叛军俘获。侯景任命他为轻车将军、行扬州事，迁任平南将军、江州刺史。萧大连陷入敌手后，时常考虑出逃，就和叛军约定说："军民政务，我一概不参与，要知道我的死活，只需听钟声就好。"他想减少与外人见面，趁机出逃，叛军相信了他，但他出逃没能成功。大宝二年（551）秋，萧大连遇害，时年二十五岁。

### 安陆王萧大春

安陆王大春字仁经。少博涉书记。天性孝谨，体貌瑰伟，腰带十围。大同六年，封西丰县公，邑一千五百户。拜中书侍郎。后为宁远将军，知石头戍军事。侯景内寇，大春奔京口，随邵陵王入援，战于钟山，为贼所获。京城既陷，大宝元年，封安陆郡王，邑二千户。出为使持节、云麾将军、东扬州刺史。二年秋，遇害，时年二十二。

### 浏阳公萧大雅

浏阳公大雅字仁风。大同九年，封浏阳县公，邑一千五百户。少聪警，美姿仪，特为高祖所爱。太清三年，京城陷，贼已乘城，大雅犹命左右格战，贼至渐众，乃自缒而下。因发愤感疾，薨，时年十七。

### 新兴王萧大庄

新兴王大庄字仁礼。大同九年，封高唐县公，邑一千五百户。大宝元年，封新兴郡王，邑二千户。出为使持节、都督南徐州诸军事、宣毅将军、南徐州刺史。二年秋，遇害，时年十八。

### 西阳王萧大钧

西阳王大钧字仁辅。性厚重，不妄戏弄。年七岁，高祖尝问读何书，对曰"学《诗》"。因命讽诵，音韵清雅，高祖因赐王羲之书一卷。大宝元年，封西阳郡王，邑二千户。出为宣惠将军、丹阳尹。二年，监扬州，将军如故。至秋遇害，时年十三。

### 武宁王萧大威

武宁王大威字仁容。美风仪，眉目如画。大宝元年，封武宁郡王，邑二千户。二年，出为信威将军、丹阳尹。其年秋，遇害，时年十三。

### 安陆王萧大春

安陆王萧大春字仁经。小时候博览各种书籍。天性孝顺恭谨，身形壮大，腰带十围。大同六年（540），被封为西丰县公，食邑一千五百户。拜为中枢侍郎。后来被任命为宁远将军、知石头戍军事。侯景进犯京师时，萧大春奔赴京口，随同邵陵王萧纶入京救援，在钟山与叛军交战，兵败被俘。京城陷落后，大宝元年（550），被封为安陆郡王，食邑二千户。出京任使持节、云麾将军、东扬州刺史。大宝二年（551）秋，萧大春遇害，时年二十二岁。

### 浏阳公萧大雅

浏阳公萧大雅字仁风。大同九年（543），被封为浏阳县公，食邑一千五百户。他自幼聪明颖悟，风姿仪态美好，特别受到高祖宠爱。太清三年（549），京城陷落，叛军已经登上城墙，萧大雅仍然指挥左右侍卫杀敌，后来敌人越来越多，他就自己缒城而下。随后因郁闷而感染疾病，终至薨逝，时年十七岁。

### 新兴王萧大庄

新兴王萧大庄字仁礼。大同九年（543），封为高唐县公，食邑一千五百户。大宝元年（550），封为新兴郡王，食邑二千户。出京任使持节、都督南徐州诸军事、宣毅将军、南徐州刺史。大宝二年（551）秋，萧大庄遇害，时年十八岁。

### 西阳王萧大钧

西阳王萧大钧字仁辅。性情宽厚持重，不喜嬉闹。七岁时，高祖曾问他在读什么书，他答道"在学《诗》。"高祖就命他背诵，他背诗的声音清脆悦耳，高祖就赐他王羲之的书法一卷。大宝元年（550），萧大钧被封为西阳郡王，食邑二千户。出京任宣惠将军、丹阳尹。大宝二年（551），监扬州，将军之职照旧。这年秋天遇害，时年十三岁。

### 武宁王萧大威

武宁王萧大威字仁容。他风姿仪态优美，眉目如同画中人物一般。大宝元年（550），被封为武宁郡王，食邑二千户。大宝二年（551），出京任信威将军、丹阳尹。本年秋季时，萧大威遇害，时年

### 建平王萧大球

建平王大球字仁瓛。大宝元年，封建平郡王，邑二千户。性明慧夙成。初，侯景围京城，高祖素归心释教，每发誓愿，恒云"若有众生应受诸苦，悉衍身代当。"时大球年甫七岁，闻而惊谓母曰："官家尚尔，儿安敢辞。"乃六时礼佛，亦云"凡有众生应获苦报，悉大球代受。"其早慧如此。二年，出为轻车将军、兼石头戍军事。其年秋，遇害，时年十一。

### 义安王萧大昕

义安王大昕字仁朗。年四岁，母陈夫人卒，便哀慕毁悴，有若成人。及高祖崩，大昕奉慰太宗，呜咽不能自胜，左右见之，莫不掩泣。大宝元年，封义安郡王，邑二千户。二年，出为宁远将军、琅邪彭城二郡太守，未之镇，遇害，时年十一。

### 绥建王萧大挚

绥建王大挚字仁瑛。幼雄壮有胆气，及京城陷，乃叹曰："大丈夫会当灭虏属。"嬭媪惊，掩其口曰："勿妄言，祸将及。"大挚笑曰："祸至非由此言。"大宝元年，封绥建郡王，邑二千户。二年，为宁远将军，遇害，时年十岁。

### 世祖二子

世祖诸男：徐妃生忠壮世子方等；王夫人生贞惠世子方诸；其愍怀太子方矩，本书不载所生，别有传；夏贤妃生敬皇帝。自余诸子，并本书无传。

### 忠壮世子萧方等

忠壮世子方等字实相，世祖长子也。母曰徐妃。少聪敏，有俊

十三岁。

### 建平王萧大球

建平王萧大球字仁珽。大宝元年（550），被封为建平郡王，食邑二千户。他天性聪颖早慧。起初，侯景围困京城时，高祖素来笃信佛教，每逢礼佛发誓愿，就常说"一切众生所应受苦厄，愿全由衍代为承受。"当时萧大球年方七岁，听到这句话很惊讶地对母亲说："天子尚且这样，孩儿怎么敢推辞。"于是他每天礼佛六次，也说"凡一切众生所应受苦厄，愿全由大球代为承受。"他就是如此早慧。大宝二年（551），出京任轻车将军、兼石头戍军事。本年秋季时，萧大球遇害，时年十一岁。

### 义安王萧大昕

义安王萧大昕字仁朗。四岁那年，母亲陈夫人去世，萧大昕伤心得形容憔悴，和成年人一样。高祖驾崩时，萧大昕奉命安慰简文帝，呜咽到不能自已，左右侍从见到没有不掩面而泣的。大宝元年（550），他被封为义安郡王，食邑二千户。大宝二年（551），出京任宁远将军、琅琊彭城二郡太守，尚未就藩即遇害，时年十一岁。

### 绥建王萧大挚

绥建王萧大挚字仁瑛。从小勇敢有胆气，京城陷落时，他叹气说："大丈夫当破灭胡虏。"他的奶妈大惊，拦住他的口说："不要乱说，小心惹出祸事来。"萧大挚笑着说："祸事来了肯定不是因为这句话。"大宝元年（550），萧大挚被封为绥建郡王，食邑二千户。大宝二年（551），任宁远将军，遇害，时年十岁。

### 世祖二子

元帝萧绎诸子有：徐妃生下忠壮世子萧方等，王夫人生下贞惠世子萧方诸，愍怀太子萧方矩另有传，本书没有其生母的记载，夏贤妃生下敬帝。其余诸子，本书都不收其传。

### 忠壮世子萧方等

忠壮世子萧方等字宝相，是元帝的长子，母亲是徐妃。他自幼

才，善骑射，尤长巧思。性爱林泉，特好散逸。尝著论曰："人生处世，如白驹过隙耳。一壶之酒，足以养性；一箪之食，足以怡形。生在蓬蒿，死葬沟壑，瓦棺石椁，何以异兹？吾尝梦为鱼，因化为鸟。当其梦也，何乐如之，及其觉也，何忧斯类，良由吾之不及鱼鸟者远矣。故鱼鸟飞浮，任其志性，吾之进退，恒存掌握，举手惧触，摇足恐堕。若使吾终得与鱼鸟同游，则去人间如脱屣耳。"初，徐妃以嫉妒失宠，方等意不自安，世祖闻之，又恶方等，方等益惧，故述论以申其志焉。

会高祖欲见诸王长子，世祖遣方等入侍，方等欣然升舟，冀免忧辱。行至巤水，值侯景乱，世祖召之，方等启曰："昔申生不爱其死，方等岂顾其生。"世祖省书叹息，知无还意，乃配步骑一万，使援京都。贼每来攻，方等必身当矢石。宫城陷，方等归荆州，收集士马，甚得众和，世祖始叹其能。方等又劝修筑城栅，以备不虞。既成，楼雉相望，周回七十余里。世祖观之甚悦，入谓徐妃曰："若更有一子如此，吾复何忧。"徐妃不答，垂泣而退。世祖忿之，因疏其秽行，牓于大阁。方等入见，益以自危。时河东王为湘州刺史，不受督府之令，方等乃乞征之，世祖许焉，拜为都督，令帅精卒二万南讨。方等临行，谓所亲曰："吾此段出征，必死无二；死而获所，吾岂爱生。"及至麻溪，河东王率军逆战，方等击之，军败，遂溺死，时年二十二。世祖闻之，不以为感。后追思其才，赠侍中、中军将军、扬州刺史。谥曰忠壮世子。并为招魂以哀之。

聪敏，才华杰出，擅长骑射，尤其多灵巧的心思。生性爱好林泉，非常向往闲散隐逸的生活。他曾经写文章议论说："人生在世，短暂如白驹过隙。一壶薄酒，足以颐养性情；一筐米饭，足以奉养身躯。生在蓬蒿间，死葬沟渠中，这和以瓦棺石椁厚葬，又有什么分别？我曾经梦见自己变成鱼，又化作飞鸟。做梦的时候，何其快乐，而梦醒之后，又何其的忧伤，实在是因为自己比鱼和飞鸟差得太远了。所以鱼游鸟翔，都能尽其天性，我的进退举止，却永远掌握于他人，举手担心越界，抬足又恐跌倒。若是我终于能与飞鸟游鱼一同遨游，那么离开人间就会像脱去鞋子一样轻松。"起初，徐妃因嫉妒失宠，萧方等内心恐惧不安，元帝得知后，又嫌恶萧方等，他更加不安，就写下此文以表心迹。

时值高祖想要召见诸王的长子，元帝就派萧方等入京事奉高祖，萧方等欣然登舟，希望此行可以令自己避免受辱的忧患。走到繇水时，侯景之乱爆发，元帝召他返回江陵，萧方等启奏说："当年晋献公想杀世子申生而申生并不吝惜一死，现在萧方等又岂能顾惜自己的生命。"元帝看到他的上书而长叹，知道他无意返回，就调配给他步骑一万人，让他驰援京师。叛军每次来攻打，萧方等总是亲冒矢石冲锋在前。台城陷落后，萧方等回到荆州，聚集人马，深受军中爱戴，元帝这才叹服他的才能。萧方等又劝励众人修整城防工事，以备不测。工程完成后，江陵城楼牒雉连绵相望，周长达七十多里。元帝看后非常高兴，入后宫对徐妃说："若是再多一个像他这样的儿子，我还有什么好忧虑的呢。"徐妃默然不答，流泪退下。元帝感到愤恨，就将她通奸的丑行，书写在大阁前。萧方等入宫后见到了，愈发感到自己处境危殆。这时河东王萧誉任湘州刺史，拒不领受元帝的命令，萧方等就请命去征讨他，元帝准许了。萧方等临行前，对他亲信的人说："我这次出征，必死无疑；死得其所，我又怎会惜死偷生。"他进至麻溪，河东王率军迎战，萧方等攻击他，兵败，溺死于败军之中，时年二十二岁。元帝听闻他的死讯，没有悲戚之色。后来追思萧方等的才能，追赠他为侍中、中军将军、扬州刺史。谥号为忠壮世子。并为他招魂以作悼念。

方等注范晔《后汉书》，未就。所撰《三十国春秋》及《静住子》，行于世。

### 贞惠世子萧方诸

贞惠世子方诸字智相，世祖第二子。母王夫人。幼聪警博学，明《老》《易》，善谈玄，风采清越，辞辩锋生，特为世祖所爱，母王氏又有宠。及方等败没，世祖谓之曰："不有所废，其何以兴。"因拜为中抚军以自副，又出为郢州刺史，镇江夏，以鲍泉为行事，防遏下流。时世祖遣徐文盛督众军，与侯景将任约相持未决，方诸恃文盛在近，不恤军政，日与鲍泉蒲酒为乐。侯景知之，乃遣其将宋子仙率轻骑数百，从间道袭之。属风雨晦冥，子仙至，百姓奔告，方诸与鲍泉犹不信，曰"徐文盛大军在下，虏安得来？"始命闭门，贼骑已入，城遂陷，子仙执方诸以归。王僧辩军至蔡洲，景遂害之。世祖追赠侍中、大将军。谥曰贞惠世子。

史臣曰：太宗、世祖诸子，虽开土宇，运属乱离，既拘寇贼，多殒非命。吁！可嗟矣。

萧方等注释范晔《后汉书》，未能完成。他所撰的《三十国春秋》及《静住子》，都通行于世。

## 贞惠世子萧方诸

贞惠世子萧方诸字智相，是元帝的次子。母亲是王夫人。他自幼聪明颖悟博学多才，明晓《老》《易》大义，擅长谈论玄理，风采清秀脱俗，辩论言辞犀利，特别受到元帝的喜欢，母亲王氏又受到元帝的宠爱。萧方等败死之后，元帝对萧方诸说："不废除旧有的，新的该如何兴起呢。"就拜萧方诸为中抚军作为自己的副手，又让他出任郢州刺史，镇守江夏，任命鲍泉为行事，以扼守江陵的下游。这时候元帝派徐文盛督率众军，与侯景的将领任约相持不下，萧方诸自恃有徐文盛驻守在不远处，自己就不过问军政事务，每天只是和鲍泉饮酒赌钱作乐。侯景知道后，派将领宋子仙率几百名轻骑，抄小路奔袭他。这一天风雨交加天色昏暗，宋子仙忽然杀到，百姓奔走相告，萧方诸与鲍泉还不相信，说："徐文盛大军驻扎在下游，胡虏哪里能到这里来？"刚刚下令关闭城门，敌军骑兵已经冲进来，江夏就被攻陷了，宋子仙捉得萧方诸而回。王僧辩率军打到蔡洲时，侯景就杀害了萧方诸。元帝追赠他为侍中、大将军。谥号为贞惠世子。

史臣说：简文帝、元帝诸子，虽然都裂土封王，但身逢国家丧乱，被贼寇拘押，大多死于非命。唉！可叹啊。

# 卷四十五

## 列传第三十九

### 王僧辩

　　王僧辩字君才，右卫将军神念之子也。以天监中随父来奔。起家为湘东王国左常侍。王为丹阳尹，转府行参军。王出守会稽，兼中兵参军事。王为荆州，仍除中兵，在限内。时武宁郡反，王命僧辩讨平之。迁贞威将军、武宁太守。寻迁振远将军、广平太守，秩满，还为王府中录事，参军如故。王被征为护军，僧辩兼府司马。王为江州，仍除云骑将军、司马，守浔城。俄监安陆郡，无几而还。寻为新蔡太守，犹带司马，将军如故。王除荆州，为贞毅将军府咨议参军事，赐食千人，代柳仲礼为竟陵太守，改号雄信将军。属侯景反，王命僧辩假节，总督舟师一万，兼粮馈赴援。才至京都，宫城陷没，天子蒙尘。僧辩与柳仲礼兄弟及赵伯超等，先屈膝于景，然后入朝。景悉收其军实，而厚加绥抚。未几，遣僧辩归于竟陵，于是倍道兼行，西就世祖。世祖承制，以僧辩为领军将军。

　　及荆、湘疑贰，军师失律，世祖又命僧辩及鲍泉统军讨之，分给兵粮，克日就道。时僧辩以竟陵部下犹未尽来，意欲待集，然后上顿。谓鲍泉曰："我与君俱受命南讨，而军容若此，计将安之？"泉曰："既禀庙算，驱率骁勇，事等沃雪，何所多虑。"僧辩曰："不然。君之所言，故是文士之常谈耳。河东少有武干，兵刃又强，新破军师，养锐待敌，自非精兵一万，不足以制之。我竟陵甲士，数经

　　王僧辩字君才，是右卫将军王神念的儿子。他在天监年间随父亲归附南梁。最初被起用为湘东王国左常侍。湘东王萧绎任丹阳尹时，他转任府行参军。湘东王出任会稽郡太守，他兼任中兵参军事。湘东王担任荆州刺史时，他被任命为中兵，属定员以内。当时武宁郡发生反叛，萧绎命王僧辩讨平了乱党。迁任贞威将军、武宁太守。不久迁任振远将军、广平太守。任期满后，回到湘东王府任中录事，参军之职照旧。湘东王被征召为护军将军，王僧辩兼任府司马。湘东王任江州刺史，除授王僧辩为云骑将军司马，驻守浥城。不久代管安陆郡，没有任职很久就返回。不久出任新蔡太守，仍带司马衔，云骑将军之职照旧。湘东王被任命为荆州刺史，王僧辩任贞毅将军府咨议参军事，赐食千人，代替柳仲礼任竟陵太守，改号雄信将军。这时侯景反叛，湘东王命王僧辩假节，总督水军一万人，并押送粮秣前往京师救援。才赶到京师，台城已经陷落，天子被叛军控制。王僧辩与柳仲礼兄弟及赵伯超等人，先向侯景投降，然后入朝。侯景将他们的军器物资全部收缴，而对他们厚加抚慰。不久，派王僧辩返回竟陵，于是王僧辩日夜兼程，西归元帝。元帝秉承天子旨意承制行事后，任命王僧辩为领军将军。

　　后来荆州、湘州间互相猜忌爆发冲突，萧方等的荆州军被击败，元帝命令王僧辩及鲍泉领军讨伐湘州，分拨好粮草，约定了日期开拔。当时王僧辩因为留在竟陵的部曲尚未全部赶来，想要待部队集结完毕，然后一起出发。他对鲍泉说：“我与您都奉命南征湘州，而部队现在状况如此，我们该怎么办？”鲍泉说：“我等既然已奉主命，自当率领部队进发，就像用沸水浇灌雪地一样容易，还多虑什么呢？”王僧辩说：“不是这样的。您所说的，是文人墨客的常谈而已。

行阵，已遣召之，不久当及。虽期日有限，犹可重申，欲与卿共入言之，望相佐也。”泉曰：“成败之举，系此一行，迟速之宜，终当仰听。”世祖性严忌，微闻其言，以为迁延不肯去，稍已含怒。及僧辩将入，谓泉曰：“我先发言，君可见系。”泉又许之。及见世祖，世祖迎问曰：“卿已办乎？何日当发？”僧辩具对如向所言。世祖大怒，按剑厉声曰：“卿惮行邪！”因起入内。泉震怖失色，竟不敢言。须臾，遣左右数十人收僧辩。既至，谓曰：“卿拒命不行，是欲同贼，今唯有死耳。”僧辩对曰：“僧辩食禄既深，忧责实重，今日就戮，岂敢怀恨；但恨不见老母。”世祖因斫之，中其左髀，流血至地。僧辩闷绝，久之方苏。即送付廷尉，并收其子侄，并皆系之。会岳阳王军袭江陵，人情搔扰，未知其备，世祖遣左右往狱，问计于僧辩，僧辩具陈方略，登即赦为城内都督。俄而岳阳奔退，而鲍泉力不能克长沙，世祖乃命僧辩代之。数泉以十罪，遣舍人罗重欢领斋仗三百人，与僧辩俱发。既至，遣通泉云：“罗舍人被令，送王竟陵来。”泉甚愕然，顾左右曰：“得王竟陵助我经略，贼不足平。”俄而重欢赍令书先人，僧辩从斋仗继进，泉方拂席，坐而待之。僧辩既入，背泉而坐，曰：“鲍郎，卿有罪，令旨使我锁卿，勿以故意见待。”因语重欢出令，泉即下地，锁于床侧。僧辩仍部分将帅，并力攻围，遂平湘土。

河东王从小就有军事才能，部队装备又精强，刚刚击破了我军，正在养精蓄锐待敌，我们若无精兵一万，不足以克制他们。我的竟陵甲士，都是久经战阵的士卒，已经派人去调集他们，不久就会来到。虽然大王规定了我们的启程日期，还可以重新向他解释，我想和您一起入宫同他去说，希望您能帮我这个忙。"鲍泉说："成败之举，就看我们这次出征。是迟是速，终究要听从大王的决定。"元帝生性严苛猜忌，隐约听说了他们的谈话，认为他们有意拖延不肯进军，已经有些生气。王僧辩将要入见时，对鲍泉说："我先去对主公说，您可随后附和。"鲍泉又同意了。二人朝见元帝时，元帝迎面问道："卿已经准备好进军了吗？哪一天动身？"王僧辩就和之前一样将稍后再出兵的话又详细说了一遍。元帝大怒，手按佩剑厉声说："卿是害怕出兵吗？"就起身入内了。鲍泉大为惊恐失色，竟然不敢再说什么。很快，元帝派来数十人逮捕了王僧辩。元帝来了之后，对他说："卿抗命不进兵，是要与敌人为伍，如今只有一死了。"王僧辩回答说："僧辩既然深受大王恩遇，委以重任，今天被大王处死，岂敢怀恨，只恨再也见不到老母。"元帝拔剑砍向他，砍中了他的左大腿，血流至地。王僧辩气绝昏倒，很久才苏醒。当即将他交付廷尉，并且收捕了他的子侄，全都关押起来。这时岳阳王萧詧领军袭击江陵，城中群情惊扰，不知该如何防备，元帝就派左右去往狱中，向王僧辩询问对策，王僧辩详细陈述了应对方略，当即赦免他并任命为城内都督。不久岳阳王撤军逃回襄阳，而鲍泉的实力无法攻克长沙，元帝就命令王僧辩去取代他。历数了鲍泉的十项罪名，派舍人罗重欢率领三百名禁军，与王僧辩一起出发。抵达军营之后，派人向鲍泉通报说："罗舍人奉命，送王僧辩前来。"鲍泉甚觉惊愕，对左右说："得到王竟陵助我指挥，敌人不难平定了。"不久罗重欢拿着元帝的书面命令先行入营，王僧辩跟随在禁军后面入营，这时鲍泉刚刚收拾好坐榻，就座等待他们。王僧辩进入营帐后，背向鲍泉而坐，说："鲍郎，你有罪，大王有旨让我锁你去见他，不要以旧日情义来指望我。"于是让罗重欢拿出命令书，鲍泉当即走下坐席，被锁在坐榻旁。王僧辩指挥将帅，努力攻城，于是平定了湘州。

还复领军将军。侯景浮江西寇，军次夏首，僧辩为大都督，率巴州刺史淳于量、定州刺史杜龛、宜州刺史王琳、郴州刺史裴之横等，俱赴西阳。军次巴陵，闻郢州已没，僧辩因据巴陵城。世祖乃命罗州刺史徐嗣徽、武州刺史杜崱并会僧辩于巴陵。景既陷郢城，兵众益广，徒党甚锐，将进寇荆州。乃使伪仪同丁和统兵五千守江夏，大将宋子仙前驱一万造巴陵，景悉凶徒水步继进，于是缘江成逻，望风请服，贼拓逻至于隐几。僧辩悉上江渚米粮，并沉公私船于水。及贼前锋次江口，僧辩乃分命众军，乘城固守，偃旗卧鼓，安若无人。翌日，贼众济江，轻骑至城下，问：“城内是谁？”答曰：“是王领军。”贼曰：“语王领军，事势如此，何不早降？”僧辩使人答曰：“大军但向荆州，此城自当非碍。僧辩百口在人掌握，岂得便降。”贼骑既去，俄尔又来，曰：“我王已至，王领军何为不出与王相见邪？”僧辩不答。顷之，又执王珣等至于城下，珣为书诱说城内。景帅船舰并集北寺，又分入港中，登岸治道，广设毡屋，耀军城东陇上，芟除草荻，开八道向城，遣五千兔头肉薄苦攻。城内同时鼓譟，矢石雨下，杀贼既多，贼乃引退，世祖又命平北将军胡僧祐率兵下援僧辩。是日，贼复攻巴陵，水步十处，鸣鼓吹脣，肉薄斫上。城上放木掷火爨礧石，杀伤甚多。午后贼退，乃更起长栅绕城，大列舸舰，以楼船攻水城西南角；又遣人渡洲岸，引艊柯推虾蟆车填堑，引障车临城，二日方止。贼又于舰上竖木桔槔，聚茅置火，以烧水栅，风势不利，自焚而退。既频战挫衄，贼帅任约又为陆法和所擒，景乃烧营夜遁，旋军夏首。世祖策勋行赏，以僧辩为征东将军、开府仪同三司、江州刺史，封长宁县公。

王僧辩回到荆州重新任领军将军。侯景浮江而上向西进犯，进屯夏首。王僧辩担任大都督，率领巴州刺史淳于量、定州刺史杜龛、宜州刺史王琳、郴州刺史裴之横等，一起奔赴西阳，军队驻于巴陵。听到郢州陷落的消息，王僧辩就占据了巴陵城。元帝命令罗州刺史徐嗣徽、武州刺史杜崱一起前往巴陵与王僧辩会合。侯景攻陷郢城之后，部众益发壮大，叛军的声势十分壮锐，就要进犯荆州。侯景就派自己手下担任仪同的丁和统兵五千人镇守江夏，大将宋子仙领军一万人直扑巴陵，侯景带领叛军大部水陆并进。于是沿江一带的梁军据点，全部望风而降，叛军的前锋到达了隐矶。王僧辩将江上洲渚的米粮全部运到岸上，并将官府和私人的船只都沉到江水中。叛军前锋到达江口后，王僧辩就分别命令各军，依托城池坚守，偃旗息鼓，安静得仿佛没有人一样。第二日，叛军渡过长江，轻骑来到城下，问道："城内是谁？"守城士答道："是王领军。"叛军说："告诉王领军，情势如此，何不早降？"王僧辩派人答复说："大军只管去向荆州，这座城池不会构成阻碍。王僧辩家中百口人都在荆州掌握中，岂敢就这么投降？"叛军轻骑离开了，一会儿又返回说："我家侯王已经到了，王领军为何不出城与王相见？"王僧辩没有答复。不久，叛军又将被俘的王珣等人带至城下，王珣修书劝诱城内部队投降。侯景率领船舰都集中于北寺，又分别驶入港汊，登岸清理道路，广设毡帐，在城东陇上炫耀军威，铲除杂草，开辟出八条通向巴陵城的道路，派遣五千鲜卑族士兵猛攻城池。城内金鼓齐鸣，矢石如雨点般打下，杀伤了很多敌人，于是叛军撤退，元帝又命令平北将军胡僧祐率军东下增援王僧辩。这一天，叛军再次攻打巴陵城，水中岸上的攻击地点共有十处，又是击鼓又是吹哨，与守军肉搏砍杀。城上释放滚木并投掷火炬擂石，杀伤敌军甚多。午后叛军退走，开始筑起长栅包围城池，同时列出许多船舰，用楼船攻打水城西南角；又派人渡过洲岸，用系船的木桩推着虾蟆车填塞城外壕堑，推动障车逼近城墙，如此攻打了两天才停止。叛军又在船舰上竖起木桔槔，集中茅草点火，用来焚烧水栅，然而风势对叛军不利，烧着了他们自己的船于是退走。叛军屡屡攻城受挫，主帅任约又被陆法和擒获，侯景就烧毁军营连夜逃

于是世祖命僧辩即率巴陵诸军，沿流讨景。师次郢城，步攻鲁山。鲁山城主支化仁，景之骁将也，率其党力战，众军大破之，化仁乃降。僧辩仍督诸军渡江攻郢，即入罗城。宋子仙蚁聚金城拒守，攻之未克。子仙使其党时灵护率众三千，开门出战，僧辩又大破之，生擒灵护，斩首千级。子仙众退据仓门，带江阻险，众军攻之，频战不克。景既闻鲁山已没，郢镇复失罗城，乃率余众倍道归建业。子仙等困蹙，计无所之，乞输郢城，身还就景。僧辩伪许之，命给船百艘，以老其意。子仙谓为信然，浮舟将发，僧辩命杜龛率精勇千人，攀堞而上，同时鼓噪，掩至仓门。水军主宋遥率楼船，暗江四面云合，子仙行战行走，至于白杨浦，乃大破之，生擒子仙送江陵。即率诸军进师九水。贼伪仪同范希荣、卢晖略尚据溢城，及僧辩军至，希荣等因挟江州刺史临城公弃城奔走。世祖加僧辩侍中、尚书令、征东大将军，给鼓吹一部。仍令僧辩且顿江州，须众军齐集，得时更进。

顷之，世祖命江州众军悉同大举，僧辩乃表皇帝凶问，告于江陵。仍率大将百余人，连名劝世祖即位；将欲进军，又重奉表。虽未见从，并蒙优答。事见《本纪》。

僧辩于是发自江州，直指建业，乃先命南兖州刺史侯瑱率锐卒轻舸，袭南陵、鹊头等戍，至即克之。先是，陈霸先率众五万，出自南江，前军五千，行至溢口。霸先倜傥多谋策，名盖僧辩，僧辩畏之。既至溢口，与僧辩会于白茅洲，登坛盟誓，霸先为其文曰："贼

走，不久驻军于夏首。元帝论功行赏，任命王僧辩为征东将军、开府仪同三司、江州刺史，封为长宁县公。

于是元帝命令王僧辩立即率领巴陵的各路军队，沿江而下讨伐侯景。部队抵达郢州城下，分出步兵去攻打鲁山城。鲁山城主支化仁，是侯景的骑兵将领，率其党羽努力抵抗，被各路梁军打得大败，支化仁就投降了。王僧辩又督率诸军过江攻打郢城，当天就攻入了外城。宋子仙聚集叛军依托城墙固守，梁军攻城未能攻克。宋子仙派他的同党时灵护率军三千，开城门迎战，王僧辩又大破叛军，生擒时灵护，斩首一千。宋子仙的叛军退守仓门，依江阻险，梁军各部攻打，屡屡失利。侯景听说鲁山城已经被占领，郢城又失去了外城，就率领剩余的部队日夜兼程赶赴建康。宋子仙等人情势困窘，想不出办法，向梁军请求交出郢城，让自己只身回到侯景身边。王僧辩假装同意，下令交给他一百艘船，以打消宋子仙的怀疑。宋子仙信以为真，登船将要出发，王僧辩命令杜龛率领精兵一千人，攀登上城墙，一起击鼓呐喊，突然杀至仓门。水军主宋遥率领楼船，暗暗在江上缩小包围圈，宋子仙且战且走，来到白杨浦，梁军大破之，活捉宋子仙送至江陵。王僧辩就率诸军进至九水。叛军的仪同范希荣、卢晖略仍然占领着溢城，待到王僧辩的军队来到，范希荣就挟持江州刺史临城公萧大连弃城逃走。元帝为王僧辩加官为侍中、尚书令、征东大将军，赐鼓吹乐班一部。命令王僧辩暂时留在江州，要等到众军全部会齐，然后再向京师进军。

不久，元帝命令江州诸军一起大举进军，王僧辩将简文帝被害的噩耗写成表章，上告于江陵。又率领大将一百多人，联名劝元帝即皇帝位；他将要进军时，再一次上表劝进。虽然都没有得到听从，但两次都得到元帝优诏答复。事情详见《元帝本纪》。

王僧辩于是从江州发兵，直指建康，先命令南兖州刺史侯瑱率领精锐士卒和轻快的战船，袭击南陵、鹊头等戍所，梁军一到就全都攻克了。在此之前，陈霸先率军五万，从南江出发，前军五千人，抵达溢口。陈霸先足智多谋，名声在王僧辩之上，王僧辩很敬畏他。来

臣侯景，凶羯小胡，逆天无状，构造奸恶，违背我恩义，破掠我国家，毒害我生民，移毁我社庙。我高祖武皇帝灵圣聪明，光宅天下，劬劳兆庶，亭育万民，如我考妣，五十所载。哀景以穷见归，全景将戮之首，置景要害之地，祟景非次之荣。我高祖于景何薄？我百姓于景何怨？而景长戟强弩，陵蹙朝廷，锯牙郊甸，残食含灵，刳肝斮趾，不餍其快，曝骨焚尸，不谓为酷。高祖菲食卑宫，春秋九十，屈志凝威，愤终贼手。大行皇帝温严恭默，丕守鸿名，于景何有，复加忍毒。皇枝襁抱已上，缌功以还，穷刀极俎，既屠且鲙。岂有率土之滨，谓为王臣，食人之禾，饮人之水，忍闻此痛，而不悼心？况臣僧辩，臣霸先等，荷称国藩湘东王臣绎泣血衔哀之寄，摩顶至足之恩，世受先朝之德，身当将帅之任，而不能沥胆抽肠，共诛奸逆，雪天地之痛，报君父之仇，则不可以禀灵含识，戴天履地。今日相国至孝玄感，灵武斯发，已破贼徒，获其元帅，止余景身，尚在京邑。臣僧辩与臣霸先协和将帅，同心共契，必诛凶竖，尊奉相国，嗣膺鸿业，以主郊祭。前途若有一功，获一赏，臣僧辩等不推己让物，先身帅众，则天地宗庙百神之灵，共诛共责。臣僧辩、臣霸先同心共事，不相欺负，若有违戾，明神殛之。”于是升坛歃血，共读盟文，皆泪下霑襟，辞色慷慨。

及王师次于南州，贼帅侯子鉴等率步骑万余人于岸挑战，又以鸼舸千艘并载士，两边悉八十棹，棹手皆越人，去来趣袭，捷过风电。僧辩乃麾细船，皆令退缩，悉使大舰夹泊两岸。贼谓水军欲退，到溢口之后，陈霸先与王僧辩在白茅洲相会，登坛盟誓，陈霸先撰写的盟文写道："贼臣侯景，本是羯族胡虏，大逆不道，犯下奸恶罪行，背弃我朝恩义，攻掠我朝京城，荼毒我朝百姓，捣毁我朝宗庙。我朝高祖武皇帝天资圣明，光明普照天下，勤劳治理亿兆百姓，仁德哺育万千黎民，就像我们的父母一样，已经统治了五十余年。他哀怜侯景走投无路前来归附，保全了侯景将要被斩杀的头颅，将侯景安置在我朝要害之地，赐予侯景十分显要的荣宠。高祖何曾薄待过侯景？而侯景竟以长戟强弩，凌辱威逼朝廷，用如锯的牙齿吞噬我朝京畿，残害我朝生灵，挖人心肝砍下脚趾，也不能令他感到快意，曝晒尸骨焚烧遗骸，也不视为残酷暴行。高祖被拘禁深宫缺饮少食，以近九十高龄，心志受压抑天威被贬低，终于含恨死于贼手。新近被害尚未下葬的简文皇帝，为人温和严肃恭谨庄重，在朝中始终享有盛名，他同侯景有何仇怨，竟然又遭他毒害。落入敌手的宗室皇族，婴儿以上、五服以内者，全都遭遇屠杀受祸罹难。率土之滨，难道还有身为人臣，食君俸禄而能忍受这种痛苦不伤心悲悼的人吗？何况臣王僧辩、陈霸先等，深受国家封疆藩王湘东王臣萧绎的悲哀泣血之重托，久蒙厚恩，累世沐浴先皇仁德，身负统军治戎的职责，若是不能呕心沥血，共诛奸邪之徒，一洗天地失主之痛，报复君父被弑之仇，就不能算是禀受灵气拥有意识，堂堂正正活于天地之间的人！今日相国的至孝感动了上苍，神武之威发作，已经击破贼军，擒获其头目，只剩下侯景一人，尚在京师盘踞。臣王僧辩与臣陈霸先与众将帅团结一致，上下一心，必定将诛戮贼徒，尊奉相国继承我朝大业，来主持郊庙的祭祀。面前的征途中，若有一件功劳，获得的一件奖赏，而臣王僧辩等没有舍己让人、身先士卒的，就请天地宗庙百神之灵，共同诛杀责罚有罪者。臣王僧辩、陈霸先团结共事，绝不互相辜负，若有违背者，愿神灵降下惩罚。"于是登坛歃血为盟，共同宣读盟文，二人都随之落泪，言辞和面容十分慷慨激昂。

　　王师抵达南州时，叛军将领侯子鉴等率步骑一万多人在岸边挑战，又以一千艘长战船都装上士卒，两侧各有八十支棹，棹手全用越地之人，来去如飞袭击梁军战船，迅捷超过疾风闪电。王僧辩就指争出趋之，众军乃棹大舰，截其归路，鼓譟大呼，合战中江，贼悉赴水。僧辩即督诸军沿流而下，进军于石头之斗城，作连营以逼贼。贼乃横岭上筑五城拒守，侯景自出，与王师大战于石头城北。霸先谓僧辩曰：“丑虏游魂，贯盈已稔，遄诛送死，欲为一决，我众贼寡，宜分其势。”即遣强弩二千张攻贼西面两城，仍使结阵以当贼，僧辩在后麾军而进，复大破之。卢晖略闻景战败，以石头城降，僧辩引军入据之。景之退也，北走朱方，于是景散兵走告僧辩，僧辩令众将入据台城。其夜，军人采椒失火，烧太极殿及东西堂等。时军人卤掠京邑，剥剔士庶，民为其执缚者，袒衣不免。尽驱逼居民以求购赎，自石头至于东城，缘淮号叫之声，震响京邑，于是百姓失望。

僧辩命侯瑱、裴之横率精甲五千，东入讨景。僧辩收贼党王伟等二十余人，送于江陵。伪行台赵伯超自吴松江降于侯瑱，瑱时送至僧辩，僧辩谓伯超曰：“赵公，卿荷国重恩，遂复同逆。今日之事，将欲何如？”因命送江陵。伯超既出，僧辩顾坐客曰：“朝廷昔唯知有赵伯超耳，岂识王僧辩。社稷既倾，为我所复，人之兴废，亦复何常。”宾客皆前称叹功德。僧辩瞿然，乃谬答曰：“此乃圣上之威德，群帅之用命。老夫虽滥居戎首，何力之有焉。”于是逆寇悉平，京都克定。

世祖即帝位，以僧辩功，进授镇卫将军、司徒，加班剑二十人，改封永宁郡公，食邑五千户，侍中、尚书令、鼓吹并如故。

挥小船，令他们全部后退，让大型战舰夹江两岸停泊。叛军以为梁军的水师准备逃跑，争相追逐，梁军就启动大舰，截断叛军船只的归路，擂鼓呐喊，在江心围攻叛军，叛军士卒全被逼入江中。王僧辩就督率诸军沿江而下，进抵石头城的外城，构筑连营以逼近敌军。叛军在横岭上筑起五座城寨拒守，侯景亲自出马，与梁军在石头城北大战。陈霸先对王僧辩说："胡虏如同游魂野鬼，已经恶贯满盈，即将伏诛受死，还要拼死一战，我军人多贼军人少，应该使其进一步分散兵力。"当即调派强弩二千张攻打叛军西面的两座城寨，又令其结成阵势以阻挡敌军，王僧辩在后面挥军前进，再次大破敌军。卢晖略听说侯景战败，献出石头城投降，王僧辩率领部队进入并占领该城。侯景撤退后向北退往朱方，他麾下逃散的士卒将这个消息告知了王僧辩，王僧辩下令诸将占据台城。这天夜晚，士卒煮食采集的野谷时不慎失火，烧毁了太极殿及东西堂等殿宇。当时梁军士卒大肆劫掠建康，对士族和平民都加以彻底洗劫，被他们抓住绑缚起来的人民，连贴身内衣也被剥走。又尽数驱赶囚禁居民以勒索赎金，从石头城直至东府城，秦淮河沿岸百姓凄惨哀嚎的声音，响彻建康城，于是人们对王师大失所望。

　　王僧辩命令侯瑱、裴之横率领精锐甲士五千人，东进讨伐侯景。王僧辩收监了侯景的党羽王伟等二十多人，解送至江陵。侯景朝廷的行台赵伯超从吴郡的松江向侯瑱投降，侯瑱当时将他送到王僧辩处，王僧辩对赵伯超说："赵公，您身受国恩，却与叛贼同流合污。今日之事，该当如何？"就命人将他送至江陵。待赵伯超出去之后，王僧辩对在座宾客说："朝廷昔日只知有赵伯超，哪里识得我王僧辩。社稷已然倾覆，终被我恢复，人事之兴废升降，真是无常啊。"宾客都上前赞叹他的丰功伟绩。王僧辩显出惊骇的神色，假意答道："这全仗圣上威德，三军将校用命。老夫虽然忝居主帅，哪里出过什么力呢。"于是叛贼全部讨平，京师收复并安定下来。

　　元帝登上帝位后，因王僧辩有功，将他进位为镇卫将军、司徒，赐以佩斑纹宝剑的武士二十人，改封为永宁县公，食邑五千户，侍中、尚书令、鼓吹乐班都照旧。

是后湘州贼陆纳等攻破衡州刺史丁道贵于渌口，尽收其军实；李洪雅又自零陵率众出空灵滩，称助讨纳。朝廷未达其心，深以为虑，乃遣中书舍人罗重欢征僧辩上就骠骑将军宜丰侯循南征。僧辩因督杜崱等众军，发于建业，师次巴陵，诏僧辩为都督东上诸军事，霸先为都督西上诸军事。先时霸先让都督于僧辩，僧辩不受，故世祖分为东西都督，而俱南讨焉。时纳等下据车轮，夹岸为城，前断水势，士卒骁猛，皆百战之余，僧辩惮之，不敢轻进，于是稍作连城以逼贼。贼见不敢交锋，并怀懈怠。僧辩因其无备，命诸军水步攻之，亲执旗鼓，以诫进止。于是诸军竞出，大战于车轮，与骠骑循并力苦攻，陷其二城。贼大败，步走归保长沙，驱逼居民，入城拒守。僧辩追蹑，乃命筑垒围之，悉令诸军广建围栅，僧辩出坐垄上而自临视。贼望识僧辩，知不设备，贼党吴藏、李贤明等乃率锐卒千人，开门掩出，蒙楯直进，径趋僧辩。时杜崱、杜龛并侍左右，带甲卫者止百余人，因下遣人与贼交战。李贤明乘铠马，从者十骑，大呼冲突，僧辩尚据胡床，不为之动，于是指挥勇敢，遂获贤明，因即斩之。贼乃退归城内。初，陆纳阻兵内逆，以王琳为辞，云"朝廷若放王琳，纳等自当降伏"。于时众军并进，未之许也。而武陵王拥众上流，内外骇惧，世祖乃遣琳和解之。至是湘州平。僧辩旋于江陵，因被诏会众军西讨，督舟师二万，舆驾出天居寺钱行。俄而武陵败绩，僧辩自枝江班师于江陵，旋镇建业。

是月，居少时，复回江陵。齐主高洋遣郭元建率众二万，大列舟舰于合肥，将谋袭建业，又遣其大将邢景远、步大汗萨、东方老

　　后来湘州的贼人陆纳等在渌口攻破衡州刺史丁道贵，将他的物资装备全部收归己有；李洪雅又从零陵率军进至空灵滩，宣称协助讨伐陆纳。朝廷不知其用意，对此颇为焦虑，就派中书舍人罗重欢征召王僧辩西上，会合骠骑将军宜丰侯萧循南征。王僧辩于是督率杜崱等众军，从建康出兵。大军来到巴陵，元帝诏命王僧辩为都督东上诸军事，陈霸先为都督西上诸军事。在此之前陈霸先将都督之职让给王僧辩，王僧辩不接受，所以元帝分设东西都督，二人同时南讨。此时陆纳等人占据了车轮城，夹湘江两岸筑起城寨，他们前方是水势迅疾的湘江，加上其士卒十分骁勇，都是百战的悍贼，王僧辩颇为忌惮，不敢轻进，于是逐步修筑起连营以逼近贼军。贼军见梁军不敢交锋，都放松了戒备。王僧辩趁其不备，下令各军水陆并进一起攻打，并亲自举旗擂鼓，发布前进和停止的号令。于是他麾下各部竞相进发，大战于车轮城下，与骠骑将军萧循合力猛攻，攻陷两座敌营。贼军大败，沿陆路逃往长沙据守，驱赶逼迫城外的居民，进入城中固守。王僧辩紧随其后，下令筑起工事包围长沙，命令诸军广建围栅，王僧辩出营坐在高坡上亲自视察工程。贼军远望认出是王僧辩，知道他没有布置防备，于是贼党吴藏、李贤明等率领精锐士卒一千人，开门迅速出击，以盾牌蔽体长驱直入，直取王僧辩。当时杜崱、杜龛都陪在王僧辩左右，跟随的带甲侍卫只有百余人，二人就下来指挥卫士与贼兵交战。李贤明骑着披甲快马，带着十个骑兵，大声呐喊着向前冲击，王僧辩仍然坐在胡床上，不为所动，指挥保护他的勇士作战，生擒了李贤明，当场将他斩杀。贼兵于是退回城内。起初，陆纳兴兵反叛时，曾经以王琳被停作为借口，说"朝廷若释放王琳，陆纳等自当降伏"。当时众军正一起进剿，就没有同意陆纳的请求。武陵王萧纪率军来到大江上游将要出峡，荆州内外惊骇恐惧，元帝就释放了王琳以求与陆纳议和。至此湘州平定。王僧辩回师江陵，奉召会合诸军西讨，督率水军二万人，元帝车驾出宫亲临天居寺为他饯行。很快武陵王战败，王僧辩从枝江班师回到江陵，不久即前往建康镇守。

　　这个月，王僧辩在建康停留了不长的时间，又回到江陵。北齐国主高洋派郭元建率军两万，在合肥排列出大量战船，将要谋划袭取

等率众继之。时陈霸先镇建康，既闻此事，驰报江陵，世祖即诏僧辩次于姑孰，即留镇焉。先命豫州刺史侯瑱率精甲三千人筑垒于东关，以拒北寇，征吴郡太守张彪、吴兴太守裴之横会瑱于关，因与北军战，大败之，僧辩率众军振旅于建业。承圣三年三月甲辰，诏曰："赞俊遂贤，称于秦典；自上安下，闻之汉制。所以仰协台曜，俯佐弘图。使持节、侍中、司徒、尚书令、都督扬南徐东扬三州诸军事、镇卫将军、扬州刺史、永宁郡开国公僧辩，器宇凝深，风格详远，行为士则，言表身文，学贯九流，武该七略。顷岁征讨，自西徂东，师不疲劳，民无怨讟，王业艰难，实兼夷险。宜其燮此中台，膺兹上将；寄之经野，匡我朝猷。加太尉、车骑大将军，余悉如故。"

顷之，丁母太夫人忧，世祖遣侍中谒者监护丧事，策谥曰贞敬太夫人。夫人姓魏氏。神念以天监初董率徒众据东关，退保合肥澻湖西，因娶以为室，生僧辩。性甚安和，善于绥接，家门内外，莫不怀之。初，僧辩下狱，夫人流泪徒行，将入谢罪，世祖不与相见。时贞惠世子有宠于世祖，军国大事多关领焉。夫人诣阁，自陈无训，涕泗鸣咽，众并怜之。及僧辩免出，夫人深相责励，辞色俱严。云："人之事君，惟须忠烈，非但保祐当世，亦乃庆流子孙。"及僧辩克复旧京，功盖天下，夫人恒自谦损，不以富贵骄物。朝野咸共称之，谓为明哲妇人也。及既薨殒，甚见愍悼。且以僧辩勋业隆重，故丧礼加焉。灵柩将归建康，又遣谒者至舟渚吊祭。命尚书左仆射王褒为其文曰："维尔世基武子，族懋阳元，金相比映，玉德齐温。既称建康，又派其大将邢景远、步大汗萨、东方老等率军紧随其后。当时陈霸先镇守建康，听说此事后，派人飞马报至江陵，元帝就诏令王僧辩屯兵于姑孰，就留他在姑孰镇守。王僧辩先命令豫州刺史侯瑱率精锐甲士三千人在东关构筑壁垒，以抵御北军，征召吴郡太守张彪、吴兴太守裴之横到东关与侯瑱会合，与北齐军交战，大败敌军，王僧辩率领各部整队班师回到建康。承圣三年（555）三月甲辰日，元帝下诏说："拔擢升迁俊贤之士的做法，自秦代以来就见于典籍记载；天子在上安抚臣下的举措，早在汉代就有这等制度流传。此乃是使朝臣和谐同心，辅佐天子弘扬王业的方法。使持节、侍中、司徒、尚书令、都督扬南徐东扬三州诸军事、镇卫将军、扬州刺史、永宁郡开国公王僧辩，器度开阔雅量深沉，性格审慎风骨高远，品行举止皆为士族楷模，出言堪作表率立身温和遵礼，知识学问贯通九流，军事才华融会七略。近年来带兵征讨，从国家西部打到东部，部队不曾困乏疲劳，人民没有牢骚怨言。我朝王业历经艰难，实在既有承平治世也有危殆关头，应该谐调这位三公之臣的职事，授予他上将的任命；对他寄托经略国事的厚望，协助筹划我朝的策略。为他加官太尉、车骑大将军之职，其余职衔全部照旧。"

　　不久，王僧辩遭遇母亲太夫人之丧，元帝派侍中谒者监理她的丧葬事宜，册封谥号为贞敬太夫人。太夫人姓魏。王神念在天监年间带领家属逃离北魏到达东关，又退保合肥巢湖西，娶她为妻，生下王僧辩。她性格安宁平和，善于抚慰交往，家内家外的人，对她都十分怀念。起初，王僧辩被收押下狱，太夫人流着眼泪步行前往元帝的官署，将要入见谢罪，元帝没有接见她。当时贞惠世子萧方诸受宠于元帝，军国大事大多交给他处理。太夫人造访他，自己陈述对儿子训诫不足，流泪哭泣得非常伤心，众人都十分怜悯她。待到王僧辩被赦罪放出，太夫人深切地责备勉励他，言辞神色非常严厉。说："人凡是事奉君主，只应秉持忠烈大义，不但可以保佑自身当世，也能让福庆流传子孙。"待到王僧辩光复建康，功劳盖世，太夫人常常自我谦抑贬损，不因得到富贵而怠慢他人。朝野上下都称赞她，认为是一位深明大义的妇女。她去世之后，受到广泛的悲悯悼念。又

女则，兼循妇言。书图镜览，辞章讨论。教贻俎豆，训及平原。楚发将兵，孟轲成德，尽忠资敬，自家刑国。显允其仪，惟民之则。爰命师旅，既修我戎；补兹衮职，奄有龟、蒙。母由子贵，亶尔斯崇。嘉命允集，宠章所隆。居高能降，处贵思冲。庆资善始，荣兼令终。崦嵫既夕，蒹葭早秋，奔驷难返，冲涛讵留。背龙门而西顾，过夏首而东浮。越三宫之邅岳，经三江之派流。郁郁增岭，浮云蔽亏。滔滔江、汉，逝者如斯。铭旌故旐，宇毁遗碑。即虚舟而设奠，想徂魂之有知。呜呼哀哉！"

　　其年十月，西魏相宇文黑泰遣兵及岳阳王众合五万，将袭江陵，世祖遣主书李膺征僧辩于建业，为大都督、荆州刺史。别敕僧辩云："黑泰背盟，忽便举斧。国家猛将，多在下流，荆陕之众，悉非劲勇。公宜率貔虎，星言就路，倍道兼行，赴倒悬也。"僧辩因命豫州刺史侯瑱等为前军，兖州刺史杜僧明等为后军。处分既毕，乃谓膺云："泰兵骁猛，难与争锐，众军若集，吾便直指汉江，截其后路。凡千里馈粮，尚有饥色；况贼越数千里者乎？此孙膑克庞涓时也。"俄而京城陷没，宫车晏驾。及敬帝初即梁主位，僧辩预树立之

加之王僧辩功勋卓著地位尊贵，所以太夫人丧葬的礼仪也增加了规格。她的灵柩将要运回建康时，元帝又派谒者到岸边舟中凭吊祭拜。命令尚书左仆射王褒撰写祭文道："西晋王武子为您的家世奠定了祖基，魏阳元是您家族的杰出才俊，您的品质堪与黄金相辉映，您的美德如美玉般温润。既堪为世间妇人的楷模，又恪守女子的言辞。阅览图书以作镜鉴，写作辞章以相讨论。以礼仪之道教育子女，像汉武帝外祖母平原君一样训导后人。楚将子发从母亲身上学习领军之道，孟轲之母亦有三迁断机之德，人子能够效忠国家尊敬主君，全靠您将美德的培育从小家推之于国家。您是英明诚信的楷模，是庶民的表率。您的儿子统帅着王师，整顿我朝的武备；辅益了天子的职责，恢复了倾覆的社稷。母亲因儿子的尊荣而显贵，您的身份是多么的崇高。奖励封赏的诏命屡次降临，恩宠的级别逐渐隆盛。但您位居显达而平易近人，身处富贵而心态淡泊。福庆全因拥有美好的开始，荣耀则能一直保持到生命的终点。已然日落西山，苍苍芦苇早早预示着寒秋，人生如奔马一去难返，那浩荡的江涛逝去永难留。运载灵柩的船儿离开江陵的东门，最后一次回首西望，驶过了夏首又继续东航。它越过天上紫微、太微、文昌三宫构成的高山，又经过浦阳、钱塘、吴江三大水系的流域。美丽的仙乡增城，在浮云掩映下隐隐约约。滔滔奔流不息的长江汉水，逝者就像它们一样永逝不回。那招展的灵旗丧幡上，将留下您不可磨灭的事迹。我面对空舟而设此奠礼，遥盼远去的魂灵泉下有知。啊，多么的伤痛！"

　　这一年十月，西魏丞相宇文泰（字黑獭）派兵联合岳阳王萧詧的部队共计五万人，将要袭击江陵，元帝派主书李膺赴建康征召王僧辩，任命他为大都督、荆州刺史。单另给王僧辩下敕令说："宇文泰违背盟约，忽然刀兵相向。国家的精兵猛将，多在长江下游，荆州驻防的部队，都并非勇猛的士卒。望公速领猛士，星夜出发，昼夜兼程，赶来救援。"王僧辩就命令豫州刺史侯瑱等为先锋，兖州刺史杜僧明等为后卫。分派部队完成后，他对李膺说："宇文泰的军队骁勇善战，难以和他们比拼锐气。待到众军会合后，我就直指汉江，截断其归路。凡是千里赍粮长途奔袭的军队，必定会因顿劳乏而有饥色；更

功，承制进骠骑大将军、中书监、都督中外诸军事、录尚书，与陈霸先参谋讨伐。

时齐主高洋又欲纳贞阳侯渊明以为梁嗣，因与僧辩书曰：

"梁国不造，祸难相仍。侯景倾荡建业，武陵弯弓巴、汉。卿志格玄穹，精贯白日，戮力齐心，芟夷逆丑。凡在有情，莫不嗟尚；况我邻国，缉事言前。而西寇承间，复相掩袭，梁主不能固守江陵，殒身宗祐，王师未及，便已降败，士民小大，皆毕寇虏，乃眷南顾，愤叹盈怀。卿臣子之情，念当鲠裂。如闻权立支子，号令江阴，年甫十余，极为冲藐，梁衅未已，负荷谅难。祭则卫君，政由甯氏。干弱枝强，终古所忌。朕以天下为家，大道济物。以梁国沦灭，有怀旧好，存亡拯坠，义在今辰，扶危嗣事，非长伊德。彼贞阳侯，梁武犹子；长沙之胤，以年以望，堪保金陵，故置为梁主，纳于彼国。便诏上党王涣总摄群将，扶送江表，雷动风驰，助扫冤逆。清河王岳，前救荆城，军度安陆，既不相及，愤惋良深。恐及西寇乘流，复蹑江左，今转次汉口，与陆居士相会。卿宜协我良规，厉彼群帅，部分舟舻，迎接今王，鸠勒劲勇，并心一力。西羌乌合，本非勍寇，直是湘东怯弱，致此沦胥。今者之师，何往不克，善建良图，副朕所望也。"

何况敌军要赶数千里路程呢？这正是孙膑打败庞涓那样的时刻了。"
不久江陵陷落，元帝遇害。待到敬帝即位登基，王僧辩因参与树立
新君有功，秉承天子旨意进位为骠骑大将军、中书监、都督中外诸军
事、录尚书，与陈霸先商议讨伐事宜。

　　这时北齐国主高洋又想拥立贞阳侯萧渊明来继承梁朝帝位，就
给王僧辩写信说：

　　"梁国不幸，祸难相连。侯景攻占扫荡了建康，武陵王又在巴
蜀、汉中反叛。卿志向与苍穹齐高，精忠之气遮蔽白日，齐心协力，扫
平了反叛的贼臣。凡有情之人，没有不感叹崇敬您的；更何况我国
乃梁国邻邦，此前就抱有和平友好的意愿。而西魏贼寇趁此机会，
又进行偷袭，梁国君主不能固守江陵，已经遇难陨丧，王师尚未赶
到，江陵就已战败投降，士族庶民不分大小，全都被掳掠尽净。朕每
当看向南方，愤恨感慨之情总充盈了胸怀；卿的臣子之情，想来应如
咽哽目裂一般。听说卿要拥立支子萧方智来作国君统治南朝，他年
仅十余岁，极为幼弱，梁朝战祸未平，他应该很难担此重任。只在宗
庙祭祀时扮演国君的角色，理政则全靠大臣辅佐。这种主干软弱而
枝干强势的局面，自古以来都是历代所忌讳的。朕以天下为家，践行
大道周济万物。因为梁国面临沉沦丧亡，而朕想起往日两国交好的情
谊，保存将要灭亡的政权，拯救其下坠的国运，正是现在应该执行
的义举；扶助危困中人并促成家业延续，不是为了做人君长而是因为
道德的要求。那贞阳侯萧渊明，乃是梁武帝之侄；他是长沙王萧懿的
后裔，论年纪论声望，足可保全金陵的国统，所以朕将他置为梁国君
主，交付给梁国。现在就诏令上党王高浣总领诸将，护送他返回江
东，大军如迅雷疾风一般，帮助你们扫清叛逆。清河王高岳，前往救
援江陵城，部队刚刚抵达安陆江陵就已陷落，没有来得及救援，深感
愤恨惋惜。因害怕西魏贼寇顺江而下，又一次祸及江东，所以高岳转
而驻军汉口，与陆法和相会。卿应该配合我的良好谋划，勉励梁军各
部将领，分拨安排舟船，迎接你们的新君主。统领精锐勇士，齐心协
力讨贼。西魏的乌合之众，本来并非强劲之敌，只因湘东王胆怯懦
弱，才导致有此沦丧之祸。如今的雄壮之师，还有什么敌人不能攻

贞阳承齐遣送，将届寿阳。贞阳前后频与僧辩书，论还国继统之意，僧辩不纳。及贞阳、高涣至于东关，散骑常侍裴之横率众拒战，败绩，僧辩因遂谋纳贞阳，仍定君臣之礼。启曰："自秦兵寇陕，臣便营赴援，才及下船，荆城陷没，即遣刘周入国，具表丹诚，左右勋豪，初并同契。周既多时不还，人情疑阻；比册降中使，复遣诸处询谋，物论参差，未甚决定。始得侯瑱信，示西寇权景宣书，令以真迹上呈。观视将帅，恣欲同泰，若一朝仰违大国，臣不辞灰粉，悲梁祚永绝中兴。伏愿陛下便事济江，仰藉皇齐之威，凭陛下至圣之略，树君以长，雪报可期，社稷再辉，死且非吝。请押别使曹冲驰表齐都，续启事以闻，伏迟拜奉在促。"

贞阳答曰：

"姜昙至，枉示具公忠义之怀。家国丧乱，于今积年。三后蒙尘，四海腾沸。天命元辅，匡救本朝。弘济艰难，建我宗祐。至于丘园板筑，尚想来仪，公室皇枝，岂不虚迟，闻孤还国，理会高怀，但近再命行人，或不宣具。公既询谋卿士，访逮藩维，沿沂往来，理淹旬月，使乎届止，殊副所期。便是再立我萧宗，重兴我梁国，亿兆黎庶，咸蒙此恩，社稷宗祧，曾不相愧。近军次东关，频遣信裴之横处，示其可否。答对骄凶，殊骇闻瞩。上党王陈兵见卫，欲叙安危，无识之徒，忽然逆战，前旌未举，即自披狙，惊悼之情，弥以伤恻。上党王深自矜嗟，不传首级，更蒙封树，饰棺厚殡，务从优礼，齐朝大德，信感神民。方仰藉皇威，敬凭元宰，讨逆贼于咸阳，诛叛

克，望善加谋划策略，不辜负朕之所望。"

贞阳侯由北齐军遣送，将要抵达寿阳。贞阳侯前后多次送书信给王僧辩，谈论将要回国继承大统的意愿，王僧辩都拒绝接纳他。后来贞阳侯、高涣抵达东关，散骑常侍裴之横率军抵抗他们，战败，王僧辩于是就筹划接纳贞阳侯，就这样定下了君臣关系。他启奏说："自从西魏的军队进犯荆州，臣就筹划赶赴江陵救援，才刚刚下船，江陵城就已经陷落，臣当即派遣刘周前往齐国，上表阐明一片赤诚之心，当时身旁的功臣显贵，都同心协力声气相投。刘周长时间没有返回，人心游疑浮动，后来陛下派来使者，我再度派人四处咨询商议，人们意见不一，没有形成最终决定。这时才接到侯瑱来信，出示了西魏贼臣权景宣的来书，让我将真迹呈送给陛下。我历观众将，都希望能与齐国同享太平安宁，若是哪一天拂逆了齐国，臣甘愿化作齑粉，只哀痛我大梁国祚将永远失去中兴的机会。伏地祈望陛下趁便渡江，仰仗大齐国的声威，凭借陛下至为圣明的雄略，树立梁朝的君主，以期待洗雪先帝遇害的冤仇，令社稷重现辉煌，则臣死而无憾。请陛下签押此书信，另派曹冲飞马奉表前往齐国都城，将事情的经过启奏齐国君主，我在仓促间伏首拜上。"

贞阳侯答复他说：

"姜矞来后，承他向孤家传达了你的忠贞情怀。我大梁家国丧乱，到现在已经有数年之久。三位君主先后蒙尘遇害，四海之内民心沸腾。上天命令辅国重臣，来匡正救助本朝的危难。大力救济陷入艰难的朝廷，重新建立我朝宗庙祭祀的神主。那些在乡间隐遁的下民，尚且盼望有杰出的人物横空出世，我朝宗室皇亲，又岂会不虚位以待，听闻我返国的消息，理当以高尚的胸怀加以接纳，但是最近两度派出使者，似乎都没有传布这一消息。你既然已经在卿士之间征询意见，拜访藩国诸侯，那么沿江上下游往来，按理需要十天至一月之久，使者停留在你处，非常符合我的预期。如此便是再度拥立我萧氏一族，重新振兴我梁国，天下亿兆百姓，都蒙受了这个恩惠，再祭祀社稷宗庙时，也不会再愧疚不安了。近来部队驻扎于东关，孤屡次派使者送信给裴之横，将返国嗣位之事告知他让他决断。他的

子于云梦，同心协力，克定邦家。览所示权景宣书，上流诸将，本有忠略，弃亲向雠，庶当不尔，防奸定乱，终在于公。今且顿东关，更待来信，未知水陆何处见迎。夫建国立君，布在方策，入盟出质，有自来矣。若公之忠节，上感苍旻，群帅同谋，必匪携贰，则齐师反斾，义不陵江，如致爽言，誓以无克。韬旗侧席，迟复行人。曹冲奉表齐都，即押送也。渭桥之下，惟迟叙言；汜水之阳，预有号惧。”

僧辩又重启曰：

“员外常侍姜暠还，奉敕伏具动止。大齐仁义之风，曲被邻国，恤灾救难，申此大猷，皇家枝戚，莫不荣荷，江东冠冕，俱知凭赖。今猷不忘信，信实由衷，谨遣臣第七息显，显所生刘并弟子世珍，往彼充质；仍遣左民尚书周弘正至历阳奉迎。舻舳浮江，俟一龙之渡；清宫丹陛，候六传之入。万国倾心，同荣晋文之反；三善克宣，方流宋昌之议。国祚既隆，社稷有奉。则群臣竭节，报厚施于大齐，勠力展愚，效忠诚于陛下。今遣吏部尚书王通奉启以闻。”

答对十分骄横凶狠，可谓骇人听闻。上党王列出部队保护孤，想要讨论此行的安危之处，谁知那些没有见识的家伙，忽然不宣而战，前军的旗帜还没有举起，他们就已经自己溃退了，孤深觉惊讶哀悼，感到特别伤心悲悯。上党王也深深地叹惋，没有将被杀的裴之横首级传首于京城，更蒙他整治墓穴，将裴之横入殓有装饰的棺木中厚葬，务求给予优厚的礼遇，齐朝的大德，可谓人神共感了。孤欲仰仗皇室的威德，借助宰辅大臣的支持，讨伐盘踞咸阳的西魏贼寇，在云梦之间诛杀背叛我朝的萧詧，同心协力，克敌安邦。浏览卿送来的权景宣书信，镇守上游的诸将，本来是有忠君报国的谋划的，他们背弃友方投奔仇敌，也许是迫于形势不得已，防范奸贼戡定乱局，这个重任最终还需卿来完成。如今孤家暂且屯扎在东关，等待你派来信使，不知当于水路陆路的哪个地方迎接我回朝。建国立君，乃是载入史册的大事；结为盟友派遣质子，自古以来就是如此。像卿这样的忠贞节义之臣，上可与苍天相感应，又能与众将协和一心，必然不会包藏异心，那么齐国护送我的军队定当班师回朝，绝不会过江侵扰，如果他们违背诺言，我发誓将让他们无法休兵罢战，如今我侧席而坐心中忐忑所以回信来迟，使者曹冲奉命去齐国都城递交表文，就是作为留在齐国的人质。昔年代王刘恒在渭桥被群臣拥立，确定君臣名分的叙谈宜早不宜迟；高祖刘邦在汜水被推戴称帝，如今我也如他一般心怀忧惧。"

王僧辩又重新启奏说：

"员外常侍姜暠返回，奉陛下敕令安排迎驾详情。大齐深有仁义之风，不计旧怨施仁于邻邦，体恤我朝的危厄施以援手，推行这个宏大的计划，我朝皇亲国戚，没有不感到荣耀感激的，江东的士族，全都知道齐国是值得依靠的。而今歃血盟誓不忘诚信，诚信皆是发自心中，现在谨派遣臣之第七子王显、王显的生母刘氏以及弟弟之子王世珍，前往齐国充当质子；又派遣左民尚书周弘正赶历阳奉迎圣驾。舻舳之舟航行于江上，只待真龙渡过；清净的宫室已经备妥，专候天子入居。万国都倾心于我朝新君，因晋文公那样的明君返国即位而感到荣耀；三条拥立新皇的理由已经宣布，使得如汉代宋昌拥

僧辩因求以敬帝为皇太子。贞阳又答曰：

“王尚书通至，复枉示，知欲遣贤弟世珍以表诚质，具悉忧国之怀。复以庭中玉树，掌内明珠，无累胸怀，志在匡救，岂非劬劳我社稷，弘济我邦家，惭叹之怀，用忘兴寝。晋安王东京贻厥之重，西都继体之贤，嗣守皇家，宁非民望。但世道丧乱，宜立长君，以其蒙孽，难可承业。成、昭之德，自古希俦；冲、质之危，何代无此。孤身当否运，志不图生。忽荷不世之恩，仍致非常之举。自惟虚薄，兢惧已深。若建承华，本归皇胄；心口相誓，惟拟晋安。如或虚言，神明所殛。览今所示，深遂本怀。戢慰之情，无寄言象。但公忧劳之重，既禀齐恩；忠义之情，复及梁贰。华夷兆庶，岂不怀风？宗庙明灵，岂不相感？正尔回斾，仍向历阳。所期质累，便望来彼。众军不渡，已著盟书。斯则大齐圣主之恩规，上党英王之然诺，得原失信，终不为也。惟迟相见，使在不赊。乡国非遥，触目号咽。”

僧辩使送质于邺。贞阳求渡卫士三千，僧辩虑其为变，止受散卒千人而已，并遣龙舟法驾往迎。贞阳济江之日，僧辩拥楫中流，不敢就岸，后乃同会于江宁浦。

立代王刘恒一样的倡议广为流传。我大梁国祚当兴，社稷宗庙有了事奉者，则群臣将全力尽节，报答齐国的推戴之恩，勤力贡献一己之力，忠诚效死于陛下。现派遣吏部尚书王通启奏陛下得知。”

王僧辩请求立敬帝萧方智为皇太子。贞阳侯又答复他说：

“王通尚书已来到，又转呈了卿的上奏，知道卿想要派遣贤弟王世珍为质子以表诚意，充分显示了卿的忧国心怀。又以卿视为庭中玉树、掌上明珠的爱子遣送齐国为质，证明了卿的磊落胸襟，一心只为匡救我朝，岂不是为我社稷兢兢业业，竭力效忠我国家的股肱之臣吗，我惭愧感叹之情，实在寝食不安。晋安王萧方智是高祖之孙，又是元帝之子，继承我朝皇帝血脉，深孚众望。只是世道丧乱，应该册立年长者为君，因萧方智年纪尚幼，难以继承我朝大业。周成王、汉昭帝那样幼年执政的有德之君，自古以来极为罕见；汉冲帝、汉质帝那样稚龄登基而很快被弑杀的危险，哪一个朝代没有出现过呢？孤家自身逢厄运，从未指望能苟且偷生。忽然承受前所未有的恩惠，接受非同寻常的护送归国称帝之举。我自忖才虚德薄，心中忧惧已深。若能册立萧方智为皇太子，则让本该继承大统之人复归其位；孤心口一致立誓，只想以晋安王为继承人。如有虚妄之言，将受到神明惩罚。看到今日卿之所奏，深得我心。心中快慰之情，无法以言语表达。只是卿为国忧劳，已经报答了齐国之恩义；忠义之情，如今又延及我梁朝的继嗣者。无论华夏还是夷狄的百姓，岂能不被卿的高义所怀？宗庙列祖列宗之灵，岂能不被卿的忠心所感？孤坚定了徘徊的脚步，继续向历阳前进。期望卿将遣送齐国的质子，就送到此处交接。北军不会南渡，已经立下盟誓之书。这乃是大齐圣主的恩德所立，上党王的庄重承诺，当年晋文公没有为得到原之地而失去他的信用，如今齐国也终究不会如此行事。稍迟就会与卿相见，为时不会很远。故国近在眼前，抬眼远眺而流泪凝噎。”

王僧辩派使者送质子赴邺。贞阳侯请求让他的卫士三千人一同渡过长江，王僧辩怕其中有变故，只接受分散的士卒一千人而已，又派遣龙舟和天子仪仗前往迎奉他。贞阳侯渡江那天，王僧辩

　　贞阳既践伪位，仍授僧辩大司马、领太子太傅、扬州牧，余悉如故。陈霸先时为司空、南徐州刺史，恶其翻覆，与诸将议，因自京口举兵十万，水陆俱至，袭于建康。于是水军到，僧辩常处于石头城，是日正视事，军人已逾城北而入，南门又驰白有兵来。僧辩与其子頠遽走出阁，左右心腹尚数十人。众军悉至，僧辩计无所出，乃据南门楼乞命拜请。霸先因命纵火焚之，方共頠下就执。霸先曰："我有何辜，公欲与齐师赐讨。"又曰："何意全无防备。"僧辩曰："委公北门，何谓无备。"尔夜斩之。

　　长子頠，承圣初历官至侍中。初，僧辩平建业，遣霸先守京口，都无备防，頠屡以为言，僧辩不听，竟及于祸。西魏寇江陵，世祖遣頠督城内诸军事。荆城陷，頠随王琳入齐，为竟陵郡守。齐遣琳镇寿春，将图江左，陈既平淮南，执琳杀之。頠闻琳死，乃出郡城南，登高冢上号哭，一恸而绝。

　　頠弟颁，少有志节，恒随从世祖，及荆城陷覆，没于西魏。

　　史臣曰：自侯景寇逆，世祖据有上游，以全楚之兵委僧辩将率之任，及克平祸乱，功亦著焉，在乎策勋，当上台之赏。敬帝以高祖贻厥之重，世祖继体之尊，泪渚宫沦覆，理膺宝祚。僧辩位当将相，义存伊、霍，乃受胁齐师，傍立支庶。苟欲行夫忠义，何忠义之远矣。树国之道既亏，谋身之计不足，自致歼灭，悲矣！

乘船来到江心，不敢靠岸，后来才与他在江宁浦相见。

贞阳侯登上帝位之后，授任王僧辩为大司马，兼领太子太傅、扬州牧，其余职衔照旧。陈霸先当时任司空、南徐州刺史，他憎恨王僧辩在拥立了敬帝后又改立萧渊明，与众将商议，从京口发兵十万，水陆并进，袭击建康。他的水军杀到时，王僧辩日常都在石头城，这一天正在城中视事，陈霸先的军队已经越过北边城墙杀入城来，南门又飞马来报有军队杀到。王僧辩与他的儿子王頠仓皇逃离官署，左右尚有心腹几十人。陈霸先的军士大量赶到，王僧辩无计可施，就占据了南门楼乞求饶命。陈霸先下令纵火烧楼，王僧辩这才和王頠下楼就擒。陈霸先说："我有什么罪过？你竟要与齐国军队来讨伐我。"又说："为什么全无防备？"王僧辩说："我把北面的门户委托给你把守，怎能说我没有设防呢？"当晚就被斩首了。

他的长子王頠，承圣初年任职至侍中。起初，王僧辩平定建康，派陈霸先驻守京口，对之毫无防备，王頠屡屡以此事向他进言，王僧辩不听，最后终于受祸。西魏进犯江陵时，元帝派王頠督领城内诸军事。江陵陷落后，王頠随王琳进入北齐，担任竟陵郡太守。北齐派遣王琳镇守寿春，将要攻打南朝。陈朝平定淮南以后，抓住王琳将他处死。王頠听说王琳已死，就出竟陵郡南门，登上高坡嚎哭不止，因极度伤心而死。

王頠的弟弟王颁，自幼有大志和节操，常常侍从元帝，江陵陷落后，他死于西魏。

史臣说：自从侯景反叛，元帝据有上游，将楚地的兵马全部交给王僧辩统帅，后来终于平定了祸乱，他的功劳是昭著于世的，记录在朝廷簿册中，获得进位三公的封赏。敬帝是高祖之孙，元帝之子，血脉尊贵隆显，在江陵陷落之后，理应践阼登基。王僧辩身兼上将和宰辅的重任，按大义应该如伊尹、霍光一样尽心辅佐他；而他受到北齐军队的逼迫，又拥立了属于宗室旁系的高祖之侄。如果他想践行忠义臣节，所作所为距离忠义却是何其遥远啊。他树立国君之道已经有亏，为自己安危考虑的谋算又不足，最终导致自我灭亡，可悲啊！

# 卷四十六

## 列传第四十

胡僧祐　徐文盛　杜崱兄岸　弟幼安　兄子龛　阴子春

### 胡僧祐

胡僧祐字愿果，南阳冠军人。少勇决，有武干。仕魏至银青光禄大夫，以大通二年归国，频上封事，高祖器之，拜假节、超武将军、文德主帅，使戍项城。城陷，复没于魏。中大通元年，陈庆之送魏北海王元颢入洛阳，僧祐又得还国，除南天水、天门二郡太守，有善政。性好读书，不解缉缀，然每在公宴，必强赋诗，文辞鄙俚，多被嘲谑，僧祐怡然自若，谓己实工，矜伐愈甚。

晚事世祖，为镇西录事参军。侯景乱，西沮蛮反，世祖令僧祐讨之，使尽诛其渠帅，僧祐谏，忤旨下狱。大宝二年，侯景寇荆陕，围王僧辩于巴陵，世祖乃引僧祐于狱，拜为假节、武猛将军，封新市县侯，令赴援。僧祐将发，谓其子曰："汝可开两门，一门拟朱，一门拟白。吉则由朱门，凶则由白门，吾不捷不归也。"世祖闻而壮之。至杨浦，景遣其将任约率锐卒五千，据白塉，遥以待之。僧祐由别路西上，约谓畏己而退，急追之，及于南安芊口，呼僧祐曰："吴儿，何为不早降？走何处去。"僧祐不与之言，潜引却，至赤砂亭，会陆法和至，乃与并军击约，大破之，擒约送于江陵，侯景闻之遂遁。世祖以僧祐为侍中、领军将军，征还荆州。

## 胡僧祐

　　胡僧祐字愿果，南阳冠军人。从少年时起就很勇敢果决，有军事才能。在北魏官至银青光禄大夫，于大通二年（528）归附梁朝，屡屡以密封奏章上书言事，受到高祖的器重，任命他为假节、超武将军、文德主帅，让他驻守项城。后来城池失陷，胡僧祐又落入北魏手中。中大通元年（529），陈庆之护送北魏的北海王元颢回到洛阳，胡僧祐又得以返回梁朝，被任命为南天水、天门二郡太守，在郡中有好的政绩。他生性爱好读书，但不懂得怎样写作诗文，每逢朝廷宴会，他必定要强行赋诗，其文辞鄙俗寒伧，多成为同僚嘲讽取笑的对象，胡僧祐却颇为得意，认为自己其实写得很好，反而更加自负了。

　　后来他事奉世祖，任镇西录事参军。侯景之乱时，西沮蛮也趁机造反，元帝令胡僧祐征讨他们，要他将蛮人首领尽数诛杀，胡僧祐谏阻世祖，拂逆了上意而被关进狱中。大宝二年（551），侯景进犯荆州，在巴陵包围了王僧辩，元帝又从狱中起用了胡僧祐，任命假节、武猛将军，封为新市县侯，令他率军赴援。胡僧祐将要启程时，对儿子说：“你去给家宅开两座门，一门漆成朱色，一门漆成白色。若有捷报就由朱门进，若有凶信就由白门进，我不打胜仗誓不还家。”元帝听说了此事，认为他壮勇可嘉。他进军至杨浦，侯景派麾下将领任约率领精兵五千，占据了白塝，远远地等待他靠近。胡僧祐军却由另一条路转向西去，任约以为他惧怕自己而撤退，急忙引军追赶，在南安的芊口赶上了，他对胡僧祐喊道：“吴国小儿，何不早降？还要逃到哪里去？”胡僧祐不答话，悄悄带部队继续后撤，到达赤沙亭时，恰好陆法和赶到，胡僧祐与他两军并力攻打任约，大破其军，俘获任约解送到江陵，侯景听说后就逃跑了。元帝任命胡僧祐为侍中、领军将

承圣二年，进为车骑将军、开府仪同三司，余悉如故。西魏寇至，以僧祐为都督城东诸军事。魏军四面起攻，百道齐举，僧祐亲当矢石，昼夜督战，奖励将士，明于赏罚，众皆感之，咸为致死，所向摧殄，贼莫敢前。俄而中流矢卒，时年六十三。世祖闻之，驰往临哭。于是内外惶骇，城遂陷。

## 徐文盛

徐文盛字道茂，彭城人也。世仕魏为将。父庆之，天监初，率千余人自北归款，未至道卒。文盛仍统其众，稍立功绩，高祖甚优宠之。大同末，以为持节、督宁州刺史。先是，州在僻远，所管群蛮不识教义，贪欲财贿，劫篡相寻，前后刺史莫能制。文盛推心抚慰，示以威德，夷獠感之，风俗遂改。

太清二年，闻国难，乃召募得数万人来赴。世祖嘉之，以为持节、散骑常侍、左卫将军、督梁南秦沙东益巴北巴六州诸军事、仁威将军、秦州刺史，授以东讨之略。于是文盛督众军东下，至武昌，遇侯景将任约，遂与相持久之。世祖又命护军将军尹悦、平东将军杜幼安、巴州刺史王珣等会之，并受文盛节度。击任约于贝矶，约大败，退保西阳，文盛进据芦洲，又与相持。侯景闻之，乃率大众西上援约，至西阳。文盛不敢战。诸将咸曰："景水军轻进，又甚饥疲，可因此击之，必大捷。"文盛不许。文盛妻石氏，先在建邺，至是，景载以还之，文盛深德景，遂密通信使，都无战心，众咸愤怨。杜幼安、宋簉等乃率所领独进，与景战，大破之，获其舟舰以归。会景密遣骑从间道袭陷郢州，军中凶惧，遂大溃。文盛奔还荆州，世祖仍以为城北面都督。又聚赃污甚多，世祖大怒，下令责之，数其十

军，征召他回到荆州。

承圣二年（554），胡僧祐进位为车骑将军、开府仪同三司，其余职衔照旧。西魏进犯江陵，元帝任命胡僧祐为都督城东诸军事。西魏军四面攻城，从很多个方向上同时发起攻击，胡僧祐亲冒矢石，不分白天黑夜在一线督战，他奖励士卒，赏罚严明，将士们都感念他的恩德，愿为他舍命报效，他的部队杀死了很多敌军，敌人不敢前进。后来胡僧祐身中流矢而死，时年六十三岁。元帝听说后，亲临哭吊。于是朝廷内外惶恐惊骇，江陵城就陷落了。

## 徐文盛

徐文盛字道茂，彭城人。他家世代在北魏做将领。父亲徐庆之，天监初年时，率领千余人从北方归附梁朝，尚未抵达而中途去世了。徐文盛仍旧统领其部众，立了功劳，高祖非常优待宠信他。大同末年，任命他为持节、督宁州刺史。在此之前，因宁州偏僻荒远，境内所辖的少数民族不知教化仁义，都贪图钱财，竞相抢劫掠夺财货，前任的刺史都无法制伏他们。徐文盛上任后对这些部族推诚布公加以抚慰，宣示朝廷威德，他们受到感化，不再抢掠。

太清二年（548），徐文盛听闻国家有难，就招募得到数万人前来效力。元帝十分嘉赏，任命他为持节、散骑常侍、左卫将军、督梁南秦沙东益巴北巴六州诸军事、仁威将军、秦州刺史，授予他东征讨贼的任务。于是徐文盛督率众军东下，抵达武昌时，与侯景的将领任约相遇，两军相持了很久。元帝又命令护军将军尹悦、平东将军杜幼安、巴州刺史王珣等与他会合，全都受他调遣。梁军在贝矶攻打任约军，任约大败，退保西阳，徐文盛进据芦洲，又与任约相持。侯景听说后，就率领大部队西上增援任约，来到西阳。徐文盛不敢出战。诸将都说："侯景水军轻敌冒进，又非常疲劳饥乏，可以趁此机会攻打他，必定大胜。"徐文盛不同意。徐文盛的妻子石氏，此前一直留在建康，到了这时，侯景用车将她送来还给了徐文盛，徐文盛深深感念侯景的恩情，就暗中与他互通信使，双方都没有开战的心思，徐文盛部下将士心怀怨愤。杜幼安、宋簉等人就率领自己的部队独自进发，与侯景交战，大破侯景军，掳获其战船而回。这时侯景秘密派骑兵抄小

罪，除其官爵。文盛既失兵权，私怀怨望，世祖闻之，乃以下狱。时任约被擒，与文盛同禁。文盛谓约曰："汝何不早降，令我至此。"约曰："门外不见卿马迹，使我何遽得降。"文盛无以答，遂死狱中。

## 杜崱

杜崱，京兆杜陵人也。其先自北归南，居于雍州之襄阳，子孙因家焉。祖灵启，齐给事中。父怀宝，少有志节，常邀际会。高祖义师东下，随南平王伟留镇襄阳。天监中，稍立功绩，官至骁猛将军、梁州刺史。大同初，魏梁州刺史元罗举州内附，怀宝复进督华州。值秦州所部武兴氏王杨绍反，怀宝击破之。五年，卒于镇。崱即怀宝第七子也。幼有志气，居乡里以胆勇称。释褐庐江骠骑府中兵参军。世祖临荆州，仍参幕府，后为新兴太守。

太清二年，随岳阳王来袭荆州，世祖以与之有旧，密邀之，崱乃与兄岸、弟幼安、兄子㟊等夜归于世祖，世祖以为持节、信威将军、武州刺史。俄迁宣毅将军，领镇蛮护军、武陵内史，枝江县侯，邑千户。令随王僧辩东讨侯景。至巴陵，会景来攻，数十日不克而遁。加侍中、左卫将军，进爵为公，增邑五百户。仍随僧辩追景至石头，与贼相持横岭。及战，景亲率精锐，左右冲突，崱从岭后横截之，景乃大败，东奔晋陵，崱入据城。景平，加散骑常侍、持节、督江州诸军事、江州刺史，增邑千户。

是月，齐将郭元建攻秦州刺史严超远于秦郡，王僧辩令崱赴

路袭击攻陷了郢州，梁军极为震恐，于是大规模溃败。徐文盛逃回荆州，元帝仍然任命他为江陵城北面都督。徐文盛又大肆贪赃敛财，元帝大怒，下令查办他，列举了他的十条罪状，免除了他的官爵。徐文盛失去了兵权，内心怀有怨恨，元帝听说后，将他关进狱中。当时任约被俘，恰和徐文盛关押在一处。徐文盛对任约说："你为什么不早一点投降，害我落到这般田地。"任约说："我营门外又不曾见你的马蹄印，教我如何降你？"徐文盛答不上来，后来就死在了狱中。

### 杜崱

杜崱，京兆杜陵人。他家先世从北方南归，居住在雍州的襄阳，子孙后代就在这里安家落户。祖父杜灵启，南齐一朝官至给事中。父亲杜怀宝，年轻时就有志节，常常结交四方宾客。齐末高祖率义师东下时，杜怀宝随南平王萧伟留守襄阳。天监年间，他立有功勋，官至骁猛将军、梁州刺史。大同初年，北魏梁州刺史元罗举州内附，杜怀宝又进督华州。时值秦州境内武兴的氐王杨绍先反叛，杜怀宝率军击破他。大同五年（539），杜怀宝在州中去世。杜崱就是杜怀宝的第七个儿子。他从小就有志气，在家乡以胆识勇气而著称。入仕任庐江骠骑府中兵参军。元帝任荆州刺史时，他仍然在其幕府中参谋政务，后来出任新兴太守。

太清二年（548），杜崱随岳阳王萧詧前来袭击荆州，元帝因为与他有旧交，秘密地邀请他归顺，杜崱就和兄长杜岸、弟弟杜幼安、兄长之子杜龛等人趁夜归附了元帝，元帝任命他为持节、信威将军、武州刺史。不久杜崱迁任宣毅将军，兼领镇蛮护军、武陵内史，被封为枝江县侯，食邑一千户。元帝令他跟随王僧辩东征侯景。大军行至巴陵，时逢侯景领军来攻，数十日不能攻克巴陵就东逃了。杜崱加官侍中、左卫将军，进爵为公，增加食邑五百户。杜崱又跟随王僧辩追击侯景至石头城，和叛军在横岭相持。交战时，侯景亲自率领精锐部队，左右突击，杜崱从岭后截击他，侯景于是大败，向东逃往晋陵，杜崱就进入京师占据了城池。侯景之乱平定后，杜崱加官散骑常侍、持节、督江州诸军事、江州刺史，增加食邑一千户。

这个月，北齐的将领郭元建在秦郡攻打秦州刺史严超远，王僧

援，陈霸先亦自欧阳来会，与元建大战于士林，霸先令强弩射，元建众却，崱因纵兵击，大破之，斩首万余级，生擒千余人，元建收余众而遁。时世祖执王琳于江陵，其长史陆纳等遂于长沙反，世祖征崱与王僧辩讨之。承圣二年，及纳等战于车轮，大败，陷其二垒，纳等走保长沙，崱等围之。后纳等降，崱又与王僧辩西讨武陵王于硖口，至即破平之。于是旋镇，遘疾卒。诏曰："崱，京兆旧姓，元凯苗裔，家传学业，世载忠贞。自驱传江渚，政号廉能，推毂浅原，实闻清静。奄致殒丧，恻怆于怀。可赠车骑将军，加鼓吹一部。谥曰武。"

崱兄弟九人，兄嵩、岑、嵷、岌、嶷、巚、岸及弟幼安，并知名当世。

### 杜岸

岸字公衡。少有武干，好从横之术。太清中，与崱同归世祖，世祖以为持节、平北将军、北梁州刺史，封江陵县侯，邑一千户。岸因请袭襄阳，世祖许之。岸乃昼夜兼行，先往攻其城，不克，岳阳至，遂走依其兄巚于南阳，巚时为南阳太守。岳阳寻遣攻陷其城，岸及巚俱遇害。

### 杜幼安

幼安性至孝，宽厚，雄勇过人。太清中，与兄崱同归世祖，世祖以为云麾将军、西荆州刺史，封华容县侯，邑一千户。令与平南将军王僧辩讨河东王誉于长沙，平之。又命率精甲一万，助左卫将军徐文盛东讨侯景。至贝矶，遇景将任约来逆，遂与战，大败之，斩其仪同叱罗子通、湘州刺史赵威方等，传首江陵。乃进军大举口，与

辩命令杜崱赴援，陈霸先也从欧阳赶来同他会合，与郭元建在士林大战，陈霸先下令发射强弩，郭元建军向后退却，杜崱趁机长驱追击，大破敌军，斩首一万余级，活捉了一千多人，郭元建收拢残余的士卒逃走了。这时元帝在江陵囚禁了王琳，王琳的长史陆纳等人就在长沙发动叛乱，元帝征召杜崱与王僧辩平叛。承圣二年（554），他们在车轮与陆纳展开大战，大破叛军，攻占了敌人的两座营垒，陆纳等人逃至长沙据守，杜崱等将他包围起来。后来陆纳等人投降，杜崱又与王僧辩西上赴峡口讨伐武陵王萧纪，一去就平定了叛乱。随后杜崱回师，不久染病去世。元帝下诏说："杜崱，出身京兆地区的传统望族，是西晋名将杜预的后裔，家学源远流长，代代忠贞不渝。自从来到荆州为朝廷效力，拥有廉洁能干的政声；在江州被任命为大军统帅后，确实有着扫清宇内的声威。今日忽遭陨丧，朕心中哀怜怆痛不已。可追赠为车骑将军，加赐鼓吹乐班一部。谥号为武。"

杜崱兄弟共九人，兄长杜嵩、杜岑、杜巘、杜岌、杜嵲、杜岸及弟弟杜㟧、杜幼安，都在当时享有盛名。

### 杜岸

杜岸字公衡。少年时起就有军事才能，喜好合纵连横的学问。太清年间，他和杜崱一起归附元帝，元帝任命他为持节、平北将军、北梁州刺史，封为江陵县侯，食邑一千户。杜岸请求袭击襄阳，元帝同意了。杜岸就昼夜兼程，先行赶往攻打襄阳城，未能攻克，岳阳王的部队赶了回来，杜岸就逃往南阳依附其兄长杜嵲，杜嵲当时正任南阳太守。岳阳王很快派兵攻陷了南阳郡城，杜岸及杜嵲都遇害。

### 杜幼安

杜幼安生来至为孝顺，性格宽厚，雄壮勇毅过人。太清年间，他与兄长杜崱一同归附元帝，元帝任命他为云麾将军、西荆州刺史，封为华容县侯，食邑一千户。又令他与平南将军王僧辩前往长沙讨伐河东王萧誉，平定了湘州。元帝又命他率精锐甲士一万人，协助左卫将军徐文盛东讨侯景。大军抵达贝矶，遇到侯景的将领任约前来拒敌，于是与之交战，大败敌军，斩杀了叛军的仪同叱罗子通、湘州刺史

景相持。别攻武昌，拔之。景渡芦洲上流以压文盛等，幼安与众军攻之，景大败，尽获其舟舰。会景密遣袭陷郢州，执刺史方诸等以归，人情大骇，徐文盛由汉口遁归，众军大败，幼安遂降于景。景杀之，以其多反覆故也。

## 杜崱

崱，岌第二兄岑之子。少骁勇，善用兵，亦太清中与诸父同归世祖，世祖以为持节、忠武将军、郢州刺史，中庐县侯，邑一千户。与叔幼安俱随王僧辩讨河东王，平之。又随僧辩下，继徐文盛军至巴陵，闻侯景袭陷郢州，西上将至，乃与僧辩等守巴陵以待之。景至，围之数旬，不克而遁。迁太府卿、安北将军、督定州诸军事、定州刺史，加通直散骑常侍，增邑五百户。仍随僧辩追景至江夏，围其城。景将宋子仙弃城遁，崱追至杨浦，生擒之。大宝三年，众军至姑孰，景将侯子鉴逆战，崱与陈霸先、王琳等率精锐击之，大败子鉴，遂至于石头。景亲率其党会战，崱与众军奋击，大破景，景遂东奔。论功为最，授平东将军、东扬州刺史，益封一千户。

承圣二年，又与王僧辩讨陆纳等于长沙，降之。又征武陵王于西陵，亦平之。后江陵陷，齐纳贞阳侯以绍梁嗣，以崱为震州刺史、吴兴太守。又除镇南将军、都督南豫州诸军事、南豫州刺史、溧阳县侯，给鼓吹一部；又加散骑常侍、镇东大将军。会陈霸先袭陷京师，执王僧辩杀之。崱，僧辩之婿也，为吴兴太守，以霸先既非贵素，兵又猥杂，在军府日，都不以霸先经心，及为本郡，每以法绳其宗门，无所纵舍，霸先衔之切齿。及僧辩败，崱乃据吴兴以距之，

赵威方等，将首级传递到江陵。于是进军大举口，与侯景相持。另调部队攻打武昌，打了下来。侯景从芦洲上游渡江以逼近徐文盛等，杜幼安与诸军攻打他，侯景大败，舟船全部被缴获。这时侯景秘密派兵偷袭攻克了郢州，抓住了刺史萧方诸等人而回，梁军军心极度震恐，徐文盛从汉口逃回荆州，众军大败，杜幼安就投降了侯景。侯景怕他降后又背叛自己，就杀掉了他。

杜龛

杜龛，是杜崱的二哥杜岑之子。少年时就十分骁勇，善用兵，也在太清年间跟随诸位叔父一同归附元帝，元帝任命他为持节、忠武将军、郧州刺史，封中庐县侯，食邑一千户。他与叔父杜幼安都跟随王僧辩去征讨河东王萧誉，将他讨平。杜龛又跟随王僧辩沿江而下，尾随徐文盛军来到巴陵，听说侯景袭击并攻陷了郢州，将要西上打到这里，就与王僧辩等人据守巴陵等待故军。侯景来到后，围城数十日，无法攻克只好逃走。杜龛迁任太府卿、安北将军、督定州诸军事、定州刺史，加官通直散骑常侍，增加食邑五百户。他仍跟随王僧辩追击侯景直至江夏，将城池包围起来。侯景的将领宋子仙弃城逃跑，杜龛追他到杨浦，将他生擒活捉。大宝三年（552），众军抵达姑孰，侯景的将领侯子鉴拦住去路，杜龛与陈霸先、王琳等人率精锐部队攻打他，大败侯子鉴，于是打到石头城下。侯景亲自率领其党羽与梁军合战，杜龛与诸军奋勇杀敌，大破侯景军，侯景就东逃了。论功行赏时，杜龛功劳排第一，被授任为平东将军、东扬州刺史，赠封食邑一千户。

承圣二年（554），他又跟王僧辩到长沙讨伐陆纳等人，使其投降。又赴西陵讨伐武陵王萧纪，也讨平了他。后来江陵陷落，北齐护送贞阳侯萧渊明南归继承梁朝皇位，萧渊明任命杜龛为震州刺史、吴兴太守。又任命他为镇南将军、都督南豫州诸军事、南豫州刺史、溧阳县侯，赐鼓吹乐班一部；又给他加官散骑常侍、镇东大将军。这时陈霸先袭击占领了京师，抓住王僧辩将他杀掉。杜龛是王僧辩的女婿，正在吴兴做太守。因为陈霸先出身并非来自高第望族，所统领的又多是良莠不齐的杂牌部队，以前在军府中时，杜龛从不曾把陈霸先

遣军副杜泰攻陈蒨于长城，反为蒨所败。霸先乃遣将周文育讨龛，龛令从弟北叟出距，又为文育所破，走义兴，霸先亲率众围之。会齐将柳达摩等袭京师，霸先恐，遂还与齐人连和。龛闻齐兵还，乃降，遂遇害。

## 阴子春

阴子春字幼文，武威姑臧人也。晋义熙末，曾祖袭，随宋高祖南迁，至南平，因家焉。父智伯，与高祖邻居，少相友善，尝入高祖卧内，见有异光成五色，因握高祖手曰："公后必大贵，非人臣也。天下方乱，安苍生者，其在君乎！"高祖曰："幸勿多言。"于是情好转密，高祖每有求索，如外府焉。及高祖践阼，官至梁、秦二州刺史。

子春，天监初，起家宣惠将军，西阳太守。普通中，累迁至明威将军、南梁州刺史；又迁信威将军、都督梁秦华三州诸军事、梁秦二州刺史。太清二年，讨峡中叛蛮，平之。征为左卫将军，又迁侍中。属侯景乱，世祖令子春随领军将军王僧辩攻邵陵王于郢州，平之。又与左卫将军徐文盛东讨侯景，至贝矶，与景遇，子春力战，恒冠诸军，频败景，值郢州陷没，军遂退败。大宝二年，卒于江陵。

孙颙，少知名。释褐奉朝请，历尚书金部郎。后入周。撰《琼林》二十卷。

史臣曰：胡僧祐勇干有闻，搴旗破敌者数矣；及捐躯殉节，殒身王事，虽古之忠烈，何以加焉。徐文盛始立功绩，不能终其成名，为不义也。杜崱识机变之理，知向背之宜；加以身屡典军，频殄寇

放在眼中，后来当郡守时，常常以法条制裁陈霸先的宗族亲属，毫不宽恕留情，陈霸先对他切齿痛恨。王僧辩兵败后，杜龛就据守吴兴郡以抵抗陈霸先，派遣军副杜泰赴长城县攻打陈蒨，反被陈蒨打败。陈霸先就派遣将领周文育讨伐杜龛，杜龛让堂弟杜北叟出兵与之对敌，又被周文育打败，就逃往义兴郡，陈霸先亲自率军围困他。这时北齐的将领柳达摩等人袭击京师，陈霸先怕建康有失，于是回军与北齐讲和。杜龛听说北齐军撤退了，就向陈霸先投降，随即遇害。

## 阴子春

阴子春字幼文，武威姑臧人。东晋义熙末年，曾祖父义袭跟随宋高祖南迁，到达南平，就在那里安家落户。父亲阴智伯，与高祖比邻而居，二人从小就很友善，他曾经进入高祖的卧室，见到室内有五色异光，就握住高祖的手说："您日后必当大贵，不会只是做臣子。现在天下正乱，能够安定苍生的人，应该就是您了！"高祖说："请不要多言。"于是二人关系更加亲密，高祖每逢有所需求，就到阴智伯家去讨要，就如同是自己的外家一般。高祖践祚登基后，阴智伯官至梁秦二州刺史。

阴子春，天监初年，阴子春任宣惠将军、西阳太守。普通年间，累加升迁为明威将军、南梁州刺史；又迁任信威将军、都督梁秦华三州诸军事、梁秦二州刺史。太清二年（548），他率军讨伐峡中地区的叛乱少数民族，将之讨平。天子征召他为左卫将军，又迁任侍中。恰逢侯景之乱爆发，元帝令阴子春跟随领军将军王僧辩赴郢州攻打邵陵王，将他讨平。又和左卫将军徐文盛东征侯景，打到贝矶，与侯景军相遇，阴子春奋力战斗，始终勇冠三军，多次打败侯景。郢州被侯景偷袭陷落后，大军就溃败了。大宝二年（551），阴子春在江陵去世。

他的孙子阴颢，从小就很知名。入仕任奉朝请，官至尚书金部郎。后来入仕北周。撰有《琼林》二十卷。

史臣说：胡僧祐以勇力与治军才能而闻名，屡次破敌夺旗，后来为国捐躯以身殉节，为王事献出生命，即便古代的忠臣英烈，又如何能胜过他呢。徐文盛起初立有功勋，但不能将功臣的名节保持到命逆，勋庸显著，卒为中兴功臣，义哉。

终,成为不义之人。杜崱懂得随机应变的道理,知道人心向背的时宜。而且他多次统领部队,屡屡挫败贼寇,功勋卓著,成为梁末中兴的功臣,堪称义人。

# 卷四十七

## 列传第四十一

### 孝　行

滕昙恭徐普济　宛陵女子　沈崇傃　荀匠　庾黔娄　吉翂

甄恬　韩怀明　刘昙净　何炯　庾沙弥　江泌　刘霁　褚修　谢蔺

《经》云："夫孝，德之本也。"此生民之为大，有国之所先欤！高祖创业开基，饬躬化俗，浇弊之风以革，孝治之术斯著。每发丝纶，远加旌表。而淳和比屋，罕要诡俗之誉；潜晦成风，俯列逾群之迹。彰于视听，盖无几焉。今采缀以备遗逸云尔。


#### 滕昙恭

滕昙恭，豫章南昌人也。年五岁，母杨氏患热，思食寒瓜，土俗所不产，昙恭历访不能得，衔悲哀切。俄值一桑门问其故，昙恭具以告。桑门曰："我有两瓜，分一相遗。"昙恭拜谢，因捧瓜还，以荐其母。举室惊异。寻访桑门，莫知所在。及父母卒，昙恭水浆不入口者旬日，感恸呕血，绝而复苏。隆冬不著襺絮，蔬食终身。每至忌日，思慕不自堪，昼夜哀恸。其门外有冬生树二株，时忽有神光自树而起，俄见佛像及夹侍之仪，容光显著，自门而入，昙恭家人大小，咸共礼拜，久之乃灭，远近道俗咸传之。太守王僧虔引昙恭为功曹，固辞不就。王俭时随僧虔在郡，号为"滕曾子"。天监元年，陆琏奉使巡行风俗，表言其状。昙恭有子三人，皆有行业。

　　《孝经》中说:"孝,是道德的根本。"这实在是对人民最重要、治理国家应首先确立的德行! 高祖开创梁朝基业后,身体力行以德化俗,浇薄鄙陋的风气得以改变,以孝治国的道术从此便发扬光大。他常常颁布诏令,对孝行大加表彰。而淳厚的德行在民间比比皆是,极少有人追求欺世盗名的声誉;将美德深藏不露成为风气,超凡出众的事迹大多隐而不彰。明白地显露于众人视听之中的孝行,实在寥寥无几。现在将之采缀收集起来以备散佚。

## 滕昙恭

　　滕昙恭,豫章南昌人。五岁时,母亲杨氏得了热病,想吃凉瓜,他家乡附近并不出产这种瓜,滕昙恭多次查访都搜求不得,心中悲伤哀切。后来遇到一个僧人问他苦闷的缘故,滕昙恭就据实以告。僧人说:"我恰有两个瓜,就分赠一个给你吧。"滕昙恭拜谢过他,就捧着瓜回家去,送给母亲。全家人都很讶异。众人再去寻访这个僧人,没有人知道他去了哪里。后来他的父母去世,滕昙恭十几天水米不沾,痛哭至呕血,气绝昏过去而又苏醒。此后隆冬时节他也不穿棉衣,终身食素。每到父母忌日,他思慕双亲不能自持,昼夜哀哭。他家门外有两株冬青树,忽然有神光从树上放射出来,不久出现了佛陀及陪侍在身旁的尊者的形象,容颜光彩清晰而显著,穿门而入,滕昙恭全家大小,都一起顶礼膜拜,神光过了很久才消失,远近的信徒和俗众都传扬此事。太守王僧虔想起用滕昙恭为功曹,他坚持不接

### 徐普济

时有徐普济者，长沙临湘人。居丧未及葬，而邻家火起，延及其舍，普济号恸伏棺上，以身蔽火。邻人往救之，焚炙已闷绝，累日方苏。

### 宛陵女子

宣城宛陵有女子与母同床寝，母为猛虎所搏，女号叫挚虎，虎毛尽落，行十数里，虎乃弃之，女抱母还，犹有气，经时乃绝。太守萧琛赙焉；表言其状，有诏旌其门间。

## 沈崇傃

沈崇傃字思整，吴兴武康人也。父怀明，宋兖州刺史。崇傃六岁丁父忧，哭踊过礼，及长，佣书以养母焉。齐建武初，起家为奉朝请。永元末，迁司徒行参军。天监初，为前军鄱阳王参军事。三年，太守柳恽辟为主簿。崇傃从恽到郡，还迎其母，母卒，崇傃以不及侍疾，将欲致死，水浆不入口，昼夜号哭，旬日殆将绝气。兄弟谓之曰："殡葬未申，遽自毁灭，非全孝之道也。"崇傃之瘗所，不避雨雪，倚坟哀恸。每夜恒有猛兽来望之，有声状如叹息者。家贫无以迁窆，乃行乞经年，始获葬焉。既而庐于墓侧，自以初行丧礼不备，复以葬后更治服三年。久食麦屑，不啖盐酢，坐卧于单荐，因虚肿不能起。郡县举其至孝。高祖闻，即遣中书舍人慰勉之。乃下诏曰："前军沈崇傃，少有志行，居丧逾礼。禫制不终，未得大葬，自以行乞淹年，哀典多阙，方欲以永慕之晨，更为再期之始。虽即情可矜，礼有明断。可便令除释，擢补太子洗马。旌彼门间，敦兹风教。"

受任命。王俭当时随王僧虔同在郡中，称滕昙恭为滕曾子。天监元年（502），陆琏作为朝廷使者巡察各地风俗，上表讲述了滕昙恭的事迹。滕昙恭有三个儿子，都有德行和业绩。

徐普济

有个叫徐普济的，是长沙临湘人。他正在守丧还没有下葬，邻居家失火，烧着了他的房子，徐普济号哭着趴在棺木上，以身体遮挡火焰。邻人赶来救他，他被烧得昏死过去，很多天后才苏醒。

宛陵女子

宣城宛陵有一个女子和母亲睡在同一张床上，母亲被老虎拖走，此女号叫着抓住老虎，虎毛都被抓掉了，拖行了十几里路，老虎才松口跑掉了，女子抱着母亲回来，她母亲当时尚有气息，过了很久才断气。太守萧琛资助此女子进行收殓安葬；又上表讲述了她的事迹，天子下诏在她家门前树立牌坊加以表彰。

## 沈崇傃

沈崇傃字思整，吴兴武康人。父亲沈怀明，官至刘宋一朝的兖州刺史。沈崇傃六岁时父亲去世，他顿足痛哭远超礼制的要求。长大后，替人抄书以奉养母亲。南齐建武初年，他从家中被起用为奉朝请。永元末年，他迁任司徒行参军。天监初年，他任前军鄱阳王参军事。天监三年（504），太守柳恽征辟他任主簿。沈崇傃跟随柳恽到郡城上任，然后回家接母亲，恰逢母亲病故，沈崇傃因为没能赶上侍候病中的母亲，想要以死追随，就水米不沾，日夜哭泣，再过上十天就要咽气了。他的兄弟对他说："母亲殡葬尚未完成，这样糟蹋自己，不是尽孝之道。"沈崇傃来到准备安葬母亲的地方，不避雨雪，靠在坟前哀哭。每天夜里常常有猛兽前来观望，表现得好像在叹息一般。沈崇傃家中贫穷无力迁葬，出外行乞长达一年，才得以下葬。安葬过后他在墓侧结庐而居，因为起初办丧事的礼数有亏欠，他就在下葬后又服丧三年。长期以麦屑为食，不再吃盐和醋，坐卧全都在草垫上面，身体浮肿不能起身。郡县荐举他的至孝之行。高祖听说了他的名声，就派中书舍人劝慰勉励他。下诏说："前军参军事沈崇傃，

崇傃奉诏释服，而涕泣如居丧，固辞不受官，苦自陈让，经年乃得为永宁令。自以禄不及养，怛恨愈甚，哀思不自堪，至县卒，时年三十九。

## 荀匠

荀匠字文师，颖阴人，晋大保勖九世孙也。祖琼，年十五，复父仇于成都市，以孝闻。宋元嘉末，渡淮赴武陵王义，为元凶追兵所杀，赠员外散骑侍郎。父法超，齐中兴末为安复令，卒于官。凶问至，匠号恸气绝，身体皆冷，至夜乃苏。既而奔丧，每宿江渚，商旅皆不忍闻其哭声。服未阕，兄斐起家为郁林太守，征俚贼，为流矢所中，死于阵。丧还，匠迎于豫章，望舟投水，傍人赴救，仅而得全。既至，家贫不得时葬，居父忧并兄服，历四年不出庐户。自括发后，不复栉沐，发皆秃落。哭无时，声尽则系之以泣，目眦皆烂，形体枯悴，皮骨裁连，虽家人不复识。郡县以状言，高祖诏遣中书舍人为其除服，擢为豫章王国左常侍。匠虽即吉，毁悴逾甚。外祖孙谦诫之曰："主上以孝治天下，汝行过古人，故发明诏，擢汝此职。非唯君父之命难拒，故亦扬名后世，所显岂独汝身哉。"匠于是乃拜。竟以毁卒于家，时年二十一。

从小就有志节德行，居丧逾越礼法。为母守丧未满，没能厚葬，就自己行乞年余以葬之，因为丧礼多有欠缺，就想以思慕亲人的日子，作为再次服丧之期。虽然这种情分可以理解，但礼法自有明确的定义。现令他除服结束居丧，擢升补为太子洗马。在他家门前树立牌坊，以表彰这种敦厚的孝心。"

沈崇傃接受诏令脱去孝服，而伤心哭泣仍如居丧时一样，坚持推辞不接受官职，苦苦为自己陈情辞让，过了一年才担任永宁令。他因为没来得及用做官的俸禄来奉养双亲，心中遗恨惆怅，不能承受哀思，到县上任后不久就去世了，时年三十九岁。

## 荀匠

荀匠字文师，颍阴人，是晋朝太保荀勖的九世孙。祖父荀琼，十五岁时，在成都街市上为父报仇，因孝心而闻名。刘宋元嘉末年，荀琼渡过淮河参加武陵王讨伐刘邵弑逆的义师，被刘邵追兵所杀，追赠为员外散骑侍郎。父亲荀法超，南齐中兴末年任安复令，在官任上去世。丧讯传来，荀匠嚎哭至晕厥，身体都变得冰冷了，直到夜间才苏醒。随即奔父丧，每当他宿于江渚上，同路的商旅都不忍心听他的悲哭之声。服丧尚未结束，他的兄长荀斐从家中被起用为郁林太守，征讨俚人贼寇时，被流矢射中，死于军阵之中。荀斐的灵柩运回来，荀匠去豫章郡迎接，远远看到载灵柩的船就跳入水中，旁人急忙施救，这才保全了他的性命。回到家中后，因贫困不能及时下葬，荀匠就一并为父亲、兄长服丧，足不出草庐长达四年。他自从为服丧束起头发之后，不再洗发，头发全都脱落了。时时都在悲泣，声音嘶哑之后就无声抽泣，眼角因长时间哭泣而溃烂，身体枯瘦憔悴，人瘦成皮包骨头，连家人都认不出他来。郡县将他的情况向上汇报，高祖诏令派中书舍人为他除去丧服，擢升为豫章王国左常侍。荀匠虽然结束了服丧，因悲伤过度而导致消瘦憔悴依然很严重。他的外祖父孙谦告诫他说："主上以孝行治理天下，你的孝行超越了古人，因此他降下诏令，提拔你担任此职。不但君主之命难以违背，而且这也是一件扬名后世的大事，所表彰的岂止是你一个人而已？"荀匠于是才接受此职。然而因哀痛过度健康受损而在家中辞世，时年二十一岁。

## 庾黔娄

庾黔娄字子贞，新野人也。父易，司徒主簿，征不至，有高名。

黔娄少好学，多讲诵《孝经》，未尝失色于人，南阳高士刘虬、宗测并叹异之。起家本州主簿，迁平西行参军。出为编令，治有异绩。先是，县境多虎暴，黔娄至，虎皆渡往临沮界，当时以为仁化所感。齐永元初，除孱陵令，到县未旬，易在家遘疾，黔娄忽然心惊，举身流汗，即日弃官归家，家人悉惊其忽至。时易疾始二日，医云：“欲知差剧，但尝粪甜苦。”易泄痢，黔娄辄取尝之，味转甜滑，心逾忧苦。至夕，每稽颡北辰，求以身代。俄闻空中有声曰：“征君寿命尽，不复可延，汝诚祷既至，止得申至月末。”及晦而易亡，黔娄居丧过礼，庐于冢侧。和帝即位，将起之，镇军萧颖胄手书敦譬，黔娄固辞。服阕，除西台尚书仪曹郎。

梁台建，邓元起为益州刺史，表黔娄为府长史、巴西梓潼二郡太守。及成都平，城中珍宝山积，元起悉分与僚佐，惟黔娄一无所取。元起恶其异众，厉声曰：“长史何独尔为！”黔娄示不违之，请书数簏。寻除蜀郡太守，在职清素，百姓便之。元起死于蜀，部曲皆散，黔娄身营殡殓，携持丧柩归乡里。还为尚书金部郎，迁中军表记室参军。东宫建，以本官侍皇太子读，甚见知重，诏与太子中庶子殷钧、中舍人到洽、国子博士明山宾等，递日为太子讲《五经》义。迁散骑侍郎、荆州大中正。卒，时年四十六。

## 庾黔娄

庾黔娄字子真，新野人。父亲庾易，曾任司徒主簿，朝廷召他做官而他不应召，有高士的名声。

庾黔娄从小爱好学习，经常讲诵《孝经》，从不曾在人前失态，南阳的高士刘虬、宗测都感叹他非同寻常。从家中被起用为本州主簿，迁任平西行参军。出京任编县令，治政成绩很出色。此前，编县境内多有猛虎为患，庾黔娄上任后，猛虎转移到了临沮县的地界里去了，当时人都认为是受到了他的仁政感化所致。南齐永元初年，庾黔娄被任命为孱陵令，到达县中不到十日，父亲庾易在家中染病，庾黔娄忽然心中惊悸，全身汗流浃背，当天就弃官回家，家人见他忽然来到都很惊讶。当时庾易刚刚患病两天，医生说："要知晓病况的轻重，只需尝尝大便是甜是苦。"庾易腹泻，庾黔娄就取其粪便来尝，味道转为甜滑，他的心里更加愁苦了。入夜后，常常对着北极星叩拜，祈求以己身代父患病。不久听到空中有声音说："庾征士的阳寿已尽，不能再延长，你的虔诚祷告已经收到，只能让他活到月末。"到了月底庾易就亡故了，庾黔娄居丧超越礼法要求，在墓侧结庐而居。齐和帝即位后，准备起用他，镇军萧颖胄亲自写信劝慰晓喻他，庾黔娄坚持辞谢不就职。服丧结束后，被任命为和帝朝廷的尚书仪曹郎。

高祖受封为梁公建台治事后，邓元起被任命为益州刺史，他表奏任命庾黔娄为府长史、巴西梓潼二郡太守。成都平定之后，城中的珍宝堆积如山，邓元起全部拿出来分赐众僚属，只有庾黔娄分毫不取。邓元起很厌恶他的不合群之举，厉声说道："长史为何一个人如此行事？"庾黔娄不愿抗命，就请求分给他几箱书。不久被任命为蜀郡太守，他在职位上清正廉洁，百姓都大感便利。邓元起死于蜀郡时，部曲都散去了，庾黔娄亲为之料理殡葬，护送灵柩回归其乡里。回朝后任尚书金部郎，迁任中军表记室参军。皇太子册立之后，庾黔娄以本身官职侍奉皇太子读书，颇受知遇重用，天子下诏让他与太子中庶子殷钧、中舍人到洽、国子博士明山宾等，轮流为太子讲解《五经》的经义。迁任散骑侍郎、荆州大中正。去世，时年四十六岁。

## 吉翂

吉翂字彦霄，冯翊莲勺人也，世居襄阳。翂幼有孝性。年十一，遭所生母忧，水浆不入口，殆将灭性，亲党异之。天监初，父为吴兴原乡令，为奸吏所诬，逮诣廷尉。翂年十五，号泣衢路，祈请公卿，行人见者，皆为陨涕。其父理虽清白，耻为吏讯，乃虚自引咎，罪当大辟。翂乃挝登闻鼓，乞代父命。高祖异之，敕廷尉卿蔡法度曰："吉翂请死赎父，义诚可嘉；但其幼童，未必自能造意，卿可严加胁诱，取其款实。"法度受敕还寺，盛陈徽纆，备列官司，厉色问翂曰："尔求代父死，敕已相许，便应伏法；然刀锯至剧，审能死不？且尔童孺，志不及此，必为人所教。姓名是谁，可具列答。若有悔异，亦相听许。"翂对曰："囚虽蒙弱，岂不知死可畏惮；顾诸弟稚藐，唯囚为长，不忍见父极刑，自延视息，所以内断胸臆，上干万乘。今欲殉身不测，委骨泉壤，此非细故，奈何受人教邪！明诏听代，不异登仙，岂有回贰。"法度知翂至心有在，不可屈挠，乃更和颜诱语之曰："主上知尊侯无罪，行当释亮。观君神仪明秀，足称佳童，今若转辞，幸父子同济，奚以此妙年，苦求汤镬？"翂对曰："凡鲲鲕蝼蚁，尚惜其生，况在人斯，岂愿齑粉。但囚父挂深劾，必正刑书，故思殒仆，冀延父命。今瞑目引领，以听大戮，情殚意极，无言复对。"翂初见囚，狱掾依法备加桎梏，法度矜之，命脱其二械，更令著一小者。翂弗听，曰："翂求代父死，死罪之囚，唯宜增益，岂可减乎？"竟不脱械。法度具以奏闻，高祖乃宥其父。丹阳尹王志求其在廷尉故事，并请乡居，欲于岁首，举充纯孝之选。翂曰："异哉王尹，何量翂之薄乎！夫父辱子死，斯道固然；若翂有腼面目，当其此举，则是因父买名，一何甚辱。"拒之而止。年十七，应辟为本州主簿。出监万年县，摄官期月，风化大行。自雍还至郢，湘州刺史柳忱复召为主簿。后乡人裴俭、丹阳尹丞臧盾、扬州中正张仄连名荐翂，以为孝行纯至，明通《易》《老》。敕付太常旌举。初，翂以父

## 吉翂

吉翂字彦霄，冯翊莲勺人，世代居于襄阳。吉翂从小就有孝顺的天性。十一岁时，生母去世，他守丧水米不沾，几乎送命，族中亲戚都认为他非同寻常。天监初年，父亲担任吴兴郡的原乡令，被奸恶的下吏诬陷，遭逮捕送廷尉治罪。这时吉翂年方十五，在大路上号哭不止，祈求公卿帮助父亲，路上行人见到他，都为之落泪。他的父亲虽然在情理上是清白无辜的，但耻于被刀笔吏审讯，就冒认罪名，定罪当处死刑。吉翂击打朝堂外的登闻鼓，乞求代父受死。高祖认为此事非同寻常，下敕令给廷尉蔡法度说："吉翂请求以死赎父命，这种情义确有值得嘉赞之处；但是他不过是个年幼童子，未必能有这样的心意，卿可对他严加威胁诱导，获知其中实情。"蔡法度接到敕令就回到廷尉的官署，摆出许多捆人的绳索来，又召集众多官吏，声色俱厉地审问吉翂，说："你请求代父受死，天子敕令已经批准，就该伏法；然而刀斧无情，你当真不怕死？况且你是个孩童，不可能有这样的志节，必定是他人唆使你这么做的。这人姓甚名谁，详细供来。若你现在有反悔之意，我们也允许。"吉翂回答说："犯人我虽然幼弱，怎么会不知死的可怕；只是家中几个弟弟都还幼小，只有犯人是最年长的，不忍眼看父亲遭受极刑而自己苟且偷生，所以内心里打定主意，向天子提出请求。现在我想殉身求死，回归尘土，这不是一件细末小事，怎么会是受人唆使呢？天子的诏令既已允许代死，就像赐予我登入仙班的机会一样，我又岂能反悔？"蔡法度知道吉翂有至诚之心，不屈不挠，就换上温和的神色诱导他说："天子知道你父亲是无罪的，一定会将他释放。我看你神采仪表俊秀出众，堪称佳童，现在如果反悔改口，你父子二人就有可能同时得以保全，何必浪费你的大好人生，执意寻死呢？"吉翂回答说："小鱼和蝼蚁尚且知道珍惜生命，何况是人，哪里有甘愿化为齑粉的。但是犯人的父亲被陷害劾奏治罪，必然会被行刑正法，所以我想牺牲自己，希望能延长父亲的生命。如今我已做好准备，只待死刑的到来，心中情意都已说尽，再无他言。"吉翂刚刚被收监时，狱掾依法对他戴上全套枷锁，蔡法度怜悯他，下令脱去其中两件，又下令给他戴小一号的枷。吉翂不同意，

陷罪,因成悸疾,后因发而卒。

## 甄恬

甄恬字彦约,中山无极人也,世居江陵。祖钦之,长宁令,父标之,州从事。

恬数岁丧父,哀感有若成人。家人矜其小,以肉汁和饭饲之,恬不肯食。年八岁,问其母,恨生不识父,遂悲泣累日,忽若有见,言其形貌,则其父也,时以为孝感。家贫,养母常得珍羞。及居丧,庐于墓侧,恒有鸟玄黄杂色,集于庐树,恬哭则鸣,哭止则止。又有白雀栖宿其庐。州将始兴王憺表其行状。诏曰:"朕虚己钦贤,寤寐盈想,诏彼群岳,务尽搜扬。恬既孝行殊异,声著邦壤,敦风厉俗,弘益兹多。牧守腾闻,义同亲览。可旌表室闾,加以爵位。"

说："吉翂请求代父受死，死罪的囚犯，枷锁只能增加，岂可减少？"
竟不肯脱去枷锁。蔡法度将详情向上奏闻，高祖就赦免了他的父亲。
丹阳尹王志访求得知他在廷尉那里受审的故事，就请他前往丹阳居
住，准备在新一年开始时，举荐他为该郡的纯孝之人。吉翂说："王大
人真是奇怪啊，为何如此看低我吉翂呢！父亲受辱儿子为之赴死，这
是孝道中理所当然之事；如果吉翂是故作姿态示人，他如此做法，则
成了我借父亲坐牢而收买名誉，真是对我的折辱啊。"就断然拒绝了这
个提议。他十七岁时，应官府征辟担任本州主簿，出监万年县，履职刚
满一月，县境内的美德教化就盛行起来。他从雍州回到郢州，湘州刺
史柳忱又召他任主簿。后来同乡人裴俭、丹阳尹丞臧盾、扬州中正张
仄联名举荐吉翂，认为他孝行至为纯正，又通晓《易经》《老子》。天
子敕令将他的事迹交付太常加以表彰。起初，吉翂因为父亲获罪被囚
禁，落下了心悸的病根，后来因这个疾病发作而去世。

### 甄恬

甄恬字彦约，中山无极人，世代居住在江陵。祖父甄钦之，担
任过长宁令。父亲甄标之，任荆州从事。

甄恬几岁时父亲去世，他伤心痛哭就好像成年人一样。家人怜
惜他年龄幼小，用肉汁调和米饭喂他吃，甄恬却不肯吃。他八岁时，
问他的母亲，因不曾认识自己的父亲而遗憾，连日悲哭，忽然有一天
好像看到了一个人，转述其外形面貌，正是他的父亲，当时人都认为
是他孝心感化上天所致。他虽家中贫穷，却常常用上等佳肴奉养母
亲。后来母亲去世他为之居丧，在墓旁结庐而居，常常有毛色玄黄斑
杂的鸟雀，聚集在草庐旁的树上，甄恬哭时就随他而鸣，甄恬不哭时
则停止不鸣。又有白雀栖息于他的草庐上。荆州刺史始兴王萧憺上表
讲述了他的事迹。天子降诏说："朕虚怀若谷渴慕贤士，彻夜思慕不曾
止息，已诏令各地疆臣刺史，务必尽数发掘表彰民间贤才。既然甄恬
孝行超群，声名传扬于民间，对于民风民俗的敦化鼓励，定然裨益良
多。刺史将事迹奏闻，就如同朕亲自看见一样。可为之树立牌坊于门前
进行表彰，并赐以爵位。"

恬官至安南行参军。

## 韩怀明

韩怀明，上党人也，客居荆州。年十岁，母患尸疰，每发辄危殆。怀明夜于星下稽颡祈祷，时寒甚切，忽闻香气，空中有人语曰："童子母须臾永差，无劳自苦。"未晓，而母豁然平复。乡里异之。十五丧父，几至灭性，负土成坟，赠助无所受。免丧，与乡人郭麘俱师事南阳刘虬。虬尝一日废讲，独居涕泣。怀明窃问其故，虬家人答云："是外祖亡日。"时虬母亦亡矣。怀明闻之，即日罢学，还家就养。虬叹曰："韩生无虞丘之恨矣。"家贫，常肆力以供甘脆，嬉怡膝下，朝夕不离母侧。母年九十一，以寿终，怀明水浆不入口一旬，号哭不绝声。有双白鸠巢其庐上，字乳驯狎，若家禽焉，服释乃去。既除丧，蔬食终身，衣衾无改。天监初，刺史始兴王憺表言之。州累辟不就，卒于家。

## 刘昙净

刘昙净字元光，彭城吕人也。祖元真，淮南太守，居郡得罪，父慧镜，历诣朝士乞哀，恳恻甚至，遂以孝闻。昙净笃行有父风。解褐安成王国左常侍，父卒于郡，昙净奔丧，不食饮者累日，绝而又苏。每哭辄呕血。服阕，因毁瘠成疾。会有诏，士姓各举四科，昙净叔父慧斐举以应孝行，高祖用为海宁令。昙净以兄未为县，因以让兄，乃除安西行参军。父亡后，事母尤淳至，身营飧粥，不以委人。母疾，衣不解带。及母亡，水浆不入口者殆一旬。母丧权瘗药王寺，时天寒，昙净身衣单布，庐于瘗所，昼夜哭泣不绝声，哀感行路，未

后来甄恬官至安南行参军。

## 韩怀明

韩怀明，上党人，客居荆州。十岁那年，母亲患了慢性传染病尸疰，每逢发病就有生命危险。韩怀明夜间在星空下叩头祷告，当时天气严寒逼人，忽然间闻到一股香气，空中有人说道："童子之母很快就会痊愈，不须自讨苦吃。"天还未亮时，母亲已经完全康复了。家乡父老都认为十分奇异。他十五岁丧父，悲痛得几乎送了命，背负泥土堆成坟包，外人的馈赠扶助一概不接受。守孝期满后，与同乡郭麈一起拜南阳人刘虬为师。刘虬曾有一天停止授课，独自在家中哭泣。韩怀明私下询问是何缘故，刘虬的家人回答说："今天是先生外祖父的忌日。"当时刘虬的母亲也已亡故。韩怀明听完，当天就不再求学，回到家中去奉养母亲。刘虬感叹说："韩生不会有丘吾那样的子欲养而亲不待的遗憾了。"韩怀明家中贫困，却常常尽力让母亲吃上美味的食物，陪伴在她膝下哄她开心，朝夕不离身边。他的母亲得年九十一岁，寿终正寝，韩怀明十日水米不沾，号哭不止。有一对白色斑鸠在他的草庐上筑巢，孵育幼鸟并驯从亲近他，就像是家禽一般，直到居丧结束才离去。韩怀明守孝期满后，终身食素，不换新衣。天监初年时，荆州刺史始兴王萧憺上表讲述了他的事迹。州中多次征辟他任官而他不就任，在家中去世。

## 刘昙净

刘昙净字元光，彭城吕县人。他的祖父刘元真，曾任淮南太守，在郡守职位上获罪；父亲刘慧镜，访遍朝中士人为父求告，其诚恳哀告令人十分怜悯，于是就以孝行而闻名一时。刘昙净颇有其父之风。入仕任安成王国左常侍，父亲在郡中去世，刘昙净奔丧，连续多日断绝饮食，哭昏过去又苏醒。每次痛哭都会哭至呕血。服丧期满后，他因悲伤过度而染病。时值天子降诏，各地士族大姓都要贡举四科人才，刘昙净的叔父刘慧斐举荐他为孝行，高祖任用他为海宁令。刘昙净因为兄长尚未担任县令，就将此职让给兄长，后来他被任命为安西行参军。父亲去世后，刘昙净侍奉母亲尤其笃敬，亲手烹调粥饭，

及期而卒。

## 何炯

何炯字士光，庐江灊人也。父搏，太中大夫。

炯年十五，从兄胤受业，一期并通《五经》章句。炯白晳，美容貌，从兄求、点每称之曰："叔宝神清，弘治肤清，今观此子，复见卫、杜在目。"炯常慕恬退，不乐进仕。从叔昌寓谓曰："求、点皆已高蹈，汝无宜复尔。且君子出处，亦各一途。"年十九，解褐扬州主簿。举秀才，累迁王府行参军，尚书兵、库部二曹郎。出为永康令，以和理称。还为仁威南康王限内记室，迁治书侍御史。以父疾经旬，衣不解带，头不栉沐，信宿之间，形貌顿改。及父卒，号恸不绝声，枕块藉地，腰虚脚肿，竟以毁卒。

## 庾沙弥

庾沙弥，颍川人也。晋司空冰六世孙。父佩玉，辅国长史、长沙内史，宋昇明中坐沈攸之事诛，沙弥时始生。年至五岁，所生母为制采衣，辄不肯服，母问其故，流涕对曰："家门祸酷，用是何为！"既长，终身布衣蔬食。起家临川王国左常侍，迁中军田曹行参军。嫡母刘氏寝疾，沙弥晨昏侍侧，衣不解带，或应针灸，辄以身先试之。及母亡，水浆不入口累日，终丧不解衰绖，不出庐户，昼夜号恸，邻人不忍闻。墓在新林，因有旅松百余株，自生坟侧。族兄都官尚书咏表言其状，应纯孝之举，高祖召见嘉之，以补歙令。还除轻车邵陵王参军事，随府会稽，复丁所生母忧。丧还都，济浙江，中流遇

从不假手于人。母亲患了病，他就衣不解带地照顾病人。后来母亲去世，他近十日水米不沾。母亲的灵柩暂时葬在药王寺，当时天寒地冻，刘昙净只穿单布衣裳，在埋葬之所结庐而居，昼夜哭泣不绝于声，连路过的人都被他的哀哭所打动。守孝期未满就去世了。

### 何炯

何炯字士光，庐江灊县人。父亲何撙，官至太中大夫。

何炯十五岁时，跟从兄长何胤求学，一年就学通了《五经》章句。何炯皮肤白皙，容貌俊美，堂兄何求、何点常常称赞道："卫叔宝神采清逸，杜弘治肤如凝脂，如今看到这个年轻人，就像再次目睹卫杜二人风采一样。"何炯常常倾慕恬然退隐的生活，不喜仕进。堂叔何昌寓对他说："何求、何点都已经遁世隐居，你不应该再走这条路。况且君子出仕或者隐居，都各有其命途的归宿。"何炯十五岁时，入仕担任扬州主簿。被举为秀才，累加升迁为王府行参军，尚书兵、库部二曹郎。出京任永康令，治政有和谐融洽的声誉。回朝后任仁威南康王限内记室，迁任治书侍御史。因父亲患病，十数日衣不解带照料病人，自己无暇梳洗，不过才两个晚上的工夫，外貌竟大为改变。父亲去世后，他嚎啕痛哭不绝于声，坐卧都在地上，腰虚脚肿，因此而病逝。

### 庾沙弥

庾沙弥，颍川人。他是晋代司空庾冰的六世孙。父亲庾佩玉，官至辅国长史、长沙内史，在刘宋一朝的昇明年间受沈攸之反叛的牵连被杀，这时庾沙弥刚刚出生。他长到五岁时，亲生母亲为他裁制彩色衣物，他不肯穿，母亲问他是何缘故，他流泪说道："家门遭遇惨祸，穿彩衣作什么！"长大后，他终身穿布衣食素。最初担任临川王国左常侍，迁任中军田曹行参军。嫡母刘氏患病，庾沙弥早晚都在她身旁服侍，衣不解带，需要进行针灸治疗时，他就自己先以身试之。刘氏病故时，他多日水米不沾，守孝期间从不脱去丧服，不出草庐之门，昼夜号哭，邻居都不忍卒闻。母亲之墓在新林，有野生松树一百余株，自然地在坟侧生长出来。他的族兄都官尚书庾咏上表陈述了这件事情，举

风，舫将覆没，沙弥抱柩号哭，俄而风静，盖孝感所致。服阕，除信威刑狱参军、兼丹阳郡□□□。累迁宁远录事参军，转司马。出为长城令，卒。


### 江紑

江紑字含洁，济阳考城人也。父蒨，光禄大夫。紑幼有孝性，年十三，父患眼，紑侍疾将期月，衣不解带。夜梦一僧云："患眼者，饮慧眼水必差。"及觉说之，莫能解者。紑第三叔禄与草堂寺智者法师善，往访之。智者曰："《无量寿经》云：慧眼见真，能渡彼岸。"蒨乃因智者启舍同夏县界牛屯里舍为寺，乞赐嘉名。敕答云："纯臣孝子，往往感应。晋世颜含，遂见冥中送药。近见智者，知卿第二息感梦，云饮慧眼水。慧眼则是五眼之一号，若欲造寺，可以慧眼为名。"及就创造，泄故井，井水清冽，异于常泉。依梦取水洗眼及煮药，稍觉有瘳，因此遂差。时人谓之孝感。南康王为南徐州，召为迎主簿。紑性静，好《老》《庄》玄言，尤善佛义，不乐进仕。及父卒，紑庐于墓，终日号恸不绝声，月余卒。


### 刘霁

刘霁字士烜，平原人也。祖乘民，宋冀州刺史。父闻慰，齐正员郎。

霁年九岁，能诵《左氏传》，宗党咸异之。十四居父忧，有至性，每哭辄呕血。家贫，与弟杳、歊相笃励学。既长，博涉多通。天

他为纯孝,高祖召见并嘉奖了他,补为歙县令。他回京后被任命为轻车邵陵王参军事,随府赴会稽。又遭生母丧丁忧去职,护送灵柩回京时,渡过钱塘江,在江中心遭遇狂风,船只将要倾覆沉没,庾沙弥抱着灵柩号哭,不久风浪平息下来,当是他的孝心感化了上天所致。服丧结束后,他被任命为信威刑狱参军、兼丹阳郡□□□,累加升迁为宁远录事参军,转任司马。出京任长城令,后去世。

## 江紑

江紑字含洁,济阳考城人。父亲江蒨,官至光禄大夫。江紑自幼就有孝心,十三岁时,父亲患了眼病,江紑伺候病人近一个月,衣不解带。夜里他梦见一个和尚对他说:"患眼病的人,喝慧眼水必定能够康复。"他醒来后与人说起此事,没有人能做出解释。江紑的三叔江禄与草堂寺的智者法师交情很好,前往拜访他。智者法师说:"《无量寿经》说过:慧眼见真,能渡彼岸。"江蒨就按照智者法师的指点启奏天子,施舍同夏县境内牛屯里的家宅作为寺院,请天子赐以嘉名。天子敕令答复说:"纯良的臣子孝顺的儿子,往往能令上天有所感应。晋代的颜含天性孝悌,于是冥冥中有使者为其病嫂送来医药。近来见到智者法师,知道卿的次子梦中有所感悟,说要饮慧眼水。慧眼是佛家所说五眼中之一种,若想建造佛寺,可以用慧眼作为名字。"于是就创建了此寺,清理旧井,冒出的井水十分清冽,与寻常泉水不同。江蒨就按照梦中所取水洗眼并用来煮药,略觉有所好转,进而完全康复了。当时的人们都认为是江紑的孝心感动上天所致。南康王任南徐州刺史时,召江紑为迎主簿。江紑性好安静,喜欢《老子》《庄子》书中的玄理,尤其精通佛教经义,不喜当官。父亲去世时,江紑在墓侧结庐而居,整日号哭不绝于声,一个多月后也去世了。

## 刘霁

刘霁字士烜,平原人。祖父刘乘民,刘宋一朝官至冀州刺史。父亲刘闻慰,南齐一朝官至正员郎。

刘霁九岁时,已能够背诵《左氏传》,宗族里的亲戚都认为他非同寻常。十四岁时为父亲居丧,深有孝性,每次悲泣都哭至呕血。他

监中，起家奉朝请，稍迁宣惠晋安王府参军，兼限内记室，出补西昌相。入为尚书主客侍郎，未期，除海盐令。霁前后宰二邑，并以和理著称。还为建康正，非所好，顷之，以疾免。寻除建康令，不拜。母明氏寝疾，霁年已五十，衣不解带者七旬，诵《观世音经》，数至万遍，夜因感梦，见一僧谓曰："夫人算尽，君精诚笃至，当相为申延。"后六十余日乃亡。霁庐于墓，哀恸过礼。常有双白鹤驯翔庐侧。处士阮孝绪致书抑譬。霁思慕不已，服未终而卒，时年五十二。著《释俗语》八卷，文集十卷。弟杳在《文学传》，歆在《处士传》。

## 褚修

褚修，吴郡钱唐人也。父仲都，善《周易》，为当时最。天监中，历官《五经》博士。修少传父业，兼通《孝经》《论语》，善尺牍，颇解文章。初为湘东王国侍郎，稍迁轻车湘东府行参军，并兼国子助教。武陵王为扬州，引为宣惠参军、限内记室。修性至孝，父丧毁瘠过礼，因患冷气。及丁母忧，水浆不入口二十三日，气绝复苏。每号恸呕血，遂以毁卒。

## 谢蔺

谢蔺字希如，陈郡阳夏人也。晋太傅安八世孙。父经，北中郎咨议参军。

蔺五岁，每父母未饭，乳媪欲令蔺先饭，蔺曰："既不觉饥。"强食终不进。舅阮孝绪闻之叹曰："此儿在家则曾子之流，事君则

家中贫穷，与弟弟刘杳、刘歊互相鼓励发奋求学。长大后，知识渊博而通达。天监年间，他担任奉朝请，迁任宣惠晋安王府参军，兼限内记室，出京补为西昌相。入朝任尚书主客侍郎，未满一年，被任命为海盐令。刘霁先后主政两个县邑，都以政风和谐融洽而著称。回朝后被任命为建康正，这个职务并非他所喜好的，过了一段时间后他就因病去职。不久被任命为建康令，他没有赴职。母亲明氏染病，刘霁这时已经五十岁，衣不解带侍候病人长达七十天，又时时诵读《观世音经》，达数万遍之多，夜里做了一个梦，梦见一个僧人对他说："夫人阳寿已尽，但您至为精诚，当为她再稍作延长。"过了六十多天后明氏才亡故。刘霁在墓侧结庐而居，守孝哀哭超越了礼制要求。常常有一对白鹤驯从地在他草庐旁飞翔。隐士阮孝绪致信给他加以晓喻劝慰。刘霁十分思慕母亲，守孝尚未期满就去世了，时年五十二岁。著有《释俗语》八卷，文集十卷。弟弟刘杳事迹见《文学传》，刘歊事迹见《处士传》。

### 褚修

褚修，吴郡钱塘人。父亲褚仲都，擅长解读《周易》，在当时无人可比。天监年间，曾任《五经》博士。褚修从小传承父亲的学问，兼能通晓《孝经》《论语》，善文辞，颇得文章之妙。起初任湘东王国侍郎，后迁任轻车湘东府行参军，并兼国子助教。武陵王萧纪任扬州刺史时，任用他做宣惠参军、限内记室。褚修生性至为孝顺，父亲去世时哀痛过度损害了健康，从此患有冷气之疾。后来母亲去世，他水米不沾达二十三天，昏厥后又苏醒，每次悲哭必至呕血，最后因哀伤过度而去世。

### 谢蔺

谢蔺字希如，陈郡阳夏人。他是晋朝太傅谢安的八世孙。父亲谢经，官至北中郎咨议参军。

谢蔺五岁时，每逢父母尚未用餐，乳母想让谢蔺先吃，谢兰就会说："还不觉得饿。"勉强喂他也始终不吃。他的舅舅阮孝绪听说后

蔺生之匹。"因名之曰蔺。稍授以经史，过目便能讽诵。孝绪每曰"吾家阳元也"。及丁父忧，昼夜号恸，毁瘠骨立，母阮氏常自守视譬抑之。服阕后，吏部尚书萧子显表其至行，擢为王府法曹行参军，累迁外兵、记室参军。时甘露降士林馆，蔺献颂，高祖嘉之，因有诏使制《北兖州刺史萧楷德政碑》，又奉令制《宣城王奉述中庸颂》。

太清元年，迁散骑侍郎，兼散骑常侍，使于魏。会侯景举地入附，境上交兵，蔺母虑不得还，感气卒。及蔺还入境，尔夕梦不祥，旦便投劾驰归。既至，号恸呕血，气绝久之，水浆不入口。亲友虑其不全，相对悲恸，强劝以饮粥。蔺初勉强受之，终不能进，经月余日，因夜临而卒，时年三十八。蔺所制诗赋碑颂数十篇。

史臣曰：孔子称"毁不灭性"，"教民无以死伤生"也，故制丧纪，为之节文。高柴、仲由伏膺圣教，曾参、闵损虔恭孝道，或水浆不入口，泣血终年，岂不知创巨痛深，《蓼莪》慕切，所谓先王制礼，贤者俯就。至如丘、吴，终于毁灭。若刘昙净、何炯、江紑、谢蔺者，亦二子之志欤。

感叹道："这孩子在家就是曾参那样的孝子，事奉君主则会是蔺相如一样的忠臣。"于是给他取名为蔺。后来教授他经史，一经过目就能背诵。阮孝绪常说"这是我家的魏阳元啊"。后来遭遇父丧，他昼夜号哭，瘦得皮包骨头，母亲阮氏常常亲自陪伴劝谕他。服丧结束后，吏部尚书萧子显上表讲述了他的至孝之举，朝廷拔擢他为王府法曹行参军，累加升迁为外兵记室参军。当时曾有甘露降于士林馆，谢蔺作颂文献上，高祖认为作得很好，就传诏令让他写作了《北兖州刺史萧楷德政碑》，后来他又奉令写作了《宣城王奉述中庸颂》。

太清元年（547），谢蔺迁任散骑侍郎，兼任散骑常侍，出使东魏。时值侯景献出统领之地归附梁朝，边境发生了战事，谢蔺的母亲预计他无法回朝，感染气疾而去世。谢蔺回到梁境，一天夜里梦见不祥之事，天明后就留下辞呈飞马赶回。回到家后，他号哭至呕血，气息断绝了很久，继而水米不沾。亲友担心他也有生命危险，彼此相对而泣，就强迫他进食稀粥。谢蔺起初勉强接受，但终究吃不下，过了一个多月，夜哭而亡，时年三十八岁。谢蔺所作诗赋碑颂共有数十篇。

史臣说：孔子说"哀伤但不危及生命"，是"教导人民不要因为丧事而妨害性命"，所以他制定丧葬的礼法，作为对哀毁的节制。故而高柴、仲由牢记圣人的训诲，曾参、闵损虔诚地遵奉尽孝之道。有的人守孝水米不沾，长时间哭至泣血。岂不知虽然丧亲之痛至为剧烈，《诗经·小雅·蓼莪》所歌咏的慕亲之情也极其真切，但从前的圣王所制定的礼法，后世贤者仍应接受遵循。到了丘吾子的时候，竟因为过度伤悲而毁弃生命。像刘昙净、何炯、江紑、谢蔺这些孝子，也怀有与丘吾子同样的心志吧。

# 卷四十八

## 列传第四十二

### 儒 林

伏曼容　何佟之　范缜　严植之　贺玚子革　司马筠

卞华　崔灵恩　孔佥　卢广　沈峻　太史叔明　孔子祛　皇侃

汉氏承秦燔书，大弘儒训，太学生徒，动以万数，郡国黉舍，悉皆充满，学于山泽者，至或就为列肆，其盛也如是。汉末丧乱，其道遂衰。魏正始以后，仍尚玄虚之学，为儒者盖寡。时荀顗、挚虞之徒，虽删定新礼，改官职，未能易俗移风。自是中原横溃，衣冠殄尽，江左草创，日不暇给，以迄于宋、齐，国学时或开置，而劝课未博，建之不及十年，盖取文具，废之多历世祀，其弃也忽诸。乡里莫或开馆，公卿罕通经术，朝廷大儒，独学而弗肯养众，后生孤陋，拥经而无所讲习，三德六艺，其废久矣。高祖有天下，深愍之，诏求硕学，治五礼，定六律，改斗历，正权衡。天监四年，诏曰：

"二汉登贤，莫非经术，服膺雅道，名立行成。魏、晋浮荡，儒教沦歇，风节罔树，抑此之由。朕日昃罢朝，思闻俊异，收士得人，实惟醻奖。可置《五经》博士各一人，广开馆宇，招内后进。"

　　汉朝继焚书坑儒的秦朝之后兴起，大力推广儒家学说，太学中的生员，动辄数以万计，各地郡国的学校，全都坐满了学生，在山野乡村求学的人，数量多至足以形成商铺街市，其兴盛达到如此地步。汉末国家陷入动荡变乱，儒学之道于是衰落。魏正始年间以后，社会仍然崇尚玄虚之学，践行儒家学说者数量很少。当时的荀顗、挚虞等人，虽曾删改制定新一朝的礼制，改易职官制度，但并未能够移风易俗。其后中原沦丧，衣冠礼教零落殆尽，朝廷在江东草创基业，事务繁多无暇振兴儒学，直至宋、齐，国子学时开时闭，未能广泛劝导士人研习儒学，建立后不到十年，仅为徒具形式的空文，又因为儒学长期的荒废，国子学也很快就被弃置了。民间无人开馆治学，公卿官僚也很少有通晓经术的，朝廷的宏儒硕学，大多独自研究而不肯教导弟子，后辈学子则孤陋寡闻，徒拥经籍而无处听讲，使得三德六艺的学问，被荒废了很长时间。高祖取得天下后，对此深感忧虑，下诏搜求饱学之士，制订五礼，颁定六律，改良历法，校正度量衡。天监四年（505），下诏令说：

　　"两汉时国家录用贤能之士，都是以儒家经术作为考评标准，遵循儒者之道的人，就能够成就声名与事业。魏晋时代世风轻浮放荡，儒教遂沦丧不兴，风骨节操不再被时人看重，大约就是因为这个原因。朕治理朝政夙兴夜寐，十分思慕杰出才俊，国家要招贤纳士，实在唯有奖掖人才一途。可设置《五经》博士各一人，广开馆邸，招纳后进人才。"

于是以平原明山宾、吴兴沈峻、建平严植之、会稽贺玚补博士，各主一馆。馆有数百生，给其饩廪。其射策通明者，即除为吏。十数年间，怀经负笈者云会京师。又选遣学生如会稽云门山，受业于庐江何胤。分遣博士祭酒，到州郡立学。七年，又诏曰：

"建国君民，立教为首，砥身砺行，由乎经术。朕肇基明命，光宅区宇，虽耕耘雅业，傍阐艺文，而成器未广，志本犹阙，非以镕范贵游，纳诸轨度，思欲式敦让齿，自家刑国。今声训所渐，戎夏同风，宜大启庠敎，博延胄子，务彼十伦，弘此三德，使陶钧远被，微言载表。"

于是皇太子、皇子、宗室、王侯始就业焉。高祖亲屈舆驾，释奠于先师先圣，申之以讌语，劳之以束帛，济济焉，洋洋焉，大道之行也如是。其伏曼容、何佟之、范缜，有旧名于世；为时儒者，严植之、贺玚等首膺兹选。今并缀为《儒林传》云。

### 伏曼容

伏曼容字公仪，平昌安丘人。曾祖滔，晋著作郎。父胤之，宋司空主簿。

曼容早孤，与母兄客居南海。少笃学，善《老》《易》，倜傥好大言，常云"何晏疑《易》中九事，以吾观之，晏了不学也，故知平叔有所短。"聚徒教授以自业。为骠骑行参军。宋明帝好《周易》，集朝臣于清暑殿讲，诏曼容执经。曼容素美风采，帝恒以方嵇叔夜，随后任命平原人明山宾、吴郡人陆琏、吴兴人沈峻、建平人严植之、会稽人贺玚补任为博士，各自主持一馆。每馆有生员数百人，由国家支给薪俸。其中射策应试通达晓畅者，就任命为官吏。十几年间，饱读经书者云集京师。又选派学生前往会稽云门山，就学于庐江人何胤。并分遣博士祭酒，到各个州郡建立学校。天监七年（508），又下诏说：

"凡建立国家奠定君主与臣民的秩序，以倡立儒教为首要之务；要提升个人修养砥砺自己的志行，也唯有借助对儒家经典的学术研究。朕缔造基业包举宇内，虽然一直致力于儒家学术的耕耘和艺术文学的发展，但成效仍不显著，朕的初志尚未达成，必须加强对贵族子弟的培养，将他们纳入儒家教育中来，希望形成长幼有序的风气，并将之从家庭层面推广至国家的高度。如今朝廷声威所及，无论华夏还是夷狄之人都受到教化，应该广泛设立学校，大量招收望族子弟，践行父慈、子孝、兄良、弟悌、夫义、妇听、长惠、幼顺、君仁、臣忠的十种伦理，以弘扬至德、敏德、孝德的三大道德，使礼义的教化流传广远，圣贤的言论获得彰显。"

随后皇太子、皇子、宗室、王侯都开始接受儒家教育。高祖圣驾屈尊亲自祭奠先师先圣，对师生加以勉励并亲切叙谈，又赐以束帛作为慰劳之礼，学校教育得到兴旺发展，儒教的推广也兴盛一时。其中伏曼容、何佟之、范缜，原本就是负有盛名的学者；而当时堪称大儒硕学者，则以严植之、贺玚等为首选。现将他们一并编为《儒林传》。

## 伏曼容

伏曼容字公仪，平昌安丘人。曾祖父伏滔，东晋时官至著作郎。父亲伏胤之，刘宋时官至司空主簿。

伏曼容早年丧父，与母亲兄长客居南海。他年少时即专心好学，擅长解读《老子》《易经》，洒脱不拘喜作夸张之谈，常说"何晏曾质疑《易经》中的九件事，在我看来，何晏完全没有好好学习，所以可知何平叔其人也是有不足之处的。"他以招收弟子授课为业。

使吴人陆探微画叔夜像以赐之。迁司徒参军。袁粲为丹阳尹，请为江宁令，入拜尚书外兵郎。昇明末，为辅国长史、南海太守。齐初，为通直散骑侍郎。永明初，为太子率更令，侍皇太子讲。卫将军王俭深相交好，令与河内司马宪、吴郡陆澄共撰《丧服义》，既成，又欲与之定礼乐。会俭薨，迁中书侍郎、大司马咨议参军，出为武昌太守。建武中，入拜中散大夫。时明帝不重儒术，曼容宅在瓦官寺东，施高坐于听事，有宾客辄升高坐为讲说，生徒常数十百人。梁台建，以曼容旧儒，召拜司马，出为临海太守。天监元年，卒官，时年八十二。为《周易》《毛诗》《丧服集解》《老》《庄》《论语义》。子晅，在《良吏传》。

## 何佟之

何佟之字士威，庐江灊人，豫州刺史恽六世孙也。祖劭之，宋员外散骑常侍。父歆，齐奉朝请。

佟之少好《三礼》，师心独学，强力专精，手不辍卷，读《礼》论三百篇，略皆上口。时太尉王俭为时儒宗，雅相推重。

起家扬州从事，仍为总明馆学士，频迁司徒车骑参军事，尚书祠部郎。齐建武中，为镇北记室参军，侍皇太子讲，领丹阳邑中正。时步兵校尉刘瓛、征士吴苞皆已卒，京邑硕儒，唯佟之而已。佟之明习事数，当时国家吉凶礼则，皆取决焉，名重于世。历步兵校尉、国子博士，寻迁骠骑咨议参军，转司马。永元末，京师兵乱，佟之常集后来担任骠骑行参军。宋明帝喜好《周易》，曾召集朝臣在清暑殿讲解此书，诏令伏曼容为执读人。伏曼容一向姿容俊美颇有风采，明帝常常用嵇康来比拟他，还让吴郡人陆探微画了嵇康像赐给他。后迁任司徒参军。袁粲任丹阳尹时，请求任命伏曼容为江宁令，后又入朝拜为尚书外兵郎。昇明末年，伏曼容任辅国长史、南海太守。南齐建立之初，他任通直散骑侍郎。永明初年，任太子率更令，为皇太子侍讲。卫将军王俭与他深相交好，令他与河内人司马宪、吴郡人陆澄一起撰写《丧服义》，完成之后，又准备与他一起修定礼乐。此时正值王俭去世，伏曼容迁任为中书侍郎、大司马咨议参军，出京任武昌太守。建武年间，他入朝拜授为中散大夫。当时宋明帝不重视儒术，伏曼容的宅第在瓦官寺东边，厅堂里设了高高的座位，每当有宾客来访他就升座为之讲说，前来学习听讲者常常有数十上百人。高祖被封为梁公建台治事后，因伏曼容是前朝大儒，召他拜为司马，出京任临海太守。天监元年（502），伏曼容在官任上去世，时年八十二岁。他著有《周易集解》《毛诗集解》《丧服集解》《老子义》《庄子义》《论语义》。儿子伏暅，事迹见《良吏传》。

## 何佟之

何佟之字士威，庐江灊县人，是晋朝豫州刺史何恽的六世孙。祖父何劭之，刘宋时任员外散骑常侍。父亲何歆，南齐时官至奉朝请。

何佟之从小喜欢钻研《三礼》，自己独下苦心深入研究，集中精力刻苦攻读，常常手不释卷，将解释《礼记》的三百篇论文反复诵读，都可以基本背诵下来。当时太尉王俭是一代儒学宗师，对他也十分推崇。

何佟之最初担任扬州从事，又担任总明馆学士，累加升迁为司徒车骑参军事，尚书祠部郎。南齐建武年间，担任镇北记室参军，为皇太子侍讲，兼领丹阳邑中正。当时步兵校尉刘瓛、征士吴苞都已去世，京师里的饱学硕儒，只剩下何佟之一人而已。何佟之明了通晓历朝旧制掌故，当时凡国家吉礼、凶礼的典章制度，大都交给他来决断，名望重于当世。历任步兵校尉、国子博士，不久迁任骠骑咨议参诸生讲论, 孜孜不怠。中兴初, 拜骁骑将军。高祖践阼, 尊重儒术, 以佟之为尚书左丞。是时百度草创, 佟之依《礼》定议, 多所裨益。天监二年, 卒官, 年五十五。高祖甚悼惜, 将赠之官; 故事左丞无赠官者, 特诏赠黄门侍郎, 儒者荣之。所著文章、《礼》义百许篇。子朝隐、朝晦。

## 范缜

范缜字子真, 南乡舞阴人也。晋安北将军汪六世孙。祖璩之, 中书郎。父濛, 早卒。

缜少孤贫, 事母孝谨。年未弱冠, 闻沛国刘瓛聚众讲说, 始往从之, 卓越不群而勤学, 瓛甚奇之, 亲为之冠。在瓛门下积年, 去来归家, 恒芒屩布衣, 徒行于路。瓛门多车马贵游, 缜在其门, 聊无耻愧。既长, 博通经术, 尤精《三礼》。性质直, 好危言高论, 不为士友所安; 唯与外弟萧琛相善, 琛名曰口辩, 每服缜简诣。

起家齐宁蛮主簿, 累迁尚书殿中郎。永明年中, 与魏氏和亲, 岁通聘好, 特简才学之士, 以为行人, 缜及从弟云、萧琛、琅邪颜幼明、河东裴昭明相继将命, 皆著名邻国。于时竟陵王子良盛招宾客, 缜亦预焉。建武中, 迁领军长史。出为宜都太守, 母忧去职。归居于南州。义军至, 缜墨絰来迎。高祖与缜有西邸之旧, 见之甚悦。及建康城平, 以缜为晋安太守, 在郡清约, 资公禄而已。视事四年, 征为尚书左丞。缜去还, 虽亲戚无所遗, 唯饷前尚书令王亮。缜仕齐时, 与亮同台为郎, 旧相友, 至是亮被摈弃在家。缜自迎王师,军，转任司马。永元末年，京师兵乱频发，而何佟之仍然时常招集诸生讲论经义，孜孜不倦。中兴初年，他担任骁骑将军。高祖登基后，尊重儒术，任命何佟之为尚书左丞。当时朝廷各种规章制度都刚刚初创，何佟之依据《礼记》来确定制度方案，对朝政多有裨益。天监二年（503），何佟之在官任上去世，时年五十五岁。高祖非常伤悼惋惜，要追赠他官职；依旧例担任尚书左丞的人从未被追赠过官职，高祖特别下诏追赠他为黄门侍郎，当时的儒生都觉得十分荣耀。何佟之所著文章、《礼》义共计百余篇。儿子何朝隐、何朝晦。

## 范缜

范缜字子真，南乡舞阴人。是东晋安北将军范汪的六世孙。祖父范璩之，官至刘宋一朝的中书郎。父亲范濛，早逝。

范缜年少时丧父陷入贫困，侍奉母亲十分孝顺恭谨。他还不到弱冠之年，听闻沛国人刘瓛聚徒讲学，就前往跟从求学，在诸生中卓越不群而又特别勤奋好学，刘瓛认为他极不寻常，亲自为他行加冠之礼。范缜在刘瓛门下学习多年，每次回家省亲，总是脚穿芒鞋身穿布衣，沿路步行。刘瓛门下多有乘坐高车大马的贵族子弟，范缜在他门下求学，毫无自惭形秽之感。他长大成人后，博通经术，尤其善解《三礼》。他性格质朴直率，喜欢作惊人之言，与之交往的士友往往意有不安；他只与表弟萧琛最亲近，萧琛以口辩之才著称，却常常折服于范缜辩论的言简意赅。

范缜最初担任南齐一朝的宁蛮主簿，累加升迁为尚书殿中郎。永明年间，朝廷与北魏和亲，每年通使修好，特别挑选有才学的人士，作为访问使者，范缜及堂弟范云、萧琛、琅邪人颜幼明、河东人裴昭明相继领命出使，都在北朝享有盛名。当时竟陵王萧子良广结宾客，范缜也参与其间一同交游。建武年间，范缜迁任领军长史。出京任宜都太守，遭母丧丁忧去职。他归家守丧住在南州。义军打到京师时，范缜穿着丧服前来投效。高祖与范缜在西邸曾有一同交游的旧交情，见到他甚是欢喜。建康平定之后，任命范缜为晋安太守，他在郡中治政廉洁清正，除国家俸禄之外秋毫无取。任职四年后，朝廷志在权轴，既而所怀未满，亦常怏怏，故私相亲结，以矫时云。后竟坐亮徙广州，语在《亮传》。

　　初，缜在齐世，尝侍竟陵王子良。子良精信释教，而缜盛称无佛。子良问曰："君不信因果，世间何得有富贵，何得有贱贫？"缜答曰："人之生譬如一树花，同发一枝，俱开一蒂，随风而堕，自有拂帘幌坠于茵席之上，自有关篱墙落于粪溷之侧。坠茵蓆者，殿下是也；落粪溷者，下官是也。贵贱虽复殊途，因果竟在何处？"子良不能屈，深怪之。缜退论其理，著《神灭论》曰：

　　或问予云："神灭，何以知其灭也？"答曰："神即形也，形即神也，是以形存则神存，形谢则神灭也。"

　　问曰："形者无知之称，神者有知之名，知与无知，即事有异，神之与形，理不容一，形神相即，非所闻也。"答曰："形者神之质，神者形之用，是则形称其质，神言其用，形之与神，不得相异也。"

　　问曰："神故非质，形故非用，不得为异，其义安在？"答曰："名殊而体一也。"

　　问曰："名既已殊，体何得一？"答曰："神之于质，犹利之于刀，形之于用，犹刀之于利，利之名非刀也，刀之名非利也。然而舍利无刀，舍刀无利，未闻刀没而利存，岂容形亡而神在。"

召他任尚书左丞。范缜从地方上调回京城后,不曾带回一丁点财货分给亲族,只送了礼物给前任尚书令王亮。范缜在齐朝任官时,与王亮曾在同一台省中做郎官,十分要好,此时王亮正削职赋闲在家。范缜主动投效高祖,希望能进入朝廷权力核心,他对后来的职位并不满意,也时常怏怏不乐,所以私下与王亮亲密友善,以发泄对现实的不满。后来竟受王亮的牵连被流放至广州,此事见《王亮传》。

起初,范缜在齐朝时,曾经事奉竟陵王萧子良。萧子良笃信佛教,而范缜一直坚称佛陀并不存在。萧子良问他:"您不信因果,那世间为何既有富贵之人又有贫贱之人?"范缜回答他说:"人的降生就好像一树花,同发一枝,同开一蒂,花朵被风纷纷吹落,自然有被门帘拂拭而坠落到草席上面的,也有被篱笆墙阻挡而落入粪坑边的。比如殿下,就是落到草席上的;比如下官,就是落到粪坑边的。人之贵贱虽然道路迥异,所谓的因果又何在呢?"萧子良没法驳倒他,就对他大加责备。范缜退下后论述他的理论,写成一篇《神灭论》说:

有人问我:"意识的消亡,怎样才能知道它已经消灭了?"我答道:"意识就是形体,形体就是意识,所以形体存在则意识存在,形体逝去则意识消亡。"

又问:"所谓形体是对无知觉的东西的称呼,所谓意识是对有知觉的东西的称呼。有知觉和无知觉,两者互相矛盾,意识与形体,按理也不可能合二为一,你说形体与意识同为一体,从未听闻过。"我答道:"形体是意识的实体,意识是形体发挥的功用,所以形体说的是实体,意识说的是功用,二者并不矛盾。"

又问:"意识固然不是实体,形体固然不是功用,但二者不矛盾,这其中是什么道理?"我答道:"名称不同而本质如一。"

又问:"名称既然不同,本质怎能如一呢?"我答道:"意识之于实体,就像锋利之于刀;形体之于功用,就像刀之于锋利。锋利作为名称而言与刀不同,刀作为名称也与锋利不同,然而没有锋利就不是刀,没有刀就不存在锋利,从没听说过刀消失了而锋利仍然存在的,

　　问曰:"刀之与利,或如来说,形之与神,其义不然。何以言之? 木之质无知也,人之质有知也,人既有如木之质,而有异木之知,岂非木有其一,人有其二邪? "答曰:"异哉言乎! 人若有如木之质以为形,又有异木之知以为神,则可如来论也。今人之质,质有知也,木之质,质无知也,人之质非木质也,木之质非人质也,安在有如木之质而复有异木之知哉! "

　　问曰:"人之质所以异木质者,以其有知耳。人而无知,与木何异? "答曰:"人无无知之质,犹木无有知之形。"

　　问曰:"死者之形骸,岂非无知之质邪? "答曰:"是无人质。"

　　问曰:"若然者,人果有如木之质,而有异木之知矣。"答曰:"死者有如木之质,而无异木之知;生者有异木之知,而无如木之质也。"

　　问曰:"死者之骨骼,非生者之形骸邪? "答曰:"生形之非死形,死形之非生形,区已革矣,安有生人之形骸,而有死人之骨骼哉? "

　　问曰:"若生者之形骸非死者之骨骼,非死者之骨骼,则应不由生者之形骸,不由生者之形骸,则此骨骼从何而至此邪? "答曰:"是生者之形骸,变为死者之骨骼也。"

　　问曰:"生者之形骸虽变为死者之骨骼,岂不因生而有死,则知死体犹生体也。"答曰:"如因荣木变为枯木,枯木之质,宁是荣

又哪里会有形体消亡了而意识仍然存在的呢。"

又问："刀和锋利的关系，或许正如你前面所说，但形体与意识的关系，道理并非如此。何以这么说？木头的本质是没有知觉的，人的本质是有知觉的，人既然和木头一样都有本质实体，却拥有知觉而和木头不同，这岂不成了木头有形体而人既有形体又有知觉吗？"我答道："这话真奇怪啊！人如果有与木头一样的本质作为形体，又有与木头不同的知觉作为意识，那就如你所说的一样。但现在人的本质实体是有知觉的，木头的本质实体是没有知觉的，人的本质实体与木头不同，木头的本质实体也与人不一样，怎能说人有如木头一样的本质实体而又有与木头不同的知觉呢？"

又问："人的本质实体之所以和木头的不同，就在于有知觉。若是人没有了知觉，与木头又有何不同呢？"我答道："人并没有不具知觉的本质实体，正如木头并没有产生了知觉的形体一样。"

又问："死去之人的形骸，岂不就是不具知觉的本质实体吗？"我答道："尸体已经不再具有人的本质了。"

又问："若是这样，假如人拥有和木头一样的本质实体，就有与木头不同的知觉了。"我答道："死去之人有和木头一样的本质实体，但没有与木头不同的知觉；活着的人有与木头不同的知觉，但没有和木头一样的本质实体。"

又问："死者的骨骼，难道不是其活着时的形骸吗？"我答道："活着时的形体不同于死去后的形体，死去后的形体不同于活着时的形体，生死之别已经使二者不同了，怎会有活人的形骸拥有死人的骨骼呢？"

又问："假如活人的形骸不同于死者的骨骼，那么死者的骨骼就不应是由活人的形骸而变来，若不是由活人的形骸而变来，那么这骨骼是从何而来的呢？"我答道："是活人的形骸变成了死者的骨骼。"

又问："既然活人的形骸变为死者的骨骼，岂不是死亡是因为活着而导致，那么死亡的形体也就等同于活着的形体了。"我答道："这就好比活树变为枯树，枯树的本质实体，难道就是活树的形体吗？"

木之体!"

问曰:"荣体变为枯体,枯体即是荣体;丝体变为缕体,缕体即是丝体,有何别焉?"答曰:"若枯即是荣,荣即是枯,应荣时凋零,枯时结实也。又荣木不应变为枯木,以荣即枯,无所复变也。荣枯是一,何不先枯后荣?要先荣后枯,何也?丝缕之义,亦同此破。"

问曰:"生形之谢,便应豁然都尽,何故方受死形,绵历未已邪?"答曰:"生灭之体,要有其次故也。夫欻而生者必欻而灭,渐而生者必渐而灭。欻而生者,飘骤是也,渐而生者,动植是也。有欻有渐,物之理也。"

问曰:"形即是神者,手等亦是神邪?"答曰:"皆是神之分也。"

问曰:"若皆是神之分,神既能虑,手等亦应能虑也?"答曰:"手等亦应能有痛痒之知,而无是非之虑。"

问曰:"知之与虑,为一为异?"答曰:"知即是虑,浅则为知,深则为虑。"

问曰:"若尔,应有二虑,虑既有二,神有二乎?"答曰:"人体惟一,神何得二。"

问曰:"若不得二,安有痛痒之知,复有是非之虑?"答曰:"如手足虽异,总为一人,是非痛痒虽复有异,亦总为一神矣。"

　　又问："既然活树的形体可以变成枯树的形体，则枯死的形体就是活的形体；既然蚕丝的形体可以变化成丝线的形体，则丝线的形体就是蚕丝的形体，它们之间还有什么差别呢？"我答道："如果树木的枯萎凋谢就等于茂盛荣生，茂盛荣生就等于枯萎凋谢，则树木就该在茂盛时凋谢，而在枯萎时结果了。而且茂盛的树木也不应该再变成枯树，因为茂盛荣生就等于枯萎凋谢，不应该再有所变化。若茂盛荣生和枯萎凋谢是一回事，那么为什么不先枯萎凋谢而后茂盛荣生呢？树木要先茂盛荣生而后才枯萎凋谢，这是什么原因？蚕丝与丝线之间的关系，也正和这个道理一样。"

　　又问："活的形体凋谢，就应该全然谢尽，为什么刚刚死去的形体，还和活着时一样久久不变呢？"我答道："这是因为具有生死变化的形体，生和死都有其次序的缘故。那些忽然诞生的东西必然会突然死去，那些逐渐诞生的东西必然会渐次死亡。突然诞生的东西，就好比是暴风骤雨；逐步诞生的东西，就好比动物植物。生死有突然发生的也有逐渐发生的，这是万物的规律。"

　　又问："如果形体就是意识，那手等肢体也是意识吗？"我答道："都是意识的分支。"

　　又问："如果它们都是意识的分支，意识能够思考，手等肢体也能思考吗？"我答道："手等肢体也应该有痛痒之类的知觉，而没有是非之类的思考能力。"

　　又问："知觉和思考，究竟相同还是不同？"我答道："知觉即是思考，其简单浅显者为知觉，其深邃复杂者为思考。"

　　又问："若是这样的话，就应该有两种思考了，思考既有两种，则意识是否也有两个呢？"我答道："人的形体只有一个，意识又岂能有两个。"

　　又问："若意识只有一个，为什么既有痛痒的知觉，又有是非这样的思考？"我答道："就好像手足等肢体虽然各不相同，合起来才成为一个人，所以是非痛痒虽然各不相同，合起来才成为一个意识

问曰："是非之虑，不关手足，当关何处？"答曰："是非之虑，心器所主。"

问曰："心器是五藏之心，非邪？"答曰："是也。"

问曰："五藏有何殊别，而心独有是非之虑乎？"答曰："七窍亦复何殊，而司用不均。"

问曰："虑思无方，何以知是心器所主？"答曰："五藏各有所司，无有能虑者，是以知心为虑本。"

问曰："何不寄在眼等分中？"答曰："若虑可寄于眼分，眼何故不寄于耳分邪？"

问曰："虑体无本，故可寄之于眼分；眼自有本，不假寄于佗分也。"答曰："眼何故有本而虑无本？苟无本于我形，而可遍寄于异地，亦可张甲之情，寄王乙之躯，李丙之性，托赵丁之体。然乎哉？不然也。"

问曰："圣人形犹凡人之形，而有凡圣之殊，故知形神异矣。"答曰："不然。金之精者能昭，秽者不能昭，有能昭之精金，宁有不昭之秽质。又岂有圣人之神而寄凡人之器，亦无凡人之神而托圣人之体。是以八采、重瞳，勋、华之容，龙颜、马口，轩、皞之状，此形表之异也。比干之心，七窍列角，伯约之胆，其大若拳，此心器之殊也。是知圣人定分，每绝常区，非惟道革群生，乃亦形超万有。凡圣均体，所未敢安。"

问曰："子云圣人之形必异于凡者，敢问阳货类仲尼，项籍似

啊。"

又问："是非之类的思考，若与手足无关，则应与什么有关？"我答道："是非之类的思考，由心主管。"

又问："这个心就是五脏中的心脏，对吗？"我答道："是的。"

又问："五脏之间有什么差异，而令心脏独具思考是非的能力？"我答道："七窍之间又有什么差异，而令各自的功用轻重不等？"

又问："思考并无固定的方位，如何知道它归心主管？"我答道："五脏各有所司职，其他脏腑都没有思考的功能，故可以知道心就是思考的来源。"

又问："思考的功能为何不寄托于眼睛等部位呢？"我答道："若是思考的功能可以寄托于眼睛，那么眼睛的功能又为何不寄托于耳朵呢？"

又问："思考功能没有专属的形体，所以可以寄托于眼；眼睛的功能自有专属的形体，所以不寄托于其他部位。"我答道："怎能说眼睛的功能有专属形体而思考的功能没有专属形体呢？若是我的思考没有专属于我的形体，而可以任意寄托于外界，那就可以将张三的性情，寄托于王五的身体，将李四的性格，安放进赵六的身体。是这样的吗？不是这样啊。"

又问："圣人的形体和凡人的形体是一样的，人却有圣、凡之别，故可以知道形体与意识不是一体的了。"我答道："不是这样。金属中的精粹纯净者能闪光夺目，浑浊不洁者则晦暗无光。如果是能闪光的纯净精金，怎么会具有晦暗无光的劣质实体？同理又怎么会有圣人的意识寄托于凡人的形体中？也不可能有凡人的意识寄托于圣人的形体中。所以尧帝眉分八采，舜帝目有重瞳，轩辕氏眉骨隆起如龙，皋陶氏口形如马嘴，此乃形体外貌的特别之处。比干之心，七窍玲珑，姜维之胆，其大如拳，这是心肝脏腑的特异之处。因此可知圣人的命数，往往与常人有异，不仅其道德超越众生，其肉身也与众不同。你说凡人、圣人的形体是一样的，我不敢苟同。"

又问："你说圣人的形体必定有异于凡人，敢问阳货和孔子外

大舜，舜、项、孔、阳，智革形同，其故何邪？"答曰："珉似玉而非玉，鸡类凤而非凤，物诚有之，人故宜尔。项、阳貌似而非实似，心器不均，虽貌无益。"

问曰："凡圣之殊，形器不一，可也。圣人员极，理无有二，而丘、旦殊姿，汤、文异状，神不侔色，于此益明矣。"答曰："圣同于心器，形不必同也，犹马殊毛而齐逸，玉异色而均美。是以晋棘、荆和，等价连城，骅骝、騄骊，俱致千里。"

问曰："形神不二，既闻之矣，形谢神灭，理固宜然，敢问经云'为之宗庙，以鬼飨之，'何谓也？"答曰："圣人之教然也，所以弭孝子之心，而厉偷薄之意，神而明之，此之谓矣。"

问曰："伯有被甲，彭生豕见，坟素著其事，宁是设教而已邪？"答曰："妖怪茫茫，或存或亡，强死者众，不皆为鬼，彭生、伯有，何独能然，乍为人豕，未必齐、郑之公子也。"

问曰："《易》称'故知鬼神之情状，与天地相似而不违。'又曰：'载鬼一车。'其义云何？"答曰："有禽焉，有兽焉，飞走之别也；有人焉，有鬼焉，幽明之别也。人灭而为鬼，鬼灭而为人，则未之知也。"

问曰："知此神灭，有何利用邪？"答曰："浮屠害政，桑门蠹俗，风惊雾起，驰荡不休，吾哀其弊，思拯其溺。夫竭财以赴僧，破

貌相似，项籍面容也近似大舜，舜帝与项籍，孔子和阳货，意识迥异而形体相同，这是何道理？”我答道：“珉石像玉而不是玉，家鸡似凤却不是凤，这种现象在外物中多有存在，在人身上也是同样。项籍、阳货，只是外表与圣人相像而不是本质上相同，只要心肝脏腑不一样，就算外貌相似也没有用。”

又问：“凡人圣人有别，形体与脏腑不一，这是可以的。圣人完美无瑕，按理就不应该有所不同，但孔子与周公容貌有别，成汤、文王相貌各异，可见意识和形体并非一体，这就非常明显了。”我答道："圣人是心肝脏腑相同，外形则不必相同，就好像马的毛色不同而都能奔驰，玉的色泽相异而同样优美。因此晋国的垂棘之璧、楚国的和氏璧，一样都价值连城，有名的骏马骅骝、騄骊，同样都日行千里。"

又问：“形体与意识俱为一体的说法，已经听你讲论过了，形体消逝而意识也归于寂灭的道理，确实也能说通，敢问《孝经》所说的‘为之设立祭祀的祠庙，以祭奠鬼神的方式来致敬逝者’，又是什么意思？”我答道：“这就是圣人的教诲，用意在于平息孝子对死去双亲的思慕之情，并激励唤醒那些浮薄寡情的人。所谓将逝者作为神一样放在最显著的位置，说的就是这个道理。”

又问：“郑国大夫伯友死后鬼魂披甲而行，齐国公子彭生被杀后化为猪形，这样的典故在古代典籍中屡有记载，难道它们只是想象出来为了教育世人而已吗？”我答道：“妖怪的事迹虚无渺茫，有的流传下来有的消亡了；遭遇横死者也有很多，并没有全都化为鬼魂。彭生和伯有，怎么可能唯独他二人化为鬼魂，忽而人形忽而猪形，这未必就是齐、郑的二位公子。”

又问：“《易经》说‘所以可知鬼神的情状，与天地相似而无违背。’又说：‘载了一车鬼。’这是何道理？”我答道：“世上有飞禽也有走兽，区别在于一个会飞一个会跑；世上有人也有鬼，区别在于一个在阳间一个在冥界。是人死后化为鬼，抑或是鬼死后化为人，则是不可尽知的事。”

又问：“知道意识也随同肉体消灭的道理，有什么益处功用？”我答道：“崇佛有害政事，僧众迷惑世人，民智迷信暗弱，社会动荡

产以趋佛，而不恤亲戚，不怜穷匮者何？良由厚我之情深，济物之意浅。是以圭撮涉于贫友，吝情动于颜色；千钟委于富僧，欢意畅于容发。岂不以僧有多稌之期，友无遗秉之报，务施阙于周急，归德必于在己。又惑以茫昧之言，惧以阿鼻之苦，诱以虚诞之辞，欣以兜率之乐。故舍逢掖，袭横衣，废俎豆，列缾钵，家家弃其亲爱，人人绝其嗣续。致使兵挫于行间，吏空于官府，粟罄于惰游，货殚于泥木。所以奸宄弗胜，颂声尚拥，惟此之故，其流莫已，其病无限。若陶甄禀于自然，森罗均于独化，忽焉自有，怳尔而无，来也不御，去也不追，乘夫天理，各安其性。小人甘其垄亩，君子保其恬素，耕而食，食不可穷也，蚕而衣，衣不可尽也，下有余以奉其上，上无为以待其下，可以全生，可以匡国，可以霸君，用此道也。"

此论出，朝野喧哗，子良集僧难之而不能屈。

缜在南累年，追还京。既至，以为中书郎、国子博士，卒官。文集十卷。

子胥，字长才。传父学，起家太学博士。胥有口辩，大同中，常兼主客郎，对接北使。迁平西湘东王咨议参军，侍宣城王读。出为鄱阳内史，卒于郡。

不安，我内心忧虑这些弊病，想要拯救人民于困境中。人们散尽家财去资助僧侣，抛弃产业来襄助佛寺，而不再体恤亲族，也不再怜悯穷困者，这是为什么？实在是因为太注重厚待自我，而淡去了周济他者的情意。因此给穷朋友一点点米，吝啬之情也动于言表；把千钟粟给富裕的僧人，欢畅之意却遍布满脸。这岂不是因为僧人可以带给自己更多的期望，而朋友却不能给自己哪怕一把遗穗的回报么？僧人进行施舍，却不去帮助急需的穷人，有了功德却必定全归自己。僧人以虚无缥缈的言辞魅惑信徒，用阿鼻地狱的苦厄来恫吓世人，用空洞荒诞的辞句来诱惑凡夫，用极乐世界的仙宫乐土来取悦信士。因此士人纷纷舍弃了儒生的衣装，穿上僧侣的袈裟，不再供奉儒家的祭祀礼器，转而列出佛门的净瓶与钵盂，家家都有人割舍亲情出家，人人都弃绝子孙香火。这导致部队战斗力出现下降，官府之中也缺官少吏，粮食都被不事稼穑的闲散僧人耗尽，财富全因大兴土木的寺院庙宇而枯竭。所以盗匪猖獗屡禁不止，民间呼声壅塞不通，正是因为这个缘故，求神拜佛的风尚不能遏抑，带来的祸患也无法穷尽。应该顺应自然化育万物的规律，任万物完成自身的转化，忽然而生，恍然而灭，到来了就不加以抵御，逝去了也不徒劳追赶，顺应天理，各安本性。黎民百姓安然耕种，贵族君子恬淡朴素，耕作而得食，则食物不会穷尽，务桑蚕而得衣，则衣物也不会穷尽。底层人民有盈余来供养社会上层，社会上层清静无为以善待下民，可保全生灵，可匡正国家，可令君主成就霸业，所依靠的都是此道啊。”

范缜的论说提出之后，朝野哗然，萧子良曾召集僧侣批驳他而无法将他驳倒。

范缜被流放岭南多年，后来朝廷征召他回京。他回来之后，任中书郎、国子博士，在官任上逝世。著有文集十卷。

儿子范胥，字长才。传承了父亲的学业，最初被起用为太学博士。范胥有口辩之才，大同年间，常常兼任主客郎，负责招待迎接北朝使者。迁任平西湘东王咨议参军，陪侍宣城王读书。出京任鄱阳内史，在郡中去世。

## 严植之

严植之字孝源，建平秭归人也。祖钦，宋通直散骑常侍。

植之少善《庄》《老》，能玄言，精解《丧服》《孝经》《论语》。及长，遍治郑氏《礼》《周易》《毛诗》《左氏春秋》。性淳孝谨厚，不以所长高人。少遭父忧，因菜食二十三载，后得风冷疾，乃止。

齐永明中，始起家为庐陵王国侍郎。迁广汉王国右常侍，王诛，国人莫敢视，植之独奔哭，手营殡殓，徒跣送丧墓所，为起冢，葬毕乃还，当时义之。建武中，迁员外郎、散骑常侍。寻为康乐侯相，在县清白，民吏称之。天监二年，板后军骑兵参军事。高祖诏求通儒治五礼，有司奏植之治凶礼。四年，初置《五经》博士，各开馆教授，以植之兼《五经》博士。植之馆在潮沟，生徒常百数。植之讲，五馆生必至，听者千余人。六年，迁中抚军记室参军，犹兼博士。七年，卒于馆，时年五十二。植之自疾后，便不受廪俸，妻子困乏，既卒，丧无所寄，生徒为市宅，乃得成丧焉。

植之性仁慈，好行阴德，虽在闇室，未尝怠也。少尝山行，见一患者，植之问其姓名，不能答，载与俱归，为营医药，六日而死，植之为棺殓殡之，卒不知何许人也。尝缘栅塘行，见患人卧塘侧，植之下车问其故，云姓黄氏，家本荆州，为人佣赁，疾既危笃，船主将发，弃之于岸。植之心恻然，载还治之，经年而黄氏差，请终身充奴仆以报厚恩。植之不受，遗以资粮，遣之。其义行多如此。撰《凶礼

## 严植之

严植之字孝源，建平秭归人。祖父严钦，刘宋一朝官至通直散骑常侍。

严植之从少年时起就擅长《庄子》《老子》，能讲论玄理，精于解读《丧服》《孝经》《论语》。长大后，系统地研究了郑玄所注《礼记》《周易》《毛诗》《左氏春秋》。他性格淳厚孝顺恭谨宽厚，从不因自己有所长而自视高于他人。小时候遭遇父丧，从此吃素二十三年，后来患上风冷之疾，才停止素食。

南齐永明年间，他首次被起用为庐陵王国侍郎。迁任广汉王国右常侍，广汉王萧子峻被诛杀，封国中无人敢去探视，严植之独自一人前往奔丧哭吊，亲自料理其收殓安葬事宜，并免冠赤脚护送灵柩抵达下葬的地方，堆起坟冢，葬礼结束后才回去，被当时的世人视为义士。建武年间，迁任员外郎、散骑常侍。不久任康乐侯相，在县中治政清白廉洁，人民和下吏都称赞他。天监二年（503），他被任命为后军骑兵参军事。高祖下诏征募饱学儒者来研究五礼，有司举荐严植之负责凶礼。天监四年（505），朝廷首次设置《五经》博士，分别开馆教授学生，任命严植之为兼《五经》博士。严植之的学馆设在潮沟，馆中的学生平时有数百人。每逢严植之讲课，五所学馆的学生必定会云集而至，听讲者达到一千多人。天监六年（507），迁任中抚军记室参军，仍然兼任博士。天监七年（508），在学馆中去世，时年五十二岁。严植之自从患病后，就不再接受朝廷俸禄，妻子儿子生活困窘，他去世后，因贫乏无地安葬，他的弟子们为他买下一块阴宅，才得以完成葬礼。

严植之生性仁慈，喜欢行善积德，即便无人知晓，他也不曾停息过。少年时曾经在山中行路，见到一个患病的人，严植之问他姓名，此人不能回答，严植之就将他载上车一起回家，为他请医抓药，六日后此人病死，严植之为他备办棺木将他殓葬入土，自始至终都不知道他是什么人。严植之又曾经在栅塘边行路，见到一个患病者躺在塘边，严植之下车询问他的情况，他说自己姓黄，本来家在荆州，替人帮佣为生，患了重病以后，船主将要出发，就把他丢弃在了岸仪注》四百七十九卷。

## 贺玚 贺革

贺玚字德琏，会稽山阴人也。祖道力，善《三礼》，仕宋为尚书三公郎、建康令。

玚少传家业。齐时沛国刘瓛为会稽府丞，见玚深器异之。尝与俱造吴郡张融，指玚谓融曰："此生神明聪敏，将来当为儒者宗。"瓛还，荐之为国子生。举明经，扬州祭酒，俄兼国子助教。历奉朝请，太学博士，太常丞，遭母忧去职。天监初，复为太常丞，有司举治宾礼，召见说《礼》义，高祖异之，诏朝朔望，预华林讲。四年，初开五馆，以玚兼五经博士，别诏为皇太子定礼，撰《五经义》。玚悉礼旧事，时高祖方创定礼乐，玚所建议，多见施行。七年，拜步兵校尉，领《五经》博士。九年，遇疾，遣医药省问，卒于馆，时年五十九。所著《礼》《易》《老》《庄》讲疏，《朝廷博议》数百篇，《宾礼仪注》一百四十五卷。玚于《礼》尤精，馆中生徒常百数，弟子明经对策至数十人。

二子。革字文明。少通《三礼》，及长，遍治《孝经》《论语》《毛诗》《左传》。起家晋安王国侍郎、兼太学博士，侍湘东王读。敕于永福省为邵陵、湘东、武陵三王讲《礼》。稍迁湘东王府行参军，转尚书仪曹郎。寻除秣陵令，迁国子博士，于学讲授，生徒常数百人。出为西中郎湘东王咨议参军，带江陵令。王初于府置学，以革领儒林祭酒，讲《三礼》，荆楚衣冠听者甚众。前后再监南平郡，为

边。严植之对他很是同情，用车把他载回家医治，过了一年黄氏才痊愈，请求终身作奴仆以报答厚恩。严植之不接受，赠给他钱粮，让他返乡。他的义举大多如此。撰有《凶礼仪注》四百七十九卷。

### 贺玚　贺革

贺玚字德琏，会稽山阴人。祖父贺道力，精通《三礼》，在刘宋一朝官职尚书三公郎、建康令。

贺玚从小传承家学。南齐时沛国人刘瓛正担任会稽府丞，见到贺玚非常器重他，认为他异于常人。刘瓛曾与他一起造访吴郡人张融，刘瓛指着贺玚对张融说："这个后生心思通达聪明敏锐，将来当会成为儒学宗师。"刘瓛回来后，推荐贺玚为国子学生员。贺玚考取明经科，任扬州祭酒，不久兼任国子助教。历任奉朝请，太学博士，太常丞，遭母丧丁忧去职。天监初年时，他又一次担任太常丞，有司举荐他主持修定宾礼，高祖召见他讲论《礼记》大义，认为他很不寻常，令他每月的月中和月末入宫朝觐两次，并参加华林苑讲经。天监四年（505），朝廷刚刚设立《五经》学馆，任命贺玚兼任《五经》博士，另外下诏让他为皇太子定礼，撰写《五经义》。贺玚熟悉前朝的礼仪典故，当时高祖正在创定礼乐制度，贺玚提出的建议，大多得到施行。天监七年（508），被拜为步兵校尉，兼领《五经》博士。天监九年（510），贺玚染病，高祖派人送医送药探视他，后来贺玚在学馆病逝，时年五十九岁。他著有《礼记》《易经》《庄子》讲疏，《朝廷博议》数百篇，《宾礼仪注》一百四十五卷。贺玚尤其精通《礼记》，学馆中随他治学的弟子常有几百人，弟子中参加明经科策问的达数十人。

他有两个儿子。其中，贺革字文明。从小精通《三礼》，长大后，又广泛研究《孝经》《论语》《毛诗》《左传》。最初被起用为晋安王国侍郎、兼太学博士，侍奉湘东王读书。天子敕令他在永福省为邵陵王、湘东王、武陵王讲解礼制。后来迁任湘东王府行参军，转任尚书仪曹郎。不久被任命为秣陵令，迁任国子博士，在国子学中讲课，听讲的生员弟子常有数百人。出京任西中郎湘东王咨议参军，代理江

民吏所德。寻加贞威将军、兼平西长史、南郡太守。革性至孝，常恨贪禄代耕，不及养。在荆州历为郡县，所得俸秩，不及妻孥，专拟还乡造寺，以申感思。大同六年，卒官，时年六十二。

弟季，亦明《三礼》，历官尚书祠部郎，兼中书通事舍人，累迁步兵校尉，中书、黄门郎，兼著作。

## 司马筠

司马筠字贞素，河内温人，晋骠骑将军谯王承七世孙。祖亮，宋司空从事中郎。父端，齐奉朝请。

筠孤贫好学，师事沛国刘瓛，强力专精，深为瓛所器异。既长，博通经术，尤明《三礼》。

齐建武中，起家奉朝请，迁王府行参军。天监初，为本州治中，除暨阳令，有清绩。入拜尚书祠部郎。

七年，安成太妃陈氏薨，江州刺史安成王秀、荆州刺史始兴王憺，并以慈母表解职，诏不许，还摄本任，而太妃薨京邑，丧祭无主。舍人周舍议曰："贺彦先称：'慈母之子不服慈母之党，妇又不从夫而服慈姑，小功服无从故也。'庾蔚之云：'非徒子不从母而服其党，孙又不从父而服其慈母。'由斯而言，慈祖母无服明矣。寻门内之哀，不容自同于常；按父之祥禫，子并受吊。今二王诸子，宜以成服日，单衣一日，为位受吊。"制曰："二王在远，诸子宜摄祭

陵令。湘东王开始在荆州刺史府中设置学校，任命贺革兼领儒林祭酒，讲解《三礼》，荆州的士族前来听讲者云集门下。贺革前后两度非正式督理南平郡，郡中人民和下吏都感念他的德政。不久加官贞威将军、兼平西长史、南郡太守。贺革性格至为孝顺，常常恨自己流连仕途没能归隐躬耕，以致未能奉养双亲。他在荆州接连担任郡守县令，所得的俸禄，不交给自己妻子后人，而是积存起来专用于回乡捐造寺庙，以表达对父母的缅怀情思。大同六年（540），贺革在官任上去世，时年六十二岁。

贺革的弟弟贺季，也明晓《三礼》，历任尚书祠部郎，兼中书通事舍人，累加升迁为步兵校尉，中书黄门郎，兼著作郎。

### 司马筠

司马筠字贞素，河内温县人，是晋骠骑将军谯烈王司马承的七世孙。祖父司马亮，刘宋一朝官至司空从事中郎。父亲司马端，南齐一朝官至奉朝请。

司马筠幼年丧父后生计贫困而好学不倦，师从沛国人刘瓛，努力苦读用心钻研，深受刘瓛的器重，认为他非同常人。长大后，司马筠博通经术，尤其通晓《三礼》。

南齐建武年间，他首次被起用为奉朝请，迁任王府行参军。天监初年，他任本州治中，担任为暨阳令，有清廉的政声。入朝拜为尚书祠部郎。

天监七年（508），安成太妃陈氏薨逝，江州刺史安成王萧秀、荆州刺史始兴王萧憺二人，联名上表因陈氏乃是抚育自己长大的慈母，请求解职奔丧，天子下诏不予批准，令他们回归州中摄行本职，而陈太妃薨逝于京师，丧葬仪式无人主持。舍人周舍在讨论此事时说："晋代贺循曾说'有抚育之恩的慈母所育之子不为慈母的亲族服丧，其妻子也不从夫为慈姑服丧，这是因为服小功之丧没有随从服丧的礼制。'刘宋一朝的庾蔚之说过：'不仅儿子不应随从慈母而为慈母的亲族服丧，孙子也不应随从父亲而为养育父亲的慈母服丧。'由这

事。”舍又曰：“《礼》云‘缟冠玄武，子姓之冠，’则世子衣服宜异于常。可着细布衣，绢为领带，三年不听乐。又《礼》及《春秋》，庶母不世祭，盖谓无王命者耳。吴太妃既朝命所加，得用安成礼秩，则当祔庙，五世亲尽乃毁。陈太妃命数之重，虽则不异，慈孙既不从服，庙食理无传祀，子祭孙止，是会经文。”高祖因是敕礼官议皇子慈母之服。筠议：“宋朝五服制，皇子服训养母，依《礼》庶母慈己，宜从小功之制。按《曾子问》云：‘子游曰：丧慈母如母，礼欤？孔子曰：非礼也。古者男子外有傅，内有慈母，君命所使教子也，何服之有？’郑玄注云：‘此指谓国君之子也。’若国君之子不服，则王者之子不服可知。又《丧服》经云：‘君子子为庶母慈己者。’传曰‘君子子者，贵人子也。’郑玄引《内则》，三母止施于卿大夫。以此而推，则慈母之服，上不在五等之嗣，下不逮三士之息。傥其服者止卿大夫，寻诸侯之子尚无此服，况乃施之皇子。谓宜依《礼》刊除，以反前代之惑。”高祖以为不然。曰：“《礼》言慈母，凡有三条：一则妾子之无母，使妾之无子者养之，命为母子，服以三年，《丧服·齐衰章》所言‘慈母如母’是也；二则嫡妻之子无母，使妾养之，慈抚隆至，虽均乎慈爱，但嫡妻之子，妾无为母之义，而恩深事重，故服以小功，《丧服·小功章》所以不直言慈母，而云‘庶母慈己’者，明异于三年之慈母也；其三则子非无母，正是择贱者视之，义同师保，而不无慈爱，故亦有慈母之名。师保既无其服，则此慈母亦无服矣。《内则》云‘择于诸母与可者，使为子师；其次为慈母；其次为保母’，此其明文。此言择诸母，是择人而为此三母，非谓择取兄弟之母也。何以知之？若是兄弟之母其先有子者，则是长妾，长妾之礼，实有殊加，何容次妾生子，乃退成保母，斯不可也。又有多兄弟之人，于义或可；若始生之子，便应三母俱阙邪？由是推之，《内则》所言‘诸母’，是谓三母，非兄弟之母明矣。子游所问，自是师保之慈母，非三年小功之慈母也，故夫子得有此对。岂

些记载可以看出，慈祖母没有服丧之礼是很明显的了。考据家族内部的哀礼，不容许与常礼一样；稽考父亲的祥禫祭礼，儿子都要接受宾客的吊祭之礼。如今二位藩王的诸子，应该在大殓后穿上丧服的那一日，整日穿单衣素服，居丧主之位接受宾客的吊祭。"天子下制令说："二位藩王身在远藩，其诸子应摄行祭礼事宜。"周舍又说："《礼记》中说'白色生绢之冠配以黑缯作冠卷，是孙子在祖父去世后父亲丧服未除而自己已经除服时所戴的'，那么二位藩王的世子所穿服饰应该与平常有所不同。可穿细布材质的衣物，用绢作衣领与衣带，三年不听音乐。而且根据《礼记》和《春秋》，对庶母不跨代祭拜，这应该是指没有被王命册封的妇人而言。吴太妃因为是朝廷策书加封的，故能采用安成王的丧礼规格，则应当附于宗庙中接受祭祀，到五世亲属都不在了以后才毁去神主。陈太妃的尊贵地位，虽然与吴太妃没有差异，但她只是抚育二位藩王的慈母，既然慈孙不必随从父亲服丧，按理宗庙中就不能隔代来祭祀她，应该子祭而孙止，这样才符合经书的文义。"高祖于是敕令朝中司职礼法的官员讨论皇子的慈母去世应如何服丧。司马筠在讨论时说："刘宋一朝的五服之制，皇子为养育自己的慈母服丧，依据的是《礼记》所载庶母养育自己应该为她服小功之丧的礼制。据《曾子问》记载：'子游说：有养育之恩的慈母去世后儿子按照生母的礼节来服丧，这符合礼制吗？孔子说：不符合。古代男子在家以外有师傅教诲他，在家里有慈母养育他。这是国君命令他们来教育孩子的，哪里有为之服丧的道理呢？'若是国君之子不服慈母丧，则可以知道藩王之子也不服慈母丧了。而且《丧服》经书中说'君子之子为养育自己的庶母服丧。'此书的经传解释说'君子之子就是指贵族的儿子。'郑玄引据《内则》称，三母的礼制只施行于卿士大夫之中。以此来推断，则为养育自己的慈母服丧的情况，上不涉及五等爵位的诸侯之子，下不用于上中下三级士人之子。如果需要这样服丧的仅限于卿士大夫，则考求可知诸侯之子尚且没有这样的服丧之制，更何况用于皇子。臣认为应该依据《礼记》对这个礼制加以删除，以纠正前朝未能弄清楚的地方。"高祖认为不是这样，他说："《礼记》说到慈母的地方，共有三条：第一处是妾的

非师保之慈母无服之证乎? 郑玄不辨三慈, 混为训释, 引彼无服, 以注 '慈己', 后人致谬, 实此之由。经言 '君子子' 者, 此虽起于大夫, 明大夫犹尔, 自斯以上, 弥应不异, 故传云 '君子子者, 贵人之子也'。总言曰贵, 则无所不包。经传互文, 交相显发, 则知慈加之义, 通乎大夫以上矣。宋代此科, 不乖《礼》意, 便加除削, 良是所疑。"于是筠等请依制改定: 嫡妻之子, 母没为父妾所养, 服之五月, 贵贱并同, 以为永制。

儿子丧母之后，由其他无子的妾室来养育他，命他们结为母子，母死则子服丧三年，这就是《丧服·齐衰章》所说的'慈母如母'的含义；第二处是正妻之子丧母后，让妾室来养育他，以仁爱之心抚育，关怀无微不至，虽然这等同于生母的爱，但是对正妻之子而言，没有以妾为母的道理，而此恩义又确实深重，所以就服小功之丧，《丧服·小功章》之所以不直言慈母，而说的是'养育自己的庶母'，是为了表明不同于服丧三年的慈母之丧；第三处是儿子并非没有了母亲，而是在身份低贱者中选择一人来抚养他，情义同师和保一样，而又有恩慈之爱，所以这种关系也有慈母的说法。既然师和保去世时孩子不须服丧，那么这种慈母也没有服丧的必要了。《内则》说'在诸母中选择合宜的人选，让她作孩子的师傅；其次作孩子的慈母；其次作孩子的保母'，这是书中明文所写。这里说选择诸母，是指挑选人选来担任这三母，而不是指选择一个兄弟之母。如何知道呢？若是指已经生过儿子的兄弟之母，那么其身份就是长妾，长妾的礼法，实际已经比次妾尊显，怎么可能次妾所生之子，次妾去世后让长妾退而当他的保母，这是不可以的。有多个兄弟的人，也许可以解读为选择兄弟之母；但若是初生之子，难道就应该缺少三母吗？从这里推论，《内则》所说的'诸母'，是指选择人选担任三母而非选择兄弟之母就已经很明显了。子游所问的，自然是等同于师和保的慈母，而不是服三年小功之丧的慈母，所以孔子才会如此答复他。这岂不是师保慈母无须服丧的证据吗？郑玄不能分辨这三种慈母的区别，混为一谈加以训读解释，引用无须服丧的关系来注解'有养育之恩的庶母'，后人出现理解错误，实乃由此而起。经书上所说的'君子之子'，这虽然是从卿士大夫谈起，说明大夫尚且如此，地位在他们之上者，更不应该不一样，所以经传说'君子之子就是指贵族的儿子'。统称贵族，范围就无所不包。经书与经传义互见，彼此可解释对方，那么可知对慈母厚加礼遇的大义，是适行于大夫以上的了。刘宋一朝的这项规章，并不违反《礼记》原意，如若删除，必使人疑惑不解。"于是司马筠等人请求依据礼制改定为：正妻之子，在生母死后由父亲的妾室养育的，为庶母服丧五个月，无论地位贵贱都共同遵照此制，作为

累迁王府咨议、权知左丞事，寻除尚书左丞。出为始兴内史，卒官。

子寿，传父业，明《三礼》。大同中，历官尚书祠部郎，出为曲阿令。

## 卞华

卞华字昭丘，济阴冤句人也。晋骠骑将军忠贞公壸六世孙。父伦之，给事中。

华幼孤贫好学。年十四，召补国子生，通《周易》。既长，遍治《五经》，与平原明山宾、会稽贺场同业友善。

起家齐豫章王国侍郎，累迁奉朝请，征西行参军。天监初，迁临川王参军事，兼国子助教，转安成王功曹参军，兼《五经》博士，聚徒教授。华博涉有机辩，说经析理，为当时之冠。江左以来，钟律绝学，至华乃通焉。迁尚书仪曹郎，出为吴令，卒。

## 崔灵恩

崔灵恩，清河东武城人也。少笃学，从师遍通《五经》，尤精《三礼》《三传》。先在北仕为太常博士，天监十三年归国。高祖以其儒术，擢拜员外散骑侍郎，累迁步兵校尉，兼国子博士。灵恩聚徒讲授，听者常数百人。性拙朴无风采，及解经析理，甚有精致，京师旧儒咸称重之，助教孔金尤好其学。灵恩先习《左传》服解，不为江东所行，及改说杜义，每文句常申服以难杜，遂著《左氏条义》以明之。时有助教虞僧诞又精杜学，因作《申杜难服》，以答灵恩，世并行焉。僧诞，会稽余姚人，以《左氏》教授，听者亦数百

永久性的制度。

司马筠累加升迁为王府咨议、权知左丞事，不久担任尚书左丞。出京任始兴内史，在官任上去世。

儿子司马寿，传承了父亲的学业，通晓《三礼》。大同年间，曾任尚书祠部郎，出京任曲阿令。

## 卞华

卞华字昭丘，济阴冤句人。他是晋朝骠骑将军忠贞公卞壶的六世孙。父亲卞伦之，官至南齐一朝的给事中。

卞华自幼丧父，家贫而好学。他十四岁时，应召补为国子学的生员，通晓《周易》。长大后，广泛研究《五经》，与平原人明山宾、会稽人贺玚一同修业交情友善。

他最初被起用为南齐一朝的豫章王国侍郎，累加升迁为奉朝请、征西行参军。天监初年，他迁任临川王参军事，兼国子助教，转任安成王功曹参军，兼《五经》博士，聚集弟子传授学问。卞华学问广博机智善辩，讲解经义分析义理，为当时儒者之冠。自晋室南渡以来，庙堂乐律成为绝学，到了卞华才又研究透彻。迁任尚书仪曹郎，出京任吴县令，在任中去世。

## 崔灵恩

崔灵恩，清河东武城人。从小笃志好学，跟从老师广泛研究《五经》，尤其精通《三礼》《三传》。他之前在北朝做官任太常博士，天监十三年归附梁朝。高祖因为他的儒学造诣，擢升他拜为员外散骑侍郎，累加升迁为步兵校尉，兼国子博士。崔灵恩聚集弟子传授学问，听讲者常常有数百人。他性格拙朴无华，但到了讲解经书分析义理时，却颇有精辟有趣的妙论，京师一带的宿儒都称道看重他，助教孔俭尤其推崇他的学问。崔灵恩先是讲习服虔注解《左传》，这门学问在南朝不流行，他就改为讲说杜预的注解，常在文句中阐释服虔的学说来质疑杜预的见解，后来就撰写了《左氏条义》来申明自己的人。其该通义例，当时莫及。

先是儒者论天，互执浑、盖二义，论盖不合于浑，论浑不合于盖。灵恩立义，以浑、盖为一焉。

出为长沙内史，还除国子博士，讲众尤盛。出为明威将军、桂州刺史，卒官。灵恩《集注毛诗》二十二卷、《集注周礼》四十卷，制《三礼义宗》四十七卷、《左氏经传义》二十二卷、《左氏条例》十卷、《公羊穀梁文句义》十卷。

## 孔佥

孔佥，会稽山阴人。少师事何胤，通《五经》，尤明《三礼》《孝经》《论语》，讲说并数十遍，生徒亦数百人。历官国子助教，三为《五经》博士，迁尚书祠部郎。出为海盐、山阴二县令。佥儒者，不长政术，在县无绩。太清乱，卒于家。

子俶玄，颇涉文学，官至太学博士。佥兄子元素，又善《三礼》，有盛名，早卒。

## 卢广

卢广，范阳涿人，自云晋司空从事中郎谌之后也。谌没死冉闵之乱，晋中原旧族，谌有后焉。

广少明经，有儒术。天监中归国。初拜员外散骑侍郎，出为始安太守，坐事免。顷之，起为折冲将军，配千兵北伐，还拜步兵校尉，兼国子博士，遍讲《五经》。时北来人儒学者有崔灵恩、孙详、蒋显，并聚徒讲说，而音辞鄙拙；惟广言论清雅，不类北人。仆射徐勉，兼通经术，深相赏好。寻迁员外散骑常侍，博士如故。出为信看法。当时有国子助教虞僧诞精通杜预的学说，为此而写了《申杜难服》一书，作为对崔灵恩的回答，两本书都在世间流行。虞僧诞，会稽余姚人，专事讲授《左传》，听他讲课者也有数百人。他通晓此书义理与体例，在当时无人能比。

在此之前儒家学者们讲论天宇，分持浑天说、盖天说两种观点，主张盖天说的不认同浑天说，主张浑天说的不认同盖天说。崔灵恩创立了新论点，将浑天说和盖天说统一起来。

他出京任长沙内史，回京后担任国子博士，听课的学生特别多。后又出京任明威将军、桂州刺史，在官任上去世。崔灵恩著有《集注毛诗》二十二卷、《集注周礼》四十卷，又撰写了《三礼义宗》四十七卷、《左氏经传义》二十二卷、《左氏条例》十卷、《公羊穀梁文句义》十卷。

## 孔佥

孔佥，会稽山阴人。从小师从何胤，通晓《五经》，尤其精通《三礼》《孝经》《论语》，每一种经书都讲授了数十遍，他的弟子也有数百人。曾任国子助教，三度担任《五经》博士，迁任尚书祠部郎。出京任海盐、山阴二县令。孔佥是研究儒学的学者，不擅长治政，在县里没有政绩。太清年间发生侯景之乱，他在家中去世。

儿子孔俨玄，颇有文学造诣，官至太学博士。孔佥的兄长之子孔元素，也擅长《三礼》，负有盛名，去世很早。

## 卢广

卢广，范阳涿县人，自称是晋代司空从事中郎卢谌的后裔。卢谌死于冉闵之乱中，晋代在中原的名门望族中，仍有卢谌的后人。

卢广自幼通晓经书，精通儒术。天监年间他归附梁朝。起初担任员外散骑侍郎，出京任始安太守，因事牵连被免职。后来，被起用为折冲将军，配属给他一千个士兵参与北伐，回朝后担任步兵校尉，兼任国子博士，全面讲解《五经》。当时从北朝来到南方的儒家学者有崔灵恩、孙祥、蒋显，都召集弟子传道授业，但他们的口音言辞鄙陋

武桂阳嗣王长史、寻阳太守。又为武陵王长史，太守如故，卒官。

## 沈峻 沈文阿

沈峻字士嵩，吴兴武康人。家世农夫，至峻好学，与舅太史叔明师事宗人沈驎士，在门下积年，昼夜自课，时或睡寐，辄以杖自击，其笃志如此。驎士卒后，乃出都，遍游讲肆，遂博通《五经》，尤长《三礼》。初为王国中尉，稍迁侍郎，并兼国子助教。时吏部郎陆倕与仆射徐勉书荐峻曰："《五经》博士庾季达须换，计公家必欲详择其人。凡圣贤可讲之书，必以《周官》立义，则《周官》一书，实为群经源本。此学不传，多历年世，北人孙详、蒋显亦经听习，而音革楚、夏，故学徒不至；惟助教沈峻，特精此书。比日时开讲肆，群儒刘嵒、沈宏、沈熊之徒，并执经下坐，北面受业，莫不叹服，人无间言。弟谓宜即用此人，命其专此一学，周而复始，使圣人正典，废而更兴，累世绝业，传于学者。"勉从之，奏峻兼《五经》博士。于馆讲授，听者常数百人。出为华容令，还除员外散骑侍郎，复兼《五经》博士。时中书舍人贺琛奉敕撰《梁官》，乃启峻及孔子祛补西省学士，助撰录。书成，入兼中书通事舍人。出为武康令，卒官。

子文阿，传父业，尤明《左氏传》。太清中，自国子助教为《五经》博士。传峻业者，又有吴郡张及、会稽孔子云，官皆至《五经》博士、尚书祠部郎。

笨拙。唯有卢广说话谈吐清雅不俗，卢子不像是北方人。仆射徐勉，也广通儒术，对卢广深为欣赏推崇。不久迁任信武桂阳嗣王长史、寻阳太守。又担任武陵王长史，太守之职照旧，在官任上去世。

### 沈峻　沈文阿

沈峻字士嵩，吴兴武康人。他家世代是农夫，到了沈峻却非常好学，与舅舅太史叔明一起拜同宗人沈驎士为师，在门下学习多年，昼夜自学攻习，有时困得睡着了，就用竹杖敲打自己，他就是这样有志气。沈驎士去世后，沈峻就离开京师，游遍各地的讲学馆所，于是能博通《五经》，尤其擅长《三礼》。起初他担任王国中尉，后迁任侍郎，并兼任国子助教。当时吏部郎陆倕与仆射徐勉写信推荐沈峻说：“《五经》博士季连需要撤换，预计朝廷必定会详细考察后续人选。大凡圣贤所作的可供学习的经典，必定会以《周官》建立其学说大义，那么《周官》一书，实际上是各经书的发源地。这本书的学问得不到传承，已经有很长时间了，北朝人孙祥、蒋显也曾经听讲并学习过《周官》，但是他们的中原口音与我朝南方口音差得太远，所以鲜少有弟子跟从他们求学；只有助教沈峻，特别精通这本书。过去曾经开馆讲学，多位儒者比如刘嚚、沈宏、沈熊等等，都曾在他的座前拜他为师，跟从他学习，没有不叹服其学问的，人们对此众口一词。我认为应该任用此人，让他专门讲授这一门学问，周而复始，让圣人的正规经典，断绝过后又重新兴起，将中断多年的学问传承给后世学者。”徐勉就同意了，表奏沈峻兼任《五经》博士。他在学馆中讲课，听讲者常常有数百人。出京任华容令，回京后被任命为员外散骑侍郎，又兼任《五经》博士。当时中书舍人贺琛奉敕令撰写《梁官》一书，就启奏将沈峻、孔子祛补为西省学士，帮助他撰录该书。书写成后，沈峻入宫兼任中书通事舍人。出京任武康令，在官任上去世。

儿子沈文阿，传承了父亲的学问，尤其明晓《左传》。太清年间，他从国子助教迁任《五经》博士。拜沈峻为师的，还有吴郡人张及、会稽人孔子云，二人都官至《五经》博士、尚书祠部郎。

### 太史叔明

太史叔明，吴兴乌程人，吴太史慈后也。少善《庄》《老》，兼治《孝经》《礼记》，其三玄尤精解，当世冠绝，每讲说，听者常五百余人。历官国子助教。邵陵王纶好其学，及出为江州，携叔明之镇。王迁郢州，又随府，所至辄讲授，江外人士皆传其学焉。大同十三年，卒，时年七十三。

### 孔子祛

孔子祛，会稽山阴人。少孤贫好学，耕耘樵采，常怀书自随，投闲则诵读。勤苦自励，遂通经术，尤明《古文尚书》。初为长沙嗣王侍郎，兼国子助教，讲《尚书》四十遍，听者常数百人。中书舍人贺琛受敕撰《梁官》，启子祛为西省学士，助撰录。书成，兼司文侍郎，不就，久之兼主客郎、舍人，学士如故。累迁湘东王国侍郎常侍，员外散骑侍郎，又云麾庐江公记室参军，转兼中书通事舍人。寻迁步兵校尉，舍人如故。高祖撰《五经讲疏》及《孔子正言》，专使子祛检阅群书，以为义证。事竟，敕子祛与右卫朱异、左丞贺琛于士林馆递日执经。累迁通直正员郎，舍人如故。中大同元年，卒官，时年五十一。子祛凡著《尚书义》二十卷、《集注尚书》三十卷，续朱异《集注周易》一百卷，续何承天集《礼论》一百五十卷。

### 皇侃

皇侃，吴郡人，青州刺史皇象九世孙也。侃少好学，师事贺玚，精力专门，尽通其业，尤明《三礼》《孝经》《论语》。起家兼国子助教，于学讲说，听者数百人。撰《礼记讲疏》五十卷，书成奏上，

太史叔明

太史叔明，吴兴乌程人，是吴国太史慈的后人。从小擅长研读《庄子》《老子》，同时也研习《孝经》《礼记》，尤其精于解读《易经》《老子》《庄子》这三部书，在当时无人可比，每次他讲授时，听讲者常常有五百多人。曾任国子助教。邵陵王萧纶推崇他的学问，当他出任江州刺史时，带着太史叔明一起前往藩镇。邵陵王迁任荆州刺史时，太史叔明又随府前往。他所到之地就会开门授课，江南地区的人士都传承了他的学问。大同十三年（547），太史叔明去世，时年七十三岁。

## 孔子祛

孔子祛，会稽山阴人。从小丧父，生活贫苦，好学不倦，外出耕田砍柴时，身边常常揣着书，休息时就诵读。他学习勤奋刻苦，自我激励，于是通晓经术，尤其擅解《古文尚书》。起初他任长沙嗣王侍郎，兼任国子助教，讲解《尚书》多达四十遍，听讲者常常有数百人。中书舍人贺琛奉敕令撰写《梁官》，启奏任命孔子祛为西省学士，协助撰录。书写好后，兼任司文侍郎，他没有就职，很久以后兼任主客郎、舍人，学士之职照旧。累加升迁为湘东王国侍郎、常侍、员外散骑侍郎，又任云麾庐江公记室参军，转任兼中书通事舍人。不久迁任步兵校尉，舍人之职照旧。高祖撰《五经讲疏》及《孔子正言》，专门让孔子祛检索查阅各类书籍，为书中大义进行论证。工作结束后，敕令孔子祛与右卫朱异、左丞贺琛在士林馆轮番讲授经义并考核学生。累加升迁为通直正员郎，舍人之职照旧。中大同元年（546），在官任上去世，时年五十一岁。孔子祛共著有《尚书义》二十卷、《集注尚书》三十卷，续写朱异《集注周易》一百卷，续写何承天《吉礼论》一百五十卷。

## 皇侃

皇侃，吴郡人，是青州刺史皇象的九世孙。皇侃从小好学，师从贺玚，精力充沛专心求学，彻底通晓了老师的学问，尤其明晓《三礼》《孝经》《论语》。最初被起用为兼国子助教，在学校里讲学时，听

诏付秘阁。顷之，召入寿光殿讲《礼记义》，高祖善之，拜员外散骑侍郎，兼助教如故。性至孝，常日限诵《孝经》二十遍，以拟《观世音经》。丁母忧，解职还乡里。平西邵陵王钦其学，厚礼迎之，侃既至，因感心疾，大同十一年，卒于夏首，时年五十八。所撰《论语义》十卷，与《礼记义》并见重于世，学者传焉。


陈吏部尚书姚察曰：昔叔孙通讲论马上，桓荣精力凶荒，既逢平定，自致光宠，若夫崔、伏、何、严互有焉。曼容、佟之讲道于齐季，不为时改，贺玚、严植之之徒，遭梁之崇儒重道，咸至高官，稽古之力，诸子各尽之矣。范缜墨经傲倖，不遂其志，宜哉。

者多达数百人。撰有《礼记讲疏》五十卷，书写成后启奏天子，有诏令将书交付秘阁收藏。不久，高祖召他入寿光殿讲《礼记义》，对他评价很高，封为员外散骑侍郎，兼助教之职照旧。皇侃性格至为孝顺，每天都规定自己诵读《孝经》二十遍，这是模仿诵读《观世音经》。后来母亲去世，他守丧离职回归故里。平西邵陵王钦佩他的学问，送上厚礼迎接他，皇侃到家后，染上了心疾，大同十一年（545），皇侃在夏首去世，时年五十八岁。所撰有《论语义》十卷，与《礼记义》一起受到当世的推崇，跟从他学习的人将之传承了下去。

陈朝吏部尚书姚察说：当年叔孙通在战时骑在马上讲论经义，桓荣在动乱时世下专心研学，二人到了太平年月，都得到了荣耀尊宠，崔灵恩、伏曼容、何佟之、严植之可谓和他们二人遥相呼应了。伏曼容、何佟之在南齐末年的乱世中讲学不辍，没有因为时事而改变，贺玚、严植之等人，遇到了梁朝崇儒重道的时运，都做了高官，考察古制所发挥的作用，这几个人都尽力而为。范缜怀抱侥幸邀宠的目的穿着丧服投奔高祖，未能如愿以偿，这是活该。

# 卷四十九

## 列传第四十三

### 文学上

到沆　丘迟　刘苞　袁峻　庾於陵弟肩吾

刘昭　何逊　钟嵘　周兴嗣　吴均

　　昔司马迁、班固书，并为《司马相如传》，相如不预汉廷大事，盖取其文章尤著也。固又为《贾邹枚路传》，亦取其能文传焉。范氏《后汉书》有《文苑传》，所载之人，其详已甚；然经礼乐而纬国家，通古今而述美恶，非文莫可也。是以君临天下者，莫不敦悦其义，缙绅之学，咸贵尚其道，古往今来，未之能易。高祖聪明文思，光宅区宇，旁求儒雅，诏采异人，文章之盛，焕乎俱集。每所御幸，辄命群臣赋诗，其文善者，赐以金帛，诣阙庭而献赋颂者，或引见焉。其在位者，则沈约、江淹、任昉，并以文采，妙绝当时。至若彭城到沆、吴兴丘迟、东海王僧孺、吴郡张率等，或入直文德，通谶寿光，皆后来之选也。约、淹、昉、僧孺、率别以功迹论。今缀到沆等文兼学者，至太清中人，为《文学传》云。

### 到沆

　　到沆字茂瀣，彭城武原人也。曾祖彦之，宋将军。父撝，齐五兵尚书。

　　昔年司马迁、班固所作史书，都收有《司马相如传》，司马相如未曾参预汉代的朝廷大事，收录他的传记是因为他的文章特别知名。班固又写有《贾邹枚路传》，也是因为他们的文学作品流传于后世。范晔《后汉书》有《文苑传》，所收载之人，事迹非常详细。这是因为制定礼乐治理国家，贯通古今而记述美行与恶行，都离不开文学。因此身为君主治理天下者，没有不重视文学之功用的；缙绅官僚当中的学者，也都看重推崇文章之道，由古至今，这个规律从未改变。高祖聪明而富有文思，统治包有天下，他广求儒雅才士，诏纳才华特异之人，在他的治下文学兴盛，气象一新蔚为壮观。每驾临一地，常常命群臣赋诗作文，诗文上佳者，就赐以金帛，那些主动前往朝廷献上赋颂的人，也不时得到被天子接见的荣宠。在朝中取得高位的文章大家，有沈约、江淹、任昉，他们都以出众的文学才华，在当时被赞为绝妙。至于像彭城人到沆、吴兴人丘迟、东海人王僧孺、吴郡人张率等，有的进入文德殿等候诏命，有的在寿光殿出席朝宴，这些都是后起的杰出才俊。沈约、江淹、任昉、王僧孺、张率都另外按其功绩加以叙述。这里收录到沆等兼有文采学识者的事迹，以到太清年间为限，作为《文学传》。

### 到沆

　　到沆字茂瀣，彭城武原人。曾祖父到彦之，刘宋时任将军。父亲到撝，南齐时任五兵尚书。

沆幼聪敏，五岁时，搗于屏风抄古诗，沆请教读一遍，便能讽诵，无所遗失。既长，勤学，善属文，工篆隶。美风神，容止可悦。

齐建武中，起家后军法曹参军。天监初，迁征虏主簿。高祖初临天下，收拔贤俊，甚爱其才。东宫建，以为太子洗马。时文德殿置学士省，召高才硕学者待诏其中，使校定坟史，诏沆通籍焉。时高祖讌华光殿，命群臣赋诗，独诏沆为二百字，三刻使成。沆于坐立奏，其文甚美。俄以洗马管东宫书记、散骑省优策文。三年，诏尚书郎在职清能或人才高妙者为侍郎，以沆为殿中曹侍郎。沆从父兄溉、洽，并有才名，时皆相代为殿中，当世荣之。四年，迁太子中舍人。沆为人不自伐，不论人长短，乐安任昉、南乡范云皆与友善。其年，迁丹阳尹丞，以疾不能处职事，迁北中郎咨议参军。五年，卒官，年三十。高祖甚伤惜焉，诏赐钱二万，布三十匹。所著诗赋百余篇。

**丘迟**

丘迟字希范，吴兴乌程人也。父灵鞠，有才名，仕齐官至太中大夫。

迟八岁便属文，灵鞠常谓“气骨似我”。黄门郎谢超宗、征士何点并见而异之。及长，州辟从事，举秀才，除太学博士。迁大司马行参军，遭父忧去职。服阕，除西中郎参军。累迁殿中郎，以母忧去职。服除，复为殿中郎，迁车骑录事参军。高祖平京邑，霸府开，引为骠骑主簿，甚被礼遇，时劝进梁王及殊礼，皆迟文也。高祖践到沆从小聪明敏锐，五岁时，父亲到搞在屏风上抄写古诗，到沆请父亲教自己读一遍，随即就能背诵，并不遗漏点滴。长大之后勤奋好学，善写文章，并且擅长篆体隶体书法。到沆神采风度都很优美，举止仪态悦人可观。

南齐建武年间，到沆被起用为后军法曹参军。天监初年，迁任征虏主簿。高祖初临帝位时，收罗任用天下才俊，很欣赏到沆的才学。册立太子之后，高祖任命到沆为太子洗马。当时文德殿设有学士省，朝廷召集高才博学者在学士省中待诏，命他们校定古籍史册，高祖还下诏将到沆的姓名记入宫禁门籍，以便他通行。当时高祖在华光殿举行朝宴，命群臣赋诗，唯独诏命到沆作二百字长诗，限三刻内完成。到沆在座位上片刻就作好奏上，文辞十分优美。不久到沆以洗马掌管东宫书记、散骑省优策文。天监三年（504），天子下诏选拔尚书郎之中清正能干或才学高妙者拔擢为侍郎，到沆被任命为殿中曹侍郎。到沆与堂兄到溉、到洽三人，都有才士之名，当时都先后担任了殿中郎，时人认为是一种荣耀。天监四年（505），到沆迁任太子中舍人。到沆为人从不自我夸耀，不谈论他人长短，乐安人任昉、南乡人范云都和他交情很好。这一年，到沆迁任丹阳尹丞，因病不能履职，迁任北中郎咨议参军。天监五年（506），到沆在官任上去世，时年三十岁。高祖因为他去世而非常伤心惋惜，下诏赐钱二万，布三十匹资助其丧葬。到沆所著诗赋有百余篇。

### 丘迟

丘迟字希范，吴兴乌程人。他父亲丘灵鞠，因才气而闻名，南齐时官至太中大夫。

丘迟八岁就能写文章，丘灵鞠常说“这孩子文章的风骨气质都和我类似”。黄门郎谢超宗、征士何点见到丘迟后都认为他非同寻常。丘迟长大成人之后，州中征辟他为从事，举为秀才，任命他为太学博士。丘迟迁任大司马行参军，遭父丧丁忧去职。服丧结束后，丘迟被任命为西中郎参军。累加升迁为殿中郎，遭母丧丁忧去职。服丧期满之后，再度任殿中郎，迁任车骑录事参军。高祖平定京城，建立阼，拜散骑侍郎，俄迁中书侍郎、领吴兴邑中正、待诏文德殿。时高祖著《连珠》，诏群臣继作者数十人，迟文最美。天监三年，出为永嘉太守，在郡不称职，为有司所纠，高祖爱其才，寝其奏。四年，中军将军临川王宏北伐，迟为咨议参军，领记室。时陈伯之在北，与魏军来距，迟以书喻之，伯之遂降。还拜中书郎，迁司徒从事中郎。七年，卒官，时年四十五。所著诗赋行于世。

## 刘苞

刘苞字孝尝，彭城人也。祖勔，宋司空。父恒，齐太子中庶子。

苞四岁而父终，及年六七岁，见诸父常泣。时伯、叔父悛、绘等并显贵，苞母谓其畏惮，怒之。苞对曰："早孤不及有识，闻诸父多相似，故心中欲悲，无有佗意。"因而歔欷，母亦恸甚。初，苞父母及两兄相继亡没，悉假瘗焉，苞年十六，始移墓所，经营改葬，不资诸父，未几皆毕，绘常叹服之。

少好学，能属文。起家为司徒法曹行参军，不就。天监初，以临川王妃弟故，自征虏主簿仍迁王中军功曹，累迁尚书库部侍郎，丹阳尹丞，太子太傅丞，尚书殿中侍郎，南徐州治中，以公事免。久之，为太子洗马，掌书记，侍讲寿光殿。自高祖即位，引后进文学之士，苞及从兄孝绰、从弟孺、同郡到溉、溉弟洽、从弟沆、吴郡陆倕、张率并以文藻见知，多预谦坐，虽仕进有前后，其赏赐不殊。天

霸府,丘迟被选用出任骠骑主簿,深受高祖礼遇,当时劝进高祖登梁王之位以及给梁王特殊礼遇的文字,都是丘迟所作。高祖践阼登基后,任命丘迟为散骑侍郎,不久丘迟迁任中书侍郎、领吴兴邑中正、待诏文德殿。当时高祖写了《连珠》诗,下诏令臣下数十人续作,丘迟续作的文辞最优美。天监三年(504),出京任永嘉太守,在郡中不称职,被有司参奏弹劾,高祖爱惜他的才华,平息了奏议。天监四年(505),中军将军临川王萧宏北伐,丘迟任咨议参军,兼领记室。当时陈伯之已投降北魏,与北魏军一起抵抗梁军,丘迟写信给陈伯之陈说利害,陈伯之就归降了。回朝后丘迟被任命为中书郎,迁任司徒从事中郎。天监七年(508),丘迟在官任上去世,时年四十五岁。丘迟所著诗赋都流传于世。

## 刘苞

刘苞字孝尝,彭城人。祖父刘勔,刘宋一朝官至司空。父亲刘恒,南齐时任太子中庶子。

刘苞四岁时父亲去世,到了他六七岁时,见到叔父伯父就常常哭泣。当时刘苞的伯父刘悛、叔父刘绘等都地位显贵,刘苞的母亲以为刘苞是因为害怕他们而哭,为此很生气。刘苞回答说:“我早早失去父亲,没来得及记住他的面容,听说伯父、叔父与父亲面容都很像,所以心中悲苦,并无别的原因。”他说着又唏嘘不已,母亲也十分伤心。起初,刘苞的父母、两个兄长相继亡故,全都是暂时瘗葬,刘苞十六岁时,才将丧枢迁葬在墓地里,料理安排迁葬各项事宜,全由刘苞一人打理,没有求助于伯父叔父的帮助,不多久事情就都办好了,刘绘常常赞叹他的能力。

刘苞自幼好学,能写文章。最初被起用为司徒法曹行参军,没有就职。天监初年,因为刘苞是临川王妃的弟弟,因此他从征虏主簿多次升迁为临川王中军功曹,又累加迁任为尚书库部侍郎、丹阳尹丞、太子太傅丞、尚书殿中侍郎、南徐州治中,因公事被免职。过了很久,刘苞又任太子洗马,掌书记,在寿光殿侍讲。高祖即位之后,拔擢任用后起的文学才士,刘苞及堂兄刘孝绰、堂弟刘孺、同郡的到溉、到溉的弟弟到洽、到溉的堂弟到沆、吴郡人陆倕、张率,都以文采出众

监十年，卒，时年三十。临终，呼友人南阳刘之遴托以丧事，务从俭率。苟居官有能名，性和而直，与人交，面折其非，退称其美，情无所隐，士友咸以此叹惜之。

## 袁峻

袁峻字孝高，陈郡阳夏人，魏郎中令涣之八世孙也。峻早孤，笃志好学，家贫无书，每从人假借，必皆抄写，自课日五十纸，纸数不登，则不休息。讷言语，工文辞。义师克京邑，鄱阳王恢东镇破冈，峻随王知管记事。天监初，鄱阳国建，以峻为侍郎，从镇京口。王迁郢州，兼都曹参军。高祖雅好辞赋，时献文于南阙者相望焉，其藻丽可观，或见赏擢。六年，峻乃拟扬雄《官箴》奏之。高祖嘉焉，赐束帛。除员外散骑侍郎，直文德学士省，抄《史记》《汉书》各为二十卷。又奉敕与陆倕各制《新阙铭》，辞多不载。

## 庾於陵

庾於陵字子介，散骑常侍黔娄之弟也。七岁能言玄理。既长，清警博学有才思。齐随王子隆为荆州，召为主簿，使与谢朓、宗夬抄撰群书。子隆代还，又以为送故主簿。子隆寻为明帝所害，僚吏畏避，莫有至者，唯於陵与夬独留，经理丧事。始安王遥光为抚军，引为行参军，兼记室。永元末，除东阳遂安令，为民吏所称。天监初，为建康狱平，迁尚书功论郎，待诏文德殿。出为湘州别驾，迁骠骑录事参军，兼中书通事舍人。俄领南郡邑中正，拜太子洗马，舍人如故。旧事，东宫官属，通为清选，洗马掌文翰，尤其清者。近世用

受到赏识，常常参加君臣宴饮，虽然他们所任之职各有高低，高祖
给予的赏赐却没有分别。天监十年（511），刘苞去世，时年三十岁。临
终时，他把友人南阳人刘之遴召唤来嘱托他操办丧事，要求务必力
求简朴单纯。刘苞任官有能干的政声，生性温和而处事刚直，与人交
往，会当面批评其缺点失误，而在背后称赞其人的长处美德，胸怀坦
荡无所隐晦，士子友人都因此赞叹他而惋惜他的早逝。

### 袁峻

　　袁峻字孝高，陈郡阳夏人，是曹魏郎中令袁涣之的八世孙。袁
峻早年丧父，笃志好学。他家中贫穷没有藏书，常常需要向人借书来
读，借来的书一定会抄写下来，给自己规定每日功课要抄写五十页
纸，数量没有写够，他就不休息。袁峻言语木讷，但工于文辞。高祖
义军攻克京师时，鄱阳王萧恢在城东镇守破冈，袁峻跟随鄱阳王掌
管记事。天监初年，鄱阳王国建立，王任命袁峻为侍郎，跟随自己镇
守京口。鄱阳王迁任郢州刺史时，袁峻兼任都曹参军。高祖爱好辞
赋，当时在南阙向高祖呈献诗文的人沿路相望不绝，那些文辞华美可
读的人，有时会得到赏赐拔擢。天监六年（507），袁峻模仿扬雄的
文体写了一篇《官箴》奏上。高祖嘉赞他，赐给他束帛。袁峻被任
命为员外散骑侍郎，在文德殿学士省当值，抄写《史记》《汉书》各
二十卷。又奉高祖敕令与陆倕各自写作《新阙铭》，篇幅颇长本书
不作收载。

### 庾於陵

　　庾於陵字子介，是散骑常侍庾黔娄的弟弟。庾於陵七岁时就能
和人谈论玄理。长大后，他敏锐机警，博学而有才思。南齐随王萧子
隆出任荆州刺史，召庾於陵为主簿，让他和谢脁、宗夬一起抄集编撰
书籍。萧子隆刺史之职由他人接替后回京，又命庾於陵为送故主簿。
萧子隆不久被齐明帝萧鸾所害，旧日的僚属下吏害怕牵连祸事而远远
避开，无人出面为之料理后事，唯独庾於陵和宗夬留下来，为萧子隆
操办丧葬。始安王萧遥光任抚军后，选用庾於陵为行参军，兼记室。
永元末年，庾於陵被任命为东阳郡遂安令，在任上受到百姓和下吏

人，皆取甲族有才望，时於陵与周舍并擢充职，高祖曰："官以人而清，岂限以甲族。"时论以为美。俄迁散骑侍郎，改领荆州大中正。累迁中书、黄门侍郎，舍人、中正并如故。出为宣毅晋安王长史、广陵太守，行府州事，以公事免。复起为通直郎，寻除鸿胪卿，复领荆州大中正。卒官，时年四十八。文集十卷。弟肩吾。

### 庾肩吾

肩吾字子慎。八岁能赋诗，特为兄於陵所友爱。初为晋安王国常侍，仍迁王宣惠府行参军，自是每王徙镇，肩吾常随府。历王府中郎，云麾参军，并兼记室参军。中大通三年，王为皇太子，兼东宫通事舍人，除安西湘东王录事参军，俄以本官领荆州大中正。累迁中录事咨议参军，太子率更令，中庶子。初，太宗在藩，雅好文章士，时肩吾与东海徐摛，吴郡陆杲，彭城刘遵、刘孝仪，仪弟孝威，同被赏接。及居东宫，又开文德省，置学士，肩吾子信、摛子陵、吴郡张长公、北地傅弘、东海鲍至等充其选。齐永明中，文士王融、谢朓、沈约文章始用四声，以为新变，至是转拘声韵，弥尚丽靡，复逾于往时。时太子与湘东王书论之曰：

吾辈亦无所游赏，止事披阅，性既好文，时复短咏。虽是庸音，不能阁笔，有惭伎痒，更同故态。比见京师文体，懦钝殊常，

的称道。天监初年，庾於陵任建康狱平，迁任尚书功论郎，在文德殿待诏。又出京任湘州别驾，迁任骠骑录事参军，兼中书通事舍人。不久又兼领南郡邑中正，拜为太子洗马，舍人之职不变。依前朝旧例，太子东宫的属官，都是清贵显要的职务，太子洗马掌管文书，是其中尤为清贵者。近代以来选任东宫官属，都是任用世家贵族中有才华名望的人士，当时出自寒门的庾於陵与周舍却都被提拔为东宫官员，高祖说："任官需要为人清白雅正，岂能局限于世家华族。"时人视之为美谈。庾於陵不久迁任散骑侍郎，改领荆州大中正。又累加升迁为中书黄门侍郎，舍人、中正之职照旧。后来出京任宣毅晋安王长史、广陵太守，行府州事，因公事被免职。又被起用为通直郎，不久任命为鸿胪卿，又领荆州大中正。庾於陵在官任上去世，时年四十八岁。有文集十卷。弟弟叫庾肩吾。

庾肩吾

庾肩吾字子慎。八岁时即能赋诗，兄长庾於陵和他关系特别亲密。庾肩吾起初任晋安王国常侍，后迁任晋安王宣惠府行参军，从此每次晋安王调动镇所，庾肩吾总是跟随王府。历任王府中郎，云麾参军，并兼记室参军。中大通三年（531），晋安王被册立为皇太子后，庾肩吾兼东宫通事舍人，又担任为安西湘东王录事参军，不久以本身官职兼领荆州大中正。累加升迁为中录事咨议参军、太子率更令、中庶子。起初，简文帝在藩国时，喜好有文学才华的士人，当时庾肩吾与东海人徐摛，吴郡人陆杲，彭城人刘遵、刘孝仪，刘孝仪的弟弟刘孝威，都受到简文帝的赏识恩遇。被立为皇太子后，又开设文德省，设置学士，庾肩吾之子庾信、徐摛之子徐陵、吴郡人张长公、北地人傅弘、东海人鲍至等都进入文德省任职。在南齐的永明年间，文士王融、谢朓、沈约等开始在文章中运用四声理论，成为当时文学发展的新变化，到了这个时候风气转为讲求声韵的统一整齐，而且更崇尚绮丽华靡的风格，比以往有过之而无不及。当时皇太子在给湘东王的信中论及此风，他说：

"我们这些人也没有四处游山玩水，成日只是披阅书籍，天性好写文章，又时时作诗吟咏。虽然不过是平庸之音，却不能搁笔不

竞学浮疏，争为阐缓。玄冬修夜，思所不得，既殊比兴，正背《风》《骚》。若夫六典三礼，所施则有地，吉凶嘉宾，用之则有所。未闻吟咏情性，反拟《内则》之篇；操笔写志，更摹《酒诰》之作；迟迟春日，翻学《归藏》；湛湛江水，遂同《大传》。

吾既拙于为文，不敢轻有掎摭。但以当世之作，历方古之才人，远则扬、马、曹、王，近则潘、陆、颜、谢，而观其遣辞用心，了不相似。若以今文为是，则古文为非；若昔贤可称，则今体宜弃。俱为盍各，则未之敢许。又时有效谢康乐、裴鸿胪文者，亦颇有惑焉。何者？谢客吐言天拔，出于自然，时有不拘，是其糟粕；裴氏乃是良史之才，了无篇什之美。是为学谢则不届其精华，但得其冗长；师裴则蔑绝其所长，惟得其所短。谢故巧不可阶，裴亦质不宜慕。故胸驰臆断之侣，好名忘实之类，方分肉于仁兽，逞却克于邯郸，入鲍忘臭，效尤致祸。决羽谢生，岂三千之可及，伏膺裴氏，惧两唐之不传。故玉徽金铣，反为拙目所嗤；《巴人》《下里》，更合郢中之听。《阳春》高而不和，妙声绝而不寻，竟不精讨锱铢，覈量文质，有异《巧心》，终愧妍手。是以握瑜怀玉之士，瞻郑邦而知退；章甫翠履之人，望闽乡而叹息。诗既若此，笔又如之。徒以烟墨不言，受其驱染；纸札无情，任其摇襞。甚矣哉，文之横流，一至于此！

写，技痒时也有惭愧之感，却总是故态复萌。近来见到京师流行的文章风格，比寻常所见更加软弱无骨圆钝少锋，文士们竞相学习这种浮泛粗糙的风气，争相创作松散冗长的作品。对此种风尚的兴起，我在寒冬长夜苦苦思索也想不明白，它和赋、比、兴的文章手法大相径庭，又与《诗经》《楚辞》的传统背道而驰。就好像用以治国的六典和祭祀天、地、宗庙的三礼，其施用都有一定的处所；吉、凶、嘉、宾等礼仪，行使起来也都有特定的场合。从没听说过吟咏自己的性情，却去模拟《礼记·内则》的篇章；提笔写诗言志，却去模仿《尚书·周书·酒诰》的风格；描摹春日风光，反去效法古书《归藏》的写法；摹绘澄澈江水，却采用《礼记·大传》一样的笔法。

　　"我因拙于文学创作，不敢轻易指摘他人的作品。只是用当代的作品，逐一和古代才子之作相比较，年代久远一些的则有扬雄、司马相如、曹植、王粲，晚近些的则有潘岳、陆机、颜延之、谢灵运，比较其遣词造句和立意，毫无相似之处。如果认为现时作品是好的，则古代的诗文就是不好的；如果认为古代的贤人足可称道，那么当下的文体就应该废弃。若说是各有其妙，无所谓好与不好，那我也不敢苟同，而且现在又有模仿谢灵运、裴子野的风格来写作的人，我也颇有不解之处。为什么呢？谢灵运落笔精妙天然脱俗，偶或有收束不住的时候，这是他白玉微瑕之处；裴子野乃是写史的良才，却全无诗文辞章之美。因此，学谢氏很难得其精髓，只会学到冗长的弊病；学裴氏则捐弃了其长处，只习得他的短处。谢氏妙笔高不可攀，裴氏质朴也不宜倾慕。所以那些凭空臆断之徒，好名忘实之辈，就好像要分肉给不食肉的仁兽麒麟一样，又好像身在赵国邯郸却硬要模仿跛足的晋大夫郤克，久入鲍鱼之肆而不闻其臭，盲目模仿往往只会适得其反。师法谢灵运，哪里只是模仿一下"三千广于赤县"这样的名句就可以赶上的；倾心于裴子野，却荒唐地担心汉代唐林、唐尊这两个徒有虚名而事奉王莽的大臣没有史家为之作传。所以美玉之琴和闪光赤金，反被没有见识的人所唾弃；《巴人》《下里》这些通俗的歌曲，倒是更能迎合平庸听众的喜好。《阳春》之曲清丽高雅而无人相和，它那曼妙的旋律消失后已无人再续，人们竟然不再仔细品

至如近世谢朓、沈约之诗，任昉、陆倕之笔，斯实文章之冠冕，述作之楷模。张士简之赋，周昇逸之辩，亦成佳手，难可复遇。文章未坠，必有英绝，领袖之者，非弟而谁。每欲论之，无可与语，思吾子建，一共商搉。辩兹清浊，使如泾、渭；论兹月旦，类彼汝南。朱丹既定，雌黄有别，使夫怀鼠知惭，滥竽自耻。譬斯袁绍，畏见子将；同彼盗牛，遥羞王烈。相思不见，我劳如何。

太清中，侯景寇陷京都，及太宗即位，以肩吾为度支尚书。时上流诸蕃，并据州拒景，景矫诏遣肩吾使江州，喻当阳公大心，大心寻举州降贼，肩吾因逃入建昌界，久之，方得赴江陵，未几卒。文集行于世。

### 刘昭

刘昭字宣卿，平原高唐人，晋太尉寔九世孙也。祖伯龙，居父忧以孝闻，宋武帝敕皇太子诸王并往吊慰，官至少府卿。父彪，齐征虏晋安王记室。

昭幼清警，七岁通《老》《庄》义。既长，勤学善属文，外兄江

味作品的精微之处，不再去关心诗文的华美与质朴，志趣已经和《巧心》相异，愧对优秀写作者的妙手。所以那些身怀珠玉之才的文士，看到这种风气就自知应该隐退；饱读诗书知书达理的贤才，见到闽越之地断发文身的越人只能徒然叹息。诗歌已是这种情况，文章又何尝不是同样。只因松烟墨不识人言，才任由时人胡乱涂染；只因纸张没有感情，才任由文人随意裁折。何其严重啊，文学所面临的逆流乱象，竟然到了如此地步！

"至于近代谢朓、沈约的诗作，任昉、陆倕的文章，这实乃诗文之中的冠冕，著述的楷模。张率的赋文，周舍的辩辞，也全都出自妙笔佳手，一生再难重遇。只要文学之道没有完全堕落，一定会有英才俊秀应运而生，而论起他们的领袖人物，除了贤弟你还有谁呢！我时常想谈论这些事，然而竟没有人足可一谈，万分思念我家的曹子建，想与你一同商榷。分辨这当中的是非清浊，令它们像泾水、渭水那样区分得清清楚楚；评议文坛人物的高下优劣，就如同当年许劭、许靖的汝南月旦评论那样。文风的优劣可以有定论，对作品的评论却会各有不同，让那些以怀中之鼠冒充玉璞的人知道羞愧，让滥竽充数者自知可耻。这就好比袁绍坐拥华丽的车驾而害怕被许劭见到；也如同当年盗牛者耻于让自己的罪行被行事惟义的王烈得知一样。苦苦思念你却不得相见，我的愁苦啊将如何打发？"

太清年间，侯景作乱攻陷京师，简文帝即位后，任命庾肩吾为度支尚书。当时长江上游的诸多梁朝宗室藩王，都各自据守本州抵御侯景，侯景矫诏派庾肩吾出使江州，劝谕当阳公萧大心归降，萧大心不久举州投降侯景，庾肩吾趁机逃入建昌县的境内，过了很久，才得以奔赴江陵，不久就去世了。他的文集仍通行于世间。

### 刘昭

刘昭字宣卿，平原高唐人，是晋朝太尉刘寔的九世孙。祖父刘伯龙，为父亲服丧时因尽孝而闻名，宋武帝敕令皇太子及诸王都前往他家吊唁慰问，刘伯龙官至少府卿。父亲刘彪，南齐时为征虏晋安王记室。

刘昭从小聪明机警，七岁时就能通晓《老子》《庄子》大义。长大后，他勤奋学习，擅长写文章，表兄江淹很早就推崇赏识他。天监

淹早相称赏。天监初，起家奉朝请，累迁征北行参军，尚书仓部郎，寻除无锡令。历为宣惠豫章王、中军临川王记室。初，昭伯父彤集众家《晋书》注干宝《晋纪》为四十卷，至昭又集《后汉》同异以注范晔书，世称博悉。迁通直郎，出为剡令，卒官。《集注后汉》一百八十卷、《幼童传》十卷、文集十卷。

子绍，字言明，亦好学，通《三礼》。大同中，为尚书祠部郎，寻去职，不复仕。

### 刘缓

绍弟缓，字含度，少知名。历官安西湘东王记室，时西府盛集文学，缓居其首。除通直郎，俄迁镇南湘东王中录事，复随府江州，卒。

### 何逊

何逊字仲言，东海郯人也。曾祖承天，宋御史中丞。祖翼，员外郎。父询，齐太尉中兵参军。

逊八岁能赋诗，弱冠州举秀才，南乡范云见其对策，大相称赏，因结忘年交好。自是一文一咏，云辄嗟赏，谓所亲曰："顷观文人，质则过儒，丽则伤俗；其能含清浊，中今古，见之何生矣。"沈约亦爱其文，尝谓逊曰："吾每读卿诗，一日三复，犹不能已。"其为名流所称如此。

天监中，起家奉朝请，迁中卫建安王水曹行参军，兼记室。王爱文学之士，日与游宴，及迁江州，逊犹掌书记。还为安西安成王参军事，兼尚书水部郎，母忧去职。服阕，除仁威庐陵王记室，复随府江州，未几卒。东海王僧孺集其文为八卷。

初年时，刘昭被起用为奉朝请，累加升迁为征北行参军、尚书仓部郎，不久被任命无锡令。历任宣惠豫章王、中军临川王记室。起初，刘昭的伯父刘彤汇集众家《晋书》来为干宝的《晋纪》作注，共有四十卷，到了此时刘昭又汇集众家《后汉书》比较异同之处来为范晔《后汉书》作注，时人都称赞这本书的博采周全。刘昭迁任通直郎，出京任剡县令，在官任上去世。著有《集注后汉》一百八十卷、《幼童传》十卷、文集十卷。

儿子刘绲，字言明，也好学不倦，精通《三礼》。大同年间，刘绦任尚书祠部郎，不久去职，不再出仕。

### 刘缓

刘绲的弟弟刘缓，字含度，从小就很出名。曾任安西湘东王记室，当时西府中聚集了众多文学才士，刘缓居其首位。被任命通直郎，不久迁任镇南湘东王中录事，又随府前往江州，在任中去世。

## 何逊

何逊字仲言，东海郯县人。曾祖父何承天，刘宋一朝官至御史中丞。祖父何翼，官至员外郎。父亲何询，南齐时官至太尉中兵参军。

何逊八岁即能赋诗，二十岁时被州中举为秀才，南乡人范云见到何逊的对策文，大加赞赏，因此与何逊结为忘年交。从此之后何逊每作一篇文章、一首诗歌，范云读到后都赞叹不已，对身边的人说："近来综观当今文士，风格质朴的就如同儒生讲经，风格靡丽的近乎伤风败俗；其中能并蓄天地灵气，中和古今贤才者，只见于何生身上了。"沈约也喜爱何逊的诗文，曾经对何逊说："我每次读你的诗，一日之内要反复诵读多次，还是不能尽兴。"何逊就是如此受到名流推崇。

天监年间，何逊被起用为奉朝请，迁任中卫建安王水曹行参军，兼记室。建安王喜爱文学之士，日日与他们一起游乐饮宴，后来迁任江州刺史，何逊仍掌府中书记。何逊回京后任安西安成王参军事，兼尚书水部郎，遭母丧丁忧去职。服丧期满后，他被任命为仁威庐陵王记室，随王府再度前往江州，没多久就去世了。东海人王僧孺收集何逊的诗文编成文集八卷。

初，逊文章与刘孝绰并见重于世，世谓之"何刘"。世祖著论论之云："诗多而能者沈约，少而能者谢朓、何逊。"

时有会稽虞骞，工为五言诗，名与逊相埒，官至王国侍郎。其后又有会稽孔翁归、济阳江避，并为南平王大司马府记室。翁归亦工为诗。避博学有思理，更注《论语》《孝经》。二人并有文集。

### 钟嵘

钟嵘字仲伟，颍川长社人，晋侍中雅七世孙也。父蹈，齐中军参军。

嵘与兄岏、弟屿并好学，有思理。嵘，齐永明中为国子生，明《周易》，卫军王俭领祭酒，颇赏接之。举本州秀才。起家王国侍郎，迁抚军行参军，出为安国令。永元末，除司徒行参军。天监初，制度虽革，而日不暇给，嵘乃言曰："永元肇乱，坐弄天爵，勋非即戎，官以贿就。挥一金而取九列，寄片札以招六校，骑都塞市，郎将填街。服既缨组，尚为臧获之事；职唯黄散，犹躬胥徒之役。名实淆紊，兹焉莫甚。臣愚谓军官是素族士人，自有清贯，而因斯受爵，一宜削除，以惩侥竞。若吏姓寒人，听极其门品，不当因军，遂滥清级。若侨杂伧楚，应在绥抚，正宜严断禄力，绝其妨正，直乞虚号而已。谨竭愚忠，不恤众口。"敕付尚书行之。迁中军临川王行参军。衡阳王元简出守会稽，引为宁朔记室，专掌文翰。时居士何胤筑室若邪山，山发洪水，漂拔树石，此室独存，元简命嵘作《瑞室颂》以旌表之，辞甚典丽。选西中郎晋安王记室。

起初，何逊的文章与刘孝绰的作品都受到世人推崇，世称他们为"何刘"。元帝曾撰写文章评价何逊说："诗作众多而彰显其才能的是沈约，诗作少而彰显其才能的是谢朓、何逊。"

当时有会稽人虞骞，擅长五言诗，名气与何逊不相上下，官至王国侍郎。后来又有会稽人孔翁归、济阳人江避，二人都担任南平王大司马府记室。孔翁归也擅长作诗。江避博学而有思辨之才，另外还曾为《论语》《孝经》作注。二人都有文集传世。

### 钟嵘

钟嵘字仲伟，颍川长社人，是晋代侍中钟雅的七世孙。父亲钟蹈，南齐一朝官至中军参军。

钟嵘和兄长钟岏、弟弟钟屿都十分好学，有思辨之才。钟嵘，南齐永明年间曾是国子学的生员，精通《周易》，卫将军王俭兼领国子祭酒时，对钟嵘颇为赏识推重。钟嵘被举为本州秀才。他最初被起用为王国侍郎，迁任抚军行参军，出京担任安国令。永元末年，钟嵘被任命司徒行参军。天监初年，朝廷制度虽已改变，但百官事务繁忙，日不暇给，钟嵘于是进言说道："永元年间的祸乱，起因于朝廷颁赐官爵的无度，功勋不是得自于行伍作战，官职多由贿赂取得。只要挥洒金银就能位列九卿，寄出一封请托的信札就能获得六校尉的军职，骑都尉充塞街市，中郎将遍布闾巷。已然身穿官员服饰，却还在干奴婢的贱业；职衔虽是黄门侍郎、散骑常侍之类近侍显职，还要亲自做官府仆役的差事。名实混淆秩序紊乱，实在没有比这更厉害的了。我认为军官若是高级士族，自有清贵的文翰之官可任，如果是仅凭门第而得到军功爵的，全都应当加以削除，作为对心存侥幸者的警示告诫。若官吏本是寒门出身，就应当准许他们升至由寒士担任的勋位尽头，不应滥授军职，致使清贵的官职品级出现泛滥。假如是侨居我朝的北方人做官，关键在对他们多加存问安抚，但应该严格限制他们任职得禄的空间，以免他们妨碍政务，只授予虚职而已。微臣只是尽力贡献自己的一点愚忠，不曾顾忌众人的评判。"高祖下敕令将他的建议交付尚书省施行。钟嵘迁任中军临川王行参军。衡阳王萧元简出京任会稽太守，擢升钟嵘为宁朔记室，专门掌管文书。当时居

嵘尝品古今五言诗，论其优劣，名为《诗评》。其序曰：

气之动物，物之感人，故摇荡性情，形诸舞咏，欲以照烛三才，辉丽万有，灵祇待之以致飨，幽微藉之以昭告，动天地，感鬼神，莫近于诗。昔《南风》之辞，《卿云》之颂，厥义夐矣。《夏歌》曰"郁陶乎予心"，楚谣云"名余曰正则"，虽诗体未全，然略是五言之滥觞也。逮汉李陵，始著五言之目。古诗眇邈，人代难详，推其文体，固是炎汉之制，非衰周之倡也。自王、扬、枚、马之徒，辞赋竞爽，而吟咏靡闻。从李都尉讫班婕妤，将百年间，有妇人焉，一人而已。诗人之风，顿已缺丧。东京二百载中，唯有班固《咏史》，质木无文致。降及建安，曹公父子，笃好斯文；平原兄弟，郁为文栋；刘桢、王粲，为其羽翼。次有攀龙托凤，自致于属车者，盖将百计。彬彬之盛，大备于时矣。尔后陵迟衰微，讫于有晋。太康中，三张二陆，两潘一左，勃尔复兴，踵武前王，风流未沫，亦文章之中兴也。永嘉时，贵黄、老，尚虚谈，于时篇什，理过其辞，淡乎寡味。爰及江表，微波尚传，孙绰、许询、桓、庾诸公，皆平典似《道德论》，建安之风尽矣。先是郭景纯用俊上之才，创变其体；刘越石仗清刚之气，赞成厥美。然彼众我寡，未能动俗。逮义熙中，谢益寿斐然继作；元嘉初，有谢灵运，才高辞盛，富艳难踪，固已含跨刘、郭，陵轹潘、左。故知陈思为建安之杰，公干、仲宣为辅；陆机为太康之英，安仁、景阳为辅；谢客为元嘉之雄，颜延年为辅：此皆五言之冠冕，文辞之命世。

士何胤在若耶山中筑室而居，若耶山发洪水，树木都被拔起连山石也被冲走，唯独何胤的居室得以保全，萧元简命钟嵘作《瑞室颂》以颂扬表彰此事，这篇文章文辞非常典雅华丽。钟嵘被选授为西中郎晋安王记室。

钟嵘曾经品评古今五言诗，探讨诗作优劣，取名为《诗评》。其序文说：

节气的更替使万物应时而动，万物的枯荣兴衰又使人受到触动，所以思想情感受到激荡，以舞蹈和歌咏的方式表现出来，以照亮天地人三才，辉映天地间的万物，神灵听从诗歌的召唤而来享用祭品，鬼魂借助诗歌的咏叹而昭告其心声。能够触动天地、感化鬼神的，再没有比诗歌更直接的了。上古时虞舜创作了《南风》的歌辞，又有《卿云》的颂歌，它们的涵义十分悠远。《夏歌》中唱道"郁陶乎予心"，楚国的歌谣唱道"名余曰正则"，虽然这些歌辞作为诗的形式还不尽完备，但大体可以视为五言诗的滥觞了。到了西汉的李陵，才正式开启了五言诗这一门类。《古诗十九首》的年代距离今天已经很远，作者和创作年代都难以确凿考辨，但从其文体来推究，应是汉代的作品，并不是周朝末叶的诗作。自从王褒、扬雄、枚乘、司马相如等人出现在文坛，他们在赋的创作上斗艳争芳各显神通，而当时对诗的吟咏却鲜少听说，从骑都尉李陵到班婕妤，近一百年之间，虽已有女性写诗，但也仅有班婕妤一人而已。作诗吟咏的风气，这时已然中断了。东汉二百年间，有名的五言诗只有班固的《咏史》，且此诗质朴而无文采。到了汉末建安年间，曹操父子，雅好文学；曹植弟兄，诗作众多，遂成文坛旗手；刘桢、王粲二人，在他们左右充作羽翼。还有攀龙附凤，主动聚集到他们身边的文士，大约接近百人。济济一堂的盛况，终于在这时出现了。后来，这些人物逐渐凋零，直至有晋一代。太康年间，张载、张协、张华、陆机、陆云、潘岳、潘尼，还有一个左思，这些人勃然兴起，继续前人留下的文学事业，令建安时期的流风余韵重获新生，这也是五言诗创作的中兴时期。到了永嘉年间，当时看重道家黄老之学，崇尚玄虚，这一时期的诗歌作品，讲述玄理的内容压倒了诗歌文辞上的风采，读来寡淡无味。

夫四言文约意广，取效《风》《骚》，便可多得，每苦文烦而意少，故世罕习焉。五言居文辞之要，是众作之有滋味者也，故云会于流俗，岂不以指事遣形，穷情写物，最为详切者邪！故《诗》有六义焉，一曰兴，二曰赋，三曰比。文已尽而意有余，兴也；因物喻志，比也；直书其事，寓言写物，赋也。弘斯三义，酌而用之，干之以风力，润之以丹采，使味之者无极，闻之者动心，是诗之至也。若专用比、兴，则患在意深，意深则辞踬。若但用赋体，则患在意浮，意浮则文散。嬉成流移，文无止泊，有芜漫之累矣。若乃春风春鸟，秋月秋蝉，夏云暑雨，冬月祁寒，斯四候之感诸诗者也。嘉会寄诗以亲，离群托诗以怨。至于楚臣去境，汉妾辞宫，或骨横朔野，或魂逐飞蓬，或负戈外戍，或杀气雄边，塞客衣单，霜闺泪尽。又士有解佩出朝，一去忘反；女有扬蛾入宠，再盼倾国。凡斯种种，感荡心灵，非陈诗何以展其义，非长歌何以释其情？故曰“《诗》可以群，可以怨”。使穷贱易安，幽居靡闷，莫尚于诗矣。故辞人作者，罔不爱好。今之士俗，斯风炽矣。裁能胜衣，甫就小学，必甘心而驰骛焉。于是庸音杂体，各为家法。至于膏腴子弟，耻文不逮，终朝点缀，分夜呻吟，独观谓为警策，众视终沦平钝。次有轻荡之徒，笑曹、刘为古

后来晋室南渡，这种风气的余势尚存，孙绰、许询、桓温、庾亮等人，其诗作都平实质朴如同《道德论》，建安文学慷慨刚健的风骨已经荡然无存。在此以前，郭璞曾以他俊逸出群的才华，创制出令人耳目一新的诗作；刘琨以清拔刚健的文笔，为诗风的革新推波助澜。然而文坛终究因循者多而革新者少，这两位诗人没能撼动整个时代的风气。到了义熙年间，谢混以他文采斐然的诗作继之而起；元嘉初年，谢灵运应运而生，他诗才高妙作品繁多，文辞华丽美盛而难以师法，实在已经超越刘琨、郭璞，力压潘岳、左思。所以可知，陈思王曹植是建安诗人之冠，而刘桢、王粲是他的辅翼；陆机是太康诗人中的英杰，而潘岳、张协是他的辅翼；谢灵运是元嘉诗人的魁首，而颜延之是他的辅翼。这些人都是最顶尖的五言诗人，以其文学造诣而闻名于世。

四言诗的文词简约而涵义广远，若能取法《诗经·国风》和《楚辞·离骚》，便能有很大收获，但常常苦于炼字的烦难和传达的意象较少，所以世人很少有学作四言诗的。五言诗处于诗歌的冲要地位，是各种作品中最富趣味者，所以说它切合众人的需求，不正是因为它在叙事状物、抒情绘景方面，是最为详尽而贴切的体裁吗？所以《诗经》有六义，其一为兴，其二为赋，其三为比。文句结束而意味未尽，这就是兴；以外物来比喻自己的思想，这就是比；直接描绘事物，通过铺陈其情状来寄寓深意，这就是赋。发扬这三种方法，斟酌情境来加以使用，再以风骨去强化作品，以辞采去润饰作品，就能使品味此诗的人感到韵味无穷，令听到此诗的人怦然心动，这是诗歌创作的上乘境界。如果纯用比、兴之法，其缺点是涵义过于深邃，涵义过深则文辞艰涩。但如果纯用赋的手法，则缺点是意境流于浮浅，意境浮浅则文辞松散。如果诗作意境轻浮而游移，辞采没有一定的归指，就会有冗长而茫无头绪的弊病。至于春风春鸟，秋月秋蝉，夏云暑雨，隆冬严寒，这是四季令人产生感悟而入诗的景象。佳节聚会时赋诗来酬赠宾朋，离群寡合时吟诗以寄托愁怨。所以诗歌所咏叹的多是楚臣屈原遭遇流放，汉妃昭君长辞天阙，又有那戍卒埋骨荒野，游子魂逐飞蓬，壮士负戈捍疆，猛将气吞边塞，天涯孤客寒夜衣单，深闺思妇泪痕阑珊。还有士人辞官隐逸，一去不返；佳人入宫

拙。谓鲍昭羲皇上人，谢朓今古独步；而师鲍昭终不及"日中市朝满"，学谢朓劣得"黄鸟度青枝"。徒自弃于高听，无涉于文流矣。

　　嵘观王公搢绅之士，每博论之余，何尝不以诗为口实，随其嗜欲，商搉不同，淄渑并泛，朱紫相夺，喧哗竞起，准的无依。近彭城刘士章俊赏之士，疾其淆乱，欲为当世诗品，口陈标榜，其文未遂，嵘感而作焉。昔九品论人，《七略》裁士，校以宾实，诚多未值；至若诗之为技，较尔可知，以类推之，殆同博弈。方今皇帝资生知之上才，体沉郁之幽思，文丽日月，学究天人，昔在贵游，已为称首；况八纮既掩，风靡云蒸，抱玉者连肩，握珠者踵武，固以睨汉、魏而弗顾，吞晋、宋于胸中。谅非农歌辕议，敢致流别。嵘之今录，庶周游于间里，均之于谈笑耳。

蒙宠，再顾倾国。凡此种种，都触动激荡着人们的心灵，不用诗歌来吟诵如何能说清其中的道理？不反复歌咏吟哦如何能抒发其中的情怀？所以孔子说"《诗经》既可以供人群交流感情，也可以抒发个体的不平"。要使穷困贫贱中人感到安定，孤独幽居之人不觉烦闷，没有比诗更有效的了。所以文人雅士，没有不爱好诗歌的。今天无论士人或者平民，爱好诗歌的风气都十分盛行。才离开襁褓能够穿衣的婴儿，刚刚开始读书识字的孩童，都必定心甘情愿地积极学习作诗。于是众多平庸芜杂的作品，都俨然各自成为的不同的流派和法式。至于富贵之家的子弟，更是以诗文不及他人为耻，整日修改，彻夜吟咏，自己看来认为是足可流传的得意警句，在众人眼中不过是稀松平常的鲁钝之作。更有一些轻薄狂妄之徒，讥笑曹植、刘桢的诗作陈旧拙朴，将鲍照视为诗家中地位崇高的羲皇上人，认为谢朓的诗独步于古今。而他们学鲍照作诗始终比不上"日中市朝满"之句，师法谢朓也无法胜过"黄鸟度青枝"的诗句。这些人只是自己摒弃了高明的见解，无法登上文学的殿堂罢了。

我看那些王公贵族缙绅官僚，每每在高谈阔论之余，何尝不把诗歌作为口实，按照自己的喜好，提出各种不同见解，杂糅众见混为一谈，优劣之论颠倒错乱，众口纷纭，缺乏可依据的评价准绳。近来有彭城人刘士章，是一位擅长鉴赏的才士，他不满这种混乱的局面，想为今人撰写一部诗品，他仅在口头上提出了这个愿望，但尚未付诸文字，我受到他的感染而撰写了《诗评》。过去有把人物分成九品加以评价的做法，也有以《七略》来分类评判作者的旧事，但以这些评论的名次和实际情形相对照，实在有很多不合理的地方。至于诗歌的创作技艺，一经比较便能清楚地得知其优劣，以性质相同的事物来推论，就和局戏和弈棋类似。当今圣上凭借生而知之的无上才智，能体察深奥幽微的思绪，文学才华耀眼如同日月，思想学术贯通天理人道，昔日尚未登上皇位时，已经是广受美誉的精英，何况现在天下已然统一，人杰辈出，抱玉握珠的才俊之士比肩接踵，人才之盛足以睥睨汉、魏而力压晋、宋。本朝人物之盛，确实不是山歌野老、街谈巷议所敢于划分流派品论高下的。现在我收录的这些文字，大概只

顷之，卒官。

岏字长岳，官至府参军、建康平。著《良吏传》十卷。屿字季望，永嘉郡丞。天监十五年，敕学士撰《遍略》，屿亦预焉。兄弟并有文集。

### 周兴嗣

周兴嗣字思纂，陈郡项人，汉太子太傅堪后也。高祖凝，晋征西府参军、宜都太守。

兴嗣世居姑孰。年十三，游学京师，积十余载，遂博通记传，善属文。尝步自姑孰，投宿逆旅，夜有人谓之曰："子才学迈世，初当见识贵臣，卒被知英主。"言终，不测所之。齐隆昌中，侍中谢朓为吴兴太守，唯与兴嗣谈文史而已。及罢郡还，因大相称荐。本州举秀才，除桂阳郡丞，太守王嵘素相赏好，礼之甚厚。高祖革命，兴嗣奏《休平赋》，其文甚美，高祖嘉之。拜安成王国侍郎，直华林省。其年，河南献舞马，诏兴嗣与待诏到沆、张率为赋，高祖以兴嗣为工。擢员外散骑侍郎，进直文德、寿光省。是时，高祖以三桥旧宅为光宅寺，敕兴嗣与陆倕各制寺碑，及成俱奏，高祖用兴嗣所制者。自是《铜表铭》《栅塘碣》《北伐檄》《次韵王羲之书千字》，并使兴嗣为文，每奏，高祖辄称善，加赐金帛。九年，除新安郡丞，秩满，复为员外散骑侍郎，佐撰国史。十二年，迁给事中，撰史如故。兴嗣两手先患风疽，是年又染疠疾，左目盲，高祖抚其手，嗟曰："斯人也而有斯疾也！"手疏治疽方以赐之。其见惜如此。任昉又爱其才，常言曰："周兴嗣若无疾，旬日当至御史中丞。"十四年，除临川郡丞。十七年，复为给事中，直西省。左卫率周舍奉敕注高祖所制历代赋，启兴嗣助焉。普通二年，卒。所撰《皇帝实录》《皇德记》《起居注》《职仪》等百余卷，文集十卷。

能流传于乡里间巷,等同于取笑谈资罢了。

不久,钟嵘在官任上去世。

钟屼字长岳,官至府参军、建康平。他著有《良吏传》十卷。钟屿字季望,任永嘉郡丞。天监十五年(516),高祖敕令学士编撰《遍略》,钟屿也参与了编写。他们兄弟三人都有文集传世。

### 周兴嗣

周兴嗣字思纂,陈郡项县人,是汉朝太子太傅周堪的后人。高祖父周凝,晋代官至征西府参军、宜都太守。

周兴嗣世代居住在姑孰。十三岁时,他前往建康游学,长达十几年,于是得以博通历史典籍,擅长写文章。周兴嗣曾经从姑孰出行,在旅店投宿,夜间有人对他说:"你的才学超越当世,会先受到贵臣赏识,最终得到英明君主的知遇。"话音刚落,说这话的人就不见了。南齐隆昌年间,侍中谢朏任吴兴太守,只与周兴嗣畅谈文史而已。谢朏任期结束回京后,就极力称赞并举荐周兴嗣。周兴嗣本籍所在州举他为秀才,又被任命为桂阳郡丞,桂阳太守王嵘一向欣赏他与他交好,以优厚的礼遇来招待他。高祖改朝换代建立梁朝后,周兴嗣进献了一篇《休平赋》,文辞甚是优美,高祖十分嘉许。于是任命周兴嗣为安成王国侍郎,进入华林省值班。这一年,河南国进献舞马,高祖诏令周兴嗣与待诏到沆、张率各自写一篇赋来记述此事,三篇赋作中高祖认为周兴嗣所作最为工整。周兴嗣被擢拔为员外散骑侍郎,进入文德省、寿光省当值。当时,高祖将自家在三桥的旧宅施舍为光宅寺,敕令周兴嗣与陆倕各自撰写此寺的碑文,写成后两人都进奏呈上,高祖采用了周兴嗣所写的碑文。自此以后,《铜表铭》《栅塘碣》《北伐檄》《次韵王羲之书千字》等文字,全都敕令周兴嗣来撰写,每次他写好呈上,高祖都称赞其文辞之美,并赐予他金帛。天监九年(510),周兴嗣被任命为新安郡丞,任职期满后,他再次担任员外散骑侍郎,协助撰写国史。天监十二年(513),迁任给事中,依旧协助撰写国史。周兴嗣此前两手患上风疽,这一年他又染上疫病,左眼失明,高祖抚摸着他的手,感叹道:"这么好的人竟然患上这样

## 吴均

　　吴均字叔庠，吴兴故鄣人也。家世寒贱，至均好学有俊才，沈约尝见均文，颇相称赏。天监初，柳恽为吴兴，召补主簿，日引与赋诗。均文体清拔有古气，好事者或敩之，谓为"吴均体"。建安王伟为扬州，引兼记室，掌文翰。王迁江州，补国侍郎，兼府城局。还除奉朝请。先是，均表求撰《齐春秋》，书成奏之，高祖以其书不实，使中书舍人刘之遴诘问数条，竟支离无对，敕付省焚之，坐免职。寻有敕召见，使撰《通史》，起三皇，讫齐代，均草本纪、世家功已毕，唯列传未就。普通元年，卒，时年五十二。均注范晔《后汉书》九十卷，著《齐春秋》三十卷、《庙记》十卷、《十二州记》十六卷、《钱唐先贤传》五卷、《续文释》五卷、文集二十卷。

　　先是，有广陵高爽、济阳江洪、会稽虞骞，并工属文。爽，齐永明中赠卫军王俭诗，为俭所赏，及领丹阳尹，举爽郡孝廉。天监初，历官中军临川王参军。出为晋陵令，坐事系治，作《镬鱼赋》以自况，其文甚工。后遇赦获免，顷之卒。洪为建阳令，坐事死。骞官至王国侍郎，并有文集。

的病!"高祖亲手写了治疗风疽的药方赐给他。他就是如此受到天子的怜惜。任昉也十分爱惜周兴嗣的才华,常常说:"周兴嗣若是没有得病,十日之内就该升任御史中丞了。"天监十四年(515),周兴嗣被任命为临川郡丞。天监十七年(518),他再度担任给事中,在西省当值。左卫率周舍奉敕令注解高祖所著的历代赋文,他上奏请求派周兴嗣帮助他。普通二年(521),周兴嗣去世。他撰有《皇帝实录》《皇德记》《起居注》《职仪》等一百多卷,另有文集十卷。

### 吴均

吴均字叔庠,吴兴故鄣人。家中世代寒贱,而吴均却好学且有杰出的才能,沈约曾经见到吴均的文章,称赞不已,十分赏识。天监初年,柳恽任吴兴太守,召吴均补为主簿,日日招吴均和自己一起赋诗。吴均的诗文风格清隽拔群,古意盎然,有喜欢他这种风格的人就私下模仿他,称为"吴均体"。建安王萧伟任扬州刺史时,任用吴均为兼记室,掌管文书。建安王迁任江州刺史,吴均补任王国侍郎,兼府城局。吴均回京城后被任命奉朝请。在这以前,吴均上表请求编撰《齐春秋》,此书写成后他进呈给高祖,高祖认为此书内容不符合实情,就派中书舍人刘之遴对书中的记载提出几条诘问,吴均竟含混支吾无法对答,高祖敕令将此书交尚书省焚毁,吴均也因此事而被免职。不久高祖又下令召见吴均,让吴均撰写《通史》,起自三皇,讫于南齐,吴均起草的本纪、世家已经写完,唯有列传尚未完成。普通元年(520),吴均去世,时年五十二岁。吴均曾注解范晔《后汉书》九十卷,还著有《齐春秋》三十卷、《庙记》十卷、《十二州记》十六卷、《钱唐先贤传》五卷、《续文释》五卷、文集二十卷。

在此之前,有广陵人高爽、济阳人江洪、会稽人虞骞,都擅长写文章。高爽曾在南齐永明年间赠诗给卫将军王俭,受到王俭的赏识,王俭兼领丹阳尹时,就举高爽为郡孝廉。天监初年,高爽历任中军临川王参军。后来出京任晋陵令,因事受牵连而被关押在冶炼场,他作了一篇《镬鱼赋》以自况,赋的文辞十分工整。后来遇到大赦,高爽被释放,不久就去世了。江洪曾任建阳令,因事牵连而死。虞骞官至王国侍郎。这些人都有文集传世。

# 卷五十

## 列传第四十四

### 文学下

刘峻 刘沼 谢几卿 刘勰 王籍 何思澄 刘杳
谢征 臧严 伏挺 庾仲容 陆云公 任孝恭 颜协

#### 刘峻

刘峻字孝标，平原平原人。父珽，宋始兴内史。

峻生期月，母携还乡里。宋泰始初，青州陷魏，峻年八岁，为人所略至中山，中山富人刘实愍峻，以束帛赎之，教以书学。魏人闻其江南有戚属，更徙之桑干。峻好学，家贫，寄人庑下，自课读书，常燎麻炬，从夕达旦，时或昏睡，爇其发，既觉复读，终夜不寐，其精力如此。齐永明中，从桑干得还，自谓所见不博，更求异书，闻京师有者，必往祈借，清河崔慰祖谓之"书淫"。时竟陵王子良博招学士，峻因人求为子良国职，吏部尚书徐孝嗣抑而不许，用为南海王侍郎，不就。至明帝时，萧遥欣为豫州，为府刑狱，礼遇甚厚。遥欣寻卒，久之不调。天监初，召入西省，与学士贺踪典校秘书。峻兄孝庆，时为青州刺史，峻请假省之，坐私载禁物，为有司所奏，免官。安成王秀好峻学，及迁荆州，引为户曹参军，给其书籍，使抄录事类，名曰《类苑》，未及成，复以疾去，因游东阳紫岩山，筑室居焉。为《山栖志》，其文甚美。

## 刘峻

刘峻字孝标，平原郡平原县人。父亲刘珽，在刘宋一朝官至始兴内史。

刘峻出生满月后，母亲带着他回归乡里。刘宋泰始初年，青州被北魏攻陷，刘峻时年八岁，被人掳掠到中山，中山有个富人叫刘实，很同情刘峻，用束帛将他赎出，并教他写字读书。北魏人听说刘峻仍有亲属在江南，就把他迁移到桑干县。刘峻非常好学，家中贫穷，寄人篱下，就自我督促刻苦读书，经常点着麻秆制成的火把读书，从夜里一直读到天明，偶尔昏沉睡去，被火焰燎着了头发，惊醒后继续读书，整晚不睡觉，他专心读书到如此境界。南齐永明年间，他得以从桑干回到南朝，自认为见识还不够广博，就四处访求异书，凡是听说京城里有的，必会前去请求借阅，清河人崔慰祖称他为"书淫"。当时竟陵王萧子良广召才子学士，刘峻请人替他申请出任萧子良藩国中的职务，吏部尚书徐孝嗣有意压制他而不同意，转而任命他为南海王侍郎，刘峻不肯就职。到了齐明帝时，萧遥欣任豫州刺史，刘峻担任府刑狱，颇受萧遥欣的恩宠礼遇。萧遥欣不久病逝，刘峻很久都没有调职。天监初年，朝廷召刘峻进入西省，与学士贺踪一起整理校对秘阁藏书。刘峻的兄长刘孝庆，当时任青州刺史，刘峻请假去探望他，因为车中携带了违禁物品，被有司参奏，因此被罢免了官职。安城王萧秀喜欢刘峻的才学，他迁任荆州刺史后，提拔刘峻任户曹

高祖招文学之士，有高才者，多被引进，擢以不次。峻率性而动，不能随众沉浮，高祖颇嫌之，故不任用。峻乃著《辨命论》以寄其怀曰：

主上尝与诸名贤言及管辂，叹其有奇才而位不达。时有在赤墀之下，预闻斯议，归以告余。余谓士之穷通，无非命也，故谨述天旨，因言其略云。

臣观管辂，天才英伟，珪璋特秀，实海内之髦杰，岂日者卜祝之流。而官止少府丞，年终四十八，天之报施，何其寡欤？然则高才而无贵仕，饕餮而居大位，自古所叹，焉独公明而已哉。故性命之道，穷通之数，夭阏纷纶，莫知其辨。仲任蔽其源，子长阐其惑。至于鹖冠瓮牖，必以悬天有期；鼎贵高门，则曰唯人所召。譊譊謹咋，异端俱起。萧远论其本而不畅其流，子玄语其流而未详其本。尝试言之曰：夫道生万物，则谓之道；生而无主，谓之自然。自然者，物见其然，不知所以然；同焉皆得，不知所以得。鼓动陶铸而不为功，庶类混成而非其力。生之无亭毒之心，死之岂虔刘之志。坠之渊泉非其怒，升之霄汉非其悦。荡乎大乎，万宝以之化；确乎纯乎，一化而不易。化而不易，则谓之命。命也者，自天之命也。定于冥兆，终然不变。鬼神莫能预，圣哲不能谋。触山之力无以抗，倒日之诚弗能感。短则不可缓之于寸阴，长则不可急之于箭漏。至德未能逾，上智所不免。是以放勋之代，浩浩襄陵；天乙之时，燋金流石。文公躔其尾，宣尼绝其粮。颜回败其丛兰，冉耕歌其芣苢。夷、叔毙淑媛之言，子舆困臧仓之诉。圣贤且犹若此，而况庸庸者乎！至乃伍员浮尸于江流；三闾沉骸于湘渚；贾大夫沮志于长沙；冯都尉皓发

参军，给他提供书籍，让他分类抄录旧事，取书名为《类苑》，书尚未完成，刘峻就因病辞职，在游览了东阳郡紫岩山后，就在山中筑室而居。他写了一篇《山栖志》，文辞十分优美。

高祖广泛招揽文学才士，才学优秀的人大多得到拔擢，所授任的职位不受资历限制。刘峻做事率性而为，从不随波逐流阿谀讨好，高祖颇嫌弃他的违拗个性，所以不任用他。刘峻就写了一篇《辨命论》以抒发自己的情怀，其文写道：

圣上曾经与众位名士贤才论及管辂，感叹他身负奇才而官位不曾显达。当时有人侍立在御阶下，参与了这次讨论，回来后对我转述了此事。我认为士人的窘困或通达，无非是命运的作用，所以谨此试就天子此言的主旨，大略谈谈我的理解。

我看管辂其人，乃一英伟天才，质地佳良如同美玉，实在是海内的英杰人物，岂会是算卦占卜巫祝一路的人？然而他的官职止步于少府丞，寿命只有四十八年，上天施予他的福报，为何竟如此寡薄？虽然如此，才华横溢之人得不到高官厚禄，贪婪凶残之人身居要职的情形，自古以来人们都不断为之嗟叹，又何止是管公明一人。所以人的生命路途，困窘通达的命数，阻塞中断的变化，都无人知道该如何分辨。王充在《论衡》中认为，人都蒙蔽而不知其命运的本源，司马迁在《伯夷列传》中，也对天道是否存在表示了困惑。至于身处贫贱中的人，认为命运一定是被上天掌握；而门第高贵者却说人的不同导致命运不同。众说纷纭，异端俱起。李康论证治乱的根本在天，但没有说清天命的流变；郭象说吉凶全在乎自身，而未能详论其观点的根本。我尝试来论述这个问题：大道萌生万物，所以被称之为道；生于世间而无主宰者，就被称之为自然。所谓自然，就是指万物都存在而不知为何存在；万物同样都各得其所，却不知为何各得其所。万物都受到造化的激发和塑造，造化却不曾引以为功；各种物种都在造化中繁衍生长，造化却不将之视为自己之力。生命降生后并无感激造化之心，死去又何尝有被夺走生命的怨恨。生为鱼龙困于深潭并不是造化发怒的惩罚，生为鸟雀高飞入云也并非造化一时高兴的恩赐。造化浩浩荡荡，包罗万象，万千生命都接受它的化育；造化又是

于郎署；君山鸿渐，铩羽仪于高云；敬通凤起，摧迅翮于风穴；此岂才不足而行有遗哉。

　　近世有沛国刘瓛，瓛弟璡，并一时之秀士也。瓛则关西孔子，通涉《六经》，循循善诱，服膺儒行。璡则志烈秋霜，心贞昆玉，亭亭高辣，不杂风尘。皆毓德于衡门，并驰声于天地。而官有微于侍郎，位不登于执戟，相继徂落，宗祀无飨。因斯两贤，以言古则：昔之玉质金相，英髦秀达，皆摈斥于当年，韫奇才而莫用，候草木以共凋，与麋鹿而同死，膏涂平原，骨填川谷，湮灭而无闻者，岂可胜道哉！此则宰衡之与皂隶，容、彭之与殇子，猗顿之与黔娄，阳文之与敦洽，咸得之于自然，不假道于才智。故曰"死生有命，富贵在天"，其斯之谓矣。然命体周流，变化非一，或先号后笑，或始吉终凶，或不召自来，或因人以济。交错纷纠，循环倚伏，非可以一理征，非可以一途验，而其道密微，寂寥忽恍，无形可以见，无声可以闻。必御物以效灵，亦凭人而成象，譬天王之冕旒，任百官以司职。而惑者睹汤、武之龙跃，谓戡乱在神功；闻孔、墨之挺生，谓英睿擅奇响；视彭、韩之豹变，谓鸷猛致人爵；见张、桓之朱绂，谓明经如此坚定而纯粹，化育生命之后就不再改变。化育生命之后不再改变，这就是命。所谓命，就是上天安排的道路。它在冥冥中被注定下来，自始至终不再改变。鬼神不能干预它，圣贤也不能规划它。有拔山之力也不能抗拒它，即便有令太阳回头的赤诚也不能感动它。命若短暂，人无法让它延缓片刻；命若漫长，人也不能让它短暂分毫。德行至高者也不能逾越命运的安排，智慧过人者也不能免于命运的制约。所以尧帝统治的年代，洪水汹涌波涛淹没了山陵；商汤在位之时，大地干旱炎热熔化了金石。周公也有陷入进退两难境地的时候，孔子也难逃在陈地断粮数日的劫难。大贤如颜回，依然英年早逝；大德如冉耕，也罹患恶疾而兴叹。伯夷、叔齐，因妇人一言而饿死山中；孟子（子舆）也曾因臧仓的诋毁而不遇于鲁侯。圣贤尚且如此，更何况平庸之人呢！所以伍员死后浮尸江河，屈原见放自沉湘水，贾谊受挫被贬长沙，冯唐皓首犹充郎官，桓谭职事渐高而终被嫌弃，冯衍高才入仕而遭受打击。这岂是他们才能不足而行为有失所致？

近世有沛国人刘瓛，以及他的弟弟刘琎，二者都是当时的杰出人物。王瓛有关西孔子的美誉，他博通《六经》，传道授业循循善诱，受到儒林的普遍推崇。刘琎志节清高有如秋霜，忠贞纯良堪比昆仑之玉，高逸出群，不染风尘。他二人虽然家世寒素却注重修养德行，声名远扬于天地之间。但所任官职比侍郎还低微，地位比不上执戟侍卫，二人相继凋零，身后也没有后人承嗣宗庙。以这二位贤者的生平，来总结一条古老的规律，那就是：自古如金玉一般质地上佳的人才，即便俊秀冠于当世，也大多在有生之年遭遇贬抑摈斥，空有满怀奇才而不得其用，最后像草木一样零落凋残，如麋鹿一般老死于野，他们的膏血消失于大地，他们的骨殖填埋入山谷，从此湮灭，寂然无闻，这样的事在历史上哪能数得过来！如此看来，宰相之与奴仆，寿星容成、彭祖之与未成年即夭折之人，富豪猗顿之与贫士黔娄，美女阳文之与丑女敦洽，这些人的命运都来自于自然，并不取决于才智。故而所谓"死生有命，富贵在天"，所指的就在于此了。然而命运不时变幻转折，种种变化非止一端，有的人先哭后笑，有的人始吉终凶，有的人祸福不招自来，有的人遇困又得贵人纾难。各种拾青紫。岂知有力者运之而趋乎？故言而非命，有六蔽焉。余请陈其梗概：

　　夫靡颜腻理，哆噶颇颐，形之异也。朝秀辰终，龟鹤千岁，年之殊也。闻言如响，智昏菽麦，神之辨也。固知三者定乎造化，荣辱之境，独曰由人，是知二五而未识于十，其蔽一也。龙犀日角，帝王之表；河目龟文，公侯之相。抚镜知其将刑，压纽显其膺录。星虹枢电，昭圣德之符；夜哭聚云，郁兴王之瑞。皆兆发于前期，涣汗于后叶。若谓驱貔虎，奋尺剑，入紫微，升帝道，则未达窅冥之情，未测神明之数，其蔽二也。空桑之里，变成洪川；历阳之都，化为鱼鳖。楚师屠汉卒，睢河鲠其流；秦人坑赵士，沸声若雷震。火炎昆岳，砾石与琬琰俱焚；严霜夜零，萧艾与芝兰共尽。虽游、夏之英才，伊、颜之殆庶，焉能抗之哉？其蔽三也。或曰，明月之珠，不能无颣；夏后之璜，不能无考。故亭伯死于县长，长卿卒于园令。才非不杰也，主非不明也，而碎结绿之鸿辉，残悬黎之夜色，抑尺之量有短哉？若然者，主父偃、公孙弘对策不升第，历说而不入，牧豕淄原，见弃州部，设令忽如过隙，滥死霜露，其为诟耻，岂崔、马之流乎？及至开东阁，列五鼎，电照风行，声驰海外，宁前愚而后智，先非而终是？将荣悴有定数，天命有至极？而谬生妍蚩，其蔽四也。夫虎啸

命运交错纠纷，吉凶祸福相伏相倚，无法用一个命理简单归纳，不可用一条命途推求验证。命运之道隐秘而微茫，无声无息模糊不清，没有形体可以看见，没有声音可以聆听。命运必定要借由主宰众人来体现其效验，也要凭借众人才能显现其征兆，这正如天子戴上珠串装饰的皇帝冠冕，再任命百官以各司其职。而不了解这个道理的人，看到商汤、周武王有鼎革前朝的武功，就认为他们能定乱安民所以必然成就王业；听到孔子、墨子卓越超凡的事迹，就认为他们是英明睿智的哲圣故而留下旷世英名；目睹彭越、韩信从贱民变成王侯，就认为他们勇猛善战所以获得显赫爵禄；见到张禹、桓荣升做高官，就认为通晓经术必可博取庙堂高位。哪里知道这些人的背后有一个强有力的主宰在驱动着他们的人生呢？所以讨论事理而不谈命运的话，有六个蒙昧之处。请允许我在此陈述其梗概：

有的人容颜秀美肌肤细腻，有的人五官歪斜相貌丑陋，这是形体的差异。有的人刚刚崭露头角就早早夭亡，有的人却如千年龟鹤一般长寿，这是寿命的不同。有的人刚刚听完他人言语就能像回声一样敏捷应答，有的人智能低下分不清豆与麦，这是心智的区别。人们都明白这三种差异是造化注定的，却唯独将人生荣辱的不同境遇归结于人本身，相当于只知道两个五而不知它们合起来等于十，这是第一个蒙昧之处。囟骨隆起至鼻的龙犀之相和额骨中央隆起的日角之相，乃是帝王的面相；眼睛上下匡平而长，足有龟背的文理，这是公侯的面相。蜀郡人张裕照镜子就知道自己将受刑而死，楚平王两次跪拜都恰好压在玉璧的丝带上，符合成为继嗣之君的征兆。少昊降生时天上有大星如虹，黄帝诞生时大闪电出现在天枢星周围，这些都是昭示圣德降临的符瑞；汉高祖斩蛇后有老妇在路边夜哭又消失，他藏匿在芒砀山时住处上空有云气聚集，这些都是人君将要兴起的瑞兆。从来都是先有祥瑞之兆预先出现，而后就有帝王出世号令天下。如果认为黄帝是因为他能驱使黑熊猛兽而战胜炎帝，汉高祖是因为他善于用兵而取得天下，从而入驻宫阙登上皇位，这就等于不了解冥冥天道的情势，不懂得神明造物的安排了，这是第二个蒙昧之处。《吕氏春秋》中妇人回头化为空桑的传说中，她的家乡沦为洪

风驰，龙兴云属。故重华立而元、凯升，辛受生而飞廉进。然则天下善人少，恶人多；闇主众，明君寡。而薰莸不同器，枭鸾不接翼。是使浑沌、梼杌，踵武云台之上；仲容、庭坚，耕耘岩石之下。横谓废兴在我，无系于天，其蔽五也。彼戎狄者，人面兽心，宴安鸩毒。以诛杀为道德，以蒸报为仁义。虽大风立于青丘，凿齿奋于华野，比其狼戾，曾何足逾。自金行不竞，天地版荡，左带沸脣，乘间电发。遂覆瀍、洛，倾五都。居先王之桑梓，窃名号于中县。与三皇竞其氓黎，五帝角其区宇。种落繁炽，充牣神州。呜呼！福善祸淫，徒虚言耳。岂非否泰相倾，盈缩递运，而汨之以人，其蔽六也。

水滔天的水乡；《淮南子》所载历阳老妪见城门有血迹而逃上北山的故事中，她的城市化为鱼鳖出没的泽国。项羽率楚军在彭城大败汉军，睢水都被尸体阻塞以至断流；秦军长平之战后坑杀赵国降卒，屠杀时哀号遍野声如闷雷。昆仑山野火熊熊，砾石与美玉都被焚毁；秋夜里寒霜凛凛，艾草与芳兰同遭摧残。即便是子游、子夏一样的英才，伊尹、颜回一样的圣贤，又怎能与这些灾祸相抗衡？这就是第三个蒙昧之处。有人说，珍贵的美玉和宝珠也不能避免些微的瑕疵。所以崔骃在县长的官任上去世，司马相如也只做过园囿的长令就辞世了。他们的才华并非不够杰出，他们的主公也并非不够贤明，然而结绿之玉的辉光因破碎而暗淡，悬黎之玉的光泽也因残破而葬送，这能说是因为尺有所短而寸有所长吗？若是这个缘故，那么主父偃、公孙弘二人起初在取士的对策考试中成绩不佳，屡次申请而不能入仕，只能在乡间放猪，得不到地方长官的任用，假如他们的一生就此结束，像霜露一样转瞬即逝，则他们这一生的失败和耻辱，岂不是和崔骃、司马相如等人一样吗？然而他们二人后来都当上了朝中高官，声名迅速传扬，美誉播于四海，难道是因为他们此前愚昧而后来变得睿智，此前错误而后来变得正确了吗？还是因为荣辱自有定数，天命自有其安排呢？而孰贤孰愚，人们往往谬加毁誉，这就是第四个蒙昧之处。猛虎咆哮时必有疾风吹卷，苍龙升空时必有云岚追随，事物之间都是有连带感应的。所以舜帝登位后，高阳氏的八位才子和高辛氏的八位贤人就得到擢升任用；殷纣王即位后，奸臣飞廉也获得进位加官。既然如此，那么天下始终是善人较少而恶人较多，昏暗的君主比较多而贤明的君主只占少数。而芳草与臭草不能共存于一个器皿中，恶枭与凤凰也不能比翼而飞。这样就造成混沌、梼杌一样的恶人接连占据高位，仲容、庭坚一样的才子默默耕耘于山林民间。硬要说说政事兴废在于人事，与上天无关，这就是第五个蒙昧之处。那些戎狄异族，人面兽心，心肠恶毒。以诛杀作为道德，把长辈晚辈间的淫乱视为仁义。即便是青丘之地生活的恶鸟大风，华野之地奔跑的恶兽凿齿，它们与戎狄的残暴相比，又哪里比得过呢？自从晋室衰微，天下大乱，那些边远地区的夷狄趁机迅速发难。于是

　　然所谓命者，死生焉，贵贱焉，贫富焉，理乱焉，祸福焉，此十者天之所赋也。愚智善恶，此四者人之所行也。夫神非舜、禹，心异朱、均，才綷中庸，在于所习。是以素丝无恒，玄黄代起；鲍鱼芳兰，入而自变。故季路学于仲尼，厉风霜之节；楚穆谋于潘崇，成悖逆之祸。而商臣之恶，盛业光于后嗣；仲由之善，不能息其结缨，斯则邪正由于人，吉凶存乎命。或以鬼神害盈，皇天辅德。故宋公一言，法星三徙；殷帝自翦，千里来云。善恶无征，未洽斯义。且于公高门以待封，严母扫墓以望丧。此君子所以自强不息也。如使仁而无报，奚为修善立名乎？斯径廷之辞也。夫圣人之言，显而晦，微而婉，幽远而难闻，河汉而不极。或立教以进庸惰，或言命以穷性灵。积善余庆，立教也；凤鸟不至，言命也。今以其片言辩其要趣，何异乎夕死之类而论春秋之变哉？且荆昭德音，丹云不卷；周宣祈雨，珪璧斯馨。于叟种德，不逮勋、华之高；延年残犷，未甚东陵之酷。为善一，为恶均，而祸福异其流，废兴殊其迹。荡荡上帝，岂如是乎？《诗》云：“风雨如晦，鸡鸣不已。”故善人为善，焉有息哉？

占据了中原大地，攻陷了一座座都邑。他们盘踞在华夏历代先王的家乡，僭号称帝统治中原，争夺三皇的黎民，抢夺五帝的疆域。如今戎狄的种姓在神州大地上繁衍生息。啊! 所谓善者得福，淫者遭祸，不过一句空谈而已。这难道不是好运与霉运先后轮转，增长与减少自相交替的缘故吗? 而硬要用人的因素来乱加解释，这就是第六个蒙昧之处。

　　然而所谓命运，有生与死、贵与贱、贫与富、治与乱、祸与福，这十种命运都是上天所赋予的。还有愚与智、善与恶，这四者都是人所践行的。人们大多不具备虞舜一样的贤德，其内心也不同于丹朱、商均那样的不肖，只要是中等天资之人，其贤愚都取决于环境的习染熏陶。所以素净的蚕丝不会长久洁白，很快就会染上玄黄之色; 鲍鱼之肆与芳兰之室，人进入之后都会自己发生变化。所以子路跟随孔子学习后，就砥砺了坚贞清白的节操; 楚穆王商臣与老师潘崇谋划杀死父亲楚成王，造成了悖逆人伦的灾祸。但是商臣虽然犯下罪业，其后嗣的楚国君主依旧成就了兴盛的王业; 子路虽然贤明善良，仍遭遇了结缨而死的结局，这就是正邪在人而吉凶在命的道理。有人说鬼神会损害运势已满盈者，皇天也会帮助有德的一方。因此宋景公说出不愿将灾祸转移给宰相、人民和年成的一席话后，火星也为他三度转移位置; 商汤剪断头发磨砺手掌用身体向上天乞求缓解旱情后，雨云从千里之外赶来响应他的祷告。但是，世间善行与恶行并没有全部出现福与祸的报应，此一说法并不能自圆其说。而且汉代的于公断案多积阴德，就把闾巷大门修得又高又大以期待子嗣获得福报封赏; 酷吏严延年之母知道儿子刑杀太滥，就回乡打扫墓地等待他归葬。这些都是君子自我勉励的说法。如果行仁义而没有报答，谁还会去修持善行树立名誉呢? 其实这种观点有失偏激。圣人说的话，用词浅显而又艰深，旨趣精微而又委婉，用意深远而难以透彻辨清，像黄河与汉水一样不可轻易把握。有些是教育众生以激励慵懒怠惰之人，有些是讲论命运以抒发感怀。《周易》所说"积善之家，必有余庆"，这就是在教育人行善;《论语》中孔子感叹"凤鸟不出现，河图也不出世，我的人生就要到尽头了"，这就是在讲论命

　　夫食稻粱，进刍豢，衣狐貉，袭冰纨，观窈眇之奇舞，听云和之琴瑟，此生人之所急，非有求而为也。修道德，习仁义，敦孝悌，立忠贞，渐礼乐之腴润，蹈先王之盛则，此君子之所急，非有求而为也。然则君子居正体道，乐天知命。明其无可奈何，识其不由智力。逝而不召，来而不距，生而不喜，死而不慼。瑶台夏屋，不能悦其神；土室编蓬，未足忧其虑。不充诎于富贵，不遑遑于所欲。岂有史公、董相《不遇》之文乎？

　　论成，中山刘沼致书以难之，凡再反，峻并为申析以答之。会沼卒，不见峻后报者，峻乃为书以序之曰："刘侯既有斯难，值余有天伦之慼，竟未之致也。寻而此君长逝，化为异物，绪言余论，蕴而莫传。或有自其家得而示余者，悲其音徽未沫，而其人已亡；青简尚新，而宿草将列，泫然不知涕之无从。虽隙驷不留，尺波电谢，而秋菊春兰，英华靡绝，故存其梗概，更酬其旨。若使墨翟之言无爽，宣室之谈有征。冀东平之树，望咸阳而西靡；盖山之泉，闻弦歌而赴

运。如今仅用片言只语来论证一个观点，这和用朝生夕死的小虫来解读四季的春秋嬗变有何区别呢？而且当天空出现象征凶险的红云时，楚昭王也说了不愿转嫁灾祸于他人的仁者之言，但红云并没有因此减退；周宣王因为大旱而祷告求雨，将美玉尽数献出祭天也没能求来雨水。于公积阴德以求福报子孙，不如尧、舜施行仁政那样崇高；严延年虽然重刑好杀，其恶毕竟没有超过盗跖。所行之善是一样的，其行为的祸福结果却截然不同；所做之恶也相同。浩浩荡荡的造物主，难道就是这样吗？《诗经》中说："即使风雨大作天光黯淡，雄鸡打鸣也是不会停歇的。"所以善人行善，又怎么会止息呢？

吃精细的粮食，享用禽畜之肉，冬穿狐皮貉裘，夏穿素白绮衣，观看精彩曼妙的舞姿，聆听良琴美瑟奏出的旋律，这些是普通人的本能需要，并非是有所追求才想做这些事。修持道德，讲求仁义，敦睦孝亲友弟的情感，树立忠贞清白的节操，接受礼乐教化的润泽，遵循先王创立的典制，这些是君子的本能需要，并非是有所追求才想做这些事。正是因为如此，君子秉持正念践行大道，乐天而知命，知晓人生命途起伏是不可干预的，清楚命运不会因为智慧和力量而改变。对已经远去的不再苦苦追赶，对即将到来的也不再执意抗拒，不再为了活着而窃喜，也不会为人之将死而感到悲戚。美玉雕饰的高台华屋，不能取悦他的心神；泥墙茅檐的穷居陋室，也不足以扰乱他的思虑。不会得到富贵后就得意忘形，也不会因为欲望而心神不宁。如此一来，怎么还会有司马迁《报任安书》、董仲舒《悲士不遇赋》那样愤懑不平的文字呢？

他这篇论述完成后，中山人刘沼致信给他加以反驳，书信往来了两次，刘峻都对自己观点作了阐释解析以回答他的驳难。后来恰逢刘沼去世，没能看到刘峻第二封回书，刘峻就整理出他们往来的书信并作了一篇序文，写道："刘君对我的观点作出了驳难，时值我遭遇兄弟之丧，竟未能及时答复他。不久刘君溘然长逝，与我阴阳永隔，他心中的观点和论述，已随之而去无法流传。有人在他家中发现了他的文稿并拿给我看，言犹在耳而斯人已逝，我十分悲痛；文稿文字尚新，而他墓前来年之草已郁郁葱葱，我怆然涕下却不知泪水可对

节。但悬剑空垄，有恨如何！”其论文多不载。

　　峻又尝为《自序》，其略曰：“余自比冯敬通，而有同之者三，异之者四。何则？敬通雄才冠世，志刚金石；余虽不及之，而节亮慷慨，此一同也。敬通值中兴明君，而终不试用；余逢命世英主，亦摈斥当年，此二同也。敬通有忌妻，至于身操井臼；余有悍室，亦令家道轗轲，此三同也。敬通当更始之世，手握兵符，跃马食肉；余自少迄长，戚戚无欢，此一异也。敬通有一子仲文，官成名立；余祸同伯道，永无血胤，此二异也。敬通膂力方刚，老而益壮；余有犬马之疾，溘死无时，此三异也。敬通虽芝残蕙焚，终填沟壑，而为名贤所慕，其风流郁烈芬芳，久而弥盛；余声尘寂漠，世不吾知，魂魄一去，将同秋草，此四异也。所以自力为叙，遗之好事云。”

　　峻居东阳，吴、会人士多从其学。普通二年，卒，时年六十。门人谥曰玄靖先生。

## 刘沼

刘沼字明信，中山魏昌人。六代祖舆，晋骠骑将军。

谁人流淌。虽然人生短暂如白驹过隙，又如转瞬即逝的水波和闪电，然而秋有霜菊春有芳兰，再短暂的时间也总有绽放的生命延绵不绝，所以我保留下我们讨论的梗概，以酬答刘君的心意。假如墨翟关于鬼神存在的论说没有说错，贾谊在宣室中对文帝所奏的鬼神之说是正确的，那么我希望刘君泉下有知，一如汉代东平思王墓穴上的树木会指向长安又好像盖山舒姑泉的传说那样，清澈的泉水会跟随弦歌的节奏而涌动。只是其人已逝，纵使我现在答复刘君的辩难，也不过是和季札在去世的知音墓前悬挂宝剑一个样，这种深深的遗憾，又能如何排遣呢？"刘峻的辩论文字大多没有留传下来。

刘峻还曾经写过一篇《自序》，大意是说："我把自己同东汉的冯敬通作比，和他相同的地方有三处，不同的地方有四处。都有哪些呢？冯敬通才华冠绝于世，志向之坚定胜于金石；我虽不及他，然而对节操的坚守也一样慷慨激烈，这是第一个相同之处。冯敬通遇上了中兴明君，但终身不得任用；我赶上了以治国著称的英明君主，也在人生壮年受到排斥，这是第二个相同之处。冯敬通有善妒的妻子，以至于要自己干汲水舂米的家务；我也有个凶悍的老婆，使得家庭生活坎坷不顺遂，这是第三个相同之处。冯敬通在更始年间，毕竟曾经统领军队，驰骋沙场；我则从小到大，始终事业坎坷，雄心抱负不能施展，这是第一个不同之处。冯敬通有一个儿子冯仲文，仕途有成声名已立；我不幸与邓伯道一样，没有子嗣延续香火，这是第二个不同之处。冯敬通颇有膂力，老而益壮；我则体弱多病，已经不久于人世，这是第三个不同之处。冯敬通虽然也凋零谢世，化为尘泥，然而他受到名流贤德之士的仰慕，身后美名传扬流芳百世，历久弥盛；我籍籍无名，不为世人所知，一旦撒手人寰，将会与秋草一样默然消失，这是第四个不同之处。所以我自己为自己作一篇序文，留给关心我的人。"

刘峻住在东阳时，吴地和会稽一带的人士多有跟随他求学的。普通二年（521），刘峻去世，时年六十岁。他的弟子们为他拟定谥号为玄靖先生。

## 刘沼

刘沼字明信，中山魏昌人。六代祖刘兴，在晋代官至骠骑将

沼幼善属文，既长博学。仕齐起家奉朝请，冠军行参军。天监初，拜后军临川王记室参军，秣陵令，卒。

## 谢几卿

谢几卿，陈郡阳夏人。曾祖灵运，宋临川内史；父超宗，齐黄门郎：并有重名于前代。

几卿幼清辩，当世号曰神童。后超宗坐事徙越州，路出新亭渚，几卿不忍辞诀，遂投赴江流，左右驰救，得不沉溺。及居父忧，哀毁过礼。服阕，召补国子生。齐文惠太子自临策试，谓祭酒王俭曰："几卿本长玄理，今可以经义访之。"俭承旨发问，几卿随事辨对，辞无滞者，文惠大称赏焉。俭谓人曰："谢超宗为不死矣。"

既长好学，博涉有文采。起家豫章王国常侍，累迁车骑法曹行参军、相国祭酒，出为宁国令，入补尚书殿中郎、太尉晋安王主簿。天监初，除征虏鄱阳王记室、尚书三公侍郎，寻为治书侍御史。旧郎官转为此职者，世谓为南奔。几卿颇失志，多陈疾，台事略不复理。徙为散骑侍郎、累迁中书郎、国子博士、尚书左丞。几卿详悉故实，仆射徐勉每有疑滞，多询访之。然性通脱，会意便行，不拘朝宪，尝预乐游苑宴，不得醉而还，因诣道边酒垆，停车褰幔，与车前三驺对饮，时观者如堵，几卿处之自若。后以在省署，夜著犊鼻裈，与门生登阁道饮酒酣呼，为有司纠奏，坐免官。寻起为国子博士，俄除河东太守，秩未满，陈疾解。寻除太子率更令，迁镇卫南平王长史。普通六年，诏遣领军将军西昌侯萧渊藻督众军北伐，几卿启求行，擢为军师长史，加威戎将军。军至涡阳退败，几卿坐免官。

军。

刘沼从小善写文章，长大后博学多才。南齐时被起用为奉朝请、冠军行参军。天监初年，被任命为后军临川王记室参军、秣陵令，在任此职期间去世。

## 谢几卿

谢几卿，陈郡阳夏人。曾祖父谢灵运，刘宋一朝官至临川内史；父亲谢超宗，南齐时官至黄门郎。二人都在前代负有盛名。

谢几卿从小聪明善辩，当时的人都称他为神童。后来谢超宗因事牵连被流放越州，在新亭渚上路启程，谢几卿不忍与父亲辞别，就纵身跳入大江，左右的人急忙施救，他才没有淹死。后来他为父亲居丧，哀伤过度健康受损超过了礼制的要求。服丧结束后，他应召补为国子学的生员。南齐文惠太子亲临策试现场，对国子祭酒王俭说："谢几卿本就擅长玄理，现在可以用儒学经义来考察他。"王俭领旨发问，谢几卿随着问题应声对答，言辞毫无滞碍之处，文惠太子大加赞赏。王俭对人说："谢超宗有此子可谓不死了。"

谢几卿长大后，学问博涉旁通又富有文学才华。被起用为豫章王国常侍，累加升迁为车骑法曹行参军、相国祭酒，出京任宁国令，入朝补任尚书殿中郎、太尉晋安王主簿。天监初年时，他被任命为征虏鄱阳王记室、尚书三公郎，不久任治书侍御史。朝中旧例，郎官转任治书侍御史的，世人就称之为"南奔"。谢几卿对这个任命颇不满意，多次称病，几乎不过问职事。后来他转任散骑侍郎，累加升迁为中书郎、国子博士、尚书左丞。谢几卿特别熟悉前朝掌故，仆射徐勉每逢对前朝制度有疑难问题，大多向他征询。然而谢几卿性格洒脱不羁，不拘小节，他曾经有一次参加朝廷在乐游苑举行的宴会，没有喝醉就散席了，于是前往路边的小酒馆，停下车驾掀起帷幔，和三个在车前为他清道开路的仆人对饮，当时围观的人挤得水泄不通，谢几卿却像没事一样泰然自若。后来他在宫中官署内，晚上穿着短裤，和门生登上阁道饮酒喝醉了大声喊叫，被有司参奏弹劾，获罪被免去官职。过了些时他被起用为国子博士，不久被任命为河东太守，

居宅在白杨石井，朝中交好者载酒从之，宾客满坐。时左丞庾仲容亦免归，二人意志相得，并肆情诞纵，或乘露车历游郊野，既醉则执铎挽歌，不屑物议。湘东王在荆镇，与书慰勉之。几卿答曰：

"下官自奉违南浦，卷迹东郊，望日临风，瞻言伫立。仰寻惠渥，陪奉游宴，漾桂棹于清池，席落英于曾岨。兰香兼御，羽觞竞集，侧听余论，沐浴玄流。涛波之辩，悬河不足譬，春藻之辞，丽文无以匹。莫不相顾动容，服心胜口，不觉春日为遥，更谓修夜为促。嘉会难常，抟云易远，言念如昨，忽焉素秋。恩光不遗，善谴远降。因事罢归，岂云栖息。既匪高官，理就一廛。田家作苦，实符清诲。本乏金羁之饰，无假玉璧为资，徒以老使形疏，疾令心阻，沉滞床箦，弥历七旬，梦幻俄顷，忧伤在念，竟知无益，思自祛遣。寻理涤意，即以任命为膏酥；揽镜照形，翻以支离代萱树。故得仰慕徽猷，永言前哲，鬼谷深栖，接舆高举，遁名屠肆，发迹关市，其人缅邈，余流可想。若令亡者有知，宁不萦悲玄壤，怅隔芳尘；如其逝者可作，必当昭被光景，欢同游像，使夫一介老圃，得篦虚心末席。去日已疏，来侍未屡，连剑飞凫，拟非其类，怀私茂德，窃用涕零。"

任期未满，他称病解职。后来他被任命为太子率更令，迁任镇卫南平王长史。普通六年（525），天子下诏派遣领军将军西昌侯萧渊藻督率众军北伐，谢几卿上奏请求随军出征，天子拔擢他为军师长史，加官威戎将军。大军进至涡阳遭遇败退，谢几卿获罪被免官。

谢几卿的住宅在白杨石井，朝中与他交好的人总是带着酒跟随他来到家中，厅堂里宾朋满座。当时尚书左丞庾仲容也被免职而居家，他二人志趣相投，又都是放诞不羁的性格，有时就一起乘坐敞篷马车去郊野游玩，喝醉后就手执木铎高唱挽歌，不屑于世人的眼光。湘东王任荆州刺史时，曾写信给谢几卿安慰勉励他。谢几卿回信答复他说：

"下官自从在南浦与您分别，就在京师郊外收敛行迹藏匿起来，接到殿下的信札如同沐浴春风，重睹您的文字令我久久伫立。过去曾蒙您恩宠垂青，得以陪侍您游览宴集，在清澈的湖水上泛起桂木之舟，在高阜之巅的缤纷落英下铺展坐席。那时兰芳满座，美酒盈杯，听众多宾客的滔滔高论，玄谈之兴何其畅快。席间如波涛一般此起彼伏的雄辩，用'口若悬河'已不足以譬喻，那如春日丽景一般丰美的辞藻，即便是华丽的纹理也无法与之媲美。人们无不相视动容，对辩论优胜者心悦诚服，从不觉得春日漫长，更嫌长夜太短。可惜的是欢聚难久，彩云易散，昔日的言谈犹在耳畔，转眼间我已垂垂老矣。您的恩泽没有将我遗忘，善意的戏谑从远方降临。我因事罢职在家，岂能说是隐世栖居？既然我并非高官，理应回归田园。乡居生活清苦，但实在符合您的告诫训诲。我本来就不曾大富大贵，亦不须借助官位来作为立身之资，只是因为年老令身体清瘦，疾病让心情不畅，终日周旋于病榻，已经年过七旬，人生的幻梦转眼而过，我心中忧伤，也知道愁多无益，想要自我排遣愁绪。追寻玄理涤荡胸臆，就以顺从天命来滋养我的心性；对着镜子观看身体，把身体衰朽是自然规律作为忘忧的理由。所以我得以仰慕君子的智慧，回味前贤的话语，鬼谷子栖居于深谷，接舆佯狂而隐遁，吕尚在市井中隐姓埋名充当屠户，宁戚退而经商成为商贾，他们引发我的幽幽古思，余风流韵令人怀想。假若死去之人泉下有知，怎能不在黑土之下感到悲

几卿虽不持检操，然于家门笃睦。兄才卿早卒，其子藻幼孤，几卿抚养甚至。及藻成立，历清官公府祭酒、主簿，皆几卿奖训之力也。世以此称之。

几卿未及序用，病卒。文集行于世。

### 刘勰

刘勰字彦和，东莞莒人。祖灵真，宋司空秀之弟也。父尚，越骑校尉。

勰早孤，笃志好学，家贫不婚娶，依沙门僧祐，与之居处，积十余年，遂博通经论，因区别部类，录而序之。今定林寺经藏，勰所定也。

天监初，起家奉朝请，中军临川王宏引兼记室，迁车骑仓曹参军。出为太末令，政有清绩。除仁威南康王记室，兼东宫通事舍人。时七庙飨荐已用蔬果，而二郊农社犹有牺牲，勰乃表言二郊宜与七庙同改，诏付尚书议，依勰所陈。迁步兵校尉，兼舍人如故。昭明太子好文学，深爱接之。

初，勰撰《文心雕龙》五十篇，论古今文体，引而次之。其序曰：

夫文心者，言为文之用心也。昔涓子《琴心》，王孙《巧心》，心

伤，哀叹与人世阴阳相隔；假如已逝之人可以重返人间，必然会在明媚优美的风景之中，与宾朋快乐地同游，让我这个老农，也能参与其中敬陪末席。远离您的时间已经很久，何时能再陪侍您身边尚未可知，您信中将我比作价值连城的名剑和上佳的飞凫箭矢，实在是过誉太甚不堪类比，但我心中感怀您的洪恩盛德，暗自垂泪不止。"

谢几卿虽然不修持操守，但是家庭关系十分笃厚和睦。他的兄长谢才卿去世很早，留下一个幼年丧父的儿子谢藻，谢几卿对他抚育关爱备至。后来谢藻成家立业，接连担任清贵的公府祭酒、主簿等官职，这都是谢几卿奖掖训勉他的结果。世人为此而称颂谢几卿。

谢几卿没有等到重获任用就因病去世。他有文集通行于世间。

### 刘勰

刘勰字彦和，东莞莒县人。祖父刘灵真，是刘宋一朝司空刘秀的弟弟。父亲刘尚，宋时官至越骑校尉。

刘勰早年丧父，笃志好学。他因家中贫穷无力婚娶，依附于和尚僧祐，和他一起生活，长达十几年时间，也因此博通佛教经典，并按照部类一一加以分类整理并作序录。现在定林寺所藏的经文，就是刘勰所定的。

天监初年时，他被起用为奉朝请，中军临川王萧宏任命他为兼记室，迁任车骑仓曹参军。他出京担任太末令，主政期间有清廉的政绩。被任命为仁威南康王记室，兼东宫通事舍人。当时七庙的祭祀贡品已经改用蔬菜和果品，而南北二郊祭祀天地以及祭祀农神土地神时仍然使用牲畜作牺牲，刘勰就上表说二郊祭祀应该与七庙之祭一样改用蔬果作祭品，天子下诏将此议交付尚书省讨论，最终采纳了刘勰陈奏的意见。后来刘勰迁任步兵校尉，舍人之职照旧。昭明太子爱好文学，对刘勰十分喜爱欣赏。

起初，刘勰撰写了《文心雕龙》五十篇，探讨古今文体，将它们作了归纳并排定了顺序。其序志说道：

"所谓文心，说的是文学创作所用的心思。古代涓子的著作《琴

哉美矣夫，故用之焉。古来文章，以雕缛成体，岂取驺奭群言雕龙也。夫宇宙绵邈，黎献纷杂，拔萃出类，智术而已。岁月飘忽，性灵不居，腾声飞实，制作而已。夫肖貌天地，禀性五才，拟耳目于日月，方声气乎风雷，其超出万物，亦已灵矣。形甚草木之脆，名逾金石之坚，是以君子处世，树德建言，岂好辩哉，不得已也。

予齿在逾立，尝夜梦执丹漆之礼器，随仲尼而南行，旦而寤，乃怡然而喜。大哉圣人之难见也！乃小子之垂梦欤！自生人以来，未有如夫子者也。敷赞圣旨，莫若注经，而马、郑诸儒，弘之已精，就有深解，未足立家。唯文章之用，实经典枝条，五礼资之以成，六典因之致用，君臣所以炳焕，军国所以昭明，详其本源，莫非经典。而去圣久远，文体解散，辞人爱奇，言贵浮诡，饰羽尚画，文绣鞶帨，离本弥甚，将遂讹滥。盖《周书》论辞，贵乎体要；尼父陈训，恶乎异端。辞训之异，宜体于要。于是搦笔和墨，乃始论文。

详观近代之论文者多矣。至如魏文述《典》，陈思序《书》，应

心》，王孙子的著作《巧心》，蕴含的心思极为优美，所以选用文心这个词。自古以来的文章，都因雕琢而自成一体，史载战国时邹奭善于修饰邹衍的学说，如同雕饰龙纹，取这个典故，则诸多作者的创作就好比是雕龙。宇宙远邈，贤明之人混杂于普通人间，能令他们出类拔萃的，只是才智与计谋而已。岁月匆匆而过，人的性格精神始终在变化，能够传扬名声与功业的，唯有文学创作而已。人以天和地作为榜样，天性中具有仁义礼智信五种才干，视觉听觉是模仿日月，发声、呼吸是学习风雷，故而人之高居万物灵长，已经是很清楚的了。人的形体比草木更加脆弱，而人的声名却可以胜过坚硬的金石而长存千载，所以君子处世，首要之事就是树立德行并留下著作。强调立言的重要难道是因为喜欢辩论吗？实在是为了传世不朽而不得已为之啊。

"我已过了而立之年，曾经有一天夜里梦见自己手执丹漆礼器，跟随孔子南行，天亮后醒来，就满心欢喜。圣人是何其难得一见啊！竟然在我这个无名晚辈的梦中见到了！自从有人类以来，从来没有出现过像孔夫子这样的圣哲。若要阐释发扬圣人的主旨本意，没有比注解经书更好的方法，而马融、郑玄等儒学宗师，已经将经书注解的成就推进到十分精深的地步，现在的人即便有深入的理解，也不足以成为独到的一家之言。考求文章的功用，实乃从经书典籍中派生而出的枝条，五礼都依赖它来完成，六典也都凭借它来发挥作用。君主与臣子之所以能成就辉煌的功绩，国家的军事和政治之所以能取得昭明后世的业绩，追寻其本源，无不借助于文章而源自于经书典籍。而如今，我们距离圣人的时代已经久远，文章的体例传统已经瓦解流散，写作的人喜欢新奇，用语崇尚浮华诡饰，就像在华丽的羽毛上再加以彩色装饰，在佩巾和大带上加以刺绣装点，越发远离了写作的根本，最终导致追求诡新而风气华靡。《尚书·周书》中评论文辞的高下，以切中要点为贵；孔子陈述他的教诲，以离经叛道不合正统为恶。写作的文辞与圣人之训诲虽有所不同，在应该切中要点方面是一致的。于是我铺陈笔墨，开始展开论说。

"细数近代讨论文学创作的作品有很多。比如魏文帝曹丕的

场《文论》，陆机《文赋》，仲治《流别》，弘范《翰林》，各照隅隙，鲜观衢路。或臧否当时之才，或铨品前修之文，或泛举雅俗之旨，或撮题篇章之意。魏《典》密而不周，陈《书》辩而无当，应《论》华而疏略，陆《赋》巧而碎乱，《流别》精而少功，《翰林》浅而寡要。又君山、公干之徒，吉甫、士龙之辈，泛议文意，往往间出，并未能振叶以寻根，观澜而索源。不述先哲之诰，无益后生之虑。

盖《文心》之作也，本乎道，师乎圣，体乎经，酌乎纬，变乎《骚》，文之枢纽，亦云极矣。若乃论文叙笔，则囿别区分，原始以表末，释名以章义，选文以定篇，敷理以举统。上篇以上，纲领明矣。至于割情析采，笼圈条贯，摛神性，图风势，苞会通，阅声字，崇替于《时序》，褒贬于《才略》，怊怅于《知音》，耿介于《程器》，长怀《序志》，以驭群篇。下篇以下，毛目显矣。位理定名，彰乎《大易》之数，其为文用，四十九篇而已。

夫铨叙一文为易，弥纶群言为难，虽复轻采毛发，深极骨髓，或有曲意密源，似近而远，辞所不载，亦不胜数矣。及其品评成文，有同乎旧谈者，非雷同也，势自不可异也。有异乎前论者，非苟异也，理自不可同也。同之与异，不屑古今，擘肌分理，唯务折衷。案

《典论·论文》，陈思王曹植《与杨德祖书》序文，应场的《文质论》，陆机的《文赋》，挚虞的《文章流别论》，李充的《翰林论》，这些作品各自论述创作的某些方面，很少有从大处着眼来谈的。有的重在褒贬当时的作者，有的重在品评前人创作的文章，有的是笼统讲论文章或雅或俗的旨趣，有的是总结主题与布局谋篇的要义。曹丕的《典论·论文》内容细密而未能论述完备，曹植《与杨德祖书》虽然雄辩但论点大而无当，应场《文质论》华丽而多疏漏，陆机《文赋》辞巧而内容散乱，挚虞《文章流别论》论点精妙却缺乏实用价值，李充《翰林论》浅显而不够简明扼要。还有东汉的桓谭、刘桢，晋代的应贞、陆云等人，他们亦都曾经论述过文学创作的法式，但往往是由细枝末节的角度来谈，并未能够由枝叶而追溯至根系，由水波而直溯其源流。不对先哲的训诲加以叙述，就无法对后来者的思考带来裨益。

"《文心雕龙》的写作，以大道为本，师法圣人，以儒家经典为依据，同时斟酌参考纬书，在变化上借鉴《楚辞》，其对于文学创作的枢纽要义，也可算是全部涉及了。至于对韵文和无韵散文的论述，则按照文体加以区分，推究文体之本源，叙述其演变，解释文体的名称，揭示其含义，又选择各文体的文章加以点评，阐述各文体创作的要点，总结不同文体的特点。书的上篇，已经阐明全书的纲领。它剖析文章的内容与表现形式，囊括周全分析条理，阐述《神思》《体性》，思考《风骨》《定势》，包举《附会》《通变》，考察《声律》《变字》，在《时序》中研究文学盛衰之变化，在《才略》中评论才调之优劣，在《知音》中感叹知音之难得，在《程器》中表达有关文人品格的喟叹，在《序志》中申述我的襟怀，以统领全篇。书的下篇，则相当于裘皮的毛与网的眼。按照理论排列，确定各篇名目，正合《易经·系辞》的大衍之数，除去《序志》一篇外，讲述文学创作的共计四十九篇。

"品评一篇文章是不难的，而统括各种作品加以归纳则有很大的难度。本书所作的探索虽然已经细如毛发，所作剖析已经深入骨髓，但仍然有些作品用意曲折，貌似浅近实则深远，本书的论述有未能穷极之处，这恐怕也是数不胜数的。后来品评现存的作品时，本书有些地方与旧论相同，这不是人云亦云，而是事理如此，不容不

瞻文雅之场，而环络藻绘之府，亦几乎备矣。但言不尽意，圣人所难，识在缾管，何能矩蠖。茫茫往代，既洗予闻；眇眇来世，倪尘彼观。

既成，未为时流所称。勰自重其文，欲取定于沈约。约时贵盛，无由自达，乃负其书，候约出，干之于车前，状若货鬻者。约便命取读，大重之，谓为深得文理，常陈诸几案。

然勰为文长于佛理，京师寺塔及名僧碑志，必请勰制文。有敕与慧震沙门于定林寺撰经证，功毕，遂启求出家，先燔鬓发以自誓，敕许之。乃于寺变服，改名慧地。未期而卒。文集行于世。

## 王籍

王籍字文海，琅邪临沂人。祖远，宋光禄勋。父僧祐，齐骁骑将军。

籍七岁能属文，及长好学，博涉有才气，乐安任昉见而称之。尝于沈约坐赋得《咏烛》，甚为约赏。齐末，为冠军行参军，累迁外兵、记室。天监初，除安成王主簿，尚书三公郎，廷尉正。历余姚、钱塘令，并以放免。久之，除轻车湘东王咨议参军，随府会稽。郡境有云门、天柱山，籍尝游之，或累月不反。至若邪溪赋诗，其略云："蝉噪林逾静，鸟鸣山更幽。"当时以为文外独绝。还为大司马从事中郎，迁中散大夫，尤不得志，遂徒行市道，不择交游。湘东王为

同。有些则与旧论相异，这也不是随意标新立异，而是其理本来如此，不可苟同。这些相同和不同之处，并非本书对古今之论有所厚薄，而是对内容形式的条分缕析，所秉持的标准乃是公允折衷。谨慎地按辔缓行于文学创作的领域，来回反复地审视辞藻表达的艺术，这本书所作的努力也接近极限了。但是语言难以穷尽想要表达的心意，连圣贤也视此为难事。以区区一家之浅见，又如何能立下文学创作的规矩标杆？众多的前代贤哲之言，开拓了我的见闻；在茫无涯际的后世，此书或许也可供后来者屈尊一读。"

《文心雕龙》完成之后，尚未受到当时名家的称道。刘勰自认为这部书很重要，想取得沈约的评价。当时沈约身份显赫高贵，刘勰找不到途径把书呈送给他，就带着这部书，等候沈约出行，在马车前拦住他的去路，好像商贩兜售货品一样。沈约就命人取书来读，读过后十分看重此书，认为它深得文学创作之理，常常将它放在案头。

然而刘勰写文章更擅长阐述佛教义理，建康城内的寺塔及知名僧侣的碑志，必定会请刘勰撰文。天子曾有敕令让刘勰和慧震和尚在定林寺撰写经证，完成后，刘勰就启奏请求出家为僧，并事先烧掉了自己的鬓发以作誓愿，天子准许了。于是他就在寺中换上僧衣，取法号慧地。不到一年，刘勰去世。他有文集通行于世间。

### 王籍

王籍字文海，琅琊临沂人。祖父王远，刘宋一朝官至光禄勋。父亲王僧祐，南齐时任骁骑将军。

王籍七岁就能作文章，长大后好学不倦，博涉旁通颇有才气，乐安人任昉见到他后十分赞赏。王籍曾在沈约座前赋了一首《咏烛》诗，深得沈约赏识。南齐末年，王籍任冠军行参军，累加升迁为外兵参军、记室。天监初年，被任命为安城王主簿、尚书三公郎、廷尉正。历任余姚、钱塘二县令，都因为行事放诞被免职。很久后，被任命为轻车湘东王咨议参军，随王府前往会稽郡。会稽郡有云门山、天柱山，王籍曾前往游历，有时成月不回。他到若耶溪曾经赋诗，有句云："蝉噪林愈静，鸟鸣山更幽。"当时人都认为这两句诗的言外意

荆州，引为安西府咨议参军，带作塘令，不理县事，日饮酒，人有讼者，鞭而遣之。少时，卒。文集行于世。

子碧，亦有文才，先籍卒。

## 何思澄

何思澄字元静，东海郯人。父敬叔，齐征东录事参军、余杭令。

思澄少勤学，工文辞。起家为南康王侍郎，累迁安成王左常侍，兼太学博士，平南安成王行参军，兼记室。随府江州，为《游庐山诗》，沈约见之，大相称赏，自以为弗逮，约郊居宅新构阁斋，因命工书人题此诗于壁。傅昭常请思澄制《释奠诗》，辞文典丽。除廷尉正。天监十五年，敕太子詹事徐勉举学士入华林撰《遍略》，勉举思澄等五人以应选。迁治书侍御史。宋、齐以来，此职稍轻，天监初始重其选，车前依尚书二丞给三驺，执盛印青囊，旧事纠弹官印绶在前故也。久之，迁秣陵令，入兼东宫通事舍人。除安西湘东王录事参军，兼舍人如故。时徐勉、周舍以才具当朝，并好思澄学，常递日招致之。昭明太子薨，出为黟县令。迁除宣惠武陵王中录事参军，卒官，时年五十四。文集十五卷。

初，思澄与宗人逊及子朗俱擅文名，时人语曰："东海三何，子朗最多。"思澄闻之，曰："此言误耳。如其不然，故当归逊。"思澄意谓宜在己也。

境超然独绝。回京后担任大司马从事中郎，迁任中散大夫，他对这些任命尤其感到不得志，于是就徒步行走于街市上，随意与人交往。湘东王任荆州刺史时，提拔他任安西府咨议参军，兼任作塘令，他不理县中政务，天天只是饮酒，百姓中有前来诉讼的，他就鞭打他们将他们赶走。不久，王籍去世。有文集通行于世间。

儿子王碧，也有文学才华，在王籍之前去世。

## 何思澄

何思澄字元静，东海郯县人。父亲何敬叔，南齐一朝官至征东录事参军、余杭令。

何思澄从小勤奋学习，工于文辞。最初被起用为南康王侍郎，累加升迁为安成王左常侍，兼太学博士、平南安成王行参军，兼记室。他跟随王府前往江州，写了一首《游庐山诗》，沈约见到后，大为赞赏，认为自己比不上他。沈约的京郊宅院新造了一座斋阁，就命令工于书法者将此诗题于墙壁。傅昭曾经请何思澄作了一首《释奠诗》，这首诗文辞典雅而秀丽。何思澄被任命为廷尉正。天监十五年（516），天子敕令太子詹事徐勉举荐文人学士进入华林省撰写《华林遍略》，徐勉推举了何思澄等五人以作为人选。何思澄后迁任治书侍御史。自刘宋、南齐以来，治书侍御史的职位渐渐不受重视，直到天监初年朝廷才开始其人选，规定在其车驾前按照尚书左右丞的规格给予三名前驱清道的仆从，并举着放有印绶的青囊，这是因为按照旧制负责纠劾的官员出行时印绶居于前列的缘故。很久后，何思澄迁任秣陵令，入宫兼任东宫通事舍人。被任命为安西湘东王录事参军，兼舍人之职照旧。当时徐勉、周舍都因为才华而获得朝中大权，二人都喜欢何思澄的才学，常常轮番延请他到府中。昭明太子薨逝后，何思澄出京任黟县令。迁任宣惠武陵王中录事参军，在官任上去世，时年五十四岁。他著有文集十五卷。

起初，何思澄与同宗族的何逊、何子朗都有擅长文学的声名，时人称他们："东海有三何，子朗最多才。"何思澄听闻后，就说："这话说的不对。要说的话，当数何逊最有才。"何思澄的意思是最多才者

何子朗

子朗字世明，早有才思，工清言，周舍每与共谈，服其精理。尝为《败冢赋》，拟庄周马棰，其文甚工。世人语曰："人中爽爽何子朗。"历官员外散骑侍郎，出为国山令，卒，时年二十四。文集行于世。

## 刘杳

刘杳字士深，平原平原人也。祖乘民，宋冀州刺史。父闻慰，齐东阳太守，有清绩，在《齐书·良政传》。

杳年数岁，征士明僧绍见之，抚而言曰："此儿实千里之驹。"十三，丁父忧，每哭，哀感行路。天监初，为太学博士、宣惠豫章王行参军。

杳少好学，博综群书，沈约、任昉以下，每有遗忘，皆访问焉。尝于约坐语及宗庙牺樽，约云："郑玄答张逸，谓为画凤皇尾娑娑然。今无复此器，则不依古。"杳曰："此言未必可按。古者樽彝，皆刻木为鸟兽，凿顶及背，以出内酒。顷魏世鲁郡地中得齐大夫子尾送女器，有牺樽作牺牛形；晋永嘉贼曹嶷于青州发齐景公冢，又得此二樽，形亦为牛象。二处皆古之遗器，知非虚也。"约大以为然。约又云："何承天《纂文》奇博，其书载张仲师及长颈王事，此何出？"杳曰："仲师长尺二寸，唯出《论衡》。长颈是毗骞王，朱建安《扶南以南记》云：古来至今不死。"约即取二书寻检，一如杳言。约郊居宅时新构阁斋，杳为赞二首，并以所撰文章呈约，约即命工书人题其赞于壁。仍报杳书曰："生平爱嗜，不在人中，林壑之欢，多与事夺。日暮涂殚，此心往矣；犹复少存闲远，征怀清旷。结宇东郊，匪云止息，政复颇寄夙心，时得休偃。仲长游居之地，休琏

应该数自己。

### 何子朗

何子朗字世明，早年就富有才思，擅长清谈玄理，周舍常与他一起谈天，非常佩服他精通玄理。何子朗曾经作过一篇《败冢赋》，模仿庄周在《庄子·至乐》的见马棰髑髅之说而作，其文辞甚是工整。世人都说："人中俊杰何子朗。"他历任员外散骑侍郎，出京任国山令，去世于任上，时年二十四岁。有文集通行于世间。

### 刘杳

刘杳字士深，平原郡平原县人。祖父刘乘民，刘宋时任冀州刺史。父亲刘闻慰，南齐时任东阳太守，有清明廉洁的政绩，事迹记载在《南齐书·良政传》。

刘杳只有几岁的时候，征士明僧绍见到他，抚摸着他说："这个孩子实在是千里驹。"他十三岁时，遭父丧，守丧时每次哭吊，哀痛之情都会感动路人。天监初年，刘杳任太学博士、宣惠豫章王行参军。

刘杳从小好学，博览并精通各种书籍，朝中官员从沈约、任昉以下，每逢有遗忘的掌故，都会拜访刘杳向他咨询。刘杳曾在沈约府上的坐席中谈及祭祀宗庙所用的牺樽，沈约说："郑玄曾回答张逸，说是牺樽上画着纷披舒展的凤凰尾羽。现在朝廷祭祀时没有这种器具，是没能遵循古代礼制。"刘杳说："郑玄此言未必可作依据。古代的樽彝酒具，都用木头雕刻成鸟兽之形，在头顶直到背部开凿孔洞，以便酒液可以倾入倒出。从前曹魏时代鲁郡的地下曾挖出齐国大夫子尾的女儿陪嫁礼器，其中有牺樽，其形状是祭祀时用作牺牲的牛；晋代永嘉年间的逆贼曹嶷在青州盗掘齐景公冢，又得到两个这样的酒樽，外形也是牛形。这两个地方出土的都是古代遗留下的礼器，可知樽彝等酒器以木刻鸟兽之形的说法并不是虚妄的。"沈约认为他说得很对。沈约又说："何承天的《纂文》这部书非常奇异渊博，书中记载了张仲师和长颈王的事迹，这是出自何处？"刘杳说："张仲师身高一尺二寸，只在《论衡》中见到过这个记载。长颈王

所述之美，望慕空深，何可仿佛。君爱素情多，惠以二赞。辞采妍富，事义毕举，句韵之间，光影相照，便觉此地，自然十倍。故知丽辞之益，其事弘多，辄当置之阁上，坐卧嗟览。别卷诸篇，并为名制。又《山寺》既为警策，《诸贤从》时复高奇，解颐愈疾，义兼乎此。迟比叙会，更共申析。"其为约所赏如此。又在任昉坐，有人饷昉樆酒而作榐字。昉问杳："此字是不？"杳对曰："葛洪《字苑》作木旁希。"昉又曰："酒有千日醉，当是虚言。"杳云："桂阳程乡有千里酒，饮之至家而醉，亦其例也。"昉大惊曰："吾自当遗忘，实不忆此。"杳云："出杨元凤所撰《置郡事》。元凤是魏代人，此书仍载其赋，云三重五品，商溪擦里。"时即检杨记，言皆不差。王僧孺被敕撰谱，访杳血脉所因。杳云："桓谭《新论》云：'太史《三代世表》，旁行邪上，并效周谱。'以此而推，当起周代。"僧孺叹曰："可谓得所未闻。"周舍又问杳："尚书官著紫荷橐，相传云'挈囊'，竟何所出？"杳答曰："《张安世传》曰'持橐簪笔，事孝武皇帝数十年'。韦昭、张晏注并云'橐，囊也。近臣簪笔，以待顾问'。"范岫撰《字书音训》，又访杳焉。其博识强记，皆此类也。

就是毗骞王，朱建安著的《扶南以南记》说：长颈王从古至今都不曾死去。"沈约就把两部书取来查验，全都像刘杳说的那样。沈约位于郊外的宅园新建了斋阁，刘杳为之作了两首赞，并把所撰写的文章与赞一同呈送给沈约，沈约就命擅长书法的人把刘杳的赞题写在墙壁上。又写信回复刘杳说："我生平所嗜，不在人群之中，只愿享受林泉之乐，常常因为政务繁忙而不能尽兴。现在我已至暮年，这种心怀已经过去了；但还是稍具远离尘世、觅地闲居的想法，尚存清淡旷达的情怀。在东郊建园营宅，不是为了长住，正是想借此而稍微寄托旧日的心愿，时而能够在此偷闲休息。汉代仲长统的游居之地，应璩所述的游观乐境，我只能空怀深深仰慕之情，又如何能做到像他们一般。您对我的亲近之情一直颇多，蒙君惠赠两篇赞。它们文采丰赡，叙事与抒情皆美，文句与声韵之间，仿佛有光影朗照，让我感觉这片园宅，自然风光又增加了十倍。由此可知美妙文辞带来的益处，实在良多啊，我即刻将它题写在斋阁中，坐卧都可吟咏欣赏。您所赠的其他篇章，也都是名篇佳作。写山寺的那篇堪称语简言奇的警策之文，写诸位从兄弟的那篇更是高妙奇绝，可使人开颜欢笑，亦可使疾病顿消。晚些时候当再与君会面，作进一步探讨分析。"他就是如此受到沈约的欣赏。还有一次在任昉聚会的坐席中，有人赠给任昉楉酒，礼单将楉字写作棍字。任昉询问刘杳："这个字对吗？"刘杳回答说："葛洪《字苑》写作木旁者。"任昉又说："酒中有千日醉之说，应该是虚假不实的说法。"刘杳说："桂阳程乡有千里酒，喝了之后要到回家之后才会醉倒，也可以算是千日醉存在的例证了。"任昉闻言大惊，说："我应该是自己遗忘了，实在不记得有此一说。"刘杳说："出自杨元凤所撰写的《置郡事》。杨元凤是曹魏时代的人，这部书还载有他的赋，说三重五品，商溪揉里。"任昉当时就立即检索杨元凤的作品，与刘杳所说的完全符合。王僧孺曾奉天子敕令编纂族谱，就向刘杳询问血统相承的起源。刘杳说："桓谭《新论》中说：'司马迁在《史记·三代世表》中用横行斜线排列出世系，都是仿照周朝的皇室谱系。'以此来推论，血统传承应当是起源于周朝。"王僧孺感叹道："真可谓学到了闻所未闻的知识。"周舍又问刘杳："尚书省官员佩戴

寻佐周舍撰国史。出为临津令，有善绩，秩满，县人三百余人诣阙请留，敕许焉。杳以疾陈解，还除云麾晋安王府参军。詹事徐勉举杳及顾协等五人入华林撰《遍略》，书成，以本官兼廷尉正，又以足疾解。因著《林庭赋》。王僧孺见之叹曰："《郊居》以后，无复此作。"普通元年，复除建康正，迁尚书驾部郎，数月，徙署仪曹郎，仆射勉以台阁文议专委杳焉。出为余姚令，在县清洁，人有馈遗，一无所受，湘东王发教褒称之。还除宣惠湘东王记室参军，母忧去职。服阕，复为王府记室，兼东宫通事舍人。大通元年，迁步兵校尉，兼舍人如故。昭明太子谓杳曰："酒非卿所好，而为酒厨之职，政为不愧古人耳。"俄有敕代裴子野知著作郎事。昭明太子薨，新宫建，旧人例无停者，敕特留杳焉。仍注太子《徂归赋》，称为博悉。仆射何敬容奏转杳王府咨议，高祖曰："刘杳须先经中书。"仍除中书侍郎。寻为平西湘东王咨议参军，兼舍人、知著作如故。迁为尚书左丞。大同二年，卒官，时年五十。

杳治身清俭，无所嗜好。为性不自伐，不论人短长，及睹释氏经教，常行慈忍。天监十七年，自居母忧，便长断腥羶，持斋蔬食。及临终，遗命敛以法服，载以露车，还葬旧墓，随得一地，容棺而

紫色荷囊，据传又称为'絜囊'，这究竟源出何处？"刘杳答道："《汉书·张安世传》中说'手持橐囊耳际簪笔，事奉汉武帝达数十年之久'。韦昭、张晏的注释都说'橐，就是囊。近臣耳际簪笔，以待天子顾问'。"范岫撰写《字画音训》时，也拜访刘杳向他请教。他的博闻强记，大多类此。

不久刘杳协助周舍撰写国史。出京任临津令，有良好的政绩，任职期满后，县中有百姓三百多人前往朝廷请求让他留任，天子敕令予以批准。刘杳称病上书请求解职，回朝后被任命为云麾晋安王府参军。太子詹事徐勉举荐刘杳及顾协等五人进入华林省编撰《华林遍略》，此书完成后，刘杳以本身官职兼廷尉正，他又因足疾解职。他写了一篇《林庭赋》，王僧孺见到此赋后感叹道："自沈约《郊居赋》之后，再未见过这样的赋作。"普通元年（520），刘杳又被任命为建康正，迁任尚书驾部郎，几个月后，转署仪曹郎，仆射徐勉将台阁文议都交由刘杳处理。后出京任余姚令，在县清正廉洁，凡有人馈赠礼物，一概不收，湘东王也发来教令褒扬称赞他。回朝后刘杳被任命为宣惠湘东王记室参军，遭母丧丁忧去职。服丧结束后，他再度担任王府记室，兼任东宫通事舍人。大通元年（527），迁任步兵校尉，兼舍人之职照旧。昭明太子对刘杳说："当年阮籍因为步兵厨营人善酿酒，就主动请求担任步兵校尉，酒不是卿之所好，而任命卿为步兵校尉，正是因为卿之才学不愧于古人。"不久传来敕令让刘杳代替裴子野知著作郎事。昭明太子薨逝后，新太子东宫成立，按惯例旧太子属官都不会在新东宫留任，但天子特别敕令让刘杳留任。刘杳又为太子《祖归赋》作注释，以博学而全面著称。仆射何敬容上奏请求转任刘杳为王府咨议，高祖说："刘杳应该先到中书省取得任职的经历。"就任命他为中书侍郎。不久刘杳担任平西湘东王咨议参军，兼舍人、知著作之职照旧。又迁任为尚书左丞。大同二年（536），刘杳在官任上去世，时年五十岁。

刘杳修身清白俭朴，没有什么嗜好。为人性格不喜自夸，不议论他人长短，他接触到佛教经书教义后，常克己行善。天监十七年（518），刘杳自从遭遇母丧后，就从此戒断荤腥，吃斋茹素。他临终

已，不得设灵筵祭酹。其子遵行之。

杳自少至长，多所著述。撰《要雅》五卷、《楚辞草木疏》一卷、《高士传》二卷、《东宫新旧记》三十卷、《古今四部书目》五卷，并行于世。

### 谢征 谢璟

谢征字玄度，陈郡阳夏人。高祖景仁，宋尚书左仆射。祖稚，宋司徒主簿。父璟，少与从叔朓俱知名。齐竟陵王子良开西邸，招文学，璟亦预焉。隆昌中，为明帝骠骑咨议参军，领记室。迁中书郎，晋安内史。高祖平京邑，为霸府咨议，梁台黄门郎。天监初，累迁司农卿，秘书监，左民尚书，明威将军、东阳太守。高祖用为侍中，固辞年老，求金紫，未序，会疾卒。

征幼聪慧，璟异之。常谓亲从曰："此儿非常器，所忧者寿；若天假其年，吾无恨矣。"既长，美风采，好学善属文。初为安西安成王法曹，迁尚书金部三公二曹郎，豫章王记室，兼中书舍人。迁除平北咨议参军，兼鸿胪卿，舍人如故。

征与河东裴子野、沛国刘显同官友善，子野尝为《寒夜直宿赋》以赠征，征为《感友赋》以酬之。时魏中山王元略还北，高祖钱于武德殿，赋诗三十韵，限三刻成。征二刻便就，其辞甚美，高祖再览焉。又为临汝侯渊猷制《放生文》，亦见赏于世。

中大通元年，以父丧去职，续又丁母忧。诏起为贞威将军，还

时，遗命后人用僧人法衣来收殓安葬他，用敞篷马车装载灵柩，归葬于家族旧墓，随便选择一块地，能够容下棺木就够了，不得安排灵筵祭奠。他的儿子遵照遗命来操办。

刘杳自年少到成年，著述颇丰。撰有《要雅》五卷、《楚辞草木疏》一卷、《高士传》二卷、《东宫新旧记》三十卷、《古今四部书目》五卷，都通行于世间。

## 谢征 谢璟

谢征字玄度，陈郡阳夏人。高祖父谢景仁，刘宋一朝官至尚书左仆射。祖父谢稚，宋时任司徒主簿。父亲谢璟，年少时与堂叔谢朓都非常知名。南齐竟陵王萧子良开辟西邸，招揽文人学士，谢璟也参与其间一同交游。隆昌年间，谢璟任齐明帝骠骑咨议参军，兼领记室。后迁任中书郎，晋安内史。高祖平定京师后，谢璟任霸府咨议，高祖被封为梁公建立台府后他任黄门郎。天监初年，谢璟累加升迁为司农卿、秘书监、左民尚书、明威将军、东阳太守。高祖任命他为侍中，谢璟以年老为由坚决推辞不受，请求担任金紫光禄大夫，结果尚未担任，他已染病去世。

谢征从小聪慧，谢璟认为他异于常人，常常对亲属说："这个孩子绝非常器，我所担心的就是他的寿命；假如上天能赐他年寿，我就没有遗憾了。"谢征长大后，风采俊秀出众，勤奋好学善做文章。起初担任安西安成王法曹，迁任尚书金部三公二曹郎、豫章王记室，兼中书舍人。迁任平北咨议参军，兼鸿胪卿，舍人之职照旧。

谢征与河东人裴子野、沛国人刘显同朝为官关系友善，裴子野曾经作《寒夜直宿赋》赠给谢征，谢征就作了一首《感友赋》作为酬答。当时归附梁朝的北魏中山王元略启程北归，高祖在武德殿为他践行，下令群臣赋诗三十韵，限时三刻以内完成。谢征只花了二刻即写成，诗作的文辞甚是优美，高祖反复品读。谢征又为临汝侯萧渊猷写了一篇《放生文》，也受到世人的赞赏。

中大通元年（529），谢征因父丧丁忧去职，接着又遭遇母丧。天

摄本任。服阕，除尚书左丞。三年，昭明太子薨，高祖立晋安王纲为皇太子，将出诏，唯召尚书左仆射何敬容、宣惠将军孔休源及征三人与议。征时年位尚轻，而任遇已重。四年，累迁中书郎、鸿胪卿、舍人如故。六年，出为北中郎豫章王长史、南兰陵太守。大同二年，卒官，时年三十七。友人琅邪王籍集其文为二十卷。

### 臧严

臧严字彦威，东莞莒人也。曾祖焘，宋左光禄。祖凝，齐尚书右丞。父棱，后军参军。

严幼有孝性，居父忧以毁闻。孤贫勤学，行止书卷不离于手。初为安成王侍郎，转常侍。从叔未甄为江夏郡，携严之官，于涂作《屯游赋》，任昉见而称之。又作《七算》，辞亦富丽。性孤介，于人间未尝造请，仆射徐勉欲识之，严终不诣。

迁冠军行参军、侍湘东王读，累迁王宣惠、轻车府参军，兼记室。严于学多所谙记，尤精《汉书》，讽诵略皆上口。王尝自执四部书目以试之，严自甲至丁卷中，各对一事，并作者姓名，遂无遗失，其博洽如此。王迁荆州，随府转西中郎、安西录事参军。历监义阳、武宁郡，累任皆蛮左，前郡守常选武人，以兵镇之；严独以数门生单车入境，群蛮悦服，遂绝寇盗。王入为石头戍军事，除安右录事。王迁江州，为镇南咨议参军，卒官。文集十卷。

子下诏起用他为贞威将军，令他重返本身职事。服丧结束后，他被任命为尚书左丞。中大通三年（531），昭明太子薨逝，高祖册立晋安王萧纲为皇太子，将要发出册立的诏令，只召了尚书左仆射何敬容、宣惠将军孔休源以及谢征三人入宫参与商议。当时谢征的年龄和官职尚轻，但天子对他的信任和任用已经相当重了。中大通四年（532），谢征累加升迁为中书郎、鸿胪卿，舍人之职照旧。中大通六年（534），谢征出京任北中郎豫章王长史、南兰陵太守。大同二年（536），谢征在官任上去世，时年三十七岁。友人琅琊人王籍收集整理其文章，共计二十卷。

### 臧严

臧严字彦威，东莞莒人。曾祖父臧焘，刘宋一朝官至左光禄大夫。祖父臧凝，南齐时任尚书右丞。父亲臧棱，任后军参军。

臧严自幼有孝顺的天性，为父亲守丧时因哀伤过度而健康受损，因此闻名。他幼年丧父家中贫穷，却勤奋好学，一举一动书卷不离手。最初任安成王侍郎，转任常侍。臧严的堂叔臧未甄任江夏太守，带着臧严去赴任，臧严在途中写了《屯游赋》，任昉见到后十分赞赏。臧严又作了一篇《七算》，文辞也很富丽。臧严生性孤高耿介，不曾有过拜访权贵巴结请托之类的事情，仆射徐勉想要结识他，臧严却始终没有去拜谒他。

臧严迁任冠军行参军、侍湘东王读，又累加升迁为湘东王宣惠轻车府参军，兼记室。臧严学习时熟记的知识很多，尤其精于《汉书》，背诵得滚瓜烂熟，能脱口而出。湘东王曾经亲自拿着经史子集四部书目来测试臧严，臧严从甲卷到丁卷，每卷回答湘东王考他的一个问题，连同作者姓名，全无半点遗漏，其学识渊博竟至如此程度。湘东王迁任荆州刺史，臧严随王府转任西中郎安西录事参军。臧严历任义阳郡监、武宁太守，多次任职都在有少数民族聚居的地区。前任郡守常常选用武官担任，率军镇压少数民族。臧严却只率领几个门生乘坐一辆车进入郡境，群中少数民族都心悦诚服，就不再当盗匪作乱。湘东王入朝担任石头戍军事，臧严被任命为安右录事。湘东王

### 伏挺 伏知命

伏挺字士标。父暅，为豫章内史，在《良吏传》。

挺幼敏寤，七岁通《孝经》《论语》。及长，有才思，好属文，为五言诗，善效谢康乐体。父友人乐安任昉深相叹异，常曰："此子日下无双。"齐末，州举秀才，对策为当时弟一。高祖义师至，挺迎谒于新林，高祖见之甚悦，谓曰"颜子"，引为征东行参军，时年十八。天监初，除中军参军事。宅居在潮沟，于宅讲《论语》，听者倾朝。迁建康正，俄以劾免。久之，入为尚书仪曹郎，迁西中郎记室参军，累为晋陵、武康令。罢县还，仍于东郊筑室，不复仕。

挺少有盛名，又善处当世，朝中势素，多与交游，故不能久事隐静。时仆射徐勉以疾假还宅，挺致书以观其意曰：

昔士德怀顾，恋兴数日；辅嗣思友，情劳一旬。故知深心所系，贵贱一也。况复恩隆世亲，义重知己，道庇生人，德弘覆盖。而朝野悬隔，山川邈殊，虽咳唾时沾，而颜色不觌。《东山》之叹，岂云旋复；西风可怀，孰能无思。加以静居廓处，顾影莫酬，秋风四起，园林易色，凉野寂寞，寒虫吟叫。怀抱不可直置，情虑不能无托，时因吟咏，动辄盈篇。扬生沉郁，且犹覆瓿；惠子五车，弥多踳驳。一日聊呈小文，不期过赏，还逮隆渥，累牍兼翰，纸缛字磨，诵复无已，徒恨许与过当，有伤准的。昔子建不欲妄赞陈琳，恐见嗤哂后代。今之过奢余论，将不有累清谈。

迁任江州刺史，臧严任镇南咨议参军。他在官任上去世。著有文集十卷。

### 伏挺　伏知命

伏挺字士标。父亲伏暅，官至豫章内史，其事迹记载在《良吏传》中。

伏挺自幼聪明颖悟，七岁时能读通《孝经》《论语》。长大之后，很有才气，喜欢写文章，他作的五言诗，善于模仿谢灵运的诗风。伏挺父亲的朋友乐安人任昉十分赞赏他，认为他不是一般人，常常说："伏挺之才，当下京城再找不出第二人。"南齐末年，州中举伏挺为秀才，他的对策成绩居于第一位。高祖义军打到京城时，伏挺赶到新林去迎候义军，拜谒高祖，高祖见到他十分高兴，称他为"颜子"，提拔他任征东行参军，这时伏挺才十八岁。天监初年，伏挺被任命为中军参军事。伏挺的家宅在潮沟，他曾在宅中讲解《论语》，满朝官员前来听讲。后迁任建康正，不久因受弹劾而被免职。过了很久，伏挺入朝任尚书仪曹郎，迁任西中郎记室参军，历任晋陵、武康令。他的县令职务被接替后回到京城，就在建康东郊筑室隐居，不再出仕。

伏挺年轻时就有享有盛名，擅长与当世人物结交相处，朝中权贵重臣，大多与伏挺有交情，所以他无法长期隐世。当时仆射徐勉因病请假回家，伏挺致信给他以试探其心意，信中说道：

"当年士德怀念故人，才相别数日就思念不已；王弼想念友人，十日不见就心生牵挂。故而可知凡深情所系，不分贵贱，思念之情是相同的。更何况您的厚恩胜过世亲，情义重于知己，仁义足以庇护素昧平生之人，美德广泛布施于四方。然而您与我一个身居朝廷，一个隐居山林，山川远隔，虽然时常能见到您的文字，却无缘亲见尊颜。《诗经·豳风·东山》中远行的感叹，岂是片刻就能返回的小别；秋风引起张翰对吴中风物的思念，我又岂能不思念故人。而且我安静地居住在城外，环顾四方无人应和，秋风四起，层林尽染变换了颜色，山野凉爽而寂窦，只闻秋虫长吟不止。胸中块垒不可置之不顾，内心思虑不能无处寄托，所以我时时叹息吟咏，诗文常常作了满纸

　　挺窜迹草莱，事绝闻见，藉以讴谣，得之舆牧。仰承有事砭石，仍成简通，娱肠悦耳，稍从摈落，宴处荣观，务在涤除。绮罗丝竹，二列顿遣；方丈员案，三楛仅存。故以道变区中，情冲域外；操彼弦诵，赍兹观《损》。追留侯之却粒，念韩卿之辞荣，眷想东都，属怀南岳，钻仰来觏，有符下风。虽云幸甚，然则未喻。虽复帝道康宁，走马行却，《由庚》得所，寅亮有归。悠悠之人，展氏犹且攘袂；浩浩白水，甯叟方欲褰裳。是知君子拯物，义非徇己。思与赤松子游，谁其克遂。愿驱之仁寿，绥此多福。虽则不言，四时行矣。然后黔首有庇，荐绅靡夺；白驹不在空谷，屠羊豫蒙其赉。岂不休哉，岂不休哉。昔杜真自闭深室，郎宗绝迹幽野，难矣，诚非所希。井丹高洁，相如慢世，尚复游涉权门，雍容乡邑，常谓此道为泰，每窃慕之。方念拥箒延思，以陈侍者，请至农隙，无待邀求。

满篇。扬雄志不获骋，无用的文字写了很多；惠施著书五车，多是驳杂琐碎之言。过去曾向您呈上拙作小文，不意受到您的过分谬赏，回赠以优厚的赞誉，又屡屡与我通信交流，您的文翰我反覆诵读，感慨不能自已，只觉得您的过誉甚是不当，有伤客观公正。当年曹子建不想对陈琳妄加赞许，担心会在后世遭人耻笑。现在您如此谬赏，只恐会有伤他人对您的风评。

"伏挺我厕身草莽隐居遁世，两耳不闻窗外事，对外界的些许了解，都得自于民间歌谣以及轿夫、牧童一类的微贱之人。仰承公卿的规谏教诲，最终养成简易通达的习性，口腹之欲与丝竹之乐都逐渐摈弃，对安适居室和华美景致的追逐也都尽数去除。绫罗华服、丝竹乐器，全都弃置不用；豪宴所用一丈见方的桌案上，如今只保留薄酒三杯。所以生活的方式已与居住在人群中时有所不同，身处尘世以外就会情怀淡泊；每日弦歌诵读诗书，教授弟子门生，显扬我益柔损刚、与世无争的胸怀。追慕留侯张良辟谷修仙的智慧，感念韩康逃入霸陵山躲避俗名的豁达，眷念逢萌挂冠远离东都的洒脱，寄情于隐士居住的南岳，捧读您的来信，感到确实符合我的情况。虽然我感到甚是荣幸，但还有不能明白的地方。虽然现在天下安宁，兵马不兴，顺道应时的圣主接受天命，百姓恭顺敬奉圣明的君主。为了悠悠众人，像鲁国展禽那样的仁德之士也奋发而起，辅佐圣主；面对浩浩白水，像齐国宁戚那样的贤才也正想出仕济时，辅佐明君。由此可知君子拯救世人，其理想并非是谋求私利。想追随赤松子作神仙之游，谁能做得到？只希望进入仁寿之域，安定天下，祈求多福。上天虽然不说话，但四季更迭，万物得以生长。如此，百姓得到庇护，官吏不会被免职，贤人受到重用，屠羊说那样的忠臣也都蒙受赏赐。这难道不是盛世之美吗，这难道不是盛世之美吗？从前杜真把自己关在房屋里，不应征辟；郎宗挂冠悬印，逃隐于幽野，这样做很难啊，这实在并不是我的愿望。汉代井丹生性高洁，也还是和权贵交往；司马相如傲视世人，但在家乡也表现出华贵的身份，我常认为这样处世就会获取安泰的生活，每每暗中倾慕他们。我正想执帚清扫道路，延请我思念之人，热情款待，请您在农事闲暇之时光临，不要让

挺诚好属文，不会今世，不能促节局步，以应流俗。事等昌菹，谬彼偏嗜，是用不羞固陋，无惮龙门。昔敬通之赏景卿，孟公之知仲蔚，止乎通人，犹称盛美，况在时宗，弥为未易。近以蒲稧勿用，笺素多阙，聊效东方，献书丞相，须得善写，更请润诃，傥逢子侯，比复削牍。

勉报曰：

复览来书，累牍兼翰，事苞出处，言兼语默，事义周悉，意致深远，发函伸纸，倍增愤叹。卿雄州擢秀，弱冠升朝，穿综百家，佃渔六学，观眸表其韶慧，视色见其英朗，若鲁国之名驹，迈云中之白鹤。及占显邑，试吏腴壤，将有武城弦歌，桐乡谣咏，岂与卓鲁断断同年而语邪？方当见赏良能，有加宠授，饰兹簪带，置彼周行。而欲远慕卷舒，用怀愚智，既知益之为累，爰悟满则辞多，高蹈风尘，良所钦挹。况以金商戒节，素秋御序，萧条林野，无人相乐，偃卧坟籍，游浪儒玄，物我兼忘，宠辱谁滞？诚乃欢羡，用有殊同。今逖听傍求，兴怀寤宿，白驹空谷，幽人引领，贫贱为耻，鸟兽难群，故当捐此薜萝，出从鹓鹭，无乘隐显，不亦休哉！

我再行邀请。

"我虽然喜欢写文章，但是不能投合当代的文坛风气，又不能改变自己的志向和操守，顺应时俗。像孔子仿效周文王嗜食菖蒲那样，我也倾慕前贤，有所偏好，因此撰写文章，不以自己鄙陋浅薄而羞愧，毫不忌惮接受名家的品评判断。从前冯敬通赞赏魏景卿，刘孟公赏识张仲蔚，他们还只是受到学识渊博通达之人的赞赏，都称得上是美善之事，何况我受到一代宗师的赏识，更是件不容易的事情。近来没有提笔，未去书信及时请安，现在姑且仿效东方朔，献书给丞相，需要重新抄写，就请您指正润色，如果遇上子侯，也请再行修正。"

徐勉回信说：

"反复阅读您的来信，全篇文字，枚举出世入世之事，畅论仕进退隐之义，事理周详，意趣深远，展信细读，更增加了愤激和感叹。您是大州举荐的秀才，刚成年就进入朝廷，参与政事，纵览百家之书，博涉六艺之学，您的眼眸已表现出俊美聪慧，您的神色已显示俊逸明达，堪比昔日鲁仲连，超出后汉的郏原。曾经在大邑中验证您的才能，在富裕之乡试验您做官的能力，将要像子游作武城宰那样施行礼乐教化，像朱邑在桐乡为吏那样留下惠政，被百姓歌颂，哪里会同卓茂、鲁恭那样忠诚专一的官吏同年而语呢？您杰出的才能将要受到赏识，皇帝要授予官爵，戴上冠籍，系上绅带，加进朝廷官员的行列。而您却仰慕隐退之举，怀着自己的聪明想法，认为已经官职增高会成为自己的拖累，从中领悟恩宠过多要委婉拒绝，于是就从尘世中退隐，实在使我十分钦敬。何况在金商时节，素秋降临，林野萧条，没有人一起游乐，只是在典籍中涉足，在儒道两家学说中遨游，外物和自身全都忘怀，个人的宠辱又哪会在心中滞留？这实在也是一种欢乐，享用的方式不同而已。现在皇上远见博闻，向四方访求贤者，昼思夜想，寤寐难忘。贤人都从幽谷中出来，隐士也都引领而望，期待圣主。天下有道，仍然贫贱就算是耻辱；离开人群，不能够与鸟兽同群。所以应当抛弃披萝带荔的隐居生活，出来加入朝臣百官的行列，不

　　吾智乏佐时，才惭济世，禀承朝则，不敢荒宁，力弱途遥，愧心非一。天下有道，尧人何事，得因疲病，念从闲逸。若使车书混合，尉候无警，作乐制礼，纪石封山，然后乃返服衡门，实为多幸。但凤有风欬，遭兹虚眩，瘠类士安，羸同长孺，簿领沉废，台阁未理，娱耳烂肠，因事而息，非关欲追松子，远慕留侯。若乃天假之年，自当靖恭所职。拟非伦匹，良觉辞费。览复循环，爽焉如失。清尘独远，白云飘荡，依然何极。

　　猥降书札，示之文翰，览复成诵，流连缛纸。昔仲宣才敏，藉中郎而表誉；正平颖悟，赖北海以腾声。望古料今，吾有惭德。傥成卷帙，力为称首。无令独耀随掌，空使辞人扼腕。式闾愿见，宜事扫门。亦有来思，赴其悬榻。轻苔鱼网，别当以荐。城阙之叹，曷日无怀。所迟萱苏，书不尽意。

　　挺后遂出仕，寻除南台治书，因事纳贿，当被推劾，挺惧罪，遂变服为道人，久之藏匿，后遇赦，乃出大心寺。会邵陵王为江州，携挺之镇，王好文义，深被恩礼，挺因此还俗。复随王迁镇郢州，征入为京尹，挺留夏首，久之还京师。太清中，客游吴兴、吴郡，侯

要违背乱世归隐、太平盛世就应出仕的准则，这不也是一桩美事吗？

"我缺少佐助明主治理国家的才智，也没有济助世人的能力，只是遵奉朝廷的准则，不敢荒忽懈怠，才寡力弱，任重道远，我内心惭愧，不止一天。天下有道，百姓都是尧舜时代的百姓，作为朝廷官员，我们还有什么事可干？因此可以以疲困病弱为借口，过着闲逸的生活。假如天下统一，车同轨，书同文，守卫边防的军队不再来报警，朝廷制订礼乐制度，刻石纪功，封禅泰山，然后就脱下官服，回到自己茅舍，实在是很幸福的事情。但是我早年患有遇风而咳的疾病，造成这虚弱昏眩的病体，像皇甫士安那样骨瘦如柴，像汲长孺那样羸弱多病，朝廷的文书堆积未办，尚书府的公事许多未作处理，娱耳的音乐，烂肠的酒食，也都因而停下不再享用，但并不是想追慕赤松子，仰慕留侯张良。假如上天再给我增加年寿，我自然将会恭谨奉守自己的职责。但我们不是同类的人，处境并不相同，以上的话，实在有些累赘。反复阅读，更觉茫然若失。您品格高尚，远离尘世，如同白云飘荡，隐居山野，我的思念之情何时才能平息。

"承蒙您寄来书信，又拿文章给我拜读。我反复诵读，沉浸在辞藻文采之中。从前王仲宣才思敏捷，凭借蔡中郎才获得声誉；祢衡聪慧颖悟，依赖孔融才名声四扬。看看古代，比比今天，我德行有亏，内心有愧。假如您写成书卷，我一定全力称扬，誉为第一。不要让美好的文辞得不到传扬，就像明珠只在随侯手掌中闪耀发光，空使文人扼腕叹息。我期待去见您，车到里门，我将凭轼致敬，扫门求见。您如果返回京城，希望您来我寒舍，我一定放下高悬的坐榻，迎接嘉宾。轻苔薄纸，专程进献。真有'一日不见，如三月兮'的感叹，我哪天不是这样怀念您啊！希望您忘记忧愁，不要劳累。书信不能详尽表达我的心意。"

伏挺后来出仕，不久被任命为南台治书。后因收受贿赂，将要被收捕讯问。伏挺害怕被判罪，于是化装为僧人藏匿了很久。后来遇上赦令，他才从藏身的大心寺中出来。邵陵王任江州刺史，带着伏挺前往江州。邵陵王爱好文学，伏挺因此深受恩宠，礼遇隆厚。他就在这时还俗。邵陵王迁任郢州刺史，伏挺又随邵陵王到郢州。邵陵王

景乱中卒。著《迩说》十卷，文集二十卷。

子知命，先随挺事邵陵王，掌书记。乱中，王于郢州奔败，知命仍下投侯景。常以其父宦途不至，深怨朝廷，遂尽心事景。景袭郢州，围巴陵，军中书檄，皆其文也。及景篡位，为中书舍人，专任权宠，势倾内外。景败被执，送江陵，于狱中幽死。挺弟捶，亦有才名，先为邵陵王所引，历为记室，中记室参军。

## 庾仲容

庾仲容字仲容，颍川鄢陵人也。晋司空冰六世孙。祖徽之，宋御史中丞。父漪，齐邵陵王记室。

仲容幼孤，为叔父泳所养。既长，杜绝人事，专精笃学，昼夜手不辍卷。初为安西法曹行参军，泳时已贵显，吏部尚书徐勉拟泳子晏婴为宫僚，泳垂泣曰："兄子幼孤，人才粗可，愿以晏婴所忝回用之。"勉许焉，因转仲容为太子舍人。迁安成王主簿。时平原刘孝标亦为府佐，并以强学为王所礼接。迁晋安功曹史。历为永康、钱唐、武康令，治县并无异绩，多被劾。久之，除安成王中记室，当出随府，皇太子以旧恩，特降饯宴，赐诗曰："孙生陟阳道，吴子朝歌县，未若樊林举，置酒临华殿。"时辈荣之。迁安西武陵王咨议参军。除尚书左丞，坐推纠不直免。

仲容博学，少有盛名，颇任气使酒，好危言高论，士友以此少被征调回京任京尹，伏挺就留在夏首，很久之后才回到京师。太清年间，伏挺客游吴兴、吴郡，在侯景叛乱期间去世。他著有《迩说》十卷，文集二十卷。

伏挺之子伏知命，先跟随伏挺事奉邵陵王，掌书记。侯景之乱时，邵陵王在郢州败逃，伏知命就顺江而下投降侯景。伏知命常常认为自己父亲仕途不能发达，因此深深怨恨朝廷，于是就竭尽心思事奉侯景。侯景袭击郢州，围攻巴陵，军中但凡文告檄文，都出自伏知命手笔。后来侯景篡位称帝，伏知命担任中书舍人，深受宠信，权倾内外。侯景兵败后，伏知命被抓获，押解到江陵，死于狱中。伏挺之弟伏捶，也因有才学而出名，此前受到邵陵王擢用，历任记室、中记室、参军。

## 庾仲容

庾仲容字仲容，颍川鄢陵人。他是晋代司空庾冰的六世孙。祖父庾徽之，刘宋时官至御史中丞。父亲庾漪，南齐时任邵陵王记室。

庾仲容幼时丧父，由叔父庾泳抚养。长大成人之后，他息交绝游，专心学习，不分日夜手不释卷。起初任安西法曹行参军，当时庾泳已经显贵，吏部尚书徐勉打算让庾泳的儿子庾晏婴也出任官职，庾泳流着眼泪说：“我兄长之子庾仲容年幼丧父，粗具才能，希望朝廷用将要任命庾晏婴的职位来任用他。”徐勉答应了，就转任庾仲容为太子舍人。后又迁任安成王主簿。当时平原人刘孝标也在王府中任僚属，二人都因博学而受到安成王的礼遇。庾仲容迁任晋安王功曹史。历任永康、钱唐、武康令，治理县政都没有突出的政绩，常常被弹劾。过了很久，庾仲容被任命为安成王中记室，将要出京跟随王府前往藩国，皇太子感念庾仲容曾任太子舍人，特别举行饯别酒宴，并赐诗给他说：“孙生陟阳道，吴子朝歌县，未若樊林举，置酒临华殿。”时人都认为这是一种极大的荣耀。庾仲容迁任安西武陵王咨议参军。后被任命为尚书左丞，因为推审案件、纠劾官员不公正而被免职。

庾仲容学问渊博，年轻时就有盛名，所以颇为意气用事，借酒使之。唯与王籍、谢几卿情好相得，二人时亦不调，遂相追随，诞纵酣饮，不复持检操。久之，复为咨议参军，出为黟县令。及太清乱，客游会稽，遇疾卒，时年七十四。

仲容抄诸子书三十卷、众家地理书二十卷、《列女传》三卷，文集二十卷：并行于世。

### 陆云公

陆云公字子龙，吴郡人也。祖闲，州别驾。父完，宁远长史。

云公五岁诵《论语》《毛诗》，九岁读《汉书》，略能记忆。从祖倕、沛国刘显质问十事，云公对无所失，显叹异之。既长，好学有才思。州举秀才。累迁宣惠武陵王、平西湘东王行参军。云公先制《太伯庙碑》，吴兴太守张缵罢郡经途，读其文叹曰："今之蔡伯喈也。"缵至都掌选，言之于高祖，召兼尚书仪曹郎，顷之即真，入直寿光省，以本官知著作郎事。俄除著作郎，累迁中书、黄门郎，并掌著作。云公善弈棋，常夜侍御坐，武冠触烛火，高祖笑谓曰："烛烧卿貂。"高祖将用云公为侍中，故以此言戏之也。是时天渊池新制鳊鱼舟，形阔而短，高祖暇日，常泛此舟，在朝唯引太常刘之遴、国子祭酒到溉、右卫朱异，云公时年位尚轻，亦预焉。其恩遇如此。太清元年，卒，时年三十七。高祖悼惜之，手诏曰："给事黄门侍郎、掌著作陆云公，风尚优敏，后进之秀。奄然殂谢，良以恻然。可克日举哀，赗钱五万，布四十匹。"

性，又作惊人之言，士子友人就因此而看轻他。他只和王籍、谢几卿交情很好。王籍、谢几卿二人当时也与众人合不来，于是三个人结伴交往，纵情酣饮，不再注重个人操守。过了很久，庾仲容又任咨议参军，出京任黟县令。到了太清之乱时，庾仲容客居会稽，患病去世，时年七十四岁。

庾仲容抄有诸子书三十卷，各家地理书二十卷、《列女传》三卷，另有文集二十卷，这些书都通行于世间。

## 陆云公

陆云公字子龙，吴郡人。祖父陆闲，官至州别驾。父亲陆完，官至宁远长史。

陆云公五岁时可以背诵《论语》《毛诗》，九岁时读《汉书》，都能熟记下来。他的从祖父陆倕、沛国人刘显考问他《汉书》中的十件事，陆云公都能逐一作答，无所遗漏，刘显赞叹不已，认为他异于常人。长大后，陆云公好学而有才思。州中举他为秀才。陆云公累加迁任为宣惠武陵王、平西湘东王行参军。陆云公此前撰写了《太伯庙碑》，吴兴太守张缵任职期满调回京城，在途中读到陆云公写的碑文，叹息道："此人是当世的蔡伯喈（蔡邕）啊。"张缵到京城后主管铨选官员，他向高祖推荐陆云公，高祖于是召陆云公兼任尚书仪曹郎，不久就实授，入值寿光省，又以本身官职知著作郎事。不久又被任命为著作郎，累加升迁为中书黄门郎，并掌著作。陆云公善弈，曾经在夜间陪高祖下棋，他的武冠触碰到了烛火，高祖笑着对他说："烛火烧到卿冠上的貂尾了。"高祖想要任命陆云公为侍中，侍中的冠上饰有貂尾，所以就以此言来和陆云公说笑。当时天渊池中新造了一种鳊鱼舟，外形阔而短，高祖闲暇时常常乘坐它游玩，朝臣之中只选召太常刘之遴、国子祭酒到溉、右卫朱异陪侍，陆云公当时年纪、职位都还很轻，但也常常在陪侍者之列，所受恩宠竟到了如此地步。太清元年（547），陆云公去世，时年三十七岁。高祖因他的死而伤悼惋惜，就降下亲笔诏书说："给事黄门侍郎、掌著作陆云公，风姿仪态秀美，学问渊博，堪称后起之秀。忽遭陨丧，朕心甚感惋惜悲伤。

张缵时为湘州，与云公叔襄、兄晏子书曰：

“都信至，承贤兄子、贤弟黄门殒折，非唯贵门丧宝，实有识同悲，痛惋伤惜，不能已已。贤兄子、贤弟神情早著，标令弱年，经目所睹，殆无再问。怀橘抱柰，禀自天情；倨坐列薪，非因外奖。学以聚之，则一箸能立；问以辩之，则师心独寤。始逾弱岁，辞艺通洽，升降多士，秀也诗流。见与齿过肩随，礼殊拜绝，怀抱相得，忘其年义。朝游夕宴，一载于斯。酙古披文，终晨讫暮。平生知旧，零落稍尽，老夫记意，其数几何。至若此生，宁可多过，赏心乐事，所寄伊人。弟迁职潇、湘，维舟洛汭，将离之际，弥见情款。夕次帝郊，亟淹信宿，徘徊握手，忍分歧路。行役数年，羁病侵迫，识虑惛悗，久绝人世。凭几口授，素无其功；翰动若飞，弥有多愧。京洛游故，咸成云雨，唯有此生，音尘数嗣。形迹之外，不为远近隔情；襟素之中，岂以风霜改节。客游半纪，志切首丘，日望东归，更敦昔款。如何此别，永成异世！挥袂之初，人谁自保，但恐衰谢，无复前期。不谓华龄，方春掩质，埋玉之恨，抚事多情。想引进之情，怀抱素笃，友于之至，兼深家宝。奄有此恤，当何可言。临白增悲，言以无次。”

应当择日为他举哀。赐钱五万、布四十匹资助其丧葬。"

张缵当时任湘州刺史,他写信给陆云公的叔父陆襄、兄长陆晏子说:

"京城信使来到,得知贤兄之子、贤弟黄门侍郎谢世的消息,这不只是你们家失去了优异的人才,只要是认识他的人都同感悲伤,哀痛惋惜,不能休止。贤兄之子、贤弟天生的才情早就显露,弱冠之年更是俊异非凡,书籍一经过目,用不着第二次翻阅。有陆绩怀橘孝亲之举、王祥为母抱柰之情,这是天生的禀性;能踞坐苦读、跻身贤才行列,并不是凭借外人的帮助。学者相聚,他能以自己的撰述立于学者之林;问难答辩,他就能谈出自己的心得,常有独到的见解。刚刚过了弱冠之年,他就已经精通文辞和六艺,评论众多的士人,他正是杰出的诗人。我曾与他同为朝廷之官,互相追随,交情深厚,因为志气相投,就成了忘年之交。在朝一年,朝夕相处。从早到晚,玩赏古籍,披阅文章。平生的知交旧友,差不多都渐渐殂谢,老夫我记得旧友,在世已经不多了。至于我这一生,还能有多少时间,怡悦心志的乐事,就在于和他交往。我职务迁调,前往潇、湘,船停在京城江岸,将要离别之时,更看出我和他之间的交往深情。晚上在京城郊外暂住,我和他促膝而谈,滞留了一夜又一夜,恋恋不舍,握手道别,强忍悲酸,各登前程。我在外任职数年,被疾病缠绕侵扰,昏愦糊涂,很久已不与人交往。凭几口授,手下又一向没有可托以此任的美才;自己动笔,字迹又轻重不匀,若灭若没,更增添愧疲之情。京城中知交旧友,都像云雨,有的分离,有的永别,只有和他的交往,书信互相问讯,未曾断绝。我们的交往在形迹之外,不会被路途遥远而阻隔;我们的友情在襟怀之中,不会因岁月的流逝而改变。我在外做官五六年,殷切期望能回到家乡,天天盼望着东归京城,再和他重温昔日的深情。为什么这次分别,竟使我们永远成为隔世之人!当初挥手告别的时候,谁能保住自己长命百岁,我只怕自己突然衰谢,所以没有其他的安排。想不到他在风华正茂的年龄去世,学问渊博的贤才被埋葬,更叫人增加伤感之情。想当年我引荐他,就因为他一直志向坚定,你们兄弟感情深厚,又加上把他看作陆家家宝,更有挚爱之情。

云公从兄才子，亦有才名，历官中书郎、宣成王友，太子中庶子、廷尉卿、先云公卒。才子、云公文集，并行于世。

## 任孝恭

任孝恭字孝恭，临淮临淮人也。曾祖农夫，宋南豫州刺史。

孝恭幼孤，事母以孝闻。精力勤学，家贫无书，常崎岖从人假借。每读一遍，讽诵略无所遗。外祖丘它，与高祖有旧，高祖闻其有才学，召入西省撰史。初为奉朝请，进直寿光省，为司文侍郎，俄兼中书通事舍人。敕遣制《建陵寺刹下铭》，又启撰高祖集《序文》，并富丽，自是专掌公家笔翰。孝恭为文敏速，受诏立成，若不留意，每奏，高祖辄称善，累赐金帛。孝恭少从萧寺云法师读经论，明佛理，至是蔬食持戒，信受甚笃。而性颇自伐，以才能尚人，于时辈中多有忽略，世以此少之。

太清二年，侯景寇逼，孝恭启募兵，隶萧正德，屯南岸。及贼至，正德举众入贼，孝恭还赴台，台门已闭，因奔入东府，寻为贼所攻，城陷见害。文集行于世。

## 颜协

颜协字子和，琅邪临沂人也。七代祖含，晋侍中、国子祭酒、西平靖侯。父见远，博学有志行。初，齐和帝之镇荆州也，以见远为录事参军，及即位于江陵，以为治书侍御史，俄兼中丞。高祖受禅，见

突然间遇上这令人忧伤痛心之事，我还能说什么！临到写信更增加悲哀伤痛，以致语无伦次。"

陆云公的堂兄陆才子，也因才气而出名，历任中书郎、宣成王友，太子中庶子，廷尉卿，在陆云公之前去世。陆才子、陆云公都有文集通行于世间。

### 任孝恭

任孝恭字孝恭，临淮郡临淮县人。曾祖父任农夫，刘宋时官至南豫州刺史。

任孝恭幼年丧父，事奉母亲以孝顺出名。他专注精力勤奋学习，家中贫穷没有藏书，常常辗转从他人处借书。每读一遍，就可以背诵下来全无遗漏。任孝恭的外祖父丘它与高祖有旧交，高祖听说任孝恭有才学，就召他进入秘书省编撰史书。任孝恭最初任奉朝请，进值寿光省，任司文侍郎，不久兼中书通事舍人。高祖敕令任孝恭撰写《建陵寺刹下铭》，任孝恭又呈奏自己撰写的高祖文集《序文》，文辞丰赡而华美，从此以后，任孝恭就专职主管朝廷文翰。任孝恭作文章敏捷迅速，一接到诏命即刻就能成文，就好像不费心思一样，每次写好奏上，高祖总是称赞不已，多次赏赐金帛给他。任孝恭年少时曾跟随萧寺的法云法师读经论，通晓佛理，到此时就持戒律食素，信奉佛教十分虔诚。而他生性爱自夸，常恃才凌人，对当时名人多有轻视，时人就因此而看轻他。

太清二年(548)，侯景进犯京城，任孝恭启奏请求招募军士，他率领招募的士卒隶属于萧正德，驻扎在长江南岸。侯景叛军抵达时，萧正德率军投靠侯景，任孝恭只得返回台城，台城城门已然关闭了，任孝恭于是逃进东府城中，不久东府城被叛军攻陷，任孝恭遇害。他的文集通行于世间。

### 颜协

颜协字子和，琅邪临沂人。他的七世祖颜含，晋时任侍中、国子祭酒、西平靖侯。父亲颜见远，博学而有远大的志向和清白的节操。起初，齐和帝镇守荆州时，任命颜见远为录事参军。到了和帝在江陵登基

远乃不食，发愤数日而卒。高祖闻之曰："我自应天从人，何预天下士大夫事？而颜见远乃至于此也。"

协幼孤，养于舅氏。少以器局见称。博涉群书，工于草隶。释褐湘东王国常侍，又兼府记室。世祖出镇荆州，转正记室。时吴郡顾协亦在蕃邸，与协同名，才学相亚，府中称为"二协"。舅陈郡谢暕卒，协以有鞠养恩，居丧如伯叔之礼，议者重焉。又感家门事义，不求显达，恒辞征辟，游于蕃府而已。大同五年，卒，时年四十二。世祖甚叹惜之，为《怀旧诗》以伤之。其一章曰："弘都多雅度，信乃含宾实，鸿渐殊未升，上才淹下秩。"

协所撰《晋仙传》五篇、《日月灾异图》两卷，遇火湮灭。

有二子：之仪，之推，并早知名。之推，承圣中仕至正员郎、中书舍人。

陈吏部尚书姚察曰：魏文帝称古之文人，鲜能以名节自全。何哉？夫文者妙发性灵，独拔怀抱，易邈等夷，必兴矜露。大则凌慢侯王，小则傲蔑朋党，速忌离訾，启自此作。若夫屈、贾之流斥，桓、冯之摈放，岂独一世哉，盖恃才之祸也。群士值文明之运，摛艳藻之辞，无郁抑之虞，不遭向时之患，美矣。刘氏之论，命之徒也。命也者，圣人罕言欤，就而必之，非经意也。

时，颜见远被任命为治书侍御史，不久又兼中丞。高祖接受齐朝禅让后，颜见远愤然绝食，数日后去世。高祖听到这消息说："我自上应天命，下顺人意，和天下士大夫有何干系？而颜见远竟然至于如此！"

颜协幼年丧父，受到舅舅家的抚养。颜协年少时以器量格局受到人们称赞。他广泛涉猎群书，擅长草书和隶书。入仕就任湘东王国常侍，又兼府记室。元帝出京任荆州刺史时，颜协转任实授记室。当时吴郡人顾协也在藩王府中任职，他和颜协名字相同，才学也相当，王府中称他们为"二协"。颜协的舅舅陈郡人谢暕去世，颜协因为舅舅对自己有抚养之恩，因此用对待伯父叔父的礼仪为舅舅守丧，论者因此更加赞扬颜协的情义。颜协又感到父亲死于坚持大义，因此不去追求仕途的显达，常常拒绝朝廷的征召，只在各藩王府任职而已。大同五年（539），颜协去世，时年四十二岁。元帝为他的去世而感叹惋惜，为此而写了《怀旧诗》哀悼他。其中一章说："弘都多雅度，信乃含宾实。鸿渐殊未升，上才淹下秩。"

颜协所撰写的《晋仙传》五篇，以及《日月灾异图》两卷，都毁于火灾而不传。

颜协有两个儿子：颜之仪，颜之推，二人都很早就已知名。颜之推在承圣年间官至正员郎、中书舍人。

陈朝吏部尚书姚察说：魏文帝声称古代文人，很少有能保全自己名节的。为什么呢？文人要巧妙地抒发自己的情怀志向，与众不同地表达自己的胸臆，因此容易藐视同类，生出骄矜夸耀之心。在大的方面就会对王侯权贵轻慢不屑，在小的方面就会傲视怠慢友人，招致妒忌犯下过失，都是由此而来。像屈原、贾谊受到排挤流放，桓谭、冯衍被摈斥而不获用，岂止是某个朝代独有的事啊，实在是文人恃才傲物引发的祸患。梁代诸多文学之士，正值文化昌明之世，创作出辞藻华丽的作品，没有受到压抑而苦闷的忧虑，不会遭遇前代文士的劫难，可称得上幸运了。刘峻辨命之论，表明他是笃信命运的那一类人。命运这个东西，圣人很少谈及，强调命运的作用而认为一切都是命运中注定的，这种观点不符合正统经典的教义。

# 卷五十一

## 列传第四十五

### 处 士

何点弟胤 阮孝绪 陶弘景 诸葛璩 沈颙 刘慧斐
范元琰 刘訏 刘歊 庾诜 张孝秀 庾承先

《易》曰："君子遁世无闷，独立不惧。"孔子称长沮、桀溺隐者也。古之隐者，或耻闻禅代，高让帝王，以万乘为垢辱，之死亡而无悔。此则轻生重道，希世间出，隐之上者也。或托仕监门，寄臣柱下，居易而以求其志，处污而不愧其色。此所谓大隐隐于市朝，又其次也。或躶体徉狂，盲瘖绝世，弃礼乐以反道，忍孝慈而不恤。此全身远害，得大雅之道，又其次也。然同不失语默之致，有幽人贞吉矣。与夫没身乱世，争利干时者，岂同年而语哉！《孟子》曰："今人之于爵禄，得之若其生，失之若其死。"《淮南子》曰："人皆鉴于止水，不鉴于流潦。"夫可以扬清激浊，抑贪止竞，其惟隐者乎！自古帝王，莫不崇尚其道。虽唐尧不屈巢、许，周武不降夷、齐，以汉高肆慢而长揖黄、绮，光武按法而折意严、周，自兹以来，世有人矣。有梁之盛，继绍风猷，斯乃道德可宗，学艺可范，故以备《处士篇》云。

　　《易经》说："君子遁世隐居不会苦闷，独立于世而毫无畏惧。"孔子称长沮、桀溺为隐者。古代的隐士，有的是耻于听闻改朝换代之事，对帝王的位置不屑一顾，将万乘之尊视为耻辱，宁愿赴死也不后悔。这就是看轻生命而看重道义之人，世间罕有，是隐者中的上品。有的像侯嬴一样操着守城门的贱业，或如老子一般担任柱下史，生活简易以追求自己的志向，处境卑污而全无愧怍之色。这就是所谓大隐隐于市朝，是次一等的隐士。有的则裸露身体佯作猖狂，对世事不闻不问，行事弃绝礼乐之道，隐忍孝心而不顾恤亲情。这就是保全自身远离祸害，深得大雅之道的隐逸者，是再次一等的隐士。然而同样是懂得缄默不语的智慧之人，有些隐士仍获得了吉利幸福的结局。他们与那些深陷乱世，争名逐利随波逐流的人相比，岂可同日而语！《孟子》中说："今天之人对于爵位利禄，得到了就好像获得了生命一样，失去了就好像将要死去一样。"《淮南子》说："人都以静止之水作为镜鉴，不会对着激流来映照自己。"那么能够激浊扬清，抑制世人的贪念，止息众人竞逐之心的，就唯有隐士了吧！自古以来的帝王，没有不崇尚高洁隐士的。但即使贤明如唐尧，也未能使巢父、许由改变心意；圣德如周武王，也未能使伯夷、叔齐放弃操守归降于周；汉高祖虽然对士人放肆傲慢，却仍对逃入山中的夏黄公、绮里季加以礼遇；光武帝纵然治下法度严明，依然不能招致隐居不仕的严光、周党。自从这些典故流传以来，世间归隐者不乏其人。有梁一代盛世升平，传承隐士高风亮节的人亦不少，他们的道德值得仰

## 何点

何点字子皙，庐江灊人也。祖尚之，宋司空。父铄，宜都太守。铄素有风疾，无故害妻，坐法死。点年十一，几至灭性。及长，感家祸，欲绝婚宦，尚之强为之娶琅邪王氏。礼毕，将亲迎，点累涕泣，求执本志，遂得罢。

容貌方雅，博通群书，善谈论。家本甲族，亲姻多贵仕。点虽不入城府，而遨游人世，不簪不带，或驾柴车，蹑草屩，恣心所适，致醉而归，士大夫多慕从之，时人号为"通隐"。兄求，亦隐居吴郡虎丘山。求卒，点菜食不饮酒，讫于三年，要带减半。

宋泰始末，征太子洗马；齐初，累征中书郎、太子中庶子：并不就。与陈郡谢瀹、吴国张融、会稽孔稚珪为莫逆友。从弟遁，以东篱门园居之，稚珪为筑室焉。园内有卞忠贞冢，点植花卉于冢侧，每饮必举酒酹之。初，褚渊、王俭为宰相，点谓人曰："我作《齐书·赞》，云'渊既世族，俭亦国华；不赖舅氏，遑恤国家'。"王俭闻之，欲候点，知不可见，乃止。豫章王嶷命驾造点，点从后门遁去。司徒竟陵王子良欲就见之，点时在法轮寺，子良乃往请，点角巾登席，子良欣悦无已，遗点嵇叔夜酒杯，徐景山酒铛。

点少时尝患渴痢，积岁不愈，后在吴中石佛寺建讲，于讲所昼寝，梦一道人形貌非常，授丸一掬，梦中服之，自此而差，时人以为

慕,他们的学问可堪师法,故而辑成这卷《处士传》。

## 何点

何点字子皙,庐江灊县人。祖父何尚之,刘宋时任司空。父亲何铄,官至宜都太守。何铄一向患有风病,竟无缘无故杀害了妻子,依法被处死。何点当时十一岁,几乎因丧亲之痛而伤心至死。长大后,因为家中惨祸而感伤,想要不结婚不做官,何尚之就强行为他娶了琅琊王氏。其他礼仪都已经完成,将要亲自迎接新妇的时候,何点哭泣不止,请求让自己坚守初志,于是才得以中止了这桩婚事。

何点容貌端庄优雅,博通群书,善于言谈议论。何点家中本是世家大族,宗族姻亲中担任高官的人很多。何点虽不进城,不入官府,而在民间乡野四处遨游。他不用头簪,不系衣带,有时驾着柴车穿着草鞋,随心所欲地周游,常常喝醉而归,士大夫中仍有很多人仰慕追随他,时人称何点为“通隐”。何点的兄长何求,也隐居在吴郡的虎丘山。何求去世后,何点为兄长服丧,素食且不再饮酒。到了三年服丧期满时,何点的腰围竟瘦去了一半。

刘宋泰始末年,朝廷曾征召何点任太子洗马;南齐初立时,朝廷又多次征召何点任中书郎、太子中庶子,他都不去就职。他与陈郡人谢瀹、吴国人何融、会稽人孔稚珪是莫逆之交。何点的堂弟何遁,把何点安排在东篱门的一处宅园中居住,孔稚珪为他在园中建起一座小室。园内有卞忠贞的墓,何点在墓侧种植上花卉,每次饮酒一定要先举杯洒祭卞忠贞。起初,褚渊、王俭相继担任齐朝宰相,二人都是刘宋一朝的外戚。何点对人说:“我曾作《齐书·赞》,赞中说‘褚渊世家大族,王俭国家英华;若非前朝贵戚,谁可顾恤国家’。”王俭听说之后,想去拜访何点,后来知道必定见不到他,这才作罢。豫章王萧嶷下令乘车驾前去拜访何点,何点就从后门逃走。司徒竟陵王萧子良想要前去拜访何点,当时何点住在法轮寺中,萧子良于是去法轮寺相见,何点就戴着隐士角巾加入坐席,萧子良高兴得不得了,把自己收藏的嵇康用过的酒杯和徐邈用过的酒铛赠给了何点。

何点年轻时曾经患有渴痢的病症,很多年都不曾治愈,后来他在吴中石佛寺设坛开讲,曾经在讲经的地方白昼小睡,梦见一个外貌

淳德所感。

性通脱，好施与，远近致遗，一无所逆，随复散焉。尝行经朱雀门街，有自车后盗点衣者，见而不言，傍有人擒盗与之，点乃以衣施盗，盗不敢受，点命告有司，盗惧，乃受之，催令急去。

点雅有人伦识鉴，多所甄拔。知吴兴丘迟于幼童，称济阳江淹于寒素，悉如其言。

点既老，又娶鲁国孔嗣女，嗣亦隐者也。点虽婚，亦不与妻相见，筑别室以处之，人莫谕其意也。吴国张融少时免官，而为诗有高尚之言，点答诗曰："昔闻东都日，不在简书前。"虽戏也，而融久病之。及点后婚，融始为诗赠点曰："惜哉何居士，薄暮遘荒婬。"点亦病之，而无以释也。

高祖与点有旧，及践阼，手诏曰："昔因多暇，得访逸轨，坐修竹，临清池，忘今语古，何其乐也。暂别丘园，十有四载，人事艰阻，亦何可言。自应运在天，每思相见，密迩物色，劳甚山阿。严光排九重，践九等，谈天人，叙故旧，有所不臣，何伤于高？文先以皮弁谒子桓，伯况以穀绡见文叔，求之往策，不无前例。今赐卿鹿皮巾等。后数日，望能入也。"点以巾褐引入华林园，高祖甚悦，赋诗置酒，恩礼如旧。仍下诏曰："前征士何点，高尚其道，志安容膝，脱落形骸，栖志窅冥。朕日昃思治，尚想前哲；况亲得同时，而不与为政。喉脣任切，必俟邦良，诚望惠然，屈居献替。可征为侍中。"辞疾不

与众不同的僧人，交给他一掬药丸，他在梦中服下药丸，醒来后病就痊愈了。时人都认为这是何点的淳厚德行感动上天所致。

何点生性通脱豁达，喜欢施赠于人，远近的人赠送礼物给他，他都一概不拒，全都接受，但随即就把礼物分发给他人。何点曾经坐车经过朱雀门的街市，有人从车后盗取何点的衣物，何点看见了却不作声，旁边有人抓住了偷衣贼交给何点，何点就把衣物赠给小偷，小偷不敢接受，何点声言要拿下他报官，小偷害怕了，这才接受，何点催促他赶快离开。

何点颇有辨识人才的眼光，识别出了很多才士。吴兴人丘迟还是幼童时，何点就预言他必成大器；济阳人江淹还贫寒无官职的时候，何点就称赞他的才具出众。后来二人全都像何点说的那样展现了才干。

何点年老之后，娶了鲁国人孔嗣的女儿，孔嗣也是隐士。何点虽然结了婚，却也不与妻子相见，另外建了座房子安顿她，没人明白他的用意。吴国人张融年轻时被免官，他的诗中常有表达不事王侯之志的句子，何点酬答他说："听说过去谈论辞官归隐都是在身居官位时，而不是在接到免职文书之后啊。"虽是一句戏言，但张融很长时间里都对此耿耿于怀。到了何点结婚的时候，张融就写诗赠给何点说："实在可惜啊何隐士，日落西山才有机会荒淫。"何点对此也耿耿于怀，但始终找不到机会令二人释怀。

高祖和何点曾有旧交。他践阼登基后，就亲手写诏书说："从前因为多有余暇，能够拜访您这位隐士，共坐于修竹林中，面对清池，忘记当下而畅谈古事，何其快乐啊。自从朕暂别乡野，迄今已有十四载，其间人事的艰难险阻，又如何说得尽！自从朕顺应天命登基就位，常常想与卿会面，然而政务繁密相接，劳心劳力之事堆积得比山岳还高。当年汉代那位隐居不仕的严光，若是他能推开皇宫的大门，走上宫廷的御阶，与光武帝谈论天人之道，共叙故旧之情，即便他不做光武帝的朝臣，对他的高风亮节又有何损害？杨彪曾戴着隐士的皮弁谒见魏文帝曹丕，周党也曾戴着縠皮巾拜见光武帝刘秀，翻检前代史册，这样的先例并不少见。现赐卿鹿皮巾等物。希望过几日，卿能

赴。乃复诏曰："征士何点，居贞物表，纵心尘外，夷坦之风，率由自远。往因素志，颇申谠言，眷彼子陵，情兼惟旧。昔仲虞迈俗，受俸汉朝；安道逸志，不辞晋禄。此盖前代盛轨，往贤所同。可议加资给，并出在所，日费所须，太官别给。既人高曜卿，故事同垣下。"

天监三年，卒，时年六十八。诏曰："新除侍中何点，栖迟衡泌，白首不渝。奄至殒丧，倍怀伤恻。可给第一品材一具，赙钱二万，布五十匹。丧事所须，内监经理。"又敕点弟胤曰："贤兄征君，弱冠拂衣，华首一操。心游物表，不滞近迹；脱落形骸，寄之远理。性情胜致，遇兴弥高；文会酒德，抚际逾远。朕膺箓受图，思长声教。朝多君子，既贵成雅俗；野有外臣，宜弘此难进。方赖清徽，式隆大业。昔在布衣，情期早著，资以仲虞之秩，待以子陵之礼，听览暇日，角巾引见，睿然汾射，兹焉有托。一旦万古，良怀震悼。卿友于纯至，亲从凋亡，偕老之愿，致使反夺，缠绵永恨，伊何可任。永矣奈何！"点无子，宗人以其从弟耿子迟任为嗣。

入宫相见。"何点于是身穿平民的褐衣头戴布巾，进入华林园，高祖非常高兴，与他一起赋诗并举办酒宴，恩义礼遇仍和从前一样。随后高祖下诏说："前代征士何点，操守高洁风格高尚，安于容膝之室，放浪形骸而寄情幽隐。朕日夜思考治政之道，仰慕前代哲圣；何况既与哲圣生活在同一时代，怎能不与哲圣一同治理国家。天子身边的近侍之职，一定要留待国之良才来担任，朕诚心期待贤士惠然肯来，屈居出谋献策之位。可征召何点任侍中之职。"何点以身体有病为由推辞不应召。高祖就再次下诏说："征士何点，品行高洁无争于外物，心远尘世情寄林下，这种坦荡的君子风骨，可谓秉承了古代先贤的风格。往日因为平素志趣相投，我们曾十分亲密地交往，正如汉光武帝怀念严子陵那样，朕也怀念故友。从前郑仲虞超世脱俗，但也接受汉朝的薪俸；戴安道有避世隐居之志，也没有拒绝晋朝的俸禄。这都是古贤德行的典范，往哲共有的品质。应当酌情供给何点所需资财，由他所在地的官府供给，他家日常生活的开支，则由太官令另行拨给。因为何点的德行高于袁焕，所以参照魏太祖因旧日交情赐给袁焕家垣下谷的典故来执行。"

天监三年（504），何点去世，时年六十八岁。高祖下诏说："新任命的侍中何点，寄情于隐居之地，志节终身不逾。忽遭陨丧，朕倍感凄恻哀伤。可赐第一等木材制作的棺木一具，赠钱二万、布五十匹资助丧葬。丧事所需物资，由内监营办。"又敕令何点的弟弟何胤说："贤兄征士何点，自弱冠之年就隐居不仕，直到须发皆白始终不变其操守。他寄情物外，不为名利富贵所滞碍；放浪形骸，志趣寄托于高远的真理。情趣高雅，有了兴致则愈发体现；有文才酒德，交往之际更能感到其品格之高洁。朕得图受箓，应运登基，想要弘扬教化。朝中多有谦谦君子，能够使风雅之士和庸凡之辈都崇尚君子之风；郊野有隐居之臣，也应当弘扬这种不轻易仕进的高贵人格。我正要依赖他清美的操行，兴隆我朝帝业。从前朕还未入仕的时候，我二人的情谊就已很密切，后来朕像汉章帝对待郑仲虞那样给他薪俸，像光武帝对待严子陵那样施以礼遇，在政务余暇曾让他身着隐士之服相见，效法尧帝在汾水之阳和藐姑射山与四位隐士相见的典故。突

### 何胤

胤字子季，点之弟也。年八岁，居忧哀毁若成人。既长好学。师事沛国刘瓛，受《易》及《礼记》《毛诗》；又入钟山定林寺听内典：其业皆通。而纵情诞节，时人未之知也；唯瓛与汝南周颙深器异之。

起家齐秘书郎，迁太子舍人。出为建安太守，为政有恩信，民不忍欺。每伏腊放囚还家，依期而返。入为尚书三公郎，不拜，迁司徒主簿。注《易》，又解《礼记》，于卷背书之，谓为《隐义》。累迁中书郎，员外散骑常侍，太尉从事中郎，司徒右长史，给事黄门侍郎，太子中庶子，领国子博士，丹阳邑中正。尚书令王俭受诏撰新礼，未就而卒，又使特进张绪续成之，绪又卒，属在司徒竟陵王子良，子良以让胤；乃置学士二十人，佐胤撰录。永明十年，迁侍中，领步兵校尉，转为国子祭酒。郁林嗣位，胤为后族，甚见亲待。累迁左民尚书，领骁骑，中书令，领临海、巴陵王师。

胤虽贵显，常怀止足。建武初，已筑室郊外，号曰小山，恒与学徒游处其内。至是，遂卖园宅，欲入东山，未及发，闻谢朏罢吴兴郡不还，胤恐后之，乃拜表辞职，不待报辄去。明帝大怒，使御史中丞袁昂奏收胤，寻有诏许之。胤以会稽山多灵异，往游焉，居若邪山云门寺。初，胤二兄求、点并栖遁，求先卒，至是胤又隐，世号点为大山；胤为小山，亦曰东山。

然之间他已撒手人寰，朕实感伤惋恍震惊。卿与何点手足情深，现在至亲离世，二人携手白头的心愿，也不能够实现了，这绵绵不断的遗恨，将要如何承受啊。阴阳永隔之痛，该怎么办呢？"何点没有子嗣，他的宗人把何点堂弟何耿之子何迟任过继作为何点的后嗣。

何胤

何胤字子季，是何点的弟弟。八岁时，他为父母亲守丧，像成年人一样悲伤过度而损害了健康。长大后，他好学不倦，拜沛国人刘瓛为师，学习《易经》及《礼记》《毛诗》；又进钟山的定林寺听僧人讲解佛经。这些功课他全都通晓了。但他放任性情不拘小节，当时无人了解他，只有刘瓛和汝南人周颙深深地器重他，认为他是奇才。

何胤最初被起用为齐朝秘书郎，迁任太子舍人。他出京任建安太守，施政注重恩义信用，百姓都不忍心欺骗他。每逢伏日腊日，他就把关押的囚犯释放回家，节后这些犯人都如期返回牢狱没有逃跑的。他入京担任尚书三公郎，还未曾就职，又迁任司徒主簿。他注解《易经》，又解说《礼记》，解说的内容就写在书卷背面，号称《礼记隐义》。累加升迁为中书郎、员外散骑常侍、太尉从事中郎、司徒右长史、给事黄门侍郎、太子中庶子，兼领国子博士、丹阳邑中正。尚书令王俭奉诏撰定新礼，尚未完成就去世了，朝廷又让特进张绪继续撰礼，张绪去世后，撰礼的任务交给了竟陵王萧子良，萧子良把此项任务让给何胤；于是朝廷设置学士二十人协助何胤撰写。永明十年（492），何胤迁任侍中，领步兵校尉，转任国子祭酒。南齐郁林王继位后，何胤因是皇后的族亲，颇受亲宠。累加升迁为左民尚书，兼领骁骑将军、中书令，兼领临海王、巴陵王师。

何胤虽然官位显达，却常有辞官归隐之心。建武初年，他已在郊外建了一座宅园，称为小山，常常和国子学的弟子在园中交游。到了这个时候，何胤就卖掉了自己的住宅，准备归隐东山。还没有开始，就听说谢朓在吴兴太守任职期满后没有回京，何胤担心谢朓抢在他前面隐居东山，于是就上表辞职，不等朝廷批复就擅自离京而去。齐明帝大怒，命御史中丞袁昂参奏收捕何胤，不久，又下诏准许何胤辞职。何胤认为会稽郡境内诸山大多灵动奇异，就前往游历，住在若

永元中，征太常，太子詹事，并不就。高祖霸府建，引胤为军谋祭酒，与书曰："想恒清豫，纵情林壑，致足欢也。既内绝心战，外劳物役，以道养和，履候无爽。若邪擅美东区，山川相属，前世嘉赏，是为乐土。仆推迁，自东徂西，悟言素对，用成睽阋，倾首东顾，曷日无怀。畴昔欢遇，曳裾儒肆，实欲卧游千载，畋渔百氏，一行为吏，此事遂乖。属以世道威夷，仍离屯故，投袂数千，克黜衅祸。思得瞩卷咨款，寓情古昔，夫岂不怀，事与愿谢。君清襟素托，栖寄不近，中居人世，殆同隐沦。既俯拾青组，又脱屣朱黻。但理存用舍，义贵随时，往识祸萌，实为先觉，超然独善，有识钦嗟。今者为邦，贫贱咸耻，好仁由己，幸无凝滞。比别具白，此未尽言。今遣候承音息，矫首还翰，慰其引领。"胤不至。

高祖践阼，诏为特进、右光禄大夫。手敕曰："吾猥当期运，膺此乐推，而顾己蒙蔽，昧于治道。虽复劬劳日昃，思致隆平，而先王遗范，尚蕴方策，息举之用，存乎其人。兼以世道浇暮，争诈繁起，改俗迁风，良有未易。自非以儒雅弘朝，高尚轨物，则汩流所至，莫知其限。治人之与治身，独善之与兼济，得失去取，为用孰多。吾虽

耶山云门寺。起初，何胤的两位兄长何求、何点都已经避世隐居，何求已经去世，到了这时何胤又归隐，世人就称何点为大山，何胤为小山，又叫东山。

南齐永元年间，朝廷征召何胤为太常，太子詹事，何胤都不去赴任。高祖霸府建立后，征召何胤为军谋祭酒，给他去信说："想来您在山中隐居，纵情林泉之中，定能享受到无穷欢乐。内心断绝了利益纠葛，不再有被外物役使的烦恼，以大道调养身心的和谐，按四季的物候节律生活而无违逆。若耶山独占东部地区的美景魁首，山川相连，前代已有雅士赞赏这方的美景，堪称隐逸的乐土。我还在俗世中辗转迁徙，东奔西劳，静下来想同故人促膝长谈，竟因互相离违，不能得见，翘首东望，哪一天不思念君啊！往昔与您欢畅聚赏时，曾一起在儒者中交游，实在是想游学千年，博取百家之学，一朝踏上仕途后，这种想法就落空了。时值世道衰落，国家频繁陷入艰难境地，我幸得数千为国发奋的勇士，才得以战胜凶徒弥平国难。捧读书卷随时讨论，寄情于史海学林，这样的生活我何尝不想过，然而终归事与愿违。君之志向素来托于山林，情怀远寄，虽存身于人世间，和退隐其实无异。早已获取了显位，后又辞官隐逸。但隐居视时势不同也有取舍之理，贵在能顺应时运。从前您隐居不仕是看清了朝廷祸事的萌芽，实在堪称先知先觉，您能超然世外独善其身，有识之人都钦慕感叹。如今已是新的朝代，君子们都以身在治世而仍处贫贱中为耻辱，崇尚仁德就在于自己的行动，希望您不要再迟疑观望。从前我的来信已经备细表达了愿望，这里就不再详述。现在派遣使者专候您的音讯，翘首期待故人复信，望君能使我的殷切盼望之情得到安慰。"何胤依旧没出山。

高祖践阼登基后，又下诏任命何胤为特进、右光禄大夫。亲自写敕令给何胤说："我因应运，受到万民的拥戴已登大位，只是深感自己视听蒙蔽，不明了治国之道。虽然从早到晚日夜劬劳，想要实现天下升平的治世，而古代圣王留下的典范，还只是蕴藏在典籍之中，政策的取舍举废，都需要人才来加以执行。加之世道浇薄，逐利争名之心蜂起，要想移风易俗，实在不容易。若是没有儒雅君子

不学，颇好博古，尚想高尘，每怀击节。今世务纷乱，忧责是当，不得不屈道岩阿，共成世美。必望深达往怀，不吝濡足。今遣领军司马王果宣旨谕意。迟面在近。”果至，胤单衣鹿巾，执经卷，下床跪受诏书，就席伏读。胤因谓果曰：“吾昔于齐朝欲陈两三条事，一者欲正郊丘，二者欲更铸九鼎，三者欲树双阙。世传晋室欲立阙，王丞相指牛头山云：‘此天阙也’，是则未明立阙之意。阙者，谓之象魏。县象法于其上，浃日而收之。象者，法也；魏者，当涂而高大貌也。鼎者神器，有国所先，故王孙满斥言，楚子顿尽。圆丘南郊，旧典不同。南郊祠五帝灵威仰之类，圆丘祠天皇大帝、北极大星是也。往代合之郊丘，先儒之巨失。今梁德告始，不宜遂因前谬。卿宜诣阙陈之。”果曰：“仆之鄙劣，岂敢轻议国典，此当敬俟叔孙生耳。”胤曰：“卿讵不遣传诏还朝拜表，留与我同游邪？”果愕然曰：“古今不闻此例。”胤曰：“《檀弓》两卷，皆言物始。自卿而始，何必有例。”果曰：“今君遂当邈然绝世，犹有致身理不？”胤曰：“卿但以事见推，吾年已五十七，月食四斗米不尽，何容得有宦情。昔荷圣王眄识，今又蒙旌贲，甚愿诣阙谢恩；但比腰脚大恶，此心不遂耳。”

来弘扬德政，用高尚的作风示范天下，那么社会的动荡急流，谁也不知道将漂往何方。治理万民和修持己身，独善其身和兼济天下，其中的得失取舍，效用甚是深远。我虽学问不多，也颇爱好博古通今之学，想起历代那些脱离尘世的高士，常常想要击节赞叹。如今世务纷乱，正是肩负心忧天下之责的时候，不得不征召隐居的贤士，共同成就治世的美业。希望您一定要深深体察往日的情怀，不要因爱惜羽毛而止足不前。现派遣领军司马王果宣谕旨意。期望不久就能与您见面。"王果来到何胤隐居之处，何胤穿戴整齐头戴鹿皮巾，手执经卷，走下坐榻跪迎诏书，伏在坐席上读完了诏书。何胤就对王果说："从前我在齐朝时就想陈奏两三件事，一是想订正郊丘祭祀之礼，二是想重铸九鼎，三是想建立双阙。世人传说晋朝曾想要建立阙柱，丞相王导指着牛头山说：'这便是上天树立的阙'，这正是他还不明了立阙的涵义。所谓阙，又称象魏。把国家的法律条文悬挂于阙上，十天后再把它收起来。象的意思是法；魏，是正处路中而高大的样子。鼎是代表帝业威严的神器，统治国家者必先有鼎，所以王孙满斥责楚子问鼎轻重之举，楚子顿时哑口无言。在圆丘和南郊祭天，前代留下的典例记载有所不同。在南郊是祭五帝灵威仰之类的神灵，在圆丘是祭天皇大帝、北极星君等神灵。旧朝把它们合为郊丘之祭，这是先代儒生的严重失误。而今梁朝的德政初始，不应因袭前朝谬误。您应该到朝中陈奏此事。"王果说："以我的卑微地位和拙劣才能，岂敢擅自议论国家典章制度？这件事还是要恭候叔孙通那样的大儒方可发起讨论。"何胤说："您何不派传诏官回朝廷拜表启奏，您自己留下和我一同栖游山林呢？"王果愕然说道："从古至今都没听说有这样的先例。"何胤说："《礼记·檀弓》两卷，谈的全是事物的起源。从您这里开始这样做，何必一定要有先例？"王果说："现在您已经超然绝世，可还有为君王献身效劳的想法吗？"何胤说："您只需以事理推测就知道了。我年纪已经五十七岁，每月连四斗米都吃不完，哪里还有出仕做官的心力。从前我已承蒙主上眷顾，现在又蒙天子嘉赞，我很想去到宫廷之前拜谢皇恩；但近来腰腿都生有重病，这个心愿也无法实现了。"

果还，以胤意奏闻，有敕给白衣尚书禄，胤固辞。又敕山阴库钱月给五万，胤又不受。及敕胤曰："顷者学业沦废，儒术将尽，闾阎搢绅，莫闻好事。吾每思弘奖，其风未移，当扆兴言为叹。本欲屈卿暂出，开导后生，既属废业，此怀未遂，延伫之劳，载盈梦想。理舟虚席，须俟来秋，所望惠然申其宿抱耳。卿门徒中经明行修，厥数有几？且欲瞻彼堂堂，置此周行，便可具以名闻，副其劳望。"又曰："比岁学者殊为寡少，良由无复聚徒，故明经斯废。每一念此，为之慨然。卿居儒宗，加以德素，当敕后进有意向者，就卿受业。想深思诲诱，使斯文载兴。"于是遣何子朗、孔寿等六人于东山受学。

太守衡阳王元简深加礼敬，月中常命驾式闾，谈论终日。胤以若邪处势迫隘，不容生徒，乃迁秦望山。山有飞泉，西起学舍，即林成援，因岩为堵。别为小阁室，寝处其中，躬自启闭，僮仆无得至者。山侧营田二顷，讲隙从生徒游之。胤初迁，将筑室，忽见二人著玄冠，容貌甚伟，问胤曰："君欲居此邪？"乃指一处云："此中殊吉。"忽不复见，胤依其言而止焉。寻而山发洪水，树石皆倒拔，唯胤所居室岿然独存。元简乃命记室参军钟嵘作《瑞室颂》，刻石以旌之。及元简去郡，入山与胤别，送至都赐堽，去郡三里，因曰："仆自弃人事，交游路断，自非降贵山薮，岂容复望城邑？此堽之游，于今绝矣。"执手涕零。

　　王果返回后，将何胤的大意禀奏高祖，高祖传下敕令，赐封何胤为"白衣尚书"，支领尚书俸禄，何胤坚决推辞。高祖又下令从山阴县府库中每月供给何胤五万钱，何胤也不接受。高祖于是传敕令给何胤说："近世儒学之业荒废，儒术将要失传，那些世家望族缙绅之家，很少听说有喜欢研究儒学的人。朕常常想弘扬奖掖儒学，而风气仍未改变，只得感叹不已。本想委屈卿暂时出山，开导后辈晚学，让被废弃的儒学连续不断，此等心愿未能实现，朕引颈伫立，朝思暮想。朕备舟迎接虚席以待，以为可以期待这个秋天，所盼的就是卿惠然来朝，实现朕之夙愿。卿的弟子之中经学精通、品行上佳的共有几人？朕想要一睹他们的风采，将他们选拔到朝中任职。卿可即刻将他们的姓名奏报上来，满足朕的殷切希望。"又说："近年来学者很少，实在是因为没有人再聚集弟子传道授业，所以明经射策取士的办法已然荒废了，朕每每想及此事，都会万分感慨。卿乃是儒学宗师，又加之德行清白高洁，朕当敕令有志于儒学的晚生后辈，到卿处受教求学。望卿细加斟酌指导教诲他们，令礼乐教化从此振兴。"高祖于是派何子朗、孔寿等六人到东山求学。

　　会稽郡太守衡阳王萧元简对何胤非常尊崇，每月会多次驾车登门拜访，和他叙谈终日。何胤因为若耶山地势狭隘，容不下许多弟子，于是迁往秦望山。秦望山上有瀑布，何胤在瀑布西侧起造学舍，以树林作为篱笆，以山岩作为垣墙。在学舍里另起一座小阁室，何胤自己坐卧都在其中，亲自开关门户，僮仆都不得入内。何胤又在山侧营造田园二顷，讲论之余他就和弟子在其中游玩。刚刚迁来秦望山时，何胤正打算造屋，忽见两个人，戴着黑色的冠，容貌甚是壮伟，他们问何胤："您是想要定居于此吗？"于是指着一块地对何胤说："这里很吉利。"忽然间二人都不见了。何胤依照二人之言择定了房屋基址。不久山中洪水暴发，山石树木都被冲得东倒西歪，唯独何胤住的房子岿然不动，安然无恙。萧元简就让记室参军钟嵘写了一篇《瑞室颂》，并刻石以褒扬此事。萧元简将要从会稽郡太守职位上离任时，进山去向何胤辞行，何胤送萧元简回城，一直送到了郡城三里外的都赐埭，就对他说："我自从隔绝世事，与人的交游也就中断

何氏过江，自晋司空充并葬吴西山。胤家世年皆不永，唯祖尚之至七十二。胤年登祖寿，乃移还吴，作《别山诗》一首，言甚凄怆。至吴，居虎丘西寺讲经论，学徒复随之，东境守宰经途者，莫不毕至。胤常禁杀，有虞人逐鹿，鹿径来趋胤，伏而不动。又有异鸟如鹤，红色，集讲堂，驯狎如家禽焉。

初，开善寺藏法师与胤遇于秦望，后还都，卒于钟山。其死日，胤在般若寺，见一僧授胤香炉奁并函书，云"呈何居士"。言讫失所在。胤开函，乃是《大庄严论》，世中未有。又于寺内立明珠柱，乃七日七夜放光，太守何远以状启。昭明太子钦其德，遣舍人何思澄致手令以褒美之。

中大通三年，卒，年八十六。先是胤疾，妻江氏梦神人告之曰："汝夫寿尽；既有至德，应获延期，尔当代之。"妻觉说焉，俄得患而卒，胤疾乃瘳。至是胤梦一神女，并八十许人，并衣帢，行列至前，俱拜床下，觉又见之，便命营凶具。既而疾动，因不自治。

胤注《百法论》《十二门论》各一卷，注《周易》十卷，《毛诗总集》六卷，《毛诗隐义》十卷，《礼记隐义》二十卷，《礼答问》五十五卷。

子撰，亦不仕，庐陵王辟为主簿，不就。

了，若非您屈尊光临山野，我岂能再次望见城邑人烟？在这都赐埭上，日后再也见不到我们的足迹了。”二人手拉着手流下了眼泪。

何胤的家族自晋室南渡后，从晋司空何充开始世代都葬于吴郡的西山上。何胤家几代人的寿命都不长，只有何胤祖父何尚之活到了七十二岁。何胤年纪到了七十二岁时，就离开秦望山，搬回吴郡去住。他作了一首《别山诗》，言辞非常凄婉感伤。到达吴郡之后，何胤在虎丘的西寺里讲授佛家经论，弟子们又跟随他学习，东部地区的各级长官途经吴郡时，都会到寺中听何胤讲经。何胤常常劝止杀生，曾经有个掌管山泽苑囿的官吏追逐一只野鹿，鹿径直奔向何胤，伏在他身边一动不动。又有一种罕见的鸟，形状似鹤，周体红色，聚集在何胤的讲堂，驯服亲昵如同家禽一般。

起初，开善寺的智藏法师曾和何胤在秦望山相见，后来智藏法师回到京师，圆寂于钟山。智藏法师圆寂的那天，何胤正在虎丘的般若寺，见到一个僧人把盛着香炉的奁和一函书交给自己，说“呈交给何居士”。说完这个僧人就不见了。何胤打开函，里面是一本《大庄严论》，世间从未见过此书。何胤又在寺内立了一个明珠柱，此柱竟然连续发光七昼夜，太守何远将此事奏明朝廷。昭明太子钦佩敬重何胤的德行，派舍人何思澄送来手令褒赞何胤。

中大通三年（531），何胤去世，时年八十六岁。起初，何胤曾经患病，妻子江氏梦见神人对自己说：“你的夫君阳寿已尽，但他德行至美，当获得延寿的福报，你将代他去死。”江氏醒来后讲述了梦中情形，不久就患病去世，而何胤的病竟痊愈了。何胤临死前，梦见一群神女，共有八十多人，都戴着丝织便帽，列队走到何胤面前，在床前下拜。何胤醒来后，眼前又见到了这个情景，于是他就吩咐家人备办丧葬器具。不久何胤病情转重，就不再医治了。

何胤注解有《百法论》《十二门论》各一卷，注《周易》十卷，《毛诗总集》六卷，《毛诗隐义》十卷，《礼记隐义》二十卷，《礼答问》五十五卷。

何胤之子何撰，也不肯做官，庐陵王征辟他为主簿，他不去就任。

## 阮孝绪

阮孝绪字士宗，陈留尉氏人也。父彦之，宋太尉从事中郎。

孝绪七岁，出后从伯胤之。胤之母周氏卒，有遗财百余万，应归孝绪，孝绪一无所纳，尽以归胤之姊琅邪王晏之母，闻者咸叹异之。

幼至孝，性沉静，虽与儿童游戏，恒以穿池筑山为乐。年十三，遍通《五经》。十五，冠而见其父，彦之诫曰：“三加弥尊，人伦之始。宜思自勖，以庇尔躬。”答曰：“愿迹松子于瀛海，追许由于穷谷，庶保促生，以免尘累。”自是屏居一室，非定省未尝出户，家人莫见其面，亲友因呼为“居士”。

外兄王晏贵显，屡至其门，孝绪度之必至颠覆，常逃匿不与相见。曾食酱美，问之，云是王家所得，便吐飧覆醢。及晏诛，其亲戚咸为之惧。孝绪曰：“亲而不党，何坐之及？”竟获免。

义师围京城，家贫无以爨，僮妾窃邻人樵以继火，孝绪知之，乃不食，更令撤屋而炊。所居室唯有一鹿床，竹树环绕。天监初，御史中丞任昉寻其兄履之，欲造而不敢，望而叹曰：“其室虽迩，其人甚远。”为名流所钦尚如此。

十二年，与吴郡范元琰俱征，并不到。陈郡袁峻谓之曰：“往者，天地闭，贤人隐；今世路已清，而子犹遁，可乎？”答曰：“昔周

## 阮孝绪

阮孝绪字士宗，陈留尉氏人。他的父亲阮彦之，刘宋时官至太尉从事中郎。

阮孝绪七岁时，过继给了从伯父阮胤之。阮胤之的母亲周氏去世后，遗下财产百余万，应由阮孝绪继承，阮孝绪分毫不受，让给了阮胤之的姐姐，也就是琅琊人王晏的母亲，听说了此事的人都感叹他非同常人。

阮孝绪从小至为孝顺，性格沉静，虽然也和其他孩子做游戏，却总是以开掘池塘堆砌山石为乐。十三岁时，已经将《五经》全部学通。十五岁时，他戴好冠去见父亲，阮彦之告诫他说："行冠礼时依次加三冠，每加一次都比前一次更显尊崇，这是人一生伦理道德的开始。你应该用心思考勉励自己，以养守自己的人生之志。"阮孝绪回答道："我愿意到瀛海去寻觅赤松子的足迹，在穹谷追赶许由的身影，以保守这短促的一生，免遭凡尘的拖累。"从此他避世独居一室，除了探望父母就足不出户，家人都见不到他，亲友于是称他为"居士"。

阮孝绪的表兄王晏地位显赫，多次上门拜访，阮孝绪预计他日后必然会有垮台的下场，时常藏匿起来不与王晏相见。有一次他吃到一种美味的肉酱，询问其来历，得知是从王晏家得来的，就把吃下去的晚饭都吐了出来，又倒掉肉酱。后来王晏被诛杀，族中亲戚都怕遭牵连心中恐惧。阮孝绪说："虽然是亲戚又不是同党，哪里牵连得到？"竟因此而免祸。

高祖的义军包围建康时，阮孝绪家穷得没法生火煮食，仆僮下人就偷了邻家的柴火，阮孝绪知道后，拒不吃饭，并下令拆下屋子的木料来做饭。他所居住的屋子里面只有一张供坐卧的鹿床，屋外竹树环绕。天监初年时，御史中丞任昉寻访阮孝绪的兄长阮履之，想要登门拜访阮孝绪而不敢去，望着他家叹息道："其居室虽然近在咫尺，其人却高洁逸群远不可及啊。"他就是如此被名流所钦慕。

天监十二年（513），阮孝绪与吴郡人范元琰都被朝廷征召任职，二人都不去赴职。陈郡人袁峻对他说："过去，庙堂昏乱，君子

德虽兴,夷、齐不厌薇蕨;汉道方盛,黄、绮无闷山林。为仁由己,何关人世!况仆非往贤之类邪?"

后于钟山听讲,母王氏忽有疾,兄弟欲召之。母曰:"孝绪至性冥通,必当自到。"果心惊而返,邻里嗟异之。合药须得生人葠,旧传钟山所出,孝绪躬历幽险,累日不值,忽见一鹿前行,孝绪感而随后,至一所遂灭,就视,果获此草。母得服之,遂愈。时皆叹其孝感所致。

时有善筮者张有道谓孝绪曰:"见子隐迹而心难明,自非考之龟蓍,无以验也。"及布卦,既揲五爻,曰:"此将为《咸》,应感之法,非嘉遁之兆。"孝绪曰:"安知后爻不为上九?"果成《遁卦》,有道叹曰:"此谓'肥遁无不利。'象实应德,心迹并也。"孝绪曰:"虽获《遁卦》,而上九爻不发,升遐之道,便当高谢许生。"乃著《高隐传》,上自炎、黄,终于天监之末,斟酌分为三品,凡若干卷。又著论云:"夫至道之本,贵在无为;圣人之迹,存乎拯弊。弊拯由迹,迹用有乖于本,本既无为,为非道之至。然不垂其迹,则世无以平;不究其本,则道实交丧。丘、旦将存其迹,故宜权晦其本;老、庄但明其本,亦宜深抑其迹。迹既可抑,数子所以有余;本方见晦,尼丘是故不足。非得一之士,阙彼明智;体二之徒,独怀鉴识。然圣已极照,反创其迹;贤未居宗,更言其本。良由迹须拯世,非圣不能;本实明理,在贤可照。若能体兹本迹,悟彼抑扬,则孔、庄之意,其过半矣。"

之道闭塞，所以贤人隐匿；如今世道清明，而你仍然隐遁，这样是可以的吗？"他答道："当年周朝的德政已经兴起，而伯夷、叔齐还是不食周粟而采摘野菜为食；汉朝的帝业正当兴隆，夏黄公、绮里季仍然流连于山林。君子守仁而隐全凭自己的志趣，和世道的治乱有何干系！何况您怎么知道我不是古代贤人那样的人呢？"

后来他在钟山上听人讲经，母亲王氏忽然生病，他的兄弟打算召唤他回来。王氏说："孝绪至情至性有心灵感应，一定会自己回来。"阮孝绪果然因为心中惊悸而赶回，街坊邻居都感叹不已，认为他非同寻常。王氏治病配药需要生人参，过去都传说钟山里有人参，阮孝绪就亲身攀崖涉险去找人参，很多天都没有找到，忽然见到一只鹿在前面走，阮孝绪心有所感就跟随在鹿的后面，来到一个地方鹿就不见了踪影，他走近一看，果然发现了人参。王氏得到此药服下，病就痊愈了。时人都感叹这是阮孝绪的孝心感应所致。

当时有一个擅长用蓍草占卦的人叫张有道，他对阮孝绪说："我看您有隐居的行动而心意却难以明了，除非用蓍草占卦来求证，否则没有办法验证明白。"布卦时，揲草先得到五爻，他就说："这会是一个《咸卦》，表示交相感应，对于避世隐居来说不是嘉兆。"阮孝绪说："谁知道后一爻不会是上九的阳爻呢？"果然最后得到《遁卦》。张有道感叹道："这说的就是'肥遁无不利'。卦象果然对应着品德，您的心意与行为是一致的。"阮孝绪说："虽然得到了《遁卦》，而上九的阳爻没有立刻显现，论隐逸之道，还是应当推重许由这样的前贤啊。"于是他就写了一部《高隐传》，上迄炎帝黄帝时代，下至天监末年，将历代隐士分为三品，共计若干卷。他又撰文议论道："大道的根本，以无为为贵。圣人的行事，则贵在拯救时弊。拯救时弊需要有所作为，而有所作为又违背了大道的根本，既然道的根本在于无为，那么有所作为就是对道的违反。然而不有所作为，世道就无法太平；不探究道的根本，则大道的本质就会迷失。孔子和周公，希望自己的行为有成，所以就特意隐抑了对道之根本的理解；老子、庄子洞悉道之根本，所以就隐藏了他们的行迹。行迹可以隐藏，所以老聃庄周的人生显得闲适自如；而隐抑了道之根本，所以孔子

南平元襄王闻其名，致书要之，不赴。孝绪曰："非志骄富贵，但性畏庙堂。若使麋鹿可骖，何以异夫骥騄。"

初，建武末，青溪宫东门无故自崩，大风拔东宫门外杨树。或以问孝绪，孝绪曰："青溪皇家旧宅。齐为木行，东者木位，今东门自坏，木其衰矣。"

鄱阳忠烈王妃，孝绪之姊。王尝命驾，欲就之游，孝绪凿垣而逃，卒不肯见。诸甥岁时馈遗，一无所纳。人或怪之，答云："非我始愿，故不受也。"

其恒所供养石像，先有损坏，心欲治补，经一夜忽然完复，众并异之。

大同二年，卒，时年五十八。门徒谥其德行，谥曰文贞处士。所著《七录》等书二百五十卷，行于世。

## 陶弘景

陶弘景字通明，丹阳秣陵人也。初，母梦青龙自怀而出，并见两天人手执香炉来至其所，已而有娠，遂产弘景。幼有异操。年十

的一生就留下抱负未能实现的缺憾。只有道家得一之士，才具有无为的明智；只有儒家体二之徒，才拥有拯救时弊的鉴识。然而儒家圣人的洞悉力已臻极致，反而更注重有所作为的行事；道家贤者不曾以至圣先师自居，只是他们的言论讲出了大道的根本。这实在是因为行事必须拯救时弊，除了儒者圣人之外没有人能够实现这个目标；大道的根本实际是明晰的道理，所以道家贤者能够将它讲述清楚。假如能够体察这种道之根本与有所作为的关系，领悟前贤抑扬取舍的道理，则儒道两家的根本精神，就已经领会过半了。"

南平元襄王听说了阮孝绪的名声，致信给他邀约相见，阮孝绪没有前往。阮孝绪说："并非我的志节对富贵中人不屑一顾，而是我的天性畏惧庙堂。假使山野中的獐子、公鹿能用来驾车，那它们和赤骥、騄耳这些良马又该如何区别呢？"

起初，南齐建武末年，青溪宫的东门无缘无故自行崩塌，大风又拔起东宫门外的杨树。有人就这些现象询问阮孝绪，他说："青溪宫是皇家旧宅。齐朝是木德，东方是木位，如今东门自行崩坏，看来木德就快要衰落了。"

鄱阳忠烈王萧恢的王妃，是阮孝绪的姐姐。鄱阳王曾经下令车驾前往阮孝绪处拜访游玩，阮孝绪翻过垣墙逃跑，不肯相见。鄱阳王诸子逢年过节赠送给阮孝绪的礼品，他也从不接受。有人因此而埋怨他，他答道："成为贵戚不是我的本来所愿，所以不能接受。"

他长期供奉的石像，曾经有所缺损，他就想设法修补整治，忽然一夜过后石像完好如初，众人都感到不可思议。

大同二年（536），阮孝绪去世，时年五十八岁。门徒为他撰文叙德，拟定谥号为文贞处士。他所著《七录》等书共二百五十卷，都通行于世。

## 陶弘景

陶弘景字通明，丹阳秣陵人。起初，他的母亲梦见青龙从怀中飞出，又见两个天界之人手执香炉来到家中，随后就有了身孕，最终产下陶弘景。他从小就有与众不同的志操。十岁那年，他得到一本葛洪

岁，得葛洪《神仙传》，昼夜研寻，便有养生之志。谓人曰："仰青云，睹白日，不觉为远矣。"及长，身长七尺四寸，神仪明秀，朗目疏眉，细形长耳。读书万余卷。善琴棋，工草隶。未弱冠，齐高帝作相，引为诸王侍读，除奉朝请。虽在朱门，闭影不交外物，唯以披阅为务。朝仪故事，多取决焉。永明十年，上表辞禄，诏许之，赐以束帛。及发，公卿祖之于征虏亭，供帐甚盛，车马填咽，咸云宋、齐已来，未有斯事。朝野荣之。

于是止于句容之句曲山。恒曰："此山下是第八洞宫，名金坛华阳之天，周回一百五十里。昔汉有咸阳三茅君得道，来掌此山，故谓之茅山。"乃中山立馆，自号华阳隐居。始从东阳孙游岳受符图经法。遍历名山，寻访仙药。每经涧谷，必坐卧其间，吟咏盘桓，不能已已。时沈约为东阳郡守，高其志节，累书要之，不至。

弘景为人，圆通谦谨，出处冥会，心如明镜，遇物便了，言无烦舛，有亦辄觉。建武中，齐宜都王铿为明帝所害，其夜，弘景梦铿告别，因访其幽冥中事，多说秘异，因著《梦记》焉。

永元初，更筑三层楼，弘景处其上，弟子居其中，宾客至其下，与物遂绝，唯一家僮得侍其旁。特爱松风，每闻其响，欣然为乐。有时独游泉石，望见者以为仙人。

性好著述，尚奇异，顾惜光景，老而弥笃。尤明阴阳五行，风角星算，山川地理，方图产物，医术本草。著《帝代年历》，又尝造浑天象，云"修道所须，非止史官是用"。

著的《神仙传》，昼夜研读，就有了养生守真的志向。他对人说："仰观青云，瞻视白日，已经不觉得它们遥远了。"他长大后，身高七尺四寸，神态仪表明朗俊秀，朗目疏眉，身形清瘦两耳细长。他读书多达万余卷。善琴棋，精草隶。他还不到弱冠之年，当时齐高帝任宰相，拔擢他为诸王侍读，任命他为奉朝请。陶弘景虽然出入王侯之家，仍旧闭门谢客不与外人交接，终日只是披览书籍。那时凡朝廷仪典和前朝掌故，大多都请教他来决断。永明十年（492），陶弘景上表请求辞官归隐，天子下诏批准，并赐给他束帛。他将要离开京师时，朝中公卿在征虏亭为他践行送别，设帐开席非常丰盛，车水马龙阻塞了道路，人们都说自从宋齐以来，还没有过如此盛事。朝野都认为是他莫大的荣耀。

于是陶弘景就住进句容的句曲山。他常常说："这山下面是天下第八洞天，名叫金坛华阳之天，方圆一百五十里。当年汉代有咸阳三茅君得了道，来掌管此山，所以称之为茅山。"他就在山的中部建起房舍，自号为华阳隐居，开始师从东阳人孙游岳学习符图经法。他周游天下名山，寻访仙药。每次经过山涧溪谷，必会坐卧其间，吟咏流连，不舍得离去。当时沈约正担任东阳郡太守，很仰慕他的志节，屡次致信邀请陶弘景前去相见，他不去。

陶弘景为人，通达而灵活，性格谦逊谨慎，对于出仕和隐居的因缘际会理解得十分通透，心如明镜，待人接物总是心无滞碍，说话也从不繁冗错乱，偶尔失言总会立刻察觉。建武年间，南齐的宜都王萧铿被齐明帝杀害，这天夜间，陶弘景梦见萧铿来告别，就向他询问阴间的事，萧铿讲了许多隐秘奇异之事，陶弘景就写了一部《梦记》。

永元初年，陶弘景又造了一座三层的楼房，自己住在三楼，弟子住在二楼，来了宾客就住在一楼，如此就能与外人隔绝，只有一个家僮能够陪侍在他身旁。他特别爱听松间的风声，每次听到风声，总是欣欣然自得其乐。有时他独游山林，旁人望见了都以为他是仙人。

陶弘景生性好著述，崇尚神奇怪异的话题，又十分珍惜光阴，随着年龄渐老而愈发如此。尤其通晓阴阳五行、风水星占、山川地理、方圆物产、医术本草。他著有《帝代年历》，又曾经造过浑天象

义师平建康，闻议禅代，弘景援引图谶，数处皆成"梁"字，令弟子进之。高祖既早与之游，及即位后，恩礼逾笃，书问不绝，冠盖相望。

天监四年，移居积金东涧。善辟谷导引之法，年逾八十而有壮容。深慕张良之为人，云"古贤莫比"。曾梦佛授其菩提记，名为胜力菩萨。乃诣鄮县阿育王塔自誓，受五大戒。后太宗临南徐州，钦其风素，召至后堂，与谈论数日而去，太宗甚敬异之。大通初，令献二刀于高祖，其一名善胜，一名威胜，并为佳宝。

大同二年，卒，时年八十五。颜色不变，屈申如恒。诏赠中散大夫，谥曰贞白先生，仍遣舍人监护丧事。弘景遗令薄葬，弟子遵而行之。

## 诸葛璩

诸葛璩字幼玟，琅邪阳都人，世居京口。璩幼事征士关康之，博涉经史。复师征士臧荣绪，荣绪著《晋书》，称璩有发摘之功，方之壶遂。

齐建武初，南徐州行事江祀荐璩于明帝曰："璩安贫守道，悦《礼》敦《诗》，未尝投刺邦宰，曳裾府寺，如其简退，可以扬清厉俗。请辟为议曹从事。"帝许之，璩辞不去。陈郡谢朓为东海太守，教曰："昔长孙东组，降龙丘之节；文举北辀，高通德之称。所以激贪立懦，式扬风范。处士诸葛璩，高风所渐，结辙前修。岂怀珠披褐，韬玉待价？将幽贞独往，不事王侯者邪？闻事亲有啜菽之窭，就养寡藜蒸之给，岂得独享万钟，而忘兹五秉。可饷谷百斛。"天监中，太守萧琛、刺史安成王秀、鄱阳王恢并礼异焉。璩丁母忧毁瘠，

仪，说"这是修道所必需之物，并不仅是史官才用得上"。

高祖义师平定建康后，陶弘景听说朝中都在谈论禅代的事，便援引图谶推演，几次都得到一个"梁"字，就令弟子将结果呈送给高祖。高祖早年曾与他交游，登基就位后，对他的恩宠礼遇更加深厚，书信往来问候不断，使者不绝于道。

天监四年（505），陶弘景移居积金东涧。他擅长辟谷导引的养生法，年过八十而仍有健康的容颜。他深深仰慕张良的为人，说"古贤中没有能与他相比的"。他曾经梦见佛陀授予他菩提印记，名为胜力菩萨。于是前往鄮县的阿育王塔自发誓愿，受五大戒律。后来简文帝驾临南徐州，钦慕他的高洁风骨，将他召至后堂，谈论了数日方才离去，简文帝对他甚为敬佩，视为异人。大通初年，陶弘景令人进献两把刀给高祖，一把名叫善胜，一把名叫威胜，两把都是上好的宝刀。

大同二年（536），陶弘景去世，时年八十一岁。他死后面色不变，肢体仍旧和在世时一样屈伸自如。高祖下诏追赠他为中散大夫，谥号为贞白先生，又派舍人监护其丧葬事宜。陶弘景遗命薄葬，他的弟子就遵令而行。

## 诸葛璩

诸葛璩字幼玟，琅琊阳都人，世代居于京口。诸葛璩从小事奉征士关康之，广泛涉猎经史。后来又师从征士臧荣绪，臧荣绪著有《晋书》，他说诸葛璩对这部书有启迪之功，将他比作汉代壶遂。

南齐建武初年，南徐州行事江祀向齐明帝推荐诸葛璩说："诸葛璩安贫乐道，尊崇喜好《礼记》《诗经》等经典，却从不向郡县长官投拜巴结，奔走求职，像他这样清白谦退之人，可以帮助澄清世俗激励风气。请求征辟他为议曹从事。"齐明帝批准了，诸葛璩推辞不去就任。陈郡人谢朓担任东海太守时，颁布教令说："当年东汉的任延来到东部任职，令矢志隐逸的高士龙丘苌也出山任官；孔融任北海相时乘车北行拜访大儒郑玄，下令为郑玄特别开设高大的通德门。这是为了激励贪婪者，让懦弱者立志，让贤者成为引领风范的榜样。今有隐士诸葛璩，追随古贤的高风亮节，模拟前人的修行轨迹。他

恢累加存问，服阙，举秀才，不就。

璩性勤于诲诱，后生就学者日至，居宅狭陋，无以容之，太守张友为起讲舍。璩处身清正，妻子不见喜愠之色。且夕孜孜，讲诵不辍，时人益以此宗之。

七年，高祖敕问太守王份，份即具以实对，未及征用，是年卒于家。璩所著文章二十卷，门人刘曒集而录之。

## 沈顗

沈顗字处默，吴兴武康人也。父坦之，齐都官郎。

顗幼清静有至行，慕黄叔度、徐孺子之为人。读书不为章句，著述不尚浮华。常独处一室，人罕见其面。顗从叔勃，贵显齐世，每还吴兴，宾客填咽，顗不至其门。勃就见，顗送迎不越于阃。勃叹息曰："吾乃今知贵不如贱。"

俄征为南郡王左常侍，不就。顗内行甚修，事母兄弟孝友，为乡里所称慕。永明三年，征著作郎；建武二年，征太子舍人，俱不赴。永元二年，又征通直郎，亦不赴。

难道是身怀宝珠却故意穿起贫贱的衣服，韬晦宝玉的光芒以待价而沽吗？是因为他希望独处于清幽之境，不想事奉王侯啊。我听说他像颜回那样侍奉双亲至孝，虽然贫穷却仍为家人熬豆而食；又像曾参一样虔诚奉养母亲，即使家人吃野菜也必定蒸熟后才奉上，我身为太守岂能独享国家的厚禄而忘记赠送粟米给有德的孝子呢？应赠送一百斛谷子给诸葛璩。"天监年间，太守萧琛、刺史安成王萧秀、鄱阳王萧恢都对诸葛璩礼遇有加。诸葛璩遭母丧，悲伤过度健康受到损害，萧恢多次派人慰问他，诸葛璩服丧结束后，萧恢举他为秀才，诸葛璩没有接受。

诸葛璩生性勤于教诲弟子，后生晚辈跟随他学习的人没有一天不登门的，但他的家宅狭窄简陋，容不下这么多学生，太守张友就为他建起一座讲舍。诸葛璩立身处世清白正直，妻子和儿子都喜怒不形于颜色。他从早到晚孜孜不倦，讲诵不止，时人越发因此而推崇他。

天监七年（508），高祖传敕令向太守王份询问诸葛璩其人，王份就据实详细奏答，朝廷还没有来得及征召任用，诸葛璩在这一年于家中去世了。他所著文章共有二十卷，由门人刘曒加以收集辑录。

### 沈顗

沈顗字处默，吴兴武康人。父亲沈坦之，南齐时任都官郎。

沈顗自幼性格清白恬静，品行超卓，仰慕汉代黄宪、徐稺二人的为人。他读书不是为了寻章摘句，自己著述时不喜欢浮华辞藻。常常独处一室，人们很少见到他。沈顗的堂叔沈勃，在南齐地位显贵，每次他回到吴兴时，家中宾客总是挤得水泄不通，而沈顗从来不去他家。沈勃来看他，沈顗迎送也从来不超过大门。沈勃叹息道："我今天才知道原来显贵不如贫贱。"

不久朝廷征召沈顗任南郡王左常侍，他不去就职。沈顗平日居家的操行修持十分严格，事奉母亲兄弟都态度敬重，对待友人也很真诚，受到乡里的称慕。永明三年（485），朝廷征召他为著作郎；建武二年（495），又征召他任太子舍人，他都没有去赴任。永元二年（500），朝廷又征他任通直郎，他也没有赴任。

颛素不治家产，值齐末兵荒，与家人并日而食。或有馈其粱肉者，闭门不受。唯以樵采自资，怡怡然恒不改其乐。

天监四年，大举北伐，订民丁，吴兴太守柳恽以颛从役，扬州别驾陆任以书责之，恽大惭，厚礼而遣之。其年卒于家。所著文章数十篇。

## 刘慧斐

刘慧斐字文宣，彭城人也。少博学，能属文，起家安成王法曹行参军。尝还都，途经寻阳，游于匡山，过处士张孝秀，相得甚欢，遂有终焉之志。因不仕，居于东林寺。又于山北构园一所，号曰离垢园，时人乃谓为离垢先生。

慧斐尤明释典，工篆隶，在山手写佛经二千余卷，常所诵者百余卷。昼夜行道，孜孜不怠，远近钦慕之。太宗临江州，遗以几杖。论者云，自远法师没后，将二百年，始有张、刘之盛矣。世祖及武陵王等书问不绝。大同二年，卒，时年五十九。

## 范元琰

范元琰字伯珪，吴郡钱唐人也。祖悦之，太学博士征，不至。父灵瑜，居父忧，以毁卒。元琰时童孺，哀慕尽礼，亲党异之。及长，好学，博通经史，兼精佛义。然性谦敬，不以所长骄人。家贫，唯以园蔬为业。尝出行，见人盗其菜，元琰遽退走，母问其故，具以实答。母问盗者为谁，答曰："向所以退，畏其愧耻，今启其名，愿不泄也。"于是母子秘之。或有涉沟盗其笋者，元琰因伐木为桥以渡之。自是盗者大惭，一乡无复草窃。居常不出城市，独坐如对严宾，见之者莫不改容正色。沛国刘瓛深加器异，尝表称之。

沈颙素来不治产业，时值齐末兵荒马乱的乱世，他和家人困窘到一天的口粮要分两天吃。有人赠给他粮食和肉，他都闭门不肯接受。只以砍柴换取生活必需品，虽然贫苦仍旧怡然不改其乐。

天监四年（505），朝廷大举北伐，四处征调民夫，吴兴郡太守柳恽令沈颙跟随其他人一起服徭役，扬州别驾陆任写信责备柳恽，柳恽十分惭愧，备下厚礼将沈颙遣返。这一年沈颙在家中去世。他所著文章流传于世的有数十篇。

### 刘慧斐

刘慧斐字文宣，彭城人。从小博学，擅长写文章，最初被起用为安成王法曹行参军。他曾经有一次从京外返回建康，途经寻阳，登庐山游历，遇到隐士张孝秀，二人相谈甚欢，刘慧斐就有了归隐林泉的志愿。于是他退出仕途，住进庐山东林寺中。又在庐山北边建起一处宅园，取名为离垢园，时人就称他为离垢先生。

刘慧斐尤其通晓佛教经典，擅长篆体隶体书法，在山中手抄佛经二千余卷，日常所诵读的有一百余卷。他昼夜修行，孜孜不倦，远近之人都十分钦慕他。简文帝任江州刺史时，曾赠送给他坐几和手杖。议论的人都说，自东晋慧远法师圆寂之后，将近二百年，终于有了张孝秀、刘慧斐在东林寺振兴佛学的盛事。元帝及武陵王等也和刘慧斐通信往来问候不断。大同二年（536），刘慧斐去世，时年五十九岁。

### 范元琰

范元琰字伯珪，吴郡钱塘人。祖父范悦之，朝廷征召他出任太学博士，他不去就职。父亲范灵瑜，在为范悦之服丧期间因伤心过度损害了健康而去世。范元琰当时还是幼童，却像大人一样伤心恸哭极尽哀礼，亲族都认为他非同寻常。范元琰长大后十分好学，博通经史，更兼精通佛学义理。然而他性格恭敬谦退，不因学有所长而自觉高人一等。他家境贫寒，只以在园中种菜为生。有一次他出门，见到有人偷他的菜，范元琰连忙退走，他母亲问他何故，他就照实回答。母亲问他偷菜的人是谁，他答道："刚才我之所以退走，就是怕他感到惭愧羞耻，我现在告诉您他的名字，您可不要泄露给外人。"于是母子俩就替此人秘而不宣。又有人涉过水沟来偷窃他家的竹

齐建武二年，始征为安北参军事，不赴。天监九年，县令管慧辨上言义行，扬州刺史临川王宏辟命，不至。十年，王拜表荐焉，竟未征。其年卒于家，时年七十。

### 刘訏

刘訏字彦度，平原人也。父灵真，齐武昌太守。訏幼称纯孝，数岁，父母继卒，訏居丧，哭泣孺慕，几至灭性，赴吊者莫不伤焉。后为伯父所养，事伯母及昆姊，孝友笃至，为宗族所称。自伤早孤，人有误触其讳者，未尝不感结流涕。长兄絜为之娉妻，克日成婚，訏闻而逃匿，事息乃还。本州刺史张稷辟为主簿，不就，主者檄召，訏乃挂檄于树而逃。

訏善玄言，尤精释典。曾与族兄刘歊听讲于钟山诸寺，因共卜筑宋熙寺东涧，有终焉之志。天监十七年，卒于歊舍，时年三十一。临终，执歊手曰："气绝便敛，敛毕即埋，灵筵一不须立，勿设飨祀，无求继嗣。"歊从而行之。宗人至友相与刊石立铭，谥曰玄贞处士。

### 刘歊

刘歊字士光，訏族兄也。祖乘民，宋冀州刺史；父闻慰，齐正员郎：世为二千石，皆有清名。

笋，范元琰就砍树搭成桥助他们渡水。从此偷菜的人都深感惭愧，他家所在的乡里便不再发生盗窃的事。他居家终日，很少前往闹市，独自一人时也端庄严肃如同面对宾客一样，见到他这样的人没有不动容正色的。沛国人刘瓛对他十分器重推崇，曾经上表称赞他。

南齐建武二年（495），朝廷才征召他任安北参军事，他没有赴任。天监九年（510），县令管慧辨上书赞颂范元琰的义行，扬州刺史临川王萧宏征辟任用他，他也没有前去就职。天监十年（511），临川王上表向朝廷举荐他，朝廷没有征召。这一年范元琰在家中去世，时年七十岁。

### 刘訏

刘訏字彦度，平原人。父亲刘灵真，南齐时任武昌太守。刘訏自幼以孝心闻名，几岁时，父母亲相继亡故，刘訏为父母服丧，思慕哭泣伤心欲绝，几乎送掉了性命，前来凭吊的宾客无不伤感。后来他由伯父抚养，对伯母及堂姐也至为孝敬友爱，受到宗族的称许。刘訏因为早早成为孤儿而心存伤痛，他人不小心触犯他的忌讳时，他没有一次不感咽落泪的。他的兄长刘挈为他定下亲事，指定日期即将成婚，但刘訏知道后就藏匿起来，待到婚事告吹后才回来。本州刺史张稷征辟他任主簿，他不去就职，主事者发来檄书召他，他就把檄书挂在树枝上逃跑了。

刘訏擅长谈论玄理，尤其精通佛教经典。他曾经与族兄刘歊在钟山的诸多寺庙中听讲佛经，二人就一起在宋熙寺的东涧择地筑室而居，有终老于此的志愿。天监十七年（518），他在刘歊的家中去世，时年三十一岁。临终时，他拉着刘歊的手说："我咽气之后就敛入棺木，敛好之后立即埋葬，灵堂奠筵一概不需设立，不要设置供品祭祀，亦不求立嗣。"刘歊答应他照此遵行。同宗及友人一起为他刻石立碑，为他拟定谥号为玄真处士。

### 刘歊

刘歊字士光，是刘訏的族兄。祖父刘乘民，刘宋时任冀州刺史；父亲刘怀慰，南齐时任正员郎，几代人都做到了二千石的官职，都有清白的名声。

歆幼有识慧，四岁丧父，与群儿同处，独不戏弄。六岁诵《论语》《毛诗》，意所不解，便能问难。十一，读《庄子·逍遥篇》，曰："此可解耳。"客因问之，随问而答，皆有情理，家人每异之。及长，博学有文才，不娶不仕，与族弟訏并隐居求志，遨游林泽，以山水书籍相娱而已。常欲避人世，以母老不忍违离，每随兄霁、杏从宦。少时好施，务周人之急，人或遗之，亦不距也。久而叹曰："受人者必报，不则有愧于人。吾固无以报人，岂可常有愧乎？"

天监十七年，无何而著《革终论》。其辞曰：

死生之事，圣人罕言之矣。孔子曰："精气为物，游魂为变，知鬼神之情状，与天地相似而不违。"其言约，其旨妙，其事隐，其意深，未可臆断，难得而精覈，聊肆狂瞽，请试言之。

夫形虑合而为生，魂质离而称死，合则起动，离则休寂。当其动也，人皆知其神；及其寂也，物莫测其所趣。皆知则不言而义显，莫测则逾辩而理微。是以勋、华旷而莫陈，姬、孔抑而不说，前达往贤，互生异见。季札云："骨肉归于土，魂气无不之。"庄周云："生为徭役，死为休息。"寻此二说，如或相反。何者？气无不之，神有也；死为休息，神无也。原宪云："夏后氏用明器，示民无知也。殷人用祭器，示民有知也。周人兼用之，示民疑也。"考之记籍，验之前志，有无之辩，不可历言。若稽诸内教，判乎释部，则诸子之言可寻，三代之礼无越。何者？神为生本，形为生具，死者神离此具，而即非彼具也。虽死者不可复反，而精灵递变，未尝灭绝。当其离此之日，识用廓然，故夏后明器，示其弗反。即彼之时，魂

刘歊自幼有见识有才智,四岁丧父,和其他孩子待在一起时,只有他一个人不嬉闹。六岁时,他诵读《论语》《毛诗》,对文义感到解不通,就提出疑问加以驳难。十一岁时,他读到《庄子·逍遥篇》,说:"这篇就可以解通了。"客人问他怎么解,他就随问而答,都说得头头是道,家人常常认为他非同寻常。长大后,博学有文才,不娶妻也不入仕,和族弟刘訏一起隐居追求自己的志向,遨游在山泽之间,以山水书籍自娱。他常常想远离人群,只因母亲老迈而不忍离开,就总是跟随兄长刘霁、刘杳游宦各地。他年轻时慷慨好施,周济他人之急,有人馈赠礼物给他,他也不拒绝。很久之后他叹息说:"受人馈赠必当报答,否则就有愧于人。我本来就没有可以报答他人的地方,岂可时常怀愧?"

天监十七年(518),他撰写了一篇《革终论》。其文写道:

关于死生一事,圣人很少提及。孔子说:"精气聚集则成为人,灵魂游动则发生变化,(由此可知)了解鬼神的情状,与天地相似而不违背。"圣人这句话语言简练,意旨绝妙,事情隐奥,意思深邃,不可以凭主观判断,难以理解而详细考核,我大胆以愚昧无知的知识,敢就这句话来说说我的见解。

形体与心思合为一体就是生,魂魄与躯体分离则称死,合则人能起身行动,离则人静止沉寂。当人行动时,众人都知道他有生命;当人沉寂无声时,外界都不知其魂归何处。活人可以行动众人皆知,所以不需说话而生命自然显露;死者寂然无声不知其魂归何处,所以辩论纷纭而义理微茫难明。因此尧帝、舜帝避而不谈生死,周公、孔圣抑而不语鬼神。古时的圣哲前代的贤达,对于生死各有不同的意见。季札曾说:'人的骨肉归于尘土,人的精气魂魄却无所不至。'庄周则说:'生如服役,死如休息。'对比这两种说法,宛如截然相反。为什么这么说?精气魂魄无所不至,也就是说灵魂是存在的。人死如休息,也就是说灵魂是不存在的。仲宪说:'夏后氏祭祀用明器,这是告诉人民人死后没有知觉。殷人祭祀用祭器,这是告诉人民人死后是有知觉的。而周人明器、祭器兼而用之,这是告诉人民人死后

灵知灭，故殷人祭器，显其犹存。不反则合乎庄周，犹存则同乎季札，各得一隅，无伤厥义。设其实也，则亦无，故周人有兼用之礼，尼父发游魂之唱，不其然乎。若废偏携之论，探中途之旨，则不仁不智之讥，于是乎可息。

夫形也者，无知之质也；神也者，有知之性也。有知不独存，依无知以自立，故形之于神，逆旅之馆耳。及其死也，神去此而适彼也。神已去此，馆何用存？速朽得理也。神已适彼，祭何所祭？祭则失理。而姬、孔之教不然者，其有以乎！盖礼乐之兴，出于浇薄，俎豆缀兆，生于俗弊。施灵筵，陈棺椁，设馈奠，建丘陇，盖欲令孝子有追思之地耳，夫何补于已迁之神乎？故上古衣之以薪，弃之中野，可谓尊卢、赫胥、皇雄、炎帝蹈于失理哉？是以子羽沈川，汉伯方圹，文楚黄壤，士安麻索。此四子者，得理也，忘教也。若从四子而游，则平生之志得矣。

有无知觉是存疑的。'考察典籍的记载，核验往日的传记，关于人死后有知无知的辩论，可谓不可历数。若是参考佛教的教义，根据佛教经义加以判断，则前面几位古人的说法皆有迹可循，夏商周三代的礼法也不曾越轨。为什么呢？灵魂是生命的根本，身体是生命的器皿，死去的人灵魂离开了这个器皿，而去附着在了这个器具之外的东西上。虽然死者不能复生，而精气魂魄还在继续转世轮回，不曾灭绝。当灵魂离开这个躯壳的时候，意识感知全都荡然无存，所以夏后氏用明器祭祀，表示生命一去不返。当灵魂附着在别的东西上面时，灵魂的意识感知已经灭亡了，所以殷人使用祭器，是为了彰显灵魂依旧存在。生命一去不返，吻合庄周的说法，而死者魂灵犹存，则符合季札的观念，他们各自说出了真理的一角，与真理的整体本身并无妨害抵触之处。归结其实质，就是死后是无知觉的，所以周人有祭祀时明器祭器兼用的礼法，孔子有'精气为物，游魂为变'的说法，不就是因为这个道理吗？若能抛弃偏执一端的论点，探求其折衷的涵义归指，则那些与仁德和智慧相矛盾的议论，可以就此平息了。

"所谓形体，就是没有知觉意识的器皿；所谓灵魂，就是有知觉意识的天性。灵魂有知觉意识但不能独立存在，需要依靠无知觉意识的器皿才能自立，所以形体相对于灵魂来说，只是其栖居的旅馆而已。到了人死之时，灵魂就离开这身体去往他方。灵魂已经离开，旅馆还有什么用呢？所以肉体速朽，这是合理的。灵魂已经去向他方，还有什么是祭祀的对象呢？所以祭祀是不合理的。而周公、孔子的礼教不这么认为，这也是有道理的啊！礼乐之所以受到提倡，乃是因为世风浇薄，那些礼器和乐舞，是为了挽救流俗的弊病而设。举行灵筵，陈设棺椁，设置灵台，立起坟丘，是想让孝子有追思亲人的地方，它们对于已经远去的灵魂而言还有什么补益呢？所以上古的逝者都是用柴草包裹，抛弃于原野之中，这难道是尊卢、赫胥、皇雄、炎帝都做了违背事理的错事吗？所以澹台子羽渡水时儿子溺死，他就以水葬之；景鸾告诫后人，将自己薄葬于土穴之中；赵咨让后人在自己棺木中铺上黄土，以求速朽；皇甫谧遗命用麻索二头捆扎遗体，葬于不毛之地。这四位贤士，都领悟了事理的真谛，而忘记了礼

　　然积习生常，难卒改革，一朝肆志，悦不见从。今欲翦截烦厚，务存俭易，进不裸尸，退异常俗，不伤存者之念，有合至人之道。孔子云："敛首足形，还葬而无椁。"斯亦贫者之礼也，余何陋焉。且张奂止用幅巾，王肃唯盥手足，范冉殡毕便葬，奚珍无设筵几，文度故舟为椁，子廉牛车载枢，叔起诚绝坟陇，康成使无卜吉。此数公者，尚或如之；况于吾人，而当华泰！今欲仿佛景行，以为轨则，悦合中庸之道，庶免徒费之讥。气绝不须复魄，盥洗而敛。以一千钱市治棺、单故裙衫、衣巾枕履。此外送往之具，棺中常物，及余阁之祭，一不得有所施。世多信李、彭之言，可谓惑矣。余以孔、释为师，差无此惑。敛讫，载以露车，归于旧山，随得一地，地足为坎，坎足容棺，不须博甓，不劳封树，勿设祭飨，勿置几筵，无用茅君之虚座，伯夷之杅水。其烝尝继嗣，言象所绝，事止余身，无伤世教。家人长幼，内外姻戚，凡厥友朋，爰及寓所，咸愿成余之志，幸勿夺之。

　　明年疾卒，时年三十二。

　　歆幼时尝独坐空室，有一老公至门，谓歆曰："心力勇猛，能精死生；但不得久滞一方耳。"因弹指而去。歆既长，精心学佛，有道人释宝志者，时人莫测也，遇歆于兴皇寺，惊起曰："隐居学道，清净登佛。"如此三说。歆未死之春，有人为其庭中栽柿，歆谓兄子

教的约束。若能跟随这四位先生交游，则我平生之志足矣。

"然而长期积累的习俗已成为民间常态，仓促之间难于改变，即便一夕之间能说服他人满足自己薄葬的心愿，临终时后人可能也并不遵从。现在我想省减繁冗复杂的丧葬过程，致力倡行俭朴便利的丧葬原则，既不令遗体不雅裸露，又不苟同于流俗惯例，不伤害生者的思念之情，同时符合圣贤教诲的精神。孔子说过：'包敛头脚身体，还葬于家乡，有棺而无椁。'这也是贫寒之家的礼法了，我岂会嫌弃它简陋呢。而且张奂去世只用幅巾包裹遗体，王肃遗言只需盥洗手足，范冉遗嘱只需穿衣入殓就可下葬，奚珍的葬礼也不设丧几奠筵，文度遗命以旧船作棺，子廉身故以牛车载灵，叔起告诫后人不要堆坟起垄，康成让后人不要卜筮择墓。这几位前贤，尚且如此安排后事，对比之下我们反倒要华丽厚葬吗？我想效法众位大德的榜样，作为世人的楷模典范，吻合圣人的中庸之道，避免靡费的讽刺批评。呼吸停止后不需再召唤魂魄，盥洗之后即可殓葬。用一千钱购置棺木、旧单衫裙、衣襟枕履。此外一切送葬用具，棺木中的陪葬用品，以及下葬前的灵牌祭奠物品，全都不得准备。世人大多信从李耳、彭祖的言论，可谓是陷于困惑之中了。我以孔圣、佛祖为师，可以免除这种困惑。我的遗体收敛好之后，要用无盖无帷的露车装载，运回老家山中，随择一地，大小足够挖掘一个能够容下棺木的墓穴即可，墓穴不要砌砖墁甓，也不要封土植树，不设灵牌祭奠，不置奠筵丧席，不要像对茅君那样设虚座供奉，也不要像对伯夷那样以杯水祭祀。至于后世子孙的凭吊祭祀，这里概不涉及，上述安排仅限于我个人，不妨碍世人对礼法的理解。我的家人亲属，长辈晚辈，内外姻亲，知交友人，凡来到我的住所的，都希望你们能成全我的心愿，望勿违悖。"

文章写成的次年（519），刘歊染病去世，时年三十二岁。

刘歊小时候曾经有一次在空荡荡的房间里独坐，忽然有一个老大爷来到门前，对他说："你心力勇猛，能精通死生的大义；但是你不可长期滞留于一方。"说罢弹指而去。刘歊长大后，精心学习佛理，有个僧人叫释宝志的，行踪飘忽时人莫测，他在兴皇寺遇到刘歊，惊讶地说："隐居学道，清净登佛。"他这样说了三遍。刘歊去世那年

畁曰："吾不见此实,尔其勿言。"至秋而亡,人以为知命。亲故诔
其行迹,谥曰贞节处士。

## 庾诜 庾曼倩

庾诜字彦宝,新野人也。幼聪警笃学,经史百家无不该综,
纬候书射,棋筹机巧,并一时之绝。而性托夷简,特爱林泉。十亩
之宅,山池居半。蔬食弊衣,不治产业。尝乘舟从田舍还,载米
一百五十石,有人寄载三十石,既至宅,寄载者曰:"君三十斛,我
百五十石。"诜默然不言,恣其取足。邻人有被诬为盗者,被治劾,
妄款,诜矜之,乃以书质钱二万,令门生诈为其亲,代之酬备。邻人
获免,谢诜,诜曰:"吾矜天下无辜,岂期谢也。"其行多如此类。

高祖少与诜善,雅推重之。及起义,署为平西府记室参军,诜
不屈。平生少所游狎,河东柳恽欲与之交,诜距而不纳。后湘东王
临荆州,板为镇西府记室参军,不就。普通中,诏曰:"明敫振滞,
为政所先;旌贤求士,梦仁斯急。新野庾诜止足栖退,自事却扫,
经史文艺,多所贯习;颍川庾承先学通黄、老,该涉释教;并不竞不
营,安兹枯槁,可以镇躁敦俗。诜可黄门侍郎,承先可中书侍郎。勒
州县时加敦遣,庶能屈志,方冀盐梅。"诜称疾不赴。

晚年以后,尤遵释教,宅内立道场,环绕礼忏,六时不辍。诵

的春天，有人为他的庭院栽种了一棵柿子树，刘歊对兄长之子刘弇说："我看不到这棵树结果子了，你不要对外人说。"到了秋天他就亡故了，众人都认为他知道自己的命数。亲朋故友撰文叙述他的生平，为他拟定谥号为贞节处士。

### 庾诜 庾曼倩

庾诜字彦宝，新野人。从小聪明颖悟笃志好学，经史百家之书无所不涉猎，无一不精通，他的谶纬验占、书法射箭、琴棋术数、巧思奇技，都堪称一时之绝。而他天性寄情于恬淡简朴的生活，流恋清幽林泉之乐。方圆十亩的宅园，山石和池塘就占了一半。吃素食穿陋衣，从不治理产业。他曾经从田舍坐船回家，船上装载了一百五十石米，有人搭他的顺风船运三十石粮米，抵达家宅后，搭顺风船的人说："您的米有三十石，我有一百五十石。"庾诜默然不争辩，任此人取够一百五十石。邻居有一个人被诬陷为盗贼，遭执法者逮捕拷问，屈打成招认了罪，庾诜同情他，就把自家藏书典当换钱二万，让弟子假称是这人的亲属，为他出钱赎罪。邻居免遭刑罚，前来感谢庾诜，他就说："我怜悯天下所有无辜的人，哪里是期待别人的感谢。"他的行为大多如此。

高祖年少时和庾诜交好，非常推崇看重他。后来高祖兴义师举事，任命他做平西府记室参军，庾诜不去屈就。他平生很少与人亲昵交游，河东人柳恽想和他结交，庾诜拒绝不肯接纳。后来湘东王任荆州刺史，任命他为镇西府记室参军，他又不就职。普通年间，高祖下诏说："选拔提升被遗忘的人才，是为政首先要做的事；表彰贤者募求才士，是朕昼思夜想魂牵梦萦的目标。新野人庾诜笃志隐居，志行高洁品格谦退，经史文艺诸多学问，他大多通晓熟习；颍川人庾承先学识贯通黄、老之玄学，又博通佛教义理；二人都无心追逐名利，反而安贫乐道，他们的事迹可以安定浮躁的世风，敦睦浇薄的习俗。可任命庾诜为黄门侍郎，庾承先为中书侍郎。令其所在州县敦促二人入朝，以期二位贤才暂屈逸志，协理朝政。"庾诜称病不赴朝。

庾诜晚年以后，尤其笃信佛教，在家宅内设置了道场，他环绕道场礼佛忏悔，昼夜不停。诵读《法华经》，每天诵读一遍。后来他

《法华经》，每日一遍。后夜中忽见一道人，自称愿公，容止甚异，呼诜为上行先生，授香而去。中大通四年，因昼寝，忽惊觉曰："愿公复来，不可久住。"颜色不变，言终而卒，时年七十八。举室咸闻空中唱"上行先生已生弥陁净域矣"。高祖闻而下诏曰："旌善表行，前王所敦。新野庾诜，荆山珠玉，江陵杞梓，静侯南度，固有名德，独贞苦节，孤芳素履。奄随运往，恻怆于怀。宜谥贞节处士，以显高烈。"诜所撰《帝历》二十卷、《易林》二十卷，续伍端休《江陵记》一卷，《晋朝杂事》五卷，《总抄》八十卷，行于世。

子曼倩字世华，亦早有令誉。世祖在荆州，辟为主簿，迁中录事。每出，世祖常目送之，谓刘之遴曰："荆南信多君子，虽美归田凤，清属桓阶，赏德标奇，未过此子。"后转咨议参军。所著《丧服仪》《文字体例》《庄老义疏》，注《算经》及《七曜历术》，并所制文章：凡九十五卷。

子季才，有学行，承圣中，仕至中书侍郎。江陵陷，随例入关。

## 张孝秀

张孝秀字文逸，南阳宛人也。少仕州为治中从事史；遭母忧，服阕，为建安王别驾。顷之，遂去职归山，居于东林寺。有田数十顷，部曲数百人，率以力田，尽供山众，远近归慕，赴之如市。

孝秀性通率，不好浮华，常冠谷皮巾，蹑蒲履，手执并桐皮麈尾。服寒食散，盛冬能卧于石。博涉群书，专精释典。善谈论，工隶书，凡诸艺能，莫不明习。普通三年，卒，时年四十二，室中皆闻有

夜间忽然见到一个僧人，自称为愿公，面容举止都很奇异，他称呼庾诜为上行先生，将一束香交给他就走了。中大通四年（532），庾诜白天小睡，忽然惊醒过来说："愿公又来了，我不可在此久留。"说完他就去世了，面色丝毫不曾改变，时年七十八岁。满屋子的人都听见空中有人唱道"上行先生已经往生弥陁净域去了"。高祖听说了此事就下诏说："表彰善德弘扬美行，是前代先王所敦劝的典制。新野人庾诜，他是荆山脚下的明珠，江陵大地的良材，晋代庾滔南渡后留下的后人，极有名望与德行，坚守自己的志节操守，隐居山林孤芳自赏。忽然一朝往生西去，朕深感怆痛哀伤。应追赠他谥号为贞节处士，以表彰他的高风亮节。"庾诜撰写有《帝历》二十卷、《易林》二十卷，续写伍端休的《江陵记》一卷，《金朝杂事》五卷，《总抄》八十卷，都通行于世间。

庾诜的儿子庾曼倩，字世华，也很早就有美好的声誉。元帝任荆州刺史时，征辟他为主簿，迁任中录事。每次庾曼倩告退，元帝常常目送他出去，对刘之遴说："荆州境内果然多有君子，虽然人们赞美田凤端庄，又赞赏桓阶清正，而论德高堪赏、风骨独特，还没有人能超过庾曼倩啊。"后来庾曼倩转任咨议参军。他著有《丧服仪》《文字体例》《庄老义疏》，又注解了《算经》及《七曜历术》，连同他自己撰写的文章，共得九十五卷。

庾曼倩之子庾季才，学识品行俱佳，承圣年间，官至中书侍郎。江陵陷落后，他随百官迁入关中。

## 张孝秀

张孝秀字文逸，南阳宛县人。他年轻时担任本州的治中从事史；遭母丧丁忧去职，服丧结束后，担任建安王别驾。不久，他就辞官归隐，在东林寺隐居。他有农田数十顷，他的部曲数百人，都跟随他努力耕田，农田产出都用来供养寺庙僧众，远近仰慕他的人，纷纷赶来归附如同赶集一般。

张孝秀性格通达率真，不喜欢浮华虚饰，他常常头戴毂皮巾，脚穿蒲草鞋，手执桐皮编织成的麈尾。他服用寒食散，在隆冬季节能够躺卧于石上。他又博览群书，精通佛家经典。善于言谈，精通隶

非常香气。太宗闻，甚伤悼焉，与刘慧斐书，述其贞白云。

## 庾承先

庾承先字子通，颍川鄢陵人也。少沉静有志操，是非不涉于言，喜愠不形于色，人莫能窥也。弱岁受学于南阳刘虬，强记敏识，出于群辈。玄经释典，靡不该悉；九流《七略》，咸所精练。郡辟功曹不就，乃与道士王僧镇同游衡岳。晚以弟疾还乡里，遂居于土台山。鄱阳忠烈王在州，钦其风味，要与游处。又令讲《老子》。远近名僧，咸来赴集，论难锋起，异端竞至，承先徐相酬答，皆得所未闻。忠烈王尤加钦重，征州主簿，湘东王闻之，亦板为法曹参军，并不赴。

中大通三年，庐山刘慧斐至荆州，承先与之有旧，往从之。荆陕学徒，因请承先讲《老子》。湘东王亲命驾临听，论议终日，深相赏接。留连月余日，乃还山。王亲祖道，并赠篇什，隐者美之。其年卒，时年六十。

陈吏部尚书姚察曰：世之诬处士者，多云纯盗虚名，而无适用，盖有负其实者。若诸葛璩之学术，阮孝绪之簿阅，其取进也岂难哉？终于隐居，固亦性而已矣。

书，琴棋书画诸种艺能，他没有不通晓熟习的。普通三年（522），张孝秀去世，时年四十二岁，去世时满屋人都闻见非同寻常的香气。简文帝听说他去世的消息非常伤感，就给刘慧斐去信，记述了张孝秀坚贞清白的节操。

### 庾承先

庾承先字子通，是颍川鄢陵人。他年少时就性格沉静有高洁的志操，从不谈论他人是非，喜怒都不形于颜色，旁人都不能窥测到他的心意。他弱冠之年求学于南阳人刘虬，博闻强记思维敏捷，在同龄人中卓尔不群。佛道两家的经典书籍，他无不精通熟习；各种学术流派的著作，他都通晓熟知。郡中征辟他为功曹，他不去就任，就与道士王僧镇一同游览衡山。后来因弟弟患病回到乡里，就在土台山定居下来。鄱阳忠烈王萧恢主政该州时，钦慕他的风骨格调，就邀请他一同交游相处，又让他讲解《老子》。远近寺院的名僧，全都来赴会听讲，辩难之声四起，不同的观点如雨后春笋，而庾承先慢慢地一一作答，所说义理全是听众未曾听闻过的。鄱阳王对他特别钦佩敬重，征召他任州主簿，湘东王听说了此事，也任命他为法曹参军，这两个职事他都不去赴任。

中大通三年（531），隐居庐山的刘慧斐来到荆州，庾承先和他有旧交，前去拜访他。荆州境内的学子，就请庾承先讲解《老子》。湘东王亲自乘车驾前来听讲，议论终日，对庾承先深为赏识看重。庾承先在荆州流连了一个多月，才回到土台山。湘东王亲自为他摆酒饯行，并以诗篇相赠，当时的隐士都将此事传为美谈。这一年庾承先去世，时年六十岁。

陈朝吏部尚书姚察说：世人中诬蔑隐士的，大多说他们纯粹是盗取虚名，而无实际作用，是名不副实之人。以诸葛璩那样渊博的学识和阮孝绪那样高贵的门第，他们要是有意仕进的话有何难哉？而他们一生在隐逸中终结，这是他们的天性使然啊。

# 卷五十二

## 列传第四十六

### 止 足

顾宪之 陶季直 萧眎素

《易》曰："亢之为言也，知进而不知退，知存而不知亡。知进退存亡而不失其正者，其唯圣人乎！"《传》曰："知足不辱，知止不殆。"然则不知夫进退，不达乎止足，殆辱之累，期月而至矣。古人之进也，以康世济务也，以弘道厉俗也。然其进也，光宠夷易，故愚夫之所干没；其退也，苦节艰贞，故庸曹之所忌惮。虽祸败危亡，陈乎耳目，而轻举高蹈，寡乎前史。汉世张良功成身退，病卧却粒，比于乐毅、范蠡至乎颠狈，斯为优矣。其后薛广德及二疏等，去就以礼，有可称焉。鱼豢《魏略·知足传》，方田、徐于管、胡，则其道本异。谢灵运《晋书·止足传》，先论晋世文士之避乱者，殆非其人；唯阮思旷遗荣好遁，远殆辱矣。《宋书·止足传》有羊欣、王微，咸其流亚。齐时沛国刘瓛，字子珪，辞禄怀道，栖迟养志，不戚戚于贫贱，不耽耽于富贵，儒行之高者也。梁有天下，小人道消，贤士大夫相招在位，其量力守志，则当世罔闻，时或有致事告老，或有寡志少欲，国史书之，亦以为《止足传》云。

　　《易经》中说："'亢龙有悔'的'亢'字的意思，是指只知仕进而不知隐退；只知存，却不知亡。知道进退存亡的道理而能不失正道的，恐怕只有圣人吧！"《传》中说："知足则不会受辱，知止则不会有危险。"既然如此，那么不知进退，不通晓止足之理的话，受辱的困窘和危险的处境，很快就会来临了。古人的仕进是为了匡济世人治理天下，古人的隐退是为了弘扬正道激励俗风。但是人的仕进，荣耀而且容易，所以愚昧之人以仕进作为权力追求的目标；人的退隐，需要苦守节操，即便历尽艰辛仍要矢志不移，所以平庸之辈视退隐为大忌。虽然锐意仕进者遭逢祸患或败亡的事例，人们屡见不鲜，但避世隐居者的事迹，在以往的史书中却很少见到。汉代张良功成身退，卧病在家修习辟谷之法，这和乐毅、范蠡取得成功后颠沛流离的结局相比，是要更胜一筹了。其后薛广德和疏广、疏受等人按朝廷礼制去职退休的事，也有值得称道之处。鱼豢所著《魏略·知足传》把田畴、徐庶和管宁、胡昭相比，其实他们遵循的处世原则本就不同。谢灵运所著的《晋书·止足传》，先评论那些躲避乱世的晋代文士，大都不属于止足退隐的人；只有阮思旷抛弃荣华富贵遁世隐居，才得以远离耻辱与险境。《宋书·止足传》中有羊欣、王微的事迹，他们都是上述几人的同道中人。南齐时沛国人刘瓛，字子珪，他拒绝为官，坚守志节，栖息山林，养守本志，身处贫贱而不悲戚哀伤，面对富贵也不孜孜以求，是儒者中志行高洁之人。梁朝据有天下后，朝廷中小人之道消退，贤明的士大夫互相邀集，其中那些度量自己的力量努力守护初志的人，在当时还不曾听闻，偶尔有人因年老告别仕途，有

## 顾宪之

顾宪之字士思，吴郡吴人也。祖觊之，宋镇军将军、湘州刺史。

宪之未弱冠，州辟议曹从事，举秀才，累迁太子舍人、尚书比部郎、抚军主簿。元徽中，为建康令。时有盗牛者，被主所认，盗者亦称己牛，二家辞证等，前后令莫能决。宪之至，覆其状，谓二家曰："无为多言，吾得之矣。"乃令解牛，任其所去，牛径还本主宅，盗者始伏其辜。发奸擿伏，多如此类，时人号曰神明。至于权要请托，长吏贪残，据法直绳，无所阿纵。性又清俭，强力为政，甚得民和，故京师饮酒者得醇旨，辄号为"顾建康"，言醡清且美焉。

迁车骑功曹、晋熙王友。齐高帝执政，以为骠骑录事参军，迁太尉西曹掾。齐台建，为中书侍郎。齐高帝即位，除衡阳内史。先是，郡境连岁疾疫，死者太半，棺木尤贵，悉裹以苇席，弃之路傍。宪之下车，分告属县，求其亲党，悉令殡葬。其家人绝灭者，宪之为出公禄，使纲纪营护之。又土俗，山民有病，辄云先人为祸，皆开冢剖棺，水洗枯骨，名为除祟。宪之晓喻，为陈生死之别，事不相由，风俗遂改。时刺史王奂新至，唯衡阳独无讼者，乃叹曰："顾衡阳之化至矣。若九郡率然，吾将何事！"

人立志不弘欲望不盛，国史记载下了这些人的事迹，现在也将之编为《止足传》。

## 顾宪之

顾宪之字士思，吴郡吴县人。祖父顾觊之，刘宋时任镇军将军、湘州刺史。

顾宪之还未到弱冠之年，就被本州辟为议曹从事，举为秀才，累加升迁为太子舍人、尚书比部郎、抚军主簿。刘宋元徽年间，顾宪之任建康令。当时有人偷牛，所偷的牛被主人认出，偷牛的人也说是自己的牛，双方的言辞证据势均力敌，前任县令都没能判定此案。顾宪之到任之后，核查案件的卷宗，对双方说："无需多言，我知道办法了。"于是命人把牛绳解开，听任牛去什么地方。牛径直回到原来主人的住宅，偷牛的人才坦白自己的罪行。他揭发奸恶纠察凶顽，大多与此类似，时人称他为神明。至于对权贵显要的私下请托，以及手下官员的贪残不法，他始终秉公执法，既不阿谀也不姑息。顾宪之生性清正俭朴，努力治政，深得民心，所以京城饮酒的人得到醇厚味美的好酒，总会称这酒为"顾建康"，意思是像顾宪之一样清醇和美的酒。

迁任车骑功曹、晋熙王友。齐高帝萧道成执掌刘宋朝政大权后，任命顾宪之为骠骑录事参军，迁任太尉西曹掾。萧道成被封为齐公建立台府之后，顾宪之任中书侍郎。萧道成登上帝位后，顾宪之被任命为衡阳内史。在此之前，衡阳境内连年瘟疫流行，染病死去的人口有一大半，棺木价格特别昂贵，于是人民全都用苇席包裹死人，弃于路旁。顾宪之一到任，就分别派人通告属县，要求找到死者的亲属，将死者全部掩埋。对于那些亲属死光了的死者，顾宪之就拿出公家府库的银钱，命主簿办理埋葬事宜。据衡阳当地的民俗，山民患了病，往往说是先人惹来的祸害，都去挖开坟墓打开棺材，用水冲洗死人的骨头，称作"除祟"。顾宪之晓谕山民，对他们陈述生死之别，指出疾病并非因死者引起，于是风俗也因此而改变。当时刺史王奂刚刚到任，只有衡阳一郡没有百姓到刺史府中告状，王奂感叹道："顾衡阳的教化算是达到极致了。假如本州九郡全都如此，我还有什么事可做呢？"

　　还为太尉从事中郎。出为东中郎长史、行会稽郡事。山阴人吕文度有宠于齐武帝，于余姚立邸，颇纵横。宪之至郡，即表除之。文度后还葬母，郡县争赴吊，宪之不与相闻。文度深衔之，卒不能伤也。

　　迁南中郎巴陵王长史，加建威将军、行婺州事。时司徒竟陵王于宣城、临成、定陵三县界立屯，封山泽数百里，禁民樵采，宪之固陈不可，言甚切直。王答之曰："非君无以闻此德音。"即命无禁。

　　迁给事黄门侍郎，兼尚书吏部郎中。宋世，其祖觊之尝为吏部，于庭植嘉树，谓人曰："吾为宪之种耳。"至是，宪之果为此职。出为征虏长史、行南兖州事，遭母忧。服阕，建武中，复除给事黄门侍郎，领步兵校尉，未拜，仍迁太子中庶子，领吴邑中正。出为宁朔将军、临川内史，未赴，改授辅国将军、晋陵太守。顷之遇疾，陈解还乡里。

　　永元初，征为廷尉，不拜，除豫章太守。有贞妇万晞者，少孀居无子，事舅姑尤孝，父母欲夺而嫁之，誓死不许，宪之赐以束帛，表其节义。

　　中兴二年，义师平建康，高祖为扬州牧，征宪之为别驾从事史。比至，高祖已受禅，宪之风疾渐笃，固求还吴。天监二年，就家授太中大夫。宪之虽累经宰郡，资无担石，及归，环堵，不免饥寒。八年，卒于家，年七十四。临终为制，以敕其子曰：

顾宪之回京后任太尉从事中郎。又出京任东中郎长史、行会稽郡事。山阴人吕文度受到齐武帝的宠幸，在余姚购置了宅邸，颇有横行乡里的恶行。顾宪之来到会稽郡后，立即上表陈奏，拆除了吕文度的宅邸。吕文度后来回会稽安葬母亲，郡县官员争相前去吊唁，顾宪之却不与他往来。吕文度心中对顾宪之深怀忌恨，但最终也不能有所中伤。

顾宪之迁任南中郎巴陵王长史，加官建威将军、行南豫、南兖二州事。当时司徒竟陵王在宣城、临成、定陵三县交界处建立了屯所，封锁了数百里山泽，禁止百姓进入其中樵采，顾宪之坚决地向他陈言不可如此，言辞恳切而直率。竟陵王回答他说："如果不是您，我无法听到如此高尚正直的言论。"当即就下令解除封禁。

顾宪之迁任给事黄门侍郎，兼尚书吏部郎中。刘宋时，顾宪之的祖父顾觊之曾任吏部尚书，在官府庭院中种下姿态优美的树木，对人说："这树是我为宪之种的。"到了这时，顾宪之果然在吏部任职。顾宪之又出京任征虏长史、行南兖州事。遭母丧丁忧去职。服丧期满之后，建武年间，他又被任命为给事黄门侍郎，兼领步兵校尉，未及拜官，迁任太子中庶子，兼领吴邑中正。又出京任宁朔将军、临川内史，未及赴任，改任辅国将军、晋陵太守。不久，顾宪之患病，上奏有病解职回乡。

永元初年，顾宪之被任命为廷尉，没有赴职，又被任命为豫章内史。豫章有个名叫万晞的贞妇，年轻时就丧夫孀居，没有子嗣，她事奉公婆特别孝敬，但她的父母想逼迫她变节改嫁，她誓死不从，顾宪之赐给她束帛，以表彰她的贞洁美德。

中兴二年（502），高祖义军平定了建康，高祖出任扬州牧，征召顾宪之担任别驾从事史。等到顾宪之赶到京城，高祖已经受禅登基。顾宪之因为中风的病情渐渐严重，坚决请求返回家乡吴县。天监二年（503），朝廷派人在顾宪之家中任命他为太中大夫。顾宪之虽多次担任郡守，家中却全无一点积蓄，到他回到家乡时，家徒四壁，竟不能免于饥寒。天监八年（509），顾宪之在家中去世，时年七十四岁。临终时写了一篇遗嘱，告诫自己的儿子说：

　　夫出生入死，理均昼夜。生既不知所从来，死亦安识所往。延陵所云“精气上归于天，骨肉下归于地，魂气则无所不之”，良有以也。虽复茫昧难征，要若非妄。百年之期，迅若驰隙。吾今豫为终制，瞑目之后，念并遵行，勿违吾志也。

　　庄周、澹台，达生者也；王孙、士安，矫俗者也。吾进不及达，退无所矫。常谓中都之制，允理惬情。衣周于身，示不违礼；棺周于衣，足以蔽臭。入棺之物，一无所须。载以辒车，覆以粗布，为使人勿恶也。汉明帝天子之尊，犹祭以枉水脯糗；范史云烈士之高，亦奠以寒水干饭。况吾卑庸之人，其可不节衷也？丧易宁戚，自是亲亲之情；礼奢宁俭，差可得由吾意。不须常施灵筵，可止设香灯，使致哀者有凭耳。朔望祥忌，可权安小床，暂设几席，唯下素馔，勿用牲牢。蒸尝之祠，贵贱罔替。备物难办，多致疏怠。祠先人自有旧典，不可有阙。自吾以下，祠止用蔬食时果，勿同于上世也。示令子孙，四时不忘其亲耳。孔子云：“虽菜羹瓜祭，必齐如也。”本贵诚敬，岂求备物哉？

　　所著诗、赋、铭、赞并《衡阳郡记》数十篇。

### 陶季直

　　陶季直，丹阳秣陵人也。祖愍祖，宋广州刺史。父景仁，中散大夫。

"人从出生到死去，这道理如同昼夜嬗变。既然不知生命是从什么地方而来的，又怎么能知道死后会往什么地方去。延陵季札说的'人死后精气上升归于天，骨肉下沉归于地，魂魄则任何地方都能去'，实在是有原因的。虽然这种说法有些虚无渺茫，难以验证，但大体应当不是虚妄的。人生不满百，飞逝如白驹过隙。我现在预先写好遗嘱，瞑目之后，望你们全都照此履行，不要违背我的意愿。

"庄周、澹台灭明，都是参透人生真谛的豁达之人；杨王孙、皇甫谧，则是以自己的行为来矫世匡俗的人。我进不能如前二者一般豁达，退则不能像后二者一样矫俗。我常说西晋制定的丧葬礼制，既合乎天理又能满足人们思念亡者的情感。死后衣物包住身体，以示不违礼法；衣物之外就是棺木，足以遮蔽臭气。放进棺木的其他物品，一概不需要。用輀车来载运，用粗布覆盖棺木，为的是不使人厌恶。汉明帝贵为天子，尚且提出只要杯水、肉干和干粮祭奠；范史云是名声崇高的忠贞士人，也遗命只用凉水和干饭祭奠即可。何况我这卑下平庸之人，怎么能不节制自己的欲念呢？丧葬与其仪式面面俱到，宁可细节简易而内心哀戚，这才是思慕亲人的深情；礼仪与其奢侈浪费，宁可朴素俭约，这才算符合我的心意。不必在灵前设置奠筵，只点一盏油灯，使致哀的人有个目标就够了。遇上初一、十五、大祥、小祥以及忌日，可以临时设置一张小榻，安放几案坐席，只置办素食，切不要用牛羊猪作牺牲祭奠。祭祀祖宗的烝尝之祭，无论贵贱都不能私自废弃。礼仪齐全的器物难于备办，常常因此而导致疏忽懈怠。祭祀祖先之礼以前已有规定，不可疏漏。从我开始，死后祭祀只用蔬食果品，不要像前朝一样使用牲畜。要明白地指示子孙，一年四季不要忘记自己的父母亲人。孔子说：'即使是用菜羹蔬食来祭祀，也一定要恭敬如同斋戒。'可贵的是心诚而虔敬，哪里是要苛求器物齐备呢？"

顾宪之著的诗、赋、铭、赞以及《衡阳郡记》共有数十篇。

## 陶季直

陶季直，丹阳秣陵人。祖父陶愍祖，刘宋时任广州刺史。父亲陶

季直早慧，愍祖甚爱异之。愍祖尝以四函银列置于前，令诸孙各取，季直时甫四岁，独不取。人问其故，季直曰："若有赐，当先父伯，不应度及诸孙，是故不取。"愍祖益奇之。五岁丧母，哀若成人。初，母未病，令于外染衣，卒后，家人始赎，季直抱之号恸，闻者莫不酸感。

及长好学，淡于荣利。起家桂阳王国侍郎，北中郎镇西行参军，并不起，时人号曰"聘君"。父忧服阕，尚书令刘秉领丹阳尹，引为后军主簿，领郡功曹。出为望蔡令，顷之以病免。时刘秉、袁粲以齐高帝权势日盛，将图之，秉素重季直，欲与之定策。季直以袁、刘儒者，必致颠殒，固辞不赴，俄而秉等伏诛。

齐初，为尚书比部郎，时褚渊为尚书令，与季直素善，频以为司空、司徒主簿，委以府事。渊卒，尚书令王俭以渊有至行，欲谥为文孝公，季直请曰："文孝是司马道子谥，恐其人非具美，不如文简。"俭从之。季直又请俭为渊立碑，终始营护，甚有吏节，时人美之。

迁太尉记室参军。出为冠军司马、东莞太守，在郡号为清和。还除散骑侍郎，领左卫司马，转镇西咨议参军。齐武帝崩，明帝作相，诛锄异己，季直不能阿意，明帝颇忌之，乃出为辅国长史、北海

景仁,任中散大夫。

　　陶季直少年早慧,陶愍祖很喜爱他,认为他非同寻常。陶愍祖曾经拿四封银子放在前面,让孙子们各人自取,当时陶季直刚刚四岁,唯独他一人不取。有人问他是何缘故,陶季直说:"假如祖父有赏赐,应当先赏赐父亲和诸位叔伯,不应当直接给予孙辈,因此我不取。"陶愍祖听到这番话,更加认为他不同寻常。陶季直五岁时丧母,他伤心恸哭得好像成人一般。起初,他母亲还未生病时,曾令他出家为僧,母亲死后,家人才把他赎回来,陶季直抱着母亲的尸体嚎啕痛哭,听到的人没有一个不心酸伤感的。

　　长大成人之后,陶季直爱好学习,淡泊名利。从家中被起用为桂阳王国侍郎,北中郎镇西行参军,两个职位他都没有就任,时人称他为"聘君"。陶季直遭父丧丁忧,服丧期满后,尚书令刘秉正兼领丹阳尹,他把陶季直提拔为后军主簿,兼领郡功曹。陶季直又出京任望蔡令,不久因病免职。当时刘秉、袁粲因为齐高帝萧道成的权势日渐隆盛,想要图谋陷害萧道成。刘秉一向敬重陶季直,就想约陶季直一起商讨对付齐高帝的策略。陶季直认为袁、刘二人不过是儒生,他们的图谋一定会自取灭亡,因此坚决推辞不肯赴约。不久刘秉等人就因罪被诛杀。

　　萧齐初年,陶季直任尚书比部郎,当时褚渊任尚书令,他和陶季直一向交情颇好,于是多次命陶季直担任司空、司徒主簿,把府中事务委托给他。褚渊去世后,尚书令王俭认为褚渊有高尚的德行,想要定褚渊谥号为"文孝公"。陶季直提出请求说:" '文孝',是司马道子的谥号,恐怕褚渊不能完全符合这个谥号,不如赠谥为'文简'。"王俭听从了陶季直的意见。陶季直又向王俭请求为褚渊立碑。碑立好之后,陶季直尽心尽力地维护保养这块碑,保持了褚渊旧日属吏的情义节操,时人都赞扬这种美行。

　　陶季直迁任太尉记室参军。又出京任冠军司马、东莞太守,在郡中有清静和谐的官声。回京后被任命为散骑侍郎,兼领左卫司马,转任镇西咨议参军。齐武帝驾崩后,齐明帝萧鸾任宰相,大肆诛除异己,陶季直不肯阿谀奉承他,齐明帝对他颇为嫌忌,于是让他出京任

太守。边职上佐，素士罕为之者。或劝季直造门致谢，明帝既见，便留之，以为骠骑咨议参军，兼尚书左丞。仍迁建安太守，政尚清静，百姓便之。还为中书侍郎，迁游击将军、兼廷尉。

梁台建，迁给事黄门侍郎。常称仕至二千石，始愿毕矣，无为务人间之事，乃辞疾还乡里。天监初，就家拜太中大夫。高祖曰："梁有天下，遂不见此人。"十年，卒于家，时年七十五。

季直素清苦绝伦，又屏居十余载，及死，家徒四壁，子孙无以殡敛，闻者莫不伤其志焉。

## 萧眎素

萧眎素，兰陵人也。祖思话，宋征西、仪同三司，父惠明，吴兴太守，皆有盛名。

眎素早孤贫，为叔父惠休所收恤。起家为齐司徒法曹行参军，迁著作佐郎，太子舍人，尚书三公郎。永元末，为太子洗马。梁台建，高祖引为中尉骠骑记室参军。天监初，为临川王友，复为太子中舍人，丹阳尹丞。初拜，高祖赐钱八万，眎素一朝散之亲友。又迁司徒左西属，南徐州治中。

性静退，少嗜欲，好学，能清言，荣利不关于口，喜怒不形于色。在人间及居职，并任情通率，不自矜高，天然简素，士人以此咸敬之。及在京口，便有终焉之志，乃于摄山筑室。会征为中书侍郎，遂辞不就，因还山宅，独居屏事，非亲戚不得至其篱门。妻，太尉王俭女，久与别居，遂无子。八年，卒。亲故迹其事行，谥曰贞文先生。

辅国长史、北海太守。当时边境大郡的主政长官属于要职，极少让一般士族出身的官员来充任，有人就劝陶季直前往萧鸾府中去辞谢，齐明帝接见陶季直后，就让他留任在京城，任命为骠骑咨议参军，兼尚书左丞。后来他迁任建安太守，主政崇尚清静无为，百姓都大感便利。回京后他任中书侍郎，迁任游击将军、兼廷尉。

高祖获封梁公建立台府后，陶季直迁任给事黄门侍郎。他常常说，当官做到了二千石的级别，他的愿望就算是完全实现了，不需要再去追求世间富贵，于是以有病为由辞职返乡。天监初年，朝廷派人在他家任命他为太中大夫。高祖说："我梁朝领有天下，却再也见不到此人。"天监十年(511)，陶季直在家中去世，时年七十五岁。

陶季直一向生活极为清苦，又辞官隐居长达十多年，他死的时候，家徒四壁，子孙几乎没有钱来殓葬他，听说此事的人没有不感叹他的操守的。

## 萧眎素

萧眎素，兰陵人。他的祖父萧思话，刘宋时官至征西将军、开府仪同三司。父亲萧惠明，官至吴兴太守。他祖父、父亲都享有盛名。

萧眎素很小的时候就丧父陷入贫苦中，由叔父萧惠休收养抚育。他最初被起用为南齐的司徒法曹行参军，迁任著作佐郎、太子舍人、尚书三公郎。永元末年，萧眎素任太子洗马。高祖获封梁公建台治事后，提拔他任中尉骠骑记室参军。天监初年，萧眎素任临川王友，又再度任太子中舍人、丹阳尹丞。起初刚担任官职时，高祖赐萧眎素八万钱，萧眎素一天功夫就把钱全部散给了亲友。后来他又迁任司徒左西属、南徐州治中。

萧眎素性格沉静谦退，清心寡欲，勤奋好学，能作清谈，绝口不谈荣华利禄之事，喜怒不形于颜色。无论是布衣居家还是担任官职，他都任情纵性通达率真，从不骄矜自大，保持了真诚简素的个性，士人因此都很敬重他。到了他在京口任职时，萌生了在此地终老的想法，于是就在摄山起造宅园。适逢这时朝廷征召他任中书侍郎，他就推辞不就职，回到摄山的家宅中，独居不再过问世事，若不是亲

　　史臣曰：顾宪之、陶季直，引年者也，萧眎素则宦情鲜焉，比夫怀禄耽宠，婆娑人世，则殊间矣。

戚就没法找到他隐居的宅园。萧眎素的妻子，乃是太尉王俭之女，萧
眎素很久以前就与她分居，所以一直没有子嗣。天监八年（509），萧
眎素去世。他的亲戚朋友撰文叙述他的生平，拟定谥号为贞文先生。

　　史臣说：顾宪之、陶季直，二人都是因年老而主动引退，萧眎素
则是对做官缺少热情，他们与那些念念不忘俸禄荣宠，在人间奔波
忙碌的人相比，实在是大相径庭了。

# 卷五十三

## 列传第四十七

### 良 吏

庾荜 沈瑀 范述曾 丘仲孚 孙谦 伏暅 何远

昔汉宣帝以为"政平讼理，其惟良二千石乎！"前史亦云："今之郡守，古之诸侯也。"故长吏之职，号为亲民，是以导德齐礼，移风易俗，咸必由之。齐末昏乱，政移群小，赋调云起，徭役无度，守宰多倚附权门，互长贪虐，掊克聚敛，侵愁细民，天下摇动，无所厝其手足。高祖在田，知民疾苦，及梁台建，仍下宽大之书，昏时杂调，咸悉除省，于是四海之内，始得息肩。逮践皇极，躬览庶事，日昃听政，求民之瘼。乃命轺轩以省方俗，置肺石以达穷民，务加隐恤，舒其急病。元年，始去人赀，计丁为布；身服浣濯之衣，御府无文饰，宫掖不过绫彩，无珠玑锦绣；太官撤牢馔，每日膳菜蔬，饮酒不过三酳：以俭先海内。每选长吏，务简廉平，皆召见御前，亲勗治道。始擢尚书殿中郎到溉为建安内史，左民侍郎刘霭为晋安太守，溉等居官，并以廉絜著。又著令：小县有能，迁为大县；大县有能，迁为二千石。于是山阴令丘仲孚治有异绩，以为长沙内史；武康令何远清公，以为宣城太守。剖符为吏者，往往承风焉。若新野庾荜诸任职者，以经术润饰吏政，或所居流惠，或去后见思，盖后来之良吏也。缀为《良吏篇》云。

　　当年汉宣帝认为"要施政端正断狱公平，只有世间上佳的郡守才可以做到！"前代史书上也说："今天的郡守，就相当于古代的诸侯。"因此地方长吏的职位，被称为亲民之官，要引导德行整顿礼俗，改良风气移风易俗，都必须要地方上的长官来加以实施。南齐末年，朝政由一群小人把持，各种苛捐杂税蜂拥而起，徭役征发没有节制，郡县长官大多投靠依附权贵，竞相贪残盘剥，搜括民脂民膏，鱼肉百姓，天下民心动摇，黎民无处安身。高祖当时身在地方，对民间疾苦颇有了解，到了后来获封梁公建立台府后，就频频颁下宽缓治民的政令，把东昏侯时期的各种繁苛赋税，悉数蠲除停省，于是四海之内，黎民方才得以休养生息。待到高祖登基就位，亲身处理大小政务，昼夜听取政事汇报，了解百姓疾苦。于是派出使者巡视各地民情风俗，在宫门外设置肺石以使走投无路的人民能上书求助，对百姓着力体恤安抚，解救他们的病痛危难。天监元年（502），开始除去对未成年人征收的资费，只统计成年人丁来定额征税；高祖自己身穿洗过的旧衣，皇家府库中也没有华丽的服饰，后宫所穿不过绫绸，没有珠玑锦绣；太官不再制作猪牛羊三牲做成的菜肴，每天只是食用素食菜蔬，饮酒不超过三盏：这都是天子以自己的节俭作为天下人的表率。高祖每次选拔地方长官，务必会挑选那些廉洁公正的官员，上任前必会亲自召见，鼓励他们施行惠政。高祖先提拔尚书殿中郎到溉出任建安内史，左民侍郎刘颙出任晋安太守，到溉等人到任之后，都以廉洁著称。高祖又颁布诏令：小县县令如有能力，可升为大县县令；大县县令如有能力，可升为郡守。于是山阴县令丘仲孚治政有

### 庾荜

庾荜字休野，新野人也。父深之，宋雍州刺史。

荜年十岁，遭父忧，居丧毁瘠，为州党所称。弱冠，为州迎主簿，举秀才，累迁安西主簿，尚书殿中郎，骠骑功曹史。博涉群书，有口辩。齐永明中，与魏和亲，以荜兼散骑常侍报使，还拜散骑侍郎，知东宫管记事。

郁林王即位废，掌中书诏诰，出为荆州别驾。仍迁西中郎咨议参军，复为州别驾。前后纲纪，皆致富饶，荜再为之，清身率下，杜绝请托，布被蔬食，妻子不免饥寒。明帝闻而嘉焉，手敕褒美，州里荣之。

迁司徒咨议参军、通直散骑常侍。高祖平京邑，霸府建，引为骠骑功曹参军，迁尚书左丞。出为辅国长史、会稽郡丞、行郡府事。时承凋弊之后，百姓凶荒，所在谷贵，米至数千，民多流散，荜抚循甚有治理。唯守公禄，清节逾厉，至有经日不举火。太守永阳王闻而馈之，荜谢不受。天监元年，卒，停尸无以殓，柩不能归，高祖闻之，诏赐绢百匹，米五十斛。

初，荜为西楚望族，早历显官，乡人乐蔼有干用，素与荜不平，互相陵竞。蔼事齐豫章王嶷，嶷薨，蔼仕不得志，自步兵校尉求助

突出的业绩，就被任命为长沙内史；武康县令何远清廉公正，于是被任命为宣城太守。那些主政一方郡县的官员，一时间纷纷仰慕效仿，蔚然成风。像新野人庾荜等几位担任地方长官的人，以经学润饰吏政，有的向治下百姓普施恩惠，有的离任之后仍被百姓思念不已，这都是优良风气之下的后起良吏。这里将其事迹编撰为《良吏传》。

## 庾荜

庾荜字休野，新野人。他的父亲庾深之，刘宋时任雍州刺史。

庾荜十岁时，遭父丧，在服丧期间伤心过度而形销骨立，受到同州之人的称道。他弱冠之年，被州中选为迎主簿，举为秀才，累加升迁为安西主簿、尚书殿中郎、骠骑功曹史。庾荜博览群书，有口辩之才。南齐永明年间，朝廷和北魏关系亲善，庾荜被任命为兼散骑常侍，作为使者回访北魏，回朝后被拜为散骑侍郎，知东宫管记事。

郁林王即位后被废，这段时期庾荜掌管中书诏诰，后来出京任荆州别驾。接着迁任西中郎咨议参军，再度任荆州别驾。以前在荆州担任别驾的人，都借助职务便利而聚敛了大量财富，庾荜两度担任这个职务，却清正廉洁为下属作表率，杜绝了私人请托，自己布衣蔬食，以致家人都免不了挨饿受冻。齐明帝听闻后十分赞赏，亲自写诏书褒赞庾荜，州中之人都认为是极大的荣耀。

后来迁任司徒咨议参军、通直散骑常侍。高祖平定京城后建立霸府，选拔庾荜任骠骑功曹参军，迁任尚书左丞。他又出京任辅国长史、会稽郡丞、行郡府事。当时正是齐末动乱结束不久，民生凋敝，百姓又遭遇灾荒，处处粮价腾贵，米价涨至数千钱一石，人民大多流离逃亡。庾荜抚恤赈济颇有成绩。他谨守自己的官职俸禄，修持高洁的节操，因此生计困难，有时甚至一整天都不烧火煮食。会稽太守永阳王听说他如此清廉，就馈赠财物给他，庾荜辞谢不受。天监元年（502），庾荜去世，遗体只能陈放家中而无钱入殓，灵柩也无法归葬家乡。高祖听说后，下诏赐给庾荜家绢一百匹，米五十斛。

起初，庾荜家里是西楚地区的望族，早年历任显职。庾荜的同乡乐蔼很有才干，但一向与庾荜不和，二人彼此竞争，互不相让。乐蔼曾事奉齐豫章王萧嶷，萧嶷薨逝后，乐蔼的仕途就颇不得意，以步兵校

戍归荆州，时莘为州别驾，益忽蔼。及高祖践阼，蔼以西朝勋为御史中丞，莘始得会稽行事，既耻之矣；会职事微有谴，高祖以蔼其乡人也，使宣旨诲之，莘大愤，故发病卒。

## 沈瑀

沈瑀字伯瑜，吴兴武康人也。叔父昶，事宋建平王景素，景素谋反，昶先去之，及败，坐系狱，瑀诣台陈请，得免罪，由是知名。

起家州从事、奉朝请。尝诣齐尚书右丞殷沵，沵与语及政事，甚器之，谓曰："观卿才干，当居吾此职。"司徒竟陵王子良闻瑀名，引为府参军，领扬州部传从事。时建康令沈徽孚恃势陵瑀，瑀以法绳之，众惮其强。子良甚相知赏，虽家事皆以委瑀。子良薨，瑀复事刺史始安王遥光。尝被使上民丁，速而无怨。遥光谓同使曰："尔何不学沈瑀所为？"乃令专知州狱事。湖熟县方山埭高峻，冬月，公私行侣以为艰难，明帝使瑀行治之。瑀乃开四洪，断行客就作，三日立办。扬州书佐私行，诈称州使，不肯就作，瑀鞭之三十。书佐归诉遥光，遥光曰："沈瑀必不枉鞭汝。"覆之，果有诈。明帝复使瑀筑赤山塘，所费减材官所量数十万，帝益善之。永泰元年，为建德令，教民一丁种十五株桑、四株柿及梨栗，女丁半之，人咸欢悦，顷之成林。

尉的身份请求回归荆州协助防守，当时庾荜正担任荆州别驾，因此就更加轻视乐蔼。高祖践阼登基后，乐蔼因为曾经辅佐荆州的朝廷有功而升任御史中丞，庾荜却只得到行会稽郡事的任命，他认为蒙受了耻辱；庾荜履行职务时有微小过失，高祖因为乐蔼是庾荜的同乡，就派乐蔼来宣旨开导庾荜，庾荜心中更是大感愤恨，所以就发病而死。

## 沈瑀

沈瑀字伯瑜，吴兴武康人。他的叔父沈昶，事奉刘宋的建平王刘景素，刘景素谋反，沈昶在此前已经离开刘景素门下，后来谋反计划败露，沈昶也因此受牵连而被收捕，沈瑀赶往御史台为叔父陈情请求赦免，沈昶得以免罪，沈瑀也因此知名。

沈瑀最初被起用为州从事、奉朝请。他曾经去拜谒南齐尚书右丞殷沵，殷沵与沈瑀谈及政事，听到他的见解非常器重他，对沈瑀说："看您的才干，将来必定会担任我这个官职。"司徒竟陵王萧子良听说了沈瑀的名声，就选拔他担任府参军，兼领扬州部传从事。当时建康令沈徽孚倚仗权势欺凌沈瑀，沈瑀依法惩治了沈徽孚，众人从此都畏惧他的强硬正直。萧子良十分赏识沈瑀，即便是家事也都交给他处置。萧子良去世，沈瑀又事奉扬州刺史始安王萧遥光。沈瑀曾被州府派去征调民丁，他很快就完成了征调而民间也毫无怨言。萧遥光对一起被派遣的官员说："你们为什么不学习沈瑀所为呢？"于是萧遥光令沈瑀独立主持州中的狱讼。湖熟县的方山埭高且险峻，隆冬季节，因公因私路过此地的行人都认为这里艰险难行，明帝就派沈瑀前去整治这里。沈瑀凿开四处险滩，截留过往的行人参与施工，工程只用了三天就迅速完工。扬州书佐因为私事路过这里，诈称是州府使者，拒绝参加施工，沈瑀下令鞭笞他三十下。书佐回去后向萧遥光诉苦，萧遥光说："沈瑀一定不会无缘无故鞭打你。"于是派人调查，果然是书佐有所欺诈。明帝又派沈瑀修筑赤山塘，他所耗去的费用比材官将军估算的金额要少几十万，明帝更加认为沈瑀有才能。永泰元年（498），沈瑀任建德令，教导百姓每个成年男丁栽种十五棵桑树、四棵柿子树以及梨树、栗树若干，每个成年女丁按半数

去官还京师，兼行选曹郎。随陈伯之军至江州，会义师围郢城，瑀说伯之迎高祖。伯之泣曰："余子在都，不得出城，不能不爱之。"瑀曰："不然。人情匈匈，皆思改计，若不早图，众散难合。"伯之遂举众降，瑀从在高祖军中。

初，瑀在竟陵王家，素与范云善。齐末，尝就云宿，梦坐屋梁柱上，仰见天中有字曰"范氏宅"。至是，瑀为高祖说之。高祖曰："云得不死，此梦可验。"及高祖即位，云深荐瑀，自暨阳令擢兼尚书右丞。时天下初定，陈伯之表瑀催督运转，军国获济，高祖以为能。迁尚书驾部郎，兼右丞如故。瑀荐族人沈僧隆、僧照有吏干，高祖并纳之。

以母忧去职，起为振武将军、余姚令。县大姓虞氏千余家，请谒如市，前后令长莫能绝，自瑀到，非讼所通，其有至者，悉立之堦下，以法绳之。县南又有豪族数百家，子弟纵横，递相庇荫，厚自封植，百姓甚患之。瑀召其老者为石头仓监，少者补县僮，皆号泣道路，自是权右屏迹。瑀初至，富吏皆鲜衣美服，以自彰别。瑀怒曰："汝等下县吏，何自拟贵人耶？"悉使著芒屩粗布，侍立终日，足有蹉跌，辄加榜棰。瑀微时，尝自至此鬻瓦器，为富人所辱，故因以报焉，由是士庶骇怨。然瑀廉白自守，故得遂行其志。

来栽种，百姓都欣然从命，不久栽种的树木就长成了大片的树林。

沈瑀任职期满回到京城，兼行选曹郎。后来随陈伯之的部队来到江州，时值高祖义军包围郢城，沈瑀就劝说陈伯之归附高祖。陈伯之流泪道："我的儿子还在京城，无法离开，我不能不考虑他的安危啊。"沈瑀说："不是这样的。现在军中人心不安，都想另投明主，您若不早作打算，军心一散就再也难以号召了。"陈伯之于是率军投降，沈瑀也就随军来到高祖军中。

起初，沈瑀还在竟陵王府的时候，一向和范云交情密切。南齐末年，沈瑀曾经到范云家过夜，梦见自己坐在梁柱上，仰头看见天空中有"范氏宅"三个字。到了这个时候，沈瑀就把这个梦境向高祖讲了。高祖说："只要范云不死，这个梦是可以应验的。"高祖登基就位后，范云极力向他推荐沈瑀，于是沈瑀从暨阳令被提拔为兼尚书右丞。这时天下初定，陈伯之上表请求派沈瑀督促粮草转运，他让军队、国家都及时获得物资接济，高祖认为沈瑀很有能力。沈瑀迁任尚书驾部郎，兼右丞之职照旧。沈瑀又推荐族人沈僧隆、沈僧照，说他们有做官吏的才干，高祖对二人都加以任用。

沈瑀遭母丧丁忧离职，后来重新被起用为振武将军、余姚令。余姚县的大姓虞氏有千余家，虞氏常常到县衙私自请托，拜谒的人络绎不绝如同集市，前任县令没有人能够杜绝这种现象。沈瑀到任之后，凡是和诉讼没有关系的人，有来到衙门求见的，沈瑀就让他们站在台阶下，按法律加以惩治。余姚县南又有豪族数百家，子弟众多，互相包庇，搜括聚敛，百姓受害不浅。沈瑀把豪族的人召来，年老的就让他们做石头仓监，年轻的就让他们补任县僮从事杂役。这些人都在路上号哭，从此县里的豪门大族都收敛行迹，不敢再胡作非为。沈瑀刚到余姚时，富有的县吏都穿着光鲜华丽的衣服，以表明和普通人的区别。沈瑀大怒道："尔等不过是小县胥吏，怎敢私自模仿贵人穿戴？"沈瑀命他们全都穿上粗布衣服和草鞋，整天在衙门前侍立，稍有过失就加以责罚鞭打。沈瑀早年身份微贱时，曾经到余姚贩卖瓦器，被这里的富人羞辱，所以这时就趁机报仇，于是当地无论士族还是平民都恐惧抱怨。然而沈瑀为官廉洁清白没有污点，所以能

后王师北伐，征瑀为建威将军，督运漕，寻兼都水使者。顷之，迁少府卿。出为安南长史、寻阳太守。江州刺史曹景宗疾笃，瑀行府州事。景宗卒，仍为信威萧颖达长史，太守如故。瑀性屈强，每忤颖达，颖达衔之。天监八年，因入咨事，辞又激厉，颖达作色曰："朝廷用君作行事耶？"瑀出，谓人曰："我死而后已，终不能倾侧面从。"是日，于路为盗所杀，时年五十九，多以为颖达害焉。子续累讼之，遇颖达亦寻卒，事遂不穷竟。续乃布衣蔬食终其身。


## 范述曾

范述曾字子玄，吴郡钱唐人也。幼好学，从余杭吕道惠受《五经》，略通章句。道惠学徒常有百数，独称述曾曰："此子必为王者师。"齐文惠太子、竟陵文宣王幼时，高帝引述曾为之师友。起家为宋晋熙王国侍郎。齐初，至南郡王国郎中令，迁尚书主客郎、太子步兵校尉，带开阳令。述曾为人謇谔，在宫多所谏争，太子虽不能全用，然亦弗之罪也。竟陵王深相器重，号为"周舍"。时太子左卫率沈约亦以述曾方汲黯。以父母年老，乞还就养，乃拜中散大夫。


明帝即位，除游击将军，出为永嘉太守。为政清平，不尚威猛，民俗便之。所部横阳县，山谷崄峻，为逋逃所聚，前后二千石讨捕莫能息。述曾下车，开示恩信，凡诸凶党，襁负而出，编户属籍者二百余家。自是商贾流通，居民安业。在郡励志清白，不受馈遗，明帝闻，甚嘉之，下诏褒美焉。征为游击将军。郡送故旧钱二十余万，述曾一无所受。始之郡，不将家属，及还，吏无荷担者。民无老少，

够随心所欲地治理。

后来朝廷北伐，征召沈瑀为建威将军，负责督运粮草，不久兼都水使者。又过了不久，沈瑀迁任少府卿。出京任安南长史、寻阳太守。江州刺史曹景宗病重，沈瑀代他行府州事。曹景宗去世后，沈瑀接着担任信威将军萧颖达长史，太守之职照旧。沈瑀性格倔强，常常违拗触忤萧颖达，萧颖达对他怀恨在心。天监八年（509），沈瑀进入萧颖达府中议事，言辞又很激烈严厉，萧颖达大怒，发作道："朝廷任命你行本州事了吗？"沈瑀出府，对人说："我终究不能当面阿谀附和，唯有死而后已。"这一天，沈瑀在路上被强盗所杀，时年五十九岁，很多人认为是萧颖达杀害了沈瑀。沈瑀之子沈续多次提出控诉，赶上萧颖达不久后也去世了，此事也就无人再追究了。沈续于是终生穿布衣吃素食。

### 范述曾

范述曾字子玄，吴郡钱塘人。他自幼好学，师从余杭人吕道惠学习《五经》，精通其经义。吕道惠的弟子常常有百余人，但他唯独称赞范述曾，说道："这个人一定会成为王者之师。"南齐的文惠太子、竟陵文宣王年幼时，齐高帝就选拔范述曾做他们的师友。范述曾起初被起用为刘宋的晋熙王国侍郎。到了南齐初年，范述曾官至南郡王国郎中令，迁任尚书主客郎、太子步兵校尉，带开阳令。范述曾为人刚直，在宫中多能直言诤谏，文惠太子虽不能全部采纳，但也不怪他。竟陵王非常器重范述曾，把他比作春秋时的谏臣"周舍"。当时太子左卫率沈约也拿范述曾和汉代的汲黯相比。范述曾因父母年老，请求返乡赡养父母，于是朝廷任命范述曾为中散大夫。

明帝登上帝位后，范述曾被任命为游击将军，出京任永嘉太守。范述曾治政清廉公平，不崇尚威严凶猛的治理方法，百姓都大感便利。永嘉境内的横阳县，山高谷深，地势险峻，是逃亡的罪人啸聚的地方，前任太守曾屡次剿讨，没有一个能平定此地的。范述曾到任后，广树恩信，县中凶徒于是拖儿带女从深山中出来，自觉编入户籍成为良民，共有二百余家。从此之后，此地商人往来通行无阻，百姓安居乐业。范述曾在郡守的任上勉力保持清白的操守，不接受礼品

皆出拜辞，号哭闻于数十里。

东昏时，拜中散大夫，还乡里。高祖践阼，乃轻舟出诣阙，仍辞还东。高祖诏曰："中散大夫范述曾，昔在齐世，忠直奉主，往莅永嘉，治身廉约，宜加礼秩，以厉清操。可太中大夫，赐绢二十匹。"

述曾生平得奉禄，皆以分施。及老，遂壁立无所资。以天监八年卒，时年七十九。注《易·文言》，著杂诗赋数十篇。

### 丘仲孚

丘仲孚字公信，吴兴乌程人也。少好学，从祖灵鞠有人伦之鉴，常称为千里驹也。齐永明初，选为国子生，举高第，未调，还乡里。家贫，无以自资，乃结群盗，为之计划，劫掠三吴。仲孚聪明有智略，群盗畏而服之，所行皆果，故亦不发。太守徐嗣召补主簿，历扬州从事，太学博士，于湖令，有能名。太守吕文显当时幸臣，陵诋属县，仲孚独不为之屈。以父丧去职。

明帝即位，起为烈武将军、曲阿令。值会稽太守王敬则举兵反，乘朝廷不备，反问始至，而前锋已届曲阿。仲孚谓吏民曰："贼乘胜虽锐，而乌合易离，今若收船舰，凿长岗埭，泻渎水以阻其路，得留数日，台军必至，则大事济矣。"敬则军至，值渎涸，果顿兵不得进，遂败散。仲孚以距守有功，迁山阴令，居职甚有声称，百姓为之谣曰："二傅、沈、刘，不如一丘。"前世傅琰父子、沈宪、刘玄

馈赠，明帝听闻范述曾的事迹后，大为赞许，下诏褒扬他。后来他又被征调为游击将军。他离开永嘉郡时，郡中要依旧例赠送给离任太守故旧钱二十余万，他分文不受。范述曾刚到郡中时，不曾携带家属，到他回京时依然轻车简从，随行属吏都没有挑担子的。郡中的百姓无论老少，全都出来与他拜别辞行，哭声闻于数十里外。

东昏侯在位时，范述曾被任命为中散大夫，告老还乡。高祖践阼登基后，范述曾就乘一叶小舟前往京城觐见天子，随后告辞东归。高祖下诏说："中散大夫范述曾，过去在南齐时，忠贞耿直事奉主上，任永嘉太守时，清廉简约，操守高尚，应当增其礼遇秩禄，以激励节操清白崇高之人。可任命他为太中大夫，并赐绢二十匹。"

范述曾生平所得俸禄，全都分发给众亲友，因而老了之后就家徒四壁，没有资财。他在天监八年（509）去世，时年七十九岁。范述曾曾经为《易·文言》作注，另著有多种诗赋数十篇。

## 丘仲孚

丘仲孚字公信，吴兴乌程人。他自幼好学，从祖父丘灵鞠精通相面术，常常把丘仲孚称为千里驹。南齐永明初年，丘仲孚被选为国子学的生员，举高第，但没有调任官职，他于是回到家乡。他家境贫寒，穷到无法存身，于是交结了一群盗贼，为他们筹划计略，在三吴地区劫掠。丘仲孚聪明而又有智略，群贼都畏惧佩服他，每次劫掠都能得逞，所以其事也不曾泄露。太守徐嗣召丘仲孚补任主簿，历任扬州从事、太学博士、于湖令，有能干的政声。太守吕文显当时是天子宠臣，常凌辱责骂属县官员，只有丘仲孚一人不向他屈服。后来丘仲孚遭父丧丁忧去职。

齐明帝即位后，起用丘仲孚为烈武将军、曲阿令。时值会稽太守王敬则起兵反叛，乘朝廷不备突然举事，反叛的消息刚刚传到京城，叛军兵锋已经抵达曲阿。丘仲孚对下吏和百姓说："贼兵乘胜而来虽然锐气正盛，但乌合之众是容易离散的。现在如果我们收缴民间船只，再凿开长岗埭，让河渠水漫流原野，拦住叛军的去路，只需要阻挡他们数日，朝廷军队必定赶到，则平叛大功可成。"王敬则叛军杀到的时候，河渠中水尽数漫流，叛军果然受阻，无法前进，于是

明，相继宰山阴，并有政绩，言仲孚皆过之也。


　　齐末政乱，颇有赃贿，为有司所举，将收之，仲孚窃逃，径还京师诣阙，会赦，得不治。高祖践阼，复为山阴令。仲孚长于拨烦，善适权变，吏民敬服，号称神明，治为天下第一。


　　超迁车骑长史、长沙内史，视事未期，征为尚书右丞，迁左丞，仍擢为卫尉卿，恩任甚厚。初起双阙，以仲孚领大匠，事毕，出为安西长史、南郡太守。迁云麾长史、江夏太守，行郢州州府事，遭母忧，起摄职。坐事除名，复起为司空参军。俄迁豫章内史，在郡更励清节。顷之卒，时年四十八。诏曰："豫章内史丘仲孚，重试大邦，责以后效，非直悔吝云亡，实亦政绩克举。不幸殒丧，良以伤恻。可赠给事黄门侍郎。"仲孚丧将还，豫章老幼号哭攀送，车轮不得前。


　　仲孚为左丞，撰《皇典》二十卷、《南宫故事》百卷，又撰《尚书具事杂仪》，行于世焉。

### 孙谦

　　孙谦字长逊，东莞莒人也。少为亲人赵伯符所知。谦年十七，伯符为豫州刺史，引为左军行参军，以治干称。父忧去职，客居历阳，躬耕以养弟妹，乡里称其敦睦。宋江夏王义恭闻之，引为行参

溃散。丘仲孚因为保境有功，迁为山阴令，在任期间颇有声誉，百姓为他编了首歌谣："二傅沈刘，不如一丘。"前朝的傅琰父子、沈宪、刘玄明，都先后担任过山阴令，留下了很好的政绩，歌谣说丘仲孚的政绩超过了他们所有人。

南齐末年朝政混乱，丘仲孚颇有贪赃纳贿的行为，被有司举报，朝廷将要来收捕他，丘仲孚偷偷逃走，径直回到京师入宫请罪，恰逢朝廷大赦，丘仲孚得以免遭处罚。高祖登上帝位后，丘仲孚再度任山阴令。丘仲孚擅长处理繁杂琐细的政事，能够顺应时势灵活应对，下吏百姓都敬服他，称他有如神明，治政能力天下第一。

丘仲孚被越级提拔为车骑长史、长沙内史，任职期未满，又被征召为尚书右丞，迁任尚书左丞，接着被擢拔为卫尉卿，天子对他的恩宠任用十分优厚。宫中要建造双阙，任命丘仲孚兼领将作大匠，工程完毕后，丘仲孚出京任安西长史、南郡太守。后来迁任云麾长史、江夏太守，行郢州州府事，遭母丧丁忧去职，朝廷起用他命他摄理州职。他因事牵连被免职除去名籍，后来又被起用为司空参军。不久，丘仲孚迁任豫章内史，在郡期间，他改变旧日作风，砥砺清廉的节操。不久丘仲孚去世，时年四十八岁。天子下诏说："豫章内史丘仲孚，朝廷重新起用执掌大州，以期观其后效。他任职期间，不止能痛改前非，确也政绩卓著。现不幸陨丧，朕伤感凄恻。可追赠为给事黄门侍郎。"丘仲孚灵柩将要运回京师时，豫章郡的百姓不分老幼都号哭着前来送行，路上拥挤到灵车无法前进。

丘仲孚任尚书左丞时，撰有《皇典》二十卷、《南宫故事》一百卷，又撰有《尚书具事杂仪》，都通行于世间。

## 孙谦

孙谦字长逊，东莞莒县人。孙谦年轻时就被亲戚赵伯符所了解器重。孙谦十七岁时，赵伯符任豫州刺史，任命孙谦为左军行参军，孙谦以治事能干著称。他遭父丧丁忧去职，此后客居历阳，亲事农耕以供养弟妹，同乡人都称赞他们兄弟间的融洽和睦。刘宋的江夏王

军，历仕大司马、太宰二府。出为句容令，清慎强记，县人号为神明。

泰始初，事建安王休仁，休仁以为司徒参军，言之明帝，擢为明威将军、巴东建平二郡太守。郡居三峡，恒以威力镇之。谦将述职，敕募千人自随。谦曰：“蛮夷不宾，盖待之失节耳，何烦兵役，以为国费。”固辞不受。至郡，布恩惠之化，蛮獠怀之，竞饷金宝，谦慰喻而遣，一无所纳。及掠得生口，皆放还家。俸秩出吏民者，悉原除之。郡境翕然，威信大著。视事三年，征还为抚军中兵参军。

元徽初，迁梁州刺史，辞不赴职，迁越骑校尉、征北司马。府主建平王将称兵，患谦强直，托事遣使京师，然后作乱。及建平诛，迁左军将军。

齐初，为宁朔将军、钱唐令，治烦以简，狱无系囚。及去官，百姓以谦在职不受饷遗，追载缣帛以送之，谦却不受。每去官，辄无私宅，常借官空车厩居焉。永明初，为冠军长史、江夏太守，坐被代辄去郡，系尚方，顷之，免为中散大夫。明帝将废立，欲引谦为心膂，使兼卫尉，给甲仗百人，谦不愿处际会，辄散甲士，帝虽不罪，而弗复任焉。出为南中郎司马。东昏永元元年，迁□□大夫。

天监六年，出为辅国将军、零陵太守，已衰老，犹强力为政，

刘义恭听闻此事，选用孙谦为行参军。他又相继在大司马、太宰二府中任职。后来他出京任句容令，治政清廉谨慎，对政事过目不忘，县中百姓称赞他治事如神。

刘宋泰始初年，孙谦事奉建安王刘休仁，被任命为司徒参军，刘休仁向明帝推荐他。孙谦就被擢拔为明威将军、巴东建平二郡太守。二郡地处三峡地区，朝廷过去常常以武力镇压威慑郡民。孙谦将要赴任时，天子敕令他招募一千士卒随行。孙谦说："蛮夷不肯宾服，是因为以往对待他们缺少恩义，何须再兴兵役耗费国家钱粮呢！"他坚决推辞不接受军卒随行。到郡之后，他广施恩惠，推行教化，郡中蛮族都纷纷归化，并争相向朝廷输纳金宝，孙谦抚慰晓喻他们，将他们遣返回家，对金银财宝分毫不取。后来俘获一些不法的蛮族，也都把他们释放回家。凡官员的俸禄有摊派到吏民身上的，他也把这些摊派负担全部免除。郡境之内安然无事，朝廷威信大大提高。孙谦治理三年，被朝廷征召回京担任抚军中兵参军。

元徽初年，孙谦迁任梁州刺史，他辞谢不去赴职，又迁任越骑校尉、征北司马。府主建平王刘景素想要举兵反叛，他担心孙谦刚强正直会阻挠起兵，就假托公事派他当使者前往京城，然后才发动叛乱。建平王被诛杀之后，孙谦迁任左军将军。

南齐初年，孙谦担任宁朔将军、钱塘令。他以简捷之法治理繁难的政务，县狱里竟没有长期在押的囚犯。孙谦期满离任时，百姓们因为他在职期间不接受任何馈赠，就在他上路后用船装载了缣帛追送给他。孙谦坚持不受。他每次离任一职，总是没有自己的私宅可住，常常要借住在官府的空置车马棚里面。永明初年，孙谦任冠军长史、江夏太守，因被替换时擅自离开该郡而获罪，关押在尚方狱中，过了不久，他被免罪，担任为中散大夫。齐明帝将行废立之事，想要选用孙谦做自己的心腹，于是任命他为兼卫尉，配给披坚执锐的卫士一百人，孙谦不愿置身权力漩涡中，就自作主张遣散卫士，齐明帝虽不曾怪罪他，从此之后也不再委任他了。孙谦出京任南中郎司马。东昏侯永元元年（499），孙谦迁任□□大夫。

天监六年（507），孙谦出京任辅国将军、零陵太守，他已年老体

吏民安之。先是，郡多虎暴，谦至绝迹。及去官之夜，虎即害居民。谦为郡县，常勤劝课农桑，务尽地利，收入常多于邻境。九年，以年老，征为光禄大夫。既至，高祖嘉其清絜，甚礼异焉。每朝见，犹请剧职自效。高祖笑曰："朕使卿智，不使卿力。"十四年，诏曰："光禄大夫孙谦，清慎有闻，白首不怠，高年旧齿，宜加优秩。可给亲信二十人，并给扶。"

谦自少及老，历二县五郡，所在廉絜。居身俭素，床施蓬蒢屏风，冬则布被莞席。夏日无帱帐，而夜卧未尝有蚊蚋，人多异焉。年逾九十，强壮如五十者，每朝会，辄先众到公门。力于仁义，行己过人甚远。从兄灵庆常病寄于谦，谦出行还，问起居。灵庆曰："向饮冷热不调，即时犹渴。"谦退遣其妻。有彭城刘融者，行乞疾笃无所归，友人舆送谦舍，谦开厅事以待之。及融死，以礼殡葬之。众咸服其行义。十五年，卒官，时年九十二。诏赙钱三万，布五十匹。高祖为举哀，甚悼惜之。

### 孙廉

谦从子廉，便辟巧宦。齐时已历大县，尚书右丞。天监初，沈约、范云当朝用事，廉倾意奉之，及中书舍人黄睦之等，亦尤所结附。凡贵要每食，廉必日进滋旨，皆手自煎调，不辞勤剧，遂得为列卿，御史中丞，晋陵、吴兴太守。时广陵高爽有险薄才，客于廉，廉

衰，但还是勉力治政，下吏和百姓都感到安适。孙谦到任以前，零陵郡多有猛虎为害，孙谦到任后虎害就从此绝迹。到了孙谦离职的那天夜里，老虎又出来危害百姓。孙谦担任郡县长官时，常常劝导鼓励百姓耕种农田，种桑养蚕，力求尽收地利，他治理的郡县常常比临近的郡县收入更多。天监九年(510)，朝廷因孙谦年事已高，征召他任光禄大夫。孙谦回到京师后，高祖嘉赏他的清廉高洁，对他的礼遇格外优厚。但孙谦每次入朝，还是会请求担任职务繁难的官职以报效恩遇。高祖笑着说："朕运用的是卿之才智，不是卿之气力。"天监十四年(515)，高祖下诏说："光禄大夫孙谦，清廉忠慎的名声远近皆知，虽已是白首之年，仍旧勤政不倦，他年高德勋，应当加赐优厚的礼遇。可配给亲信护卫二十人，并在朝拜时赐以扶持之人。"

　　孙谦从年轻到年老，历任二县五郡长官，每到一处都廉洁自持。他生活节俭朴素，坐榻旁只设置芦草编织的屏风，冬天则盖布被铺莞席，夏天时不设床帐，但夜晚睡觉却也不曾被蚊蚋叮咬，人们大多视为奇异之事。孙谦年过九十，身体仍强健如五十岁一般。每逢朝会，他总能在众人之前到达宫门。他努力奉行仁义，立身行事超过他人甚远。孙谦的堂兄孙灵庆曾经因病寄住在孙谦家，孙谦出外归来，问候孙灵庆的饮食起居。孙灵庆说："之前喝水觉得冷热不均匀，到现在还觉得口渴。"孙谦从孙灵庆处告退后，立即休弃了妻子。彭城人刘融，行乞时患了重病无家可归，朋友把他用车载至孙谦府上，孙谦打开厅堂接待刘融。刘融死后，孙谦依礼殓葬了他。众人都佩服他行事的仁义。天监十五年(516)，孙谦在官任上去世，时年九十二岁。高祖下诏赠钱三万、布五十四资助其丧葬，亲自为孙谦举哀，对他的逝去伤惋不已。

　　孙廉

　　孙谦的侄子孙廉，善于巧言谄谀钻营仕途。南齐时他已经历任大县县令、尚书右丞。天监初年，沈约、范云二人执掌权要，孙廉对他们极力逢迎。至于中书舍人黄睦之等人，他更是极力巴结依附。这些达官显贵的日常餐食，孙廉必会每天进呈各种美味，而且都亲手精心烹调，不辞辛劳，于是他能够位列九卿，出任御史中丞，晋陵、

委以文记，爽尝有求不称意，乃为庾谜以喻廉曰："刺鼻不知嚏，蹋面不知瞑，啮齿作步数，持此得胜人。"讥其不计耻辱，以此取名位也。

### 伏暅

伏暅字玄耀，曼容之子也。幼传父业，能言玄理，与乐安任昉、彭城刘曼俱知名。起家齐奉朝请，仍兼太学博士，寻除东阳郡丞，秩满为鄞令。时曼容已致仕，故频以外职处暅，令其得养焉。

齐末，始为尚书都官郎，仍为卫军记室参军。高祖践阼，迁国子博士，父忧去职。服阕，为车骑咨议参军，累迁司空长史、中书侍郎，前军将军，兼《五经》博士，与吏部尚书徐勉、中书侍郎周舍，总知五礼事。

出为永阳内史，在郡清絜，治务安静。郡民何贞秀等一百五十四人诣州言状，湘州刺史以闻。诏勘有十五事为吏民所怀，高祖善之，征为新安太守。在郡清恪，如永阳时。民赋税不登者，辄以太守田米助之。郡多麻苎，家人乃至无以为绳，其厉志如此。属县始新、遂安、海宁，并同时生为立祠。

征为国子博士，领长水校尉。时始兴内史何远累著清绩，高祖诏擢为黄门侍郎，俄迁信武将军、监吴郡。暅自以名辈素在远前，为吏俱称廉白，远累见擢，暅迁阶而已，意望不满，多托疾居家。寻

吴兴太守等职。当时广陵人高爽轻薄无行而有小才，他投托在孙廉家作他的门客，孙廉就把处理官府文书的事交给他办。高爽曾有求于孙廉，但对结果颇不满意，就编出一条关于木屐的谜语来讽刺孙廉："戳它鼻子不打喷嚏，踩它脸也不发脾气，每走一步咬牙切齿，有它就会高人一等。"这是在讥讽孙廉为了仕进不惜忍受耻辱，用这样的手段来换取名位。

### 伏暅

伏暅字玄耀，是伏曼容之子。他从小传承父亲的学问，善于谈论道家玄理，和乐安人任昉、彭城人刘曼一样都享有盛名。南齐时，被起用为奉朝请，又兼太学博士，不久被任命为东阳郡丞，任职期满后担任鄞县令。当时伏曼容已经退休居家，所以朝廷频频让伏暅担任京外职务，以便他赡养老父。

南齐末年，伏暅才开始任京官，先任尚书都官郎，又任卫军记室参军。高祖践阼登基后，他迁任国子博士，遭父丧丁忧去职。服丧期满后，他担任车骑咨议参军，累加升迁为司空长史、中书侍郎、前军将军，兼《五经》博士，他和吏部尚书徐勉、中书侍郎周舍，一起主持朝廷修定五礼的工作。

后来伏暅出京任永阳内史，在郡期间清正廉洁，治政把清静无为、休养民力作为要务。郡民何贞秀等一百五十四人前往州府汇报该郡治理得宜的情况，湘州刺史将此事奏闻朝廷。高祖下诏核实，查清伏暅办得很好的政事共有十五件，所以才受到百姓和下吏的爱戴。高祖认为伏暅很有才能，征调他出任新安太守。伏暅在太守任上清正严谨，与在永阳郡时一样。百姓中有无力交纳赋税的，伏暅常常用自己的俸米帮他们交纳。新安郡盛产大麻苎麻，而伏暅的家人竟然缺少麻苎材料来搓绳子，他砥砺自己清白的节操竟然到如此程度。该郡下属的始新、遂安、海宁等县，都同时为他设立生祠供奉他。

伏暅应征召回京担任国子博士，兼领长水校尉。当时始兴内史何远多次因清明廉洁而扬名，高祖下诏，擢升何远为黄门侍郎，不久又迁任信武将军、监吴郡。伏暅认为自己的名望和资历一向都超出何远之上，两人做官都以廉洁清白著称，而何远屡获拔擢，自己只是循

求假到东阳迎妹丧，因留会稽筑宅，自表解，高祖诏以为豫章内史，暅乃出拜。治书侍御史虞瞷奏曰：

臣闻失忠与信，一心之道以亏；貌是情非，两观之诛宜及。未有陵犯名教，要冒君亲，而可纬俗经邦者也。

风闻豫章内史伏暅，去岁启假，以迎妹丧为解，因停会稽不去。入东之始，货宅卖车。以此而推，则是本无还意。暅历典二邦，少免贪浊，此自为政之本，岂得称功。常谓人才品望，居何远之右，而远以清公见擢，名位转隆，暅深诽怨，形于辞色，兴居叹咤，寤寐失图。天高听卑，无私不照。去年十二月二十一日诏曰："国子博士、领长水校尉伏暅，为政廉平，宜加将养，勿使恚望，致亏士风。可豫章内史。"岂有人臣奉如此之诏，而不亡魂破胆，归罪有司，擢发抽肠，少自论谢；而循奉傲然，了无异色。暅识见所到，足达此旨，而冒宠不辞，吝斯苟得，故以士流解体，行路沸腾，辩迹求心，无一可恕。窃以暅踉蹡落魄，三十余年，皇运勃兴，咸与维始，除旧布新，濯之江、汉，一纪之间，三世隆显，曾不能少怀感激，仰答万分，反覆拙谋，成兹巧罪，不忠不敬，于斯已及。请以暅大不敬论。以事详法，应弃市刑，辄收所近狱洗结，以法从事。如法所称，暅即主。

序升迁，心中意气难平，多次托病居家不出。不久，他请假到东阳迎回妹妹的灵柩，从此就留在会稽修筑宅园，自己上表请求解职。高祖下诏任命伏暅为豫章内史，伏暅才出山任职。治书侍御史虞瞬上表参奏他说：

"臣听说失去了忠与信，则一心忠君之道已损；表面公忠体国而内心包藏私怨，则可视为乱臣贼子而施加刑戮。从来没有损害了礼教、冒犯了君主的臣子，还能够治理好政事、教化好百姓的。

"风闻豫章内史伏暅，去年启奏告假，以迎回妹妹灵柩为借口，就此滞留会稽不走。他离京东行之时，已经卖掉了住宅和车马。从这一点推测，则他本来就没有重返京师的打算。伏暅先后执掌二郡，未有贪残不法之举，此乃为官治政的本分，岂能以此居功？伏暅曾说自己才能名望，都在何远之上，而何远因清廉公正屡获提拔，名声地位日益隆显，他深怀不满，溢于辞色，就离京居家感慨叹息，辗转反侧无心进取。我主视听高远体察万物，人臣没有隐怒幽怨不在陛下洞察之中。去年十二月二十一日，陛下下诏说：'国子博士、领长水校尉伏暅，治政廉洁公正，应当加以抚慰，不要令他产生怨恨之心，以致有损朝廷在士人中的风评。可授任他为豫章内史。'哪里会有身为人臣，接到这样的诏令而不会失魂落魄地向有司投案，痛心疾首地谢罪认错呢？而伏暅反而傲然奉诏，全无愧疚感恩之色。凭伏暅的见识，足以体察天子用意，而他冒受恩宠却毫不推辞，百般吝惜这苟且得来的名位，所以现在士大夫之道面临瓦解，行路之人怒发冲冠，细看此人行迹，推求他的内心，没有一处值得宽恕。臣以为，伏暅在前朝，仕途落魄三十多年，我朝皇运勃兴之后，主上臣下咸与维新，革除旧弊更新政令，犹如以滔滔江汉之水洗尽污浊，在十二年内，伏家三代都获得隆重显要的官位，而伏暅竟不能心怀感激，仰报皇恩于万一，反而心怀拙劣的谋划，犯下此等虚浮伪诈之罪。不忠不敬之举，在他身上已达极致。恳请陛下以大不敬的罪名将伏暅定罪处刑。以事实为依据，法律为准绳，他应判处弃市之刑，立刻逮捕押往就近的监狱审查结案，施加惩处。臣依照法律推求，伏暅即此有罪之人。

臣谨案：豫章内史臣伏暅，含疵表行，藉悖成心，语默一违，资敬兼尽。幸属昌时，擢以不次，溪壑可盈，志欲无满。要君东走，岂曰止足之归；负志解巾，异乎激处之致。甘此脂膏，孰非荼苦；佩兹龟组，岂殊缧绁。宜明风宪，肃正简书。臣等参议，请以见事免暅所居官，凡诸位任，一皆削除。

有诏勿治，暅遂得就郡。

视事三年，征为给事黄门侍郎，领国子博士，未及起。普通元年，卒于郡，时年五十九。尚书右仆射徐勉为之墓志，其一章曰："东区南服，爰结民胥，相望伏阙，继轨奏书。或卧其辙，或扳其车，或图其像，或式其间。思耿借寇，曷以尚诸。"

初，暅父曼容与乐安任遥皆暱于齐太尉王俭，遥子昉及暅并见知，顷之，昉才遇稍盛，齐末，昉已为司徒右长史，暅犹滞于参军事，及其终也，名位略相侔。暅性俭素，车服粗恶，外虽退静，内不免心竞，故见讥于时。能推荐后来，常若不及，少年士子，或以此依之。

## 何远

何远字义方，东海郯人也。父慧炬，齐尚书郎。

远释褐江夏王国侍郎，转奉朝请。永元中，江夏王宝玄于京口

"臣谨案：豫章内史伏暅，内心的污浊在行动上表露无遗，由心怀不满发展成为心怀不敬，无论辞官归隐还是出山就职都充满怨毒，对天子的敬重丢失殆尽。伏暅有幸生逢昌明之世，受到越级拔擢的恩宠，然而溪流沟壑都能填满，他的欲壑却永难满足。他要挟天子去职东走，哪里是想止足归隐？他志得意满出山就职，显然情怀与真正心系林泉的隐士相去甚远。主上所赐如此丰美的恩惠，他难道不觉得像苦茶那样苦涩吗？佩上新的官印绶带，焉知它不是惩戒罪臣的绳索呢？应当严明风纪，肃清纲纪。臣等共同参议，奏请圣上根据伏暅在此事中的罪过，免去他的现任官职，其他一切职事，也都一并削除。"

高祖下诏不加追究，伏暅于是得以赴豫章郡上任。

他在豫章任职三年，朝廷征召他为黄门侍郎，兼领国子博士。还未来得及赴任，普通元年（520），伏暅在豫章郡中去世，时年五十九岁。尚书右仆射徐勉为伏暅撰写墓志铭，其中一章说："东部的新安，南部的永阳，伏暅以仁政得到两地吏民的爱戴，伏阙上书请求留任他的百姓相望于路，上奏褒美其治政功绩的官员车轨相继。因不忍告别良吏，有人卧在车辙前拦住去路，有人攀住车辕苦苦挽留，有人绘下他的相貌四时祭拜，有人经过他的里门抚轼致敬。怀想汉代耿纯寇恂被人民苦留的典故，又如何能与他相比啊。"

起初，伏暅的父亲伏曼容和乐安人任遥都与南齐太尉王俭关系亲密，任遥之子任昉和伏暅都受到王俭的赏识。不久，任昉所受的知遇任用逐渐隆盛，在南齐末年，任昉已经做到了司徒右长史，而伏暅却停滞在参军事的职位上。直到伏暅去世的时候，两人的名声和官位才大致相当。伏暅生性节俭朴素，车马服饰都劣质粗陋，表面上虽然谦退沉静，但内心仍不免暗中竞逐，所以受到时人指摘。但伏暅能够推荐晚辈士子，常常表现出自己不如对方的谦退，不少青年士人因此而推崇依附伏暅。

### 何远

何远字义方，东海郯县人。他的父亲何慧炬，南齐时任尚书郎。

何远入仕之初，任江夏王国侍郎，转任奉朝请。永元年间，江

为护军将军崔慧景所奉，入围宫城，远豫其事。事败，乃亡抵长沙宣武王，王深保匿焉。远求得桂阳王融保藏之，既而发觉，收捕者至，远逾垣以免；融及远家人皆见执，融遂遇祸，远家属系尚方。远亡渡江，使其故人高江产共聚众，欲迎高祖义师，东昏党闻之，使捕远等，众复溃散。远因降魏，入寿阳，见刺史王肃，欲同义举，肃不能用，乃求迎高祖，肃许之。遣兵援送，得达高祖。高祖见远，谓张弘策曰："何远美丈夫，而能破家报旧德，未易及也。"板辅国将军，随军东下。既破朱雀军，以为建康令。高祖践阼，为步兵校尉，以奉迎勋封广兴男，邑三百户。迁建武将军、后军鄱阳王恢录事参军。远与恢素善，在府尽其志力，知无不为，恢亦推心仗之，恩寄甚密。

顷之，迁武昌太守。远本倜傥，尚轻侠，至是乃折节为吏，杜绝交游，馈遗秋毫无所受。武昌俗皆汲江水，盛夏，远患水温，每以钱买民井寒水，不取钱者，则挼水还之。其佗事率多如此。迹虽似伪，而能委曲用意焉。车服尤弊素，器物无铜漆。江左多水族，甚贱，远每食不过干鱼数片而已。然性刚严，吏民多以细事受鞭罚者，遂为人所讼，征下廷尉，被劾数十条。当时士大夫坐法，皆不受立，远度己无赃，就立三七日不款，犹以私藏禁仗除名。

夏王萧宝玄在京口被护军将军崔慧景拥立，叛军进京包围了台城，何远曾参预此事。崔慧景的叛乱失败后，何远就逃到长沙宣武王萧懿那里，萧懿努力掩护藏匿了他。后来萧懿被东昏侯杀害，何远为了报答萧懿的恩情，就找到逃亡的桂阳王萧融，收留藏匿了他。后来此事被朝廷发觉，收捕萧融的执法者赶来，何远独自一人翻墙逃脱了；萧融以及何远的家属都被捉住，萧融于是被杀，何远的家属则被关押在尚方的狱中。何远逃亡渡江，叫老朋友高江产和自己一起聚集士卒，想要去响应高祖的义军，东昏侯一党探知了这个消息，就派人去捉拿何远他们，刚刚召集的士卒又都溃散了。何远就投降北魏，进入寿阳，见到了北魏豫州刺史王肃，想说服王肃和自己一同起义加入高祖的义军，王肃不肯采纳。何远就请求王肃允许自己去迎接高祖的义军，王肃答应了，并派兵护送何远，何远因此得以到达高祖军中。高祖见到何远，对张弘策说："何远是风流倜傥的美丈夫，竟能弃家不顾以报答旧恩，着实非常人可比。"高祖就临时任命何远为辅国将军，命他随军东下。义军击溃朱雀桥守军之后，高祖任命何远为建康令。高祖践阼登基后，任命何远为步兵校尉，因为他有迎奉王师的功劳，封他为广兴男，食邑三百户。何远迁任建武将军、后军鄱阳王萧恢录事参军。何远与萧恢一向关系很亲密，于是在鄱阳王府中尽力辅佐，凡是他所知道的就尽力去做，萧恢也推心置腹地仰仗他，恩遇非常隆厚。

不久，何远迁任武昌太守。何远本是洒脱倜傥的世家子弟，广交游好任侠，到了这时就砥砺节操认真当地方官，不再与朋友交游，别人有馈赠也分毫不受。武昌一地的风俗，用水都是汲取江水，盛夏时节，何远觉得江水温热，就用钱向百姓购买井中的凉水使用，遇到不肯收钱的井水主人，何远就把井水退还给他。他的其他事迹也大多如此。虽然有点近似于虚伪作态，却也可见他的良苦用心。何远的车马服饰尤其破败朴素，所用器物里完全没有铜器、漆器。武昌所在的江南地区水产极多，价格低廉，但何远每次食用只是吃几片干鱼而已。然而何远性情刚烈严厉，下吏百姓多有因为小过失而受他鞭笞责罚的，于是有人向朝廷控告何远，他就被征召回京交由廷尉审讯，被

　　后起为镇南将军、武康令。愈厉廉节，除淫祀，正身率职，民甚称之。太守王彬巡属县，诸县盛供帐以待焉，至武康，远独设糗水而已。彬去，远送至境，进斗酒只鹅为别。彬戏曰："卿礼有过陆纳，将不为古人所笑乎。"高祖闻其能，擢为宣城太守。自县为近畿大郡，近代未之有也。郡经寇抄，远尽心绥理，复著名迹。期年，迁树功将军、始兴内史。时泉陵侯渊朗为桂州，缘道剽掠，入始兴界，草木无所犯。

　　远在官，好开途巷，修葺墙屋，民居市里，城隍厩库，所过若营家焉。田秩俸钱，并无所取，岁暮，择民尤穷者，充其租调，以此为常。然其听讼犹人，不能过绝，而性果断，民不敢非，畏而惜之。所至皆生为立祠，表言治状，高祖每优诏答焉。天监十六年，诏曰："何远前在武康，已著廉平；复莅二邦，弥尽清白。政先治道，惠留民爱，虽古之良二千石，无以过也。宜升内荣，以显外绩。可给事黄门侍郎。"远即还，仍为仁威长史。顷之，出为信武将军，监吴郡。在吴颇有酒失，迁东阳太守。远处职，疾强富如仇雠，视贫细如子弟，特为豪右所畏惮。在东阳岁余，复为受罚者所谤，坐免归。

参奏弹劾了数十条罪状。当时士大夫坐罪受审，都不受站测的刑罚，何远想到自己不曾贪赃受贿，就硬生生忍受了站测之刑长达二十一天，坚持不认罪，但还是因私藏禁军武器的罪名被除去了士人名籍。

后来何远又被起用为镇南将军、武康令。他愈发砥砺清廉正直的节操，除去各种不合礼制的淫祀，端正己身充当表率，人民十分称道他。太守王彬巡视下属各县时，各县都置办了丰盛的宴席招待他，来到武康县，何远却只给他准备了干粮和茶水而已。王彬离开的时候，何远送他到边境，进献一斗酒一只鹅为他饯行。王彬开玩笑说："晋代陆纳用一斗酒、一盘鹿肉作为给上级的赠礼，卿的礼物规格超过了陆纳，难道不会被古人耻笑吗？"高祖听闻了何远的才能，就把他提拔成宣城太守。从县令提拔成京畿附近大郡的太守，这是近代从没有过的事。宣城郡刚刚经过贼寇抄掠，何远努力安抚百姓，署理政务，再度以政绩而闻名。过了一年，何远迁任树功将军、始兴内史。当时泉陵侯萧渊朗出任桂州刺史，他上任时沿路大肆抢劫剽掠，但进入始兴地界后，连草木都不敢有所损害。

何远任职的时候，喜欢开道修路，建墙补屋，不论民居集市，城池库房，他都热衷整理修补，就好像营建家宅一样。禄米和俸银，他一无所取，年底的时候，他会挑选最穷苦的百姓，把自己的俸禄充当他们的赋税，这么做已经形成了习惯。但是他处理诉讼案件也和别人一样，并没有远超常人的地方，只是他性格果敢，百姓不敢非议他，对他又敬又怕。何远所任职的地方，百姓都为他设立生祠供奉，并上表陈述他的政绩，高祖常常颁下优厚的诏书嘉奖他。天监十六年（517），高祖下诏说："何远先前在武康郡，已经留下清廉公平的政声，后来又治理两个郡，更加体现了他的清正高洁。治理地方先整治道路设施，留下惠民之政得到百姓的敬爱，即便是古代的贤良太守，也无法超越何远。应当提拔他担任内朝要职，以表彰他历年来治理郡县的业绩。可任命何远为给事黄门侍郎。"何远随即回京，接着担任仁威长史。不久，他出京任信武将军，监吴郡。他在吴郡时经常因为喝酒而有过失，迁任东阳太守。何远在官任上，对豪强富户嫉恨得如同仇敌一般，而对贫穷孤弱之家爱护得好像自家子弟一样，因此

远耿介无私曲,居人间,绝请谒,不造诣。与贵贱书疏,抗礼如一。其所会遇,未尝以颜色下人,以此多为俗士所恶。其清公实为天下第一。居数郡,见可欲终不变其心。妻子饥寒,如下贫者。及去东阳归家,经年岁,口不言荣辱,士类益以此多之。其轻财好义,周人之急,言不虚妄,盖天性也。每戏语人云:"卿能得我一妄语,则谢卿以一缣。"众共伺之,不能记也。

后复起为征西咨议参军、中抚司马。普通二年卒,时年五十二。高祖厚赠赐之。

陈吏部尚书姚察曰:前史有循吏,何哉?世使然也。汉武役繁奸起,循平不能,故有苛酷诛戮以胜之,亦多怨滥矣。梁兴,破觚为圆,斲雕为朴,教民以孝悌,劝之以农桑,于是桀黠化为由余,轻薄变为忠厚。淳风已洽,民自知禁。尧舜之民,比屋可封,信矣。若夫酷吏,于梁无取焉。

他特别受豪门富户的忌惮。他在东阳主政一年多，又受到被他责罚的人的诽谤，获罪免职回京。

何远为人耿介，从不徇私枉法，身处官场，一直拒绝他人请托，自己也从不拜谒权贵。他写信给别人，不分贵贱，礼节始终不卑不亢前后如一。待人接物，也从来不会显露出自轻自贱的神态来谦让对方，为此常常被庸俗的士大夫所厌恶。何远的清廉公正实在可算是天下第一。他前后主政了好几个郡，见到自己想要也唾手可得的东西，却始终不改变自己的志向去贪求。何远的妻子儿女因贫穷而不免饥寒，生活和赤贫之家差不多。何远从东阳郡免职回家后，日久年深也始终不谈及个人遭遇的荣辱，士人因此也就更加敬重他。他轻财好义，周济他人的危急，不说虚妄的话，这些都是他的天性所致。他常常对人戏言道："卿若能找到我有一句妄语，我就以一匹缣相酬谢。"许多人一起窥伺观察，却还是找不出来。

后来何远又被起用为征西咨议参军、中抚司马。普通二年（521），何远去世，时年五十二岁。高祖对他的家属赠以丰厚的赏赐。

陈朝吏部尚书姚察说：前代史书有守法循吏的传记，为什么呢？这是时代风气造成的。汉武帝时，徭役繁重，奸邪之人频繁出现，依靠因循而公允的治理方法不能遏制歪风，因此就任用酷吏采用严酷刑杀来压制不法，但也多有滥刑之怨。梁朝兴起后，破除严刑峻法而力行简易，改换文饰之风而崇尚质朴，以孝悌之道教导百姓，劝谕人民务农种桑，于是残暴狡黠者都转化成由余那样的贤人，轻薄之徒都变成忠厚老实的良民。淳朴的民风已经普遍，人民都自觉地遵从禁令。尧舜时代的人民，每家每户都有品行高洁值得封赏之人，这个说法是千真万确的啊。至于酷吏，梁朝不曾采取过这种治理手段。

# 卷五十四

## 列传第四十八

## 诸 夷

海南　东夷　西北诸戎

*海南*

海南诸国，大抵在交州南及西南大海洲上，相去近者三五千里，远者二三万里，其西与西域诸国接。汉元鼎中，遣伏波将军路博德开百越，置日南郡。其徼外诸国，自武帝以来皆朝贡。后汉桓帝世，大秦、天竺皆由此道遣使贡献。及吴孙权时，遣宣化从事朱应、中郎康泰通焉。其所经及传闻，则有百数十国，因立记传。晋代通中国者盖尟，故不载史官。及宋、齐，至者有十余国，始为之传。自梁革运，其奉正朔，修贡职，航海岁至，逾于前代矣。今采其风俗粗著者，缀为《海南传》云。

### 林邑国

林邑国者，本汉日南郡象林县，古越裳之界也。伏波将军马援开汉南境，置此县。其地纵广可六百里，城去海百二十里，去日南界四百余里，北接九德郡。其南界，水步道二百余里，有西国夷亦称王，马援植两铜柱表汉界处也。其国有金山，石皆赤色，其中生金。金夜则出飞，状如萤火。又出玳瑁、贝齿、吉贝、沉木香。吉贝者，树名也。其华成时如鹅毳，抽其绪纺之以作布，洁白与纻布不殊，亦染成五色，织为斑布也。沉木者，土人斫断之，积以岁年，朽烂而心

海南

海南各国，大抵分布在交州南边及西南面的海中大岛上，其中较近的相去三五千里，较远的相去二三万里，它们的西边与西域各国接壤。汉朝元鼎年间，朝廷派伏波将军路博德开发百越，设置日南郡。其边关之外的国家，自汉武帝以来都曾派使者前来朝贡。东汉桓帝时，大秦、天竺等国都曾顺着这条道路派使者前来进贡。吴国孙权派宣化从事朱应、中郎康泰与这些国家通使交往，使者到达过以及听说过的国家，共有一百几十个，因此就将这些国家写入传记中。到了晋代，这些国家和中国通使往来的很少，所以史书中没有记载。及至刘宋、南齐时，来访的有十余国，这才开始为其立传。梁朝取代东晋以后，海南诸国中奉梁朝为正统、称臣遣使朝贡、渡海来朝觐的每年都有，数量超过了以往朝代。现在选取那些风俗粗为人们所了解的诸国，编撰为《海南传》。

## 林邑国

林邑国，本是汉朝日南郡象林县，属古代越裳的地界。伏波将军马援开拓汉朝南部边境，设置了象林县。这片土地纵横约六百里，都城离海一百二十里，距日南郡的边界四百余里，北面和九德郡接壤。林邑国的南界，再南行走水路旱路二百余里，有个西国的夷人也在那里称王，那里就是马援树立两根铜柱标明汉朝边界的地方。林邑境内有金山，山上石头都是红色，石中有金。这些金子在夜晚会从石头中飞出来，好像萤火一样。又出产玳瑁、贝齿、吉贝、沉木香。吉贝是一种树的名字，花开时如同鹅的绒毛，抽其丝絮可以纺纱织

节独在，置水中则沉，故名曰沉香。次不沉不浮者，曰笺香也。

　　汉末大乱，功曹区达，杀县令自立为王。传数世，其后王无嗣，立外甥范熊。熊死，子逸嗣。晋成帝咸康三年，逸死，奴文篡立。文本日南西卷县夷帅范稚家奴，常牧牛于山涧，得鳝鱼二头，化而为铁，因以铸刀。铸成，文向石而呪曰："若斫石破者，文当王此国。"因举刀斫石，如断刍藁，文心独异之。范稚常使之商贾至林邑，因教林邑王作宫室及兵车器械，王宠任之。后乃谮王诸子，各奔余国。及王死无嗣，文伪于邻国迓王子，置毒于浆中而杀之，遂胁国人自立。举兵攻旁小国，皆吞灭之，有众四五万人。时交州刺史姜庄使所亲韩戢、谢稚，前后监日南郡，并贪残，诸国患之。穆帝永和三年，台遣夏侯览为太守，侵刻尤甚。林邑先无田土，贪日南地肥沃，常欲略有之，至是，因民之怨，遂举兵袭日南，杀览，以其尸祭天。留日南三年，乃还林邑。交州刺史朱藩后遣督护刘雄戍日南，文复屠灭之。进寇九德郡，残害吏民。遣使告藩，愿以日南北境横山为界，藩不许，又遣督护陶缓、李衢讨之。文归林邑，寻复屯日南。五年，文死，子佛立，犹屯日南。征西将军桓温遣督护滕畯、九真太守灌邃帅交、广州兵讨之，佛婴城固守。邃令畯盛兵于前，邃帅劲卒七百人，自后逾垒而入，佛众惊溃奔走，邃追至林邑，佛乃请降。哀帝升平初，复为寇暴，刺史温放之讨破之。安帝隆安三年，佛孙须达复寇日南，执太守炅源，又进寇九德，执太守曹炳。交趾太守杜瑗遣都护邓逸等击破之，即以瑗为刺史。义熙三年，须达复寇日南，杀长史，瑗遣海逻督护阮斐讨破之，斩获甚众。九年，须达复寇九真，行郡事杜慧期与战，斩其息交龙王甄知及其将范健等，生俘须达息郫能，及虏获百余人。自瑗卒后，林邑无岁不寇日

布，布色洁白，与纟宁布没有差别，也可以染成五色，织成斑布。沉木这种木头，当地土人把它斫断后，陈放多年，外层腐烂而木心木节却依然存在，放在水中就会沉下去，所以制成的香称为沉香。次一等的木头不沉底也不浮起，制成的香就称为笺香（一作栈香）。

汉朝末年天下大乱，象林县功曹区达，杀死了县令自立为王，称林邑国。王位传了几代，之后的一代国王没有后嗣，于是立外甥范熊为王。范熊死后，儿子范逸继位。晋成帝咸康三年（337），范逸死，范家家奴范文篡位为王。范文本来是日南郡西卷县的夷人酋长范稚的家奴，他曾经在山涧边放牛，捕得两条鳢鱼，鳢鱼变成两块铁，范文就将此铁锻铸成刀。刀铸成后，范文对着一块石头祷告说："假如刀能斫破此石，我范文就要在此地称王。"于是他就举刀斫石，石头像柴草那样被砍断。范文心中感到非常奇异。范稚曾经派范文到林邑国做买卖，范文就指导林邑王修建宫室并制造兵车器械，林邑王很宠信范文，委以重任。后来范文进谗言诬陷几位王子，使他们全都逃亡到别的国家。林邑王死后无人继位，范文假装到邻国迎接王子继位，却在水浆中下毒把王子害死，范文于是就胁迫林邑国人立自己为王。后来他又发兵攻打四周的小国，把它们全都吞并，他的军队有四五万人。当时交州刺史姜庄派自己的亲信韩戢、谢稚，先后监日南郡，二人都很贪婪残暴，各国视他们为祸患。晋穆帝永和三年（347），朝廷派夏侯览任日南郡太守，夏侯览鱼肉百姓尤其厉害。林邑国原先没有田地，贪图日南郡土地肥沃，常常想要掠夺侵占，到了这时候，林邑国趁着日南郡百姓的怨恨不满，发兵袭击日南郡，杀死了夏侯览，用夏侯览的尸体祭天。林邑国的军队在日南郡驻留了三年，才返回林邑。交州刺史朱藩后来又派督护刘雄驻守日南郡，范文再次派兵，屠灭了刘雄。范文又进犯九德郡，残害那里的官吏和百姓。范文派使者告诉朱藩，愿意以日南郡北境的横山为边界，朱藩不答应，派督护陶缓、李衢讨伐范文。范文返回林邑，不久又进驻日南郡。永和五年（349），范文死，儿子范佛为王，范佛仍然在日南郡驻军。征西将军桓温派督护滕畯、九真太守灌邃率领交州、广州的部队讨伐范佛，范佛环城固守。灌邃就命滕畯在正面布置大量军队牵

南、九德诸郡，杀荡甚多，交州遂致虚弱。

须达死，子敌真立，其弟敌铠携母出奔。敌真追恨不能容其母弟，舍国而之天竺，禅位于其甥，国相藏驎固谏不从。其甥既立而杀藏驎，藏驎子又攻杀之，而立敌铠同母异父之弟曰文敌。文敌后为扶南王子当根纯所杀，大臣范诸农平其乱，而自立为王。诸农死，子阳迈立。宋永初二年，遣使贡献，以阳迈为林邑王。阳迈死，子咄立，慕其父，复曰阳迈。

其国俗：居处为阁，名曰干阑，门户皆北向；书树叶为纸；男女皆以横幅吉贝绕腰以下，谓之干漫，亦曰都缦；穿耳贯小镮；贵者著革屣，贱者跣行。自林邑、扶南以南诸国皆然也。其王著法服，加璎珞，如佛像之饰。出则乘象，吹螺击鼓，罩吉贝伞，以吉贝为幡旗。国不设刑法，有罪者使象踏杀之。其大姓号婆罗门。嫁娶必用八月，女先求男，由贱男而贵女也。同姓还相婚姻，使婆罗门引婿见妇，握手相付，咒曰“吉利吉利”，以为成礼。死者焚之中野，谓之火葬。其寡妇孤居，散发至老。国王事尼乾道，铸金银人像，大十围。

制住敌军,灌邃自己率领七百名精锐士卒从后面翻越壁垒攻入,范佛的士兵惊慌溃逃,灌邃一直追击到林邑,范佛于是请求投降。晋穆帝升平初年,林邑国又进犯边境残害百姓,刺史温放之将其讨平。晋安帝隆安三年(399),范佛之孙范须达又进犯日南郡,活捉了太守夐源,又进犯九德郡,活捉了太守曹炳。交趾太守杜瑗派都护邓逸等击破了他们,朝廷就命杜瑗为交州刺史。义熙三年(407),范须达又进犯日南郡,杀死长史,杜瑗派海逻督护阮斐讨平了他们,斩杀俘获了很多人。义熙九年(413),范须达又进犯九真郡,行郡事杜慧期与他交战,杀死范须达之子交龙王范甄知以及将领范健等人,活捉范须达的儿子范郫能,俘虏了一百余人。杜瑗死后、林邑国没有一年不进犯日南、九德等郡,杀伤了很多人,致使交州实力虚弱。

范须达死后,儿子范敌真被立为王,范敌真的弟弟范敌铠带着母亲出逃。范敌真追悔自己不能容纳母亲和弟弟,于是就放弃王位去了天竺,把王位禅让给自己的外甥,国相藏驎坚决劝谏他,范敌真不听。范敌真之甥立为王之后就杀了藏驎,藏驎之子又攻杀了范敌真之甥,而立范敌铠的同母异父弟弟范文敌为王。范文敌后来被扶南王之子当根纯杀死,大臣范诸农平定了本国的内乱,自立为王。范诸农死后,儿子范阳迈被立为王。刘宋永初二年(421),林邑国派遣使者奉献贡品,刘宋朝廷就任命范阳迈为林邑王。范阳迈死后,他儿子范咄被立为王,因为思慕自己的父亲,所以将自己的名字也改为范阳迈。

林邑国的习俗:居住的地方都做成阁楼的形式,称为干阑(干栏),门窗都朝北;把树叶当纸用来写字;男男女女都用横幅吉贝布缠绕腰以下,称为干漫,也叫都缦;在耳朵上穿孔佩戴小环;尊贵者穿皮做的鞋,贫贱者赤脚而行。自林邑、扶南以南的各国,风俗都是如此。国王穿礼服,佩戴珠玉穿系而成的颈饰,与佛像的颈饰相同。国王出行则乘坐大象,随从吹螺击鼓,国王头顶上方罩着吉贝布制成的伞盖,打着用吉贝布制作的幡旗。林邑国不设刑法,有罪的人就让大象踩死。境内豪门大姓称为婆罗门。嫁娶之事一定在八月进行,女子先追求男子,因为他们看轻男人,以女子为贵。同姓间可以通婚,结婚时由婆罗门牵着新郎去见新娘,把他们的手交付在一起让他们

　　元嘉初，阳迈侵暴日南、九德诸郡，交州刺史杜弘文建牙欲讨之，闻有代乃止。八年，又寇九德郡，入四会浦口，交州刺史阮弥之遣队主相道生帅兵赴讨，攻区栗城不克，乃引还。尔后频年遣使贡献，而寇盗不已。二十三年，使交州刺史檀和之、振武将军宗悫伐之。和之遣司马萧景宪为前锋，阳迈闻之惧，欲输金一万斤，银十万斤，还所略日南民户，其大臣萻僧达谏止之，乃遣大帅范扶龙戍其北界区栗城。景宪攻城，克之，斩扶龙首，获金银杂物，不可胜计。乘胜径进，即克林邑。阳迈父子并挺身逃奔。获其珍异，皆是未名之宝。又销其金人，得黄金数十万斤。和之后病死，见胡神为祟。

　　孝武孝建、大明中，林邑王范神成累遣长史奉表贡献。明帝泰豫元年，又遣使献方物。齐永明中，范文赞累遣使贡献。天监九年，文赞子天凯奉献白猴，诏曰："林邑王范天凯介在海表，乃心款至，远修职贡，良有可嘉。宜班爵号，被以荣泽。可持节、督缘海诸军事、威南将军、林邑王。"十年、十三年，天凯累遣使献方物。俄而病死，子弼毳跋摩立，奉表贡献。普通七年，王高式胜铠遣使献方物，诏以为持节、督缘海诸军事、绥南将军、林邑王。大通元年，又遣使贡献。中大通二年，行林邑王高式律陁罗跋摩遣使贡献，诏以为持节、督缘海诸军事、绥南将军、林邑王。六年，又遣使献方物。

相握，然后祷告说"吉利吉利"，这样就完成了婚礼。死者尸体在野外焚烧，称为火葬。境内的寡妇单独居住，头发披散直至老死。国王信奉尼乾道，铸造金银人像，人像有十围粗。

　　刘宋元嘉初年，范阳迈侵扰袭掠日南、九德等郡，交州刺史杜弘文起兵打算征讨他，听到有人前来替代自己的职务就停止了行动。元嘉八年（431），范阳迈又进犯九德郡，攻入四会浦口，交州刺史阮弥之派遣队主相道生统兵前去征讨，攻打区粟城而未能攻克，相道生于是率兵返回。此后林邑国连年派遣使者进献贡品，但侵扰袭掠也不曾停止。元嘉二十三年（446），朝廷派交州刺史檀和之、振武将军宗悫前去讨伐林邑国。檀和之派司马萧景宪作前锋，范阳迈听说后感到害怕，想要进献金一万斤、银十万斤，并归还掠去的日南郡百姓，因手下的大臣蓍僧达的劝阻而停止，于是就派大帅范扶龙防守林邑北部边界的区粟城。萧景宪攻打区粟城，攻下城池，斩下范扶龙的首级，缴获金银及其他财物不计其数。檀和之乘胜长驱直入，于是攻占了林邑国。范阳迈父子都抛下家眷逃跑。檀和之缴获的林邑国奇珍异宝，数不胜数。檀和之又销熔林邑国铸造的金人，得到黄金数十万斤。后来檀和之病死之前，曾经看见胡人的鬼怪在面前作祟。

　　刘宋孝武帝孝建、大明年间，林邑王范神成多次派遣长史呈送表章进献贡品。宋明帝泰豫元年（472），林邑王又派遣使者进献当地特产。南齐永明年间，范文赞多次派遣使者进献贡品。天监九年（510），范文赞之子范天凯向梁朝高祖奉献白猴，高祖下诏说："林邑王范天凯远在海外，诚心款服，远远地献来贡品，实在值得嘉奖。应当赐给他爵位和封号，施予荣耀恩泽。可任命为持节、督缘海诸军事、威南将军、林邑王。"天监十年（511）、十三年（514），范天凯又多次派使者进贡当地特产。范天凯不久病死，儿子弼毳跋摩被立为王，又向梁朝上表章进献贡品。普通七年（526），林邑王高式胜铠派使者进献当地特产，高祖下诏任命他为持节、督缘海诸军事、绥南将军、林邑王。大通元年（527），高式胜铠又派遣使者进献贡品。中大通二年（530），摄任的林邑王高式律陁罗跋摩派遣使者进献贡品，高祖下诏命他为持节、督缘海诸军事、绥南将军、林邑王。中大通六

## 扶南

扶南国，在日南郡之南，海西大湾中，去日南可七千里，在林邑西南三千余里。城去海五百里。有大江广十里，西北流，东入于海。其国轮广三千余里，土地洿下而平博，气候风俗大较与林邑同。出金、银、铜、锡、沉木香、象牙、孔翠、五色鹦鹉。

其南界三千余里有顿逊国，在海崎上，地方千里，城去海十里。有五王，并羁属扶南。顿逊之东界通交州，其西界接天竺、安息徼外诸国，往还交市。所以然者，顿逊回入海中千余里，涨海无崖岸，船舶未曾得径过也。其市，东西交会，日有万余人。珍物宝货，无所不有。又有酒树，似安石榴，采其花汁停瓮中，数日成酒。

顿逊之外，大海洲中，又有毗骞国，去扶南八千里。传其王身长丈二，颈长三尺，自古来不死，莫知其年。王神圣，国中人善恶及将来事，王皆知之，是以无敢欺者。南方号曰长颈王。国俗，有室屋、衣服，噉粳米。其人言语，小异扶南。有山出金，金露生石上，无所限也。国法刑罪人，并于王前噉其肉。国内不受估客，有往者亦杀而噉之，是以商旅不敢至。王常楼居，不血食，不事鬼神。其子孙生死如常人，唯王不死。扶南王数遣使与书相报答，常遗扶南王纯金五十人食器，形如圆盘，又如瓦埦，名为多罗，受五升，又如椀者，受一升。王亦能作天竺书，书可三千言，说其宿命所由，与佛经相似，并论善事。

年（534），林邑王又派遣使者进献当地特产。

## 扶南

扶南国在日南郡之南，地处海西大湾中，离日南郡约七千里，在林邑国西南三千余里。都城离海五百里。境内有条大江，宽十里，从西北流过来，向东流入海。扶南国方圆三千余里，土地低洼而平坦宽广，气候风俗大体和林邑国相同。扶南国出产金、银、铜、锡、沉木香、象牙、孔翠、五色鹦鹉。

扶南国国境以南三千余里处有顿逊国，位于曲折的海岸边，方圆千里，都城离海十里。顿逊国有五个王，都臣属于扶南国。顿逊国的东境通达交州，其西界与天竺、安息等边外国家接壤，往来互市。之所以出现这种情况，是因为顿逊国海岸线有千余里长，涨潮时全没有悬崖陡岸，船舶经过时都要泊岸贸易而不能径直经过。顿逊国的集市，东西来往的商贾都在这里会集，每天有万余人。四方的珍奇宝物，无所不有。顿逊国又有一种酒树，和安石榴相似，采集酒树的花汁留存在瓮中，数日后就成了酒。

除顿逊国之外，海中大岛里面，又有毗骞国，距离扶南国八千里。传说毗骞国的国王身高一丈二尺，脖子有三尺长，自古以来无人见过国王死，所以没人知道国王的真实年龄。国王有神通，国中人的善恶以及将来的事情，国王都知道，所以没有人敢欺骗他。南方都称他为长颈王。毗骞国的风俗，住房屋，穿衣服，吃粳米。毗骞国人的语言，和扶南国有小差别。毗骞国内有座山出产金子，金子都裸露在石头上，没有杂物阻隔。按该国的法律，罪人全都处死，并且在国王面前吃掉这罪人的肉。毗骞国内不接受外来商人进入，若有商人进入，他们就把商人杀死吃掉，因此商人不敢去。毗骞国的国王经常住在楼房里，不吃荤腥，也不事奉鬼神。国王的子孙也像平常人那样生老病死，只有国王不死。扶南王多次派遣使者带去书信和毗骞王往来酬答，毗骞王曾经赠送给扶南王可供五十人食用的纯金食器，形状像圆盘，又像瓦甀，称为多罗，容量有五升，又有形状像碗的，容量为一升。毗骞王也能写天竺文字的书，这本书约三千字，述说宿命

又传扶南东界即大涨海，海中有大洲，洲上有诸薄国，国东有马五洲。复东行涨海千余里，至自然大洲。其上有树生火中，洲左近人剥取其皮，纺绩作布，极得数尺以为手巾，与焦麻无异而色微青黑；若小垢污，则投火中，复更精洁。或作灯炷，用之不知尽。

扶南国俗本躶体，文身被发，不制衣裳。以女人为王，号曰柳叶。年少壮健，有似男子。其南有徼国，有事鬼神者字混填，梦神赐之弓，乘贾人舶入海，混填晨起即诣庙，于神树下得弓，便依梦乘船入海，遂入扶南外邑。柳叶人众见舶至，欲取之，混填即张弓射其舶，穿度一面，矢及侍者，柳叶大惧，举众降混填。混填乃教柳叶穿布贯头，形不复露，遂治其国，纳柳叶为妻，生子分王七邑。其后王混盘况以诈力间诸邑，令相疑阻，因举兵攻并之，乃遣子孙中分治诸邑，号曰小王。

盘况年九十余乃死，立中子盘盘，以国事委其大将范蔓。盘盘立三年死，国人共举蔓为王。蔓勇健有权略，复以兵威攻伐旁国，咸服属之，自号扶南大王。乃治作大船，穷涨海，攻屈都昆、九稚、典孙等十余国，开地五六千里。次当伐金邻国，蔓遇疾，遣太子金生代行。蔓姊子旃，时为二千人将，因篡蔓自立，遣人诈金生而杀之。蔓死时，有乳下儿名长，在民间，至年二十，乃结国中壮士袭杀旃，旃大将范寻又杀长而自立。更缮治国内，起观阁游戏之，朝旦中晡三四见客。民人以焦蔗龟鸟为礼。国法无牢狱。有罪者，先斋戒三日，乃烧斧极赤，令讼者捧行七步。又以金镮、鸡卵投沸汤中，令探取之，若无实者，手即焦烂，有理者则不。又于城沟中养鳄鱼，门

的来由，与佛经相似，也评说行善之事。

　　又传说扶南国东边就是大涨海，海中有大洲，洲上有诸薄国，诸薄国之东有马五洲。又在涨海上往东航行千余里，就可到达自然大洲。自然大洲上有种树生长在火中，该洲附近的人剥取这种树的树皮，纺织成布，最多能得到几尺大小，做成手巾，这种布与焦麻没有区别，但颜色稍显青黑；假如稍微沾上点污垢，就把手巾丢入火中，烧后手巾更显精细洁白。有人用这种布作灯芯，点燃后可以长燃不尽。

　　扶南国的习俗是裸体，文身披发，不缝制衣裳。以女人为王，号为柳叶。国王年轻健壮，如同男子。扶南国之南有个徼国，境内有个事奉鬼神的人名叫混填，他梦见神赐给自己一把弓，然后神就乘坐商人的船入海，混填早晨起来就去拜谒庙宇，在神树下得到一张弓，他便依梦所见也乘船入海，进入了扶南国的边境。柳叶手下的人见到船来，想要夺取船，混填就以弓箭射扶南国的来船，箭穿透船舷，射中了国王的侍者。柳叶十分害怕，就率领手下的人投降混填。混填教柳叶等在布中间开一个洞，把头贯穿过去，身体就不再裸露，混填因此就统治了扶南国，娶柳叶为妻，生了孩子分封在七个邑做王。后来的扶南国王混盘况依靠欺诈和武力，离间各邑之间的关系，使各王之间互生疑惑阻隔，混盘况就乘机攻打兼并了各邑，派自己的子孙分别管理这些邑，他们号称小王。

　　混盘况活到九十几岁才去世，立排行中间的儿子盘盘为王，盘盘把国家事务委托给手下大将范蔓处理。盘盘被立为王之后只三年就去世了，国人一同推举范蔓为王。范蔓勇猛而有谋略，用武力攻打四周邻国，邻国全都臣服依附他，他就自称扶南大王。于是范蔓制造大船，穿越涨海，攻打屈都昆、九稚、典孙等十几国，开辟了五六千里的国土。将要攻打金邻国时，范蔓患病，就派太子范金生代自己统兵。范蔓姐姐的儿子旃，当时正担任统帅二千人的将，他乘机杀死范蔓，篡位为王，又派人欺骗范金生，把他杀死。范蔓死的时候，还有个吃奶的孩子范长，藏匿在民间。范长二十岁的时候，就邀结境内的勇士袭杀了旃，旃手下的大将范寻又杀死了范长，自立为王。范寻重新修缮首都，造起寺观楼阁以供游玩，只在朝旦、下午的时候偶尔会

外圈猛兽，有罪者，辄以喂猛兽及鳄鱼，鱼兽不食为无罪，三日乃放之。鳄大者长二丈余，状如鼍，有四足，喙长六七尺，两边有齿，利如刀剑，常食鱼，遇得獐鹿及人亦噉之，苍梧以南及外国皆有之。

吴时，遣中郎康泰、宣化从事朱应使于寻国，国人犹裸，唯妇人着贯头。泰、应谓曰：“国中实佳，但人亵露可怪耳。”寻始令国内男子着横幅。横幅，今干漫也。大家乃截锦为之，贫者乃用布。

晋武帝太康中，寻始遣使贡献。穆帝升平元年，王竺旃檀奉表献驯象。诏曰：“此物劳费不少，驻令勿送。”其后王憍陈如，本天竺婆罗门也。有神语曰“应王扶南”，憍陈如心悦，南至盘盘，扶南人闻之，举国欣戴，迎而立焉。复改制度，用天竺法。憍陈如死，后王持梨陁跋摩，宋文帝世奉表献方物。齐永明中，王阇邪跋摩遣使贡献。

天监二年，跋摩复遣使送珊瑚佛像，并献方物。诏曰：“扶南王憍陈如阇邪跋摩，介居海表，世纂南服，厥诚远著，重译献琛。宜蒙酬纳，班以荣号。可安南将军、扶南王。”

今其国人皆丑黑，拳发。所居不穿井，数十家共一池引汲之。

见客人。百姓之间用焦、蔗、龟、鸟作礼物。他们的国法没有牢狱。有罪的人，先让他斋戒三天，然后把一把铁斧烧到通红，叫诉讼的人捧着烧红的铁斧走七步。或是把金环、鸡蛋丢进沸腾的开水中，让诉讼的人伸手进去捞取。假若诉讼者说了假话，手就会被烫得焦烂，有理的人手就安然无恙。他们又在护城河中养鳄鱼，在城门外圈养猛兽，有罪的人，就拿来喂猛兽和鳄鱼，如果鳄鱼猛兽不吃其人就是无罪，过三天就把这人放出来。大的鳄鱼长二丈多，形状像鼍，四只脚，嘴巴有六七尺长，两边都有牙齿，锋利得好像刀剑，常常吃鱼，遇上獐鹿和人也吃，苍梧以南以及外国都有鳄鱼。

三国时，吴国派中郎康泰、宣化从事朱应出使到范寻治下的扶南国，扶南国的人仍然保持着裸体的习俗，只有妇人身穿贯头装。康泰、朱应对范寻说：“贵国实在很好，只是人民赤身露体很奇怪。”范寻这才命令国内的男人穿上横幅。横幅，今天称为干漫，是用布料制成的围在腰部以下的服饰。有钱人家裁锦缎来做横幅，贫穷人家用布做。

晋武帝太康年间，范寻开始派遣使者进献贡品。晋穆帝升平元年（357），扶南国王竺旃檀呈送表章并进献驯象。晋穆帝下诏说：“运送此物花费不少，就地停驻不必再送了。”竺旃檀以后的扶南王憍陈如，本是天竺国的婆罗门。有神对他说：“你应到扶南国称王。”憍陈如心中高兴，于是南行到盘盘，扶南人听到这消息，全国上下欢心拥戴，迎立憍陈如为王。憍陈如又改变扶南国的制度，仿用天竺的法律。憍陈如死后，继任的扶南王持梨陁跋摩曾在刘宋文帝年间呈送表章进献特产。南齐永明年间，扶南王阇邪跋摩派遣使者进献贡物。

天监二年（503），阇邪跋摩又派遣使者呈送珊瑚佛像，并且进献当地特产。高祖下诏说：“扶南王憍陈如、阇邪跋摩远居海外，世代承袭，管理南方，他的诚心海内卓著，两度通过翻译进呈珍宝。应当接纳他的诚心，赐给荣显的封号。可封他为安南将军、扶南王。”

现在的扶南国人都黑而丑，头发蜷曲。其居住的地方不挖井，数十家共用一个水池，都在池中汲水使用。他们的风俗，人民都信

俗事天神，天神以铜为像，二面者四手，四面者八手，手各有所持，或小儿，或鸟兽，或日月。其王出入乘象，嫔侍亦然。王坐则偏踞翘膝，垂左膝至地，以白叠敷前，设金盆香炉于其上。国俗，居丧则剃除须发。死者有四葬：水葬则投之江流，火葬则焚为灰烬，土葬则瘞埋之，鸟葬则弃之中野。人性贪吝，无礼义，男女恣其奔随。

十年、十三年，跋摩累遣使贡献。其年死，庶子留陁跋摩杀其嫡弟自立。十六年，遣使竺当抱老奉表贡献。十八年，复遣使送天竺旃檀瑞像、婆罗树叶，并献火齐珠、郁金、苏合等香。普通元年，中大通二年，大同元年，累遣使献方物。五年，复遣使献生犀。又言其国有佛发，长一丈二尺，诏遣沙门释云宝随使往迎之。

先是，三年八月，高祖改造阿育王寺塔，出旧塔下舍利及佛爪发，发青绀色，众僧以手伸之，随手长短，放之则旋屈为蠡形。案《僧伽经》云：“佛发青而细，犹如藕茎丝。”《佛三昧经》云：“我昔在宫沐头，以尺量发，长一丈二尺，放已右旋，还成蠡文。”则与高祖所得同也。

阿育王即铁轮王，王阎浮提，一天下，佛灭度后，一日一夜，役鬼神造八万四千塔，此即其一也。吴时有尼居其地，为小精舍，孙綝寻毁除之，塔亦同泯。吴平后，诸道人复于旧处建立焉。晋中宗初渡江，更修饰之，至简文咸安中，使沙门安法师程造小塔，未及

奉天神，用铜铸造天神的像，有的神像二头四手，有的四头八手，手中各自持有不同的东西，有的拿着小孩，有的拿着鸟兽，有的拿着日月。扶南国国王出入都乘坐大象，妃嫔侍从也是如此。国王坐着的时候侧身，右膝翘起，左膝屈下垂在地上，身前铺着木棉织的白叠布，在白叠布上设置金盆香炉。扶南国的风俗，守丧期间就剃掉须发。死去的人有四种埋葬方法：水葬就是把死者投到江流中，火葬就是把死者烧成灰烬，土葬就是挖坑掩埋死者，鸟葬就是把死者丢到野外，让鸟啄食。扶南国人性贪婪吝啬，不懂礼义，男女间可以随意私奔。

天监十年（511）、十三年（514），跋摩多次派遣使者进献贡品。这一年（514），跋摩死去，他的庶子留陁跋摩杀死身为嫡子的弟弟，自立为王。天监十六年（517），留陁跋摩派遣使者竺当抱老进呈表章进献贡品。天监十八年（519），留陁跋摩又派遣使者呈送天竺的旃檀瑞像、婆罗树叶，并进献火齐珠、郁金、苏合等香。普通元年（520），中大通二年（530），大同元年（535），留陁跋摩多次派遣使者进献当地特产。大同五年（539），他又派遣使者进献活犀牛，又说他们国家有佛发，长一丈二尺，高祖下诏派和尚释云宝跟随使者去扶南国迎取佛发。

在此之前，大同三年（537）八月，高祖改建阿育王寺塔，从旧塔下挖出了舍利以及佛祖的指甲和头发，佛发呈青绀色，众僧人用手抻长佛发，佛发可以任意拉长缩短，放开手后佛发又随即蜷曲为螺旋形。按照《僧伽经》所说："佛发青而细，如同藕茎丝。"《佛三昧经》说："我以前在宫中洗头发，用尺丈量发长，长有一丈二尺，放手之后头发朝右旋，盘曲成螺旋花纹。"这些说法和高祖得到的佛发情况相同。

阿育王就是铁轮王，他在阎浮提称王，统一了天下。佛陀涅槃之后，阿育王在一天一夜之间，役使鬼神建造了八万四千座塔，高祖改建的阿育王寺塔就是其中的一座。吴国时有尼姑住在阿育王寺内，修筑了小型精舍，孙綝不久就将寺捣毁，塔也一同被毁。晋朝灭吴后，众僧又在原来地址建立寺院。晋中宗刚刚渡江时，曾重新装修寺院。

成而亡，弟子僧显继而修立。至孝武太元九年，上金相轮及承露。

　　其后西河离石县有胡人刘萨何遇疾暴亡，而心下犹暖，其家未敢便殡，经十日更苏。说云："有两吏见录，向西北行，不测远近，至十八地狱，随报重轻，受诸楚毒。见观世音语云：'汝缘未尽，若得活，可作沙门。洛下、齐城、丹阳、会稽并有阿育王塔，可往礼拜。若寿终，则不堕地狱。'语竟，如堕高岩，忽然醒寤。"因此出家，名慧达。游行礼塔，次至丹阳，未知塔处，乃登越城四望，见长干里有异气色，因就礼拜，果是阿育王塔所，屡放光明。由是定知必有舍利，乃集众就掘之，入一丈，得三石碑，并长六尺。中一碑有铁函，函中有银函，函中又有金函，盛三舍利及爪发各一枚，发长数尺。即迁舍利近北，对简文所造塔西，造一层塔。十六年，又使沙门僧尚伽为三层，即高祖所开者也。初穿土四尺，得龙窟及昔人所舍金银镮钏钗镊等诸杂宝物。可深九尺许，方至石磉，磉下有石函，函内有铁壶，以盛银坩，坩内有金镂罂，盛三舍利，如粟粒大，圆正光洁。函内又有琉璃碗，内得四舍利及发爪，爪有四枚，并为沉香色。至其月二十七日，高祖又到寺礼拜，设无㝵大会，大赦天下。是日，以金钵盛水泛舍利，其最小者隐钵不出，高祖礼数十拜，舍利乃于钵内放光，旋回久之，乃当钵中而止。高祖问大僧正慧念："今日见不可思议事不？"慧念答曰："法身常住，湛然不动。"高祖曰："弟子欲请一舍利还台供养。"至九月五日，又于寺设无㝵大会，遣皇太子王侯朝贵等奉迎。是日，风景明和，京师倾属，观者百数十万人。所设金银供具等物，并留寺供养，并施钱一千万为寺基业。至四年九月十五日，高祖又至寺设无㝵大会，竖二刹，各以金罂，次玉罂，重盛舍利及爪发，内七宝塔中。又以石函盛宝塔，分入两刹下，及王侯妃主百姓富室所舍金、银、镮、钏等珍宝充积。

到了晋简文帝咸安年间，简文帝命僧人安法师程建造小塔，塔未建成，安法师程就亡故了。他的弟子僧显继续这个工程，塔终于建成。到晋孝武帝太元九年（384），又为塔安装了金相轮和承露。

后来西河郡离石县有个胡人刘萨何暴病死去，但他心口还暖热，他家人不敢立即收殓安葬他，过了十天刘萨何又苏醒过来。他述说道："有两个差吏捉住我，带我向西北方向走，不知道走了多远，到了十八层地狱，那里根据罪业报应的轻重，让罪人经受各种痛苦刑罚。见到观世音菩萨，观世音菩萨对我说：'你在人间的因缘尚未了结，假如你能复活，应当做和尚。洛下、齐城、丹阳、会稽都有阿育王塔，可去那些地方行礼拜佛。假如你能尽阳寿而死，就不会堕入地狱。'话音刚落，我就觉得像从高岩上掉下来，忽然间就醒过来了。"刘萨何因此就出家为僧，法名慧达。他云游四方，礼拜佛塔，后来他来到丹阳，不知道佛塔在什么地方，于是登上越城向四面瞭望，见到长干里有不同于别处的云气，于是就到长干里去礼拜，那里果然是阿育王塔的旧址，屡次放出光彩。慧达因此知道此处地下必然埋有舍利，于是召集众人在那里挖掘，挖到一丈深的时候，得到三块石碑，都是六尺长。中间一块石碑下有个铁盒，铁盒中又有个银盒，银盒中又有金盒，金盒中盛着三粒舍利以及一枚佛祖的指甲，一缕头发，头发有数尺长。慧达就把舍利往北稍作移动，在正对简文帝建造的塔的西侧，又造了一层。太元十六年（391），朝廷又命和尚僧尚伽增建三层塔，这就是高祖改建开挖的那座塔。高祖开掘时刚挖到四尺深的地方，就见到龙窟以及从前人们施舍的金银环、钏、钗、镊等许多珍宝。挖到约九尺深的地方，才见到支撑塔基的石磉，石磉下有石匣，石匣内有铁壶，壶内装着银坩，银坩内有一个金质镂刻的罂，罂中盛着三粒舍利，舍利像小米粒那么大，圆正而光洁。石匣内又有琉璃碗，碗中有四粒舍利以及佛祖的头发、佛祖的指甲，佛祖的指甲有四枚，都是沉香色。到了这个月的二十七日，高祖又到寺中礼拜，设立无遮大会，在全国实行大赦。这一天，高祖用金钵盛水让舍利浮起，最小的那粒舍利隐藏在钵中不浮起来。高祖对金钵行了数十遍拜礼，舍利才在钵内放出光芒，又回旋了很久，才在金钵的正中

　　十一年十一月二日，寺僧又请高祖于寺发《般若经》题，尔夕二塔俱放光明，敕镇东将军邵陵王纶制寺《大功德碑》文。

　　先是，二年，改造会稽鄮县塔，开旧塔出舍利，遣光宅寺释敬脱等四僧及舍人孙照暂迎还台，高祖礼拜竟，即送还县入新塔下，此县塔亦是刘萨何所得也。

　　晋咸和中，丹阳尹高悝行至张侯桥，见浦中五色光长数尺，不知何怪，乃令人于光处掊视之，得金像，未有光趺。悝乃下车，载像还，至长干巷首，牛不肯进，悝乃令驭人任牛所之，牛径牵车至寺，悝因留像付寺僧。每至中夜，常放光明，又闻空中有金石之响。经一岁，捕鱼人张系世，于海口忽见有铜花趺浮出水上，系世取送县，县以送台，乃施像足，宛然合。会简文咸安元年，交州合浦人董宗之采珠没水，于底得佛光艳，交州押送台，以施像，又合焉。自咸和中得像，至咸安初，历三十余年，光趺始具。

静止不动。高祖问大僧正慧念："今天见到了不可思议的事情吗？"慧念回答说："法身常住，湛然不动。"高祖说："弟子想请一粒舍利回宫供奉。"到了九月五日，高祖又在寺内设无遮大会，派皇太子、王侯、朝中贵戚大臣等人前往寺中奉迎舍利。这一天，风和日丽，京城居民倾城而出，围观者有一百几十万人。高祖此行置办的金银供具等物，事后全都留在寺中供养，又施舍一千万钱作寺中基业。到大同四年（538）九月十五日，高祖又到寺中设无遮大会，树立两座宝塔，各用金罂、玉罂重新盛放舍利和佛祖的指甲和头发，放入七宝塔中。又用石匣盛装七宝塔，分别放入两座塔下，王侯、妃嫔、公主、百姓富户所施舍的金、银、环、钏等珍宝也都充积在塔下。

大同十一年（545）十一月二日，寺僧又请高祖到寺中阐释《般若经》经题大义，那天晚上两座塔都大放光芒，高祖命镇东将军邵陵王萧纶撰写寺中的《大功德碑》碑文。

在此之前，大同二年（536），朝廷改建会稽郡鄮县塔，开挖旧塔时挖出了舍利，高祖派光宅寺的释敬脱等四名僧人以及舍人孙照把舍利临时迎回宫中，高祖向舍利礼拜之后，就把舍利送回鄮县新塔之下，鄮县塔也是刘萨何找到的。

晋朝咸和年间，丹阳尹高悝走到张侯桥，见到水中闪现着数尺长的五色光芒，不知道是什么怪异现象，于是令人在发光处开挖，得到一尊金佛像，但没有底座。高悝于是下车，用车载着佛像回家，走到长干巷口，牛不肯再往前走，高悝就叫驭车的人听任牛的意向走，牛一直把车拉到寺庙中，高悝就把佛像留下交付寺中僧人。佛像在寺中时，每到午夜时分，常常发出光芒，又可以听到空中有金石撞击之声。过了一年，捕鱼人张系世在海口突然见到佛像的铜莲花底座浮出水面，张系世取来之后送往县中，县令又把它送往朝廷，朝廷将这底座放在出水佛像的足下，二者完全相合。到晋简文帝咸安元年（371），交州合浦人董宗之潜到水下采珍珠，在水底找到一座佛像的光焰，交州派人把佛光焰送往朝廷，朝廷又把它安放到佛像上，又完全相合。从咸和年间找到佛像，到咸安初年，经历了三十余年，佛像的底座、光焰方才齐备。

　　初, 高悝得像后, 西域胡僧五人来诣悝, 曰:"昔于天竺得阿育王造像, 来至邺下, 值胡乱, 埋像于河边, 今寻觅失所。"五人尝一夜俱梦见像曰:"已出江东, 为高悝所得。"悝乃送此五僧至寺, 见像嘘欷涕泣, 像便放光, 照烛殿宇。又瓦官寺慧邃欲模写像形, 寺主僧尚虑亏损金色, 谓邃曰:"若能令像放光, 回身西向, 乃可相许。"慧邃便恳到拜请, 其夜像即转坐放光, 回身西向, 明旦便许模之。像跌先有外国书, 莫有识者, 后有三藏郍求跋摩识之, 云是阿育王为第四女所造也。及大同中, 出旧塔舍利, 敕市寺侧数百家宅地, 以广寺域, 造诸堂殿并瑞像周回阁等, 穷于轮奂焉。其图诸经变, 并吴人张繇运手。繇丹青之工, 一时冠绝。

## 盘盘

　　盘盘国, 宋文帝元嘉, 孝武孝建、大明中, 并遣使贡献。大通元年, 其王使使奉表曰:"扬州阎浮提震旦天子:万善庄严, 一切恭敬, 犹如天净无云, 明耀满目, 天子身心清净, 亦复如是。道俗济济, 并蒙圣王光化, 济度一切, 永作舟航, 臣闻之庆善。我等至诚敬礼常胜天子足下, 稽首问讯。今奉薄献, 愿垂哀受。"中大通元年五月, 累遣使贡牙像及塔, 并献沉檀等香数十种。六年八月, 复使送菩提国真舍利及画塔, 并献菩提树叶、詹糖等香。

## 丹丹

　　丹丹国, 中大通二年, 其王遣使奉表曰:"伏承圣主至德仁治,

　　起初，高悝找到佛像的时候，五名西域胡僧前来拜谒高悝，说：
"我们曾在天竺得到阿育王的造像，来到邺下，适逢我们家乡发生动
乱，就把佛像埋在河边，现在寻觅却找不到位置。"这五个僧人曾在
一天夜晚全都梦见佛像说："已经在江东出现，被高悝所得。"高悝
于是送这五名胡僧到寺中去，他们见到佛像全都唏嘘流泪，佛像大
放光芒，照亮着庙宇的殿堂。又有瓦官寺的慧邃和尚想要用蜡拓写
佛像的形体，寺主僧尚担心拓写会使金身受损，就对慧邃说："若是
你能令佛像放光，并回身转向西边，我才能答应你的要求。"慧邃便
恳切地向佛像朝拜恳请，当天夜里佛像就扭转方向发出光芒，回身
转向西面，第二天天明，僧尚就准许慧邃拓写。佛像的底座原先有外
国文字，无人认识，后来有三藏郍求跋摩法师认识底座上的字，他
说写的是阿育王为自己的第四个女儿所造。到大同年间，挖出了旧塔
下的舍利，高祖下令买下寺侧数百家的宅地，以便扩建寺院，起造各
种殿堂以及瑞像周回阁等建筑，建筑全都恢弘高大，美轮美奂。寺中
的那些经变图画，全都出自吴人张繇的手笔。张繇是丹青圣手，在当
时号称冠绝天下。

### 盘盘

　　盘盘国，在宋文帝元嘉年间，宋孝武帝孝建和大明年间，都曾
派遣使者来进献贡品。大通元年（527），其国王派遣使者进呈表章
说："扬州阎浮提震旦天子：万善庄严，一切恭敬，犹如明净无云的
天空，满眼辉光，天子身心圣洁，也和此天一样。万千僧俗百姓，都蒙
受圣王的沐浴教化，圣王普济万民，永作舟航，臣听到这消息深感
喜庆吉祥。我们怀着至诚之心向常胜天子足下致敬，叩首问安。现奉
上微薄的贡品，希望您给予哀怜接纳。"中大通元年（529）五月，盘
盘国又多次派遣使者贡献象牙佛像及佛塔，并进献沉檀等数十种香
料。中大通六年（534）八月，盘盘国又派遣使者送菩提国真舍利及
画塔，并进献菩提树叶、詹糖等香料。

### 丹丹

　　丹丹国，中大通二年（530），丹丹国王派遣使者进呈表章说：

信重三宝,佛法兴显,众僧殷集,法事日盛,威严整肃。朝望国执,慈愍苍生,八方六合,莫不归服。化邻诸天,非可言喻。不任庆善,若暂奉见尊足。谨奉送牙像及塔各二躯,并献火齐珠、古贝、杂香药等。"大同元年,复遣使献金、银、琉璃、杂宝、香药等物。


### 干陁利

干陁利国,在南海洲上。其俗与林邑、扶南略同。出班布、古贝、槟榔。槟榔特精好,为诸国之极。宋孝武世,王释婆罗郍怜陁遣长史竺留陁献金银宝器。

天监元年,其王瞿昙修跋陁罗以四月八日梦见一僧,谓之曰:"中国今有圣主,十年之后,佛法大兴。汝若遣使贡奉敬礼,则土地丰乐,商旅百倍;若不信我,则境土不得自安。"修跋陁罗初未能信,既而又梦此僧曰:"汝若不信我,当与汝往观之。"乃于梦中来至中国,拜觐天子。既觉,心异之。陁罗本工画,乃写梦中所见高祖容质,饰以丹青,仍遣使并画工奉表献玉盘等物。使人既至,模写高祖形以还其国,比本画则符同焉。因盛以宝函,日加礼敬。后跋陁死,子毗邪跋摩立。十七年,遣长史毗员跋摩奉表曰:"常胜天子陛下:诸佛世尊,常乐安乐,六通三达,为世间尊,是名如来。应供正觉,遗形舍利,造诸塔像,庄严国土,如须弥山。邑居聚落,次第罗满,城郭馆宇,如忉利天宫。具足四兵,能伏怨敌。国土安乐,无诸患难,人民和善,受化正法,庆无不通。犹处雪山,流注雪水,八味清净,百川洋溢,周回屈曲,顺趋大海,一切众生,咸得受用。于诸国土,殊胜第一,是名震旦。大梁扬都天子,仁荫四海,德合天心,虽人是天,降生护世,功德宝藏,救世大悲,为我尊生,威仪具足。是故至诚敬礼天子足下,稽首问讯。奉献金芙蓉、杂香药等,

"我等承蒙圣主的恩惠仁爱,圣主笃信佛教,佛法因而振兴昌盛,众僧会集,法事日益兴盛,寺庙威严整肃。朝廷重臣、掌握国家权柄之人,都慈爱怜悯百姓,四面八方的邦国,无不前来归服。圣王的教化广被邻国,非言语所能形容。我等不胜欢庆吉祥,就如同见到圣王一样。在此恭谨地献上象牙佛像及塔各两尊,一并进献火齐珠、古贝、各种香药等。"大同元年(535),国王又派遣使者进献金、银、琉璃、杂宝、香药等贡品。

### 干陁利

干陁利国,在南海的大岛上。其习俗与林邑、扶南大致相同。干陁利国出产班布、古贝、槟榔。这里的槟榔特别美味,居于海南各国之冠。宋孝武帝时,于陁利国国王释婆罗郍怜陁派遣长史竺留陁进献金银宝器。

天监元年(502),国王瞿昙修跋陁罗在四月八日梦见一个僧人对自己说:"中国如今有圣明的君主,十年后,佛教将大兴。你若派遣使者进献贡品,以礼相待,那么你的国家就会土地丰乐,商旅之利百倍;若不相信我,则国家不得安宁。"修跋陁罗起初不相信,过了不久他又梦见这个僧人说:"假如你不相信我说的话,我就和你一道去那边看看。"修跋陁罗就在梦中来到中国,觐见中国天子。醒来之后,他感觉奇怪。他本来精于绘画,于是就画下梦中见到的高祖容貌,用丹青色彩修饰,接着就派遣使者和画工到中国,进呈表章,进献玉盘等贡品。他们到达以后,描摹了高祖的形貌带回本国,和国王的画相对比,形貌相同。修跋陁罗就用宝函盛装画像,每天对着画像行礼致敬。后来修跋陁罗死去,儿子毗邪跋麾被立为王。天监十七年(518),毗邪跋摩派遣长史毗员跋摩进呈表章说:"常胜天子陛下:诸佛世尊,常乐安乐,那具有六种神通三达神力,号称世间尊者的,他的名字是如来。他接受供奉成佛,身体化为舍利留下,人们建造佛塔佛像,使国土宏伟庄严,如同须弥山。邑居聚落,逐渐延伸,城郭馆宇,如同忉利天宫一般。军队强盛,能够使仇敌降伏。国土安乐,无灾无难,人民和善,接受教化与佛法,处处事事吉祥。如同处在雪山之上,雪水流注,水中八味清净,水流使百川洋溢,川流迂回曲折,

愿垂纳受。"普通元年，复遣使献方物。

## 狼牙修

狼牙修国，在南海中。其界东西三十日行，南北二十日行，去广州二万四千里。土气物产，与扶南略同，偏多篿、沉、婆律香等。其俗，男女皆袒而被发，以古贝为干缦。其王及贵臣乃加云霞布覆胛，以金绳为络带，金镮贯耳。女子则被布，以璎珞绕身。其国累砖为城，重门楼阁。王出乘象，有幡毦旗鼓，罩白盖，兵卫甚设。国人说，立国以来四百余年，后嗣衰弱，王族有贤者，国人归之。王闻知，乃加囚执，其锁无故自断，王以为神，因不敢害，乃斥逐出境，遂奔天竺，天竺妻以长女。俄而狼牙王死，大臣迎还为王。二十余年死，子婆伽达多立。天监十四年，遣使阿撒多奉表曰："大吉天子足下：离淫怒痴，哀愍众生，慈心无量。端严相好，身光明朗，如水中月，普照十方。眉间白毫，其白如雪，其色照曜，亦如月光。诸天善神之所供养，以垂正法宝，梵行众增，庄严都邑。城阁高峻，如干陁山。楼观罗列，道途平正。人民炽盛，快乐安稳。着种种衣，犹如天服。于一切国，为极尊胜。天王愍念群生，民人安乐，慈心深广，律仪清净，正法化治，供养三宝，名称宣扬，布满世界，百姓乐见，如月初生。譬如梵王，世界之主，人天一切，莫不归依。敬礼大吉天子足下，犹如现前，忝承先业，庆嘉无量。今遣使问讯大意。欲自往，复畏大海风波不达。今奉薄献，愿大家曲垂领纳。"

一直奔流入海,世上众生,都能受用。在天下各国之中,陛下国土最为殊胜,因此名为震旦。大梁扬都天子,仁爱庇荫四海,德政符合天意人心,虽处人间却是上天降生以保护人世,带来功德赐予宝藏,拯救人间悲苦,是我佛降生,威严的仪典全都具备。因此我等怀着至诚之心,向天子陛下敬礼,叩首问安。奉献金芙蓉、杂香药等贡品,希望天子垂怜纳受。"普通元年(520),毗邪跋摩又派遣使者进献当地特产。

## 狼牙修

狼牙修国,在南海中。它的疆域由东到西有三十天的行程,由南到北有二十天的行程,距离广州二万四千里。该国土地、气候、物产,与扶南国大致相同,出产的篾香、沉香、婆律香等较多。其风俗,男女都袒露上身披散头发,用古贝树织成布围在腰部以下,称为干缦。国王和国中显贵都用云霞布覆盖在肩上,用金绳作络带,金环穿耳。女子披着布,用珠玉穿成璎珞缠绕在身上。该国用砖砌成城墙,有多重城门和楼阁。国王外出乘坐大象,有羽毛装饰的旗幡和鼓乐跟随,头上罩白色伞盖,卫士众多。据狼牙修国人说,该国立国四百余年后,国王的后嗣衰弱,王族中有一个贤能的人,国中人都归附他。国王听到这消息,就把他囚禁起来,然而这人身上的锁链却无缘无故自己断掉,国王认为这人是神明,于是不敢加害,把他驱逐出境。这个人于是逃到天竺,天竺王把长女嫁给了他。不久狼牙修王死去,狼牙修国的大臣就把此人接回来做国王。他在位二十余年后死去,儿子婆伽达多被立为王。天监十四年(515),婆伽达多派遣使者阿撤多向高祖进呈表章说:"大吉天子足下:您远离淫邪,斥责痴愚,怜悯众生,慈心无量。您端庄严谨,仪容美好,身上发出光芒,明亮如水中明月,普照十方。您眉间有白毛,洁白如雪,光芒四射,也如同月光。供养诸天护法,让教义流传,令信徒广增,让都邑庄严。那高耸的城墙楼阁,如同干陆山。楼阁宫殿层层罗列,道路平坦横平竖直。人民众多快乐安稳。人民所穿的各种衣服,如同天神的服饰。贵国在一切国家中,是最尊贵殊胜的国度。天子陛下体恤顾念众生,人民享受安乐,您的慈悲之心广布,严格遵奉戒律,端正法规教化万民,供养僧

## 婆利

婆利国，在广州东南海中洲上。去广州二月日行。国界东西五十日行，南北二十日行。有一百三十六聚。土气暑热，如中国之盛夏。谷一岁再熟，草木常荣。海出文螺、紫贝。有石名蚶贝罗，初采之柔软，及刻削为物干之，遂大坚强。其国人披古贝如帊，及为都缦。王乃用班丝布，以璎珞绕身，头着金冠高尺余，形如弁，缀以七宝之饰。带金装剑，偏坐金高坐，以银蹬支足。侍女皆为金花杂宝之饰，或持白毦拂及孔雀扇。王出，以象驾舆，舆以杂香为之，上施羽盖珠帘，其导从吹螺击鼓。王姓憍陈如，自古未通中国。问其先及年数不能记焉，而言白净王夫人即其国女也。

天监十六年，遣使奉表曰："伏承圣王信重三宝，兴立塔寺，校饰庄严，周遍国土。四衢平坦，清净无秽。台殿罗列，状若天宫，壮丽微妙，世无与等。圣主出时，四兵具足，羽仪导从，布满左右。都人士女，丽服光饰。市廛丰富，充积珍宝。王法清整，无相侵夺。学徒皆至，三乘竞集，敷说正法，云布雨润。四海流通，交会万国。长江眇漫，清泠深广，有生咸资，莫能消秽。阴阳和畅，灾厉不作。大梁扬都圣王无等，临覆上国，有大慈悲，子育万民。平等忍辱，怨

佛法三宝,您的美名四处传扬,流布四方,百姓拥戴,如同新月初升。您就如同大梵天,乃是世界之主,天上人间的一切,全都皈依您的治下。我等恭敬地向大吉天子足下致以敬礼,和过去朝贡时一样,如今我已继承了先王的王业,美好的福庆嘉运永享无量。现派遣使者前来问候您。本来想亲自前往,又怕大海波涛浩瀚无法到达。现在奉上菲薄的贡品,愿君王体谅我等心意予以接纳。"

### 婆利

婆利国,在广州东南方的海中大岛上。距离广州有两个多月的行程。该国的疆界,从东到西有五十天路程,从南到北有二十天路程。国内有一百三十六个聚落。当地气候炎热,如同中国的盛夏。谷物一年两熟,草木常绿不衰。海中出产文螺、紫贝。这里有一种石头名叫蚶贝罗,最初采出来时非常柔软,等到把它切削之后制成用具,让它干燥,就会变得十分坚硬强固。婆利国人披着木棉布,犹如中国的方帕,又用木棉布制作围住腰以下的都缦。国王用班丝布来作都缦,用璎珞缠绕在身上,头戴一尺多高的金冠,冠的形制如同中国的弁,王冠上缀着七种宝物作为装饰。国王佩带金装剑,侧身坐在金质的高座上,用银蹬支足。侍女们都用金花和各种宝物作饰品,也有的拿着白羽毛做的拂和孔雀羽做的扇子。国王外出,用象驾车,国王的车舆用各种香木制造,车上方安装有羽盖和珠帘,国王前后的仪仗吹螺击鼓。国王姓憍陈如,从古以来不曾和中国通使交往。向国王询问其祖先以及立国的年数,他说记不清了,只是说白净王夫人就是他们国家的女子。

天监十六年(517),婆利国国王派遣使者进呈表章说:"我听说圣主您信奉敬重僧佛法三宝,广建塔寺,装修佛像,全国处处都这样。四方道路平坦,清净而无秽杂。楼台宫殿四布,犹如天宫,壮丽微妙,世间无匹。圣主外出时,四面卫兵咸严,仪仗导从,布满左右。都城中无论男女,服饰华丽鲜艳。市场上商品丰富多样,各种宝货充积。国家的法纪严明,人民之间从不互相侵夺。学习佛法的人处处会集,三乘佛法广为流传各有信徒,高僧讲说佛教教义,如春雨滋润心田。贵国敞开大门与四海交流,和世间万国皆有交往。长江辽阔无边,

亲无二。加以周穷，无所藏积。靡不照烛，如日之明；无不受乐，犹如净月。宰辅贤良，群臣贞信，尽忠奉上，心无异想。伏惟皇帝是我真佛，臣是婆利国主，今敬稽首礼圣王足下，惟愿大王知我此心。此心久矣，非适今也。山海阻远，无缘自达，今故遣使献金席等，表此丹诚。"普通三年，其王频伽复遣使珠贝智贡白鹦鹉、青虫、兜鍪、琉璃器、古贝、螺杯、杂香、药等数十种。

## 中天竺

中天竺国，在大月支东南数千里，地方三万里，一名身毒。汉世张骞使大夏，见邛竹杖、蜀布，国人云，市之身毒。身毒即天竺，盖传译音字不同，其实一也。从月支、高附以西，南至西海，东至磐越，列国数十，每国置王，其名虽异，皆身毒也。汉时羁属月支，其俗土著与月支同，而卑湿暑热，民弱畏战，弱于月支。国临大江，名新陶，源出昆仑，分为五江，总名曰恒水。其水甘美，下有真盐，色正白如水精。土俗出犀、象、貂、罽、玳瑁、火齐、金、银、铁、金缕织成金皮罽、细摩白叠、好裘、氍毹。火齐状如云母，色如紫金，有光耀，别之则薄如蝉翼，积之则如纱縠之重沓也。其西与大秦、安息交市海中，多大秦珍物，珊瑚、琥珀、金碧珠玑、琅玕、郁金、苏合。苏合是合诸香汁煎之，非自然一物也。又云大秦人采苏合，先笮其汁以为香膏，乃卖其滓与诸国贾人，是以展转来达中国，不大香也。郁金独出罽宾国，华色正黄而细，与芙蓉华里被莲者相似。国人先取以上佛寺，积日香槁，乃粪去之，贾人从寺中征雇，以转卖与佗国也。

水流清凉深广，孕育无数黎民，没有谁能使它干涸变脏。国家阴阳调和，灾害罕有发生。大梁扬都圣王无人能比，治理这天朝上国，有大慈悲心，像对待儿子似的抚育万民。能够忍受诟辱，平等对待万物，对仇敌对亲人没有差别。周济穷人，不留积蓄。圣王光辉如同太阳，天下无处不受光辉照耀；圣王温情如同明月，天下无人不受到滋润。圣王的宰辅全都贤良忠诚，群臣正直诚信，竭尽忠心事奉主上，别无二心。大梁皇帝就是我们的真佛，臣下我是婆利国王，现恭敬地稽首礼拜圣王足下，希望圣王了解我的敬意。我有此诚心，已经很久了，并非现在才有。只因山海阻隔，没有因缘能亲自前来，现特派遣使臣进献金席等物，以表赤诚。"普通三年（522），婆利国国王频伽再次派遣使臣珠贝智进献白鹦鹉、青虫、兜鍪、琉璃器、古贝、螺杯、各种香料、香药等数十种贡品。

## 中天竺

中天竺国，在大月支东南数千里的地方，国土方圆三万里，又被称为身毒。汉代张骞出使大夏，见到邛竹杖、蜀布，大夏人说是从身毒买来。身毒就是天竺，因翻译时用的表音汉字不同而出现二名，其实是同一个国家。从月支、高附往西，南至西海，东至槃越，有几十个国家，每个国家都有国王，他们的名称虽然各异，但都是身毒的一部分。汉朝时，身毒是月支的羁縻附庸，其本地风俗，都与月支相同，而身毒地势低洼潮湿，气候暑热，百姓怯弱畏战，国力弱于月支。身毒国面临大江，大江名叫新陶，发源于昆仑山，下游分成五条支流，总称为恒水。大江之水甜美，水下产真盐，颜色洁白如水精。土特产有犀牛、大象、貂、灰鼠、玳瑁、火齐、金、银、铁、金缕织成金皮罽、细摩白叠、好裘、氍毹。火齐形态像云母，颜色如紫金，有光闪耀，单片就像蝉翼那么薄，层叠起来就如同纱布重叠。身毒的西部，人们与大秦、安息等国在海上互市贸易，因此多有大秦出产的珍贵物品，如珊瑚、琥珀、金碧珠玑、琅玕、郁金、苏合等。苏合是掺和各种香汁煎制而成，不是天然产物。又传说是大秦人采苏合，先榨出其汁制作香膏，于是把榨汁后的渣滓卖给各国商人，因此苏合辗转抵达中国后，已经不太香了。郁金只出产在罽宾国，花色正黄而细嫩，与芙蓉里

汉桓帝延熹九年，大秦王安敦遣使自日南徼外来献，汉世唯一通焉。其国人行贾，往往至扶南、日南、交趾，其南徼诸国人少有到大秦者。孙权黄武五年，有大秦贾人字秦论来到交趾，交趾太守吴邈遣送诣权，权问方土谣俗，论具以事对。时诸葛恪讨丹阳，获黝、歙短人，论见之曰："大秦希见此人。"权以男女各十人，差吏会稽刘咸送论，咸于道物故，论乃径还本国。

汉和帝时，天竺数遣使贡献，后西域反叛，遂绝。至桓帝延熹二年、四年，频从日南徼外来献。魏、晋世，绝不复通。唯吴时扶南王范旃遣亲人苏物使其国，从扶南发投拘利口，循海大湾中正西北入，历湾边数国，可一年余到天竺江口，逆水行七千里乃至焉。天竺王惊曰："海滨极远，犹有此人。"即呼令观视国内，仍差陈、宋等二人以月支马四匹报旃，遣物等还，积四年方至。其时吴遣中郎康泰使扶南，及见陈、宋等，具问天竺土俗，云"佛道所兴国也。人民敦庬，土地饶沃。其王号茂论。所都城郭，水泉分流，绕于渠堑，下注大江。其宫殿皆雕文镂刻，街曲市里，屋舍楼观，钟鼓音乐，服饰香华，水陆通流，百贾交会，奇玩珍玮，恣心所欲。左右嘉维、舍卫、叶波等十六大国，去天竺或二三千里，共尊奉之，以为在天地之中也。"

面覆盖在莲实上的花瓣相似。罽宾国人先用这花敬奉佛寺，供奉多日之后香气散尽，于是就清扫弃去。商人从寺中雇人收集，然后转卖给别国人。

汉桓帝延熹九年（166），大秦王安敦派遣使者从日南边外来进献贡品，整个汉代只有这一次交往。大秦人经商，常常到扶南、旦南、交趾，而南方域外的南海诸国却很少有人到大秦去经商。孙权黄武五年（226），有个名叫秦论的大秦商人来到交趾，交趾太守吴邈派人送他去见孙权，孙权向秦论询问大秦风土人情，秦论全都据实回答。当时诸葛恪征讨丹阳，抓获黝、歙矮人，秦论见到这些矮人说："大秦很少见到这样的人。"孙权就将矮人男女各十名送给秦论，并派遣官员会稽人刘咸护送秦论回国，刘咸中途去世，秦论于是就直接回国了。

汉和帝时，天竺屡次派遣使者进献贡品，后来西域反叛，往来中断。到汉桓帝延熹二年（159）、延熹四年（161），天竺又多次从日南域外前来进献贡品。魏、晋时代，交往又中断。只是在吴国时，扶南王范旃派遣亲信苏物出使天竺国，从扶南国的投拘利口出发，从大海湾的正西北方向进入该海湾，经过海湾沿岸几个国家，约一年多后到达天竺国的大江入海口，逆水上溯了七千里才到达天竺国首都。天竺王惊讶地说："距海滨极远的地方，竟还有这个国家的人存在。"就让苏物观看自己国内的情况，接着派陈、宋等二人带着四匹月支马回报范旃，并送苏物等人回国，他们经过四年才回到扶南。当时吴国派遣中郎康泰出使扶南，康泰见到陈、宋等人，向他们详细询问了天竺的风俗人情，陈、宋等人说："天竺就是佛教发源的国度。人口众多而殷富，土地辽阔而肥沃。天竺王号为茂论。都城的城郭四周，泉水分枝流淌，环绕形成沟渠，最终注入大江中。该国宫殿全都雕梁画栋，街市里巷绵延曲折，建有许多屋舍楼观，人民喜好钟鼓音乐，衣服用花朵和香加以装饰，水陆交通十分方便，各地商人都来此开市交易，各种珍玩宝贝，可以随心所欲地购买。天竺国周围有嘉维、舍卫、叶波等十六大国，有的距离天竺二三千里，他们都尊崇敬奉天竺国，认为天竺处于天地的中心。"

天监初，其王屈多遣长史竺罗达奉表曰："伏闻彼国据江傍海，山川周固，众妙悉备，庄严国土，犹如化城。宫殿庄饰，街巷平坦，人民充满，欢娱安乐。大王出游，四兵随从，圣明仁爱，不害众生。国中臣民，循行正法，大王仁圣，化之以道，慈悲群生，无所遗弃。常修净戒，式导不及，无上法船，沉溺以济。百官氓庶，受乐无恐。诸天护持，万神侍从，天魔降服，莫不归仰。王身端严，如日初出，仁泽普润，犹如大云，于彼震旦，最为殊胜。臣之所住国土，首罗天守护，令国安乐。王王相承，未曾断绝。国中皆七宝形像，众妙庄严，臣自修检，如化王法。臣名屈多，奕世王种。惟愿大王圣体和平。今以此国群臣民庶，山川珍重，一切归属，五体投地，归诚大王。使人竺达多由来忠信，是故今遣。大王若有所须珍奇异物，悉当奉送。此之境土，便是大王之国，王之法令善道，悉当承用。愿二国信使往来不绝。此信返还，愿赐一使，具宣圣命，备敕所宜。款至之诚，望不空返，所白如允，愿加采纳。今奉献琉璃唾壶、杂香、古贝等物。"

## 师子

师子国，天竺旁国也。其地和适，无冬夏之异。五谷随人所种，不须时节。其国旧无人民，止有鬼神及龙居之。诸国商估来共市易，鬼神不见其形，但出珍宝，显其所堪价，商人依价取之。诸国人闻其土乐，因此竞至，或有停住者，遂成大国。

天监初年，天竺王屈多派遣长史竺罗达向梁朝进呈表章说："我们听说贵国据江傍海，山川环绕，政治稳定，各种美好的东西应有尽有，国家雄伟美丽，犹如幻境一般。宫殿庄严华丽，街道平坦，百姓众多，生活欢娱安乐。大王外出，四面禁兵随从，大王圣明仁爱，不杀害众生。境内大臣百姓，遵守法纪，大王仁慈圣明，用正道感化他们，仁爱百姓，无一遗弃。大王常常静修佛教的戒律，对那些没接受劝导，还没登上法船信奉佛法的人们，就把他们从沉溺中救出来。朝中百官，万方百姓，全都生活安乐，无忧无虑。护法天神保护大王，万神随从大王，天魔也都降服，没有谁不归服仰慕大王。大王自身端庄严谨，如初升的太阳，大王的仁泽滋润万民，如同大旱的云霓，在震旦之地，是最为优秀的。臣下我居住的国土，由首罗天守护，使我们国家生活安乐。国王一代代继承，未曾断绝。我们国中有佛教七宝，具备佛教的各种美善之宝装饰国土，臣下我自己严谨修身，就像被王法感化。臣下我名叫屈多，世世代代是国王的嫡传子孙。只希望大王圣体安康和乐。现在我率领我们国家群臣百姓，山川珍宝，全都归属大王，五体投地，向大王献出诚心。使者竺达多一向忠贞诚实，所以现在派遣他来拜见大王。大王假如需要什么珍奇异宝，我们将会全部奉送。这里的境土，也就是大王的国土，大王的法令美政，我们将会全部遵照施行。希望两国之间使者的往来不要中断。这个使者返回的时候，希望您派出一位使臣，宣谕大王您的命令，吩咐我们应当做的事情。我真挚恳切地请求，希望使者不会单独返回，我上面说的如果恰当，就请大王采纳。现在奉献琉璃唾壶、各种香料、古贝布等贡物给大王。"

## 师子

师子国（一作狮子国），是天竺国旁边的国家。那个地方气候温和，没有冬季夏季的区别。五谷随时可以种植，不受时令节气限制。师子国原来无人居住，只有鬼神及龙居住。各国商人来这里做买卖，鬼神不显露自己的形体，只是拿出珍宝，标出珍宝的价格，商人按价付钱，取走珍宝。各国人听说这是一方乐土，因此争着来到这地方，有人就留下来居住，这地方就成为一个大国。

晋义熙初，始遣献玉像，经十载乃至。像高四尺二寸，玉色洁润，形制殊特，殆非人工。此像历晋、宋世在瓦官寺，寺先有征士戴安道手制佛像五躯，及顾长康维摩画图，世人谓为三绝。至齐东昏，遂毁玉像，前截臂，次取身，为嬖妾潘贵妃作钗钏。宋元嘉六年，十二年，其王刹利摩诃遣使贡献。

大通元年，后王伽叶伽罗诃梨邪使奉表曰：“谨白大梁明主：虽山海殊隔，而音信时通。伏承皇帝道德高远，覆载同于天地，明照齐乎日月，四海之表，无有不从，方国诸王，莫不奉献，以表慕义之诚。或泛海三年，陆行千日，畏威怀德，无远不至。我先王以来，唯以修德为本，不严而治。奉事正法道天下，欣人为善，庆若己身，欲与大梁共弘三宝，以度难化。信还，伏听告敕。今奉薄献，愿垂纳受。”

### 东夷

东夷之国，朝鲜为大，得箕子之化，其器物犹有礼乐云。魏时，朝鲜以东马韩、辰韩之属，世通中国。自晋过江，泛海东使，有高句骊、百济，而宋、齐间常通职贡，梁兴，又有加焉。扶桑国，在昔未闻也。普通中，有道人称自彼而至，其言元本尤悉，故并录焉。

## 高句骊

高句骊者，其先出自东明。东明本北夷橐离王之子。离王出行，其侍儿于后任娠，离王还，欲杀之。侍儿曰：“前见天上有气如大鸡子，来降我，因以有娠。”王囚之，后遂生男。王置之豕牢，豕

东晋义熙初年，师子国就派人向晋朝进献玉佛像，经历十年才到达。佛像高四尺二寸，玉色洁白细腻，形状很为特别，恐怕不是人工制成。这玉佛像经历晋、宋两代，保存在瓦官寺中，寺中先就有征士戴安道亲手制作的五具佛像，以及顾长康画的维摩诘画像，世人称为三绝。到齐代，东昏侯就毁了玉佛像，先截下佛像手臂，接着取用像身，为他宠爱的妃妾潘贵妃制作钗钏。宋元嘉六年（429），元嘉十二年（435），师子国国王刹利摩诃曾派遣使者进献贡品。

大通元年（527），继位的师子国国王伽叶伽罗诃梨邪派遣使臣进献表章说：“我恭敬地禀明大梁圣明君主：我们虽然因山海阻隔，但能时常互通音信。我恭敬地听说皇帝道德高深，像天地覆载万物，像日月明照四方。海外各国，没有不归服的；各国国王，没有谁不进奉表章，进献贡物，以表达仰慕道义的诚心。有人在海上航行三年，在陆上行走千日，赶来拜谒，大家都敬服梁主的威望，钦慕梁主的德行，不论路途多远，都会前来表达诚心。我国从先王以来，只把修德作为治国的根本，不用威严而获得大治。我们事奉正道治理天下，看见人家为善就高兴，好比福庆就在自己身上。我们想和大梁一同弘扬僧佛法三宝，以济助那些难以教化之人。使者回来，我恭敬地听从梁主的命令。现在奉献微薄的贡品，希望您体恤我们，接纳贡品。”

东夷

东夷各国之中，朝鲜最大，该国受箕子的感化，他们的器物里还保留了礼乐。魏代时，朝鲜以东的马韩、辰韩等国，世代和中国交往。自从晋室南渡后，走海路前来的东夷使者有高句骊、百济，宋、齐之时常常派遣使者进献贡品。梁朝建立之后，通使进贡的东夷国家又有所增加。扶桑国，以前未曾听说过。梁普通年间，有僧人自称自己从扶桑国来，他介绍本国情况特别详尽清楚，所以也一并收录。

## 高句骊

高句骊国，他们的祖先出自东明。东明本是北夷橐离王之子。橐离王出外，他的侍妾在后宫怀孕，橐离王回来后，想杀掉侍妾。侍妾说：“先前见到天上有一团气，有鸡蛋那么大，降落到我身上，因此才怀了孕。”橐离王把她囚禁起来，后来她生下一个男婴。橐离王把

以口气嘘之，不死，王以为神，乃听收养。长而善射，王忌其猛，复欲杀之，东明乃奔走，南至淹滞水，以弓击水，鱼鳖皆浮为桥，东明乘之得渡，至夫余而王焉。其后支别为句骊种也。其国，汉之玄菟郡也。在辽东之东，去辽东千里。汉、魏世，南与朝鲜、秽貊，东与沃沮，北与夫余接。汉武帝元封四年，灭朝鲜，置玄菟郡，以高句骊为县以属之。

句骊地方可二千里，中有辽山，辽水所出。其王都于丸都之下，多大山深谷，无原泽，百姓依之以居，食涧水。虽土著，无良田，故其俗节食。好治宫室。于所居之左立大屋，祭鬼神，又祠零星、社稷。人性凶急，喜寇抄。其官，有相加、对卢、沛者、古邹加、主簿、优台、使者、皂衣、先人，尊卑各有等级。言语诸事，多与夫余同；其性气、衣服有异。本有五族，有消奴部、绝奴部、顺奴部、灌奴部，桂娄部。本消奴部为王，微弱，桂娄部代之。汉时赐衣帻、朝服、鼓吹，常从玄菟郡受之。后稍骄，不复诣郡，但于东界筑小城以受之，至今犹名此城为帻沟娄。"沟娄"者，句骊名"城"也。其置官，有对卢则不置沛者，有沛者则不置对卢。其俗喜歌舞，国中邑落男女，每夜群聚歌戏。其人洁清自喜，善藏酿，跪拜申一脚，行步皆走。以十月祭天大会，名曰"东明"。其公会衣服，皆锦绣金银以自饰。大加、主簿头所着似帻而无后；其小加着折风，形如弁。其国无牢狱，有罪者，则会诸加评议杀之，没入妻子。其俗好淫，男女多相奔诱。已嫁娶，便稍作送终之衣。其死葬，有椁无棺。好厚葬，金银财币尽于送死。积石为封，列植松柏。兄死妻嫂。其马皆小，便登山。国人尚气力，便弓矢刀矛。有铠甲，习战斗，沃沮、东秽皆属焉。

男婴放进猪圈里，猪却用气息吹拂男婴，男婴得以不死。王认为男婴是神，于是准许侍儿收养男婴，这就是东明。东明长大后善射，橐离王忌惮他的勇猛，又想杀掉他。东明于是逃跑，南逃到淹滞水边上，用弓击打水面，水中的鱼鳖全都浮起来连成一座桥，东明就从桥上渡过了淹滞水，逃到夫余成为那里的国王。东明的后裔中有一支就发展成高句骊一族。高句骊的疆域，就是汉代的玄菟郡。位于辽东的东面，离辽东一千里。汉、魏之时，高句骊南边与朝鲜、秽貊接壤，东边与沃沮接壤，北边与夫余接壤。汉元封四年（前107），汉武帝灭朝鲜，设置玄菟郡，把高句骊设作一县归属玄菟郡。

　　高句骊土地大约方圆二千里，境内有座辽山，它是辽水发源的地方。高句骊王在丸都山下建都，国内很多大山深谷，没有平原沼泽，百姓都依山而居，饮用山涧水。虽然他们定土而居，但是缺乏良田，所以该国习俗是人们总是吃得很节制。历代国王喜欢建造宫室。高句骊人总在他们住房的左边建造一座大屋，在屋里祭祀鬼神，又祭祀主稼穑的灵星和社稷神。百姓性格凶狠急躁，喜欢抢劫掳掠。其官职，有相加、对卢、沛者、古邹加、主簿、优台、使者、皂衣、先人等名目，尊卑不同各有等级。其言语风俗，大多和夫余相同；但是性格、衣服和夫余有区别。高句骊本有五族，有消奴部、绝奴部、顺奴部、灌奴部、桂娄部。本来是消奴部为王，后来该部力量衰弱，桂娄部代之为王。汉朝时朝廷赐给他们衣帻、朝服、鼓吹乐班，他们常常前往玄菟郡接受赏赐。后来高句骊人渐渐骄傲，不再去玄菟郡，只是在东部边界上建筑一座小城受赐，至今他们还把这座小城称为帻沟娄。"沟娄"，在高句骊语中就是"城"的意思。高句骊设置官员，有对卢就不设沛者，有沛者就不设对卢。民间习俗喜欢唱歌跳舞，境内村邑男女，每天夜晚都群聚歌舞嬉戏。人民喜欢洁净，善于酿酒窖藏，跪拜时一条腿伸出，都是小跑着走路。每年十月召开祭天大会，称为"东明"。人们参加大会穿的衣服都用锦绣金银来装饰。大加、主簿头上所戴的和中国的帻相似，但是脑后无巾；小加头上戴折风，形制如同中国的弁。高句骊国没有牢狱，有人犯了罪，就让大加、小加评议之后杀死罪人，妻子儿女都没收入官。高句骊的风俗淫荡，男女之间很多

　　王莽初，发高骊兵以伐胡，不欲行，强迫遣之，皆亡出塞为寇盗。州郡归咎于句骊侯驺，严尤诱而斩之，王莽大悦，更名高句骊为下句骊，当此时为侯矣。光武八年，高句骊王遣使朝贡，始称王。至殇、安之间，其王名宫，数寇辽东，玄菟太守蔡风讨之不能禁。宫死，子伯固立。顺、和之间，复数犯辽东寇抄，灵帝建宁二年，玄菟太守耿临讨之，斩首虏数百级，伯固乃降属辽东。公孙度之雄海东也，伯固与之通好。伯固死，子伊夷摸立。伊夷摸自伯固时已数寇辽东，又受亡胡五百余户。建安中，公孙康出军击之，破其国，焚烧邑落，降胡亦叛伊夷摸，伊夷摸更作新国。其后伊夷摸复击玄菟，玄菟与辽东合击，大破之。

　　伊夷摸死，子位宫立。位宫有勇力，便鞍马，善射猎。魏景初二年，遣太傅司马宣王率众讨公孙渊，位宫遣主簿、大加将兵千人助军。正始三年，位宫寇西安平，五年，幽州刺史毌丘俭将万人出玄菟讨位宫，位宫将步骑二万人逆军，大战于沸流。位宫败走，俭军追至岘，悬车束马，登丸都山，屠其所都，斩首虏万余级，位宫单将妻息远窜。六年，俭复讨之，位宫轻将诸加奔沃沮，俭使将军王颀追之，绝沃沮千余里，到肃慎南界，刻石纪功；又到丸都山，铭不耐城而还。其后，复通中夏。

互相引诱私奔的。结婚之后，就逐渐开始准备送终的葬服。人死后葬埋，有外椁而无内棺。人民喜欢厚葬，金银钱财全送给死者陪葬。葬后堆积石头成为封土，四周种上松柏。兄长死后，弟弟就娶其嫂为妻。高句骊国马匹的身形都小，善于登山。人民崇尚气力，善于使用弓矢刀矛，家家都有铠甲，惯于作战。沃沮、东秽都归属高句骊。

　　王莽初年，征发高句骊兵马征伐胡，高句骊人不愿出征，但被强迫遣送，被遣送者都逃出塞外成为强盗。州郡就把罪责推到句骊侯骑身上，严尤把句骊侯骑诱骗来杀掉，王莽十分高兴，把高句骊改名为下句骊。当时高句骊君主都是称作侯。光武帝登位第八年（32），高句骊王派遣使者朝贡，这时他们君主才开始称王。到汉殇帝、汉安帝年间，高句骊王的名字叫宫，他多次进犯辽东，玄菟太守蔡风讨伐他，但不能阻止其进犯。宫死之后，儿子伯固被立为王。汉顺帝、汉和帝时代，伯固又多次进犯辽东从事劫掠，汉灵帝建宁二年（169），玄菟太守耿临讨伐他们，斩杀了数百人，伯固才投降，归属辽东。公孙度在海东称雄的时候，伯固与公孙度通好结交。伯固死后，儿子伊夷摸被立为王。伊夷摸在伯固做国王时已经多次进犯辽东，又接收了五百余户逃亡的胡人。建安年间，公孙康出兵攻击伊夷摸，攻破伊夷摸的国都，焚烧村邑，投降伊夷摸的胡人也叛离他。伊夷摸重新建立了一个国都。后来伊夷摸又攻击玄菟郡，玄菟郡与辽东郡合力进攻伊夷摸，大破其军。

　　伊夷摸死后，儿子位宫被立为王。位宫勇猛有力，鞍马娴熟，善于射猎。曹魏景初二年（238），魏国派遣太傅司马懿率兵征讨公孙渊，位宫派遣主簿、大加率领一千人马帮助司马懿。正始三年（242），位宫进犯西安平，正始五年（244），幽州刺史毌丘俭率领一万人从玄菟郡出击讨伐位宫，位宫率领步骑两万人迎战，两军在沸流大战。位宫战败逃走，毌丘俭军直追到岘山，穿越险阻，登上丸都山，屠破了位宫的都城，斩杀了一万余人，位宫只身携带妻儿远遁。正始六年（245），毌丘俭又讨伐位宫，位宫率领手下诸加等官员逃奔沃沮，毌丘俭派将领王顾追击他们，追出沃沮境外千余里，到达了肃慎的南界，刻石纪功；大军又到丸都山，在不耐城刻下铭文后才返回。

晋永嘉乱，鲜卑慕容廆据昌黎大棘城，元帝授平州刺史。句骊王乙弗利频寇辽东，廆不能制。弗利死，子钊代立，康帝建元元年，慕容廆子晃率兵伐之，钊与战，大败，单马奔走。晃乘胜追至丸都，焚其宫室，掠男子五万余口以归。孝武太元十年，句骊攻辽东、玄菟郡，后燕慕容垂遣弟农伐句骊，复二郡。垂死，子宝立，以句骊王安为平州牧，封辽东、带方二国王。安始置长史、司马、参军官，后略有辽东郡。至孙高琏，晋安帝义熙中，始奉表通贡职，历宋、齐并授爵位，年百余岁死。子云，齐隆昌中，以为使持节、散骑常侍、都督营平二州、征东大将军、乐浪公。高祖即位，进云车骑大将军。天监七年，诏曰："高骊王乐浪郡公云，乃诚款著，贡驿相寻，宜隆秩命，式弘朝典。可抚东大将军、开府仪同三司，持节、常侍、都督、王并如故。"十一年，十五年，累遣使贡献。十七年，云死，子安立。普通元年，诏安纂袭封爵，持节、督营平二州诸军事、宁东将军。七年，安卒，子延立，遣使贡献，诏以延袭爵。中大通四年、六年、大同元年、七年，累奉表献方物。太清二年，延卒，诏以其子袭延爵位。

## 百济

百济者，其先东夷有三韩国，一曰马韩，二曰辰韩，三曰弁韩。弁韩、辰韩各十二国，马韩有五十四国。大国万余家，小国数千家，

此后，高句骊又恢复了和中原的交往。

东晋永嘉动乱时，鲜卑族的慕容廆占据昌黎大棘城，晋元帝任命他为平州刺史。高句骊王乙弗利多次进犯辽东，慕容廆不能阻挡。乙弗利死后，儿子钊继承王位，晋康帝建元元年（343），慕容廆之子慕容晃（即慕容皝）率兵讨伐他，钊迎战，被打得大败，自己单人匹马逃跑。慕容晃乘胜追击直到丸都山，焚烧了他的宫室，掳获男子五万余名之后返回。晋孝武帝太元十年（385），高句骊进攻辽东、玄菟郡，后燕的慕容垂派遣弟弟慕容农讨伐高句骊，收复了二郡。慕容垂死后，儿子慕容宝继位，任命高句骊王安为平州牧，封为辽东、带方二国的国王。安这时才开始设置长史、司马、参军等官职，后来他又占有辽东郡。晋安帝义熙年间，安的孙子高琏才进呈表章，派遣使臣向朝廷进贡，宋、齐二朝也都给高琏授予爵位官职，高琏一百多岁时去世。高琏之子高云继位，齐隆昌年间，朝廷授高云为使持节、散骑常侍、都督营平二州、征东大将军、乐浪公。高祖即位后，又晋升高云为车骑大将军。天监七年（508），高祖下诏说："高骊王乐浪郡公高云，诚意款服之心世人皆知，纳贡通使往来不绝，应提高其封任等级，以弘扬朝廷的礼法典制。可授任为抚东大将军、开府仪同三司，持节、常侍、都督、王的职衔照旧。"天监十一年（512），天监十五年（516），高云都多次派遣使者进献贡品。天监十七年（518），高云去世，儿子高安继位。普通元年（520），高祖下诏命让高安继承高云的封爵，任持节、督营平二州诸军事、宁东将军。普通七年（526），高安去世，儿子高延继位，派遣使者进献贡品，高祖下诏命高延继承高安的封爵。中大通四年（532），中大通六年（534），大同元年（535），大同七年（541），高延多次派遣使者进呈表章，进献当地特产。太清二年（548），高延去世，高祖下诏任命高延之子继承高延的爵位。

## 百济

百济国，原先东夷有三个韩国，其一叫马韩，其二叫辰韩，其三叫弁韩。弁韩、辰韩各有十二属国，马韩有五十四属国。大国人口有一万余家，小国也有数千家，三韩总共有十余万户，百济就是其中一个

总十余万户，百济即其一也。后渐强大，兼诸小国。其国本与句骊在辽东之东，晋世句骊既略有辽东，百济亦据有辽西、晋平二郡地矣，自置百济郡。晋太元中，王须，义熙中，王余映，宋元嘉中，王余毗，并遣献生口。余毗死，立子庆。庆死，子牟都立。都死，立子牟太。齐永明中，除太都督百济诸军事、镇东大将军、百济王。天监元年，进太号征东将军。寻为高句骊所破，衰弱者累年，迁居南韩地。普通二年，王馀隆始复遣使奉表，称"累破句骊，今始与通好"。而百济更为强国。其年，高祖诏曰："行都督百济诸军事、镇东大将军百济王馀隆，守藩海外，远修贡职，乃诚款到，朕有嘉焉。宜率旧章，授兹荣命。可使持节、都督百济诸军事、宁东大将军、百济王。"五年，隆死，诏复以其子明为持节、督百济诸军事、绥东将军、百济王。号所治城曰固麻，谓邑曰檐鲁，如中国之言郡县也。

　　其国有二十二檐鲁，皆以子弟宗族分据之。其人形长，衣服净洁。其国近倭，颇有文身者。今言语、服章略与高骊同；行不张拱，拜不申足则异。呼帽曰冠，襦曰复衫，袴曰裈。其言参诸夏，亦秦韩之遗俗云。中大通六年、大同七年，累遣使献方物；并请《涅盘》等经义、《毛诗》博士，并工匠、画师等，敕并给之。太清三年，不知京师寇贼，犹遣使贡献；既至，见城阙荒毁，并号恸涕泣。侯景怒，囚执之，及景平，方得还国。

## 新罗

新罗者，其先本辰韩种也。辰韩亦曰秦韩，相去万里，传言秦

属国。后来百济逐渐强大，兼并了诸多小国。百济国的疆域，本来和高句骊都在辽东以东，晋代，高句骊占有辽东之后，百济也占据了辽西、晋平二郡的地域，自己设置百济郡。晋太元年间的百济王须，义熙年间的百济王余映，宋元嘉年间的百济王余毗，都曾经派遣使者进献牲畜。余毗死后，儿子庆继位。庆死后，儿子牟都继位。牟都死后，儿子牟太继位。齐永明年间，朝廷任命牟太为都督百济诸军事、镇东大将军、百济王。天监元年（502），高祖下令牟太进号为征东将军。百济不久被高句骊攻破，国力衰弱持续了很多年，迁居到南韩。普通二年（521），百济王馀隆才又派遣使者进呈表章，称"多次攻破高句骊，现在才能与朝廷通好"。而百济又成为强国。这一年，高祖下诏说："行都督百济诸军事、镇东大将军百济王馀隆，远在海外镇守藩国，又远远送来贡品，诚心恳切，朕十分赞赏。应当按照原有的典章制度，授给他荣耀的职务。应当任命他为使持节、都督百济诸军事、宁东大将军、百济王。"普通五年（524），馀隆死后，高祖又下诏命馀隆之子明为持节、督百济诸军事、绥东将军、百济王。百济人称其王居住统治的城为固麻，称邑为檐鲁，就像中国称郡和县一样。

　　百济国共有二十二檐鲁（郡城县邑），百济王都以自己的子弟宗族分别据守治理。百济人身体高大，衣服洁净。该国接近倭国，所以有很多文身的人。现在百济的语言服饰制度大体上和高句骊相同，他们行走时双手张开成为拱形，跪拜时一只脚伸直。百济人称帽为冠，称襦为复衫，称裤为裈。百济的语言中杂有华夏的语言，这也是从秦国、韩国时代遗留下的习惯。中大通六年（534），大同七年（541），百济多次派遣使者进献土特产，并且请求赐给他们《涅盘经》等经书的经义、《毛诗》博士以及工匠、画师等，高祖下令都满足他们。太清三年（549），百济王不知道京城发生了侯景叛乱，依然派遣使臣进献贡品；到达京城之后，使臣见到京城一片荒芜宫阙都被破坏，全都伤心痛哭。侯景大怒，把使臣们都囚禁起来，直到侯景之乱平定后，百济使臣才得以返国。

### 新罗

　　新罗国，其祖先本是辰韩的后裔。辰韩又称秦韩，距新罗一万

世亡人避役来适马韩，马韩亦割其东界居之，以秦人，故名之曰秦韩。其言语名物有似中国人，名国为邦，弓为弧，贼为寇，行酒为行觞。相呼皆为徒，不与马韩同。又辰韩王常用马韩人作之，世相系，辰韩不得自立为王，明其流移之人故也；恒为马韩所制。辰韩始有六国，稍分为十二，新罗则其一也。其国在百济东南五千余里。其地东滨大海，南北与句骊、百济接。魏时曰新卢，宋时曰新罗，或曰斯罗。其国小，不能自通使聘。普通二年，王姓募名秦，始使使随百济奉献方物。

其俗呼城曰健牟罗，其邑在内曰啄评，在外曰邑勒，亦中国之言郡县也。国有六啄评，五十二邑勒。土地肥美，宜植五谷。多桑麻，作缣布。服牛乘马。男女有别。其官名，有子贲旱支、齐旱支、谒旱支、壹告支、奇贝旱支。其冠曰遗子礼，襦曰尉解，袴曰柯半，靴曰洗。其拜及行与高骊相类。无文字，刻木为信。语言待百济而后通焉。

## 倭

倭者，自云太伯之后。俗皆文身。去带方万二千余里，大抵在会稽之东，相去绝远。从带方至倭，循海水行，历韩国，乍东乍南，七千余里始度一海。海阔千余里，名瀚海，至一支国。又度一海千余里，名未卢国。又东南陆行五百里，至伊都国。又东南行百里，至奴国。又东行百里，至不弥国。又南水行二十日，至投马国。又南水行十日，陆行一月日，至邪马台国，即倭王所居。其官有伊支马，次曰弥马获支，次曰奴往鞮。民种禾稻纻麻，蚕桑织绩。有姜、桂、橘、椒、苏。出黑雉、真珠、青玉。有兽如牛，名山鼠。又有大蛇吞此兽。蛇皮坚不可斫，其上有孔，乍开乍闭，时或有光，射之中，蛇则死矣。物产略与儋耳、朱崖同。地温暖，风俗不淫。男女皆露紒。富

里，传说秦朝人为了逃避徭役逃亡到马韩，马韩就划出东部疆域的一片土地让他们居住，因为是秦人，所以称他们为秦韩。秦韩的语言以及事物名称和中国相似，如称国为邦，称弓为弧，称强盗为寇，称依次敬酒为行觞，互相称呼都叫"徒"，与马韩全不一样。而辰韩的国王常由马韩人来做，世代传承，辰韩人不能自立为王，这是为了表明他们是流徙迁移而来的外人；辰韩一直受到马韩的制约。辰韩最初有六个国家，渐渐分为十二国，新罗就是其中之一。新罗国在百济东南五千余里。其疆域东边靠近大海，南北与高句骊、百济接壤。曹魏时新罗称为新卢，刘宋时称新罗，也有人称为斯罗。新罗国小，不能自主与他国通使交往。普通二年（521），新罗王姓慕名秦，才开始派使者随百济使者一道来进献当地特产。

新罗的风俗，称城为健牟罗，都邑在内就称啄评，在外就称邑勒，就像中国的郡县一样。新罗国有六啄评，五十二邑勒。国中土地肥美，适宜种植五谷。新罗人种植了很多桑麻，会制作缣布，用牛驾车，也骑马。男女衣着各有分别。新罗国的官名，有子贲旱支、齐旱支、谒旱支、壹告支、奇贝旱支。他们的冠称为遗子礼，襦称为尉解，袴称为柯半，靴称为洗。行拜礼及行走习惯都与高骊相似。没有文字，刻木作为符契。他们要通过百济才能和其他国家进行语言交流。

## 倭

倭国，他们自称是周朝太伯的后裔。国人都文身。倭国距离带方一万二千余里，大致在会稽以东，距离极其远。从带方至倭国，沿海航行，经过韩国，一会儿东行一会儿南行，航行七千余里才渡过一片海。这片海阔一千余里，名为瀚海，就到了一支国。又渡过一千余里的海面，就到了未卢国。又朝着东南走旱路五百里，就到伊都国。再朝东南行一百里，就到奴国。又东行一百里，就到不弥国。又朝南走水路二十天，就到投马国。又朝走水路十天，旱路再走一个多月，就到了邪马台国，这就是倭王居住的地方。倭国官职有伊支马，低一级的叫弥马获支，再低一级叫奴往鞮。百姓种植禾稻苎麻，种桑养蚕织布绩麻。农作物有姜、桂、橘、椒、苏。又出产黑雉、珍珠、青玉。倭国有种野兽外形像牛，名叫山鼠。又有一种大蛇吞食山鼠。蛇皮坚

贵者以锦绣杂采为帽，似中国胡公头。食饮用笾豆。其死，有棺无椁，封土作冢。人性皆嗜酒。俗不知正岁，多寿考，多至八九十，或至百岁。其俗女多男少，贵者至四五妻，贱者犹两三妻。妇人无婬妒。无盗窃，少诤讼。若犯法，轻者没其妻子，重则灭其宗族。

　　汉灵帝光和中，倭国乱，相攻伐历年，乃共立一女子卑弥呼为王。弥呼无夫婿，挟鬼道，能惑众，故国人立之。有男弟佐治国。自为王，少有见者，以婢千人自侍，唯使一男子出入传教令。所处宫室，常有兵守卫。至魏景初三年，公孙渊诛后，卑弥呼始遣使朝贡，魏以为亲魏王，假金印紫绶。正始中，卑弥呼死，更立男王，国中不服，更相诛杀，复立卑弥呼宗女台与为王。其后复立男王，并受中国爵命。晋安帝时，有倭王赞。赞死，立弟弥。弥死，立子济。济死，立子兴。兴死，立弟武。齐建元中，除武持节、督倭新罗任那伽罗秦韩慕韩六国诸军事、镇东大将军。高祖即位，进武号征东大将军。

　　其南有侏儒国，人长三四尺。又南黑齿国、裸国，去倭四千余里，船行可一年至。又西南万里有海人，身黑眼白，裸而丑。其肉美，行者或射而食之。

### 文身

　　文身国，在倭国东北七千余里。人体有文如兽，其额上有三文，文直者贵，文小者贱。土俗欢乐，物丰而贱，行客不赍粮。有屋硬，用刀砍斫也不能损伤，上面有孔，忽开忽闭，有时发光，人如果射中蛇皮上的孔，蛇就会死。倭国的物产大致与儋耳、朱崖相同。地气温暖，风俗不淫乱。男女都露出发髻。富贵者用锦绣制成帽，近似中国的胡公头帽。倭国人饮食都用笾豆等器皿。人死后，有内棺无外椁，埋葬后堆土为坟。国人都爱喝酒。百姓都不知道自己的准确年龄，长寿之人颇多，多有活到八九十岁的，也有百岁老人。百姓女多男少，富贵者甚至有四五个妻室，贫贱者也能有两三个妻子。妇女没有淫荡妒忌之心。民间没有偷窃行为，也很少诉讼。假如犯了罪，罪轻就没收罪人妻儿，罪重就诛灭罪人宗族。

东汉灵帝光和年间，倭国发生动乱，国人互相攻打多年，最终就一起立一个名叫卑弥呼的女子为王。卑弥呼没有丈夫，能行使鬼魅之道，可以迷惑众人，因此国人立她为王。卑弥呼有个弟弟辅佐她治理国家。自从被立为王之后，很少再有人见到卑弥呼。卑弥呼用一千名女婢服侍自己，只命一名男子出入宫室，传达命令。卑弥呼居住的宫室，常有兵守卫。到曹魏景初三年（239），公孙渊被诛后，卑弥呼才派遣使者朝觐纳贡，魏国封她为亲魏王，授予金印紫绶。正始年间，卑弥呼死后，另立男子为王，国中人不服，于是又互相诛杀，又立卑弥呼同宗的女子台与为王。后来又立男子为王，并且接受中国册封的爵位称号。晋安帝时，倭国有国王叫赞。赞死后，弟弟弥继位。弥死后，儿子济继位。济死后，儿子兴继位。兴死后，弟弟武继位。南齐建元年间，朝廷任命武为持节、督倭新罗任那伽罗秦韩慕韩六国诸军事、镇东大将军。高祖即位后，将武进号为征东大将军。

倭国之南有侏儒国，国人身高三四尺。再往南有黑齿国、裸国，距离倭国四千余里，坐船大约要走一年才到。再往西南走一万里，有海人，肤黑眼白，裸体而丑陋。海人的肉味鲜美，航海经过的人有的就射杀海人吃他们的肉。

## 文身

文身国在倭国东北七千余里。文身国的人身体上有花纹，如同兽纹，额头上有三道纹，纹直的人就尊贵，纹浅而曲的人就卑贱。风俗喜欢寻欢作乐，当地物产丰富而价格低贱，来往客人不用自带干

宇，无城郭。其王所居，饰以金银珍丽。绕屋为堑，广一丈，实以水银，雨则流于水银之上。市用珍宝。犯轻罪者则鞭杖；犯死罪则置猛兽食之，有枉则猛兽避而不食，经宿则赦之。

## 大汉

大汉国，在文身国东五千余里。无兵戈，不攻战。风俗并与文身国同而言语异。

## 扶桑

扶桑国者，齐永元元年，其国有沙门慧深来至荆州，说云："扶桑在大汉国东二万余里，地在中国之东，其土多扶桑木，故以为名。扶桑叶似桐，而初生如笋，国人食之，实如梨而赤，绩其皮为布以为衣，亦以为绵。作板屋。无城郭。有文字，以扶桑皮为纸。无兵甲，不攻战。其国法，有南北狱。若犯轻者入南狱，重罪者入北狱。有赦则赦南狱，不赦北狱。在北狱者，男女相配，生男八岁为奴，生女九岁为婢。犯罪之身，至死不出。贵人有罪，国乃大会，坐罪人于坑，对之宴饮，分诀若死别焉。以灰绕之，其一重则一身屏退，二重则及子孙，三重则及七世。名国王为乙祁；贵人第一者为大对卢，第二者为小对卢，第三者为纳咄沙。国王行有鼓角导从。其衣色随年改易，甲乙年青，丙丁年赤，戊己年黄，庚辛年白，壬癸年黑。有牛角甚长，以角载物，至胜二十斛。车有马车、牛车、鹿车。国人养鹿，如中国畜牛。以乳为酪。有桑梨，经年不坏。多蒲桃。其地无铁有铜，不贵金银。市无租估。其婚姻，婿往女家门外作屋，晨夕洒扫，经年而女不悦，即驱之，相悦乃成婚。婚礼大抵与中国同。亲丧，七日不食；祖父母丧，五日不食；兄弟伯叔姑姊妹，三日不食。设灵为神像，朝夕拜奠，不制缞绖。嗣王立，三年不视国事。其俗旧无

粮。境内有屋宇，无城郭。国王居住的地方，用金银珍宝作装饰。房屋四周挖出沟堑，宽一丈，然后浇灌水银，下雨时雨水就在水银之上流淌。集市贸易都是用珍宝当钱币来买卖物品。犯轻罪的人用鞭打杖责；犯死罪的人就把他放进猛兽笼中投喂猛兽，若有冤屈，那么猛兽就会避而不食，经过一夜人们就赦免他。

## 大汉

大汉国在文身国东五千余里。大汉国没有兵器，从不打仗。他们风俗都和文身国相同但语言有差异。


## 扶桑

扶桑国，齐永元元年（499），该国有个名叫慧深的僧人来到荆州，他说："扶桑国在大汉国东面二万余里，位置在中国东面，国土上有很多扶桑树，所以就用扶桑作国名。扶桑树的叶子和桐叶相似，初生时像笋，扶桑国的人都吃初生的扶桑树叶。扶桑果形状像梨，却是红色的。扶桑树皮可以绩成布来裁衣服，也可作绵。国人居住在板屋中。没有城郭。有文字，用扶桑树皮造纸。没有兵器盔甲，从不打仗。扶桑国的法律，设有南北两座监狱。罪轻的进南狱，犯重罪的进北狱。每逢有赦令就赦免南狱的罪犯，北狱的罪犯从不赦免。在北狱的罪犯，男女相配，生下的男孩八岁就送出狱去做奴隶，生下的女孩九岁就送出狱去做婢女。罪犯自己，终身不准出狱。若显贵的人有罪，国家就召开大会，让犯罪人坐在坑中，参会者对着罪人宴饮，就像和将死之人诀别一样。然后用灰绕撒在罪人四周，若是只绕撒一层灰圈，就只是驱逐这个罪人不准再任官职，若绕撒两层灰圈则罪人的儿子孙子也不准担任官职，若绕撒三层灰圈则罪人的七代子孙都不准当官。扶桑国人称国王为乙祁，第一等显贵者称为大对卢，第二等显贵者称为小对卢，第三等显贵者称为纳咄沙。国王出行时有鼓吹乐班和前导后从的仪仗。他的衣服颜色随年改换，甲乙年穿青衣，丙丁年穿红衣，戊己年穿黄衣，庚辛年穿白衣，壬癸年穿黑衣。境内有一种牛，角非常长，人们用牛的角来运载物品，牛角能承担多至二十斛米那么重的货物。境内的车有马车、牛车、鹿车。扶桑国人养

佛法，宋大明二年，罽宾国尝有比丘五人游行至其国，流通佛法、经像，教令出家，风俗遂改。"

慧深又云："扶桑东千余里有女国，容貌端正，色甚洁白，身体有毛，发长委地。至二、三月，竞入水则任娠，六七月产子。女人胸前无乳，项后生毛，根白，毛中有汁，以乳子，一百日能行，三四年则成人矣。见人惊避，偏畏丈夫。食咸草如禽兽。咸草叶似邪蒿，而气香味咸。"

天监六年，有晋安人渡海，为风所飘至一岛，登岸，有人居止。女则如中国，而言语不可晓；男则人身而狗头，其声如吠。其食有小豆。其衣如布。筑土为墙，其形圆，其户如窦云。

### 西北诸戎

西北诸戎，汉世张骞始发西域之迹，甘英遂临西海，或遣侍子，或奉贡献，于时虽穷兵极武，仅而克捷，比之前代，其略远矣。魏时三方鼎跱，日事干戈，晋氏平吴以后，少获宁息，徒置戊己之官，诸国亦未宾从也。继以中原丧乱，胡人递起，西域与江东隔碍，重译不交。吕光之涉龟兹，亦犹蛮夷之伐蛮夷，非中国之意也。自是诸国分并，胜负强弱，难得详载。明珠翠羽，虽仞于后宫；蒲梢龙文，希入于外署。有梁受命，其奉正朔而朝阙庭者，则仇池、宕昌、

鹿，就好像中国人养牛那么普遍。他们用乳制成乳酪。还出产桑梨，能经久不坏。扶桑国盛产葡萄。扶桑国没有铁而产铜，不把金银视为贵物。集市上不收赋税。他们的婚姻，男方先在女方家门外搭屋居住，早晚去女方家洒扫劳动，经过一年而若是女子不喜欢这个男子，就把他赶走，若喜欢这个男子才结婚。婚礼大致与中国相同。父母亲去世，儿子守丧，七天不进食；祖父母去世，五天不进食；为兄弟叔伯姑姊妹守丧，三天不进食。设置灵位作为灵魂的象征，守丧的人早晚行礼祭奠，没有穿丧服的礼制。嗣位国王登基后，三年不问国事。扶桑国原来并无佛教，刘宋大明二年（458），罽宾国有五个和尚曾云游到扶桑国，在境内传播佛法、佛经和佛像，劝导当地人出家，当地的风气才得以改变。"

慧深又说："扶桑国东面一千余里有个女国，国人都是女子，容貌端正，肤色洁白，身上有毛，长发一直拖曳到地上。每年二、三月份，她们争着跳下水去，随后就会怀孕，六七个月后就会产下孩子。女人胸前无乳，颈后长毛，毛根部是白色的，毛中有水汁，女人就用这汁来哺育孩子，孩子生下来一百天就会走路，三四年后就长成大人了。女国人见到外人就会惊慌避开，特别害怕男人。她们像禽兽那样吃咸草。咸草叶类似中国的邪蒿，但气味香而味道咸。"

天监六年（507），有个晋安人航海时遇上大风，飘流到一个岛上，登上岸后，见到有人居住。女子和中国人一样，但言语不通；男子是在人身上长着狗头，声音也像狗吠。食物中有小豆。衣服像是用布制的。他们用土筑成墙，房子形状是圆的，房门像是狗洞。

西北诸戎

西北各戎狄，汉代张骞首先开通了前往西域的道路，于是后来甘英成功抵达西海之滨，这些国家有的派出国王的儿子入朝陪侍，有的进呈表章进献贡品，虽然那时武帝连年用兵穷兵黩武，仅仅只能取得勉强胜利，但和以前的朝代相比，他们的谋划已经相当深远了。曹魏之时，天下三足鼎立，战事不息，直到晋代平定吴国后，才稍微宁静下来，但朝廷也只是空设戊己校尉而已，西域各国并未真正驯从。紧接着中原丧乱，胡人相继兴起，西域各国与南渡江东的朝廷

高昌、邓至、河南、龟兹、于阗、滑诸国焉。今缀其风俗，为《西北戎传》云。

## 河南

河南王者，其先出自鲜卑慕容氏。初，慕容奕洛干有二子，庶长曰吐谷浑，嫡曰廆。洛干卒，廆嗣位，吐谷浑避之西徙。廆追留之，而牛马皆西走，不肯还，因遂西上陇，度枹罕，出凉州西南，至赤水而居之。其地则张掖之南，陇西之西，在河之南，故以为号。其界东至叠川，西邻于阗，北接高昌，东北通秦岭，方千余里，盖古之流沙地焉。乏草木，少水潦，四时恒有冰雪，唯六七月雨雹甚盛。若晴则风飘沙砾，常蔽光景。其地有麦无谷。有青海方数百里，放牝马其侧，辄生驹，土人谓之龙种，故其国多善马。有屋宇，杂以百子帐，即穹庐也。着小袖袍，小口袴，大头长裙帽。女子披发为辫。

其后吐谷浑孙叶延，颇识书记，自谓曾祖奕洛干始封昌黎公，吾盖公孙之子也。礼以王父字为国氏，因姓吐谷浑，亦为国号。至其末孙阿豺，始受中国官爵。弟子慕延，宋元嘉末又自号河南王。慕延死，从弟拾寅立，乃用书契，起城池，筑宫殿，其小王并立宅。国中有佛法。拾寅死，子度易侯立。易侯死，子休留代立。齐永明中，以代为使持节、都督西秦河沙三州、镇西将军、护羌校尉、西秦河二州刺史。

远远阻隔，翻译使者都无法交往。前秦大将吕光攻占龟兹，只不过是蛮夷讨伐蛮夷，并非中国的意愿。此后西域各国的分裂吞并，胜负强弱，实在很难详细记载。昔日西域纳贡的明珠翠羽，虽然依然充斥于殿堂宫阙，但蒲梢龙文等西域良马，皇家马厩中已经很少见到。自梁朝接受天命以来，奉梁朝为正统并来宫中朝觐的西域诸国，就有仇池、宕昌、高昌、邓至、河南、龟兹、于阗、滑等国。现在把这些国家的风俗人情编缀成篇，成为《西北戎传》。

## 河南

河南王，祖先出自鲜卑慕容氏。起初，慕容奕洛干有两个儿子，庶长子叫吐谷浑，嫡长子叫慕容廆。慕容奕洛干去世，慕容廆继位，吐谷浑避开慕容廆向西迁徙。慕容廆追逐挽留他，但牛马都向西跑，不肯回头，吐谷浑因此就向西登上陇山，穿越枹罕，来到凉州的西南方，到达赤水岸边居住了下来。这个地方在张掖以南，陇西以西，正处在黄河以南，所以用河南作自己国家的名字。河南国的疆域东到垒川，西邻于阗，北接高昌，东北通秦岭，方圆一千余里，正是古代的所谓流沙之地。河南国草木稀少，雨水很少，一年四季冰雪不断，只有六七月常常下大雨冰雹。若是天晴，一刮风就会风沙弥漫，常常能遮住日光。河南境内只种麦，没有稻谷。境内有青海，方圆数百里，在岸边放牧牝马，牝马就会产下马驹，当地人称之为龙种，所以河南国多有良马。河南国有屋宇，同时也夹杂使用百子帐，百子帐就是穹庐。河南国人穿小袖袍，小口裤，大头长裙帽。女子披下头发编为辫子。

后来吐谷浑的孙子叶延，颇识文断字，他说自己的曾祖父奕洛干曾被封为昌黎公，则自己就是公孙之子，按照礼法，应当用祖父的名字作姓氏，因而姓吐谷浑，也把吐谷浑作为国家的名称。叶延的后代子孙阿豺，开始接受中国赐封的官爵。阿豺弟弟的儿子慕延，在刘宋元嘉末年又自称为河南王。慕延死后，堂弟拾寅继位，开始使用文字，建造城池，修筑宫室，他手下那些小王也都各建宅院。境内信奉佛法。拾寅死后，儿子度易侯继位。度易侯死后，儿子休留代继位。南齐永明年间，朝廷任命休留代为使持节、都督西秦河沙三州、镇西

　　梁兴，进代为征西将军。代死，子伏连筹袭爵位。天监十三年，遣使献金装马脑钟二口，又表于益州立九层佛寺，诏许焉。十五年，又遣使献赤舞龙驹及方物。其使或岁再三至，或再岁一至。其地与益州邻，常通商贾，民慕其利，多往从之，教其书记，为之辞译，稍桀黠矣。普通元年，又奉献方物。筹死，子呵罗真立。大通三年，诏以为宁西将军、护羌校尉、西秦河二州刺史。真死，子佛辅袭爵位，其世子又遣使献白龙驹于皇太子。

## 高昌

　　高昌国，阚氏为主，其后为河西王沮渠茂虔弟无讳袭破之，其王阚爽奔于芮芮。无讳据之称王，一世而灭。国人又立麹氏为王，名嘉，元魏授车骑将军、司空公、都督秦州诸军事、秦州刺史、金城郡开国公。在位二十四年卒，谥曰昭武王。子子坚，使持节、骠骑大将军、散骑常侍、都督瓜州诸军事、瓜州刺史、河西郡开国公、仪同三司高昌王嗣位。

　　其国盖车师之故地也。南接河南，东连燉煌，西次龟兹，北邻敕勒。置四十六镇，交河、田地、高宁、临川、横截、柳婆、洿林、新兴、由宁、始昌、笃进、白力等，皆其镇名。官有四镇将军及杂号将军，长史、司马、门下校郎、中兵校郎、通事舍人、通事令史、咨议、校尉、主簿。国人言语与中国略同。有《五经》、历代史、诸子集。面貌类高骊，辫发垂之于背，着长身小袖袍、缦裆袴。女子头发辫而不垂，着锦缬缨珞环钏。姻有六礼。其地高燥，筑土为城，架木为屋，土覆其上。寒暑与益州相似。备植九谷，人多噉麨及羊牛肉。出良马、蒲陶酒、石盐。多草木，草实如茧，茧中丝如细纑，名为白

将军、护羌校尉、酉秦河二州刺史。

梁朝建立后，休留代进号为征西将军。休留代死后，儿子伏连筹承袭爵位。天监十三年（514），伏连筹派遣使者进献两口金装玛瑙钟，又上表请求在益州建立九层佛寺，高祖下诏准许。天监十五年（516），伏连筹又派遣使者进献赤舞龙驹以及当地特产。他的使者有时一年来两三批，有时两年来一批。河南国土地与益州相邻，商人常常互相来往，益州的人民想要获利，所以有很多人到河南国去，教那里人读书写字，替他们作语言翻译，河南国人也变得比过去狡黠了。普通元年（520），伏连筹又进献当地特产。伏连筹死后，儿子呵罗真继位。大通三年（529），高祖下诏任命呵罗真为宁西将军、护羌校尉、西秦河二州刺史。呵罗真死后，儿子佛辅继承爵位，其世子又派遣使者向皇太子进献白龙驹。

## 高昌

高昌国，阚氏是这个国家的君主，后来被河西王沮渠茂虔的弟弟无讳袭击攻破，高昌国王阚爽就逃到芮芮国。无讳占据高昌称王，一世而被灭亡。高昌国人又立麴氏为王，国王名麴嘉，元魏授任麴嘉为车骑将军、司空公、都督秦州诸军事、秦州刺史、金城郡开国公。麴嘉在位二十四年去世，谥号为昭武王。儿子麴子坚继位，被任命为使持节、骠骑大将军、散骑常侍、都督瓜州诸军事、瓜州刺史、河西郡开国公、仪同三司、高昌王。

高昌国的疆域，正是原来车师国的故地。南边与河南国相连，东边与燉煌相接，西边濒临龟兹，北边与敕勒相邻。高昌国设置有四十六镇，交河、田地、高宁、临川、横截、柳婆、洿林、新兴、由宁、始昌、笃进、白力等，都是高昌国的镇名。其官职有四镇将军及杂号将军、长史、司马、门下校郎、中兵校郎、通事舍人、通事令史、咨议、校尉、主簿等。高昌国的语言和中国大致相同。也有《五经》、历代史、诸子集。高昌国人的面貌类似高句骊人，他们的头发编成辫垂在背上，身穿长身小袖袍、缦裆裤。女子头发也编成辫，但不垂下，佩戴锦缬、璎珞和环钏作装饰。婚姻也行六礼。高昌国地势高而干燥，他们筑土为城墙，架木为屋，用土覆盖在房屋上面。高昌国季节寒暑与益

叠子，国人多取织以为布。布甚软白，交市用焉。有朝乌者，旦旦集王殿前，为行列，不畏人，日出然后散去。

大同中，子坚遣使献鸣盐枕、蒲陶、良马、氍毹等物。

## 滑国

滑国者，车师之别种也。汉永建元年，八滑从班勇击北虏有功，勇上八滑为后部亲汉侯。自魏、晋以来，不通中国，至天监十五年，其王厌带夷栗陁始遣使献方物。普通元年，又遣使献黄师子、白貂裘、波斯锦等物。七年，又奉表贡献。

元魏之居桑干也，滑犹为小国，属芮芮。后稍强大，征其旁国波斯、盘盘、罽宾、焉耆、龟兹、疏勒、姑墨、于阗、句盘等国，开地千余里。土地温暖，多山川树木，有五谷。国人以麨及羊肉为粮。其兽有师子、两脚骆驼，野驴有角。人皆善射，着小袖长身袍，用金玉为带。女人被裘，头上刻木为角，长六尺，以金银饰之。少女子，兄弟共妻。无城郭，毡屋为居，东向开户。其王坐金床，随太岁转，与妻并坐接客。无文字，以木为契。与旁国通，则使旁国胡为胡书，羊皮为纸。无职官。事天神、火神，每日则出户祀神而后食。其跪一拜而止。葬以木为椁。父母死，其子截一耳，葬讫即吉。其言语待河南人译然后通。

州相似，九谷都有种植，人们多吃炒面粉和牛羊肉。高昌国出产良马、葡萄酒、石盐。境内多有草木，有一种草，果实像蚕茧，茧中有丝如同细麻线，当地人称为白叠子，高昌国人常常取白叠子来织成布。这种布很软很白，集市交换物品常常用这种布。高昌国有一种朝鸟，天天聚集在国王的宫殿前，排列成行，不怕人，日出之后才四散飞走。

大同年间，麹子坚派遣使者向梁朝进献鸣盐枕、葡萄、良马、毡毯等贡物。

## 滑国

滑国是车师的一个分支。东汉永建元年（126），有八个滑人部落随从班勇攻打北方虏寇有功，班勇上表，封八滑为后部亲汉侯。从魏、晋以来，滑国都不曾与中国交往。到了天监十五年（516），滑国国王厌带夷粟陁才开始派遣使者进献当地特产。普通元年（520），他们又派遣使者进献黄狮子、白貂裘、波斯锦等贡物。普通七年（526），滑国国王又进呈表章，进献贡品。

北魏还住在桑乾一带的时候，滑国只是个小国，附属于芮芮。后来滑国渐渐强大起来，征伐周边邻国如波斯、盘盘、罽宾、焉耆、龟兹、疏勒、姑墨、于阗、句盘等国家，开疆拓土一千余里。滑国气候温暖，国内多山川，树木繁茂，也有五谷。滑国人以炒面粉以及羊肉为食。滑国的野兽有狮子、两脚骆驼，还有野驴，野驴有角。滑国人都善于射箭，身穿小袖长身袍，用金玉做成腰带。女子身披皮裘，头戴用木刻制的角，角六尺长，角上用金银装饰。滑国女子少，因此兄弟共娶一妻。滑国没有城郭，人居住在毡屋中，屋门朝东。滑国国王坐在金制胡床上，胡床的方位随着太岁星的位置变化而改变，国王与妻子并肩而坐接待宾客。滑国没有文字，刻木作为契约凭信。每当与四周国家交往时，滑国就让周围国家的胡人用他们的文字来翻译书写其语言，用羊皮当纸。滑国不设官职。祭祀天神、火神，每天要出门祭神之后才进食。他们的跪拜只拜一次就停下来。死人埋葬时用木制成外椁。父母死后，儿子截下一只耳朵，埋葬完毕后就算是守丧期满。他们的语言要靠河南国人的翻译才能理解。

## 周古柯

周古柯国，滑旁小国也。普通元年，使使随滑来献方物。

## 呵跋檀

呵跋檀国，亦滑旁小国也。凡滑旁之国，衣服容貌皆与滑同。普通元年，使使随滑使来献方物。

## 胡蜜丹

胡蜜丹国，亦滑旁小国也。普通元年，使使随滑使来献方物。

## 白题

白题国，王姓支名史稽毅，其先盖匈奴之别种胡也。汉灌婴与匈奴战，斩白题骑一人。今在滑国东。去滑六日行，西极波斯。土地出粟、麦、瓜果，食物略与滑同。普通三年，遣使献方物。

## 龟兹

龟兹者，西域之旧国也。后汉光武时，其王名弘，为莎车王贤所杀，灭其族。贤使其子则罗为龟兹王，国人又杀则罗。匈奴立龟兹贵人身毒为王，由是属匈奴。然龟兹在汉世常为大国，所都曰延城。魏文帝初即位，遣使贡献。晋太康中，遣子入侍。太元七年，秦主苻坚遣将吕光伐西域，至龟兹，龟兹王帛纯载宝出奔，光入其城。城有三重，外城与长安城等。室屋壮丽，饰以琅玕金玉。光立帛纯弟震为王而归，自此与中国绝不通。普通二年，王尼瑞摩珠那胜遣使奉表贡献。

### 周古柯

周古柯国是滑国旁的小国。普通元年（520），他们派遣使者随滑国使臣一起进献当地特产。

### 呵跋檀

呵跋檀国也是滑国旁的小国。凡是滑国的邻国，人们衣着容貌都与滑国人一样。普通元年（520），呵跋檀国派遣使者随滑国使臣一起进献当地特产。

### 胡蜜丹

胡蜜丹国，也是滑国旁边的小国。普通元年（520），他们派遣使者随同滑国使臣一起进献当地特产。

### 白题

白题国，国王姓支名史稽毅，其祖先应该是从匈奴中分支出来的胡人。史载汉代灌婴与匈奴作战，曾斩杀一名白题骑兵。白题国今天在滑国东边，离滑国有六日行程，白题国西部与波斯接壤。白题国出产粟、麦、瓜果，食物和特产大致和滑国相同。普通三年（522），白题国派遣使者进献当地特产。

### 龟兹

龟兹国乃是西域古国。后汉光武帝时，龟兹国王名弘，被莎车王贤所杀，宗族全被诛灭。贤让自己的儿子则罗当龟兹国的国王，龟兹国人又杀死则罗。匈奴立龟兹贵人身毒为王，龟兹于是附属匈奴。然而龟兹在汉代曾经是个大国，都城称为延城。魏文帝曹丕刚刚登上帝位时，龟兹曾派遣使者进献贡品。晋太康年间，龟兹王送儿子入朝作侍从。晋太元七年（382），前秦君主苻坚派遣将领吕光讨伐西域，吕光打到龟兹，龟兹王帛纯带着珍宝出逃，吕光进入其都城。城墙有三重，外城大小和长安城相等。城内屋宇壮观美丽，都用金玉琅玕作装饰。吕光立帛纯的弟弟震为王，然后就率军返回，从此龟兹就中断了与中国的交往。普通二年（521），龟兹王尼瑞摩珠那胜派遣使者进呈表章进献贡品。

## 于阗

于阗国，西域之属也。后汉建武末，王俞为莎车王贤所破，徙为骊归王，以其弟君得于于阗王，暴虐，百姓患之。永平中，其种人都末杀君得，大人休莫霸又杀都末，自立为王。霸死，兄子广得立，后击虏莎车王贤以归，杀之，遂为强国，西北诸小国皆服从。

其地多水潦沙石，气温，宜稻、麦、蒲桃。有水出玉，名曰玉河。国人善铸铜器。其治曰西山城。有屋室市井。果蓏菜蔬与中国等。尤敬佛法。王所居室，加以朱画。王冠金帻，如今胡公帽。与妻并坐接客。国中妇人皆辫发，衣裘袴。其人恭，相见则跪，其跪则一膝至地。书则以木为笔札，以玉为印。国人得书，戴于首而后开札。

魏文帝时，王山习献名马。天监九年，遣使献方物。十三年，又献波罗婆步鄣。十八年，又献琉璃罂。大同七年，又献外国刻玉佛。

## 渴盘陀

渴盘陀国，于阗西小国也。西邻滑国，南接罽宾国，北连沙勒国。所治在山谷中。城周回十余里，国有十二城。风俗与于阗相类。衣古贝布，着长身小袖袍，小口袴。地宜小麦，资以为粮。多牛马骆驼羊等。出好毡、金、玉。王姓葛沙氏。中大同元年，遣使献方物。

## 末

末国，汉世且末国也。胜兵万余户。北与丁零，东与白题，西与波斯接。土人剪发，着毡帽，小袖衣，为衫则开颈而缝前。多牛羊骡驴。其王安末深盘，普通五年，遣使来贡献。

## 于阗

于阗国也是西域古国之一。后汉建武末年，于阗王俞被莎车王贤打败，被贬为骊归王，莎车王贤立其弟君得为于阗王，君得很暴虐，百姓都讨厌他。永平年间，于阗人都末杀死了君得，而于阗贵族休莫霸又杀死了都末，自立为王。休莫霸死后，他兄长之子广得继位，后来广得攻打莎车王贤，把他活捉回国，杀死了他，于阗于是成为强国，西北各小国都归服于阗。

于阗国多积水，多沙石，气候温和，适宜种水稻、麦子、葡萄。有一条河，盛产玉石，所以名叫玉河。于阗国人善于铸造铜器。国家的都城称为西山城，城里有屋宇街市。所产的瓜果蔬菜和中国相同。于阗国人特别崇敬佛法。国王居住的房间，用红色彩画作修饰。国王头戴金帻，形制如同现在的胡公帽。国王与妻子并肩而坐接待宾客。境内的妇女都把头发编结为辫，身穿袭袴。他们待人恭敬有礼，相见时都彼此跪拜，跪时屈一膝至地。写字就用木板作笔和信纸，用玉作印章。于阗国人收到信，先把信顶在头上，然后才开启阅读。

曹魏文帝时，于阗王山习进献名马。天监九年（510），于阗王派遣使者进献当地特产。天监十三年（514），他们又进献波罗婆步鄣。天监十八年（519），进献琉璃罂。大同七年（541），进献外国玉佛。

## 渴盘陁

渴盘陁国是于阗西边的小国。该国西与滑国相邻，南与罽宾接壤，北与沙勒国相连。都城在山谷中，城墙周长达十余里。全国有十二座城。他们的风俗和于阗国很相似。人们穿古贝织布做的衣服，上穿长身小袖袍，下着小口袴。国土适宜种植小麦，当地人都以小麦做主食。多有牛马骆驼羊等。出产质地上好的毡、金、玉等物。国王姓葛沙氏。中大同元年（546），该国派遣使者进献当地特产。

## 末

末国就是汉代时的且末国。该国有可以参加作战的男丁一万户。末国北与丁零，东与白题，西与波斯接壤。当地土人剪发，头戴毡帽，穿小袖衣，还缝制一种从颈部开口而胸前缝合的衫。末国多有牛羊骡

## 波斯

波斯国，其先有波斯匿王者，子孙以王父字为氏，因为国号。国有城，周回三十二里。城高四丈，皆有楼观。城内屋宇数百千间，城外佛寺二三百所。西去城十五里有土山，山非过高，其势连接甚远，中有鹜鸟噉羊，土人极以为患。国中有优钵昙花，鲜华可爱。出龙驹马。咸池生珊瑚树，长一二尺。亦有琥珀、马脑、真珠、玫瑰等，国内不以为珍。市买用金银。婚姻法：下聘讫，女婿将数十人迎妇，婿着金线锦袍，师子锦袴，戴天冠，妇亦如之。妇兄弟便来捉手付度，夫妇之礼，于兹永毕。国东与滑国，西及南俱与婆罗门国，北与泛栗国接。中大通二年，遣使献佛牙。

## 宕昌

宕昌国，在河南之东南，益州之西北，陇西之西，羌种也。宋孝武世，其王梁瑾忽始献方物。天监四年，王梁弥博来献甘草、当归，诏以为使持节、都督河凉二州诸军事、安西将军、东羌校尉、河凉二州刺史、陇西公、宕昌王，佩以金章。弥博死，子弥泰立，大同七年，复授以父爵位。其衣服、风俗与河南略同。

## 邓至

邓至国，居西凉州界，羌别种也。世号持节、平北将军、西凉州刺史。宋文帝时，王象屈耽遣使献马。天监元年，诏以邓至王象舒彭为督西凉州诸军事，号安北将军。五年，舒彭遣使献黄耆四百斤，马四匹。其俗呼帽曰突何。其衣服与宕昌同。

驴。国王叫安末深盘,他在普通五年(524)派遣使者前来进献贡品。

## 波斯

波斯国,他们的祖先有一个波斯匿王,子孙就用祖父的字作为姓,同时也用作国家名。波斯首都有城墙,周长有三十二里。城墙高四丈,都建有楼观。城内屋宇有数百上千间,城外佛寺有二三百座。城西边十五里处有座土山,并不特别高,但山势一直绵延到很远,山中有种鹫鸟,会捕食羊,当地人都很害怕这种鸟。波斯境内有优钵昙花,鲜艳可爱。境内还出产龙驹马。咸池里生长珊瑚树,高达一二尺。也出产琥珀、玛瑙、珍珠、玫瑰等,但波斯国人并不把这些视为珍宝。集市买卖都用金银。波斯人结婚的礼法是:下聘礼之后,新郎带着几十个人去迎接新娘,新郎穿金线锦袍,狮子锦袴,头戴天冠,新娘的服饰和新郎一样。新娘的兄弟就来牵住新娘的手,把手交给新郎,二人结为夫妇的礼仪就完全结束了。波斯国东与滑国相邻,西边及南边都与婆罗门国接壤,北与泛栗国相接。中大通二年(530),波斯派遣使来进献佛牙。

## 宕昌

宕昌国,地处河南国的东南方,益州的西北,陇西之西,是羌人的国家。刘宋孝武帝年间,宕昌国的国王梁瑾忽开始向朝廷进献当地特产。天监四年(505),国王梁弥博遣使进献甘草、当归,高祖下诏任命梁弥博为使持节、都督河凉二州诸军事、安西将军、东羌校尉、河凉二州刺史、陇西公、宕昌王,佩金印章。梁弥博死后,儿子梁弥泰继位。大同七年(541),高祖将其父的爵位全都授予梁弥泰。宕昌国的衣着服饰、民间风俗大致和河南国相同。

## 邓至

邓至国,地处西凉州地界,他们是羌人的一个分支。邓至国国王世代号称持节、平北将军、西凉州刺史。刘宋文帝时,邓至国国王象屈耽向朝廷派遣使者进献良马。天监元年(502),高祖下诏任命邓至王象舒彭为督西凉州诸军事,号安北将军。天监五年(506),象舒彭派遣使者进献黄耆四百斤,马四匹。当地百姓称帽为突何,其衣着与宕昌国相同。

## 武兴

武兴国，本仇池。杨难当自立为秦王，宋文帝遣裴方明讨之，难当奔魏。其兄子文德又聚众茄卢，宋因授以爵位，魏又攻之，文德奔汉中。从弟僧嗣又自立，复戍茄卢。卒，文德弟文度立，以弟文洪为白水太守，屯武兴，宋世以为武都王。武兴之国，自于此矣。难当族弟广香又攻杀文度，自立为阴平王、茄卢镇主。卒，子炅立。炅死，子崇祖立。崇祖死，子孟孙立。齐永明中，魏氏南梁州刺史仇池公杨灵珍据泥功山归款，齐世以灵珍为北梁州刺史、仇池公。文洪死，以族人集始为北秦州刺史、武都王。天监初，以集始为使持节、都督秦雍二州诸军事、辅国将军、平羌校尉、北秦州刺史、武都王；灵珍为冠军将军；孟孙为假节、督沙州刺史、阴平王。集始死，子绍先袭爵位。二年，以灵珍为持节、督陇右诸军事、左将军、北梁州刺史、仇池王。十年，孟孙死，诏赠安沙将军、北雍州刺史。子定袭封爵。绍先死，子智慧立。大同元年，克复汉中，智慧遣使上表，求率四千户归国，诏许焉，即以为东益州。

其国东连秦岭，西接宕昌，去宕昌八百里，南去汉中四百里，北去岐州三百里，东去长安九百里。本有十万户，世世分减。其大姓有苻氏、姜氏。言语与中国同。着乌皂突骑帽，长身小袖袍，小口袴，皮鞜。地植九谷。婚姻备六礼。知书疏。种桑麻。出紬、绢、精布、漆、蜡、椒等。山出铜铁。

## 芮芮

芮芮国，盖匈奴别种。魏、晋世，匈奴分为数百千部，各有名

## 武兴

武兴国，本是古代的仇池国。杨难当自立为秦王后，宋文帝派裴方明讨伐他，杨难当逃奔北魏。杨难当兄长之子杨文德又在茄卢聚集逃散的士卒，刘宋朝廷就授任给他爵位，北魏这时又来攻打杨文德，杨文德逃奔汉中。杨文德的堂弟杨僧嗣自立为王，再度据守茄卢。杨僧嗣去世后，杨文德的弟弟杨文度被立为王，命自己的弟弟杨文洪担任白水太守，驻兵武兴，刘宋朝廷封杨文洪为武都王。武兴国就是从这时候开始建国的。杨难当的族弟杨广香攻杀了杨文度，自立为阴平王、茄卢镇主。他死后，儿子杨炅继位。杨炅死后，儿子杨崇祖继位。杨崇祖死后，儿子杨孟孙继位。南齐永明年间，北魏的南梁州刺史仇池公杨灵珍占据了泥功山，向南齐投诚，齐朝任命杨灵珍为北梁州刺史、仇池公。杨文洪死后，南齐任命杨文洪的族人杨集始为北秦州刺史、武都王。天监初年，高祖任命杨集始为使持节、都督秦雍二州诸军事、辅国将军、平羌校尉、北秦州刺史、武都王；任命杨灵珍为冠军将军；任命杨孟孙为假节、督沙州刺史、阴平王。杨集始死后，儿子杨绍先继承他的爵位。天监二年（503），高祖任命杨灵珍为持节、督陇右诸军事、左将军、北梁州刺史、仇池王。天监十年（511），杨孟孙死，高祖下诏追赠他为安沙将军、北雍州刺史。杨孟孙之子杨定继承爵位。杨绍先死后，儿子杨智慧继位。大同元年（535），朝廷光复汉中，杨智慧派遣使者进呈表章，请求让自己率领四千户回国，高祖下诏准许了，就任命杨智慧为东益州刺史。

武兴国东连秦岭，西连宕昌，距宕昌国八百里，南距汉中四百里，北距岐州三百里，东距长安九百里。武兴国本有十万户人口，因一代代分散迁出而减少。武兴境内大姓有符氏、姜氏。武兴国的语言与中国相同。国人戴乌皂突骑帽，身穿长身小袖袍，小口裤，皮靴。境内土地种植九谷。婚姻也齐备六礼。武兴国人懂得文字书写，也种植桑麻。出产绸、绢、精布、漆、蜡、椒等。山中出产铜铁。

## 芮芮

芮芮国，是匈奴的一个分支。魏、晋时代，匈奴分成数百上千

号，芮芮其一部也。自元魏南迁，因擅其故地。无城郭，随水草畜牧，以穹庐为居。辫发，衣锦，小袖袍，小口袴，深雍鞾。其地苦寒，七月流澌亘河。宋昇明中，遣王洪轨使焉，引之共伐魏。齐建元元年，洪轨始至其国，国王率三十万骑，出燕然山东南三千余里，魏人闭关不敢战。后稍侵弱。永明中，为丁零所破，更为小国而南移其居。天监中，始破丁零，复其旧土。始筑城郭，名曰木末城。十四年，遣使献乌貂裘。普通元年，又遣使献方物。是后数岁一至焉。大同七年，又献马一匹，金一斤。

其国能以术祭天而致风雪，前对皎日，后则泥潦横流，故其战败莫能追及。或于中夏为之，则疃而不雨，问其故，以暖云。

史臣曰：海南、东夷、西北戎诸国，地穷边裔，各有疆域。若山奇海异，怪类殊种，前古未闻，往牒不记，故知九州之外，八荒之表，辩方物土，莫究其极。高祖以德怀之，故朝贡岁至，美矣。

部，每部都有自己的名称，芮芮就是其中的一部。北魏从平城南迁之后，芮芮就占领了北魏原来的土地。芮芮国没有城郭，逐水草放牧，居住在穹庐中。他们编发为辫，穿锦缎做的衣服，上穿小袖袍，下穿小口袴，脚穿深雍靴。境内气候严寒，七月份时河里还都是刚刚融化的冰块。刘宋昇明年间，朝廷派王洪轨出使芮芮，约集芮芮军队合力攻打北魏。南齐建元元年（479），王洪轨才到达芮芮国，芮芮国国王率三十万骑兵，进至燕然山东南方三千余里的地方，北魏军紧闭关门不敢与之交战。后来芮芮国渐渐衰弱。永明年间，芮芮被丁零打败，又成为一个小国，向南迁移。天监年间，芮芮才打败了丁零，收复了他们的故土。这才开始建造城郭，都城称为木末城。天监十四年（515），芮芮国派遣使者进献乌貂裘。普通元年（520），又派遣使者进献当地特产。此后每隔数年就会有一批芮芮国使者前来通使。大同七年（541），芮芮使者进献了马一匹，金一斤。

芮芮国能以巫术祭天而招致风雪，有时前面还是白日高悬，而身后却已泥泞遍地，积水横流，所以他们战败时逃跑，没有人能追得上他们。有芮芮国人试着在中原施行这种巫术，但只能招来阴云却不会下雨，问他们其中的缘故，回答是因为中原气候温暖。

史臣说：海南、东夷、西北戎各国，处在大地边缘的偏远之地，各有疆域。其山中珍奇海中异宝，奇怪的样貌各异的人种，前代古人都从未听说，昔日典籍也未见记载，由此可知九州八荒之外，域外国家各种风土人情，无人能了解穷尽。高祖以仁德安抚怀柔他们，所以前来朝觐进贡的使者每年不断，真是美谈啊。

# 卷五十五

## 列传第四十九

豫章王综　武陵王纪　临贺王正德　河东王誉

### 豫章王萧综

豫章王综字世谦，高祖第二子也。天监三年，封豫章郡王，邑二千户。五年，出为使持节、都督南徐州诸军事、仁威将军、南徐州刺史，寻进号北中郎将。十年，迁都督郢司霍三州诸军事、云麾将军、郢州刺史。十三年，迁安右将军、领石头戍军事。十五年，迁西中郎将，兼护军将军，又迁安前将军、丹阳尹。十六年，复为北中郎将、南徐州刺史。普通二年，入为侍中、镇右将军，置佐史。

初，其母吴淑媛自齐东昏宫得幸于高祖，七月而生综，宫中多疑之者，及淑媛宠衰怨望，遂陈疑似之说，故综怀之。既长，有才学，善属文。高祖御诸子以礼，朝见不甚数，综恒怨不见知。每出藩，淑媛恒随之镇。至年十五六，尚躶袒嬉戏于前，昼夜无别，内外咸有秽议。综在徐州，政刑酷暴。又有勇力，手制奔马。常微行夜出，无有期度。每高祖有敕疏至，辄忿恚形于颜色，群臣莫敢言者。恒于别室祠齐氏七庙；又微服至曲阿拜齐明帝陵。然犹无以自信；闻俗说以生者血沥死者骨，渗，即为父子。综乃私发齐东昏墓，出骨，沥臂血试之；并杀一男，取其骨试之，皆有验，自此常怀异志。

## 豫章王萧综

豫章王萧综字世谦，是高祖的第二个儿子。天监三年（504），他被封为豫章郡王，食邑二千户。天监五年（506），他出京担任使持节、都督南徐州诸军事、仁威将军、南徐州刺史，不久进号为北中郎将。天监十年（511），迁任都督郢司霍三州诸军事、云麾将军、郢州刺史。天监十三年（514），迁任安右将军、领石头戍军事。天监十五年（516），迁任西中郎将、兼护军将军，又迁任安前将军、丹阳尹。天监十六年（517），又任北中郎将、南徐州刺史。普通二年（521），入朝任侍中、镇右将军，府中设置佐史。

起初，他的母亲吴淑媛本是齐东昏侯的妃嫔，高祖宠幸她，她怀孕七个月后生下萧综，宫人大多怀疑他是东昏侯的遗腹子，待到吴淑媛因为宠爱衰退而心怀不满时，便向萧综叙述了众人有所怀疑的议论，所以萧综心中牢记着此事。他长大后，有才学，擅长写文章。高祖用礼仪管教子女，允许诸皇子朝见他的次数不多，萧综因此常常怨恨自己得不到高祖的了解知遇。萧综每次到封邑去，吴淑媛总会随他前往。萧综十五六岁时，还赤身露体在吴淑媛面前玩乐，白天黑夜没有区别，宫内外都对这种丑事有所议论。萧综任徐州刺史，政令刑罚非常残暴。他又颇有气力，能空手制服奔跑的马。他经常在夜里穿着便服外出，没有节制。每当有高祖的诏命来到时，总是表现出忿恨的表情，群臣没有谁敢对他加以劝谏。萧综在密室里设立了齐朝皇帝的七庙，常去祭祀；他还身穿便服到曲阿的齐明帝陵去跪拜。然而萧综还是无法确定自己是不是东昏侯的儿子，听到民间传说用活人的血滴在死人的遗骨上，若血渗进去了，就说明是父子关系，他就暗中掘开东昏侯的坟墓，把骨头取出来，将自己手臂的血滴在骨头上

　　四年，出为使持节、都督南兖兖徐青冀五州诸军事、平北将军、南兖州刺史，给鼓吹一部。闻齐建安王萧宝寅在魏，遂使人入北与之相知，谓为叔父，许举镇归之。会大举北伐，六年，魏将元法僧以彭城降，高祖乃令综都督众军，镇于彭城，与魏将安丰王元延明相持。高祖以连兵既久，虑有衅生，敕综退军。综惧南归则无因复与宝寅相见，乃与数骑夜奔于延明，魏以为侍中、太尉、高平公、丹阳王，邑七千户，钱三百万，布绢三千匹，杂彩千匹，马五十匹，羊五百口，奴婢一百人。综乃改名缵，字德文，追为齐东昏服斩衰。于是有司奏削爵土，绝属籍，改其姓为悖氏。俄有诏复之，封其子直为永新侯，邑千户。大通二年，萧宝寅在魏据长安反，综自洛阳北遁，将赴之，为津吏所执，魏人杀之，时年四十九。

　　初，综既不得志，尝作《听钟鸣》《悲落叶辞》，以申其志。大略曰：

　　听钟鸣，当知在帝城。参差定难数，历乱百愁生。去声悬窈窕，来响急徘徊。谁怜传漏子，辛苦建章台。

　　听钟鸣，听听非一所。怀瑾握瑜空掷去，攀松折桂谁相许。昔朋旧爱各东西，譬如落叶不更齐。漂漂孤雁何所栖，依依别鹤夜半啼。

　　听钟鸣，听此何穷极。二十有余年，淹留在京域。窥明镜，罢容色，云悲海思徒撑抑。

　　其《悲落叶》云：

试验；同时又杀死自己的一个幼子，取来他的骨头也作滴血试验，结果二者都可以应验。从此萧综就经常怀藏反叛之心。

普通四年（523），萧综出京任使持节、都督南兖兖徐青冀五州诸军事、平北将军、南兖州刺史，高祖赐给他鼓吹乐班一部。萧综听说齐建安王萧宝夤在北魏，便派人到北魏去与萧宝夤联络，称萧宝夤为叔父，答应将率领自己的辖地归附北魏。时值高祖大举北伐，普通六年（525），北魏将领元法僧以彭城向高祖投降，高祖就命令萧综总领众军，到彭城镇守，拒敌北魏将领安丰王元延明。后来高祖认为部队连续作战时间已久，担心发生祸乱，便命令萧综撤军。萧综害怕南归后再也没机会与萧宝夤相见，就带着几个骑兵连夜逃到元延明那里，向北魏投降，北魏任命他为侍中、太尉、高平公、丹阳王，食邑七千户，赐钱三百万，布绢三千匹，杂彩千匹，马五十匹，羊五百只，奴婢一百人。萧综就自己改名为萧缵，字德文，并追悼齐东昏侯，以父礼为他穿斩衰服守丧。于是梁朝有司便奏请革除萧综的官爵并削除其封地，开除名籍，将他的姓改为悖氏。不久，高祖又下诏恢复他的名籍，并封他的儿子萧直为永新侯，食邑一千户。大通二年（528），萧宝夤在北魏占据了长安反叛，萧综从洛阳北逃，将要前往长安投奔他，被守卫渡口的北魏官吏捉住。北魏人把他杀掉，时年四十九岁。

当初，萧综郁郁不得志时，曾作《听钟鸣》《悲落叶辞》，以抒发他的感情。大略说：

又听钟声响起，当知身在皇城。世事难有定数，历乱愁肠百生。悠然钟声远去，急促钟声又起。谁怜守钟之人，长囚建章台前。

又听钟声响起，细辨已非旧时。空负美才芳德，生平志向谁知？故友旧知星散，一身落叶飘零。何处容我栖身，孤雁别鹤哀啼。

又听钟声响起，余音何日可息？虚度二十余载，犹自淹留京师。不敢久窥明镜，只恐又见愁容。年华逝水不返，悲思似海无边。

他的《悲落叶辞》写道：

悲落叶，连翩下重叠。落且飞，从横去不归。

悲落叶，落叶悲，人生譬如此，零落不可持。

悲落叶，落叶何时还? 凤昔共根本，无复一相关。

当时见者莫不悲之。


## 武陵王萧纪

武陵王纪字世询，高祖第八子也。少勤学，有文才，属辞不好轻华，甚有骨气。天监十三年，封为武陵郡王，邑二千户。历位宁远将军、琅邪彭城二郡太守、轻车将军、丹阳尹。出为会稽太守，寻以其郡为东扬州，仍为刺史，加使持节、东中郎将。征为侍中，领石头戍军事。出为宣惠将军、江州刺史。征为使持节、宣惠将军、都督扬南徐二州诸军事、扬州刺史。寻改授持节、都督益梁等十三州诸军事、安西将军、益州刺史，加鼓吹一部。大同十一年，授散骑常侍、征西大将军、开府仪同三司。

初，天监中，震太阳门，成字曰"绍宗梁位唯武王"，解者以为武王者，武陵王也，于是朝野属意焉。及太清中，侯景乱，纪不赴援。高祖崩后，纪乃僭号于蜀。改年曰天正。立子圆照为皇太子，圆正为西阳王，圆满竟陵王，圆普南谯王，圆肃宜都王。以巴西、梓潼二郡太守永丰侯撝为征西大将军、益州刺史，封秦郡王。司马王僧略、直兵参军徐怦并固谏，纪以为贰于己，皆杀之。永丰侯撝叹曰："王不免矣! 夫善人、国之基也，今反诛之，不亡何待!"又谓所亲曰："昔桓玄年号大亨，识者谓之'二月了'，而玄之败实在仲春。今年曰天正，在文为'一止'，其能久乎?"

太清五年夏四月，纪帅军东下至巴郡，以讨侯景为名，将图荆

悲叹落叶，坠舞连翩。且落且飞，纵横不归。

悲叹落叶，落叶何悲。生如落叶，零落难追。

悲叹落叶，何时返归？昔日同根，不复依偎。

当时读了他的诗的人，没有不感到悲切的。

## 武陵王萧纪

武陵王萧纪字世询，是高祖的第八个儿子。他从小勤奋好学，有文才，写文章不喜欢轻浮华靡，强调文章要有气韵气势。天监十三年（514），他被封为武陵郡王，食邑二千户。历任宁远将军、琅琊彭城二郡太守，轻车将军、丹阳尹。后来出京任会稽太守，不久因会稽郡改为东扬州，他接任东扬州刺史，加官为使持节、东中郎将。后来朝廷征召他任侍中，领石头戍军事。后出京任宣惠将军、江州刺史。朝廷又召他为使持节、宣惠将军、都督扬南徐二州诸军事、扬州刺史。不久又改授他为持节、都督益梁等十三州诸军事、安西将军、益州刺史，加赐他鼓吹乐班一部。大同十一年（545），朝廷任命他为散骑常侍、征西大将军、开府仪同三司。

以前天监年间，雷击太阳门，雷击痕迹形成字"绍宗梁位唯武王"，解释的人认为武王就是指武陵王，于是朝廷内外人心都归向他。到了太清年间，侯景叛乱，萧纪竟然不出兵增援京师。高祖驾崩后，萧纪在蜀地僭越称帝。他改年号为天正，立他的儿子萧圆照为皇太子，萧圆正为西阳王，萧圆满为竟陵王，萧圆普为南谯王，萧圆肃为宜都王。他又任命巴西、梓潼二郡太守永丰侯萧撝为征西大将军、益州刺史，封为秦郡王。司马王僧略、直兵参军徐怦一同再三直言规劝，萧纪认为他们对自己怀有二心，将他们杀了。永丰侯萧撝叹息说："武陵王不能避免败亡了！善人是国家的根基，现在武陵王反而杀害他们，不亡还等什么？"他又对亲信说："以前，桓玄年号大亨，有见识的人说亨字是'二月了'，而桓玄的败亡确实在二月。今年武陵王称年号为天正，正字就是'一止'，这岂能长久？"

太清五年（551）夏四月，萧纪统率军队顺江东下到巴郡，以讨伐

陕。闻西魏侵蜀，遣其将南梁州刺史谯淹回军赴援。五月日，西魏
将尉迟迥帅众逼涪水，潼州刺史杨乾运以城降之，迥分军据守，即
趋成都。丁丑，纪次于西陵，舳舻翳川，旌甲曜日，军容甚盛。世祖
命护军将军陆法和于硖口夹岸筑二垒，镇江以断之。时陆纳未平，
蜀军复逼，物情恇扰，世祖忧焉。法和告急，旬日相继。世祖乃拔任
约于狱，以为晋安王司马，撤禁兵以配之；并遣宣猛将军刘棻共约
西赴。六月，纪筑连城，攻绝铁锁。世祖复于狱拔谢答仁为步兵校
尉，配众一旅，上赴法和。世祖与纪书曰："皇帝敬问假黄钺太尉
武陵王：自九黎侵轶，三苗寇扰，天长丧乱，獯丑冯陵，虏刘象魏，
黍离王室。朕枕戈东望，泣血西浮，殒爱子于二方，无诸侯之八百，
身被属甲，手贯流矢。俄而风树之酷，万恨始缠，霜露之悲，百忧继
集，扣心饮胆，志不图全。直以宗社缀旒，鲸鲵未翦，尝胆待旦，龚
行天罚，独运四聪，坐挥八柄。虽复结坛待将，襄帷纳士，拒赤壁
之兵，无谋于鲁肃，烧乌巢之米，不访于荀攸，才智将殚，金贝殆
竭，傍无寸助，险阻备尝，遂得斩长狄于驹门，挫蚩尤于枫木。怨耻
既雪，天下无尘，经营四方，专资一力，方与岳牧，同兹清静。隆暑
炎赫，弟比何如？文武具僚，当有劳弊。今遣散骑常侍、光州刺史
郑安忠，指宣往怀。"仍令喻意于纪，许其还蜀，专制岷方。纪不从
命，报书如家人礼。庚申，纪将侯叡率众缘山将规进取，任约、谢
答仁与战，破之。既而陆纳平，诸军并西赴，世祖又与纪书曰："甚
苦大智！季月烦暑，流金烁石，聚蚊成雷，封狐千里，以兹玉体，辛
苦行阵。乃眷西顾，我劳如何。自獯丑凭陵，羯胡叛换，吾年为一日
之长，属有平乱之功，膺此乐推，事归当璧。傥遣使乎，良所迟也。
如曰不然，于此投笔。友于兄弟，分形共气。兄肥弟瘦，无复相代
之期；让枣推梨，长罢欢愉之日。上林静拱，闻四鸟之哀鸣；宣室披
图，嗟万始之长逝。心乎爱矣，书不尽言。"大智，纪之别字也。纪
遣所署度支尚书乐奉业至于江陵，论和缉之计，依前旨还蜀。世祖

侯景为名，将要图谋侵占荆州。萧纪听说西魏进犯蜀地，便派他的将领南梁州刺史谯淹率军回师增援。五月甲戌日，西魏将军尉迟迥率军逼近涪水，潼州刺史杨乾运献城投降，尉迟迥分兵据守潼州，自己即刻率军直趋成都。丁丑日，萧纪军队进抵西陵，战船的影子覆盖了整个江面，旌旗盔甲闪耀着日光，军容十分强盛。元帝命令护军将军陆法和在硖口两岸建筑两座营垒，镇守大江以阻断萧纪军。这时，长沙的陆纳叛乱尚未平定，蜀军又来进逼，人心慌张惊扰，元帝对此颇为忧虑。陆法和那边军情紧迫，十天之内连续多次派人告急。元帝便提拔关押在狱中的侯景将领任约担任晋安王司马，拨出近卫军来给他指挥，并派宣猛将军刘棻和他一同西上增援陆法和。六月，萧纪构筑连营，冲断横贯大江的铁链。元帝又提拔在狱中的侯景将领谢答仁为步兵校尉，配给他一旅军队，派他溯江而上去增援陆法和。

元帝给萧纪去信说："皇帝敬问假黄钺太尉武陵王：自从朝廷遭遇九黎一样的蛮夷侵袭，受到三苗那样的敌寇劫掠，天下已经长年经历丧乱，北方异族侵凌京师，祸及宫阙，宗庙荒芜禾黍离离。朕枕戈而卧东望建康，悲痛泣血西进讨贼。长子已战死湘州，次子也被侯景斩杀，朕虽无周武王的八百诸侯襄助，但也能身披盔甲冲锋陷阵，即便乱箭穿手也能坚持战斗。不久先皇归天的噩耗传来，朕遭受父母双亡不能奉养的惨痛，万种仇恨缠绕于心，思念双亲的哀思，百种忧愁聚集，捶胸饮胆，悲愤至极，誓要歼灭叛贼，绝不苟全偷安。只是因为宗庙和社稷仍处逆贼之手，鲸鲵一样的凶恶敌人尚未消灭，唯有卧薪尝胆自我激励，枕戈待旦恭敬地代上天执行惩罚，运用四方聪明之士，安然指挥统御他们。虽然如此，复又建坛拜将，掀起帷幕招纳才士，像当年赤壁之战一样打败了强敌，却没有鲁肃那样的谋臣辅助，像官渡之战那样烧毁了强敌粮米，却缺乏荀攸一样的智囊请教，朕的才智将要枯竭，财用几乎耗完，无人伸出援手，经历了无数艰险，方才在驹门将敌首斩首，在枫林打败蚩尤。如今国仇已报家耻已雪，天下太平百废待兴，大家同心协力，朕正同四方州牧诸侯一起，同享这种清静太平的生活。盛暑时节热浪如火，贤弟近来如何？文武僚属，想来也颇劳苦疲敝吧。现派散骑常侍、光州刺史郑安忠，

知纪必破，遂拒而不许。丙戌，巴东民苻昇、徐子初等斩纪硖口城主公孙晃，降于众军。王琳、宋簉、任约、谢答仁等因进攻侯叡，陷其三垒，于是两岸十余城遂俱降。将军樊猛获纪及其第三子圆满，俱杀之于硖口，时年四十六。有司奏请绝其属籍，世祖许之，赐姓饕餮氏。

初，纪将僭号，妖怪非一，其最异者，内寝柏殿柱绕节生花，其茎四十有六，霏靡可爱，状似荷花。识者曰："王敦仗花，非佳事也。"纪年号天正，与萧栋暗合，金曰天字"二人"也，正字"一止"也。栋、纪僭号，各一年而灭。

前去宣谕我的心意。"并命郑安忠向萧纪晓谕旨意，准许萧纪休兵返回蜀地，专心统治一方。萧纪不服从元帝的诏命，只是按家人礼仪给元帝回信。庚申日，萧纪的将领侯叡率军将要沿山谋划进攻，任约、谢答仁与侯叡交战，把他打败。接着陆纳的叛乱也被平定，朝廷各路军队一齐向西进军，元帝又给萧纪去信说："大智，你太辛苦了！夏季六月天气酷热金石销熔，蚊虫聚集声如雷鸣，封狐出没害人千里，以你这样高贵的身体却还在行伍中受累，我对你十分挂念。你将如何受得了这样的辛劳啊。自从獯丑进犯侵凌，羯胡蛮横跋扈，我的年龄比你大一点点，适值有平定叛贼的功劳，因此受到众人拥戴而即位，这就像当年楚平王恰好跪在玉璧上而被立为后嗣之君那样侥幸。本想遣使相召，可惜已经太迟缓。如果你说事实并非如此，我也无话可说只得就此搁笔。兄弟之间的友情，身体虽然各有分别，气息依旧相连相通。兄弟身份不同，不再有能不分彼此的时日；自从童年推枣让梨，你我兄弟间的友爱之乐已经很久没有享受了。上林苑四周寂静，只闻四鸟分飞的哀鸣；在宣室阅览地图，嗟叹兄弟情谊的隔绝。心中仍充满对兄弟的关爱，只恨信中写不尽心声。"大智是萧纪的别字。萧纪派了他任命的度支尚书乐奉业去江陵，讨论益州与荆州和睦协力的计划，请求依照上封书信的意思罢战休兵回归蜀地。元帝知道萧纪必定失败，便拒绝议和。丙戌日，巴东百姓符昇、徐子初等杀了萧纪的硖口城主公孙晃，向朝廷投降。王琳、宋蒬、任约、谢答仁等乘机进攻侯叡，攻陷了他的三座营垒，于是两岸十余座营垒就全部投降了。将军樊猛俘获了萧纪和他的第三子萧圆满，把他们都杀死于硖口，萧纪时年四十六岁。有司奏请革除他的名籍，元帝批准了，赐他姓饕餮。

　　起初，萧纪将要僭越称帝，发生的诡异奇怪之事不止一件，其中最奇怪的是，从寝宫柏殿环绕殿柱的斗拱上长出花来，茎有四十六根，细弱可爱，形状好像荷花。有认识此花的人说："这和晋朝作乱的王敦的仪仗上长出的花一个样，不是好事。"萧纪年号天正，与萧栋的年号相同，人们都说天正的天字"二人"也，正字"一止"也。萧栋、萧纪都僭越称帝，各只有一年便被消灭。

## 临贺王萧正德

临贺王正德字公和，临川靖惠王第三子也。少粗险，不拘礼节。初，高祖未有男，养之为子，及高祖践极，便希储贰，后立昭明太子，封正德为西丰侯，邑五百户。自此怨望，恒怀不轨，睥睨宫宸，觊幸灾变。普通六年，以黄门侍郎为轻车将军，置佐史。顷之，遂逃奔于魏，有司奏削封爵。七年，又自魏逃归，高祖不之过也。复其封爵，仍除征虏将军。

中大通四年，为信武将军、吴郡太守。征为侍中、抚军将军，置佐史，封临贺郡王，邑二千户，又加左卫将军。而凶暴日甚，招聚亡命。侯景知其有奸心，乃密令诱说，厚相要结，遗正德书曰："今天子年尊，奸臣乱国，宪章错谬，政令颠倒，以景观之，计日必败。况大王属当储贰，中被废辱，天下义士，窃所痛心，在景愚忠，能无忿慨。今四海业业，归心大王，大王岂得顾此私情，弃兹亿兆。景虽不武，实思自奋。愿王允副苍生，鉴斯诚款。"正德览书大喜曰："侯景意暗与我同，此天赞也。"遂许之。及景至江，正德潜运空舫，诈称迎获，以济景焉。朝廷未知其谋，犹遣正德守朱雀航。景至，正德乃引军与景俱进，景推正德为天子，改年为正平元年，景为丞相。台城没，复太清之号，降正德为大司马。正德有怨言，景闻之，虑其为变，矫诏杀之。

## 临贺王萧正德

临贺王萧正德字公和，是临川靖惠王萧宏的第三子。少年时，粗暴邪恶，不讲究礼节。起初，高祖尚无子嗣，便收养他作为儿子，待到高祖践阼登基，萧正德便盼着立自己为太子，后来高祖立了昭明太子，而封萧正德为西丰侯，食邑五百户。萧正德从此便心怀不满，经常怀着图谋不轨的念头，觊觎皇帝的宝座，希望侥幸发生灾祸事变。普通六年（525），他由黄门侍郎任轻车将军，设置佐史。不久，他逃奔到北魏，有司奏请高祖削除他的封爵。普通七年（526），萧正德又从北魏逃了回来，高祖没有责备他，反而恢复他的封爵，接着任命他为征虏将军。

中大通四年（532），萧正德为信武将军、吴郡太守。后来朝廷征召他为侍中、抚军将军，设置佐史，并封他为临贺郡王，食邑二千户，又加官左卫将军。而他日益凶暴，四处招集亡命之徒。侯景知道他一定有奸谋，便秘密派人去诱惑游说他，用优厚的条件结交邀约，送信给萧正德说："现在天子年寿已高，奸臣乱国，典制纷纭错乱，政令是非颠倒，依我看来，他定要败亡。况且您本来应当立为太子，中途遭到废弃，天下义士私下都非常痛心，我侯景虽有愚忠，但对此也不能不忿恨感慨。现在天下动乱不安，人心都归向您，您怎么能只顾念父子的一己私情，丢弃这亿兆人民。我虽然不才，确实想奋发而起有所作为。希望大王您顺从天下人民的愿望，明察我的一片诚心。"萧正德看了侯景的信非常高兴说："侯景之言正与我不谋而合，这是上天助我啊。"便答应了侯景的要求。等到侯景到达长江边，萧正德秘密运来空船，假称去装载荻苇，实际用来运载侯景的叛军渡江。朝廷不知道萧正德的阴谋，还选派他去守朱雀桥。侯景到达朱雀桥，萧正德就率领军队与侯景一同攻打梁军。侯景拥立萧正德为天子，改元为正平元年，侯景任宰相。攻陷台城后，侯景又恢复了太清的年号，把萧正德降职为大司马。萧正德心有怨言，侯景听说之后，担心他叛乱，便假传圣旨把他杀了。

## 河东王萧誉

河东王誉字重孙，昭明太子第二子也。普通二年，封枝江县公。中大通三年，改封河东郡王，邑二千户。除宁远将军、石头戍军事。出为琅邪、彭城二郡太守。还除侍中、轻车将军，置佐史。出为南中郎将、湘州刺史。

未几，侯景寇京邑，誉率军入援，至青草湖，台城没，有诏班师，誉还湘镇。时世祖军于武城，新除雍州刺史张缵密报世祖曰："河东起兵，岳阳聚米，共为不逞，将袭江陵。"世祖甚惧，因步道间还，遣咨议周弘直至誉所，督其粮众。誉曰："各自军府，何忽隶人？"前后使三反，誉并不从。世祖大怒，乃遣世子方等征之，反为誉所败死。又令信州刺史鲍泉讨誉，并与书陈示祸福，许其迁善。誉不答，修浚城池，为拒守之计；谓鲍泉曰："败军之将，势岂语勇。欲前即前，无所多说。"泉军于石椁寺，誉帅众逆击之，不利而还。泉进军于橘洲，誉又尽锐攻之，不克。会已暮，士卒疲弊，泉因出击，大败之，斩首三千级，溺死者万余人。誉于是焚长沙郭邑，驱居民于城内，鲍泉度军围之。誉幼而骁勇，兼有胆气，能抚循士卒，甚得众心。及被围既久，虽外内断绝，而备守犹固。后世祖又遣领军将军王僧辩代鲍泉攻誉，僧辩筑土山以临城内，日夕苦攻，矢石如雨，城中将士死伤者太半。誉窘急，乃潜装海船，将溃围而出。会其麾下将慕容华引僧辩入城，誉顾左右皆散，遂被执。谓守者曰："勿杀我，得一见七官，申此谗贼，死亦无恨。"主者曰："奉命不许。"遂斩之，传首荆镇，世祖反其首以葬焉。

### 河东王萧誉

河东王萧誉字重孙，是昭明太子的第二个儿子。普通二年（521），他被封为枝江县公。中大通三年（531），高祖改封他为河东郡王，食邑二千户。并任命他为宁远将军、石头戍军事。后来调他出京担任琅琊、彭城二郡太守。后又调回京城任侍中、轻车将军，设置佐史。后又调出为南中郎将、湘州刺史。

不久，侯景侵犯京城，萧誉率领军队前来增援，军队抵达青草湖时，台城已经陷落，朝廷有诏命让勤王部队收兵返回驻地，萧誉就率军回湘州镇守。当时元帝率军驻扎在武城，新任命的雍州刺史张缵密报元帝说："河东王萧誉在招兵买马，岳阳王萧詧也在聚集粮草，二人想做不法之事，打算袭击江陵。"元帝听了十分恐惧，就走陆上小路赶回江陵，派咨议周弘直到萧誉那里，督促萧誉调拨粮草军队听从自己的指挥。萧誉说："我们都是一州刺史，为何忽然要我隶属于他？"元帝前后三次派人前去，萧誉都拒不听令。元帝大怒，就派世子萧方等去征讨他，萧方等反而被萧誉打败战死。元帝又命令信州刺史鲍泉去讨伐萧誉，并给萧誉送去书信，陈述祸福之理，并允许他改过从善。萧誉不回复，只是加固城墙疏浚护城河，作拒守的准备。萧誉对鲍泉说："败军之将，还有什么资格谈论勇气。你想交锋就上前来战，无须多说。"鲍泉军队驻在石椁寺，萧誉率领部队迎击他，没能攻克军营而退回。鲍泉进驻橘洲，萧誉又出动了全部精锐部队攻打他，仍旧未能取胜。这时正值黄昏，士卒疲乏，鲍泉乘机出击，把萧誉打得大败，斩首三千级，淹死在水里的士卒有万余人。萧誉于是焚毁长沙外城，把居民驱赶到内城里去，鲍泉调集军队包围了内城。萧誉幼年时就勇猛威武，更兼颇有胆识，善于安抚士卒，很受将士的拥戴。长沙虽然被鲍泉围困了很长时间，内外交通断绝，但守备还很坚固。后来元帝又派领军将军王僧辩取代鲍泉攻打萧誉，王僧辩构筑土山逼近城内，昼夜苦攻，矢石交下如雨，城中的将士死伤过半。萧誉窘迫得走投无路，就暗中装备大船，准备突围而出。这时萧誉的部下将领慕容华引导王僧辩入城，萧誉环顾左右，亲近的人都已溃散，随后自己也被生擒。萧誉对看押他的人说："先不要杀

　　初，誉之将败也，私引镜照面，不见其头；又见长人盖屋，两手据地瞰其斋；又见白狗大如驴，从城而出，不知所在。誉甚恶之，俄而城陷。

　　史臣曰：萧综、萧正德并悖逆猖狂，自致夷灭，宜矣。太清之寇，萧纪据庸、蜀之资，遂不勤王赴难，申臣子之节；及贼景诛翦，方始起兵，师出无名，成其衅祸。呜呼！身当管、蔡之罚，盖自贻哉。

我，我要和七官见上一面，斥责这个谗害别人的贼子，再死也不遗憾了。"负责看押他的人说："奉命不能准许。"随即就斩了他，将首级传送到江陵，元帝将他的首级朝下埋葬了。

起初，萧誉将要失败时，偷偷拿镜子照自己的脸，却看不见自己的头；又看见一个高大的人趴在屋顶，两只手据在地上俯看他的肚脐；还看见一条白狗大如驴，从城里出去，不知到哪里去了。萧誉很厌恶这些征兆，不久城池就被攻陷。

史臣说：萧综、萧正德都猖狂叛逆，自己招致灭亡，多么合宜啊。太清年间侯景叛乱，而萧纪据有庸、蜀之地的雄厚资财，却不率军勤王赴难，尽自己臣子的节义；待到逆贼侯景被诛除，他才挥师起兵，师出无名，自酿杀身之祸。啊！他像周朝乱臣管叔、蔡叔那样受到天罚，实属自招其祸。

# 卷五十六

## 列传第五十
### 侯景

　　侯景字万景，朔方人，或云雁门人。少而不羁，见惮乡里。及长，骁勇有膂力，善骑射。以选为北镇戍兵，稍立功效。魏孝昌元年，有怀朔镇兵鲜于修礼，于定州作乱，攻没郡县；又有柔玄镇兵吐斤洛周，率其党与，复寇幽、冀，与修礼相合，众十余万。后修礼见杀，部下溃散，怀朔镇将葛荣因收集之，攻杀吐斤洛周，尽有其众，谓之"葛贼"。四年，魏明帝殂，其后胡氏临朝，天柱将军尔朱荣自晋阳入弑胡氏，并诛其亲属。景始以私众见荣，荣甚奇景，即委以军事。会葛贼南逼，荣自讨，命景先驱，至河内击大破之，生擒葛荣，以功擢为定州刺史、大行台，封濮阳郡公。景自是威名遂著。


　　顷之，齐神武帝为魏相，又入洛诛尔朱氏，景复以众降之，仍为神武所用。景性残忍酷虐，驭军严整；然破掠所得财宝，皆班赐将士，故咸为之用，所向多捷。总揽兵权，与神武相亚。魏以为司徒、南道行台，拥众十万，专制河南。及神武疾笃，谓子澄曰："侯景狡猾多计，反覆难知，我死后，必不为汝用。"乃为书召景。景知之，虑及于祸，太清元年，乃遣其行台郎中丁和来上表请降曰：


　　臣闻股肱体合，则四海和平；上下猜贰，则封疆幅裂。故周、

侯景字万景，朔方人，也有人说他是雁门人。从小放荡不羁，同乡的人都很忌惮他。长大后，骁勇而有膂力，擅长骑射。北魏用他为北镇戍兵，立有军功。北魏孝昌元年（525），有个叫鲜于修礼的怀朔镇士兵，在定州作乱，攻克了数个郡县；又有个叫吐斤洛周（一作杜洛周）的柔玄镇士兵，率领他的党羽，侵扰幽、冀二州，与鲜于修礼会合，叛军人数达到十几万。后来鲜于修礼被杀，部下溃散，怀朔镇将葛荣就趁机收拢了这批散兵，攻杀吐斤洛周，将他的部队全部兼并，人们称之为"葛贼"。孝昌四年（528），魏明帝驾崩，太后胡氏临朝称制，天柱将军尔朱荣由晋阳进入洛阳诛杀了胡太后，并诛灭其亲族。侯景最初带领着部曲去见尔朱荣，尔朱荣深觉侯景不是等闲之辈，当即就委任他执掌军务。这时葛贼向南逼近洛阳，尔朱荣亲自征讨，命令侯景做大军前锋，进至河内大破葛贼，生擒了葛贼。侯景因战功被提拔为定州刺史、大行台，封濮阳郡公。从此侯景的威名一天比一天显赫了。

不久，北齐神武帝高欢担任北魏丞相，率军进入洛阳诛杀了尔朱氏，侯景又率军投降高欢，仍旧得到高欢的任用。侯景的性格残忍酷虐，治军严酷整肃；然而他杀敌破城所获得的财宝，全都分赐给将士，所以士卒都乐意为他效死命，作战大都能取胜。当时侯景总握兵权，实力与高欢相当。北魏朝廷任他为司徒、南道行台，统军十万，全权统治河南地区。后来高欢病重，对儿子高澄说："侯景狡猾而多诈，反复无常，我死以后，他一定不会为你所用。"于是写信召侯景入见。侯景知道高欢不放心他，担心会被铲除，就在太清元年（547），派遣他的行台郎中丁和到梁朝上表请求投降说：

"臣听说如果国家重臣像手足肢体那样团结合作，天下便会和

邵同德，越常之贡来臻；飞、恶离心，诸侯所以背叛。此盖成败之所由，古今如画一者也。

臣昔与魏丞相高王并肩戮力，共平灾衅，扶危戴主，匡弼社稷。中兴以后，无役不从，天平及此，有事先出。攻城每陷，野战必殄。筋力消于鞍甲，忠贞竭于寸心。乘藉机运，位阶鼎辅。宜应誓死罄节，仰报时恩，陨首流肠，溘焉罔贰。何言翰墨，一旦论此？臣所恨义非死所，壮士弗为，臣不爱命，但恐死之无益耳。

而丞相既遭疾患，政出子澄。澄天性险忌，触类猜嫉，谄谀迭进，共相搆毁。而部分未周，累信赐召，不顾社稷之安危，惟恐私门之不植。甘言厚币，规灭忠梗。其父若殒，将何赐容。惧谗畏戮，拒而不返，遂观兵汝、颍，拥旆周、韩。乃与豫州刺史高成、广州刺史暴显、颍州刺史司马世云、荆州刺史郎椿、襄州刺史李密、兖州刺史邢子才、南兖州刺史石长宣、齐州刺史许季良、东豫州刺史丘元征、洛州刺史可朱浑愿、扬州刺史乐恂、北荆州刺史梅季昌、北扬州刺史元神和等，皆河南牧伯，大州帅长，各阴结私图，克相影会，秣马潜戈，待时即发。函谷以东，瑕丘以西，咸愿归诚圣朝，息肩有道，戮力同心，死无二志。惟有青、徐数州，仅须折简，一驿走来，不劳经略。

且臣与高氏衅隙已成，临患赐征，前已不赴，纵其平复，终无合理。黄河以南，臣之所职，易同反掌，附化不难。群臣颙仰，听臣

睦安宁；如果上下猜忌各怀二心，国家就会四分五裂。所以成王时周公与召公同心辅政，偏远的越常就前来朝贡；纣王时飞廉和恶来离心离德，四方的诸侯就纷纷反叛。这就是事业成败的根源，也是古今如一的道理。

"臣过去曾与魏丞相高王并肩作战，共同平定祸乱，扶助危难拥戴君主，匡辅朝政治理国家。自中兴年间以来，没有一次战役我没有参与，从天平年间到如今，凡有战事必然是我做先锋。攻城必然攻陷，野战必定歼敌。我竭尽筋骨之力奋勇杀敌，投入全部心思效忠主上。恰逢机运来到，我荣升至三公之位。本应誓死尽节，报答朝廷的洪恩，即便抛头颅洒热血，也绝无二心。然而现在为何又上此表，论及投降之事呢？臣所深恨的是死去却并非为了大义殉难啊，白白牺牲的事，天下壮士都不肯做，臣不吝惜性命，只是担心死得徒劳无益罢了。

"而丞相高欢罹患重病之后，政令都出自其子高澄。他天性阴险猜忌，对人大多怀疑不信任，又嫉贤妒能，阿谀谄媚之徒相继获得重用，一起构陷毁谤。他们的部署尚未周全严密，就多次来信征召我，毫不顾念社稷安危，唯恐不能广泛扶植私人党羽。用甜言蜜语和丰厚财宝来诱骗，阴谋策划铲除忠直的臣子。高澄的父亲一旦死去，他岂能容我存身。臣畏惧谗言，担心受祸，所以拒绝返回洛阳，在汝水、颍水一带领兵观望，在周地、韩地之间屯驻不前。并和豫州刺史高成、广州刺史暴显、颍州刺史司马世云、荆州刺史郎椿、襄州刺史李密、兖州刺史邢子才、南兖州刺史石长宣、齐州刺史许季良、东豫州刺史丘元征、洛州刺史可朱浑愿、扬州刺史乐恂、北荆州刺史梅季昌、北扬州刺史元神和等人取得联系，他们都是河南地区的重镇疆臣，大州长官，私下联络邀集，暗中约定会合，积蓄粮秣修整器械，待时机一到就即刻举兵。函谷关以东，瑕丘以西之地，全都情愿投诚归顺圣朝，择有道之主而栖，勠力同心，誓无异志。只有青、徐数州尚未联系，届时只需修书一封，传檄可定，不劳兴兵经略。

"而且臣与高氏之间衅隙仇怨已经结下，高欢病重时来函召唤，我已经抗命不返，纵使他病况康复，我也没有再和他重归于好的可而唱。若齐、宋一平，徐事燕、赵。伏惟陛下天网宏开，方同书轨，闻兹寸款，惟应霈然。

丁和既至，高祖召群臣廷议，尚书仆射谢举及百辟等议，皆云纳侯景非宜，高祖不从是议而纳景。

及齐神武卒，其子澄嗣，是为文襄帝。高祖乃下诏封景河南王、大将军、使持节、董督河南南北诸军事、大行台，承制辄行，如邓禹故事，给鼓吹一部。齐文襄遣大将军慕容绍宗围景于长社，景请西魏为援，西魏遣其五城王元庆等率兵救之，绍宗乃退。景复请兵于司州刺史羊鸦仁，鸦仁遣长史邓鸿率兵至汝水，元庆军又夜遁。于是据悬瓠、项城，求遣刺史以镇之。诏以羊鸦仁为豫、司二州刺史，移镇悬瓠；西阳太守羊思建为殷州刺史，镇项城。

魏既新丧元帅，景又举河南内附，齐文襄虑景与西、南合从，方为己患，乃以书喻景曰：

"盖闻位为大宝，守之未易；仁诚重任，终之实难。或杀身成名，或去食存信，比性命于鸿毛，等节义于熊掌。夫然者，举不失德，动无过事，进不见恶，退无谤言。

"先王与司徒契阔夷险，孤子相于，偏所眷属，缱绻衿期，绸缪寤语，义贯终始，情存岁寒。司徒自少及长，从微至著，共相成生，非无恩德。既爵冠通侯，位标上等，门容驷马，室飨万钟，财利润于乡党，荣华被于亲戚。意气相倾，人伦所重，感于知己，义在忘躯。眷为国士者，乃立漆身之节；馈以壶飧者，便致扶轮之效。若然尚不能已，况其重于此乎。

能了。黄河以南，都是臣职权所辖，附化圣朝易如反掌。朝中群臣向来瞻余马首，都能听臣号召。待齐、宋两地平定，便可徐图燕、赵。但愿陛下广开天网，一统宇内，体察臣之寸心，垂降宽宏的恩泽。"

丁和奉表来到梁朝，高祖召集群臣在朝堂商议，尚书仆射谢举及百官都认为不宜接纳侯景，高祖不听众议，决定接纳侯景来降。

神武帝高欢死后，儿子高澄继嗣，他就是北齐的文襄帝。高祖就下诏封侯景为河南王、大将军、使持节、监督河南南北诸军事、大行台，秉承天子旨意便宜行事，依照汉光武帝厚待邓禹的旧例执行，并赐他鼓吹乐班一部。文襄帝派遣大将军慕容绍宗在长社围困侯景，侯景向西魏求援，西魏派五城王元庆等率兵增援他，慕容绍宗于是退兵。侯景又向梁朝司州刺史羊鸦仁请求发兵救援，羊鸦仁派长史邓鸿率军进至汝水，西魏的元庆军连夜遁逃。侯景于是占据了悬瓠、项城，请求高祖派遣刺史来镇守。高祖下诏任命羊鸦仁为豫、司二州刺史，移师镇守悬瓠；又任命西阳太守羊思建为殷州刺史，镇守项城。

东魏统帅高欢新丧，侯景又据有河南之地投降梁朝，齐文襄帝担心侯景与西魏、南梁联合起来，就会成为自己的心腹之患，于是写信晓喻侯景道：

"听闻帝位是天下至大的宝物，要守住它很不容易；仁德是千钧之重的责任，要始终坚持颇为艰难。有人放弃生命以成全名声，有的人为了保全诚信宁可绝食，将自己的生命看得比鸿毛还轻，把节义看得如熊掌一样珍贵。能够做到这样的人，举止就不会违背道德，行动便不会出现过失，进取则不会被人厌恶，退守也不会遭人毁谤。

"先王与司徒您久已结交，共平大乱，孤也与您交情深厚，眷顾有加，这亲密的义情绵延不断，自始至终所贯穿的，就是一个义字，隆冬腊月也不曾凋谢的，就是一个情字。司徒您从年少到成年，从微贱到显贵，我父子对您扶持提携，不可谓没有恩义。如今您的封爵已居于列侯之冠，官位排在上等官僚之前，宅门高大能容驷马轩车，家室豪阔可享万钟厚禄，财货山积足可分润乡亲，不世荣华足以泽被亲族。与意气相投的人倾身结交，这是人们推重的品德；感念知己的恩

　　"幸以故旧之义，欲持子孙相托，方为秦晋之匹，共成刘范之亲。假使日往月来，时移世易，门无强荫，家有幼孤，犹加璧不遗，分宅相济，无忘先德，以恤后人。况闻负杖行歌，便已狼顾犬噬，于名无所成，于义无所取，不蹈忠臣之迹，自陷叛人之地。力不足以自强，势不足以自保，率乌合之众，为累卵之危。西求救于黑泰，南请援于萧氏，以狐疑之心，为首鼠之事。入秦则秦人不容，归吴则吴人不信。当今相视，未见其可，不知终久，持此安归。相推本心，必不应尔。当是不逞之人，曲为口端之说，遂怀市虎之疑，乃致投杼之惑耳。

　　"比来举止，事已可见，人相疑误，想自觉知，合门大小，并付司寇。近者，聊命偏师，前驱致讨，南兖、扬州，应时克复。即欲乘机，长驱悬瓠；属以炎暑，欲为后图。方凭国灵，龚行天罚，器械精新，士马强盛。内外感德，上下齐心，三令五申，可蹈汤火。若使旗鼓相望，埃尘相接，势如沃雪，事等注萤。

　　"夫明者去危就安，智者转祸为福。宁使我负人，不使人负我。当开从善之门，决改先迷之路。今刷心荡意，除嫌去恶，想犹致

情，就要有舍生取义的节操。获得国士待遇的人，就应当树立像豫让那样漆身吞炭来报恩的志节；既已接受一饭之恩，就要像灵辄那样扶轮以报。像他们那样尚且不能彰显士为知己者死的节义，更何况您受到了重于这些人的恩宠呢？

　　"以先王与您的旧日恩义，本想将子孙相与托付，让两家结为秦晋之好，成为刘氏、范氏那样的世代姻亲。即便年深日久，世易时移，有朝一日您失去权位财富的荫蔽，只剩年幼的孤子，孤仍然不会减损对您束帛加璧的尊崇，定当剖分住宅以相救济，不忘先世的懿德，抚恤知交的后人。何况我听说挂杖唱歌向人乞讨的人，只会落得惊惧多疑，担心反噬而提心吊胆，您投降南朝，对于自己的名望不会有所增益，对于树立节义没有什么好处，无法再追随忠臣的脚步，反让自己陷于叛臣的境地。您的实力不足以拥兵自强，势力又不足以乱世自保，率领着一些乌合之众，身处在累卵一般的险境里。往西求救于宇文黑泰，往南乞援于南朝萧氏，带着满腹狐疑之心，做着首鼠两端之事。要投靠西魏则西魏不能相容，要归附吴人则吴人并不信从。现在看来，真不知道您该怎样存身，也不知您还能坚持多久，在这条路上走下去的归宿何在。推想您的本心，必然不应如此。应该是有不贤之人，对您巧言进谗煽动，让您产生怀疑惊惧，才导致有被谎言动摇的迷惑。

　　"近来军事调动的举措，事情的态势已经明显，先前的各种怀疑误解，想来如今您自己应该全都理清。您阖家老小都已经交付司寇监押。近来，孤不过只命令一支侧翼部队，作为前锋讨伐叛军，南兖、扬州就已经应声攻克。孤本想乘胜追击，长驱悬瓠；只因正逢酷暑季节，准备稍后再作谋划。我军将要凭借国之威灵，恭代上天执行惩罚，士卒装备精良，部队人强马壮。朝廷内外同心感德，三军上下同仇敌忾，早已严明号令，将士随时准备赴汤蹈火。若是等到我军尽数集结，声气相连，则破灭叛党就好似沸水浇灌积雪，又好像提水浇灭萤火，万无不胜之理。

　　"明理之人必会远离危险寻求安全，有智之士懂得扭转灾祸变为福荫。宁愿让我辜负别人，也不让别人辜负我。您应当打开从善

疑，未便见信。若能卷甲来朝，垂橐还阙者，当授豫州刺史。即使终
君之世，所部文武更不追摄。进得保其禄位，退则不丧功名。君门
眷属，可以无恙，宠妻爱子，亦送相还。仍为通家，卒成亲好。所不
食言，有如皎日。

"君既不能东封函谷，南向称孤，受制于人，威名顿尽。空使
兄弟子姪，足首异门，垂发戴白，同之涂炭，闻者酸鼻，见者寒心，
矧伊骨肉，能无愧也？

"孤子今日不应方遣此书，但见蔡遵道云：司徒本无归西之
心，深有悔祸之意，闻西兵将至，遣遵道向崤中参其多少；少则与
其同力，多则更为其备。又云：房长史在彼之日，司徒尝欲遣书启，将
改过自新，已差李龙仁，垂欲发遣，闻房已远，遂复停发。未知遵道
此言为虚为实；但既有所闻，不容不相尽告。吉凶之理，想自图之。"

景报书曰：
"盖闻立身扬名者，义也；在躬所宝者，生也。苟事当其义，则
节士不爱其躯；刑罚斯舛，则君子实重其命。昔微子发狂而去殷，陈
平怀智而背楚者，良有以也。

"仆乡曲布衣，本乖艺用。初逢天柱，赐忝帷幄之谋；晚遇永
熙，委以干戈之任。出身为国，绵历二纪，犯危履难，岂避风霜。遂
得躬被衮衣，口飨玉食，富贵当年，光荣身世。何为一旦举旌旆，援
桴鼓，而北面相抗者，何哉？实以畏惧危亡，恐招祸害，捐躯非义，

之门，痛下决心修正先前迷失的道路。现在即便您想洗心革面，抛弃仇恨丢下恶念，估计还是会受到众人的怀疑，不会立即相信您。若您能卷起甲胄前来朝觐，束起兵刃归回宫廷，孤当会任命您为豫州刺史。只要您尚在人世，您麾下的文武官佐朝廷绝不收编。进可保全爵禄，退则不丧功名。您的家族眷属可以安然无恙，宠妻爱子也可送返完聚。高侯两家仍是通家之好，最终可以结成姻亲。孤今日所言，决不食言，皎皎白日，就是见证。

"您如今既不能封锁关隘，南面称帝，又处处受制于人，威名扫地。白白使兄弟子侄身首异处，满门老幼一同受祸，听说此事的人都要伤心流泪，看到此景的人无不齿冷心寒，何况那些骨肉亲人，您想起他们时能够坦然无愧吗？

"孤今天本不应递送此信，只因听蔡遵道说：司徒本来没有归降西魏的心意，且有深自悔过的意愿，听说西魏的部队快要到来，您就派蔡遵道去崿中打探兵力多少；若西魏兵少，就与他们协力合作，若兵多则要加紧防范。他又说：房长史在您这边的时候，您曾想派人传递书翰呈交给孤，将要改过自新，已经差遣了李龙仁，正想出发，听说房长史已经走远，就又停下没有将信使派出。不知蔡遵道的这些话是真是假，但既然听说了此事，就不应该不详细告诉您。祸福吉凶的选择，请您自己妥善考虑。"

侯景回信说：

"我听说让人立身扬名的是大义，对自己最宝贵的东西是生命。如果事情关乎大义，那么有气节的人就不会吝惜自己的身家性命；而如果刑罚出现荒谬错乱时，君子就会珍惜自己的生命。当年微子佯狂而逃离殷朝，陈平身有大才而背离西楚霸王，实在是有其原因的。

"我乃一介乡间平民，本就缺少才能。最初遇到天柱将军尔朱荣，他准许我参与作战的部署谋划；及至永熙年间，又委任以统军作战的责任。我一生为国征战，已经历时二十四年，数度冒死履难，何曾躲避过风霜。如此才得以身披三公的华服，享用美味的餐食，一时风光富贵，自己和家族都得到无限荣耀。而我如今又高举旌旗，

身名两灭故耳。何者？往年之暮，尊王遘疾，神不祐善，祈祷莫瘳。遂使嬖幸擅威权，阍寺肆诡惑，上下相猜，心腹离贰。仆妻子在宅，无事见围，段康之谋，莫知所以，卢潜入军，未审何故。翼翼小心，常怀战栗，有腼面目，宁不自疑。及回师长社，希自陈状，简书未达，斧钺已临。既旌旗相对，咫尺不远，飞书每奏，兼申鄙情；而群率恃雄，眇然不顾，运戟推锋，专欲屠灭。筑围堰水，三板仅存，举目相看，命悬晷刻，不忍死亡，出战城下。禽兽恶死，人伦好生，送地拘秦，非乐为也。但尊王平昔见与，比肩共奖帝室，虽形势参差，寒暑小异，丞相司徒，雁行而已。福禄官荣，自是天爵，劳而后受，理不相干，欲求吞炭，何其谬也！然窃人之财，犹谓为盗，禄去公室，相为不取。今魏德虽衰，天命未改，祈恩私第，何足关言。

　　"赐示"不能东封函谷，受制于人"。当似教仆贤祭仲而褒季氏。无主之国，在礼未闻，动而不法，何以取训。窃以分财养幼，事归令终，舍宅存孤，谁云隙末。

　　"复言仆"众不足以自强，危如累卵"。然纣有亿兆夷人，卒降十乱，桀之百克，终自无后。颍川之战，即是殷监。轻重由人，非鼎在德。苟能忠信，虽弱必强。殷忧启圣，处危何苦。况今梁道邕熙，

擂响战鼓，转而与朝廷对抗，这是什么原因呢？实在是因为畏惧灭亡，恐怕招致祸害，担心白白死去却不是为了大义，肉体和名声都被同时消灭的缘故。为什么这样说？去岁之末，您父亲染病，神灵不佑善人，百般祈祷也不见好转。于是致令擅宠小人把持权柄，宦官近侍耍弄诡计，朝廷上下互相猜忌，心腹之间各生异心。我的妻子儿女留在家里，无端被人围困，段康之谋，不知是因什么原由而起，卢潜忽然进入军中，也不知是什么缘故。我小心翼翼，心怀战栗，人心本来难免惭愧，我怎能不对此生疑呢。等到军队回到长社，我只望能陈述详情，书信尚未到达，剿捕的大军已经来临。两军对阵之后，双方相距很近，我多次射箭飞书呈奏，以申明我的情怀，而朝廷大军自恃军容强盛，对此视若无睹，反而咄咄逼人，必欲将我屠灭。构筑工事修堰放水淹没我军，仅剩下三板的高度就要淹没颍川的城墙，当时的形势，我军命悬一线危在旦夕，将士们不忍心就此等死，出城死战。连禽兽都厌恶死亡，人的本能也是希望活命。把朝廷的土地交给西魏而我自己也受人挟制，这并不是我所乐意做的。只是您的父亲平日与我交往，我二人并肩辅佐皇上，虽然权力官位稍有差别，待遇略有不同，但丞相与司徒，不过是朝廷官职序列有所区别而已。我的荣禄爵位，自是天子赐予，我先立功而后受赏，论理和您父亲毫不相干，您希望我像豫让那样漆身吞炭来报恩，这是何等荒谬！而偷窃他人钱财，人们尚且称之为盗贼，官员俸禄出自国家府库，丞相也不可擅盗。如今魏朝德行虽然衰微，但是天命终归没有更改，您却要别人到您的私人府第去祈求恩赏，这话怎好意思说出口。

　　"您信中说'不能封锁关隘，又处处受制于人'。这似乎是让我去尊崇曾经打败王师的祭仲，赞美把持鲁国大权的大夫季氏。作为国家而没有国君，这在礼法上闻所未闻，行动违背礼法，哪里能拿来当榜样？我认为分出自己的财产为他人养活孤幼，这是让人获得美誉的做法，舍弃家宅去保全别人的孤儿，谁说这是无益的末节？

　　"您还说我'实力不足以拥兵自强，身处在累卵一般的险境里'。然而纣王统有亿万夷人，最后还是向拥有十个能臣的周武王投降；夏桀作战常打胜仗，最终还是成为失败的末代君主。之前的颍

招携以礼，被我虎文，縻之好爵。方欲苑五岳而池四海，扫夷秽以拯黎元，东羁瓯越，西通汧、陇。吴、楚剽劲，带甲千群；吴兵冀马，控弦十万。兼仆所部义勇如林，奋义取威，不期而发，大风一振，枯干必摧，凝霜暂落，秋蒂自殒，此而为弱，谁足称强！

　　"又见诬两端，受疑二国。斟酌物情，一何至此。昔陈平背楚，归汉则王；百里出虞，入秦斯霸。盖昏明由主，用舍在时，奉礼而行，神其庇也。

　　"书称士马精新，克日齐举，夸张形胜，指期荡灭。窃以寒飚白露，节候乃同，秋风扬尘，马首何异。徒知北方之力争，未识西、南之合从，苟欲徇意于前途，不觉坑穽在其侧。若云去危令归正朔，转祸以脱网罗，彼既嗤仆之愚迷，此亦笑君之晦昧。今已引二邦，扬旌北讨，熊虎齐奋，克复中原，荆、襄、广、颍已属关右，项城、悬瓠亦奉南朝，幸自取之，何劳恩赐。然权变不一，理有万途。为君计者，莫若割地两和，三分鼎峙，燕、卫、晋、赵足相奉禄，齐、曹、宋、鲁悉归大梁，使仆得输力南朝，北敦姻好，束帛交行，戎军不动。仆立当世之功，君卒祖祢之业，各保疆界，躬享岁时，百姓乂宁，四民安堵。孰若驱农夫于陇亩，抗劲敌于三方，避干戈于首尾，当锋镝于心腹。纵太公为将，不能获存，归之高明，何以克济。

川之战，就是贵军应当参考的前车之鉴。鼎的大小轻重不可擅问，因为天命的归属在于德行而不在于九鼎。若人能坚守忠信，即使弱小也必会变得强大。如果深深的忧患能引出圣人的出现，那么身处危境又怎能算得上辛苦。何况如今梁朝国运兴盛泰平，对归附投诚者以厚礼相待，让我担任军队统帅，又以高爵厚禄怀柔我等。我正想征服五岳作为皇家的苑围，扫荡四海作为天子的护城河，扫清蛮族的污秽，拯救天下的黎民，向东笼络瓯越，向西直通汧陇。吴楚之地士卒骁勇剽悍，带甲之士数以千群；吴地的步卒加上西魏的骑士，控弦之士不下十万。再加上我麾下猛将如云的义勇死士，为了大义奋勇向前，三军同时进发，大军一到必然如狂风席卷，摧枯拉朽，所当之敌就像凝结的霜露迅速融化，像秋天的蒂芥自然枯死，若是这般实力还称为弱，敢问有谁称得上强？

"您又诬我首鼠两端，受到两国猜疑。你考虑事物人情，竟然糊涂到这种地步。当年陈平背弃项羽归附了汉王，而汉王就一统天下；百里奚逃出虞国入仕秦国，而秦国就称霸天下。这是因为昏暗还是清明全在于君主，任用或是舍弃尽在于时势，遵循礼法行事，神灵也会庇护。

"您信中还说您兵马精良，已约定日期同时出动，在规定的日子里要消灭我军。我认为寒风霜露，这些节气对两军而言是相同的，秋风扬起尘埃，对骑手的影响不分敌我。您只知北人以力相争的战术，不懂得西魏、南梁联合破敌的策略，如果您执意一意孤行，就无法察觉陷坑就在身边。至于说我应该脱离险境，早日回归正统，转祸为福以逃脱罗网，您嗤笑我愚笨迷惑，我也要笑您昏昧糊涂。如今我军已经联合两国，高举战旗向北征讨，虎贲猛士一齐奋战，即将克复中原，荆、襄、广、颍之地已经归属关右，项城、悬瓠也已尊奉南朝，这是我自己进取所得，哪用劳烦您来赏赐。不过权谋变化的方式不一，转危为安有许多途径。我为您设想，您实在不如割地求和，我们鼎足而立三分天下，燕、卫、晋、赵之地归您，足够维持您的优厚俸禄，齐、曹、宋、鲁之地归属梁朝，让我能为南朝效力，敦睦其与北朝的友好交往，互赠礼品和平相处，不动兵车止息干戈。如此我

"复寻来书云，仆妻子悉拘司寇。以之见要，庶其可反。当是见疑裲心，未识大趣。何者？昔王陵附汉，母在不归，太上囚楚，乞羹自若，矧伊妻子，而可介意。脱谓诛之有益，欲止不能，杀之无损，徒复坑戮，家累在君，何关仆也。

"而遵道所传，颇亦非谬；但在缧绁，恐不备尽，故重陈辞，更论款曲。所望良图，时惠报旨。然昔与盟主，事等琴瑟，谗人间之，翻为雠敌。抚弦搁矢，不觉伤怀，裂帛还书，知何能述。"

十二月，景率军围谯城不下，退攻城父，拔之。又遣其行台左丞王伟、左民郎中王则诣阙献策，求诸元子弟立为魏主，辅以北伐，许之。诏遣太子舍人元贞为咸阳王，须渡江，许即伪位，乘舆副御以资给之。

齐文襄又遣慕容绍宗追景，景退入涡阳，马尚有数千匹，甲卒数万人，车万余两，相持于涡北。景军食尽，士卒并北人，不乐南渡，其将暴显等各率所部降于绍宗。景军溃散，乃与腹心数骑自峡石济淮，稍收散卒，得马步八百人，奔寿春，监州韦黯纳之。景启求贬削，优诏不许，仍以为豫州牧，本官如故。

可为世人立下功勋，您也可长久保有祖宗基业，各守疆界，四季安享清福，百姓得享和平安宁，士农工商安居乐业。这样的结果，比起您驱赶农夫离开家园，负隅顽抗三面强敌，首足忙于躲避干戈而腹心又受锋镝威胁的情形来，究竟哪种选择更好呢？纵然姜尚复生为您带兵，也不可能重获生机，即便委任军事天才，您也无法取胜。

"您的来信中说，我妻子儿女全被关入司寇。您以家人性命来要挟我，希望我可以返回。这是因为您对人猜疑，心地狭窄，不识大体。为什么这么说？以前王陵归附汉高祖，他的母亲还在楚地而他义无反顾；汉高祖的太公被楚霸王囚禁，楚霸王威胁要烹杀他，汉高祖却神态自若地向楚霸王讨分一杯羹，英雄举事待父母尚且如此，对妻子儿女更不会介怀。如果说杀掉我的妻子儿女对您有好处，我想要您停手也不可能，不过杀掉他们对我也没什么损害，只是白白地杀戮罢了。我的家眷完全任您处置，与我何干？

"蔡遵道所传之言，倒也并非虚妄，只是他在狱中所言，恐怕说得不够详细，所以这里重新陈述，再次表达我的心意。希望您早作良图，及时赐复。然而当年我与您父亲，亲密如同至交好友，后来被进谗小人离间挑拨，使我们翻脸成为仇敌。抚摸弓弦手握箭杆，内心无限伤怀惆怅；裁下丝帛给您回信，区区尺牍如何能述尽心曲。"

十二月，侯景率军围攻谯城没有攻下，便退兵攻打城父，攻克。侯景又派遣他的行台左丞王伟、左民郎中王则到建康向高祖献策，请求选一个在南朝的元氏子弟立为魏主，派军北伐助他登位。高祖同意了。下诏派遣太子舍人元贞为咸阳王，渡江之后就准许他即位称帝，并供应他帝王的车驾。

齐文襄帝派遣慕容绍宗追击侯景，侯景退入涡阳，麾下还有战马数千匹，士兵数万人，辎车万余辆，与慕容绍宗在涡水以北相持。侯景粮食耗尽，士卒都是北方人，不愿意南渡，他的部将暴显等各自率领部下向慕容绍宗投降。侯景见军队溃散，便与心腹数骑从峡石渡过淮水，稍得收拢散兵，得马步军八百人，逃奔寿春，监州韦黯接纳了他。侯景派人上表高祖，请求贬削他的官职，高祖传下优厚得诏令不予批准，仍任命他为豫州牧，本身官职照旧。

　　景既据寿春，遂怀反叛，属城居民，悉召募为军士，辄停责市估及田租，百姓子女悉以配将卒。又启求锦万匹为军人袍，领军朱异议，以御府锦署止充颁赏远近，不容以供边城戎服，请送青布以给之。景得布，悉用为袍衫，因尚青色。又以台所给仗，多不能精，启请东冶锻工，欲更营造，敕并给之。景自涡阳败后，多所征求，朝廷含弘，未尝拒绝。

　　先是，豫州刺史贞阳侯渊明督众军围彭城，兵败没于魏，至是，遣使还，述魏人请追前好。二年二月，高祖又与魏连和。景闻之惧，驰启固谏，高祖不从。尔后表疏跋扈，言辞不逊。鄱阳王范镇合肥，及司州刺史羊鸦仁俱累启称景有异志，领军朱异曰：“侯景数百叛虏，何能为役。”并抑不奏闻，而逾加赏赐，所以奸谋益果。又知临贺王正德怨望朝廷，密令要结，正德许为内启。八月，景遂发兵反，攻马头、木栅，执太守刘神茂、戍主曹璆等。于是诏合州刺史鄱阳王范为南道都督，北徐州刺史封山侯正表为北道都督，司州刺史柳仲礼为西道都督，通直散骑常侍裴之高为东道都督，同讨景，济自历阳；又令开府仪同三司、丹阳尹、邵陵王纶持节，董督众军。

　　十月，景留其中军王显贵守寿春城，出军伪向合肥，遂袭谯州，助防董绍先开城降之。执刺史丰城侯泰。高祖闻之，遣太子家令王质率兵三千巡江遏防。景进攻历阳，历阳太守庄铁遣弟均率数百人夜斫景营，不克，均战没，铁又降之。萧正德先遣大船数十艘，伪称载荻，实装济景。景至京口，将渡，虑王质为梗，俄而质无故退，景闻之尚未信也，乃密遣觇之。谓使者曰：“质若审退，可折江东树枝为验。”觇人如言而返，景大喜曰：“吾事办矣。”乃自采

侯景占据寿春后，就怀有反叛之心，寿春城中居民，全被他招募为军士，又擅自免除了赋税田租，百姓的子女全都赏给了士卒做奴隶。又向高祖上表请求供给锦缎万匹，用以制作战袍。领军朱异认为，御府锦署只供朝廷颁赏京师四周有功的人，不能供给边关作为戎服，请求以青布供给侯景。侯景得到布，全用来制作袍衫，所以他的部队崇尚青色。又声称朝廷供给的兵器大多不够精良，请求赐给东冶锻工，想重新营造，高祖下令都满足他。侯景自涡阳败后，多次向朝廷索取物资，朝廷宽宏，从未拒绝。

在此之前，豫州刺史贞阳侯萧渊明率军围攻彭城，兵败流落在北魏，这时他派人回梁转达北魏请求重修旧好的请求。太清二年（548）二月，高祖又与北魏议和修好。侯景得知后很害怕，派人飞马呈上表章谏阻此事，高祖不听从。后来侯景奏章的态度变得日益跋扈，言辞不逊。鄱阳王萧范镇守合肥，他和司州刺史羊鸦仁累次上表奏说侯景有叛心，领军朱异说：“侯景带着几百个造反的胡虏，怎能反叛朝廷？”他压下他们的表章，不向高祖启奏，反而增加对侯景的赏赐，所以侯景的阴谋日渐奏效。侯景又知道临贺王萧正德对朝廷心怀怨怒，便秘密派人与他勾结，萧正德答应作侯景的内应。八月，侯景就发兵反叛，攻打马头、木栅，捉住了太守刘神茂、戍主曹璆等人。于是高祖下诏任命合州刺史鄱阳王萧范为南道都督，北徐州刺史封山侯萧正表为北道都督，司州刺史柳仲礼为西道都督，通直散骑常侍裴之高为东道都督，共同讨伐侯景，从历阳渡江；又令开府仪同三司、丹阳尹、邵陵王萧纶持天子节，督率各路人马。

十月，侯景留下他的中军王显贵守寿春城，自己率军佯装攻打合肥，实际是去偷袭谯州，谯州助防董绍先开城投降。侯景捉住了刺史丰城侯萧泰。高祖得知后，派遣太子家令王质率兵三千沿江防守。侯景进攻历阳，历阳太守庄铁派弟弟庄均率领数百人趁夜攻打侯景营寨，未能攻克，庄均战死，庄铁就投降了。萧正德先派遣了大船数十艘，伪称要载运芦荻，实际是运载侯景军渡江。侯景抵达京口，将要渡江，还在担心王质会率军截击，不久王质的部队无故退兵，侯景听说后还不相信，秘密派了人过江去窥探。他对派去的人说：“王质如

石济，马数百匹，兵千人，京师不之觉。景即分袭姑孰，执淮南太守文成侯宁，遂至慈湖。于是诏以扬州刺史宣城王大器为都督城内诸军事，都官尚书羊侃为军师将军以副焉；南浦侯推守东府城，西丰公大春守石头城，轻车长史谢禧守白下。

既而景至朱雀航，萧正德先屯丹阳郡，至是，率所部与景合。建康令庾信率兵千余人屯航北，见景至航，命彻航，始除一舸，遂弃军走南塘，游军复闭航渡景。皇太子以所乘马授王质，配精兵三千，使援庾信。质至领军府，与贼遇，未阵便奔走，景乘胜至阙下。西丰公大春弃石头城走，景遣其仪同于子悦据之。谢禧亦弃白下城走。景于是百道攻城，持火炬烧大司马、东西华诸门。城中仓卒，未有其备，乃凿门楼，下水沃火，久之方灭。贼又斫东掖门将开，羊侃凿门扇，刺杀数人，贼乃退。又登东宫墙，射城内，至夜，太宗募人出烧东宫，东宫台殿遂尽。景又烧城西马厩、士林馆、太府寺。明日，景又作木驴数百攻城，城上飞石掷之，所值皆碎破。景苦攻不克，伤损甚多，乃止攻，筑长围以绝内外，启求诛中领军朱异、太子右卫率陆验、兼少府卿徐驎、制局监周石珍等。城内亦射赏格出外："有能斩景首，授以景位，并钱一亿万，布绢各万匹，女乐二部。"

十一月，景立萧正德为帝，即伪位于仪贤堂，改年曰正平。初，童谣有"正平"之言，故立号以应之。景自为相国、天柱将军，正德以女妻之。

景又攻东府城，设百尺楼车，钩城堞尽落，城遂陷。景使其仪

果真的退兵了，你可折断江东的树枝作为凭信。"去侦察的人依言照办而回，侯景大喜，说："我的大事成功了。"于是从采石渡江，有战马数百匹和士兵千人，而京师的人没有察觉。侯景立即分兵袭击姑孰，捉住了淮南太守文成侯萧宁，随即到达慈湖。高祖就诏命扬州刺史宣城王萧大器为都督城内诸军事，都官尚书羊侃为军师将军辅助他；南浦侯萧推守东府城，西丰公萧大春守石头城，轻车长史谢禧守白下。

　　接着侯景到达朱雀桥，萧正德原先屯兵在丹阳郡城，这时他就率领部队与侯景会合。建康令庾信率兵千余人驻扎在朱雀桥北，见侯景军攻到了朱雀桥，庾信就命令撤断浮桥，刚刚拆除一艘船，庾信就弃军逃向南塘，侯景的游击部队又接通了浮桥，让侯景渡过秦淮河。皇太子将自己所乘马匹交给王质，配给他精兵三千，派他增援庾信。王质行至领军府，与叛军相遇，没有对阵交锋就逃跑了，侯景乘胜进军到宫城下。西丰公萧大春放弃石头城逃跑，侯景派他的仪同于子悦占据了石头城。谢禧也放弃白下城逃跑。侯景于是从多地发起攻势，持火炬烧大司马、东西华各个城门。台城守军仓促应战，未设防备，便凿穿门楼，向下灌水灭火，过了许久大火才熄灭。叛军又用刀斧砍砸东掖门，即将破门时，羊侃凿开城门，刺杀数人，叛军方才退走。侯景军又登上东宫城墙，向台城内放箭。到了晚上，皇太子萧纲招募人手潜出台城火烧东宫，东宫的楼台殿阁于是全部毁于大火。侯景又焚烧西马厩、士林馆、太府寺。第二天，侯景又制作了数百木驴攻城，城上守军用飞石投掷下来，砸中的木驴都破碎了。侯景苦攻不下，士卒伤亡很多，于是停止攻城，修筑了一道长栅栏来断绝台城与外界的交通，又张贴告示募人诛杀中领军朱异、太子右卫率陆验、兼少府卿徐驎、制局监周石珍等人。城内也向外射出悬赏布告："有人能将侯景斩首的，就授予侯景的官位，并赏钱一亿万，布绢各万匹，女乐二部。"

　　十一月，侯景立萧正德为帝，萧正德在仪贤堂即伪位，改年号为正平。起初，童谣中有"正平"这个词，所以就立年号来应证它。侯景自封为相国、天柱将军，萧正德将女儿嫁给他为妻。

　　侯景又攻打东府城，架设起百尺高的楼车，将城堞尽数钩塌，

同卢晖略率数千人，持长刀夹城门，悉驱城内文武躶身而出，贼交兵杀之，死者二千余人。南浦侯推是日遇害。景使正德子见理、仪同卢晖略守东府城。

景又于城东西各起一土山以临城内，城内亦作两山以应之，王公以下皆负土。初，景至，便望克定京师，号令甚明，不犯百姓；既攻城不下，人心离阻，又恐援军总集，众必溃散，乃纵兵杀掠，交尸塞路，富室豪家，恣意哀剥，子女妻妾，悉入军营。及筑土山，不限贵贱，昼夜不息，乱加殴棰，疲羸者因杀之以填山，号哭之声，响动天地。百姓不敢藏隐，并出从之，旬日之间，众至数万。

景仪同范桃棒密遣使送款乞降，会事泄见杀。至是，邵陵王纶率西丰公大春、新淦公大成、永安侯确、超武将军南安乡侯骏、前谯州刺史赵伯超、武州刺史萧弄璋、步兵校尉尹思合等，马步三万，发自京口，直据钟山。景党大骇，具船舟咸欲逃散，分遣万余人距纶，纶击大破之，斩首千余级。旦日，景复陈兵覆舟山北，纶亦列阵以待之。景不进，相持。会日暮，景引军还，南安侯骏率数十骑挑之，景回军与战，骏退。时赵伯超陈于玄武湖北，见骏急，不赴，乃率军前走，众军因乱，遂败绩。纶奔京口。贼尽获辎重器甲，斩首数百级，生俘千余人，获西丰公大春、纶司马庄丘惠达、直阁将军胡子约、广陵令霍儁等，来送城下徇之，逼云“已擒邵陵王”。儁独云“王小小失利，已全军还京口，城中但坚守，援军寻至”。贼以刀殴之，儁言辞颜色如旧，景义而释之。

东府城就被攻陷了。侯景派他的仪同卢晖略率领数千人，手持长刀守在城门两旁，将城内文武官员全都裸体赶出城去，叛军就在城门两旁斩杀他们，被杀死的有两千余人。南浦侯萧推就是在这一天被害。侯景派萧正德的儿子萧见理和仪同卢晖略守卫东府城。

侯景又在台城东西各堆起一座土山来俯视城内，而城内也堆起两座土山与之抗衡，王公以下的大臣全部去背土垒山。起初，侯景军打到台城下，指望一举就攻克京师，号令颇严明，不许侵扰百姓；攻城不下之后，军心离散沮丧，他又害怕援军集结赶到，则自己的军队必定溃散，于是就放任士兵杀戮抄掠，京师百姓尸体枕藉堵塞了道路，城中的富豪之家，被叛军肆意抢劫勒索，子女妻妾全被抓进军营充为奴婢。到了构筑土山时，则不分贵贱尽数驱赶去背土，昼夜不息，军士用木棍任意殴打，见到体弱者就杀掉填山，城外号哭之声震天动地。百姓不敢躲藏，全都出来跟从叛军，十天之内，叛军的人数达到数万。

侯景的仪同范桃棒秘密派使者向台城送信请求投降，赶上事机不密被杀。到这时，邵陵王萧纶率西丰公萧大春、新淦公萧大成、永安侯萧确、超武将军南安乡侯萧骏、前谯州刺史赵伯超、武州刺史萧弄璋、步兵校尉尹思合等人，统领马步军三万，从京口出发，直趋占据钟山。侯景的党羽非常惊恐，纷纷准备船只想逃跑。侯景分拨万余人去抵抗邵陵王萧纶，萧纶大败侯景军，斩首千余级。第二天，侯景又在覆舟山北部置兵力，萧纶也列阵对抗侯景。侯景按兵不动，与萧纶相持。天黑后，侯景率军后退，南安侯萧骏率数十骑向侯景挑战，侯景回军与他交战，萧骏往后退却。这时，赵伯超列阵于玄武湖北，见萧骏危急，竟不去增援，反而率军当先逃跑，梁军陷入溃乱，于是大败。萧纶逃奔至京口。贼军缴获了萧纶军的全部辎重器甲，斩首数百级，活捉了千余人，俘获了西丰公萧大春、萧纶的司马庄丘惠达、直阁将军胡子约、广陵令霍儁等人，将他们都送到台城下示众，逼他们说"已经捉住了邵陵王"。只有霍儁说"邵陵王只是小败，全军已经返回京口，城中只要坚守等待，援军很快就会到来"。叛军用刀殴打他，他言辞面色都不改变，侯景认为他有大义而释放了他。

　　是日，鄱阳世子嗣、裴之高至后渚，结营于蔡洲。景分军屯南岸。

　　十二月，景造诸攻具及飞楼、橦车、登城车、钩堞车、阶道车、火车，并高数丈，一车至二十轮，陈于阙前，百道攻城并用焉。以火车焚城东南隅大楼，贼因火势以攻城，城上纵火，悉焚其攻具，贼乃退。又筑土山以逼城，城内作地道以引其土山，贼又不能立，焚其攻具，还入于栅。材官将军宋嶷降贼，因为立计，引玄武湖水灌台城，城外水起数尺，阙前御街并为洪波矣。又烧南岸民居营寺，莫不咸尽。

　　司州刺史柳仲礼、衡州刺史韦粲、南陵太守陈文彻、宣猛将军李孝钦等，皆来赴援。鄱阳世子嗣、裴之高又济江。仲礼营朱雀航南，裴之高营南苑，韦粲营青塘，陈文彻、李孝钦屯丹阳郡、鄱阳世子嗣营小航南，并缘淮造栅。及晓，景方觉，乃登禅灵寺门楼望之，见韦粲营垒未合，先渡兵击之。粲拒战败绩，景斩粲首徇于城下。柳仲礼闻粲败，不遑贯甲，与数十骑驰赴之，遇贼交战，斩首数百，投水死者千余人。仲礼深入，马陷泥，亦被重创。自是贼不敢济岸。

　　邵陵王纶与临城公大连等自东道集于南岸，荆州刺史湘东王绎遣世子方等、兼司马吴晔、天门太守樊文皎下赴京师，营于湘子岸前，高州刺史李迁仕、前司州刺史羊鸦仁又率兵继至。既而鄱阳世子嗣、永安侯确、羊鸦仁、李迁仕、樊文皎率众渡淮，攻贼东府城前栅，破之，遂结营于青溪水东。景遣其仪同宋子仙顿南平王第，缘水西立栅相拒。景食稍尽，至是米斛数十万，人相食者十五六。

这天，鄱阳王世子萧嗣、裴之高到达后渚，在蔡洲结营。侯景分兵驻扎于南岸。

十二月，侯景打造了各种攻城器械以及飞楼、橦车、登城车、钩堞车、阶道车、火车，都有数丈高，一辆车多至二十个车轮，全都陈放在台城前，从多处同时用这些器械攻城。用火车焚烧城东南角的大角楼，叛军趁着火势攻城，城上守军往下投掷火把，把城下的攻具悉数焚毁，叛军才退去。叛军又在城下筑土山，用来逼近城墙，城内守军便挖地道掏空其山，叛军不能立足，便焚毁了攻具，退入营栅。材官将军宋嶷投降贼军，为侯景出主意，引玄武湖之水灌注台城，城外水涨数尺，宫殿前的御街一片洪水滔天。叛军又放火焚烧秦淮河南岸，民居和营房寺庙全被烧了个干净。

司州刺史柳仲礼、衡州刺史韦粲、南陵太守陈文彻、宣猛将军李孝钦等，都赶来增援。鄱阳王世子萧嗣、裴之高也率军渡江。柳仲礼在朱雀桥南扎营，裴之高在南苑扎营，韦粲在青塘扎营，陈文彻、李孝钦驻军在丹阳郡，鄱阳王世子萧嗣在小航以南扎营，并且沿着秦淮河建造栅栏。天亮时，侯景发觉了梁军的动静，就登上禅灵寺的门楼瞭望，见韦粲的军营尚未建好，便先渡水袭击他。韦粲战败，侯景斩下韦粲首级传到城下出示给守军。柳仲礼听说韦粲军败，来不及穿戴盔甲便带了数十骑兵赶赴增援，遇叛军交战，斩杀了数百人，叛军投水死的有千余人。柳仲礼深入敌军，战马陷足淤泥中，他自己也受了重伤。这次战斗过后，叛军不敢再渡水登岸。

邵陵王萧纶与临城公萧大连等从东边聚集在秦淮河南岸，荆州刺史湘东王萧绎派遣世子萧方等、兼司马吴晔、天门太守樊文皎率军顺江而下，赶赴京城，在湘子岸前扎营，高州刺史李迁仕和前司州刺史羊鸦仁率兵相继到来。接着，鄱阳王世子萧嗣、永安侯萧确、羊鸦仁、李迁仕、樊文皎率领众军渡过淮河，攻打贼军东府城前的营栅，攻克了它，便在青溪水东面扎营。侯景派他的仪同宋子仙在南平王府第中驻扎，沿着青溪水西树立营栅拒敌。侯景军粮食逐渐枯竭，这时一斛米价格高至数十万钱，士卒吃人肉为食的有十之五六。

初，援兵至北岸，百姓扶老携幼以候王师，才得过淮，便竞剥掠，贼党有欲自拔者，闻之咸止。贼之始至，城中才得固守，平荡之事，期望援军；既而四方云合，众号百万，连营相持，已月余日，城中疾疫，死者太半。

景自岁首以来乞和，朝廷未之许，至是事急乃听焉。请割江右四州之地，并求宣城王大器出送，然后解围济江；仍许遣其仪同于子悦、左丞王伟入城为质。中领军傅岐议，以宣城王嫡嗣之重，不容许之。乃请石城公大款出送，诏许焉。遂于西华门外设坛，遣尚书仆射王克、兼侍中上甲乡侯韶、兼散骑常侍萧瑳与于子悦、王伟等，登坛共盟。左卫将军柳津出西华门下，景出其栅门，与津遥相对，刑牲歃血。

南兖州刺史南康嗣王会理、前青冀二州刺史湘潭侯退、西昌侯世子彧率众三万，至于马邛州。景虑北军自白下而上，断其江路，请悉勒聚南岸，敕乃遣北军进江潭苑。景启称"永安侯、赵威方频隔栅见诟臣，云'天子自与汝盟，我终当逐汝。'乞召入城，即当进发"。敕并召之。景又启云："西岸信至，高澄已得寿春、钟离，便无处安足，权借广陵、谯州，须征得寿春、钟离，即以奉还朝廷。"

初，彭城刘邈说景曰："大将军顿兵已久，攻城不拔，今援众云集，未易而破；如闻军粮不支一月，运漕路绝，野无所掠，婴儿掌上，信在于今。未若乞和，全师而返，此计之上者。"景然其言，故请和。后知援军号令不一，终无勤王之效；又闻城中死疾转多，必当有应之者。景谋臣王伟又说曰："王以人臣举兵背叛，围守宫阙，

起初，梁军援兵到达北岸时，百姓扶老携幼等候王师，这些外地援军刚刚渡过秦淮河，就竟相抢劫掠夺，贼党中有些人本来想离开叛军投诚，听到这种情况都作罢了。叛军刚来到时，城中军民只能固守，盼着援军前来平定叛乱；现在援军从四方聚集在一起，号称有百万之众，营寨相连，与叛军对峙一月有余，而城中瘟疫流行，人口死去过半。

侯景从年初起就请求和谈，朝廷没有答应，到现在情势紧急就同意议和。侯景请求朝廷分割江北四州之地封给他，并要求宣城王萧大器出城送行，随后他才解围渡江；又同意派遣他的仪同于子悦、左丞王伟入城作为人质。中领军傅岐认为，宣城王是皇太子的嫡嗣，未来的皇位继承人，不可答应让他作人质护送侯景。侯景便请求让石城公萧大款出城护送，高祖下诏同意这样安排。于是便在西华门外设立土坛，派尚书仆射王克、兼侍中上甲乡侯萧韶、兼散骑常侍萧瑳与于子悦、王伟等人登上土坛共同盟誓。左卫将军柳津出城来到西华门下，侯景从他的栅门中出来，二人隔河对视，杀牲歃血盟誓。

南兖州刺史南康嗣王萧会理、前直冀二州刺史湘潭侯萧退、西昌侯世子萧彧率军三万，到达马邛州。侯景担心北军从白下溯江而上，将会断绝他沿江的退路，请求朝廷命令他们全部聚集在南岸，高祖于是敕令调遣北军进驻江潭苑。侯景启奏称"永安侯、赵威方多次在营栅外辱骂臣，说'天子自与你立有盟约，而我们终究要驱逐你'。请求将他们召进台城去，我军自当进发"。高祖就将他们二人都召入城去。侯景又启奏说："西岸信使来到，说高澄已经攻占了寿春、钟离，臣现在无处安身立足，请求暂时借广陵、谯州，只需重夺寿春和钟离，就立刻将广陵、谯州奉还给朝廷。"

起初，彭城人刘邈劝侯景说："大将军顿兵城下已久，攻城攻不下来，现在梁朝各路援军都在集结，破敌实在不易；如果他们再听说我军粮草不够支持一个月，粮道断绝，野无可掠，则我军就要落到如同他人掌上婴儿一般任人摆布的处境。不如请求议和，保全军队而归，这是上策。"侯景认为他的意见很对，所以请求议和。后来知道援军的号令不能统一，始终不曾为援救朝廷而真正效力，又听说城

已盈十旬，逼辱妃主，凌秽宗庙，今日持此，何处容身，愿王且观其变。"景然之，乃抗表曰：

　　臣闻"书不尽言，言不尽意。"然则意非言不宣，言非笔不尽，臣所以含愤蓄积，不能默已者也。窃惟陛下睿智在躬，多才多艺。昔因世季，龙翔汉、沔，夷凶剪乱，克雪家怨，然后踵武前王，光宅江表，宪章文、武，祖述尧、舜。兼属魏国凌迟，外无勍敌，故能西取华陵，北封淮、泗，结好高氏，轺轩相属，疆埸无虞，十有余载。躬览万机，劬劳治道。刊正周、孔之遗文，训释真如之秘奥。享年长久，本枝盘石。人君艺业，莫之与京。臣所以踊跃一隅，望南风而叹息也。岂图名与实爽，闻见不同。臣自委质策名，前后事迹，从来表奏，已具之矣。不胜愤懑，复为陛下陈之：

　　陛下与高氏通和，岁逾一纪，舟车往复，相望道路，必将分灾恤患，同休等戚；宁可纳臣一介之服，贪臣汝、颍之地，便绝好河北，檄骂高澄，聘使未归，陷之虎口，扬兵击鼓，侵逼彭、宋。夫敌国相伐，闻丧则止，匹夫之交，托孤寄命；岂有万乘之主，见利忘义若此者哉。其失一也。

　　臣与高澄，既有仇憾，义不同国，归身有道。陛下授以上将，任以专征，歌钟女乐，车服弓矢。臣受命不辞，实思报效。方欲挂旆

中死于疾病的人越来越多，就认为必定会有响应他的人。侯景的谋臣王伟又劝说他：“大王以人臣的身份背叛朝廷，围困京城，已过百日，逼迫污辱王妃公主，欺凌践踏宗庙，走到今天这般田地，除了攻下台城外天下何处还可以容身呢？希望大王不要撤退，暂且静观其变。”侯景同意他的看法，于是就向朝廷上表说：

“臣听说，‘书信不能把想说的话表达完备，言辞不能把意思叙述详尽’。然而心意没有言辞就不能表达出来，言辞不依靠笔墨就不能表述详尽，这就是臣一直含愤忍怨，而现在再也不能沉默下去的原因。臣私下想，陛下睿智通达，多才多艺。在齐朝末年，帝业之基在汉沔一带兴起，铲除凶徒，削平暴乱，能够洗雪家仇，然后继承前王的事业，占有江东地区，陛下效法周文王和周武王所制定的法典，遵循尧、舜二帝的道统。又加上正值魏国衰败，国家外部没有强敌，所以能够西进夺取华陵，北进占有淮、泗，结好于高氏，使臣交往连续不断，边界没有祸事，已有十多年。陛下亲自处理纷繁的政务，辛勤劳苦。校正周公、孔子的遗文，训释佛家关于真如的奥义。享国的年岁长久，本枝像磐石那样巩固。历代人君的成就，没有谁能比陛下更加恢弘。这正是臣偏居一隅，欢欣奋起，望向南方王师的方向叹息不已的原因。哪里想到名声和实际并不相符，耳闻和眼见并不一致。臣自从托身投靠陛下，前后的始末情况，从前的众多表章已经全都奏明。臣心中愤懑无可抑制，现在再次向陛下陈述：

“陛下和高氏友好交往，论年数已超过了十二年，使臣的车船来往，络绎不绝，两国之间必定要分担忧患，互相济助，休戚与共，哪里会接纳臣一介武夫的投诚，不过是贪图臣所进献的汝、颍之地，便与河北断绝友好，传布檄文，责骂高澄，修好的使臣没有归来，就使他们陷在虎口之中，陛下举兵北进，侵犯进逼彭、宋之地。敌对之国互相攻伐之时，听到对方发生丧事，便当停止战争，平民之交，尚有以遗孤相托的道义；哪有万乘之国的国君，像陛下这样见利而忘义的呢？这是陛下的第一个过失。

“臣与高澄已经结下怨仇，按道义来说，臣与他决不能同居一国，因此臣就以身归附有道明君。陛下任命臣为上将，特许臣有决断

嵩、华，悬旌冀、赵，刘夷荡涤，一匡宇内；陛下朝服济江，告成东岳，使大梁与轩黄等盛，臣与伊、吕比功，垂裕后昆，流名竹帛，此实生平之志也。而陛下欲分其功，不能赐任，使臣击河北，欲自举徐方，遣庸懦之贞阳，任骄贪之胡、赵，裁见旗鼓，鸟散鱼溃，慕容绍宗乘胜席卷，涡阳诸镇靡不弃甲。疾雷不及掩耳，散地不可固全，使臣狼狈失据，妻子为戮，斯实陛下负臣之深。其失二也。

韦黯之守寿阳，众无一旅，慕容凶锐，欲饮马长江，非臣退保淮南，其势未之可测；既而逃遁，边境获宁，令臣作牧此州，以为蕃捍。方欲收合余烬，劳来安集，励兵秣马，克申后战，封韩山之尸，雪涡阳之耻。陛下丧其精魄，无复守气，便信贞阳谬启，复请通和。臣频陈执，疑闭不听。翻覆若此，童子犹且羞之；况在人君，二三其德。其失三也。

夫畏懦逗留，军有常法。子玉小败，见诛于楚；王恢失律，受戮于汉。贞阳精甲数万，器械山积，慕容轻兵，众无百乘，不能拒抗，身受囚执。以帝之犹子，而面缚敌庭，实宜绝其属籍，以衅征鼓。陛下曾无追责，怜其苟存，欲以微臣，规相贸易。人君之法，当如是哉？其失四也。

征伐的权力，赐给臣歌钟乐器、歌女舞伎、车马礼服和弓矢。臣接受了陛下的任命不加推托，实在是感恩而想尽力报答陛下。臣正想进军嵩岳、华山，攻占冀地、赵地，消灭敌人，扫除污秽，统一天下；让陛下能身着礼服渡过长江，向东岳报告天下安定，大功告成，使大梁与轩辕黄帝同样昌盛，到时臣与伊尹、吕望立下同样的功勋，可把福荫流传后代子孙，在史册上留下名声，这实在是臣生平的志向。可是陛下却想让人分享臣的功劳，不能把重任交给臣，让臣去攻击河北，而想派自家军队去拔取徐州，派遣庸劣懦弱的贞阳侯，任命骄奢贪婪的胡僧祐、赵伯超。他们才刚刚遭遇敌人，便像鸟群鱼群一样惊慌四散，慕容绍宗遂能乘胜席卷，涡阳诸镇守军也无不弃甲逃跑。事情发生得如此神速，就像疾雷来不及掩耳，在溃败的形势下无法固守，使得臣狼狈失去依靠，妻子儿女全遭杀戮，这实在是陛下深深地辜负了臣。此乃陛下的第二个过失。

　　“韦黯驻守寿阳，守军不足一旅，慕容绍宗凶暴强悍，正想打到长江边饮马，若非臣退守保有淮南，形势将不可设想。后来慕容绍宗逃走，边境获得了安宁，陛下命臣做这个州的刺史，以此作为捍卫国土的屏障。臣正想招集残兵，慰问安抚归附的众人，为以后作战做好充分准备，为韩山的尸体聚土筑坟，洗刷涡阳战败的耻辱。陛下却失去统一天下的决心，再也没有守卫国土的志气，相信贞阳侯的荒唐启奏，又请求与北朝议和。臣连续多次陈言反对，陛下怀疑闭塞不肯听从。一会儿求战一会儿乞和，反复无常如此，小孩子尚且会感到羞愧。何况作为一个国君，怎么能三心二意没有主见呢？这是陛下的第三个过失。

　　“若士卒畏惧害怕停止不前，军队自有法规军纪加以惩罚。城濮之战子玉小败，就被楚王诛杀；马邑之谋王恢失律，就被汉武帝斩杀。贞阳侯率领精兵数万，辎重器械多如山积，慕容绍宗只有轻装士兵，军车不到一百辆，而贞阳侯竟不能抵御他，被慕容绍宗俘虏。贵为天子之侄的贞阳侯却被敌人生擒，这确实应当革除他的名籍，用他的血来祭征战的战鼓。可是陛下却一点也不追究责备他，而怜惜他，让他苟且偷生，甚至想拿微臣的性命去交换他。人君的法度，应当是

悬瓠大藩，古称汝、颍。臣举州内附，羊鸦仁固不肯入；既入之后，无故弃之，陛下曾无嫌责，使还居北司。鸦仁弃之，既不为罪，臣得之不以为功。其失五也。

臣涡阳退衄，非战之罪，实由陛下君臣相与见误。乃还寿春，曾无悔色，祇奉朝廷，掩恶扬善。鸦仁自知弃州，切齿叹恨，内怀惭惧，遂启臣欲反。欲反当有形迹，何所征验？诬陷顿尔，陛下曾无辩究，默而信纳。岂有诬人莫大之罪，而可并肩事主者乎？其失六也。

赵伯超拔自无能，任居方伯，惟渔猎百姓，多蓄士马，非欲为国立功，直是自为富贵。行货权幸，徼买声名，朱异之徒，积受金贝，遂使咸称胡、赵，比昔关、张，诬掩天听，谓为真实。韩山之役，女妓自随，裁闻敌鼓，与妾俱逝，不待贞阳，故只轮莫返。论其此罪，应诛九族；而纳贿中人，还处州任。伯超无罪，臣功何论？赏罚无章，何以为国。其失七也。

臣御下素严，无所侵物，关市征税，咸悉停原，寿阳之民，颇怀优复。裴之悌等助成在彼，惮臣检制，遂无故遁归；又启臣欲反。陛下不责违命离局，方受其浸润之谮。处臣如此，使何地自安。其失八也。

臣虽才谢古人，实颇更事，抚民率众，自幼至长，少来运动，

这样的吗？这是陛下的第四个过失。

悬瓠是大藩，古代称为汝、颖。臣率州归附朝廷，羊鸦仁坚决不肯进驻。陛下命他入守之后，他又无故放弃城池，陛下对他毫不责备，还让他回去到北司州任职。羊鸦仁丢弃重镇，陛下对他不治罪，臣得到重镇，陛下不把它作为臣的功劳。这是陛下的第五个过失。

"臣在涡阳败退，不是作战的失误，实在是由于陛下君臣猜忌而造成的。回到寿春以后，臣未曾有过后悔，只是尊奉朝廷，不曾谈论他人过错，只宣扬别人的好处。羊鸦仁自知丢弃一州土地的罪过很大，他切齿叹恨，怀着惭愧和畏罪之心，于是便向陛下启奏，说臣想谋反。想谋反应当有形迹暴露，他有什么事可以证明呢？如此公然对臣构陷，陛下不分辨是非，竟然采信接纳。哪有诬陷微臣谋反，而仍可以与他并肩事奉君主的呢？这是陛下的第六个过失。

"赵伯超是从无能之辈中提拔的，身居一方诸侯之位，他只知道压榨鱼肉百姓，养了许多兵马，却不是想为国家立功，只是为了获取他个人的富贵。他贿赂陛下宠幸的权贵之臣，四处收买名誉，朱异之流也收受了无数钱财，于是他们把赵伯超和胡僧祐并称为胡、赵，并拿此二人和前代的关羽、张飞相提并论，欺骗蒙蔽陛下，使陛下以为这是实情。韩山一役，赵伯超带着歌姬舞女跟随军中，刚刚听到敌人的战鼓，便与侍妾一同逃之夭夭，不等待贞阳侯的人马，所以全军覆没一兵一卒也未能返回。计较他的罪过，合当诛灭九族。可是他贿赂陛下身边有权势的人，回朝后竟仍然担任刺史之职。赵伯超如果无罪，那么臣还有什么功劳可论？赏罚没有章程，还能凭什么治理国家？这是陛下的第七个过失。

"臣约束部下素来严格，部曲从来不曾掠夺百姓财物，寿阳关市的各种征税，微臣全都中止免除，百姓都有感激怀恩之情。裴之悌等人在那里协助防守，畏惧臣的严格约束，便无故逃跑回京城。又上表启奏，说臣想造反。陛下不仅不追究他们违命擅离的罪过，反而受他们谗言的影响，相信他们的控告。陛下如此对待微臣，叫臣如何能自安？这是陛下的第八个过失。

"臣的才能虽然不及古人，但确实颇经历了些世事，安抚百姓统

多无遗策。及归身有道，罄竭忠规，每有陈奏，恒被抑遏。朱异专断军旅，周石珍总尸兵仗，陆验、徐驎典司谷帛，皆明言求货，非令不行。境外虚实，定计于舍人之省；举将出师，责奏于主者之命。臣无贿于中，故恒被抑折。其失九也。

鄱阳之镇合肥，与臣邻接，臣推以皇枝，每相祗敬；而嗣王庸怯，虚见备御，臣有使命，必加弹射，或声言臣反，或启臣纤介。招携当须以礼，忠烈何以堪于此哉。其失十也。

其余条目，不可具陈。进退惟谷，频有表疏。言直辞强，有忤龙鳞，遂发严诏，便见讨袭。重华纯孝，犹逃凶父之杖；赵盾忠贤，不讨杀君之贼。臣何亲何罪，而能坐受歼夷？韩信雄桀，亡项霸汉，末为女子所烹，方悔蒯通之说。臣每览书传，心常笑之。岂容遵彼覆车，而快陛下佞臣之手。是以兴晋阳之甲，乱长江而直济，愿得升赤墀，践文石，口陈枉直，指画臧否，诛君侧之恶臣，清国朝之秕政，然后还守藩翰，以保忠节，实臣之至愿也。

三月朔旦，城内以景违盟，举烽鼓譟，于是羊鸦仁、柳敬礼、鄱阳世子嗣进军于东府城北。栅垒未立，为景将宋子仙所袭，败绩，赴淮死者数千人。贼送首级于阙下。

景又遣于子悦至，更请和。遣御史中丞沈浚至景所，景无去

率士卒，从幼年到成年一直不曾停息，主张谋划很少有失算的。到投身归顺梁朝，臣竭尽忠心为陛下谋划，但臣每次向陛下陈奏，都被压制不准。朱异独断军事，周石珍总管兵器装备，陆验、徐骥掌管粮食布帛，他们都明言索取贿赂，非送钱财不得办事。境外的虚实，都是在舍人的官署里定计；任命将领调遣军队，都被告知要经过主事者来发布命令。臣因没有向他们行贿，所以总是受他们压制贬抑。这是陛下的第九个过失。

"鄱阳王镇守合肥，与臣疆界相邻，臣尊崇他是皇家子侄，总是对他甚为恭敬。可是继位的鄱阳嗣王平庸怯弱，常无缘无故防范猜忌，臣凡有奉命，他必定要加以弹奏参劾，有时声言臣要造反，有时参奏臣的细微过错。招抚前来归附的人，本当以礼相待，忠烈之人怎能忍受这样的排挤呢？这是陛下的第十个过失。

"其他条目，恕不能一一陈述。臣的处境现在十分困难，进退两难，臣曾多次上表启奏。言辞耿直，触犯了陛下，陛下就发出了严厉的诏命，对臣加以讨伐攻击。虞舜是个笃厚的孝子，尚且逃避凶恶瞽叟的棒击；赵盾是个忠诚的贤臣，仍不肯讨伐诛杀昏君的贼臣。臣究竟受到了怎样的亲宠，又有什么弥天过错，要默默忍受被诛杀的惩罚？韩信何等英雄豪杰，他离弃项王而为汉王成就霸业，后来乃为吕后所烹，才懊悔当初没有听从蒯通的劝说。臣每次阅览史书传记时，心中常常嗤笑韩信的愚蠢。臣怎么能容许自己重蹈韩信覆灭的老路，而让陛下座前奸佞之臣拍手称快呢？所以臣发动了晋阳的兵马，横渡长江直抵京城，希望能够进入皇宫，踏上御阶，向陛下当面直陈是非曲直，指明好坏善恶，诛杀陛下身边的奸臣，肃清国朝的弊政，然后回到封地去镇守边疆，以保全臣的忠义气节，这确实是臣的终极心愿啊。"

三月初一天亮后，台城中因为侯景违背盟约，点燃烽火擂鼓呐喊，于是羊鸦仁、柳敬礼、鄱阳王世子萧嗣向东府城北进军。营栅尚未建立，就被侯景的将领宋子仙所袭击，梁军大败，被赶到秦淮河中而死的有数千人。贼军将首级送到台城下。

侯景又派于子悦前来，再次请求议和。朝廷派御史中丞沈浚去

意,浚固责之。景大怒,即决石阙前水,百道攻城,昼夜不息,城遂陷。于是悉卤掠乘舆服玩、后宫嫔妾,收王侯朝士送永福省,撤二宫侍卫。使王伟守武德殿,于子悦屯太极东堂,矫诏大赦天下,自为大都督、督中外诸军事、录尚书,其侍中、使持节、大丞相、王如故。初,城中积尸不暇埋瘗,又有已死而未敛,或将死而未绝,景悉聚而烧之,臭气闻十余里。尚书外兵郎鲍正疾笃,贼曳出焚之,宛转火中,久而方绝。于是援兵并散。

景矫诏曰:"日者,奸臣擅命,几危社稷,赖丞相英发,入辅朕躬,征镇牧守可各复本任。"降萧正德为侍中、大司马,百官皆复其职。

景遣董绍先率兵袭广陵,南兖州刺史南康嗣王会理以城降之。景以绍先为南兖州刺史。

初,北兖州刺史定襄侯祗与湘潭侯退,及前潼州刺史郭凤同起兵,将赴援,至是,凤谋以淮阴应景,祗等力不能制,并奔于魏。景以萧弄璋为北兖州刺史,州民发兵拒之,景遣厢公丘子英、直阁将军羊海率众赴援,海斩子英,率其军降于魏,魏遂据其淮阴。

景又遣仪同于子悦、张大黑率兵入吴,吴郡太守袁君正迎降。子悦等既至,破掠吴中,多自调发,逼掠子女,毒虐百姓,吴人莫不怨愤,于是各立城栅拒守。是月,景移屯西州,遣仪同任约为南道行台,镇姑孰。

五月,高祖崩于文德殿。初,台城既陷,景先遣王伟、陈庆入

侯景那里,沈浚见到侯景没有撤兵离去的意思,便严厉地谴责了他。侯景大怒,立即挖掘殿石门前的水道,从多处攻城,昼夜不停,宫城于是被攻陷。攻陷宫城后,叛军大肆掠夺皇帝的车驾、服用珍宝珠玉和后宫的嫔妾,收捕王侯和朝中的官吏送往永福省,撤除了二宫的侍卫。叫王伟守住武德殿,于子悦在太极殿东堂驻兵,侯景假传皇帝命令,大赦天下,自封为大都督、督中外诸军事、录尚书,以前高祖封他的侍中、使持节、大丞相、河南王等官职依旧如故。起初,城中堆积的尸体还没有来得及掩埋,现在又有许多尸体没有收殓,有的人濒死而尚未断气,侯景把这些尸体全都聚集起来用火焚烧,十余里外都能闻到尸臭。尚书外兵郎鲍正患了重病,叛军把他拖出来丢到火中,他在火中翻滚挣扎,许久才死。这个时候,援兵都溃散了。

侯景假传诏命说:“往日,奸臣擅自发号施令,几乎危害了社稷,多亏丞相发挥其英勇才智,入朝辅佐朕,各地藩镇牧守现在可以各自回到自己的镇所去了。”把萧正德降职为侍中、大司马,百官都恢复其原来的职位。

侯景派董绍先率兵袭击广陵,南兖州刺史南康嗣王萧会理举城投降侯景。侯景任命董绍先为南兖州刺史。

起初,北兖州刺史定襄侯萧祗与湘潭侯萧退,以及前潼州刺史郭凤同时起兵,将去增援京城,合击侯景。现在郭凤见侯景得势,便阴谋将淮阴献给侯景,萧祗等人考虑自己的兵力不能制服郭凤,便一同投降东魏。侯景任萧弄璋为北兖州刺史,北兖州的民众发兵抗拒他,侯景便派厢公丘子英、直阁将军羊海率兵去增援萧弄璋,羊海斩杀了丘子英,率领他的军队向东魏投降,东魏于是占领了淮阴。

侯景又派仪同于子悦、张大黑率兵入吴,吴郡太守袁君正出迎投降。于子悦等进入吴中后,肆意破坏抢劫,擅自到处征聚调发财物,掳掠子女,残害百姓,吴人个个都怨恨他们,于是各地建起城栅抗拒固守。这个月,侯景移军驻扎在西州,派遣仪同任约为南道行台,镇守姑孰。

五月,高祖在文德殿驾崩。起初,台城陷落后,侯景先派王伟、

谒高祖，高祖曰："景今安在？卿可召来。"时高祖坐文德殿，景乃入朝，以甲士五百人自卫，带剑升殿。拜讫，高祖问曰："卿在戎日久，无乃为劳？"景默然。又问："卿何州人，而敢至此乎？"景又不能对，从者代对。及出，谓厢公王僧贵曰："吾常据鞍对敌，矢刃交下，而意气安缓，了无怖心。今日见萧公，使人自慑，岂非天威难犯。吾不可再见之。"高祖虽外迹已屈，而意犹忿愤，时有事奏闻，多所遣却。景深敬惮，亦不敢逼。景遣军人直殿省内，高祖问制局监周石珍曰："是何物人？"对曰："丞相。"高祖乃谬曰："何物丞相？"对曰："是侯丞相。"高祖怒曰："是名景，何谓丞相！"是后，每所征求，多不称旨，至于御膳亦被裁抑，遂忧愤感疾而崩。景乃密不发丧，权殡于昭阳殿，自外文武咸莫知之。二十余日，升梓宫于太极前殿，迎皇太子即皇帝位。于是矫诏赦北人为奴婢者，冀收其力用焉。又遣仪同来亮率兵攻宣城，宣城内史杨华诱亮斩之；景复遣其将李贤明讨华，华以郡降。景遣仪同宋子仙等率众东次钱塘，新城戍主戴僧易据县拒之。

是月，景遣中军侯子鉴入吴军，收于子悦、张大黑还京诛之。时东扬州刺史临城公大连据州，吴兴太守张嵊据郡，自南陵以上，皆各据守。景制命所行，惟吴郡以西，南陵以北而已。

六月，景以仪同郭元建为尚书仆射、北道行台、总江北诸军事，镇新秦。郡人陆缉、戴文举等起兵万余人，杀景太守苏单于，推前淮南太守文成侯宁为主，以拒景。宋子仙闻而击之，缉等弃城走。景乃分吴郡海盐、胥浦二县为武原郡。

至是，景杀萧正德于永福省。封元罗为西秦王，元景龙为陈留

陈庆入见高祖,高祖说:"侯景现在哪里?卿可召他前来。"当时高祖坐在文德殿上,侯景入殿朝拜时,带了甲士五百人自卫,佩剑上殿。行过拜礼之后,高祖问道:"卿带军征战很久,应该很辛苦吧?"侯景默然不答。高祖又问:"你是哪一州人,竟然敢到这里来?"侯景又答不出话来,跟随他的人代他回答。侯景出殿后,对厢公王僧贵说:"我常骑马与敌人战斗,阵前兵刃箭矢交织而下,我总是意气自如,毫不惧怕。今日见到萧公,却使我心惊胆颤,岂不是天威难犯?我不能再见他了。"高祖虽然行动上已受限制,但内心还是忿恨不平,对侯景奏闻的事经常加以谴责和否定。侯景对高祖深为敬畏,也不敢相逼。侯景派遣军人在殿省内值班,高祖问制局监周石珍道:"是何人派来的?"周石珍回答说:"是丞相。"高祖于是说:"什么丞相?"回答说:"是侯丞相。"高祖发怒道:"是那个叫侯景的人,怎么称他为丞相?"从此,高祖凡有所需求,大多不能如愿,就连膳食也被抑制裁减,于是忧愤成疾而崩逝。高祖驾崩后,侯景秘不发表,灵枢暂时停放在昭阳殿,外朝文武官员都不知道此事。二十余日后,才将棺材升至太极前殿,迎皇太子萧纲即皇帝位。侯景于是矫诏赦免在南朝做奴婢的北方人,想收买这些人为他所用。侯景又派遣仪同来亮率兵攻打宣城,宣城内史杨华诱骗来亮将他斩杀;侯景又派他的将领李贤明讨伐杨华,杨华才率郡投降。侯景派遣仪同宋子仙等率军向东,在钱塘驻扎,新城戍主戴僧易占据钱塘县城抵御。

这个月,侯景派中军侯子鉴进驻吴地的军队中,逮捕了于子悦、张大黑,带回京师杀了他们。这时东扬州刺史临城公萧大连据守东扬州,吴兴太守张嵊据守吴兴,从南陵以上,各地都各自据守。侯景号令所能推行的地区,只有吴郡以西、南陵以北而已。

六月,侯景任命仪同郭元建为尚书仆射、北道行台、总江北诸军事,镇守新秦。郡人陆缉、戴文举等起兵万余人,杀了侯景派来的太守苏单于,推举前淮南太守文成侯萧宁为主帅,以抗拒侯景。宋子仙得知后率军袭击他们,陆缉等弃城而逃。侯景于是就分出吴郡海盐、胥浦二县设立武原郡。

这时候,侯景在永福省杀了萧正德。封元罗为西秦王,元景龙为

王，诸元子弟封王者十余人。以柳敬礼为使持节、大都督，隶大丞相，参戎事。景遣其中军侯子鉴、监行台刘神茂等军东讨，破吴兴，执太守张嵊父子送京师，景并杀之。

景以宋子仙为司徒，任约为领军将军，尔朱季伯、叱罗子通、彭儁、董绍先、张化仁、于庆、鲁伯和、纥奚斤、史安和、时灵护、刘归义，并为开府仪同三司。

是月，鄱阳嗣王范率兵次栅口，江州刺史寻阳王大心要之西上。景出顿姑孰，范将裴之悌、夏侯威生以众降景。

十一月，宋子仙攻钱塘，戴僧易降。景以钱塘为临江郡，富阳为富春郡。以王伟、元罗并为仪同三司。

十二月，宋子仙、赵伯超、刘神茂进攻会稽，东扬州刺史临城公大连弃城走，遣刘神茂追擒之。景以裴之悌为使持节、平西将军、合州刺史，以夏侯威生为使持节、平北将军、南豫州刺史。

是月，百济使至，见城邑丘墟，于端门外号泣，行路见者莫不洒泪。景闻之大怒，送小庄严寺禁止，不听出入。

大宝元年正月，景矫诏自加班剑四十人，给前后部羽葆鼓吹，置左右长史、从事中郎四人。前江都令祖皓起兵于广陵，斩景刺史董绍先，推前太子舍人萧勔为刺史；又结魏人为援，驰檄远近，将以讨景。景闻之大惧，即日率侯子鉴等出自京口，水陆并集。皓婴城拒守，景攻城，陷之。景车裂皓以徇，城中无少长皆斩之。以侯子鉴监南兖州事。

是月，景召宋子仙还京口。

四月，景以元思虔为东道行台，镇钱塘。以侯子鉴为南兖州刺史。

陈留王，元氏子弟封王的有十余人。又以柳敬礼为使持节、大都督，隶属大丞相，参与军务。侯景派遣中军侯子鉴、监行台刘神茂等率军东征，攻破了吴兴郡，捉住了太守张嵊父子送到京城，侯景把他们都杀了。

侯景任命宋子仙为司徒，任约为领军将军，尔朱季伯、叱罗子通、彭儁、董绍先、张化仁、于庆、鲁伯和、纥奚斤、史安和、时灵护、刘归义这些人，都封为开府仪同三司。

这个月，鄱阳嗣王萧范率兵驻扎在栅口，江州刺史寻阳王萧大心邀请他西上。侯景出兵驻扎在姑孰，萧范的将领裴之悌、夏侯威生率军向侯景投降。

十一月，宋子仙攻打钱塘，戴僧易投降。侯景改钱塘为临江郡，富阳为富春郡。又把王伟、元罗都封为仪同三司。

十二月，宋子仙、赵伯超、刘神茂进攻会稽，东扬州刺史临城公萧大连弃城逃走，侯景派刘神茂追赶，把他捉住。侯景任命裴之悌为使持节、平西将军、合州刺史，任命夏侯威生为使持节、平北将军、南豫州刺史。

这个月，百济的使臣来到，看见京师街巷一片废墟，在端门外哭号，行路的人见了没有一个不流泪的。侯景听说这事大怒，便把百济使臣送到小庄严寺关起来，不让他们出入。

大宝元年(550)正月，侯景矫诏给自己增加佩戴斑纹宝剑的武士四十人，给自己设前后两部羽葆仪仗和鼓吹乐班，还给自己设置左右长史、从事中郎四人。前江都令祖皓在广陵起兵，杀了侯景派来的刺史董绍先，推举前太子舍人萧勔为刺史；又联络东魏作为后援，用快骑向远近之地发布檄文，声讨侯景。侯景听到这消息，非常害怕，当天就率领侯子鉴等从京口出兵，水陆并进。祖皓依城拒守，侯景攻城，城破。侯景将祖皓车裂示众，城中居民不分老少全都杀光。任命侯子鉴监南兖州事。

这个月，侯景召宋子仙回京口。

四月，侯景任命元思虔为东道行台，镇守钱塘。以侯子鉴为南

文成侯宁于吴西乡起兵，旬日之间，众至一万，率以西上。景厢公孟振、侯子荣击破之，斩宁，传首于景。

七月，景以秦郡为西兖州，阳平郡为北兖州。任约、卢晖略攻晋熙郡，杀鄱阳世子嗣。景以王伟为中书监。任约进军袭江州，江州刺史寻阳王大心降之。世祖时闻江州失守，遣卫军将军徐文盛率众军下武昌，拒约。景又矫诏自进位为相国，封泰山等二十郡为汉王，入朝不趋，赞拜不名，剑履上殿，如萧何故事。景以柳敬礼为护军将军，姜询义为相国左长史，徐洪为左司马，陆约为右长史，沈众为右司马。是月，景率舟师上皖口。

十月，盗杀武林侯咨于广莫门。咨常出入太宗卧内，景党不能平，故害之。

景又矫诏曰：“盖悬象在天，四时取则于辰斗；群生育地，万物仰照于大明。是以垂拱当宸，则八纮共辕；负图正位，则九域同归。故乃云名水号之君，龙官人爵之后，莫不启符河、洛，封禅岱宗。奔走四夷，来朝万国。逖听虞、夏，厥道弥新。爰及商、周，未之或改。逮幽、厉不竞，戎马生郊；惠、怀失御，胡尘犯跸。遂使豺狼肆毒，侵穴伊、瀍；獯狁孔炽，巢栖咸、洛。自晋鼎东迁，多历年代，周原不复，岁实永久。虽宋祖经略，中息远图；齐号和亲，空劳冠盖。我大梁膺符作帝，出震登皇。浃寓归仁，绵区饮化。开疆辟土，跨瀚海以扬镳；来庭入觐，等涂山而比辙。玄龟出洛，白雉归丰。鸟塞同文，胡天共轨。不谓高澄跋扈，虔刘魏邦，扇动华夷，不供王职，遂乃狼顾北侵，马首南向。值天厌昏伪，丑徒数尽，龙豹应期，风云会节。相国汉王，上德英姿，盖惟天授；雄谟勇略，出自怀抱。珠鱼表应，辰昴叶晖；剖析六韬，锱铢四履。腾文豹变，凤集虬翔；奋翼来仪，负图而降。爰初秉律，实先启行，奉兹庙算，克除獯丑。直以鼎

兖州刺史。文成侯萧宁在吴郡西乡起兵，十天之内，部队发展到一万人，他率军西上。侯景的厢公孟振、侯子荣击败了他，斩杀了萧宁，把首级送给侯景。

七月，侯景将秦郡升为西兖州，将阳平郡升为北兖州。任约、卢晖略进攻晋熙郡，杀死鄱阳王世子萧嗣。侯景命王伟为中书监。任约进军袭击江州，江州刺史寻阳王萧大心向他投降。梁元帝当时听说江州失守，派遣卫军将军徐文盛率领众军顺江而下来到武昌，抵御任约。侯景又矫诏给自己进位为相国，以泰山等二十个郡作为封地，号为汉王，入朝不须快步走，赞拜时不称其名，佩剑穿鞋上殿，礼遇按照汉丞相萧何的旧事执行。侯景任命柳敬礼为护军将军，姜询义为相国左长史，徐洪为左司马，陆约为右长史，沈众为右司马。这个月，侯景率水军上溯到皖口。

十月，有盗贼在广莫门杀死武林侯萧咨。萧咨经常出入简文帝寝宫，侯景的党羽心中颇不安，所以就派人杀害他。

侯景又假传诏书说："天象高悬于上，四季都从星辰中获得法则；生命孕育于地，万物都仰仗日月光明。因此天子垂拱无为治理天下，则四面八方的诸侯共同来朝拜；天子秉持天命登上大位，则九州之人都同来归顺。所以无论是以云名官以水为号的黄帝，还是以龙名官与人爵位的伏羲，没有人不向黄河、洛水祭拜水神，开启符瑞，没有谁不去泰山进行封禅大典，祭祀天地的。这会令四方夷狄奔走相告，让天下万国都来朝拜。上古的虞舜、夏后的年代，祭祀天地之道未变，及至商、周，祭祀天地的大礼亦未更改。到了周幽王、周厉王，他们国势不够强劲，以致都城郊外发生了战事；晋惠帝、晋怀帝有失御国之道，故而胡兵侵犯宫廷。于是使得豺狼肆意荼毒，侵占中原地区；猃狁嚣张跋扈，盘踞咸阳、洛阳。自从晋室东迁，已经过了许多年代，中原的大片土地没有收复，岁月实在已经很长久。虽然宋武帝筹划北伐，但中途停止了长远的谋划；南齐号称和睦亲善，却白白令使臣的车驾往来劳苦。我大梁上应天命，在东方登上帝位。天下都归服我朝仁德，边远地区都领受教化。猛士们开拓国家的疆土，

湖上征，六龙晏驾；干戈暂止，九伐未申。而恶稔贯盈，元凶殒毙，弟洋继逆，续长乱阶。异彼洋音，同兹荐食；偷窃伪号，心希举斧。丰水君臣，奉图乞援，关河百姓，泣血请师，咸愿承奉国灵，思睹王化。朕以寡昧，篡戎下武，庶拯尧黎，冀康禹迹。且夫车服以庸，名因事著。周师克殷，鹰扬创自尚父；汉征戎狄，明友实始度辽。况乃神规叡算，眇乎难测，大功懋绩，事绝言象，安可以习彼常名，保兹守固。相国可加宇宙大将军、都督六合诸军事，余悉如故。”

以诏文呈太宗，太宗惊曰：“将军乃有宇宙之号乎！”

齐遣其将辛术围阳平，景行台郭元建率兵赴援，术退。徐文盛入贝矶，任约率水军逆战，文盛大破之，仍进军大举口。时景屯于

声威横跨瀚海；诸侯们来朝廷朝见天子的车驾，就如同大禹在涂山大会诸侯那样。玄龟在洛水出现，白雉从丰地献来。塞北居民与中原书同文，西北胡人与中原车同轨。没有想到高澄狂妄专横，劫掠杀害魏国臣民，煽动华夷之民，不再做朝廷的忠臣，竟而至于贪婪地向北侵犯，又向南进攻。时值上天弃绝昏乱的伪朝，丑恶之徒的气数已经穷尽，龙豹一般的英雄豪杰应时而起，风云际会建功立业。相国汉王，有崇高的美德和英俊的风姿，是上天授予我朝；他宏伟的谋划果敢的战略，都出自他的胸怀。珠鱼应运而出，北斗和昴星交相辉映；他剖析六韬，知悉四境的详情。他处在显贵的地位，展示文采，凤鸟飞翔，虬龙聚集；凤凰背负河图振翅奋飞降临。当初执掌政令，先行启程，遵照朝廷的决策，自己率先执行，战胜消灭猃丑。只因龙升鼎湖，主上驾崩；战争暂时停止，讨伐叛逆未能完成。然而恶贯满盈的罪魁祸首高澄，已经自己毙命，他的弟弟高洋继位，又行叛逆，成为增长祸乱的根由。不肯同我朝友好往来，妄图使我朝臣服，吞并梁国；窃称帝号，企图用武力相胁。丰水之滨的君臣，捧着地图乞求救援，关河一带的百姓，泣血请求王师出征，都希望能承旨奉行朝廷的威灵，想见到天子的德政。朕才薄愚昧，继承祖宗的基业，顺着先王的脚步，希望拯救人民，期望使九州大地安泰。况且车驾和礼服都是用来表彰臣下的功绩，臣下的名号也都是根据实际功业来确定。周朝的军队战胜殷商，是号为尚父的姜子牙率领众将立下了宏伟的功业；汉朝征伐匈奴，是在范明友进号度辽将军之后才开创了丰功伟绩。何况凡是神妙的计策和睿智的谋划，往往深奥难以猜测，相国这样有大功勋大功劳之人，功绩绝世表现于星象，怎么可以沿用平常的名号而一成不变呢？相国可加封号为宇宙大将军、都督六合诸军事，其余的职位全照旧不变。”

侯景将诏文送呈简文帝，简文帝吃惊地说：“将军竟还有宇宙的名号吗？”

北齐派遣将领辛术围攻阳平，侯景行台郭元建率兵前去增援，辛术退兵。徐文盛进入贝矶，任约率水军迎战，徐文盛把他打得大败，梁军于是进军大举口。这时侯景军队驻扎在皖口，京城兵力空

皖口，京师虚弱，南康王会理及北兖州司马成钦等将袭之。建安侯
贲知其谋，以告景，景遣收会理与其弟祈阳侯通理、柳敬礼、成钦
等，并害之。

十二月，景矫诏封贲为竟陵王，赏发南康之谋也。

是月，张彪起义于会稽，攻破上虞，景太守蔡台乐讨之，不能
禁。至是，彪又破诸暨、永兴等诸县，景遣仪同田迁、赵伯超、谢答
仁等东伐彪。

二年正月，彪遣别将寇钱塘、富春，田迁进军与战，破之。景以王
克为太师，宋子仙为太保，元罗为太傅，郭元建为太尉，张化仁为司
徒，任约为司空，于庆为太子太师，时灵护为太子太保，纥奚斤为太
子太傅，王伟为尚书左仆射，索超世为尚书右仆射。北兖州刺史萧邕
谋降魏，事泄，景诛之。

是月，世祖遣巴州刺史王珣等率众下武昌助徐文盛。任约以西
台益兵，告急于景。三月，景自率众二万，西上援约。四月，景次西
阳，徐文盛率水军邀战，大破之。景访知郢州无备，兵少，又遣宋
子仙率轻骑三百袭陷之，执刺史方诸、行事鲍泉，尽获武昌军人家
口。徐文盛等闻之，大溃，奔归江陵，景乘胜西上。

初，世祖遣领军王僧辩率众东下代徐文盛，军次巴陵，会景
至，僧辩因坚壁拒之。景设长围，筑土山，昼夜攻击，不克。军中疾
疫，死伤太半。世祖遣平北将军胡僧祐率兵二千人救巴陵，景闻，遣
任约以精卒数千逆击僧祐，僧祐与居士陆法和退据赤亭以待之，约
至与战，大破之，生擒约。景闻之，夜遁。以丁和为郢州刺史，留宋
子仙、时灵护等助和守，以张化仁、阎洪庆守鲁山城，景还京师。王
僧辩乃率众东下，次汉口，攻鲁山及郢城，皆陷之。自是众军所至皆

虚，南康王萧会理及北兖州司马成钦等打算袭击京城。建安侯萧贲
知晓了他们的计谋，向侯景报告，侯景便派人收捕了萧会理和他的弟
弟祈阳侯萧通理、柳敬礼、成钦等人，将他们全都杀害了。

十二月，侯景矫诏封建安侯萧贲为竟陵王，奖赏他揭发南康王
密谋的功劳。

这个月，张彪在会稽郡起义，攻破上虞县，侯景的太守蔡台乐去
讨伐，未能平定张彪。至此，张彪又攻下诸暨、永兴等县，侯景派仪
同田迁、赵伯超、谢答仁等率军向东讨伐张彪。

大宝二年（551）正月，张彪派遣别部将领进攻钱塘、富春，田
迁进军与张彪义军战斗，将之打败。侯景任命王克为太师，宋子仙为
太保，元罗为太傅，郭元建为太尉，张化仁为司徒，任约为司空，于庆
为太子太师，时灵护为太子太保，纪奚斤为太子太傅，王伟为尚书左仆
射，索超世为尚书右仆射。北兖州刺史萧邕谋划降魏，事情泄露，侯
景诛杀了他。

这个月，元帝派遣巴州刺史王珣等率军下武昌援助徐文盛。任
约因梁军增援，便向侯景告急。三月，侯景亲自率军二万西上援助任
约。四月，侯景驻兵在西阳，徐文盛率水军挑战，大破侯景水军。侯景
侦察得知郢州没有防备，驻军又少，就派遣宋子仙率领轻骑三百去袭
击郢州，攻陷了城池，捉到了刺史萧方诸、州行事鲍泉，俘虏了武昌军
人的全部家口。徐文盛等听说这个消息后，军队大规模溃散，逃回江
陵，侯景乘胜溯流西上。

起初，元帝派遣王僧辩率军东下代替徐文盛，军队驻扎在巴
陵，正碰上侯景军到达，王僧辩就坚壁清野来抵抗。侯景筑起长围，
堆起土山，昼夜不停攻打巴陵，然而攻不下来。军中又流行疾病，死
伤人数过半。元帝派平北将军胡僧祐率兵二千人去救巴陵，侯景听
说后，便派任约率数千精兵去迎击胡僧祐，胡僧祐和荆州居士陆法
和退守赤亭等待任约，待他来到后迎击，把任约打得大败，活捉了
他。侯景得知任约兵败，便连夜逃跑。任命丁和为郢州刺史，留下
宋子仙、时灵护等协助丁和镇守郢州，又命张化仁、阎洪庆镇守鲁山

捷。

　　景乃废太宗，幽于永福省。作诏草成，逼太宗写之，至"先皇念神器之重，思社稷之固"，歔欷呜咽，不能自止。是日，景迎豫章王栋即皇帝位，升太极前殿，大赦天下，改元为天正元年。有回风自永福省，吹其文物皆倒折，见者莫不惊骇。

　　初，景既平京邑，便有篡夺之志，以四方须定，且未自立；既巴陵失律，江、郢丧师，猛将外歼，雄心内沮，便欲伪僭大号，遂其奸心。其谋臣王伟云"自古移鼎，必须废立"，故景从之。其太尉郭元建闻之，自秦郡驰还，谏景曰："四方之师所以不至者，政为二宫万福；若遂行弑逆，结怨海内，事几一去，虽悔无及。"王伟固执不从。景乃矫栋诏，追尊昭明太子为诏明皇帝，豫章安王为安皇帝，金华敬妃为敬皇后，豫章国太妃王氏为皇太后，妃张氏为皇后；以刘神茂为司空，徐洪为平南将军，秦晃之、王晔、李贤明、徐永、徐珍国、宋长宝、尹思合并为仪同三司。景以哀太子妃赐郭元建，元建曰："岂有皇太子妃而降为人妾。"竟不与相见。


　　十月壬寅夜，景遣其卫尉彭儁、王修纂奉酒于太宗曰："丞相以陛下处忧既久，故令臣等奉进一觞。"太宗知其将弑。乃大酣饮酒，既醉还寝，修纂以帊盛土加于腹，因崩焉。敛用法服，以薄棺密瘗于城北酒库。

　　初，太宗久见幽絷，朝士莫得接觐，虑祸将及，常不自安；惟舍人殷不害后稍得入，太宗指所居殿谓之曰："庞涓当死此下。"又曰："吾昨夜梦吞土，卿试为思之。"不害曰："昔重耳馈块，卒反晋国，陛下所梦，将符是乎。"太宗曰："傥幽冥有征，冀斯言不妄

城，侯景本人回到建康。王僧辩于是率领大军东下，驻在汉口，进攻鲁山和郢城，两城都攻陷了。从此以后梁军所到之处就常打胜仗了。

侯景于是就废黜了简文帝，将他囚禁在永福省。侯景起草诏书，逼迫简文帝抄写，写至"先皇顾念帝位的重要，社稷的稳固"一句时，不禁伤心哭泣，不能抑制。这一天，侯景迎接豫章王萧栋在太极前殿即皇帝位，大赦天下，改元为天正元年。有一股旋风从永福省刮了出来，殿上旌旗仪仗都被吹倒折断，见到的人无不惊骇恐惧。

起初，侯景攻陷京师时便有篡夺帝位之心，只因四方尚未平定，所以暂没有自立为帝。现在他的军队在巴陵战败，又在江陵、郢州损兵折将，猛将纷纷在外被杀，自己的野心受到挫折，就想登基称帝完成自己的心愿。谋臣王伟说："自古改朝换代，一定要有废有立"，所以侯景听从了他的主意。太尉郭元建得知后，就从秦郡飞马赶回京城，谏阻侯景说："四方的军队之所以没有聚集到京城，是因为皇帝和太子尚在；如果现在就行弑逆之事，就会和天下人结怨，大势一去，后悔莫及。"王伟坚持自己的意见不让步。侯景于是假传萧栋的诏命，追尊昭明太子为昭明皇帝，豫章安王为安皇帝，金华敬妃为敬皇后，豫章国太妃王氏为皇太后，妃张氏为皇后；任命刘神茂为司空，徐洪为平南将军，秦晃之、王晔、李贤明、徐永、徐珍国、宋长宝、尹思合都被任命为仪同三司。侯景将哀太子妃赐给郭元建，郭元建说："哪有皇太子妃降为人妾的？"始终不肯与她相见。

十月壬寅日夜里，侯景派他的卫尉彭儁、王修纂拿着酒对简文帝说："丞相因陛下忧劳日久，所以命我二人来向陛下敬酒。"简文帝知道侯景将要弑君，就开怀痛饮，大醉而眠，王修纂用帛囊盛土压在简文帝腹上，于是简文帝驾崩。他们给简文帝的尸体穿上礼服，装入薄棺秘密埋在城北酒库中。

起初，简文帝被长期拘禁，朝臣都不能去觐见，他们想到自己也将要遭遇祸害，都不能自安。唯独舍人殷不害后来渐渐能入宫拜见，简文帝就指着所居的宫殿对他说："庞涓会死在这殿下。"又说："我昨天夜里梦见吞食土块，你替我解释一下这个梦。"殷不害说："当年晋国公子重耳流亡乞食时，有人送给他土块，最后他终于回到晋

耳。"至是见弑，实以土焉。

是月，景司空东道行台刘神茂、仪同尹思合、刘归义、王晔、云麾将军桑干王元頵等据东阳归顺，仍遣元頵及别将李占、赵惠朗下据建德江口。尹思合收景新安太守元义，夺其兵。张彪攻永嘉，永嘉太守秦远降彪。

十一月，景以赵伯超为东道行台，镇钱塘，遣仪同田迁、谢答仁等将兵东征神茂。景矫萧栋诏，自加九锡之礼，置丞相以下百官。陈备物于庭，忽有野鸟翔于景上，赤足丹嘴，形似山鹊，贼徒悉骇，竞射之不能中。景以刘劝、戚霸、朱安王为开府仪同三司，索九昇为护军将军。南兖州刺史侯子鉴献白獐，建康获白鼠以献，萧栋归之于景。景以郭元建为南兖州刺史，太尉、北行台如故。

景又矫萧栋诏，追崇其祖为大将军，考为丞相。自加冕，十有二旒，建天子旌旗，出警入跸，乘金根车，驾六马，备五时副车，置旄头、云罕，乐舞八佾，钟虡宫悬之乐，一如旧仪。

景又矫萧栋诏，禅位于己。于是南郊，柴燎于天，升坛受禅文物，并依旧仪。以辒车床载鼓吹，橐驼负牺牲，辇上置筌蹄，垂脚坐。景所带剑水精标无故堕落，手自拾之。将登坛，有兔自前而走，俄失所在。又白虹贯日。景还升太极前殿，大赦，改元为太始元年。封萧栋为淮阴王，幽于监省。伪有司奏改"警跸"为"永跸"，避景名也。改梁律为汉律，改左民尚书为殿中尚书，五兵尚书为七兵尚书，直殿主帅为直寝。景三公之官动置十数，仪同尤多，或匹马孤行，自执羁绊。其左仆射王伟请立七庙。景曰："何谓为七庙？"伟

国当了国君，陛下所做的梦，符合这种征兆。"简文帝说："倘若冥冥间真有应验，希望你所讲的不会是虚妄的。"现在简文帝被杀，确实是死于土块。

这个月，侯景的司空东道行台刘神茂、仪同尹思合、刘归义、王晔、云麾将军桑乾王元頵等占据东阳归顺梁军，侯景就派元頵及手下将领李占、赵惠朗顺江而下占据建德江口。尹思合收捕了侯景派去的新安太守元义，夺取了他的军队。张彪进攻永嘉，永嘉太守秦远向张彪投降。

十一月，侯景任命赵伯超为东道行台，镇守钱塘，派遣仪同田迁、谢答仁等率兵东征刘神茂。侯景假传萧栋诏命，给自己加九锡之礼，设置丞相以下百官。侯景将九锡礼器全都陈列在庭中，忽然有一只野鸟在侯景头上飞翔，红脚红嘴，形状好像山鹊，侯贼的党徒都很惊恐，竞相用箭射它，可是都不能射中。侯景任命刘劝、戚霸、朱安王为开府仪同三司，索九昇为护军将军。南兖州刺史侯子鉴献来白獐，建康捉获的白鼠也献来了，萧栋将这些贡物都交给侯景。侯景任命郭元建为南兖州刺史，其太尉、北行台的官职不变。

侯景又假传萧栋的诏命，追尊自己的祖父为大将军，父亲为丞相。给自己加冕，上有十二条玉串，又建立天子的旌旗，出入都要警卫和清道，乘坐金根车，用六匹马驾车，还备有五时节气的副车，设置了旄头骑士和云罕旌旗为车驾的前驱，歌舞用八行八列，有钟虡、宫悬的乐器，这些都依照古代天子的仪制安排。

侯景又假传萧栋的诏命，将帝位禅让给自己。于是在南郊行柴祭之礼，登坛接受禅让的旌旗仪仗一律依照先朝禅位的仪制。侯景用丧车装载鼓吹，用骆驼背负祭祀用的牲畜，天子车上放置有筌蹄、垂脚座。侯景所带的水晶标宝剑忽然无故坠落，侯景只好亲自将它拾起。将登上土坛时，突然有只兔子在前奔跑，一会又不见了。又有白虹横贯红日。侯景受禅后回来登上太极前殿，大赦天下，改元为太始元年。封萧栋为淮阴王，把他囚禁在监省。侯景设置的伪官奏请改"警跸"为"永跸"，避免与景字同音。又改梁朝的规章制度为汉朝

曰："天子祭七世祖考，故置七庙。"并请七世之讳，敕太常具祭祀之礼。景曰："前世吾不复忆，惟阿爷名标。"众闻咸窃笑之。景党有知景祖名周者，自外悉是王伟制其名位，以汉司徒侯霸为始祖，晋征士侯瑾为七世祖。于是追尊其祖周为大丞相，父标为元皇帝。

十二月，谢答仁、李庆等至建德，攻元頵、李占栅，大破之，执頵、占送景。景截其手足徇之，经日乃死。

景二年正月朔，临轩朝会。景自巴丘挫衄，军兵略尽，恐齐人乘衅与西师掎角，乃遣郭元建率步军趣小岘，侯子鉴率舟师向濡须，曜兵肥水，以示武威。子鉴至合肥，攻罗城，克之。郭元建、侯子鉴俄闻王师既近，烧合肥百姓邑居，引军退，子鉴保姑孰，元建还广陵。时谢答仁攻刘神茂，神茂别将王晔、丽通并据外营降答仁。刘归义、尹思合等惧，各弃城走。神茂孤危，复降答仁。

王僧辩军至芜湖，芜湖城主宵遁。景遣史安和、宋长贵等率兵二千，助子鉴守姑孰。追田迁等还京师。是月，景党郭长献马驹生角。三月，景往姑孰，巡视垒栅，又诫子鉴曰："西人善水战，不可与争锋；往年任约败绩，良为此也。若得马步一交，必当可破，汝但坚壁以观其变。"子鉴乃舍舟登岸，闭营不出。僧辩等遂停军十余日，贼党大喜，告景曰："西师惧吾之强，必欲遁逸，不击，将失之。"景复命子鉴为水战之备。子鉴乃率步骑万余人渡洲，并引水

的规章制度，改左民尚书为殿中尚书，五兵尚书为七兵尚书，直殿主帅为直寝。侯景的三公之官动不动就封赠给十多个人，仪同封得尤其多，有的仪同匹马独行，亲自牵马，手下没有兵。侯景的左仆射王伟请求建立七庙。侯景说："什么是七庙？"王伟说："天子要祭七代的祖先，所以要建七庙。"并请问七代祖先的名字，以便命令太常官员准备祭祀的礼品。侯景说："前世我都记不得，只记得父亲叫侯标。"众人听了都暗地发笑。侯景的党徒中有人知道侯景的祖父叫侯周，除此之外的祖先名位全是王伟替他编造的，王伟以汉朝司徒侯霸作为侯景的始祖，晋朝征士侯瑾为七世祖。于是追尊他的祖父侯周为大丞相，父亲侯标为元皇帝。

十二月，侯景麾下的谢答仁、李庆等进至建德，进攻元頵、李占的营栅，大败他们，俘获了元頵、李占，将他们送给侯景。侯景砍掉他们的手脚，用来示众，他们过了整整一天才死去。

侯景篡位第二年（552）正月初一，群臣到殿前进行朝会。侯景自从巴丘遭受挫折以来，兵力差不多要耗尽了，担心北齐乘机与荆州的梁军对自己两面夹攻，就派遣郭元建率步兵奔赴小岘，侯子鉴率水军向濡须进发，在肥水边炫耀兵力。侯子鉴到达合肥，攻打罗城，攻克了它。不久，郭元建、侯子鉴听说王师到了附近，就焚毁了合肥的城市和民居，率军后退，侯子鉴守住姑孰，郭元建撤军回到广陵。这时，谢答仁进攻刘神茂，刘神茂的手下将领王晔、丽通二人据守外营，都投降了谢答仁。刘归义、尹思合等人害怕，各自弃城逃跑。刘神茂孤军无援处境危险，于是也就向谢答仁投降。

王僧辩率军进至芜湖，芜湖城主连夜逃跑。侯景派遣史安和、宋长贵等率兵二千，协助侯子鉴守姑孰。侯景自己追上田迁等率军返回京师。这个月，侯景的党羽郭长进献有角的马驹。三月，侯景去姑孰，巡视军垒营栅，再次告诫侯子鉴说："荆州人擅长水战，不可与他们在水上争战决胜负；往年任约被他们打败，就是因为这个原因。如果能和他们陆战，则必定可以打败他们。你们只须加强工事坚守，静观战争的变化。"侯子鉴于是舍弃船只登岸，结营扎寨，坚守不出。王僧辩等因此停止军事行动有十余天，侯子鉴等大喜，向侯景报告说："荆

军俱进，僧辩逆击，大破之，子鉴仅以身免。景闻子鉴败，大惧，涕下覆面，引衾以卧，良久方起，叹曰："误杀乃公！"

僧辩进军次张公洲。景以卢晖略守石头，纥奚斤守捍国城。悉逼百姓及军士家累入台城内。僧辩焚景水栅，入淮，至禅灵寺渚，景大惊，乃缘淮立栅，自石头至朱雀航。僧辩及诸将遂于石头城西步上连营立栅，至于落星墩。景大恐，自率侯子鉴、于庆、史安和、王僧贵等，于石头东北立栅拒守。使王伟、索超世、吕季略守台城，宋长贵守延祚寺。遣掘王僧辩父墓，剖棺焚尸。王僧辩等进营于石头城北，景列阵挑战。僧辩率众军奋击，大破之。侯子鉴、史安和、王僧贵各弃栅走。卢晖略、纥奚斤并以城降。

景既退败，不入宫，敛其散兵，屯于阙下，遂将逃窜。王伟揽辔谏曰："自古岂有叛天子！今宫中卫士，尚足一战，宁可便走，弃此欲何所之。"景曰："我在北打贺拔胜，破葛荣，扬名河朔，与高王一种人。今来南渡大江，取台城如反掌，打邵陵王于北山，破柳仲礼于南岸，皆乃所亲见。今日之事，恐是天亡。乃好守城，我当复一决耳。"仰观石阙，逡巡叹息久之。乃以皮囊盛二子挂马鞍，与其仪同田迁、范希荣等百余骑东奔。王伟委台城窜逸。侯子鉴等奔广陵。

王僧辩遣侯瑱率军追景。景至晋陵，劫太守徐永东奔吴郡，进次嘉兴，赵伯超据钱塘拒之。景退还吴郡，达松江，而侯瑱军掩至，景众未阵，皆举幡乞降。景不能制，乃与腹心数十人单舸走，推

州军惧怕我军势大，必定是想逃跑，如果不攻击他们，将失去好机会。"侯景又命令侯子鉴作水战的准备。侯子鉴于是率领步骑万余人渡洲，同时率领水军一同进发，王僧辩迎战，大败侯子鉴，侯子鉴全军覆没，单人匹马逃脱回来。侯景听到侯子鉴大败，惊恐大哭，用被子蒙头而卧，许久才起来，叹气道："你的失误害死我了！"

王僧辩进军驻在张公洲。侯景任命卢晖略守石头城，纥奚斤守捍国城。侯景逼迫老百姓和军士的家属全部迁入台城之内。王僧辩焚毁了侯景的水栅，进入秦淮河，到达禅灵寺水边，侯景大惊，就沿着秦淮河建立栅栏，从石头城一直建到朱雀桥。王僧辩及诸将就在石头城西埠上岸连营立栅，一直连到落星墩。侯景大恐，亲自率领侯子鉴、于庆、史安和、王僧贵等，在石头城东北建立营栅拒守。侯景派王伟、索超世、吕季略守卫台城，宋长贵守延祚寺。侯景还派人挖开王僧辩父亲王神念的坟墓，打开棺材，将尸体焚毁。王僧辩等进军在石头城北结营，侯景列阵挑战。王僧辩率领众军奋勇攻打，把侯景军打得大败。侯子鉴、史安和、王僧贵各自丢下营栅逃走。卢晖略、纥奚斤率石头城守军向王僧辩投降。

侯景军败退后，他不进宫城，而是收集散兵游勇，驻在城下，以便随时逃窜。王伟拉着他的马笼头劝阻他说："自古以来哪有叛逃的天子？现在宫中的卫士还可以一战，怎么能就此逃跑，丢弃了京师，又打算逃到哪里去呢？"侯景说："我在北方攻打贺拔胜，破灭葛荣，扬名于河朔，与高欢当在伯仲之间。后来南渡长江，攻取台城易如反掌，在北山打败了邵陵王，在南岸击破了柳仲礼，这些都是你所亲见的。今日兵败，恐怕是天要亡我。你好好守城，我当再和他们决一死战。"侯景仰首观望台城宫殿，徘徊叹气很久。最后用皮袋装着他的两个儿子挂在马鞍上，与他的仪同田迁、范希荣等百余骑向东逃窜。王伟丢弃台城逃跑。侯子鉴等也逃向广陵。

王僧辩派遣侯瑱率军追赶侯景。侯景逃到晋陵，劫持了太守徐永向东逃向吴郡，进驻嘉兴，赵伯超据守钱塘抵挡他。侯景退军回吴郡，到达松江时，侯瑱的大军突然杀到，侯景众军尚未列阵，都举着旗帜向侯瑱请求投降。侯景约束不住，只好与心腹数十人乘坐一

堕二子于水，自沪渎入海。至壶豆洲，前太子舍人羊鲲杀之，送尸
于王僧辩。传首西台。曝尸于建康市，百姓争取屠脍噉食，焚骨扬
灰。曾罹其祸者，乃以灰和酒饮之。及景首至江陵，世祖命枭之于
市，然后煮而漆之，付武库。

　　景长不满七尺，而眉目疏秀。性猜忍，好杀戮。刑人或先斩手
足，割舌劓鼻，经日方死。曾于石头立大舂碓，有犯法者，皆擣杀
之，其惨虐如此。自篡立后，时着白纱帽，而尚披青袍，或以牙梳
插髻。床上常设胡床及筌蹄，着靴垂脚坐。或匹马游戏于宫内，及
华林园弹射乌鸟。谋臣王伟不许轻出，于是郁怏，更成失志。所居
殿常有鸺鶹鸟鸣，景恶之，每使人穷山野讨捕焉。普通中，童谣曰：
"青丝白马寿阳来。"后景果乘白马，兵皆青衣。所乘马，每战将
胜，辄踯躅嘶鸣，意气骏逸；其奔衄，必低头不前。

　　初，中大同中，高祖尝夜梦中原牧守皆以地来降，举朝称庆，
寤甚悦之。旦见中书舍人朱异，说所梦，异曰："此岂宇内方一，天
道前见其征乎。"高祖曰："吾为人少梦，昨夜感此，良足慰怀。"
及太清二年，景果归附，高祖欣然自悦，谓与神通，乃议纳之，而意
犹未决。曾夜出视事，至武德阁，独言"我家国犹若金瓯，无一伤
缺，今便受地，讵是事宜；脱致纷纭，非可悔也。"朱异接声而对曰：
"圣明御宇，上应苍玄，北土遗黎，谁不慕仰，为无机会，未达其
心。今侯景据河南十余州，分魏土之半，输诚送款，远归圣朝，岂
非天诱其衷，人奖其计，原心审事，殊有可嘉。今若拒而不容，恐绝
后来之望，此诚易见，愿陛下无疑。"高祖深纳异言，又信前梦，乃

条船逃走，将他的两个儿子推坠到水中，自己从沪渎入海。到了壶豆洲时，前太子舍人羊鲲杀死了他，将尸体送给王僧辩。王僧辩将侯景的首级送到江陵，将尸体陈放在建康街市上，百姓纷纷争着切割他的肉来吃，还把他的骨头烧成灰扬弃。曾经蒙受侯景祸害的人，就将侯景的骨灰掺和在酒里喝。侯景首级送到江陵后，元帝下令将它高悬示众，然后将它煮后漆上油漆，交给武库保管。

侯景身高不满七尺，但眉目俊秀。他性情猜忌残忍，喜好杀人。他要杀人时，总是先斩掉人的手脚，再割掉舌头和鼻子，使人挣扎一整天才死。他还曾经在石头城立了一个大石碓，凡有犯法者，就将他放在石臼里，用舂碓将他捣杀，他就是如此残暴。自从篡位做了皇帝以后，他经常戴着白纱帽，仍旧穿青袍，有时用象牙梳插在发髻上。他的坐榻上经常摆放着胡床和筌蹄麈尾，他穿着靴子垂脚坐在胡床上。有时他一个人骑马在宫中游玩，或到华林园弹射鸟雀。谋臣王伟不让他轻率出宫，自此他闷闷不乐，乃至恍然失意。他所居的殿上常有猫头鹰之类的鸟叫，侯景很讨厌它，经常派人翻山越野去捕杀。普通年间，童谣唱道："青丝白马寿阳来。"后来侯景果然乘白马，士卒都穿青衣。侯景所骑的马，每次战斗将要取胜时，就会踏着步子嘶鸣，神气如同非凡的骏马。待到败走时，它必然低头不前。

起初，中大同年间，高祖曾经夜里梦见中原州郡的州牧太守都各带土地来投降，满朝官员都互相庆祝，他醒来后很高兴。天亮后见了中书舍人朱异，把自己所梦见的情形告诉了朱异，朱异说："这岂不是天下将要统一，天象预先显示出征兆吗？"高祖说："我很少做梦，昨天夜里梦到的情形，实在让我欣慰。"到了太清二年（548），侯景果然前来归附，高祖非常喜悦，认为这与天意相通，于是打算接纳侯景，但还没有最后下定决心。他曾经在夜间出宫，走到武德阁，自言自语说："我的国家如同金瓯，完好无缺，今天接受侯景投降，会不会不相宜？若是惹出纷乱祸事，到时再后悔也不可得了。"朱异应声而答道："我主英明治理天下，顺应天意，北方遗民，谁不思慕圣上？只因没有机会，未能实现他们的心愿。今天侯景据有河南十余州，分割了魏国的一半土地，表达着他的真心实意，远道前来归顺圣朝，岂

定议纳景。及贞阳覆败，边镇惶扰，高祖固已忧之，曰："吾今段如此，勿作晋家事乎？"

先是，丹阳陶弘景隐于华阳山，博学多识，尝为诗曰："夷甫任散诞，平叔坐谈空，不意昭阳殿，化作单于宫。"大同末，人士竞谈玄理，不习武事；至是，景果居昭阳殿。

天监中，有释宝志曰："掘尾狗子自发狂，当死未死啮人伤，须臾之间自灭亡，起自汝阴死三湘。"又曰："山家小儿果攘臂，太极殿前作虎视。"掘尾狗子，山家小儿，皆猴状。景遂覆陷都邑，毒害皇室。

大同中，太医令朱躭尝直禁省，无何，夜梦犬羊各一在御坐，觉而恶之，告人曰："犬羊者，非佳物也。今据御坐，将有变乎？"既而天子蒙尘，景登正殿焉。

及景将败，有僧通道人者，意性若狂，饮酒噉肉，不异凡等，世间游行已数十载，姓名乡里，人莫能知。初言隐伏，久乃方验，人并呼为阇梨，景甚信敬之。景尝于后堂与其徒共射，时僧通在坐，夺景弓射景阳山，大呼云"得奴已"。景后又宴集其党，又召僧通，僧通取肉揾盐以进景。问曰："好不？"景答："所恨太咸。"僧通曰："不咸则烂臭。"果以盐封其尸。

王伟，陈留人，少有才学，景之表、启、书、檄，皆其所制。景既得志，规摹篡夺，皆伟之谋。及囚送江陵，烹于市。百姓有遭其毒

不是上天开导他的思想，人民赞赏他的主意吗？追究他的本心，考察此事的情理，是非常值得赞扬的。今天如果拒绝他来降，恐怕会使后来归顺的人失望，这道理显而易见，望陛下不要再犹豫。"高祖平时对朱异的话言听计从，又深深相信以前的梦境，便决定接纳侯景。等到贞阳侯萧渊明军队覆灭，边镇恐惧慌张，高祖对此很是忧虑，说："我现在这般境地，莫非要像西晋那样让出江山么？"

在此之前，丹阳人陶弘景隐居在华阳山，他博学而广识，曾作诗说："王衍放任散澹，何晏坐谈玄理，不料昭阳殿上，翻作单于毡帐。"大同末年，士人竞相谈论玄理，疏于晓习武备。太清之乱时，侯景果然进据昭阳殿。

天监年间，有个和尚释宝志说："掘尾狗子自发狂，当死未死啮人伤，须臾之间自灭亡，起自汝阴死三湘。"又说："山家小儿果攘臂，太极殿前作虎视。"掘尾狗子和山家小儿，指的都是猴。后来侯景果然攻陷京师，毒害王室。

大同年间，太医令朱耽曾在禁省中值宿，没有多久，夜里梦见有一条狗和一只羊趴在御座上，醒来后很厌恶这个征兆，对别人说："犬羊，都不是好东西，它们占据御座，莫非国家将有变乱吗？"后来果然天子被囚禁，侯景登上了正殿。

等到侯景将要败亡的时候，有个名叫僧通的僧人，气质和性格都像疯子，又喝酒又吃肉，和普通人无异，他在世间云游已经数十年，真实姓名和籍贯无人知晓。他讲的话，一开始涵义隐晦，久后方能验证，人们都叫他为阇梨。侯景十分相信和敬重他。侯景曾经在后堂与他的党羽一起射箭，当时僧通也在座，夺过侯景的弓，放箭射景阳山，大叫"射中那个奴才了"。侯景后来又设宴与手下人聚会，召僧通赴宴，僧通取过一块肉，抹上盐递给侯景，问道："好吃吗？"侯景回答："只嫌它太咸了。"僧通说："不咸肉就要发臭。"后来侯景的尸体果然是用盐腌封的。

王伟，陈留人，少年时很有才学，侯景的表、启、书、檄都是由王伟起草撰写的。侯景得志后，规划篡夺帝位，也都是王伟给他出谋划策。后来王伟被囚禁送往江陵，在街市上被烹死。百姓中凡有受过

者，并割炙食之。

　　史臣曰；夫道不恒夷，运无常泰，斯则穷通有数，盛衰相袭，时屯阳九，盖在兹焉。若乃侯景小竖，叛换本国，识不周身，勇非出类，而王伟为其谋主，成此奸慝。驱率丑徒，陵江直济，长戟强弩，沦覆宫阙，祸缠宸极，毒遍黎元，肆其恣睢之心，成其篡盗之祸。鸣呼！国之将亡，必降妖孽。虽曰人事，抑乃天时。昔夷羿乱夏，犬戎厄周，汉则莽、卓流灾，晋则敦、玄搆祸，方之羯贼，有逾其酷，悲夫！

王伟残害的，都割他的肉烤来吃。

史臣说：天道不会恒久太平，国运也不会永远安宁，这是因为困窘与亨通都自有天数，昌盛与衰败交替承袭，梁朝遭到厄运灾祸的原因就在于此。侯景这种小人，在本国蛮横跋扈，见识不足以自保，勇力也并不出众，可是王伟为他出谋划策，使他邪恶的阴谋能够得逞。他驱使率领凶徒乱党，渡江直趋建康，凭借长戟强弩，攻克宫阙祸及天子荼毒百姓，任意胡作非为，制造了篡夺盗取帝位的灾祸。啊！国之将亡，必有妖孽。虽说这是人力所致，但也是因为天时如此。从前夷羿在夏朝作乱，犬戎危害周朝，汉朝有王莽、董卓流布灾祸，晋朝有王敦、桓玄构成祸乱，到了侯景的时候，这个羯族贼寇比他们都要残酷，多么可悲啊！

二十四史新译

# 梁书

一

主编 楼宇烈

执行主编 梁光玉 萧祥剑

〔唐〕姚思廉 撰 沈蔚 译

团结出版社

© 团结出版社，2025 年

图书在版编目（ＣＩＰ）数据

　梁书 /（唐）姚思廉著；沈蔚译 . -- 北京：
团结出版社，2025.2
　ISBN 978-7-5234-1174-2

Ⅰ . K239.130.42

中国国家版本馆 CIP 数据核字第 2024K77U04 号

责任编辑：夏明亮
封面设计：肖宇岐

出　　版：团结出版社
　　　　　（北京市东城区东皇城根南街 84 号　邮编：100006）
电　　话：（010）65228880　65244790
网　　址：http://www.tjpress.com
E-mail：zb65244790@vip.163.com
经　　销：全国新华书店
印　　装：北京印匠彩色印刷有限公司

开　　本：145mm×210mm　　32 开
印　　张：46.5　　　　　　　　字　　数：966 千字
版　　次：2025 年 2 月　第 1 版　　印　　次：2025 年 2 月　第 1 次印刷

书　　号：978-7-5234-1174-2
定　　价：198.00 元（全二册）
　　　　　（版权所属，盗版必究）

# 《二十四史新译》编辑出版委员会

**顾　问：**

郑建邦　许嘉璐　朱永新

郝时晋　楼宇烈　韩兆琦

**总主编：**

楼宇烈

**执行主编：**

梁光玉　萧祥剑

**出版统筹：**

萧祥剑

**编辑出版委员会成员**（按年龄次序排列）：

《梁书》翻译小组：

沈蔚

# 《二十四史新译》推荐序

　　一个中国人，一定要认识和了解中国的历史文化，才能够称得上是一个真正意义上的中国人。

　　我们中华民族，自古以来就是一个重视历史的民族。远在上古时期，我们的先祖就建立起了史官制度，所谓"左史记言，右史记事，事为《春秋》，言为《尚书》"，将历史的经验教训作为借鉴，以继往开来。清代学者章实斋先生更是提出了"六经皆史"的说法。由此可见，历史在中华文化中有着何等重要的地位。

　　《二十四史》是我国古代二十四部史书典籍的总称，由《史记》《汉书》《后汉书》《三国志》《晋书》《宋书》《南齐书》《梁书》《陈书》《魏书》《北齐书》《周书》《隋书》《南史》《北史》《旧唐书》《新唐书》《旧五代史》《新五代史》《宋史》《辽史》《金史》《元史》《明史》组成。这些史书统一使用了本纪、列传的纪传体形式编写，并先后由各朝代官方史官编撰或是得到朝廷认可，因此被称为"正史"。

　　《二十四史》系统载录了中华民族从始祖黄帝起始一直到清兵入关、明朝灭亡（1644）期间上下四千多年的中国历史，共计约三千二百余卷，四千余万字，涵盖了我国古代社会政治、经济、军事、思想、文化、艺术、天文、地理、科技、宗教、道德、民俗等各方面的内容，是一部记载中华民族的起源和发展脉络的重要典籍。这么规模宏大的历史书写，在世界历史长河和各国文明史上，都是绝无仅有的，它不仅是我们中华民族的巨大文化财富，更是人类共同文化遗产中的瑰宝。

这份延续四千多年而没有中断的历史财富，首先得益于我们中国文字的独特性，汉字作为一种表意文字，虽然有从甲骨文到金文、小篆、隶书、楷书的演进过程，但是基本没有太大的变化，是世界上迄今为止使用时间最长的文字。汉字不断发展，后来不仅是以音来表意，还以形来表意，所以能够打通古今，贯通南北，一直传承下来，今人依旧可以读懂古人的文字。而且，中国古人采用文言文作为书面表达的载体，这种超越时空的语言表达形式，让中国古人的文章不仅简洁、精练、优美，而且几千年后的人依旧能够读懂。中华文化在语言文字上的这两大特色，是历代典籍能够延续传承至今的重要基石，也是《二十四史》得以没有中断、不断传承的根本因素。

除了语言文字的独特性，中华文化还有两大重要的人文精神传统，就是"以天为则"和"以史为鉴"。遍览历朝史实，我们不难发现，历史演进的循环规律，体现的正是天道的自然规律。因此，学习历史对于我们认识天道，懂得人道是极为重要的。在中国历史上，每个朝代政权相对稳定以后，首要的事情就是修订礼乐，其次就是修前朝历史，这是中国历代的一个传统，体现的就是"以史为鉴"的精神。正是因为这一精神传统，才让我们拥有了世界上最系统、最完备的历史著作，才让我们的文明得以延续传承至今。

中国古人的历史书写，不是简单的史实记录，而是思想的传承，其要旨正如司马迁在《报任安书》中所说："究天人之际，通古今之变，成一家之言。"这段话体现的不仅是司马迁撰写《史记》的初衷，也堪称是每一部史书编撰者所希望达到的标准。《二十四史》中的每部史书，虽然不能说都达到了司马迁《史记》的同等水平，但其精神和初衷都是相通和一致的，而且也都是同类史籍中成就最高和最优秀的，因此才得以历代流传，最终得到官方认可，成为钦定的"国史"。

《二十四史》是我们中华民族的集体家国记忆，它以浩瀚的篇幅、严谨的编纂、深邃的思想，承载着中华民族历史文化的精髓。然而，由于其文言文的表述方式，对当代许多普通读者来说，想要阅读这些史籍，往往存在阅读理解上的障碍。因此，将《二十四史》翻译成白话文，让每个国人都能够读懂国史，对于我们今天传承和弘扬中华优秀传统文化具有重要意义。

团结出版社和谦德书院的全体同仁，秉承"为往圣继绝学"的恢弘大愿，一直致力于古籍的注译和普及工作。在编撰完成《群书治要续编》这一重大文化工程之后，又耗费巨大人力物力，首次采用简体字的形式将《二十四史》进行文白对照翻译，前后历时近十年，终于完成《二十四史新译》这一规模浩大的国史今译工程，可以说是一件功在当代、利在子孙的文化盛事。

《二十四史新译》不仅是对史籍原文的精准翻译，更是对我国历史的一次深入解读和文化传承。在翻译过程中，译者们秉持着严谨的态度，力求在保持原文内涵的基础上，用通俗易懂的白话文，再现古人的历史书写，这样的翻译工作，既需要深厚的古文功底和历史学识，又需要对现代汉语能够娴熟运用，其难度可想而知。

《二十四史新译》的价值，我想首先应该体现在其对历史的普及与传播上。历史是一个民族的集体记忆，是一个民族文化的根脉。然而，由于文言文的晦涩难懂，许多人对《二十四史》望而却步，无法领略其精彩魅力。《二十四史新译》的问世，则可使更多的人能够轻松阅读，并由此深入了解我们的国史。这对于增强国人的历史修养、人文素养、文化自信，凝聚民族精神都有巨大的推动作用。

对于文史学者来说，《二十四史新译》则提供了更为便捷的阅读材料，更可为其深入研究历史提供新的思路和启示。

我们今天处在一个信息化、全球化的时代，文化的交流与传播显得尤为重要。《二十四史新译》的出版，也是中华文化走向世界、与世界文化交流互鉴的重要载体。

需要说明的是，这么庞大的一项史籍今译工程，无论是策划组织者和实施者，都需要巨大的耐心和勇气。而且，这项工作要想做到完全没有错漏和缺憾，是十分困难的事情。因此，我要对《二十四史新译》全体译者和编辑们表示由衷的敬意和感谢。同时，我也希望广大读者能够珍惜这部大书，认真阅读、深入思考，从前人历史中汲取经验和智慧，为中华民族的文化复兴和祖国强盛奉献自己的力量。

一个民族的历史是一个民族安身立命的基础，《二十四史》是我们中华民族最宏大的历史书写，是我们全体中华儿女的家国记忆和精神家园。"如果不从源远流长的历史连续性来认识中国，就不可能理解古代中国，也不可能理解现代中国，更不可能理解未来中国。"因此，阅读和学习《二十四史》，不仅是我们认识古代中国的文化窗口，还是我们建设今日中国的智慧源泉，更是我们走向未来中国的精神指引。

《二十四史新译》的问世，为我们今天传承与弘扬中华优秀传统文化注入了新的活力。"以史为镜，可以知兴替"，将历史作为一面镜子，从历史中汲取兴衰存亡的经验教训，对于我们个人的修身处事和国家的治理发展都有着重要的意义。

过去，读书人要拥有一部《二十四史》极为不易。今天，随着经济的发展和科技的进步，一个单位，甚至一个中等收入的家庭要备置一套《二十四史》并不是一件难事。但是，能够抽出时间来阅读这部大书，则是一件很不容易的事情。《二十四史新译》令国史易读，为大众读史提供了最大程度的方便，希望它的出版，能够给全社会带来一个阅读国史的新高潮。让我们大家都能够从历史中汲取智慧，共同书写中华民族更加辉煌灿烂的篇章！

《二十四史新译》出版在即，谨以此序，献上最诚挚的祝贺与最美好的祝愿！

楼宇烈

二〇二四年（岁次甲辰）五月

# 《二十四史新译》总序

　　《书》云："学古入官，议事以制，政乃不迷。"《易》曰："君子以多识前言往行，以畜其德。"近代史家亦有言：凡一国之国民，当对其一国之历史略有所知，且当存之以温情与敬意也。故知史书乃为学者之不可不读也。

　　古之著录，首列经史。经书者，诠大道之理体；史书者，载日用之事迹。经为阳，史属阴；经显理，史纪事。故有"柔日读经，刚日读史"之说也。然理事无碍，性相一如，故经史本为一也。其于学焉，则经史并重而互参，则能知体晓用，通权达变，识时识势，知进知退，穷则守志抱一，达则觉世牖民，成通达经史学问之大人君子。

　　《二十四史》乃吾国历代官方钦定正史之总称。自司马迁作《史记》，创纪表书传之体，后世班固继之而著《汉书》，自此历代史官皆循此体而修史，以纪一朝之史实，垂信后世，为之殷鉴，以遗子孙。虽国祚兴废，朝代更迭，然修史之传统未尝有变。迨至有清一代，《二十四史》终成，蔚为大观，举世罕见。

　　此《二十四史》，实乃吾国先民活动之总迹，历朝兴衰成败之全录，各代典章制度之大成，百代人物传记之荟萃。举凡帝王将相、儒林宗师、高僧名道、隐士逸民、孝子贤妇、侠客豪杰，乃至佞臣酷吏、奇人异士，其事迹足以示劝惩、昭法戒者，无不载于简牍，以垂后世。故而历代治乱安危之原故，政事是非善恶之利害，帝王英明昏庸之能否，群臣忠贤奸佞之情实，诸朝典章制度之得失，士林学术思想之流变，科技文明发展之进程，人事因果吉凶之征验，俱可备览而察焉。故史书之用，实可辅益经书而垂训世人，令人追慕前贤而进德修业，知晓世路艰难而谨慎其事，明察善恶昭彰而朝乾夕惕，取法前车之鉴而改弦易辙，熟谙时势之几而或出或处，通达古今之变而谋虑深远。是谓善读史者，可识古而知今，鉴往而察来焉。

余与谦德众同仁多年矢志于古籍今译工作，以期为往圣继绝学，赓续中华文脉，弘扬中华道统。余尝因撰《群书治要续编》而遍览诸史，见其卷帙浩繁，文言艰涩，实令普通读者望而却步。往昔前辈虽有语译之创举，然无单行之分史，故而难以普及大众。为此，余乃发愿组织学人编撰《二十四史》之文白对照本，因异于前译，故取名曰《二十四史新译》，欲令吾国之正史普罗大众皆能读也。自公元二零一六年（岁次丙申）语译《史记》始，迄今不觉已近十度春秋，其间备历艰辛，遇多磨砺，然蒙中华历代古圣先贤之护佑，受司马子长、班孟坚等历代史官之精神鼓舞，得多位前辈、师长之指引提携，此《二十四史新译》终得陆续问世。今抚卷展览，感慨良多。

惟此《二十四史》洋洋数千万字，语译后则逾亿字，余等虽集众人之力，精诚恭敬从事，且有前人成果之参考，得科技手段之助益，然囿于语译者精力、能力各异，其行文、精审亦有良否，校雠工作则更繁巨，故差错则亦在所难免。故此首刊之本，实为请教诸方家之初梓，祈望仁者校正，使其日臻完善。果此《二十四史新译》行世，能令读者于史海泛舟，拾碎金屑玉，得读史之裨益，进而迈入正史之门，对吾国史心生敬意与温情，于吾国固有文化生大信解，则吾与诸仁者所费之心力，功不唐捐也。

古时刊修国史，皆国家费巨资、集众贤方能成就之鸿业。今逢中华民族复兴之伟大时代，国力日增，文化日盛，斯有此《二十四史新译》之问世，岂非史家千年难遇之美事，民族文化复兴之祯祥哉！是书即将陆续刊行，故略述编撰之旨趣与缘起，以为总序。

萧祥剑

二〇二四年（岁次甲辰）六月于谦德山房

# 出版前言

　　《梁书》是一部记载我国南北朝时期南朝梁代（502-557）历史的纪传体断代史，由姚察、姚思廉父子历梁、陈、隋、唐四朝编纂修撰而成，是现存记录梁代历史最为完整全面的一部史书。

　　姚察（533-606）字伯审，吴兴武康人（今浙江德清），入隋后迁居雍州万年（今陕西西安）。他历仕梁、陈、隋三朝，陈后主时官至吏部尚书。姚察以博学与文史之才闻名于时，据《陈书》本传，他"于坟籍无所不睹"，"徐陵名高一代，每见察制述，尤所推重"。

　　陈宣帝时，姚察已经奉诏"知梁史事"，入隋后又深受隋文帝赏识，文帝曾对群臣说："姚察学行当今无比，我平陈惟得此一人。"据北宋曾巩《陈书目录序》，"隋文帝见察甚重之，每就察访梁陈故事，察因以所论载每一篇成辄奏之"。姚察奉文帝敕令撰写梁、陈二代历史，未竟而卒，临终前"仍以体例诫约子思廉，博访撰续，思廉涕泣奉行"。

　　姚思廉（557-637）字简之（《新唐书》谓其名简字思廉，以字行），历仕陈、隋、唐三代，唐太宗时官至散骑常侍。他自幼随父研习《汉书》，尽传家业，据《旧唐书》本传，他绰有父风，"学兼儒史，见重于三代"，是深受唐太宗礼遇的"十八学士"之一。

姚思廉继承父志修撰《梁书》《陈书》，虽有姚察生前完成的旧稿作为基础，然而因为陈、隋两代国祚短暂，权力更迭频繁，史家修史工作面临着极大的困难；唐高祖李渊于武德五年（622）曾诏令萧瑀等大臣为前朝修史，姚思廉参与陈史的修撰，但这次修史延宕数年后终于未能推进。贞观二年（628），唐太宗下诏设馆修前朝史书，魏徵、姚思廉负责梁陈二书，监修官魏徵"裁其总论"，而"编次笔削，皆思廉之功也。"贞观十年（636），《梁书》终于修成奏上，次年姚思廉即病逝。除了梁陈二书，姚思廉还曾与隋起居舍人崔赜合著有《区宇图志》，这部巨著是中国历史上第一部官修的全国性总地志，可惜已经失传。

《梁书》共五十六卷，含本纪六卷：《武帝纪》三卷，《简文帝纪》一卷，《元帝纪》一卷，《敬帝纪》一卷；列传五十卷：第一记七位后妃生平，第二记三朝太子事迹，第十六记太祖五王（武帝的五位兄弟），第十七记长沙嗣王等武帝诸侄，第二十三记高祖三王（武帝的三个儿子），第三十八记太宗十一王及世祖二子，第四十九记宗室悖逆者，末卷详述侯景之乱，其余列传在单传、合传之外尚有类传八卷——《孝行传》一卷、《儒林传》一卷、《文学传》二卷、《处士传》一卷、《止足传》一卷、《良吏传》一卷、《诸夷传》一卷。

从篇幅比例上看，《梁书》五十六卷纪传中有二十六卷的卷末赞语为"陈吏部尚书姚察曰"，可以推想这些篇章原是姚察所撰。署有"史臣曰"的有二十七篇，与"姚察曰"大致相当，可见

《梁书》中姚察、姚思廉父子二人所撰篇幅大抵是相等的。

姚察父子编修《梁书》，主要取材于国史，又博采梁、陈、隋历代史家如谢昊、许亨、何之元、刘璠等所著梁史，"编次笔削"而成。《梁书》拣择精练，用墨简洁，列传采取类叙之法，而且经常较完整地引用诏书、奏议，这些特点都可反映出姚氏父子对《汉书》等经典史乘体例的有意识的继承。清《四库全书总目提要》在评价《梁书》史论与编排时说它"持论多平允，排整次第，犹具汉晋以来相传之史法，要异乎取成众手，编次失伦者矣"，这个评价是非常准确的。

虽然《梁书》创作于文体普遍骈俪化的时代，姚察父子在书中除引文之外，叙事议论大都采用散体，凝练古朴，行文爽劲。《卷六》末尾，监修官魏徵总结梁朝兴亡得失的论赞文字仍取骈四俪六的形式，两相对比，可以清晰地反映出姚氏父子在史传文体文风上的独到追求。试看《曹景宗传》记其自述、《韦睿传》记钟离之战经过、《康绚传》记浮山堰修筑始末等篇章，语言简洁朴实，叙述却栩栩如生，读来身临其境之感顿生。正因如此，清代史学家赵翼在《廿二史札记》中赞誉"《梁书》虽全据国史，而行文则自出炉锤，直欲远追班、马"，并将姚氏史著视为中唐古文运动的先声。

作为一部创作于一千四百多年前的史著，《梁书》也不可避免地有一些不足之处。首先，《梁书》有纪、传而无志、表。萧梁国祚不满一甲子，梁史无表尚不致构成很大困扰，但无志就使得后世对梁代典章制度的了解有了相当的难度，故而《隋书》十志中有关梁代典制的内容就格外值得注意。

其次，《梁书》所载史事止于敬帝禅位于陈，不为西梁政权立传。《梁书》本自国史，陈朝视西梁为不具法统的割据政权，陈朝国史自然对之不予记录。但入唐后成书的《梁书》也囿于成例而不载其事，就使后世必须求助于《周书》《北史》的片段记载来推究西梁历史。

第三，《梁书》作者生活在距梁颇近的年代，前朝旧人及权要后裔掣肘尚多，同时作者也受到历史大时代的局限，又兼主要以国史为依托材料，所以《梁书》的确含有为数不少的为尊者讳的曲笔文饰。

应该认识到，这是历代王朝正史中普遍存在的问题，《梁书》在这方面的表现与其他史书相比并无特别之处。实际上，《梁书》对于人物事迹中的矫言讳饰成分，是采用了一定的委婉笔法加以补正说明的。例如对于梁武帝这个梁代历史的关键人物，尽管三卷《高祖本纪》对他多有溢美之词，但《贺琛传》仍全文收录了贺琛的直谏奏折以及武帝的答敕，对于武帝统治后期日益严重的社会问题，和被触及痛处而勃然大怒的老年武帝形象，都进行了深刻而生动的刻画。卷六末尾，监修官魏徵总结性的长篇论赞，也对武帝治国之得失作了相对客观的评价。此外还有《朱异传》卷末姚察所作论赞、《侯景传》等篇章，也对梁武帝的缺点过失进行了并不隐讳的批评。赵翼在《廿二史札记》卷九"《梁书》悉据国史立传"条中称《梁书》"有美必书，有恶必讳"，这个断语是尚可商榷的。

日本明历三年（1657）正月十八，江户（今东京）发生特大火灾，城市三分之二被延烧的大火毁去，日本一代儒宗林罗山

（1583-1657）的家宅也在这场火灾中化为灰烬。逃出火海时，他随身别无长物，只带了一册他朱笔校读的汉籍——《梁书》。这则逸闻，当可作为《梁书》史学与文学价值的一个注脚。

《梁书》修成后即交由秘府收藏，罕有流出，这就造成传世抄本往往脱误之处递相流传，直至北宋曾巩校订《梁书》，方为其雕版印行之始。现存《梁书》的最早版本为南宋蜀刻大字本，其后尚有明南监本、北监本、汲古阁本、清武英殿本等刻本。民国时期，上海商务印书馆对宋蜀刻大字本加以精心校对影印，推出的百衲本受到读者的一致推崇。1973年，中华书局以百衲本为底本，参考多个刻本刊印成点校本《梁书》，近年来更是不断对之加以校订更新，是目前《梁书》最好的通行版本，也成为此次今译的主要参考依据。

全书分为二册，第一册为卷一至卷二十九，第二册为卷三十至卷五十六。

汉语古籍今译，是一项貌似基础而实则具有很高门槛的工作。今译的出发点在于普及，但今译的前提是对古籍文本完整而准确的理解，如果做不到，则今译之"信"就无从谈起。这就对这就对译者的知识储备和学术功底提出了很高的要求。无怪乎历史学家、古籍整理专家黄永年先生在《古籍整理概论》"如何做好古籍今译"部分第一条就强调，"要明确古籍今译也是一项学术工作"。同时，一部优秀的古籍今译作品，还必须在准确理解原始文本的前提下，对译文进行创造性的塑形和打磨，追求"达"和"雅"。在这方面，古籍今译也遵循所有语种翻译工作的普遍规律，也需要灵活采用"归化""异化"两种策略，力求用晓畅得体的现代汉语传递出文言古籍的文学特性与文体格调。译者水平所限,错漏疏失之处在所难免,恳请读者方家不吝赐教指正。

汉语是一条古老而美丽的河流。几千年来,她历经改道,过去的百年中,她的样貌和生态尤多嬗变改观,蓄纳了许多新的水体,滋养着更加广众的人群。愿我们的今译工作,能开浚一条通往上游故道的清流,帮助读者领略她博大幽深的风景,并唤醒对这条长河的珍惜。

# 目　录

## 卷二十一

## 卷二十二

## 卷二十九

卷一——卷二十九

# 卷一

## 本纪第一
### 武帝上

　　高祖武皇帝，讳衍，字叔达，小字练儿，南兰陵中都里人，汉相国何之后也。何生酇定侯延，延生侍中彪，彪生公府掾章，章生皓，皓生仰，仰生太子太傅望之，望之生光禄大夫育，育生御史中丞绍，绍生光禄勋闳，闳生济阴太守阐，阐生吴郡太守冰，冰生中山相苞，苞生博士周，周生蛇丘长矫，矫生州从事逵，逵生孝廉休，休生广陵郡丞豹，豹生太中大夫裔，裔生淮阴令整，整生济阴太守鏯，鏯生州治中副子，副子生南台治书道赐，道赐生皇考讳顺之，齐高帝族弟也。参预佐命，封临湘县侯。历官侍中，卫尉，太子詹事，领军将军，丹阳尹，赠镇北将军。

　　高祖以宋孝武大明八年甲辰岁生于秣陵县同夏里三桥宅。生而有奇异，两胯骈骨，顶上隆起，有文在右手曰"武帝"及长，博学多通，好筹略，有文武才干，时流名辈咸推许焉。所居室常若云气，人或过者，体辄肃然。

　　起家巴陵王南中郎法曹行参军，迁卫将军王俭东阁祭酒。俭一见深相器异，谓庐江何宪曰："此萧郎三十内当作侍中，出此则贵不可言。"竟陵王子良开西邸，招文学，高祖与沈约、谢朓、王融、萧琛、范云、任昉、陆倕等并游焉，号曰八友。融俊爽，识鉴过人，尤敬异高祖，每谓所亲曰："宰制天下，必在此人。"累迁随王镇西咨议参军，寻以皇考艰去职。隆昌初，明帝辅政，起高祖为宁朔将军，镇寿春。服阕，除太子庶子、给事黄门侍郎，入直殿省。预萧谌高祖武皇帝名衍，字叔达，乳名叫练儿，是南兰陵郡中都里人，汉代相国萧何之后。萧何生酂定侯萧延，萧延生侍中萧彪，萧彪生公府掾萧章，萧章生萧皓，萧皓生萧仰，萧仰生太子太傅萧望之，萧望之生光禄大夫萧育，萧育生御史中丞萧绍，萧绍生光禄勋萧闳，萧闳生济阴太守萧阐，萧阐生吴郡太守萧冰，萧冰生中山相萧苞，萧苞生博士萧周，萧周生蛇丘长萧矫，萧矫生州从事萧逵，萧逵生孝廉萧休，萧休生广陵郡丞萧豹，萧豹生太中大夫萧裔，萧裔生淮阴令萧整，萧整生济阴太守萧鎋，萧鎋生州治中萧副子，萧副子生南台治书萧道赐，萧道赐生下高祖先父萧顺之，他是齐高祖萧道成的族弟。萧顺之因参与辅佐高祖登基创业，封临湘县侯。历任侍中，卫尉，太子詹事，领军将军，丹阳尹，赠镇北将军。

高祖于宋孝武帝大明八年甲辰岁（464）生于秣陵县同夏里三桥宅。他生来相貌清奇，两股间骨骼相连，头上顶骨隆起，右手有“武帝”字形掌纹。长大后博学多才，爱好筹划谋略，文武双全，能力出众，受到当时社会名流的广泛推许。所居的卧室常像是有云气升起，人们经过都有肃然敬畏之心。

高祖出仕之初，担任巴陵王萧子伦的南中郎法曹行参军，后来升任卫将军王俭的东阁祭酒。王俭初次和他见面就对他十分器重，视为异才，并对庐江何宪说：“这个萧郎三十岁之内定会官至侍中，其后更会贵不可言。”竟陵王萧子良开辟西邸官舍，招揽饱学之士，高祖与沈约、谢朓、王融、萧琛、范云、任昉、陆倕等一起在此交游，号称八友。王融气度俊逸豪爽，识人鉴才的眼力过人。他尤其敬重推崇高祖，常常对亲近的人说：“未来主宰天下者，必定是此人。”高祖屡经升迁，官至随王萧子隆的镇西咨议参军，不久因父丧守制而等定策勋，封建阳县男，邑三百户。

建武二年，魏遣将刘昶、王肃帅众寇司州，以高祖为冠军将军、军主，隶江州刺史王广为援。距义阳百余里，众以魏军盛，趑趄莫敢前。高祖请为先启，广即分麾下精兵配高祖。尔夜便进，去魏军数里，径上贤首山。魏军不测多少，未敢逼。黎明，城内见援至，因出军攻魏栅。高祖帅所领自外进战。魏军表里受敌，乃弃重围退走。军罢，以高祖为右军晋安王司马、淮陵太守。还为太子中庶子，领羽林监。顷之，出镇石头。

四年，魏帝自率大众寇雍州，明帝令高祖赴援。十月，至襄阳。诏又遣左民尚书崔慧景总督诸军，高祖及雍州刺史曹虎等并受节度。明年三月，慧景与高祖进行邓城，魏主帅十万余骑奄至。慧景失色，欲引退，高祖固止之，不从，乃狼狈自拔。魏骑乘之，于是大败。高祖独帅众距战，杀数十百人，魏骑稍却，因得结阵断后，至夕得下船。慧景军死伤略尽，惟高祖全师而归。俄以高祖行雍州府事。

七月，仍授持节、都督雍梁南北秦四州郢州之竟陵司州之随郡诸军事、辅国将军、雍州刺史。其月，明帝崩，东昏即位，扬州刺史始安王遥光、尚书令徐孝嗣、尚书右仆射江祏、右将军萧坦之、侍中江祀、卫尉刘暄更直内省，分日帖敕。高祖闻之，谓从舅张弘策曰："政出多门，乱其阶矣。《诗》云：'一国三公，吾谁适从？'况今有六，而可得乎！嫌隙若成，方相诛灭，当今避祸，惟有此地。勤行仁义，可坐作西伯。但诸弟在都，恐罹世患，须与益州图之耳。"

去职。隆昌初年,明帝辅政,起用高祖为宁朔将军,镇守寿春。服丧期满后,被任命为太子庶子、给事黄门侍郎,进入宫廷及台省之中当值。因参与萧谌等人册立天子的功勋,封爵建阳县男,食邑三百户。

建武二年(495),北魏派遣将领刘昶、王肃率军侵犯司州,天子以高祖为冠军将军、军主,归属江州刺史王广作为后援。大军进至距离义阳一百余里的地方,众将因北魏军势大,徘徊观望不敢进兵。高祖请求做先头部队,王广就分拨麾下的精兵给他指挥。高祖当夜进兵,抵达距北魏军数里之地,径直登上贤首山。北魏军不知敌军多少,不敢贸然进逼。黎明时分,城内守军见援军赶到,乘势出兵攻打北魏军营栅。高祖率所部从外夹攻。北魏军腹背受敌,于是解散重围退走。战斗结束后,命高祖为右军晋安王司马、淮陵太守。返朝以后,又担任太子中庶子,兼领羽林监。不久,奉命出京镇守石头城。

建武四年(497),北魏皇帝亲自率领大军进犯雍州,明帝命令高祖驰援。十月到达襄阳。天子又降诏,派左民尚书崔慧景总督各路军马,高祖及雍州刺史曹虎等都归他节度。第二年三月,崔慧景与高祖向邓城进军,魏帝率十万余骑兵忽然杀到,崔慧景大惊失色想要撤退,高祖坚决地劝阻他,崔慧景不听,仓促拔营后撤。北魏骑兵趁机掩杀,于是齐兵大败。高祖率孤军拒敌,杀死了数十上百名敌军,北魏骑兵稍有退却,高祖趁机整顿好阵形断后,直到傍晚才得以下船脱险。崔慧景麾下部队伤亡殆尽,唯独高祖所部全师而归。不久,明帝任命高祖行雍州府事。

七月,授命高祖持节,都督雍、梁、南、北秦四州,郢州之竟陵,司州之随郡诸军事,并任命为辅国将军、雍州刺史。本月,明帝驾崩,东昏侯萧宝卷即位,扬州刺史始安王萧遥光、尚书令徐孝嗣、尚书右仆射江祏、右将军萧坦之、侍中江祀、卫尉刘暄等人轮流在内省中当值,值日批示奏章以为敕命。高祖在襄阳听说后,对从舅(母亲的叔伯兄弟)张弘策说:"政令出于多门,祸乱就要从中肇生了。《诗经》中说:'一国三公,吾谁适从?'更何况现在有六个,这样还能行吗?如果各家权臣之间生出嫌隙,必将相互诛杀。如今要想避祸,只能留在此地。多行仁义之举,自然能成就周文王一样的功业。但是我家诸弟

时高祖长兄懿罢益州还，仍行郢州事，乃使弘策诣郢，陈计于懿曰："昔晋惠庸主，诸王争权，遂内难九兴，外寇三作。今六贵争权，人握王宪，制主画敕，各欲专威，睚眦成憾，理相屠灭。且嗣主在东宫本无令誉，媟近左右，蜂目忍人，一总万机，恣其所欲，岂肯虚坐主诺，委政朝臣。积相嫌贰，必大诛戮。始安欲为赵伦，形迹已见，塞人上天，信无此理。且性甚猜狭，徒取乱机。所可当轴，惟有江、刘而已。祐怯而无断，暄弱而不才，折鼎覆餗，翘足可待。萧坦之胸怀猜忌，动言相伤，徐孝嗣才非柱石，听人穿鼻，若隙开衅起，必中外土崩。今得守外藩，幸图身计，智者见机，不俟终日。及今猜防未生，宜召诸弟以时聚集。后相防疑，拔足无路。郢州控带荆、湘，西注汉、沔；雍州士马，呼吸数万，虎视其间，以观天下。世治则竭诚本朝，时乱则为国剪暴，可得与时进退，此盖万全之策。如不早图，悔无及也。"懿闻之变色，心弗之许。弘策还，高祖乃启迎弟伟及憺。是岁至襄阳。于是潜造器械，多伐竹木，沉于檀溪，密为舟装之备。时所住斋常有五色回转，状若蟠龙，其上紫气腾起，形如伞盖，望者莫不异焉。

永元二年冬，懿被害。信至，高祖密召长史王茂、中兵吕僧珍、别驾柳庆远、功曹史吉士瞻等谋之。既定，以十一月乙巳召僚佐集于厅事，谓曰："昔武王会孟津，皆曰'纣可伐'。今昏主恶稔，穷虐

都在京中，恐怕要遭逢祸患。必须同益州兄弟谋划此事啊。"

当时，高祖的长兄萧懿从益州刺史任上去职，仍然代理郢州刺史，高祖就派张弘策前往郢州，对萧懿陈说对策道："当年晋惠帝是个庸主，诸王争权，于是国家内部的劫难出现了九次，外敌入侵发生了三回。如今六贵争权，共掌朝政，挟制主上，签署奏章，各人都想垄断权柄，积怨由微小渐渐深重，势必会互相屠灭。而且继位的嗣主在做太子时本就没什么好的名誉，宠信狎昵左右近臣，眼如胡蜂而性格残忍，一旦有了总理万机、放纵所欲的权位，岂肯虚坐君位一味顺从，把朝政大权交付于朝臣？这些矛盾冲突累积起来，必定要发生大的屠戮残杀。始安王想模仿篡权作乱的西晋赵王司马伦，其形迹已然显现，如跛足之人想要登天，世间绝没有这种道理。况且他生性狭隘猜忌，只会自取祸乱。权臣中起枢轴作用的，只有江祏、刘暄二人。江祏胆小，优柔寡断；刘暄懦弱，并无实才，他们的垮台是可以翘着脚等待的。萧坦之胸怀猜忌，动辄出言伤人；徐孝嗣也远非柱石之才，只会任人指挥，一旦爆发起冲突，朝廷内外定会土崩瓦解。今天我们得以镇守外藩，愿早图安身之计。智者见到机遇，绝不会终日等待。趁现在我们还没有被人猜忌，应该召唤诸兄弟聚集在一处，待到日后朝中猜疑纷起之时，再要离开就走投无路了。郢州是控制荆州和湘州的中枢，汉水西来注入此地；雍州的人马，呼吸之间就可集合数万之多，足可在此间虎视天下。世道太平就竭诚拱卫本朝，世道丧乱则果断为国家翦除暴政，如此才能与天时共同进退。这当为万全之策。如不及早图谋，日后将要后悔莫及啊。"萧懿听完这番话脸色大变，内心里不赞成这么做。张弘策回到襄阳，高祖就启程去接弟弟萧伟和萧憺。二人都在这一年来到襄阳。于是开始暗中制造军械，砍伐了大量竹木沉在檀溪之中，秘密准备修造战船的材料。当时高祖所住的馆舍常常有五种颜色环绕，形如蟠龙，上面有紫气腾起，形如伞盖，看见的人全都大觉奇异。

永元二年（500）冬，萧懿被害。消息传来，高祖秘密召集长史王茂、中兵吕僧珍、别驾柳庆远、功曹史吉士瞻等商议对策。计议已定，就于十一月乙巳日在府厅中召集众幕僚参谋人员，对他们说：

极暴，诛戮朝贤，罕有遗育，生民涂炭，天命殄之。卿等同心疾恶，共兴义举，公侯将相，良在兹日，各尽勋效，我不食言。”是日建牙。于是收集得甲士万余人，马千余匹，船三千艘，出檀溪竹木装舰。

先是，东昏以刘山阳为巴西太守，配精兵三千，使过荆州就行事萧颖胄以袭襄阳。高祖知其谋，乃遣参军王天虎、庞庆国诣江陵，遍与州府书。及山阳西上，高祖谓诸将曰：“荆州本畏襄阳人，加唇亡齿寒，自有伤弦之急，宁不暗同邪？我若总荆、雍之兵，扫定东夏，韩、白重出，不能为计。况以无算之昏主，役御刀应敕之徒哉？我能使山阳至荆，便即授首，诸君试观何如。”及山阳至巴陵，高祖复令天虎赍书与颖胄兄弟。去后，高祖谓张弘策曰：“夫用兵之道，攻心为上，攻城次之，心战为上，兵战次之，今日是也。近遣天虎往州府，人皆有书。今段乘驿甚急，止有两封与行事兄弟，云“天虎口具”；及问天虎而口无所说，行事不得相闻，不容妄有所道。天虎是行事心膂，彼闻必谓行事与天虎共隐其事，则人人生疑。山阳惑于众口，判相嫌贰，则行事进退无以自明，必漏吾谋内。是驰两空函定一州矣。山阳至江安，闻之，果疑不上。颖胄大惧，乃斩天虎，送首山阳。山阳信之，将数十人驰入，颖胄伏甲斩之，送首高祖。仍以南康王尊号之议来告，且曰：“时月未利，当须来年二月；遽便进兵，恐非庙算。”高祖答曰：“今坐甲十万，粮用自竭，况所藉义心，一时骁锐，事事相接，犹恐疑怠；若顿兵十旬，必生悔吝。童儿立异，便大事不成。今太白出西方，仗义而动，天时人谋，有何不利？处分已定，安可中息？昔武王伐纣，行逆太岁，复须待年月乎？”竟陵太守曹景宗遣杜思冲劝高祖迎南康王都襄阳，待正尊号，然后进军。高祖不从。王茂又私于张弘策曰：“我奉事节下，义无进退，

"当年周武王在孟津会集诸侯,众人都说'商纣王可以讨伐'。如今昏君恶贯满盈,穷虐极暴,大肆诛杀朝廷贤臣,尽诛其族裔,致使生灵涂炭,已经被天命所遗弃。列位与我同仇敌忾,共兴义举,则将来的公侯将相,全在今日之举,只望你等各自尽忠职守,我决不食言。"当天便树立起军旗。整点兵马,共得甲士万余人,战马千余匹,战船三千艘,又从檀溪中捞出竹木装配战船。

在此之前,东昏侯萧宝卷已经命刘山阳为巴西太守,拨给他精兵三千,令他经过荆州,联合行事萧颖胄共同袭击襄阳。高祖知觉了这一阴谋,便派遣参军王天虎、庞庆国前往江陵,向各州府下达了檄书。等到刘山阳溯江西上时,高祖对众将说:"荆州本来就畏惧襄阳人马,更何况唇亡齿寒,刘山阳若攻打襄阳,荆州自然会有惊鸟闻弦而伤的危急,岂会不与我们暗同声气呢?我如果总领荆、雍二州的大军,扫荡平定东夏,那么即便古之名将韩信、白起复生,也将无计可施。更何况,对手只是毫无谋略的昏君,驱使着一群只会捧刀近侍、传达敕命的小人!我能够使刘山阳到了荆州之后就立即身首异处,诸君请试观我的计略如何。"等到刘山阳抵达巴陵,高祖又命令王天虎投书给萧颖胄兄弟。天虎去后,高祖对张弘策说:"用兵之道,攻心为上,攻城次之,心战为上,兵战次之,现在正是这样的情形。近来我派天虎传檄各州府,所有人都收到檄书。现在书函传驿频繁急切之际,只有两封书信送往萧颖胄兄弟,写着"请听天虎亲口陈说";等他们向天虎询问,却没有口信,萧颖胄既不得消息,自然不会妄自编造。天虎是颖胄的心腹,他人知道此事后必定认为颖胄和天虎共同隐瞒了书信内容,于是人人生疑。刘山阳听到众口一词,定会对荆州方面产生猜忌,那么萧颖胄进退两难说不清楚,必然要落入我定的计谋中了。这样,发出两封空函就可平定一州之地。"刘山阳到达江安,听说了书信的事,果然生疑,不再北上。萧颖胄非常害怕,于是斩了天虎,把首级呈送给刘山阳以表忠心。山阳相信了他,带领数十人骑马进入荆州城,萧颖胄埋伏甲士将其斩杀,把首级送到高祖处。并以拥立南康王萧宝融称尊号的意见相告,还说:"现在的天时于我们不利,应该等到来年的二月举事;贸然立即进兵,恐怕不是帝

然今者以南康置人手中，彼便挟天子以令诸侯，而节下前去为人所使，此岂岁寒之计？"弘策言之，高祖曰："若使前途大事不捷，故自兰艾同焚；若功业克建，威詟四海，号令天下，谁敢不从！岂是碌碌受人处分？待至石城，当面晓王茂、曹景宗也。"于沔南立新野郡，以集新附。

三年正月，南康王为相国，以高祖为征东将军，给鼓吹一部。戊申，高祖发襄阳。留弟伟守襄阳城，总州府事，弟憺守垒城，府司马庄丘黑守樊城，功曹史吉士询兼长史，白马戍主黄嗣祖兼司马，都令杜永兼别驾，小府录事郭俨知转漕。移檄京邑曰：

"夫道不常夷，时无永化，险泰相沿，晦明非一，皆屯困而后亨，资多难以启圣。故昌邑悖德，孝宣聿兴，海西乱政，简文升历，并拓绪开基，绍隆宝命，理验前经，事昭往策。

"独夫扰乱天常，毁弃君德，奸回淫纵，岁月滋甚。挺虐于髫剪之年，植险于鬌丱之日。猜忌凶毒，触途而著，暴戾昏荒，与事而发。自大行告渐，喜容前见，梓宫在殡，胹无哀色，欢娱游宴，有过

王霸业的谋算。"高祖答复他说："如今我们拥兵十万，粮草和军用物资都会自行消耗枯竭，何况我等所凭借的义心，都是一时鼓舞出的骁勇锐气，军务不断时，尚且担心军心游疑懈怠，若是顿兵百日，军中必生反悔惜身之心。届时士卒儿郎各怀异志，就会令大事不成。如今太白星出现在西方，我军仗义而动，天时人谋，哪里有不利之处？布置安排都已经定下，怎好中途停息？当年武王伐纣时，就是逆太岁而行，还需要等什么年月不成？"竟陵太守曹景宗派杜思冲来，劝说高祖迎立南康王，定都襄阳，待到扶正主上称尊号后再进军。高祖不同意。王茂又私下对张弘策说："我事奉萧将军麾下，自然义无进退，然而今天若是将南康王置于他人之手，他人就会挟天子以令诸侯，而将军前去为人所驱使，当此乱世，这岂是长久之计？"张弘策把这番话转告高祖，高祖说："假如接下来的大事不捷，那自然是大家一起同归于尽；若是举事成功，威震四海，号令天下，谁敢不从！我岂会庸庸碌碌，任人处置？且等我军进至石城，当面晓谕王茂、曹景宗二人。"高祖于汉水以南设立新野郡，以聚集安置新归附的军民。

永元三年（501）正月，南康王任相国，任高祖为征东将军，赐给鼓吹乐班一部。戊申日，高祖自襄阳发兵。留下弟弟萧伟守襄阳城，总领州府事，弟弟萧憺守垒城，府司马庄丘黑守樊城，功曹史吉士询兼任长史，白马戍主黄嗣祖兼任司马，郡县令杜永兼任别驾，小府录事郭俨掌管转运钱粮。向京城发布檄文说：

"天道不会恒久平夷，时世不能永远太平，危险与安定互相沿袭，天色的阴晴并存不一，从来都是国运陷入困顿，而后方才亨通，正是因为社稷多劫，才使圣明之主得以出现。所以汉朝昌邑王刘贺悖德，孝宣帝就继之兴起；晋朝海西公司马奕乱政，简文帝司马昱就取而代之。此二者都能扩大先人的基业，继承天命并将之发扬光大，他们的命理应验了前代的经验，他们的事迹昭彰于往日的史册。

"独夫民贼搅乱天常，毁弃了君主应有之懿德，奸邪之人恣意放纵，年深月久日益严重。尚在幼年就已表现出暴虐的品质，尚未成人却已经植下凶险的性情。喜好猜忌，凶狠毒辣，此等作风无处不显；残暴凶狠，昏庸荒淫，这些毛病遇事而发。先君病危的消息刚一

平常，奇服异衣，更极夸丽。至于选采妃嫔，姊妹无别，招侍巾栉，姑侄莫辨，掖庭有稗贩之名，姬姜被干殳之服。至乃形体宣露，亵衣颠倒，斩斫其间，以为欢笑。骋肆淫放，驱屏郊邑。老弱波流，士女涂炭。行产盈路，舆尸竞道，母不及抱，子不遑哭。劫掠剽虏，以日继夜。昼伏宵游，曾无休息。淫酗酱肆，酣歌垆邸。宠恣愚竖，乱惑妖孽。梅虫儿、茹法珍臧获斯小，专制威柄，诛剪忠良，屠灭卿宰。刘镇军舅氏之尊，尽忠奉国；江仆射外戚之重，竭诚事上；萧领军葭莩之宗，志存柱石；徐司空、沈仆射搢绅冠冕，人望攸归。或《渭阳》余感，或勋庸允穆，或诚著艰难，或劬劳王室，并受遗托，同参顾命，送往事居，俱竭心力。宜其庆溢当年，祚隆后裔；而一朝齑粉，孩稚无遗。人神怨结，行路嗟愤。萧令君忠公干代，诚贯幽显。往年寇贼游魂，南郑危逼，拔刃飞泉，孤城独振。及中流逆命，凭陵京邑，谋猷禁省，指授群帅，克剪鲸鲵，清我王度。崔慧景奇锋迅骇，兵交象魏，武力丧魂，义夫夺胆，投名送款，比屋交驰，负粮影从，愚智竞赴。复誓旅江甸，奋不顾身，奖厉义徒，电掩强敌，克歼大憝，以固皇基。功出桓、文，勋超伊、吕；而劳谦省己，事昭心迹，功遂身退，不祈荣满。敦赏未闻，祸酷遄及，预禀精灵，孰不冤痛！而群孽放命，蜂虿怀毒，乃遣刘山阳驱扇遄逃，招逼亡命，潜图密构，规见掩袭。萧右军、夏侯征虏忠断凤举，义形于色，奇谋宏振，应手枭悬，天道祸淫，罪不容戮。至于悖礼违教，伤化虐人，射天弹路，比之犹善，刳胎斫胫，方之非酷，尽寓县之竹，未足纪其过，穷山泽之兔，不能书其罪。自草昧以来，图牒所记，昏君暴后，未有若斯之甚者也。

传出，他已在人前面露喜色，圣上的棺椁还停放在宫中，他已早无悲戚的神色，反而大肆欢娱游宴，比平日有过之而无不及，所穿的奇装异服也比以往更加夸张华丽。甚至广选妃嫔，连宗族姊妹也不放过，招侍纳婢，不辨姑侄之亲统统征纳，致使堂堂掖庭竟然有了平民集市的名声，门第高贵的妇女竟穿起卫兵与仆役的装束。甚而至于形体裸露，内衣外穿，在大庭广众间斩骨屠肉，借此欢笑取乐。荒淫放荡，驱驰于郊外。老者弱者漂泊无依，士族命妇沦于污淖。人民被迫在道中分娩，运载尸体的车辆挤满大路，母亲们无暇怀顾幼儿，弱子也来不及痛哭流涕。四方的劫掠日以继夜，昏君的通宵夜游从未停息。豪饮酗酒，酣醉高歌于酒肆。宠信放任那些愚昧的小人，混乱迷惑于奸佞之徒。梅虫儿、茹法珍出身奴婢，却执掌权柄，诛杀忠良，屠戮官员。镇军将军刘暄有国舅之尊，平生尽忠奉国；仆射江祏有外戚之重，一向竭诚事主；领军将军萧坦之本系皇室远亲，一向志在作国之柱石；司空徐孝嗣、仆射沈文季，也都是股肱重臣，深得朝中人望。这些人要么因为舅氏之亲，要么因为品德醇厚立有功勋，要么在国家艰难之时曾忠贞卓著，要么为王室常年奔走操劳，所以一同受到先帝的遗诏嘱托，共参国事，无论是祭送先君还是辅佐新皇都竭心尽力。本应在有生之年厚待他们，并使福荫泽被其后代，然而昏君将他们合族屠尽，连稚子幼儿也没有留下一个。实在是令人神共怒，路人扼腕。尚书令萧懿为人公忠体国，四方征伐，其赤诚可谓彰显于人间与幽冥。昔年贼寇流窜四方时，南郑陷入危难之中，是他像拔刃飞泉的汉贰师将军一样力挽狂澜，令孤城独振。后来，又是他在大江中游临危受命，拱卫京畿，向宫廷献计献策，指挥各路统帅，翦除了图谋不轨之徒，令御座左右重现清朗。崔慧景反叛起兵出人意表，兵锋迅捷，直抵京师宫阙之间，朝中武将丧魂落魄，京师守军胆颤心惊，京师里人们纷纷向叛军投帖输诚，奔走相告往来不断，背负粮秣追随叛军，不分贤愚都为之效力。是萧懿又一次誓师于江南，奋不顾身，奖厉义军，风驰电掣般掩袭强敌，歼灭了元凶，巩固了我朝基业。此等功劳早已超出齐桓和晋文，勋业胜过伊尹和吕尚；而他勤于谦恭，严于反省，行事光明磊落，大功告成后就一心隐退，并不祈

"既人神乏主，宗稷阽危，海内沸腾，氓庶板荡，百姓憬憬，如崩厥角，苍生喁喁，投足无地。幕府荷眷前朝，义均休戚，上怀委付之重，下惟在原之痛，岂可卧薪引火，坐观倾覆！至尊体自高宗，特钟慈宠，明并日月，粹昭灵神，祥启元龟，符验当璧，作镇陕藩，化流西夏，讴歌攸奉，万有乐推。右军萧颖胄、征虏将军夏侯详并同心翼戴，即宫旧楚，三灵再朗，九县更新，升平之运，此焉复始，康哉之盛，在乎兹日。然帝德虽彰，区宇未定，元恶未黜，天邑犹梗。仰禀宸规，率前启路。即日遣冠军、竟陵内史曹景宗等二十军主，长槊五万，骥騄为群，鹗视争先，龙骧并驱，步出横江，直指朱雀。长史、冠军将军、襄阳太守王茂等三十军主，戈船七万，乘流电激，推锋扼险，斜趣白城。南中郎咨议参军、军主萧伟等三十九军主，巨舰迅楫，冲波嚏水，旗鼓八万，焱集石头。南中郎咨议参军、军主萧憺等四十二军主，熊罴之士，甲楯十万，沿波驰牒，掩据新亭。益州刺史刘季连、梁州刺史柳惔、司州刺史王僧景、魏兴太守裴师仁、上庸太守韦叡、新城太守崔僧季，并肃奉明诏，龚行天罚。蜀、汉果锐，沿流而下；淮、汝劲勇，望波遄骛。幕府总率貔狱，骁勇百万，缮甲燕弧，屯兵冀马，搨金沸地，鸣鞞眩天，霜锋曜日，朱旗绛寓，方舟千里，骆驿系进。萧右军訏谟上才，兼资文武，英略求殊荣美誉。结果从未听闻对他有所褒赏，倒是杀身之祸迅速降临，试问上天神灵，谁不对此痛心疾首！而群小违命，包藏祸心，竟派遣刘山阳驱策煽动逃亡罪人，招引逼迫亡命之徒，秘密图谋构陷，策划突然袭击襄阳。右军将军萧颖胄和征虏长史夏侯详，素来行事忠贞果断，内心的正义形于颜色，胸中的韬略雄奇深远，举手之间就将山阳枭首示众。天道降祸于淫君，其罪可谓罪不容诛。当年晋灵公违背礼教，损害教化虐待人民，上射天尊下弹路人的罪行，与他相比尚善三分；殷纣王剖取胎儿、砍断胫骨的暴行，与他相比也算不得残酷。伐尽天下之竹，也不足以记录其过；捕尽山泽之兔来取毫造笔，也难书尽其罪。开天辟地以来，典籍所记载的昏君暴主，再没有能超过他的了。

"现在天下已经人神无主，宗庙社稷面临倾危，海内怨声载道，黎民动荡不安。百姓忧惧，如野兽折断了头角，苍生翘首，已无地可立足容身。本幕府久蒙前朝的恩宠，理应休戚与共，上怀先帝托付之重任，下念兄弟遇害之悲痛，岂能卧薪引火，坐观天下倾覆！南康王殿下出于高宗，特蒙慈爱恩宠，他的英明光辉可比日月，他的纯洁昭然有如神灵，祥瑞启始大龟，吉兆合于白璧。他镇守荆州时，德化传布西夏，讴歌齐声献奉，百姓乐于拥护。右军将军萧颖胄、征虏长史夏侯详同心辅佐，在楚国旧地建立宫殿，天地人三灵再次清朗，九州万象更新，四海升平的国运，自此再次开始，太平盛世，就在今日。然而圣上的仁德虽已彰显，但天下未定，元凶未除，通向帝都之路仍然阻塞。我等仰领圣上之雄略，率大军前驱开路。即日派遣冠军将军、竟陵内史曹景宗等二十位军主，执矛猛士五万，跨骑骏马的骑兵无数，奋勇争先，齐头并进，步出横江，直指京师。长史、冠军将军、襄阳太守王茂等三十位军主，驾戈船七万艘，顺流直下如雷电激荡，进控险要，斜趋白城。南中郎咨议参军、军主萧伟等三十九位军主，巨舰疾驰，劈波斩浪，旗鼓号令八万将士，迅速集结在石头城。南中郎咨议参军、军主萧憺等四十二位军主，率领如狼似虎的甲士十万，顺江而下，占据新亭。益州刺史刘季连、梁州刺史柳惔、司州刺史王僧景、魏兴太守裴师仁、上庸太守韦叡、新城太守崔僧季，共同遵奉英明的诏令，代表上天奉行惩罚。蜀地与汉中的果敢精锐士卒，顺流

峻远，执钧匡世。拥荆南之众，督四方之师，宣赞中权，奉卫舆辇。旍麾所指，威棱无外，龙骧虎步，并集建业。黜放愚狡，均礼海昏，廓清神甸，扫定京宇。譬犹崩泰山而压蚁壤，决悬河而注熛烬，岂有不殄灭者哉！

"今资斧所加，止梅虫儿、茹法珍而已。诸君咸世胄羽仪，书勋王府，皆俯眉奸党，受制凶威。若能因变立功，转祸为福，并誓河、岳，永纤青紫。若执迷不悟，距逆王师，大众一临，刑兹罔赦，所谓火烈高原，芝兰同泯。勉求多福，无贻后悔。赏罚之科，有如白水。"

高祖至竟陵，命长史王茂与太守曹景宗为前军，中兵参军张法安守竟陵城。茂等至汉口，轻兵济江，逼郢城。其刺史张冲置阵据石桥浦，义师与战不利，军主朱僧起死之。诸将议欲并军围郢，分兵以袭西阳、武昌。高祖曰："汉口不阔一里，箭道交至，房僧寄以重兵固守，为郢城人掎角。若悉众前进，贼必绝我军后，一朝为阻，则悔无所及。今欲遣王、曹诸军济江，与荆州军相会，以逼贼垒。吾自后围鲁山，以通沔、汉。郧城、竟陵间粟，方舟而下；江陵、湘中之兵，连旗继至。粮食既足，士众稍多，围守两城，不攻自拔，天下之事，卧取之耳。"诸将皆曰"善"。乃命王茂、曹景宗帅众济岸，进顿九里。其日，张冲出军迎战，茂等邀击，大破之，皆弃甲奔走。荆州遣冠军将军邓元起、军主王世兴、田安等数千人，会大军于夏首。高祖筑汉口城以守鲁山，命水军主张惠绍、朱思远等游遏

而下；淮河、汝水一带的刚劲勇士，全都望波飞驰。幕府总领各路威武之师，骁勇大军不下百万，整备衣甲弓矢，厉兵秣马，鸣金震地，擂鼓喧天，刀锋辉映日光，红旗染红天地，战船连绵上千里，络绎不绝向前进发。右军将军萧颖胄身怀大略雄才，文武兼备，英明的战略高深莫测，执掌大权来匡正世道。率荆南之众，统四方之师，襄助捍卫国家中枢，事奉拱卫圣驾舆辇。帅旗所指，军威浩荡，诸路雄师，齐集建业。罢斥放逐无知而狡诈的小人，执行与汉朝罢废海昏侯一致的礼法，肃清天子脚下，平定京师四方。犹如泰山崩裂压垮蝼蚁的巢穴，悬河决口浇注幽残的余烬，怎会有不被消灭的呢！

"如今兵锋所指者，只有梅虫儿和茹法珍而已。诸位都是世家胄裔，门庭高贵，功勋载录于王府，皆因迫于奸党权势而低头，受制于元凶的淫威而屈服。如果能审时度势戴罪立功，转祸为福，面对黄河五岳立誓效忠，定会永享尊荣富贵。如若执迷不悟，抗拒王师，那么大军一到，必将刑戮无赦。正所谓火烧高原，香花杂草一齐毁灭。望你们力争多福，不要遗恨后悔。我军赏罚之分明，正如手指河水所立誓言一样坚守不移。"

高祖到了竟陵，命长史王茂与太守曹景宗为前军，中兵参军张法安守竟陵城。王茂等来到汉江口，轻装渡过长江，直逼郢城。郢州刺史张冲布下阵势，据守石桥浦。义师与之交战不利，军主朱僧起战死。众将商议，想要各部合兵困围郢城，再分兵奔袭西阳、武昌。高祖说："汉江口宽不过一里，江中兵船处在弓箭夹岸交射的射程以内，房僧寄以重兵固守这里，作为与郢城守军呼应的犄角。若是所有部队一起上前，敌军必然会截断我军退路。一旦我们被阻坚城之下，再后悔可就晚了。如今我打算派王茂、曹景宗诸军过江，与荆州军合兵一处进逼敌营，而我从后面包围鲁山，用来保障沔河汉江交通要路的通畅。这样郧城、竟陵两地的粮米可以用大船顺流运下，江陵和湘中的士兵也可以旌旗相连地陆续赶到。粮草充足，兵力增多，再围困两座城池就会不攻自破。天下之事，就可以轻轻松松地拿下了。"众将都说："好计策。"于是命令王茂、曹景宗率军渡至对岸，进屯九里城。当天，张冲出兵迎战，王茂等率众截击，大破敌军，杀得张冲军

江中,绝郢、鲁二城信使。

三月,乃命元起进据南堂西陼,田安之顿城北,王世兴顿曲水故城。是时张冲死,其众复推军主薛元嗣及冲长史程茂为主。乙巳,南康王即帝位于江陵,改永元三年为中兴元年,遥废东昏为涪陵王。以高祖为尚书左仆射,加征东大将军、都督征讨诸军事,假黄钺。西台又遣冠军将军萧颖达领兵会于军。是日,元嗣军主沈难当率轻舸数千,乱流来战,张惠绍等击破,尽擒之。

四月,高祖出沔,命王茂、萧颖达等进军逼郢城。元嗣战颇疲,因不敢出。诸将欲攻之,高祖不许。

五月,东昏遣宁朔将军吴子阳、军主光子衿等十三军救郢州,进据巴口。

六月,西台遣卫尉席阐文劳军,赍萧颖胄等议,谓高祖曰:“今顿兵两岸,不并军围郢,定西阳、武昌,取江州,此机已失;莫若请救于魏,与北连和,犹为上策。”高祖谓阐文曰:“汉口路通荆、雍,控引秦、梁,粮运资储,听此气息,所以兵压汉口,连络数州。今若并军围城,又分兵前进,鲁山必阻沔路,所谓扼喉。若粮运不通,自然离散,何谓持久? 邓元起近欲以三千兵往定寻阳,彼若欢然悟机,一郧生亦足;脱距王师,故非三千能下。进退无据,未见其可。西阳、武昌,取便得耳,得便应镇守。守两城不减万人,粮储称是,卒无所出。脱贼军有上者,万人攻一城,两城势不得相救。若我分军应援,则首尾俱弱;如其不遣,孤城必陷。一城既没,诸城相次土崩,天下大事于是去矣。若郢州既拔,席卷沿流,西阳、武昌,自然风靡,何遽分兵散众,自贻其忧! 且丈夫举动,言静天步;况拥数州之兵以诛群竖,悬河注火,奚有不灭? 岂容北面请救,以自示弱!

丢盔弃甲而逃。荆州军派出冠军将军邓元起、军主王世兴、田安等数千人，与雍州军在夏首会师。高祖修筑汉口城来防卫鲁山，又令水军主张惠绍、朱思远等率战船在江中往返游弋，断绝了郢城和鲁山之间的信使往来。

三月，便令邓元起进军占据南堂西陼，田安之驻扎城北，王世兴驻扎曲水故城。这时张冲死去，其部众又推戴军主薛元嗣和张冲的长史程茂为主帅。乙巳日，南康王在江陵登上帝位，改永元三年为中兴元年，遥废东昏侯为涪陵王。任命高祖为尚书左仆射，加征东大将军、都督征讨诸军事，假黄钺（代表皇帝行使征伐之权）。西台又派冠军将军萧颖达率军与大军会合。在这一天，薛元嗣的军主沈难当统领快船几千艘渡江来战，张惠绍等将其击败，俘虏了全部来犯之地。

四月，高祖自汉水而出，命令王茂、萧颖达等进逼郢城。薛元嗣军已经非常疲惫，所以不敢出战。众将想要攻打，高祖不同意。

五月，东昏侯派宁朔将军吴子阳、军主光子衿等十三支军队援救郢州，进据巴口。

六月，西台派卫尉席阐文前来犒劳军队，带来萧颖胄等的计策，对高祖说：“现在驻兵于长江两岸，不合兵包围郢城，平定西阳、武昌，再攻取江州，取胜之机业已失去；不如向北魏请求救兵，与北方联合，仍是上策。”高祖对席阐文说：“汉口连通荆州、雍州，辐射秦地和汉中，粮草运输和军资储备，都以此处为交通要道，所以我军陈兵汉口，联络数州。现在如果合兵围城，又分兵前进，鲁山必定阻断汉水交通，正所谓扼住咽喉。如果粮运不通，军心自然就会离散，还谈什么持久？邓元起最近想带人马三千前往平定寻阳，然而寻阳之敌若能幡然醒悟认清大势，那么派遣一个郦生那样的舌辩之士就足以攻克了；若是敌人抗拒王师，就决不是三千人马可以攻下的。进退没有把握，未见得可行。西阳、武昌，想攻取就会拿下，但是拿下就应派兵镇守。守此二城，所需的兵力不少于万人，还要与此相当的粮草储备，一时之间并无供给来源。若是敌军逆江攻上来，万人攻打一城，两城势必不能相互救应。如果我分兵前去救援，那么首尾都被

彼未必能信，徒贻我丑声。此之下计，何谓上策？卿为我白镇军：前途攻取，但以见付，事在目中，无患不捷，恃镇军靖镇之耳。"

吴子阳等进军武口，高祖乃命军主梁天惠、蔡道祐据渔湖城，唐修期、刘道曼屯白阳垒，夹两岸而待之。子阳又进据加湖，去郢三十里，傍山带水，筑垒栅以自固。鲁山城主房僧寄死，众复推助防孙乐祖代之。七月，高祖命王茂帅军主曹仲宗、康绚、武会超等潜师袭加湖，将逼子阳。水涸不通舰，其夜暴长，众军乘流齐进，鼓噪攻之，贼俄而大溃，子阳等宵走，众尽溺于江。王茂虏其余而旋。于是郢、鲁二城相视夺气。

先是，东昏遣冠军将军陈伯之镇江州，为子阳等声援。高祖乃谓诸将曰："夫征讨未必须实力，所听威声耳。今加湖之败，谁不弭服。陈虎牙即伯之子，狼狈奔归，彼间人情，理当恼惧，我谓九江传檄可定也。"因命搜所获俘囚，得伯之幢主苏隆之，厚加赏赐，使致命焉。鲁山城主孙乐祖、郢城主程茂、薛元嗣相继请降。初，郢城之闭，将佐文武男女口十余万人，疾疫流肿死者十七八，及城开，高祖并加隐恤，其死者命给棺槥。

先是，汝南人胡文超起义于瀺阳，求讨义阳、安陆等郡以自效，高祖又遣军主唐修期攻随郡，并克之。司州刺史王僧景遣子贞孙入质。司部悉平。

削弱；若不派兵，孤城必定陷落。一座城池沦陷，其他城池就会相继土崩瓦解，天下大事就从此无望了。而如果先攻取郢州，再顺江席卷而下，则西阳、武昌自然会望风披靡，何必急于分散兵力，给自己留下后患！而且大丈夫举事，本当言辞冷静顺应天命；更何况统领几州兵马来讨伐群小，就如同挖开悬河浇灭一团火，哪有不灭之理？怎么能向北魏求救，自示其弱！对方未必能信从，只会白白地留给我一个通敌的恶名。这是昏招，是什么上策？请您替我转告镇军：我军前途所攻必克，请放心托付给我，凡事都已看在我眼中，不必担心难以胜利，仰仗镇军为我军安定镇抚而已。"

吴子阳等进军武口，高祖于是令军主梁天惠、蔡道祐占领渔湖城，令唐修期、刘道曼屯扎白阳垒，夹江两岸等待敌军。吴子阳又进占了加湖，距离郢城三十里，依山傍水，修筑起营栅来自卫。鲁山的城主房僧寄死去，众人又推举助防孙乐祖替代他。七月，高祖令王茂率军主曹仲宗、康绚、武会超等偷袭加湖，逼近吴子阳。加湖的水干涸，不能通行战船，当夜却恰好暴涨，众军趁涨水一齐向前，擂鼓呐喊拼命攻打，敌军很快陷入溃败，吴子阳等逃脱，部众都溺水于江中。王茂俘房残敌而回。于是郢城、鲁山二城隔江对望，士气大衰。

在此之前，东昏侯派冠军将军陈伯之镇守江州，为吴子阳等声援。高祖对诸将说："征战未必全靠实力，也仰仗作战的声威。如今我军在加湖大败敌军，天下谁不慑服。陈虎牙是陈伯之的儿子，狼狈逃回之后，敌营军心理当开始动摇惊惧，我看九江可以传檄而定。"于是命令在战俘中搜索，发现了陈伯之的幢主苏隆之，厚加赏赐，派他向九江传话招降。鲁山城主孙乐祖、郢城城主程茂、薛元嗣相继请降。当初郢城被围，困住敌军将佐文武人口共十余万人，围城期间疾疫流行，死者有十之七八，待到撤围开城，高祖对城中加以抚恤，下令赐给简易棺木以安葬死者。

在此之前，汝南人胡文超起义于湴阳，请求征讨义阳、安陆等郡以投效高祖，高祖又派军主唐修期攻打随郡，两军都取胜了。司州刺史王僧景派儿子王贞孙来做人质。于是平定了司州全境。

陈伯之遣苏隆之反命，求未便进军。高祖曰："伯之此言，意怀首鼠，及其犹豫，急往逼之，计无所出，势不得暴。"乃命邓元起率众，即日沿流。八月，天子遣黄门郎苏回劳军。高祖登舟，命诸将以次进路，留上庸太守韦叡守郢城，行州事。邓元起将至寻阳，陈伯之犹猜惧，乃收兵退保湖口，留其子虎牙守盆城。及高祖至，乃束甲请罪。九月，天子诏高祖平定东夏，并以便宜从事。是月，留少府、长史郑绍叔守江州城。前军次芜湖，南豫州刺史申胄弃姑孰走，至是时大军进据之，仍遣曹景宗、萧颖达领马步进顿江宁。东昏遣征虏将军李居士率步军迎战，景宗击走之。于是王茂、邓元起、吕僧珍进据赤鼻逻，曹景宗、陈伯之为游兵。是日，新亭城主江道林率兵出战，众军擒之于阵。大军次新林，命王茂进据越城，曹景宗据皂荚桥，邓元起据道士墩，陈伯之据篱门。道林余众退屯航南，义军迫之，因复散走，退保朱爵，凭淮以自固。时李居士犹据新亭垒，请东昏烧南岸邑屋以开战场。自大航以西、新亭以北，荡然矣。

十月，东昏石头军主朱僧勇率水军二千人归降。东昏又遣征虏将军王珍国率军主胡虎牙等列阵于航南大路，悉配精手利器，尚十余万人。阉人王伀子持白虎幡督率诸军，又开航背水，以绝归路。王茂、曹景宗等掎角奔之，将士皆殊死战，无不一当百，鼓噪震天地。珍国之众，一时土崩，投淮死者，积尸与航等，后至者乘之以济，于是朱爵诸军望之皆溃。义军追至宣阳门，李居士以新亭垒、徐元瑜以东府城降，石头、白下诸军并宵溃。壬午，高祖镇石头，命众军围六门，东昏悉焚烧门内，驱逼营署、官府并入城，有众二十万。青州刺史桓和给东昏出战，因以其众来降。高祖命诸军筑长围。

陈伯之遣苏隆之回来复命，请求不要立即进军江州。高祖说："伯之这番话，明显首鼠两端，趁他犹豫不决，急速进军逼迫他，他计无所出，一定不会抵抗。"于是命令邓元起率所部，即日沿江而下。八月，天子遣黄门郎苏回劳军。高祖登上战舟，命令诸将依次进军，只留上庸太守韦叡镇守郢城，行州事。邓元起即将进至寻阳，陈伯之心中还是猜疑恐惧，收兵退保湖口，留儿子虎牙守盆城。待到高祖军队开至，只好捆起衣甲投降请罪。九月，天子诏令高祖平定东夏，并让他定夺军机，相机行事。这个月，留少府、长史郑绍叔守江州城。前军屯驻芜湖，南豫州刺史申胄放弃姑孰逃走，于是大军开进这里，并派出曹景宗、萧颖达领马步军进驻江宁。东昏侯遣征虏将军李居士率步军迎战，曹景宗将他击溃。于是王茂、邓元起、吕僧珍进占赤鼻逻，曹景宗、陈伯之所部作为机动力量呼应他们。这一日，新亭城主江道林率兵出城迎战，众军在阵前将他生擒。大军占领新林，命令王茂进据越城，曹景宗屯于皂荚桥，邓元起占据道士墩，陈伯之占据篱门。江道林的残兵退屯到浮桥以南，义军紧跟压上，故军再次溃散，退保朱雀门，依托秦淮河以自保。这时李居士仍占据着新亭垒，向东昏侯请求火烧南岸闾巷房屋以开辟战场。于是从朱雀桥以西、新亭以北，全被大火烧得荡然无存。

十月，东昏侯的石头城军主朱僧勇率水军二千人归降。东昏侯又派征虏将军王珍国率军主胡虎牙等列阵于浮桥以南的大路上，全部装备着精兵利器，数量仍有十余万人。太监王伥子手持白虎幡督率诸军，又拆开浮桥背对河水，断绝自军的归路。王茂、曹景宗等以掎角之势杀奔敌军，将士全都殊死作战，个个以一当百，战鼓之声响彻天地。王珍国的士卒顷刻间土崩瓦解，投秦淮而死者，浮尸累积到与浮桥等高，后面的溃兵踩着尸体过河，于是朱雀门诸军也都望风而溃。义军追至宣阳门，李居士献出新亭垒、徐元瑜献出东府城而降，石头城、白下的守军也连夜溃散。壬午日，高祖亲临石头城，令各部包围建康的六门，东昏侯在各门之内放火，驱赶逼迫军营和官署全都迁往内城，兵力有二十万人。青州刺史桓和对东昏侯诈称要出战，率领其部众来降。高祖命令诸军筑起连绵的围城工事。

初，义师之逼，东昏遣军主左僧庆镇京口，常僧景镇广陵，李叔献屯瓜步，及申冑自姑孰奔归，又使屯破墩以为东北声援。至是，高祖遣使晓喻，并率众降。乃遣弟辅国将军秀镇京口，辅国将军恢屯破墩，从弟宁朔将军景镇广陵。吴郡太守蔡敻弃郡赴义师。

十二月丙寅旦，兼卫尉张稷、北徐州刺史王珍国斩东昏，送首义师。高祖命吕僧珍勒兵封府库及图籍，收嬖妾潘妃及凶党王咺之以下四十一人属吏，诛之。宣德皇后令废涪陵王为东昏侯，依汉海昏侯故事。授高祖中书监、都督扬、南徐二州诸军事、大司马、录尚书、骠骑大将军、扬州刺史，封建安郡公，食邑万户，给班剑四十人，黄钺、侍中、征讨诸军事并如故；依晋武陵王遵承制故事。

己卯，高祖入屯阅武堂。下令曰：“皇家不造，遘此昏凶，祸挺动植，虐被人鬼，社庙之危，蠢焉如缀。吾身籍皇宗，曲荷先顾，受任边疆，推毂万里，眷言瞻乌，痛心在目，故率其尊主之情，厉其忘生之志。虽宝历重升，明命有绍，而独夫丑纵，方煽京邑。投袂援戈，克弭多难。虐政横流，为日既久，同恶相济，谅非一族。仰禀朝命，任在专征，思播皇泽，被之率土。凡厥负衅，咸与惟新。可大赦天下；唯王咺之等四十一人不在赦例。”

又令曰：“夫树以司牧，非役物以养生；视民如伤，岂肆上以纵虐。废主弃常，自绝宗庙。穷凶极悖，书契未有。征赋不一，苛酷滋章：缇绣土木，菽粟犬马，征发闾左，以充缮筑。流离寒暑，继以疫病，转死沟渠，曾莫救恤，朽肉枯骸，乌鸢是厌。加以天灾人火，屡焚宫掖，官府台寺，尺椽无遗，悲甚《黍离》，痛兼《麦秀》。遂使亿

当初义军逼近建康的时候，东昏侯派军主左僧庆镇守京口，常僧景镇守广陵，李叔献屯驻在瓜步，后来申胄从姑孰败退回来，又命他屯驻在破墩，以作为东北方面的援兵。至此，高祖派出使者晓喻他们，这些人便一起率众来降。高祖就派遣弟弟辅国将军萧秀镇守京口，辅国将军萧恢屯扎于破墩，从弟宁朔将军萧景（即萧昺，避唐讳而改，下同）镇守广陵。吴郡太守蔡薿放弃本郡，前来加入义师。

十二月丙寅日黎明时分，兼卫尉张稷、北徐州刺史王珍国斩杀东昏侯，将首级呈送到义师。高祖就命令吕僧珍领兵封存城内的府库和图籍，逮捕东昏侯的姬妾潘妃及凶党王咺之以下共四十一名属吏，全部诛杀。宣德皇后下令废涪陵王为东昏侯，依据汉朝对待海昏侯的旧例执行。任命高祖为中书监、都督扬、南徐二州诸军事、大司马、录尚书、骠骑大将军、扬州刺史，封建安郡公，食邑万户，并给他佩有花纹宝剑的卫士四十名，从前授予的黄钺、侍中、征讨诸军事的职衔也照旧保留；依据西晋武陵王司马遵平乱节制百官的旧例执行。

己卯日，高祖进屯阅武堂。颁布命令说："皇家不幸，遭遇昏君之灾，祸害波及草木鸟兽，暴虐遍布人间和冥界，社稷宗庙面临危险，已然摇摇欲坠。我出身皇族，蒙受先帝眷顾，受任于边陲之地，就职于万里之外，回首目睹苍生流离失所，实在痛心疾首，所以心怀尊扬主上之情，砥砺自己舍生忘死之志。虽然国运得嗣，帝位有继，然而新君实属独夫民贼，正在祸害京邑。于是毅然举兵而起，得以消除苍生之难。暴政肆虐为时已久，当朝作恶者谅必不止一族。我秉持朝廷诰命，责任在于征讨奸邪，一心想将朝廷恩泽广布于率土之滨。凡是有罪之身，如今都准予改过自新。可以大赦天下，只有王咺之等四十一人不在赦免之列。"

又颁布命令说："之所以尊奉人君，不是让他役使他物以养生；人君应体恤百姓疾苦，怎可在臣民之上放纵肆虐。被废昏君毁弃纲常，自绝于宗庙。极端凶残悖逆，可谓史无前例。赋税名目繁多，苛政残酷愈演愈烈。以高贵的丝织品披覆土木，以粮食喂养犬马，征发平民，充任匠作。寒来暑往流离失所，又加上瘟疫肆虐，弃尸充塞沟壑，无人救恤，尸骸腐烂干枯，令乌鸦和秃鹫饱食。加上天降火兆离心，疆徼侵弱，斯人何辜，离此涂炭！今明昏递运，大道公行，思治之氓，来苏兹日。猥以寡薄，属当大宠，虽运距中兴，艰同草昧，思阐皇休，与之更始。凡昏制、谬赋、淫刑、滥役，外可详检前源，悉皆除荡。其主守散失，诸所损耗，精立科条，咸从原例。”

又曰：“永元之季，乾维落纽。政实多门，有殊卫文之代；权移于下，事等曹恭之时。遂使阉尹有翁媪之称，高安有法尧之旨。鬻狱贩官，锢山护泽，开塞之机，奏成小丑。直道正义，拥抑弥年，怀冤抱理，莫知谁诉。奸吏因之，笔削自己。岂直贾生流涕，许伯哭时而已哉！今理运惟新，政刑得所，矫革流弊，实在兹日。可通检尚书众曹，东昏时诸净讼失理及主者淹停不时施行者，精加讯辨，依事议奏。”

又下令，以义师临阵致命及疾病死亡者，并加葬敛，收恤遗孤。又令曰：“朱爵之捷，逆徒送死者，特许家人殡葬；若无亲属，或有贫苦，二县长尉即为埋掩。建康城内，不达天命，自取沦灭，亦同此科。”

二年正月，天子遣兼侍中席阐文、兼黄门侍郎乐法才慰劳京邑。追赠高祖祖散骑常侍、左光禄大夫，考侍中、丞相。

高祖下令曰：“夫在上化下，草偃风从，世之浇淳，恒由此作。

灾，屡次焚毁掖庭，各官府司署，连一尺长的橡柱也未能幸免，可悲的情状有甚于《黍离》，比《麦秀》更令人痛惜。于是使万民离心，边疆的守卫渐趋衰弱，这些人民有何罪过，竟要遭此涂炭！现在晦明交替，大道昭然推行，向往治世之民，今天而得以复苏将息。我以区区寡德薄才，获得重用，尽管国运已到中兴之时，然而复兴之路艰难如同国朝初创之时，我想弘扬吾皇的美德，替他破旧立新。凡是昏乱的制度、错设的税赋、过度的刑罚、泛滥的徭役，均可详察旧日的源流，将之尽数荡除干净。对于那些负责镇守州郡而已经逃亡流散的官吏，以及战乱中的各种折损消耗，都要详细设立科条，遵循原来的条例加以恢复。"

又传令说："永元末年，朝纲失序。政令实际出于多门，已经不同于卫文公的年代；权力转移到臣下手中，情形等同于曹恭公的时候。于是致使太监首领有老翁老妪之称，安居高位的大臣竟有效法唐尧的旨令。受贿断案卖官鬻爵，禁锢山林封闭沼泽，本应疏通闭塞的言路，却成为群丑专权的温床。耿直之道，正义之纲，已被压制多年，怀冤而有理之士，不知向谁人申诉。奸吏们又趁机独断专横，任意舞文玩法。世道之乱，已经超过贾谊落泪、许子伯哭世的情形！如今国运更新，正是让政事刑狱得其所适、矫正改变流弊之时。应该全面检查尚书各部门，对东昏侯时期那些不合理的讼断，以及被懒政一再拖延的案件，要严加讯问分辨，根据情况讨论解决方法并对上奏报。"

又下令，将义师中临阵战死及染病身故者，全部加以收殓安葬，并收养抚恤其遗孤。又下令说："朱雀桥之捷，乱党在战斗中送死的人，特许家人为其殡葬；若无亲属，或家中缺乏葬资，京畿二县长尉即代为掩埋。建康城内凡有在战乱中横死者，也照此办理。"

永兴二年（502）正月，天子派兼侍中席阐文、兼黄门侍郎乐法才慰问犒劳京都。追赠高祖先祖父为散骑常侍、左光禄大夫，追赠高祖先父为侍中、丞相。

高祖下令道："在上者如能以德化民，则人民将如风吹草伏一自永元失德，书契未纪，穷凶极悖，焉可胜言。既而琁室外构，倾宫内积，奇技异服，殚所未见。上慢下暴，淫侈竞驰。国命朝权，尽移近习。贩官鬻爵，贿货公行。并甲第康衢，渐台广室。长袖低昂，等和戎之赐；珍羞百品，同伐冰之家。愚民因之，浸以成俗。骄艳竞爽，夸丽相高。至乃市井之家，貂狐在御；工商之子，缇绣是袭。日入之次，夜分未反，昧爽之朝，期之清旦。圣明肇运，厉精惟始，虽曰缵戎，殆同创革。且淫费之后，继以兴师，巨桥、鹿台，凋罄不一。孤忝荷大宠，务在澄清，思所以仰述皇朝大帛之旨，俯厉微躬鹿裘之义，解而更张，斫雕为朴。自非可以奉粢盛，修绂冕，习礼乐之容，缮甲兵之备，此外众费，一皆禁绝。御府中署，量宜罢省。掖庭备御妾之数，大予绝郑卫之音。其中有可以率先卿士，准的甿庶，菲食薄衣，请自孤始。加群才并轨，九官咸事，若能人务退食，竞存约己，移风易俗，庶期月有成。昔毛玠在朝，士大夫不敢靡衣偷食。魏武叹曰：‘孤之法不如毛尚书。’孤虽德谢往贤，任重先达，实望多士得其此心。外可详为条格。”

戊戌，宣德皇后临朝，入居内殿。拜帝大司马，解承制，百僚致敬如前。壬寅，诏进高祖都督中外诸军事，剑履上殿，入朝不趋，赞拜不名。加前后部羽葆鼓吹。置左右长史、司马、从事中郎、掾、样顺从教化，世风的浇薄与淳厚，永远都由此而来。自永元年间朝廷丧失德政之后，诸种史所未记、穷凶极恶的乱象，哪里说的尽？后来大修宫室，倾尽宫中积蓄的财货，追求奇技淫巧怪异服饰，都是前所未见的。主上傲慢臣下残暴，淫乱奢侈竞相争逐。国家的天命，朝廷的权威，都彻底被左右侍臣把握。贩卖官位爵位，贿赂公然进行。而且豪宅广道大行其道，高台巨室竞相建成。广蓄歌姬舞伎，简直与对外的和戎之赐相等；山珍海味千百种，规格与达官贵人无二。无知之民众因袭此风气，逐渐形成流俗。以艳为傲争胜媲美，以丽为夸追逐争高。以致市井之家也穿貂着狐，工商之民也穿戴着高档丝织品。从傍晚开始游乐饮宴，时过夜半也不返回，理应拂晓进行的早朝，竟要等待整整一上午。圣明君主的国运之兴，始于励精图治，虽说是继承帝业，实际和创业革新是一样的。况且昏君靡费无度之后，战事又接着发生，巨桥、鹿台，都有程度不一的损毁。我蒙恩宠，辱列权臣，务要肃清乱局，考虑怎样对上阐明我朝厚帛俭素的宗旨，对下激励勤俭节约粗衣朴服的风气，改弦更张，革去浮华雕饰之俗，重兴质朴民风。如果不是出于仪典祭祀供奉、修饰官服礼服、学习礼乐之制，或是整治兵器武备之必需，此外的各种开销，一律禁绝。宫廷内府和中央官署，都应进行适度的减省。宫廷应备录侍寝的宫人之数，掌乐之官则要禁绝郑、卫般的靡靡之音。其间凡有可作为百官表率和庶民榜样，吃粗劣食物穿简陋服装的措施，都请从我开始。加之如今众多人才在朝内为官，各部官员一同共事，如果能人人务求俭朴奉公，互相监督并约束自己，那么移风易俗，大约一月之内就会见到成效。从前毛玠在朝任职时，士大夫都不敢私底下锦衣玉食。魏武帝感叹说：'我的法令不如毛尚书啊。'我虽然德行操守不如前贤，肩上责任却重于先达，实在期望众贤士领会我的一番苦心。在外朝参政诸官可详细制定条律推行。"

戊戌日，宣德皇后临朝听政，入居内廷。任命高祖为大司马，解除承制行事的做法，仍如从前一样受百官恭敬致礼。壬寅，下诏令，擢升高祖都督中外诸军事，可以佩剑穿鞋上殿，入内朝见时不需快步上前，朝拜时赞礼的人不直呼其名。加赐前后各一部羽葆仪仗和鼓属各四人，并依旧辟士，余并如故。诏曰：

夫日月丽天，高明所以表德；山岳题地，柔博所以成功。故能庶物出而资始，河海振而不泄。二象贞观，代之者人。是以七辅、四叔，致无为于轩、昊；韦、彭、齐、晋，靖衰乱于殷、周。

大司马攸纵自天，体兹齐圣，文洽九功，武苞七德。钦惟厥始，徽猷早树，诚著艰难，功参帷幄。锡赋开壤，式表厥庸。建武升历，边隙屡启，公释书辍讲，经营四方。司、豫悬切，樊、汉危殆，覆强寇于沔滨，僵胡马于邓沔。永元肇号，难结群丑，专威擅虐，毒被含灵，溥天惴惴，命悬晷刻。否终有期，神谟载挺，首建大策，惟新鼎祚。投袂勤王，沿流电举，鲁城云撤，夏汭雾披，加湖群盗，一鼓殄拔，姑孰连旍，倏焉冰泮。取新垒其如拾芥，扑朱爵其犹扫尘。霆电外骇，省闼内倾，余丑纤蠹，蚳蝝必尽。援彼已溺，解此倒悬，涂歌里抃，自近及远。畿甸夷穆，方外肃宁，解兹虐网，被以宽政。积弊穷昏，一朝载廓，声教遐渐，无思不被。虽伊尹之执兹壹德，姬旦之光于四海，方斯蔑如也。

昔吕望翼佐圣君，犹享四履之命；文侯立功平后，尚荷二弓之锡，况于盛德元勋，超迈自古。黔首慄慄，待以为命，救其已然，拯

吹乐班。设置左右长史、司马、从事中郎、掾、属各四人,可照旧征辟任用士人,其余一切如前。诏令说:

日月映照天空,高悬而明亮,用以彰显大德;山岳横亘大地,柔和而广博,用以成就功业。所以才能让万物生发肇兴,江河湖海充盈而不泄漏。天地以正道示人,代表正道的则是世上贤人。所以七辅和四叔,使轩辕、少昊得以无为而治;豕韦、大彭、齐桓、晋文,平靖了殷朝和周朝的衰亡丧乱。

大司马乃上天赋予本朝,与圣人一体齐等,其文治已遍及水、火、金、木、土、谷等六府与正德、利用、厚生等三事,其武功已囊括禁暴、戢兵、保大、定功、安民、和众、丰财等七种德行。回想您出仕之始,早已树立美善之道,忠诚彰显于艰难之时,有参与运筹帷幄的功勋,故而朝廷赐予您封邑,作为一般臣民的范式楷模。明帝登位建号建武之时,边境上冲突屡起。您放下书卷停止讲学,经略治理四方边疆。司州、豫州告急之时,樊城、汉中危殆之际,您在汉水之畔剿灭强敌,在邓地的水滨挫败北敌骑兵。永元初年时,朝中群小作难,独断威势擅自施虐,荼毒之广遍及生灵,普天之民都心怀忧惧,天命危在旦夕之间。厄运终究有结束之时,您神机奇谋挺出,首先制定重大决策,更新了国运皇祚。奋起勤王,顺江如闪电般出击,鲁山顽抗之敌烟消,江夏水滨之贼雾散,盘踞加湖之群盗,一鼓作气扫荡殆尽,占据姑孰的众多贼兵,转眼之间瓦解冰释。拿下新亭垒好似拾取草籽,扫荡朱雀门犹如掸去灰尘。天降雷霆,惊骇敌军于宫外,宫阙内部自行倾覆,残余的小人与蛀虫,无论多么微小也务求涤荡净尽。对苦海挣扎的黎庶施以援手,令痛苦倒悬之民得以解脱,闾巷百姓鼓舞欢庆,由近及远无不如此。京畿一带太平和睦,京外州府肃静安宁,解除了暴虐之网,施行宽仁之政。累积的弊病和到达极点的昏政,一时之间终得清除。朝廷的声威教化遍及边远之地,民众没有不想顺从的。即使古代有伊尹秉持美德,姬旦光耀四海,他们的所作所为与您的伟绩相比,也是不能企及的啊。

当年吕望辅佐圣明的君主,尚且得到天子四履之赐,命他权力及于四境之内;晋文侯护卫王室平乱有功,也得到周王红黑二色的宝其方斫，式闾表墓，未或能比；而大辂渠门，辍而莫授，眷言前训，无忘终食。便宜敬升大典，式允群望。其进位相国，总百揆，扬州刺史；封十郡为梁公，备九锡之礼，加玺绂远游冠，位在诸王上，加相国绿綟绶。其骠骑大将军如故。依旧置梁百司。

策曰：

二仪寂寞，由寒暑而代行，三才并用，资立人以为宝，故能流形品物，仰代天工。允兹元辅，应期挺秀，裁成天地之功，幽协神明之德。拨乱反正，济世宁民，盛烈光于有道，大勋振于无外，虽伊陟之保乂王家，姬公之有此丕训，方之蔑如也。今将授公典策，其敬听朕命：

上天不造，难钟皇室，世祖以休明早崩，世宗以仁德不嗣，高宗袭统，宸居弗永，虽凤夜劬劳，而隆平不洽。嗣君昏暴，书契弗睹。朝权国柄，委之群孽。剿戮忠贤，诛残台辅，含冤抱痛，噍类靡余。实繁非一，并专国命。嚬笑致灾，睢眦及祸。严科毒赋，载离比屋，溥天熬熬，置身无所。冤颈引决，道树相望，无近无远，号天靡告。公藉昏明之期，因兆民之愿，援帅群后，翊成中兴。宗社之危已固，天人之望允塞，此实公纽我绝纲，大造皇家者也。

弓之赏，令他掌管为主征伐。相比之下您的高尚品德和丰功伟绩，赏赐已经超越古贤。百姓们都惶恐不安，期待您接受上命，解救已经陷入困境的人民，改变他们即将丧生于乱世的命运，民间对您的颂扬，已经是闾巷间的表彰牌坊和墓葬前的功德石刻所无法比拟的；上古天子的大辂之车和渠门之旗，时过境迁今天已停罢不用，然而回顾前代的圣明训示，则决不可忘而终食。特此不拘陈规，郑重地提升国家大典的规格以合乎众望。将您晋升为相国，总领百官，并任扬州刺史；分封十郡，称为梁公，具备九锡之礼，佩以印玺及远游冠，地位在诸王之上，加授相国的绿、紫、绀三色绶带。仍任骠骑大将军之职，依旧设立梁公下属的百官。

策命道：

天地二仪寂寞，故有寒暑更替运行，天、地、人三才并用，必仰仗立人作为宝器，因此能使万物受自然之润泽，运动变化其形体，敬代天之职责。令人敬重信服的首辅，顺应时运挺身而出的俊杰，裁制成就天地之功，深深符合神明之德。拨乱反正，济世宁民，其伟大光明，昭然于有道，其盛大功勋，激扬于无穷，即使古有商代伊陟佐王，周朝周公训政，他们的事迹与您相比也稍逊一筹。现在即将授予您策命，请敬听朕命：

天降不幸，皇室遭难，世祖圣才英明，然而英年早逝，世宗仁厚有德，然而后继无嗣，高宗承袭大统，但享位不久，虽然夙兴夜寐辛苦操劳，但仍未能使国运兴隆而天下太平。继位之君昏庸暴虐，有史以来未曾见过。朝廷大政与国家权柄，尽数交与近侍佞幸。屠杀忠良，诛戮宰辅，令忠臣含冤抱痛，合族苗裔斩尽无余。惨案频仍实非个例，并且专断国命。皱眉和嗤笑都能招灾，轻微的怨隙也会酿祸。严厉地科以狠毒的赋税，人民流离失所的比比皆是，普天之下哀愁怨苦，已无立足置身之地。蒙冤上吊者，在道旁树上悬垂相望，远近相连，人民号天泣地而无处相告。您借助昏明交替的趋势，因应万民的宏愿，率领公卿百官，辅佐促成国运中兴，宗庙社稷的危险转而为安，上天与黎民的愿望都得到满足，这实在是您维系我朝濒临断绝的纲纪，再造皇家的不朽功勋啊。

永明季年，边隙大启，荆河连率，招引戎荒，江、淮扰逼，势同履虎。公受言本朝，轻兵赴袭，縻以长算，制之环中。排危冒险，强柔递用，坦然一方，还成藩服。此又公之功也。在昔隆昌，洪基已谢，高宗虑深社稷，将行权道。公定策帷帐，激扬大节，废帝立王，谋猷深著。此又公之功也。建武阐业，厥猷虽远，戎狄内侵，凭陵关塞，司部危逼，沦陷指期。公治兵外讨，卷甲长骛，接距交绥，电激风扫，摧坚覆锐，咽水涂原，执俘象魏，献馘海渚，焚庐毁帐，号哭言归。此又公之功也。樊、汉阽切，羽书续至。公星言鞠旅，禀命徂征，而军机戎统，事非己出，善策嘉谋，抑而莫允。邓城之役，胡马卒至，元帅潜及，不相告报，弃甲捐师，饵之虎口。公南收散卒，北御雕骑，全众方轨，案路徐归，拯我边危，重获安堵。此又公之功也。汉南迥弱，咫尺勃寇，兵粮盖阙，器甲靡遗。公作藩爰始，因资靡托，整兵训卒，蒐狩有序，俾我危城，翻为强镇。此又公之功也。永元纪号，瞻乌已及，虽废昏有典，而伊、霍称难。公首建大策，爰立明圣，义逾邑纶，勋高代入，易乱以化，俾昏作明。此又公之功也。文王之风，虽被江、汉，京邑蠢动，湮为洪流，句吴、於越，巢幕匪喻。公投袂万里，事惟拯溺，义声所覃，无思不赸。此又公之功也。鲁城、夏汭，梗据中流，乘山置垒，萦川自固。公御此乌集，陵兹地险，顿兵坐甲，寒往暑移，我行永久，士忘归愿，经以远图，御以长策，费无遗矢，战未穷兵，践华之固，相望俱拔。此又公之功也。惟此群凶，同恶相济，缘江负险，蚁聚加湖。水陆盘据，规援夏首，桴艖一临，应时褫溃。此又公之功也。奸宄震皇，复怀举斧，蓄兵九派，用拟勤王。公棱威直指，势逾风电，旌旗小临，全州稽服。此又公之功也。姑孰冲要，密迩京畿，凶徒炽聚，断塞津路。公偏师启涂，排方继及，兵威所震，望旗自骇，焚舟委壁，卷甲宵遁。此又公之功也。群竖猖狂，志在借一，豕突淮涘，武骑如云。公爰命英勇，因机骋锐，气冠版泉，势逾洹水，追奔逐北，奄有通津，熊永明末年，外患大起，荆河一带的地方长官招致西戎，江淮流域外敌搅扰进犯，危机如同脚踩虎尾，一触即发。您献言本朝，轻兵奔袭，并以长远的谋算羁縻对方，制敌于掌握之中。冒着风险排除危难，刚柔手段交替使用，抚定一方，让叛乱之区化为藩服之地。这又是您的一大功勋。隆昌年间，大业已然凋敝，高宗深为宗庙社稷考虑，将要行使变通之道。您为了册立天子运筹帷幄，激励弘扬大节，废旧帝立新君，谋略深远而卓著。这又是您的一大功勋。高宗有志于弘扬帝业，只是谋略虽然远大，时值戎狄入侵，进犯关塞，司州陷入危险之中，沦陷指日可待。您整顿兵马对外征讨，率轻兵长驱直入，与敌迅速交兵见仗，如闪电激荡秋风横扫，挫败强寇灭敌精锐，使敌尸填塞流水遍布原野，绑献敌俘于宫阙，奏凯报功于水滨，焚烧穹庐毁坏帐幕，使戎狄号哭着投降归附。这又是您的一大功勋。樊城、汉中危险急迫，插有鸟羽的告急文书连续传来。您披星戴月及早誓师，秉承命令前往征讨，只可惜军机大计不由您独自决断，本属上佳的谋略，终被抑制而否决。邓城之战，胡虏的兵马突然来袭，而主帅悄悄撤走，竟不通知各部，抛弃部队罔顾将士，将之投于虎口。您向南收拢集合溃军，朝北抵御凶猛的敌骑，保全了士卒，车辆并行有序，按路徐徐退兵，拯救我方边境的危急，使之重获安宁。这又是您的一大功勋。汉南之地本属远弱，接近强敌又缺兵少粮，盔甲器具极其匮乏。您坐镇之初，凭借现有资源而无所依托，整顿队伍编练士卒，狩猎习武训练有素，使我边境危城，转为雄镇强藩。这又是您的一大功勋。永元年间，人民流离失所的乱世降临，虽然有废除昏君的旧制可循，但是重振朝纲的贤臣却难觅。您率先定下举事大策，拥立贤明的圣主，此一义举，远超于其他地方长官，勋业高于同代之人，以太平代替动乱，使黑暗转为光明。这又是您的一大功勋。文王之风教虽然广布于长江、汉水流域，然而京都动荡，已被奸邪之洪流吞没，吴越之地，仍筑巢于帐幕之上，不知其处境危险。您奋起转战万里，一心拯救堕入苦海之万民，仁义的声威流传之处，没有不赞成的。这又是您的一大功勋。鲁山、汉口之地，阻据中游，依据山势筑有营垒，得到江河的环绕而更加强固。您面对这里的强敌，登临耳比峻，未足云拟，睢水不流，曷其能及。此又公之功也。琅邪、石首，襟带岨固，新垒、东塸，金汤是垿。凭险作守，兵食兼资，风激电骇，莫不震叠，城复于隍，于是乎在。此又公之功也。独夫昏很，凭城靡惧，鼓钟鞺鞳，傲若有余。狎是邪孽，忌斯冠冕，凶狡因之，将逞孥戮。公奇谟密运，盛略潜通，忠勇之徒，得申厥效，白旗宣室，未之或比。此又公之功也。

　　公有拯亿兆之勋，重之以明德，爰初厉志，服道儒门，濯缨来仕，清猷映代。时运艰难，宗社危殆，昆岗已燎，玉石同焚。驱率貔貅，抑扬霆电，义等南巢，功齐牧野。若夫禹功寂漠，微管谁嗣，拯其将鱼，驱其被发，解兹乱网，理此棼丝，复礼祍席，反乐河海。永

险要之地，枕戈待旦，寒暑交替，征战历时长久，将士们都忘却归家之愿，用深远的谋略规划作战，用长久的计策来统御三军，军资绝无微小的浪费，战斗也不曾过度用兵，如华山一样难以逾越的险阻城池，终于相继为我攻克。这又是您的一大功勋。只是凶徒群小，同恶相助，沿着长江凭据险要，如蚂蚁一般聚集在加湖。盘踞水旱两路，打算援助汉口，我军战舰一到，立即土崩瓦解。这又是您的一大功劳。奸人惊惶，再度策划调兵抵抗，在九江一带蓄积兵力，打算救援昏君一党。您兵锋直指，势逾风驰电掣，军旗所向，举州臣服。这又是您的一大功勋。姑孰地处要冲，逼近京师，乱军大肆集结，阻断了渡口和要道。您的偏师先发，方舟大队继至，兵威雄震之处，敌人望旗而惊惧不已，焚毁舟船放弃营垒，卷甲夜遁。这又是您的一大功勋。群小猖狂，志在决一死战，像受困野猪一样奔突于秦淮河边，全副武装的精骑列阵如云。您于是命令军中的英勇健儿，紧抓战机以锐骑驱驰敌阵，其勇悍胜于轩辕黄帝的阪泉之战，其气势超越项羽击破章邯的洹水之役。追击逃亡的败兵，尽数据有各路要津。这一场大战，纵有齐桓公南伐登熊耳山的旧事，也不足以比拟；虽有楚霸王彭城大败汉军睢水为之阻塞不流的典故，又怎可企及。这又是您的一大功勋。琅琊、石头城，高峻的山川屏障十分险峻坚固，新亭垒和东塘，完全同于金城汤池。敌人凭踞着险要防守，而且兵粮足备，然而面对正义之师的风驰电掣，敌军无不震骇逃窜，万仞坚城化为无水之堑，就发生在这顷刻之间。这又是您的一大功勋。专断横行的独裁者昏乱凶狠，凭据城池不知畏惧，战场上的钟鼓齐鸣，他仍然倨傲有余。亲近妖邪，猜忌忠良，凶顽奸猾之徒利用这机会，还将肆意屠戮。您秘密运作奇谋，宏大谋略在暗中实行，忠心勇敢之士众，得以申志效力，即便是武王率白旗之军诛杀纣王于宣室的事迹，谅也不能与此相比。这又是您的一大功勋。

您有拯救万民的功勋，又具有昭明的美德，从一开始就砥砺志节，潜心钻研儒学，操守高洁投身入仕，清明的谋略辉映当代。然而时运艰难，宗庙社稷临危，大祸已经降临，众臣玉石俱焚。您率领勇武之士，进退上下如电闪雷击，义举等同成汤放夏桀于南巢，功劳不

平故事，闻之者叹息；司隶旧章，见之者陨涕。请我民命，还之斗极。悯悯搢绅，重荷戴天之庆；哀哀黔首，复蒙履地之恩。德逾嵩、岱，功邻造物，超哉邈矣，越无得而言焉。

朕又闻之：畴庸命德，建侯作屏，咸用克固四维，永隆万叶。是以《二南》流化，九伯斯征，王道淳洽，刑措罔用。覆政弗兴，历兹永久，如毁既及，晋、郑靡依。惟公经纶天地，宁济区夏，道冠乎伊、稷，赏薄于桓、文，岂所以宪章齐、鲁，长辔宇宙。敬惟前烈，朕甚惧焉。今进授相国，改扬州刺史为牧，以豫州之梁郡历阳、南徐州之义兴、扬州之淮南宣城吴吴兴会稽新安东阳十郡，封公为梁公。锡兹白土，苴以白茅，爰定尔邦，用建冢社。在昔旦、奭，入居保佑，逮于毕、毛，亦作卿士，任兼内外，礼实宜之。今命使持节、兼太尉王亮授相国扬州牧印绶，梁公玺绂；使持节、兼司空王志授梁公茅土，金虎符第一至第五左，竹使符第一至第十左。相国位冠群后，任总百司，恒典彝数，宜与事革。其以相国总百揆，去录尚书之号，上所假节、侍中貂蝉、中书监印、中外都督大司马印绶、建安公印策，骠骑大将军如故。又加公九锡，其敬听后命：以公礼律兼修，刑德备举，哀矜折狱，罔不用情，是用锡公大辂、戎辂各一，玄牡二驷。公劳心稼穑，念在民天，丕崇本务，惟谷是宝，是用锡公衮冕之服，赤舄副焉。公镕钧所被，变风以雅，易俗陶民，载和邦国，是用锡公轩悬之乐，六佾之舞。公文德广覃，义声远洽，椎髻髽首，夷歌请吏，是用锡公朱户以居。公扬清抑浊，官方有序，多士聿兴，《棫朴》流咏，是用锡公纳陛以登。公正色御下，以身轨物，式遏不

亚武王讨伐殷纣于牧野。每当上古帝王功业沉寂时，若不是有管仲这样的贤臣，谁来接续国运，拯救即将陷入困境的苍生，驱逐那些披发左衽的蛮夷，解除祸乱交织的罗网，理清已经纷乱的纲纪，使礼教恢复于民间，重返河清海晏。东汉明帝永平年间海晏河清的往事，如今听到者为之叹息；东汉光武帝恢复前朝制度，见到的无不感激涕零。您代我民请命，归天命于人皇。让忧愁的朝中官员，再蒙天恩福泽；让悲哀的天下百姓，重受圣主之恩德。这种懿德高于嵩山、泰山，功勋可堪比邻造物主，实在超然高远，用言语无法描述。

朕又听说：选任贤能授命于有德者，封立诸侯来羽翼君王，这些措施并举就能巩固礼、义、廉、耻的国之四纲，使千秋万代恒久隆昌。因此古有《周南》《召南》流布教化，九州的方伯为天子征伐，王道广被而且淳厚融洽，刑罚措施都能停辍不用。当败坏之政没有兴起时，太平盛世可历久永存，倘若乱政已现，就唯有晋国、郑国这样的诸侯可以依靠。如今您筹划整顿天下，安定匡正华夏，道德胜过伊尹与后稷，而所得赏赐却少于齐桓、晋文，这岂能作为榜样去约束其他诸侯，安抚宇内人心？敬思前代先王功业，朕深感不安。现在晋升您为相国，改扬州刺史为牧，以豫州的梁郡、历阳，南徐州的义兴，扬州的淮南、宣城、吴郡、吴兴、会稽、新安、东阳等十郡，赐封您为梁公。赏赐白土，用白茅包裹，用来奠定您的封国，兴建封邑的社坛。从前周公姬旦和召公姬奭，入朝保护天子辅佐朝政，后来到了毕公、毛公，也官列卿士，职务兼及朝廷内外，这实在是于礼法相合宜的做法。现在命令使持节、兼太尉王亮，授予相国扬州牧的印绶，以及梁公的印玺；派遣持节、兼司空王志，授予梁公白茅白土，金虎符第一至第五左，竹使符第一至第十左。相国位居群臣之首，职责总理百官，对平日之典章、恒常之制度，可以便宜行事进行改革。因为相国总理百官，所以去掉录尚书事的称号，交还之前的所有假节、侍中时所戴的貂蝉冠、中书监的印玺、中外都督大司马的印绶、建安公的印玺和策书，骠骑大将军的称号照旧。再加以九锡，请敬听下面的诏令：因为您兼修礼数与法律，兼备刑罚与德政之才，能心怀怜悯决断讼案，深深体恤下情，因此赐您大辂、戎辂之车各一乘，每车赐驷四

虞，折冲惟远，是用锡公虎贲之士三百人。公威同夏日，志清奸宄，放命圮族，刑兹罔赦，是用锡公鈇、钺各一。公跨蹑嵩溟，陵厉区宇，譬诸日月，容光必至，是用锡公彤弓一，彤矢百；卢弓十，卢矢千。公永言惟孝，至感通神，恭严祀典，祭有余敬，是用锡公秬鬯一卣，圭瓒副焉。梁国置丞相以下，一遵旧式。钦哉！其敬循往策，祗服大礼，对扬天眷，用膺多福，以弘我太祖之休命！

高祖固辞。府僚劝进曰："伏承嘉命，显至仁策。明公逡巡盛礼，斯实谦尊之旨，未穷远大之致。何者？嗣君弃常，自绝宗社，国命民主，剪为仇雠，折栋崩榱，压焉自及，卿士怀脯斫之痛，黔首惧比屋之诛。明公亮格天之功，拯水火之切，再躔日月，重缀参辰，反龟玉于涂泥，济斯民于阮岸，使夫匹妇童儿，羞言伊、吕，乡校里塾，耻谈五霸。而位卑乎阿衡，地狭于曲阜，庆赏之道，尚其未洽。夫大宝公器，非要非距，至公至平，当仁谁让？明公宜祗奉天人，允膺大礼。无使后予之歌，同彼胥怨，兼济之人，翻为独善。"公不许。

匹黑色的公马。您操心农业生产，念及民以食为天，尊崇民生的根本要务，将谷物视为珍宝，因此赐予您衮衣与冕作为礼服，配上红色木底鞋。您治理之地，风俗由鄙俚转变为高雅，改易旧有的习俗陶冶万民，令邦国和睦，因此赐予您奏演轩悬之乐和六佾之舞的乐师舞伎。您的仁德教化广传，忠义之名远扬，令装束异于我朝的夷狄，都唱着歌曲请求臣服，因此赐予您朱红色的大门以供居住。您扬善斥恶，设官立府井然有序，众多贤士纷纷崛起，令颂扬贤才众多的《诗经·大雅·棫朴》之歌到处传唱，因此恩赐您使用纳陛的阶梯登殿。您以正气统领下属，以身作则，防患不测于未然，制敌克胜于千里之外，因此赐予您虎贲勇士三百名。您的威严如同夏季的烈日，志在清除作奸犯科之人与违逆教化残害族类之徒，严惩他们绝不容情，因此赐您用于刑杀的宝刀、利斧各一柄。您跨越高山大海，奔驰于国境之中，犹如日月，光辉必至，因此赐予您红色宝弓一张，红色利箭百枝；黑色宝弓十张，黑色利箭千枝。您常常心存孝敬，至为诚恳的情感已通于神灵，在祭礼的仪礼上恭敬严肃，祭祀时尊敬有加，因此赐予您一尊以黑黍和郁金香草酿造的美酒，配以圭玉制成的酒器。梁国设置丞相以下的百官，全部遵循旧典。敬仰啊！请谨遵上述策命，敬服大礼，答谢颂扬帝王的恩典，以多多享受福荫，弘扬我朝太祖的美善旨意。

高祖坚决推辞不受。府僚劝进说："敬受圣上赐授官爵的敕命，显赫的荣耀积聚于策令之中。明公您推辞盛礼，虽是出于谦抑之心，却不是远大的打算。何以这么说？嗣位的昏君抛弃常道，自绝于宗庙社稷，弃绝国之天命和万民主宰，沦为天下的仇敌。栋梁崩塌，祸及自身，朝中官员心怀切肤之痛，黎民百姓担心逐户受诛。明公昭显出整顿天宇的功业，救民于水火之急，使日月重返黄道，使星辰各归其位，把龟甲与宝玉从淤泥中归复人间，拯救黎民于沟壑污淖之中，使庶民妇女和儿童，羞于再讲伊尹、吕尚的故事，使四方乡里的学塾，从此耻谈春秋五霸的功业。然而您的官位低于宰辅之职，封地比曲阜还要狭小，令国家按功行赏的大道，仍未得以完满。敕命中那些极其尊贵的宝货和公器，不应索取也不应拒绝，这些至为公平的封赏，您

二月辛酉，府僚重请曰："近以朝命蕴策，冒奏丹诚，奉被还令，未蒙虚受，搢绅颙颙，深所未达。盖闻受金于府，通人弘致，高蹈海隅，匹夫小节，是以履乘石而周公不以为疑，赠玉璜而太公不以为让。况世哲继轨，先德在民，经纶草昧，叹深微管。加以朱方之役，荆河是依，班师振旅，大造王室。虽复累茧救宋，重胝存楚，居今观古，曾何足云。而惑甚盗钟，功疑不赏，皇天后土，不胜其酷。是以玉马骏奔，表微子之去；金板出地，告龙逢之冤。明公据鞍辍哭，厉三军之志，独居掩涕，激义士之心，故能使海若登祇，馨图效祉，山戎、孤竹，束马影从，伐罪吊民，一匡静乱。匪叨天功，实勤濡足。且明公本自诸生，取乐名教，道风素论，坐镇雅俗，不习孙、吴，遭兹神武。驱尽诛之氓，济必封之谷，龟玉不毁，谁之功与？独为君子，将使伊、周何地？"于是始受相国梁公之命。

是日，焚东昏淫奢异服六十二种于都街。湘东王宝晊谋反，赐死。诏追赠梁公故夫人为梁妃。乙丑，南兖州队主陈文兴于桓城内凿井，得玉镂骐驎、金镂玉璧、水精环各二枚。又建康令羊瞻解

既当之无愧，还要再让给谁？您应当敬奉天人之愿，接受应承大礼。莫让我等身后的歌谣，变成百姓抱怨天道不公的怨言，让一个使天下万物普受惠益的楷模，反沦为只顾独善自身之人。"高祖仍不同意。

二月辛酉日，府僚又一次请求说："近来朝廷颁下诏命和多道策书，冒昧传达赤诚之意，却奉您之命交回了懿旨，未蒙您虚心接受，朝中百官殷切盼望，深感不理解您推让的行为。我等听说，受金印于府署，乃博学通达之人的远大目标，隐居在天涯海角，那是平民百姓的小节，因此周公不将踏上天子登车的垫脚石视为不敬的嫌疑，太公吕望获得上天赠予的玉璜而不作谦让。况且每个世代的圣哲都继承前人的轨迹，祖先的德行代代遗传，筹划治理未开化的世道，深深叹息缺少管仲一样的股肱之臣。加上您朱方之战指挥有方，荆河一带归依国朝，大军得胜班师凯旋，大大造福于皇室。即便对比墨子足下磨出重重老茧挽救宋国，申包胥胼手胝足保存楚国的功勋，以今观古，则前贤又何足一提。没有比掩耳盗铃自欺欺人更加糊涂的了，如果有大功而不赏，则天下要对这功劳生疑，皇天后土也不能容忍这种残酷的做法。所以当微子启弃纣王而去时，天下出现了玉马奔驰的景象；当夏桀冤杀忠臣关龙逢之后，有金版书从地庭中现出。您跨坐鞍上时强忍哭泣，激励三军奋勇杀敌，只身独处时掩拭涕泪，鼓励义士之报国雄心，这才能使海底与山巅的众神对人显露图籍呈现福祉，令山中的戎狄和隐遁的处士都策马出山如影随形，讨伐有罪之人，抚慰受难的百姓，匡扶正义。平定变乱，不仅有赖上天之功，实在也是您自己努力的结果。而且您出自诸生，素以名分教化为乐，斯文脱俗言语高雅，身不离座而雅俗之人尽皆拜服，未曾攻习孙武、吴起的兵法韬略，却成就了如此的武功。统率即将死于暴政的民众，拯救即将断绝的圣教风俗，使龟甲宝玉这些国之重器免遭毁灭，这是谁人之功劳？如此推辞封赏，做独善其身的谦谦君子，将令伊尹、周公置于何地呢？"这才接受了相国和梁公的策命。

这一天，在京城街市当众焚毁东昏侯荒淫奢侈的奇装异服共六十二种。湘东王萧宝旺谋反，赐其自杀。颁诏令追赠梁公已故的夫人为梁妃。乙丑日，南兖州队主陈文兴在桓城内掘井，挖出美玉镂刻的

称凤皇见县之桐下里。宣德皇后称美符瑞，归于相国府。丙寅，诏：
"梁国初建，宜须综理，可依旧选诸要职，悉依天朝之制。"高祖
上表曰：

　　臣闻以言取士，士饰其言，以行取人，人竭其行。所谓才生于
世，穷达惟时；而风流遂往，驰骛成俗，媒孽夸炫，利尽锥刀，遂使
官人之门，肩摩毂击。岂直暴盖露冠，不避寒暑，遂乃戢屦杖策，
风雨必至。良由乡举里选，不师古始，称肉度骨，遗之管库。加以山
河梁毕，阙舆征之恩；金、张、许、史，忘旧业之替。吁，可伤哉！且
夫谱牒讹误，诈伪多绪，人物雅俗，莫肯留心。是以冒袭良家，即成
冠族；妄修边幅，便为雅士；负俗深累，遽遭宠擢；墓木已拱，方被
徽荣。故前代选官，皆立选簿，应在贯鱼，自有铨次。胄籍升降，行
能臧否，或素定怀抱，或得之余论，故得简通宾客，无事扫门。顷代
陵夷，九流乖失。其有勇退忘进，怀质抱真者，选部或以未经朝谒，
难于进用。或有晦善藏声，自埋衡荜，又以名不素著，绝其阶绪。
必须画刺投状，然后弹冠，则是驱迫摙，奖成浇竞。愚谓自今选曹
宜精隐括，依旧立簿，使冠屦无爽，名实不违，庶人识崖涘，造请自
息。

麒麟、黄金镂刻的玉璧以及水晶环各二枚。又有建康令羊瞻解报告称，有凤凰出现在该县的桐下里。宣德皇后赞美这些吉祥的征兆，将之归于相府。丙寅日，颁诏令道："梁国初建，理应多加治理，可依照旧制选任各部门要职，全部比照中央朝廷的规制。"高祖上表道：

微臣听说，根据言论选拔士人，士人便修饰其言论；根据行为来选拔人才，人们便竭力端正其行为。正所谓人才降生于世，是困厄还是通达，全取决于时运；然而古之遗风已远，奔走追逐爵禄已成为时俗，揭人之短，夸己之长，追逐锥尖、刀刃那样微薄的利益，于是导致官署之前，车马川流摩肩接踵。何止是暴露冠盖，不避寒暑地求仕乞官，更有捆起鞋履，拄着拐杖，冒着风雨每日必至的。实在是因为乡里的选才举士，不师法古制，如买肉称骨一样，随意举任留给管库。加上天下栋梁之才接近罄尽，国家又缺少征召贤士的恩惠；朝中如汉代金日磾、张安世、许伯、史高一样的辅政大臣，已然忘却了旧业之衰微。嗨，实在可悲呀！况且记载宗族世系的谱籍多有讹误，欺骗和伪造的情形五花八门，至于人才的高雅或粗鄙，选士之官却不肯留意。因此有人冒称出身良家，就得以跻身士族；大胆修饰一下自己的仪表，也能伪称高雅之士；有人摆出与流俗相龃龉、深以名利为累的样子，就在短时间里被匆匆拔擢蒙恩；有的人早已死去，墓上之树都长成了围抱之木，才得到朝廷的尊崇。因此前代选拔官吏，都建立了选拔名册，在册者有先有后，选授官职自有次序。家世门第的升降，品行能力的褒贬，有的是平素已经查实无疑，有的来自众人的公论，因此能使宾客通达，不需要登门巴结权贵。近代以来，古制衰落，九品违逆颠倒。那些常常急流勇退，品行高尚、质朴无华的人，选部有时认为他们未经朝见，难以进用。那些隐藏自己良好的声望，自我埋没在简陋居室的，又因为长期默默无闻，断送了仕途进取的阶梯。必须先署名于书简、投上求官文状，而后才能入仕为官的做法，会驱动促使逐利之人，鼓励助长追名逐利的浇薄风气。微臣认为从今往后，选任官员的部门应当严密审核，按旧制建立簿册，使家世履历都准确无误，名声与德行贴合不悖，众人认识到行事的界限后，登门求官的不正之风自会停歇。

且闻中间立格，甲族以二十登仕，后门以过立试吏，求之愚怀，抑有未达。何者？设官分职，惟才是务。若八元立年，居皂隶而见抑；四凶弱冠，处鼎族而宜甄。是则世禄之家，无意为善；布衣之士，肆心为恶。岂所以弘奖风流，希向后进？此实巨蠹，尤宜刊革。不然，将使周人有路傍之泣，晋臣兴渔猎之叹。且俗长浮竞，人寡退情，若限岁登朝，必增年就宦，故貌实昏童，籍已逾立，滓秽名教，于斯为甚。

臣总司内外，忧责是任，朝政得失，义不容隐。伏愿陛下垂圣淑之姿，降听览之末，则彝伦自穆，宪章惟允。

诏依高祖表施行。

丙戌，诏曰：

嵩高惟岳，配天所以流称；大启南阳，霸德所以光阐。忠诚简帝，番君膺上爵之尊；勤劳王室，姬公增附庸之地。前王令典，布诸方策，长祚字甿，罔不由此。

相国梁公，体兹上哲，齐圣广渊。文教内洽，武功外畅。推毂作藩，则威怀被于殊俗；治兵教战，则霆雷赫于万里。道丧时昏，谗邪孔炽。岂徒宗社如缀，神器莫主而已哉！至于兆庶歼亡，衣冠殄灭，余类残喘，指命崇朝，含生业业，投足无所，遂乃山川反覆，草木涂地。与夫仁被行苇之时，信及豚鱼之日，何其辽夐相去之远欤！公命师鞠旅，指景长驱。而本朝危切，樊、邓遐远，凶徒盘据，水陆相望，爰自姑孰，届于夏首，严城劲卒，凭川为固。公沿汉浮

　　而且微臣听说朝中设定的标准，出身世家大族者在二十岁入仕，而寒门出身者要过而立之年才可出任官吏，依我愚见，这也有不通之处。为什么呢？设官分职，应该唯才是举。上古的高辛氏八位才子，若是要等到而立之年才可做官，必然会屈居皂隶而被压抑；古之四大凶恶部族首领，若按二十岁入仕，就会因出身望族而被选用。这样一来，世禄之家将无心为善；布衣之士则将肆意作恶了。这岂是奖励卓越人才、吸引后进的做法呢？实在是妨害国家的恶政，尤应革除。否则，将使民众都站在路边哭泣，让臣子产生要退隐山林的哀叹。况且流俗总是助长浮薄竞逐的，时时谦虚退让之人总是少数，如果严格限制入朝为官的年龄，必然会出现虚报增加自己年纪的情形，看上去还是懵懂无知的少年，簿册上记载的年龄却已过而立之年，有害名教者，实在以此为最。

　　微臣总理内外朝政，深为身上的重任感到忧虑，凡朝政有所得失，皆义不容隐讳。敬愿我主垂现圣明贤达之姿，屈尊倾听政事之细末，那么伦常自会肃穆淳和，典制也将保持恒久公允。

　　下诏按照高祖所奏来施行。

　　丙戌日，下诏说：

　　巍峨高耸的五岳，与天相比并，所以能声名远扬；南天之上盛大而启迪万物的太阳，德行首届一指，因此能广布光芒。因为拣择圣明之主效忠，秦汉时的番君吴芮才得以荣享无上的尊爵；由于辛勤为王室奔走效力，于是周公姬旦受赏增加了封邑。前代帝王的典章制度，明白地记录于简册，国运长久治理百姓，无不由此而来。

　　相国梁公，善体先哲之心，宽广与博大与圣人齐等。文治教化浸染于内，军威武功弘扬于外。任命为远藩统帅时，令威德遍布风俗迥异我朝之地；治理军队训练作战，令军容如雷霆显耀万里。后值大道沦丧、时世混乱之际，谄媚奸邪之徒嚚张横行。其危急的情形，何止是宗庙社稷危如缀缕、我朝天命荡然无主而已！还有万千人民被诛灭，公卿大夫家族惨遭屠戮，幸存的人们苟延残喘，等待短暂的生命随时告终，百姓生业憔悴，脚无立锥之地，于是山川倾覆，草木涂江，电激风扫，舟徒水覆，地险云倾，藉兹义勇，前无强阵，拯危京邑，清我帝畿，扑既燎于原火，免将诛于比屋。悠悠兆庶，命不在天；茫茫六合，咸受其赐。匡俗正本，民不失职。仁信并行，礼乐同畅。伊、周未足方轨，桓、文远有惭德。而爵后藩牧，地终秦、楚，非所以式酬光烈，允答元勋。实由公履谦为本，形于造次，嘉数未申，晦朔增仁。便宜崇斯礼秩，允副遐迩之望。可进梁公爵为王。以豫州之南谯、庐江、江州之寻阳、郢州之武昌、西阳、南徐州之南琅邪、南东海、晋陵、扬州之临海、永嘉十郡，益梁国，并前为二十郡。其相国、扬州牧、骠骑大将军如故。

公固辞。有诏断表。相国左长史王莹等率百僚敦请。

三月辛卯，延陵县华阳逻主戴车牒称云："十二月乙酉，甘露降茅山，弥漫数里。正月己酉，逻将潘道盖于山石穴中得毛龟一。二月辛酉，逻将徐灵符又于山东见白麞一。丙寅平旦，山上云雾四合，须臾有玄黄之色，状如龙形，长十余丈，乍隐乍显，久乃从西北升天。"丁卯，兖州刺史马元和签："所领东平郡寿张县见驺虞一。"

癸巳，受梁王之命。令曰："孤以虚昧，任执国钧，虽夙夜勤止，念在兴治，而育德振民，邈然尚远。圣朝永言旧式，隆此眷命。

地。这与那仁爱波及芦苇、信义惠及家猪和塘鱼的时代，相距何等遥远！您号令义军誓师举事，不日急驰速征。而朝廷危急，距离您樊城、邓城的驻地十分遥远，其间均有凶恶的乱党盘踞，水路陆路关隘相连，从下游之姑孰直到上游的夏首，处处是戒备森严的城池和强大的敌军，依傍江河据险固守。您沿着汉水、长江顺流而下，如闪电激荡，疾风劲扫，江河上的敌军水师纷纷覆灭，陆地上的险关也一一攻克，义勇之师所战克捷，所到之处一往无前，拯救京师于危难之中，扫清帝国京畿内外，扑灭已经燃起的原野之火，制止了将要蔓延的屠戮。悠悠万民，命运并未全由上天决定；茫茫宇内，万事万物都受到您的恩赐。匡正世俗，扶正根本，使黎民不失其常业。仁德与信义同时实行，礼节和音乐一同畅达传布。伊尹、周公都不足比肩，齐桓、晋文都自愧不如。可是封爵之后的所领之地，范围仅止于秦、楚之间，并不足以酬谢丰功，报答伟绩。实在是因为您以谦抑为本，无处不体现辞让之行，没有要求应得的嘉奖，随着时间流转，增加天下人的企盼。应该实事求是、不拘陈规地增加您的爵禄品级，以合乎远近之望。现在进封梁公的爵位为王。将豫州的南谯、庐江、江州的寻阳、郢州的武昌、西阳、南徐州的南琅琊、南东海、晋陵、扬州的临海、永嘉等十郡，增为梁国的领地，与先前所封合为一体，共二十个郡。其相国、扬州牧、骠骑大将军的职务照旧。

高祖坚决推辞不受。天子又下诏，拒绝接受高祖辞让的表章。相国府左长史王莹等率百官敦请。

三月辛卯日，延陵县华阳地方的逻主戴车上书说："十二月乙酉日，甘露降于茅山，滴漫数里。正月己酉日，逻将潘道盖在山中石穴里得到一只毛龟。二月辛酉日，逻将徐灵符又在山的东面见到一只白獐。丙寅日黎明时分，山上的云雾四合，不久有玄黄之色，形状如龙，长十多丈，时隐时现，过了很久才从西北升天。"丁卯日，兖州刺史马元和上签报告说："下辖的东平郡寿张县出现一只骆虞瑞兽。"

癸巳日，接受册封为梁王的诏命。下令道："孤家以虚空愚昧，承担执掌国政的大任，虽然夙兴夜寐，只求缔造太平治世，然而距离育德济民尚仍遥远。圣上一再说起前代的典制，隆重垂此厚爱并赋

侯伯盛典，方轨前烈，嘉锡隆被，礼数昭崇。徒守愿节，终隔体谅。群后百司，重兹敦奖，勉兹厚颜，当此休祚。望昆、彭以长想，钦桓、文而叹息，思弘政涂，莫知津济。邦甸初启，藩宇惟新，思覃嘉庆，被之下国。国内殊死以下，今月十五日昧爽以前，一皆原赦。鳏寡孤独不能自存者，赐谷五斛。府州所统，亦同蠲荡。"

丙午，命王冕十有二旒，建天子旌旗，出警入跸，乘金根车，驾六马，备五时副车，置旄头云罕，乐舞八佾，设钟虡宫县。王妃、王子、王女爵命之号，一依旧仪。

丙辰，齐帝禅位于梁王。诏曰：

夫五德更始，三正迭兴，驭物资贤，登庸启圣，故帝迹所以代昌，王度所以改耀，革晦以明，由来尚矣。齐德沦微，危亡荐袭。隆昌凶虐，实违天地；永元昏暴，取紊人神。三光再沉，七庙如缀。鼎业几移，含识知泯。我高、明之祚，眇焉将坠。永惟屯难，冰谷载怀。

相国梁王，天诞睿哲，神纵灵武，德格玄祇，功均造物。止宗社之横流，反生民之涂炭。扶倾颓构之下，拯溺逝川之中。九区重缉，四维更纽。绝礼还纪，崩乐复张。文馆盈绅，戎亭息警。浃海宇以驰风，罄轮裳而禀朔。八表呈祥，五灵效祉。岂止鳞羽祯奇，云星瑞色而已哉！勋茂于百王，道昭乎万代，固以明配上天，光华日月者也。河岳表革命之符，图谶纪代终之运。乐推之心，幽显共积；歌颂之诚，华裔同著。昔水政既微，木德升绪，天之历数，实有所归，

予重任。诸侯之长的隆重恩典，与前人比肩；赏赐的丰厚优渥，已经让礼制昭显尊崇。若是徒劳地谨守谦恭之节，最终将辜负国朝的体谅之心。百官群僚，一再敦请，只好勉力厚颜，领受这王位。想起昆吾和彭祖，不禁思绪悠长，念及齐桓、晋文事迹，不由生出叹息，想弘扬政道，却不知津渡何在。京畿刚刚平靖，藩国焕然一新，念此吉祥喜庆，但愿洪福广泽封国。封国之内，凡斩首之刑以下的囚犯，本月十五日拂晓以前，一律赦免。鳏夫、寡妇、老而无子者、幼而无父者以及所有自己无力谋生的，皆赏谷物五斛。府州官署所统之罪囚，也同样赦免其罪。"

丙午日，下令为梁王冕前后加垂十二串玉珠，树立天子之旌旗，出入时警戒清道禁止行人，乘金根车，车驾六马，配备五色副车，设置旄头旌旗，乐舞八佾，设立悬吊乐钟。王妃、王子、王女封爵受职的名号，全部按照往日的仪礼。

丙辰日，齐和帝禅让帝位给梁王。诏令说：

金、木、水、火、土五德交替周始，夏正、殷正、周正更迭兴起，统驭万民凭借贤人，选拔任用开启圣聪，所以帝王基业才能代代昌盛，王者的德行器度才能轮流辉耀。晦暗让位，代以光明，这真是由来已久啊。齐朝德运衰落，危亡接连而至。隆昌年间，凶残暴虐，实在有违天地；而永元年间，昏君暴戾，人间与神明都深受其乱。日月星三种光芒再度沉沦，社稷七庙陷入孤危，动荡有如旗帜上的悬饰。天命宝器几近移离，众生都以为末日将至。我朝自高帝、明帝以来的运祚，十分微茫即将堕落。朕常念艰难，谨慎小心如临危险的境地。

相国梁王，具有上天赐予的圣哲睿智，神灵赋予的威灵武功，德行近于天神地祇，功业与造物主相等。制止了国家的动乱，挽救了即将涂炭的生灵。扶助倾危的朝廷，解救溺水的众生。天下九州再次相连，大地四方重新巩固。被弃绝的纲纪得以恢复，崩坏的礼乐又得以重新伸张。文教的机构中人才济济，武备的亭驿停止警报。整个海内教化传布，车辙所经之地皆表示臣服。八方极远之地呈现祥瑞，麟、凤、神龟、龙、白虎等五种灵异鸟兽呈现吉祥之兆。岂止是

握镜琁枢，允集明哲。

朕虽庸蔽，暗于大道，永鉴崇替，为日已久，敢忘列代之高义，人祇之至愿乎！今便敬禅于梁，即安姑孰，依唐虞、晋宋故事。

四月辛酉，宣德皇后令曰："西诏至，帝宪章前代，敬禅神器于梁。明可临轩，遣使恭授玺绂，未亡人便归于别宫。"壬戌，策曰：

咨尔梁王：惟昔邃古之载，肇有生民，皇雄、大庭之辟，赫胥、尊卢之后，斯并龙图鸟迹以前，慌忽杳冥之世，固无得而详焉。洎乎农、轩、炎、皞之代，放勋、重华之主，莫不以大道君万姓，公器御八纮。居之如执朽索，去之若捐重负。一驾汾阳，便有窅然之志；暂适箕岭，即动让王之心。故知戴黄屋，服玉玺，非所以示贵称尊；乘大辂，建旗旌，盖欲令归趣有地。是故忘己而字兆民，殉物而君四海。及于精华内竭，畚橇外劳，则抚兹归运，惟能是与。况兼乎笙管革文，威图启瑞，摄提夜朗，荧光昼发者哉！四百告终，有汉所以高揖；黄德既谢，魏氏所以乐推。爰及晋、宋，亦弘斯典。我太祖握《河》受历，应符启运，二叶重光，三圣系轨。嗣君丧德，昏弃纪度，毁紊天纲，凋绝地纽。茫茫九域，剪为仇雠，溥天相顾，命县晷刻。斫涉刳孕，于事已轻；求鸡征杖，曾何足譬。是以谷满川枯，山飞鬼哭，七庙已危，人神无主。

游鱼和飞鸟传递吉祥奇异，星云聚现瑞气而已啊！功勋有盛于百王，天道昭示于万代，实在是圣明堪与上天比并，光明足以辉映日月。黄河、五岳已经呈现出朝代更替的征兆，图谶都显示旧朝告终的运势。乐意推戴之心，阴间阳间共有；歌功颂德之诚，中原与偏远之区相同。当年水德之政已然衰微时，木德便依序而升，代天牧民的命运，实有所归，胸怀明德，把持福要，公允地汇集贤明睿哲。

朕虽然庸俗愚昧，不明大道，然而从未停止借鉴历史的兴废盛衰，为日已久，又怎敢忘却历代正大的道理，人民与神祇的至高愿望呢！如今便恭敬地禅位于梁王，随后就将安居于姑孰，依照唐尧禅让给虞舜、东晋让位于刘宋的旧例。

四月辛酉日，宣德皇后下令道：“西宫诏令已到，皇帝效仿前代，恭敬禅让大宝于梁王。明日可于前殿遣使，敬授皇家印玺，随后我就重返别宫。”壬戌日，下策令说：

梁王请听：从前上古之时，大地上生民初兴，伏羲、大庭等帝王，赫胥、尊卢等君主，生活在文字出现以前，蒙昧而远渺的时代，因而已无法得知当时详情。到了神农、轩辕、炎帝、少昊之世，尧帝、舜帝之时，无不使用正道君临百姓，使用贤才管理八方极远之地。居位时常危惧如手牵腐朽的绳索，去位之后则安然如释重负。我每每路过隐士居处，便有了深隐远遁之志；暂时途径箕岭，就动了退位让贤之心。所以知道居住皇宫，佩戴玉玺，不是用来显示尊贵的；乘着大辂之车，建置天子旌旗，乃是想让人心有所依归。因此，忘记一己之私而抚育万民，投身国政而统治四海。到了元气内竭，体肤外劳之时，就依循自然的天运，让位给有能力的人。况且又有笙管上出现改朝换代寓意的纹路，开启祥瑞的《河图》重新出现，摄提之星夜间朗照，白昼天空发出荧光这些天象征兆呢！四百年过去，有汉一朝就拱手辞别；土德凋谢之后，曹魏为万民乐意推戴。时至东晋、刘宋之交替，又一次弘扬了这些典故。我朝太祖，握持《河图》接受帝业，应验了符命而开启帝运，第二代君王也以盛德的光辉跟随他，第三代天子又继承了前业。后来嗣位的昏君丧失懿德，昏聩而弃绝法度，毁坏扰乱天纲，葬送断绝地纪，天下茫茫九州，昏君竟欲作为不共戴天之惟王体兹上哲，明圣在躬，禀灵五纬，明并日月。彝伦攸序，则端冕而协邕熙；时难孔棘，则推锋而拯涂炭。功逾造物，德济苍生，泽无不渐，仁无不被，上达苍昊，下及川泉。文教与鹏翼齐举，武功与日车并运。固以幽显宅心，讴讼斯属；岂徒桴鼓播地，卿云丛天而已哉！至如昼睹争明，夜飞枉矢，土沦彗刺，日既星亡，除旧之征必显，更姓之符允集。是以义师初践，芳露凝甘，仁风既被，素文自扰，北阙藁街之使，风车火徼之民，膜拜稽首，愿为臣妾。钟石毕变，事表于迁虞；蛟鱼并出，义彰于事夏。若夫长民御众，为之司牧，本同己于万物，乃因心于百姓。宝命无常主，帝王非一族。今仰祇乾象，俯藉人愿，敬禅神器，授帝位于尔躬。大祚告穷，天禄永终。於戏！王允执其中，式遵前典，以副昊天之望。禋上帝而临亿兆，格文祖而膺大业，以传无疆之祚，岂不盛欤！

又玺书曰：

夫生者天地之大德，人者含生之通称，并首同本，未知所以异也。而禀灵造化，贤愚之情不一；托性五常，强柔之分或舛。群后靡一，争犯交兴，是故建君立长，用相司牧。非谓尊骄在上，以天下为私者也。兼以三正迭改，五运相迁，绿文赤字，征《河》表《洛》。在昔勋、华，深达兹义，眷求明哲，授以蒸民。迁虞事夏，本因心于敌加以翦除，普天之民相顾失色，性命危在旦夕之间。殷纣王斩断涉水者胫骨，剖取孕妇体内胎儿，比起昏君已属轻微；求鸡征杖的典故，又怎能譬喻昏君之荒唐。所以致使尸满山谷江河干涸，山间飞扬着厉鬼的哭泣声，祖宗七庙已然危急，人间与神明都荡然无主。

梁王继承先哲统绪，身怀圣明，承受太白、岁星、辰星、荧惑、镇星等五星之灵气，其光芒与日月同辉。当天下伦常有序时，便身着礼服协助太平盛世；当时世困厄，就领兵拯救黎民于涂炭。其功勋超越造物主，其德性造福苍生，荫泽无处不到，仁惠无往不及，上达于苍天，下及于川流。文教与鲲鹏一同展翅高飞，武功和太阳一道并驾齐驱。实在是因为心存仁厚，彰显于人界和幽冥，所以令讴歌者与讼狱者全部属意于您；何止是战鼓广现大地，祥云聚集天空而已啊！更有明亮的光芒出现在白昼，无数流星飞逝于夜空，扫帚星的彗尾沉入土中，太阳落山时众星宿一同隐没等等新旧更替的征兆尽数显现，改朝换代之符瑞密集降临。所以义师初起，就有芳香的甘露凝结，仁义之风吹过，白色的纹理自行产生，胡蛮夷戎的使节四野八荒的民众，纷纷膜拜稽首，愿为臣仆。钟磬之音尽变，昭示了天命移向虞舜；蛟龙与鱼同出，意在彰显人们将事奉夏朝。至于统治民众，作为他们的君主，本应使自己与万物同一，顺应百姓的心愿。天命宝器没有恒定的主人，帝王亦非独出于一姓。如今上符天象，下顺人心，恭敬地禅让宝器，将帝位亲授予您。皇运告毕，天禄永终。呜呼！请梁王遵守中正之道，效法从前的典章制度，以符合上苍的意愿。祭祀上帝而统治万民，来到祖庙承袭大统，以继承无穷尽之福祚，岂非盛事一件吗？

又下玺书说：

众生是天地的大功德，而人是有生之灵的通称，本来就同本一源，从不知有何不同。然而人秉受造化的灵气，贤能与愚昧的情形各异；人之性格基于仁义礼智信五常，有刚强与柔弱的程度差异。四方诸侯不相统一，彼此侵犯斗争，因此置立君主，用来司职治理。本意并非要他尊贵骄横高高在上，把天下作为一己之私。并且夏正、殷正、周正交替，王朝五德之运依次迁移，江河所出的绿色图箓、赤色百姓；化殷为周，实受命于苍昊。爰自汉、魏，罔不率由；降及晋、宋，亦遵斯典。我高皇所以格文祖而抚归运，畏上天而恭宝历者也。至于季世，祸乱荐臻，王度纷纠，奸回炽积。亿兆夷人，刀俎为命，已然之逼，若线之危，蹐天蹜地，逃形无所。群凶挟煽，志逞残戮，将欲先殄衣冠，次移龟鼎。衡、保、周、召，并列宵人。巢幕累卵，方此非切。自非英圣远图，仁为己任，则鸥枭厉吻，剪焉已及。

惟王崇高则天，博厚仪地，镕铸六合，陶甄万有。锋驲交驰，振灵武以遄略；云雷方扇，鞠义旅以勤王。扬舲旆于远路，戮奸宄于魏阙。德冠往初，功无与二。弘济艰难，缉熙王道。怀柔万姓，经营四方。举直措枉，较如画一。待旦同乎殷后，日昃过于周文。风化肃穆，礼乐交畅。加以赦过宥罪，神武不杀，盛德昭于景纬，至义感于鬼神。若夫纳彼大麓，膺此归运，烈风不迷，乐推攸在。治五眹于已乱，重九鼎于既轻。自声教所及，车书所至，革面回首，讴吟德泽。九山灭袯，四渎安流。祥风扇起，淫雨静息。玄甲游于芳荃，素文驯于郊苑。跃九川于清汉，鸣六象于高岗。灵瑞杂沓，玄符昭著。至于星孛紫宫，水效孟月，飞鸿满野，长彗横天，取新之应既昭，革故之征必显。加以天表秀特，轩状尧姿；君临之符，谅非一揆。《书》云："天鉴厥德，用集大命。"《诗》云："文王在上，於昭于天。"所以二仪乃眷，幽明允叶，岂惟宅是万邦，缉兹讴讼而已哉！

文字，应验于《河图》《洛书》。从前的唐尧、虞舜，深知这个道理，孜孜不倦地寻求贤明睿智之人，将万民托付给他。尧帝禅位虞舜，大禹创立夏朝，皆是顺应百姓心愿；变殷商为周朝，实在也是受命于苍天。到了汉朝、魏朝，无不沿用；直至东晋、刘宋，仍遵循此典。这也是我朝高皇帝之所以感通先祖，遵循时运，敬畏上天而恭践帝位的原因。时至末世，祸乱接连而至，王法纷乱，奸诈邪恶之人嚣张勾结。亿兆人民，沦为砧板上利刀下的鱼肉，情势已经威逼如此，危险得像将断绝的线缕一样，百姓惶惶不安，无处遁形。朝中乱党仗势猖狂，肆意屠戮，将要剿灭众士大夫，再袭夺帝位。辅政的众位股肱大臣，都被列为奸人。即便是燕巢幕上，蛋垒盘中，也不能譬喻这种险境。若不是英明的圣人有深远的谋略，以仁心救世为己任，则贪婪凶狠之徒早已覆灭了本朝基业。

　　梁王崇高师法上天，博厚效法大地，教化四方，陶冶万物。军机驿函纷至之时，以雄奇韬略大展武功；形势风云诡谲之际，毅然号召义师奋起勤王。高扬旌旗于漫漫征途，诛灭奸凶于京师宫阙。其美德远超往昔，其功勋无可比拟。广救众生于危难之中，令王道重得光大。怀柔安抚万民，规划经营天下。举用正直之人，罢黜奸邪之徒，使得规章法令彼此一致。晨起处理政事如同商汤，傍晚也不休息有甚于周文王治国。风教肃然有序，礼乐交互畅达。又能宽恕赦免有罪之人，以神武威服天下而不用刑杀，盛德照耀日与星，大义感通鬼和神。总领天子之事，接受众望所归的天运，即使狂风大起也不迷乱，正是百姓乐意拥戴之心愿所在。使已经紊乱的五种气候恢复条理，让已变轻微的国之宝器加重千钧。声威教化蒙被之地，朝廷制度推行之处，全都洗心革面幡然悔悟，歌颂朝廷的仁德恩泽。大地上的山岳灭尽妖氛，长江、黄河、淮河、济水四渎安然流淌。吉祥之风吹起，肆虐的暴雨止息。黑色皮甲的犀牛游于芳草丛中，白色纹路的麋鹿驯服在天子的苑囿。九州的大河升天化为银河，凤凰鸣叫于高岗之上。上天显示的祥瑞纷然而至，玄妙的符命昭然若揭。还有彗星出现在紫微垣，多雨天气出现在正月，田野中遍布飞鸿，彗星长尾横跨天空，这些新朝将立的征兆已经昭然显露，革除旧朝的征兆也必然

朕是用拥璇沉首，属怀圣哲。昔水行告厌，我太祖既受命代终；在日天禄云谢，亦以木德而传于梁。远寻前典，降惟近代，百辟遐迩，莫违朕心。今遣使持节、兼太保、侍中、中书监、兼尚书令汝南县开国侯亮，兼太尉、散骑常侍、中书令新吴县开国侯志，奉皇帝玺绂。受终之礼，一依唐虞故事。王其陟兹元后，君临万方，式传洪烈，以答上天之休命！

高祖抗表陈让，表不获通。于是，齐百官豫章王元琳等八百一十九人，及梁台侍中臣云等一百一十七人，并上表劝进，高祖谦让不受。是日，太史令蒋道秀陈天文符谶六十四条，事并明著。群臣重表固请，乃从之。

显现。加上梁王具有与众不同的天子仪容,有轩辕黄帝之形和虞舜之姿;其君临天下的征兆,实在非止一端。《尚书》有云:"天鉴厥德,用集大命。"《诗经》说:"文王在上,於昭于天。"之所以天地眷顾,人神和洽,岂止是居临万邦,令讴歌者和求讼狱者云集而已呢?

朕因此手持美玉低头沉吟,缅怀圣哲。从前水德衰微,我朝太祖便接受天命取代旧朝;我在世之日帝位衰落,也以木德而传位梁朝。上循前朝的典故,下念近世的制度,尔等远近百官,切勿违逆我心。现派使持节、兼太保、侍中、中书监、兼尚书令、汝南县开国侯王亮,兼太尉、散骑常侍、中书令、新吴县开国侯王志,奉上皇帝玉玺印绶。承受帝位的典礼,全部依循唐尧禅让虞舜的先例。请梁王登升天子之位,统治天下万方,传承伟大的功业,用来报答上天的美命!

高祖向皇帝上奏章表示谦让,奏章没有获得批准。对此,南齐百官中有豫章王萧元琳等八百一十九人,以及梁王府署里的侍中臣萧云等一百一十七人,全都上表劝进,高祖仍辞让不受。当天,太史令蒋道秀上书陈述各种天象的祥瑞预兆,一共有六十四条,全都明白而显著;群臣又再次上表坚请,高祖这才依从。

# 卷二

## 本纪第二
### 武帝中

天监元年夏四月丙寅，高祖即皇帝位于南郊。设坛柴燎，告类于天曰："皇帝臣衍，敢用玄牡，昭告于皇天后帝：齐氏以历运斯既，否终则亨，钦若天应，以命于衍。夫任是司牧，惟能是授；天命不于常，帝王非一族。唐谢虞受，汉替魏升，爰及晋、宋，宪章在昔。咸以君德驭四海，元功子万姓，故能大庇氓黎，光宅区宇。齐代云季，世主昏凶，狡焉群慝，是崇是长，肆厥奸回暴乱，以播虐于我有邦，俾溥天惴惴，将坠于深壑。九服八荒之内，连率岳牧之君，蹶角顿颡，匡救无术，卧薪待然，援天靡诉。衍投袂星言，摧锋万里，厉其挂冠之情，用拯兆民之切。衍胆誓众，覆锐屠坚，建立人主，克剪昏乱。遂因时来，宰司邦国，济民康世，实有厥劳。而晷纬呈祥，川岳效祉，朝夕垌牧，日月郊畿。代终之符既显，革运之期已萃，殊俗百蛮，重译献款，人神远迩，罔不和会。于是群公卿士，咸致厥诚，并以皇乾降命，难以谦拒。齐帝脱屣万邦，授以神器。衍自惟匪德，辞不获许。仰迫上玄之眷，俯惟亿兆之心，宸极不可久旷，民神不可乏主，遂藉乐推，膺此嘉祚。以兹寡薄，临御万方，顾求夙志，永言祗惕。敬简元辰，恭兹大礼，升坛受禅，告类上帝，克播休祉，以弘盛烈，式传厥后，用永保于我有梁。惟明灵是飨。"

　　天监元年(502)夏四月丙寅日，高祖在南郊即皇帝位。设祭坛与祭柴，对天祭告说："皇帝臣萧衍，斗胆用黑色公牛作牺牲，昭然告知皇天上帝：齐朝的天象气运至此已然穷尽，厄运到了尽头则会转向亨通，敬顺上天的感应，以天命授予我萧衍。万民君长的重任，只授予贤能之人；天命不会一成不变，帝王亦不限于一族一家。唐尧禅让虞舜受命，汉朝衰落魏朝举升，直至东晋让位于刘宋，帝业更替的典制历历见于往昔。这些都是凭君主之恩德驾驭海内，以抚育百姓为最大的功业，因此能广庇黎民，光耀宇内。在齐朝的末世，君主昏庸残暴，狡诈的群奸受到推崇掌握了权柄，放纵其奸邪凶乱的恶行，在我国内广施暴政，致使普天之下都惶恐不安，行将坠入深渊。边远四境之内，各地封疆大吏纷纷额角叩地屈膝下拜，却没有办法匡正挽救朝政，只能卧于薪柴之上等待火焚，欲拯救苍天却无处诉告。我萧衍奋而及早举义，转战万里，砥砺自己抛官去位的绝决之情，以拯救黎民之危急。激励胆气率众誓师，覆灭强敌攻克坚城，拥立新的君主，翦灭昏乱的旧君。于是依照流转的时运，成为掌管邦国的主宰，救济人民使世道康靖，确实有其功劳。而太阳与星宿呈现祥瑞，河流与山岳也显露福兆，荒野与郊外的符瑞接连出现，由朝至夕，成日累月。旧朝终止的征兆既已显露，国运更新之期也已到来，习俗异于我朝的蛮夷，通过重重辗转翻译前来归顺，无论远近的人民和神祇无不欢会。于是公卿士族，全都表白其忠诚，都认为此乃皇天降下天命，难以谦让拒绝。齐帝不再顾恋臣服的万邦，将帝位授予我。我萧衍自度并无才德，辞让而不获准许，上迫于皇天的恩遇，下念及百姓的心愿，且帝位不可久空，人神不可无主，于是顺应天下乐意拥戴之心，承袭这帝业之福。用我寡薄之才，统御天下，追求平生的志向，永怀礼毕，备法驾即建康宫，临太极前殿。诏曰："五精递袭，皇王所以受命；四海乐推，殷、周所以改物。虽禅代相舛，遭会异时，而微明迭用，其流远矣。莫不振民育德，光被黎元。朕以寡暗，命不先后，宁济之功，属当期运，乘此时来，因心万物，遂振厥弛维，大造区夏，永言前踪，义均惭德。齐氏以代终有征，历数云改，钦若前载，集大命于朕躬。顾惟菲德，辞不获命，寅畏上灵，用膺景业。执裡柴之礼，当与能之祚，继迹百王，君临四海，若涉大川，罔知攸济。洪基初兆，万品权舆，思俾庆泽，覃被率土。可大赦天下。改齐中兴二年为天监元年。赐民爵二级；文武加位二等；鳏寡孤独不能自存者，人谷五斛。逋布、口钱、宿债勿复收。其犯乡论清议，赃污淫盗，一皆荡涤，洗除前注，与之更始。"

封齐帝为巴陵王，全食一郡。载天子旌旗，乘五时副车。行齐正朔。郊祀天地，礼乐制度，皆用齐典。齐宣德皇后为齐文帝妃，齐后王氏为巴陵王妃。

诏曰："兴运升降，前代旧章。齐世王侯封爵，悉皆降省。其有效著艰难者，别有后命。惟宋汝阴王不在除例。"又诏曰："大运肇升，嘉庆惟始，劫贼余口没在台府者，悉可蠲放。诸流徙之家，并听

敬慎恐惧之心。敬择良辰，恭行大礼，登坛受禅，祭告于上帝，祈求播洒福祉，弘扬伟业，代代传承，从而永保我梁朝基业。恭请圣明的神灵享此祭礼。”

祭礼完毕，列起法驾仪仗来到建康宫，登临太极前殿。下诏令说：“太白、岁星、辰星、荧惑、镇星这五星交替承袭，人皇因此而受命；四海之民乐意推戴，因此殷、周得以取代前朝。虽然年代不同，际遇异时，这个精微的道理已屡次显示效用，其源流可谓久远。凡新立之君没有不救济黎民培养德性，德泽遍及百姓的。朕德寡而智暗，然而天命不分先后，之所以能成就安民济世之功，实在是适逢机运，值此天时运转之机，顺应了万民的心愿，于是重振废弛的纲纪，大大造福于华夏，然而吟咏前人的事迹，仍因感到自己德行有缺而惭愧。齐帝因为有朝代终结的征兆出现，象征了气数的变更，于是敬顺遵从前代的记载，将天命加于朕身。朕自知德行尚薄，上表辞让而不获批准，出于对上天的敬畏，因而承袭大业。特执行燔柴升烟的祭天之礼，承受这属于贤能者的福祚，身形位列前代君王之间，对天下施以统治，这重任如同涉渡大河，真不知该如何抵岸。大业肇始之初，万物新生，故想使人皇的喜庆恩泽，遍及于四海以内。可大赦天下。改南齐中兴二年为梁天监元年。赐给民间有功者爵位二级；文武百官加品位二等；鳏夫、寡妇、老而无子者、幼而无父者以及所有自己无力谋生的，每人赐谷物五斛。欠交的租布、人口税、旧官债一律不再收取。凡有违忤乡间公道评议，贪污受贿奸淫偷盗的罪案，现一律不予追究，并销除以往的案底，让他们重新开始。”

封齐和帝为巴陵王，全享一郡的租赋。巴陵王可以车载天子旌旗，配以天子的五色副车，并沿用南齐所行的历法。齐帝郊外祭祀天地的典礼和礼乐制度，仍然沿用南齐旧典。齐朝宣德皇后改称齐文帝妃，齐和帝的皇后王氏改称巴陵王妃。

下诏说：“王业初兴时官爵有升有降，乃是前代已有的典章制度。南齐时的王侯封爵，现在全部降其爵位，除其封国。其中有在义军靖难时立下显赫功勋者，日后另有诏令安置。只有南齐所封的宋朝汝阴王不在降除之列。”又下诏说：“国运肇升，吉祥喜庆刚刚开始，

还本。"

追尊皇考为文皇帝,庙曰太祖;皇妣为献皇后。追谥妃郗氏为德皇后。追封兄太傅懿为长沙郡王,谥曰宣武;齐后军咨议敷为永阳郡王,谥曰昭;弟齐太常畅为衡阳郡王,谥曰宣;齐给事黄门侍郎融为桂阳郡王,谥曰简。

是日,诏封文武功臣新除车骑将军夏侯详等十五人为公侯,食邑各有差。以弟中护军宏为扬州刺史,封为临川郡王;南徐州刺史秀安成郡王;雍州刺史伟建安郡王;左卫将军恢鄱阳郡王;荆州刺史憺始兴郡王。

丁卯,加领军将军王茂镇军将军。以中书监王亮为尚书令、中军将军,相国左长史王莹为中书监、抚军将军,吏部尚书沈约为尚书仆射,长兼侍中范云为散骑常侍、吏部尚书。

诏曰:"宋氏以来,并恣淫侈,倾宫之富,遂盈数千。推算五都,愁穷四海,并婴罹冤横,拘逼不一。抚弦命管,良家不被蠲;织室绣房,幽厄犹见役。弊国伤和,莫斯为甚。凡后宫、乐府、西解、暴室,诸如此例,一皆放遣。若衰老不能自存,官给廪食。"

戊辰,车骑将军高句骊王高云进号车骑大将军。镇东大将军百济王馀大进号征东大将军。安西将军宕昌王梁弥颉进号镇西将军。镇东大将军倭王武进号征东大将军。镇西将军河南王吐谷浑休留代进号征西将军。巴陵王薨于姑孰,追谥为齐和帝,终礼一依故事。己巳,以光禄大夫张瓌为右光禄大夫。庚午,镇南将军、江州刺史陈伯之进号征南将军。

凡盗匪之家的残余人口被官府收押充为奴隶的，都可赦免释放。各流放远地之家，全部听任返归原籍。"

追尊皇帝亡父为文皇帝，庙号太祖；亡母为献皇后。追赐亡妃郗氏谥号为德皇后。追封亡兄太傅萧懿为长沙郡王，谥号为宣武；追封南齐后军咨议萧敷为永阳郡王，谥号为昭；追封亡弟南齐太常萧畅为衡阳郡王，谥号为宣；追封南齐给事黄门侍郎萧融为桂阳郡王，谥号为简。

当天，下诏赐封新任车骑将军夏侯详等十五名文武功臣为公侯，各有食邑不等。任命弟弟中护军萧宏为扬州刺史，封为临川郡王；封南徐州刺史萧秀为安成郡王；封雍州刺史萧伟为建安郡王；封左卫将军萧恢为鄱阳郡王；封荆州刺史萧憺为始兴郡王。

丁卯日，加授领军将军王茂为镇军将军。任命中书监王亮为尚书令、中军将军，任命相国左长史王莹为中书监、抚军将军，任命吏部尚书沈约为尚书仆射，任命长兼侍中范云为散骑常侍、吏部尚书。

下诏说："南朝宋以来，内廷纵欲过度风气奢侈，深宫高殿里宫人之多，人数竟逾数千。推算各大都市，因广选秀女而起的愁苦可谓遍及四海，为此蒙冤受祸者，受到逼迫的情形也各有不同。懂抚琴、能挥毫的好人家闺秀无从幸免；闭门织布绣花的平民之女，即便家境困窘也仍被征召。说起为国政带来弊病，伤害人伦和睦者，实以此事为最。凡是后宫和乐府有因病或因罪过而被押送至暴室，诸如此类幽闭深宫者，一律释放出宫。如衰老不能自立，则由官府供应粮米。"

戊辰日，车骑将军、高句骊王高云进号为车骑大将军。镇东大将军、百济王余大进号为征东大将军。安西将军、宕昌王梁弥颌（或作梁弥颉）进号为镇西将军。镇东大将军、倭国国王武进号为征东大将军。镇西将军、河南王吐谷浑休留代进号为征西将军。巴陵王在姑孰去世，追加谥号为齐和帝，殡葬送终的礼仪全部遵循先例。己巳日，任命光禄大夫张瓌为右光禄大夫。庚午日，镇南将军、江州刺史陈伯之进号为征南将军。

诏曰："观风省俗，哲后弘规；狩岳巡方，明王盛轨。所以重华在上，五品聿修；文命肇基，四载斯履。故能物色幽微，耳目屠钓，致王业于缉熙，被淳风于遐迩。朕以寡薄，昧于治方，藉代终之运，当符命之重，取监前古，懔若驭朽。思所以振民育德，去杀胜残，解网更张，置之仁寿；而明惭照远，智不周物，兼以岁之不易，未遑卜征，兴言夕惕，无忘鉴寐。可分遣内侍，周省四方，观政听谣，访贤举滞。其有田野不辟，狱讼无章，忘公殉私，侵渔是务者，悉随事以闻。若怀宝迷邦，蕴奇待价，蓄响藏真，不求闻达，并依名腾奏，罔或遗隐。使輶轩所届，如朕亲览焉。"

又诏曰："金作赎刑，有闻自昔，入缣以免，施于中世，民悦法行，莫尚乎此。永言叔世，偷薄成风，婴愆入罪，厥涂匪一。断弊之书，日缠于听览；钳钛之刑，岁积于牢犴。死者不可复生，刑者无因自返，由此而望滋实，庸可致乎？朕夕惕思治，念崇政术，斟酌前王，择其令典，有可以宪章邦国，罔不由之。释愧心于四海，昭情素于万物。俗伪日久，禁网弥繁。汉文四百，邈焉已远。虽省事清心，无忘日用，而委衔废策，事未获从。可依周、汉旧典，有罪入赎，外详为条格，以时奏闻。"

　　下诏说："观民风察民俗，乃是贤明君主的弘大谋略；巡狩四方五岳，亦是圣明帝王的优良典范。因此虞舜在上，继承发扬了先人仁、义、礼、智、信的五常之德；夏禹创业，水乘舟，陆乘车，泥乘毳，山乘檋，以此四种交通工具巡行天下。由此能辨识幽微，接触了解操贱业者，使王业辉煌，令淳朴之风遍及远近。朕才寡德薄，不明治国方略，凭借皇朝更替的时运，身担天命重任，取法于前朝古代，兢兢业业如用腐朽的套索驾驭奔马。思考怎样赈济黎民，培育德性，去除刑杀之政而使人心之仁战胜残暴，解除罗网，改弦更张，将万民置于有仁德而长寿的境况。然而我的视听无法洞察边远之地，智慧也不能周知万事万物，加上岁事艰难，无暇占卜巡狩之吉凶，直到星夜仍心怀忧惧而勤政不止，不敢脱去衣冠就寝。可分头派遣内侍，遍视四方，观察政情了解民俗，访求贤者举荐滞留民间之才。凡有荒田而不主持开垦，审狱断案不分明，昧公理而徇私情，专事侵吞而渔利的情形，都要随事奏闻。如有才德而不为国用，身怀奇才待价而沽，蓄藏声响和真才实学，不求显达之人，要全部依名上奏，不可有所遗漏隐瞒。务必让使者所到之地，犹如经朕亲临视事一样。"

　　又下诏说："用金钱赎免刑罚，听闻古已有之，缴纳缣帛来免罪的做法，也实施于中古，令人民欢欣而法令广行的举措，莫过于此。可叹今之末世，浇薄不敦厚已形成风气，触犯法度构成犯罪，其途径众多不一而足。判决定罪的文书，日日缠系于审理者的案头；动用铁钳刑具的案件，岁岁累积于牢狱之间。死者不能复生，受刑者无法挽回，由此而期望国家昌盛殷实，难道能够实现吗？朕夙夜忧惧，企盼治世，心心念念寻觅最佳兴政方略，斟酌前代君王的旧例，在他们的法令典例中选择，有可以作为邦国典章制度的，无不效法遵循。只求四海治平，平息面对前贤时的羞惭之心，彰显自己的治国初心于万民。只是时俗背离淳朴已经年深日久，刑律禁令之网日渐繁密。汉文帝时定下律令四百条，已是旷古邈远之事。虽要省简刑事澄清心地，仍不可忘怀日常应用，若断然弃绝前朝律令政策，则天下刑事便失去了依据参照。可以依照周朝、汉朝旧有的典制，准许有罪者纳财赎罪，在外朝参政诸官可详细制定条例，并及时上奏。"

辛未，以中领军蔡道恭为司州刺史。以新除谢沐县公萧宝义为巴陵王，以奉齐祀。复南兰陵武进县，依前代之科。征谢朏为左光禄大夫、开府仪同三司，何胤为右光禄大夫。改南东海为兰陵郡。土断南徐州诸侨郡县。

癸酉，诏曰："商俗甫移，遗风尚炽，下不上达，由来远矣。升中驭索，增其憷然。可于公车府谤木肺石傍各置一函。若肉食莫言，山阿欲有横议，投谤木函。若从我江、汉，功在可策，犀兕徒弊，龙蛇方县；次身才高妙，摈压莫通，怀傅、吕之术，抱屈、贾之叹，其理有皭然，受困包匦；夫大政侵小，豪门陵贱，四民已穷，九重莫达。若欲自申，并可投肺石函。"甲戌，诏断远近上庆礼。

又诏曰："礼闱文阁，宜率旧章，贵贱既位，各有差等，俯仰拜伏，以明王度，济济洋洋，具瞻斯在。顷因多难，治纲弛落，官非积及，荣由幸至。六军尸四品之职，青紫治白簿之劳。振衣朝伍，长揖卿相，趋步广闼，并驱丞郎。遂冠履倒错，珪甋莫辨。静言疚怀，思返流弊。且玩法惰官，动成逋弛，罚以常科，终未惩革。夫榰楚申威，盖代断趾，笞捶有令，如或可从。外详共平议，务尽厥理。癸未，诏"相国府职吏，可依资劳度台；若职限已盈，所度之余，及骠骑府，并可赐满。"

辛未日，任命中领军蔡道恭为司州刺史。封新任命的谢沐县公萧宝义为巴陵王，以维持齐朝宗庙的祭祀。又恢复南兰陵郡的武进县，参照前代的区划规制执行。征用谢胐为左光禄大夫、开府仪同三司，任命何胤为右光禄大夫。改南东海郡为兰陵郡。废除南徐州各个侨置的郡县，令侨寓民户入籍其居住地的郡县。

癸酉日，下诏说："前朝的暴君乱政刚刚移除，政风之遗毒仍颇为强盛，下情不能上达，实在已经年深日久。祭祀时曾禀告上天，朕施政时犹如用朽坏的绳索驾驭奔马，深深感到危惧。可以在公车府的谤木和肺石旁边各设置一个木函。如果有官员未曾奏闻而山野之民有所非难之事，可投谏言于木函之中。如果有曾随我征战于长江、汉水一带，军功足以受奖却只能坐看革甲兵器入库朽坏而不得施展抱负之人；以及身怀奇才却被压抑排斥不能见用，胸有傅说、吕尚一般的谋略却抱有屈原、贾谊之悲者，情由清楚明白，确属受困于各种关系纠缠之中的；包括借助官位欺压僚属，凭借豪门出身碾压贫贱阶层，士、农、工、商陷入困厄，无法通达朝廷闻知的。以上人等，如要自我申述，都可投书于肺石函中。"甲戌日，诏令停止远近各地呈上的庆贺登基之礼。

又下诏说："尚书省开文阁治理国政，应遵循昔日的典章，官职贵贱各就其位，彼此间有高低等差，依序伏拜致礼，以明我朝王法，使百官济济一堂，如此才符合万民所瞻望。近来由于国朝多难，治国的纲纪废弛零落，官位不再是逐步积累政绩所取得，荣显也仅因受到宠幸便可以获得。以致领军、护军、左右二卫、骁骑、游击等六种禁军武职得以尸位四品之衔，袍色青紫的高官竟然置有白色卤簿这样的尊荣仪仗。无功而显者傲然振衣于朝官之列，作揖于卿相之间，在宫阙门庭间昂首阔步，与各部的丞郎官员并驾齐驱。于是出现上下颠倒，贵贱难分的乱象。朕每每静思此事，总是心怀忧虑，考虑要更正这些沿袭至今的弊病。而且玩忽法令的怠惰之官，常常形成松弛懒政的恶习，如用寻常的科条惩治，终究不能惩前毖后改变风气。用荆条的笞刑以申明严威，是用来代替斩断脚趾的肉刑。这些以竹木类棍条施以鞭挞的刑法，如有合理者可以遵从。诸外朝议政之臣应共同详细商议此事，一

闰月丁酉，以行宕昌王梁弥邕为安西将军、河凉二州刺史，正封宕昌王。壬寅，以车骑将军夏侯详为右光禄大夫。诏曰："成务弘风，肃厉内外，实由设官分职，互相惩纠。而顷壹拘常式，见失方奏，多容违惰，莫肯执咎，宪纲日弛，渐以为俗，今端右可以风闻奏事，依元熙旧制。"

五月乙亥夜，盗入南、北掖，烧神虎门、总章观，害卫尉卿张弘策。戊子，江州刺史陈伯之举兵反，以领军将军王茂为征南将军、江州刺史，率众讨之。

六月庚戌，以行北秦州刺史杨绍先为北秦州刺史、武都王。是月，陈伯之奔魏，江州平。前益州刺史刘季连据成都反。

八月戊戌，置建康三官。乙巳，平北将军、西凉州刺史象舒彭进号安西将军，封邓至王。丁未，诏中书监王莹等八人参定律令。是月，诏尚书曹郎依昔奏事。林邑、干陁国各遣使献方物。

冬十一月己未，立小庙。甲子，立皇子统为皇太子。

十二月丙申，以国子祭酒张稷为护军将军。辛亥，护军将军张稷免。

是岁大旱，米斗五千，人多饿死。

二年春正月甲寅朔，诏曰："三讯五听，著自圣典，哀矜折狱，义重前诰，盖所以明慎用刑，深戒疑枉，成功致治，罔不由兹。朕自藩部，常躬讯录，求理得情，洪细必尽。末运弛网，斯政又阙，牢犴沉壅，申诉靡从。朕属当期运，君临兆亿，虽复斋居宣室，留心

定要合情合理。"癸未日，下诏说："相国府的官吏，可根据资格和功劳转任中央政府各官署之职；如果职位限额已满，则剩余转任人员可转至骠骑将军府，按资历功劳满授其职。"

闰月丁酉日（该年闰月无丁酉），任命代理宕昌王梁弥邕为安西将军、河凉二州刺史，并正式封为宕昌王。壬寅日，任命车骑将军夏侯详为右光禄大夫。下诏说："成大业，弘德风，整肃内外的政事，其实全都出自设官分职，相互告诫监督。而近代朝廷大多拘泥于常规，看见过失方才弹奏，对违逆轻慢者多有纵容，不肯建言担责，致令法度日益松弛，渐成习俗。从现在起，尚书令可根据传闻弹劾官僚过失，遵循晋恭帝元熙年间的旧制来执行。"

五月乙亥日夜间，有盗匪潜入南、北掖庭，放火焚烧神虎门、总章观，杀害了卫尉卿张弘策。戊子日，江州刺史陈伯之举兵反叛。朝廷任命领军将军王茂为征南将军、江州刺史，率众征讨叛军。

六月庚戌日，任命代理北秦州刺史杨绍先为北秦州刺史、武都王。这个月，陈伯之逃奔北魏，江州平定。前益州刺史刘季连盘踞在成都反叛。

八月戊戌日，置立建康三官。乙巳日，平北将军、西凉州刺史象舒彭进号为安西将军，并封为邓至王。丁未日，诏令中书监王莹等八人参酌商定律令。这个月，诏令尚书曹郎依照前朝旧例向皇帝陈情奏事。林邑国、干陁利国各自派遣使者进献本地物产。

冬十一月已未日，设立小庙。甲子日，立皇子萧统为皇太子。

十二月丙申日，任命国子祭酒张稷为护军将军。辛亥日，护军将军张稷被罢免。

这一年发生大旱灾，一斗米售价高达五千钱，百姓饿死者众多。

天监二年（503）春正月甲寅日初一，下诏说："审理案件要三讯五听多方聆讯，此乃载于圣明法典的方法；心怀怜悯来断决案件，其意义已体现于从前的诏令。这些都是为了明察审慎地施用刑法，深戒疑案冤案。要成就功业达到治世，无不由此。朕过去在外执掌藩镇时，常常亲自审案，讯问记录罪状，务求申明情由，案情不论大小必尽听断；而九牧遐荒，无因临览。深惧怀冤就鞫，匪惟一方。可申敕诸州，月一临讯，博询择善，务在确实。"

乙卯，以尚书仆射沈约为尚书左仆射；吏部尚书范云为尚书右仆射；前将军鄱阳王恢为南徐州刺史；尚书令王亮为左光禄大夫；右卫将军柳庆远为中领军。丙辰，尚书令、新除左光禄大夫王亮免。

夏四月癸卯，尚书删定郎蔡法度上《梁律》二十卷、《令》三十卷、《科》四十卷。

五月丁巳，尚书右仆射范云卒。乙丑，益州刺史邓元起克成都，曲赦益州。壬申，断诸郡县献奉二宫。惟诸州及会稽，职惟岳牧，许荐任土，若非地产，亦不得贡。

六月丁亥，诏以东阳、信安、丰安三县水潦，漂损居民资业，遣使周履，量蠲课调。是夏多疠疫。以新除左光禄大夫谢朏为司徒、尚书令。甲午，以中书监王莹为尚书右仆射。

秋七月，扶南、龟兹、中天竺国各遣使献方物。

冬十月，魏寇司州。

十一月乙卯，雷电大雨，晦。是夜又雷。乙亥，尚书左仆射沈约以母忧去职。

三年春正月戊申，后将军、扬州刺史临川王宏进号中军将军。癸丑，以尚书右仆射王莹为尚书左仆射，太子詹事柳惔为尚书右仆射，前尚书左仆射沈约为镇军将军。

二月，魏陷梁州。

三月，陨霜杀草。

其理。前朝末世纲纪废弛,此种法治非常缺乏,监狱之中挤满囚徒,全都无从申诉其冤屈。今日朕适逢机运,统治万民,虽然已入居明堂,留心倾听大小断决;然而天下辽阔荒远,无法亲临省察。深深担心人民含冤受审,非止一端。可敕令各州长官,每月一次亲临审讯,广泛征询,择善而听,务必要确定信实。"

乙卯日,任命尚书仆射沈约为尚书左仆射;任命吏部尚书范云为尚书右仆射;任命前将军鄱阳王萧恢为南徐州刺史;任命尚书令王亮为左光禄大夫;任命右卫将军柳庆远为中领军。丙辰日,罢免尚书令、新任的左光禄大夫王亮。

夏四月癸卯日,尚书删定郎蔡法度呈上《梁律》二十卷、《令》三十卷、《科》四十卷。

五月丁巳日,尚书右仆射范云去世。乙丑日,益州刺史邓元起攻克成都,特别开恩大赦益州。壬申日,下令终止各郡县进献贡物给天子和太子。只允许各州及会稽一郡,官职为封疆大吏者,可以进献当地所产,若不是本地所产,也不得进贡。

六月丁亥日,下诏令说因东阳、信安、丰安三县遭遇水灾,冲毁了居民的家资产业,派遣使者前往巡视,量定赦免赋税额度。这一年夏季多发瘟疫。任命新任的左光禄大夫谢朏为司徒、尚书令。甲午日,任命中书监王莹为尚书右仆射。

秋七月,扶南国、龟兹国、中天竺国各自派遣使者进献本地物产。

冬十月,北魏侵犯司州。

十一月乙卯日,有雷电大雨,天色陷入晦暗。当夜又有巨雷。乙亥日,尚书左仆射沈约因母丧守制去职。

天监三年(504)春正月戊申日,后将军、扬州刺史临川王萧宏进号中军将军。癸丑日,任命尚书右仆射王莹为尚书左仆射,太子詹事柳惔为尚书右仆射,前尚书左仆射沈约为镇军将军。

二月,北魏攻陷梁州。

三月,寒霜普降,令百草枯萎。

五月丁巳，以扶南国王憍陈如阇耶跋摩为安南将军。

六月丙子，诏曰："昔哲王之宰世也，每岁卜征，躬事巡省，民俗政刑，罔不必逮。末代风凋，久旷兹典。虽欲肆远忘劳，究临幽仄，而居今行古，事未易从，所以日晏踟蹰，情同再抚。总总九州，远近民庶，或川路幽遐，或贫羸老疾，怀冤抱理，莫由自申，所以东海匹妇，致灾邦国，西土孤魂，登楼请诉。念此于怀，中夜太息。可分将命巡行州部。其有深冤钜害，抑郁无归，听诣使者，依源自列。庶以矜隐之念，昭被四方，遏听远闻，事均亲览。"癸未，大赦天下。

秋七月丁未，以光禄大夫夏侯详为车骑将军、湘州刺史，湘州刺史杨公则为中护军。甲子，立皇子综为豫章郡王。

八月，魏陷司州，诏以南义阳置司州。

九月壬子，以河南王世子伏连筹为镇西将军、西秦河二州刺史、河南王。北天竺国遣使献方物。

冬十一月甲子，诏曰："设教因时，淳薄异政，刑以世革，轻重殊风。昔商俗未移，民散久矣，婴网陷辟，日夜相寻。若悉加正法，则赭衣塞路；并申弘宥，则难用为国，故使有罪入赎，以全元元之命。今遐迩知禁，圄犴稍虚，率斯以往，庶几刑措。金作权典，宜在蠲息。可除赎罪之科。"

是岁多疾疫。

四年春正月癸卯朔，诏曰："今九流常选，年未三十，不五月丁巳日，任命扶南国国王侨陈如阇耶跋摩为安南将军。

六月丙子日，下诏说："从前贤明的君王掌管治理天下时，每年都会占卜巡狩之吉凶，亲自巡行视察，各地民俗政事刑狱，无不一一过问。前朝末世政风凋敝，这一传统荒废已久。虽想不顾疲倦地巡查远方，遍访四境的幽微乡邑，然而身处今日之境而遵行古制，又谈何容易，朕为此整天徘徊思索，忧虑之情与父母抚育子女无二。茫茫九州，远近各处百姓，有的因路途遥远，有的因贫弱老病，含冤抱理却无从申诉，以至此一地的平民妇女想向国家倾诉灾情，彼一处的蒙冤孤魂也欲登楼请愿诉苦。朕挂怀此事，常常半夜长叹不止。可分别派人奉命巡行各州部。那些有着深冤大恨，忧愤无所归宿者，听任他们面见使者上访，依据本原情形陈述。希望将天子同情恻隐之心，昭然泽被四方，使主上的视听更远更广，如同朕亲自过问一样执行。"癸未日，大赦天下。

秋七月丁未日，任命光禄大夫夏侯详为车骑将军、湘州刺史，任命湘州刺史杨公则为中护军。甲子日，立皇子萧综为豫章郡王。

八月，北魏攻陷司州，武帝下诏令在南义阳郡划置司州。

九月壬子日，任命河南王的嫡长子伏连筹为镇西将军、西秦河二州刺史、河南王。北天竺国派遣使者进献本土物产。

冬十一月甲子日，下诏说："实施教化应根据时风而动，社会风气的淳厚与浇薄相异，则政策也因之而变。刑罚要依据社会的实际情况有所演变，轻重程度要针对各异之风俗有所不同。前代暴君政风未除，民心离散已久，触陷罗网坠入刑狱的情形，可谓日夜相继。如果全都加以正法，则囚徒将塞满道路；若是全部施予宽赦，则会再难运用法度治国，因此才允许有罪者纳财赎罪，用来保全百姓的性命。如今远近之民已知法有所禁，牢狱稍有减空，也许长期以后，将可以置刑法而不用。以钱财暂抵法律惩罚的做法，应当废止。可废除赎罪的法规。"

这一年多有瘟疫发生。

天监四年（505）春正月癸卯日初一，下诏说："现在九品常选，

通一经,不得解褐。若有才同甘、颜,勿限年次。"置《五经》
博士各一人。以镇北将军、雍州刺史建安王伟为南徐州刺史,
南徐州刺史鄱阳王恢为郢州刺史,中领军柳庆远为雍州刺史。
丙午,省《凤皇衔书伎》。戊申,诏曰:"夫禋郊飨帝,至敬攸
在,致诚尽悫,犹惧有违;而往代多令宫人纵观兹礼,帷宫广
设,辒辌耀路,非所以仰虔苍昊,昭感上灵。属车之间,见讥前
世,便可自今停止。"辛亥,舆驾亲祠南郊,赦天下。


二月壬午,遣卫尉卿杨公则率宿卫兵塞洛口。壬辰,交州刺史
李凯据州反,长史李畟讨平之。曲赦交州。戊戌,以前郢州刺史曹景
宗为中护军。是月,立建兴苑于秣陵建兴里。

夏四月丁巳,以行宕昌王梁弥博为安西将军、河凉二州刺史、
宕昌王。是月,自甲寅至壬戌,甘露连降华林园。

五月辛卯,建康县朔阴里生嘉禾,一茎十二穗。

六月庚戌,立孔子庙。壬戌,岁星昼见。
秋七月辛卯,右光禄大夫张瓌卒。
八月庚子,老人星见。
冬十月丙午,北伐,以中军将军、扬州刺史临川王宏都督北讨
诸军事,尚书右仆射柳惔为副。是岁,以兴师费用,王公以下各上国
租及田谷,以助军资。

十一月辛未,以都官尚书张稷为领军将军。甲午,天晴朗,西
南有电光,闻如雷声三。
十二月,司徒、尚书令谢朏以所生母忧,去职。

年纪不足三十，不能精通一经者，不得出仕。如果有甘罗、颜回一样
的少年贤者，则可不限年龄加以录用。"置立《五经》博士各一人。
任命镇北将军、雍州刺史建安王萧伟为南徐州刺史，南徐州刺史、
鄱阳王萧恢为郢州刺史，中领军柳庆远为雍州刺史。丙午日，阅览
《凤皇衔书伎》。戊申日，下诏说："朕郊祀綸祭天帝，心怀恭敬，致
以竭心尽诚之意，仍恐怕自己拂逆了天意；而前代大多任由妃嫔宫
人观瞻此礼，使得帷幕搭成的行宫举目都是，后宫车仗在大路上
耀武扬威，这绝非可用来仰敬上天，诚感上帝的行为。令天子的车
马在历代前贤面前受到讥评，要从今日起停止这种做法。"辛亥日，
皇帝车驾亲临南郊祭天，并大赦天下。

二月壬午日，派卫尉卿杨公则率领禁军在洛口构筑要塞。壬辰
日，交州刺史李凯凭据本州反叛，长史李畟征讨平定了他。特别开恩
大赦交州。戊戌日，任命前郢州刺史曹景宗为中护军。这一个月，在
秣陵的建兴里设立建兴苑。

夏四月丁巳日，任命代理宕昌王梁弥博为安西将军、河凉二州
刺史、宕昌王。这一个月，从甲寅日到壬戌日，甘露接连降落于华林
园中。

五月辛卯日，建康县的朔阴里生长出嘉禾，一茎有十二支
穗。

六月庚戌日，建立孔子庙。壬戌日，岁星在白天出现。

秋七月辛卯日，右光禄大夫张瓌去世。

八月庚子日，老人星在天空出现。

冬十月丙午，举兵北伐，任命中军将军、扬州刺史、临川王萧宏
都督北讨诸军事，尚书右仆射柳惔为副。这一年，因兴师北伐多有开
支，王公以下臣僚各取自己封地职田所收的租税和谷物上缴，以助
军资。

十一月辛未日，任命都官尚书张稷为领军将军。甲午日，天气晴
朗，西南方有闪电的光，听见像雷鸣一样的响声三次。

十二月，司徒、尚书令谢朏因生母去世而守制去职。

是岁大穰，米斛三十。

五年春正月丁卯朔，诏曰："在昔周、汉，取士方国。顷代凋讹，幽仄罕被，人孤地绝，用隔听览，士操沦胥，因兹靡劝。岂其岳渎纵灵，偏有厚薄，实由知与不知，用与不用耳。朕以菲德，君此兆民，而兼明广照，屈于堂户，飞耳长目，不及四方，永言愧怀，无忘旦夕。凡诸郡国旧族邦内无在朝位者，选官搜括，使郡有一人。"乙亥，以前司徒谢朏为中书监、司徒、卫将军，镇军将军沈约为右光禄大夫，豫章王综为南徐州刺史。丁丑，以尚书左仆射王莹为护军将军，仆射如故。甲申，立皇子纲为晋安郡王。丁亥，太白昼见。

二月庚戌，以太常张充为吏部尚书。

三月丙寅朔，日有蚀之。癸未，魏宣武帝从弟翼率其诸弟来降。辅国将军刘思效破魏青州刺史元系于胶水。丁亥，陈伯之自寿阳率众归降。

夏四月丙申，庐陵高昌之仁山获铜剑二，始丰县获八目龟一。甲寅，诏曰："朕昧旦斋居，惟刑是恤，三辟五听，寝兴载怀。故陈肺石于都街，增官司于诏狱，殷勤亲览，小大以情。而明慎未洽，囹圄尚壅，永言纳隍，在予兴愧。凡犴狱之所，可遣法官近侍，递录囚徒，如有枉滞，以时奏闻。"

五月辛未，太子左卫率张惠绍克魏宿预城。乙亥，临川王宏前军克梁城。辛巳，豫州刺史韦叡克合肥城。丁亥，庐江太守裴邃克这一年大丰收，一斛米价仅三十钱。

天监五年（506）春正月丁卯日初一，下诏说："昔日周朝、汉朝时，取士于四方诸侯之国。前朝朝政衰朽，皇恩鲜少泽被僻远之地，隐逸的才士远隔在荒山野岭，与圣听悬绝，士族操守渐渐沦丧，因此难以劝勉激励。这岂是五岳四渎恣纵其威灵，对古今朝代亲疏有偏私吗？实乃是人才的知与不知、用与不用之故啊。朕以己身微薄之德，统治亿兆黎民，即便点燃所有的灯火来照明，也终究限于门庭之内，无论怎样扩大自己的视听范围，也无法遍及天下四方，为此常怀愧疚，旦夕不敢忘却。天下各郡国曾经的大族，凡其地没有在朝任职的，吏部应广加搜求，务使每郡有一人选入。"乙亥日，任命前司徒谢朏为中书监、司徒、卫将军，镇军将军沈约为右光禄大夫，豫章王萧综为南徐州刺史。丁丑日，任命尚书左仆射王莹为护军将军，仍然担任仆射一职。甲申日，立皇子萧纲为晋安郡王。丁亥日，太白星白天出现在天空。

二月庚戌日，任命太常张充为吏部尚书。

三月丙寅日初一，发生日食。癸未日，北魏宣武帝的堂弟元翼率领其同宗诸弟前来投降。辅国将军刘思效在胶水打败了北魏的青州刺史元系。丁亥日，陈伯之自寿阳率部来降。

夏四月丙申日，庐陵郡高昌的仁山发现铜剑二把，始丰县发现八只眼的乌龟一只。甲寅日，下诏说："朕在天未破晓时已起身视事，一心顾念刑法的施行，上思夏、商、周三代之刑，兼蓄断案之五听，即便睡觉仍心有所念。为此在闹市街头设置收集民间言论的肺石，在关押钦犯的牢狱增设审案的官吏，勤奋努力亲自操持，依据实情处理大小案件。然而明察审慎之刑法未能普及，监牢中还是充塞着囚徒，令朕常怀济民于水火的迫切愿望，同时心中也感到愧疚。凡是牢狱审理之处，可派遣司法官吏和天子近侍，依次登录囚徒，如有滞留的冤假错案，要及时奏报。"

五月辛未，太子左卫率张惠绍攻克北魏的宿预城。乙亥日，临川王萧宏的先头部队攻克梁城。辛巳日，豫州刺史韦叡攻克合肥城。丁羊石城；庚寅，又克霍丘城。辛卯，太白昼见。

六月庚子，青、冀二州刺史桓和前军克朐山城。

秋七月乙丑，邓至国遣使献方物。

八月戊戌，老人星见。辛酉，作太子宫。

冬十一月甲子，京师地震。乙丑，以师出淹时，大赦天下。魏寇钟离，遣右卫将军曹景宗率众赴援。

十二月癸卯，司徒谢朏薨。

六年春正月辛酉朔，诏曰："径寸之宝，或隐沙泥；以人废言，君子斯戒。朕听朝晏罢，思阐政术，虽百辟卿士，有怀必闻，而蓄响边遐，未臻魏阙。或屈以贫陋，或间以山川，顿足延首，无因奏达。岂所以沉浮靡漏，远迩兼得者乎？四方士民，若有欲陈言刑政，益国利民，沦碍幽远，不能自通者，可各诠条布怀于刺史二千石。有可申采，大小以闻。"己卯，诏曰："夫有天下者，义非为己。凶荒疾病，兵革水火，有一于此，责归元首。今祝史请祷，继诸不善，以朕身当之。永使灾害不及万姓，俾兹下民稍蒙宁息。不得为朕祈福，以增其过。特班远迩，咸令遵奉。"

二月甲辰，老人星见。

三月庚申朔，陨霜杀草。是月，有三象入京师。

夏四月壬辰，置左右骁骑、左右游击将军官。癸巳，曹景宗、韦叡等破魏军于邵阳洲，斩获万计。癸卯，以右卫将军曹景宗为领军将军、徐州刺史。己酉，以江州刺史王茂为尚书右仆射，中书令安

亥日，庐江太守裴邃攻克羊石城；庚寅日，又攻克霍丘城。辛卯日，太白星白天出现在天空。

六月庚子日，青、冀二州刺史桓和的先头部队攻克了朐山城。

秋七月乙丑日，邓至国派遣使者进献本土物产。

八月戊戌日，天空出现老人星。辛酉日，开始兴建太子宫。

冬十一月甲子日，京城地震。乙丑日，因军队北伐多时，大赦天下。北魏侵犯钟离，派右卫将军曹景宗率军驰援。

十二月癸卯日，司徒谢朏去世。

天监六年（507）春正月辛酉初一，下诏说："直径满寸的宝玉，有时也会埋没于泥沙中；因为一个人有过失就废弃他说过的良言，这是君子需要引以为戒的。朕临朝听政，日晚方退，一心想征辟治国的方略，虽然诸侯百官、公卿官僚，一有什么想法就向朕奏报，但边远地区蓄积的政务民声，仍有未能上达朝廷的。有的是因议者贫陋而遭压抑，有的是因山遥路远，即便盼望殷切仍无法奏达中央。这岂是朕所企望的上下无遗漏，远近皆得其所哉的初心？四方的官民，如有想陈说刑法与政令方面的建议，以利国利民为目的，却因幽远阻隔，不能自行通报的，可各自诠释条理向刺史和郡守陈说心意。凡有可采用的，事无大小都要奏报上来。"己卯日，下诏说："统治天下的人，其天命并非为了自己。年谷失收的荒年与疾病瘟疫，兵荒马乱与水灾火灾，若有一样降于国中，则责任需归于君主。如今主管祭祀之官向上天祈祷占卜，连续得到不善的结果，朕将亲身承受它们，让灾害永不祸及百姓，让黎民稍得休养将息。不得为朕祈福，以免增加朕的过失。特此颁令于远近，全部都要奉令而行。"

二月甲辰日，老人星在天空出现。

三月庚申日初一，寒霜降下百草枯萎。这一月，日、月、星三象同现于京师天际。

夏四月壬辰日，设置左右骁骑将军、左右游击将军的官职。癸巳日，曹景宗、韦叡等在邵阳洲击败北魏军，斩杀与俘获的敌军数以万计。癸卯日，任命右卫将军曹景宗为领军将军、徐州刺史。己酉日，任成王秀为平南将军、江州刺史。分湘、广二州置衡州。丁巳，以中军将军、扬州刺史临川王宏为骠骑将军、开府仪同三司，抚军将军建安王伟为扬州刺史，右光禄大夫沈约为尚书左仆射，尚书左仆射王莹为中军将军。

五月己未，以新除左骁骑将军长沙王渊业为中护军。癸亥，以侍中袁昂为吏部尚书。己巳，置中卫、中权将军，改骁骑为云骑，游击为游骑。辛未，右将军、扬州刺史建安王伟进号中权将军。

六月庚戌，以车骑将军、湘州刺史夏侯详为右光禄大夫，新除金紫光禄大夫柳惔为安南将军、湘州刺史。新吴县获四目龟一。

秋七月甲子，太白昼见。丙寅，分广州置桂州。丁亥，以新除尚书右仆射王茂为中卫将军。

八月戊子，赦天下。戊戌，大风折木。京师大水，因涛入，加御道七尺。

九月，嘉禾一茎九穗，生江陵县。乙亥，改阅武堂为德阳堂，听讼堂为仪贤堂。丙戌，以左卫将军吕僧珍为平北将军、南兖州刺史，豫章内史萧昌为广州刺史。冬十月壬寅，以五兵尚书徐勉为吏部尚书。

闰月乙丑，以骠骑将军、开府仪同三司临川王宏为司徒、行太子太傅，尚书左仆射沈约为尚书令、行太子少傅，吏部尚书袁昂为右仆射。戊寅，平西将军、荆州刺史始兴王憺进号安西将军。甲申，以右光禄大夫夏侯详为尚书左仆射。

十二月丙辰，尚书左仆射夏侯详卒。乙丑，魏淮阳镇都军主常邕和以城内属。分豫州置霍州。

七年春正月乙酉朔，诏曰："建国君民，立教为首。不学将落，嘉植靡由。朕肇基明命，光宅区宇，虽耕耘雅业，傍阐艺文，而成器命江州刺史王茂为尚书右仆射,中书令、安成王萧秀为平南将军、江州刺史。从湘、广二州各分出一部分,设置为衡州。丁巳日,任命中军将军、扬州刺史、临川王萧宏为骠骑将军、开府仪同三司,抚军将军、建安王萧伟为扬州刺史,右光禄大夫沈约为尚书左仆射,尚书左仆射王莹为中军将军。

五月己未日,任命新任的左骁骑将军、长沙王萧渊业为中护军。癸亥日,任命侍中袁昂为吏部尚书。己巳日,设置中卫、中权二将军,改骁骑将军为云骑将军,游击将军为游骑将军。辛未日,右将军、扬州刺史、建安王萧伟进号为中权将军。

六月庚戌日,任命车骑将军、湘州刺史夏侯详为右光禄大夫,新任的金紫光禄大夫柳惔为安南将军、湘州刺史。在新吴县发现一只有四只眼的乌龟。

秋七月甲子日,太白星白昼在天空出现。丙寅日,从广州分出一部置立桂州。丁亥日,任命新任的尚书右仆射王茂为中卫将军。

八月戊子日,大赦天下。戊戌日,大风吹折树木。京都发生大水灾,因大浪涌入,加高供帝王车驾通行的道路七尺。

九月,一茎生九穗的嘉禾在江陵县生长出来。乙亥日,改阅武堂名为德阳堂,听讼堂名为仪贤堂。丙戌日,任命左卫将军吕僧珍为平北将军、南兖州刺史,豫章内史萧昌为广州刺史。冬十月壬寅日,任命五兵尚书徐勉为吏部尚书。

闰十月乙丑日,任命骠骑将军、开府仪同三司、临川王萧宏为司徒、代理太子太傅,尚书左仆射沈约为尚书令、代理太子少傅,吏部尚书袁昂为右仆射。戊寅日,平西将军、荆州刺史、始兴王萧憺进号为安西将军。甲申日,任命右光禄大夫夏侯详为尚书左仆射。

十二月丙辰日,尚书左仆射夏侯详去世。乙丑日,北魏的淮阳镇都军主常邕和献城归附。分出豫州的一部分置立霍州。

天监七年(508)春正月乙酉日初一,下诏说:"建立国家君临万民,应以树立教化为第一要务。不学习国家就会衰落,优秀的人才将未广，志本犹阙，非所以镕范贵游，纳诸轨度。思欲式敦让齿，自家刑国。今声训所渐，戎夏同风，宜大启庠斅，博延胄子，务彼十伦，弘此三德，使陶钧远被，微言载表。"中卫将军、领太子詹事王茂进号车骑将军。戊戌，作神龙、仁虎阙于端门、大司马门外。壬子，以领军将军曹景宗为中卫将军，卫尉萧景兼领军将军。

二月乙卯，庐江灊县获铜钟二。新作国门于越城南。乙丑，增置镇卫将军以下各有差。庚午，诏于州郡县置州望、郡宗、乡豪各一人，专掌搜荐。乙亥，以车骑大将军高丽王高云为抚东大将军、开府仪同三司，平北将军、南兖州刺史吕僧珍为领军将军。丙子，以中护军长沙王渊业为南兖州刺史，兼领军将军萧景为雍州刺史，雍州刺史柳庆远为护军将军。

夏四月乙卯，皇太子纳妃，赦大辟以下，颁赐朝臣及近侍各有差。辛未，秣陵县获灵龟一。戊寅，余姚县获古铜剑二。

五月己亥，诏复置宗正、太仆、大匠、鸿胪，又增太府、太舟，仍先为十二卿。癸卯，以平南将军、江州刺史安成王秀为平西将军、荆州刺史，安西将军、荆州刺史始兴王憺为护军将军，中卫将军曹景宗为安南将军、江州刺史。

六月辛酉，复建、修二陵周回五里内居民，改陵监为令。

秋七月丁亥，月犯氐。

八月癸丑，安南将军、江州刺史曹景宗卒。丁巳，赦大辟以下未结正者。甲戌，平西将军、荆州刺史安成王秀进号安西将军，云无从萌生。朕始创基业昭明天命，映射光辉洞照宇内，虽然也曾耕耘文学雅业，旁及辞采之学，但未能多方面取得成就，此生平之志已然有所缺憾，不足以作为达官贵族的模范而纳入效仿的正轨。朕考虑要树立敦厚的风气，奖励对长者的敬让，以修身齐家来范示全国。如今我朝声威教化已渐渐广传，戎狄之境与华夏之区风教渐同，应广泛设立庠学，广揽国子学生员，实行儒学的十种伦理，来弘扬至德、敏德、孝德这三种品德，使社会得到陶冶和塑造，圣贤的精微奥义得到传扬。"中卫将军、领太子詹事王茂进号为车骑将军。戊戌日，在端门、大司马门外建造神龙阙、仁虎阙。壬子日，任命领军将军曹景宗为中卫将军，命卫尉萧景（萧昺）兼领军将军。

二月乙卯日，在庐江郡的灊县发现铜钟两口。在京都越城以南新建国门。乙丑日，增设镇卫将军以下官员若干人。庚午日，下诏在州郡县设州望、郡宗、乡豪各一人，专司访贤荐能。乙亥日，任命车骑大将军、高丽王高云为抚东大将军、开府仪同三司，平北将军、南兖州刺史吕僧珍为领军将军。丙子日，任命中护军、长沙王萧渊业为南兖州刺史，兼领军将军萧昺为雍州刺史，雍州刺史柳庆远为护军将军。

夏四月乙卯日，皇太子萧统纳妃，赦免死刑以下的罪犯，赏赐礼物给朝臣和近侍，各有等差。辛未日，秣陵县发现灵龟一只。戊寅日，余姚县发现古铜剑二把。

五月己亥日，下诏令重新设置宗正、太仆、大匠、鸿胪，又增设太府、太舟，依旧制恢复为十二卿。癸卯日，任命平南将军、江州刺史、安成王萧秀为平西将军、荆州刺史，安西将军、荆州刺史、始兴王萧憺为护军将军，中卫将军曹景宗为安南将军、江州刺史。

六月辛酉日，下令免除建陵、修陵周围五里内居民的徭役，改陵监为令。

秋七月丁亥日，月亮侵犯夜空中的氐宿。

八月癸丑日，安南将军、江州刺史曹景宗去世。丁巳日，赦免死刑以下尚未结案判刑的罪人。甲戌日，平西将军、荆州刺史、安成王萧

麾将军、郢州刺史鄱阳王恢进号平西将军。老人星见。

九月丁亥，诏曰：“刍牧必往，姬文垂则，雉兔有刑，姜宣致贬。薮泽山林，毓材是出，斧斤之用，比屋所资。而顷世相承，并加封固，岂所谓与民同利，惠兹黔首？凡公家诸屯戍见封燥者，可悉开常禁。”壬辰，置童子奉车郎。癸巳，立皇子绩为南康郡王。己亥，月犯东井。

冬十月丙寅，以吴兴太守张稷为尚书左仆射。丙子，魏阳关主许敬珍以城内附。诏大举北伐。以护军将军始兴王憺为平北将军，率众入清；车骑将军王茂率众向宿预。丁丑，魏悬瓠镇军主白皂生、豫州刺史胡逊以城内属。以皂生为镇北将军、司州刺史，逊为平北将军、豫州刺史。

十一月辛巳，鄞县言甘露降。

八年春正月辛巳，舆驾亲祠南郊，赦天下，内外文武各赐劳一年。壬辰，魏镇东参军成景儁斩宿预城主严仲宝，以城内属。

二月壬戌，老人星见。

夏四月，以北巴西郡置南梁州。戊申，以护军将军始兴王憺为中卫将军，司徒、行太子太傅临川王宏为司空、扬州刺史，车骑将军、领太子詹事王茂即本号开府仪同三司。丁卯，魏楚王城主李国兴以城内附。丙子，以中军将军、丹阳尹王莹为右光禄大夫。

五月壬午，诏曰：“学以从政，殷勤往哲，禄在其中，抑亦前事。朕思阐治纲，每敦儒术，轼间辟馆，造次以之。故负袟成风，甲科间出，方当置诸周行，饰以青紫。其有能通一经、始末无倦者，策实之后，选可量加叙录。虽复牛监羊肆，寒品后门，并随才试吏，勿

秀进号为安西将军，云麾将军、郢州刺史、鄱阳王萧恢进为平西将军。老人星在天空出现。

九月丁亥日，下诏说："务必让割草放牧的人民能够成行，周文王已经垂示过这宽柔的法则；对捕猎雉鸡和野兔的人民施加严刑，齐宣王因此而受到人们的非议。湖沼山林，都是产出木材之地，刀斧伐下木材，成为家家户户的生活资用。然而近代以来，苛政相沿，将山林湖沼一齐封闭，这岂能称得上与民同利，惠及百姓之举？凡是各处官府驻防的苑囿已为百姓渔猎开垦的，可一律解除其日常禁令。"壬辰日，设置童子奉车郎。癸巳日，立皇子萧续为南康郡王。己亥日，月亮侵犯夜空中的井宿。

冬十月丙寅日，任命吴兴太守张稷为尚书左仆射。丙子日，北魏的阳关主许敬珍献城归附。下诏大举北伐。任命护军将军、始兴王萧憺为平北将军，率军进入清地，车骑将军王茂率众进军宿预。丁丑日，北魏的悬瓠镇军主白皂生、豫州刺史胡逊献出城池归附，任命皂生为镇北将军、司州刺史，胡逊为平北将军、豫州刺史。

十一月辛巳日，鄞县报告称有甘露降临。

天监八年（509）春正月辛巳日，圣驾亲临南郊祭祀，大赦天下，朝廷内外的文武官员各赏赐一年的劳绩。壬辰日，北魏的镇东参军成景儁斩杀了宿预城主严仲宝，献城归附。

二月壬戌日，老人星在天空出现。

夏四月，在北巴西郡设南梁州。戊申日，任命护军将军始兴王萧憺为中卫将军，司徒、行太子太傅、临川王萧宏为司空、扬州刺史，命车骑将军、领太子詹事王茂袭用原来的官号开府仪同三司。丁卯日，北魏楚王城的城主李国兴献城归附。丙子日，任命中军将军、丹阳尹王莹为右光禄大夫。

五月壬午日，下诏说："学习是为了治理政事，对先哲为政的典例勤加关注，国家的福祚就蕴含于其中，有时正与前代的情形相同。朕考虑要光大治国的纲纪，时常劝导敦促儒家学说的钻研，向有才德者致敬并开辟学馆，迫切地推行这些措施。因此负笈游学、勤奋读

有遗隔。"

秋七月癸巳，巴陵王萧宝义薨。

八月戊午，老人星见。

冬十月乙巳，以中军将军始兴王憺为镇北将军、南兖州刺史，南兖州刺史长沙王渊业为护军将军。

九年春正月乙亥，以尚书令、行太子少傅沈约为左光禄大夫，行少傅如故，右光禄大夫王莹为尚书令，行中抚将军建安王伟领护军将军，镇北将军、南兖州刺史始兴王憺为镇西将军、益州刺史，太常卿王亮为中书监。丙子，以轻车将军晋安王纲为南兖州刺史。庚寅，新作缘淮塘，北岸起石头迄东冶，南岸起后渚篱门迄三桥。

三月己丑，车驾幸国子学，亲临讲肆，赐国子祭酒以下帛各有差。乙未，诏曰："王子从学，著自礼经，贵游咸在，实惟前诰，所以式广义方，克隆教道。今成均大启，元良齿让，自斯以降，并宜肄业。皇太子及王侯之子，年在从师者，可令入学。"于阗国遣使献方物。

夏四月丁巳，革选尚书五都令史用寒流。林邑国遣使献白猴一。

五月己亥，诏曰："朕达听思治，无忘日昃。而百司群务，其途不一，随时适用，各有攸宜，若非总会众言，无以备兹亲览。自今台阁省府州郡镇戍应有职僚之所，时共集议，各陈损益，具以奏闻。"中书监王亮卒。

书已然形成风气，考中高等甲科的人才不时出现，正要安排他们出任朝官，授予高级的职位。如有能精通一经、始终治学不倦的儒生，经策问核实之后，就要加以拣选，量才录用。即便是看管牛棚、在市井贩羊之人，出身寒门家世卑微者，都应依据才能进行考试选拔，不可有所遗漏。"

秋七月癸巳日，巴陵王萧宝义去世。

八月戊午日，老人星在天空出现。

冬十月乙巳日，任命中军将军、始兴王萧憺为镇北将军、南兖州刺史，南兖州刺史、长沙王萧渊业为护军将军。

天监九年（510）春正月乙亥日，任命尚书令、行太子少傅沈约为左光禄大夫，行少傅不变，右光禄大夫王莹为尚书令，任命行中抚将军、建安王萧伟领护军将军，镇北将军、南兖州刺史、始兴王萧憺为镇西将军、益州刺史，太常卿王亮为中书监。丙子日，任命轻车将军、晋安王萧纲为南兖州刺史。庚寅日，新筑秦淮河沿岸的堤防，北岸起于石头城，至于东冶，南岸起于后渚篱门，终于三桥。

三月己丑日，圣驾降临国子学，亲自登上讲堂，赏赐丝帛给国子祭酒以下人员，各有等差。乙未日，下诏说："王子跟从老师学习的典制，出自古代关于礼节的经典，贵族子弟与王子一起学习，实为前贤流传下的劝学命令，用此来推广教育子弟的正道，使教育之道走向兴隆。如今大学四处兴设，太子尊师重道，自他往下，都应修习课业。皇太子以及各王侯之子，凡达到入学年龄的，可令其入学。"于阗国派遣使者进献本土物产。

夏四月丁巳日，淘汰和选拔尚书五都令史，起用出身寒门的人。林邑国派遣使者进贡白猴一只。

五月己亥日，下诏说："朕广开圣听，想往治世，夙夜在公，而百官所辖各种政务，其治理途径不一而足，都是根据当时情况择便处置，各有其最宜的方式，如果不汇总群僚之言，就不能全面掌握情况躬身治理。从今以后，台阁、省府、州郡、边镇等一应设有主管官僚的官署，要时常一起汇集讨论，各自陈述兴利除弊的意见，将讨论情况

六月癸丑，盗杀宣城太守朱僧勇。癸酉，以中抚将军、领护军建安王伟为镇南将军、江州刺史。

闰月己丑，宣城盗转寇吴兴，太守蔡撙讨平之。

秋七月己巳，老人星见。

冬十二月癸未，舆驾幸国子学，策试胄子，赐训授之司各有差。

十年春正月辛丑，舆驾亲祠南郊，大赦天下，居局治事赐劳二年。癸卯，以尚书左仆射张稷为安北将军，青冀二州刺史，郢州刺史鄱阳王恢为护军将军。甲辰，以南徐州刺史豫章王综为郢州刺史，轻车将军南康王绩为南徐州刺史。戊申，驺虞一，见荆州华容县。以左民尚书王暕为吏部尚书。辛酉，舆驾亲祠明堂。

三月辛丑，盗杀东莞、琅邪二郡太守刘晰，以朐山引魏军，遣振远将军马仙琕讨之。是月，魏徐州刺史卢昶帅众赴朐山。

夏五月癸酉，安丰县获一角玄龟。丁丑，领军吕僧珍卒。己卯，以国子祭酒张充为尚书左仆射，太子詹事柳庆远为领军将军。

六月乙酉，嘉莲一茎三花生乐游苑。

秋七月丙辰，诏曰：“昔公卿面陈，载在前史，令仆陛奏，列代明文，所以厘彼庶绩，成兹群务。晋氏陵替，虚诞为风，自此相因，其失弥远。遂使武帐空劳，无汲公之奏，丹墀徒辟，阙郑生之履。三槐八座，应有务之百官，宜有所论，可入陈启，庶藉周爰，少匡寡薄。”

九月丙申，天西北隆隆有声，赤气下至地。

详细上奏。"中书监王亮去世。

六月癸丑日，盗匪杀害了宣城太守朱僧勇。癸酉日，任命中抚将军、领护军、建安王萧伟为镇南将军、江州刺史。

闰六月己丑日，宣城盗匪转而进犯吴兴，太守蔡撙讨伐平定了他们。

秋七月己巳日，老人星在天空出现。

冬十二月癸未日，圣驾到国子学，策问考核了国子学生员，赏赐了主管授课的官员，各有等差。

天监十年（511）春正月辛丑日，圣驾至南郊亲自祭天，大赦天下，所有居官署治事的官员均赏赐劳绩二年。癸卯日，任命尚书左仆射张稷为安北将军、青冀二州刺史，郢州刺史、鄱阳王萧恢为护军将军。甲辰日，任命南徐州刺史、豫章王萧综为郢州刺史，轻车将军、南康王萧绩为南徐州刺史。戊申，一只瑞兽驺虞出现于荆州华容县。任命左民尚书王暕为吏部尚书。辛酉日，圣驾亲临明堂祭祀。

三月辛丑日，盗匪杀害了东莞、琅邪二郡太守刘晰，据有朐山以招引北魏的军队，派遣振远将军马仙琕讨伐他们。这一月，北魏的徐州刺史卢昶率军前往朐山。

夏五月癸酉日，安丰县捕获一只角的玄龟。丁丑日，领军将军吕僧珍去世。己卯日，任命国子祭酒张充为尚书左仆射，太子詹事柳庆远为领军将军。

六月乙酉日，有一茎三花的嘉莲生于乐游苑中。

秋七月丙辰日，下诏说："从前公卿当面言事，史书早有记载，各署府的令和仆当廷启奏，历代亦有明文，以此来理清诸种事业，成就各种政务。晋朝衰落之后，朝议时的空虚荒诞之言成为风气，从此沿袭下来，其失政越来越远，致使御前的武帐形同虚设，不再有汲黯那样的忠言面奏；宫廷的赤色台阶白白修建，再无郑当时一样的直谏脚步声。朝廷的高官重臣，一应有职务的群僚百官，每当应该有所议论时，可入宫当面启奏，但愿借此襄助，能稍稍弥补朕才德的微薄。"

九月丙申日，天空西北隆隆有声，有红色的云气下降到地上。

冬十二月癸酉，山车见于临城县。庚辰，马仙琕大破魏军，斩馘十余万，克复朐山城。

是岁，初作宫城门三重楼及开二道。宕昌国遣使献方物。

十一年春正月壬辰，诏曰："夫刑法悼耄，罪不收孥，礼著明文，史彰前事，盖所以申其哀矜，故罚有弗及。近代相因，厥网弥峻，鬓年华发，同坐入愆。虽惩恶劝善，宜穷其制，而老幼流离，良亦可愍。自今逋谪之家及罪应质作，若年有老小，可停将送。"加左光禄大夫、行太子少傅沈约特进，镇南将军、江州刺史建安王伟仪同三司，司空、扬州刺史临川王宏进位为太尉，车骑将军王茂为司空，尚书令、云麾将军王莹进号安左将军。安北将军、青冀二州刺史张稷进号镇北将军。

二月戊辰，新昌、济阳二郡野蚕成茧。

三月丁巳，曲赦扬、徐二州。筑西静坛于钟山。庚申，高丽国遣使献方物。

四月戊子，诏曰："去岁朐山大歼丑类，宜为京观，用旌武功；但伐罪吊民，皇王盛轨，掩骼埋胔，仁者用心。其下青州悉使收藏。"百济、扶南、林邑国并遣使献方物。

六月辛巳，以司空王茂领中权将军。

九月辛亥，宕昌国遣使献方物。

冬十一月乙未，以吴郡太守袁昂兼尚书右仆射。己酉，降太尉、扬州刺史临川王宏为骠骑将军、开府同三司之仪。癸丑，齐宣德太妃王氏薨。

冬十二月癸酉日，象征吉祥的山车在临城县出现。庚辰日，马仙琕大败北魏的军队，杀敌十多万，收复了朐山城。

这一年，首次兴建宫城门三重楼，并开辟二道。宕昌国派遣使者进献本土物产。

天监十一年（512）春正月壬辰日，下诏说："刑法不延及老者，治罪不收捕儿女，这些在礼法著作中都有明文记载，史书中也有明白无误的先例。这是为了表达执政者的怜悯之心，因此惩罚有所不及。近代以来，刑狱之网日益严密，垂髫幼童白发老者，一齐连坐获罪。虽然说惩恶劝善，应当彻底追究制裁，但是老幼流离，也确应予以怜悯。从今以后，凡是流放发配贬谪之家，以及犯了罪家人充作劳役的，如果其中有老幼，可停止充配他们。"加授左光禄大夫、行太子少傅沈约为特进，镇南将军、江州刺史、建安王萧伟为仪同三司。司空、扬州刺史、临川王萧宏进位为太尉，车骑将军王茂进位为司空。尚书令、云麾将军王莹进号为安左将军。安北将军、青冀二州刺史张稷进号为镇北将军。

二月戊辰日，新昌、济阳二郡的野蚕大片结茧。

三月丁巳日，破格赦免扬、徐二州罪人。在钟山修筑西静坛。庚申日，高丽国派遣使者进献本土物产。

四月戊子日，下诏说："去年在朐山歼敌无数，本应堆积敌尸封土筑成高冢，以彰显武功；不过讨伐有罪的君主、抚慰受难的百姓，乃是圣明君主的美好典范；掩埋枯骨与腐尸，是仁德之人的良善用心。下令青州将敌尸全部收殓掩埋。"百济国、扶南国和林邑国都各自派遣使者进献本土物产。

六月辛巳日，命司空王茂领中权将军。

九月辛亥日，宕昌国派遣使者进献本土物产。

冬十一月乙未日，任命吴郡太守袁昂兼任尚书右仆射。己酉日，将太尉、扬州刺史、临川王萧宏降职为骠骑将军、开府同三司之仪。癸丑日，南齐的宣德太妃王氏去世。

十二月己未，以安西将军、荆州刺史安成王秀为中卫将军，护军将军鄱阳王恢为平西将军、荆州刺史。

十二年春正月辛卯，舆驾亲祠南郊，赦大辟以下。

二月辛酉，以兼尚书右仆射袁昂为尚书右仆射。丙寅，诏曰："掩骼埋胔，义重周经，槥椟有加，事美汉策。朕向隅载怀，每勤造次，收藏之命，亟下哀矜；而珝县遐深，遵奉未洽，髐然路隅，往往而有，言惾沉枯，弥劳伤恻。可明下远近，各巡境界，若委骸不葬，或蒭衣莫改，即就收敛，量给棺具。庶夜哭之魂斯慰，沾霜之骨有归。"辛巳，新作太极殿，改为十三间。

三月癸卯，以湘州刺史王珍国为护军将军。闰月乙丑，特进、中军将军沈约卒。

夏四月，京邑大水。

六月癸巳，新作太庙，增基九尺。庚子，太极殿成。

秋九月戊午，以镇南将军、开府仪同三司、江州刺史建安王伟为抚军将军，仪同如故；骠骑将军、开府同三司之仪、扬州刺史临川王宏为司空；领中权将军王茂为骠骑将军、开府同三司之仪、江州刺史。

冬十月丁亥，诏曰："明堂地势卑湿，未称乃心。外可量就埤起，以尽诚敬。"

十三年春正月壬戌，以丹阳尹晋安王纲为荆州刺史。癸亥，以平西将军、荆州刺史鄱阳王恢为镇西将军、益州刺史。丙寅，以翊十二月己未日，任命安西将军、荆州刺史、安成王萧秀为中卫将军，护军将军、鄱阳王萧恢为平西将军、荆州刺史。

天监十二年（513）春正月辛卯日，圣驾亲临南郊祭天，赦免死刑以下的罪人。

二月辛酉日，任命兼尚书右仆射袁昂为尚书右仆射。丙寅日，下诏说："掩埋枯骨腐尸，此等义行凸显于周代的经典；以棺木埋葬敌人，这种事迹曾得到汉代史书的赞誉。朕每每独自隔沉思感怀，常勤奋而不敢松懈，战后收殓埋葬敌尸的命令，已迅速地降下以展示我朝哀悯之心；然而天下深远，未得广泛遵行，尸骨干枯于路边的情形，往往还有存在的，念及年深日久的枯骨，更引发朕的忧愁与同情。可明令远近各地，巡察各自辖区，如果有无主尸骨未能埋葬的，或者草草覆盖没有改葬的，立即收葬，估算和供给棺材等物。只求夜夜号哭之魂得到安慰，饱染风霜之骨有所归宿。"辛巳日，新建太极殿，改为十三间。

三月癸卯日，任命湘州刺史王珍国为护军将军。闰三月乙丑日，特进、中军将军沈约去世。

夏四月，京都发洪水。

六月癸巳日，新建太庙，增高殿基九尺。庚子日，太极殿落成。

秋九月戊午日，任命镇南将军、开府仪同三司、江州刺史、建安王萧伟为抚军将军，仪同三司不变；骠骑将军、开府同三司之仪、扬州刺史、临川王萧宏为司空；领中权将军王茂为骠骑将军、开府同三司之仪、江州刺史。

冬十月丁亥日，下诏说："先王陵墓明堂的地势低洼潮湿，未能与怀念之情相称。负责营造之外臣可度量之后修缮增补，以尽到虔诚恭敬之意。"

天监十三年（514）春正月壬戌日，任命丹阳尹、晋安王萧纲为荆州刺史。癸亥日，任命平西将军、荆州刺史、鄱阳王萧恢为镇西将右将军安成王秀为安西将军、郢州刺史。

二月丁亥，舆驾亲耕籍田，赦天下，孝悌力田赐爵一级。老人星见。

三月辛亥，以新除中抚将军、开府仪同三司建安王伟为左光禄大夫。

夏四月辛卯，林邑国遣使献方物。壬辰，以郢州刺史豫章王综为安右将军。

五月辛亥，以通直散骑常侍韦叡为中护军。

六月己亥，以南兖州刺史萧景为领军将军，领军将军柳庆远为安北将军、雍州刺史。

秋七月乙亥，立皇子纶为邵陵郡王，绎为湘东郡王，纪为武陵郡王。

八月癸卯，扶南、于阗国各遣使献方物。

是岁作浮山堰。

十四年春正月乙巳朔，皇太子冠，赦天下，赐为父后者爵一级，王公以下班赉各有差，停远近上庆礼。丙午，安左将军、尚书令王莹进号中权将军。以镇西将军始兴王憺为中抚将军。辛亥，舆驾亲祠南郊。诏曰："朕恭祗明祀，昭事上灵，临竹宫而登泰坛，服裘冕而奉苍璧，柴望既升，诚敬克展，思所以对越乾元，弘宣德教；而缺于治道，政法多昧，实伫群才，用康庶绩。可班下远近，博采英异。若有确然乡党，独行州间，肥遁丘园，不求闻达，藏器待时，未加收采；或贤良、方正、孝悌、力田，并即腾奏，具以名上。当擢彼周行，试以邦邑，庶百司咸事，兆民无隐。又世轻世重，随时约法，前以劓墨，用代重辟，犹念改悔，其路已壅，并可省除。"丙寅，汝阴王刘胤薨。

军、益州刺史。丙寅日，任命翊右将军、安成王萧秀为安西将军、郢州刺史。

二月丁亥日，圣驾亲自耕作籍田，大赦天下，凡有孝顺父母、敬爱兄长的和能努力耕作之人，都赏赐民爵一级。老人星在天空出现。

三月辛亥日，任命新任的中抚将军、开府仪同三司、建安王萧伟为左光禄大夫。

夏四月辛卯日，林邑国派遣使者进献本土物产。壬辰日，任命郢州刺史、豫章王萧综为安右将军。

五月辛亥日，任命通直散骑常侍韦叡为中护军。

六月己亥日，任命南兖州刺史萧景（萧昺）为领军将军，任命领军将军柳庆远为安北将军、雍州刺史。

秋七月乙亥日，立皇子萧纶为邵陵郡王，皇子萧绎为湘东郡王，皇子萧纪为武陵郡王。

八月癸卯日，扶南国、于阗国各自派遣使者进献本土物产。

这一年修筑了浮山堰。

天监十四年（515）春正月乙巳日初一，皇太子行加冠礼，大赦天下，赐予天下所有父亲的继承人民爵一级，王公以下赏赐各有等差，同时下令停止远近各地进献庆贺之礼。丙午日，安左将军、尚书令王莹进号为中权将军。任命镇西将军、始兴王萧憺为中抚将军。辛亥日，圣驾亲临南郊祭天。下诏说："朕恭敬地祭祀先祖之灵，勤勉地服事上帝，身临竹宫，升登泰坛，身着黑羔裘，头冠冕，手捧苍璧，柴祭与望祭都已经举行，虔诚的敬意已经展示，想用来答谢颂扬上天，宣扬德教；然而缺乏治国之道，政策法令仍然多有不明者，因而广聚群才，用以完善各种政务。可布告远近，广揽德才非凡之人。如果有在乡党中拥有信实的声望，特立独行于州间之中，隐逸闲居于丘园的贤士，不求显达，怀才等待施展的时机，官府尚未收录任用者；或是贤良、方正、孝悌、勤力耕作者，都要立即上奏，详细列举其名报上。

二月庚寅，芮芮国遣使献方物。戊戌，老人星见。辛丑，以中护军韦叡为平北将军、雍州刺史，新除中抚将军始兴王憺为荆州刺史。

夏四月丁丑，骠骑将军、开府同三司之仪、江州刺史王茂薨。

五月丁巳，以荆州刺史晋安王纲为江州刺史。

秋八月乙未，老人星见。

九月癸亥，以长沙王深业为护军将军。狼牙修国遣使献方物。

十五年春正月己巳，诏曰："观时设教，王政所先，兼而利之，实惟务本，移风致治，咸由此作。顷因革之令，随事必下，而张弛之要，未臻厥宜，民瘼犹繁，廉平尚寡，所以伫旒纩而载怀，朝玉帛而兴叹。可申下四方，政有不便于民者，所在具条以闻。守宰若清洁可称，或侵渔为蠹，分别奏上，将行黜陟。长吏功课，躬履堤防，勿有不修，致妨农事。关市之赋，或有未允，外时参量，优减旧格。"

三月戊辰朔，日有蚀之。

夏四月丁未，以安右将军豫章王综兼护军。高丽国遣使献方物。

应该提拔他们走上仕途，以地方官职试用其才能，做到让各个官署称职尽事，百姓中不再有隐逸的奇才。另外，不同时代刑罚的轻重，本当因应时势而约定其法。前代有劓刑和墨刑流传至今，用来取代最重的极刑，但刑余之人改过自新的出路已被堵塞，此二刑可一同免除。"丙寅日，汝阴王刘胤去世。

二月庚寅日，芮芮国（柔然）派遣使者进献本土物产。戊戌日，老人星在天空出现。辛丑日，任命中护军韦叡为平北将军、雍州刺史，新任的中抚将军、始兴王萧憺为荆州刺史。

夏四月丁丑日，骠骑将军、开府同三司之仪、江州刺史王茂去世。

五月丁巳日，任命荆州刺史、晋安王萧纲为江州刺史。

秋八月乙未日，老人星在天空出现。

九月癸亥日，任命长沙王萧渊业为护军将军。狼牙修国派遣使者进献本土物产。

天监十五年（516）春正月己巳日，下诏说："观察时风实施教化，是君王理政时首先执行的措施，兼听则明，有利于施政，实乃根本要务，要转变风气达到治世，全都由此而起。近来或因袭或变革的诸多政令，都是随着具体问题的出现而颁布的，但对于政策进退缓急的总要，尚未做到极尽合宜。人民的困苦仍然繁多，廉洁治平的情况尚少，朕因此每每驻足沉思而挂怀不忘，在献上玉帛进行祭祀时感愧兴叹。可晓谕四方，政事如有致使民生不便利的，所在地方要详细列举加以奏报。郡县的长官如果清正廉洁足可称道，或是侵夺渔利沦为国家蠹虫，都要分别上奏，予以提升或罢黜。长吏要对地方工程鼓励督责，亲自巡行水利堤防，不能出现失修的地方，以致妨害农事。集市的征税，也许有不当之处，外朝官员要及时酌量，对旧规加以优化减免。"

三月戊辰日初一，发生日食。

夏四月丁未日，任命安右将军、豫章王萧综兼护军。高丽国派遣使者进献本土物产。

五月癸未，以司空、扬州刺史临川王宏为中书监，骠骑大将军、刺史如故。

六月丙申，改作小庙毕。庚子，以尚书令王莹为左光禄大夫、开府仪同三司，尚书右仆射袁昂为尚书左仆射，吏部尚书王暕为尚书右仆射。

秋八月，老人星见。芮芮、河南遣使献方物。

九月辛巳，左光禄大夫、开府仪同三司王莹薨。壬辰，赦天下。

冬十月戊午，以丹阳尹长沙王渊业为湘州刺史。

十一月丁卯，以兼护军豫章王综为安前将军。交州刺史李畟斩交州反者阮宗孝，传首京师。曲赦交州。壬午，以雍州刺史韦叡为护军将军。

十六年春正月辛未，舆驾亲祠南郊，诏曰："朕当宸思治，政道未明，昧旦劬劳，亟移星纪。今太簇御气，句芒首节，升中就阳，禋敬克展，务承天休，布兹和泽。尤贫之家，勿收今年三调。其无田业者，所在量宜赋给。若民有产子，即依格优蠲。孤老鳏寡不能自存，咸加赈恤。班下四方。诸州郡县，时理狱讼，勿使冤滞，并若亲览。"

二月庚戌，老人星见，甲寅，以安前将军豫章王综为南徐州刺史。

三月丙子，河南王遣使献方物。

夏四月甲子，初去宗庙牲。潮沟获白雀一。

五月癸未日，任命司空、扬州刺史、临川王萧宏为中书监，其骠骑大将军、刺史之职衔照旧。

六月丙申日，改建小庙完工。庚子日，任命尚书令王莹为左光禄大夫、开府仪同三司，尚书右仆射袁昂为尚书左仆射，任命吏部尚书王暕为尚书右仆射。

秋八月，老人星在天空出现。吐谷浑各自派遣使者进献本土物产。

九月辛巳日，左光禄大夫、开府仪同三司王莹去世。壬辰日，大赦天下。

冬十月戊午日，任命丹阳尹、长沙王萧渊业为湘州刺史。

十一月丁卯日，任命兼护军、豫章王萧综为安前将军。交州刺史李畟斩杀了该州的叛党阮宗孝，传首级至京师。特别开恩大赦交州。壬午日，任命雍州刺史韦叡为护军将军。

天监十六年（517）春正月辛未日，圣驾亲临南郊祭天，下诏说："朕临朝听政，向往治世，因不甚明了为政之道，天刚破晓便躬亲辛劳，转眼已是几度春秋。如今正像古帝伏羲御风驰驾，句芒之神草创功业之时，朕面对太阳祭天以禀告初有所成，祭仪中的恭敬之情得以展示，务必要承受上天赐下的福祚，将德泽恩惠广施民间。凡赤贫之家，不再收取今年的粟调、帛调和杂调。那些没有耕地之人，所属地方应酌情给予一定的土地。如人民中有生下孩子的，则按照规定从优减免赋税。孤老之人和鳏夫寡妇等不能自立者，全部要加以赈济。颁此诏令于天下四方。各州郡县，要及时审理诉讼，不得造成冤案积压，都应如朕亲自过问一样处理。"

二月庚戌日，老人星在天空出现。甲寅日，任命安前将军豫章王萧综为南徐州刺史。

三月丙子日，吐谷浑王派遣使者进献本土物产。

夏四月甲子日，首次取消宗庙献祭用的猪牛羊三牲。人们在潮沟获得白雀一只。

六月戊申，以庐陵王续为江州刺史。七月丁丑，以郢州刺史安成王秀为镇北将军、雍州刺史。

八月辛丑，老人星见。扶南、婆利国各遣使献方物。

冬十月，去宗庙荐修，始用蔬果。

十七年春正月丁巳朔，诏曰："夫乐所自生，含识之常性；厚下安宅，驭世之通规。朕矜此庶氓，无忘待旦，亟弘生聚之略，每布宽恤之恩；而编户未滋，迁徙尚有，轻去故乡，岂其本志？资业殆阙，自返莫由，巢南之心，亦何能弭。今开元发岁，品物惟新，思俾黔黎，各安旧所。将使郡无旷土，邑靡游民，鸡犬相闻，桑柘交畛。凡天下之民，有流移他境，在天监十七年正月一日以前，可开恩半岁，悉听还本，蠲课三年。其流寓过远者，量加程日。若有不乐还者，即使著土籍为民，准旧课输。若流移之后，本乡无复居宅者，村司三老及余亲属，即为诣县，占请村内官地官宅，令相容受，使恋本者还有所托。凡坐为市埒诸职，割盗衰灭，应被封籍者，其田宅车牛，是民生之具，不得悉以没入，皆优量分留，使得自止。其商贾富室，亦不得顿相兼并。遁叛之身，罪无轻重，并许首出，还复民伍。若有拘限，自还本役。并为条格，咸使知闻。"

二月癸巳，镇北将军、雍州刺史安成王秀薨。甲辰，大赦天下。乙卯，以领石头戍事南康王绩为南兖州刺史。

六月戊申日，任命庐陵王萧续为江州刺史。七月丁丑日，任命郢州刺史、安成王萧秀为镇北将军、雍州刺史。

八月辛丑日，老人星在天空出现。扶南国、婆利国各自派遣使者进献本土物产。

冬十月，取消宗庙祭祀时供献的干肉，开始用蔬菜水果献祭。

天监十七年（518）春正月丁巳日初一，下诏说："以自己从事的生业为安乐之源，是有情众生的本性常情；厚待万民使他们安居乐业，乃统驭天下的通行法则。朕怜悯这举国的苍生，不忘勤政达旦的初心，已多次推行增长人口、聚积物力的方略，又时常施行宽宥体恤的恩惠；然而编入户籍的人口没有增加，流离迁徙的情况还有发生。轻易离开家乡故土，这岂是朕的本愿？流民的家资产业折损殆尽，想要返乡也无法实现，其羁鸟返枝之愿，又如何能够平息？今日正值一元复始，万象更新，朕考虑要使百姓各安旧居。要让各郡都没有空置荒废之地，各乡邑都不见游荡之民，令鸡犬之声相闻，桑树与柘树遍植田间路边。凡天下百姓，有在今日以前流徙迁移到外地的，可以开恩半年，听任其返回原籍，并免除赋税三年。那些流寓外地距乡太远者，可酌情增加其返程的期限。如有不乐意返回家乡的，应即刻登记在其定居地的户籍册中成为土著居民，照旧收取税赋。如流离迁移之后，在本乡已经没有住宅的，村长和有声望的老人以及其他亲属应代为到县衙述说，申请使用村内的官田和官宅，让归民有容身之所，使那些留恋本乡的返回者生计能有所依托。凡是因罪连坐沦为筑坝苦力等职业者，以及因侵盗赋税致使税收减少而应将财产造册抄没封存的，他们的田宅、车辆和耕牛，是人民的谋生工具，不得全部没收入官，都要从宽酌情分留，使他们能够保全自身。那些商贾富户也不得立刻对其财产加以兼并。叛逃劳役之人，罪无论轻重，都允许他们出来自首，重新回归平民的行列。如果有未完成的拘役期限，自行回归原有劳役之列。把这些一起定为法规，广为布告晓谕。"

二月癸巳日，镇北将军、雍州刺史、安成王萧秀去世。甲辰日，大赦天下。乙卯日，任命领石头戍事、南康王萧续为南兖州刺史。

三月甲申，老人星见。丙申，改封建安王伟为南平王。

夏五月戊寅，骠骑大将军、扬州刺史临川王宏免。己卯，干陁利国遣使献方物。以领军将军萧景为安右将军，监扬州。辛巳，以临川王宏为中军将军、中书监。

六月乙酉，以益州刺史鄱阳王恢为领军将军。中军将军，中书监临川王宏以本号行司徒。癸卯，以国子祭酒蔡搏为吏部尚书。

秋八月壬寅，老人星见。诏以兵驺奴婢，男年登六十，女年登五十，免为平民。

冬十月乙亥，以中军将军、行司徒临川王宏为中书监、司徒。

十一月辛亥，以南平王伟为左光禄大夫、开府仪同三司。

十八年春正月甲申，以领军将军鄱阳王恢为征西将军、开府仪同三司、荆州刺史，荆州刺史始兴王憺为中抚将军、开府仪同三司、领军。以尚书左仆射袁昂为尚书令，尚书右仆射王暕为尚书左仆射，太子詹事徐勉为尚书右仆射。辛卯，舆驾亲祠南郊，孝悌力田赐爵一级。

二月戊午，老人星见。

四月丁巳，大赦天下。

秋七月甲申，老人星见。于阗、扶南国各遣使献方物。

三月甲申日，老人星在天空出现。丙申日，改封建安王萧伟为南平王。

夏五月戊寅日，将骠骑大将军、扬州刺史、临川王萧宏免职。己卯日，干陁利国派遣使者进献本土物产。任命领军将军萧景（萧昺）为安右将军，监扬州。辛巳日，任命临川王萧宏为中军将军、中书监。

六月乙酉日，任命益州刺史、鄱阳王萧恢为领军将军。任命中军将军、中书监、临川王萧宏以本官号行司徒。癸卯日，任命国子祭酒蔡撙为吏部尚书。

秋八月壬寅日，老人星在天空出现。诏令凡是兵卒奴婢中，男子年龄达到六十，女子年龄达到五十的，都豁免为平民。

冬十月乙亥日，任命中军将军、行司徒、临川王萧宏为中书监、司徒。

十一月辛亥日，任命南平王萧伟为左光禄大夫、开府仪同三司。

天监十八年（519）春正月甲申日，任命领军将军、鄱阳王萧恢为征西将军、开府仪同三司、荆州刺史，荆州刺史、始兴王萧憺为中抚将军、开府仪同三司、领军。任命尚书左仆射袁昂为尚书令，尚书右仆射王暕为尚书左仆射，太子詹事徐勉为尚书右仆射。辛卯日，圣驾亲临南郊祭天，天下凡是孝悌、力田之民都赏赐民爵一级。

二月戊午日，老人星在天空出现。

四月丁巳日，大赦天下。

秋七月甲申日，老人星在天空出现。于阗国、扶南国各自派遣使者进献本土物产。

# 卷三

## 本纪第三
### 武帝下

普通元年春正月乙亥朔，改元，大赦天下。赐文武劳位，孝悌力田爵一级，尤贫之家，勿收常调，鳏寡孤独，并加赡恤。丙子，日有蚀之。己卯，以司徒临川王宏为太尉、扬州刺史，安右将军、监扬州萧景为安西将军、郢州刺史。尚书左仆射王暕以母忧去职，金紫光禄大夫王份为尚书左仆射。庚子，扶南、高丽国各遣使献方物。

二月壬子，老人星见。癸丑，以高丽王世子安为宁东将军、高丽王。

三月丙戌，滑国遣使献方物。

夏四月甲午，河南王遣使献方物。

六月丁未，以护军将军韦叡为车骑将军。

秋七月己卯，江、淮、海并溢。辛卯，以信威将军邵陵王纶为江州刺史。

八月庚戌，老人星见。甲子，新除车骑将军韦叡卒。

九月乙亥，有星晨见东方，光烂如火。

冬十月辛亥，以宣惠将军长沙王深业为护军将军。辛酉，以丹阳尹晋安王纲为平西将军、益州刺史。

二年春正月甲戌，以南徐州刺史豫章王综为镇右将军。新除益州刺史晋安王纲改为徐州刺史。辛巳，舆驾亲祠南郊。诏曰："春

普通元年（520）春正月乙亥日初一，改年号，大赦天下，赐予文武官员劳绩，对孝顺父母、友爱兄弟、勤力耕田者赏赐民爵一级，对特别贫穷的家庭，不征收常规民赋，对鳏夫、寡妇、孤儿和年老无子女者，都加以救助抚恤。丙子日，发生日食。己卯日，任命司徒、临川王萧宏为太尉、扬州刺史，安右将军、监扬州萧景（萧昺）为安西将军、郢州刺史。尚书左仆射王暕因母丧丁忧去职，任命金紫光禄大夫王份担任尚书左仆射。庚子日，扶南国、高丽国各自派遣使者进贡当地特产。

二月壬子日，老人星在天空中出现。癸丑日，任命高丽王的世子高安为宁东将军、高丽王。

三月丙戌日，滑国派遣使者进贡当地特产。

夏四月甲午日，河南王派遣使者进贡当地特产。

六月丁未日，任命护军将军韦叡为车骑将军。

秋七月己卯日，长江、淮水与大海一齐涨水。辛卯日，任命信威将军、邵陵王萧纶为江州刺史。

八月庚戌日，老人星在天空中出现。甲子日，新任命的车骑将军韦叡去世。

九月乙亥日，有星辰清晨时分出现在东方，光华灿烂如火焰。

冬十月辛亥日，任命宣惠将军、长沙王萧渊业（避唐讳）为护军将军。辛酉日，任命丹阳尹、晋安王萧纲为平西将军、益州刺史。

普通二年（521）春正月甲戌日，任命南徐州刺史、豫章王萧综为镇右将军。新任命的益州刺史、晋安萧纲改任为徐州刺史。辛巳日，

司御气，虔恭报祀，陶匏克诚，苍璧礼备，思随乾覆，布兹亭育。凡民有单老孤稚不能自存，主者郡县咸加收养，赡给衣食，每令周足，以终其身。又于京师置孤独园，孤幼有归，华发不匮。若终年命，厚加料理。尤穷之家，勿收租赋。"戊子，大赦天下。

二月辛丑，舆驾亲祠明堂。

三月庚寅，大雪，平地三尺。

夏四月乙卯，改作南北郊。丙辰，诏曰："夫钦若昊天，历象无违。躬执耒耜，尽力致敬，上协星鸟，俯训民时，平秩东作，义不在南。前代因袭，有乖礼制，可于震方，简求沃野，具兹千亩，庶允旧章。"

五月癸卯，琬琰殿火，延烧后宫屋三千间。丁巳，诏曰："王公卿士，今拜表贺瑞，虽则百辟体国之诚，朕怀良有多愧。若其泽漏川泉，仁被动植，气调玉烛，治致太平，爰降嘉祥，可无惭德；而政道多缺，淳化未凝，何以仰叶辰和，远臻冥贶？此乃更彰寡薄，重增其尤。自今可停贺瑞。"

六月丁卯，信威将军、义州刺史文僧明以州叛入于魏。

秋七月丁酉，假大匠卿裴邃节，督众军北讨。甲寅，老人星见。魏荆州刺史桓叔兴帅众降。

八月丁亥，始平郡中石鼓村地自开成井，方六尺六寸，深三十二丈。

圣驾亲临南郊祭祀。下诏令说："春之神主乘风而行,于是虔诚而恭敬地举行祭祀报告上天,以陶制古器皿盛祭物表达精诚之意,使用青黑色的玉璧令礼仪得以完备,朕之思虑随苍天覆盖四野,广布天下黎民。凡人民之中孤独无依的老人和不能养活自己的孤儿,其所在的郡县主管官员应全部予以收养,供给衣食,务使周全无所缺,保全他们的性命。另外在京城设置孤独园,要使幼小的孤儿有所归宿,无后的老人不忧匮乏。如其去世,应优厚料理后事。对特别贫困的民家,可以不征收租赋。"戊子日,大赦天下。

二月辛丑日,圣驾亲赴明堂祭祀。

三月庚寅日,天降大雪,平地雪深三尺。

夏四月乙卯日,改建南郊和北郊的祭坛。丙辰日,下诏令说："敬顺上天,则天时调和不乱。朕亲自扶耒耕作,努力传达恭敬之意,对上呼应星象,对下劝勉民众勿失农时,辨别种植次序进行春耕,其义理与南伪夏耕不应一样。前代因循之法,乖逆了礼制,可于土地的东方拣选肥沃的田野,开辟籍田,以求符合古代的典章。"

五月癸卯日,琬琰殿失火,大火延烧,毁去后宫房屋三千间。丁巳日,下诏令说："王公和百官卿士,如今纷纷送上表章庆贺祥瑞,虽然此乃百官体恤国家的诚意,朕心其实多有愧意。倘若恩泽已经遍及河流山川,仁德已经惠及鸟兽草木,气候和畅风调雨顺,政事兴隆实现太平,乃至天降祥瑞之兆,那么就可以不抱惭愧之心;然而朕治道多有缺失之处,淳厚风教尚未形成,又怎能上合天空星象,远远取得神祇赐福? 这样会更加彰显朕德行之微薄,加重朕之过失啊。从今往后可停止庆贺祥瑞。"

六月丁卯日,信威将军、义州刺史文僧明举州反叛投靠北魏。

秋七月丁酉日,授予大匠卿裴邃符节,令他统领诸军北伐。甲寅日,老人星在天空中出现。北魏的荆州刺史桓叔兴率领部众来降。

八月丁亥日,始平郡中石鼓村的土地自行裂开成为深井,六尺六寸见方,深三十二丈。

冬十一月，百济、新罗国各遣使献方物。

十二月戊辰，以镇东大将军百济王馀隆为宁东大将军。

三年春正月庚子，以尚书令袁昂为中书监，吴郡太守王暕为尚书左仆射，尚书左仆射王份为右光禄大夫。庚戌，京师地震。己未，以宣毅将军庐陵王续为雍州刺史。

三月乙卯，巴陵王萧屏薨。

夏四月丁卯，汝阴王刘端薨。

五月壬辰朔，日有蚀之，既。癸巳，赦天下。并班下四方，民所疾苦，咸即以闻，公卿百僚各上封事，连率郡国举贤良、方正、直言之士。

秋八月辛酉，作二郊及籍田并毕，班赐工匠各有差。甲子，老人星见。婆利、白题国各遣使献方物。

冬十月丙子，加中书监袁昂中卫将军。

十一月甲午，抚军将军、开府仪同三司、领军将军始兴王憺薨。辛丑，以太子詹事萧渊藻为领军将军。

四年春正月辛卯，舆驾亲祠南郊，大赦天下。应诸穷疾，咸加赈恤，并班下四方，时理狱讼。丙午，舆驾亲祠明堂。

二月庚午，老人星见。乙亥，躬耕籍田。诏曰："夫耕籍之义大矣哉！粢盛由之而兴，礼节因之以著，古者哲王咸用此作。眷言八政，致兹千亩，公卿百辟，恪恭其仪，九推毕礼，馨香靡替。兼以风云叶律，气象光华，属览休辰，思加奖劝。可班下远近，广辟良畴，公私畎亩，务尽地利。若欲附农而粮种有乏，亦加贷恤，每使优遍。孝悌力田赐爵一级。预耕之司，克日劳酒。"

冬十一月，百济国、新罗国各自派遣使者进贡当地特产。

十二月戊辰日，任命镇东大将军、百济国王馀隆为宁东大将军。

普通三年（522）春正月庚子日，任命尚书令袁昂为中书监，吴郡太守王暕为尚书左仆射，尚书左仆射王份为右光禄大夫。庚戌日，京师发生地震。己未日，任命宣毅将军、庐陵王萧续为雍州刺史。

三月乙卯日，巴陵王萧屏去世。

夏四月丁卯日，汝阴王刘端去世。

五月壬辰日初一，发生日食，是日全食。癸巳日，大赦天下，并颁布命令到四方，凡民间所疾苦之事，都要立即上奏，公卿百官也要各自上书奏事，并命令各地郡国太守等长官推举贤良、方正，敢于直言的人。

秋八月辛酉日，建造南北二郊祭坛和开辟籍田的工程完工，赏赐工匠各有等差。甲子日，老人星在天空中出现。婆利国、白题国各自派遣使者进贡当地特产。

冬十月丙子日，加授中书监袁昂中卫将军一职。

十一月甲午日，抚军将军、开府仪同三司、领军将军、始兴王萧憺去世。辛丑日，任命太子詹事萧渊藻为领军将军。

普通四年（523）春正月辛卯日，圣驾亲临南郊祭祀，大赦天下，一应穷困染病之人，全都予以赈济抚恤，并颁布命令到四方，及时处理诉讼案件。丙午日，圣驾亲赴明堂祭祀。

二月庚午日，老人星在天空中出现。乙亥日，圣驾亲临籍田耕种。下诏令说："耕种籍田的意义，实在重大啊！粢盛的仪典由此而产生，礼制与仪式都因此而显著，古代贤明君王能振兴王业也全都由此而起。回顾食、货、祀、司空、司徒、司寇、宾、师这八种大政，皆由这籍田而生发，公卿百官与诸侯，恭敬地执行仪式，九次拨土的礼仪完毕，呈贡的黍稷祭品四时不衰。而且今日风云都合乎节令，天地气象万千，当逢这喜庆的日子，朕意欲奖赏劝勉农事。可传令各地，要大面积开辟良田，无论是官田私田，务必充分利用土地产出的效益。人

三月壬寅，以镇右将军豫章王综为平北将军、南兖州刺史。

六月乙丑，分益州置信州，分交州置爱州，分广州置成州、南定州、合州、建州，分霍州置义州。

秋八月丁卯，老人星见。

冬十月庚午，以中书监、中卫将军袁昂为尚书令，即本号开府仪同三司。己卯，护军将军昌义之卒。

十一月癸未朔，日有蚀之。太白昼见。甲辰，尚书左仆射王暕卒。

十二月戊午，始铸铁钱。狼牙修国遣使献方物。

五年春正月，以左光禄大夫、开府仪同三司南平王伟为镇卫大将军，改领右光禄大夫，仪同三司如故。征西将军、开府仪同三司、荆州刺史鄱阳王恢进号骠骑大将军。太府卿夏侯亶为中护军。右光禄大夫王份为左光禄大夫，加特进。辛卯，平北将军、南兖州刺史豫章王综进号镇北将军。平西将军、雍州刺史晋安王纲进号安北将军。

二月庚午，特进、左光禄大夫王份卒。丁丑，老人星见。

三月甲戌，分扬州、江州置东扬州。

夏四月乙未，以云麾将军南康王绩为江州刺史。

六月乙酉，龙斗于曲阿王陂，因西行至建陵城。所经处树木倒折，开地数十丈。戊子，以会稽太守武陵王纪为东扬州刺史。庚子，以员外散骑常侍元树为平北将军、北青兖二州刺史，率众北伐。

民之中如果有要归农而粮食种子匮乏的，也应该给予借贷补贴，务必使惠民政策广济四方。对于为人孝悌、勤力耕作者，都赐民爵一级。职掌农耕的官吏，要订定时间设酒宴表示慰劳。"

三月壬寅日，任命镇右将军、豫章王萧综为平北将军、南兖州刺史。

六月乙丑日，从益州分划设置信州，从交州分划设置爱州，从广州分划设置成州、南定州、合州、建州，从霍州分划设置义州。

秋八月丁卯日，老人星在天空中出现。

冬十月庚午日，任命中书监、中卫将军袁昂为尚书令，就以本号开府仪同三司。己卯日，护军将军昌义之去世。

十一月癸未日初一，发生日食。太白星白天出现。甲辰日，尚书左仆射王暕去世。

十二月戊午日，开始铸造铁钱。狼牙修国派遣使者进贡当地特产。

普通五年（524）春正月，任命左光禄大夫、开府仪同三司、南平王萧伟为镇卫大将军，改任为右光禄大夫，仪同三司照旧。征西将军、开府仪同三司、荆州刺史、鄱阳王萧恢进号为骠骑大将军。任命太府卿夏侯亶为中护军。任命右光禄大夫王份为左光禄大夫，加授特进。辛卯日，平北将军、南兖州刺史、豫章王萧综进号为镇北将军。平西将军、雍州刺史、晋安王萧纲进号为安北将军。

二月庚午日，特进、左光禄大夫王份去世。丁丑日，老人星在天空中出现。

三月甲戌日，从扬州、江州分划设置东扬州。

夏四月乙未日，任命云麾将军、南康王萧绩为江州刺史。

六月乙酉日，有龙在曲阿的王陂搏斗，随后西行到建陵城。所经过的地方树木倒地折断，大地裂开有几十丈。戊子日，任命会稽太守、武陵王萧纪为东扬州刺史。庚子日，任命员外散骑常侍元树为平北将军、北青、兖二州刺史，领军北伐。

秋七月辛未，赐北讨义客位一阶。

八月庚寅，徐州刺史成景隽克魏童城。

九月戊申，又克睢陵城。戊午，北兖州刺史赵景悦围荆山。壬戌，宣毅将军裴邃袭寿阳，入罗城，弗克。

冬十月戊寅，裴邃、元树攻魏建陵城，破之。辛巳，又破曲木。扫虏将军彭宝孙克琅邪。甲申，又克檀丘城。辛卯，裴邃破狄城。丙申，又克甓城，遂进屯黎浆。壬寅，魏东海太守韦敬欣以司吾城降。定远将军□□太守曹世宗破魏曲阳城。甲辰，又克秦墟。魏郮、潘溪守悉皆弃城走。

十一月丙辰，彭宝孙克东莞城。壬戌，裴邃攻寿阳之安城，克之。丙寅，魏马头、安城并来降。

十二月戊寅，魏荆山城降。乙巳，武勇将军李国兴攻平静关，克之。辛丑，信威长史杨法乾攻武阳关；壬寅，攻岘关：并克之。

六年春正月丙午，安北将军晋安王纲遣长史柳津破魏南乡郡，司马董当门破魏晋城。庚戌，又破马圈、彤阳二城。辛亥，舆驾亲祠南郊，大赦天下。庚申，魏镇东将军、徐州刺史元法僧以彭城内附。己巳，雍州前军克魏新蔡郡。诏曰："庙谟已定，王略方举。侍中、领军将军西昌侯渊藻，可便亲戎，以前启行；镇北将军、南兖州刺史豫章王综董驭雄桀，风驰次迈；其余众军，计日差遣，初中后师，善得严办。朕当六军云动，龙舟济江。"癸酉，克魏郑城。甲戌，以魏镇东将军、徐州刺史元法僧为司空。

二月丁丑，老人星见。庚辰，南徐州刺史庐陵王续还朝，禀承戎略。乙未，赵景悦下魏龙亢城。

秋七月辛未日，赏赐北伐的外族义士官位一级。

八月庚寅日，徐州刺史成景隽攻克了北魏的童城。

九月戊申日，又攻克了睢陵城。戊午日，北兖州刺史赵景悦包围荆山。壬戌日，宣毅将军裴邃袭击寿阳，进入外城，没有攻克。

冬十月戊寅日，裴邃、元树攻打北魏的建陵城，将城攻破。辛巳日，又攻破了曲木。扫虏将军彭宝孙攻克了琅琊。甲申日，又攻克了檀丘城。辛卯日，裴邃攻克了狄城。丙申日，又攻破瞫城，于是梁军进屯黎浆。壬寅日，北魏的东海太守韦敬欣献出司吾城投降。定远将军、□□太守曹世宗攻破北魏的曲阳城。甲辰日，又攻克秦墟。北魏的郿、潘溪二城守军全都弃城而逃。

十一月丙辰日，彭宝孙攻克东莞城。壬戌日，裴邃攻打寿阳的安城，丙寅日，北魏马头、安城二城的守军一起投降。

十二月戊寅日，北魏的荆山城投降。乙巳日，武勇将军李国兴攻打平静关，攻克了它。辛丑日，信威长史杨法乾进攻武阳关；壬寅日，攻打岘关。两处全都攻克。

普通六年（525）春正月丙午日，安北将军、晋安王萧纲派遣长史柳津攻破了北魏的南乡郡，司马董当门攻占了北魏的晋城。庚戌日，又攻下马圈、彤阳二城。辛亥日，圣驾亲临南郊祭祀，大赦天下。庚申日，北魏的镇东将军、徐州刺史元法僧献出彭城归附。己巳日，雍州的先头部队攻占北魏的新蔡郡。下诏令说："朝廷谋略已经确定，王业即将振兴。命侍中、领军将军、西昌侯萧渊藻，亲自率军出征，作为我军前锋；命镇北将军、南兖州刺史、豫章王萧综统领豪杰猛士，如疾风一般紧随其后；其余各军，很快也会作出派遣。前锋、居中的部队和后卫部队，要妥善动员部署。朕将率六军如流云翻滚，乘龙舟渡过长江。"癸酉日，攻克北魏的郑城。甲戌日，任命原北魏的镇东将军、徐州刺史元法僧为司空。

二月丁丑日，老人星在天空中出现。庚辰日，南徐州刺史、庐陵王萧续返回朝中，领受作战方略。乙未日，赵景悦攻下北魏的龙亢城。

三月丙午，岁星见南斗。赐新附民长复除，应诸罪失一无所问。己酉，行幸白下城，履行六军顿所。乙丑，镇北将军、南兖州刺史豫章王综权顿彭城，总督众军，并摄徐州府事。己巳，以魏假平东将军元景隆为衡州刺史，魏征虏将军元景仲为广州刺史。

夏五月己酉，筑宿预堰，又修曹公堰于济阴。太白昼见。壬子，遣中护军夏侯亶督寿阳诸军事，北伐。

六月庚辰，豫章王综奔于魏，魏复据彭城。

秋七月壬戌，大赦天下。

八月丙子，以散骑常侍曹仲宗兼领军。壬午，老人星见。

十二月戊子，邵陵王纶有罪，免官，削爵土。壬辰，京师地震。

七年春正月辛丑朔，赦殊死以下。丁卯，滑国遣使献方物。

二月甲戌，北伐众军解严。河南王遣使献方物。丁亥，老人星见。

三月乙卯，高丽国遣使献方物。

夏四月乙酉，太尉临川王宏薨。南州津改置校尉，增加俸秩。诏在位群臣，各举所知，凡是清吏，咸使荐闻，州年举二人，大郡一人。

六月己卯，林邑国遣使献方物。

秋九月己酉，骠骑大将军、开府仪同三司、荆州刺史鄱阳王恢薨。

冬十月辛未，以丹阳尹湘东王绎为荆州刺史。

十一月庚辰，大赦天下。是日，丁贵嫔薨。辛巳，夏侯亶、胡龙三月丙午日，岁星出现于南斗。对新归附的人民赐予长久免除赋税的优待，以往一应罪过一概不再追究。己酉日，圣驾亲临白下城，巡视六军屯扎之地。乙丑日，镇北将军、南兖州刺史、豫章王萧综暂时停驻于彭城，总督各路兵马，并代理徐州府中事务。己巳日，任命原北魏的代理平东将军元景隆为衡州刺史，原北魏的征房将军元景仲为广州刺史。

夏五月己酉日，修筑宿预堰，又在济阴修筑曹公堰。太白金星在白昼出现。壬子日，派遣中护军夏侯亶总督寿阳诸军事，开始北伐。

六月庚辰日，豫章王萧综逃奔北魏，北魏重新占据彭城。

秋七月壬戌日，大赦天下。

八月丙子日，任命散骑常侍曹仲宗兼任领军将军。壬午日，老人星在天空中出现。

十二月戊子日，邵陵王萧纶犯罪，被免除官职，削其爵位、封邑。壬辰日，京城发生地震。

普通七年（526）春正月辛丑日初一，赦免死刑以下的罪人。丁卯日，滑国派遣使者进贡当地特产。

二月甲戌日，北伐的各支部队解除戒备恢复常态。河南王派遣使者进贡当地特产。丁亥日，老人星在天空中出现。

三月乙卯日，高丽国派遣使者进贡当地特产。

夏四月乙酉日，太尉、临川王萧宏去世。在南州津改设校尉，增加俸禄品级。下诏命令在任的群臣，各自推荐所熟悉的人才，凡是清廉的吏员，都使其得到保奏推荐，各州要每年推荐二人，大的郡要每年推荐一人。

六月己卯日，林邑国派遣使者进贡当地特产。

秋九月己酉日，骠骑大将军、开府仪同三司、荆州刺史、鄱阳王萧恢去世。

冬十月辛未日，任命丹阳尹湘东王萧绎为荆州刺史。

十一月庚辰日，大赦天下。这天，丁贵嫔去世。辛巳日，夏侯

牙、元树、曹世宗等众军克寿阳城。丁亥，放魏扬州刺史李宪还北。以寿阳置豫州，合肥改为南豫州。以中护军夏侯亶为豫、南豫二州刺史。平西将军、郢州刺史元树进号安西将军。魏新野太守以郡降。

大通元年春正月乙丑，以尚书左仆射徐勉为尚书仆射、中卫将军。诏曰："朕思利兆民，惟日不足，气象环回，每弘优简。百官俸禄，本有定数，前代以来，皆多评准，顷者因循，未遑改革。自今已后，可长给见钱，依时即出，勿令逋缓。凡散失官物，不问多少，并从原宥。惟事涉军储，取公私见物，不在此例。"辛未，舆驾亲祠南郊。诏曰："奉时昭事，虔荐苍璧，思承天德，惠此下民。凡因事去土，流移他境者，并听复宅业，蠲役五年。尤贫之家，勿收三调。孝悌力田赐爵一级。"是月，司州刺史夏侯夔进军三关，所至皆克。

三月辛未，舆驾幸同泰寺舍身。甲戌，还宫，赦天下，改元。以左卫将军萧渊藻为中护军。林邑、师子国各遣使献方物。

夏五月丙寅，成景隽克魏临潼、竹邑。

秋八月壬辰，老人星见。

冬十月庚戌，魏东豫州刺史元庆和以涡阳内属。甲寅，曲赦东豫州。

十一月丁卯，以中护军萧渊藻为北讨都督、征北大将军，镇涡阳。戊辰，加尚书令、中卫将军、开府仪同三司袁昂中书监。以涡阳置西徐州。高丽国遣使献方物。

二年春正月庚申，司空元法僧以本官领中军将军。中书监、尚

亶、胡龙牙、元树、曹世宗等各路部队合力攻克寿阳城。丁亥日，释放北魏的扬州刺史李宪回归北方。在寿阳设置豫州，把合肥改为南豫州。任命中护军夏侯亶为豫、南豫二州刺史。平西将军、郢州刺史元树进号为安西将军。北魏的新野太守献出本郡投降。

大通元年（527）春正月乙丑日，任命尚书左仆射徐勉为尚书仆射、中卫将军。下诏令说："朕想要造福于万民，日日勤政仍嫌不够，岁岁年年季节往复，常常着意实施优待人民减轻其负担的政策。文武百官的俸禄，本有固定数额，自前代以来，多次评定核准，近来我朝因袭旧例，没有来得及改变。从今以后，可长期发给现钱作俸禄，按时支付；不可发生拖欠。凡有流散丢失的官府物资的错误，不管数量多少，现在都加以宽恕。但涉及军资器械储备，取用公私现存物资的，不在此条例以内。"辛未日，圣驾亲临南郊祭祀。颁下诏令说："遵奉时令昭彰祭祀之礼，在此虔诚地奉上青黑色的玉璧，想要承受上天恩赐的仁德，施惠于天下黎民。凡人民中有因灾荒战乱离开家乡，流落到其他地方的，现在都准许其回归原乡的住宅田产，并免除五年劳役。格外贫困之家，不征收三调。对孝顺父母、友爱兄弟、勤力耕田者，赏赐民爵一级。"这一个月，司州刺史夏侯夔进军至三关，所到之处无不攻克。

三月辛未日，圣驾前往同泰寺舍身出家。甲戌日，圣驾返回宫中，大赦天下，并改年号。任命左卫将军萧渊藻为中护军。林邑国、师子国各自派遣使者进贡当地特产。

夏五月丙寅日，成景隽攻克北魏的临潼、竹邑。

秋八月壬辰日，老人星在天空中出现。

冬十月庚戌日，北魏的东豫州刺史元庆和献出涡阳归附。甲寅日，破格赦免东豫州。

十一月丁卯日，任命中护军萧渊藻为北讨都督、征北大将军，镇守涡阳。戊辰日，加授尚书令、中卫将军、开府仪同三司袁昂为中书监。在涡阳设置西徐州。高丽国派遣使者进贡地方特产。

大通二年（528）春正月庚申日，司空元法僧以本身官职兼任中

书令、中卫将军、开府仪同三司袁昂进号中抚大将军。卫尉卿萧昂为中领军。乙酉,芮芮国遣使献方物。

二月甲午,老人星见。是月,筑寒山堰。

三月壬戌,以江州刺史南康王绩为安右将军。

夏四月辛丑,魏郢州刺史元愿达以义阳内附,置北司州。时魏大乱,其北海王元颢、临淮王元彧、汝南王元悦并来奔;其北青州刺史元世隽、南荆州刺史李志亦以地降。

六月丁亥,魏临淮王元彧求还本国,许之。

冬十月丁亥,以魏北海王元颢为魏主,遣东宫直阁将军陈庆之卫送还北。魏豫州刺史邓献以地内属。

中大通元年正月辛酉,舆驾亲祠南郊,大赦天下,孝悌力田赐爵一级。甲子,魏汝南王元悦求还本国,许之。辛巳,舆驾亲祠明堂。

二月甲申,以丹阳尹武陵王纪为江州刺史。辛丑,芮芮国遣使献方物。

三月丙辰,以河南王阿罗真为宁西将军、西秦河沙三州刺史。庚辰,以中护军萧渊藻为中权将军。

夏四月癸未,以安右将军南康王绩为护军将军。癸巳,陈庆之攻魏梁城,拔之,进屠考城,擒魏济阴王元晖业。

五月戊辰,克大梁。癸酉,克虎牢城。魏主元子攸弃洛阳,走河北。乙亥,元颢入洛阳。

六月壬午,大赦天下。辛亥,魏淮阴太守晋鸿以湖阳城内属。

军将军。中书监、尚书令、中卫将军、开府仪同三司袁昂进号为中抚大将军。任命卫尉卿萧昂为中领军。乙酉日，芮芮国派遣使者进贡地方特产。

二月甲午日，老人星在天空中出现。这个月，修筑了寒山堰。

三月壬戌日，任命江州刺史、南康王萧绩为安右将军。

夏四月辛丑日，北魏的郢州刺史元愿达献出义阳归附，设置北司州。当时北魏国内大乱，其北海王元灏、临淮王元彧、汝南王元悦都前来归附；其北青州刺史元世隽、南荆州刺史李志也献出属地投降。

六月丁亥日，北魏临淮王元彧请求回归本国，准许了他的请求。

冬十月丁亥日，立北魏的北海王元颢为魏主，派遣东宫直阁将军陈庆之护送他回归北方。北魏的豫州刺史邓献献出属地归附。

中大通元年（529）正月辛酉日，圣驾亲临南郊祭祀，大赦天下，天下孝顺父母、友爱兄弟、勤力耕作者都赐民爵一级。甲子日，北魏的汝南王元悦请求回归本国，准许了他的请求。辛巳日，圣驾亲临明堂祭祀。

二月甲申日，任命丹阳尹、武陵王萧纪为江州刺史。辛丑日，芮芮国派遣使者进贡当地特产。

三月丙辰日，任命河南王阿罗真为宁西将军、西秦河沙三州刺史。庚辰日，任命中护军萧渊藻为中权将军。

夏四月癸未日，任命安右将军、南康王萧绩为护军将军。癸巳日，陈庆之攻打北魏的梁城，城破；又进军屠灭考城，擒获北魏的济阴王元晖业。

五月戊辰日，攻克大梁。癸酉日，攻克虎牢城。北魏国主元子攸放弃洛阳城，逃往河北。乙亥日，元颢进入洛阳。

六月壬午日，大赦天下。辛亥日，北魏的淮阴太守晋鸿献出湖阳城归附。

闰月己未，安右将军、护军南康王绩薨。己卯，魏尔朱荣攻杀元颢，复据洛阳。

秋九月辛巳，朱雀航华表灾。以安北将军羊侃为青、冀二州刺史。癸巳，舆驾幸同泰寺，设四部无遮大会，因舍身，公卿以下，以钱一亿万奉赎。

冬十月己酉，舆驾还宫，大赦，改元。

十一月丙戌，加中抚大将军、开府仪同三司袁昂中书监。加镇卫大将军、开府仪同三司南平王伟太子少傅。加金紫光禄大夫萧琛、陆杲并特进。司空、中军将军元法僧进号车骑将军。中权将军萧渊藻为中护军将军。中领军萧昂为领军将军。戊子，魏巴州刺史严始欣以城降。

十二月丁巳，盘盘国遣使献方物。

二年春正月戊寅，以雍州刺史晋安王纲为骠骑大将军、扬州刺史，南徐州刺史庐陵王续为平北将军、雍州刺史。癸未，老人星见。

夏四月庚申，大雨雹。壬申，以河南王佛辅为宁西将军、西秦河二州刺史。

六月丁巳，遣魏太保汝南王元悦还北为魏主。庚申，以魏尚书左仆射范遵为安北将军、司州牧，随元悦北讨。林邑国遣使献方物。壬申，扶南国遣使献方物。

秋八月庚戌，舆驾幸德阳堂，设丝竹会，祖送魏主元悦。山贼聚结，寇会稽郡所部县。

九月壬午，假超武将军湛海珍节以讨之。

三年春正月辛巳，舆驾亲祠南郊，大赦天下，孝悌力田赐爵一级。丙申，以魏尚书仆射郑先护为征北大将军。

闰六月己未日，安右将军、护军、南康王萧绩去世。己卯日，北魏人尔朱荣进攻并杀死元颢，重新占据洛阳。

秋九月辛巳日，朱雀桥的华表受损。任命安北将军羊侃为青、冀二州刺史。癸巳日，圣驾降临同泰寺，举行四部无遮大法会，并舍身入寺出家，公卿以下官员，用钱一亿万文赎回。

冬十月己酉日，圣驾回宫，大赦天下，并改年号。

十一月丙戌日，加授中抚大将军、开府仪同三司袁昂为中书监。加授镇卫大将军、开府仪同三司、南平王萧伟为太子少傅。加授金紫光禄大夫萧琛、陆杲二人同为特进。司空、中军将军元法僧进号为车骑将军。任命中权将军萧渊藻为中护军将军。任命中领军萧昂为领军将军。戊子日，北魏的巴州刺史严始欣献出城池投降。

十二月丁巳日，盘盘国派遣使者进贡地方特产。

中大通二年（530）春正月戊寅，任命雍州刺史、晋安王萧纲为骠骑大将军、扬州刺史，南徐州刺史、庐陵王萧续为平北将军、雍州刺史。癸未日，老人星在天空中出现。

夏四月庚申日，天降冰雹。壬申日，任命河南王佛辅为宁西将军及西秦河二州刺史。

六月丁巳日，派遣北魏的太保、汝南王元悦回归北方任魏主。庚申日，任命北魏的尚书左仆射范遵为安北将军、司州牧，跟随元悦北伐。林邑国派遣使者进贡当地特产。壬申日，扶南国派遣使者进贡当地特产。

秋八月庚戌日，圣驾亲临德阳堂，举行丝竹之会，为魏主元悦钱行。有山贼集结，侵犯会稽郡下辖的县。

九月壬午日，授予超武将军湛海珍符节，命他讨伐山贼。

中大通三年（531）春正月辛巳日，圣驾亲临南郊祭祀，大赦天下，凡孝敬父母、友爱兄弟、勤力耕田者都赐予民爵一级。丙申日，任命北魏的尚书仆射郑先护为征北大将军。

二月辛丑，與驾亲祠明堂。甲寅，老人星见。乙卯，特进萧琛卒。乙丑，以广州刺史元景隆为安右将军。

夏四月乙巳，皇太子统薨。

六月丁未，以前太子詹事萧渊猷为中护军。尚书仆射徐勉加特进、右光禄大夫。丹丹国遣使献方物。癸丑，立昭明太子子南徐州刺史华容公欢为豫章郡王，枝江公誉为河东郡王，曲阿公誉为岳阳郡王。

秋七月乙亥，立晋安王纲为皇太子。大赦天下，赐为父后者及出处忠孝文武清勤，并赐爵一级。乙酉，以侍中、五兵尚书谢举为吏部尚书。庚寅，诏曰："推恩六亲，义彰九族，班以侯爵，亦曰惟允。凡是宗戚有服属者，并可赐沐食乡亭侯，各随远近以为差次。其有昵亲，自依旧章。"壬辰，以吏部尚书何敬容为尚书右仆射。癸巳，老人星见。

九月庚午，以太子詹事萧渊藻为征北将军、南兖州刺史。戊寅，狼牙修国奉表献方物。

冬十月己酉，行幸同泰寺，高祖升法座，为四部众说《大般若涅盘经》义，迄于乙卯。前乐山县侯萧正则有罪流徙，至是招诱亡命，欲寇广州，在所讨平之。

十一月乙未，行幸同泰寺，高祖升法座，为四部众说《摩诃般若波罗蜜经》义，迄于十二月辛丑。

是岁，吴兴郡生野谷，堪食。

四年春正月丙寅朔，以镇卫大将军、开府仪同三司南平王伟进位大司马，司空元法僧进位太尉，尚书令、中抚大将军、开府仪同三司袁昂进位司空。立临川靖惠王宏子正德为临贺郡王。戊辰，以二月辛丑日，圣驾亲临明堂祭祀。甲寅日，老人星在天空中出现。乙卯日，特进萧琛去世。乙丑日，任命广州刺史元景隆为安右将军。

夏四月乙巳日，皇太子萧统去世。

六月丁未日，任命前太子詹事萧渊猷为中护军。尚书仆射徐勉加授特进、右光禄大夫。丹丹国派遣使者进贡当地特产。癸丑日，立昭明太子的儿子南徐州刺史、华容公萧欢为豫章郡王，枝江公萧誉为河东郡王，曲阿公萧詧为岳阳郡王。

秋七月乙亥日，立晋安王萧纲为皇太子。大赦天下，凡天下为父亲产业继承者以及处世忠诚而孝顺，文武官员清廉而勤恳者，都赐爵一级。乙酉日，任命侍中、五兵尚书谢举为吏部尚书。庚寅日，诏令说："推广恩义到六亲之中，彰明道义于九族之内，赐下侯爵之位，也可以说是公允的。凡宗室和外戚在五服以内的，都可赐予沐食侯、乡亭侯之爵位，各依服属亲疏为等差。其中枝系较为亲近者，自然依照旧日典章。"壬辰日，任命吏部尚书何敬容为尚书右仆射。癸巳日，老人星在天空中出现。

九月庚午日，任命太子詹事萧渊藻为征北将军、南兖州刺史。戊寅日，狼牙修国呈上奏表并进贡当地特产。

冬十月己酉日，圣驾前往同泰寺，高祖亲升法座，为四部众讲授《大般若涅盘经》的义理，一直到乙卯日结束。前乐山县侯萧正则犯了罪被流放，于是招致亡命之徒，想侵犯广州，当地的守军讨伐平定了他。

十一月乙未日，圣驾前往同泰寺，高祖再次亲升法座，为四部众讲授《摩诃般若波罗蜜经》的义理，一直到十二月辛丑日结束。

这一年，吴兴郡长出野生谷物，可以食用。

中大通四年（532）春正月丙寅日初一，擢拔镇卫大将军、开府仪同三司、南平王萧伟为大司马，司空元法僧为太尉，尚书令、中抚大将军、开府仪同三司袁昂为司空。立临川靖惠王萧宏的儿子萧正德为临贺郡王。戊辰日，任命丹阳尹、邵陵王萧纶为扬州刺史。太子右卫率丹阳尹邵陵王纶为扬州刺史。太子右卫率薛法护为平北将军、司州牧，卫送元悦入洛。庚午，立嫡皇孙大器为宣城郡王。癸未，魏南兖州刺史刘世明以城降，改魏南兖州为谯州，以世明为刺史。

二月壬寅，老人星见。新除太尉元法僧还北，为东魏主。以安右将军元景隆为征北将军、徐州刺史，云麾将军羊侃为安北将军、兖州刺史，散骑常侍元树为镇北将军。庚戌，新除扬州刺史邵陵王纶有罪，免为庶人。壬子，以江州刺史武陵王纪为扬州刺史，领军将军萧昂为江州刺史。丙辰，邵陵县获白鹿一。

三月庚午，侍中、领国子博士萧子显上表置制旨《孝经》助教一人，生十人，专通高祖所释《孝经义》。

夏四月壬申，盘盘国遣使献方物。

秋七月甲辰，星陨如雨。

八月丙子，特进陆杲卒。

九月乙巳，以太子詹事南平王世子恪为领军将军，平北将军、雍州刺史庐陵王续为安北将军，西中郎将、荆州刺史湘东王绎为平西将军，司空袁昂领尚书令。

十一月己酉，高丽国遣使献方物。

十二月庚辰，以太尉元法僧为骠骑大将军、开府同三司之仪、郢州刺史。

五年春正月辛卯，舆驾亲祠南郊，大赦天下，孝悌力田赐爵一级。先是一日丙夜，南郊令解涤之等到郊所履行，忽闻空中有异香三随风至，及将行事，奏乐迎神毕，有神光满坛上，朱紫黄白杂色，食顷方灭。兼太宰武陵王纪等以闻。戊申，京师地震。己酉。长星见。辛亥，舆驾亲祠明堂。癸丑，以宣城王大器为中军将军。河南国遣使献方物。

薛法护为平北将军、司州牧，护送元悦进入洛阳。庚午日，立嫡皇孙萧大器为宣城郡王。癸未日，北魏的南兖州刺史刘世明献出城池投降，将北魏南兖州改为谯州，任命刘世明为该州刺史。

二月壬寅日，老人星在天空中出现。新任太尉元法僧返回北方，号称东魏国主。任命安右将军元景隆为征北将军、徐州刺史，云麾将军羊侃为安北将军、兖州刺史，散骑常侍元树为镇北将军。庚戌日，新任扬州刺史、邵陵王萧纶犯罪，被废黜为平民。壬子日，任命江州刺史、武陵王萧纪为扬州刺史，领军将军萧昂为江州刺史。丙辰日，邵陵县捕获白鹿一头。

三月庚午日，侍中、兼国子博士萧子显上奏，请求设置制旨《孝经》助教一人，生员十人，专心通读高祖所注释的《孝经义》。

夏四月壬申日，盘盘国派遣使者进贡地方特产。

秋七月甲辰日，天空有星斗陨落，仿佛降雨一般。

八月丙子日，特进陆杲去世。

九月乙巳日，任命太子詹事南平王世子萧恪为领军将军，平北将军、雍州刺史庐陵王萧续为安北将军，西中郎将、荆州刺史湘东王萧绎为平西将军，司空袁昂兼任尚书令。

十一月己酉日，高丽国派遣使者进贡地方特产。

十二月庚辰日，任命太尉元法僧为骠骑大将军、开府同三司之仪、郢州刺史。

中大通五年（533）春正月辛卯日，圣驾亲临南郊祭祀，大赦天下，凡孝敬父母、友爱兄弟、勤力耕田者都赐予民爵一级。先前一天的半夜子时，南郊令解涤之等人到祭祀场所巡视，忽然闻到空中有异香，随风飘来共有三次，到了即将祭祀时，奏乐迎神完毕之后，有神光布满坛上，呈朱紫黄白杂色，过了一顿饭的时间才消失。兼太宰武陵王萧纪等人将此事上奏。戊申日，京城发生地震。己酉日，天空有长星出现。辛亥日，圣驾亲临明堂祭祀。癸丑日，任命宣城王萧大二月癸未，行幸同泰寺，设四部大会，高祖升法座，发《金字摩诃波若经》题，讫于己丑。老人星见。

三月丙辰，大司马南平王伟薨。

夏四月癸酉，以御史中丞臧盾兼领军。

五月戊子，京邑大水，御道通船。

六月己卯，魏建义城主兰宝杀魏东徐州刺史，以下邳城降。

秋七月辛卯，改下邳为武州。

八月庚申，以前徐州刺史元景隆为安右将军。老人星见。甲子，波斯国遣使献方物。甲申，中护军萧渊猷卒。

九月己亥，以轻车将军、临贺王正德为中护军。甲寅，以尚书令、司空袁昂为特进、左光禄大夫，司空如故。盘盘国遣使献方物。

冬十月庚申，以尚书右仆射何敬容为尚书左仆射，吏部尚书谢举为尚书右仆射，侍中、国子祭酒萧子显为吏部尚书。

六年春二月癸亥，舆驾亲耕籍田，大赦天下，孝悌力田赐爵一级。

三月己亥，以行河南王可沓振为西秦、河二州刺史、河南王。甲辰，百济国遣使献方物。

夏四月丁卯，荧惑在南斗。

秋七月甲辰，林邑国遣使献方物。

八月己未，以南梁州刺史武兴王杨绍先为秦、南秦二州刺史。

冬十月丁卯，以信武将军元庆和为镇北将军，率众北伐。

器为中军将军。河南国派遣使者进贡当地特产。

二月癸未日，圣驾前往同泰寺，举行四部大法会，高祖亲登法座，阐发《金字摩诃波若经》的义理，到己丑日结束。老人星在天空中出现。

三月丙辰日，大司马、南平王萧伟去世。

夏四月癸酉日，任命御史中丞臧盾兼任领军。

五月戊子日，京城发大水，御道上可通船。

六月己卯日，北魏的建义城主兰宝杀死了北魏东徐州刺史，献出下邳城投降。

秋七月辛卯日，改下邳为武州。

八月庚申日，任命前徐州刺史元景隆为安右将军。老人星在天空中出现。甲子日，波斯国派遣使者进贡当地特产。甲申日，中护军萧渊猷去世。

九月己亥日，任命轻车将军、临贺王萧正德为中护军。甲寅日，任命尚书令、司空袁昂为特进、左光禄大夫，司空之职照旧。盘盘国派遣使者进贡当地特产。

冬十月庚申日，任命尚书右仆射何敬容为尚书左仆射，吏部尚书谢举为尚书右仆射，侍中、国子祭酒萧子显为吏部尚书。

中大通六年（534）春二月癸亥日，圣驾亲临籍田躬耕，大赦天下，凡孝敬父母、友爱兄弟、勤力耕田者皆赏赐民爵一级。

三月己亥日，任命代理河南王可沓振为西秦河二州刺史、河南王。甲辰日，百济国派遣使者进贡当地特产。

夏四月丁卯日，火星运行到南斗的位置。

秋七月甲辰日，林邑国派遣使者进贡当地特产。

八月己未日，任命南梁州刺史、武兴王杨绍先为秦、南秦二州刺史。

冬十月丁卯日，任命信武将军元庆和为镇北将军，率军北伐。

闰十二月景午，西南有雷声二。

大同元年春正月戊申朔，改元，大赦天下。

二月己卯，老人星见。辛巳，舆驾亲祠明堂。丁亥，舆驾躬耕籍田。辛丑，高丽国、丹丹国各遣使献方物。

三月辛未，滑国王安乐萨丹王遣使献方物。

夏四月庚子，波斯国献方物。甲辰，以魏镇东将军刘济为徐州刺史。壬戌，以安北将军庐陵王续为安南将军、江州刺史。

秋七月乙卯，老人星见。辛卯，扶南国遣使献方物。

冬十月辛卯，以前南兖州刺史萧渊藻为护军将军。

十一月丁未，中卫将军、特进、右光禄大夫徐勉卒。壬戌，北梁州刺史兰钦攻汉中，克之，魏梁州刺史元罗降。癸亥，赐梁州归附者复除有差。甲子，雄勇将军、北益州刺史阴平王杨法深进号平北将军。月行左角星。

十二月乙酉，以魏北徐州刺史羊徽逸为平北将军。戊戌，以平西将军、秦南秦二州刺史武兴王杨绍先进号车骑将军，平北将军、北益州刺史阴平王杨法深进号骠骑将军。辛丑，平西将军、荆州刺史湘东王绎进号安西将军。

二年春正月甲辰，以兼领军臧盾为中领军。

二月乙亥，舆驾躬耕籍田。丙戌，老人星见。

三月庚申，诏曰："政在养民，德存被物，上令如风，民应如草。朕以寡德，运属时来，拨乱反正，倏焉三纪。不能使重门不闭，守在海外，疆场多阻，车书未一。民疲转输，士劳边防。彻田为粮，未得顿止。治道不明，政用多僻，百辟无沃心之言，四聪阙飞耳之

闰十二月丙午日，西南方天空响起两声雷鸣。

大同元年（535）春正月戊申初一，改年号，大赦天下。

二月己卯日，老人星在天空中出现。辛巳日，圣驾亲临明堂祭祀。丁亥日，圣驾亲临籍田耕种。辛丑日，高丽国、丹丹国各自派遣使者进贡当地特产。

三月辛未日，滑国国王安乐萨丹王派遣使者进贡当地特产。

夏四月庚子日，波斯国进贡当地特产。甲辰日，任命北魏镇东将军刘济为徐州刺史。壬戌日，任命安北将军、庐陵王萧续为安南将军、江州刺史。

秋七月乙卯日，老人星在天空中出现。辛卯日，扶南国派遣使者进贡当地特产。

冬十月辛卯日，任命前南兖州刺史萧渊藻为护军将军。

十一月丁未日，中卫将军、特进、右光禄大夫徐勉去世。壬戌日，北梁州刺史兰钦领兵攻打西魏的汉中，攻克了它，西魏梁州刺史元罗投降。癸亥日，赏赐梁州归附的人民免除赋税的优待，各有等差。甲子日，雄勇将军、北益州刺史、阴平王杨法深进号为平北将军。月亮运行到左角星旁边。

十二月乙酉日，任命前北魏的北徐州刺史羊徽逸为平北将军。戊戌日，平西将军、秦南秦二州刺史、武兴王杨绍先进号为车骑将军，平北将军、北益州刺史、阴平王杨法深进号为骠骑将军。辛丑日，平西将军、荆州刺史、湘东王萧绎进号为安西将军。

大同二年（536）春正月甲辰日，任命兼领军臧盾为中领军。

二月乙亥日，圣驾亲临籍田耕种。丙戌日，老人星在天空中出现。

三月庚申日，下诏令说："施政之道在于养育黎民，美好的德行在于惠及百姓，朝廷的政令如清风吹送，民众的响应则像百草偃伏。朕以微薄的德行，恰逢天时与气运来到，于是治理乱世恢复秩序，转眼已有三十六年。仍然不能做到与四夷交往畅通无阻，以德治征服天下，如今边境仍多有阻隔，天下的文书车轨尚未统一。民众因劳役运输而

听，州辍刺举，郡忘共治。致使失理负谤，无由闻达。侮文弄法，因事生奸，肺石空陈，悬钟徒设。《书》不云乎：'股肱惟人，良臣惟圣。'实赖贤佐，匡其不及。凡厥在朝，各献谠言，政治不便于民者，可悉陈之。若在四远，刺史二千石长吏，并以奏闻。细民有言事者，咸为申达。朕将亲览，以纾其过。文武在位，举尔所知，公侯将相，随才擢用，拾遗补阙，勿有所隐。"

夏四月乙未，以骠骑大将军、开府同三司之仪元法僧为太尉，领军师将军。

先是，尚书右丞江子四上封事，极言政治得失。五月癸卯，诏曰："古人有言，屋漏在上，知之在下。朕所钟过，不能自觉。江子四等封事如上，尚书可时加检括，于民有蠹患者，便即勒停，宜速详启，勿致淹缓。"乙巳，以魏前梁州刺史元罗为征北大将军、青冀二州刺史。

六月丁亥，诏曰："南郊、明堂、陵庙等令，与朝请同班，于事为轻，可改视散骑侍郎。"

冬十月乙亥，诏大举北伐。

十一月己亥，诏北伐众班师。辛亥，京师地震。

十二月壬申，魏请通和，诏许之。丁酉，以吴兴太守、驸马都尉、利亭侯张缵为吏部尚书。

三年春正月辛丑，舆驾亲祠南郊，大赦天下；孝悌力田赐爵一

疲惫，士卒为驻守边防而劳苦。缴纳农田粮税，片刻不得休息。治道不够清明，政事多有违失，百官没有进纳开启心智的忠言，对四方疾苦之声也缺乏顺风耳的聪敏，各州没有积极弹劾过失、举荐功臣，各郡也都忘记共同治理天下。致使有违事理、遭蒙诽谤的冤案，迟迟没有途径上达天听。劣吏舞文弄墨歪曲法令，利用政事实施奸行，用于控诉的肺石徒然陈列，民众鸣冤的悬钟也成为摆设。《尚书》岂不是说过吗："股肱惟人，良臣惟圣。"实在需要依赖贤臣的辅佐，来匡正朕的不足之处啊。尔等在朝官员，须各自进献直言，凡有政策不便于民众的，可作详尽陈述。如在四方外地，则刺史郡守等长吏，都要上奏疏禀报。黎民百姓有陈言政事的，都要为他们申述上奏。朕将亲自阅览，以消解过失。在位的文武官员，应推举你们所了解的贤能人士，为公作侯，出将入相，依才能擢升任用，纠正过失补救缺漏，不得有所隐匿。"

夏四月乙未日，任命骠骑大将军、开府仪同三司元法僧为太尉，兼任军师将军。

在此以前，尚书右丞江子四曾经呈上密封的奏章，直言陈说政事得失。五月癸卯日，下诏令说："古人说过，屋顶的漏洞在上面，而知道缺漏的人在下面。朕所发生的过失，不能自我察觉。江子四等人近日呈上了密封奏章，尚书可时常加以检查，其中对民众有妨害的事情，要立即停止，应迅速详细启奏，不要使事情耽搁。"乙巳日，任命原西魏的梁州刺史元罗为征北大将军、青冀二州刺史。

六月丁亥日，诏令说："南郊、明堂、陵庙等处的长官，和奉朝请位列同班，相比其职事而言级别是轻了，可改为比照散骑侍郎的等级。"

冬十月乙亥日，下诏大举北伐。

十一月己亥日，下诏北伐的部队撤军。辛亥日，京城发生地震。

十二月壬申日，东魏请求恢复和平友好，下诏准许。丁酉日，任命吴兴太守、驸马都尉、利亭侯张缵为吏部尚书。

大同三年（537）春正月辛丑日，圣驾亲临南郊祭祀，大赦天下；

级。是夜，朱雀门灾。壬寅，天无云，雨灰，黄色。癸卯，以中书令邵陵王纶为江州刺史。

二月乙酉，老人星见。丁亥，舆驾亲耕籍田。己丑，以尚书左仆射何敬容为中权将军，护军将军萧渊藻为安右将军、尚书左仆射。以尚书右仆射谢举为右光禄大夫。庚寅，以安南将军庐陵王续为中卫将军、护军将军。

三月戊戌，立昭明太子子譬为武昌郡王，譬为义阳郡王。

夏四月丁卯，以南琅邪、彭城二郡太守河东王誉为南徐州刺史。

五月丙申，以前扬州刺史武陵王纪复为扬州刺史。

六月，青州朐山境陨霜。

秋七月癸卯，魏遣使来聘。己酉，义阳王譬薨。是月，青州雪，害苗稼。

八月甲申，老人星见。辛卯，舆驾幸阿育王寺，赦天下。

九月，南兖州大饥。是月，北徐州境内旅生稻稗二千许顷。

闰月甲子，安西将军、荆州刺史湘东王绎进号镇西将军，扬州刺史武陵王纪为安西将军、益州刺史。

冬十月丙辰，京师地震。

是岁，饥。

四年春正月庚辰，以中军将军宣城王大器为中军大将军、扬州刺史。

二月己亥，舆驾亲耕籍田。

三月戊寅，河南国遣使献方物。癸未，芮芮国遣使献方物。

对孝敬父母、友爱兄弟、勤力耕田者赏赐民爵一级。这天夜里朱雀门发生火灾。壬寅日，天空中没有云朵，开始普降灰尘，呈黄色。癸卯日，任命中书令、邵陵王萧纶为江州刺史。

二月乙酉日，老人星在天空中出现。丁亥日，圣驾亲临籍田耕种。己丑日，任命尚书左仆射何敬容为中权将军，护军将军萧渊藻为安右将军、尚书左仆射。任命尚书右仆射谢举为右光禄大夫。庚寅日，任命安南将军、庐陵王萧续为中卫将军、护军将军。

三月戊戌日，立昭明太子之子萧詧为武昌郡王，萧譻为义阳郡王。

夏四月丁卯日，任命南琅琊彭城二郡太守、河东王萧誉为南徐州刺史。

五月丙申日，任命前扬州刺史、武陵王萧纪复为扬州刺史。

六月，青州朐山境内下霜。

秋七月癸卯日，东魏派遣使者前来进行友好访问。己酉日，义阳王萧譻去世。这一个月，青州降雪，损害庄稼。

八月甲申日，老人星在天空中出现。辛卯日，圣驾降临阿育王寺，大赦天下。

九月，南兖州发生大饥荒。这个月，北徐州境内长出野生稻稗二千余顷。

闰九月甲子日，安西将军、荆州刺史、湘东王萧绎进号为镇西将军，任命扬州刺史、武陵王萧纪为安西将军、益州刺史。

冬十月丙辰日，京城发生地震。

这一年发生了饥荒。

大同四年（538）春正月庚辰日，任命中军将军、宣城王萧大器为中军大将军、扬州刺史。

二月己亥日，圣驾亲临籍田耕种。

三月戊寅日，河南国派遣使者进贡当地特产。癸未日，芮芮国派

五月甲戌，魏遣使来聘。

秋七月己未，以南琅邪彭城二郡太守岳阳王詧为东扬州刺史。癸亥，诏以东冶徒李胤之降如来真形舍利，大赦天下。

八月甲辰，诏"南兖、北徐、西徐、东徐、青、冀、南北青、武、仁、潼、睢等十二州，既经饥馑，曲赦逋租宿责，勿收今年三调。"

冬十二月丁亥，兼国子助教皇侃表上所撰《礼记义疏》五十卷。

五年春正月乙卯，以护军将军庐陵王续为骠骑将军、开府仪同三司，安右将军、尚书左仆射萧渊藻为中卫将军、开府仪同三司。中权将军、丹阳尹何敬容以本号为尚书令，吏部尚书张缵为尚书仆射，都官尚书刘孺为吏部尚书。丁巳，御史中丞、参礼仪事贺琛奏："今南北二郊及籍田往还并宜御辇，不复乘辂。二郊请用素辇，籍田往还乘常辇，皆以侍中陪乘，停大将军及太仆。"诏付尚书博议施行。改素辇名大同辇。昭祀宗庙乘玉辇。辛未，舆驾亲祠南郊，诏孝悌力田及州闾乡党称为善人者，各赐爵一级，并勒属所以时腾上。

三月己未，诏曰："朕四听既阙，五识多蔽，画可外牒，或致纰缪。凡是政事不便于民者，州郡县即时皆言，勿得欺隐。如使怨讼，当境任失。而今而后，以为永准。"

秋七月己卯，以骠骑将军、开府仪同三司庐陵王续为荆州刺史，湘东王绎为护军将军、安右将军。

八月乙酉，扶南国遣使献生犀及方物。

遣使者进贡当地特产。

五月甲戌日，东魏派遣使者前来进行友好访问。

秋七月己未日，任命南琅琊彭城二郡太守、岳阳王萧詧为东扬州刺史。癸亥日，下诏令宣布，因为东冶囚徒李胤之求得如来佛祖的真身舍利子，大赦天下。

八月甲辰日，下诏令说："南兖、北徐、西徐、东徐、青、冀、南北青、武、仁、漳、睢等十二州，已经遭受饥荒，破格赦免人民拖欠的租税债务，不再征收今年的三种调赋。"

冬十二月丁亥日，兼国子助教皇侃呈上他撰写的《礼记义疏》共五十卷。

大同五年（539）春正月乙卯日，任命护军将军、庐陵王萧续为骠骑将军、开府仪同三司，安右将军、尚书左仆射萧渊藻为中卫将军、开府仪同三司。命令中权将军、丹阳尹何敬容以本身名号担任尚书令，吏部尚书张缵为尚书仆射，都官尚书刘孺为吏部尚书。丁巳日，御史中丞、参礼仪事贺琛上奏说："现在南北二郊的祭祀和籍田耕作往返，陛下应乘坐人力辇车，不再乘马拉的辂车。二郊祭祀请使用未经雕饰的素辇，往返籍田请乘坐平常的辇车，都应由侍中陪同乘坐，停止由大将军和太仆陪乘的礼仪。"下诏将此建议交付尚书广泛讨论后执行。改未经雕饰的素辇名为大同辇。祭祀宗庙乘坐玉辇。辛未日，圣驾亲临南郊祭祀，诏令天下凡孝敬父母、友爱兄弟、勤力耕田以及同乡称为善人者，各赐给民爵一级，并写明理由及时送交朝廷。

三月己未日，下诏令说："朕的辞色气耳四听未能完善，眼耳鼻舌身五识多有遮蔽，签署准奏的外朝文书，也存在错谬之处。凡政事不便于民众的，各州郡县都要及时报告，不能欺瞒隐晦。如果造成冤案诉讼，当地必须承担过失。从今以后，作为永久的准则。"

秋七月己卯日，任命骠骑将军、开府仪同三司、庐陵王萧续为荆州刺史，湘东王萧绎为护军将军、安右将军。

八月乙酉日，扶南国派遣使者进贡活犀牛和当地特产。

九月庚申，以都官尚书到溉为吏部尚书。

冬十一月乙亥，魏遣使来聘。

十二月癸未，以吴郡太守谢举为中书监，新除中书令鄱阳王范为中领军。

六年春正月庚戌朔，曲赦司、豫、徐、兖四州。

二月己亥，舆驾亲耕籍田。丙午，以江州刺史邵陵王纶为平西将军、郢州刺史，云麾将军豫章王欢为江州刺史。秦郡献白鹿一。

夏四月癸未，诏曰："命世兴王，嗣贤传业，声称不朽，人代徂迁，二宾以位，三恪义在，时事浸远，宿草榛芜，望古兴怀，言念怆然。晋、宋、齐三代诸陵，有职司者勤加守护，勿令细民妄相侵毁。作兵有少，补使充足。前无守视，并可量给。"

五月戊寅，以前青、冀二州刺史元罗为右光禄大夫。己卯，河南王遣使献马及方物。

六月丁未，平阳县献白鹿一。

秋七月丁亥，魏遣使来聘。

八月戊午，赦天下。辛未，诏曰："经国有体，必询诸朝，所以尚书置令、仆、丞、郎，旦旦上朝，以议时事，前共筹怀，然后奏闻。顷者不尔，每有疑事，倚立求决。古人有云，主非尧、舜，何得发言便是。是故放勋之圣，犹咨四岳，重华之睿，亦待多士。岂朕寡德，所能独断。自今尚书中有疑事，前于朝堂参议，然后启闻，不得习常。其军机要切，前须咨审，自依旧典。"盘盘国遣使献方物。

九月庚申日，任命都官尚书到溉为吏部尚书。

冬十一月乙亥日，东魏派遣使者前来友好访问。

十二月癸未日，任命吴郡太守谢举为中书监，新任中书令、鄱阳王萧范为中领军。

大同六年（540）春正月庚戌初一，破格赦免司、豫、徐、兖四州的囚徒。

二月己亥，圣驾亲临籍田耕种。丙午日，任命江州刺史、邵陵王萧纶为平西将军、郢州刺史，云麾将军、豫章王萧欢为江州刺史。秦郡进贡白鹿一头。

夏四月癸未日，下诏令说："顺应时势，王业兴起，继承先贤，传承帝业。人皇的声名永垂不灭，其肉身则一代代流逝作古。对前代帝王尊以二宾的荣位，始终保持三恪的情义。往事逐渐渺远，陵墓上隔年之草已然荒芜，遥想亘古以来的史事，不禁生出无限感叹，言说起来心念怆然。晋、宋、齐三代各处帝陵，负责管理的部门要勤加守护，不要让百姓随意侵占毁坏。守陵的兵员如果不足，可以补充直到足额。先前没有设置守卫的，都可酌量配给。"

五月戊寅日，任命前青、冀二州刺史元罗为右光禄大夫。己卯日，河南王派遣使者进献马匹和当地特产。

六月丁未日，平阳县进贡白鹿一头。

秋七月丁亥日，东魏派遣使者前来进行友好访问。

八月戊午日，大赦天下。辛未日，下诏令说："治理国家须有章法，必定要征询朝中百官众议，所以尚书省设置令、仆射、丞、郎，每天清晨上朝，商议当前政事，在御前共同筹划，然后上奏天子。近来不再是这样，每每有疑难事体，片刻间就要寻求决断。古人曾云，人主并非尧、舜，怎能句句话都正确无误？因此以尧帝的圣明，尚且要咨询羲仲、羲叔、和仲、和叔四位大臣，以舜帝的睿智，也还须依赖士人的辅佐。以朕的寡薄德行，又岂能独断国是？从现在起，尚书省中有疑议之事，先在朝堂集合众僚商议，然后启奏，不可因袭旧例。

九月，移安州置定远郡，受北徐州都督，定远郡改属安州。始平太守崔硕表献嘉禾一茎十二穗。戊戌，特进、左光禄大夫、司空袁昂薨。

冬十一月己卯，曲赦京邑。

十二月壬子，江州刺史豫章王欢薨。以护军将军湘东王绎为镇南将军、江州刺史。置桂州于湘州始安郡，受湘州督；省南桂林等二十四郡，悉改属桂州。

七年春正月辛巳，舆驾亲祠南郊，赦天下，其有流移及失桑梓者，各还田宅，蠲课五年。辛丑，舆驾亲祠明堂。

二月乙巳，以行宕昌王梁弥泰为平西将军、河凉二州刺史、宕昌王。辛亥，舆驾躬耕籍田。乙卯，京师地震。丁巳，以中领军、鄱阳王范为镇北将军、雍州刺史。

三月乙亥，宕昌王遣使献马及方物。高丽、百济、滑国各遣使献方物。

夏四月戊申，魏遣使来聘。

五月癸巳，以侍中南康王会理兼领军。

秋九月戊寅，芮芮国遣使献方物。

冬十月丙午，以侍中刘孺为吏部尚书。

十一月丙子，诏停在所役使女丁。丁丑，诏曰：“民之多幸，国之不幸，恩泽屡加，弥长奸盗，朕亦知此之为病矣。如不优赦，非仁人之心。凡厥愆耗逋负，起今七年十一月九日昧爽以前，在民间无问多少，言上尚书督所未入者，皆赦除之。”又诏曰：“用天之道，分地之利，盖先圣之格训也。凡是田桑废宅没入者，公剏之外，悉以分给贫民，皆使量其所能以受田分，如闻顷者，豪家富室，多占取公

至于军国机要大事，以前就必须经过咨议审察，如今自然依据旧典办理。"盘盘国派遣使者进贡当地特产。

九月，迁移安州，设置定远郡，受北徐州都督，定远郡改为隶属安州。始平太守崔硕上奏献上嘉禾，一根茎上生有十二支稻穗。戊戌日，特进、左光禄大夫、司空袁昂去世。

冬十一月己卯日，破格赦免京城囚徒。

十二月壬子日，江州刺史、豫章王萧欢去世。任命护军将军、湘东王萧绎为镇南将军、江州刺史。在湘州的始安郡设置桂州，受湘州都督；裁撤南桂林等二十四个郡，全部改为隶属于桂州。

大同七年（541）春正月辛巳日，圣驾亲临南郊祭祀，大赦天下，人民中凡有流离异乡和无法返回故乡的，命他们各自返回本乡田产住宅，并免除五年的赋税。辛丑日，圣驾亲临明堂祭祀。

二月乙巳日，任命代理宕昌王梁弥泰为平西将军及河、凉二州刺史、宕昌王。辛亥日，圣驾亲临籍田耕种。乙卯日，京城发生地震。丁巳日，任命中领军、鄱阳王萧范为镇北将军、雍州刺史。

三月乙亥日，宕昌王派遣使者进贡马匹和当地特产。高丽国、百济国、滑国各自派遣使者进贡当地特产。

夏四月戊申日，东魏派遣使者前来进行友好访问。

五月癸巳日，任命侍中、南康王萧会理兼任领军。

秋九月戊寅日，芮芮国派遣使者进贡地方特产。

冬十月丙午日，任命侍中刘孺为吏部尚书。

十一月丙子日，下诏令禁止各处役使成年女性为丁。丁丑日，下诏令说："民众心怀侥幸，乃是国家的不幸，屡屡施加恩泽，结果愈发助长奸猾的盗心，朕也知道这种举措有弊病。然而若不优恤赦免，又有违仁者理政的心胸。凡有罪过耗费拖欠租税者，发生于大同七年十一月九日拂晓以前的，在民间无论多少，数量已报告尚书省而没有输纳到统领处的，全部予以免除。"又下诏说："利用上天运

田，贵价僦税，以与贫民，伤时害政，为蠹已甚。自今公田悉不得假与豪家；已假者特听不追。其若富室给贫民种粮共营作者，不在禁例。"己丑，以金紫光禄大夫臧盾为领军将军。

十二月壬寅，诏曰："古人云，一物失所，如纳诸隍，未是切言也。朕寒心消志，为日久矣，每当食投箸，方眠彻枕，独坐怀忧，愤慨申旦，非为一人，万姓故耳。州牧多非良才，守宰虎而傅翼，杨阜是故忧愤，贾谊所以流涕。至于民间诛求万端，或供厨帐，或供厩库，或遣使命，或待宾客，皆无自费，取给于民。又复多遣游军，称为遏防，奸盗不止，暴掠繁多，或求供设，或责脚步。又行劫纵，更相枉逼，良人命尽，富室财殚。此为怨酷，非止一事。亦频禁断，犹自未已，外司明加听采，随事举奏。又复公私传、屯、邸、冶，爰至僧尼，当其地界，止应依限守视；乃至广加封固，越界分断水陆采捕及以樵苏，遂致细民措手无所。凡自今有越界禁断者，禁断之身，皆以军法从事。若是公家创内，止不得辄自立屯，与公竞作以收私利。至百姓樵采以供烟爨者，悉不得禁。及以采捕，亦勿诃问。若不遵承，皆以死罪结正。"魏遣使来聘。丙辰，于宫城西立士林馆，延集学者。

行的规律，分享大地产出的利益，此乃先代圣人传下的教训格言。凡被没收入官的田地桑树房屋，除公田以外，全部用来分给贫苦之人，使他们都根据能力接受田地分配，听说近段时间以来，各地的豪强富户，有许多人占取公田，用昂贵的价格出租，用来给贫苦民众耕种，败坏时风损害农政，带来的祸患非常严重。从现在起，公田全部不得借给豪强富户；已经出借者特州宽宏不予追究其罪。若果是那些富户向贫苦农民提供粮种共同经营的，不在禁止之列。"己丑日，任命金紫光禄大夫臧盾为领军将军。

十二月壬寅日，下诏令说："古人说过，只要天下一人无处安身，就如同把人主置于干涸的沟渠中，这句话还不确切啊。朕心寒意冷、心志消沉的时间已经很长久了，每每在欲进膳食之时又放下筷子，正待就寝之际又撤去枕头，独坐宫中怀忧虑，抑郁感慨通宵达旦，这并非是为了哪一个人，而是为了天下万民的缘故啊。州牧大多并非上佳之才，郡守县令是猛虎而有人作伥，这正是令杨阜忧愁愤恨、贾谊流泪叹息的原因。还有那民间多方需索之苦，有的要求供给食品，有的要求供给马厩的草料、库房的物资，有的要求摊派差使，有的要求管待宾客，这些都不是官府自己开支，而是从民众那里搜取。又有大量调遣所谓机动部队的，称之为"遏防"，借机巧取豪夺不止，残暴搜刮名目繁多，有的要求百姓供奉，有的征发人民服役。还有那纵兵劫掠的，轮番冤枉逼迫，使良民为之丧命，殷实之家破产。这类怨毒残酷之事，不仅仅是一两件而已。朝廷也曾频繁下令禁止，但仍然没有停息。外朝的主管部门应该明白地听取汇报收集信息，依据事实检举上奏。还有那官有或私有的传舍、屯田、邸店、冶场，乃至僧尼寺院，它们地界之内，本来只应沿着边界加以看守巡视；后来竟发展成广加封锁禁锢，禁止人民在地界以外进行陆上采摘、水上捕鱼和山间樵采，于是使百姓失去赖以生计之地。从现在起，凡是跨越地界实施封禁的，对下达封禁命令的本人要依照军法严加处罚。如果是官有的田地，则禁止随意设立屯田，与官府竞争运作以谋取私利。至于百姓樵采以供升火煮食的，全都不得禁止。还有百姓采摘、捕鱼等生业，也不得呵斥责问。倘若有不遵循此诏令者，全都以死罪结是岁，交州土民李贲攻刺史萧咨，咨输赂，得还越州。

八年春正月，安成郡民刘敬躬挟左道以反，内史萧说委郡东奔，敬躬据郡，进攻庐陵，取豫章，妖党遂至数万，前逼新淦、柴桑。

二月戊戌，江州刺史湘东王绎遣中兵曹子郢讨之。

三月戊辰，大破之，擒敬躬送京师，斩于建康市。是月，于江州新蔡、高塘立颂平屯，垦作蛮田。遣越州刺史陈侯、罗州刺史宁巨、安州刺史李智、爱州刺史阮汉，同征李贲于交州。

九年春闰月丙申，地震，生毛。

二月甲戌，使江州民三十家出奴婢一户，配送司州。
三月，以太子詹事谢举为尚书仆射。
夏四月，林邑王破德州，攻李贲，贲将范修又破林邑王于九德，林邑王败走。
冬十一月辛丑，安西将军、益州刺史武陵王纪进号征西将军、开府仪同三司。
十二月壬戌，领军将军臧盾卒；以轻车将军河东王誉为领军将军。
十年春正月，李贲于交阯窃位号，署置百官。

三月甲午，舆驾幸兰陵，谒建陵。辛丑，至修陵。

壬寅，诏曰："朕自违桑梓，五十余载，乃眷东顾，靡日不思。

案判定。"东魏派遣使者前来进行友好访问。丙辰日，在宫城的西面起造士林馆，延揽召集学者。

这一年，交州土著李贲攻打刺史萧咨，萧咨送给他很多财货，才得以返回越州。

大同八年（542）春正月，安成郡一个叫刘敬躬的平民假借旁门左道造反，内史萧说放弃本郡向东出逃，刘敬躬占据了该郡，并进军攻打庐陵，夺取了豫章，妖党竟达到数万人，向前逼近新淦、柴桑。

二月戊戌日，江州刺史、湘东王萧绎派遣中兵参军曹子郢率军讨伐刘敬躬。

三月戊辰日，梁军大败刘敬躬，将之擒送到京城，在建康街市前斩首。这个月，在江州的新蔡、高塘设立颂平屯，开垦蛮人的田地。派遣越州刺史陈侯、罗州刺史宁巨、安州刺史李智、爱州刺史阮汉，同赴交州讨伐李贲。

大同九年（543）春闰正月丙申日，发生地震，大地生出毛发。

二月甲戌日，命江州民众三十家出一户奴婢，发配到司州。

三月，任命太子詹事谢举为尚书仆射。

夏四月，林邑王攻破德州，进攻李贲，李贲的将领范修又在九德打败林邑王，林邑王兵败逃走。

冬十一月辛丑日，安西将军、益州刺史、武陵王萧纪进号为征西将军、开府仪同三司。

十二月壬戌日，领军将军臧盾去世；任命轻车将军、河东王萧誉为领军将军。

大同十年（544）春正月，李贲在交阯窃居帝位称尊号，设置衙署百官。

三月甲午日，圣驾前往兰陵，拜谒建陵。辛丑日，到达修陵。

壬寅日，下诏令说："朕自从离开故乡，至今已有五十多年了，心

今四方款关，海外有截，狱讼稍简，国务小闲，始获展敬园陵，但增感恸。故乡老少，接踵远至，情貌孜孜，若归于父，宜有以慰其此心。并可锡位一阶，并加颁赉。所经县邑，无出今年租赋。监所责民，蠲复二年。并普赉内外从官军主左右钱米各有差。"因作《还旧乡》诗。

癸卯，诏园陵职司，恭事勤劳，并锡位一阶，并加沾赉。丁未，仁威将军、南徐州刺史临川王正义进号安东将军。己酉，幸京口城北固楼，改名北顾。庚戌，幸回宾亭，宴帝乡故老及所经近县奉迎候者少长数千人，各赉钱二千。

夏四月乙卯，舆驾至自兰陵。诏鳏寡孤独尤贫者赡恤各有差。

五月丁酉，尚书令何敬容免。

秋九月己丑，诏曰："今兹远近，雨泽调适，其获已及，冀必万箱，宜使百姓因斯安乐。凡天下罪无轻重，已发觉未发觉，讨捕未擒者，皆赦宥之。侵割耗散官物，无问多少，亦悉原除。田者荒废、水旱不作、无当时文列，应追税者，并作田不登公格者，并停。各备台州以文最逋殿，罪悉从原。其有因饥逐食，离乡去土，悉听复业，蠲课五年。"

冬十二月，大雪，平地三尺。

十一年春三月庚辰，诏曰："皇王在昔，泽风未远，故端居玄扈，拱默岩廊。自大道既沦，浇波斯逝，动竞日滋，情伪弥作。朕负扆君临，百年将半。宵漏未分，躬劳政事；白日西浮，不遑飧饭。退居犹被

中春恋想要东游，没有哪一日不思念的。现在四方归附，宇内划一听命朝廷，案件诉讼略有减少，国家政务稍有闲暇，才得以到陵园前表达敬意，只是增添了许多伤感与悲痛。故乡的父老儿童，接连不断从远处赶来，诚恳的感情和样貌，让朕仿佛回到先父身边一样，应当足以安慰朕思乡之心了。都可赐予民爵一级，并且加以赏赐。所经过的县邑，免交今年的租赋。官府已向人民征收过的，则免除二年租赋。并且广泛赏赐内外随从官员和军主左右钱米各有等差。"并写下了《还旧乡》的诗篇。

癸卯日，降诏说陵园的主管部门，恭敬勤劳，全都赐予官位一级，并给予赏赐。丁未日，仁威将军、南徐州刺史、临川王萧正义进号为安东将军。己酉日，圣驾亲临京口城北固楼，改名为北顾楼。庚戌日，驾临回宾亭，宴请家乡的故老和所经过附近县迎候的老少，共计几千人，每人各赏赐二千钱。

夏四月乙卯日，圣驾从兰陵返京。下诏令，对鳏夫、寡妇、孤儿、无子女的老人及特别贫困者发放救济津贴，各有等差。

五月丁酉日，尚书令何敬容被免职。

秋九月己丑日，下诏令说："今年远近各地，降雨调和适宜农耕，收获季节已到，有望定能获粮万箱，应该使百姓因此而过上安乐的生活。凡天下罪人，无论罪过轻重，已经发觉或者尚未发觉，已在追捕尚未归案的，都赦免宽恕他们。侵占耗费官府物资者，无论数额多少，也全部原谅免罪。凡农民因荒废了田地、遇水旱灾害放弃耕作、没有当时的批准文书而应当追交租税的，以及耕种土地没有登入官府簿册的，都一并停止向其收税。各台州的判罪文书积压在最后的，都从宽赦免其罪行。凡有因饥荒到异乡就食，离开本乡本土的流民，都准许其返乡复业，并免除五年租税。"

冬十二月，天降大雪，平地雪深三尺。

大同十一年（545）春三月庚辰，下诏令说："黄帝生活在遥远的古代，那时广施恩泽之风尚未远去，所以他泰然居住在玄扈山，于宫廷之内无为而治。自从大道沦落，朴实的世风逐渐逝去，对利益的竞

布素，含咀匪过藜藿。宁以万乘为贵，四海为富；唯欲亿兆康宁，下民安义。虽复三思行事，而百虑多失。凡远近分置、内外条流四方所立屯、传、邸、冶，市埠、桁渡，津税、田园，新旧守宰，游军戍逻，有不便于民者，尚书州郡各速条上，当随言除省，以舒民患。"

夏四月，魏遣使来聘。

冬十月己未，诏曰："尧、舜以来，便开赎刑，中年依古，许罪身入赀，吏下因此，不无奸猾，所以一日复敕禁断。川流难壅，人心惟危，既乖内典慈悲之义，又伤外教好生之德。《书》云：'与杀不辜，宁失不经。'可复开罪身，皆听入赎。"

中大同元年春正月丁未，曲阿县建陵隧口石骐驎动，有大蛇斗隧中，其一被伤奔走。癸丑，交州刺史杨瞟克交趾嘉宁城，李贲窜入屈獠洞，交州平。

三月乙巳，大赦天下：凡主守割盗、放散官物，及以军粮器甲，凡是赦所不原者，起十一年正月以前，皆悉从恩，十一年正月已后，悉原加责；其或为事逃叛流移，因饥以后亡乡失土，可听复业，蠲课五年，停其徭役；其被拘之身，各还本郡，旧业若在，皆悉还之。庚戌，法驾出同泰寺大会，停寺省，讲《金字三慧经》。

争日渐滋长，虚情假意愈来愈多。朕入居宫中统御天下，百年之世即将过半。夜色未消便起身勤勉于政事，直到夕阳西下还来不及用晚膳。退居宫中，仍然身着简朴的布衣，口腹所享的，不过是藜藿一类的野菜。何曾视皇位为尊贵享受，变四海为一己之财富呢？只是想使黎民康乐安宁，百姓平安太平而已。虽然朕凡事三思而后行，但仍不免百虑中多有过失。凡是远近各地分划设置、内廷和外朝按条例创制于四方的屯田、传舍、邸店、冶场，以及市镇堤防、桥梁，渡口税、田园，新旧太守县令，机动部队和巡逻守军的设置，有不便利民众的，尚书省和各州郡应迅速详细奏上，并同时说明如何免除省略，以纾解民众的疾患。"

夏四月，东魏派遣使者前来友好访问。

冬十月己未日，下诏令说："自尧舜远古以来，赎刑之制即已开创，其后之世依照古代，准许罪人纳入钱财赎免，下层官吏利用这个政策，做出不少奸猾之事，所以有时又下令禁止。可是河川之水终究难以堵塞，奸人之心地险恶不可揣测，赎刑之禁既违背了佛家经典中慈悲为怀的义理，又损伤儒教爱惜生灵的美德。《尚书》也说：'与其枉杀无辜之人，宁愿犯不守常道的过错。'可再给有罪之人一条生路，准许他们缴纳钱财赎身。"

中大同元年（546）春正月丁未日，曲阿县建陵墓道口上的石麒麟出现晃动，有大蛇在墓道中争斗，其中一条带伤逃走。癸丑日，交州刺史杨瞟攻克交趾的嘉宁城，李贲逃窜到屈獠洞，交州全境平定。

三月乙巳日，大赦天下：凡是监守自盗、抛弃遗失官府物资以及军粮器械，为以往赦令所不能宽恕者，若是发生于大同十一年正月以前的，全部蒙恩赦免；发生于大同十一年正月以后的，都加以谴责而予以宽恕；凡有人因事逃亡叛变流落他乡，发生饥荒后离开家乡失去土地的，可准许其恢复产业，并免除五年赋税，停征徭役；那些被拘捕下狱的人，各自回到本郡，如果旧日田宅生业还在，全部归还给他们。庚戌日，圣驾降临同泰寺参加法会，停留在寺省中，讲解《金字三慧经》。

夏四月丙戌，于同泰寺解讲，设法会。大赦，改元。孝悌力田为父后者赐爵一级，赉宿卫文武各有差。是夜，同泰寺灾。

六月辛巳，竟天有声，如风雨相击薄。

秋七月辛酉，以武昌王詧为东扬州刺史。甲子，诏曰："禽兽知母而不知父，无赖子弟过于禽兽，至于父母并皆不知。多触王宪，致及老人。耆年禁执，大可伤愍。自今有犯罪者，父母祖父母勿坐。唯大逆不预今恩。"丙寅，诏曰："朝四而暮三，众狙皆喜，名实未亏，而喜怒为用。顷闻外间多用九陌钱，陌减则物贵，陌足则物贱，非物有贵贱，是心有颠倒。至于远方，日更滋甚。岂直国有异政，乃至家有殊俗，徒乱王制，无益民财。自今可通用足陌钱。令书行后，百日为期，若犹有犯，男子谪运，女子质作，并同三年。"

八月丁丑，东扬州刺史武昌王詧薨。以安东将军、南徐州刺史临川王正义即本号东扬州刺史，丹阳尹邵陵王纶为镇东将军、南徐州刺史。甲午，渴槃陁国遣使献方物。

冬十月癸酉，汝阴王刘哲薨。乙亥，以前东扬州刺史岳阳王詧为雍州刺史。

太清元年正月壬寅，骠骑大将军、开府仪同三司、荆州刺史庐陵王续薨；以镇南将军、江州刺史湘东王绎为镇西将军、荆州刺史。辛酉，輿驾亲祠南郊，诏曰："天行弥纶，覆焘之功博；乾道变化，资始之德成。朕沐浴斋宫，虔恭上帝，祗事櫑燎，高燺太一，大礼克遂，感庆兼怀，思与亿兆，同其福惠。可大赦天下，尤穷者无出

夏四月丙戌日，在同泰寺讲授佛经，设立法会。大赦天下，改年号。对孝敬父母、友爱兄弟、勤力耕田和为父亲继嗣者，都赐民爵一级，赏赐宿卫的文武官员各有等差。这天夜晚，同泰寺发生火灾。

六月辛巳日，满天都有声音，如同风雨相撞击。

秋七月辛酉日，任命武昌王萧鮝为东扬州刺史。甲子日，下诏令说："禽兽只知其母而不知道其父，无赖子弟的不肖更超过禽兽，以致连父母双方都不知道。他们多有触犯国法的，罪行牵害到老人。老人因子女被囚禁，实在值得悲伤同情。从现在起，有犯罪者，其父母和祖父祖母不要连坐。唯独大逆不道的罪行，不在今日恩典之列。"丙寅日，下诏令说："早晨给食栗子四升，晚上给三升，一群猕猴就都感到喜悦，名称与实质并没有亏负，却产生了喜怒不同的心情。近来听说民间用九十文钱充当百文使用，钱额不足则货物昂贵，钱额充足则物价低廉，这不是货物有贵贱，是人心有颠倒。至于偏远地区，这种颠倒更日渐严重。岂止是国家政策出现了不统一，简直是一家之中有了不同习俗，徒然扰乱国家法度，无益于民生财富。从现在起要流通足百的钱币。法令文书施行后，以一百天为期限，如果还有违反的，男子罚当转运差役，女子罚服劳役，役期都为三年。"

八月丁丑日，东扬州刺史、武昌王萧鮝去世。任命安东将军、南徐州刺史、临川王萧正义以本来名号任东扬州刺史，丹阳尹、邵陵王萧纶为镇东将军、南徐州刺史。甲午日，渴槃陁国派遣使者进贡当地特产。

冬十月癸酉日，汝阴王刘哲去世。乙亥日，任命前东扬州刺史、岳阳王萧詧为雍州刺史。

太清元年（547）正月壬寅日，骠骑大将军、开府仪同三司、荆州刺史、庐陵王萧续去世；任命镇南将军、江州刺史、湘东王萧绎为镇西将军、荆州刺史。辛酉日，圣驾亲临南郊祭祀，下诏令说："上天运行的规律包罗周遍，有覆盖万物的博大功勋；天道变动不居，成就了滋生万物的德行。朕在斋室沐浴，虔诚地敬奉上帝，恭敬地聚积柴禾，烟雾高高升起祭祀太一大神，这尊贵的大礼得以完成，感慨与喜

即年租调；清议禁锢，并皆宥释；所讨逋叛，巧籍隐年，暗丁匿口，开恩百日，各令自首，不问往罪；流移他乡，听复宅业，蠲课五年；孝悌力田赐爵一级；居局治事赏劳二年。可班下远近，博采英异，或德茂州间，道行乡邑，或独行特立，不求闻达，咸使言上，以时招聘。"甲子，舆驾亲祠明堂。

二月己卯，白虹贯日。庚辰，魏司徒侯景求以豫、广、颍、洛、阳、西扬、东荆、北荆、襄、东豫、南兖、西兖、齐等十三州内属。壬午，以景为大将军，封河南王，大行台，承制如邓禹故事。丁亥，舆驾躬耕籍田。

三月庚子，高祖幸同泰寺，设无遮大会，舍身，公卿等以钱一亿万奉赎。甲辰，遣司州刺史羊鸦仁、兖州刺史桓和、仁州刺史湛海珍等应接北豫州。

夏四月丁亥，舆驾还宫，大赦天下，改元，孝悌力田为父后者赐爵一级，在朝群臣宿卫文武并加颁赉。

五月丁酉，舆驾幸德阳堂，宴群臣，设丝竹乐。

六月戊辰，以前雍州刺史鄱阳王范为征北将军，总督汉北征讨诸军事。

秋七月庚申，羊鸦仁入悬瓠城。甲子，诏曰："二豫分置，其来久矣。今汝、颍克定，可依前代故事，以悬瓠为豫州，寿春为南豫，改合肥为合州，北广陵为淮州，项城为殷州，合州为南合州。"

八月乙丑，王师北伐，以南豫州刺史萧渊明为大都督。诏曰：

庆的思绪充满胸怀，想要与广大百姓同享这幸福恩惠。可大赦天下，格外贫穷之民无需交纳今年的租调；因社会风评的反对而被禁止做官者，全都宽恕解除禁令；所讨伐的逃犯和反叛者，亡命隐身，藏匿丁口者，开恩限期一百天，令其各自自首，可以不追究过去的罪行；流落他乡者，准许其恢复住宅田产，免除五年的赋税；对孝敬父母、友爱兄弟、勤力耕田者都赐予民爵一级；居住在官府办事的官员赏赐两年的劳绩。可以传令远近各地，要广泛搜罗英才和异能之士，包括德行闻名于州里，道义实行于乡间的人，以及特立独行，不谋求为人所知的隐士，都要由有关官员上报，及时招揽聘用。"甲子日，圣驾亲临明堂祭祀。

二月己卯日，白色的长虹穿过太阳。庚辰日，东魏的司徒侯景请求献出豫、广、颍、洛、阳、西扬、东荆、北荆、襄、东豫、南兖、西兖、齐等十三州归附梁国。壬午日，任命侯景为大将军，封为河南王、大行台，像东汉名将邓禹一样承天子旨意便宜行事。丁亥日，圣驾亲临籍田耕种。

三月庚子日，高祖前往同泰寺，举行无遮大法会，舍身出家，公卿等官员用一亿万钱赎回。甲辰日，派遣司州刺史羊鸦仁、兖州刺史桓和、仁州刺史湛海珍等接应北豫州。

夏四月丁亥日，圣驾回宫，大赦天下，改年号，对孝敬父母、友爱兄弟、勤力耕田和为父亲继嗣者，都赐民爵一级，对在朝的群臣和宿卫宫禁的文武官员都加以赏赐。

五月丁酉日，圣驾前往德阳堂，大宴群臣，举行丝竹之会。

六月戊辰日，任命前雍州刺史、鄱阳王萧范为征北将军，总督汉北征讨诸军事。

秋七月庚申日，羊鸦仁攻入悬瓠城。甲子日，诏令说："两个豫州分别设置，相沿已久。现在汝水、颍水流域已然平定，可依照前代旧例，在悬瓠设豫州，寿春设南豫州，改合肥为合州，北广陵为淮州，项城为殷州，合州为南合州。"

八月乙丑日，朝廷大军北伐，任命南豫州刺史萧渊明为大都督。

"今汝南新复，嵩、颍载清，瞻言遗黎，有劳鉴寐，宜覃宽惠，与之更始。应是缘边初附诸州部内百姓，先有负罪流亡，逃叛入北，一皆旷荡，不问往愆。并不得挟以私仇而相报复。若有犯者，严加裁问。"戊子，以大将军侯景录行台尚书事。

九月癸卯，王游苑成。庚戌，與驾幸苑。

冬十一月，魏遣大将军慕容绍宗等至寒山。丙午，大战，渊明败绩，及北兖州刺史胡贵孙等并陷魏。绍宗进围潼州。

十二月戊辰，遣太子舍人元贞还北为魏主。辛巳，以前征北将军鄱阳王范为安北将军、南豫州刺史。

二年春正月戊戌，诏在位各举所知。己亥，魏陷涡阳。辛丑，以尚书仆射谢举为尚书令，守吏部尚书王克为尚书仆射。甲辰，豫州刺史羊鸦仁、殷州刺史羊思达，并弃城走，魏进据之。乙卯，以大将军侯景为南豫州牧，安北将军、南豫州刺史鄱阳王范为合州刺史。

三月甲辰，抚东将军高丽王高延卒，以其息为宁东将军、高丽王、乐浪公。己未，以镇东将军、南徐州刺史邵陵王纶为平南将军、湘州刺史、同三司之仪，中卫将军、开府仪同三司萧渊藻为征东将军、南徐州刺史。是日，屈獠洞斩李贲，传首京师。

夏四月丙子，诏在朝及州郡各举清人任治民者，皆以礼送京师。戊寅，以护军将军河东王誉为湘州刺史。

五月辛丑，以新除中书令邵陵王纶为安前将军、开府仪同三司，前湘州刺史张缵为领军将军。辛亥，曲赦交、爱、德三州。癸丑，诏曰："为国在于多士，宁下寄于得人。朕暗于行事，尤阙治道，孤立在上，如临深谷。凡尔在朝，咸思匡救，献替可否，用相启沃。班下方岳，傍求俊义，穷其屠钓，尽其岩穴，以时奏闻。"是月，两月

下诏令说："现在汝南新近收复，嵩山、颍水呈现清明，朕挂念那里的百姓，日夜劳碌，应该广施恩惠，让他们重新开始新生。现在边疆一应新归附各州的百姓，如先前有负罪逃跑，背叛进入北方的，一律免除其罪过，不再追究，并且不得怀私仇而加以报复。如有违犯者，将严厉加以制裁追究。"戊子日，命大将军侯景录行台尚书事。

九月癸卯日，王游苑建成。庚戌日，圣驾前往王游苑。

冬十一月，东魏派遣大将军慕容绍宗等率军抵达寒山。丙午日，两军大战，萧渊明大败，和北兖州刺史胡贵孙等人一起陷入东魏军中。慕容绍宗进军包围潼州。

十二月戊辰日，派遣太子舍人元贞返回北方为魏主。辛巳日，任命前征北将军、鄱阳王萧范为安北将军、南豫州刺史。

太清二年（548）春正月戊戌日，传令在位各官员举荐自己了解的人才。己亥日，东军攻占涡阳。辛丑日，任命尚书仆射谢举为尚书令，试任吏部尚书王克为尚书仆射。甲辰日，豫州刺史羊鸦仁、殷州刺史羊思达都弃城逃走，东魏进兵占据二州。乙卯日，任命大将军侯景为南豫州牧，安北将军、南豫州刺史、鄱阳王萧范为合州刺史。

三月甲辰日，抚东将军、高丽王高延去世，任命他的儿子为宁东将军、高丽王、乐浪公。己未日，任命镇东将军、南徐州刺史、邵陵王萧纶为平南将军、湘州刺史、同三司之仪，中卫将军、开府仪同三司萧渊藻为征东将军、南徐州刺史。这一天，屈獠洞人斩杀了李贲，将首级传送到京城。

夏四月丙子日，下诏命令外朝和州郡官员各自推举能胜任治理民众的清廉人士，全部遵守礼节送到京城。戊寅日，任命护军将军、河东王萧誉为湘州刺史。

五月辛丑日，任命新任的中书令、邵陵王萧纶为安前将军、开府仪同三司，前湘州刺史张缵为领军将军。辛亥日，破格赦免交、爱、德三州囚徒。癸丑日，下诏令说："治国在于人才众多，安宁民心需要用人得当。朕于履行政务有不明之处，尤其缺乏治国方法，孤独地处于帝位，如同身临深渊峻谷。尔等在朝官员，都要思考匡正补救，进献

夜见。


秋八月乙未，以右卫将军朱异为中领军。戊戌，侯景举兵反，擅攻马头、木栅、荆山等戍。甲辰，以安前将军、开府仪同三司邵陵王纶都督众军讨景。曲赦南豫州。


九月丙寅，加左光禄大夫元罗镇右将军。

冬十月，侯景袭谯州，执刺史萧泰。丁未，景进攻历阳，太守庄铁降之。戊申，以新除光禄大夫临贺王正德为平北将军，都督京师诸军，屯丹阳郡。己酉，景自横江济于采石。辛亥，景师至京，临贺王正德率众附贼。

十一月辛酉，贼攻陷东府城，害南浦侯萧推、中军司马杨曒。庚辰，邵陵王纶帅武州刺史萧弄璋、前谯州刺史赵伯超等入援京师，顿钟山爱敬寺。乙酉，纶进军湖头，与贼战，败绩。丙戌，安北将军鄱阳王范遣世子嗣、雄信将军裴之高等帅众入援，次于张公洲。

十二月戊申，天西北中裂，有光如火。尚书令谢举卒。丙辰，司州刺史柳仲礼、前衡州刺史韦粲、高州刺史李迁仕、前司州刺史羊鸦仁等并帅军入援，推仲礼为大都督。

三年春正月丁巳朔，柳仲礼帅众分据南岸。是日，贼济军于青塘，袭破韦粲营，粲拒战死。庚申，邵陵王纶、东扬州刺史临成公大连等帅兵集南岸。乙丑，中领军朱异卒。丙寅，以司农卿傅岐为中领军。戊辰，高州刺史李迁仕、天门太守樊文皎进军青溪东，为贼所破，文皎死之。壬午，荧惑守心。乙酉，太白昼见。


二月丁未，南兖州刺史南康王会理、前青冀二州刺史湘潭侯萧退帅江州之众，顿于兰亭苑。庚戌，安北将军、合州刺史鄱阳王

或赞同或反对的忠言，以相启迪。传令各州刺史，要广求优异人才，不要略过市井平民，务必穷尽山岩洞穴，将所得结果及时上奏。"这个月，夜晚出现两个月亮。

秋八月乙未日，任命右卫将军朱异为中领军。戊戌日，侯景起兵反叛，悍然攻打马头、木栅、荆山等戍堡。甲辰日，委派安前将军、开府仪同三司、邵陵王萧纶统领各支部队讨伐侯景。破格赦免南豫州的囚徒。

九月丙寅日，加授左光禄大夫元罗为镇右将军。

冬十月，侯景袭击谯州，捉住刺史萧泰。丁未日，侯景进军攻打历阳，太守庄铁投降。戊申日，任命新任光禄大夫、临贺王萧正德为平北将军，统领京城各军，驻扎在丹阳郡。己酉日，侯景从横江渡江抵达采石。辛亥日，侯景的军队到达京城，临贺王萧正德率众投靠贼军。

十一月辛酉日，贼军攻陷东府城，杀害了南浦侯萧推、中军司马杨瞰。庚辰日，邵陵王萧纶率领武州刺史萧弄璋、前谯州刺史赵伯超等进京救驾，停驻在钟山爱敬寺。乙酉日，萧纶进军到湖头，同贼军作战，兵败。丙戌日，安北将军、鄱阳王萧范派遣世子萧嗣、雄信将军裴之高等率领部队进京救驾，驻扎在张公洲。

十二月戊申，天西北中间裂开，有光芒如同烈火。尚书令谢举去世。丙辰日，司州刺史柳仲礼、前衡州刺史韦粲、高州刺史李迁仕、前司州刺史羊鸦仁等人都率领军队进京救驾，推举柳仲礼为大都督。

太清三年（549）春正月丁巳日初一，柳仲礼率领军队分别占据秦淮河南岸。这一天，贼军在青塘渡过秦淮河，突袭攻破韦粲的营寨，韦粲奋力拒敌直至战死。庚申日，邵陵王萧纶、东扬州刺史、临成公萧大连等人率领兵士聚集在南岸。乙丑日，中领军朱异去世。丙寅日，任命司农卿傅岐为中领军。戊辰日，高州刺史李迁仕、天门太守樊文皎进军至青溪以东，被贼军击败，樊文皎战死。壬午日，火星停留在心宿。乙酉日，太白金星在白天出现。

二月丁未日，南兖州刺史、南康王萧会理和前青冀二州刺史、湘潭侯萧退率领江州的军队，驻扎在兰亭苑。庚戌日，任命安北将军、

范以本号开府仪同三司。

三月戊午,前司州刺史羊鸦仁等进军东府北,与贼战,大败。己未,皇太子妃王氏薨。丁卯,贼攻陷宫城,纵兵大掠。己巳,贼矫诏遣石城公大款解外援军。庚午,侯景自为都督中外诸军事、大丞相、录尚书。辛未,援军各退散。丙子,荧惑守心。壬午,新除中领军傅岐卒。

夏四月己丑,京师地震。丙申,地又震。己酉,高祖以所求不供,忧愤寝疾。是月,青冀二州刺史明少遐、东徐州刺史湛海珍、北青州刺史王奉伯各举州附于魏。

五月丙辰,高祖崩于净居殿,时年八十六。辛巳,迁大行皇帝梓宫于太极前殿。

冬十一月,追尊为武皇帝,庙曰高祖。乙卯,葬于修陵。

高祖生知淳孝。年六岁,献皇太后崩,水浆不入口三日,哭泣哀苦,有过成人,内外亲党,咸加敬异。及丁文皇帝忧,时为齐随王咨议,随府在荆镇,仿佛奉闻,便投劾星驰,不复寝食,倍道就路,愤风惊浪,不暂停止。高祖形容本壮,及还至京都,销毁骨立,亲表士友,不复识焉。望宅奉讳,气绝久之,每哭辄欧血数升。服内不复尝米,惟资大麦,日止二溢。拜扫山陵,涕泪所洒,松草变色。及居帝位,即于钟山造大爱敬寺,青溪边造智度寺,又于台内立至敬等殿。又立七庙堂,月中再过,设净馔。每至展拜,恒涕泗滂沲,哀动左右。加以文思钦明,能事毕究,少而笃学,洞达儒玄。虽万机多务,犹卷不辍手,燃烛侧光,常至戊夜。造《制旨孝经义》《周易讲疏》,及《六十四卦》、二《系》、《文言》、《序卦》等义,《乐社义》《毛诗答问》《春秋答问》《尚书大义》《中庸讲疏》《孔子正言》《老子讲疏》,凡二百余卷,并正先儒之迷,开古圣之旨。王侯

合州刺史、鄱阳王萧范以本号开府仪同三司。

三月戊午日，前司州刺史羊鸦仁等人进军到东府以北，同贼军交战，遭遇大败。己未日，皇太子妃王氏去世。丁卯日，贼军攻破宫城，放纵士卒大肆劫掠。己巳日，贼人假传诏令，派遣石城公萧大款遣散外面的援军。庚午日，侯景自任都督中外诸军事、大丞相、录尚书事。辛未日，援军各自撤退散开。丙子日，火星停留在心宿。壬午日，新任中领军傅岐去世。

夏四月己丑日，京城发生地震。丙申日，大地又震。己酉日，高祖因所求的必需品得不到供给，忧虑气愤而患病。这个月，青冀二州刺史明少遐、东徐州刺史湛海珍、北青州刺史王奉伯各自献出本州投降东魏。

五月丙辰日，高祖在净居殿去世，时年八十六岁。辛巳日，将大行皇帝的棺椁迁到太极前殿。

冬十一月，追尊大行皇帝为武皇帝，庙号为高祖。乙卯日，安葬在修陵。

高祖生来就懂得淳厚孝顺。他六岁时，献皇太后去世，他三天水米不进，哭泣得十分伤心痛苦，比成年人还厉害，内外亲属，都感到尊敬和惊异。等到文皇帝去世，当时高祖正担任齐朝随王的咨议参军，随王幕府在荆州，隐约听到些消息，就递上辞职文书星夜赶路，不再吃饭睡觉，日夜兼程，遇到大风大浪也不稍作停留。高祖本来长得魁梧强壮，等回到京城，瘦得不成样子，亲属和朋友全都认不出来。他入拜家宅敬奉父亲，昏迷过去很长时间，痛哭一次就要吐出鲜血好几升。服丧期间不吃米饭，只食用大麦，每天按《仪礼·丧服》所言"朝一溢，暮一溢"要求进食。他拜祭陵墓，涕泪洒落之处，松树和野草都转为悲伤的颜色。到了后来登上帝位时，就在钟山修建大爱敬寺，又在青溪边建造智度寺，还在皇宫内设立至敬等殿。又设立七庙堂，每月两次前去礼拜，摆设素食。每到叩拜时，总是泪如雨下，哀伤之情感动了左右侍从。他还才思敏捷，凡事能深入研究，年轻时就勤奋学习，通晓儒学和道教义理。虽然事务繁多，仍然

朝臣皆奉表质疑，高祖皆为解释。修饰国学，增广生员，立五馆，置《五经》博士。天监初，则何佟之、贺玚、严植之、明山宾等覆述制旨，并撰吉凶军宾嘉五礼，凡一千余卷，高祖称制断疑。于是穆穆恂恂，家知礼节。大同中，于台西立士林馆，领军朱异、太府卿贺琛、舍人孔子祛等递相讲述。皇太子、宣城王亦于东宫宣猷堂及扬州廨开讲，于是四方郡国，趋学向风，云集于京师矣。兼笃信正法，尤长释典，制《涅盘》《大品》《净名》《三慧》诸经义记，复数百卷。听览余闲，即于重云殿及同泰寺讲说，名僧硕学，四部听众，常万余人。又造《通史》，躬制赞序，凡六百卷。天情睿敏，下笔成章，千赋百诗，直疏便就，皆文质彬彬，超迈今古。诏铭赞诔，箴颂笺奏，爰初在田，洎登宝历，凡诸文集，又百二十卷。六艺备闲，棋登逸品，阴阳纬候，卜筮占决，并悉称善。又撰《金策》三十卷。草隶尺牍，骑射弓马，莫不奇妙。勤于政务，孜孜无怠。每至冬月，四更竟，即敕把烛看事，执笔触寒，手为皴裂。纠奸摘伏，洞尽物情，常哀矜涕泣，然后可奏。日止一食，膳无鲜腴，惟豆羹粝食而已。庶事繁拥，日倦移中，便嗽口以过。身衣布衣，木绵皂帐，一冠三载，一被二年。常克俭于身，凡皆此类。五十外便断房室。后宫职司贵妃以下，六宫袆褕三翟之外，皆衣不曳地，傍无锦绮。不饮酒，不听音声，非宗庙祭祀、大会飨宴及诸法事，未尝作乐。性方正，虽居小殿暗室，恒理衣冠，小坐押褾，盛夏暑月，未尝褰袒。不正容止，不与人相见，虽觌内竖小臣，亦如遇大宾也。历观古昔帝王人君，恭俭庄敬，艺能博学，罕或有焉。

手不释卷，秉烛借光阅读，常常到五更。曾撰写《制旨孝经义》《周易讲疏》以及《六十四卦》、二篇《系辞》、《文言》、《序卦》等经典篇章的义疏，还有《乐社义》《毛诗答问》《春秋答问》《尚书大义》《中庸讲疏》《孔子正言》《老子讲疏》，共二百多卷，都能理正前代儒者的迷惑，揭示古代圣人的原旨。王侯朝臣都提交奏表询问疑难，高祖一一为他们解释。他还修造装饰国子学，增加学员的名额，设立五馆，设置《五经》博士。天监初年，有何佟之、贺场、严植之、明山宾等人阐述皇帝旨意，并撰写吉、凶、军、宾、嘉五礼，共一千多卷，由高祖为其决断疑难。在这个时期，风气端庄肃敬，家家户户都懂得礼节。大同年间，在台城西设立士林馆，领军朱异、太府卿贺琛、舍人孔子祛等轮番在其中讲授学理。皇太子、宣城王也在东宫的宣献堂和扬州府衙设立讲坛，于是四方郡国，追求学问仰慕品德之人全都云集在京城。高祖笃信佛法，尤其擅长佛教典籍，曾撰写了《涅盘》《大品》《净名》《三慧》等经的义疏，又有好几百卷。处理政事每有余暇时，就在重云殿和同泰寺讲经说法，有名的僧人和渊博的学者，四部听众前来听讲的往往有一万多人。又编撰《通史》，并亲自写作赞语和序言，共六百卷。天性睿智敏捷，下笔成章，千篇词赋百首诗歌，径直写下就可完成，全都是文采与内容相得益彰，超越古今。他的诏书、碑铭、赞语、诔文，以及箴言、颂辞、书札、奏章，从起初在民间为官直到登上帝位，所有文集共一百二十卷。他对六艺的理解十分透彻，棋艺达到超凡逸俗的境界，对阴阳纬候之学和占卦卜筮也十分擅长。又撰写有《金策》三十卷。草书隶书和文书信笺，乃至骑马射箭，无不精通神妙。勤于政事，孜孜不倦。每到冬月，四更天一过就下令掌起烛火视事，握朱笔的手接触到寒气，久之都开始裂口。能够纠察奸邪揭露阴谋，深刻地洞察人心，常因怜悯同情而流泪，然后同意所奏。每天仅吃一餐，膳食中没有鲜鱼肥肉，只有豆羹粗食而已。各种事务繁杂琐细，一到中午，就漱漱口不再进食。身上穿着布做的衣服，床上是木绵青帐，一顶冠要戴三年，一床被褥要用二年。时常要求自己克制节俭，类似这样的事非常多。五十岁过后就断绝了床第之欢。贵妃以下所有的后宫女官，六宫以内除了三种绘有山雉的

史臣曰：齐季告终，君临昏虐，天弃神怒，众叛亲离。高祖英武睿哲，义起樊、邓，仗旗建号，濡足救焚，总苍兕之师，翼龙豹之阵，云骧雷骇，剪暴夷凶，万邦乐推，三灵改卜。于是御凤历，握龙图，辟四门弘招贤之路，纳十乱引谅直之规。兴文学，修郊祀，治五礼，定六律，四聪既达，万机斯理，治定功成，远安迩肃。加以天祥地瑞，无绝岁时。征赋所及之乡，文轨傍通之地，南超万里，西拓五千。其中瑰财重宝，千夫百族，莫不充牣王府，蹶角阙庭。三四十年，斯为盛矣。自魏、晋以降，未或有焉。及乎耄年，委事群幸。然朱异之徒，作威作福，挟朋树党，政以贿成，服冕乘轩，由其掌握，是以朝经混乱，赏罚无章。"小人道长"，抑此之谓也。贾谊有云"可为恸哭者矣"。遂使滔天羯寇，承间掩袭，鹜羽流王屋，金契辱乘舆，涂炭黎元，黍离宫室。呜呼！天道何其酷焉。虽历数斯穷，盖亦人事然也。

祭祀礼服之外，服饰都不拖曳在地，再没有别的绫罗锦绣。不饮酒，不听乐声，如果不是宗庙祭祀、大会群臣宴饮以及各种法事，从不奏乐。性格端庄，虽然住在小殿暗室里，也总是整理好衣冠，即便闲坐也都要系好衣带。盛夏溽暑，也从不撩起衣裳袒露躯体。容貌不够端庄时，不与人见面，即便是与宫内宦官下臣相见，也如同接待贵宾一样庄重。历观自古以来的君王，恭顺节俭端庄虔敬，多才多艺学问广博的，恐怕鲜少有可与他相比的。

史臣说：齐朝末代，天命终结，主上昏庸暴虐，惹得天弃神怒，众叛亲离。高祖英明神武，通达明智，在樊城、邓城一带兴师举事，树起军旗建名立号，拯救民众于水深火热之中，统领青色犀牛一般勇猛的军队，布起蛟龙猛豹一样雄壮的阵势，如云奔雷滚，翦除暴徒消灭元凶，受到天下人的诚意推举，天、地、人三灵也改变了命数。于是登上宝座，手握河图，打开四门打通广招贤士之路，接纳可辅佐帝业的治国能臣推延诚信正直的规范。复兴文教事业，修葺祭祀场所，整治吉、嘉、宾、军、凶等五种礼仪，制定吏、户、礼、兵、刑、工等六种律法，加强对天下四方的视听，让政务万机得到治理，政治稳定功成名就，远地安宁近土肃穆。又加上天地呈现祥瑞，每年每季都不断出现。国家赋税所覆盖的乡间，文书和车轨所通行的地方，向南超过了一万里，向西拓展了五千里。在这片土地上，珍奇的财货和贵重的宝器有成千成百，全都充盈于国家的府库，进献给朝廷。三四十年以内，这一时期可称得上兴盛了。自从魏、晋以来，恐怕还从未有过此等盛世。到了他的老年时代，把政事托付给一群宠幸嬖爱的臣子。然而朱异之流，作威作福，纠集朋党，凡政事皆因贿赂而办，官员的升迁降黜被他们操纵，因此朝廷纲纪混乱，赏罚没有章法。所谓"小人道长"，应该就是指这个样子了。正如贾谊所说的，"值得为之悲伤痛哭啊"。于是致使声势浩大的羯族贼寇趁机偷袭，北地的雕鹫羽毛横行于宫廷，异族的刀枪侮辱了圣驾，黎民受到涂炭之苦，宫室变得荒颓凄凉。呜呼！天道是何等的残酷啊。虽然这是因为国家的命数到了穷厄之时，应该也是人之行事使然吧。

# 卷四

## 本纪第四
### 简文帝

太宗简文皇帝讳纲，字世缵，小字六通，高祖第三子，昭明太子母弟也。天监二年十月丁未，生于显阳殿。五年，封晋安王，食邑八千户。八年，为云麾将军，领石头戍军事，量置佐吏。九年，迁使持节、都督南北兖青徐冀五州诸军事、宣毅将军、南兖州刺史。十二年，入为宣惠将军、丹阳尹。十三年，出为使持节、都督荆雍梁南北秦益宁七州诸军事、南蛮校尉、荆州刺史，将军如故。十四年，徙为都督江州诸军事、云麾将军、江州刺史，持节如故。十七年，征为西中郎将、领石头戍军事，寻复为宣惠将军、丹阳尹，加侍中。普通元年，出为使持节、都督益宁雍梁南北秦沙七州诸军事、益州刺史；未拜，改授云麾将军、南徐州刺史。四年，徙为使持节、都督雍梁南北秦四州郢州之竟陵司州之随郡诸军事，平西将军、宁蛮校尉、雍州刺史。五年，进号安北将军。七年，权进都督荆、益、南梁三州诸军事。是岁，丁所生穆贵嫔丧，上表陈解，诏还摄本任。中大通元年，诏依先给鼓吹一部。二年，征为都督南扬徐二州诸军事、骠骑将军、扬州刺史。三年四月乙巳，昭明太子薨。五月丙申，诏曰："非至公无以主天下，非博爱无以临四海。所以尧舜克让，惟德是与；文王舍伯邑考而立武王，格于上下，光于四表。今岱宗牢落，天步艰难，淳风犹郁，黎民未乂，自非克明克哲，允武允文，岂能荷神器之重，嗣龙图之尊。晋安王纲，文义生知，孝敬自然，威惠外宣，德行内敏，群后归美，率土宅心。可立为皇太子。"七月乙亥，临轩策拜，以修缮东宫，权居东府。四年九月，移还东宫。

太宗简文皇帝名纲，字世缵，乳名叫六通，是高祖第三个儿子，昭明太子的同母弟弟。天监二年（503）十月丁未日出生在显阳殿。天监五年，封为晋安王，食邑八千户。天监八年（509），被任命为云麾将军，领石头戍军事，可以自行裁量设置辅佐的吏员。天监九年（510），迁任使持节，都督南北兖、青、徐、冀五州诸军事、宣毅将军、南兖州刺史。天监十二年（513），入朝担任宣惠将军、丹阳尹。天监十三年（514），他出京担任使持节，都督荆、雍、梁、南秦、北秦、益、宁七州诸军事，南蛮校尉，荆州刺史，照旧担任宣惠将军。天监十四年（515），转任都督江州诸军事、云麾将军、江州刺史，照旧担任使持节。天监十七年（518），被征召为西中郎将、领石头戍军事，不久又担任宣惠将军、丹阳尹，加授侍中。普通元年（520），出京担任使持节，都督益、宁、雍、梁、南秦、北秦、沙七州诸军事，益州刺史；还未实授，又改授云麾将军、南徐州刺史。普通四年（523），转任使持节，都督雍、梁、南秦、北秦四州及郢州的竟陵和司州的随郡诸军事，平西将军、宁蛮校尉、雍州刺史。普通五年（524），进号为安北将军。普通七年（526），代理都督荆、益、南梁三州诸军事。这一年，因生母穆贵嫔去世，上表陈情请求解职丁忧，高祖下诏令他还任本职。中大通元年（529），下诏依先例赐予鼓吹乐班一部。中大通二年（530），被征召为都督南扬、徐二州诸军事、骠骑将军、扬州刺史。中大通三年（531）四月乙巳日，昭明太子去世。五月丙申日，高祖下诏书说："若不是至为公正者，则不可主宰天下；如果不能博爱，就不能君临四海。所以尧帝舜帝能够谦让，只把帝位传给有大德之人；文王舍弃了伯邑考而另立武王，为上下树立起榜样，其懿行光耀于天下。如今太子不幸殒命，天子亦举步艰难，淳朴的民风尚未浓

太清三年五月丙辰，高祖崩。辛巳，即皇帝位。诏曰："朕以不造，夙丁闵凶。大行皇帝奄弃万国，攀慕号躃，厝身靡所。猥以寡德，越居民上；茕茕在疚，罔知所托，方赖藩辅，社稷用安。谨遵先旨，顾命遗泽，宜加亿兆。可大赦天下。"壬午，诏曰："育物惟宽，驭民惟惠，道著兴王，本非隶役。或开奉国，便致擒虏，或在边疆，滥被抄劫。二邦是竞，黎元何罪！朕以寡昧，创承鸿业，既临率土，化行宇宙，岂欲使彼独为匪民。诸州见在北人为奴婢者，并及妻儿，悉可原放。"癸未，追谥妃王氏为简皇后。

六月丙戌，以南康嗣王会理为司空。丁亥，立宣城王大器为皇太子。壬辰，封当阳公大心为寻阳郡王，石城公大款为江夏郡王，宁国公大临为南海郡王，临城公大连为南郡王，西丰公大春为安陆郡王，新淦公大成为山阳郡王，临湘公大封为宜都郡王。

秋七月甲寅，广州刺史元景仲谋应侯景，西江督护陈霸先起兵攻之，景仲自杀，霸先迎定州刺史萧勃为刺史。戊辰，以吴郡置吴州，以安陆王大春为刺史。庚午，以司空南康嗣王会理兼尚书令，南海王大临为扬州刺史，新兴王大庄为南徐州刺史。是月，九江大

厚，黎民的生业尚未安定，若非贤明圣哲之人，文武双全之士，又怎能承担治理国家的重任，继承天子的伟业？晋安王萧纲，生来就知道文辞的义理，自然而然地懂得奉行孝道，他的威信与恩惠早已扬名在外，其德操品行早已修炼于内，诸王都对他由衷赞美，普天之民也都归心于他。可以立他为皇太子。"七月乙亥日，萧纲面对正殿前的平台接受策立和叩拜。因为需要修缮东宫，暂时居住在东府中。中大通四年（532）九月，移居回到东宫。

太清三年（549）五月丙辰日，高祖驾崩。辛巳日，太宗即皇帝位。下诏令说："朕因为毫无建树，过早的遭遇了凶丧。先帝突然舍离万国而去，朕牵挂思念号哭仆地，无处安放此丧父之身。凭朕之微薄德行，要越居万民之上，内心孤独而十分内疚，不知何处可寄此心，必将有赖于众臣的屏障与辅佐，才能使社稷实现安定。朕谨遵先帝谕旨，顾念他遗留的恩泽，应当将之施予天下万民。可大赦天下。"壬午日，下诏说："养育万物应该宽宥，驾取人民应多施惠，德行显著，王道方能兴盛，而不是借奴役他人来强国兴邦。有的人开拓疆土为国奉献，仅仅因此就遭擒获俘虏；有的人生于边疆，无辜地被抄掳劫掠。两个国家彼此竞争，两国的百姓有何罪过！朕虽寡德昏昧，但既然继承了大业，君临天下，教化之风气自当遍及宇内，岂能任百姓承受非人待遇？各州现有以北人做奴婢的，连同其妻子儿女，都可释放，令回原乡。"癸未日，追赐去世的太子妃王氏谥号为简皇后。

六月丙戌日，任命南康嗣王萧会理为司空。丁亥日，立宣城王萧大器为皇太子。壬辰日，封当阳公萧大心为寻阳郡王，石城公萧大款为江夏郡王，宁国公萧大临为南海郡王，临城公萧大连为南郡王，西丰公萧大春为安陆郡王，新淦公萧大成为山阳郡王，临湘公萧大封为宜都郡王。

秋七月甲寅日，广州刺史元景仲阴谋响应侯景叛乱，西江督护陈霸先起兵攻打他，元景仲兵败自杀，陈霸先迎接定州刺史萧勃为广州刺史。戊辰日，在吴郡置吴州，以安陆王萧大春为吴州刺史。庚午日，任命司空、南康嗣王萧会理兼尚书令，南海王萧大临为扬州刺史，新兴王萧大庄为南徐州刺史。这个月，九江饥荒大起，人相食，死者有

饥，人相食十四五。

八月癸卯，征东大将军、开府仪同三司、南徐州刺史萧渊藻薨。

冬十月丁未，地震。

十二月，百济国遣使献方物。

大宝元年春正月辛亥朔，以国哀不朝会。诏曰："盖天下者，至公之神器，在昔三五，不获已而临莅之。故帝王之功，圣人之余事。轩冕之华，傥来之一物。太祖文皇帝含光大之量，启西伯之基。高祖武皇帝道洽二仪，智周万物。属齐季荐瘥，彝伦剥丧，同气离入苑之祸，元首怀无厌之欲，乃当乐推之运，因亿兆之心，承彼掎角，雪兹仇耻。事非为己，义实从民。故功成弗居，卑宫菲食，大慈之业普薰，汾阳之诏屡下。于兹四纪，无得而称。朕以寡昧，哀茕孔棘，生灵已尽，志不图全，僶俛视阴，企承鸿绪。悬旌履薄，未足云喻。痛甚愈迟，谅暗弥切。方当玄默在躬，栖心事外。即王道未直，天步犹艰，式凭宰辅，以弘庶政。履端建号，抑惟旧章。可大赦天下，改太清四年为大宝元年。"丁巳，天雨黄沙。己未，太白经天，辛酉乃止。西魏寇安陆，执司州刺史柳仲礼，尽没汉东之地。丙寅，月昼见。癸酉，前江都令祖皓起义，袭广陵，斩贼南兖州刺史董绍先。侯景自帅水步军击皓。

十之四五。

八月癸卯日，征东大将军、开府仪同三司、南徐州刺史萧渊藻去世。

冬十月丁未日，发生地震。

十二月，百济国派遣使者前来进贡当地特产。

大宝元年（550）春正月辛亥日初一，因国哀而不举行朝会。下诏令说："所谓天下，是最公平无私的神器，昔日的三皇五帝，因无法推辞而莅临天下。所以帝王的功业，乃是圣人本初志向之外的事；服冕乘轩的华贵尊荣，亦不过是偶得之物。太祖文皇帝有光大事业的雅量，奠定了如文王建周一样的基业。高祖武皇帝德政润泽天地，智慧周全万物。在齐代末季，上天接连降下灾祸，礼法和人伦都陷入离衰，兄弟无辜遭受飞来横祸，而昏君仍怀着难以满足的欲望，于是高祖因应天下乐于推戴的时运，顺从兆亿人民的心愿，迎击敌人的肆虐锋芒，洗雪万民的仇恨耻辱。这些举动不是为了自己，其义理实乃顺应民心而为之。所以剪除元凶的功劳告成而不居功自傲，仍然居住在低矮的宫室中，吃简朴的菜饭，让大慈的事业普泽四方，故而齐帝禅让的诏书屡次降下。时至今日，已经四十八载过去了，其德业无法用言语形容。朕因为寡德而昏昧，倍感哀伤孤独困窘无助，天下生灵已尽陷凶难中，保育万民的志向宏图已不能实现，朕只有勉力视事，企望能承续先帝的统绪。无论是孤悬的旌旗还是脚踏的薄冰，都不足以比拟朕此时的戒惧之情。哀痛之情绵延愈久，为先帝居丧之悲愈加深切。朕正当重孝在身，心思全羁留于政事之外的哀痛当中。因王道未能畅直，天子仍然举步艰难，必然要依靠股肱宰辅，来宏扬朝廷政绩。朕即位伊始，建立年号，一切全按照既有典章制度。可以大赦天下，改太清四年为大宝元年。"丁巳日，天上降下无数黄沙。己未日，太白金星经过天空，直到辛酉日才消失。西魏军队入侵安陆，生擒司州刺史柳仲礼，汉水以东之地全部陷落。丙寅日，月亮在白昼出现。癸酉日，前江都令祖皓率众起义，偷袭广陵，斩杀了贼臣南兖州刺史董绍先。侯景亲自率领水步军攻击祖皓。

二月癸未，景攻陷广陵，皓等并见害。丙戌，以安陆王大春为东扬州刺史。省吴州，如先为郡。诏曰："近东垂扰乱，江阳纵逸。上宰运谋，猛士雄奋，吴、会肃清，济、兖澄谧，京师畿内，无事戎衣。朝廷达宫，斋内左右，并可解严。"乙巳，以尚书仆射王克为左仆射。是月，邵陵王纶自寻阳至于夏口，郢州刺史南平王恪以州让纶。丙午，侯景逼太宗幸西州。

夏五月庚午，征北将军、开府仪同三司鄱阳嗣王范薨。自春迄夏，大饥，人相食，京师尤甚。

六月辛巳，以南郡王大连行扬州事。庚子，前司州刺史羊鸦仁自尚书省出奔西州。

秋七月戊辰，贼行台任约寇江州，刺史寻阳王大心以州降约。是月，以南郡王大连为江州刺史。

八月甲午，湘东王绎遣领军将军王僧辩率众逼郢州。乙亥，侯景自进位相国，封二十郡为汉王。邵陵王纶弃郢州走。

冬十月乙未，侯景又逼太宗幸西州曲宴，自加宇宙大将军、都督六合诸军事。立皇子大钧为西阳郡王，大威为武宁郡王，大球为建平郡王，大昕为义安郡王，大挚为绥建郡王，大圝为乐梁郡王。壬寅，景害南康嗣王会理。

十一月，任约进据西阳，分兵寇齐昌，执衡阳王献送京师，害之。湘东王绎遣前宁州刺史徐文盛督众军拒约。南郡王前中兵张彪起义于会稽若邪山，攻破浙东诸县。

二年春二月，邵陵王纶走至安陆董城，为西魏所攻，军败，死。

三月，侯景自帅众西寇。丁未，发京师，自石头至新林，舳舻相

二月癸未日，侯景攻陷广陵，祖皓等人都被杀害。丙戌日，太宗任命安陆王萧大春为东扬州刺史。裁撤吴州，仍像从前一样设置吴郡。下诏说："近来东部地区混乱，江东地区放纵不受约束。皇上与宰相运谋策划，猛士雄风奋发，吴、会两地的叛乱被肃清，济、兖两州都已平定澄清安宁，京城周边已经没有战事。朝廷宫殿，京城各处，都可以解除紧急状态。"乙巳日，任命尚书仆射王克为左仆射。这个月，邵陵王萧纶从寻阳来到夏口，郢州刺史、南平王萧恪把郢州让给萧纶。丙午日，侯景逼迫太宗巡幸西州。

夏五月庚午日，征北将军、开府仪同三司、鄱阳嗣王萧范去世。从春到夏，饥荒大兴，人相食，京城灾情尤其重。

六月辛巳，任命南郡王萧大连代理扬州刺史。庚子日，前司州刺史羊鸦仁从尚书省出逃至西州。

秋七月戊辰日，贼臣行台任约入侵江州，江州刺史、寻阳王萧大心献出本州投降任约。这个月，任命南郡王萧大连为江州刺史。

八月甲午日，湘东王萧绎派遣领军将军王僧辩率众逼近郢州。乙亥日，侯景自己进位为相国，封给自己二十个郡，称为汉王。邵陵王萧纶放弃郢州逃走。

冬季的十月乙未，侯景又逼迫太宗巡幸西州设摆曲宴，并自封为宇宙大将军、都督六合诸军事。立皇子萧大钧为西阳郡王，萧大威为武宁郡王，萧大球为建平郡王，萧大昕为义安郡王，萧大挚为绥建郡王，萧大圜为乐梁郡王。壬寅日，侯景杀害了南康嗣王萧会理。

十一月，任约进据西阳，分兵侵扰齐昌，捉住了衡阳王萧献，解送到京城，并杀害了他。湘东王萧绎派遣前宁州刺史徐文盛督军抵抗任约。南郡王麾下前中兵张彪在会稽若邪山起义，攻破浙东各县。

大宝二年（551）春二月，邵陵王萧纶逃至安陆董城，被西魏所攻，兵败，死于军中。

三月，侯景亲自率部向西侵扰。丁未日，他从京城发兵，从石头

接。

四月，至西阳。乙亥，景分遣伪将宋子仙、任约袭郢州。丙子，执刺史萧方诸。

闰月甲子，景进寇巴陵，湘东王绎所遣领军将军王僧辩连战不能克。

五月癸未，湘东王绎遣游击将军胡僧祐、信州刺史陆法和援巴陵，景遣任约帅众拒援军。

六月甲辰，僧祐等击破任约，擒之。乙巳，景解围宵遁，王僧辩督众军追景。庚申，攻鲁山城，克之，获魏司徒张化仁、仪同门洪庆。辛酉，进围郢州，下之，获贼帅宋子仙等。鄱阳王故将侯瑱起兵，袭伪仪同于庆于豫章，庆败走。

秋七月丁亥，侯景还至京师。辛丑，王僧辩军次湓城，贼行江州事范希荣弃城走。

八月丙午，晋熙人王僧振、郑宠起兵袭郡城，伪晋州刺史夏侯威生、仪同任延遁走。戊午，侯景遣卫尉卿彭俊、厢公王僧贵率兵入殿，废太宗为晋安王，幽于永福省。害皇太子大器、寻阳王大心、西阳王大钧、武宁王大威、建平王大球、义安王大昕及寻阳王诸子二十人。矫为太宗诏，禅于豫章嗣王栋，大赦改年。遣使害南海王大临于吴郡，南郡王大连于姑孰，安陆王大春于会稽，新兴王大庄于京口。

冬十月壬寅，帝谓舍人殷不害曰："吾昨夜梦吞土，卿试为我思之。"不害曰："昔重耳馈块，卒还晋国。陛下所梦，得符是乎。"及王伟等进觞于帝曰："丞相以陛下忧愤既久，使臣上寿。"帝笑曰："寿酒，不得尽此乎？"于是并赍酒肴、曲项琵琶，与帝饮。帝知不免，乃尽酣，曰："不图为乐一至于斯！"既醉寝，王伟、彭、俊进土囊，王修纂坐其上，于是太宗崩于永福省，时年四十九。贼伪谥

城直到新林，江中的战船首尾相接。

四月，侯景进抵西阳。乙亥日，侯景分派伪将宋子仙、任约袭击郢州。丙子日，俘虏了郢州刺史萧方诸。

闰月甲子日（该年闰月无甲子日），侯景进军侵犯巴陵，湘东王萧绎所遣的领军将军王僧辩连续出战侯景军，不能取胜。

五月癸未日，湘东王萧绎派遣游击将军胡僧祐、信州刺史陆法和驰援巴陵，侯景派任约率众抵敌援军。

六月甲辰日，胡僧祐等人击败了任约的军队，活捉任约。乙巳日，侯景解除巴陵之围，连夜遁逃，王僧辩督率众军追击他。庚申日，攻打鲁山城，将它打破，捉得西魏司徒张化仁、仪同门洪庆。辛酉日，又进军包围攻克郢州，俘获贼帅宋子仙等人。鄱阳王旧将侯瑱起兵，在豫章袭击伪仪同于庆，于庆兵败逃走。

秋七月丁亥日，侯景逃回京城。辛丑日，王僧辩的军队进驻湓城，贼臣行江州事范希荣弃城逃走。

八月丙午日，晋熙人王僧振和郑宠起兵袭击晋熙郡城，伪晋州刺史夏侯威生、仪同任延逃跑。戊午日，侯景派卫尉卿彭俊、厢公王僧贵率兵入殿，废掉太宗的帝号，降为晋安王，将他幽禁在永福省中。又杀害了皇太子萧大器、寻阳王萧大心、西阳王萧大钧、武宁王萧大威、建平王萧大球、义安王萧大昕以及寻阳王诸子二十人。侯景假传太宗诏令，禅让帝位给豫章嗣王萧栋，大赦天下，更改年号。侯景又派遣使者到吴郡杀害了南海王萧大临，到姑孰杀害了南郡王萧大连，到会稽杀害了安陆王萧大春，到京口杀害了新兴王萧大庄。

冬十月壬寅日，太宗对舍人殷不害说："我昨夜梦见吞下泥土，请卿试为我解梦。"殷不害说："从前晋公子重耳得到土块，最终得以回归晋国。陛下所梦，也许与这个故事相符吧？"后来王伟等人进献寿酒给太宗，说："丞相因为陛下忧愤已久，特地派臣等为陛下祝寿。太宗笑着说："既是寿酒，岂能不喝干它？"于是王伟传令一并送上佐酒菜肴和曲项琵琶，与太宗一起饮酒。太宗知道难免一死，

曰明皇帝，庙称高宗。明年三月己丑，王僧辩率前百官奉梓宫升朝堂，世祖追崇为简文皇帝，庙曰太宗。四月乙丑，葬庄陵。

初，太宗见幽絷，题壁自序云："有梁正士兰陵萧世缵，立身行道，终始如一，风雨如晦，鸡鸣不已。弗欺暗室，岂况三光，数至于此，命也如何！"又为《连珠》二首，文甚悽怆。

太宗幼而敏睿，识悟过人，六岁便属文，高祖惊其早就，弗之信也。乃于御前面试，辞采甚美。高祖叹曰："此子，吾家之东阿。"既长，器宇宽弘，未尝见愠喜。方颊丰下，须鬓如画，眄睐则目光烛人。读书十行俱下。九流百氏，经目必记；篇章辞赋，操笔立成。博综儒书，善言玄理。自年十一，便能亲庶务，历试蕃政，所在有称。在穆贵嫔忧，哀毁骨立，昼夜号泣不绝声，所坐之席，沾湿尽烂。在襄阳拜表北伐，遣长史柳津、司马董当门、壮武将军杜怀宝、振远将军曹义宗等众军进讨，克平南阳、新野等郡，魏南荆州刺史李志据安昌城降，拓地千余里。及居监抚，多所弘宥，文案簿领，纤毫不可欺。引纳文学之士，赏接无倦，恒讨论篇籍，继以文章。高祖所制《五经讲疏》，尝于玄圃奉述，听者倾朝野。雅好题诗，其序云："余七岁有诗癖，长而不倦。"然伤于轻艳，当时号曰"宫体"。所著《昭明太子传》五卷、《诸王传》三十卷、《礼大义》二十卷、《老子义》二十卷、《庄子义》二十卷、《长春义记》一百卷、《法宝连璧》三百卷，并行于世焉。

就尽兴酣饮，说："不料竟然如此快乐！"不久大醉睡去，王伟、彭
儁拿来盛土的袋子，王修篡坐在上面，于是太宗在永福省驾崩，时年
四十九岁。贼臣给他的伪谥号为明皇帝，庙号称高宗。第二年（552）
三月癸丑日，王僧辩率领前朝百官奉太宗灵柩升朝堂，世祖追尊他
为简文皇帝，庙号太宗。四月乙丑日，葬于庄陵。

起初，太宗被幽禁时，在墙壁上题写自述说："有梁正直之士兰陵
萧世缵，立身行事，始终如一。而今风雨交加，天色晦暗，鸡鸣不止。自
古暗室尚不欺心，何况在朗朗乾坤之下。劫数到了如此地步，命运啊究竟
会是怎样！"又作《连珠》二首，文辞十分悲怆。

太宗年幼时就聪敏睿智，见识悟性过于常人，六岁便能作文
章，高祖对他的早慧感到惊讶，不相信有此等事，就在御座前考他，
结果辞采果然十分华美。高祖感叹说："这孩子，真是我家的曹植
啊。"长大以后，气宇轩昂宽宏大量，未曾见他喜怒形于色。面颊方正
下巴饱满，须髯鬓发宛如画成，顾盼之下目光灼人。读书一目十行。
三教九流诸子百家，全都能过目成诵；各种文章辞赋，拿起笔即刻就
能写成。博览综采儒家经典，尤其善于谈论玄理。从十一岁起，便能
亲自处理政务，历次主持多种政事，所在的地区人们对他多有称颂。
当穆贵嫔去世时，太宗悲痛得形销骨立，昼夜号泣不止，所坐的席子
全都被眼泪沤湿而腐烂。曾在襄阳奉旨北伐，派遣长史柳津、司马董
当门、壮武将军杜怀宝、振远将军曹义宗等各路人马进讨北魏，攻克
平定了南阳、新野等郡，北魏的南荆州刺史李志献出占据的安昌城而
降，一举拓展国土千余里。等到他担任监国、抚军等职时，时常宽赦
宏宥，视事的一切文案册簿，都不能欺骗他分毫。又广泛延揽文人
学士，接待奖赏他们不知疲倦，经常与他们讨论篇章典籍，讨论之后
就写作文章。高祖所著的《五经讲疏》，太宗曾在宫中的玄圃公开讲
述，听讲者遍布朝堂内外。非常喜好题诗，他的自序说："我七岁时
就有诗癖，长大后仍乐此不疲。"然而诗作有伤于轻佻浓艳，当时人
称之为"宫体"。太宗所著有《昭明太子传》五卷、《诸王传》三十卷、
《礼大义》二十卷、《老子义》二十卷、《庄子义》二十卷、《长春义

　　史臣曰：太宗幼年聪睿，令问凤标，天才纵逸，冠于今古。文则时以轻华为累，君子所不取焉。及养德东朝，声被夷夏，洎乎继统，实有人君之懿矣。方符文、景，运钟《屯》《剥》，受制贼臣，弗展所蕴，终罹怀、愍之酷，哀哉！

记》一百卷、《法宝连璧》三百卷，都在世间流传。

　　史臣说：太宗幼年聪敏睿智，美好的名声早已传扬，天造之才华沛然流逸，冠绝于古今。文章则不时有轻浮浓艳的缺陷，不被君子所认可。等到他在东朝修养德行时，他的声名已然传遍全国，到了继承帝位之后，就实在地具有人君的美德了。正当他应像汉代文、景二帝一样开创治世之时，其命运却如《屯》《剥》二卦那样不吉，受到贼臣的控制，未能施展其才具，最终遭遇到晋怀帝、晋愍帝一样残酷的结局，这是何等的悲哀啊！

# 卷五

## 本纪第五

### 元帝

世祖孝元皇帝讳绎，字世诚，小字七符，高祖第七子也。天监七年八月丁巳生。十三年，封湘东郡王，邑二千户。初为宁远将军、会稽太守，入为侍中、宣威将军、丹阳尹。普通七年，出为使持节、都督荆湘郢益宁南梁六州诸军事、西中郎将、荆州刺史。中大通四年，进号平西将军。大同元年，进号安西将军。三年，进号镇西将军。五年，入为安右将军、护军将军，领石头戍军事。六年，出为使持节、都督江州诸军事、镇南将军、江州刺史。太清元年，徙为使持节、都督荆雍湘司郢宁梁南北秦九州诸军事、镇西将军、荆州刺史。三年三月，侯景寇没京师。四月，太子舍人萧韶至江陵宣密诏，以世祖为侍中、假黄钺、大都督中外诸军事、司徒承制，余如故。是月，世祖征兵于湘州，湘州刺史河东王誉拒不遣。六月丙午，遣世子方等帅众讨誉，战所败死。七月，又遣镇兵将军鲍泉代讨誉。九月乙卯，雍州刺史岳阳王詧举兵反，来寇江陵，世祖婴城拒守。乙丑，詧将杜崱与其兄弟及杨混各率其众来降。丙寅，詧遁走。鲍泉攻湘州不克，又遣左卫将军王僧辩代将。

大宝元年，世祖犹称太清四年。正月辛亥朔，左卫将军王僧辩获橘三十子共蒂，以献。

二月甲戌，衡阳内史周弘直表言凤皇见郡界。

夏五月辛未，王僧辩克湘州，斩河东王誉，湘州平。

　　世祖孝元皇帝名绎，字世诚，乳名叫七符，是高祖的第七个儿子。天监七年（508）八月丁巳日出生。天监十三（514）年，被封为湘东郡王，食邑二千户。起初担任宁远将军、会稽太守，入朝之后任侍中、宣威将军、丹阳尹。普通七年（526），出京担任使持节，都督荆、湘、郢、益、宁、南梁六州诸军事，西中郎将，荆州刺史。中大通四年（532），进号为平西将军。大同元年（535），又进号为安西将军。大同三年（537），进号为镇西将军。大同五年（539），入朝为安右将军，护军将军，兼领石头城军事。大同六年（540），出京担任使持节、都督江州诸军事、镇南将军、江州刺史。太清元年（547），迁任为使持节，都督荆、雍、湘、司、郢、宁、梁、南秦、北秦九州诸军事，镇西将军，荆州刺史。太清三年（549）三月，侯景入侵，攻陷了京师。四月，太子舍人萧歆到江陵宣读密诏，任命世祖为侍中、假黄钺、大都督中外诸军事、司徒，凡事可承旨便宜行事，其余官职照旧。这个月，世祖在湘州征召军队，湘州刺史、河东王萧誉抗命拒不派遣部队。六月丙午日，世祖派遣世子萧方等领军讨伐萧誉，交战失败，萧方等战死。七月，世祖又派遣镇兵将军鲍泉继续讨伐萧誉。九月乙卯日，雍州刺史、岳阳王萧詧举兵反叛，前来侵扰江陵，世祖凭城拒守。乙丑日，萧詧部将杜崱与其兄弟以及杨混各自率领部众前来投降。丙寅日，萧詧逃走。鲍泉攻打湘州，不能取胜，世祖又派左卫将军王僧辩代为统兵。

　　大宝元年（550），世祖仍然沿用太清年号，称太清四年。正月辛亥日初一，左卫将军王僧辩获得三十枚共集一蒂的橘子，把它们献给了世祖。

　　二月甲戌日，衡阳内史周弘直上表说在本郡地界出现了凤凰。

　　夏五月辛未日，王僧辩攻克湘州，斩杀河东王萧誉，于是湘州平

六月，江夏王大款、山阳王大成、宜都王大封自信安间道来奔。

九月辛酉，以前郢州刺史南平王恪为中卫将军、尚书令、开府仪同三司，中抚军将军世子方诸为郢州刺史，左卫将军王僧辩为领军将军。改封大款为临川郡王，大成为桂阳郡王，大封为汝南郡王。是月，任约进寇西阳、武昌，遣左卫将军徐文盛、右卫将军阴子春、太子右卫率萧慧正、巂州刺史席文献等下武昌拒约。以中卫将军、尚书令、开府仪同三司南平王恪为荆州刺史，镇武陵。

十一月甲子，南平王恪、侍中临川王大款、桂阳王大成、散骑常侍江安侯圆正、侍中左卫将军张绾、司徒左长史昙等府州国一千人奉笺曰：

窃以嵩岳既峻，山川出云；大国有蕃，申甫惟翰。岂非皇建斯极，以位为宝；圣教辨方，慎名与器。是知太尉佐帝，重华表黄玉之符；司空相土，伯禹降玄珪之锡。伏惟明公大王殿下，命世应期，挺生将圣。忠为令德，孝实天经，地切应、韩，寄深旦、奭，五品斯训，七政以齐，志存社稷，功济屯险。夷狄内侵，枕戈泣血，鲸鲵未扫，投袂勤王，能使游魂请盟以屈膝，丑徒衔璧而耸气。亲蕃外叛，衅均吴、楚，义讨申威，兵不血刃。湘波自息，非筑杜弢之垒；岘山离贰，不伐刘表之城。九江致梗，二别殊派，才命戈船，底定灊、霍。溯流穷讨，路绝窥窬，胡兵侵界，铁马雾合，神规独运，皆即枭悬，翻同翅折，遂修职贡。梁、汉合契，肆犀利之兵，巴、汉俱下，竭骁勇之阵。南通五岭，北出力原；东夷不怨，西戎即序。可谓上流千里，持戟百万，天下之至贵，四海之所推也。

定。

六月，江夏王萧大款、山阳王萧大成、宜都王萧大封从信安抄小路前来投奔。

九月辛酉日，世祖任命前郢州刺史、南平王萧恪为中卫将军、尚书令、开府仪同三司，中抚军将军、世子萧方诸为郢州刺史，左卫将军王僧辩为领军将军。改封萧大款为临川郡王，萧大成为桂阳郡王，封萧大封为汝南郡王。这个月，任约进犯西阳和武昌，世祖派遣左卫将军徐文盛、右卫将军阴子春、太子右卫率萧慧正、隽州刺史席文献等人顺江而下到武昌抵敌任约。任命中卫将军、尚书令、开府仪同三司、南平王萧恪为荆州刺史，镇守武陵。

十一月甲子日，南平王萧恪、侍中临川王萧大款、桂阳王萧大成、散骑常侍江安侯萧圆正、侍中左卫将军张绾、司徒左长史萧昚等府州郡国的官员共一千人，联名向世祖上书说：

我等冒昧地认为，有了嵩岳之挺拔高峻，才令山川得以高耸出云；大国需有屏障，故要依靠申伯和仲山甫一样的贤臣来辅佐君主。这难道不是人皇建立至高地位，以大位为宝器，依据圣人教诲辨别四方，慎重对待名号与车服仪制的道理吗？因此可知太尉辅佐帝业，舜帝用黄玉之符加以表彰；司空治理国土，夏禹颁下黑色玉圭赏赐。我等但愿明公大王殿下，以您昭彰于世的声名来因应天下的期许，以您杰出之才德成为天选的圣贤。忠君实为崇高美德，孝敬乃是天之常道。您的地位可比武王之子应侯、韩侯，身负重托可比古之贤臣周公、召公。仁、义、礼、智、信五品，以您为典范，春、秋、冬、夏、天文、地理、人道七政，也因您而一致。只要有志于保全社稷，则功业必定能够跨越险阻。如今夷狄侵入朝中，我等枕戈待旦，泣涕含血，国内鲸鲵未除，只有投袂勤王，则能使敌人的游魂都屈膝求盟，让丑恶的凶徒也屏声慑气地衔来乞降的玉璧。宗室皇亲之中，有藩王叛变投靠外敌，如汉景帝时吴楚二国。我军依据大义，兴兵讨伐叛党，伸张国威，故能兵不血刃。湘州自动平定，无人襄助叛党修筑营垒；襄阳脱离贼臣归附我军，不须讨伐昔日刘表割据之城。目前九江阻今海水飞云，昆山起燎，魏文悲乐推之岁，韩宣叹成礼之日，阳台之下，独有冠盖相趋；梦水之傍，尚致车舆结辙。麰麦两穗，出于南平之邦；甘露泥枝，降乎当阳之境。野蚕自绩，何谢欧丝；闲田生稻，宁殊雨粟。莫非品物咸亨，是称文明光大，岂可徽号不彰于彝典，明试不陈乎车服者哉！

昔晋、郑入周，尚作卿士；萧、曹佐汉，且居相国。宜崇兹盛礼，显答群望。恪等稽寻甲令，博询惇史，谨再拜上，进位相国，总百揆，竹使符一，别准恒仪。杖金斧以翦逆暴，乘玉辂而定社稷。傍罗丽于日月，贞明合于天地。扶危翼治，岂不休哉！

恪等不通大体，自昧伏奏以闻。

世祖令答曰："数钟阳九，时惟百六，鲸鲵未翦，寤寐痛心。周粤天官，秦称相国。东至于海，西至于河，南次朱鸢，北渐玄塞。率兹小宰，弘斯大德。将何用继踪曲阜，拟迹桓、文，终建一匡，肃其

塞，大别山与小别山分属敌我两派，我军正要传令大发战舟去平定
灊、霍一带，而叛党已然逆流而上殊死顽抗，走向他们的穷途末路。
胡兵侵我疆界，铁骑如浓雾合拢，我军独具奇谋神机，枭悬敌首的
日子即将到来，敌之倾覆将如同飞鸟折翼，只能向我朝纳贡修好。梁
州猛士与江汉雄师默契配合，挥舞精良的武器，巴蜀奇兵和汉水义军
一齐顺流而下，组成极其骁勇的阵营。向南可通达五岭，向北可兵出
力原；军威使东夷不敢生出怨心，声势令西戎小心谨守秩序。可称得
上占据千里上流之地，坐拥百万持戟之士，以天下至贵之声望，受到
四海之内广泛推戴。

　　今日海水飞扬化云，昆仑山上升起火炬，这万民乐于推戴的年
月足以让古之魏文侯自愧不如，这恭敬礼成的日子即便韩宣子再世
也要发出感叹。巫山之下，只见百官竞相追随；云梦之滨，前来投效
的车辆络绎不绝。一茎两穗的大麦，已然出现在南平的田间；甘露
凝结于枝头，也现于当阳的境内。野生之蚕自己吐丝，不亚于"丝之
野"；荒置的田间长出稻米，与天降粟米有何不同？凡此种种，皆是万
物亨通之兆，可称为文明光大，岂能不在青铜宝器和典籍上宣扬这赞
美的称号，不在车舆服饰上展示这显明的功绩呢！

　　当年晋国、郑国辅助周平王东迁，其国君依然担任周朝的卿士；
萧何、曹参辅佐汉室，也都官居汉朝相国之位。应该遵循这些隆重
的礼遇，来昭然酬答黎民之厚望。我辈萧恪等人查询昔日良法，广泛
参考信史，恭敬地两次拜首奉上此书，请明公您进位至相国，总领
百官，让使臣的符节出于一处，让不同的裁断拥有恒定的准则。请您
手握金斧翦除凶徒，身乘玉辂车安定社稷。依傍日月灿烂耀眼的清
辉，以那恒常不灭的光芒来吻合天地运行的规律。扶助国家困难，羽
翼世道治平，岂不是美善之事！

　　我等不识大体，不揣冒昧，伏地上奏以使您得知。

　　世祖下诏令回答说："我朝命数积于困厄，时运正当逢灾祸，国
内鲸鲵尚未翦除，我昼夜都深感痛心。周之天官，秦代称为相国。古
时东到大海，西到黄河，南到朱鸢，北到边塞，普遍设置小宰之官，
向四方弘扬大德。何须比拟孔圣，追踪齐桓、晋文，终须一统天下，

五拜。虽义属随时,事无虚纪,传称皆让,《象》著鸣谦,瞻言前典,再怀哽恶。"

十二月壬辰,以定州刺史萧勃为镇南将军、广州刺史。遣护军将军尹悦、巴州刺史王珣、定州刺史杜幼安帅众下武昌,助徐文盛。

大宝二年,世祖犹称太清五年。二月己亥,魏遣使来聘。

三月,侯景悉兵西上,会任约军。

四月丙午,景遣其将宋子仙、任约袭郢州,执刺史萧方诸。戊申,徐文盛、阴子春等奔归,王珣、尹悦、杜幼安并降贼。庚戌,领军将军王僧辩帅众屯巴陵。甲子,景进寇巴陵。

五月癸未,世祖遣游击将军胡僧祐、信州刺史陆法和帅众下援巴陵。任约败,景遂遁走。以王僧辩为征东将军、开府仪同三司、尚书令,胡僧祐为领军将军,陆法和为护军将军。仍令僧辩率众军追景,所至皆捷。

八月甲辰,僧辩下次溢城。辛亥,以镇南将军、湘州刺史萧方矩为中卫将军。司空、征南将军南平王恪进号征南大将军。湘州刺史,余如故。

九月己亥,以征东将军、开府仪同三司、尚书令王僧辩为江州刺史,余如故。盘盘国献驯象。

冬十月辛丑朔,有紫云如车盖,临江陵城。是月,太宗崩。侍中、征东将军、开府仪同三司、江州刺史、尚书令、长宁县侯王僧辩等奉表曰:

众军薄伐,涂次九水,即日获临城县使人报称:侯景弑逆皇整肃五拜之纲常。虽然你等陈述的义理确系因地制宜之策，这些事迹也都确凿地载于史册，但是圣人经传所称颂的乃是谦让之德，《周易·象传》阐发的也都是谦抑退让之理，我瞻仰先哲的典籍，只能再次心怀悲伤与惭愧而无法接受。"

十二月壬辰日，任命定州刺史萧勃为镇南将军、广州刺史。派遣护军将军尹悦、巴州刺史王珣、定州刺史杜幼安领兵南下武昌，援助徐文盛。

大宝二年（551），世祖仍然称为太清五年。二月己亥日，东魏派遣使者前来友好访问。

三月，侯景领全部人马西上，与任约的军队会合。

四月丙午日，侯景派部将宋子仙、任约袭击郢州，抓获了刺史萧方诸。戊申日，徐文盛、阴子春等撤退回来，王瑜、尹悦、杜幼安则一起投降了贼兵。庚戌日，领军将军王僧辩率军屯扎在巴陵。甲子日，侯景领军进犯巴陵。

五月癸未日，世祖派遣游击将军胡僧祐、信州刺史陆法和率军顺流而下支援巴陵。任约兵败，侯景于是逃走。世祖任命王僧辩为征东将军、开府仪同三司、尚书令，胡僧祐为领军将军，陆法和为护军将军。并命令王僧辩率军追击侯景军，所到之处全都获得胜利。

八月甲辰日，王僧辩沿江东下，驻扎在溢城。辛亥日，世祖任命镇南将军、湘州刺史萧方矩为中卫将军。司空、征南将军、南平王萧恪进号为征南大将军、湘州刺史，其余职衔照旧。

九月己亥日，世祖任命征东将军、开府仪同三司、尚书令王僧辩为江州刺史，其余职衔照旧。盘盘国前来进贡驯服的大象。

冬十月辛丑日初一，有形如车盖的紫色云朵飞临江陵城。这个月，太宗去世。侍中、征东将军、开府仪同三司、江州刺史、尚书令、长宁县侯王僧辩等人上奏说：

各路人马讨伐逆贼，中途驻扎在九水，今日收到临城县派人报帝，贼害太子，宗室在寇庭者，并罹祸酷。六军恸哭，三辰改曜。哀我皇极，四海崩心。我大梁纂尧构绪，基商启祚。太祖文皇帝徇齐作圣，肇有六州。高祖武皇帝聪明神武，奄冤天下。依日月而和四时，履至尊而制六合。丽正居贞，大横固祉。四叶相系，三圣同基。蠢尔凶渠，遂凭天邑。闾阖受白登之辱，象魏致尧城之疑。云宸承华，一朝俱酷。金桢玉干，莫不同冤。悠悠彼苍，何其罔极！

臣闻丧君有君，《春秋》之茂典；以德以长，先王之通训。少康则牧众抚职，祀夏所以配天；平王则居正东迁，宗周所以卜世。汉光以能捕不道，故景历重昌；中宗以不违群议，故江东可立。傺今考古，更无二谋。伏惟陛下至孝通幽，英武灵断，当七九之厄，而应千载之期；启殷忧之明，而居百王之会。取威定霸，嵲阻艰难，建社治兵，载循古道。家国之事，一至于斯。天祚大梁，必将有主。轩辕得姓，存者二人；高祖五王，代实居长。乘屈完而陈诸侯，拜子武而服大辂。功齐九有，道济生民。非奉圣明，谁嗣下武！

臣闻日月贞明，太阳不可以阙照；天地贞观，乾道不可以久惕。黄屋左纛，本为亿兆而尊；鸾辂龙章，盖以郊禋而贵。宝器存乎至重，介石慎于易差。黔首岂可少选无君，宗祐岂可一日无主。伏愿告称：侯景忤逆，杀害了皇帝，又害死太子，宗室中凡是身在叛贼处的，全都蒙难遇害。六军因此而恸哭，日、月、星也都改变了光芒。哀悼我朝至尊陨落，四海之民心痛欲裂。想我大梁，继承尧帝所建之事业，以殷商所启之国统为根基。太祖文皇帝曾辅佐齐高帝即位，开始领有六州之地。高祖武皇帝英明神武，终于包有天下。依顺日月调和四季，登上帝位统御宇内。附丽于正道，端居于安定，获得寓意登基的大横卦兆，巩固国家之福祉。于是四世延续继承，三帝同一根基。可恨那愚蠢而凶暴的贼寇，胆敢窃据我朝京邑。堂堂宫城，竟然遭受白登之围一样的耻辱；巍巍帝阙，也招致了天子被囚于城中的传言。皇室诸人，一时皆遭暴虐对待。金枝玉叶，几乎全都蒙冤被害。悠悠的苍天啊，何时是个尽头！

微臣听说，君主过世之后另立新君，此乃《春秋》记载的美盛典章；尊奉有道德和辈分最长者为君主，这是先王们普遍奉行的训诫。少康登帝位统治万民，夏朝宗庙的香火才得以继续配合天命；平王走上正位并东迁雒邑，宗周以此传世继立。汉光武帝以自己的才能惩罚无道之王莽，故而汉朝的伟大国统重又昌盛；东晋中宗司马睿因为不违众议，故而迁都江东之后得以立国。知今鉴古，已再无其他的做法。只因陛下的至孝可通幽冥，又拥有英武神断，当此七九灾厄之时，正应验千年来兴亡交替的运期；为深陷忧愁的人民开启光明，主持诸侯百王的盟会。获取威信，确定霸主地位，克服艰难险阻，建立祭坛，整治军队，遵循亘古之法。家国的大事，已然到了今日这种地步。上天赐福给我大梁，必将续有君主。轩辕黄帝诸子得姓者有十四人，唯青阳与苍林氏传承后世；汉高祖诸子分封有五王，实际上唯代王刘恒居众王之首，于是成为孝文皇帝。楚国任用贤臣屈完，得以与诸侯订立阵前休兵的盟约，吴王阖闾拜孙武为将，终于成就一代霸业。您的功德遍及九州，王道普济众生。若不尊奉您这样的圣明之君，那么将要由谁来继承祖宗的基业！

微臣听说，日月要保持贞洁明亮，就不能失缺太阳的正大光明；天地以正道示人，则不可让人长久地戒惧担心。黄屋左纛，本是因亿兆黎民而尊贵；辂车龙纹，乃是因为郊祀而显贵。帝位宝器因为至陛下扫地升中，柴天改物。事迫凶危，运钟扰攘，盖不劳宗正奉诏，博士择时，南面即可居尊，西向无所让德。四方既知有奉，八百始可同期。残寇潜居，器藏社处，乾象既倾，坤仪已覆。斩莽軘车，烧卓照市，廓清函夏，正为茔陵，开雪宫围，庶存钟鼎，彼黍离离，伊何可言。陛下继明阐祚，即宫旧楚。左庙右社之制，可以权宜；五礼六乐之容，岁时取备。金芝九茎，琼茅三脊。要卫率职，尉候相望。坐庙堂以朝四夷，登灵台而望云物，禅梁甫而封泰山，临东滨而礼日观。然后与三事大夫，更谋都鄙。左瀍右涧，夹雒可以为居，抗殿疏龙，惟王可以在镐，何必勤勤建业也哉。

臣等不胜控款之至，谨拜表以闻。

世祖奉讳，大临三日，百官缟素。乃答曰："孤以不德，天降之灾，枕戈饮胆，扣心泣血。风树之酷，万始不追；霜露之哀，百忧总萃。甫闻伯升之祸，弥切仲谋之悲。若封豕既殄，长蛇即戮，方欲追延陵之逸轨，继子臧之高让，岂资秋亭之坛，安事繁阳之石。侯景，项籍也；萧栋，殷辛也。赤泉未赏，刘邦尚曰汉王；白旗弗悬，周发犹称太子。飞龙之位，孰谓可跻；附凤之徒，既闻来议。群公卿士，其谕孤之志，无忽！"司空南平王恪率宗室五十余人，领军将军胡僧祐率群僚二百余人，江州别驾张佚率吏民三百余人，并奉笺劝进。世祖固让。

为贵重而存在，操守坚贞者对于改易门庭自是慎之又慎。然而百姓岂可片刻没有君长，宗庙焉能一日无人主理？臣等恭敬地希望陛下能清扫地面祭告上天，举行登基改元的大典。如今时事紧迫蕴藏凶险，国运丧乱多有扰攘，应该可以不需劳动宗正奉诏行事，不待博士择选吉日，即可南面称尊，不须西向谦让。四方已知天下有主，诸侯才可共讨逆凶。当下残贼尚仍盘踞京师，宝器潜藏社庙，皇天和后土的卦象都已然颠覆。我等必当如斩杀王莽一样将逆贼施以分尸之刑，像鞭尸董卓一样用贼子脂膏作灯烛照亮街市。廓清全部国土，重整先帝陵墓，洗雪宫廷被围之辱，保全宗庙之钟鼎。此刻京师一派宗庙倾颓的悲凉景象，还有什么可说的。请陛下接纳光明继承福祚，在楚地旧宫即位登基。左立太庙右立社稷坛的礼制，暂时缺少也可以事从权宜；五礼六乐的仪仗，皆可待日后逐渐完备。只需要有金芝九根、琼茅三支，要职重臣率领着属官，大小武职也分班相望，陛下坐于庙堂之上接受四夷朝拜，登临灵台之巅远望云气国氛，禅祭梁甫，封祭泰岳，幸临东海，礼拜日出。此后再与卿士百官共谋国事。东有灈水而西有涧水，两水所夹的雒邑就足以作为帝居；在龙首山建造高大的殿堂，王畿也可定于镐京，何必苦苦不舍旧都建业呢。

我等不能抑制满腔恳切之情，恭敬地拜上奏表以让陛下得知。

世祖为太宗举丧，大哭三天，百官都穿上白色的丧服。这时才回答说："孤因为没有懿德，上天降下灾祸，当此枕戈待旦卧薪尝胆之际，丧君之痛撞击心扉，乃至泪尽泣血。狂风摧树的残酷，一万年也不能消释；飞霜降露的肃杀悲戚，百种忧愁在心中交集。一旦得知如同刘秀之兄刘縯身亡类似的噩耗；心中如同孙权兄长孙策亡故时中一样悲伤。假如现在那封豕长蛇一般暴虐的祸国元凶已被杀死，那么我就会追随春秋时季札的隐逸踪迹，继承子臧让国的高风亮节。岂有像卿子冠军宋义那样在秋亭饮酒高会，驻军樊阳而不解巨鹿之围的道理？侯景，就如同杀害义帝的项籍一样；他所拥立的萧栋，不过是又一个殷纣王罢了。在项籍败亡之前，刘邦仍为汉王；伐纣的最后胜利尚未取得时，武王姬发仍自称太子。人君的尊位，谁说可以僭

十一月乙亥，王僧辩又奉表曰：紫宸旷位，赤县无主，百灵耸动，万国回皇。虽醉醒相扶，同归景亳，式歌且诵，总赴唐郊，犹惧陛下俯首潜然，让德不嗣。传车在道，方慎宋昌之谋；法驾已陈，尚杜耿纯之劝。岳牧翘首，天民累息。

臣闻星回日薄，击雷鞭电者之谓天；岳立川流，吐雾蒸云者之谓地。苞天地之混成，洞阴阳之不测，而以裁成万物者，其在圣人乎！故云"天地之大德曰生，圣人之大宝曰位。"黄屋庙堂之下，本非获已而居；明镜四衢之樽，盖由应物取训。伏惟陛下稽古文思，英雄特达。比以周旦，则文王之子；方之放勋，则帝挚之季。千年旦暮，可不在斯。庭阙湮亡，钟鼎沦覆，嗣膺景历，非陛下而谁？岂可使赤眉更立盆子，隗嚣托置高庙。陛下方复从容高让，用执谦光。展其矫行伪书，诬罔正朔，见机而作，断可识矣。匪疑何卜，无待蓍龟。

日者，公卿失驭，祸缠霄极，侯景凭陵，奸臣互起，率戎伐颖，无处不然，劝明诛晋，侧足皆尔。刁斗夜鸣，烽火相照。中朝人士，相顾衔悲；凉州义徒，东望殒涕，慄慄黔首，将欲安归！陛下英略

越;攀龙附凤之徒,听到一点风声就大放厥词。诸位臣子卿士,希望你等能明白孤之心意,不可忘却!"司空、南平王萧恪率领宗室五十多人,领军将军胡僧祐率领文武官员二百多人,江州别驾张俟率领吏民三百多人,一同上书劝进。世祖仍坚决辞让。

十一月乙亥日,王僧辩再一次上表说:皇宫大殿御座空寂,神州大地无人主宰,万物生灵为此不安,天下邦国因此彷徨。虽然如今世人无论清醒还是沉醉,都互相挽扶着一起回到新的王者身边,一边歌唱一边诵念,共同奔赴圣王居住的郊野,但仍然担心陛下埋首于悲伤之中,因谦逊的美德而辞让不继承帝位。布告天下的驿车已经在道中待命,而您仍然慎重地看待劝进的谋划;天子的法驾仪仗已然排列整齐,而您还想杜绝关于登极的真诚规劝。各地长官翘首期盼,上天和黎民屏息等待。

微臣听说,那星辰回转、太阳起落、雷鸣如击、电闪如鞭的地方就称为天;那山岳耸立、百川奔流、朝雾吞吐、云气蒸腾的地方就称为地。能够包容天地浑然一体,洞察阴阳难测之秘密,并以此裁成万物的,应该就只有圣人可以做到吧!所以说:"天地之大德在于好生,圣人之大宝在于皇位"。黄屋庙堂之下的御座,本就是义不容辞才登上的;明镜高悬、四通八达的尊位,乃是由顺天应人得来的。陛下博古通今,是位豪爽大度的英雄人物。用周公辅政的典故作比,则陛下就是文王之子姬发;用唐尧放勋的典故来比方,那么陛下就是帝挚的弟弟。千载一时,成败一举。宫廷倾颓湮没,宝器颠覆沦丧,要承受大梁国统,不是陛下又能是谁?岂能让赤眉叛军册立刘盆子为帝的旧事重演,让隗嚣借奉祠高庙而作乱的闹剧再现?陛下还在从容不迫地反复谦让,用以获取谦逊的美名。而贼臣已在假传圣谕,乱定正朔,其见机作恶之心,已经清楚地显露无疑了。本无疑问之事,何需占卜,更不用依靠蓍草与龟甲来预测吉凶。

往日,公卿失去了控制,祸患绵延至天子御前。侯景把持朝政,奸臣交替而起,于是率领义师讨伐贼臣的情形,无处不是如此,臣下劝明主举兵诛杀逆贼的,远近皆是这样。军中刁斗声在深夜里时时传来,连绵的烽火互相照耀。京畿一带的士民,无不相顾而含悲;镇守

纬天，沉明内断，横剑泣血，枕戈尝胆，农山圮下之策，金匮玉鼎之谋，莫不定算扆帷，决胜千里。击灵鼍之鼓，而建翠华之旗，驱六州之兵，而总九伯之伐，四方虽虞，一战以霸。斩其鲸鲵，既章大戮，何校灭耳，莫匪奸回，史不绝书，府无虚月。自洞庭安波，彭蠡底定，文昭武穆，芳若椒兰，敌国降城，和如亲戚，九服同谋，百道俱进，国耻家怨，计期就雪，社稷不坠，繫在圣明。今也何时，而申帝启之避，凶危若此，方陈泰伯之辞。国有具臣，谁敢奉诏。

　　天下者高祖之天下，陛下者万国之欢心，万国岂可无君，高祖岂可废祀。即日五星夜聚，八风通吹，云烟纷郁，日月光华，百官象物而动，军政不戒而备。飞舻巨舰，竟水浮川；铁马银鞍，陵山跨谷。英杰接踵，忠勇相顾，湛宗族以酬恩，焚妻子以报主。莫不覆盾衔威，提斧击众，风飞电耀、志灭凶丑。所待陛下昭告后土，虔奉上帝，广发明诏，师出以名，五行夕返，六军晓进，便当尽司寇之威，穷蚩尤之伐，执石赵而求玺，斩姚秦而取钟，修扫茔陵，奉迎宗庙。陛下岂得不仰存国计，俯从民请。汉宣嗣位之后，即遣蒲类之军；光武登极既竟，始有长安之捷。由此言之，不无前准。

西陲的将士，也全都东望而落泪，心怀恐惧的亿万百姓，要前往何方才可安身！陛下英武雄才，可经天纬地，性情沉稳英明，内心善于决断，横剑悲泣泪尽流血，枕戈待旦卧薪尝胆，孔门农山之志，张良圮下之策，藏于金匮刻于玉鼎之上的兵法军略，无不运筹于帷幄之中，决胜于千里之外。敲响以鳄鱼皮制成的战鼓，树起以翠羽为饰的旗帜，驱策六州的士卒，统领九伯的征伐，四方虽然仍有忧患，但只需一战就足以称霸。斩除国内的鲸鲵，将元凶侯景公开处刑并传示四方，再用肩负重枷遮住耳朵的刑罚，惩治所有的奸邪佞臣。史书不会中断记载，府藏文书也不会有空白记录的月份。自从洞庭波平，彭蠡浪静，我军文臣武将云集排列，义行懿德美如椒兰，敌人的城池倾心归附投降，与我军和睦如亲戚，全国各地齐心协力，百千郡县与君俱进，国家之耻与家室之仇，其洗雪必指日可待，社稷终究不会失落于异族之手，凤鸟将翱翔于圣人所在之处。现在是怎样的时刻啊，陛下却重申益避让帝启的先例；如此凶险危急的关头，还在陈述泰伯三让天下的说辞。试问国家大臣之中，谁敢听从您的辞让之命。

天下是我朝高祖的天下，陛下是万邦乐见的推戴之主，万邦岂可没有君主，高祖岂能废止祭祀？近日五星在夜空聚首，八方之风遍吹大地，云岚雾霭浓而密集，日月光辉照耀四方，百官因感于物象而行动，军政大事无需提醒就做好准备。飞速的舻舰和巨大的战船，排满了各条河川；铁甲银鞍的威武骑兵，浩浩荡荡翻山跨谷。天下英杰接踵而至，忠勇之士顾盼生辉，都愿意牺牲宗族以酬谢皇恩，宁愿妻子儿女被焚也要报答主上。人人都以盾牌遮体大展威风，手提利斧以一敌众，气势如疾风劲吹电光闪耀，不消灭凶敌誓不罢休。他们希望陛下明白昭示后土，虔诚尊奉上帝，广泛颁布圣明的诏书，让义师师出有名，各路大军相次进发，一定会充分发挥王师荡寇的威力，灭尽蚩尤一般的奸党，抓住后赵石勒一样的匪首并追回玉玺，斩杀后秦姚苌一样的敌酋并取回社稷宝器，修葺打扫帝陵，奉迎宗庙神主。陛下岂能不上存兴国大计，下顺万民之心？汉宣帝嗣位之后，就派出了蒲类将军赵充国的大军；光武帝登极之后，才于长安取得大捷。由此说来，这不是没有先例的啊。

臣等或世受朝恩，或身荷重遇，同休等戚，自国刑家，苟有腹心，敢以死夺。不任懔懔之至，谨重奉表以闻。

世祖答曰："省示，复具一二。孤闻天生蒸民而树之以君，所以对扬天休，司牧黔首。摄提、合雒以前，栗陆、骊连之外，书契不传，无得称也。自阪泉彰其武功，丹陵表其文德，有人民焉，有社稷焉，或歌谣所归，或惟天所相。孤遭家多难，大耻未雪，国贼则蚩尤弗翦，同姓则有扈不宾，卧而思之，坐以待旦，何以应宝历，何以嗣龙图。庶一戎既定，罪人斯得，祀夏配天，方申来议也。"是时巨寇尚存，未欲即位，而四方表劝，前后相属，乃下令曰：

"《大壮》乘乾，《明夷》垂翼，璿度亟移，玉律屡徙，四岳频遣劝进，九棘比者表闻。谯、沛未复，茔陵永远，于居于处，寤寐疚怀，何心何颜，抚兹归运。自今表奏，所由并断，若有启疏，可写此令施行。"是日，贼司空、东南道大行台刘神茂率仪同刘归义、留异赴义，奉表请降。

大宝三年，世祖犹称太清六年。正月甲戌，世祖下令曰："军国多虞，戎旃未静，青领虽炽，黔首宜安。时惟星鸟，表年祥于东秩；春纪宿龙，歌岁取于南畯。况三农务业，尚看夭桃敷水；四人有令，犹及落杏飞花。化俗移风，常在所急；劝耕且战，弥须自许。岂直燕垂寒谷，积黍自温，宁可堕此玄苗，坐飡红粒，不植燕颔，空候蝉鸣。可悉深耕概种，安堵复业，无弃民力，并分地利。班勒州郡，咸使遵承。"以智武将军、南平内史王褒为吏部尚书。

微臣等人，有的世代享受国朝恩宠，有的受到陛下隆重的恩遇，与陛下休戚与共，以治国之法齐家，假如陛下疑虑我等另有别图，愿以死明志。不胜恭谨之至，再次上表以闻。

世祖回答说："省读所示，尽力答复。孤听说，天生万民之后为他们设立君长，是为了弘扬上天的美德，掌管治理百姓。在摄提、合雒的年代以前，粟陆氏、骊连氏的传说之外，别无文字记载，无法进行对照。自从黄帝在阪泉打败蚩尤彰显其武功，尧帝起于丹陵彰显其文德，这才有了人民，有了社稷，有些君主是民间歌谣所称颂者，有些君主是上天所襄助之人。孤多次遭遇家难，奇耻大辱尚未洗雪，国贼方面其元凶还没有翦除，宗室之中又有如有扈氏一样不服从的，睡在床上思考这些问题时，忧虑得无法入眠只能坐待天亮，究竟能凭借什么承继国祚，依靠什么来接受玉玺呢？只希望一战能安定天下，捉住罪魁，祭祀夏，配享天，届时尔等再来陈述此议。"这时大敌未破，世祖不愿即位，而四方人士上表劝进的前后相连，世祖就下令说：

"《大壮》之卦乘乾，《明夷》之卦垂翼，美善的制度多次改变，良好的律法屡屡变更，四方诸侯频繁劝进，外朝臣子接连上表。如今谯地、沛地都没有收复，沦陷的帝陵仍相隔遥远，孤起居独处，无论醒睡都内疚怀愁，有何心情和颜面，掌握此等天下归心的命运。从今日起一切表奏，所过州县一起禁绝，如果再有类似报告，可抄写这道命令并施行。"这一天，叛贼的司空、东南道大行台刘神茂率领仪同刘归义、留异迷途知返，上表请降。

大宝三年（552），世祖仍称太清六年。正月甲戌日，世祖下令说："军国多有忧患，战事仍未止息，敌军声势虽然炽烈，百姓却还是应该安定其生业。现在天时正值春分，象征东方会有丰年；春季太阳位置在苍龙七宿，显示好年景出现在南方。何况春夏秋三季的农事，还需看三月的桃花水；四民都遵循节令，也仍要观察四月的杏花雨。教化民俗改移风气，常常是急需的要务；勉励耕作和训练备战，更加需要自我督促。岂能坐等燕子衔来冰冷的谷种，仓房中旧年的黍米自己温热成饭？又怎能糟蹋这些幼苗，坐食红色的米粒，不去种植稼穑，而空等夏蝉的鸣唱呢？可令百姓都来深耕密植，安然从事其生

二月，王僧辩众军发自寻阳。世祖驰檄告四方曰：

夫剥极生灾，乃及龙战，师贞终吉，方制獯豕。岂不以侵阳荡薄，源之者乱阶；定氛艰难，成之者忠义。故羿、浇灭于前，莽、卓诛于后。是故使桓、文之勋，复兴于周代；温、陶之绩，弥盛于金行。粤若梁兴五十余载，平壹宇内，德惠悠长，仁育苍生，义征不服。左伊右瀍，咸皆仰化；浊泾清渭，靡不向风。建翠凤之旗，则六龙骧首；击灵鼍之鼓，则百神警肃。风、牧、方、邵之贤，卫、霍、辛、赵之将，羽林黄头之士，虎贲缇骑之夫，叱咤则风云兴起，鼓动则嵩、华倒拔。自桐柏以北，孤竹以南，碣石之前，流沙之后，延颈举踵，交臂屈膝。胡人不敢牧马，秦士不敢弯弓。叶和万邦，平章百姓，十尧九舜，曷足云也。

贼臣侯景，匈奴叛臣，鸣镝余噍。悬瓠空城，本非国宝，寿春畿要，赏不逾月。开海陵之仓，赈常平之米，檄九府之费，锡三官之钱，冒于货贿，不知纪极。敢兴逆乱，梗我王畿。贼臣正德，阻兵安忍。日者结怨江芊，远适单于。简牒屡彰，彭生之魂未殚；聚敛无度，景卿之诮已及。为虎傅翼，远相招致。虐刘我生民，离散我兄弟。我是以董率皋貔，躬擐甲胄，霜戈照日，则晨离夺晖，龙骑蔽野，则平原掩色，信与江水同流，气与寒风俱愤。凶丑畏威，委命下吏，乞活淮、肥，苟存徐、兖。涣汗既行，丝纶爰被。我是以班师凯

业，避免荒废民力，共同分享土地带来的好处。此令要颁布到各州郡，让他们全都遵行无违。"世祖任命智武将军、南平内史王褒为吏部尚书。

二月，王僧辩率各路人马从寻阳进军。世祖传檄昭告四方说：

衰败到了极点就会生出灾祸，乃至群雄征战，出师占卜结果总是吉兆，因此才能克制贼寇。个中原因，岂不正是因为逆贼侵犯正义，撼动了政基，成为祸乱的根源；平叛戡乱非常艰难，能使之成功的只有忠义。所以远古有羿与浇自恃勇力被灭，后世有王莽、董卓犯上作乱被诛。所以才有齐桓、晋文辅佐王室的功勋，复兴了周朝；温峤、陶侃平叛定国的功绩，令晋朝国运更盛。自我梁朝建立，迄今五十余年，平定统一了天下，美德和恩惠长久流传，仁爱养育了苍生，以道义征伐不服从之人。东面的伊水流域、西面的瀍水流域，全都仰威而归化；浑浊的泾水一带、清澈的渭水附近，也无不仰慕而顺服。只要树立翠羽装饰的天子之旗，六龙就会举首奋发；敲击鳄鱼皮制成的战鼓，那么百神都会警戒肃敬。麾下汇集了风后、牧仲、方叔、召虎一样的旷世贤才，卫青、霍去病、辛庆忌、赵充国那样的善战名将，还有精锐的羽林军和水师，悍勇的步卒与骑士，一声呐喊就令风云涌起，敲响战鼓就会让嵩山、华山崩裂倒塌。从桐柏山以北，孤竹以南，碣石之前，流沙之后，百姓都伸长脖子抬起脚后跟盼望义师，交叉双臂弯屈双膝表示臣服。胡人不敢牧马，北方士兵不敢弯弓。协和万邦，辨别彰明百姓，即使有十个尧帝九个舜帝，又何足道哉。

贼臣侯景，乃是羯族的叛臣，于战祸之中苟全性命。他所献出的空城悬瓠，本来就不是我朝宝地，而我朝赏赐他的寿春却是接近京畿的要地，奖赏还未超过一个月，他已然打开海陵郡的仓廪，散发常平仓的存粮收买民心，征调官府的资金，作为赏赐部下的金钱，冒领财物军资，目无法度纲纪。随后胆敢篡逆作乱，兴兵包围京师。贼臣萧正德早有篡位野心，怎会忍心抵抗叛军。先前他因嗣位不得而怨恨高祖，曾远远地投奔北魏国主。虽然我朝屡次用简牍表彰，他仍像古之彭生的魂灵一样未曾得到安抚；又聚敛无度，乃至受到景卿一样的恶评。他为恶虎插上翅膀，从远方招致灾祸。叛军杀害我人

归，休牛息马。贼犹不悛。遂复矢流王屋，兵躔象魏。总章之观，非复听讼之堂；甘泉之宫，永乖避暑之地。坐召宪司，卧制朝宰，矫托天命，伪作符书。重增赋敛，肆意衰剥，生者逃窜，死者暴尸，道路以目，庶僚钳口。刑戮失衷，爵赏由心，老弱波流，士女涂炭。臧获之人，五宗及赏；搢绅之士，三族见诛。谷粟腾踊，自相吞噬。慄慄黔首，路有衔索之哀；蠢蠢黎民，家陨桓山之泣。偃师南望，无复储胥、露寒，河阳北临，或有穹庐氈帐。南山之竹，未足言其愆；西山之兔，不足书其罪。

外监陈莹之至，伏承先帝登遐，宫车晏驾。奉讳惊号，五内摧裂，州冤本毒，无地容身。景阳饥既甚，民且狼顾，遂侵轶我彭蠡，凭凌我郢邑，窃据我江夏，掩袭我巴丘。我是以义勇争先，忠贞尽力。斩馘凶渠，不可称算，沙同赤岸，水若绛河。任约泥首于安南，化仁面缚于汉口，子仙乞活于鄳鄛，希荣败绩于柴桑。侯景奔窜，十鼠争穴，郭默清夷，晋熙附义，计穷力屈，反杀后主。毕、原、酆、郇，并离祸患，凡、蒋、邢、茅，皆伏锧锧。是可忍也，孰不可容！

民，又使我兄弟离散。我因此统帅勇猛的军队，亲身穿戴甲胄，寒光闪闪的戈矛映照太阳，使得朝阳也相形失色；王师铁骑遮蔽原野，让平原也失去了原来的颜色。信念和江水一起奔流，气概与寒风一同怒号。作恶元凶惧怕我军威势，委任命令下吏与我军议和，在淮水、肥水之间乞求活命，在徐州、兖州之间苟延残喘。和议的命令已经落实，于是接到歇兵的诏命。所以我军班师回朝获胜归来，让牛马休养生息。然而贼寇仍然不知悔改，又一次让宫廷蒙受箭雨，吾皇宫阙被贼兵足迹践踏。总章观已非昔日天子听讼的殿堂，甘泉宫也不再是圣上避暑的胜地。侯景把持朝政，闲坐着召集各官署有司，在卧榻上命令宰辅大臣，矫托天命，伪造符书。增加沉重的赋税，肆意盘剥敛财，使幸存的人民四处逃生，死去的人曝尸路旁，路上相遇只能侧目示意，僚属百官只有闭口不言。刑罚审理失当，赏赐随心所欲，老弱之人只能随波逐流，士人贵妇也生活困苦。奴婢等卑贱下人，宗族五代都得到奖赏；世代官僚之家，却三族全被杀尽。稻谷粟米售价腾贵，黎民饥饿只能自相吞噬。心怀恐惧的百姓，有在路边上吊自尽的惨状；骚动不安的黎民，家家面临骨肉离散的悲痛。从偃师向南望，不再能见到天子的殿宇，从河阳向北边去，穹庐毡帐等胡人居所时有所见。伐尽南山之竹做成简册，也不能尽书贼臣的罪孽；捕尽西山之兔来取毛制笔，也不足以写完逆贼的恶行。

外监陈莹之前来，告知先帝已然归天，宫车晏驾。听到这个噩耗我惊恐号哭，五脏六腑都被摧裂，烦恼冤苦毒害着躯体，令人无处容身。侯景为缺粮所苦已经很严重，百姓将要走投无路，侯景于是侵袭我彭蠡，逼近我郢邑，窃据我江夏，偷袭我巴丘。所以我军义勇之士人人争先，尽忠竭力，斩杀敌寇，不可胜数，沙岸全被血染赤，河水都变成深红色。任约在安南满头污泥，张化仁在汉口被捆绑俘虏，宋子仙在鄀郢乞求活命，范希荣在柴桑大败亏输。侯景狼狈逃窜，犹如十只老鼠争抢一个洞穴，面对如同昔日郭默清扫夷狄一样的形势，晋熙王也来依附义师，于是侯景计穷力竭，反而杀死后主。众位皇子一起遭到杀身之祸，皇室后代也都惨遭屠戮。若是此仇可忍，还有什么不可忍！

幕府据有上流，实惟分陕，投袂荷戈、志在毕命。昔周依晋、郑，汉有虚、牟。彼惟末属，犹能如此；况联华日月，天下不贱，为臣为子，兼国兼家者哉！咸以义旗既建，宜须总一，共推幕府，实用主盟。粤以不佞，谬董连率，远惟国艰，不遑宁处。中权后劲，龚行天罚，提戈蒙险，陨越以之。天马千群，长戟百万，驱贲获之士，资智勇之力，大楚逾荆山，浅原度彭蠡，舳舻泛水，以掎其南，辒辌委输，以冲其北。华夷百濮，赢粮影从。雷震风骇，直指建业。按剑而叱，江水为之倒流；抽戈而挥，皎日为之退舍。方驾长驱，百道俱入，夷山殄谷，充原蔽野。挟辀曳牛之侣，拔距磔石之夫，骑则逐日追风，弓则吟猿落雁。捧昆仑而压卵，倾渤海而灌荧。如驷马之载鸿毛，若奔牛之触鲁缟。以此众战，谁能御之！脱复蜂虿有毒，兽穷则斗。谓山盖高，则四郊多垒；谓地盖远，则三千弗违。如彼怒蛙，譬诸鼷鼠，岂费万钧，无劳百溢。加以日临黄道，兵起绛宫，三门既启，五将咸发，举整整之旗，扫亭亭之气，故以临机密运，非贼所解，奉义而诛，何罪不服。

今遣使持节、大都督、征东将军、开府仪同三司、江州刺史、尚书令、长宁县开国侯王僧辩率众十万，直扫金陵。鸣鼓聒天，摵金

　　本幕府占据大江上游之地，实乃国家的藩镇诸侯，投袂奋起荷戈而战，志在完成勤王的使命。当年周朝依靠晋国、郑国的辅佐而延续国祚，西汉有朱虚侯、东牟侯平定诸吕而得以复兴。他们仅仅是不重要的藩属，尚且能够如此报效国家；何况是与日月光华相联，天下无人敢轻视，身兼大臣与皇子双重身份，肩负家国重任之人呢！众人都认为义旗既已建立，各种力量都应统一指挥，共同推戴本幕府，实际是用来主持勤王的联盟。于是以寡薄的才德勉强主持统率诸军，远救国家艰难，无暇再宁静地居处。率领中军与后卫部队，恭敬地代替上天执行惩罚，提戈涉险，以死赴难。我军坐拥天马千群，执戟武士百万，驱策孟贲和乌获一样的勇士，借助智勇之力，从楚地越过荆山，由浅原渡过彭蠡泽，战船顺江东下，直抵敌军南部；辎轩战车转运，以冲击贼军北方。无论华夏子民还是少数民族，都挑着粮秣像影子一样支援我军。义师如雷霆震怒狂风呼啸，直指建业。勇士们按剑而呼，滔滔江水就因此倒流；抽出金戈横空一挥，明亮的太阳也要退避三舍。我军即将长驱直入，百路并进，平山填谷，布满平原遮蔽旷野。军中伙伴都是能夹车辕拉倒牛的大力士和擅长掰腕投石的勇夫，骑马就能追风逐日，弯弓就能使猿猴哀鸣让大雁坠落。临阵对敌，如同举起昆仑山来压向脆弱的蛋，倾倒渤海之水来浇灭微弱的火，就像四匹骏马运载一根鸿毛，狂奔的斗牛去撞鲁国的薄缟。以如此的军队作战，试问谁可抵挡？倘若敌人像胡蜂和蝎子放毒那样抵抗，像困兽一样抗拒王师，那么土山再高，也难敌四野林立的堡垒；大地再远，也难逃脱各种刑罚的制裁。敌军好似那发怒的青蛙，又像挣扎的小老鼠，何须万钧之力，不费百溢之功。更何况现在太阳正临近黄道，神兵从绛宫出发，开、休、生三座天门已然开启，北极星周围的五将星已经出发，高举整齐的旗帜，横扫弥漫的云气，所以我军运兵机要神秘莫测，非贼人所能理解；奉行正义而诛杀逆贼，还有什么罪过能躲避惩罚呢？

　　现在派遣使持节、大都督、征东将军、开府仪同三司、江州刺史、尚书令、长宁县开国侯王僧辩，率领十万大军，直扫金陵。战鼓喧天，响锣震地。红色的旗帜在傍晚树立，宛如赤城的晚霞升起；战船

振地。朱旗夕建，如赤城之霞起；戈船夜动，若沧海之奔流。计其同恶，不盈一旅。君子在野，小人比周。何校灭耳，匪朝伊夕。舂长狄之喉，系郅支之颈。今司寇明罚，质镤所诛，止侯景而已。黎元何辜，一无所问。诸君或世树忠贞，身荷宠爵，羽仪鼎族，书勋王府，俯眉猾竖，无由自效，岂不下惭泉壤，上愧皇天！失忠与义，难以自立。想诚南风，乃眷西顾，因变立功，转祸为福。有能缚侯景及送首者，封万户开国公，绢布五万匹。有能率动义众，以应官军，保全城邑，不为贼用，上赏方伯，下赏剖符，并裂山河，以纡青紫。昔由余入秦，礼同卿佐；日磾降汉，且珥金貂。必有其才，何恤无位。若执迷不反，拒逆王师，大军一临，刑兹罔赦。孟诸焚燎，芝艾俱尽；宣房河决，玉石同沉。信赏之科，有如皎日；黜陟之制，事均白水。檄布远近，咸使知闻。

三月，王僧辩等平侯景，传其首于江陵。戊子，以贼平告明堂、太社。己丑，王僧辩等又奉表曰：

众军以今月戊子总集建康。贼景鸟伏兽穷，频击频挫，奸竭诈尽，深沟自固。臣等分勒武旅，百道同趣，突骑短兵，犀函铁楯，结队千群，持戟百万，止纠七步，围项三重，轰然大溃，群凶四灭。京师少长，俱称万岁。长安酒食，于此价高。九县云开，六合清朗，矧伊黔首，谁不载跃！伏惟陛下咀痛茹哀，婴愤忍酷。自紫庭绛阙，胡尘四起，墙垣好畤，冀马云屯，泣血治兵，尝胆誓众。而吴、楚一家，方与七国俱反；管、蔡流言，又以三监作乱。西凉义众，阻强秦而不通；并州遗民，跨飞狐而见泯。豺狼当路，非止一人；鲸鲵不枭，倏

连夜行动，好似沧海横流。计算侯景的同党，人数不足一旅。正人君子都在民间，只有少数小人结党营私。肩扛重枷遮住耳朵的刑罚，早晚就要降临。必将用金戈撞向长狄的喉咙，用铁索拴住郅支单于的颈项。如今我军赏罚严明，刀斧刑具所要诛杀的，只是侯景而已。百姓有何罪过，一律不予问罪。诸君有的世代表现忠贞，身受我朝恩宠和封爵，有的是地位显赫的世家，功勋记录于王府，之所以对狡猾的小人俯首顺从，没有机会为国效力，这岂不下有愧于后土黄泉，上有愧于皇天白日吗？失去了忠和义，就难以自立于世。想要世道清平，只需回首西顾，顺应变化建立功勋，将灾祸转为福荫。若有能捆绑侯景以及送来其首级者，封为万户开国公，赐绢布五万匹。若有能够率领部队起义，响应官军，保全城邑，不被贼寇所利用的，封赏上至裂土封侯，下至剖符封官，共同治理国土，并授予青紫勋带。古时由余投效秦国，所得礼遇与卿佐等同；金日䃅投降汉朝，帽上可插戴金貂尾。如果确实有那样的才能，何须担忧没有高官厚禄的封赏？如果执迷不悟，阻逆王师，那么大军一到，一切刑杀将绝无赦免。大火焚烧孟诸大泽的草木，最终灵芝与艾草一起焚尽；黄河在宣房决堤，结果美玉和顽石一同沉沦。我军赏罚的条文，真实可信有如明亮的太阳；提拔和贬斥的制度，公正清楚如同白水。此檄文颁布到远近各地，务必使众人周知。

三月，王僧辩等平定侯景，将侯景的首级传送到江陵。戊子日，将叛贼平定的消息祭告于明堂、太社。己丑日，王僧辩等又上奏表说：

各路军马于本月戊子日群集于建康。贼寇侯景势竭力穷如困兽栖鸟，屡屡出击屡屡被挫，奸计用尽，陷于深沟无法自拔。臣等分领军队，百路同进，冲锋的骑兵带着短兵器、犀牛皮甲和镔铁盾牌，集结为马队千群，持戟战士不下百万，将纣王一样的匪首困在七步之内，把项籍一样的敌首围于三层之中，敌军全线轰然溃退，奸党被四面围歼。京城的老少民众，全都山呼万岁庆祝胜利。京师的酒食也因此价格大涨。神州之内乌云散开，六合四方天清气朗，普天下的黎民，谁不欢欣雀跃！陛下强忍痛苦怀抱悲哀，被义愤之情折磨，忍受惨痛的心绪。自从天子宫阙遭受胡兵肆虐，巍巍宫墙和皇家祭祀之

焉五载。英武克振，怨耻并雪，永寻霜露，如何可言！臣等辄依故实，奉修社庙，使者持节，分告茔陵。嗣后升遐，龙輀未殡，承华掩曜，梓宫莫测，并即随由备办，礼具凶荒。四海同哀，六军祖哭，圣情孝友，理当感恸。

　　日者，百司岳牧，祈仰宸鉴。以锡珪之功，既归有道，当璧之礼，允属圣明；而优诏谦冲，宭然凝邈。飞龙可跻，而《乾》爻在四；帝闉云叫，而阊阖未开。讴歌再驰，是用翘首。所以越人固执，熏丹穴以求君；周民乐推，逾岐山而事主。汉王不即位，无以贵功臣；光武不止戈，岂谓绍宗庙。黄帝游于襄城，尚访治民之道；放勋入于姑射，犹使樽俎有归。伊此僀来，岂圣人所欲，帝王所应，不获已而然。伏读玺书，寻讽制旨，顾怀物外，未奉慈衷。陛下日角龙颜之姿，表于徇齐之日，彤云素气之瑞，基于应物之初。博览则大哉无所与名，深言则晔乎昭章之观。忠为令德，孝实动天。加以英威茂略，雄图武算，指麾则丹浦不战，顾眄则阪泉自荡。地维绝而重纽，天柱倾而更植。凿河津于孟门，百川复启；补穹仪以五石，万物再生。纵陛下拂袗衣而游广成，登嶕山而去东土，群臣安得仰诉，兆庶何所归仁。况郊祀配天，罍篚礼旷，斋宫清庙，匏竹不陈，仰望銮舆，匪朝伊夕，瞻言法驾，载渴且饥。岂可久稽众议，有旷彝则！旧郊既复，函、雒已平。高奴、栎阳，宫馆虽毁；浊河清渭，佳气犹存。皋门有伉，甘泉四敞，土圭测景，仙人承露。斯盖九州之赤县，六合地都被冀州的马匹屯扎践踏，陛下泪尽泣血忍痛治军，卧薪尝胆誓师出征。然而正如西汉的吴、楚沆瀣一气，正和七国一齐造反；又如周初的管叔、蔡叔散布流言，诱使三监共同作乱。西凉一带的义民，受阻于西魏不能与我朝相通；并州一带的遗民，又被东魏所阻拦而声息泯灭。豺狼当道，作恶者非止一人；罪魁祸首未能枭首伏罪，转眼已经过了五年。而今我英武之师，克敌振邦，终于洗雪了国耻家恨，回顾长期以来遭遇的种种苦难，其波折如何可以说尽！我等依照前代旧典，恭敬地修缮了社稷和宗庙，派使者持节，分别前往先帝陵墓报告。后主龙驭宾天不久，运载灵柩的龙车还未出殡，太子也已离开人世，棺椁不知去向，臣等就一起随机备办，虽然遭遇此凶荒之年仍要礼节完备。四海同此丧主之哀，六军将士纷纷袒左痛哭，圣上生性孝顺友爱，一定会感伤哀恸。

往日，各部门主管官员，已经祈求盼望陛下垂赐圣鉴。因为赏赐珪玉的王者功业，已经归于有道；立为国君的当璧之礼，实在应属于圣明之主，然而陛下过于谦虚和顺，即位大宝的诏书仍旧渺茫而遥远。大位可登，而《乾》卦的卦象在第四爻；云中有声音叩叫帝王的宫阙，然而天门却迟迟未能打开。对陛下的讴歌一再传扬，人民因此翘首以盼。所以越地人民十分固执，熏丹穴来求君；周地的黎民乐于推戴贤主，翻越岐山来事奉主上。汉王刘邦若不即帝位，就无法使功臣尊贵；光武帝若止于萧王，岂能说是承续宗庙之举？黄帝在襄城巡游时，尚且寻访探求治民的方法；尧帝进入姑射，还使天命有所归属。这些帝位都是偶然得到的，哪里是圣人存心想要的？只是因应称帝的时运，不能辞却罢了。臣等恭敬地阅读陛下的诏书，寻找其中含蓄的深旨，您一心向往逸尘脱俗的境界，却尚未将以仁爱作为指导原则。陛下额头中间隆起，此乃帝王之姿，又正处于展露聪慧敏锐之时；彤云素气的瑞兆，在事物变化之初就已经打下了基础。博览之心胸广大无可比拟，深沉之言论比昭章的宫观还要明亮。忠诚是陛下的大德，对尊长之孝实已感动上天。更加之陛下英明神武足智多谋，有雄心宏图和军事谋算，指挥大军如同丹浦之战尧帝不战而胜有苗，顾盼之间像黄帝使阪泉之敌自行消亡。维系大地的绳索断绝，是陛之枢机。博士捧图书而稍还，太常定礼仪而已列。岂得不扬清驾而赴名都，具玉銮而游正寝！昔东周既迁，镐京遂其不复；长安一乱，郏、洛永以为居。夏后以万国朝诸侯，文王以六州匡天下。迹基百里，剑杖三尺。以残楚之地，抗拒九戎；一旅之师，翦灭三叛。坦然大定，御辇东归。解五牛于冀州，秣六马于谯郡。缅求前古，其可得欤？对扬天命，何所让德！有理存焉，敢重所奏。

　　相国答曰："省表，复具一二。群公卿士，亿兆夷人，咸以皇天眷命，归运所属，用集宝位于予一人。文叔金吾之官，事均往愿；孟德征西之位，且符前说。今淮海长鲸，虽云授首；襄阳短狐，未全革面。太平玉烛，尔乃议之。"辛卯，宣猛将军朱买臣密害豫章嗣王栋，及其二弟桥、樛，世祖志也。

下为之重新扭结；支撑苍天的支柱倾斜，是陛下重新将它树起。在孟门凿通河津，百川再次通畅；用五彩之石填补苍天，万物得以再生。即便陛下想轻拂裧衣前往巡游广成天宫，登临海上仙山而离开东土，试问群臣该向谁人上奏汇报，亿万黎民又该向何方归附仁德？何况郊祀祭天并以先祖配祀的大礼，人君缺位将会出现礼器空乏的情景；斋戒的殿堂和祭祀的太庙，缺少圣主会使匏与竹这些乐器无人陈设。人民仰望銮驾，朝朝暮暮不曾止息；渴望谈论明君之德，心情如饥似渴。怎好长久拖延众人议论之事，荒废了法则！我朝旧邦已然收复，函谷、雒邑已经平定。高奴、栎阳两地，旧时宫苑虽已被毁；但是在浑浊的黄河与清澈的渭水之间，美好的王者之气仍然存在。还有那高大巍峨的旧宫皋门，四敞旷阔的甘泉宫，有土圭可测日影，有仙人顶盘可承露水。长安是九州的赤县，六合的中枢。博士手捧图书等待着人主，太常拟定好礼仪已经列好队伍。陛下岂能不发车驾奔赴名都，整备玉銮车驾去访问皇宫的正殿！往昔东周迁都雒邑，旧都镐京于是不再为都；长安乱事一起，郊、洛就成为帝王的常年居所。夏后氏君临万国而使诸侯朝拜，文王统御六州而匡定天下。他们王业的根基，只有百里之地，平定天下所用的剑杖不过三尺。我军凭借残楚之地，抗拒北方的戎狄；以一旅之王师，消灭了三支叛军。待到宇内坦荡天下安定之日，御辇将再行东归。在冀州解散拉车之牛，在谯郡饲喂骑乘之马。远求前世古人的让国之举，这岂是可行之举？顺应弘扬天命，何必孜孜以求谦让的德行！臣等所奏，有义理存其中，因此胆敢再次上奏劝进。

相国（世祖）回答说："奏表已经过御览，尽力回复一二。各位公卿士人，亿万华夷子民，都声言皇天以天命眷顾，众望所归的时运属于我，因此集天命人望于我一身。刘秀尚未闻达时只想做一个执金吾，这都是其过去的愿望；曹操年轻时曾以拜为大汉征西将军为理想，也符合旧时之常说。如今，虽然起于淮海的元凶侯景已经枭首伏法，但襄阳一带如短狐一样害人的贼子尚未停止作恶洗心革面。待到天下太平、玉烛高照之时，尔等再商议登基的事。"辛卯日，宣猛将军朱买臣秘密杀害了豫章嗣王萧栋，以及萧栋的两个弟弟萧桥、萧四月乙巳，益州刺史、新除假黄钺、太尉武陵王纪窃位于蜀，改号天正元年。世祖遣兼司空萧泰、祠部尚书乐子云拜谒茔陵，修复社庙。丁巳，世祖令曰："军容不入国，国容不入军。虽子产献捷，戎服从事，亚夫弗拜，义止将兵。今凶丑歼夷，逆徒殄溃，九有既截，四海乂安。汉官威仪，方陈盛礼，卫多君子，寄是式瞻。便可解严，以时宣勒。"是月，以东阳太守张彪为安东将军。

五月庚午，司空南平王恪及宗室王侯、大都督王僧辩等，复拜表上尊号，世祖犹固让不受。庚辰，以征南将军、湘州刺史、司空南平嗣王恪为镇东将军、扬州刺史，余如故。甲申，以尚书令、征东将军、开府仪同三司、江州刺史王僧辩为司徒、镇卫将军。乙酉，斩贼左仆射王伟、尚书吕季略、少卿周石珍、舍人严亹于江陵市。是日，世祖令曰："君子赦过，著在周经；圣人解网，闻之汤令。自猃狁孔炽，长蛇荐食，赤县阽危，黔黎涂炭，终宵不寐，志在雪耻。元恶稽诛，本属侯景；王伟是其心膂，周石珍负背恩义，今并烹诸鼎镬，肆之市朝。但比屯遭寇扰，为岁已积，衣冠旧贵，被逼偷生，猛士勋豪，和光苟免，凡诸恶侣，谅非一族。今特阐以泽，削以刑书，自太清六年五月二十日昧爽以前，咸使惟新。"是月，魏遣太师潘乐、辛术等寇秦郡，王僧辩遣杜崱帅众拒之。以陈霸先为征北大将军、开府仪同三司、南徐州刺史。是月，魏遣使贺平侯景。

椁，这是世祖的意愿。

四月乙巳日，益州刺史、新近任命的假黄钺、太尉、武陵王萧纪在蜀地窃居帝位，改年号为天正元年。世祖派遣兼司空萧泰、祠部尚书乐子云前往建康拜谒先皇陵寝，修复社稷宗庙。丁巳日，世祖下令说："军队的礼仪不适用于国家，国家的礼仪不适用于军队。郑国子产即使出使晋国献上战利品，也是身着戎服来办事；周亚夫在营中不拜汉帝，其道理在于他正在治军。现在罪恶的奸凶已被歼灭平定，逆贼全都溃灭，九州已经整齐，四海安定祥和。汉官的威仪，正应当陈设盛大的典礼，我朝多有正人君子，希望以礼仪来让外人仰慕。现在可以解除紧急状态，根据时机来宣示并约束。"这个月，任命东阳太守张彪为安东将军。

五月庚午日，司空、南平王萧恪以及宗室王侯、大都督王僧辩等人，再次上表请世祖称尊号，世祖仍然坚持辞让不接受。庚辰日，任命征南将军、湘州刺史、司空、南平嗣王萧恪为镇东将军、扬州刺史，其余职衔如旧。甲申日，又任命尚书令、征东将军、开府仪同三司、江州刺史王僧辩为司徒、镇卫将军。乙酉日，在江陵的街市处死了叛贼的左仆射王伟、尚书吕季略、少卿周石珍和舍人严亶。这一天，世祖下令说："君子赦免别人的过错，这个道理写在儒家经典之中；圣人解除困厄人民的罗网，这在成汤的诰令中有所耳闻。自从北方夷狄祸乱猖獗，如长蛇一样不断吞食侵略，华夏赤县陷入危险，生民涂炭，朕整夜不能入睡，志向在于报仇雪耻。元凶伏诛，乃是乱贼侯景应得的下场；王伟是其心腹，周石珍忘恩负义，现在把他们一起下到鼎中烹杀，在街市上示众。但是近来国家处境险厄不断遭受贼寇侵扰，已经年深日久，衣冠之家旧时贵族，迫于贼势苟且偷生，功臣猛士、元勋豪杰，内敛其锋芒以苟且免祸，他们与那些恶人奸党，应该并非一路货色。今天特别阐明我王的恩泽，省减刑狱不予追究。凡在太清六年（552）五月二十日黎明前与贼党共犯者，都可令他们改过自新。"这个月，东魏（北齐）派太师潘乐、辛术等侵扰秦郡，王僧辩派遣杜掞率兵拒敌。任命陈霸先为征北大将军、开府仪同三司、南徐州刺史。这个月，北齐派遣使者祝贺梁朝平定侯景之乱。

八月，萧纪率巴、蜀大众连舟东下，遣护军陆法和屯巴峡以拒之。兼通直散骑常侍、聘魏使徐陵于鄴奉表曰：

臣闻封唐有圣，还承帝喾之家；居代惟贤，终纂高皇之祚。无为称于革鸟，至治表于垂衣，而拨乱反正，非间前古。至如金行重作，源出东莞；炎运犹昌，枝分南顿。岂得掩显姓于轩辕，非才子于颛顼？莫不时因多难，俱继神宗者也。伏惟陛下，出《震》等于勋、华，明让同于旦、奭。握图执钺，将在御天，玉滕珠衡，先彰元后。神祇所命，非惟太室之祥；图画斯归，何止尧门之瑞。若夫大孝圣人之心，中庸君子之德，固以作训生民，贻风多士。一日二日，研览万机；允文允武，包罗群艺。拟兹三大，宾是四门，历试诸难，咸熙庶绩，斯无得而称也。

自无妄兴暴，皇祚浸微，封豨修蛇，行灾中国，灵心所宅，下武其兴，望紫极而长号，瞻丹陵而殒恸。家冤将报，天赐黄鸟之旗；国害宜诛，神奉玄狐之箓。滕公拥树，雄气方严；张绣交兵，风神弥勇。忠诚冠于日月，孝义感于冰霜。如霆如雷，如貔如虎，前驱效命，元恶斯歼。既挂胆于西州，方燃脐于东市。蚩尤三冢，宁谓严诛；王莽千脔，非云明罚。青羌赤狄，同畀豺狼，胡服夷言，咸为京观。邦畿济济，还见隆平；宗庙愔愔，方承多福。自氤氲浑沌之世，骊连、栗陆之君，卦起龙图，文因鸟迹。云师火帝，非无战阵之风，尧誓汤征，咸用干戈之道。星躔东井，时破峥、潼；雷震南阳，初平寻、邑。未有援三灵之已坠，救四海之群飞，赫赫明明，龚行天罚，

八月，萧纪率领巴蜀大军，乘接连不断的战船东下，世祖派遣护军陆法和屯兵于巴峡抵挡敌军。兼通直散骑常侍、聘魏使徐陵从邺城上奏章说：

微臣听说唐尧封为圣主，承嗣了帝喾的家业；居于代国的贤人，终于继承了高皇的帝祚。穿生牛皮做的鞋，这种清静无为的做法得到称颂；垂衣拱手无为而治，世道的太平就表现出来。而拨乱反正，并非中断前世古法。比如少昊以金德继承黄帝称王，其渊源出自东莞；炎汉的火德仍旧昌盛，中兴的宗室支派分应在刘秀居住的南顿。岂可在黄帝之后掩盖自己显贵的轩辕姓氏，又岂可在颛顼之后否认自己天选之才的命运？这些都是因为当时国运有难，因此才继承国统的啊。陛下出于《震》卦，等同于尧帝和舜帝，贤明礼让的品质与周公和召公一样。陛下握持河图手执黄钺，将要驾驭天命，面相又玉縢珠衡，这是先天显示出的天子容貌。神祇所任命的人，不仅仅是太庙之吉；河图所归属的人，又何止是帝王家族的祥瑞。大孝乃是圣人的胸怀，中庸乃是君子的美德，当然可以作为训示百姓的典范，影响感化百官卿士。一天二天，思索审阅处理万机；能文能武，才华包罗各种技艺。参照这道、天、地，在明堂的四门内实行统治，屡次经历诸多灾难的考验，全都取得多而大的成绩，这还不可以赞美称颂吗？

自从叛贼无故兴暴作乱，皇室福祚逐渐衰微，凶暴贪婪的大猪长蛇，在我国中大肆制造灾难，陛下心思所系，在于继承先祖之德业。遥望皇宫而长声号泣，瞻仰尧帝诞生地丹陵而痛哭落泪。家族的冤仇将要酬报，上天赐予绣有黄鸟的大旗；国家的祸害必须铲除，神祇奉上黑色狐皮的符箓。夏侯婴护卫扶持，我军的浩然雄气是多么庄严；张绣带队出征，我军勇士的风采神态更加骁勇。忠诚冠于日月，孝义可感化冰霜。王师的威名响如雷霆，勇气有如貔貅和猛虎，将士勇往直前拼死效力，元凶就被歼灭。已经在西州高悬贼首侯景的苦胆，现在正在东市点燃其奸党的尸首。暴君蚩尤尸体被分解埋于三处坟冢，岂能说是严酷的诛杀？篡汉者王莽受千刀万剐，难道不能称得上明智公正的刑罚？青羌、赤狄等北方外敌，全都投喂豺狼；穿胡服、讲夷语之人，斩杀后封土做成高冢宣示天威。京师整齐而雄

如当今之盛者也。于是卿云似盖，晨映姚乡；甘露如珠，朝华景寝。芝房感德，咸出铜池；蓂荚伺辰，无劳银箭。重以东渐玄菟，西逾白狼，高柳生风，扶桑盛日，莫不编名属国，归质鸿胪，荒服来宾，遐迩同福。其文昭武穆，跗萼也如彼；天平地成，功业也如此。久应旁求掌故，咨询天官，斟酌繁昌，经营高邑。宗王启霸，非劳阳武之侯；清跸无虞，何事长安之邸。正应扬銮旂以飨帝，仰风扆以承天，历数在躬，畴与为让！去月二十日，兼散骑常侍柳晖等至鄴，伏承圣旨谦冲，为而弗宰，或云泾阳未复，函谷无泥，旋驾金陵，方膺天眷。愚谓大庭、少昊，非有定居；汉祖、殷宗，皆无恒宅。登封岱岳，犹置明堂；巡狩章陵，时行司隶。何必西瞻虎据，乃建王宫；南望牛头，方称天阙。抑又闻之：玄圭既锡，苍玉无陈，乃棫朴之愆期，非苞茅之不贡。云和之瑟，久废甘泉；孤竹之管，无闻方泽。岂不惧欤！

美，再次呈现兴隆太平的景象；宗庙幽深而宁静，正在承受无尽福祉。自从阴阳二气交会和合、洪荒大地混沌初开的时代起，骊连、栗陆等上古君王，其卦象起于河图，文字源于鸟的足迹。云师和火帝的年代，并非没有交战征伐的风气；尧帝誓师，商汤征伐，也都是采用的武力征伐之道。岁星运行经过东井宿，刘裕的北伐军队就大破后秦于崤山、潼关；雷声震响于南阳，光武帝初次平定王寻、王邑。古往今来那些挽救已经坠落的日、月、星，救助四海之飞鸟，天理昭彰地执行天罚的事迹，从来没有像今日我军平定侯景之乱这样盛大的。于是祥云好似车盖，朝霞辉映着姚乡；甘露如同珍珠，以光华照耀清晨高大的陵寝。成丛的灵芝有感于圣人恩德，一齐出现于铜池；祥瑞之草蘡荚待到良辰自动开花，无需查看计时的漏箭。况且我国国土向东已拓展到了玄菟，西面越过了白狼，大风起于高柳，红日出于扶桑，这些地方没有不列名在我朝属国的，他们的使节入质我朝的鸿胪，荒远之地莫不宾服，远近国土都同享洪福。文武百官依次排列，如同花托环绕花萼；一切安排妥当天下太平，人君之功业不过如此。早就应该征求老成掌故，咨询吏部官员，比较各地城市之繁昌，规划经营都市。继统三王开启霸业，不用烦劳阳武侯；只要车辇出行时清道警戒没有危险，又何必一定要居住在建业的府邸呢。正应该展开天子车驾的旗帜来祭缭天帝，在大殿上铺陈绘有凤凰图饰的屏风来承受天恩，天运气数所选之人就在陛下自身，还要谦让给谁呢？上个月二十日，兼散骑常侍柳晖等到邺城，传达陛下谦和冲淡的旨意，主持国政而不登主宰大位。有的人说，泾阳还没有收复，函谷关还无法据守，圣驾只有重返金陵，方能接受上天的眷顾。愚认为大庭、少昊等君王，并没有固定的居所；汉高祖和商汤，也都没有恒常不变的住宅。登上泰山封禅祭祀，尚且需要设置明堂；在章陵巡行狩猎时，尚且临时行使司隶的职能。何必一定要向西看到虎踞龙盘的地势，才决定建立皇宫；何必一定要向南望见牛头山，这时的天子驻地才可称得上天阙呢？又听有人说：玄圭已经赏赐，但翠竹还没有陈设，是搜罗建筑木材导致误期，不是分封用的苞茅没有进贡。然而云和之瑟所奏佳音，已经长久没有在甘泉宫中响起；孤竹之管吹奏的乐曲，也

伏愿陛下因百姓之心，拯万邦之命。岂可逡巡固让，方求石户之农；高谢君临，徒引箕山之客！未知上德之不德，惟见圣人之不仁。率土翘翘，苍生何望！昔苏季、张仪，违乡负俗，尚复招三方以事赵，请六国以尊秦。况臣等显奉皇华，亲承朝命，珪璋特达，通聘河阳，貂珥雍容，寻盟漳水，加牢贬馆，随势污隆，瞻望乡关，诚均休戚。但轻生不造，命与时乖。忝一介之行人，同三危之远摈。承间内殿，事绝耿弇之恩；封奏边城，私等刘琨之哭。不胜区区之至，谨拜表以闻。

九月甲戌，司空、镇东将军、扬州刺史南平王恪薨。

冬十月乙未，前梁州刺史萧循自魏至于江陵，以循为平北将军、开府仪同三司。戊申，执湘州刺史王琳于殿内，琳副将殷晏下狱死。辛酉，以子方略为湘州刺史。庚戌，琳长史陆纳及其将潘乌累等举兵反，袭陷湘州。是月，四方征镇王公卿士复劝世祖即尊号，犹谦让未许。表三上，乃从之。

承圣元年冬十一月丙子，世祖即皇帝位于江陵。诏曰："夫树之以君，司牧黔首。帝尧之心，岂贵黄屋，诚弗获已而临莅之。朕皇祖太祖文皇帝积德岐、梁，化行江、汉，道映在田，具瞻斯属。皇考高祖武皇帝明并日月，功格区宇，应天从民，惟睿作圣。太宗简文皇帝地侔启、诵，方符文、景。羯寇凭陵，时难孔棘。朕大拯横流，

太久没有在祭祀神祇的方坛上听到过了。这种情形难道不更让人惧怕吗?

希望陛下响应百姓的心愿,拯救万邦的命运。岂能徘徊坚辞,只求做石户的农人;辞谢君临天下的请求,空谈许由隐居箕山的旧事呢?百姓不知道君主不自以为有德的高尚观念,只看见君主不体恤下情的不仁。全天下所有人都翘首以待,苍生哪里还有别的什么希望!从前有苏秦、张仪,远离家乡被世人讥讽议论,尚招引三方之士来事奉赵国,请来六国尊奉秦国。何况臣等明白地身蒙皇上的恩宠,亲身承受朝廷的顾命,持有朝觐天子时所持的玉器,曾与东魏互通聘问于河阳,插着貂尾的近臣服饰雍容华贵,不久又在漳水与东魏结盟,外国增减使节的粮米和馆舍待遇,都随着我朝国势的兴衰而改变,在外远望乡关,实在与国运休戚与共。但是臣轻微的生命没有遇上好时运,命运与时代相背离。惭愧自己只是一个外交使者,等同于被远远摈弃在三危山的逐臣。承蒙恩惠能位列于内殿中间,这已经超过了名将耿弇所受的恩遇;封奏于边城,感觉就像听到刘琨的胡笳曲后悲哭思乡的胡人一样。所诉实在是微不足道之至,谨跪拜上奏以让陛下知晓。

九月甲戌日,司空、镇东将军、扬州刺史、南平王萧恪去世。

冬十月乙未日,前梁州刺史萧循从西魏到达江陵。任命萧循为平北将军、开府仪同三司。戊申日,在宫殿内拘捕湘州刺史王琳,王琳的副将殷晏下狱而死。辛酉日,任命儿子萧方略为湘州刺史。庚戌日,王琳的长史陆纳及其部将潘乌累等举兵造反,袭击攻陷湘州。这个月,四方征镇以及王公卿士又劝世祖即位,世祖仍然谦让不同意。反复三次上表,世祖这才听从。

承圣元年(552)冬十一月丙子日,世祖在江陵即皇帝位。下诏说:"树立君主,是为了统御百姓。尧帝的本心,岂是看重黄屋宝座?实在是不得已而登上帝位啊。朕的皇祖太祖文皇帝积德于岐、梁一带,仁德教化风行于江、汉之间,其政道辉映于田野间,成为众望所归。皇考高祖武皇帝与日月一样光明,功业与天同高与地同广,上应天意下从民心,以睿智成为圣主。太宗简文皇帝的心地等同于夏朝之启

克复宗社。群公卿士、百辟庶僚，咸以皇灵眷命，归运斯及，天命不可以久淹，宸极不可以久旷。粤若前载，宪章令范，畏天之威，算隆宝历，用集神器于予一人。昔虞、夏、商、周，年无嘉号，汉、魏、晋、宋，因循以久。朕虽云拨乱，且非创业，思得上系宗祧，下惠亿兆。可改太清六年为承圣元年。逋租宿责，并许弘贷；孝子义孙，可悉赐爵；长徒镰土，特加原宥；禁锢夺劳，一皆旷荡。"是日世祖不升正殿，公卿陪列而已。丁丑，以平北将军、开府仪同三司萧循为骠骑将军、湘州刺史，余如故。己卯，立王太子方矩为皇太子，改名元良。立皇子方智为晋安郡王，方略为始安郡王。追尊所生姁阮修容为文宣太后。是月，陆纳遣将潘乌累等攻破衡州刺史丁道贵于渌口，道贵走零陵。

十二月壬子，陆纳分兵袭巴陵，湘州刺史萧循击破之。是月，营州刺史李洪雅自零陵率众出空云滩，将下讨纳，纳遣将吴藏等袭破洪雅，洪雅退守空云城。

二年春正月乙丑，诏王僧辩率众军士讨陆纳。戊寅，以吏部尚书王褒为尚书右仆射，刘毅为吏部尚书。西魏遣大将尉迟迥袭益州。

三月庚午，诏曰："食乃民天，农为治本，垂之千载，贻诸百王，莫不敬授民时，躬耕帝籍。是以稼穑为宝，《周颂》嘉其乐章；禾麦不成，鲁史书其方册。秦人有农力之科，汉氏开屯田之利。顷岁屯否，多难荐臻，干戈不戢，我则未暇。广田之令，无闻于郡国；载师之职，有陋于官方。今元恶殄歼，海内方一，其大庇黔首，庶拯横

帝、周朝之成王姬诵，政治之方符合文景二帝。羯族贼寇侯景欺凌我朝，时世艰难十分危急。朕力挽狂澜，克复宗社。各位公卿士子、诸侯群僚，都认为皇天神灵以天命眷顾，国之时运已经归属于朕，上天的命令不可长久拖延，天阙不可以长久空置。将过去朝代的法度典章作为良好的典范，敬畏上天的威严，计算国祚兴隆的时间，因而把国家的神器集中在朕一人身上。从前虞舜、夏、商、周，不曾设置美好的年号，自汉、魏、晋、宋以来，年号的因循守旧已经很久。朕虽然拨乱反正，但并非开基创业，所想的是上嗣宗庙，下惠万民。可改太清六年为承圣元年。拖欠官府的租税、陈年未清的欠债，都允许宽免；孝子贤孙，都可赐给民爵；流配的囚徒、收监的罪犯，都破格加以原谅饶恕；禁止入仕做官之人和削职强制服劳役者，全都解除禁令。"登基这一天，世祖不升正殿，公卿百官只是陪列一旁而已。丁丑日，任命平北将军、开府仪同三司萧循为骠骑将军、湘州刺史，其余职衔照旧。己卯日，立王太子萧方矩为皇太子，改名为元良。又立皇子萧方智为晋安郡王，萧方略为始安郡王。追赠生母阮修容尊号为文宣太后。这个月，陆纳派遣部将潘乌累等在渌口攻破衡州刺史丁道贵的部队，丁道贵逃到零陵。

　　十二月壬子日，陆纳分兵袭击巴陵，湘州刺史萧循击破了他。这个月，营州刺史李洪雅从零陵领兵从空灵滩出击，将要向下游讨伐陆纳，陆纳派遣将领吴藏等击破李洪雅军，李洪雅退守空云城。

　　承圣二年（553）春正月乙丑日，世祖诏令王僧辩率领众军向上游讨伐陆纳。戊寅日，世祖任命吏部尚书王褒为尚书右仆射，刘谷为吏部尚书。西魏派遣大将尉迟迥袭击益州。

　　三月庚午日，下诏说："民以食为天，农为国之本，这个道理传承千年，遗留给百位帝王，没有谁不敬授农时，亲自在帝王的籍田上耕作。所以把稼穑视为珍宝，《周颂》以乐章嘉扬它；禾麦没有收成，鲁国史官把它写入书籍中。秦人有农力的科条法令，汉朝则广开屯田的收益。近年来我朝恶运累积，灾祸繁多一再降临，干戈不曾止息，因而朕无暇鼓励农耕。扩大田地的命令，久已不曾在郡国中听闻；掌理土

流。一廛旷务，劳心日仄；一夫废业，焉卤无遗。国富刑清，家给民足。其力田之身，在所蠲免。外即宣勒，称朕意焉。"辛未，李洪雅以空云城降贼，贼执之而归。初，丁道贵走零陵投洪雅，洪雅使收余众。与之俱降。洪雅既降贼，贼乃害道贵。丙子，贼将吴藏等帅兵据车轮。庚寅，有两龙见湘州西江。

夏四月丙申，僧辩军次车轮。

五月甲子，众军攻贼，大破之。乙丑，僧辩军至长沙。甲戌，尉迟迥进逼巴西，潼州刺史杨乾运以城降，纳迥。己丑，萧纪军至西陵。

六月乙卯，湘州平。是月，尉迟迥围益州。

秋七月辛未，巴人苟升、徐子初斩贼城主公孙晃，举城来降。纪众大溃，遇兵死。乙未，王僧辩班师江陵，诏诸军各还所镇。

八月戊戌，尉迟迥陷益州。庚子，诏曰："夫爱始居亳，不废先王之都；受命于周，无改旧邦之颂。顷戎旃既息，关柝无警。去鲁兴叹，有感宵分，过沛殒涕，实劳夕寐。仍以潇、湘作乱，庸、蜀阻兵，命将授律，指期克定。今八表乂清，四郊无垒，宜从青盖之典，言归白水之乡。江、湘委输，方船连舳，巴峡舟舰，精甲百万，先次建鄴，行实京师，然后六军遄征，九旗扬旆，拜谒茔陵，修复宗社。主者详依旧典，以时宣勒。"

地赋役的载师一职，在执行官府方略时也有所疏陋。如今元凶已被全部消灭，海内正在趋于统一，希望能大大地庇佑百姓，救涂炭于横流。一处田地已被荒废，就要费尽更多心力来恢复；一个农夫废弃了农业，土地就会像盐碱地一样毫无幸存的庄稼。国家富强刑法清明，家庭充裕人民富足。那些从事田地耕种的人，在当地要免除赋税。京外各地要立即宣传本诏书并加以督促，才能称朕之心意。"辛未日，李洪雅交出空灵城投降贼兵，贼兵抓住他归去。当初，丁道贵逃至零陵投奔李洪雅，洪雅派他收集余众溃兵。后来丁道贵和李洪雅一起投降。李洪雅降贼后，贼人就杀害了丁道贵。丙子日，贼将吴藏等率兵占据了车轮。庚寅日，有两条龙出现在湘州的西江。

夏四月丙申日，王僧辩的部队驻扎在车轮。

五月甲子日，官军攻打贼寇，大破敌军。乙丑日，王僧辩的部队到达长沙。甲戌日，尉迟迥进逼巴西，潼州刺史杨乾运献城投降，开城接纳尉迟迥。己丑日，萧纪的军队到达西陵。

六月乙卯日，湘州平定。这个月，尉迟迥包围了益州。

秋七月辛未日，巴人符升、徐子初斩杀了贼寇城主公孙晃，举城来降。萧纪军队大败，萧纪遇到官军被杀。乙未日，王僧辩班师回到江陵，世祖诏令各路军马回到各自镇守的地方。

八月戊戌日，尉迟迥攻陷益州。庚子日，世祖下诏说："商汤谋划居于亳地，并不曾废弃先王的都城；文王受命于岐周，不改对旧邦的颂扬。近来军务已然止息，关隘的更鼓没有发出警报声。夫子离开鲁国时生出浩叹，夜半时分仍有所感，汉高祖经过故乡沛邑时感怀落泪，实在是睡梦中也思乡情深。于是因为湘州贼人作乱，庸、蜀两地被贼兵所阻，所以任命将领授予律令，在指定日期内攻克平定。现在四面八方已经宁靖太平，大地四野没有了壁垒，应该按照赐乘青盖车的旧典行事，回归白水发源的故乡。江、湘流域的物资运输，大船首尾相连不绝，巴峡的舟舰，所载精锐甲士数以百万，先停泊于建业，巩固京师；然后六军急速出发，各式军旗垂旒飘飘，拜谒先帝陵寝，修复宗庙社庙。主事者要详细地依照旧典，按时宣传和约束。"

九月庚午，司徒王僧辩旋镇。丙子，以护军将军陆法和为郢州刺史。乙酉，以晋安王方智为江州刺史。是月，魏遣郭元建治舟师于合肥，又遣大将邢杲远、步大汗萨、东方老率众会之。

冬十一月辛酉，僧辩次于姑孰，即留镇焉。遣豫州刺史侯瑱据东关垒，征吴兴太守裴之横帅众继之。戊戌，以尚书右仆射王褒为尚书左仆射，湘东太守张绾为尚书右仆射。

十二月，宿预土民东方光据城归化，魏江西州郡皆起兵应之。

三年春正月甲午，加南豫州刺史侯瑱征北将军、开府仪同三司。陈霸先帅众攻广陵城。秦州刺史严超达自秦郡围泾州，侯瑱、张彪出石梁，为其声援。辛丑，陈霸先遣晋陵太守杜僧明率众助东方光。

三月甲辰，以司徒王僧辩为太尉、车骑大将军。丁未，魏遣将王球率众七百攻宿预，杜僧明逆击，大破之。戊申，以护军将军、郢州刺史陆法和为司徒。

夏四月癸酉，以征北大将军、开府仪同三司陈霸先为司空。

六月壬午，魏复遣将步大汗萨率众救泾州。癸未，有黑气如龙，见于殿内。秋七月甲辰，以都官尚书宗懔为吏部尚书。

九月辛卯，世祖于龙光殿述《老子》义，尚书左仆射王褒为执经。乙巳，魏遣其柱国万纽于谨率大众来寇。

冬十月丙寅，魏军至于襄阳，萧詧率众会之。丁卯，停讲，内外戒严，舆驾出行都栅。是日，大风拔木，丙子，征王僧辩等军。十一月，以领军胡僧祐都督城东城北诸军事，右仆射张绾为副；左仆射王褒都督城西城南诸军事，直殿省元景亮为副。王公卿士各有守

九月庚午日，司徒王僧辩回到原防地镇守。丙子日，任命护军将军陆法和为郢州刺史。乙酉日，又任命晋安王萧方智为江州刺史。这个月，东魏（应是北齐）派郭元建在合肥训练水师，又派大将邢杲远、步大汗萨、东方老率军与郭元建会师。

冬十一月辛酉日，王僧辩率军驻扎在姑孰，就留下来镇守在那里。派遣豫州刺史侯瑱据守东关垒，征召吴兴太守裴之横率兵跟随他。戊戌日，任命尚书右仆射王褒为尚书左仆射，湘东太守张绾为尚书右仆射。

十二月，宿预的当地百姓东方光献城归顺，东魏（北齐）江西州郡都起兵响应他。

承圣三年（554）春正月甲午日，加封南豫州刺史侯瑱为征北将军、开府仪同三司。陈霸先率军攻打广陵城。秦州刺史严超达从秦郡包围泾州，侯瑱、张彪从石梁开出，作为他的声援。辛丑日，陈霸先派晋陵太守杜僧明率众援助东方光。

三月甲辰日，任命司徒王僧辩为太尉、车骑大将军。丁未日，西魏派大将王球领兵七百进攻宿预，杜僧明迎击敌军，大败他们。戊申日，任命护军将军、郢州刺史陆法和为司徒。

夏四月癸酉日，任命征北大将军、开府仪同三司陈霸先为司空。

六月壬午日，东魏（北齐）又派大将步大汗萨率军救泾州。癸未日，有一道黑气形状像龙，出现在宫殿里面。秋七月甲辰日，世祖任命都官尚书宗懔为吏部尚书。

九月辛卯日，世祖在龙光殿讲述《老子》经义，尚书左仆射王褒为他执经书。乙巳日，西魏派大柱国万纽于谨率大军前来侵扰。

冬十月丙寅日，西魏军到达襄阳，萧詧率军与他们会合。丁卯日，世祖停讲《老子》，江陵内外戒严，圣驾出来巡行各城防都栅。这一天，有大风拔起树木。丙子日，征调王僧辩等人的军队。十一月，令领军胡僧祐都督城东城北诸军事，右仆射张绾为其副职；左仆射王褒都督城西城南诸军事，直殿省元景亮为其副职。王公卿士也

备。丙戌，世祖遍行都栅，皇太子巡行城楼，使居民助运水石，诸要害所，并增兵备。丁亥，魏军至栅下。丙申，征广州刺史王琳入援。丁酉，大风，城内火。以胡僧祐为开府仪同三司，巂州刺史裴畿为领军将军。庚子，信州刺史徐世谱、晋安王司马任约军次马头岸。戊申，胡僧祐、朱买臣等率兵出战，买臣败绩。己酉，降左仆射王褒为护军将军。辛亥，魏军大攻，世祖出枇杷门，亲临阵督战。胡僧祐中流矢薨。六军败绩。反者斩西门关以纳魏师，城陷于西魏。世祖见执，如萧詧营，又迁还城内。

十二月丙辰，徐世谱、任约退戍巴陵。辛未，西魏害世祖，遂崩焉，时年四十七。太子元良、始安王方略皆见害。乃选百姓男女数万口，分为奴婢，驱入长安；小弱者皆杀之。明年四月，追尊为孝元皇帝，庙曰世祖。

世祖聪悟俊朗，天才英发。年五岁，高祖问："汝读何书？"对曰："能诵《曲礼》。"高祖曰："汝试言之。"即诵上篇，左右莫不惊叹。初生患眼，高祖自下意治之，遂盲一目，弥加愍爱。既长好学，博综群书，下笔成章，出言为论，才辩敏速，冠绝一时。高祖尝问曰："孙策昔在江东，于时年几？"答曰："十七。"高祖曰："正是汝年。"贺革为府咨议，敕革讲《三礼》。世祖性不好声色，颇有高名，与裴子野、刘显、萧子云、张缵及当时才秀为布衣之交，著述辞章，多行于世。在寻阳，梦人曰："天下将乱，王必维之。"又背生黑子，巫媪见曰："此大贵兆，当不可言。"初，贺革西上，意甚不悦，过别御史中丞江革，以情告之。革曰："吾尝梦主上遍见诸子，至湘东王，手脱帽授之。此人后必当璧，卿其行乎！"革从之。及太清之难，乃能克复，故遐迩乐推，遂膺宝命矣。所著《孝德传》三十卷，《忠臣传》三十卷，《丹阳尹传》十卷，《注汉书》一百一十五卷，《周易讲疏》十卷，《内典博要》一百卷，《连山》三十卷，《洞林》

各有守备责任。丙戌日，世祖到各处城防都栅巡视，皇太子视察城楼，命令居民协助运送城防木料和石头，并在各要害的处所增加了兵备。丁亥日，魏军进至都栅之下。丙申日，征召广州刺史王琳前来增援。丁酉日，刮起大风，城内起火。任命胡僧祐为开府仪同三司，巂州刺史裴畿为领军将军。庚子日，信州刺史徐世谱、晋安王司马任约的部队屯驻在马头岸。戊申日，胡僧祐、朱买臣等人率兵出战，朱买臣战败。己酉日，降左仆射王褒为护军将军。辛亥日，西魏军大举进攻，世祖从枇杷门出至城外亲自督战。胡僧祐中流矢阵亡。大军溃败。叛变的士卒斩断西门城门接纳西魏军，江陵城于是被西魏攻陷。世祖被拘囚，押送到萧詧的兵营，后又迁回到城里。

十二月丙辰日，徐世谱、任约退守巴陵。辛未日，西魏杀害世祖，于是驾崩，时年四十七岁。太子萧元良、始安王萧方略都被杀害。西魏军于是挑选百姓男女数万人，分配作为奴婢，驱赶着进入长安；幼小体弱者全都被杀。第二年四月，世祖被追尊为孝元皇帝，庙号为世祖。

世祖聪明颖悟，俊逸爽朗，天才早慧。才五岁时，高祖问他："你在读什么书？"回答说："能背诵《曲礼》。"高祖说："你试着说说。"世祖就背诵上篇，左右的人没有不惊叹的。刚开始眼睛生病，高祖自然用心去为他医治，但仍然有一只眼睛盲了，高祖更加怜悯疼爱他。长大后，十分好学，博览群书，下笔成文，出言即成高论，才思敏捷辩答迅速，冠绝于一时。高祖曾经问他说："孙策当年在江东，年龄是多少岁啊？"世祖回答说："十七岁。"高祖说："正是你现在的年龄。"贺革担任府咨议，高祖让贺革为世祖讲述《三礼》。世祖性情不好声色，颇有高士的名声，与裴子野、刘显、萧子云、张缵以及当时的才子们成为布衣之交，写作的辞章，很多盛行于世。在寻阳，世祖梦见别人说："天下将要混乱了，大王一定要维持它。"世祖背上又生黑痣，巫婆看见后说："这是大贵的兆头，富贵当无法言说。"当初，贺革随世祖西上，因为要离开京师心里很不高兴，拜别御史中丞江革时，把心情告诉了他。江革说："我曾经梦见主上召见所有皇子，到了见湘东王的时候，亲手脱去自己的帽子交给他。此人日后必

三卷，《玉韬》十卷，《补阙子》十卷，《老子讲疏》四卷，《全德志》
《怀旧志》《荆南志》《江州记》《贡职图》《古今同姓名录》一卷，
《筮经》十二卷，《式赞》三卷，文集五十卷。

　　史臣曰：梁季之祸，巨寇凭垒，世祖时位长连率，有全楚之资，
应身率群后，枕戈先路。虚张外援，事异勤王，在于行师，曾非百
舍。后方歼夷大憝，用宁宗社，握图南面，光启中兴，亦世祖雄才英
略，绍兹宝运者也。而禀性猜忌，不隔疏近，御下无术，履冰弗惧，
故凤阙伺晨之功，火无内照之美。以世祖之神睿特达，留情政道，
不怵邪说，徙跸金陵，左邻强寇，将何以作。是以天未悔祸，荡覆斯
生，悲夫！

定立为国君，您应该同行啊！"贺革就听从了他的话。等到太清之难，世祖能够克敌收复京师，因此远近都乐于推戴他，于是就接受了至尊天命。世祖所著的作品有《孝德传》三十卷，《忠臣传》三十卷，《丹阳尹传》十卷，《注汉书》一百十五卷，《周易讲疏》十卷，《内典博要》一百卷，《连山》三十卷，《洞林》三卷，《玉韬》十卷，《补阙子》十卷，《老子讲疏》四卷，《全德志》《怀旧志》《荆南志》《江州记》《贡职图》《古今同姓名录》各一卷，《筮经》十二卷，《式赞》三卷，文集五十卷。

史臣说：梁末的灾祸，强大的贼寇占据壁垒作乱，世祖当时地位居于宗室各诸侯之长，又拥有全部楚地作为根据地，应该亲率各位侯王，枕戈待旦为军先导。而他仅仅虚张声势以为外援，所作所为不同于勤王，他的调动军队，还不到三千里。后来才歼灭平定了元凶的叛乱，使宗庙社稷宁静，握持河图南面称帝，开启了国家的中兴，这也是世祖雄才英略，能够承续有梁一朝国运的缘故。然而他禀性猜忌，不能区分亲疏，驾驭属下缺乏良方，处在薄冰一样危险的境况下也不知恐惧，所以身为凤鸟却未能实现司晨的功绩，大火虽烈却没有内照自身的美德。凭借世祖的神武睿智和出众通达，假如能留心为政之道，不受邪说吓阻，移驾金陵，那么邻近他的那些贼寇将能如何作乱？这是因为上天没有撤去所加的灾祸，终于覆灭了他的生命，这是何等的悲哀啊！

# 卷六

## 本纪第六
### 敬帝

敬皇帝讳方智，字慧相，小字法真，世祖第九子也。太清三年，封兴梁侯。承圣元年，封晋安王，邑二千户。二年，出为平南将军、江州刺史。三年十一月，江陵陷，太尉扬州刺史王僧辩、司空南徐州刺史陈霸先定议，以帝为太宰、承制，奉迎还京师。四年二月癸丑，至自寻阳，入居朝堂。以太尉王僧辩为中书监、录尚书、骠骑将军、都督中外诸军事。加司空陈霸先班剑三十人。以豫州刺史侯瑱为江州刺史，仪同三司、湘州刺史萧循为太尉，仪同三司、广州刺史萧勃为司徒，镇东将军张彪为郢州刺史。

三月，齐遣其上党王高涣送贞阳侯萧渊明来主梁嗣，至东关，遣吴兴太守裴之横与战，败绩，之横死。太尉王僧辩率众出屯姑孰。四月，司徒陆法和以郢州附于齐，遣江州刺史侯瑱讨之。七月辛丑，王僧辩纳贞阳侯萧渊明，自采石济江。甲辰，入于京师，以帝为皇太子。九月甲辰，司空陈霸先举义，袭杀王僧辩，黜萧渊明。丙午，帝即皇帝位。

绍泰元年冬十月己巳，诏曰："王室不造，婴罹祸衅，西都失守，朝廷沦覆，先帝梓宫，播越非所，王基倾弛，率土罔戴。朕以荒幼，仍属艰难，泣血枕戈，志复仇逆。大耻未雪，凤宵鲠愤。群公卿尹，勉以大义，越登寡暗，嗣奉洪业。顾惟凤心，念不至此。庶仰凭先灵，傍资将相，克清元恶，谢冤陵寝。今坠命载新，宗祏更祀，庆流亿兆，岂予一人。可改承圣四年为绍泰元年，大赦天下，内外

　　敬皇帝名方智，字慧相，小字法真，是世祖的第九个儿子。太清三年（549），被封为兴梁侯。承圣元年（552），被封为晋安王，食邑二千户。承圣二年（553），出任平南将军、江州刺史。承圣三年（554）十一月，江陵陷落，太尉、扬州刺史王僧辩和司空、南徐州刺史陈霸先商议决定，以敬帝为太宰，承制便宜行事，奉迎他回京师。承圣四年（555）二月癸丑日，敬帝从寻阳抵达建康，入住皇宫。任命太尉王僧辩为中书监、录尚书、骠骑将军、都督中外诸军事。赐司空陈霸先带斑纹宝剑的武士三十人。任命豫州刺史侯瑱为江州刺史，仪同三司、湘州刺史萧循为太尉，仪同三司、广州刺史萧勃为司徒，镇东将军张彪为郢州刺史。

　　三月，北齐派它的上党王高涣护送贞阳侯萧渊明来继承梁朝帝位的，他们行至东关，敬帝派遣吴兴太守裴之横与之交战，结果战败，裴之横战死。太尉王僧辩率军出屯姑孰。四月，司徒陆法和率郢州军民投降北齐军，敬帝派江州刺史侯瑱讨伐他。七月辛丑日，王僧辩接纳贞阳侯萧渊明，从采石渡过长江。甲辰日，进入京城，以敬帝为皇太子。九月甲辰日，司空陈霸先举兵，袭击并杀死了王僧辩，废黜萧渊明。丙午日，敬帝即皇帝位。

　　绍泰元年（555）冬十月己巳日，下诏说："王室不幸，罹受祸乱，西都江陵失守，朝廷沦陷覆灭，先帝的灵柩，流离不知去向，国家的基业倾覆废弛，国内百姓没有主宰可以拥戴。朕年幼无知，沿袭举步艰难之局面，泪尽泣血枕戈待旦，立志复仇讨逆。大耻未雪，日夜如鲠在喉悲愤难平。众位公卿臣僚，以大义勉励朕，摆脱弱小无知，继承事奉宏大的王业。回顾初心，我并没有当皇帝的想法。期望能仰仗列位先帝在天之灵，倚靠众位文武股肱的辅佐，战胜恶贼扫清

文武赐位一等。"以贞阳侯渊明为司徒，封建安郡公，食邑三千户。壬子，以司空陈霸先为尚书令、都督中外诸军事、车骑将军、扬南徐二州刺史，司空如故。震州刺史杜龛举兵，攻信武将军陈蒨于长城，义兴太守韦载据郡以应之。癸丑，进太尉萧循为太保，新除司徒建安公渊明为太傅，司徒萧勃为太尉。以镇南将军王琳为车骑将军、开府仪同三司。戊午，尊所生夏贵妃为皇太后。立妃王氏为皇后。镇东将军、扬州刺史张彪进号征东大将军。镇北将军、谯秦二州刺史徐嗣徽进号征北大将军。征南将军、南豫州刺史任约进号征南大将军。辛未，诏司空陈霸先东讨韦载。丙子，任约、徐嗣徽举兵反，乘京师无备，窃据石头。丁丑，韦载降，义兴平。遣晋陵太守周文育率军援长城。

十一月庚辰，齐安州刺史翟子崇、楚州刺史刘仕荣、淮州刺史柳达摩率众赴任约，入于石头。庚寅，司空陈霸先旋于京师。

十二月庚戌，徐嗣徽、任约又相率至采石，迎齐援。丙辰，遣猛烈将军侯安都水军于江宁邀之，贼众大溃，嗣徽、约等奔于江西。庚申，翟子崇等请降，并放还北。

太平元年春正月戊寅，大赦天下，其与任约、徐嗣徽协契同谋，一无所问。追赠简文皇帝诸子。以故永安侯确子后袭封邵陵王，奉携王后。癸未，镇东将军、震州刺史杜龛降，诏赐死，曲赦吴兴郡。己亥，以太保、宜丰侯萧循袭封鄱阳王。东扬州刺史张彪围临海太守王怀振于剡岩。

二月庚戌，遣周文育、陈蒨袭会稽，讨彪。癸丑，彪长史谢岐、司马沈泰、军主吴宝真等举城降，彪败走。以中卫将军临川王大款即本号开府仪同三司，中护军桂阳王大成为护军将军。丙辰，若耶

元凶，为先帝陵寝洗雪冤仇。现在中断的天命得以更新，宗庙重设祭祀，同庆之心遍及普天百姓，福佑岂止限于朕一人？可改承圣四年为绍泰元年，大赦天下，内外文武大臣均赐进位一等。"任命贞阳侯萧渊明为司徒，封为建安郡公，食邑三千户。壬子日，任命司空陈霸先为尚书令、都督中外诸军事、车骑将军、扬、南徐二州刺史，司空之职如旧。震州刺史杜龛兴兵，在长城县攻打信武将军陈蒨，义兴太守韦载凭据本郡响应杜龛。癸丑日，进太尉萧循为太保，新任司徒建安公萧渊明为太傅，司徒萧勃为太尉。任命镇南将军王琳为车骑将军、开府仪同三司。戊午日，尊封生母夏贵妃为皇太后。立妃王氏为皇后。镇东将军、东扬州刺史张彪进号为征东大将军。镇北将军、淮秦二州刺史徐嗣徽进号为征北大将军。征南将军、南豫州刺史任约进号为征南大将军。辛未日，诏令司空陈霸先东进讨伐韦载。丙子日，任约、徐嗣徽举兵造反，乘京城没有防备，窃据石头城。丁丑日，韦载投降，义兴平定。敬帝派遣晋陵太守周文育率军援助长城县。

十一月庚辰日，北齐的安州刺史翟子崇、楚州刺史刘仕荣、淮州刺史柳达摩率军与任约军会合，进入石头城。庚寅日，司空陈霸先回师京城。

十二月庚戌日，徐嗣徽、任约又相继到采石，迎接北齐的援军。丙辰日，敬帝派遣猛烈将军侯安都率领水军在江宁截击他们，贼兵大败溃退，徐嗣徽、任约等逃往大江以西。庚申日，翟子崇等人请求投降，敬帝把他们一并释放回北方。

太平元年（556）春正月戊寅日，敬帝大赦天下，那些与任约、徐嗣徽协作同谋的人，一概不予追究。追赠简文帝诸子封号。让已故永安侯萧确的子嗣袭封为邵陵王，以延续携王萧纶的香火。癸未日，镇东将军、震州刺史杜龛投降，敬帝诏令赐死，并破格赦免吴兴郡。己亥日，让太保、宜丰侯萧循袭封为鄱阳王。东扬州刺史张彪在刿岩包围临海太守王怀振。

二月庚戌日，派周文育、陈蒨袭击会稽，讨伐张彪。癸丑日，张彪的长史谢岐、司马沈泰、军主吴宝真等人献城投降，张彪兵败逃走。任命中卫将军、临川王萧大款以本号开府仪同三司，任命中护军、桂

村人斩张彪，传首京师，曲赦东扬州。己未，罢震州，还复吴兴郡。癸亥，贼徐嗣徽、任约袭采石戍，执戍主明州刺史张怀钧，入于齐。甲子，以东土经杜龛、张彪抄暴，遣大使巡省。

三月丙子，罢东扬州，还复会稽郡。壬午，班下远近并杂用古今钱。戊戌，齐遣大将萧轨出栅口，向梁山，司空陈霸先、军主黄蕲逆击，大破之。轨退保芜湖。遣周文育、侯安都众军，据梁山拒之。

夏四月丁巳，司空陈霸先表诣梁山抚巡将帅。壬申，侯安都轻兵袭齐行台司马恭于历阳，大破之，俘获万计。

五月癸未，太傅建安公渊明薨。庚寅，齐军水步入丹阳县。丙申，至秣陵故治。敕周文育还顿方丘，徐度顿马牧，杜棱顿大桁。癸卯，齐军进据儿塘，舆驾出顿赵建故篱门，内外纂严。

六月甲辰，齐潜军至蒋山龙尾，斜趋莫府山北，至玄武湖西北。乙卯，司空陈霸先授众军节度，与齐军交战，大破之，斩齐北兖州刺史杜方庆及徐嗣徽、弟嗣宗，生擒徐嗣彦、萧轨、东方老、王敬宝、李希光、裴英起、刘归义等，皆诛之。戊午，大赦天下，军士身殒战场，悉遣敛祭，其无家属，即为瘞埋。辛酉，解严。

秋七月丙子，车骑将军、司空陈霸先进位司徒，加中书监，余如故。丁亥，以开府仪同三司侯瑱为司空。
八月己酉，太保鄱阳王循薨。
九月壬寅，改元大赦，孝悌力田赐爵一级，殊才异行所在奏闻，饥难流移勒归本土。进新除司徒陈霸先为丞相、录尚书事、镇卫大将军、扬州牧，封义兴郡公。中权将军王冲即本号开府仪同三

阳王萧大成为护军将军。丙辰日，若耶村的人杀死张彪，把他的首级传送到京城，破格赦免赦东扬州。己未日，撤销震州的建制，恢复吴兴郡。癸亥日，贼将徐嗣徽、任约袭击采石戍，囚禁戍主、明州刺史张怀均，解送到北齐境内。甲子日，因为东部国土经过杜龛、张彪的抄掠摧残，所以派遣大使巡察。

三月丙子日，撤销东扬州建制，恢复会稽郡。壬午日，颁布命令让远近人民一并杂用古今钱。戊戌日，北齐派大将萧轨从栅口出兵，进逼梁山，司空陈霸先的军主黄蕲迎击，大败北齐军马。萧轨退守芜湖。派周文育、侯安都的部队进据梁山抵抗敌军。

夏四月丁巳日，司空陈霸先奏请前往梁山慰问巡视将帅。壬申日，侯安都在历阳以轻装部队掩袭北齐行台司马恭，大败敌军，俘敌数以万计。

五月癸未日，太傅、建安公萧渊明去世。庚寅日，北齐军从水陆两路进入丹阳县。丙申日，敬帝到达秣陵的旧治所在。命令周文育回师驻守方山，徐度驻守马牧，杜棱驻守大桁。癸卯日，北齐军进据儿塘，圣驾出京师，屯驻在赵建的篱门旧址，京城内外戒严。

六月甲辰日，北齐秘密派遣军队到蒋山的山脉末尾，斜奔至莫府山北，抵达玄武湖西北侧。乙卯日，司空陈霸先获授权节度众军，和北齐军交战，大败敌军，斩杀了北齐的北兖州刺史杜方庆、徐嗣徽以及徐嗣徽的弟弟徐嗣宗，活捉徐嗣彦、萧轨、东方老、王敬宝、李希光、裴英起、刘归义等人，全部加以诛杀。戊午日，大赦天下，士卒在战场阵亡的，都派人收殓安葬祭奠，阵亡者没有家属的，朝廷代为掩埋。辛酉日，解除戒严。

秋七月丙子日，晋升车骑将军、司空陈霸先为司徒，加中书监，其余职衔照旧。丁亥日，任命开府仪同三司侯瑱为司空。

八月己酉日，太保、鄱阳王萧循去世。

九月壬寅日，改年号为太平并大赦天下，孝顺父母、敬爱兄长及勤力耕田者都赐民爵一级，有特殊才能、品行出众的人由所在地方上奏报告，因饥因灾流离他乡者都命令其回归本乡。拔擢新任司徒陈

司。吏部尚书王通为尚书右仆射。丁巳，以郢州刺史徐度为领军将军。

冬十一月乙卯，起云龙、神虎门。

十二月壬申，进太尉、镇南将军萧勃为太保、骠骑将军。以新除左卫将军欧阳頠为安南将军、衡州刺史。壬午，平南将军刘法瑜进号安南将军。甲午，以前寿昌令刘敳为汝阴王，前镇西法曹行参军萧统为巴陵王，奉宋、齐二代后。

二年春正月壬寅，诏曰："夫子降灵体喆，经仁纬义，允光素王，载阐玄功，仰之者弥高，诲之者不倦。立忠立孝，德被蒸民，制礼作乐，道冠群后。虽泰山颓峻，一老不遗，而泗水余澜，千载犹在。自皇图屯阻，祀荐不修，奉圣之门，胤嗣歼灭，敬神之寝，簠簋寂寥。永言声烈，实兼钦怆。外可搜举鲁国之族，以为奉圣后；并缮庙堂，供备祀典，四时荐秩，一皆遵旧。"是日，又诏："诸州各置中正，依旧访举。不得辄承单状序官，皆须中正押上，然后量授。详依品制，务使精实。其荆、雍、青、兖虽暂为隔阂，衣冠多寓淮海，犹宜不废司存。会计罢州，尚为大郡，人士殷旷，可别置邑居。至如分割郡县，新号州牧，并系本邑，不劳兼置。其选中正，每求耆德，该悉以他官领之。"以车骑将军、开府仪同三司王琳为司空、骠骑大将军。分寻阳、太原、齐昌、高唐、新蔡五郡，置西江州，即于寻阳仍充州镇。又诏"宗室在朝开国承家者，今犹称世子，可悉听袭本爵。"以尚书右仆射王通为尚书左仆射。丁巳，镇西将军、益州刺史长沙王韶进号征南将军。

霸先为丞相、录尚书事、镇卫大将军、扬州牧，封为义兴郡公。任命中权将军王冲以本号开府仪同三司。任命吏部尚书王通为尚书右仆射。丁巳日，任命郢州刺史徐度为领军将军。

冬十一月乙卯日，开始修建云龙、神虎二门。

十二月壬申日，拔擢太尉、镇南将军萧勃为太保、骠骑将军。任命新授的左卫将军欧阳頠为安南将军、衡州刺史。壬午日，平南将军刘法瑜进号安南将军。甲午日，任命前寿昌令刘叡为汝阴王，任命前镇西法曹、行参军萧统为巴陵王，侍奉宋、齐二朝的后人。

太平二年（557）春正月壬寅日，敬帝下诏说："孔夫子降下灵气体现明哲，以仁为经以义为纬，确实堪称素王，开辟影响深远的功业，尊崇他的愈觉其高，传授他学说的不知疲倦。立忠立孝，德行惠及众多百姓，制礼作乐，道德冠盖各位君主。就算泰山崩塌其高峻的山峰，一点也不能损伤夫子的伟大，他的遗泽如泗水之余波，千年之后依然长存不绝。自从王业遭遇艰难险阻，祭祀典礼无法举行，侍奉圣人的曲阜孔家，其后嗣遭遇毁灭，敬拜其神主的庙堂里，祭祀礼器早已空寂无物。吟咏此事壮怀激烈，心中兼怀着敬肃而凄怆。外朝要搜求举荐鲁国的孔门后裔，作为奉圣之后人；并且修缮庙堂，提供准备祭祀的典仪，四时常祭，一概遵守旧例。"这一天，又下诏令说："各州应设置中正之官，按旧例查访举荐贤才。不得总是仅凭投递的单状就序列授官，都需要中正签押上报，然后方可量才相授。详细地依照品制选授，务必使选才精当符合实际。其中荆、雍、青、兖等州，虽然暂时还与朝廷隔绝，其衣冠士族大多寓居淮海一带，更应不废止这些州的官员设置。遇到裁撤的一些州，仍然不失为大郡，百姓众多而久失存抚，可另外设置里邑住宅让他们居住。至于进行了分割的郡县，新任的州牧，都在本邑，不必另外兼置。选任中正，反复搜求年高德劭者，应当全部以其他官职授予给他。"任命车骑将军、开府仪同三司王琳为司空、骠骑大将军。将寻阳、太原、齐昌、高唐、新蔡五郡单另划分出来，设置西江州，就以寻阳郡治充当州镇。又下诏说："宗室在朝建立邦国继承封邑、现在仍称世子的，可全部允许

二月庚午，领军将军徐度入东关。太保、广州刺史萧勃举兵反，遣伪帅欧阳頠、傅泰、勃从子孜为前军，南江州刺史余孝顷以兵会之。诏平西将军周文育、平南将军侯安都等率众军南讨。戊子，徐度至合肥，烧齐船三千艘。癸巳，周文育军于巴山生获欧阳頠。

三月庚子，文育前军丁法洪于蹠口生俘傅泰。萧孜、余孝顷军退走。甲辰，以新除司空王琳为湘、郢二州刺史。甲寅，德州刺史陈法武、前衡州刺史谭世远于始兴攻杀萧勃。

夏四月癸酉，曲赦江、广、衡三州；并督内为贼所拘逼者，并皆不问。己卯，铸四柱钱，一准二十。齐遣使请和。壬辰，改四柱钱一准十。丙申，复闭细钱。萧勃故主帅前直阁兰敳袭杀谭世远，敳仍为亡命夏侯明彻所杀。勃故记室李宝藏奉怀安侯萧任据广州作乱。戊戌，侯安都进军，余孝顷弃军走，萧孜请降，豫章平。

五月乙巳，平西将军周文育进号镇南将军，侯安都进号镇北将军，并以本号开府仪同三司。丙午，以镇军将军徐度为南豫州刺史。戊辰，余孝顷遣使诣丞相府乞降。

秋八月甲午，加丞相陈霸先黄钺，领太傅，剑履上殿，入朝不趋，赞拜不名，给羽葆、鼓吹。

九月辛丑，崇丞相为相国，总百揆，封十郡为陈公，备九锡之礼，加玺绂远游冠，位在王公上。加相国绿綟绶。置陈国百司。

冬十月戊辰，进陈公爵为王，增封十郡，并前为二十郡。命陈王冕十有二旒，建天子旌旗，出警入跸，乘金根车，驾六马，备五时副车，置旄头云罕，乐舞八佾，设钟虡宫县。王后、王子女爵命之

他们承袭原来的爵位。"任命尚书右仆射王通为尚书左仆射。丁巳日，镇西将军、益州刺史长沙王萧韶进号为征南将军。

二月庚午日，派遣领军将军徐度进入东关。太保、广州刺史萧勃举兵造反，派伪帅欧阳頠、傅泰、萧勃侄子萧孜为前军，南江州刺史余孝顷率兵与他们会合。下诏命令平西将军周文育、平南将军侯安都等人率军南下讨伐叛军。戊子日，徐度到达合肥，烧毁北齐战船三千艘。癸巳日，周文育的军队在巴山活捉欧阳頠。

三月庚子日，周文育的前军丁法洪在蹝口活捉了傅泰。萧孜、余孝顷的军队撤退。甲辰日，任命新授的司空王琳为湘、郢二州刺史。甲寅日，德州刺史陈法武、前衡州刺史谭世远在始兴攻打并杀死了萧勃。

夏四月癸酉日，破格赦免江、广、衡三州；并命令对其中被贼所拘逼的人，一概都不予追究。己卯日，铸造四柱钱，一枚新钱等于旧钱二十枚。北齐派遣使者求和。壬辰日，改定四柱钱一枚等于旧钱十枚。丙申日，又停用细钱。萧勃从前的军队主帅、前直阁兰裛袭击并杀死谭世远，兰裛接着又被亡命者夏侯明彻所杀。萧勃从前的记室李宝藏尊奉怀安侯萧任占据广州作乱。戊戌日，侯安都进军，余孝顷弃军逃跑，萧孜请求投降，于是豫章平定。

五月乙巳日，平西将军周文育进号为镇南将军，侯安都进号为镇北将军，并以本号开府仪同三司。丙午日，任命镇军将军徐度为南豫州刺史。戊辰日，余孝顷派使者到丞相府乞求投降。

秋八月甲午日，加丞相陈霸先黄钺，领太傅，允许他佩剑穿鞋上殿，入朝觐见可以不必快步上前，侍卫为其赞拜可以不呼其名，并赐给羽葆仪仗和鼓吹乐班。

九月辛丑日，尊丞相陈霸先为相国，总揽百政，赐封十郡成为陈公，加九锡之礼，并加印玺和远游冠，位在诸王公之上。又加相国绿綟色绶带。陈国设置各种官署。

冬十月戊辰日，进陈公的爵位为王，增封十郡，和前十郡一起合为二十郡。命陈王戴的冕上可以有十二条旒，树立天子旌旗，出入都警戒清道，乘坐金根车，车驾六匹马，备有五时副车，设置帝王的旌

典，一依旧仪。辛未，诏曰：

五运更始，三正迭代，司牧黎庶，是属圣贤，用能经纬乾坤，弥纶区宇，大庇黔首，阐扬洪烈。革晦以明，积代同轨，百王踵武，咸由此则。梁德湮微，祸难荐发：太清云始，用困长蛇；承圣之年，又罹封豕；爰至天成，重窃神器。三光亟改，七庙乏祀，含生已泯，鼎命斯坠，我皇之祚，眇若缀旒，静惟《屯》《剥》，夕惕载怀。

相国陈王，有纵自天，降神惟岳，天地合德，晷曜齐明。拯社稷之横流，提亿兆之涂炭。东诛叛逆，北歼獯丑，威加四海，仁渐万国。复张崩乐，重纪绝礼，儒馆聿修，戎亭虚候。虽大功在舜，盛绩维禹，巍巍荡荡，无得而称。来献白环，岂直皇虞之世；入贡素雉，非止隆周之日。故效珍川陆，表瑞烟云，玉露醴泉，旦夕凝涌，嘉禾瑞草，孳植郊甸，道昭于悠代，勋格于皇穹。明明上天，光华日月，革故著于玄象，代德彰于谶图，狱讼有违，讴歌爰适，天之历数，实有攸在。朕虽庸貌，暗于古昔，永稽崇替，为日已久，敢忘列代之遗典，人祇之至愿乎！今便逊位别宫，敬禅于陈，一依唐虞、宋齐故事。

陈王践阼，奉帝为江阴王，薨于外邸，时年十六，追谥敬皇

头旌旗，配备天子用的乐舞八佾，并设钟架悬挂大钟。王后和王子、王女封爵授命的典章制度，一律依照旧时典例。辛未日，下诏说：

金、木、水、火、土五行的运行循环不止，夏正、商正、周正三正轮替有常，管理普天黎民的职责，属于圣贤的君主，因为他能经纬乾坤，统摄天地，广泛地庇护百姓，开拓洪大的基业。改晦暗为光明，积累各代制度并固定为一轨，百代万世传承这些制度，都依照这些法则行事。梁朝之德业已衰微，祸乱接连发生：太清初年，遭受长蛇一样暴虐的贼寇围困；承圣年间，又遭大猪一样贪婪的凶徒祸患；到了天成年间，国家宝器累遭窃据。日、月、星三光屡次更改，七代祖先的宗庙都缺乏祭祀，生灵已经泯灭，显赫的天命已然衰落，我皇的帝祚，动荡缥缈如同旗帜上垂下的装饰，静如《屯》卦和《剥》卦寓意的困厄衰败之相，朕深夜思之心怀忧惧。

相国陈王，有天纵之才，山岳降赐其神武，道德合于天地，光芒与日光齐明。拯救社稷于沧海横流之世，解救黎民于困厄涂炭之危。东进诛杀了叛逆的贼臣，北上歼灭了戎狄的凶徒，其威势施于四海，其仁义惠及万国。重新弘扬一度崩坏的礼乐，再次整理业已断绝的礼仪，广泛修建儒馆，边境虚设候望。虽然是立下大功的舜，开创盛绩的禹，其巍峨浩荡的伟业，也无法与陈王相提并论。凤凰来献白玉环的祥瑞，难道只有虞舜之世才有；各地入贡白色雉鸡的盛举，也并非强盛的周朝才会发生。所以水陆都献出珍奇物种，烟云都彰显吉祥瑞兆，甘露和醴泉，早晚凝结喷涌，嘉禾与瑞草，滋生繁殖于都城的郊野，陈王的大德可闪耀于历朝史册，他的功勋可与苍穹比高。明亮的上天，放射光华的日月，革除旧朝的征兆已经显著于天象，皇德更替的迹象在谶图中已经十分昭彰，罪行自有刑狱追诉，功劳定有讴歌相匹配，天命历数，实在确有其事。朕虽平庸渺小，对古早往昔之事昏暗不明，但也在时常考察国家的兴衰变化，为时很久了，岂敢忘记列朝列代遗留下来的典制，以及人神至高的愿望呢！现在就逊位去别宫居住，将宝座敬禅给陈王，完全依照唐尧禅让虞舜、宋顺帝禅让齐高帝的旧事。

陈王即位，尊奉敬帝为江阴王，江阴王在京师的王府中去世，时

帝。

史臣曰：梁季横溃，丧乱屡臻，当此之时，天历去矣，敬皇高让，将同释负焉。

史臣侍中郑国公魏徵曰："高祖固天攸纵，聪明稽古，道亚生知，学为博物，允文允武，多艺多才。爰自诸生，有不羁之度，属昏凶肆虐，天伦及祸，收合义旅，将雪家冤。曰纣可伐，不期而会，龙跃樊、汉，电击湘、郢，剪离德如振槁，取独夫如拾遗。其雄才大略，固无得而称矣。既悬白旗之首，方应皇天之眷，布德施惠，悦近来远，开荡荡之王道，革靡靡之商俗，大修文教，盛饰礼容，鼓扇玄风，阐扬儒业，介胄仁义，折冲罇俎，声振寰宇，泽流遐裔，干戈载戢，凡数十年。济济焉，洋洋焉，魏、晋已来，未有若斯之盛。然不能息末敦本，斫彫为朴，慕名好事，崇尚浮华，抑扬孔、墨，流连释、老。或经夜不寝，或终日不食，非弘道以利物，惟饰智以惊愚。且心未遗荣，虚厕苍头之伍；高谈脱屣，终恋黄屋之尊。夫人之大欲，在乎饮食男女，至于轩冕殿堂，非有切身之急。高祖屏除嗜欲，眷恋轩冕，得其所难而滞于所易，可谓神有所不达，智有所不通矣。逮夫精华稍竭，凤德已衰，惑于听受，权在奸佞，储后百辟，莫得尽言。险躁之心，暮年愈甚。见利而动，愎谏违卜，开门揖盗，弃好即仇，衅起萧墙，祸成戎羯，身殒非命，灾被亿兆，衣冠敝锋镝之下，老幼粉戎马之足。瞻彼《黍离》，痛深周庙；永言《麦秀》，悲甚殷墟。自古以安为危，既成而败，颠覆之速，书契所未闻也。

年十六岁,被追谥为敬皇帝。

史臣说:梁朝末年迅速崩溃,丧乱屡屡到来,当这个时候,天数已尽,敬帝禅让,如同释去重负。

史臣侍中、郑国公魏徵说:梁高祖确实是天纵奇才,聪明知古,道德仅次于生而知之者,学问博通万物,文武双全,多才多艺。他起于诸生,有脱俗不羁的风度,正值昏君奸凶在朝肆虐,至亲被害,他集合义军,将要洗雪家仇。其部众都说"昏君可以讨伐",可谓不期而遇,于是龙跃于樊城、汉口,电击于湘州、郢州,翦除离心离德之人如同抖落身上枯干的草茎,除去独夫民贼如同拾取脚下掉落之物。他的雄才大略,固然已经没有什么可比称的了。昏君悬首伏诛之后,他才顺应皇天的眷顾,广布恩德普施恩惠,使近处的人民感到喜悦,使远处的人民竞相归附,开辟广大的王道,革除醉生梦死的商朝一样的习俗,大修文教,盛饰礼仪,鼓励钻研玄学之风,发扬儒家的学说,以介胄之身讲求仁义,在会盟席间取得胜利,声名震荡宇内,恩泽波及边疆,战祸停息,共有数十年之久。人才济济,德化无边,自魏、晋以来,从未有过如此的盛世。然而高祖不能止息政事之末促进治国之本,未曾除去雕饰化为质朴。一味地仰慕虚名喜好事功,崇尚浮华,抑制孔子、墨子的务实之道,沉迷于佛教和道教的寂静空虚。有时彻夜不眠,有时则终日不食,不是弘扬大道以利于万物,只是装饰智巧来惊耸愚民。况且心中并不曾忘记尊荣,只是虚伪地厕身于下人的行列;高谈阔论时脱去鞋履,但始终还是眷恋黄屋的尊贵。人生的最大欲望,莫过于饮食男女,至于舆驾冕服与高屋大殿,并不是切身的急事。高祖屏除了人的嗜好欲望,却眷恋至尊的威仪与形式,做到了困难的事情却滞碍于容易的事情,可以称得上神武有所不达,英明有所不通了。等到他的精力才智渐渐枯竭,德行威望趋于衰弱时,就受到听闻感受的迷惑,使权力落入奸佞小人手中,太子和百官,都不能畅所欲言。其轻薄浮躁的心性,在暮年愈加严重。见到利益就轻举妄动,听不进劝谏又违逆占卜,开门揖盗,离弃良善的臣子,亲近奸邪的寇仇,致使祸患产生于萧墙之内,侯景酿成大祸,自

《易》曰：'天之所助者信，人之所助者顺。'高祖之遇斯屯剥，不得其死，盖动而之险，不由信顺，失天人之所助，其能免于此乎！

太宗聪睿过人，神彩秀发，多闻博达，富赡词藻。然文艳用寡，华而不实，体穷淫丽，义罕疏通，哀思之音，遂移风俗，以此而贞万国，异乎周诵、汉庄矣。我生不辰，载离多难，桀逆构扇，巨猾滔天，始自牖里之拘，终类望夷之祸。悠悠苍天，其可问哉！

昔国步初屯，兵缠魏阙，群后释位，投袂勤王。元帝以盘石之宗，受分陕之任，属君亲之难，居连率之长，不能抚剑尝胆，枕戈泣血，躬先士卒，致命前驱；遂乃拥众逡巡，内怀觇望，坐观时变，以为身幸。不急莽、卓之诛，先行昆弟之戮。又沉猜忌酷，多行无礼。骋智辩以饰非，肆忿戾以害物。爪牙重将，心膂谋臣，或顾眄以就拘囚，或一言而及菹醢。朝之君子，相顾懔然。自谓安若泰山，举无遗策，怵于邪说，即安荆楚。虽元恶克翦，社稷未宁，而西邻责言，祸败旋及。上天降鉴，此焉假手，天道人事，其可诬乎！其笃志艺文，采浮淫而弃忠信；戎昭果毅，先骨肉而后寇仇。虽口诵《六经》，心通百氏，有仲尼之学，有公旦之才，适足以益其骄矜，增其祸患，何补金陵之覆没，何救江陵之灭亡哉！

己死于非命，灾难殃及亿万黎民，达官贵人丧命于锋利的箭矢之下，老幼平民粉身碎骨于戎马践踏之间。对照梁末事迹来品读那首《黍离》，则痛惜之心更深于周朝宗庙；吟咏《麦秀》之歌，则悲伤之情有过于殷商之墟。自古转安为危、已成而败，国家被颠覆得如此快速，史籍记载中闻所未闻。

《易》中说："天所帮助的，是顺乎自然规律的人；人所帮助的，是一贯忠实守信的人。"高祖遇到这样困厄的命运，死于非命，乃是因为他好动而赴险，不求顺信，失掉天与人的帮助，怎么能免于此种结局呢！

太宗聪明睿智过于常人，神采的秀丽发乎其外，见闻广博学识通达，辞藻丰富长于文采。然而文风艳丽，效用却少，文章华而不实，文体穷尽淫靡华丽之能事，文义则罕有畅通之处，多为哀伤思念的靡靡之音，于是改变了一时的风俗，用这种风气来端正万国，与周武王太子姬诵、汉光武帝之子刘庄相比，已经是在歧途中了。可叹他生不逢时，际遇充满劫难，残暴叛逆的贼人挟持他挑拨作乱，大奸大猾之人罪恶滔天，始于商纣囚禁文王那样的拘禁，结局类似秦二世胡亥被赵高所杀的灾祸。悠悠苍天，这样的运程还可以去问吗？

当初国家刚刚陷入艰难时世，叛军围攻皇宫，各位诸侯王离开自己的岗位，奋起勤王。元帝以磐石一样无可动摇的宗室之亲，又获得一方藩镇的重任，遭逢君亲有难，位居诸侯勤王联盟之长，却不能抚剑思战卧薪尝胆，枕戈待旦泪尽泣血，身先士卒忘死前驱；反而拥众自保徘徊观望，内怀怨恨，坐观时变，以此为自身的幸事。不急于诛杀王莽、董卓一样的国贼，却先在兄弟之间大开杀戮。又性好猜忌酷虐，多行无礼之事。极尽发挥其心智与口才来文过饰非，放任他的怨忿暴戾来伤害生灵。他麾下的得力干将和心腹谋臣，有的因为一个眼神就被囚禁，有的因为一句话而被剁成肉酱，朝中君子，相顾怀惧。他自认为安如泰山，谋划周密准确没有遗漏失误，却被邪说所恐吓，苟安于荆楚之地。虽然击败并翦除了首恶侯景，但社稷并未安宁，而西方的邻国传来责难之言，灾祸败亡随之而至。上天可谓明察如鉴，这是天罚假手于人啊，天道人事，岂是可以欺瞒的吗？元帝素

　　敬帝遭家不造，绍兹屯运，征伐有所自出，政刑不由于己，时无伊、霍之辅，焉得不为高让欤？"

来有志于艺文，但采纳轻浮淫靡的辞章而抛弃了忠信的正道；军事斗争中能果敢勇毅，却先残杀骨肉而后诛灭贼寇仇敌。尽管他能背《六经》，心能通百家之言，有仲尼的学识，有周公的才干，但这恰恰足以加深他的骄矜，增长他的祸患，对金陵的沦丧有何补益，对江陵的灭亡又有何挽救呢？

敬帝遭遇家族不幸，继承下这困顿的国运，虽然征伐之事有些是自己决策，但政令刑狱皆不能自主，当时亦没有伊尹、霍光这样的辅弼重臣，怎能避免禅让大位的结局呢？

# 卷七

## 列传第一

太祖张皇后　高祖郗皇后　太宗王皇后

高祖丁贵嫔　高祖阮修容　世祖徐妃

《易》曰："有天地然后有万物，有万物然后有男女，有男女然后有夫妇。"夫妇之义尚矣哉！周礼，王者立后六宫，三夫人、九嫔、二十七世妇、八十一御妻，以听天下之内治。故《昏义》云："天子之与后，犹日之与月，阴之与阳，相须而成者也。"汉初因秦称号，帝母称皇太后，后称皇后，而加以美人、良人、八子、七子之属。至孝武制婕妤之徒凡十四等。降及魏、晋，母后之号，皆因汉法；自夫人以下，世有增损焉。高祖拨乱反正，深鉴奢逸，恶衣菲食，务先节俭。配德早终，长秋旷位，嫔嫱之数，无所改作。太宗、世祖出自储藩，而妃并先殂，又不建椒阃。今之撰录，止备阙云。

### 太祖张皇后

太祖献皇后张氏讳尚柔，范阳方城人也。祖次惠，宋濮阳太守。后母萧氏，即文帝从姑。后，宋元嘉中嫔于文帝，生长沙宣武王懿、永阳昭王敷，次生高祖。

初，后尝于室内，忽见庭前昌蒲生花，光彩照灼，非世中所有。后惊视，谓侍者曰："汝见不？"对曰："不见。"后曰："尝闻见者当富贵。"因遽取吞之。是月产高祖。将产之夜，后见庭内若有衣冠陪列焉。次生衡阳宣王畅、义兴昭长公主令嫚。宋泰始七年，殂于秣

《易》说："先有天地然后就有万物，先有万物然后就有男女，先有男女然后就有夫妇。"夫妇的道理可谓由来久远了！据周代的礼仪制度，王者设立六宫后妃，有三夫人、九嫔、二十七世妇、八十一御妻，用来管理天下妇女的教化。所以《昏义》说："天子与后妃，犹如日与月，阴与阳，都是相辅相成的。"汉朝初年，因袭秦朝的称号，皇帝的母亲称为皇太后，皇帝的妻子称为皇后，其余的后宫女官则加上美人、良人、八子、七子这一类称号。到汉武帝时制定婕妤等称号共计十四等。到了魏、晋之世，母后的称号，全都沿袭汉代的称谓；从夫人以下，历代有所增减。高祖拨乱反正，深以骄奢淫逸导致亡国为鉴，就穿简陋的衣物吃粗朴的食物，凡事必先讲求节俭。他的原配妻子早亡，皇后的位置一直空置，嫔嫱的数量，一直没有改变。太宗、世祖出自分封在外的藩镇储君，而王妃都在登基前辞世了，他们又不曾为后妃营建专门的住所。现在所撰写记录者，只作为补缺备用而已。

## 太祖张皇后

太祖的献皇后张氏，名尚柔，范阳方城人。祖父张次惠，是南朝宋时的濮阳太守。皇后生母萧氏，即是文帝的堂姑。皇后于宋的元嘉年间作了文帝的嫔，生了长沙宣武王萧懿、永阳昭王萧敷，后来又生了高祖。

当初，献皇后曾在室内，忽然看见庭前的菖蒲开花，光彩闪耀，不是尘世所有的样子。皇后吃惊地看过之后，对侍者说："你见到了没有？"侍者回答说："没见到。"皇后说："我曾听说凡看得见的人就可获得富贵。"所以急忙摘取来吞下。当月就生了高祖。将要生产的那一夜，皇后看见庭院里仿佛有衣冠卿士列队相陪。后来又生下

陵县同夏里舍，葬武进县东城里山。天监元年五月甲辰，追上尊号为皇后。谥曰献。

　　父穆之，字思静，晋司空华六世孙。曾祖舆坐华诛，徙兴古，未至召还。及过江，为丞相掾，太子舍人。穆之少方雅，有识鉴。宋元嘉中，为员外散骑侍郎。与吏部尚书江湛、太子左率袁淑善，淑荐之于始兴王濬，濬深引纳焉。穆之鉴其祸萌，思违其难，言于湛求外出。湛将用为东县，固乞远郡，久之，得为宁远将军、交阯太守。治有异绩。会刺史死，交土大乱，穆之威怀循抚，境内以宁。宋文帝闻之嘉焉，将以为交州刺史，会病卒。子弘籍，字真艺，齐初为镇西参军，卒于官。高祖践阼，追赠穆之光禄大夫，加金章。又诏曰：“亡舅齐镇西参军，素风雅猷，凤肩名辈，降年不永，早世潜辉。朕少离苦辛，情地弥切，虽宅相克成，辂车靡赠，兴言永往，触目恸心。可追赠廷尉卿。”弘籍无子，从父弟弘策以第三子缵为嗣，别有传。

## 高祖郗皇后

　　高祖德皇后郗氏讳徽，高平金乡人也。祖绍，国子祭酒，领东海王师。父烨，太子舍人，早卒。

　　初，后母寻阳公主方娠，梦当生贵子。及生后，有赤光照于室内，器物尽明，家人皆怪之。巫言此女光采异常，将有所妨，乃于水滨袚除之。

　　后幼而明慧，善隶书，读史传。女工之事，无不闲习。宋后废

衡阳宣王萧畅、义兴昭长公主萧令嫕。宋泰始七年（471），献皇后在秣陵县同夏里的居室去世，葬在武进县东城里山。天监元年（502）四月甲辰日，追加尊号为皇后，谥号为献。

父亲张穆之，字思静，是西晋司空张华的六世孙。曾祖张舆因张华死罪的牵连，被流放到兴古，但还未到达那里就被召回。等到东晋南渡后，担任丞相掾、太子舍人。穆之年少时方正文雅，颇有见识。宋元嘉年间，担任员外散骑侍郎。他与吏部尚书江湛、太子左率袁淑交好，袁淑曾向始兴王刘濬荐举他，刘濬很看重他，予以招致接纳。张穆之感到刘濬会有灾祸发生，想避开这场灾祸，就向江湛请求外出任职。江湛想要委任他到东县，他则坚决要求到更远的边郡去，很久以后，得以获任为宁远将军、交阯太守。治理当地有不俗的政绩。后来恰逢刺史死去，交地大乱，穆之恩威并施，加以安抚，境内因此安宁。宋文帝听说之后很赞许他，将要任用他当交州刺史，恰在这时他病死了。儿子张弘籍，字真艺，齐初担任镇西参军，死在任上。高祖即皇帝位后，追赠穆之为光禄大夫，加金章。又下诏令说："亡故的舅舅齐镇西参军，风格清高人品高雅，素来在名流中享有高贵的声望，可惜得年不久，早早掩藏了他的光辉。朕年少时遭际艰辛苦难，亲族中与他最亲密，虽说外男我得以成就贵之尊，却不曾赠予他天子所用的辂车，现在言及永往之人，真是触景生情，伤感万分。可追赠他为廷尉卿。"张弘籍没有儿子，叔伯弟弟张弘策把自己的第三个儿子张缵过继给他作为后嗣，另有传。

## 高祖郗皇后

高祖的德皇后郗氏，名徽，是高平金乡人。祖父郗绍，任国子祭酒，兼任东海王的老师。父亲郗烨，任太子舍人，去世很早。

当初，皇后的母亲寻阳公主刚刚怀孕，梦见合该生下贵子。到生下郗皇后时，有红光照在室内，器物全都被照亮，家人都觉得非常奇怪。巫师说这个女儿光彩不同寻常，会有所妨害，于是就在水边为她举行了祓除仪式。

皇后年幼时就很聪慧，擅长写隶书，喜读史传。刺绣缝纫等女

帝将纳为后；齐初，安陆王缅又欲婚：郗氏并辞以女疾，乃止。建
元末，高祖始娉焉。生永兴公主玉姚、永世公主玉婉、永康公主玉
嬛。

建武五年，高祖为雍州刺史，先之镇，后乃迎后。至州未几，
永元元年八月殂于襄阳官舍，时年三十二。其年归葬南徐州南东海
武进县东城里山。中兴二年，齐朝进高祖位相国，封十郡，梁公，诏
赠后为梁公妃。高祖践阼，追崇为皇后。有司议谥，吏部尚书兼右
仆射臣约议曰："表号垂名，义昭不朽。先皇后应祥月德，比载坤
灵，柔范阴化，仪形自远。倪天作合，义先造舟，而神獻凤掩，所隔
升运。宜式遵景行，用昭大典。谨按《谥法》，忠和纯备曰德，贵而
好礼曰德。宜崇曰德皇后。"诏从之。陵曰修陵。

后父烨，诏赠金紫光禄大夫。烨尚宋文帝女寻阳公主，齐初降
封松滋县君。烨子泛，中军临川王记室参军。

## 太宗王皇后

太宗简皇后王氏讳灵宾，琅邪临沂人也。祖俭，太尉、南昌文
宪公。

后幼而柔明淑德，叔父暕见之曰："吾家女师也。"天监十一
年，拜晋安王妃。生哀太子大器、南郡王大连、长山公主妙契。
中大通三年十月，拜皇太子妃。太清三年三月，薨于永福省，时年
四十五。其年，太宗即位，追崇为皇后，谥曰简。大宝元年九月，葬
庄陵。先是诏曰："简皇后窀穸有期。昔西京霸陵，因山为藏；东
汉寿陵，流水而已。朕属值时艰，岁饥民弊，方欲以身率下，永示

红之事，亦没有不熟习通晓的。宋后废帝刘昱想要娶她作皇后；齐初，安陆王萧缅又想与她成婚：郗家都借口郗徽有病婉言谢绝，于是没有出嫁。建元末年，高祖才得以与她订立婚约。生下了永兴公主萧玉姚，永世公主萧玉婉，永康公主萧玉嬛。

永泰元年，高祖担任雍州刺史，先行来到镇所，随后才迎接郗妃前去。来到雍州不久，于永元元年（499）八月在襄阳的官宅中去世，时年三十二岁。这一年归葬于南徐州南东海武进县东城里山。中兴二年（502），齐朝擢升高祖为相国，封十郡、梁公，下诏追封郗皇后为梁公妃。高祖即皇帝位后，就追加她尊号为皇后。有司议定她的谥号时，吏部尚书兼右仆射沈约建议说："表号将垂留嘉名，用意昭留万世。先皇后上应月亮的美德，下承大地之灵气，堪为柔阴之楷模表率，仪容姿态自然深远。好比天作之合，其高义有胜于文王并舟为桥纳聘于渭水，而神道早早被掩蔽，升登的吉运被阻隔，应该遵照她高尚的德行，显明国家的大典。在此恭谨地按《谥法》来评定，忠与纯兼备称作德，高贵而好礼称为德。适宜尊号为德皇后。"皇上下诏依从。她的陵墓被称为修陵。

皇后的父亲郗烨，高祖下诏追封为金紫光禄大夫。郗烨曾迎娶宋文帝的女儿寻阳公主，齐初降封为松滋县君。郗烨的儿子郗泛，是中军临川王的记室参军。

## 太宗王皇后

太宗的简皇后王氏，名灵宾，是琅琊临沂人。祖父王俭，官拜太尉、南昌文宪公。

皇后幼年就温柔明智贤淑有德，叔父王暕见了她之后说："这是我们家妇女的楷模啊。"天监十一年（512），拜为晋安王妃。生了哀太子萧大器，南郡王萧大连，长山公主萧妙挈。中大通三年（531）十月，立为皇太子妃。太清三年（549）三月，在永福省去世，时年四十五岁。这一年，太宗即皇帝位，追尊她为皇后，谥号简。大宝元年（550）的九月，葬于庄陵。在此之前曾有诏命说："简皇后的墓穴择定已有时日。过去西京长安的霸陵，顺应山势而藏；东汉的寿陵，不

敦朴。今所营庄陵，务存约俭。"又诏金紫光禄大夫萧子范为哀策文。

父骞，字思寂，本名玄成，与齐高帝偏讳同，故改焉。以公子起家员外郎，迁太子洗马，袭封南昌县公，出为义兴太守。还为骠骑咨议，累迁黄门郎，司徒右长史。性凝简，不狎当世。尝从容谓诸子曰："吾家门户，所谓素族，自可随流平进，不须苟求也。"永元末，迁侍中，不拜。高祖霸府建，引为大司马咨议参军，俄迁侍中，领越骑校尉。

高祖受禅，诏曰："庭坚世祀，靡辍于宗周，乐毅锡壤，乃昭于洪汉。齐故太尉南昌公，含章履道，草昧兴齐，谟明翊赞，同符在昔。虽子房之蔚为帝师，文若之隆比王佐，无以尚也。朕膺历受图，惟新宝命，莘莘玉帛，升降有典。永言前代，敬惟徽烈，匪直懋勋，义兼怀树。可降封南昌县公为侯，食邑千户。"骞袭爵，迁度支尚书。天监四年，出为东阳太守，寻徙吴郡。八年，入为太府卿，领后军将军，迁太常卿。十一年，迁中书令，加员外散骑常侍。

时高祖于钟山造大爱敬寺，骞旧墅在寺侧，有良田八十余顷，即晋丞相王导赐田也。高祖遣主书宣旨就骞求市，欲以施寺。骞答旨云："此田不卖；若是敕取，所不敢言。"酬对又脱略。高祖怒，遂付市评田价，以直逼还之。由是忤旨，出为吴兴太守。在郡卧疾不视事。征还，复为度支尚书，加给事中，领射声校尉。以母忧去职。

过是凭临水势而建罢了。朕正值时世艰难，年成饥荒百姓疲乏，正打算亲身作臣下的楷模，永久地示范敦厚淳朴。现在所营造的庄陵，务必要保持节俭。"又下诏令让金紫光禄大夫萧子范作哀策文。

皇后的父亲王骞，字思寂，本名玄成，因与齐高帝的偏名相同，故此改名为骞。以公子的身份从家中被征召任命为员外郎，后升任为太子洗马，承袭祖爵封为南昌县公，出任义兴太守。回京后任骠骑咨议，多次升职为黄门郎，司徒右长史。他生性沉稳简慢，不爱迎合当世亲近流俗。曾经从容地对诸子说："我家门第，正是所谓的累世高门士族，顺其自然按资历晋升就可以了，不必去苛求进取。"永元末年，升职为侍中，但不拜受此职。高祖在雍州的藩府建立后，就引进他任大司马咨议参军，不久拔擢为侍中，领越骑校尉。

高祖接受禅让后，下诏令说："高阳氏八位才子之中，庭坚的世代祭祀，直到宗周都不曾停止；乐毅受赐的土地，直到大汉仍然昭著。齐代原来的太尉南昌公，内怀美质履行正道，帮助君主草创齐朝，辅佐圣主的谋略十分高明，可与前代贤臣相比。虽然张良作为帝师而显赫一世，荀彧辅佐魏武而隆耀一时，也没有能超过他。朕承受天命登上帝位，更新国家运祚，玉帛财物广有，赏罚升降应有典制。念及前代，最敬重的乃是宏伟的事业，而不仅是大的功勋，兼有怀念仁政的义理。可降封南昌县公为侯，食邑一千户。"王骞承袭爵位，升职为度支尚书。天监四年（505），出任东阳太守，不久又调任到吴郡。天监八年（509），入京担任太府卿，领后军将军，后拔擢为太常卿。天监十一年（512），擢升为中书令，加员外散骑常侍。

当时高祖在钟山上修建大爱敬寺，王骞的旧宅就在寺的一侧，有良田八十多顷，正是其先祖晋朝丞相王导受赐的田亩。高祖派主书宣告收买土地的意向，想拿来布施给寺庙。王骞答复说："这田亩不出售；若是主上敕令取去，那就不敢再说什么了。"他的应答又显得草率不敬。高祖很生气，就交付市场评估田亩的价格，然后按市价强行补偿给他。从此与圣上生出龃龉，被调出京任吴兴太守。在郡中卧病不视事。后来征召回朝，重新担任度支尚书，加给事中，领射声校尉。后因母亲逝世丁忧而离职。

普通三年十月卒，时年四十九。诏赠侍中、金紫光禄大夫，谥曰安。子规袭爵，别有传。

## 高祖丁贵嫔

高祖丁贵嫔讳令光，谯国人也，世居襄阳。贵嫔生于樊城，有神光之异，紫烟满室，故以"光"为名。相者云："此女当大贵。"高祖临州，丁氏因人以闻。贵嫔时年十四，高祖纳焉。初，贵嫔生而有赤痣在左臂，治之不灭，至是无何忽失所在。事德皇后小心祗敬，尝于供养经案之侧，仿佛若见神人，心独异之。

高祖义师起，昭明太子始诞育，贵嫔与太子留在州城。京邑平，乃还京都。天监元年五月，有司奏为贵人，未拜；其年八月，又为贵嫔，位在三夫人上，居于显阳殿。及太子定位，有司奏曰：

礼，母以子贵。皇储所生，不容无敬。宋泰豫元年六月，议百官以吏敬敬帝所生陈太妃，则宋明帝在时，百官未有敬。臣窃谓"母以子贵"，义著《春秋》。皇太子副贰宸极，率土咸执吏礼，既尽礼皇储，则所生不容无敬。但帝王妃嫔，义与外隔，以理以例，无致敬之道也。今皇太子圣睿在躬，储礼凤备，子贵之道，抑有旧章。王侯妃主常得通信问者，及六宫三夫人虽与贵嫔同列，并应以敬皇太子之礼敬贵嫔。宋元嘉中，始兴、武陵国臣并以吏敬敬王所生潘淑妃、路淑媛。贵嫔于宫臣虽非小君，其义不异，与宋泰豫朝议百官以吏敬敬帝所生，事义正同。谓宫阃施敬，宜同吏礼，诣神虎门奉笺致谒；年节称庆，亦同如此。妇人无阃外之事，贺及问讯笺什，所由官报闻而已。夫妇人之道，义无自专，若不仰系于夫，则当俯系于子。荣亲之道，应极其所荣，未有子所行而所从不足者也。故《春

普通三年（522）十月去世，时年四十九岁。下诏追封为侍中、金紫光禄大夫，谥号安。他的儿子王规承袭祖爵，另有传。

## 高祖丁贵嫔

高祖的丁贵嫔，名令光，谯国人，世代居住在襄阳。贵嫔生在樊城，出生的时候有神光的异兆，满屋升出紫烟，所以用"光"来取名。看相的人说："这个女孩当有大贵。"高祖来到雍州，丁氏就通过别人向高祖介绍。贵嫔当时才十四岁，高祖就迎娶了她。起初，贵嫔出生时左臂上有颗红痣，曾经医治却没去除，到了这时候却毫无原因地忽然消失了。她侍奉德皇后非常小心恭敬，曾经在供奉佛经的几案旁，仿佛看见了神人，她心里独自感到怪异。

高祖举义起兵，这时昭明太子才刚刚诞生，贵嫔和太子都留在雍州城。待到京师平定之后，母子二人才回到京师。天监元年（502）五月，有司奏请封她为贵人，但还没有正式册立；这一年的八月，她又被封为贵嫔，地位在三夫人之上，住在显阳殿。等到太子确立，有司就上奏说：

根据礼仪，母凭子贵。皇太子的生母，不容不敬。刘宋泰豫元年（472）六月，曾主张百官以吏的身份来礼敬宋敬帝的生母陈太妃，也就是说宋明帝在位时，百官没有尊敬她。微臣私下以为，"母凭子贵"，这个义理记载于《春秋》之中。皇太子居于帝位次席，疆域内的人都恪守吏的礼节来礼敬他，既然已对皇太子尽此礼节，则不容不敬太子生母。不过帝王嫔妃，其伦理与宫外有所区别，论礼法论先例，都没有致敬嫔妃的道理。如今皇太子身怀圣明，皇储的礼仪早已完备，母以子贵的道理，已有原来的典制。王侯妃子公主时常能沟通音讯问候的，以及六宫三夫人虽然与贵嫔地位相同，也都应该用礼敬皇太子的礼仪来同样地礼敬贵嫔。刘宋元嘉年间，始兴、武陵国的臣子都一样地用吏的身份来礼敬皇太子的生母潘淑妃、路淑媛。贵嫔对于宫中内臣们来说虽不是圣上之正室，在义理上其实是同样的，这与刘宋泰豫一朝主张百官用吏的身份去礼敬敬帝生母的事例正是同样的道理。所以宫中致敬应该同用吏礼，到神虎门恭敬地捧

秋》凡王命为夫人，则礼秩与子等。列国虽异于储贰，而从尊之义不殊。前代依准，布在旧事。贵嫔载诞元良，克固大业，礼同储君，实惟旧典。寻前代始置贵嫔，位次皇后，爵无所视；其次职者，位视相国，爵比诸侯王。此贵嫔之礼，已高朝列；况母仪春宫，义绝常算。且储妃作配，率由盛则；以妇逾姑，弥乖从序。谓贵嫔典章，一与太子不异。

于是贵嫔备典章礼数，同于太子，言则称令。

贵嫔性仁恕，及居宫内，接驭自下，皆得其欢心。不好华饰，器服无珍丽，未尝为亲戚私谒。及高祖弘佛教，贵嫔奉而行之，屏绝滋腴，长进蔬膳。受戒日，甘露降于殿前，方一丈五尺。高祖所立经义，皆得其指归。尤精《净名经》。所受供赐，悉以充法事。

普通七年十一月庚辰薨，殡于东宫临云殿，年四十二。诏吏部郎张缵为哀策文曰：

蒮涂既启，桂罇虚凝，龙帷已万，象服将升。皇帝伤璧台之永阒，悼曾城之不践，罢乡歌乎燕乐，废彻齐于祀典。《风》有《采蘩》，化行南国，爰命史臣，俾流嫔德。其辞曰：

笺叩见；过年过节时应道庆贺，也同此理。妇女不参与后宫之外的事务，道贺所涉及的问讯笺奏等事，由主管的官吏传报即可。妇女之妇道，从义理上来说不能自作主张，即便不是上攀于夫，也应是下附于子。使亲人荣耀的道理，应当是使亲人荣耀到极点，没有儿子所享待遇生母却享受不了的道理。因此《春秋》中凡是被帝王封为夫人的，就在礼仪待遇上与儿子相同。春秋列国虽然奉立的太子各个不同，但遵从尊者的义理并无差异。前代依据的准则，都表述在史实记载之中。贵嫔既生育了太子，巩固了陛下的大业，则礼制上应与储君等同，这确实也是前代的典制。前代不久才开始设置贵嫔，地位次于皇后，爵位之高没有可与之相比的；比之次一等的职位，地位可与相国看齐，爵位与诸侯王并列。说明贵嫔的礼仪，已高于朝廷百官；更何况丁贵嫔是东宫太子的生母，礼仪上应超越寻常的标准。而且太子妃作为太子的配偶，也都遵循隆重的礼仪规则；如果妻子的地位超越了丈夫的母亲，就更违背了长幼主次的秩序。所以说贵嫔的礼制规格，不应与太子有何差异。

于是为贵嫔备齐典章礼仪，与太子相同，出言即称为令。

丁贵嫔生性仁厚宽容，到了入住宫中，对待和御使下人，都能获得他们的喜爱。她不爱好华丽的装饰，用具服装没有珍奇豪华的，也不曾为亲属的私事向皇帝请托。到了高祖弘扬佛法时，贵嫔也尊奉实行，断绝肉食，常年进食蔬菜素食。她受戒的那一天，甘露降落在殿前，纵横有一丈五尺。高祖所创立的佛经义理，她都能得其要旨。尤其精通《净名经》。所得到的贡品及赏赐，都用来资助法事。

普通七年（526）十一月庚辰日去世，停放灵柩于东宫临云殿，时年四十二岁。高祖下诏命吏部郎张缵作哀策文说：

丧仪已经开始，桂花酒樽在虚空中静止，君主的帷幔已然拉启，夫人那满绘纹饰的礼服就要永别升天。皇帝为璧台将永久闭合而伤感，痛悼曾携手同游的仙乡曾城从此再无人涉足，停止演奏所有的乡歌燕曲，斋供之物永不从祭祀典礼中撤去。《风》有《采繁》的篇章，流传在南国，于是命令史臣，用这诗篇来传唱逝去贵嫔的美

　　轩纬之精，江汉之英；归于君袂，生此离明。诞自厥初，时维载育；枢电绕郊，神光照屋。爰及待年，含章早穆；声被洽阳，誉宣中谷。龙德在田，聿恭兹祀；阴化代终，王风攸始。动容咨式，出言顾史；宜其家人，刑于国纪。膺斯眷命，从此宅心；狄缀采珩，珮动雅音。日中思戒，月满怀箴；如何不踦，天高照临。玄纮莫修，袆章早缺；成物谁能，芳猷有烈。素魄贞明，紫宫炤晰；逮下靡伤，思贤罔蔽。躬俭则节，昭事惟虔；金玉无玩，筐筥不捐。祥流德化，庆表亲贤；甄昌轶启，孕鲁陶燕。方论妇教，明章闱席；玄池早扃，湘沅已岁。展衣委华，朱幨寝迹；慕结储闱，哀深蕃辟。呜呼哀哉！

　　令龟兆良，葆引迁祖；具僚次列，承华接武。日杳杳以霾春，风凄凄而结绪；去曾披以依迟，饰新宫而延伫。呜呼哀哉！

　　启丹旗之星旆，振容车之黼裳；拟灵金而郁楚，泛凄管而凝伤。遗备物乎营寝，掩重闉于窒皇；椒风暖兮犹昔，兰殿幽而不阳。呜呼哀哉！

德。那诗句说道：

群星中轩辕和五佐凝结成的精气，大地上长江和汉水润泽出的英华；全部都附丽在她的袖中，诞生出日光一样让人迷离的生灵。在她诞生和孕育之初，天枢星的光电环绕着郊野，出自神灵的光束照亮了屋宇。等她待字闺中时，已长成心怀美好、很早就显露温和气质的佳人；她的名字在洺阳传布，她的传说流传至中谷。天子的大德在于田野之间，他恭谨地祭祀天地先祖；大地化育万物的阴柔美德在此更换终结，人君开启的风教从此开始盛行。一举一动恰符规范，一言一辞亦合经史；令她的家人和睦亲爱，堪为国家之典型。她承受帝王隆重的眷顾，从此将本心安然寄放；羽毛点缀着彩色的玉珩，玉珮轻摇激发出优雅的脆响。她每天都在考虑虔诚地斋戒，每月的末尾都在思考着箴言；怎可不谨慎小心啊，高远的日光从天上照耀着她。若她不去修整黑色的丝带，君主祭服的纹彩早已残破，谁能成就如此美德？她的言行散发浓烈芳香。月光皎洁而明亮，紫宫星的辉光清晰地映照着大地；她把恩惠广施臣下，从不妨害他人，照亮世间的贤者，不使他们被埋没。身体力行节俭之风，彰明事理全凭虔诚之心，不赏玩金银财宝，不抛弃哪怕一个竹筐。吉祥的仁德感染同化，奖赏表率亲近贤臣；她把儿子造就为姬昌和夏启一样的英伟统帅，教导他们治理完善自己的领地。正欲讨论妇人的教化，明白划分规章和地位，只恨玄池早早关闭，湘、沅之波已然将她埋葬。王后的展衣裋尽铅华，朱色的帻帛已经消失不见；在太子的宫中徒留无限思慕凝结，藏在那深深宫廷里的是深深的哀痛。啊，多么的伤痛！

若是龟卜的征兆上佳，请保佑导引她离去；官吏分班列位，太子小步缓行。阳光黯淡下来，隐没这春意；幽风凄凄，吹不开愁肠百结；依依不舍送她离开掖庭天阙，她将从此居住在新的宫殿，并在那里永驻。啊，多么的伤痛！

展开彩旗上星辰般的垂饰，整理出殡容车上覆盖的绣帷，那些描摹神灵的金器唤醒着痛苦，乐师吹奏出凄切的旋律让哀伤凝固。在营寝留下了美好的器物，在角道关上重叠的宫门；她居住过的房间温暖如昔，只是那优雅空洞的殿堂从此幽暗不再沐浴阳光。啊，多么

侧闻高义，彤管有怿；道变虞风，功参唐迹。婉如之人，休光赤鸟；施诸天地，而无朝夕。呜呼哀哉！

有司奏谥曰穆。太宗即位，追崇曰穆太后。

太后父仲迁，天监初，官至兖州刺史。

### 高祖阮修容

高祖阮修容讳令嬴，本姓石，会稽余姚人也。齐始安王遥光纳焉。遥光败，入东昏宫。建康城平，高祖纳为彩女。天监七年八月，生世祖。寻拜为修容，常随世祖出蕃。

大同九年六月，薨于江州内寝，时年六十七。其年十一月，归葬江宁县通望山。谥曰宣。世祖即位，有司奏追崇为文宣太后。

承圣二年，追赠太后父齐故奉朝请灵宝散骑常侍、左卫将军，封武康县侯，邑五百户；母陈氏，武康侯夫人。

### 世祖徐妃

世祖徐妃讳昭佩，东海郯人也。祖孝嗣，太尉、枝江文忠公。父绲，侍中、信武将军。

天监十六年十二月，拜湘东王妃。生世子方等、益昌公主含贞。太清三年五月，被遣死，葬江陵瓦官寺。

史臣曰：后妃道赞皇风，化行天下，盖取《葛覃》《关雎》之义焉。至于穆贵嫔，徽华早著，诞育元良，德懋六宫，美矣。世祖徐妃之无行，自致歼灭，宜哉。

的伤痛！

　　宫中侧室，道义崇高，红色的笔管还寄存着欢欣；她的美德助成了虞舜的风尚，功绩盖过了唐尧的成就。温顺贤淑，美德留传；德被天地，无朝无夕。啊，多么的伤痛！

　　有司奏请赐谥号穆。太宗即皇帝位后，追尊她为穆太后。

　　太后的父亲丁仲迁，天监初年时，官至兖州刺史。

## 高祖阮修容

　　高祖的修容阮氏，名令嬴，原姓石，会稽余姚人。南齐的始安王萧遥光先纳她为妾。萧遥光败亡之后，她被东昏侯收入后宫。建康城平定之后，高祖就收她做了宫女。天监七年（508）八月，她生下了世祖。不久就被拜为修容，时常随世祖出京住在食邑。

　　大同九年（543）六月，她在江州藩邸内室中去世，时年六十七岁。这一年的十一月，回葬于江宁县通望山。谥号为宣。世祖登上帝位后，有司奏请追尊她为文宣太后。

　　承圣二年（553），追赠太后的父亲，齐朝故奉朝请石灵宝散骑常侍和左卫将军的官职，并追封为武康县侯，封地五百户；母亲陈氏，为武康侯夫人。

## 世祖徐妃

　　世祖的徐妃，名昭佩，东海郡郯县人。祖父徐孝嗣，官至太尉、枝江文忠公。父亲徐绲，官拜侍中、信武将军。

　　天监十六年（517）十二月，受封为湘东王妃。生了长子萧方等、益昌公主萧含贞。太清三年（549）五月，被责令自尽，葬于江陵瓦官寺中。

　　史臣说：后妃以妇道辅佐皇室，其风化流传于天下，这是取之于《诗》中《葛覃》《关雎》篇章的义理。至于穆贵嫔，美好的光华早早显著于世，生养哺育了太子，懿德流传勉励六宫，多么美善啊。世祖的徐妃品行不端，自取其祸，可谓罪有应得了。

# 卷八

## 列传第二
### 昭明太子 哀太子 愍怀太子

### 昭明太子萧统

昭明太子统，字德施，高祖长子也。母曰丁贵嫔。初，高祖未有男，义师起，太子以齐中兴元年九月生于襄阳。高祖既受禅，有司奏立储副，高祖以天下始定，百度多阙，未之许也。群臣固请，天监元年十一月，立为皇太子。时太子年幼，依旧居于内，拜东宫官属，文武皆入直永福省。

太子生而聪睿，三岁受《孝经》《论语》，五岁遍读《五经》，悉能讽诵。五年六月庚戌，始出居东宫。太子性仁孝，自出宫，恒思恋不乐。高祖知之，每五日一朝，多便留永福省，或五日三日乃还宫。八年九月，于寿安殿讲《孝经》，尽通大义。讲毕，亲临释奠于国学。

十四年正月朔旦，高祖临轩，冠太子于太极殿。旧制，太子著远游冠，金蝉翠緌缨；至是，诏加金博山。

太子美姿貌，善举止。读书数行并下，过目皆忆。每游宴祖道，赋诗至十数韵。或命作剧韵赋之，皆属思便成，无所点易。高祖大弘佛教，亲自讲说；太子亦崇信三宝，遍览众经。乃于宫内别立慧义殿，专为法集之所。招引名僧，谈论不绝。太子自立三谛、法身义，并有新意。普通元年四月，甘露降于慧义殿，咸以为至德所感焉。

## 昭明太子萧统

昭明太子萧统，字德施，是高祖的长子。生母是丁贵嫔。起初，高祖无子，在义军起兵后，太子于齐中兴元年（501）九月出生于襄阳。高祖接受禅让登上帝位之后，有司奏请拥立皇储，高祖因当时天下初定，百废待兴，没有同意。群臣仍然坚请，于是在天监元年（502）十一月，册立萧统为皇太子。当时太子年幼，依照旧制仍然生活在禁宫中，任命了太子东宫的属官，这些文武臣僚都前往永福省值班。

太子生来聪明睿智，三岁时学习《孝经》《论语》，五岁时已遍读《五经》，并且都能成诵。直到天监五年（506）六月庚戌日，才搬出皇宫入住东宫。太子生性仁慈孝顺，自出宫之后，经常思念宫中而闷闷不乐。高祖知道后，就让他每五天入宫朝见一次，多数时候就留他住在永福省，有时住三五天才回到东宫。天监八年（509）九月，在寿安殿安排讲授《孝经》，太子完全通晓其中大义。讲授完毕后，他就亲赴国学去祭奠至圣先师。

天监十四年（515）正月初一的早晨，高祖驾临前朝，在太极殿为太子行加冠礼。根据旧制，太子戴远游冠，饰以金蝉和翠绿色的冠缨；到这时，高祖下诏为太子冠上加金博山。

太子的姿态容貌十分美好，举止得体。读书一目十行，并且过目不忘。每当游乐饮宴行前要祭祀路神时，他能够赋诗至十几个韵。有人命题作比较难的韵来赋诗，他也稍加构思即可完成，而且不需要修改。高祖极力弘扬佛教，亲自讲解教义；太子也崇信佛、法、僧三宝，博览众经。在宫中另外设立了慧义殿，专门作为佛事法会的场所。招揽引进知名高僧，不断讲论佛经义理。太子亲自确立了空、假、中三谛以及法身的教义，并且有所创新。普通元年（520）四月，甘露

三年十一月，始兴王憺薨。旧事，以东宫礼绝傍亲，书翰并依常仪。太子意以为疑，命仆射刘孝绰议其事。孝绰议曰："案张镜撰《东宫仪记》，称'三朝发哀者，逾月不举乐；鼓吹寝奏，服限亦然'。寻傍绝之义，义在去服，服虽可夺，情岂无悲？铙歌辍奏，良亦为此。既有悲情，宜称兼慕，卒哭之后，依常举乐，称悲竟，此理例相符。谓犹应称兼慕，至卒哭。"仆射徐勉、左率周舍、家令陆襄并同孝绰议。太子令曰："张镜《仪记》云'依《士礼》，终服月称慕悼'。又云'凡三朝发哀者，逾月不举乐'。刘仆议，云'傍绝之义，义在去服，服虽可夺，情岂无悲，卒哭之后，依常举乐，称悲竟，此理例相符'。寻情悲之说，非止卒哭之后，缘情为论，此自难一也。用张镜之举乐，弃张镜之称悲，一镜之言，取舍有异，此自难二也。陆家令止云'多历年所'，恐非事证；虽复累稔所用，意常未安。近亦常经以此问外，由来立意，谓犹应有慕悼之言。张岂不知举乐为大，称悲事小；所以用小而忽大，良亦有以。至如元正六佾，事为国章；虽情或未安，而礼不可废。铙吹军乐，比之亦然。书疏方之，事则成小，差可缘心。声乐自外，书疏自内，乐自他，书自己。刘仆之议，即情未安。可令诸贤更共详衷。"司农卿明山宾、步兵校尉朱异议，称"慕悼之解，宜终服月"。于是令付典书遵用，以为永准。

降落于慧义殿，人们都认为这是他的至高德性感动上天所致。

普通三年（522）十一月，始兴王萧憺去世。按旧有典制，太子的礼仪不应涉及旁系亲属，往来信件也仍依平常的礼仪。太子认为此制可疑，就命太子仆刘孝绰研究评议这事。刘孝绰评议说："按照张镜所撰的《东宫仪记》，其中说'发丧三天的，应停止演奏音乐超过一个月；鼓吹乐班也停止演奏，丧服的限期亦然。'在这段话里追考，直系亲属之礼不用于旁系亲属的意思，在于让人除去丧服，虽然丧服可以去掉，但情感上岂能全无悲伤？停止吹奏军乐的做法，实在也正是为此。既然情感上有悲伤，就应该竭尽思慕之情，待到朝夕一哭的卒哭礼完成之后，再像平常那样演奏声乐，这就称为悲竟。这个道理与礼制实践是相吻合的。所以微臣认为您仍然应当竭尽思慕之情，到卒哭礼后结束。"仆射徐勉、左率周舍、太子家令陆襄也表示与刘孝绰的见解一致。太子下令说："张镜的《仪记》曾说，'按照《士礼》，停止服丧之月称作慕悼'。又说'凡三日后发丧的，超过一个月就不奏乐'。刘孝绰议论说，'直系亲属之礼不用于旁系亲属的意义，在于让人除去丧服，虽然丧服可以去掉，但感情上怎能全无悲伤，卒哭礼过了之后，就照平常一样演奏声乐，称为悲竟，这个道理与实践是相吻合的'。探究起来，感情上的悲伤，其实并不止于朝夕一哭的卒哭之礼，就感情来讨论，这是值得商榷的地方之一。采用张镜的卒哭后照常奏乐之说，另一方面又舍弃张镜的感情不能全无悲伤之说，同是张镜的话，取舍不同，这是值得商榷的地方之二。陆家令仅仅说'自古有之'，恐怕不能作为制度存废的证据；即使是反复长期执行的礼制，我的内心也常常觉得不安妥。近来我也常以此事询问外朝官员，关于此礼制的立意由来，众人都认为仍应该有所追慕。张镜难道不知道奏乐是大事，举哀是小事吗；抓住小节而忽视大义，实在是有原因的。至于元旦的国家乐舞六佾，此乃是国家大礼，即使悲伤之情有时仍未平息，大礼却是不可废弃的。吹奏军乐，以六佾来比喻也是同样的道理，推及信件来往，虽是影响很小的事，但尚可抒发内心感情。音乐的抒发在外，信件的抒发在内，音乐的抒发出自他人，信件的抒发出自自己。刘孝绰的看法，于情理上不尽安妥。可以让诸

七年十一月，贵嫔有疾，太子还永福省，朝夕侍疾，衣不解带。及薨，步从丧还宫，至殡，水浆不入口，每哭辄恸绝。高祖遣中书舍人顾协宣旨曰："毁不灭性，圣人之制。《礼》，不胜丧比于不孝。有我在，那得自毁如此！可即强进饮食。"太子奉敕，乃进数合。自是至葬，日进麦粥一升。高祖又敕曰："闻汝所进过少，转就羸瘵。我比更无余病，正为汝如此，胸中亦圮塞成疾。故应强加饘粥，不使我恒尔悬心。"虽屡奉敕劝逼，日止一溢，不尝菜果之味。体素壮，腰带十围，至是减削过半。每入朝，士庶见者莫不下泣。

太子自加元服，高祖便使省万机，内外百司奏事者填塞于前。太子明于庶事，纤毫必晓，每所奏有谬误及巧妄，皆即就辩析，示其可否，徐令改正，未尝弹纠一人。平断法狱，多所全宥，天下皆称仁。

性宽和容众，喜愠不形于色。引纳才学之士，赏爱无倦。恒自讨论篇籍，或与学士商榷古今；闲则继以文章著述，率以为常。于时东宫有书几三万卷，名才并集，文学之盛，晋、宋以来未之有也。

性爱山水，于玄圃穿筑，更立亭馆，与朝士名素者游其中。尝泛舟后池，番禺侯轨盛称"此中宜奏女乐。"太子不答，咏左思《招隐诗》曰："何必丝与竹，山水有清音。"侯惭而止。出宫二十余年，不畜声乐。少时，敕赐太乐女妓一部，略非所好。

位贤臣再次考虑周详。"司农卿明山宝、步兵校尉朱异讨论此事，说"关于慕悼礼仪的解除，我们认为此礼应该在服丧之月后结束"。于是命令编写进典章书籍中遵照执行，并作为今后长期准则。

普通七年（526）十一月，丁贵嫔染病，太子回到永福省，朝夕侍候，衣不解带。丁贵嫔去世后，太子徒步护送灵柩回宫，直到出殡都水米不进，每每大哭到昏厥。高祖派中书舍人顾协传达旨意说："哀痛却不丧失常情，这是圣人的规训。《礼》上亦说，不能承受丧亲之痛等同于不孝。有我还在世，你哪能这样折磨自己！应立即勉强自己饮食。"太子奉皇命，就吃了几合食物。从此直到下葬，每天吃一升麦粥。高祖又下令说："听说你吃的东西太少，这样很快就会瘦下去病倒。我近来更无别的疾病，正因你如此，我胸中也梗堵成病了。所以你应该勉强自己多吃稠粥，不要让我一直为你操心。"太子虽然屡次接到上谕劝逼，每天还是只吃一餐，不尝果蔬之味。本来他平素身材壮硕，腰带阔至十围，至此时竟减少过半。每次入朝，无论官员还是平民见到他这般没有不落泪的。

自从太子行过冠礼之后，高祖就让他去处理国事，朝内朝外各部门来奏事的人云集在他面前。太子明察各种政务，细末枝节也一定要了解清楚，每当臣属所奏的事有谬误或取巧不实之处，都当即对之分析论证，指示可行与否，并让下属慢慢改正，从未弹劾处分过一人。他所断决的司法案件，多施以宽大处理，天下人都赞颂他的仁厚。

太子性格宽缓能容人，喜怒不形于色。招致接纳有才学的人，赏识爱护他们而从不厌倦。经常亲自参与讨论文章典籍，或者与文人学士谈古论今；空闲时就写作撰述，成为习惯。当时东宫藏书接近三万卷，名流才士云集，文化领域的盛况空前，自晋、宋以来从未有过。

他生性喜爱山水，在玄圃开池筑山，又建起亭馆，与朝中士大夫及有名的饱学之士游玩于其间。曾经有一次，众人在后苑池中泛舟，番禺侯萧轨力劝"这园中应当命乐伎歌姬来此演奏"。太子不答话，吟咏起左思的《招隐诗》："何必丝与竹，山水有清音。"番禺侯惭愧而无语。在他搬出禁宫居住的二十多年间，从未蓄养歌伎舞女。出宫不久，高祖曾赐给他一班太乐歌姬，也全然不为他所喜爱。

普通中，大军北讨，京师谷贵，太子因命菲衣减膳，改常馔为小食。每霖雨积雪，遣腹心左右，周行闾巷，视贫困家，有流离道路，密加振赐。又出主衣绵帛，多作襦袴，冬月以施贫冻。若死亡无可以敛者，为备棺槥。每闻远近百姓赋役勤苦，辄敛容色。常以户口未实，重于劳扰。

吴兴郡屡以水灾失收，有上言当漕大渎以泻浙江。中大通二年春，诏遣前交州刺史王弁假节，发吴郡、吴兴、义兴三郡民丁就役。太子上疏曰："伏闻当发王弁等上东三郡民丁，开漕沟渠，导泄震泽，使吴兴一境，无复水灾，诚矜恤之至仁，经略之远旨。暂劳永逸，必获后利。未萌难睹，窃有愚怀。所闻吴兴累年失收，民颇流移。吴郡十城，亦不全熟。唯义兴去秋有稔，复非常役之民。即日东境谷稼犹贵，劫盗屡起，在所有司，不皆闻奏。今征戍未归，强丁疏少，此虽小举，窃恐难合，吏一呼门，动为民蠹。又出丁之处，远近不一，比得齐集，已妨蚕农。去年称为丰岁，公私未能足食；如复今兹失业，虑恐为弊更深。且草窃多伺候民间虚实，若善人从役，则抄盗弥增，吴兴未受其益，内地已罹其弊。不审可得权停此功，待优实以不？圣心垂矜黎庶，神量久已有在。臣意见庸浅，不识事宜，苟有愚心，愿得上启。"高祖优诏以喻焉。

普通年间，朝廷大军北伐，京城谷价腾贵，太子于是下令穿旧衣，减膳食，更改日常的餐食为小餐。每当遇到连续暴雨和大雪天气，他就派身边的亲信去巡视大街小巷，看望贫穷困窘的民家，遇有在路上流离失所的人，多次给予救济资助。又拿出主衣局所存的棉帛衣料，大量地制成衣裤，寒冬腊月施舍给贫寒受冻之人。如有贫民死后家中无力收殓安葬的，就替他们备办棺木。每当听说远近有地方百姓劳役赋税负担沉重，他就面容严峻。常认为人口统计不准确，加重了对人民的劳扰。

吴兴郡多次因水灾而歉收，有人上书认为应该开挖大型河渠来导泄钱塘江。中大通二年（530）春，高祖派遣前交州刺史王弁假天子节，征发吴郡、吴兴和义兴三个郡的壮丁去服徭役开挖河渠。太子上书说道："听闻陛下将派遣王弁等人征发东三郡的壮丁，开凿河渠，导泄太湖，使得吴兴境内不再有水患，这实乃体恤百姓的至高仁德，经营国家的宏远谋算。短暂的劳碌将换得长远的安逸，必定会收到日后的效益。未行之事难以预测，臣心内窃有所思。听说吴兴已有多年稼穑失收，流离他乡的百姓颇多。吴郡所辖十个县城，粮食也并非全都成熟。唯有义兴一地，去年的秋季还算有收成，百姓也无余力频繁服劳役。最近东边一带的谷米价格尚贵，盗匪情形很常见，地方上的有司，不曾全都向上报告。如今征发去服兵役的人还没有回来，地方上壮丁数目稀少，此次工程虽说是小规模的举措，臣恐怕难合民意，只要官吏一登门拉伕，就是祸害民间的蛀虫。况且出壮丁的地方，路程远近并不一致，待到全部人员集齐，已经误了养蚕和农耕。都说去年是丰年，其实官家府库和私人的存粮都还不够吃；如果这次再耽误了蚕农之业，臣担心造成的弊端会更深重。而且盗匪草寇大多会刺探民间的虚实。如果好人都去服徭役，那么抄掠抢夺的恶行会愈加增多，这样吴兴一地还没有受益，内地郡县已要承受此举带来的弊端了。不知是否可以暂停此工程，待到民间富裕充实后再加执行？陛下心念怜惜百姓，此等雅量久已有之。臣之愚见十分平庸浅陋，不识事体，上述浅见若有愚昧之思，还希望能得到陛下开示。"高祖以优厚的诏命来答复他。

太子孝谨天至，每入朝，未五鼓便守城门开。东宫虽燕居内殿，一坐一起，恒向西南面台。宿被召当入，危坐达旦。

三年三月，寝疾。恐贻高祖忧，敕参问，辄自力手书启。及稍笃，左右欲启闻，犹不许，曰"云何令至尊知我如此恶"，因便呜咽。四月乙巳薨，时年三十一。高祖幸东宫，临哭尽哀。诏敛以衮冕。谥曰昭明。五月庚寅，葬安宁陵。诏司徒左长史王筠为哀册，文曰：

　

蜃辂俄轩，龙骖踟步；羽翿前驱，云旍北御。皇帝哀继明之寝耀，痛嗣德之殂芳；御武帐而凄怆，临甲观而增伤。式稽令典，载扬鸿烈；诏撰德于旌旐，永传徽于舞缀。其辞曰：

　

式载明两，实惟少阳；既称上嗣，且曰元良。仪天比峻，俪景腾光；奉祀延福，守器传芳。睿哲膺期，旦暮斯在；外弘庄肃，内含和恺。识洞机深，量苞瀛海；立德不器，至功弗宰。宽绰居心，温恭成性，循时孝友，率由严敬。咸有种德，惠和齐圣；三善递宣，万国同庆。

　

轩纬掩精，阴羲弛极；缠哀在疚，殷忧衔恤。孺泣无时，蔬饘不溢；禫遵逾月，哀号未毕。实惟监抚，亦嗣郊禋；问安肃肃，视膳恂恂。金华玉璪，玄驷班轮；隆家干国，主祭安民。光奉成务，万机

太子天性孝敬谨慎，每次入朝，不到五更就去等候宫城大门打开。在东宫时，虽闲处在内殿，日常的一起一坐都总是面向西南方的台城。若是前一天晚间接到圣旨召见即将入朝，他就端坐到天明。

中大通三年（531）三月，太子卧病不能起。他担心给高祖增添忧虑，凡天子有所问讯，就尽力亲手写回书呈上。待到病情渐渐沉重，左右想奏明天子得知，他仍然不准，说"哪能让君上知道我如此病重呢"，随即呜咽落泪。于四月乙巳日去世，时年三十一岁。高祖驾临东宫，哭吊尽哀。下诏以王的衮冕礼服来收殓安葬他。谥号为昭明。五月庚寅日，下葬于安宁陵。高祖又下诏让司徒左长史王筠撰写哀册，册文写道：

辒车高轩，天子的驷马迈着小步徐徐行进；羽葆前驱，铃旗如云的队伍缓缓北行。皇帝哀痛他那圣明的继承者陷入黯淡，痛惋帝德的承嗣之人芳菲凋零；坐于武帐之中凄凉恸哭，驾临太子居处之宫更增添悲伤。取法前代传下的典章制度，亦为了弘扬太子的伟大功业，天子降下诏命，在旌旗上记录他的美德，以舞乐来恒久传颂他的美名。其文辞为：

《易》中所载两处光明前后相继之象，确实只有东宫太子与之相符；他乃是天子后嗣，且是嫡出长子。太子的仪范如苍天般高峻，又如耀眼的日晖放射万丈光芒；敬奉祖宗的祭祀，延续皇家的福祚，守护宗庙的神器，传承主君的香火。太子的圣明顺应期运，无论日升日落都不曾褪去；他的外在举止庄重严肃，他的内在品格温良和乐。他的见识洞察深远，他的雅量包容瀚海；树立德性不局限于一面，功德至高也不据为己有。存心宽厚舒阔，性格温良恭肃，顺应天时孝敬父母友爱兄弟，行为举止庄严端敬。广泛地布行其德性，仁爱和顺智虑敏达；臣事君、子事父、幼事长的三种善德被太子依次发扬光大，万国都为此而同庆。

丁贵嫔去世后轩辕星失去了光芒，一如太阳之母羲和悄然陨落；太子居丧期间长久地陷入悲恸，因丧母之痛深深地忧伤。这位儿子无时不在哭泣，连蔬菜稠粥都无法多吃；除服之祭已然过去了一个月，太子的哀痛号哭仍未停止。他切实地履行着监国抚军的职责，也是理；矜慎庶狱，勤恤关市。诚存隐恻，容无愠喜；殷勤博施，绸缪恩纪。

爰初敬业，离经断句；奠爵崇师，卑躬待傅。宁资导习，匪劳审谕；博约是司，时敏斯务。辨究空微，思探几赜；驰神图纬，研精爻画。沉吟典礼，优游方册；餍饫膏腴，含咀肴核。括囊流略，包举艺文；遍该缃素，殚极丘坟。縢帙充积，儒墨区分；瞻河阐训，望鲁扬芬。吟咏性灵，岂惟薄伎；属词婉约，缘情绮靡。字无点窜，笔不停纸；壮思泉流，清章云委。

总览时才，网罗英茂；学穷优洽，辞归繁富。或擅谈丛，或称文囿；四友推德，七子惭秀。望苑招贤，华池爱客；托乘同舟，连舆接席。摘文掞藻，飞觞泛醽；恩隆置醴，赏逾赐璧。徽风遐被，盛业日新；仁器非重，德辅易遵。泽流兆庶，福降百神；四方慕义，天下归仁。

承担了郊外祭祀之责；敬肃地对天子问安，恭敬地侍奉父皇进餐。他那金花装饰的冕服上玉璪低垂，乘御着四匹黑色骏马牵引的有纹饰的车舆；振兴家族治理国家，主持祭祀安定黎民。光大所奉行之事，成就所治的政务，不辞辛劳总理万机；小心谨慎地处理百姓的狱讼，勤勉地恤问民间市井。他的诚意包含着恻隐之心，他的容颜不露喜怒之色；对臣民广施殷勤之意，恩德绵长深厚。

治学之初他就认真对待学业，仔细地分析经义点断句读；向老师敬酒以表达崇敬之心，心怀谦卑执礼事奉师尊。宁愿借助老师的指点自主研习，不愿劳烦老师逐一详加解释教谕；致力于文章内容广博而言辞简约，写作文思极为迅捷。辩论问题时穷究空无的佛教义理，思想的探索又深及精深的道家玄理；在占验术数的图纬典籍中纵驰心神，对《易》的钻研也精深有成。况吟深思古今的典章制度，对浩瀚典籍反复思考研习；充分汲取前人学者的思想成果精华，细细品味体会如同赏味珍馐美食。所学习的范畴包罗九流、七略，囊括各种文学体裁和技艺学问；遍览历代书卷，穷极各种古籍。装书的布袋书套积存众多，儒、墨等诸子百家都有清楚的区分；仰瞻天河即能阐发道家的规训，遥望鲁地便能传扬儒者的智慧。他的诗作吟咏人的精神世界，岂是浅薄的文字游戏可比；他创作的词句婉约柔美，都是发自他绮丽而细腻的情感。他的写作一气呵成不需修改，运笔不停才思敏捷；壮阔的思绪如清泉一般奔涌，清丽的辞章如云霭一样汇集。

太子广泛延揽当代英才，尽力罗致精英人杰；这些才士学问极尽广博，辞采归宗繁复多样不拘一格。他们有的擅长清谈之业，有的是文坛享有盛名的人物；魏国太子曹丕的四友也会推崇他们的德行，汉末的建安七子都会因不及他们优秀而惭愧。太子仿效前贤在皇家苑囿招揽贤士，在华池之畔礼敬宾客；他与宾客关系亲密同乘舟船，出行车舆相连而在室则座席相接。众人雅集时铺陈文辞排列辞藻，宴会上觥筹交错美酒满溢；恩遇之隆盛超过汉朝楚元王为穆生备下甜酒的佳话，赏赐之丰厚胜过赵孝成王赐虞卿白璧一双的典故。太子的美德泽被远近，思想文化领域一天比一天兴盛；仁爱之道施行起来并不沉重，美德的准则轻便而易于遵行。他将恩泽播散向普天黎

　　云物告征，祲沴褰象；星霾恒耀，山颓朽壤。灵仪上宾，德音长往；具僚无廥，咨承安仰。呜呼哀哉！

　　皇情悼愍，切心缠痛；胤嗣长号，跗萼增㤞。慕结亲游，悲动氓众；忧若珍邦，惧同折栋。呜呼哀哉！

　　首夏司开，麦秋纪节；容卫徒警，菁华委绝。书幌空张，谈筵罢设；虚馈餍餍，孤灯翳翳。呜呼哀哉！

　　简辰请日，筮合龟贞。幽埏凤启，玄宫献成。武校齐列，文物增明。昔游漳滏，宾从无声；今归郊郭，徒御相惊。呜呼哀哉！

　　背绛阙以远徂，辚青门而徐转；指驰道而讵前，望国都而不践。陵修阪之威夷，溯平原之悠缅；骥踯足以酸嘶，挽凄锵而流泫。呜呼哀哉！

　　混哀音于箫籁，变愁容于天日；虽夏木之森阴，返寒林之萧瑟。既将反而复疑，如有求而遂失；谓天地其无心，遽永潜于容质。呜呼哀哉！

　　即玄宫之冥漠，安神寝之清閟；传声华于懋典，观德业于徽谧。悬忠贞于日月，播鸿名于天地；惟小臣之纪言，实含毫而无愧。

民，百千神祇因而下降赐福；四方之民都仰慕他的高义，天下之人都称颂他的仁德。

天空的云气预示着凶兆，不祥的迹象入侵了天象；群星黯淡了它们那恒久的光芒，众山也塌落下朽坏的土壤。太子之灵永升天阙，他仁德的声音往而不返；具位的宰辅百官都失去了荫庇，今后该仰赖谁人来计议商定国是。啊，多么的伤痛！

皇帝的心情深为伤悼，丧子之痛真切地萦绕心间；太子的子嗣长声哭号，太子的兄弟也悲戚恸哭。亲戚朋友为之思慕，万姓黎民为之悲伤；如同邦国灭亡一般忧伤，好像栋梁折断一样忧惧。啊，多么的伤痛！

太子去世于农历四月，时值初夏，正是麦子成熟收割的节令；侍卫武士徒然地警卫着东宫，凝聚天地菁华的太子却已撒手人寰。他读书时用的书帘空自垂陈，清谈阔论的筵宴已不再开设；盛满贡品的器皿形同虚设，只有晦暗不明的孤灯空明。啊，多么的伤痛！

选择时辰测算吉日，以筮草和龟甲来占卜推算。幽暗的墓道在清晨开启，太子的墓穴已然准备完毕。护送灵柩的武士早已整齐列队，车服旌旗仪仗为葬礼增添了一丝光明。太子生前与众人游览山川时，宾客与从人都平静无声；而今归葬于郊野，徒步和驾车送行的人们都在惊声哭泣。啊，多么的伤痛！

背离朱红的宫门远去，车轮碾过京师城门而缓行；手指驰道而驭马不肯前进，遥望国都而座骑不愿迈步。登上巍然挺立的高高山坡，俯临悠远辽阔的平原；骏马顿足而悲切嘶鸣，御夫挽缰而怆然涕下。啊，多么的伤痛！

送葬的哀音融入萧瑟的万籁，连天日都换上了愁容；虽然此刻夏树正葱郁而多荫，却恍如来到冬日寒林的枯寂之中。已经要返回了却又再度迟疑，仿佛心有所念却又最终遗忘；天地竟然如此无情，就这样迅速而永久地潜藏起太子的容貌身躯。啊，多么的伤痛！

走近幽暗的太子墓穴，陵墓寂静无声令人心安；葬礼的盛典传颂着他的美好声誉，身后的美谥见证着他的仁德功业。日月高悬照亮了他的忠贞，天地之间传播着他的大名；只有小臣我记载的言语，实

呜呼哀哉！

太子仁德素著，及薨，朝野恸愕。京师男女，奔走宫门，号泣满路。四方氓庶，及疆徼之民，闻丧皆恸哭。所著文集二十卷；又撰古今典诰文言，为《正序》十卷；五言诗之善者，为《文章英华》二十卷；《文选》三十卷。

## 哀太子萧大器

哀太子大器字仁宗，太宗嫡长子也。普通四年五月丁酉生。中大通四年，封宣城郡王，食邑二千户。寻为侍中、中卫将军，给鼓吹一部。大同四年，授使持节、都督扬徐二州诸军事、中军大将军、扬州刺史，侍中如故。

太清二年十月，侯景寇京邑，敕太子为台内大都督。三年五月，太宗即位。六月丁亥，立为皇太子。大宝二年八月，贼景废太宗，将害太子，时贼党称景命召太子，太子方讲《老子》，将欲下床，而刑人掩至。太子颜色不变，徐曰："久知此事，嗟其晚耳。"刑者欲以衣带绞之。太子曰："此不能见杀。"乃指系帐竿下绳，命取绞之而绝，时年二十九。

太子性宽和，兼神用端嶷，在于贼手，每不屈意。初，侯景西上，携太子同行，及其败归，部伍不复整肃，太子所乘船居后，不及贼众，左右心腹并劝因此入北。太子曰："家国丧败，志不图生；主上蒙尘，宁忍违离。吾今逃匿，乃是叛父，非谓避贼。"便涕泗呜咽，令即前进。贼以太子有器度，每常惮之，恐为后患，故先及祸。承圣元年四月，追谥哀太子。

是含笔忠实记录而毫无愧怍。啊，多么的伤痛！

太子的仁德品行一向广受称道，到他辞世时，朝廷与民间都感到惋惜错愕。京师的男女民众，在宫门前奔走相告，哀号哭泣者满街都是。天下四方的黎民百姓，乃至偏远边疆的人民，听说他逝世无不痛哭。太子所著文集共二十卷；又撰写有古今典诰文言，收为《正序》十卷；五言诗中的佳作，辑成《文章英华》二十卷；此外又有《文选》三十卷。

## 哀太子萧大器

哀太子萧大器，字仁宗，是太宗的嫡长子。普通四年（523）五月丁酉日生。中大通四年（532），被封为宣城郡王，食邑二千户。不久任侍中、中卫将军，获赐鼓吹乐班一部。大同四年（538），被任命为使持节、都督扬、徐二州诸军事、中军大将军、扬州刺史，侍中一职不变。

太清二年（548）十月，侯景入寇京师之时，武帝任命他任台内大都督。太清三年（549）五月，太宗即皇帝位。六月丁亥日，立他为皇太子。大宝二年（551）八月，叛贼废黜太宗，将要杀害太子，当时叛贼党羽声称侯景传令召见太子，太子正在讲读《老子》，刚要下床，刽子手已突袭而至。太子脸上神色不变，徐缓说道：“早就知道会有这一天，只叹它来临得太晚！”刽子手想用衣带绞杀他。太子说：“用此物杀不死我。”指了指帐竿下的绳索，命他们拿过来绞杀自己，时年二十九岁。

太子性格宽厚随和，而且神态端庄性情聪慧，虽处叛贼掌控之下，经常不屈从贼意。起初，侯景西征，带了太子同行，等到他败逃而回时，部队军容甚为混乱无序，太子所乘的舟船又居于后列，与贼船有一定距离，左右心腹都劝他趁机北逃到东魏去避难。太子说：“现在家国沦丧败亡，我无意苟活；主上仍在受困蒙难，我岂忍心避难独逃。我现在若是逃走藏匿起来，就是背叛父亲，不能叫做避贼。”说完就痛哭流涕，下令立即前进。叛贼认为太子器宇不凡，对他常怀忌惮之心，担心留下他成为后患，因此他率先受难。到了承圣元年

## 愍怀太子萧方矩

愍怀太子方矩，字德规，世祖第四子也。初封南安县侯，随世祖在荆镇。太清初，为使持节、督湘郢桂宁成合罗七州诸军事、镇南将军、湘州刺史。寻征为侍中、中卫将军，给鼓吹一部。世祖承制，拜王太子，改名元良。承圣元年十一月丙子，立为皇太子。及西魏师陷荆城，太子与世祖同为魏人所害。

太子聪颖，颇有世祖风，而凶暴猜忌。敬帝承制，追谥愍怀太子。

陈吏部尚书姚察曰：孟轲有言："鸡鸣而起，孳孳为善者，舜之徒也。"若乃布衣韦带之士，在于畎亩之中，终日为之，其利亦已博矣。况乎处重明之位，居正体之尊，克念无怠，烝烝以孝。大舜之德，其何远之有哉！

（553）四月，世祖为他追加谥号为哀太子。

### 愍怀太子萧方矩

愍怀太子萧方矩，字德规，是世祖的第四子。起初封为南安县侯，随世祖镇守荆州。太清初年时，任使持节、督湘郢桂宁成合罗七州诸军事、镇南将军、湘州刺史。不久天子征召他任侍中、中卫将军，赐鼓吹乐班一部。世祖秉承天子旨意行事后，立他为王太子，改名为元良。承圣元年（553）十一月己卯日，立为皇太子。西魏的军队攻陷荆州州城后，太子与世祖一起被西魏军所杀。

太子聪明颖悟，颇有世祖的风度，但性情也相当凶暴猜忌。敬帝秉承天子旨意行事后，为他追加谥号为愍怀太子。

陈朝吏部尚书姚察说：孟轲曾说，"鸡鸣就起床，孜孜不倦地做善事的人，堪称大舜的门徒啊。"如果是一介布衣平民，躬耕于陇亩，一天到晚耕作不息，他所创造的利益必然十分丰厚了。更何况太子处于重要而显赫的地位，居于正统而体面的尊位，若能约束内心而不松懈，烝烝于淳厚孝道，那么要拥有大舜的德行，岂会很遥远吗？

# 卷九

## 列传第三

### 王茂　曹景宗　柳庆远

#### 王茂

王茂，字休远，太原祁人也。祖深，北中郎司马。父天生，宋末为列将，于石头克司徒袁粲，以勋至巴西、梓潼二郡太守，上黄县男。

茂年数岁，为大父深所异，常谓亲识曰："此吾家之千里驹，成门户者必此儿也。"及长，好读兵书，驳略究其大旨。性沉隐，不妄交游，身长八尺，洁白美容观。齐武帝布衣时，见之叹曰："王茂年少，堂堂如此，必为公辅之器。"

宋昇明末，起家奉朝请，历后军行参军，司空骑兵、太尉中兵参军。魏将李乌奴寇汉中，茂受诏西讨。魏军退，还为镇南司马，带临湘令。入为越骑校尉。魏寇兖州，茂时以宁朔将军长史镇援北境，入为前军将军江夏王司马。又迁宁朔将军、江夏内史。建武初，魏围司州，茂以郢州之师救焉。高祖率众先登贤首山，魏将王肃、刘昶来战，茂从高祖拒之，大破肃等。魏军退，茂还郢，仍迁辅国长史、襄阳太守。

高祖义师起，茂私与张弘策，劝高祖迎和帝，高祖以为不然，语在《高祖纪》。高祖发雍部，每遣茂为前驱。师次郢城，茂进平加湖，破光子衿、吴子阳等，斩馘万计，还献捷于汉川。郢、鲁既平，从高祖东下，复为军锋。师次秣陵，东昏遣大将王珍国，盛兵朱雀

## 王茂

王茂字休远，太原祁县人。祖父王深，曾任北中郎司马。父亲王天生，刘宋末年做列将，曾在石头城打败了司徒袁粲，以军功官至巴西、梓潼二郡太守，封上黄县男。

王茂几岁时，就被祖父王深所惊奇，常对亲族友人说："这是我家的千里驹，为我家成门立户者必定是这个孩子。"长大后，他喜欢读兵书，辩驳韬略以探究其主要思想。性格沉稳含蓄，不乱交游，身高八尺，皮肤洁白容貌俊美。齐武帝还是平民时，见到他曾感叹说："王茂年纪轻轻，却如此仪表堂堂，将来必会成为三公四辅那样的王佐之臣。"

刘宋昇明末年，初任奉朝请，历任后军行参军、司空骑兵、太尉中兵参军。北魏将领李乌奴侵犯汉中，王茂受诏西征。北魏退兵，他班师后任镇南司马，兼临湘令。后调入京任越骑校尉。北魏侵犯兖州，王茂此时正担任宁朔将军长史，负责镇守和增援北部边境，朝廷将他调入担任前军将军江夏王司马。又升为宁朔将军、江夏内史。建武初年，北魏围困司州，王茂率领郢州的部队前去救援。高祖率军抢先登上贤首山，北魏的将领王肃、刘昶前来交战，王茂跟随高祖抵御敌军，大败王肃等人。北魏军退兵后，王茂回到郢州，又升任辅国长史、襄阳太守。

高祖兴起义师后，王茂私下与张弘策商议，劝高祖迎立和帝，高祖不同意这样做，此事经过记录在《高祖纪》。高祖率雍州军马起事后，总是派王茂作为先锋。大军进抵郢州城下，王茂进军平定了加湖，击破光子衿、吴子阳等的军队，斩首割耳数以万计，回到汉川报捷。郢州、鲁山二城平定之后，他跟随高祖东下，再次充当大军前锋。

门，众号二十万，度航请战。茂与曹景宗等会击，大破之。纵兵追奔，积尸与航栏等，其赴淮死者，不可胜算。长驱至宣阳门。建康城平，以茂为护军将军，俄迁侍中、领军将军。群盗之烧神虎门也，茂率所领到东掖门应赴，为盗所射，茂跃马而进，群盗反走。茂以不能式遏奸盗，自表解职，优诏不许。加镇军将军，封望蔡县公，邑二千三百户。

是岁，江州刺史陈伯之举兵叛，茂出为使持节、散骑常侍、都督江州诸军事、征南将军、江州刺史，给鼓吹一部，南讨伯之。伯之奔于魏。时九江新罹军寇，民思反业，茂务农省役，百姓安之。四年，魏侵汉中，茂受诏西讨，魏乃班师。六年，迁尚书右仆射，常侍如故。固辞不拜，改授侍中、中卫将军，领太子詹事。七年，拜车骑将军，太子詹事如故。八年，以本号开府仪同三司、丹阳尹，侍中如故。时天下无事，高祖方信仗文雅，茂心颇怏怏，侍宴醉后，每见言色，高祖常宥而不之责也。十一年，进位司空，侍中、尹如故。茂辞京尹，改领中权将军。

茂性宽厚，居官虽无誉，亦为吏民所安。居处方正，在一室衣冠俨然，虽仆妾莫见其惰容。姿表瑰丽，须眉如画。出入朝会，每为众所瞻望。明年，出为使持节、散骑常侍、骠骑将军、开府同三司之仪、都督江州诸军事、江州刺史。视事三年，薨于州，时年六十。高祖甚悼惜之，赙钱三十万，布三百匹。诏曰："旌德纪勋，哲王令轨；念终追远，前典明诰。故使持节、散骑常侍、骠骑将军、开府仪同三司、江州刺史茂，识度渊广，器宇凝正。爰初草昧，尽诚宣力，绸缪军队进抵秣陵，东昏侯派大将王珍国，大集军力于朱雀门前，号称二十万人，跨过浮桥前来讨战。王茂和曹景宗等人联手出击，大破敌军。派出军队追歼逃敌，敌尸堆积至与浮桥桥栏齐高，落入秦淮河中而死的敌军，数量多到无法计算。一直追杀到宣阳门。建康城平定之后，任命王茂为护军将军，不久升他为侍中、领军将军。群盗火烧神虎门时，王茂率部属赶赴东掖门救援接应，遭遇乱贼放箭射击，王茂跃马挺进，贼众转身逃窜。王茂因未能遏制乱贼为非作歹，自己主动上表要求解除职务，高祖传下优待的诏令没有同意他的请求。加授他为镇军将军，封为望蔡县公，食邑二千三百户。

这一年（502），江州刺史陈伯之举兵反叛，朝廷派王茂出任使持节、散骑常侍、都督江州诸军事、征南将军、江州刺史，赐给他鼓吹乐班一部，命他南讨陈伯之。陈伯之投奔北魏。当时九江新近遭受兵祸，人民都渴望恢复旧业，王茂力促农耕减省徭役，于是百姓都安定下来。天监四年（505），北魏进犯汉中，王茂奉高祖的诏令西征，北魏军于是退了回去。天监六年（507），升职为尚书右仆射，仍旧保留常侍一职。他坚辞不就职，于是改任侍中、中卫将军，兼太子詹事。天监七年（508），任他为车骑将军，仍旧保留太子詹事一职。天监八年（509），以本号为开府仪同三司、丹阳尹，仍旧保留侍中一职。当时天下太平无事，高祖正信任仰仗文雅之士，王茂心中颇为不快，陪侍高祖饮宴醉酒后，常在言语神情上表现出来，高祖多次原谅而不责备他。天监十一年（512），升任司空，仍保留侍中、尹的职位。王茂辞掉京尹，改兼任中权将军。

王茂性情宽厚，在其官位上虽然没有大的声誉，但也能安定属吏和百姓。日常的仪容举止都很正派严谨，即使在内室穿衣戴帽也一丝不苟，仆役和小妾都看不到他怠惰的样子。姿态容貌出众而华美，须髯眉毛如同画中人物一般，进出朝会，常常被众人瞩目仰视。第二年，出京任使持节、散骑常侍、骠骑将军、开府同三司之仪、都督江州诸军事、江州刺史。在职三年，在州中去世，时年六十岁。高祖深为惋惜伤悼，赏赐钱三十万、布三百匹资助其殡葬。下诏说："彰显美德纪念功勋，这是圣明帝王的法令准则；怀念去世的忠良追忆他们

休戚，契阔屯夷。方赖谋猷，永隆朝寄；奄至薨殒，朕用恸于厥心。宜增礼数，式昭盛烈。可赠侍中、太尉，加班剑二十人，鼓吹一部。谥曰忠烈。"

初，茂以元勋，高祖赐以钟磬之乐。茂在江州，梦钟磬在格，无故自堕，心恶之。及觉，命奏乐。既成列，钟磬在格，果无故编皆绝，堕地。茂谓长史江诠曰："此乐，天子所以惠劳臣也。乐既极矣，能无忧乎！"俄而病，少日卒。

子贞秀嗣，以居丧无礼，为有司奏，徙越州。后有诏留广州，乃潜结仁威府中兵参军杜景，欲袭州城，刺史萧昂讨之。景，魏降人，与贞秀同戮。

## 曹景宗

曹景宗，字子震，新野人也。父欣之，为宋将，位至征虏将军、徐州刺史。

景宗幼善骑射，好畋猎。常与少年数十人泽中逐麇鹿，每众骑赴鹿，鹿马相乱，景宗于众中射之，人皆惧中马足，鹿应弦辄毙，以此为乐。未弱冠，欣之于新野遣出州，以匹马将数人，于中路卒逢蛮贼数百围之。景宗带百余箭，乃驰骑四射，每箭杀一蛮，蛮遂散走，因是以胆勇知名。颇爱史书，每读《穰苴》《乐毅传》，辄放卷叹息曰："丈夫当如是！"辟西曹不就。宋元徽中，随父出京师，为奉朝请、员外，迁尚书左民郎。寻以父忧去职，还乡里。服阕，刺史

的往事，此乃前代典制中明确记载的诰命。已故使持节、散骑常侍、骠骑将军、开府仪同三司、江州刺史王茂，气度深远见识广博，器宇凝重风貌端正。自本朝开创之初起，就精诚尽责竭力辅佐，不论离合或聚散、艰险或平安都与朕情深意切患难与共。正当依赖他出谋献策，朝廷寄以重托以使国家长久兴隆之时，他却突然与世长辞，朕心实在悲痛无比。应提升礼仪的等级，以表彰他盛大的功绩。可追赠侍中、太尉，赐以佩斑纹宝剑的武士二十人，鼓吹乐班一部。谥号为忠烈。"

起初，因为王茂是开国元勋，高祖赏赐给他钟磬之乐。王茂在江州时，梦见钟磬在架子上，忽然无缘无故自己坠落下来，心中很嫌恶这个征兆。梦醒后，就叫人奏乐。乐师列好队之后，钟磬悬在架上，果然无缘无故地断裂了绳索，坠落在地上。王茂对他的长史江诠说："这鼓乐乃是天子赏赐功臣的恩惠。鼓乐的规格既已达到了极点，岂能没有忧患呢！"不久他就生病，没几天就去世了。

儿子王贞秀继承了爵禄，因居丧期间不守礼法，被有司参奏，调往越州，后来有诏命他留职广州，他于是暗中勾结仁威府中兵参军杜景，准备袭取州城，刺史萧昂讨伐他们。杜景，乃是北魏的降臣，他与王贞秀一同被诛杀。

### 曹景宗

曹景宗字子震，新野人。父亲曹欣之，是刘宋一朝的将领，官至征虏将军、徐州刺史。

曹景宗自幼就擅长骑马射箭，喜欢打猎，常常与数十个少年在山泽中追逐獐鹿，每次骑手们赶鹿时，鹿和马混杂在一处，曹景宗在人群中发箭射鹿，大家都担心会射中马足，然而鹿却应弦而死，他以此为乐。还不到二十岁的时候，曹欣之派他到新野城外去，他单人匹马只带着随从数人上路，在途中突然碰上蛮族盗贼数百人围攻他们。曹景宗随身带有一百多支箭，就纵马飞奔四面射箭，每一支箭都射杀一个蛮贼，蛮贼于是四散奔逃，因为此事他便以胆识勇力而闻名。他颇爱读史书，每当读到《史记》的《司马穰苴传》《乐毅传》时，就放下

萧赤斧板为冠军中兵参军,领天水太守。

时建元初,蛮寇群动,景宗东西讨击,多所擒破。齐鄱阳王锵为雍州,复以为征虏中兵参军,带冯翊太守,督岘南诸军事。除屯骑校尉。少与州里张道门厚善。道门,齐车骑将军敬儿少子也,为武陵太守。敬儿诛,道门于郡伏法,亲属故吏莫敢收,景宗自襄阳遣人船到武陵,收其尸骸,迎还殡葬,乡里以此义之。

建武二年,魏主托跋宏寇赭阳,景宗为偏将,每冲坚陷阵,辄有斩获,以勋除游击将军。四年,太尉陈显达督众军北围马圈,景宗从之,以甲士二千设伏,破魏援托跋英四万人。及克马圈,显达论功,以景宗为后,景宗退无怨言。魏主率众大至,显达宵奔,景宗导入山道,故显达父子获全。

五年,高祖为雍州刺史,景宗深自结附,数请高祖临其宅。时天下方乱,高祖亦厚加意焉。永元初,表为冠军将军、竟陵太守。及义师起,景宗聚众,遣亲人杜思冲劝先迎南康王于襄阳即帝位,然后出师,为万全计。高祖不从,语在《高祖纪》。高祖至竟陵,以景宗与冠军将军王茂济江,围郢城,自二月至于七月,城乃降。复帅众前驱至南州,领马步军取建康,道次江宁,东昏将李居士以重兵屯新亭,是日选精骑一千至江宁行顿,景宗始至,安营未立;且师行日久,器甲穿弊,居士望而轻之,因鼓噪前薄景宗。景宗被甲驰战,短兵裁接,居士弃甲奔走,景宗皆获之,因鼓而前,径至皂荚桥筑垒。景宗又与王茂、吕僧珍掎角,破王珍国于大航。茂冲其中坚,

书卷叹息说："大丈夫就应该如此!"朝廷征辟他为西曹,他没有就任。刘宋元徽年间,跟随父亲离开京师,任奉朝请、员外,升职为尚书左民郎。不久因为父亲逝世而离职丁忧,回到家乡。服丧期满后,刺史萧赤斧板授他官职为冠军中兵参军,兼任天水太守。

当时是建元初年,蛮族盗匪大批骚乱,曹景宗东征西讨,多有斩获。南齐鄱阳王萧锵任雍州刺史时,又任命他做征虏中兵参军,兼任冯翊太守,督岘南诸军事,并任命为屯骑校尉。他年少时和家乡的张道门交情很好。张道门是南齐的车骑将军张敬儿的小儿子,任武陵太守。后来张敬儿被诛杀,张道门也在武陵郡被处死,家中亲属和往日的下级僚属都无人敢去收尸,曹景宗就从襄阳派人乘船到武陵,收敛了道门的尸骸,迎回家乡殡葬,家乡父老因此认为他是重义之人。

建武二年(495),北魏国主托跋(一作拓跋,下同)宏进犯赭阳,曹景宗担任偏将,每次冲锋陷阵,总能有所斩获,以战功升任游击将军。建武四年(497),太尉陈显达率军队北上包围马圈,曹景宗随军出征,以两千甲士设伏,大破北魏托跋英统领的四万援军。等到马圈攻克后,陈显达论功行赏,却把曹景宗排在后位,曹景宗退下之后也没有抱怨。北魏国主领兵大举进犯,陈显达等连夜逃走,曹景宗指引他们逃进山路,陈显达父子俩因此得以保全了性命。

永泰元年(498),高祖出任雍州刺史,曹景宗非常主动去结交依附他,多次邀请高祖到自家的宅邸。那时正当天下大乱,高祖也情谊深厚地对待他。永元初年,高祖上表举荐他为冠军将军、竟陵太守。到高祖的义军兴起时,曹景宗也聚集部属,并派亲信杜思冲劝高祖先迎南康王在襄阳即皇帝位,然后再出兵,以此作为万全之计。高祖没有听从,这件事记在《高祖纪》中。高祖到了竟陵,命曹景宗和冠军将军王茂渡江,包围郢城,从二月围城到七月,郢城才投降。他又率领前锋部队进抵南州,统领骑兵和步卒进攻建康,中途临时屯驻在江宁。东昏侯的将领李居士率重兵驻守在新亭,当天选拔了精锐骑兵一千人到江宁停驻。此时曹景宗刚刚抵达,安营扎寨尚未妥当;而且部队经过连日长途行军,器械甲胄多有破损。李居士见此情形便轻视他们,于是击鼓呐喊逼近曹景宗所部。曹景宗披甲跃马出战,刚

应时而陷，景宗纵兵乘之。景宗军士皆桀黠无赖，御道左右，莫非富室，抄掠财物，略夺子女，景宗不能禁。及高祖入顿新城，严申号令，然后稍息。复与众军长围六门。城平，拜散骑常侍、右卫将军，封湘西县侯，食邑一千六百户。仍迁持节、都督郢司二州诸军事、左将军、郢州刺史。天监元年，进号平西将军，改封竟陵县侯。

景宗在州，鬻货聚敛。于城南起宅，长堤以东，夏口以北，开街列门，东西数里，而部曲残横，民颇厌之。二年十月，魏寇司州，围刺史蔡道恭。时魏攻日苦，城中负板而汲，景宗望门不出，但耀军游猎而已。及司州城陷，为御史中丞任昉所奏，高祖以功臣寝而不治，征为护军。既至，复拜散骑常侍、右卫将军。

五年，魏托跋英寇钟离，围徐州刺史昌义之。高祖诏景宗督众军援义之，豫州刺史韦叡亦预焉，而受景宗节度。诏景宗顿道人洲，待众军齐集俱进。景宗固启，求先据邵阳洲尾，高祖不听。景宗欲专其功，乃违诏而进，值暴风卒起，颇有淹溺，复还守先顿。高祖闻之，曰："此所以破贼也。景宗不进，盖天意乎！若孤军独往，城不时立，必见狼狈。今得待众军同进，始大捷矣。"及韦叡至，与景宗进顿邵阳洲，立垒去魏城百余步。魏连战不能却，杀伤者十二三，自是魏军不敢逼。景宗等器甲精新，军仪甚盛，魏人望之夺气。魏大将杨大眼对桥北岸立城，以通粮运，每牧人过岸伐刍藁，皆为大眼所略。景宗乃募勇敢士千余人，径渡大眼城南数里筑

刚短兵相接，李居士就弃甲逃跑，军资器械全被曹景宗缴获，趁胜擂鼓进军，直抵皂荚桥构筑营垒。曹景宗又和王茂、吕僧珍分兵成掎角之势，在朱雀桥前大破王珍国的部队。王茂率军冲击敌军的中军，立刻就攻了下来，曹景宗派遣部队掩杀过去。曹景宗的士卒多是些狡黠凶暴的无赖之徒，当时御道两旁全都是京师的富户大家，他的士兵大肆抄略财物，掠夺子女，曹景宗也无法禁止。待到高祖进屯新城，严格申明军令之后，劫掠才渐渐平息。于是和各支部队一起长围台城六门。台城平定后，他被任命为散骑常侍、右卫将军，封为湘西县侯，食邑一千六百户。后来累加升迁为持节、都督郢司二州诸军事、左将军、郢州刺史。天监元年（502），进号为平西将军，改封为竟陵县侯。

曹景宗在郢州时，买卖货物聚敛财富。在城南建起宅邸，自长堤以东，夏口以北，全都沿街设立门户，东西长达几里，而他部下亲兵又残暴横行，百姓都因此很憎恶他们。天监二年（503）十月，北魏军进攻司州，围困住刺史蔡道恭。当时北魏军攻势一天比一天猛烈，司州城中居民汲水都需要顶着木板以避矢石，而曹景宗遥望司州城门而不出兵救援，成日只是检阅部队和游玩打猎而已。待到司州陷落，他被御史中丞任昉弹劾，高祖因为他是功臣而搁置了奏议不治其罪，征召他进京任护军。曹景宗到任后，又被任命为散骑常侍、右卫将军。

天监五年（506），北魏托跋英进犯钟离，将徐州刺史昌义之围困起来，高祖下诏命曹景宗统率诸军驰援昌义之，豫州刺史韦叡也参与救援，归曹景宗节制调遣。高祖下诏让曹景宗驻扎在道人洲，待各路兵马集齐之后再一齐进军。曹景宗坚持要求先去占领邵阳洲尾，高祖不同意。曹景宗想独霸战功，于是违背诏命进军，这时恰逢暴风刮起，曹景宗所部被水淹溺而死者不少，只好返回原先驻扎的地方。高祖听说了此事，就说："我军就是这样打败敌军的。曹景宗没能进军，大概是上天的旨意吧！若是他孤军独往，钟离孤城也坚持不了多久，我军必然出现首尾难顾的狼狈局面。现在得以会合众军一同进军，这样才能打大胜仗。"等到韦叡赶到，和曹景宗一起进驻邵阳洲，筑起的营垒距北魏军的营垒只有一百余步。北魏军接连出战都不能打退他们，自身伤亡却已有十分之二三，从此不敢再逼近梁军。曹

垒，亲自举筑。大眼率众来攻，景宗与战破之，因得垒成。使别将赵草守之，因谓为赵草城，是后恣刍牧焉。大眼时遣抄掠，辄反为赵草所获。先是，高祖诏景宗等逆装高舰，使与魏桥等，为火攻计。令景宗与叡各攻一桥，叡攻其南，景宗攻其北。六年三月，春水生，淮水暴长六七尺。叡遣所督将冯道根、李文钊、裴邃、韦寂等乘舰登岸，击魏洲上军尽殪。景宗因使众军皆鼓噪乱登诸城，呼声震天地，大眼于西岸烧营，英自东岸弃城走。诸垒相次土崩，悉弃其器甲，争投水死，淮水为之不流。景宗令军主马广蹑大眼至濊水上，四十余里，伏尸相枕。义之出逐英至洛口，英以匹马入梁城。缘淮百余里，尸骸枕藉，生擒五万余人，收其军粮器械，积如山岳，牛马驴骡，不可胜计。景宗乃搜军所得生口万余人，马千匹，遣献捷，高祖诏还本军，景宗振旅凯入，增封四百，并前为二千户，进爵为公。诏拜侍中、领军将军，给鼓吹一部。

　　景宗为人自恃尚胜，每作书，字有不解，不以问人，皆以意造焉。虽公卿无所推揖；惟韦叡年长，且州里胜流，特相敬重，同宴御筵，亦曲躬谦逊，高祖以此嘉之。景宗好内，妓妾至数百，穷极锦绣。性躁动，不能沉默，出行常欲褰车帷幔，左右辄谏以位望隆重，人所具瞻，不宜然。景宗谓所亲曰："我昔在乡里，骑快马如龙，

景宗等所部武器甲胄都十分精良，军容非常强盛，北魏军一见之下就失了锐气。北魏大将杨大眼正对着桥北岸构筑起营垒，以便转运粮草，梁军负责放牧的军士到对岸去割草喂牲口，常常被杨大眼掳去。曹景宗就招募了勇士千余人，径直渡过淮水来到杨大眼营垒南面数里的地方构筑营寨，并且亲领士卒筑寨。杨大眼率军来攻，曹景宗同他交战并击破了他，因此得以筑成营垒。曹景宗派别将赵草镇守此营，因而称之为赵草城，从此可以在此地任意割草放牧。杨大眼有时遣人马前来抢掠，往往反被赵草捕获。在此之前，高祖命令曹景宗等人打造起高大的战船，使船甲板与北魏的桥面一样高，作为火攻之计。又命令曹景宗和韦叡各攻一桥，韦叡攻南边的桥，曹景宗攻北边的桥。天监六年（507）三月，春水大涨，淮水暴涨六七尺。韦叡派他麾下的将领冯道根、李文钊、裴邃、韦寂等乘战船登岸，攻击北魏驻扎在洲上的部队，全歼了他们。曹景宗趁势命令各部全军击鼓呐喊，纷纷登上敌军营垒，喊杀声震天动地，杨大眼在西岸火烧自军营垒，托跋英从东岸弃营寨逃跑。北魏各处营垒相继土崩瓦解，士卒都丢弃了器械甲胄，争相涉水逃命而溺死于水中，淮水因此而堵塞断流。曹景宗命令军主马广追击杨大眼直至濊水，沿途四十多里，伏尸不绝于途。昌义之出城追击托跋英直至洛口，托跋英单人匹马逃进了梁城。沿着淮水一百多里，到处是败军互相枕藉的尸骸，被生擒活捉者达五万多人，缴获的粮秣器械堆积如山，牛马驴骡不计其数。曹景宗就清点本部所获的战俘共有一万多人，战马千匹，派人报捷，高祖命令他率本军班师，曹景宗整顿部队凯旋入京，加封食邑四百户，连同之前所封一共有两千户，进爵位为公。诏令任命他为侍中、领军将军，并赐给鼓吹乐班一部。

曹景宗为人要强好胜，每次写信，有不懂的字也不拿去问别人，全凭自己臆造。即便遇上公卿也不谦逊揖让；只有韦叡比他年长，又是家乡雍州的名流，因此特别敬重相待，一同赴宫廷宴会时，也能曲躬谦让韦叡，高祖因此而嘉许他。曹景宗喜欢女色，姬妾有数百人之多，锦绣服饰极为华贵。他生性躁动，不能沉默，出行时常想掀起车上帷幔向外观望，侍从总是以他位高名重、受到大众敬仰与年少辈数十骑，拓弓弦作霹雳声，箭如饿鸱叫。平泽中逐麏，数肋射之，渴饮其血，饥食其肉，甜如甘露浆。觉耳后风生，鼻头出火，此乐使人忘死，不知老之将至。今来扬州作贵人，动转不得，路行开车幔，小人辄言不可。闭置车中，如三日新妇。遭此邑邑，使人无气。"为人嗜酒好乐，腊月于宅中，使作野虏逐除，遍往人家乞酒食。本以为戏，而部下多剽轻，因弄人妇女，夺人财货。高祖颇知之，景宗乃止。高祖数宴见功臣，共道故旧，景宗醉后谬忘，或误称下官，高祖故纵之以为笑乐。

七年，迁侍中、中卫将军、江州刺史。赴任卒于道，时年五十二。诏赙钱二十万，布三百匹，追赠征北将军、雍州刺史、开府仪同三司。谥曰壮。子皎嗣。

## 柳庆远

柳庆远，字文和，河东解人也。伯父元景，宋太尉。

庆远起家郢州主簿，齐初为尚书都官郎、大司马中兵参军、建武将军、魏兴太守。郡遭暴水，流漂居民，吏请徙民祀城。庆远曰："天降雨水，岂城之所知。吾闻江河长不过三日，斯亦何虑，命筑土而已。"俄而水过，百姓服之。入为长水校尉，出为平北录事参军、襄阳令。

高祖之临雍州，问京兆人杜恽求州纲，恽举庆远。高祖曰："文和吾已知之，所问未知者耳。"因辟别驾从事史。齐方多难，庆

为理由劝谏他不宜如此。曹景宗对身边的人说："我当年在家乡的时候，骑着游龙一样的快马，与年少的伙伴数十人，扯开弓弦如同晴天霹雳，射出箭矢好似饿鹰啸叫。在低平开阔的沼泽间追逐獐鹿，数着鹿的肋骨准确地射杀它们，渴了就喝它们的血，饿了就吃它们的肉，那味道甜美得如同甘露一般，让人只觉得耳后生风，鼻头冒火，这种快乐教人忘记死亡，不知老之将至。如今来扬州作了达官贵人，却连身体都不能自由转动，路上出行一掀开车的帷幔，下人就说万万不可。紧闭帘幕在车里端坐，好像新婚三日的媳妇。遇到此等郁闷的事情，真让人意气全无。"他为人嗜好喝酒喜欢音乐，腊月在宅邸中，曾叫人大喊大叫假装驱疫，到远近人家去求酒食。本来是以此作为游戏，但他的部下大多强悍轻捷，趁机玩弄人家的妇女，抢夺人家的财物。高祖对这些情况有所了解，曹景宗这才停止。高祖几次设宴款待功臣，共叙往事，曹景宗醉酒后言辞混乱，有时还误称自己作下官，高祖故意让他说下去，以此取笑作乐。

天监七年（508），曹景宗升职任侍中、中卫将军、江州刺史。赴任时死于途中，时年五十二岁。高祖下诏赐钱二十万、布三百匹资助他的殡葬，追赠他为征北将军、雍州刺史、开府仪同三司。谥号为壮。儿子曹皎继承其爵位。

## 柳庆远

柳庆远字文和，河东解县人。伯父柳元景，刘宋一朝官至太尉。

柳庆远出仕初为郢州主簿，南齐初年担任尚书都官郎、大司马中兵参军、建武将军、魏兴太守。魏兴郡遭受洪水，大水冲走了居住在郡中的人民，属吏请求迁移百姓并祭祀城隍。柳庆远说："天降雨水，哪里是城隍可以预知的呢。我听说江河涨水超不过三天，这又有什么可忧虑的，命令吏民在河岸筑土，仅此而已。"不久洪水过去，百姓都很佩服他。入京后任长水校尉，后又出京任平北录事参军、襄阳令。

高祖到雍州后，向京兆人杜恽征询可担任州内主管的人选，杜恽举荐了柳庆远。高祖说："文和已经为我所知晓，我问的是我还不

远谓所亲曰："方今天下将乱，英雄必起，庇民定霸，其吾君乎？"因尽诚协赞。及义兵起，庆远常居帷幄为谋主。

中兴元年，西台选为黄门郎，迁冠军将军、征东长史。从军东下，身先士卒。高祖行营垒，见庆远顿舍严整，每叹曰："人人若是，吾又何忧。"建康城平，入为侍中，领前军将军，带淮陵、齐昌二郡太守。城内尝夜失火，禁中惊惧，高祖时居宫中，悉敛诸钥，问"柳侍中何在"。庆远至，悉付之。其见任如此。

霸府建，以为太尉从事中郎。高祖受禅，迁散骑常侍、右卫将军，加征虏将军，封重安侯，食邑千户。母忧去职，以本官起之，固辞不拜。天监二年，迁中领军，改封云杜侯。四年，出为使持节、都督雍梁南北秦四州诸军事、征虏将军、宁蛮校尉、雍州刺史。高祖饯于新亭，谓曰："卿衣锦还乡，朕无西顾之忧矣。"

七年，征为护军将军，领太子庶子。未赴职，仍迁通直散骑常侍、右卫将军，领右骁骑将军。至京都，值魏宿预城请降，受诏为援，于是假节守淮阴。魏军退。八年，还京师，迁散骑常侍、太子詹事、雍州大中正。十年，迁侍中、领军将军，给扶，并鼓吹一部。十二年，迁安北将军、宁蛮校尉、雍州刺史。庆远重为本州，颇历清节，士庶怀之。明年春，卒，时年五十七。诏曰："念往笃终，前王令则；式隆宠数，列代恒规。使持节、都督雍梁南北秦四州郢州之竟陵司州之随郡诸军事、安北将军、宁蛮校尉、雍州刺史、云杜县开国侯柳庆远，器识淹旷，思怀文雅。爰初草昧，预属经纶；远自升平，契阔禁旅。重牧西藩，方弘治道，奄至殒丧，伤恸于怀。宜追荣命，以彰茂勋。可赠侍中、中军将军、开府仪同三司，鼓吹、侯如故。谥曰忠

知晓者。"于是征辟他为别驾从事史。当时南齐正祸乱重重，柳庆远对亲信的人说："如今天下将要大乱，一定会有英雄兴起，庇护民众奠定霸业，此人恐怕就是我们的主公吧？"因此竭诚地辅佐协助高祖。到义兵兴起时，柳庆远常随高祖左右做运筹帷幄的主要参谋。

中兴元年（501），南康王选拔他出任黄门郎，升为冠军将军、征东长史。他随军东下，作战身先士卒。高祖在营垒间巡行，望见柳庆远屯兵的营寨很严整，常常感叹说："如果人人都像他这样，我还忧虑什么呢？"建康城平定后，他入京任侍中，兼任前军将军，兼任淮陵、齐昌二郡的太守。京师夜间曾经失火，宫中惊惧不安，当时高祖住在宫中，收缴了所有的锁钥，问大家"柳侍中在哪里"。柳庆远来了，就把锁钥全交给他保管。他为高祖所信任达到如此的地步。

高祖幕府建立后，任他为太尉从事中郎。高祖接受禅让登上帝位，就升他做散骑常侍、右卫将军，加封为征虏将军，重安侯，食邑一千户。后因母亲逝世而离职丁忧，期满后朝廷按原先的官职起用他，他坚辞不就职。天监二年（503），升为中领军，改封为云杜侯。天监四年（505），出京任使持节、都督雍梁南北秦四州诸军事、征虏将军、宁蛮校尉、雍州刺史。高祖在新亭设宴为他饯行，对他说："你衣锦还乡，朕也不必再为西部边陲忧虑了。"

天监七年（508），征召他担任护军将军，兼任太子庶子。他没有去赴任，高祖仍升任他为通直散骑常侍、右卫将军，兼右骁骑将军。他到了京城，正赶上北魏的宿预城请求投降，他受诏命前去增援，于是持节镇守淮阴。北魏军退兵。天监八年（509），班师回到京师，升任散骑常侍、太子詹事、雍州大中正。天监十年（511），升任侍中，领军将军，给予特别扶助，并赏赐鼓吹乐班一部。天监十二年（513），升任安北将军、宁蛮校尉、雍州刺史。柳庆远再次担任家乡的刺史，非常注意砥砺自己高尚的节操，士人和庶民都归心于他。次年春季去世，时年五十七岁。高祖下诏说："追思怀念往日忠心耿耿直至命终之人，是先王传下的法令典制；隆重地赐予臣下礼遇恩宠，是历代恒久不变的常规。使持节，都督雍、梁、南北秦四州和郢州之竟陵及司州之随郡诸军事，安北将军，宁蛮校尉，雍州刺史，云杜县开国侯

惠。赙钱二十万，布二百匹。"及丧还京师，高祖出临哭。子津嗣。

初，庆远从父兄卫将军世隆尝谓庆远曰："吾昔梦太尉以褥席见赐，吾遂亚台司，适又梦以吾褥席与汝，汝必光我公族。"至是，庆远亦继世隆焉。

陈吏部尚书姚察曰：王茂、曹景宗、柳庆远虽世为将家，然未显奇节。梁兴，因日月末光，以成所志，配迹方、邵，勒勋钟鼎，伟哉！昔汉光武全爱功臣，不过朝请、特进，寇、邓、耿、贾咸不尽其器力。茂等迭据方岳，位终上将，君臣之际，迈于前代矣。

柳庆远，气度深远见识广博，思想畅通襟怀高雅。从本朝初创的时代起，就参预谋划治理国家大事；远自天下承平时起，就辛勤操劳于军旅部伍之中。如今重新管理我朝西部边陲，正要弘扬治理之道，却突然传来殒命霊耗，朕心中无比悲痛。应为他追加荣耀的任命，以表彰其盛大的功勋。可追赠侍中、中军将军、开府仪同三司，仍保留鼓吹乐班及侯的爵位。谥号为忠惠。赐钱二十万、布二百匹赞助其殡葬。"待到遗体运回京师，高祖出宫亲临哭吊。儿子柳津继承了其爵位。

从前，柳庆远的堂兄、卫将军柳世隆曾对他说："当年我曾梦见太尉拿褥席赏赐给我，后来我的地位就仅次于三公；刚才又梦见他拿我的褥席赏赐给你，看来你必定会光耀我们这世族。"到这时，柳庆远也可谓继承了柳世隆的荣耀了。

陈朝吏部尚书姚察说：王茂、曹景宗、柳庆远虽出身将门世家，但并不曾表现出突出的节操。梁朝兴起后，他们凭借日月的余辉，成就了个人的志向，身后配享于方叔、召虎等历代忠臣之间，记功于宗庙钟鼎之上，这是何其的伟大啊！当年汉光武帝保全爱护功臣，也只不过授予他们朝请、特进这样的官职，寇恂、邓禹、耿弇、贾复，都未能把自身才能尽数施展出来。而王茂等人却能屡次担任封疆大吏，官位终于上将，君臣彼此之间的际遇，已经超过前代了。

# 卷十

## 列传第四

萧颖达 夏侯详 蔡道恭 杨公则 邓元起

### 萧颖达

萧颖达，兰陵兰陵人，齐光禄大夫赤斧第五子也。少好勇使气，起家冠军。兄颖胄，齐建武末行荆州事，颖达亦为西中郎外兵参军，俱在西府。齐季多难，颇不自安。会东昏遣辅国将军刘山阳为巴西太守，道过荆州，密敕颖胄袭雍州。时高祖已为备矣。仍遣颖胄亲人王天虎以书疑之。山阳至，果不敢入城。颖胄计无所出，夜遣钱塘人朱景思呼西中郎城局参军席阐文、咨议参军柳忱闭斋定议。阐文曰："萧雍州蓄养士马，非复一日，江陵素畏襄阳人，人众又不敌，取之必不可制，制之，岁寒复不为朝廷所容。今若杀山阳，与雍州举事，立天子以令诸侯，则霸业成矣。山阳持疑不进，是不信我。今斩送天虎，则彼疑可释。至而图之，罔不济矣。"忱亦劝焉。颖达曰："善。"及天明，颖胄谓天虎曰："卿与刘辅国相识，今不得不借卿头。"乃斩天虎以示山阳。山阳大喜，轻将步骑数百到州。阐文勒兵待于门，山阳车逾限而门阖，因执斩之，传首高祖。且以奉南康王之议来告，高祖许焉。

和帝即位，以颖胄为假节、侍中、尚书令、领吏部尚书、都督行留诸军事、镇军将军、荆州刺史，留卫西朝。以颖达为冠军将军。及杨公则等率师随高祖，高祖围郢城，颖达会军于汉口，与王茂、

## 萧颖达

萧颖达,兰陵郡兰陵县人,南齐光禄大夫萧赤斧的第五子。少年时好勇使气,初仕为冠军将军。兄长萧颖胄,南齐建武末年代理荆州刺史,萧颖达也担任西中郎外兵参军,二人一起供职于荆州刺史府中。南齐末代,天下多难,他们颇不自安。时值东昏侯萧宝卷派遣辅国将军刘山阳任巴西太守,途经荆州,密令萧颖胄袭击雍州。当时高祖已经有了防备,就派遣萧颖胄的亲信王天虎下书以迷惑刘山阳。刘山阳到达荆州后,果然不敢入城。萧颖胄计无所出,连夜派钱塘人朱景思找来西中郎城局参军席阐文、咨议参军柳忱闭门商议。席阐文说:"萧雍州大力招兵买马,已经不止一日,荆州本来就畏惧襄阳人,军队众寡又悬殊,前去攻打必不能胜,即便打胜了,局势再度紧张时必不能被朝廷所容。如今若是杀掉刘山阳,与雍州一同起兵,立天子以令诸侯,那么霸业必然可成。刘山阳迟疑不进,这是不信任我们。现在我们斩杀王天虎送去,则对方的疑虑定可解除。待他来了之后再设法除掉他,就必然会成功了。"柳忱也劝萧颖达这样做。萧颖达说:"好!"待到天亮后,萧颖胄对王天虎说:"您与刘山阳将军相识,今天不得不借您人头一用。"于是斩杀王天虎并送给刘山阳看。刘山阳大喜,只带了马步军几百人前往荆州。席阐文领兵埋伏在城门里,刘山阳所乘马车刚刚进来城就关闭了,伏兵趁机捉住他将其斩首,首级送到高祖处,并且告以迎立南康王的意见,高祖同意了。

齐和帝即位后,任命萧颖胄为假节、侍中、尚书令、兼任吏部尚书、都督行留诸军事、镇军将军、荆州刺史,留下来守卫荆州的朝廷。任命萧颖达为冠军将军。待到杨公则等人率部队跟随高祖,高祖围

曹景宗等攻郢城，陷之。随高祖平江州。高祖进江州，使与曹景宗先率马步进趋江宁，破东昏将李居士，又下东城。

初，义师之起也，巴东太守萧惠训子瓛、巴西太守鲁休烈弗从，举兵侵荆州，败辅国将军任漾之于硖口，破大将军刘孝庆于上明，颖胄遣军拒之；而高祖已平江、郢，图建康。颖胄自以职居上将，不能拒制瓛等，忧愧不乐，发疾数日而卒。州中秘之，使似其书者假为教命。及瓛等闻建康将平，众惧而溃，乃始发丧，和帝赠颖胄丞相。

义师初，颖达弟颖孚自京师出亡，庐陵人修景智潜引与南归，至庐陵，景智及宗人灵祐为起兵，得数百人，屯西昌药山湖。颖达闻之，假颖孚节、督庐陵豫章临川南康安成五郡军事、冠军将军、庐陵内史。颖孚率灵祐等进据西昌，东昏遣安西太守刘希祖自南江入湖拒之。颖孚不能自立，以其兵由建安复奔长沙，希祖追之，颖孚缘山逾嶂，仅而获免。在道绝粮，后因食过饱而卒。

建康城平，高祖以颖达为前将军、丹阳尹。上受禅，诏曰："念功惟德，列代所同，追远怀人，弥与事笃。齐故侍中、丞相、尚书令颖胄，风格峻远，器寓深邈，清猷盛业，问望斯归。缔构义始，肇基王迹，契阔屯夷，载形心事。朕膺天改物，光宅区宇，望岱观河，永言号恸。可封巴东郡开国公，食邑三千户，本官如故。"赠颖孚右卫将军。加颖达散骑常侍，以公事免。及大论功赏，封颖达吴昌县侯，邑千五百户。寻为侍中，改封作唐侯，县邑如故。

困郢城，萧颖达就与高祖会师于汉口，和王茂、曹景宗等进攻郢城，攻陷了它。又随高祖平定江州。高祖进据江州后，派萧颖达与曹景宗先率领马步军奔赴江宁，击败东昏侯的将领李居士，又攻占了东城。

起初，义军刚刚起兵时，巴东太守萧惠训的儿子萧璝、巴西太守鲁休烈没有随高祖起兵，反而发兵侵犯荆州，在硖口打败了辅国将军任漾之，在上明又打败大将军刘孝庆，萧颖胄派军抵挡他们。此时高祖已经平定了郢州和江州，正在攻打建康。萧颖胄因自己身居上将之职，不能制服平定萧璝等，忧虑惭愧闷闷不乐，发病数日后就身故了。荆州秘不发丧，让字迹和他相似的人代为签署命令。待到萧璝等人听闻建康即将陷落，部众纷纷惊恐溃逃，荆州这才发丧，齐和帝追赠萧颖胄丞相头衔。

义师起兵之初，萧颖达的弟弟萧颖孚从京师逃出，庐陵人修景智偷偷带领他一起南逃，到了庐陵之后，修景智和族人修灵祐为他召集人马，募得数百人，屯扎在西昌药山湖。萧颖达听说后，假萧颖孚节、督庐陵豫章临川南康安成五郡军事、冠军将军、庐陵内史。萧颖孚率修灵祐等进占西昌，东昏侯派遣安西太守刘希祖从南江进入湖中攻打他们。萧颖孚不能立足，率部从建安撤往长沙，刘希祖派兵追击，萧颖孚翻越崇山峻岭，仅能免于被俘。在路上粮食断绝，后因进食过饱而去世。

攻取建康之后，高祖任命萧颖达为前将军、丹阳尹。接受禅让后，降下诏书说："怀念功勋卓著而有懿德之臣，这是历朝历代都相同的做法。追忆逝者怀念故旧，更能弘扬忠实专一之品德。已故南齐侍中、丞相、尚书令萧颖胄，高风亮节，器宇深广，以清明的谋划辅佐宏盛的帝业，众望所归。在我军筹划举义之初，就协助巩固王业的根基，不避辛劳治理艰危与平定的时局，心中承载着万事万物。朕顺应天命改朝换代，如今已广有天下，遥望泰山远观黄河，沉吟于功臣之辞世而悲伤恸哭。可封他为巴东郡开国公，食邑三千户，原有官位不变。"又追赠萧颖孚为右卫将军。任命萧颖达为散骑常侍，后因公事免职。待到大行封赏有功之臣时，封萧颖达为吴昌县侯，食邑一千五百户。不久任命他为侍中，改封作唐侯，食邑户数不变。

迁征虏将军、太子左卫率。御史中丞任昉奏曰：

臣闻贫观所取，穷视不为。在于布衣穷居，介然之行，尚可以激贪历俗，惇此薄夫；况乎伐冰之家，争鸡豚之利；衣绣之士，受贾人之服。风闻征虏将军臣萧颖达启乞鱼军税，辄摄颖达宅督彭难当到台辨问。列称"寻生鱼典税，先本是邓僧琰启乞，限讫今年五月十四日。主人颖达，于时谓非新立，仍启乞接代僧琰，即蒙降许登税，与史法论一年收直五十万。"如其列状，则与风闻符同，颖达即主。


臣谨案：征虏将军、太子左卫率、作唐县开国侯臣颖达，备位大臣，预闻执宪，私谒巫陈，至公寂寞。屠中之志，异乎鲍肆之求；鱼飧之资，不俟潜有之数。遂复申兹文二，追彼十一，风体若兹，准绳斯在！陛下弘惜勋良，每为曲法；臣当官执宪，敢不直绳。臣等参议，请以见事免颖达所居官，以候还第。


有诏原之。转散骑常侍、左卫将军。俄复为侍中，卫尉卿。出为信威将军、豫章内史，加秩中二千石。治任威猛，郡人畏之。迁使持节、都督江州诸军事、江州刺史，将军如故。顷之，征为通直散骑常侍、右骁骑将军。既处优闲，尤恣声色，饮酒过度，颇以此伤生。


九年，迁信威将军、右卫将军。是岁卒，年三十四。车驾临哭，给东园秘器，朝服一具，衣一袭，钱二十万，布二百匹。追赠侍中、中卫将军，鼓吹一部。谥曰康。子敏嗣。

后来升任他为征虏将军、太子左卫率。御史中丞任昉上奏说：

微臣听说，贫则观其所取，穷则视其所不为。布衣平民如果生活贫困但处世耿介清白，尚可以劝诫贪婪行径，勉励世俗风气，激励本性浇薄之人；更何况出身达官贵族之家而争市井鸡豚之利，身穿锦绣绫罗之辈却穿着商贾之服呢。有传闻说征虏将军萧颖达上奏请求开征鱼军税，微臣就传唤萧颖达的宅督彭难当到府署辨问，他供述称"之前设立的鱼典税，原本是邓僧琰请求的，截止日期是今年五月十四日。主人萧颖达当时认为这个税收已非新增，就请求接替邓僧琰继续征收，于是我等蒙主人同意继续收取此税，和史法论一年共收取了五十万税金。"据他所供述，正与传闻相符，萧颖达乃是主谋。

微臣谨按：征虏将军、太子左卫率、作唐县开国侯萧颖达，身为朝廷大员，参与制定政策法规，私下接受他人请托，至令公家府库亏空。市井百业各有所求，屠肉之辈所愿必迥异于鲍鱼之肆所求，私受请托收取鱼税，将使国家不能掌控潜在的赋税财源。于是微臣呈上申述此事的奏文两篇，以求追讨回一部分流失的财富，事情的实情就是如此，执法的准绳也清晰无疑。陛下宽宏而爱惜功臣，常常为了他们而枉法开恩；微臣身当此职执掌宪律，不敢放松法度。臣等经过商议，奏请以现有事实免除萧颖达所任官衔，保留侯的爵位，令其返回封地。

高祖降诏赦免了萧颖达。转任散骑常侍、左卫将军。不久重新担任侍中、卫尉卿。后来出京任信威将军、豫章内史，俸禄加至中二千石。他在任上为政威猛，豫章郡中人都很畏惧他。后来转任使持节、都督江州诸军事、江州刺史，将军之职照旧不变。不久，征召他做了通直散骑常侍、右骁骑将军。因为地位尊贵而悠闲，特别喜欢纵情声色，常常饮酒过度，所以身体健康颇受损伤。

天监九年（510），转任信威将军、右卫将军。在这一年逝世，时年三十四。圣驾亲临哭吊，赐予皇室和贵戚专用的棺木、朝服一具、衣冠一袭、钱二十万、布二百匹。追赠侍中、中卫将军，鼓吹乐班一部。谥号为康。儿子萧敏继承其爵位。

颖胄子廪, 袭巴东公, 位至中书郎, 早卒。

## 夏侯详

夏侯详, 字叔业, 谯郡谯人也。年十六, 遭父艰, 居丧哀毁。三年庐于墓, 尝有雀三足, 飞来集其庐户, 众咸异焉。服阕, 刺史殷琰召补主簿。

宋泰始初, 琰举豫州叛, 宋明帝遣辅国将军刘勔讨之, 攻守连月, 人情危惧, 将请救于魏。详说琰曰:"今日之举, 本效忠节; 若社稷有奉, 便归身朝廷, 何可屈身北面异域。且今魏氏之卒, 近在淮次, 一军未测去就, 惧有异图。今若遣使归款, 必厚相慰纳, 岂止免罪而已。若谓不然, 请充一介。"琰许之。详见勔曰:"将军严围峭垒, 矢刃如霜, 城内愚徒, 实同困兽, 士庶惧诛, 咸欲投魏。仆所以逾城归德, 敢布腹心。愿将军弘旷荡之恩, 垂霈然之惠, 解围退舍, 则皆相率而至矣。"勔许之。详曰:"审尔, 当如君言, 而详请反命。"勔遣到城下, 详呼城中人, 语以勔辞, 即日琰及众俱出, 一州以全。

勔为刺史, 又补主簿。顷之, 为新汲令, 治有异绩, 刺史段佛荣班下境内, 为属城表。转治中从事史, 仍迁别驾。历事八将, 州部称之。

齐明帝为刺史, 雅相器遇。及辅政, 招令出都, 将大用之。每引详及乡人裴叔业日夜与语, 详辄末略不酬。帝以问叔业, 叔业告详。详曰:"不为福始, 不为祸先。"由此微有忤。出为征虏长史、义

萧颖胄的儿子萧靡，承袭了巴东县公的爵位，官至中书郎，早逝。

## 夏侯详

夏侯详字叔业，谯郡谯县人。十六岁时遭遇丧父之艰，居丧期间因哀痛而损害了健康。他在墓前筑庐守丧三年，曾经有三足的鸟雀，成群结队飞到他的草庐门前，民众都觉得十分奇异。服丧结束后，刺史殷琰征召他补主簿的缺额。

刘宋泰始初年，殷琰据豫州反叛，宋明帝派遣辅国将军刘勔讨伐他，两军攻守激战连月，城中人人自危恐惧，即将向北魏求救。夏侯详游说殷琰：“我军今日之举，本是出于尽忠朝廷的大节，如果社稷已经有所安顿，就要归身于朝廷，怎么可以屈膝向北方的异族投降呢。而且如今北魏军队就驻扎在淮水左近，一支未知其用心的军队前去归附，对方必然担心其中包藏阴谋。今天若是派使者向朝廷投诚归顺，朝廷必会接纳厚待慰劳我等，绝不止免罪而已。您若不信，请让我充当使者。”殷琰同意了。夏侯详面见刘勔说：“将军围城严密壁垒森严，箭矢刀锋如同寒霜，城中的愚众实际已经是无路可走的困兽，无论士族还是百姓都害怕被诛杀，纷纷准备投靠北魏。在下为此翻越城墙投奔您，大胆地向您推心置腹。希望将军弘扬浩荡的皇恩，垂降盛大的恩惠，解围并后撤部队，那么城中军民都会相约来降。”刘勔同意了。夏侯详说：“果真如此的话，定当依照您的吩咐而行。我请求回城复命。”刘勔派人送他到城下，夏侯详呼叫城中人，将刘勔的说法加以转达，第二天殷琰和城中士卒出州而降，一州百姓得以保全。

刘勔任刺史时，又起用夏侯详任主簿之职。不久，任命他为新汲令，他在任上治理政事有突出的成绩，刺史段佛荣将他的事迹在州中广为传告，作为下属各县的表率。转任治中从事史，又升任别驾。前后一共辅佐过八任主官，受到州部的一致称赞。

齐明帝萧鸾还在担任刺史时，已经十分器重夏侯详。待到他辅佐朝政时，就召唤夏侯详与他一同出京，准备重用他。常常找夏侯详及同乡人裴叔业日夜交谈，夏侯详却往往表现得心不在焉、疏于酬

阳太守。顷之、建安戍为魏所围，仍以详为建安戍主，带边城、新蔡二郡太守，并督光城、弋阳、汝阴三郡众赴之。详至建安，魏军引退。先是，魏又于淮上置荆亭戍，常为寇掠，累攻不能御，详率锐卒攻之，贼众大溃，皆弃城奔走。

建武末，征为游击将军，出为南中郎司马、南新蔡太守。齐南康王为荆州，迁西中郎司马、新兴太守，便道先到江阳。时始安王遥光称兵京邑，南康王长史萧颖胄并未至，中兵参军刘山阳先在州，山阳副潘绍欲谋作乱，详伪呼绍议事，即于城门斩之，州府乃安。迁司州刺史，辞不之职。

高祖义兵起，详与颖胄同创大举。西台建，以详为中领军，加散骑常侍、南郡太守。凡军国大事，颖胄多决于详。及高祖围郢城未下，颖胄遣卫尉席阐文如高祖军。详献议曰："穷壁易守，攻取势难；顿甲坚城，兵家所忌。诚宜大弘经略，询纳群言。军主以下至于匹夫，皆令献其所见，尽其所怀，择善而从，选能而用，不以人废言，不以多罔寡。又须量我众力，度贼樵粮，窥彼人情，权其形势。若使贼人众而食少，故宜计日而守之；食多而力寡，故宜悉众而攻之。若使粮力俱足，非攻守所屈，便宜散金宝，纵反间，使彼智者不用，愚者怀猜，此魏武之所以定大业也。若三事未可，宜思变通，观于人情，计我粮谷。若德之所感，万里同符，仁之所怀，远迩归义，金帛素积，粮运又充，乃可以列围宽守，引以岁月，此王剪之所以克楚也。若围之不卒降，攻之未可下，间道不能行，金粟无人积，天下非一家，人情难可豫，此则宜更思变计矣。变计之道，实资英断，此之深要，难以纸宣，辄布言于席卫尉，特愿垂采。"高祖嘉纳焉。顷之，颖胄卒。时高祖弟始兴王憺留守襄阳，详乃遣使迎憺，共

答。明帝因此询问裴叔业，裴叔业转告夏侯详，他回答说："不去抢先争福分，便不会招致灾祸。"因此明帝略有不快。后来夏侯详出任征虏长史、义阳太守。不久，建安戍遭到北魏军的围困，于是任命夏侯详为建安戍主，兼边城、新蔡二郡太守，督率光城、弋阳、汝阴三地的部队前往救援。夏侯详到达建安后，北魏军撤退了。在此之前，北魏在淮水上设置了荆亭戍，经常外出劫掠，多次攻打未能奏效，夏侯详率精锐士卒前去进攻，北魏军大败亏输，全都弃城逃走。

建武末年，征辟他为游击将军，出任南中郎司马、南新蔡太守。南齐的南康王出镇荆州，调任他为西中郎司马、新兴太守，他上任顺道先到达江阳。这时始安王萧遥光在京师发动武装叛乱，南康王长史萧颖胄还未赶到，中兵参军刘山阳先到达荆州，刘山阳的副手潘绍准备阴谋作乱，夏侯详装作召唤潘绍议事，就在城门处斩杀了他，于是州府转危为安。调任司州刺史，他推辞没有上任。

高祖举义起兵，夏侯详与萧颖胄同起响应。南康王在荆州建立西台后，任命夏侯详为中领军，加散骑常侍、南郡太守。凡军国大事，萧颖胄大多与夏侯详商议决定。待到高祖围困郢城不下，萧颖胄派遣卫尉席阐文前往高祖军中，夏侯详献策说："即便是破败的壁垒也是易于据守的，要攻取它必困难。顿兵坚城之下，这是兵家大忌。实在应该多多谋划策略，广泛征询意见。军主以下直至普通士卒，都命令他们献计献策，尽其所知，择善而从，选用有能力者，不以人废言，不以多数人意见轻易否定少数人的意见。而且需要度量我军兵力，计算敌军柴草粮食的存量，打探对方的情形，权衡战局形势。假如贼人众多而粮食缺少，就应该数着日子封锁困守他们；如果敌方粮草充足而兵力不足，就应该集中兵力攻打他们。假如敌方粮秣和兵力都非常充足，不是猛攻和困守所能够战胜的，就应该使用金银珠宝，施展反间计，让敌人智者不能用，愚者互相猜忌，这正是魏武帝曹操当年奠定大业的诀窍。若是以上三种策略都不可行，就应该考虑变通，观察敌情军心向背，计算我军粮草。假如我军之威德已经可以感召万里之境，我军之仁义足够召唤远近之敌归顺，而且财力雄厚粮秣足备，就可以依托围城工事长期围困，作持久战的打算，这是

参军国。和帝加详禁兵，出入殿省，固辞不受。迁侍中、尚书右仆射。寻授使持节、抚军将军、荆州刺史。详又固让于憺。

天监元年，征为侍中、车骑将军，论功封宁都县侯，邑二千户。详累辞让，至于恳切，乃更授右光禄大夫，侍中如故。给亲信二十人，改封丰城县公，邑如故。二年，抗表致仕，诏解侍中，进特进。三年，迁使持节、散骑常侍、车骑将军、湘州刺史。详善吏事，在州四载，为百姓所称。州城南临水有峻峰，旧老相传，云"刺史登此山辄被代。"因是历政莫敢至。详于其地起台榭，延僚属，以表损挹之志。

六年，征为侍中、右光禄大夫，给亲信二十人，未至，授尚书左仆射、金紫光禄大夫，侍中如故。道病卒，时年七十四，上为素服举哀，赠右光禄。

先是，荆府城局参军吉士瞻役万人浚仗库防火池，得金革带钩，隐起雕镂甚精巧，篆文曰"锡尔金钩，既公且侯"。士瞻，详兄女婿也。女窃以与详，详喜佩之，期岁而贵矣。

王翦打败楚国的战略。如果围城而不能短期内迫敌投降,攻城又难以取得突破,反间计无法实行,资财粮粟又不甚充足,远近未能归心于我军,敌方军心向背也难以逆料的话,这就应该再思考变通的计策了。谋略变化之道,实在取决于英明的决断,其中的秘诀要领,难以在纸上言说,于是请卫尉席阐文代为传话,愿您能考虑采纳。"高祖表示嘉许并采纳了他的意见。不久,萧颖胄去世。当时高祖的弟弟始兴王萧憺正留守襄阳,夏侯详就派遣使者迎接萧憺前往荆州,共商军国大计。和帝加封夏侯详为近卫将领,并特别允许他出入大内台省,夏侯详坚决推辞不受。转任侍中、尚书右仆射。不久被任命为使持节、抚军将军、荆州刺史。对这些职位,夏侯详又坚决让给萧憺。

天监元年(502),征召他任侍中、车骑将军,论功封他为宁都县侯,食邑二千户。夏侯详接连辞让封赏,十分恳切,于是转而授予他右光禄大夫,侍中一职不变。赐予亲信二十人,改封丰城县公,食邑户数不变。天监二年(503),夏侯详上表辞官,高祖下诏解除他侍中的职位,升任为特进。天监三年(504),转任使持节、散骑常侍、车骑将军、湘州刺史。夏侯详善于处理政务,在湘州主政四年,受到百姓的称道。湘州城南临水的地方有一座高峰,当地老人都传说"若是刺史登上此山就会被取代",所以历任主政的官员都不敢来此地。夏侯详却在这个地方建起台榭,邀请僚属来此聚会,以表明自己谦抑退让的志向。

天监六年(507),朝廷征召他为侍中、右光禄大夫,赐予亲信二十人,他还未到京城,又任命为尚书左仆射、金紫光禄大夫,侍中一职不变。他在中途染病去世,时年七十四岁。高祖为他素服举哀,赠右光禄大夫。

在此之前,荆州城局参军吉士瞻曾驱使一万人疏浚兵器库的防火池,挖出一枚金革带钩,隐约可见镂刻雕琢十分精巧,还写着篆书文字"赐尔金钩,既公且侯"。吉士瞻是夏侯详兄长的女婿。夏侯详的侄女把这枚金钩偷偷送给夏侯详,夏侯详很高兴地佩戴它,过了一年果然成为贵人。

## 蔡道恭

蔡道恭，字怀俭，南阳冠军人也。父那，宋益州刺史。

道恭少宽厚有大量。齐文帝为雍州，召补主簿，仍除员外散骑常侍。后累有战功，迁越骑校尉、后军将军。建武末，出为辅国司马、汝南令。齐南康王为荆州，荐为西中郎中兵参军，加辅国将军。

义兵起，萧颖胄以道恭旧将，素著威略，专相委任，迁冠军将军、西中郎咨议参军，仍转司马。中兴元年，和帝即位，迁右卫将军。巴西太守鲁休烈等自巴、蜀连兵寇上明，以道恭持节、督西讨诸军事。次土台，与贼合战，道恭潜以奇兵出其后，一战大破之，休烈等降于军门。以功迁中领军，固辞不受，出为使持节、右将军、司州刺史。

天监初，论功封汉寿县伯，邑七百户，进号平北将军。三年，魏围司州，时城中众不满五千人，食裁支半岁，魏军攻之，昼夜不息，道恭随方抗御，皆应手摧却。魏乃作大车载土，四面俱前，欲以填堑，道恭辄于堑内列艨冲斗舰以待之，魏人不得进。又潜作伏道以决堑水，道恭载土独塞之。相持百余日，前后斩获不可胜计。魏大造梯冲，攻围日急，道恭于城内作土山，厚二十余丈；多作大㮠，长二丈五尺，施长刃，使壮士刺魏人登城者。魏军甚惮之，将退。会道恭疾笃，乃呼兄子僧勰、从弟灵恩及诸将帅谓曰："吾受国厚恩，不能破灭寇贼，今所苦转笃，势不支久，汝等当以死固节，无令吾没有遗恨。"又令取所持节谓僧勰曰："禀命出疆，凭此而已；即不得奉以还朝，方欲携之同逝，可与棺柩相随。"众皆流涕。其年五月卒。魏知道恭死，攻之转急。

## 蔡道恭

蔡道恭字怀俭，南阳冠军人。父亲蔡那，是刘宋一朝的益州刺史。

蔡道恭少年时就宽仁有大器量。齐文帝做雍州刺史时，召辟他补了主簿的空缺，又任命为员外散骑常侍。后来屡屡有战功，升任越骑校尉、后军将军。建武末年，出京任辅国司马、汝南令。南齐南康王萧宝融出镇荆州时，举荐他为西中郎中兵参军，加授辅国将军。

高祖兴起义兵后，萧颖胄认为蔡道恭是宿将，富于威望和谋略，所以特别予以委任，升他为冠军将军、西中郎咨议参军，不久转任司马。中兴元年（501），和帝即位，升他做右卫将军。巴西太守鲁休烈等从巴蜀连续发兵进犯上明，和帝任命蔡道恭为持节、督西讨诸军事。部队驻扎在土台，与敌军合战。蔡道恭秘密派奇兵袭击敌军后方，一战而大破敌军，鲁休烈等人在军门前投降。以战功升任中领军，他坚辞不受，出任使持节、右将军、司州刺史。

天监初年时，论功封赏功臣，封他为汉寿县伯，食邑七百户，进号平北将军。天监三年（504），北魏围困司州，当时城中兵力不足五千，粮食储备只够支应半年，北魏军加紧攻城，昼夜不停，蔡道恭随机应变进行抵抗，敌军攻势都迅速被他化解。北魏于是造大车装载泥土，从四面接近，准备填平护城河，蔡道恭就在护城河上列起艨艟战船等待敌军，北魏军无法接近。敌军又悄悄开挖坑道想引决护城河水，蔡道恭命令军士装土堵塞了敌军坑道。相持了百余日，前后斩获敌军不计其数。北魏军大造云梯冲车，情势日益危急。蔡道恭在城内修起一座土山，厚二十多丈；又大量制作大槊，长二丈五尺，装上长长的刀刃，让壮士刺杀登上城来的北魏军。北魏军非常忌惮他，将要撤军了。这时正逢蔡道恭病重，他就召唤兄长之子蔡僧勰、堂弟蔡灵恩以及诸将帅说："我深受国家厚恩，不能破灭贼寇，现在病情转重，势必不能支撑太久了，你们应当以死捍卫气节，务必不要让我留下遗恨。"又命令取来所持的符节对蔡僧勰说："我奉命出镇国家边疆，全凭这个信物。现在既然不能再带着它返回朝廷，我打算带

先是，朝廷遣郢州刺史曹景宗率众赴援，景宗到凿岘，顿兵不前。至八月，城内粮尽，乃陷。诏曰："持节、都督司州诸军事、平北将军、司州刺史、汉寿县开国伯道恭，器干详审，才志通烈。王业肇构，致力陕西。受任边垂，效彰所莅。寇贼凭陵，竭诚守御，奇谋间出，捷书日至。不幸抱疾，奄至殒丧，遗略所固，得移气朔。自非徇国忘已，忠果并至，何能身没守存，穷而后屈。言念伤悼，特兼常怀，追荣加等。抑有恒数。可赠镇西将军，使持节、都督、刺史、伯如故，并寻购丧榇，随宜资给。"八年，魏许还道恭丧，其家以女乐易之，葬襄阳。

子澹嗣，卒于河东太守。孙固早卒，国除。

## 杨公则

杨公则，字君翼，天水西县人也。父仲怀，宋泰始初为豫州刺史殷琰将。琰叛，辅国将军刘勔讨琰，仲怀力战，死于横塘。公则随父在军，年未弱冠，冒阵抱尸号哭，气绝良久，勔命还仲怀首。公则殓毕，徒步负丧归乡里，由此著名。历官员外散骑侍郎。梁州刺史范柏年板为宋熙太守、领白马戍主。

氐贼李乌奴作乱，攻白马，公则固守经时，矢尽粮竭，陷于寇，抗声骂贼。乌奴壮之，更厚待焉，要与同事。公则伪许而图之，谋

着它赴死,你可将之放入我的棺木让它与我相随不离。"众人都流泪不止。他逝世于当年五月。北魏得知蔡道恭已死,攻城的形势愈加转急。

在此之前,朝廷派遣郢州刺史曹景宗率军驰援,曹景宗到达凿岘,却顿兵不前。到了八月,司州城内粮食断绝,这才陷落了。朝廷降诏说:"持节、都督司州诸军事、平北将军、司州刺史、汉寿县开国伯蔡道恭,卓有雄才,审慎周密,性格豁达刚烈。本朝基业刚刚肇兴时,就致力镇守陕西(代指荆州)。接受重任于国家边陲,在所在岗位上做出卓越贡献。当贼寇大军压境时,他竭诚捍卫防守城池,屡屡运用奇谋妙策,多次传来报捷文书。不幸染病,竟至一朝殒命,在他遗留的策略保护下,司州继续坚守到了季节改变之时。若非一个人为了国家舍身忘己,兼具忠诚和果敢的品德,如何能做到肉身逝去而所守城池依旧挺立,直到粮秣枯竭后才陷入敌手?思之伤感痛悼,将会永远怀念他的事迹,为功臣特别追加荣耀的等级,也自有恒常的定额。可追赠为镇西将军,使持节、都督、刺史、伯的职衔全部照旧,同时搜求赎买其遗体灵柩,随宜资助丧葬费用。"天监八年(509),北魏同意归还蔡道恭的遗骸,他的家人用歌姬乐伎来交换遗体,归葬于襄阳。

儿子蔡澹继承其爵位,逝于河东太守任上。孙子蔡固早逝,封邑被收回。

## 杨公则

杨公则字君翼,天水西县人。父亲杨仲怀,刘宋泰始初年在豫州刺史殷琰麾下做将领。殷琰举兵叛乱,辅国将军刘勔发兵讨伐他,杨仲怀力战,死于横塘。杨公则当时跟随父亲在军中,年龄未满二十,在两军阵前抱着父亲的尸体号哭,昏厥过去很久,刘勔下令归还杨仲怀的首级。杨公则装殓好遗体后,徒步扶棺回到家乡,由此闻名。曾任员外散骑侍郎。梁州刺史范柏年板授他为宋熙太守,兼任白马戍主。

氐族盗贼李乌奴作乱,进攻白马戍,杨公则固守多时,箭矢射尽粮草枯竭,被敌军擒获,高声痛骂敌人。李乌奴赞许他的胆略,愈加厚待他,邀请他一起共事。杨公则佯作同意而密谋刺杀他,计划

泄，单马逃归。梁州刺史王玄邈以事表闻，齐高帝下诏褒美。除晋寿太守，在任清洁自守。

永明中，为镇北长流参军。迁扶风太守，母忧去官。雍州刺史陈显达起为宁朔将军，复领太守。顷之，荆州刺史巴东王子响构乱，公则率师进讨。事平，迁武宁太守。在郡七年，资无担石，百姓便之。入为前军将军。南康王为荆州，复为西中郎中兵参军。领军将军萧颖胄协同义举，以公则为辅国将军、领西中郎咨议参军，中兵如故，率众东下。时湘州行事张宝积发兵自守，未知所附，公则军及巴陵，仍回师南讨。军次白沙，宝积惧，释甲以俟焉。公则到，抚纳之，湘境遂定。

和帝即位，授持节、都督湘州诸军事、湘州刺史。高祖勒众军次于沔口，鲁山城主孙乐祖、郢州刺史张冲各据城未下，公则率湘府之众会于夏口。时荆州诸军受公则节度，虽萧颖达宗室之贵亦隶焉。累进征虏将军、左卫将军，持节、刺史如故。

郢城平，高祖命众军即日俱下，公则受命先驱，径掩柴桑。江州既定，连旌东下，直造京邑。公则号令严明，秋毫不犯，所在莫不赖焉。大军至新林，公则自越城移屯领军府垒北楼，与南掖门相对，尝登楼望战。城中遥见麾盖，纵神锋弩射之，矢贯胡床，左右皆失色。公则曰："几中吾脚。"谈笑如初。东昏夜选勇士攻公则栅，军中惊扰，公则坚卧不起，徐命击之，东昏军乃退。公则所领多湘溪人，性怯懦，城内轻之，以为易与，每出荡，辄先犯公则垒。公则奖厉军士，克获更多。及平，城内出者或被剥夺，公则亲率麾下，列阵东掖门，卫送公卿士庶，故出者多由公则营焉。进号左将军，持节、刺史如故，还镇南蕃。

泄露了,他单人匹马逃了回来。梁州刺史王玄邈将事情经过表奏于朝廷,齐高帝下诏褒奖赞美他,授以晋寿太守。他在太守任上清正廉洁,洁身自好。

永明年间,出任镇北长流参军,转任扶风太守,因母丧丁忧去职。雍州刺史陈显达起用他为宁朔将军,再次任太守。不久,荆州刺史巴东王萧子响举兵叛乱,杨公则领兵讨伐他。叛乱平定后,转任武宁太守。在武宁郡七年,家无余财,百姓安居乐业。召入京师任前军将军。南康王出镇荆州后,他又担任西中郎中兵参军。领军将军萧颖胄协同高祖举义,任命杨公则为辅国将军,兼任西中郎咨议参军,保留中兵之职,率军东下。当时湘州行事张宝积发兵自守,不知支持哪一方,杨公则的部队已抵达巴陵,就挥师南下讨伐他。部队抵达白沙,张宝积感到恐惧,解甲等待杨公则前来。杨公则到了之后,安抚接纳了他,湘州全境于是安定下来。

齐和帝即位之后,任命他为持节、都督湘州诸军事、湘州刺史。高祖统兵抵达汉口,鲁山城主孙乐祖、郢州刺史张冲各自据守城池尚未攻下,杨公则率领湘州的部队在夏口与高祖会师。当时荆州方面的各支部队都归杨公则节制调度,即使是萧颖达这样的宗室贵族也隶属他。先后晋升为征房将军、左卫将军,仍保留持节、刺史的职衔。

郢州城平定后,高祖命令各部即日东下,杨公则奉命为前锋,直扑柴桑。江州平定后,大军旌旗相连沿江东下,直逼京城建康。杨公则号令严明,部队秋毫无犯,驻地人民没有不依赖他的。大军抵达新林,杨公则将驻地从越城转移到领军府垒北楼,与建康南披门正相对。他曾登楼观战,建康城中远远望见他的麾盖,就用神锋弩向他射击,弩矢贯穿了他坐的胡床,左右全都大惊失色。杨公则说道:"差点射中我的脚呢。"仍和之前一样谈笑风生。东昏侯夜间挑选勇士进攻杨公则的营寨,军中一片惊扰混乱,杨公则始终躺在卧榻上,从容地下令拒敌,东昏侯的部队只得撤退。杨公则所领士卒大多是湘溪人,生性怯懦,城内很轻视他们,认为很好对付,每次出城扫荡,总是先攻击杨公则的营寨。杨公则奖励士卒,每每斩获反较

初，公则东下，湘部诸郡多未宾从，及公则还州，然后诸屯聚并散。天监元年，进号平南将军，封宁都县侯，邑一千五百户。湘州寇乱累年，民多流散，公则轻刑薄敛，顷之，户口充复。为政虽无威严，然保己廉慎，为吏民所悦。湘俗单家以赂求州职，公则至，悉断之，所辟引皆州郡著姓，高祖班下诸州以为法。

四年，征中护军。代至，乘二舸便发，赆送一无所取。仍迁卫尉卿，加散骑常侍。时朝廷始议北伐，以公则威名素著，至京师，诏假节先屯洛口。公则受命遘疾，谓亲人曰："昔廉颇、马援以年老见遗，犹自力请用。今国家不以吾朽懦，任以前驱，方于古人，见知重矣。虽临途疾苦，岂可偃偻辞事。马革还葬，此吾志也。"遂强起登舟。至洛口，寿春士女归降者数千户。魏、豫州刺史薛恭度遣长史石荣前锋接战，即斩石荣，逐北至寿春，去城数十里乃反。疾卒于师，时年六十一。高祖深痛惜之，即日举哀，赠车骑将军，给鼓吹一部。谥曰烈。

公则为人敦厚慈爱，居家笃睦，视兄子过于其子，家财悉委焉。性好学，虽居军旅，手不辍卷，士大夫以此称之。

其他部队更多。攻下建康城时，城内逃出者多有被军人洗劫抢掠的，杨公则亲自率领部下，在东掖门列阵，护送公卿士族和平民百姓，所以出城的民众大多从杨公则的营前出城。建康平定后他进号为左将军，持节、刺史的职衔照旧，班师回到湘州镇守。

起初，杨公则东下时，湘州所属各郡大多并未随同出征，待到杨公则返回湘州后，各郡屯扎聚集的军队才全部散去。天监元年（502），进号为平南将军，封宁都县侯，食邑一千五百户。湘州多年遭受盗匪袭扰，大量民户流散，杨公则轻狱刑减赋税，不久州中的户口又再次充实起来。他主政虽然不重视树立威严，然而能够克己廉洁，谨慎施政，得到属吏和百姓的拥戴。湘州旧俗，势力单薄的民家会用贿赂来求得州内的公职，杨公则主政后，全面制止了这种风气，他所征辟的都是州郡的大姓望族，高祖将他的做法推广到其他各州作为示范。

天监三年（504），征召他入京任中护军。取代他的人一到达，他就乘两艘小船出发了，当地人临别馈赠他的财物一点也没有收取。又转任卫尉卿，加散骑常侍。当时朝廷刚开始商议北伐之事，由于杨公则一向享有威名，他到京师后，朝廷下诏命他假节先屯扎在洛口。杨公则接受任命后却患了疾病，对亲信的人说："当年廉颇、马援因年老而被君主留在后方，尚且主动请战杀敌。现在，国家不觉得我年老怯懦，还任命我做大军先锋，对比古人，足见我受朝廷信任之重。虽然面临长途行军和疾病的辛苦，岂可推诿拒绝。战死沙场后马革裹尸送还家乡，这正是我的志向。"于是强撑病体登船。抵达洛口后，寿春百姓前来归降的有数千户。北魏豫州刺史薛恭度派遣长史石荣等作前锋与他交战，他一战就斩杀了石荣，率部追击北魏军深入到寿春境内，直到距离寿春城几十里才回军。病发死于军中，时年六十一岁。高祖深切地哀悼惋惜他，即日为他举哀，赠为车骑将军，赐鼓吹乐班一部。谥号为烈。

杨公则为人敦厚慈爱，家庭也至为和睦，他疼爱兄长之子超过了自己的孩子，把家财悉数托付给他。生性好学，虽然常在军旅之中，仍然手不释卷，士大夫都因此而称赞他。

子膘嗣,有罪国除。高祖以公则勋臣,特诏听庶长子朓嗣。朓固让,历年乃受。

## 邓元起

邓元起,字仲居,南郡当阳人也。少有胆干,膂力过人。性任侠,好赈施,乡里年少多附之。起家州辟议曹从事史,转奉朝请。雍州刺史萧缅板为槐里令。迁弘农太守、平西军事。时西阳马荣率众缘江寇抄,商旅断绝,刺史萧遥欣使元起率众讨平之。迁武宁太守。

永元末,魏军逼义阳,元起自郡援焉。蛮帅田孔明附于魏,自号郢州刺史,寇掠三关,规袭夏口,元起率锐卒攻之,旬月之间,频陷六城,斩获万计,余党悉皆散走。仍戍三关。郢州刺史张冲督河北军事,元起累与冲书,求旋军。冲报书曰:"足下在彼,吾在此,表里之势,所谓金城汤池;一旦舍去,则荆棘生焉。"乃表元起为平南中兵参军事。自是每战必捷,勇冠当时,敢死之士乐为用命者万有余人。

义师起,萧颖胄与书招之。张冲待元起素厚,众皆惧冲;及书至,元起部曲多劝其还郢。元起大言于众曰:"朝廷暴虐,诛戮宰臣,群小用命,衣冠道尽。荆、雍二州同举大事,何患不克。且我老母在西,岂容背本。若事不成,政受戮昏朝,幸免不孝之罪。"即日治严上道。至江陵,为西中郎中兵参军,加冠军将军,率众与高祖会于夏口。高祖命王茂、曹景宗及元起等围城,结垒九里,张冲屡战,辄大败,乃婴城固守。

和帝即位,授假节、冠军将军、平越中郎将、广州刺史,迁给事黄门侍郎,移镇南堂西渚。中兴元年七月,郢城降,以本号为益

儿子杨朓继承其爵位，后来犯了罪应收回封邑。高祖因为杨公则是功臣，特别下诏让庶长子杨朓继承。杨朓坚决推辞，时隔一年才接受。

## 邓元起

邓元起字仲居，南郡当阳人。少年时有胆略才干，膂力过人，性格仗义任侠，爱施舍接济穷人，乡里的少年很多都依附他。为官初任州辟议曹从事史，转任奉朝请。雍州刺史萧缅板授他为槐里令。后升任弘农太守、参平西军事。当时西阳马荣率众沿江劫掠袭扰，以致商旅断绝，刺史萧遥欣派邓元起率兵讨平了马荣一党。转任武宁太守。

永元末年，北魏军进逼义阳，邓元起从武宁郡驰援义阳。蛮族酋长田孔明依附北魏，自称郢州刺史，进犯义阳三关，并策划袭击夏口，邓元起率领精锐部卒攻打他，不到一个月的时间内攻克了六座城，斩获数以万计，敌人余党全都四散逃走。事后他仍然戍守三关。郢州刺史张冲都督河北军事，邓元起屡次给他写信，请求回军。张冲回信说："足下在三关，我在此地，互为表里之势，可称固若金汤；你一旦离开，我将寸步难行。"于是表奏举荐邓元起为平南中兵参军事。从此邓元起每战必捷，勇冠当时，麾下有乐意为他赴死的勇士一万余人。

高祖义军兴起，萧颖胄写信召唤他。张冲对邓元起一向很优厚，众人都惧怕张冲；萧颖胄的书信到了之后，邓元起的部曲亲随大多劝他回归张冲驻守的郢州。邓元起在众人面前大声说："朝廷暴虐，屠戮宰辅重臣，群小当权，士大夫的尽忠之道已然沦丧。荆雍二州共同举事，何愁大业不成。况且我老母仍在荆襄，岂容我背离故土。若我举事不成，在昏君朝堂前引颈受戮，也算是免除我不孝的罪过了。"于是即日收拾整齐上路。到达江陵后，被任命为西中郎中兵参军，加冠军将军，率军和高祖会师于夏口。高祖命王茂、曹景宗和邓元起等人围城，在九里筑起营垒，张冲屡次出战都大败而归，只得据城固守。

和帝即位，授他以假节、冠军将军、平越中郎将、广州刺史，转任给事黄门侍郎，移兵驻扎于南堂西渚。中兴元年（501）七月，

州刺史，仍为前军，先定寻阳。及大军进至京邑，元起筑垒于建阳门，与王茂、曹景宗等合长围，身当锋镝。建康城平，进号征虏将军。天监初，封当阳县侯，邑一千二百户。又进号左将军，刺史如故，始述职焉。

初，义师之起，益州刺史刘季连持两端；及闻元起将至，遂发兵拒守。语在《季连传》。元起至巴西，巴西太守朱士略开门以待。先时蜀人多逃亡，至是出投元起，皆称起义应朝廷，师人新故三万余。元起在道久，军粮乏绝。或说之曰："蜀土政慢，民多诈疾，若俭巴西一郡籍注，困而罚之，所获必厚。"元起然之。涪令李膺谏曰："使君前有严敌，后无继援，山民始附，于我观德，若纠以刻薄，民必不堪，众心一离，虽悔无及，何必起疾可以济师。膺请出图之，不患资粮不足也。"元起曰："善，一以委卿。"膺退，率富民上军资米，俄得三万斛。

元起先遣将王元宗等破季连将李奉伯于新巴，齐晚盛于赤水，众进屯西平。季连始婴城自守。晚盛又破元起将鲁方达于斛石，士卒死者千余人，师众咸惧，元起乃自率兵稍进至蒋桥，去成都二十里，留辎重于郫。季连复遣奉伯、晚盛二千人，间道袭郫，陷之，军备尽没。元起遣鲁方达之众救之，败而反，遂不能克。元起舍郫，径围州城，栅其三面而堑焉。元起出巡视围栅，季连使精勇掩之，将至麾下，元起下舆持楯叱之，众辟易不敢进。

时益部兵乱日久，民废耕农，内外苦饥，人多相食，道路断

郢城投降，邓元起以本号任益州刺史，仍然做大军前锋，先出发平定了寻阳。到了大军进抵京城时，邓元起在建阳门筑起营垒，与王茂、曹景宗等联手围攻建康城，身先士卒作战。建康平定后，进号征虏将军。天监初年，被封为当阳县侯，食邑一千二百户。又进号左将军，刺史的职位照旧，这时才正式赴益州上任。

起初，义军起事，益州刺史刘季连持观望态度首鼠两端。待他听说邓元起就要到了，就发兵拒守。此事记录在《刘季连传》里。邓元起到达巴西，巴西太守朱士略大开城门接待他。在此之前蜀地的人民逃亡在外的有很多，到此时都来投奔邓元起，都自称起义响应朝廷，新旧部队的人数达到三万余人。邓元起行军日久，军粮很匮乏了。有人劝他说："蜀地的政令混乱，百姓大多诈称有病，假如核查巴西一郡的户籍，趁机加以处罚，所获必然很丰厚。"邓元起同意了。涪县令李膺进谏说："使君您前有大敌，后无援军，此地山民刚刚依附您，正在观察我们为政的德行。如果以刻薄的手段待之，百姓必然不堪忍受，众心一旦离散，可就悔之晚矣。何必一定要揪出装病的百姓来接济部队呢？我请求到外面处理此事，不愁我军粮饷不足。"邓元起说："好的，这件事就拜托您了。"李膺退下，率领郡中富民捐助军资粮米，很快就筹集到三万斛。

邓元起先派遣将领王元宗等人，在新巴击破了刘季连麾下的将领李奉伯，又在赤水击败齐晚盛，部队进屯西平。刘季连开始据城固守。齐晚盛又在斛石打败了邓元起的将领鲁方达，战死者有千余人，士卒都很恐慌，邓元起就亲自率兵稍微前进到蒋桥，距离成都二十里，军队的辎重都留在郫县。刘季连又派李奉伯、齐晚盛带领二千人，抄小路袭击郫县，攻陷县城，邓元起部队的物资储备全部落入敌手。邓元起派鲁方达带领所部前去救援，结果战败而归，于是郫县无法克复了。邓元起舍弃郫县，径直包围成都，以木栅围起城市的三面并挖掘了壕堑。邓元起出营巡视围栅，刘季连派精锐勇士突袭他的人马，即将攻到他的旗帜下了，邓元起下车持盾怒叱，敌军退避不敢上前。

当时益州战乱日久，人民久废农耕，城内外苦于饥荒，人吃

绝，季连计穷。会明年，高祖使赦季连罪，许之降。季连即日开城纳元起，元起送季连于京师。城开，郫乃降。斩奉伯、晚盛。高祖论平蜀勋，复元起号平西将军，增封八百户，并前二千户。

元起以乡人庾黔娄为录事参军，又得荆州刺史萧遥欣故客蒋光济，并厚待之，任以州事。黔娄甚清洁，光济多计谋，并劝为善政。元起之克季连也，城内财宝无所私，勤恤民事，口不论财色。性本能饮酒，至一斛不乱，及是绝之。蜀土翕然称之。元起舅子梁矜孙性轻脱，与黔娄志行不同，乃言于元起曰："城中称有三刺史，节下何以堪之！"元起由此疏黔娄、光济，而治迹稍损。

在州二年，以母老乞归供养，诏许焉。征为右卫将军，以西昌侯萧渊藻代之。是时，梁州长史夏侯道迁以南郑叛，引魏人，白马戍主尹天宝驰使报蜀，魏将王景胤、孔陵寇东西晋寿，并遣告急，众劝元起急救之。元起曰："朝廷万里，军不卒至，若寇贼侵淫，方须扑讨，董督之任，非我而谁？何事匆匆便救。"黔娄等苦谏之，皆不从。高祖亦假元起节都督征讨诸军事，救汉中。比至，魏已攻陷两晋寿。渊藻将至。元起颇营还装，粮储器械，略无遗者。渊藻入城，甚怨望之，因表其逗留不忧军事。收付州狱，于狱自缢，时年四十八。有司追劾削爵土，诏减邑之半，乃更封松滋县侯，邑千户。

人的惨剧很多，加上对外的道路全部断绝，刘季连无计可施。到了第二年，高祖派使者赦免了刘季连的罪过，答应接受他投降。刘季连当天就开门接纳邓元起进城，邓元起派人送刘季连回京城。成都开城投降之后，郫县才投降。邓元起斩杀了李奉伯、齐晚盛。高祖论平定蜀地的功劳，重新授予邓元起平西将军的称号，增加食邑八百户，连同以前的封邑共计二千户。

邓元起任命同乡人庾黔娄为录事参军，又得到荆州刺史萧遥欣过去的门客蒋光济，厚待此二人，委任他们治理益州的政事。庾黔娄为人清正廉洁，蒋光济足智多谋，二人都劝勉他实施善政。邓元起战胜刘季连后，对城内的财宝分毫不取，又勤于体恤民间疾苦，从不提起关于聚敛财富和酒色享乐的事。邓元起本来生性善饮，能喝一斛酒而不醉，到这时戒了酒。蜀地人民对他交口称赞。邓元起舅舅的儿子梁矜孙性格轻浮不受约束，不认同庾黔娄的志向品行，就对邓元起说："城中都说益州有三个刺史，阁下怎能忍受得了啊？"邓元起从此开始疏远庾黔娄和蒋光济，而他的政绩也逐渐不如以前了。

他主政益州二年，以母亲老迈为由申请回京供养母亲，高祖下诏批准，征召他担任右卫将军，以西昌侯萧渊藻取代他。这个时候，梁州长史夏侯道迁占据南郑反叛，招引北魏军队，白马戍主尹天宝派人飞马向益州报信，而北魏将领王景胤、孔陵也侵犯东西晋寿，两地一并派人告急，众人都劝邓元起立刻起兵救援。邓元起说："朝廷远在万里之外，援军进发也不会片刻就到，若是贼寇深入进犯我境，才需征讨剿灭，到时都督众军的任命，除了我还能有谁？何必现在急匆匆地发救兵呢？"庾黔娄等人苦苦相劝，邓元起都不同意。高祖也假邓元起节，都督征讨诸军事，让他救援汉中。等部队到达时，北魏已经攻陷了东西两晋寿。萧渊藻将要到达成都时，邓元起大规模整备的行装，把城中存粮和军需物资悉数带走，几乎没有留下什么。萧渊藻入城后，非常怨恨邓元起，就上表揭发他逗留不进不谋军机，将他逮捕关入州狱，邓元起在狱中自缢而死，时年四十八岁。有司追究他的罪过削去他的爵位和封地，高祖下诏减去食邑的一

初，元起在荆州，刺史随王板元起为从事，别驾庾荜坚执不可，元起恨之。大军既至京师，荜在城内，甚惧。及城平，元起先遣迎荜，语人曰："庾别驾若为乱兵所杀，我无以自明。"因厚遣之。少时又赏至其西沮田舍，有沙门造之乞，元起问田人曰："有稻几何？"对曰："二十斛。"元起悉以施之。时人称其有大度。

元起初为益州，过江陵迎其母，母事道，方居馆，不肯出。元起拜请同行。母曰："贫贱家儿忽得富贵，讵可久保，我宁死不能与汝共入祸败。"元起之至巴东，闻蜀乱，使蒋光济筮之，遇《蹇》，喟然叹曰："吾岂邓艾而及此乎。"后果如筮。子铿嗣。

陈吏部尚书姚察曰：永元之末，荆州方未有衅，萧颖胄悉全楚之兵，首应义举。岂天之所启，人綦之谋？不然，何其飨附之决也？颖达叔侄庆流后嗣，夏侯、杨、邓咸享隆名，盛矣。详之谨厚，杨、蔡廉节，君子有取焉。

半，改封为松滋县侯，食邑一千户。

　　起初，邓元起在荆州时，荆州刺史、随王萧子隆板授邓元起为从事，别驾庾荜坚决反对，邓元起很怨恨他。义军打到京师后，庾荜正在城内，非常害怕。等到建康平定，邓元起先行派人迎接庾荜来到营中，对别人说："庾别驾若是被乱兵所杀，我可就说不清楚了。"又赠送给庾荜丰厚的馈礼将他送走。他年少时曾来到他家在西沮的田舍，有一个僧人登门乞讨，邓元起问为他种田的人说："仓中还有多少稻谷？"回答说："有二十斛。"邓元起就全数施舍给了那和尚。当时人都称赞他大度。

　　邓元起刚刚任益州刺史的时候，到江陵接他的母亲。其母信仰道教，正住在馆舍中，不肯离开。邓元起跪拜请她和自己同行。他的母亲说："你这个贫贱之家的儿子忽然得到富贵，岂可长久，我宁死也不和你一起遭受祸害。"邓元起到巴东后，听说蜀地叛乱，就让蒋光济占卜凶吉，得到的卦象是《寒》，就喟然长叹说："我的命运难道会和邓艾一样吗？"后来果然和卦象一致。他的儿子邓铿继承其爵位。

　　陈朝吏部尚书姚察说：永元末年，荆州并未遭遇战祸，而萧颖胄举全楚之兵，率先响应义举。这莫非是上天给予他的启示，或者是有人教导他这样做吗？否则，他怎能响应归附得如此坚决呢？萧颖达叔侄福庆流传后代，夏侯详、杨公则、邓元起都享有盛名，真是兴隆啊。夏侯详谨慎宽厚，杨公则、蔡道恭清廉而有节操，都值得君子取法。

# 卷十一

## 列传第五

张弘策　庾域　郑绍叔　吕僧珍

### 张弘策

张弘策字真简，范阳方城人，文献皇后之从父弟也。幼以孝闻。母尝有疾，五日不食，弘策亦不食。母强为进粥，乃食母所余。遭母忧，三年不食盐菜，几至灭性。兄弟友爱，不忍暂离，虽各有室，常同卧起，世比之姜肱兄弟。起家齐邵陵王国常侍，迁奉朝请、西中郎江夏王行参军。

弘策与高祖年相辈，幼见亲狎，恒随高祖游处。每入室，常觉有云烟气，体辄肃然，弘策由此特敬高祖。建武末，弘策从高祖宿，酒酣，徙席星下，语及时事。弘策因问高祖曰："纬象云何？国家故当无恙？"高祖曰："其可言乎？"弘策因曰："请言其兆。"高祖曰："汉北有失地气，浙东有急兵祥。今冬初，魏必动；若动则亡汉北。帝今久疾，多异议，万一伺衅，稽部且乘机而作，是亦无成，徒自驱除耳。明年都邑有乱，死人过于乱麻，齐之历数，自兹亡矣。梁、楚、汉当有英雄兴。"弘策曰："英雄今何在？为已富贵，为在草茅？"高祖笑曰："光武有云：'安知非仆？'"弘策起曰："今夜之言，是天意也。请定君臣之分。"高祖曰："舅欲效邓晨乎？"是冬，魏军寇新野，高祖将兵为援，且受密旨，仍代曹虎为雍州。弘策闻之心喜，谓高祖曰："夜中之言，独当验矣。"高祖笑曰："且勿多言。"弘策从高祖西行，仍参帷幄，身亲军役，不惮辛苦。

## 张弘策

张弘策字真简，范阳方城人，是梁高祖生母文献皇后的堂弟。从小以孝敬父母而闻名。他的母亲曾经染病，五天没有进食，张弘策也不吃。母亲勉强喝了一些稀饭，他就喝母亲剩下的。母亲去世后，他三年不吃放盐的菜，几乎因此而死去。兄弟之间十分友爱，不舍得分离片刻，虽然各自都有家室，还常常一同起卧，时人将之比作姜肱兄弟。初仕为南齐邵陵王国常侍，转任奉朝清、西中郎江夏王行参军。

张弘策与高祖年龄相仿，从小关系就很亲密，常常跟随高祖一起交游往来。每次进入室内，常常觉得有云雾烟气，不由得肃然敬畏，为此他特别敬重高祖。建武末年，张弘策跟高祖一同住宿，酒至半酣时，将酒席移到屋外星空下，谈及时事，张弘策就问高祖说："天上的星相怎么样？国家应该没什么灾难吧？"高祖说："这是可以说的吗？"张弘策就说："请说说星相的征兆。"高祖说："汉北有失地气，浙东有突遭兵灾的预兆。今年初冬，北魏军必然会出动，如果他们出兵，则汉北就会陷落。皇上现在染病已久，朝中议论不一，万一有可乘之机，稽部将趁机作乱，不过不会成什么气候，只是为真命天子前驱赶路罢了。明年京师会有动乱，死掉的人多如乱麻，齐朝的气数，从此就到尽头了。梁地、楚地和汉水之间，当有英雄崛起。"张弘策说："英雄如今在何方？是富贵中人，还是存身于庶民中间？"高祖笑着说："光武帝曾说过，'怎么知道就不会是我呢'。"张弘策起身说道："今晚的这番谈话，是天意啊，请定下君臣的名分。"高祖说："舅舅想要效仿光武帝的姐夫邓晨吗？"这一年冬季，北魏军进犯新野，高祖领军增援，而且领受了密旨，将取代曹虎任雍州刺史。张弘策听说之后心中大喜，对高

五年秋，明帝崩，遗诏以高祖为雍州刺史，乃表弘策为录事参军，带襄阳令。高祖睹海内方乱，有匡济之心，密为储备，谋猷所及，惟弘策而已。时长沙宣武王罢益州还，仍为西中郎长史，行郢州事。高祖使弘策到郢，陈计于宣武王，语在《高祖纪》。弘策因说王曰："昔周室既衰，诸侯力争，齐桓盖中人耳，遂能一匡九合，民到于今称之。齐德告微，四海方乱，苍生之命，会应有主。以郢州居中流之要，雍部有戎马之饶，卿兄弟英武，当今无敌，虎据两州，参分天下，纠合义兵，为百姓请命，废昏立明，易于反掌。如此，则桓、文之业可成，不世之功可建。无为竖子所欺，取笑身后。雍州揣之已熟，愿善图之。"王颇不怿而无以拒也。

义师将起，高祖夜召弘策、吕僧珍入宅定议，旦乃发兵，以弘策为辅国将军、军主，领万人督后部军事。西台建，为步兵校尉，迁车骑咨议参军。及郢城平，萧颖达、杨公则诸将皆欲顿军夏口，高祖以为宜乘势长驱，直指京邑，以计语弘策，弘策与高祖意合。又访宁远将军庾域，域又同。乃命众军即日上道，缘江至建康，凡矶、浦、村落，军行宿次、立顿处所，弘策逆为图测，皆在目中。义师至新林，王茂、曹景宗等于大航方战，高祖遣弘策持节劳勉，众咸奋厉。是日，仍破朱雀军。高祖入顿石头城，弘策屯门禁卫，引接士类，多全免。城平，高祖遣弘策与吕僧珍先入清宫，封检府库。于时城内珍宝委积，弘策申勒部曲，秋毫无犯。迁卫尉卿，加给事中。

祖说:"那次夜间所言,将要全部应验了。"高祖笑着说:"暂且不要多言。"张弘策跟随高祖西行,在帐前运筹帷幄,事必躬亲,不辞辛苦。

永泰元年(498)秋,齐明帝驾崩,遗诏任命高祖为雍州刺史,高祖于是表荐张弘策为录事参军,兼襄阳令。高祖目睹海内陷入动乱,有匡世济民之心,秘密地为之储备物资,为他出谋划策的,只有张弘策一人而已。当时高祖兄长、长沙宣武王萧懿从益州刺史任上去职,仍担任西中郎长史,行郢州事。高祖就派张弘策到郢州,对萧懿陈说计略,这件事记录在《高祖纪》中。张弘策劝萧懿说:"当年周王室衰弱,诸侯力争天下,齐桓公不过是中等之人,却能一统天下成为霸主,人民直到今天还在称颂他。现在南齐的德运衰微,四海大乱,黎民苍生的命运,理应有所主宰。凭郢州占据中流险要之地利,雍州广有兵马士卒之人和,加之您兄弟二人英明神武,当今之世无人可比,若是虎踞二州,三分天下,纠合义兵,为百姓请命,废昏君,立明主,可谓易如反掌。这样一来,则齐桓公、晋文公那样的霸业可成,不世之功业可建。切不可被小人所欺,以致身后被人取笑。萧雍州已经深思熟虑过了,希望您妥善地做好打算。"萧懿听后颇为不悦,却也没有办法反驳他。

义军将要起事时,高祖连夜召唤张弘策、吕僧珍来到他的宅邸议定计策,天亮就发兵,以张弘策为辅国将军、军主,率一万人督率后部军事。齐和帝建立西台后,张弘策担任步兵校尉,转任车骑咨议参军。郢城平定后,萧颖达、杨公则诸将都想在夏口驻扎修整,高祖认为应该乘势长驱直入,直指京师,将他的打算告诉张弘策,张弘策与高祖的意见一致。又拜访宁远将军庾域,庾域也持同样的看法。于是命令众军即日上路,沿江直到建康的一路上,凡是矶、浦、村落,大军可以宿营和休息的地点,张弘策全都进行了勘测并制成图本,一目了然。义师抵达新林,王茂、曹景宗等正在朱雀桥作战,高祖派遣张弘策持节慰劳部队,全军都深受鼓舞。当天就打败了朱雀桥前的敌军。高祖进驻石头城,张弘策屯扎在城门担任警卫,接待当地士族,使其大都得以保全。建康平定后,高祖派张弘策、吕僧珍率先进驻清

天监初，加散骑常侍，洮阳县侯，邑二千二百户。弘策尽忠奉上，知无不为，交友故旧，随才荐拔，搢绅皆趋焉。

时东昏余党初逢赦令，多未自安，数百人因运获炬束仗，得入南北掖作乱，烧神虎门、总章观。前军司马吕僧珍直殿内，以宿卫兵拒破之，盗分入卫尉府，弘策方救火，盗潜后害之，时年四十七。高祖深恸惜焉。给第一区，衣一袭，钱十万，布百匹，蜡二百斤。诏曰："亡从舅卫尉，虑发所忽，殒身袄竖。其情理清贞，器识淹济，自藩升朝，契阔夷阻。加外氏凋衰，飧尝屡绝，兴感《渭阳》，情寄斯在。方赖忠勋，翼宣寡薄，报效无征，永言增恸。可赠散骑常侍、车骑将军。给鼓吹一部。谥曰愍。"

弘策为人宽厚通率，笃旧故。及居隆重，不以贵势自高。故人宾客，礼接如布衣时。禄赐皆散之亲友。及其遇害，莫不痛惜焉。子缅嗣，别有传。

庾域

庾域字司大，新野人。长沙宣武王为梁州，以为录事参军，带华阳太守。时魏军攻围南郑，州有空仓数十所，域封题指示将士云："此中粟皆满，足支二年，但努力坚守。"众心以安。虏退，以功拜羽林监，迁南中郎记室参军。

永元末，高祖起兵，遣书招域。西台建，以为宁朔将军，领行选，从高祖东下。师次杨口，和帝遣御史中丞宗夬衔命劳军。域乃

理皇宫，封存府库。当时内城里面珍宝堆积如山，张弘策严格约束部队，秋毫无犯。转任卫尉卿，加给事中。天监初年，加封他为散骑常侍，洮阳县侯，食邑一千二百户。张弘策事奉主上尽忠职守，知无不言，对朋友故旧也依才举荐，因此朝中官宦竞相与他结交。

当时东昏侯的余党刚刚接到大赦令，大多还在为自身安危担忧，就纠合了数百人借运送柴草薪束火把的机会，得以进入南北掖门作乱，纵火焚烧了神虎门、总章观。前军司马吕僧珍在殿内值班，率领宿卫军击败了他们，群贼分兵进入卫尉府中，张弘策正在指挥救火，贼人偷偷从身后袭击杀害了他，时年四十七岁。高祖为此深感哀痛惋惜。赐予宅邸一座，衣冠一袭，钱十万，布百匹，蜡二百斤。下诏说："已故的堂舅卫尉，因一时思虑疏忽，不幸殒命于奸人之手。他性情清白坚贞，器量宏大见识广远，从边境藩镇到京师朝廷，历尽险阻不辞辛劳。朕外祖母一族凋零衰微，飨尝之祭礼屡屡断绝，朕与张弘策情同《渭阳》之诗，实在也寄寓着对外祖亲族的深情。正当要仰仗他来为国建立功勋，辅佐增进朕寡薄之德行，他却忽然辞世，令我无法报答他的恩德，空留下长久吟咏的哀伤。可赠以散骑常侍、车骑将军。赐给鼓吹乐班一部。谥号为愍。"

张弘策为人宽厚豁达而率真，很重旧情。当他官位日隆时，不曾因为地位显赫而自视高贵。对于故人宾客，他接待的礼仪都和身为平民时一样。得到的俸禄赏赐都分发给亲友。他遇害后，认识他的人没有不痛惜的。儿子张缅继承其爵位，另外有传。

庾域

庾域字司大，新野人。长沙宣武王萧懿做梁州刺史时，任命他为录事参军，兼华阳太守。当时北魏军围攻南郑，州城内有空的仓廒数十座，庾域给它们贴好封条，指着它们对将士说："这些仓廒中堆满了粮食，足够支应两年，大家只管努力坚守城池就好。"于是军心得以安定。故军退兵后，他以军功被拜为羽林监，转任南中郎记室参军。

永元末年，高祖起义兵，派人送书信召唤庾域。齐和帝建立西台之后，任命他为宁朔将军，兼行选，跟随高祖东下。大军驻扎在杨

讽央曰："黄钺未加，非所以总率侯伯。"央反西台，即授高祖黄钺。萧颖胄既都督中外诸军事，论者谓高祖应致笺，域争不听，乃止。郢城平。域及张弘策议与高祖意合，即命众军便下。每献谋画，多被纳用。霸府初开，以为咨议参军。天监初，封广牧县子，后军司马。出为宁朔将军、巴西梓潼二郡太守。梁州长史夏侯道迁举州叛降魏，魏骑将袭巴西，域固守百余日，城中粮尽，将士皆龁草食土，死者太半，无有离心。魏军退，诏增封二百户，进爵为伯。六年，卒于郡。

### 郑绍叔

郑绍叔字仲明，荥阳开封人也。世居寿阳。祖琨，宋高平太守。

绍叔少孤贫。年二十余，为安丰令，居县有能名。本州召补主簿，转治中从事史。时刺史萧诞以弟谌诛，台遣收兵卒至，左右莫不惊散，绍叔闻难，独驰赴焉。诞死，侍送丧柩，众咸称之。到京师，司空徐孝嗣见而异之，曰："祖逖之流也。"

高祖临司州，命为中兵参军，领长流，因是厚自结附。高祖罢州还京师，谢遣宾客，绍叔独固请愿留。高祖谓曰："卿才幸自有用，我今未能相益，宜更思他涂。"绍叔曰："委质有在，义无二心。"高祖固不许，于是乃还寿阳。刺史萧遥昌苦引绍叔，终不受命。遥昌怒，将囚之，救解得免。及高祖为雍州刺史，绍叔间道西归，补宁蛮长史、扶风太守。

口，和帝派御史中丞宗夬奉皇命劳军。庾域就劝告宗夬说："没有为大军的统帅加黄钺，不足以总领各路侯伯的人马。"宗夬返回荆州后，朝廷立即授予高祖黄钺。萧颖胄被授予都督中外诸军事的职位，高祖左右的僚幕都认为高祖应该致函给他，庾域极力反对说不能听从这个意见，高祖这才作罢。郢州城平定后，庾域及张弘策的想法与高祖一致，于是即刻下令众军东下。庾域每次献计献策，大多被采纳。高祖的幕府建立之初，任命他为咨议参军。天监初年，封他为广牧县子、后军司马。出京任宁朔将军、巴西梓潼二郡太守。梁州长史夏侯道迁占据梁州叛乱，投降了北魏，北魏派骑兵袭击巴西，庾域固守城池一百多天，城中粮食耗尽，部队将士都以青草和泥土为食，死者大半，但从未离心离德。北魏军退走后，朝廷下诏增加他的封邑二百户，进爵位为伯。天监六年（507），在郡中去世。

### 郑绍叔

郑绍叔字仲明，荥阳开封人，世居寿阳。祖父郑琨，在刘宋一朝任高平太守。

郑绍叔年少时丧父，家中贫困。二十几岁时，做了安丰令，在县主政期间以有能力而闻名。本籍所属州召辟他补主簿，转任治中从事。当时刺史萧诞因为弟弟萧谌的牵连坐罪被诛，朝廷派遣收捕他的军队突然来到，左右全都惊慌四散，郑绍叔听闻萧诞有难，单人匹马赶到。萧诞被处死后，他为之护送灵柩，众人都对他称赞不已。到京师后，司空徐孝嗣见到他，认为他很不一般，说："这是祖逖一样的人物啊。"

高祖来到司州后，任命他为中兵参军，兼任长流参军，从此他深深地结交依附高祖。高祖从刺史任上去职回京时，酬谢遣散宾客，只有郑绍叔一个人坚持请求留在高祖身边效力。高祖对他说："您的才干必定有能够发挥的地方，我如今并不能有助于您的前途，您应该另择高枝而栖。"郑绍叔说："我已经决意事奉主公，再无辅佐他人的二心。"高祖坚持不同意，于是他只得回到寿阳。刺史萧遥昌极力想起用郑绍叔，他却始终不接受任命。萧遥昌发怒，要囚禁他，幸亏有人解救而得以幸免。待到高祖任雍州刺史时，郑绍叔走小

东昏既害朝宰，颇疑高祖。绍叔兄植为东昏直后，东昏遣至雍州，托以候绍叔，实潜使为刺客。绍叔知之，密以白高祖。植既至，高祖于绍叔处置酒宴之，戏植曰："朝廷遣卿见图，今日闲宴，是见取良会也。"宾主大笑。令植登临城隍，周观府署，士卒、器械、舟舻、战马，莫不富实。植退谓绍叔曰："雍州实力，未易图也。"绍叔曰："兄还，具为天子言之。兄若取雍州，绍叔请以此众一战。"送兄于南岘，相持恸哭而别。

义师起，为冠军将军，改骁骑将军，侍从东下江州，留绍叔监州事，督江、湘二州粮运，事无阙乏。天监初，入为卫尉卿。绍叔忠于事上，外所闻知，纤毫无隐。每为高祖言事，善，则曰："臣愚不及，此皆圣主之策"；其不善，则曰："臣虑出浅短，以为其事当如是，殆以此误朝廷，臣之罪深矣。"高祖甚亲信之。母忧去职。绍叔有至性，高祖常使人节其哭。顷之，起为冠军将军、右军司马，封营道县侯，邑千户。俄复为卫尉卿，加冠军将军。以营道县户凋弊，改封东兴县侯，邑如故。初，绍叔少失父，事母及祖母以孝闻，奉兄恭谨。及居显要，禄赐所得及四方贡遗，悉归之兄室。

三年，魏军围合肥，绍叔以本号督众军镇东关，事平，复为卫尉。既而义阳为魏所陷，司州移镇关南。四年，以绍叔为使持节、征虏将军、司州刺史。绍叔创立城隍，缮修兵器，广田积谷，招纳流民，百姓安之。性颇矜躁，以权势自居，然能倾心接物，多所荐举，士类亦以此归之。

路西归雍州，补任宁蛮长史、扶风太守。

东昏侯萧宝卷诛杀了诸位辅政大臣，对高祖也颇有疑忌。郑绍叔的兄长郑植是东昏侯的车驾侍卫，东昏侯派他到雍州，假托问候郑绍叔的名义，实际是暗中派他行刺。郑绍叔得到消息，秘密地告诉了高祖。郑植来了以后，高祖在郑绍叔的住处摆酒宴请他，开着玩笑对郑植说："朝廷派您来对付我，今天这顿便席，正是下手的良机啊。"宾主双方大笑。高祖请郑植登临城墙，一一指给他看城内的府署、士卒、器械、舟船、战马，无不精良充实。郑植回来对郑绍叔说："雍州的实力，不容易对付啊。"郑绍叔说："兄长回去后，请详细对天子汇报。兄长若要来取雍州，请允许邵叔我率领这支军队与您一战。"将他一直送到南岘，二人相拥痛哭而别。

义师起兵后，郑绍叔任冠军将军，后改骁骑将军，侍从高祖东下江州，高祖留下郑绍叔监管州中事务，督办江、湘二州粮运，从来没有中断和短缺过。天监初年，入京任卫尉卿。郑绍叔事奉主上非常忠心，在外界有所听闻，都毫无隐瞒地向高祖汇报。每次为高祖建言献策，卓有成效的，就说："微臣愚不可及，这全仗主上圣明的决策。"若成效不佳，就说："微臣思虑短浅，以为此事应该这样办，结果误了朝廷大政，微臣实在罪责深重。"高祖对他十分亲近信任。后来因母丧丁忧去职。郑绍叔性格至孝，高祖常常派人劝他节哀。过了些时，起用他为冠军将军、右军司马，封营道县侯，食邑千户。不久再次任命为卫尉卿，加冠军将军。因为营道县户口凋敝，改封为东兴县侯，食邑数量不变。从前，郑绍叔年少丧父，以事奉母亲和祖母十分孝顺而闻名，对兄长也十分恭谨。到他官居显要之后，所得的俸禄赏赐及四方的馈礼，全部都送到兄长家中。

天监三年（504），北魏军围困合肥，郑绍叔以本号都督众军镇守东关，军情平息之后，重新任卫尉。不久义阳被北魏攻陷，司州的治所移到关南。天监四年（505），任命郑绍叔为使持节、征房将军、司州刺史。郑绍叔修立城墙，修理打造兵刃器械，广开农田囤积粮食，招纳流民，百姓安居乐业。他的性格颇为矜持急躁，以权势自居；但是能以诚待人，举荐了很多人才，士大夫也因此而多归附于他。

六年，征为左将军，加通直散骑常侍，领司豫二州大中正。绍叔至家疾笃，诏于宅拜授，舆载还府，中使医药，一日数至。七年，卒于府舍，时年四十五。高祖将临其殡，绍叔宅巷狭陋，不容舆驾，乃止。诏曰："追往念功，前王所笃；在诚惟旧，异代同规。通直散骑常侍、右卫将军、东兴县开国侯绍叔，立身清正，奉上忠恪，契阔藩朝，情绩显著。爰及义始，实立茂勋，作牧疆境，效彰所莅。方申任寄，协赞心膂；奄至殒丧，伤痛于怀。宜加优典，隆兹宠命。可赠散骑常侍、护军将军，给鼓吹一部，东园秘器，朝服一具，衣一袭，凶事所须，随由资给。谥曰忠。"

绍叔卒后，高祖尝潸然谓朝臣曰："郑绍叔立志忠烈，善则称君，过则归己，当今殆无其比。"其见赏惜如此。子贞嗣。

### 吕僧珍

吕僧珍字元瑜，东平范人也。世居广陵。起自寒贱。始童儿时，从师学，有相工历观诸生，指僧珍谓博士曰："此有奇声，封侯相也。"年二十余，依宋丹阳尹刘秉，秉诛后，事太祖文皇为门下书佐。身长七尺五寸，容貌甚伟。在同类中少所褒狎，曹辈皆敬之。

太祖为豫州刺史，以为典签，带蒙令，居官称职。太祖迁领军，补主簿。妖贼唐㻗寇东阳，太祖率众东讨，使僧珍知行军众局事。僧珍宅在建阳门东，自受命当行，每日由建阳门道，不过私室，

天监六年（507），朝廷征他任左卫将军，加通直散骑常侍，兼任司豫二州大中正。郑绍叔到家后生了重病，高祖下诏在其家中拜授官衔，再用车载他回到官府宅舍，派来探病的宦官和诊病用药的御医，一日之内有好几次。天监七年（508），在府舍中去世，时年四十五岁。高祖打算亲临吊丧，但郑绍叔家所在的街巷狭窄简陋，容不下皇帝车驾，这才没有去。下诏说："追思过往怀念功臣，这是先王遵从不改的法则；真诚地思念旧日臣属，历朝历代都有相同的典制。通直散骑常侍、左卫将军、东兴县开国侯郑绍叔，立身清正廉洁，事奉主上忠诚而恭谨，从边镇到朝廷始终勤勉劳苦，忠心突显而功绩卓著。从举大义开始，就为本朝立下卓越功勋，担任边疆大员，政绩彰显于所在州部。朝廷正待委以重任，辅佐主上再立新勋，忽然中道陨逝，实在难忍伤痛之情。应该施加优厚的恩典，隆重颁布宠恤的诏命。可赠他为散骑常侍、护军将军，赐鼓吹乐班一部，以及皇室规格的棺木、朝服一具、衣冠一袭，丧葬所需资费，由朝廷资助供给。谥号为忠。"

郑绍叔去世后，高祖曾经流着泪对朝臣说："郑绍叔立志忠烈，有善政则归之于君，有过失则归之于己，当今之世应该再没有可与他相比的人了。"他就是这样受皇帝的欣赏惋惜。儿子郑贞继承其爵位。

### 吕僧珍

吕僧珍字元瑜，东平范县人，其家世代居住在广陵。他出身微贱。从孩童时起，跟从老师学习，有个看相者看遍了所有学生，指着吕僧珍对博士说："这个孩子谈吐很不寻常，有封侯之相。"二十多岁的时候，他依附于刘宋一朝的丹阳尹刘秉，刘秉被诛杀后，又事奉太祖文皇帝为门下书佐。他身长七尺五寸，相貌非常魁伟。与同事朋友交往他极少有狎昵轻浮的举止，官署中的同僚都很尊敬他。

太祖任豫州刺史时，以他为典签，兼蒙县令，在任期间十分称职。太祖转任领军后，以他补主簿。妖贼唐瑀侵犯东阳，太祖率军东征，让吕僧珍主管行军众局事。吕僧珍的家宅在建阳门东，自从他受命任职以来，每天都从建阳门经过，却从不顺道回家，太祖由此更加

太祖益以此知之。为丹阳尹，复命为郡督邮。齐随王子隆出为荆州
刺史，齐武以僧珍为子隆防阁，从之镇。永明九年，雍州刺史王奂
反，敕遣僧珍隶平北将军曹虎西为典签，带新城令。魏军寇沔北，
司空陈显达出讨，一见异之，因屏人呼上座，谓曰："卿有贵相，后
当不见减，努力为之。"

建武二年，魏大举南侵，五道并进。高祖率师援义阳，僧珍从
在军中。长沙宣武王时为梁州刺史。魏围守连月，间谍所在不通，
义阳与雍州路断。高祖欲遣使至襄阳，求梁州问，众皆惮，莫敢行，
僧珍固请充使，即日单舸上道。既至襄阳，督遣援军，且获宣武王
书而反，高祖甚嘉之。事宁，补羽林监。

东昏即位，司空徐孝嗣管朝政，欲与共事，僧珍揣不久安，竟
弗往。时高祖已临雍州，僧珍固求西归，得补邵令。既至，高祖命为
中兵参军，委以心膂。僧珍阴养死士，归之者甚众。高祖颇招武猛，
士庶婴从，会者万余人，因命按行城西空地，将起数千间屋，以为
止舍，多伐材竹，沉于檀溪，积茅盖若山阜，皆不用。僧珍独悟其
旨，亦私具橹数百张。义兵起，高祖夜召僧珍及张弘策定议，明旦
乃会众发兵，悉取檀溪材竹，装为艨舰，葺之以茅，并立办。众军将
发，诸将果争橹，僧珍乃出先所具者，每船付二张，争者乃息。

高祖以僧珍为辅国将军、步兵校尉，出入卧内，宣通意旨。师
及郢城，僧珍率所领顿偃月垒，俄又进据骑城。郢州平，高祖进僧

赏识他。后来出任丹阳尹，又被任命为郡督邮。南齐随王萧子隆出任荆州刺史，齐武帝任命吕僧珍为萧子隆的防阁，跟从他出镇荆州。永明十一年（493），雍州刺史王奂举兵造反，朝廷命吕僧珍隶属平北将军曹虎，作为西征部队的典签，兼任新城令。北魏军侵犯沔北，司空陈显达出兵讨伐敌军，一见吕僧珍就认为他非同寻常，于是屏退左右招呼他上座，对他说："您有贵相，日后的地位应该只会升高不会下降，请多加努力。"

建武二年，北魏大举南侵，五路并进。高祖率军驰援义阳，吕僧珍也随军出征。长沙宣武王萧懿当时任梁州刺史，北魏军连续围城数月，部队的情报人员得不到消息，义阳和雍州之间交通中断。高祖想派遣使者到襄阳，探听梁州的消息，帐前众人都害怕，无人敢去，吕僧珍坚持请求担任信使，当日就乘一条小船上路了。到了襄阳之后，督促派遣援军，并且拿到萧懿写的书信返回，高祖非常嘉许他。战事过后，吕僧珍补羽林监。

东昏侯即位后，司空徐孝嗣执掌朝政，想召吕僧珍与他一同共事，吕僧珍预计徐孝嗣不久会有祸患，最终没有前往。当时高祖已经抵达雍州，吕僧珍坚持请求回到西部，补上了邔县令的职位。到任之后，高祖任命他为中兵参军，视他为心腹。吕僧珍私下蓄养敢死勇士，归附他的人很多。高祖大肆招揽勇武之士，士族和庶民都起来响应他，共招募到万余人，于是下令巡查城西的空地，要修建几千间房舍，作为临时住所，又大量砍伐竹木，沉在檀溪里，收割下的茅草堆积如山，却都不见使用。只有吕僧珍领悟了他的目的，也私下制作了数百张船橹。义兵举事时，高祖连夜召唤吕僧珍和张弘策议定计划。第二天天亮就聚众发兵，把竹木从檀溪中尽数捞出，装配成战船，用茅草遮盖起来，这些很快就完成了。各支部队将要出发时，诸将果然争抢着要船橹，吕僧珍就拿出事先做好的船橹，每艘船配发两张，争抢才平息。

高祖任命吕僧珍为辅国将军、步兵校尉，可以出入他的寝室，宣布通告他的命令。大军抵达郢州城后，吕僧珍率领所部驻扎在偃月垒，不久又进据骑城。郢州平定后，高祖升任吕僧珍为前锋。大军

珍为前锋大将军。大军次江宁，高祖令僧珍与王茂率精兵先登赤鼻逻。其日，东昏将李居士与众来战，僧珍等要击，大破之。乃与茂进军于白板桥筑垒，垒立，茂移顿越城，僧珍独守白板。李居士密觇知众少，率锐卒万人，直来薄城。僧珍谓将士曰："今力既不敌，不可与战；亦勿遥射，须至堑里，当并力破之。"俄而皆越堑拔栅，僧珍分人上城，矢石俱发，自率马步三百人出其后，守隅者复逾城而下，内外齐击，居士应时奔散，获其器甲不可胜计。僧珍又进据越城。东昏大将王珍国列车为营，背淮而阵。王茂等众军击之，僧珍纵火车焚，其营即日瓦解。

建康城平，高祖命僧珍率所领先入清宫，与张弘策封检府库，即日以本官带南彭城太守，迁给事黄门侍郎，领虎贲中郎将。高祖受禅，以为冠军将军、前军司马，封平固县侯，邑一千二百户。寻迁给事中、右卫将军。顷之，转左卫将军，加散骑常侍，入直秘书省，总知宿卫。天监四年冬，大举北伐，自是军机多事，僧珍昼直中书省，夜还秘书。五年夏，又命僧珍率羽林劲勇出梁城。其年冬旋军，以本官领太子中庶子。

僧珍去家久，表求拜墓，高祖欲荣之，使为本州，乃授使持节、平北将军、南兖州刺史。僧珍在任，平心率下，不私亲戚。从父兄子先以贩葱为业，僧珍既至，乃弃业欲求州官。僧珍曰："吾荷国重恩，无以报效，汝等自有常分，岂可妄求叨越，但当速反葱肆耳。"僧珍旧宅在市北，前有督邮廨，乡人咸劝徙廨以益其宅。僧珍怒曰："督邮，官廨也，置立以来，便在此地，岂可徙之益吾私宅！"姊适于氏，住在市西，小屋临路，与列肆杂处，僧珍常导从卤簿到其

抵达江宁，高祖命令吕僧珍与王茂率领精兵先登赤鼻逻。当日，东昏侯的大将李居士领兵来战，吕僧珍等引军截击，大败敌军。于是与王茂进军至白板桥扎下营垒。营垒立好后，王茂移师越城，吕僧珍独自镇守白板。李居士窥探知道他营垒中兵力较少，就率领精锐士卒一万人，直逼营前。吕僧珍对将士说："如今我军兵力太少，不可与敌军交锋；也不要远远地射箭，必须等敌军到了营外的堑壕中，再合力攻破他们。"很快敌军都翻越堑壕来拔寨栅，吕僧珍分拨兵力登上营垒的城墙，发射矢石，自己亲领马步军三百人绕到敌军后方，营垒守军也越城而下，内外夹击，李居士的部队顿时溃散，缴获到的兵器甲胄不计其数。吕僧珍又进据越城。东昏侯大将王珍国列车为营，背对秦淮河列阵。王茂等部攻击敌军，吕僧珍释放火车焚烧敌营。当日敌军土崩瓦解。

建康城平定后，高祖命令吕僧珍率领所部先行进程扫清皇宫，与张弘策一起封检府库，即日以本官兼任南彭城太守，转任给事黄门侍郎，兼任虎贲中郎将。高祖受禅登基后，任命他为冠军将军、前军司马，封平固县侯，食邑一千二百户。不久转任给事中、右卫将军。过了些时，转任左卫将军，加散骑常侍，进入秘书省值班，总管宿卫部队。天监四年(505)冬，朝廷大举北伐，从此军机事务繁多，吕僧珍白天在中书省当值，夜间返回秘书省。天监五年(506)夏，高祖又命令吕僧珍率领羽林军的精锐出征梁城，当年冬季回师，以本官兼任太子中庶子。

吕僧珍离家很久，上表请求回家拜墓，高祖想让他到家乡去当州官衣锦还乡，就授他使持节、平北将军、南兖州刺史。吕僧珍在刺史任上，公平无私，为下属作表率，从不为亲属谋私利。他堂兄的儿子原先以卖葱为业，吕僧珍上任之后，他就抛弃旧业想求得州中的官职。吕僧珍说："我身受国家重恩，无以为报，你们自有本分，岂能妄求非分之职？还是赶快回到葱铺去吧。"吕僧珍的旧宅在市场北面，前面是督邮的官署，同乡人都劝他把这个官署迁走以扩大家宅的面积。吕僧珍生气地说："督邮是国家的衙门，自从这个官职设置以

宅，不以为耻。在州百日，征为领军将军，寻加散骑常侍，给鼓吹一部，直秘书省如先。

僧珍有大勋，任总心膂，恩遇隆密，莫与为比。性甚恭慎，当直禁中，盛暑不敢解衣。每侍御座，屏气鞠躬，果食未尝举箸。尝因醉后，取一柑食之。高祖笑谓曰："便是大有所进。"禄俸之外，又月给钱十万；其余赐赉不绝于时。

十年，疾病，车驾临幸，中使医药，日有数四。僧珍语亲旧曰："吾昔在蒙县，热病发黄，当时必谓不济，主上见语，'卿有富贵相，必当不死，寻应自差'，俄而果愈。今已富贵而复发黄，所苦与昔正同，必不复起矣。"竟如其言。卒于领军府舍，时年五十八。高祖即日临殡，诏曰："思旧笃终，前王令典；追荣加等，列代通规。散骑常侍、领军将军、平固县开国侯僧珍，器思淹通，识宇详济，竭忠尽礼，知无不为。与朕契阔，情兼屯泰。大业初构，茂勋克举。及居禁卫，朝夕尽诚。方参任台槐，式隆朝寄；奄致丧逝，伤恸于怀。宜加优典，以隆宠命。可赠骠骑将军、开府仪同三司，常侍、鼓吹、侯如故。给东园秘器，朝服一具，衣一袭，丧事所须，随由备办。谥曰忠敬侯。"高祖痛惜之，言为流涕。长子峻早卒，峻子淡嗣。

陈吏部尚书姚察曰：张弘策敦厚慎密，吕僧珍恪勤匪懈，郑绍

来，就在这里办公。岂可为扩大我家私宅而把它迁走！"他的姐姐出嫁到于氏，家住在市场西面，小屋临街，与各种店铺杂处一处，吕僧珍常常跟在仪仗先导的后面来到她家看望她，从不以为耻。他在州任职一百天，被征为领军将军，不久又加散骑常侍，赐鼓吹乐班一部，和以前一样在秘书省当值。

吕僧珍立有大功，总领军机要务，所受恩宠礼遇十分隆厚，无人能比。他的性格十分谦恭谨慎，在宫中当值时，盛暑时节也不敢解开衣襟。每当在御座前陪侍，总是屏息鞠躬，对桌案上的果品食物也从不动筷。曾经在醉酒以后，拿了一个橘子吃。高祖笑着对他说："这次你吃得最多了。"在俸禄之外，高祖每月赐他钱十万，其余的赏赐也四时不绝。

天监十年（511），吕僧珍病重，高祖车驾临幸探视，遣宦官送医送药，一日之内好几次。吕僧珍对亲友说："我从前在蒙县，患了黄热病，当时以为一定活不成了，主上对我说，'你有富贵相，一定不会死，很快就会自愈的'，不久果然好转。今天我已经大富大贵，身体又发黄起来，体感症候正与当年相同，必然不会再好转了。"最后竟然应验了。逝于领军府宅舍中，时年五十八岁。高祖即日亲临吊丧，下诏说："缅怀老臣凭吊送终，是前王订立的法令制度；追授荣誉增加等级，是历代传承的通行法则。散骑常侍、领军将军、平固县开国侯吕僧珍，器度广阔思虑通达，风度奇伟见识广博，竭诚尽忠事君以礼，对朝政知无不为。与朕相交多年，不论时势安宁还是艰险都尽职尽责。我朝大业草创时，他指日克敌立下殊勋。待到他身居禁卫要职，也日夜忠于职守。正值他身任台辅，朝廷寄予重托之际，忽然陨逝，朕心中的伤痛无可言喻。应该给予优厚的恩典，隆重颁布荣宠的诏命。可赠以骠骑将军、开府仪同三司，常侍、鼓吹乐班、侯的爵位都依旧保留。赐给皇室规格的棺木、朝服一具、衣冠一袭，丧葬所需经费物资，由朝廷资助供给。谥号为忠敬侯。"高祖痛惜他的逝去，说起他时不禁落泪。长子吕峻早逝，由吕峻之子吕淡继承其爵位。

陈朝吏部尚书姚察说："张弘策为人敦厚心思缜密，吕僧珍谨慎勤奋毫不懈怠，郑绍叔忠心耿耿至死不渝，高祖建立王业，此三叔忠诚亮荩，缔构王业，三子皆有力焉。僧珍之肃恭禁省，绍叔之造膝诡辞，盖识为臣之节矣。

人都立有大功。吕僧珍身处禁省而恭敬严肃，郑绍叔事奉君主知无不言而又辞令委婉巧妙，他们都深谙为人臣子应有的节操啊。"

# 卷十二

## 列传第六

柳惔弟忱　席阐文　韦叡族弟爱

### 柳惔

柳惔字文通，河东解人也。父世隆，齐司空。

惔年十七，齐武帝为中军，命为参军，转主簿。齐初，入为尚书三公郎，累迁太子中舍人，巴东王子飨友。子响为荆州，惔随之镇。子响昵近小人，惔知将为祸，称疾还京。及难作，惔以先归得免。历中书侍郎，中护军长史。出为新安太守。居郡，以无政绩，免归。久之，为右军咨议参军事。

建武末，为西戎校尉、梁南秦二州刺史。及高祖起兵，惔举汉中应义。和帝即位，以为侍中，领前军将军。高祖践阼，征为护军将军，未拜，仍迁太子詹事，加散骑常侍。论功封曲江县侯，邑千户。高祖因宴为诗以贻惔曰："尔实冠群后，惟余实念功。"又尝侍座，高祖曰："徐元瑜违命岭南，《周书》罪不相及，朕已宥其诸子，何如？"惔对曰："罚不及嗣，赏延于世，今复见之圣朝。"时以为知言。寻迁尚书右仆射。

天监四年，大举北伐，临川王宏都督众军，以惔为副。军还，复为仆射。以久疾，转金紫光禄大夫，加散骑常侍，给亲信二十人。未拜，出为使持节、安南将军、湘州刺史。六年十月，卒于州，时年四十六。高祖为素服举哀。赠侍中、抚军将军，给鼓吹一部。谥曰穆。惔著《仁政传》及诸诗赋，粗有辞义。子照嗣。

## 柳惔

柳惔字文通，河东解县人。父亲柳世隆，曾任南齐的司空。

柳惔十七岁时，齐武帝萧赜当时任中军，任用他为参军，转任主簿。南齐初年，入京任尚书三公郎，后累次迁转任太子中舍人，巴东王萧子响友。萧子响出任荆州刺史，柳惔随之赴任。萧子响亲近宠信小人，柳惔知道必有祸患降临，称病回到京师。待到萧子响叛乱事件发生，柳惔因为已先行回京，得以免祸。又历任中书侍郎、中护军长史。出京担任新安太守，在郡中主政时，因为无政绩，免职回京。很久以后，被起用为右军咨议参军事。

建武末年，他担任西戎校尉、梁南秦二州刺史。高祖起兵时，柳惔率汉中驻军响应。齐和帝即位后，任命他为侍中，兼任前军将军。高祖践祚登基，征他为护军将军，还未拜授官职，又转任太子詹事，加散骑常侍。论功封他为曲江县侯，食邑一千户。高祖在酒宴上作诗赠给柳惔，诗中说："尔实冠群后，惟余实念功。"又有一次柳惔在御前侍座，高祖说："徐元瑜在岭南违命，《周书》上说父子兄弟罪不相及，朕已经宽恕了他的儿子们，你怎么看？"柳惔回答说："惩罚不祸及后人，奖赏则延于后世，这种德政如今又在圣朝出现了啊。"当时众人都认为此言说得非常在理。不久转任尚书右仆射。

天监四年（505），朝廷大举北伐，临川王萧宏都督众军，以柳惔为副职。班师之后，他重新出任仆射。因身体长期患病，转任金紫光禄大夫，加散骑常侍，赐亲信二十人。尚未拜授，出京转任使持节、安南将军、湘州刺史。天监六年（507）十月，在州中去世，时年四十六岁。高祖为他素服举丧。赠侍中、抚军将军，赐给鼓吹乐班一部。谥号为穆。柳惔著有《仁政传》以及许多诗赋，略有辞采文义。

恢第四弟憕，亦有美誉，历侍中、镇西长史。天监十二年，卒，赠宁远将军、豫州刺史。

柳忱

忱字文若，恢第五弟也。年数岁，父世隆及母阎氏时寝疾，忱不解带经年。及居丧，以毁闻。起家为司徒行参军，累迁太子中舍人，西中郎主簿，功曹史。

齐东昏遣巴西太守刘山阳由荆袭高祖，西中郎长史萧颖胄计未有定，召忱及其所亲席阐文等夜入议之。忱曰："朝廷狂悖，为恶日滋。顷闻京师长者，莫不重足累息；今幸在远，得假日自安。雍州之事，且藉以相毙耳。独不见萧令君乎？以精兵数千，破崔氏十万众，竟为群邪所陷，祸酷相寻。前事之不忘，后事之师也。若使彼凶心已逞，岂知使君不系踵而及？且雍州士锐粮多，萧使君雄姿冠世，必非山阳所能拟；若破山阳，荆州复受失律之责。进退无可，且深虑之。"阐文亦深劝同高祖。颖胄乃诱斩山阳，以忱为宁朔将军。

和帝即位，为尚书吏部郎，进号辅国将军、南平太守。寻迁侍中、冠军将军，太守如故。转吏部尚书，不拜。郢州平，颖胄议迁都夏口，忱复固谏，以为巴硖未宾，不宜轻舍根本，摇动民志。颖胄不从。俄而巴东兵至硖口，迁都之议乃息。论者以为见机。

高祖践阼，以忱为五兵尚书，领骁骑将军。论建义功，封州陵伯，邑七百户。天监二年，出为安西长史、冠军将军、南郡太守。六儿子柳照继承其爵位。

柳惔的四弟柳憕，也颇有美誉，历任侍中、镇西长史。天监十二年（513）去世，赠宁远将军、豫州刺史。

### 柳忱

柳忱字文若，是柳惔的五弟。他几岁时，父亲柳世隆及母亲阎氏都患病卧床，柳忱衣不解带地侍奉父母超过一年。在为父母居丧守孝时，因悲伤过度而广为人知。初仕司徒行参军，后转任太子中舍人、西中郎主簿、功曹史等职。

南齐东昏侯派巴西太守刘山阳经荆州袭击高祖，西中郎长史萧颖胄计议未定，召来柳忱和他所亲信的席阐文等人深夜入见商议。柳忱说："朝廷狂乱悖谬，昏君犯下的罪孽日甚一日。不久前听说京师的尊长老者无不顿足叹息；今日我等幸好身在远藩，得以暂且保全自身。袭击雍州之事，不过是朝廷利用我们自相摧残而已。您不见尚书令萧懿的下场吗？他以数千精兵，击败了崔慧景十万叛军，最后竟然被群小构陷，惨遭杀身之祸。前事不忘，后事之师。如果昏君袭击雍州的阴谋得逞，谁知道主公您会不会紧跟着受祸？况且雍州兵精粮足，萧使君英武出众，当世无匹，必然不是刘山阳所能比拟；假如雍州击败刘山阳，荆州又要被朝廷以战败问罪。进退都不可行，一定要深思熟虑啊。"席阐文也力劝萧颖胄支持高祖。萧颖胄于是诱杀了刘山阳，任命柳忱为宁朔将军。

齐和帝即位，任柳忱为尚书吏部郎，进号为辅国将军、南平太守。不久升任侍中、冠军将军，太守一职不变。转任吏部尚书，没有接受官职。郢州平定后，萧颖胄聚众商议迁都夏口，柳忱又坚持谏阻，认为巴、硖没有宾服，不宜轻易舍弃江陵根本之地，以免动摇民心。萧颖胄没有听从。不久巴东的军队攻至峡硖口，关于迁都的议论才停息下来。人们都认为柳忱有先见之明。

高祖践祚登基，任命柳忱为五兵尚书，兼任骁骑将军。论开创之功时，封他为州陵伯，食邑七百户。天监二年（503），出京担任安西年，征为员外散骑常侍、太子右卫率。未发，迁持节、督湘州诸军事、辅国将军、湘州刺史。八年，坐轪放从军丁免。俄入为秘书监，迁散骑常侍，转祠部尚书，未拜遇疾，诏改授给事中、光禄大夫，疾笃不拜。十年，卒于家，时年四十一。追赠中书令，谥曰穆。子范嗣。

## 席阐文

席阐文，安定临泾人也。少孤贫，涉猎书史。齐初，为雍州刺史萧赤斧中兵参军，由是与其子颖胄善。复历西中郎中兵参军，领城局。高祖之将起义也，阐文深劝之，颖胄同焉，仍遣田祖恭私报高祖，并献银装刀，高祖报以金如意。

和帝称尊号，为给事黄门侍郎，寻迁卫尉卿。颖胄暴卒，州府骚扰，阐文以和帝幼弱，中流任重，时始兴王憺留镇雍部，乃与西朝群臣迎王总州事，故赖以宁辑。

高祖受禅，除都官尚书、辅国将军。封山阳伯，邑七百户。出为东阳太守，又改封湘西，户邑如故。视事二年，以清白著称，卒于官。诏赙钱三万，布五十匹。谥曰威。

## 韦叡

韦叡，字怀文，京兆杜陵人也。自汉丞相贤以后，世为三辅著姓。祖玄，避吏隐于长安南山。宋武帝入关，以太尉掾征，不至。伯父祖征，宋末为光禄勋。父祖归，宁远长史。叡事继母以孝闻。叡兄纂、阐，并早知名。纂、叡皆好学，阐有清操。祖征累为郡守，每携叡之职，视之如子。时叡内兄王憕、姨弟杜恽，并有乡里盛名。祖征谓叡曰："汝自谓何如憕、恽？"叡谦不敢对。祖征曰："汝文章或小减，学识当过之；然而干国家，成功业，皆莫汝逮也。"外兄杜幼文

长史、冠军将军、南郡太守。天监六年（507），征召他为员外散骑常侍、太子右卫率。未及赴任，转任持节、督湘州诸军事、辅国将军、湘州刺史。八年，因放纵士卒的罪过而免职。不久召他入京任秘书监，迁任散骑常侍，转祠部尚书，尚未就任就生了病，朝廷下诏改授给事中、光禄大夫，因病重而不就任。天监十年（511），在家中去世，时年四十一岁。追赠中书令，谥号为穆。儿子柳范继承其爵位。

### 席阐文

席阐文，安定临泾人。少年丧父，家贫，喜爱阅读经史典籍。南齐初年，任雍州刺史萧赤斧的中兵参军，因此而与他的儿子萧颖胄交好。又历任西中郎中兵参军，兼任城局。高祖将要兴兵举事时，席阐文力主荆州响应，萧颖胄同意了，派遣田祖恭私下向高祖报告，并献上银装刀作为信物。高祖回报以金如意。

齐和帝称尊号后，任命席阐文为给事黄门侍郎，不久转任卫尉卿。萧颖胄骤逝，州府一片骚动，席阐文认为和帝年幼寡弱，而荆州乃中枢重地，当时始兴王萧憺留下镇守雍州，席阐文就与西朝群臣迎接萧憺来总领荆州事务，从而使境内平靖。

高祖受禅登基后，任命他为都官尚书、辅国将军。封山阳伯，食邑七百户。出京任东阳太守，又改封湘西，食邑户数不变。主政两年，以清正廉洁著称，在任上去世。朝廷下诏赐钱三万、布五十匹资助其丧葬。谥号为威。

### 韦叡

韦叡字怀文，京兆杜陵人。自西汉丞相韦贤之后，韦家世代都是三辅地区的名门大姓。祖父韦玄，因躲避官府追捕而隐居在长安附近的终南山。宋武帝刘裕入关，征召他担任太尉掾，他推辞不就。伯父韦祖征，刘宋末年任光禄勋。父亲韦祖归，任宁远长史。韦叡侍奉继母以孝顺闻名。韦叡的兄长韦纂、韦阐，和他一样都很早就声名在外。韦纂、韦叡都很好学，韦阐则有清廉的节操。伯父韦祖征多次担任郡守，总是带着韦叡一同赴职，把他当成儿子看待。当时韦叡的妻兄王憕、姨表弟杜恽，都在家乡享有盛名。韦祖征对韦叡说："你觉

为梁州刺史，要叡俱行。梁土富饶，往者多以贿败；叡时虽幼，独用廉闻。

宋永光初，袁顗为雍州刺史，见而异之，引为主簿。顗到州，与邓琬起兵，叡求出为义成郡，故免顗之祸。后为晋平王左常侍，迁司空桂阳王行参军，随齐司空柳世隆守郢城，拒荆州刺史沈攸之。攸之平，迁前军中兵参军。久之，为广德令。累迁齐兴太守、本州别驾、长水校尉、右军将军。齐末多故，不欲远乡里，求为上庸太守，加建威将军。俄而太尉陈显达、护军将军崔慧景频逼京师，民心遑骇，未有所定，西土人谋之于叡。叡曰："陈虽旧将，非命世才；崔颇更事，懦而不武。其取赤族也，宜哉。天下真人，殆兴于吾州矣。"乃遣其二子，自结于高祖。

义兵檄至，叡率郡人伐竹为筏，倍道来赴，有众二千，马二百匹。高祖见叡甚悦，拊几曰："他日见君之面，今日见君之心，吾事就矣。"义师克郢、鲁，平加湖，叡多建谋策，皆见纳用。大军发郢，谋留守将，高祖难其人；久之，顾叡曰："弃骐骥而不乘，焉遑遑而更索？"即日以为冠军将军、江夏太守，行郢府事。初，郢城之拒守也，男女口垂十万，闭垒经年，疾疫死者十七八，皆积尸于床下，而生者寝处其上，每屋辄盈满。叡料简隐恤，咸为营理，于是死者得埋藏，生者反居业，百姓赖之。

梁台建，征为大理。高祖即位，迁廷尉，封都梁子，邑三百户。

得自己与王憕、杜恽二人相比如何?"韦叡谦抑而不敢回答。韦祖征说:"你的文章也许稍弱,但学识应该已胜出了他们;然而论为国建功,成就功业,他们都比不上你。"表兄杜幼文出任梁州刺史,邀请韦叡同行。梁州境内民户富饶,去那里任职的官员多有因贪受贿赂而丢官的;韦叡当时虽然年幼,却以廉洁闻名。

刘宋永光初年,袁顗任雍州刺史,见到韦叡认为他很不寻常,起用为主簿。袁顗到达雍州,与邓琬起兵反叛,韦叡请求离开州城赴义成郡任职,因而没有卷入袁顗之乱。后来任晋平王左常侍,转任司空桂阳王行参军,随南齐司空柳世隆镇守郢州城,抵挡荆州刺史沈攸之。沈攸之之乱平定后,转任前军中兵参军。过了很久,任广德令。后历任齐兴太守、本州别驾、长水校尉、右军将军。南齐末年政局动荡,他不愿远离故乡,请求任上庸太守,加建威将军。不久太尉陈显达、护军将军崔慧景相继叛变领兵进逼京师,民心惶恐惊骇不定。雍州一带的本地人与韦叡商议朝中局势,韦叡说:"陈显达虽是军中旧将,但并非命世之才;崔慧景颇有政治经验,但他懦弱而无勇。此二人自取灭族,理所当然。天下真人,应该会兴起于我们雍州了。"于是派遣他的两个儿子,主动去结交高祖。

义军起兵的檄文发到上庸,韦叡率领郡中人砍竹子做成竹筏,急行军赶到襄阳加入义军,有部队二千人,战马二百匹。高祖见到韦叡非常高兴,拍着几案说:"往日只是见到你的外表,今天见到你的真心,我的事业要成功了。"大军攻克郢城、鲁山,荡平加湖,韦叡在其中多有建言献策,都被高祖采纳。大军将从郢城出发,商议要派将留守,高祖难以决定人选。过了很久,看着韦叡说:"放着麒麟而不乘,还慌慌张张地在寻找什么呢?"当天就任命他为冠军将军、江夏太守,行郢府事。起初,郢城据守的时候,城中男女人口接近十万,困在城中一年多,染疫病而死者达到十之七八,累积的尸体都放在床下,活着的人就睡在上面,遗骸堆满家家户户。韦叡清理街市并慰问安抚民众,主持料理善后,于是死者得以入土安葬,活着的人重返各自产业,百姓都很依赖他。

高祖获封梁公建立台府后,征召他为大理。高祖即位登基,升他

天监二年，改封永昌，户邑如先。东宫建，迁太子右卫率，出为辅国将军、豫州刺史、领历阳太守。三年，魏遣众来寇，率州兵击走之。

四年，王师北伐，诏叡都督众军。叡遣长史王超宗、梁郡太守冯道根攻魏小岘城，未能拔。叡巡行围栅，魏城中忽出数百人陈于门外，叡欲击之，诸将皆曰：“向本轻来，未有战备，徐还授甲，乃可进耳。”叡曰：“不然。魏城中二千余人，闭门坚守，足以自保，无故出人于外，必其骁勇者也，若能挫之，其城自拔。”众犹迟疑，叡指其节曰；“朝廷授此，非以为饰，韦叡之法，不可犯也。”乃进兵。士皆殊死战，魏军果败走，因急攻之，中宿而城拔。遂进讨合肥。先是，右军司马胡略等至合肥，久未能下，叡按行山川，曰：“吾闻‘汾水可以灌平阳，绛水可以灌安邑’，即此是也。”乃堰肥水，亲自表率。顷之，堰成水通，舟舰继至。魏初分筑东西小城夹合肥，叡先攻二城。既而魏援将杨灵胤帅军五万奄至，众惧不敌，请表益兵。叡笑曰：“贼已至城下，方复求军，临难铸兵，岂及马腹。且吾求济师，彼亦征众，犹如吴益巴丘，蜀增白帝耳。‘师克在和不在众’，古之义也。”因与战，破之，军人少安。

初，肥水堰立，使军主王怀静筑城于岸守之，魏攻陷怀静城，千余人皆没。魏人乘胜至叡堤下，其势甚盛，军监潘灵祐劝叡退还巢湖，诸将又请走保三叉。叡怒曰：“宁有此邪！将军死绥，有前无却。”因令取伞扇麾幢，树之堤下，示无动志。叡素羸，每战未尝骑

为廷尉，封为都梁子，食邑三百户。天监二年（503），封地改到永昌，户邑数不变。太子东宫官署成立后，他转任太子右卫率，后出京任辅国将军、豫州刺史、兼历阳太守。天监三年（504），北魏派军前来袭扰，韦叡率豫州守军击溃了敌军。

　　天监四年（505），梁朝大军北伐，下诏命令韦叡都督众军。韦叡派遣长史王超宗、梁郡太守冯道根进攻北魏小岘城，未能攻克。韦叡巡视围城的营栅，北魏城中忽然冲出数百人列阵于门外，韦叡想要攻击他们，众将都说："我等轻装出巡，没有做好作战的准备，还是各自回营从容穿戴好甲胄，再来攻战为好。"韦叡说："不对。北魏军城中有二千余人，闭门坚守足以自保，无缘无故派出军士到城门外列阵，必然是骁勇的精锐部队。如果我们能挫败这些人，则城池必可攻取了。"诸将还在迟疑观望，韦叡指着天子所赐节说："朝廷授我此节，非是为了装饰，韦叡军法，不可违犯！"于是进兵，士卒都拼死奋战，北魏军果然败逃，梁军趁势猛攻城池，战至半夜终于攻陷了。于是进军攻打合肥。在此之前，右军司马胡略等进抵合肥，久攻不下，韦叡查看了山川地势，说："我听说'汾水可以灌平阳，绛水可以灌安邑'，说的就是这种地形了。"于是梁军筑堰拦截肥水，他亲做表率，很快堰就筑好通了水，战舟舰船接连而至。在此之前北魏分别修筑了东西两座小城来拱卫合肥，韦叡先进攻二城。后来，北魏的将领杨灵胤领援军五万忽然杀至，众将都怕不能抵挡，请求上表朝廷增兵。韦叡笑着说："敌军已到城下才请求增兵，就好像大战在即才铸造兵器，哪里还来得及呢？而且我若请求增援，敌军也在加紧集结，正如三国时吴国增兵巴丘，蜀国就增兵白帝城一样。所谓'军队打胜仗依靠内部团结而不靠人多'，这是古已有之的要义。"于是开战，击破了敌军，军心才稍为稳定。

　　起初，肥水堰筑好后，韦叡派军主王怀静在河岸筑营垒守卫，北魏军攻陷了王怀静的营垒，千余守军全部阵亡。北魏军趁胜追击到韦叡屯驻的河堤下，气势非常凶猛。军监潘灵祐劝韦叡退往巢湖，众将又请求退保三叉。韦叡大怒说："岂有此理！将军死于军旗之下，只有前进，哪有后退的。"于是下令取来中军主帅的旗幡伞盖，树立

马，以板舆自载，督厉众军。魏兵来凿堤，叡亲与争之，魏军少却，因筑垒于堤以自固。叡起斗舰，高与合肥城等，四面临之。魏人计穷，相与悲哭。叡攻具既成，堰水又满，魏救兵无所用。魏守将杜元伦登城督战，中弩死，城遂溃。俘获万余级，牛马万数，绢满十间屋，悉充军赏。叡每昼接客旅，夜算军书，三更起张灯达曙，抚循其众，常如不及，故投募之士争归之。所至顿舍修立，馆宇藩篱墙壁，皆应准绳。

合肥既平，高祖诏众军进次东陵。东陵去魏甓城二十里，将会战，有诏班师。去贼既近，惧为所蹑，叡悉遣辎重居前，身乘小舆殿后，魏人服叡威名，望之不敢逼，全军而还。至是迁豫州于合肥。

五年，魏中山王元英寇北徐州，围刺史昌义之于钟离，众号百万，连城四十余。高祖遣征北将军曹景宗，都督众军二十万以拒之。次邵阳洲，筑垒相守，高祖诏叡率豫州之众会焉。叡自合肥径道由阴陵大泽行，值涧谷，辄飞桥以济。师人畏魏军盛，多劝叡缓行。叡曰："钟离今凿穴而处，负户而汲，车驰卒奔，犹恐其后，而况缓乎！魏人已堕吾腹中，卿曹勿忧也。"旬日而至邵阳。初，高祖敕景宗曰："韦叡，卿之乡望，宜善敬之。"景宗见叡，礼甚谨。高祖闻之，曰："二将和，师必济矣。"

叡于景宗营前二十里，夜掘长堑，树鹿角，截洲为城，比晓而

在大堤下，以示全无撤退之意。韦叡的身体一向羸弱，每次出战都不
是骑马，而是乘坐在板舆上指挥，督率激励部队。北魏军前来掘堤，
韦叡亲领人马与敌军作战，北魏军略作退却，梁军趁机在堤上构筑
营垒以自固。韦叡打造起高大的斗舰，高度与合肥城等高，从四面接
近城墙。北魏军队无计可施，相对悲哭。韦叡已经修造好了攻城器
具，堰中也已经蓄满河水，北魏的救兵没有用武之地。北魏守将杜元
伦登城督战，中弩箭而死，合肥城于是被攻陷。俘虏的北魏军有万余
人，夺得牛马牲口数以万计，缴获的丝绢堆满十间仓房，全部用来充
作部队的赏赐。韦叡每天白天接待访客，夜间处理军旅文书，三更起
床掌灯直到天明，巡视慰问战士，常常恐怕有不周到之处，因此应募
投军者争相归附他。他所驻扎的地方营房挺立，馆舍屋宇藩篱墙壁，
全都合于准绳。

　　合肥平定以后，高祖命令各部队进军东陵。东陵距离北魏覩城
二十里，将要进行决战时，传来撤军的命令。大军距离敌军很近，担
心被敌军尾随追击，韦叡就派辎重部队在前军，自己乘坐小舆殿后，
北魏军慑于韦叡的威名，望见他而不敢进逼，全军得以安然返回。
此战之后朝廷把豫州治所迁到合肥。

　　天监五年（506），北魏中山王元英侵犯北徐州，在钟离围困住
了刺史昌义之，北魏军号称有百万之众，营垒连绵不断共有四十余
座。高祖派征北将军曹景宗都督众军二十万前去抵敌。大军屯扎在
邵阳洲，修筑壁垒进行防御，高祖又令韦叡率豫州的部队前来会合。
韦叡从合肥走近道，取道阴陵大泽进军，遇到溪谷就架桥穿越而
过。他的部下畏惧北魏军人多势众，大多劝韦叡放慢进军速度。韦叡
说："钟离如今危在旦夕，军民只能挖坑洞来存身，背负门板来汲水，
即便我们车驰卒奔赶去，尚且恐怕会来迟一步，怎能徐徐进军！北魏
军早已堕入我的股掌之中，你等不必忧虑。"很快就到达了邵阳。起
初，高祖告诫曹景宗说："韦叡是你家乡的名士，应该尊敬礼遇他。"
曹景宗见到韦叡，执礼十分恭谨。高祖听闻之后说："二将和谐，我
军必定能够胜利了。"

　　韦叡在曹景宗营前二十里，连夜挖掘长堑，树立鹿角，截断邵阳

营立。元英大惊，以杖击地曰："是何神也！"明旦，英自率众来战，叡乘素木舆，执白角如意麾军，一日数合，英甚惮其强。魏军又夜来攻城，飞矢雨集，叡子黯请下城以避箭，叡不许。军中惊，叡于城上厉声呵之，乃定。

魏人先于邵阳洲两岸为两桥，树栅数百步，跨淮通道。叡装大舰，使梁郡太守冯道根、庐江太守裴邃、秦郡太守李文钊等为水军。值淮水暴长，叡即遣之，斗舰竞发，皆临敌垒。以小船载草，灌之以膏，从而焚其桥。风怒火盛，烟尘晦冥，敢死之士，拔栅斫桥，水又漂疾，倏忽之间，桥栅尽坏。而道根等皆身自搏战，军人奋勇，呼声动天地，无不一当百，魏人大溃。元英见桥绝，脱身遁去。魏军趋水死者十余万，斩首亦如之。其余释甲稽颡，乞为囚奴，犹数十万。所获军实牛马，不可胜纪。叡遣报昌义之，义之且悲且喜，不暇答语，但叫曰："更生！更生！"高祖遣中书郎周舍劳于淮上，叡积所获于军门，舍观之，谓叡曰："君此获复与熊耳山等。"以功增封七百户，进爵为侯，征通直散骑常侍、右卫将军。

七年，迁左卫将军，俄为安西长史、南郡太守，秩中二千石。会司州刺史马仙琕北伐还军，为魏人所蹑，三关扰动，诏叡督众军援焉。叡至安陆，增筑城二丈余，更开大堑，起高楼，众颇讥其示弱。叡曰："不然，为将当有怯时，不可专勇。"是时元英复追仙琕，将复邵阳之耻，闻叡至，乃退。帝亦诏罢军。明年，迁信武将军、江州刺史。九年，征员外散骑常侍、右卫将军。累迁左卫将军、太子詹事，寻加通直散骑常侍。十三年，迁智武将军、丹阳尹，以公事免。顷

洲构筑营垒，到天明时分营垒就筑成了。元英大吃一惊，用手杖顿击地面说："这是何方神圣！"次日清晨，元英亲自率军来战，韦叡乘坐素木舆，手执白角如意指挥部队，一日之内几次合战，元英很忌惮他部队的顽强战斗力。北魏军夜间又来攻打营垒，一时间箭如雨下，韦叡的儿子韦黯请求他下垒来避箭，韦叡不同意。军中有所惊扰骚动，韦叡在垒上厉声喝止，军心就稳定了下来。

北魏军之前在邵阳洲两岸已架起了两座桥，外围树立栅栏几百步，作为跨越淮水的通道。韦叡装配起大型战舰，让梁郡太守冯道根、庐江太守裴邃、秦郡太守李文钊等组织水军。时值淮水暴涨，韦叡立即命令出兵，于是斗舰竞发，都接近了敌军的壁垒。以小船装载干草，浇灌上油膏，纵船去焚烧桥梁。当时风怒而火盛，滚滚烟尘遮天蔽日，梁军的敢死勇士拔掉栅木斫断桥索，淮水水流正湍急，顷刻之间，北魏军的桥与栅栏全部被毁坏。冯道根等人都亲自领军搏战，士卒奋勇杀敌，喊杀声震动天地，无不以一当百，北魏军大败溃逃。元英见到桥已断绝就脱身遁去。北魏军被赶入淮水溺死者有十余万人，被斩首的人数与之相仿佛。其余放下武器投降乞求为奴者又有数十万。梁军缴获的军资器械、牛马牲畜不可胜数。韦叡派人向昌义之报捷，昌义之又悲又喜，来不及回答，只是喊叫着："又得新生！又得新生！"高祖派中书郎周舍在淮水旁劳军，韦叡把缴获的战利品堆积在军门前，周舍看罢对韦叡说："您这次的缴获又和熊耳山一样高了。"韦叡以此次战功增加封邑七百户，进爵为侯，征为通直散骑常侍、右卫将军。

天监七年（508），转任左卫将军，不久出任安西长史、南郡太守，俸禄秩中二千石。时值司州刺史马仙琕北伐回军，北魏军从背后追击他，以致三关防线出现扰动，高祖命韦叡督率众军前去增援。韦叡来到安陆，把城墙加高了两丈多，又开挖更宽阔的护城河，建起高大的城楼，部下有很多人讥笑他胆怯懦弱。韦叡说："不是这样的；做将军应该有胆怯的时候，不可一味专勇。"这时候，元英又追击马仙琕，打算洗雪邵阳洲战败之辱，听说韦叡赶到，于是退军，高祖也下诏要求撤军。第二年，他转任信武将军、江州刺史。天监九年

之，起为中护军。

十四年，出为平北将军、宁蛮校尉、雍州刺史。初，叡起兵乡中，客阴俊光泣止叡，叡还为州，俊光道候叡，叡笑谓之曰："若从公言，乞食于路矣。"饷耕牛十头。叡于故旧，无所遗惜，士大夫年七十以上，多与假板县令，乡里甚怀之。十五年，拜表致仕，优诏不许。十七年，征散骑常侍、护军将军，寻给鼓吹一部，入直殿省。居朝廷，恂恂未尝忤视，高祖甚礼敬之。性慈爱，抚孤兄子过于己子，历官所得禄赐，皆散之亲故，家无余财。后为护军，居家无事，慕万石、陆贾之为人，因画之于壁以自玩。时虽老，暇日犹课诸儿以学。第三子棱，尤明经史，世称其洽闻，叡每坐棱使说书，其所发摘，棱犹弗之逮也。高祖方锐意释氏，天下咸从风而化；叡自以信受素薄，位居大臣，不欲与俗俯仰，所行略如他日。

普通元年夏，迁侍中、车骑将军，以疾未拜。八月，卒于家，时年七十九。遗令薄葬，敛以时服。高祖即日临哭甚恸。赐钱十万，布二百匹，东园秘器，朝服一具，衣一袭，丧事取给于官，遣中书舍人监护。赠侍中、车骑将军、开府仪同三司。谥曰严。

初，邵阳之役，昌义之甚德叡，请曹景宗与叡会，因设钱二十万官赌之，景宗掷得雉，叡徐掷得卢，遽取一子反之，曰"异事"，遂作塞。景宗时与群帅争先启之捷，叡独居后，其不尚胜，率多如是，

（510），征他为员外散骑常侍、右卫将军，后转任左卫将军、太子詹事，不久加通直散骑常侍。天监十三年（514），转任智武将军、丹阳尹，由于公事而免职。不久，朝廷起用他做中护军。

天监十四年（515），出京任平北将军、宁蛮校尉、雍州刺史。起初，韦叡在家乡起兵时，门客阴僧光流着泪劝止他，这时韦叡回到家乡担任刺史，阴僧光站在路边迎候他，韦叡笑着对他说："如果听从您的话，恐怕我已经在道路上乞讨了。"赠给阴僧光耕牛十头。韦叡对于亲友故旧，全都赠予礼物毫不吝惜，对年龄超过七十岁的士大夫，大多授予他们假版县令的官职，乡里之人都很感念他。天监十五年（516），韦叡上表请求辞官告老还乡，高祖以优厚的诏令拒绝了他的请求。天监十七年（518），征召他为散骑常侍、护军将军，不久赐予鼓吹乐班一部，令他进入禁宫值班。韦叡身居大内，温顺恭谨，从不曾抬眼与天子对视，高祖对他非常礼敬。他生性慈爱，疼爱去世兄长的儿子的程度超过疼爱自己的儿子，历次任官所得到的俸禄赏赐，全都分发给亲友，家中没有多余的财产。后来做护军，居家无事，仰慕汉代名臣石奋和陆贾的为人，就将二人的像画在墙上自己赏玩。当时他虽已年老，有空闲的时候仍然亲自为几个儿子授课讲学。他的第三个儿子韦棱，尤其精通经史，当时的人都称赞他的博闻广识，韦叡每次对着韦棱升座开讲，他所阐发的义理，往往比韦棱所知的更加深入精辟。高祖当时正笃信佛教，天下都从风而化；韦叡因为自己向来在宗教信仰上比较淡薄，又身居大臣，不想追随流俗，所以举止与往日并无差别。

普通元年（520）夏，韦叡迁任侍中、车骑将军，因病没有拜官。八月，在家中逝世，时年七十九岁。留下遗言要求薄葬，穿平时的衣服入殓。高祖当日亲临吊唁，哭得非常伤心。赐钱十万，布二百匹，皇室规格的棺木，朝服一具，衣冠一袭，丧葬所需经费物资都由朝廷供给，并派中书舍人监护。赠侍中、车骑将军、开府仪同三司。谥号为严。

起初，邵阳之战后，昌义之非常感念韦叡救援他的恩德，曾邀请曹景宗与韦叡二人一同聚会，以二十万钱作赌注玩官赌的博戏。曹景宗先掷，得到的是"雉"，韦叡后掷，得到的是"卢"，他很快地把一

世尤以此贤之。子放、正、棱、黯，放别有传。

### 韦正

正字敬直，起家南康王行参军，稍迁中书侍郎，出为襄阳太守。初，正与东海王僧孺友善，及僧孺为尚书吏部郎，参掌大选，宾友故人莫不倾意，正独澹然。及僧孺摈废之后，正复笃素分，有逾曩日，论者称焉。历官至给事黄门侍郎。

### 韦棱

棱字威直，性恬素，以书史为业，博物强记，当世之士，咸就质疑。起家安成王府行参军，稍迁治书侍御史，太子仆，光禄卿。著《汉书续训》三卷。

### 韦黯

黯字务直，性强正，少习经史，有文词。起家太子舍人，稍迁太仆卿，南豫州刺史，太府卿。侯景济江，黯屯六门，寻改为都督城西面诸军事。时景于城外起东西二土山，城内亦作以应之，太宗亲自负土，哀太子以下躬执畚锸。黯守西土山，昼夜苦战，以功授轻车将军，加持节。卒于城内，赠散骑常侍、左卫将军。叡族弟爱。

### 韦爱

爱字孝友，沉静有器局。高祖父广，晋后军将军、北平太守。曾祖轨，以孝武太元之初，南迁襄阳，为本州别驾，散骑侍郎。祖公循，宋义阳太守。父义正，早卒。

爱少而偏孤，事母以孝闻。性清介，不妄交游，而笃志好学，每

个子反过来，口中说"真奇怪"，于是得到的是"塞"，让曹景宗赢走了那二十万钱。曹景宗当时常与各部主将争相告捷，只有韦叡甘居人后。他不喜争强斗胜，其行事大多如此，时人尤其因此而认为他很贤明。他的儿子有韦放、韦正、韦棱、韦黯，韦放另外有传。

### 韦正

韦正字敬直，初仕南康王行参军，不久迁任中书侍郎，出京任襄阳太守。起初，韦正与东海人王僧孺是好友，到了王僧孺任尚书吏部郎，参与执掌官员选拔的大权时，宾朋故旧没有不巴结依附于他的，只有韦正处之淡然。待到王僧孺被排挤解职之后，韦正再次与他成为像往日一样的密友，甚至友情超越了从前，时人都称赞不已。后来韦正累次升官至给事黄门侍郎。

### 韦棱

韦棱字威直，性格恬淡朴素，以钻研经史典籍为志向，博闻强记，当时的士人都向他请教学术上的疑问。初仕安城王府行参军，不久迁任治书侍御史，太子仆，光禄卿。著有《汉书续训》三卷。

### 韦黯

韦黯字务直，性格刚强正直，年少时研习经史，有文才。初仕为太子舍人，不久迁任太仆卿，南豫州刺史，太府卿。侯景作乱渡江时，韦黯屯兵于六门，不久改任为都督城西面诸军事。当时侯景在城外堆起东西两座土山，城内也堆起土山来应对他，太宗萧纲亲自背土垒山，自哀太子萧大器以下满朝大臣都到土山前亲持畚箕锹铲垒土。韦黯镇守西土山，昼夜与敌军苦战，因功授为轻车将军，加持节。逝于城中，赠散骑常侍、左卫将军。韦叡有族弟韦爱。

### 韦爱

韦爱字孝友，为人沉静而有器量。高祖父韦广，任西晋后军将军、北平太守。曾祖父韦轨，在东晋孝武帝太元初年南迁襄阳，任本州别驾，散骑侍郎。祖父韦公循，曾任刘宋义阳太守。父亲韦义正，早逝。

韦爱少年丧父，侍奉母亲以孝顺闻名。性情清高耿介，不随便

虚室独坐，游心坟素，而埃尘满席，寂若无人。年十二，尝游京师，
值天子出游南苑，邑里喧哗，老幼争观，爱独端坐读书，手不释卷，
宗族见者，莫不异焉。及长，博学有文才，尤善《周易》及《春秋左
氏》义。

袁顗为雍州刺史，辟为主簿。遭母忧，庐于墓侧，负土起坟。
高祖临雍州，闻之，亲往临吊。服阕，引为中兵参军。义师之起也，
以爱为壮武将军、冠军南平王司马，带襄阳令。时京邑未定，雍州
空虚，魏兴太守颜僧都等据郡反，州内惊扰，百姓携贰。爱沉敏有
谋，素为州里信伏，乃推心抚御，晓示逆顺；兼率募乡里，得千余
人，与僧都等战于始平郡南，大破之，百姓乃安。

萧颖胄之死也，和帝征兵襄阳，爱从始兴王憺赴焉。先是，巴
东太守萧璝、巴东太守鲁休烈举兵来逼荆州，及憺至，令爱书谕
之，璝即日请降。

中兴二年，从和帝东下。高祖受禅，进号辅国将军，仍为骁骑
将军，寻除宁蜀太守，与益州刺史邓元起西上袭刘季连，行至公
安，道病卒，赠卫尉卿。子乾向，官至骁骑将军，征北长史，汝阴、钟
离二郡太守。

陈吏部尚书姚察曰：昔窦融以河右归汉，终为盛族；柳惔举南
郑飨从，而家声弗贾，时哉！憺之谋画，亦用有成，智矣。韦叡起上
庸以附义，其地比惔则薄，及合肥、邵阳之役，其功甚盛，推而弗
有，君子哉。

交游，笃志好学，常常在空屋中独坐，全心研读古代典籍，屋中尘埃满席，安静得好像没有人住一样。十二岁的时候，曾经到京师建康游历，正碰上天子出游南苑，里巷喧哗骚动，男女老幼争睹天子仪仗的风采，独有韦爱端坐读书，手不释卷，宗族中人见到后，都觉得这个孩子不寻常。长大后，博学有文才，尤其善于解读《周易》以及《左传》的义理。

袁顗任雍州刺史时，征辟韦爱为主簿。遇母丧丁忧去职，在墓侧建起一间草庐，自己背土垒起坟茔。高祖出镇雍州，听闻此事，亲自前往吊唁。居丧期满后，高祖任用他为中兵参军。义师起兵后，任韦爱为壮武将军、冠军平南王司马，兼任襄阳县令。当时建康尚未攻克，雍州又空虚，魏兴郡太守颜僧都等人据其郡反叛，雍州境内一片惊扰，百姓渐渐怀有异心。韦爱沉着敏锐富有谋略，一向被州中人所信服，于是他推心置腹地安抚百姓，晓以顺逆之利害；同时又领导招募乡里勇士，得到千余人，与颜僧都等人在始平郡以南作战，大破敌军，州内百姓才安定下来。

萧颖胄逝世之后，齐和帝在襄阳征兵，韦爱跟随始兴王萧憺赶赴荆州。在此之前，巴东太守萧璝、巴西太守鲁休烈举兵进逼荆州，萧憺到达荆州后，令韦爱写信晓喻他们，萧璝即日请降。

中兴二年（502），韦爱跟随和帝东下。高祖受禅后，进号辅国将军，并担任骁骑将军，不久授为宁蜀太守，与益州刺史邓元起一同西上攻打刘季连，走到公安，中途病逝，朝廷赠为卫尉卿。儿子韦乾向，官至骁骑将军，征北长史，汝阴、钟离二郡太守。

陈朝吏部尚书姚察说：昔年窦融率河西之地归汉，终于成为望族；柳惔举南郑之地响应追随高祖，而家族的声名也不曾有损，这都是顺应天时的缘故啊！柳忱的计谋策略，也有助于成就大业，可谓有智慧了。韦叡举上庸之兵以归附义军，他统辖的地区比起柳惔来要贫弱，待到合肥、邵阳两次大战，立下的军功则极为壮伟，但他却谦让不居功，真乃君子也。

# 卷十三

## 列传第七

范云 沈约

### 范云

范云，字彦龙，南乡舞阴人，晋平北将军汪六世孙也。年八岁，遇宋豫州刺史殷琰于涂，琰异之，要就席，云风姿应对，傍若无人。琰令赋诗，操笔便就，坐者叹焉。尝就亲人袁照学，昼夜不怠。照抚其背曰："卿精神秀朗而勤于学，卿相才也。"少机警有识具，善属文，便尺牍，下笔辄成，未尝定藁，时人每疑其宿构。父抗，为郢府参军，云随父在府，时吴兴沈约、新野庾杲之与抗同府，见而友之。

起家郢州西曹书佐，转法曹行参军。俄而沈攸之举兵围郢城，抗时为府长流，入城固守，留家属居外。云为军人所得，攸之召与语，声色甚厉，云容貌不变，徐自陈说。攸之乃笑曰："卿定可儿，且出就舍。"明旦，又召令送书入城。城内或欲诛之，云曰："老母弱弟，悬命沈氏，若违其命，祸必及亲，今日就戮，甘心如荠。"长史柳世隆素与云善，乃免之。

齐建元初，竟陵王子良为会稽太守，云始随王，王未之知也。会游秦望，使人视刻石文，时莫能识，云独诵之，王悦，自是宠冠府朝。王为丹阳尹，召为主簿，深相亲任。时进见齐高帝，值有献白乌者，帝问此为何瑞？云位卑，最后答曰："臣闻王者敬宗庙，则白乌至。"时谒庙始毕。帝曰："卿言是也。感应之理，一至此乎！"

## 范云

范云，字彦龙，南乡舞阴人，是东晋平北将军范汪的六世孙。八岁那年，他在路上遇到刘宋的豫州刺史殷琰，殷琰认为这个孩子不一般，邀请他同席而坐，范云应答进退都自如有风度，旁若无人。殷琰令他赋诗，他挥笔即成，在座的人都惊叹不已。曾经随亲戚袁照学习，昼夜用功不懈。袁照轻抚着他的背说："你精神秀朗而勤于学习，是做公卿宰辅的人才。"少时机警敏锐，有见识，善于做文章，熟悉各类文体，下笔片刻可成，从没有打过草稿，以致时人常常怀疑他事先构思过。父亲范抗，任郢府参军，范云随父亲在府，当时吴兴人沈约、新野人庾杲之和范抗同在府中，结识范云后就成了朋友。

初仕为郢州西曹书佐，转任法曹行参军。不久沈攸之举兵围困郢城，范抗当时任府长流参军，入城固守，把家属留在城外。范云被军人抓获，沈攸之召他来问话，语气声色俱厉，范云神色不变，不紧不慢地自顾陈说。沈攸之就笑着说："你一定是个人才，且出营回家去吧。"次日清晨，又召他来命令他送信到城中。城中守军有人主张杀掉他。范云说："我家老母和幼弱的弟弟还悬命于沈攸之，如果我违抗他的命令，祸难必然殃及亲人，所以才为他传递书信。现在引颈就戮，我心甘情愿。"长史柳世隆一向与范云交好，就免他一死。

南齐建元初年，竟陵王萧子良任会稽太守，最初范云追随他，而萧子良并不知其人。有一次众人到秦望山出游，萧子良让人检视山上的古代石刻文字，当时无人能识别，只有范云一人将石刻文字吟诵出来，萧子良很高兴，从此对他的恩宠超过府署中的其他人。萧子良出任丹阳尹，召他为主簿，非常亲信重用他。有一次觐见齐高帝，正好有人献上一只白乌鸦，高帝问群臣这是什么祥瑞之兆。范云官位

　　转补征北南郡王刑狱参军事，领主簿如故，迁尚书殿中郎。子良为司徒，又补记室参军事，寻授通直散骑侍郎、领本州大中正。出为零陵内史，在任洁己，省烦苛，去游费，百姓安之。明帝召还都，及至，拜散骑侍郎。复出为始兴内史。郡多豪猾大姓，二千石有不善者，谋共杀害，不则逐去之。边带蛮俚，尤多盗贼，前内史皆以兵刃自卫。云入境，抚以恩德，罢亭候，商贾露宿，郡中称为神明。仍迁假节、建武将军、平越中郎将、广州刺史。初，云与尚书仆射江祐善，祐姨弟徐艺为曲江令，深以托云。有谭俨者，县之豪族，艺鞭之，俨以为耻，诣京诉云，云坐征还下狱，会赦免。永元二年，起为国子博士。

　　初，云与高祖遇于齐竟陵王子良邸，又尝接里闬，高祖深器之。及义兵至京邑，云时在城内。东昏既诛，侍中张稷使云衔命出城，高祖因留之，便参帷幄，仍拜黄门侍郎，与沈约同心翊赞。俄迁大司马咨议参军、领录事。梁台建，迁侍中。时高祖纳齐东昏余妃，颇妨政事，云尝以为言，未之纳也。后与王茂同入卧内，云又谏曰：“昔汉祖居山东，贪财好色，及入关定秦，财帛无所取，妇女无所幸，范增以为其志大故也。今明公始定天下，海内想望风声，奈何袭昏乱之踪，以女德为累。”王茂因起拜曰：“范云言是，公必以天下为念，无宜留惜。”高祖默然。云便疏令以余氏赉茂，高祖贤其意而许之。明日，赐云、茂钱各百万。

低微，最后一个回答说："微臣听闻如果王者敬礼宗庙，白乌鸦就会出现。"当时刚刚谒告完祖庙。高帝说："你说的很对。天人感应的道理，竟然灵验到如此地步啊！"

后来他转任征北南郡王刑狱参军事，依旧兼主簿之职，又迁任尚书殿中郎。萧子良出任司徒后，他担任记室参军事，不久被授予通直散骑侍郎、兼任本籍所在州的大中正。出京担任零陵内史，在任上廉洁克己，减省扰民而苛刻的政策，断绝不必要的费用，令百姓能安居乐业。明帝召他回京，抵达后被拜为散骑侍郎。后来再次出京任始兴内史。始兴郡中多有狡猾的豪族大姓，如果郡守不能和他们搞好关系，要么就秘密合谋杀害，不能杀害就设法赶走。郡的边境与蛮俚等异族接壤，多有盗贼出没，前任内史都以兵刃自卫。范云入境后，以恩德安抚民众，废撤了边境上的瞭望亭候，治安得以改善，商贾可以沿路露宿，郡中称他为神明。又迁任假节、建武将军、平越中郎将、广州刺史。起初，范云与尚书仆射江祏关系很好，江祏的姨弟徐艺担任曲江令，江祏把他托付给范云请他关照。县中有个豪族名叫谭俨，曾被徐艺鞭笞，认为蒙受了奇耻大辱，到京师去控告范云，范云被定罪召回京师下入狱中，适逢大赦而免罪。永元二年（500），被起用为国子博士。

起初，范云与高祖曾在南齐竟陵王萧子良的西邸官舍中相遇，又曾经住在相邻的里巷，高祖非常器重他。待到义军打到京城，当时范云正在城里。东昏侯被诛杀后，侍中张稷派范云领命出城联络高祖，高祖就顺势将他留下，为自己谋划决策，还拜为黄门侍郎，范云与沈约一起同心协力辅佐高祖。不久迁任大司马咨议参军、兼录事。高祖获封梁公建立台府后，范云迁任为侍中。当时高祖收纳了东昏侯的余妃，颇为妨害政事，范云曾经劝谏过此事，高祖没有听从。后来范云与王茂一起进入高祖卧室，范云再次劝谏说："昔年汉高祖尚在山东时，贪财好色，等到他进入关中平定秦地之后，财帛秋毫不取，也不再近女色，范增认为这是他志在高远的缘故。如今明公您初定天下，海内都在翘首瞩目您的风气声望，岂能步昏君之后尘，被女色所拖累呢！"王茂也趁势起身下拜，说："范云所言极是，明公一定要

天监元年，高祖受禅，柴燎于南郊，云以侍中参乘。礼毕，高祖升辇，谓云曰："朕之今日，所谓'懔乎若朽索之驭六马'。"云对曰："亦愿陛下日慎一日。"高祖善之。是日，迁散骑常侍、吏部尚书；以佐命功封霄城县侯，邑千户。云以旧恩见拔，超居佐命，尽诚翊亮，知无不为。高祖亦推心任之，所奏多允。尝侍宴，高祖谓临川王宏、鄱阳王恢曰："我与范尚书少亲善，申四海之敬；今为天下主，此礼既革，汝宜代我呼范为兄。"二王下席拜，与云同车还尚书下省，时人荣之。其年，东宫建，云以本官领太子中庶子，寻迁尚书右仆射，犹领吏部。顷之，坐违诏用人，免吏部，犹为仆射。

云性笃睦，事寡嫂尽礼，家事必先咨而后行。好节尚奇，专趣人之急。少时与领军长史王畡善，畡亡于官舍，贫无居宅，云乃迎丧还家。躬营含殡。事竟陵王子良恩礼甚隆，云每献损益，未尝阿意。子良尝启齐武帝论云为郡。帝曰："庸人，闻其恒相卖弄，不复穷法，当宥之以远。"子良曰："不然。云动相规诲，谏书具存，请取以奏。"既至，有百余纸，辞皆切直。帝叹息，因谓子良曰："不谓云能尔。方使弼汝，何宜出守。"

齐文惠太子尝出东田观获，顾谓众宾曰："刘此亦殊可观。"

以天下为念，以免日后留下遗憾。"高祖默然。范云就上疏建议将余氏赐给王茂，高祖认为他的意见很明智，就同意了。第二天，高祖赏赐范云、王茂钱各一百万。

天监元年（502），高祖受禅登基，在南郊燔柴祭天，范云以侍中的身份同车陪侍。祭礼完毕，高祖登上车辇，对范云说："朕今天的心情，正如古人所说的，战战兢兢如同用朽烂的绳索驾驭六匹奔马啊。"范云回答说："也愿陛下一天比一天谨慎。"高祖认为他说得很对。当日，转任他为散骑常侍、吏部尚书；因为有辅佐天子创业的功劳，封为霄城县侯，食邑一千户。范云借助于高祖旧日的恩义而被提拔，成为地位显赫的佐命大臣，他也竭尽忠诚地辅佐君主，凡是他能想到的都尽力去做。高祖也推心置腹地信任他，对他所奏大多允准。曾有一次范云侍宴，高祖对两个弟弟临川王萧宏和鄱阳王萧恢说："我与范尚书自幼亲善，敬如异姓兄弟；今天我成了天下的主人，兄弟之礼已经改变了，你等应该代替我称呼范云为兄长。"二王当时就离席下拜，并和范云乘同一辆车回到尚书下省，时人都认为这是莫大的荣耀。这一年，东宫建成，范云以本官兼任太子中庶子，不久迁任尚书右仆射，仍兼任吏部尚书。不久，因为违背诏命用人而获罪，免去吏部尚书之职，仍为仆射。

范云个性笃实而睦亲，侍奉寡嫂竭心尽礼，凡家事必先请示她而后实行。崇尚节义奇行，专济人之危急。他少年时与领军长史王畟交好，后来王畟在官府宅舍中去世，而家贫没有私宅，范云就将死者迎回家中，亲自为之料理殡葬。他侍奉竟陵王萧子良，所受恩典礼遇非常隆盛，但范云每次陈言得失，不曾有过阿谀奉承。萧子良曾经向齐武帝举荐范云担任郡守。齐武帝说："他不过是个庸人，听说经常卖弄学识，暂时不以法彻底追究他而已，应该赦免而疏远此人。"萧子良说："并非如此。范云时常在我身边规劝教诲，其进谏的奏疏都还在，请让我取来呈献给您。"取来之后，共有一百多页纸，言辞都恳切而直率。齐武帝感慨不已，对萧子良说："想不到范云竟能如此。正应该让他辅佐你，不应令其出任郡守。"

南齐文惠太子曾经到东田看农人收割庄稼，回头对众宾客说：

众皆唯唯。云独曰："夫三时之务，实为长勤。伏愿殿下知稼穑之艰难，无徇一朝之宴逸。"既出，侍中萧缅先不相识，因就车握云手曰："不图今日复闻谠言。"及居选官，任守隆重，书牒盈案，宾客满门，云应对如流，无所壅滞，官曹文墨，发摘若神，时人咸服其明赡。性颇激厉，少威重，有所是非，形于造次，士或以此少之。初，云为郡号称廉洁，及居贵重，颇通馈饷；然家无蓄积，随散之亲友。

二年，卒，时年五十三。高祖为之流涕，即日舆驾临殡。诏曰："追远兴悼，常情所笃；况问望斯在，事深朝寄者乎！故散骑常侍、尚书右仆射、霄城侯云，器范贞正，思怀经远，爰初立志，素履有闻。脱巾来仕，清绩仍著。变务登朝，具瞻惟允。绸缪翊赞，义简朕心，虽勤非负鞅，而旧同论讲。方骋远涂，永毗庶政；奄致丧殒，伤悼于怀。宜加命秩，式备徽典。可追赠侍中、卫将军，仆射、侯如故。并给鼓吹一部。"礼官请谥曰宣，敕赐谥文。有集三十卷。子孝才嗣，官至太子中舍人。

## 沈约 沈旋

沈约，字休文，吴兴武康人也。祖林子，宋征虏将军。父璞，淮南太守。璞元嘉末被诛，约幼潜窜，会赦免。既而流寓孤贫，笃志好

"收庄稼的景象还真值得一看啊。"众人都唯唯称是。只有范云说道:"春夏秋三时农耕之事,实为日复一日的长年辛劳。但愿殿下能理解人民稼穑之艰辛,莫要贪图每日享宴之侈逸。"离开东田之后,侍中萧缅在此之前并不认识范云,这时来到车边握住范云的手说:"想不到今日重闻正直之言。"到了他身居吏部尚书负责选拔官员的时候,职守显赫而重要,书札文牍堆满案头,来宾访客盈门,范云总能应对如流,从不雍塞迟滞,处理办事机关的公函文件,无论批示发付还是挑出错漏都迅捷如神,时人都佩服他出众的高明。他的性格相当激昂直率,不甚威严持重,心中有所臧否,往往形诸言行,士大夫中有人将此视为他的缺点。起初范云任郡守时以廉洁著称,位高权重之后,也很重视馈赠往来;然而他家无蓄积,所得馈礼钱财都随即散与亲友。

天监二年,去世,时年五十三岁。高祖闻讯为之垂泪,即日就驾临吊唁。下诏说:"追忆逝者举行悼念,是人之常情所必做的事情;更何况去世的是声誉名望卓著于世、深深被朝廷寄以重托的贤臣!故散骑常侍、尚书右仆射、霄城县侯范云,为人器宇忠贞正直,所思所虑无不经世致远。他幼时即立志远大,朴素坦白的为人已有令誉。入仕之后,清廉与政绩闻名于外。进入朝堂燮理政务,公允正直为众人所瞻仰。耗费心血辅佐协助,以大义劝谏朕心,虽然其职无关军务,但也长期与朕商讨筹划政事。正逢政途坦荡一任驰骋,本当继续仰他辅弼朝政;忽然传来他陨丧的消息,令朕心怀无比伤悼。应该追加诰命与俸秩,让仪式符合嘉善的典章。可追赠侍中、卫将军,其仆射、侯不变。并赐以鼓吹乐班一部。"礼官申请加以宣的谥号,高祖下令赐谥号为文。著有文集三十卷。儿子范孝才继承其爵位,官至太子中舍人。

### 沈约 沈旋

沈约字休文,吴兴武康人。祖父沈林子,刘宋一朝时任征虏将军。父亲沈璞,任职淮南太守。沈璞于元嘉末年被诛杀,沈约幼年为学，昼夜不倦。母恐其以劳生疾，常遣减油灭火。而昼之所读，夜辄诵之，遂博通群籍，能属文。

起家奉朝请。济阳蔡兴宗闻其才而善之；兴宗为郢州刺史，引为安西外兵参军，兼记室。兴宗尝谓其诸子曰："沈记室人伦师表，宜善事之。"及为荆州，又为征西记室参军，带厥西令。兴宗卒，始为安西晋熙王法曹参军，转外兵，并兼记室。入为尚书度支郎。

齐初为征虏记室，带襄阳令，所奉之王，齐文惠太子也。太子入居东宫，为步兵校尉，管书记，直永寿省，校四部图书。时东宫多士，约特被亲遇，每直入见，影斜方出。当时王侯到宫，或不得进，约每以为言。太子曰："吾生平懒起，是卿所悉，得卿谈论，然后忘寝。卿欲我夙兴，可恒早入。"迁太子家令，后以本官兼著作郎，迁中书郎，本邑中正，司徒右长史，黄门侍郎。时竟陵王亦招士，约与兰陵萧琛、琅邪王融、陈郡谢朓、南乡范云、乐安任昉等皆游焉，当世号为得人。俄兼尚书左丞，寻为御史中丞，转车骑长史。隆昌元年，除吏部郎，出为宁朔将军、东阳太守。明帝即位，进号辅国将军，征为五兵尚书，迁国子祭酒。明帝崩，政归冢宰，尚书令徐孝嗣使约撰定遗诏。迁左卫将军，寻加通直散骑常侍。永元二年，以母老表求解职，改授冠军将军、司徒左长史，征虏将军、南清河太守。

高祖在西邸，与约游旧，建康城平，引为骠骑司马，将军如故。时高祖勋业既就，天人允属，约尝扣其端，高祖默而不应。佗日又进曰："今与古异，不可以淳风期万物。士大夫攀龙附凤者，皆望有

避祸偷偷逃走，遇到大赦而得以免罪。此后流寓无定，过着孤贫的生活，但他笃志好学，昼夜不倦。母亲担心他积劳成疾，常常减少灯油熄灭烛火，以促他早睡。他于是夜间就把白天所读的书再加默诵，逐渐博通各种书籍经典，能写一手好文章。

初任为奉朝请。济阳蔡兴宗听说了他的才华，很看重他；后来蔡兴宗任郢州刺史，就委任他为安西外兵参军，兼记室。蔡兴宗曾对他的儿子们说："沈记室节操品德足堪为人师表，你等要好好向他学习。"他出任荆州刺史时，又任沈约为征西记室参军，兼厥西令。蔡兴宗去世后，沈约才担任安西晋安王法曹参军，转外兵，并兼任记室。后来入京任尚书度支郎。

南齐初年，他任征虏记室，兼任襄阳令，所侍奉的王就是后来的南齐文惠太子。太子入居东宫之后，他担任步兵校尉，管书记，在永寿省当值，负责校对四部图书。当时太子东宫里人才济济，而沈约所受的亲信和礼遇格外突出，每次黎明入内参见太子，直到日影西斜才出来。当时王侯到东宫，有时都没法入见，沈约常常以此事提醒太子。太子说："我生来懒于早起，你是知道的，有你在身边高谈阔论，我才没有睡意。你如果希望我早起，可以每天早早入见。"转任太子家令，后来以本官兼任著作郎，迁任中书郎，本邑中正，司徒右长史，黄门侍郎。当时竟陵王萧子良也在招贤纳士，沈约与兰陵人萧琛、琅琊人王融、陈郡人谢朓、南乡人范云、乐安人任昉等都与他交游，时人都认为萧子良汇集了天下才子。后来兼任尚书左丞，不久任御史中丞，转车骑长史。隆昌元年（494），授吏部郎，出京任宁朔将军、东阳太守。齐明帝即位后，他进号为辅国将军，受征召担任五兵尚书，迁任国子祭酒。齐明帝驾崩，朝政大权由佐政的宰辅执掌，尚书令徐孝嗣让沈约撰定遗诏。迁任左卫将军，不久加通直散骑常侍。永元二年（500），因母亲老迈而上表请求解职，改授冠军将军、司徒左长史、征虏将军、南清河太守。

高祖在竟陵王的西邸与沈约有交游之谊。建康城平定之后，任用他为骠骑司马，将军的职衔不变。当时高祖的丰功伟业已然成就，天意和民心都期待他北面称帝。沈约曾向高祖暗示改朝换代的事

尺寸之功，以保其福禄。今童儿牧竖，悉知齐祚已终，莫不云明公其人也。天文人事，表革运之征，永元以来，尤为彰著。谶云'行中水，作天子'，此又历然在记。天心不可违，人情不可失，苟是历数所至，虽欲谦光，亦不可得已。"高祖曰："吾方思之。"对曰："公初杖兵樊、沔，此时应思，今王业已就，何所复思。昔武王伐纣，始入，民便曰吾君，武王不违民意，亦无所思。公自至京邑，已移气序，比于周武，迟速不同。若不早定大业，稽天人之望，脱有一人立异，便损威德。且人非金石，时事难保。岂可以建安之封，遗之子孙？若天子还都，公卿在位，则君臣分定，无复异心。君明于上，臣忠于下，岂复有人方更同公作贼。"高祖然之。约出，高祖召范云告之，云对略同约旨。高祖曰："智者乃尔暗同，卿明早将休文更来。"云出语约，约曰："卿必待我。"云许诺，而约先期入，高祖命草其事。约乃出怀中诏书并诸选置，高祖初无所改。俄而云自外来，至殿门不得入，徘徊寿光阁外，但云"咄咄"。约出，问曰："何以见处？"约举手向左，云笑曰："不乖所望。"有顷，高祖召范云谓曰："生平与沈休文群居，不觉有异人处；今日才智纵横，可谓明识。"云曰："公今知约，不异约今知公。"高祖曰："我起兵于今三年矣，功臣诸将，实有其劳，然成帝业者，乃卿二人也。"

情，高祖默而不答。他日沈约又进言说："今天与古代已经不同，不可再以淳朴之风来期待时世。士大夫中那些攀龙附凤之辈，都盼望有尺寸之功，以保全自己的福禄。现在即便小儿、牧童，都知道齐朝国祚已经终结，人人都说明公您是继承天命之人。从永元初年至今，上至天文星象，下至世间民情，预示朝代鼎革的征兆尤为昭彰明显。民间传说的谶语'行中水，作天子'，这也是清清楚楚有记载可查的。上天的意愿不可违拗，人心的归向不可错失，如果天命已经到来，就算您想谦让韬光也没有用。"高祖说："我还在思考这件事。"

沈约回答说："明公当初在樊城、沔水之间起兵举事，那时正应该思考，现在王业已经成就了，还要顾虑什么呢？昔年武王伐纣，刚刚进入朝歌人民就称他为吾君，武王不违民意，也没有顾虑什么。明公您自从进入京师，已经变更了王朝的气数，与周武王相比，只是快慢有所不同而已。若不早定大业，顺应天命和人心的盼望，倘有一人提出异议，就会有损您的威德。况且人并非金石一般坚定，时世也难保不变。岂可像建安年间魏武帝那样，只把人臣的名分传给子孙呢？若是天子回到京师，公卿各安其位，则君臣之间名分已定，不会再有异心。到时候君明于上，臣忠于下，难道还会有人同明公您去做反贼吗？"高祖认为他说的有道理。沈约出去以后，高祖又召范云来告诉他此事，范云的回答与沈约的意思大致相同。高祖说："智者的看法竟然会这样暗相契合，你明早同沈约再来见我。"范云出来告诉沈约，沈约说："你一定要等我。"范云答应了。但是沈约抢在他之前入见，高祖命令他草拟改朝换代的文书。沈约就拿出怀中已经草拟好的诏书以及人事任用的方案，高祖看过基本没有需要更改的地方。不久范云从外而来，到殿门前不能入见，徘徊在寿光阁外，口中不停地说"怪事怪事"。沈约出来，范云问他："结果怎么样？"沈约举起手指向左边，范云就笑着说："不负所望。"过了一会，高祖召范云入见说："生平与沈约相处，从不觉得他有异于常人之处。今天见他才智纵横，真可谓远见明识。"范云说："明公您今天才了解沈约，其实沈约也是今天才了解明公您啊。"高祖说："我起兵至今已有三年，功臣诸将，确实各有其功劳，然而助我成就帝业的，还是你二人。"

梁台建，为散骑常侍、吏部尚书，兼右仆射。高祖受禅，为尚书仆射，封建昌县侯，邑千户，常侍如故。又拜约母谢为建昌国太夫人。奉策之日，吏部尚书范云等二十余人咸来致拜，朝野以为荣。俄迁尚书左仆射，常侍如故。寻兼领军，加侍中。天监二年，遭母忧，舆驾亲出临吊，以约年衰，不宜致毁，遣中书舍人断客节哭。起为镇军将军、丹阳尹，置佐史。服阕，迁侍中、右光禄大夫，领太子詹事，扬州大中正，关尚书八条事，迁尚书令，侍中、詹事、中正如故。累表陈让，改授尚书左仆射、领中书令、前将军，置佐史，侍中如故。寻迁尚书令，领太子少傅。九年，转左光禄大夫，侍中、少傅如故，给鼓吹一部。

初，约久处端揆，有志台司，论者咸谓为宜，而帝终不用，乃求外出，又不见许。与徐勉素善，遂以书陈情于勉曰："吾弱年孤苦，傍无期属，往者将坠于地，契阔屯邅，困于朝夕，崎岖薄宦，事非为己，望得小禄，傍此东归。岁逾十稔，方忝襄阳县，公私情计，非所了具，以身资物，不得不任人事。永明末，出守东阳，意在止足；而建武肇运，人世胶加，一去不返，行之未易。及昏猜之始，王政多门，因此谋退，庶几可果，托卿布怀于徐令，想记未忘。圣道聿兴，谬逢嘉运，往志宿心，复成乖爽。今岁开元，礼年云至，悬车之请，事由恩夺。诚不能弘宣风政，光阐朝猷，尚欲讨寻文簿，时议同异。而开年以来，病增虑切，当由生灵有限，劳役过差，总此凋竭，归之暮年，牵策行止，努力祇事。外观傍览，尚似全人，而形骸力用，不相综摄，常须过自束持，方可俚俛。解衣一卧，支体不复相关。上热下冷，月增日笃，取暖则烦，加寒必利，后差不及前差，后剧必甚前剧。百日数旬，革带常应移孔；以手握臂，率计月小半分。以此推算，岂能支久？若此不休，日复一日，将贻圣主不追之恨。冒欲表闻，乞归老之秩。若天假其年，还得平健，才力所堪，惟思是策。"

高祖获封梁公建立台府后，沈约任散骑常侍、吏部尚书，兼右仆射。高祖受禅登基后，任他为尚书仆射，封建昌县侯，食邑千户，依旧任常侍。又拜沈约母亲谢氏为建昌国太夫人。奉策命之日，吏部尚书范云等二十多人都来致贺拜望，朝野都认为是极大的荣耀。不久迁任尚书左仆射，依旧任常侍。很快又兼任领军，加侍中。天监二年（503），遭母丧，高祖车驾亲临吊唁，因为沈约已经年迈，不宜因丧而影响健康，派中书舍人前去为他劝阻吊客，劝其节哀。起用他为镇军将军、丹阳尹，设置佐史。居丧期满后，迁任侍中、右光禄大夫，兼任太子詹事，扬州大中正，关尚书八条事，又迁任尚书令，侍中、詹事、中正等职照旧。他多次上表辞让，改授为尚书左仆射、兼中书令、前将军，设置佐史，侍中之职照旧。不久迁任尚书令，兼太子少傅。天监九年（510），转任左光禄大夫，侍中、少傅之职照旧，赐鼓吹乐班一部。

起初，沈约长期身居尚书左仆射之职，希望能位列三公，时人都认为非常相宜，而高祖始终不这样任用他，他就请求外放，又没有得到批准。他与徐勉一向交好，就写信对徐勉自陈心曲说："我自幼丧父，生活贫苦，无所依傍，几乎不能生存下去，辛苦谋生仍然朝不保夕，后来投身仕途也卑微而坎坷，如此劳苦并非为了我自己，只望得到些微俸禄，以作东归故里后的养老之资。其间过了十年，方才当上襄阳县令，无论于公于私，皆不能让人满意，只是以此谋身，不得不尽人事，履职责。永明末年，我出任东阳太守，本意就此终老已经满足；然而建武初年明帝鼎革，仕途胶着扰攘，进京任职一去不返，再想东归已经不那么容易了。待到东昏侯嗣位之初，朝政出于多门，我因此打算隐退，心想应该能够成功，托您向尚书令徐孝嗣陈说肺腑，想来您应该尚未忘记。可后来我朝王业肇兴，我以区区不才身逢鸿运，以致往日的隐退夙愿，又一次成为泡影。今年伊始，为我贺寿者纷至沓来，我悬车告老的请求，全由皇上恩典来定夺，如果不能准许我回到地方上弘扬朝廷的嘉风善政，阐发朝廷的大政方针，我也仍然愿意发挥余热，主动承担一些文书案牍、议论时事异同之类的工作。然而今年以来，我的病况加深令人担心，这应该是因为人的生命是有限的，劳碌辛苦超过一定限度，身体就会凋零衰竭，进勉为言于高祖，请三司之仪，弗许，但加鼓吹而已。

约性不饮酒，少嗜欲，虽时遇隆重，而居处俭素。立宅东田，瞩望郊阜。尝为《郊居赋》，其辞曰：

惟至人之非己，固物我而兼忘。自中智以下洎，咸得性以为场。兽因窟而获骋，鸟先巢而后翔。陈巷穷而业泰，婴居湫而德昌。侨栖仁于东里，凤晦迹于西堂。伊吾人之褊志，无经世之大方。思依林而羽戢，愿托水而鳞藏。固无情于轮奂，非有欲于康庄。披东郊之寥廓，入蓬藋之荒茫。既从竖而横构，亦风除而雨攘。

昔西汉之标季，余播迁之云始。违利建于海昏，创惟桑于江汜。同河济之重世，逾班生之十纪。或辞禄而反耕，或弹冠而来仕。逮有晋之隆安，集艰虞于天步。世交争而波流，民失时而狼顾。延乱麻于井邑，曝如莽于衢路。大地旷而靡容，旻天远而谁诉。伊

入迟暮之年，挂着拐杖行动，事事都要花费很大力气。旁观者看去，似乎还像一个健全人，而躯体的力量和功能，实际已经不能互相配合控制。常常需要强打精神，才能勉强工作。解衣一躺下，肢体就各不相关了。上身热，下身冷，一天比一天严重，取暖则上身燥热，降温受寒则必定腹泻，每一次病愈都比上一次更衰弱，而每一次发病必然比上一次更严重。每隔几十、一百天，腰系的皮带就常常要勒紧一孔；用手握臂，臂围大致每月瘦去半分。以此推算，岂能支持长久？长此以往的话，日复一日，将会对圣上带来难以挽回的遗憾。我冒昧地想上表让我主知晓，乞求允许我告老还乡。如果天假我以年，身体又平安康健，那么只要是我才力所堪的职事，必当听凭驱策。"徐勉为他向高祖进言，请求赐他同三公一样的仪仗，高祖不同意，只是给他增加了鼓吹乐班的规格而已。

沈约生性不喜饮酒，也没有什么嗜好，虽然当时圣眷隆重，他的生活仍然十分节俭朴素。在东田建起了一所宅院，可以远眺京郊的丘陵。他曾作过一篇《郊居赋》，其文这样写道：

只有超凡脱俗的圣者没有自我，才能将外物和自身一并相忘。其余智力在中等而下的生灵，都依自己的本性来选择生活的环境。百兽因有窟而得以驰骋原野，飞鸟先筑巢而后可翱翔天际。汉相陈平年少时住在穷巷而能家业兴泰，齐相晏婴宅于卑湿之地而品德高尚。子产居东里而心怀仁义，高凤隐于西堂山而隐匿其踪。念我生来志向短浅而狭隘，并无经世致用的宏大方略。想效仿鸟儿依深林而敛飞羽，愿如游鱼觅一方池水栖身潜藏。本来就对美轮美奂的高屋大殿毫不留恋，仕宦生涯的康庄坦途也非我奢望。建康东郊的空寂寥廓容留了我，我便走进这蓬草荒藿交织成的荒凉。已然竖起了支柱，继而横放好屋梁，于是这郊居也可为我遮风蔽雨。

遥想西汉末年，我祖开始远徙播迁。沈戎推却海昏县侯的封爵，在钱塘江分支处的乌程县开创桑园。世世相传如黄河、济水奔流不息，比班嗣隐逸脱俗更加久远。有人辞官返归陇亩，有人弹冠而出仕致用。直至东晋的隆安年间，国运坎坷民生多艰。征伐四起时局动荡，黎民仓皇流离朝不保夕。市井乡邑纷乱如麻，通衢大道挤满灾

皇祖之弱辰，逢时艰之孔棘。违危邦而窘惊，访安土而移即。肇胥宇于朱方，掩闲庭而晏息。值龙颜之郁起，乃凭风而矫翼。指皇邑而南辕，驾修衢以骋力。迁华扉而来启，张高衡而徙植。傍逸陌之修平，面淮流之清直。芳尘浸而悠远，世道忽其宨隆。绵四代于兹日，盈百祀于微躬。嗟弊庐之难保，若霣箨之从风。或诛茅而蓻棘，或既西而复东。乍容身于白社，亦寄孥于伯通。

迹平生之耿介，实有心于独往。思幽人而轸念，望东皋而长想。本忘情于徇物，徒羁绁于天壤。应屡叹于牵丝，陆兴言于世网。事滔滔而未合，志悁悁而无爽。路将殚而弥峭，情薄暮而逾广。抱寸心其如兰，何斯愿之浩荡。咏归欤而踯躅，眷岩阿而抵掌。

逢时君之丧德，何凶昏之孔炽。乃战牧所未陈，实升陆所不记。彼黎元之喋喋，将垂兽而为饵。瞻穹昊而无归，虽非牢而被薉。始叹丝而未睹，终遒组而后值。寻贻爱乎上天，固非民其莫甚。授冥符于井翼，实灵命之所禀。当降监之初辰，值积恶之云稔。宁方割于下垫，廓重氛于上埿。躬靡暇于朝食，常求衣于夜枕。既牢笼于妫、夏，又驱驰乎轩、顼。德无远而不被，明无微而不烛。鼓玄泽于大荒，播仁风于遐俗。辟终古而遐念，信王猷其如玉。

民，草芥一般任由烈日曝晒。大地空阔，人们却已无地容身；苍天高
远，黎庶可向谁人吁援。我的先祖父尚在幼年，早已饱尝世道之艰
辛。远离时时担惊受怕的危邦，寻访平安乐土以相投奔。在朱方之地
建造屋宇，关闭闲庭栖息其间。时值宋武帝蓬勃龙兴，乃借助时运大
展宏才。他迁家于京邑又南征卢循，宅前铺设大道以驰骋戎马。迁来
华美的朱门并重新开启，架好高大的衡梁又移植花木。宅邸邻近平直
幽静的小路，面对着秦淮河长流的清波。花香满径而悠远，世道是何
等飘忽，命运多舛之人忽而显贵隆盛。绵延至今已经四代，百年后传
到敝人。多么令人慨叹啊，人之敝庐在世间难以保全，如同竹皮层层
剥落随风陨逝。时而被无情剪除如同茅草荆棘，时而西移复又东迁。
有时只能容身于隐士的茅棚，也有时将妻儿安顿进了富贵的宅院。

　　我回顾生平的夙愿，确实有心于离群索居。思忆古人而心怀伤
痛，眺望东山而陷入遐思。我本已忘情于身外之物，却徒然羁绁于天
地之间。应劭屡屡叹息俗世之牵绊，陆通亦曾兴叹世事如尘网。职分
之事滔滔而未绝，返朴之志郁郁而不得逞。道路快到尽头就更加陡
峭，人心已近迟暮却愈思宽广。我本当谨守寸心如洁白的芳兰，但为
何这心愿如此汹涌浩荡。念念不忘归乡，故此脚步徘徊；心思眷恋山
林，因而击掌长叹。

　　时逢东昏丧失帝德，凶残暴行何其嚣张。他之所作所为，牧野
之战所伐的纣王也不曾做过，商汤登陑山而攻的夏桀也不曾有此记
载。世间万千的黎民黔首，都将要化为凶兽口中的饲饵。仰望苍天而
无处可归，虽非牛马也惨遭宰割。起初我只是叹息所闻而不曾目睹亲
见，后来终于不再哀叹，自己已经身处其中。不久幸得上天垂怜，庇佑
天下万民。降符命于象征雍州、荆州的井宿、翼宿之间，天授灵命于
我主。他身负天命而下视之初，正值国家恶业深重之时。让被无尽祸
患所鱼肉的人民重获安宁，为混沌无序的朝堂肃清元凶。事必躬亲以
致无暇朝食，常常通宵达旦和衣而卧。在沔水、夏水旁围困敌军，又
如轩辕、颛顼一样平定四方。圣德浩荡，覆盖远近，光明昭昭，普照
四方。圣恩如霖，布于荒野；仁风浩荡，远吹异域。此等开天辟地的
功业古来未有，以信义号令天下又如玉般贞坚。

值衔《图》之盛世，遇兴圣之嘉期。谢中涓于初日，叨光佐于此时。阙投石之猛志，无飞矢之丽辞。排阳鸟而命邑，方河山而启基。翼储光于三善，长王职于百司。兢鄙夫之易失，惧宠禄之难持。伊前世之贵仕，罕纡情于丘窟。譬丛、华于楚、赵，每骄奢以相越。筑甲馆于铜驼，并高门于北阙。辟重扃于华闳，岂蓬蒿所能没。敖传嗣于境壤，何安身于穷地。味先哲而为言，固余心之所嗜。不慕权于城市，岂邀名于屠肆。咏希微以考室，幸风霜之可庇。

尔乃傍穷野，抵荒郊；编霜荚，葺寒茅。构栖噪之所集，筑町疃之所交。因犯檐而刊树，由妨基而翦巢。决渟洿之汀濴，塞井甃之沦坳。艺芳枳于北渠，树修杨于南浦。迁甀瓻于兰室，同肩墙于华堵。织宿楚以成门，籍外扉而为户。既取阴于庭槛，又因篱于芳杜。开阁室以远临，辟高轩而旁睹。渐沼沚于霤垂，周塍陌于堂下。其水草则苹萍茭芰，菁藻兼菰；石衣海发，黄荇绿蒲。动红荷于轻浪，覆碧叶于澄湖。飧嘉实而却老，振羽服于清都。其陆卉则紫鳖绿葹，天蓍山韭；雁齿麋舌，牛唇彘首。布濩南池之阳，烂漫北楼之后。或幕渚而芘地，或萦窗而窥牖。若乃园宅殊制，田圃异区。李衡则橘林千树，石崇则杂果万株。并豪情之所侈，非俭志之所娱。欲令纷披蓊郁，吐绿攒朱；罗窗映户，接霤承隅。开丹房以四照，舒翠叶而九衢。抽红英于紫带，衔素蕊于青跗。其林鸟则翻泊颉颃，遗音下上；楚雀多名，流嘤杂响。或班尾而绮翼，或绿衿而绛额。好叶隐而枝藏，乍间关而来往。其水禽则大鸿小雁，天狗泽虞；秋鹥寒鹈，修鹝短凫。曳参差之弱藻，戏瀇瀁之轻躯；翅抨流而起

正值《河图》现身的盛世，身逢王业兴隆的嘉期。在初升的朝阳中拜谢君王陛下，在此时刻得以沾享圣上之恩典。我素无投石超距的军旅壮志，亦无颂赞武功的华丽文辞。只能扶正太阳升上中天以号令国土，巩固河山而开启我朝帝基。辅佐太子习得三善的美德，带领百官完成敕命的职事。心中忧虑自己见识浅陋而易犯过失，担心优厚的恩宠荣禄难以持久。前代的高官显贵们，很少有人寄情于故乡的山水。他们的家资早已富可敌国，常竞相攀比奢侈靡费。把私家藏书阁营造在皇宫左近，让府邸的高门大户和禁宫大内的门户并列而开。那深宅大院的一重重华丽朱门，岂是荒野的蓬草所能淹没的。孙叔敖让子孙世代居住在贫瘠之地，何氏三高隐遁于穷乡僻壤。回味先哲的遗训，我的心中颇有同感。不羡慕权贵于城市，又岂会在屠肆间争名夺利。在我的敝庐中吟咏玄妙和空寂，庆幸茅舍虽鄙却可遮蔽风霜。

于是依傍着穷乡僻壤，抵达荒远的郊外；编织经霜的荻枝作为篱笆，用经冬的枯茅苫葺屋顶。在群鸟栖息鸣叫的地方构建小屋，在田舍交汇之处筑起院落。修剪阻挡屋檐的枝条，除去妨碍地基的兽巢。疏浚小河使浊滞的流水重现清澈，填平井壁的凹陷使它变得平整光滑。在北渠种下芳香的枳木，在南浦栽下高大的白杨。破瓮作窗足以装饰我的雅室，及胸矮墙就是我的影壁华墙。用多年的荆棘编成柴扉，以这简陋的外扉作为郊居的大门。借庭中的檞树得来蓊郁的浓荫，又用芳香的杜梨围起篱墙。建起阁楼以极目远眺，倚靠高高的轩窗欣赏四方。把小池塘延伸到屋檐之下，田塍小路环绕着堂屋的四周。小池中水草星星点点，有青苹、浮萍、芰草和菱角，又有菁藻、芦荻与茨菰；水苔和海发在池底从流飘荡，旁边有金黄的荇菜和碧绿的香蒲。涟漪轻掀，拂动粉红的荷花；池水澄澈，水面上遍覆着碧绿的草叶。食用它们佳良的果实，令人返老还童；抖动我修行的羽服，仿佛身处天帝居住的清都。岸上的花草种类繁多，紫蕨、绿菔、蓍草和山韭都在争奇斗艳，雁齿、麋舌、牛唇、麀首这些药草也长得郁郁葱葱。池水的北岸，北楼的后坡，花花草草星罗棋布，明艳烂漫。有的像幕布一样掩映着水面荫庇着地表，有的则攀缘而上仿佛在

沫，翼鼓浪而成珠。其鱼则赤鲤青鲂，纤鲦钜鳠。碧鳞朱尾，修颅
偃额。小则戏渚成文，大则喷流扬白。不兴羡于江海，聊相忘于余
宅。其竹则东南独秀，九府擅奇。不迁植于淇水，岂分根于乐池。秋
蜩吟叶，寒雀噪枝。来风南轩之下，负雪北堂之垂。访往涂之畛迹，
观先识之情伪。每诛空而索有，皆指难以为易。不自已而求足，并尤
物以兴累。亦昔士之所迷，而今余之所避也。

原农皇之攸始，讨厥播之云初。肇变腥以粒食，乃人命之所
储。寻井田之往记，考阡陌于前书。颜箪食而乐在，郑高廪而空虚。
顷四百而不足，亩五十而有余。抚幽衷而踽念，幸取给于庭庐。纬
东菑之故粗，浸北亩之新渠。无蹇爨于晓膌，不抱愠于朝蔬。排外
物以齐遣，独为累之在余。安事千斯之积，不羡汶阳之墟。

窥探我的小窗。至于园宅有不同的形制，田圃亦有不同的区位。孙吴时李衡曾在氾洲种下橘树千株，西晋的石崇也在金谷园植下杂果万棵。二者都是放纵豪情所作的奢侈之举，非俭志之人所乐见。我只想让庭院有绿树浓荫，四时草木扶疏绿肥红瘦；纱窗遥对着郊居的宅门，檐下是承接雨水的长槽。园中赤色花冠盛开时光照四方，九衢之草也舒展开翠绿的叶子。紫色的花蒂抽出红色的花瓣，青色的花萼上伸展出素雅的花蕊。林鸟或飞或栖，忽上忽下，高高低低留下清脆的叫声；不同品种的黄鹂嘤嘤鸣唱，歌声婉转的禽鸟也加入唱和。有的鸣禽有斑斓的尾羽和绮丽的翅膀，有的则身披绿衣，额头朱红。它们喜欢隐藏在树叶和枝干的迷宫里，忽然又鸣叫着飞来飞去。园中水鸟有大大小小的鸿雁以及翠鸟、泽虞；秋日有鸥类光顾，寒冬有紫鸳鸯，还有修长的鸀鹭和短小的水鸭。它们轻摇水中参差的细藻，轻巧的躯体在池波中嬉戏；双翅拍击浪花而泛起泡沫，羽翼鼓动波涛而飞溅出成串水珠。池中的鱼类有赤鲤、青鲂、纤细的鲦鱼和巨大的鳠鱼。它们有的碧鳞而朱尾，有的脑袋细长而额头仰起。小的鱼儿嬉戏形成粼粼波纹，大的鱼儿喷水扬起层层白沫。它们毫不欣羡宽广的江海，只顾忘情游戏于我的宅园。园子的东南，丛丛修竹在此间独秀，风姿堪称奇绝。它们不曾从淇水迁植，又岂会渴望分根而生长在仙境乐池？秋蝉在叶间长鸣，寒雀在枝头聒噪。夏日南轩之下清风习习，冬季北堂檐下积雪皑皑。回首旧日走过的历历往事，反思从前见识的虚实真伪。自己每每希求空寂而实际仍在追求拥有，立志总是高远难企而所作所为全都是易行之事。没有自我节制以求得满足，反而被世俗之物所拖累。这也是昔日的士人所执迷不悟的地方，而现在正是我所欲回避之处。

　　追溯神农氏之初始，人们刚刚懂得播种务农。从狩猎食肉开始变为食用谷物，于是能够储存赖以维生的食粮。查询历史上涉及井田耕作的记载，考据前朝古书中关于阡陌的记录。颜渊箪食瓢饮却能安贫乐道，东汉郑太坐拥满仓谷粟却食常不足。我的郊居并无几百顷的田庄，只有五十多亩薄田。扪心细思心中隐藏的愿望，我庆幸郊居的日常所用都可以自给自足。捆好东边初耕之田里用的旧耒耜，又

　　临巽维而骋目，即堆冢而流昒。虽兹山之培塿，乃文靖之所宴。驱四牡之低昂，响繁箾之清唪。罗方员而绮错，穷海陆而兼荐。奚一权之足伟，委千金其如线。试抚臆而为言，岂斯风之可扇。将通人之远旨，非庸情之所见。聊迁情而徙睇，识方阜于归津。带修汀于桂渚，肇举锤于强秦。路萦吴而款越，涂被海而通闽。怀三鸟以长念，伊故乡之可珍。实骞期于晚岁，非失步于方春。何东川之泫泫，独流涕于吾人。谬参贤于昔代，亟徒游于兹所。侍采旄而齐辔，陪龙舟而遵渚。或列席而赋诗，或班觞而宴语。缅帷一朝冥漠，西陵忽其葱楚。望商飙而永叹，每乐恺于斯观。始则钟石锵鈜，终以鱼龙澜漫。或升降有序，或浮白无算。贵则丙、魏、萧、曹，亲则梁武、周旦。莫不共霜雾而歇灭，与风云而消散。眺孙后之墓田，寻雄霸之遗武。实接汉之后王，信开吴之英主。指衡岳而作镇，苞江汉而为宇。徒征言于石椁，遂延灾于金缕。忽芜秽而不修，同原陵之膴膴。宁知蝼蚁之与狐兔，无论樵刍之与牧竖。睇东嶙以流目，心凄怆而不怡。盖昔储之旧苑，实博望之余基。修林则表以桂树，列草则冠以芳芝。风台累翼，月榭重栭。千栌捷嶪，百栱相持。皂辕林驾，兰枻水嬉。逾三龄而事往，忽二纪以历兹。咸夷漫以荡涤，非古今之异时。

为北边田地的新渠引来活水。在清晨的草席上不会提衣躲避庖厨之劳，对着每日的早餐也不会感到忧郁痛苦。远离外物以排遣烦恼，成为累赘的只有我的内心。怎能为了区区千石的俸禄，而不再向往汶阳之墟的隐居生活？

面临东南极目眺望，登临丘顶放眼细览。虽然此山不过是一座小丘，却是东晋谢安谢文靖公的宴饮之处。当年多有四匹骏马拉的华贵马车行驶在这起伏的山路，常有清悠婉转的胡笳在此间奏响。那些宴席搜罗了四面八方的珍馐美馔，每张席上都是山珍海味的海陆盛宴。一人身掌大权后是多么的豪放阔绰，委掷千金犹如抛弃线缕一般。试着扪心自问而设想，我岂是这种奢豪风气所能浸染？秉持古来有识之士的宏远志趣，不是庸常世人的思虑所能明白。姑且转移思绪改变视线，在归途的渡口再看向小丘的方向。那岸线修长、桂花飘香的洲渚，正是人们举起锹锄开始反抗强秦之地。蜿蜒的道路经过吴地抵达越地，又取道海路通向闽越。心中长久惦念着做信使的三只青鸟，益觉故乡之珍贵令人怀念。我实在是晚年错失了归隐的时遇，并非年轻时应该隐逸而未能成行。东川之水漫溢流淌何其浩荡，只有我独自一人流泪心伤。未能正确地借鉴昔日的贤人，而今徒然在此地游荡。陪侍旄尾装饰的彩旗与圣驾同行，伴随皇室龙舟沿洲渚行进。时而在酒宴前吟诗作赋，时而举杯祝酒娱乐君臣。终有一天死亡的帷幕将会拉起，转眼陵墓上已经草木葱茏。每当见到秋风萧瑟我总会长久叹息，然而在此眺望每每能心怀愉悦。人生开始时如钟磬之声一般铿锵有力，最后以水中鱼龙四散而告终。命途的起伏升降自有其规律，有时只能开怀畅饮而无法预料计算。古来显贵者如西汉名臣丙吉、魏相、萧何、曹参，深受荣宠亲信者则有汉之梁孝王、周之周公姬旦。可是现在他们无不与霜雾一齐消逝，像风云一般无影无踪。眺望孙吴君主的京郊陵墓，寻觅英雄霸业的点滴遗迹。想那孙权，曾为汉代过后的一朝帝王，实乃开启吴国基业的一代雄主。他曾指定衡山为镇国之岳，包有江汉作为割据之域。如今只能徒劳地面对石椁验证他的豪言壮语，身后灾祸蔓延，墓中的金缕衣亦不能幸免。转眼间其陵墓已然荒芜失修，和四周的平原低丘融为

回余眸于艮域，觌高馆于兹岭。虽混成以无迹，实遗训之可秉。始飡霞而吐雾，终陵虚而倒影。驾雌蜺之连卷，泛天江之悠永。指咸池而一息，望瑶台而高骋，匪爽言以自娱，冀神方之可请。惟钟岩之隐郁，表皇都而作峻，盖望秩之所宗，含风云而吐润。其为状也，则巍峨崇崒，乔枝拂日；峣嶷岩嵉，坠石堆星。岑崟峥岘，或坳或平；盘坚枕卧，诡状殊形。孤嶝横插，洞穴斜经；千丈万仞，三袭九成。亘绕州邑，款跨郊埛；素烟晚带，白雾晨萦。近循则一岩异色，远望则百岭俱青。

观二代之茔兆，睹摧残之余墢。成颠沛于虐竖，康敛衿于虚器；穆恭已于岩廊，简游情于玄肆；烈穷饮以致灾，安忘怀而受祟。何宗祖之奇杰，威横天而陵地。惟圣文之缵武，殆隆平之可至。余世德之所君，仰遗封而掩泪。神寝匪一，灵馆相距。席布骈驹，堂流桂醑。降紫皇于天阙，延二妃于湘渚。浮兰烟于桂栋，召巫阳于南楚。扬玉枹，握椒糈。悦临风以浩唱，折琼茅而延伫。敬惟空路邈远，神踪遐阔。念甚惊飙，生犹聚沫。归妙轸于一乘，启玄扉于

一体。岂知庄严帝陵已沦为蝼蚁与狐兔的乐土，更遑论来此放牧樵采的牧童与樵夫。将视线投向东面的山冈，我心中凄怆而难以怡畅。那里是昔日皇储的旧苑，实际是齐朝文惠太子博望苑的残基。遥想当年，高大的树林外围桂树挺立，种植的诸多奇花异草以芝兰为其冠。清风之中，楼台飞檐累累，明月之下，阁榭梁柱重重。画堂的千根栌木高高耸立，百架斗拱互相支持。皂色的马车在林中行驶，兰木制成的小舟在水面上嬉游。博望苑建成三年即因太子薨逝而废，忽而二十多年过去了。昔日的亭台楼阁全部都平灭埋废，这沧桑巨变却并不是古今时代相隔久远所致。

回望东北之地，仿佛在这山岭上见到了高阁仙馆。虽然那些楼台与山林已浑然一体无迹可寻，实际上仍可从中汲取遗训。道家修炼始于养气，餐霞而吐雾，最终则凌空飞升，只留下水中的倒影。驾着连卷的彩虹外霓，翱翔在悠远而永恒的天河。打算在日浴之咸池稍作停息，再向着那瑶台仙境高飞，这并非是我谬言以自夸，只因我希望能请得登仙的神方。草木葱茏的巍巍钟山，高峻地矗立在京城之外，它是望祭山川所宗仰之地，蓄含风云而吐润万物。它的山形巍峨挺拔，高耸入云，高大的树枝拂拭着红日；山势雄奇险峻，坠落的乱石堆星罗棋布。四处怪石嶙峋，坑洼不平；巨岩盘踞或坐或卧，各种奇姿诡态不一而足。孤零零的羊肠小道横插其间，山中洞穴横斜幽深；悬崖壁立千仞，群峰如重重宫门。山势余脉绵延州邑，在京郊款款蜿蜒。傍晚山腰青烟如带，清晨则白雾萦绕山巅。近看它时满山色彩斑斓，远眺它时却是千峰百岭一色黛青。

纵观京郊晋宋两朝的皇陵，我目睹了被摧残毁坏的残余墓墟。晋成帝受到暴虐贼臣的挟持，忍受颠沛流离之苦；晋康帝登基短短三年即早早崩逝，徒有帝名而无其实；晋穆帝的允恭之德仅局限宫廷之中，未及发扬就英年早逝；晋简文帝清虚寡欲，钟情于玄学；烈宗孝武皇帝贪杯穷饮，最后招致灭顶之灾；晋安帝少智而健忘，终于罹受杀身之祸。司马氏的先祖何其杰出，声威纵横于天地之间。后嗣若稍具文德武功，则太平盛世必可实现。可惜这些后世君主，如今只能仰卧于陵墓封土中徒然垂泪。前朝帝王的陵寝非止一座，他们的

三达。欲息心以遣累，必违人而后豁。或结橑于岩根，或开栜于木末。室暗萝茑，檐梢松栝。既得理于兼谢，固忘怀于饥渴。或攀枝独远，或陵云高蹈。因茸茨以结名，犹观空以表号。得忘己于兹日，岂期心于来报。天假余以大德，荷兹赐之无疆。受老夫之嘉称，班燕礼于上庠。无希骥之秀质，乏如珪之令望。邀昔恩于旧主，重匪服于今皇。仰休老之盛则，请微躯于夕阳。劳冢司而获谢，犹奉职于春坊。时言归于陋宇，聊暇日以翱翔。栖余志于净国，归余心于道场。兽依墀而莫骇，鱼牣沼而不纲。旋迷涂于去辙，笃后念于徂光。晚树开花，初英落蕊。或异林而分丹青，乍因风而杂红紫。紫莲夜发，红荷晓舒。轻风微动，其芳袭余。风骚屑于园树，月笼连于池竹。蔓长柯于檐桂，发黄华于庭菊。冰悬垎而带坻，雪萦松而被野。鸭屯飞而不散，雁高翔而欲下。并时物之可怀，虽外来而非假。实情性之所留滞，亦志之而不能舍也。

灵馆地宫遥遥相峙。虚空之中，他们的飨宴席间往来着嘉宾的坐骑神驹，他们的殿堂里馥郁的桂花美酒在觥筹间流淌。玉皇大帝从天宫中恭请而至，娥皇、女英二妃也从湘水岸边应邀赴会。桂木雕饰的楼台里燃起芬芳的兰香，袅袅青烟从南楚召来善于招魂的巫阳。扬起美玉制成的鼓槌，握着椒香祭米。恍如临风高歌，折下琼茅恳请神灵仁留缓行。恭敬地祷告啊天上的路途何其邈远漫长，神仙的踪迹多么的迂阔渺茫。担心那狂怒的惊风，使芸芸众生如聚散之泡沫。只有一乘之法方能抵达佛法的世界，开启佛门以通达三明之境。想要停息俗心来排遣尘世的负累，就要远离人群独处静思。或在山脚下结庐而居，或在大树枝头构筑巢室。住处因萝葛蔓生而显得幽暗，屋檐上松枝隐栝，绿荫覆盖。既然从告别尘世中悟出了真理，则肉身的饥渴就能置之度外。要么独自攀枝远眺，要么凌云高蹈，直冲霄汉。以草木为名，用空无为号。既然今天已经忘却自己了，难道会期望来日获得报偿？上天授予我无上美德，我将真心保留这一赐福直至永恒。接受老夫子的美好称号，在庠学里被赐予敬老之燕礼。其实我并无稀有之才的美好品质，缺乏圭玉那样的无瑕美望。身蒙前朝主宰赐予的恩宠，重新又在今朝天子驾前履行自己并不胜任的职责。久仰人臣致仕退休的美好法例，向天子乞求赐还卑微的骸骨。获准辞去了尚书省的官职，却仍奉命任职于太子东宫。时时都希望回归那简陋的屋舍，利用余暇的日子像鸟儿一样遨游。但愿能将心志用于佛家修行，将此俗心返归于道场。野兽近在阶前也毫不惊骇，鱼虾满池也不动念网罗。从旧日行迹的迷途中解脱出来，面对逝去的光阴而更加坚定修行正念。正如老树开花，初英落蕊。有时花色正因为与树林相异而更容易分辨出丹青的颜色，初次经历风吹而间杂了红紫之色彩。紫莲在夜间开放，红荷在清晨舒展。轻风微微扰动它们，它们的芳香扑面而来。长风吹动园中的树木，月光笼罩着池边修竹。檐下桂树藤蔓攀枝，庭前菊花绽放金黄色的花瓣。冬季冰凌连接起低洼和隆起的土地，白雪覆盖着青松和原野。野鸭成群飞翔而不零散，大雁在高空中翱翔也想降落休息。一切应时的外物都令人怀想，虽是心外之物却并非空穴来风。这实在是我本性所牵挂的所在，也是志趣所追求不舍的

伤余情之颓暮，罹忧患其相溢。悲异轸而同归，叹殊方而并失。时复托情鱼鸟，归闲蓬荜。旁阙吴娃，前无赵瑟。以斯终老，于焉消日。惟以天地之恩不报，书事之官靡述；徒重于高门之地，不载于良史之笔。长太息其何言，羌愧心之非一。

寻加特进，光禄、侍中、少傅如故。十二年，卒官，时年七十三。诏赠本官，赗钱五万，布百匹，谥曰隐。

约左目重瞳子，腰有紫志，聪明过人。好坟籍，聚书至二万卷，京师莫比。少时孤贫，丐于宗党，得米数百斛，为宗人所侮，覆米而去。及贵，不以为憾，用为郡部传。尝侍宴，有妓师是齐文惠宫人。帝问识座中客不？曰："惟识沈家令。"约伏座流涕，帝亦悲焉，为之罢酒。约历仕三代，该悉旧章，博物洽闻，当世取则。谢玄晖善为诗，任彦昇工于文章，约兼而有之，然不能过也。自负高才，昧于荣利，乘时藉势，颇累清谈。及居端揆，稍弘止足。每进一官，辄殷勤请退，而终不能去，论者方之山涛。用事十余年，未尝有所荐达，政之得失，唯唯而已。

初，高祖有憾于张稷，及稷卒，因与约言之。约曰："尚书左仆射出作边州刺史，已往之事，何足复论。"帝以为婚家相为，大怒曰："卿言如此，是忠臣邪！"乃辇归内殿。约惧，不觉高祖起，犹坐如初。及还，未至床，而凭空顿于户下。因病，梦齐和帝以剑断其舌。

目标。

悲叹我已入衰朽之年，饱经忧患而愁思漫溢。我哀叹的是世事皆殊途而同归，庆幸的是人生虽有各种方向但最终都会一并归于虚空。还是时常寄心思于鱼鸟，归闲情于茅蓬。身畔并无吴地的美女陪侍，面前也无赵地之瑟奏响。不过是守着郊居以终老，在这里消磨余年。唯独担心不能报答天地神灵的恩德，腹中心曲无法被书事之官所记录；白白被朝廷上下所看重，最终却毫无功业可载入史籍。我长长地叹息，又何须多言？有愧于心之事，实在非止一件。

不久加授特进，光禄、侍中、少傅等职依旧不变。天监十二年（513），逝世于任上，时年七十三岁。高祖下诏赠他以本官，并赐钱五万、布百匹资助其丧葬，谥号为隐。

沈约的左眼有两个瞳仁，腰上有颗紫色的痣，聪明过人。喜好古代的典籍，藏书达到二万卷，京师无人可比。年少时因丧父贫困，曾在宗族中乞求施舍，求得了几百斛米，但被一个同宗所辱，他就把米抛掷在地上走掉了。他地位显贵之后，没有记恨这个人，反任用他当郡部传。曾有一次陪侍宴会，有个乐舞伎从前是南齐文惠太子的宫人。高祖问她可曾认识在座的客人，她回答："只认识沈家令。"沈约伏在座位上伤心落泪，高祖也感觉到悲哀，因此终止了酒宴。沈约为官历经宋、齐、梁三代，十分熟悉旧朝典章制度，见闻广博，当时朝廷确定制度规则多征询他的意见。谢玄晖擅长作诗，任彦昇工于文章，沈约则兼能诗文，但是未能超越二人。他自负才高，执着于荣耀和利禄，紧随时运追逐权势，颇为妨碍他的清谈。后来他官居宰辅，略有知足，每逢晋升一职，就会主动请求隐退，但始终未能实现，时人将他比作山涛。主政十余年，不曾举荐过什么贤达之士，对朝政的得失很少直陈己见，大抵唯唯称是而已。

起初，高祖对张稷心存旧怨，张稷去世后，高祖就对沈约讲述了这件事。沈约说："张稷已由尚书左仆射之尊而出任边州刺史，过去的事情，又何足再论呢？"高祖以为沈约此言是为亲家护短，大怒道："你这么说，还算是一个忠臣吗？"愤然乘辇回内殿去了。沈约十分惊惧，竟没有察觉到高祖已经起身，仍旧和之前一样坐着没动。等

召巫视之，巫言如梦。乃呼道士奏赤章于天，称禅代之事，不由己出。高祖遣上省医徐奘视约疾，还具以状闻。先此，约尝侍宴，值豫州献栗，径寸半，帝奇之，问曰："栗事多少？"与约各疏所忆，少帝三事。出谓人曰："此公护前，不让即羞死。"帝以其言不逊，欲抵其罪，徐勉固谏乃止。及闻赤章事，大怒，中使谴责者数焉，约惧，遂卒。有司谥曰文，帝曰："怀情不尽曰隐。"故改为隐云。所著《晋书》百一十卷、《宋书》百卷、《齐纪》二十卷、《高祖纪》十四卷、《迩言》十卷、《谥例》十卷、《宋文章志》三十卷、文集一百卷：皆行于世。又撰《四声谱》，以为在昔词人，累千载而不寤，而独得胸衿，穷其妙旨，自谓入神之作，高祖雅不好焉。帝问周舍曰："何谓四声？"舍曰："'天子圣哲'是也。"然帝竟不遵用。

子旋，及约时已历中书侍郎，永嘉太守，司徒从事中郎，司徒右长史。免约丧，为太子仆，复以母忧去官，而蔬食辟谷。服除，犹绝粳粱。为给事黄门侍郎、中抚军长史。出为招远将军、南康内史，在部以清治称。卒官，谥曰恭侯。子实嗣。

陈吏部尚书姚察曰：昔木德将谢，昏嗣流虐，慄慄黔黎，命悬晷漏。高祖义拯横溃，志宁区夏，谋谟帷幄，实寄良、平。至于范云、沈约，参预缔构，赞成帝业；加云以机警明赡，济务益时，约高才博洽，名亚迁、董，俱属兴运，盖一代之英伟焉。

他回到家，还未到床边就落座，坐了个空，跌倒在了门下。因此而病倒，梦见齐和帝用利剑斩断他的舌头。请来巫师看视他，巫师所说和他的梦境一模一样。于是叫来道士以赤章对天祷告禳灾，声言当年齐梁禅代之事并非出于自己的建议。高祖派御医徐奘来探视沈约的病况，徐奘回来之后将事情经过做了详细的报告。在此之前，沈约曾陪侍高祖饮宴，席间正逢豫州进贡栗子，直径足有一寸半，高祖认为非常奇异，就问沈约："从前关于奇异栗子的事有过多少次？"他与沈约就各自回忆梳理史书的记载，沈约记得的事例比高祖所记得的少三件。沈约出来后对他人说："此公不容许别人当先居前，不让着他就会羞死。"高祖认为他出言不逊，要追究他的罪过，因徐勉极力劝谏才罢休。待到高祖听说了沈约以赤章禳灾的事，大怒，派遣宦官登门谴责了他好几次，沈约深感恐惧而死。有司评定他的谥号为文，高祖说："怀情不尽曰隐。"因而改谥号为隐。沈约所著有《晋书》一百一十卷、《宋书》一百卷、《齐纪》二十卷、《高祖纪》十四卷、《迩言》十卷、《谥例》十卷、《宋文章志》三十卷、文集一百卷，都流传于世。又著有《四声谱》，认为往昔的词人经历千载而不能开悟，自己独悟其妙，探究出了其中的奥义，将此书视为入神之作，高祖平素始终对之毫无兴趣。高祖曾问周舍说："什么叫四声？"周舍说："'天子圣哲'就是四声。"然而高祖最终也不曾遵循采用。

儿子沈旋，当沈约逝世时已经历任中书侍郎，永嘉太守，司徒从事中郎，司徒右长史。为沈约守孝期满后，被任命为太子仆，又因母丧而去职，开始吃素、辟谷。守孝期满后，仍然不吃稍精细一点的粮食。担任给事黄门侍郎、中抚军长史。出京任招远将军、南康内史，在地方上以为政清廉而著称。在任上去世，谥号为恭侯。儿子沈寘继承其爵位。

陈朝吏部尚书姚察说：当年南齐木德将要凋零，昏庸的嗣主流毒肆虐，黔首黎民恐惧不安，命悬一线危在旦夕。高祖以大义拯救天下于横溃，矢志于宁靖华夏，其谋划策略运筹帷幄，实际全都寄托在像汉代张良、陈平一样的谋臣身上。后来得到了范云、沈约，他们参与缔造新的王朝，辅佐高祖完成帝业；范云机警而能高瞻远瞩，

经济时务增益政局，沈约才高八斗渊博广识，声名仅亚于司马迁与董狐，二人都身逢时运昌隆之际，终于成为有梁一代的英伟人物。

# 卷十四

## 列传第八

江淹 任昉

### 江淹

江淹，字文通，济阳考城人也。少孤贫好学，沉靖少交游。起家南徐州从事，转奉朝请。

宋建平王景素好士，淹随景素在南兖州。广陵令郭彦文得罪，辞连淹，系州狱。淹狱中上书曰：

昔者贱臣叩心，飞霜击于燕地；庶女告天，振风袭于齐台。下官每读其书，未尝不废卷流涕。何者？士有一定之论，女有不易之行。信而见疑，贞而为戮，是以壮夫义士伏死而不顾者此也。下官闻仁不可恃，善不可依，始谓徒语，乃今知之。伏愿大王暂停左右，少加怜鉴。

下官本蓬户桑枢之民，布衣韦带之士，退不饰《诗》《书》以惊愚，进不买名声于天下。日者，谬得升降承明之阙，出入金华之殿，何尝不局影凝严，侧身扃禁者乎？窃慕大王之义，为门下之宾，备鸣盗浅术之余，豫三五贱伎之末。大王惠以恩光，昄以颜色。实佩荆卿黄金之赐，窃感豫让国士之分矣。常欲结缨伏剑，少谢万一，剖心摩踵，以报所天。不图小人固陋，坐贻谤缺，迹坠昭宪，身限幽囹。履影吊心，酸鼻痛骨。下官闻亏名为辱，亏形次之，是以每一念来，忽若有遗。加以涉旬月，迫季秋，天光沉阴，左右无色。身非木石，与狱吏为伍。此少卿所以仰天搥心，泣尽而继之以血者也。下官

## 江淹

江淹字文通，济阳考城人。年少时丧父，家贫而好学，性格沉静不喜交游。初任南徐州从事，转任奉朝请。

刘宋的建平王刘景素喜欢结交有才之士，江淹就辅佐刘景素随他赴南兖州任职。广陵县令郭彦文因事获罪，牵连了江淹，有司把他下到州狱中。江淹从狱中上书说：

当年贱臣邹衍捶胸鸣冤，于是天降飞霜于燕地；齐国寡妇呼天喊冤，于是天降暴风摧毁了齐王的楼台。下官每次读到书中这些记载，没有不放下书流泪哭泣的。为什么呢？士子有其坚守的准则，民女也有不可改易的操行。忠信之人却被怀疑，坚贞女子却要被大刑斩杀，这就是天下的忠义壮士宁愿一死也不肯回头的原因了。下官听说，仁德并不值得倚仗，善良也不值得凭据，一开始我认为这些都是虚妄之言，今天才知道其中的道理。希望大王暂时停止身边事务，对我稍稍施予怜悯与鉴察。

下官本不过是一介贫贱草民，身穿布衣腰系韦带的平头百姓。居家时不曾用《诗经》《尚书》装点自己惊吓愚夫，仕进后也不曾对外收买什么名望和声誉。在此之前，受到主公谬赏得以进出宫阙，出入于内廷要地，何尝不曾收敛身影凝神庄重，小心翼翼地侧身进出禁地门户。因仰慕大王的节义，成为您门下的宾客，以鸡鸣狗盗的浅薄才能聊备使唤，站在卑贱仆伎队伍的末尾。大王示我以恩惠，和颜悦色地看觑我。我实在就像荆轲得到黄金厚赐一般，深感自己如豫让一样得到了国士的待遇。常常希望以死来酬谢主公的恩义于万一，即便剖心沥血也在所不惜。不曾想低贱之人实在鄙陋，受到牵连遭

虽乏乡曲之誉，然尝闻君子之行矣。其上则隐于帘肆之间，卧于岩石之下；次则结绶金马之庭，高议云台之上；次则虏南越之君，系单于之颈：俱启丹册，并图青史。宁当争分寸之末，竞刀锥之利哉！然下官闻积毁销金，积谗糜骨。古则直生取疑于盗金，近则伯鱼被名于不义。彼之二才，犹或如此；况在下官，焉能自免。昔上将之耻，绛侯幽狱；名臣之羞，史迁下室，如下官尚何言哉！夫鲁连之智，辞禄而不反；接舆之贤，行歌而忘归。子陵闭关于东越，仲蔚杜门于西秦，亦良可知也。若使下官事非其虚，罪得其实，亦当钳口吞舌，伏匕首以殒身，何以见齐鲁奇节之人，燕赵悲歌之士乎？

方今圣历钦明，天下乐业，青云浮雒，荣光塞河。西洎临洮、狄道，北距飞狐、阳原，莫不浸仁沐义，照景饮醴。而下官抱痛圜门，含愤狱户，一物之微，有足悲者。仰惟大王少垂明白，则梧丘之魂，不愧于沉首；鹄亭之鬼，无恨于灰骨。不任肝胆之切，敬因执事以闻。此心既照，死且不朽。

景素览书，即日出之。寻举南徐州秀才，对策上第，转巴陵王遇毁谤指责，坠入刑狱身陷囹圄。在牢房中踏着自己的影子怜悯自己的内心，辛酸伤感痛彻筋骨。下官听说，名节的亏损是奇耻大辱，身体的折损倒尚在其次，因此每次想到大节受辱，怅然若失。入狱已有十数日，接近深秋，天色阴沉，四周一片灰暗。此血肉之躯并非木头岩石，只能终日面对狱卒。这就是李陵当年仰天捶心、泪尽泣血的原因了。下官虽然不曾誉满乡里，但也曾听人说起过君子的行事。君子中最上等者，隐居在市井坊肆之间，躺卧在岩石之下；次一等者封官于朝廷，在殿堂上讨论国家大政方针；再次一等者，虏获叛乱的南越国君，以长缨套锁单于之颈。他们都会受到朝廷册封，在青史上留下名字。有志于建功立业之人，岂会为一分一寸的末节而争抢，为刀锋锥尖那样的小利而竞争？然而下官也听说积累的毁谤足以熔化真金，日积月累的谗言可以销蚀骨骼。古代有直不疑被人猜疑偷盗金子，近世也有第五伦因耿介严苛而被指责不讲情义。以此二位贤臣的才华，尚且得到过如此风评，更何况鲁钝如下官者，怎能免受非议毁谤呢？古有上将受辱的先例，比如绛侯周勃身陷囹圄；亦有名臣蒙羞的事例，比如太史公司马迁遭受宫刑，与他们相比起来下官还能说些什么呢？齐国的鲁仲连智慧过人，但他拒绝高官厚禄；楚国的接舆乃是贤者，但他佯狂高歌而不仕。东汉有严子陵在东越闭关隐居，晋代有张仲蔚在秦地闭门养性，个中的情由也不难理解啊。假如下官的罪名确有其事，罪有应得，就合该钳口吞舌，以匕首自裁谢罪，否则有何面目去见齐鲁之地的奇节之人、燕赵之地的悲歌之士呢？

如今圣上明察秋毫，天下安居乐业，青色的云浮现于雒水，彩色的光笼罩着黄河。西起临洮、狄道，北至飞狐、阳原，百姓无不沐浴在仁德恩义之下，有如得到光芒的普照，饮用甘甜的醴汁。而下官在牢门内心怀悲痛，在铁窗下怨愤不已，虽然微不足道，也足以引人悲叹。但愿大王稍稍垂赐明鉴，则梧丘下屈死的冤魂也不会因为断头而羞愧，鹄奔亭下的女鬼也不会因为化成灰烬而抱恨了。我不能忍受肝胆切体之痛，恭敬地将此事报告给殿下。既然已经陈明此心，必将至死不忘大王的恩德。

刘景素看完这封信，当天就将江淹释放出来。不久刘景素举荐国左常侍。

景素为荆州，淹从之镇。少帝即位，多失德。景素专据上流，咸劝因此举事。淹每从容谏曰："流言纳祸，二叔所以同亡；抵局衔怨，七国于焉俱毙。殿下不求宗庙之安，而信左右之计，则复见麋鹿霜露栖于姑苏之台矣。"景素不纳。及镇京口，淹又为镇军参军事，领南东海郡丞。景素与腹心日夜谋议，淹知祸机将发，乃赠诗十五首以讽焉。

会南东海太守陆澄丁艰，淹自谓郡丞应行郡事，景素用司马柳世隆。淹固求之，景素大怒，言于选部，黜为建安吴兴令。淹在县三年。昇明初，齐帝辅政，闻其才，召为尚书驾部郎、骠骑参军事。俄而荆州刺史沈攸之作乱，高帝谓淹曰："天下纷纷若是，君谓何如？"淹对曰："昔项强而刘弱，袁众而曹寡，羽号令诸侯，卒受一剑之辱，绍跨蹑四州，终为奔北之虏。此谓'在德不在鼎'。公何疑哉！"帝曰："闻此言者多矣，试为虑之。"淹曰："公雄武有奇略，一胜也；宽容而仁恕，二胜也；贤能毕力，三胜也；民望所归，四胜也；奉天子而伐叛逆，五胜也。彼志锐而器小，一败也；有威而无恩，二败也；士卒解体，三败也；搢绅不怀，四败也；悬兵数千里，而无同恶相济，五败也。故虽豺狼十万，而终为我获焉。"帝笑曰："君谈过矣。"是时军书表记，皆使淹具草。相国建，补记室参军事。建元初，又为骠骑豫章王记室，带东武令，参掌诏册，并典国史。寻迁中书侍郎。永明初，迁骁骑将军，掌国史。出为建武将军、庐陵内史。视事三年，还为骁骑将军，兼尚书左丞，寻复以本官领国子博士。少帝初，以本官兼御史中丞。

他为南徐州秀才，对答策问被评为上等，转任巴陵王封国的左常侍。

刘景素出任荆州刺史，江淹随他前往镇所。宋少帝刘义符即位后，多有失帝德之举。刘景素控制着长江上游之地，僚属都劝他趁此时机举事反叛。江淹每次都耐心地劝谏他说："听信流言而招致灾祸，这是周初管叔和蔡叔一起灭亡的原因；心怀怨恨而抵抗朝廷，这是西汉七国取乱而亡的教训。大王殿下不追求宗庙的安宁而轻信左右的诡计，恐怕要重演战国时麋鹿栖息在姑苏台而后吴国灭亡的悲剧了。"刘景素没有听从他。到了刘景素镇守京口时，江淹做了他的镇军参军事，又兼任南东海郡丞。刘景素与他的心腹日夜谋反，江淹知道祸乱就要发生，就作诗十五首赠给刘景素来讽谏他。

时值南东海太守陆澄丁忧去职，江淹认为自己身为郡丞此时应该去掌管郡中事务，但刘景素任用了司马柳世隆。江淹坚持请求赴任，刘景素大怒，向吏部陈说，贬黜江淹为建安郡吴兴县令。江淹在吴兴县任职三年。刘宋昇明初年，齐高帝萧道成当时正辅佐朝政，听说了他的才华，召他担任尚书驾部郎、骠骑参军事。不久荆州刺史沈攸之作乱，高帝对江淹说："天下都在纷纷像这样作乱，你看该怎么办？"江淹回答说："昔年项羽势力强大而刘邦弱小，袁绍兵多将广而曹操兵微将寡。项羽号令诸侯，可最终还是遭遇自刎乌江之辱；袁绍跨据青、冀、幽、并四州，而最后仍沦为北逃的残虏。这就是所谓'成败在于德行而不在九鼎'的道理。您何须疑虑呢？"高帝说："这番话我已经听过很多次了，请试着为我解释一下。"江淹说："您雄武而有奇谋，这是第一个制胜因素；您宽容而仁恕，这是第二个制胜因素；您的贤能下属都竭尽所能辅佐您，这是第三个制胜因素；天下民心都归向您，这是第四个制胜因素；您奉天子之名而讨伐逆贼，这是第五个制胜因素。对方斗志充沛而器量狭小，这是第一个致败因素；有威慑力而无恩义，这是第二个致败因素；士卒不团结军心离散，这是第三个致败因素；官僚阶层都不支持他们，这是第四个致败因素；对方孤军深入数千里，又没有帮凶的援助，这是第五个致败因素。所以虽然敌军有十万之众，最终一定会被我军擒获。"高

时明帝作相，因谓淹曰："君昔在尚书中，非公事不妄行，在官宽猛能折衷；今为南司，足以震肃百僚。"淹答曰："今日之事，可谓当官而行，更恐才劣志薄，不足以仰称明旨耳。"于是弹中书令谢朏、司徒左长史王缋、护军长史庾弘远，并以久疾不预山陵公事；又奏前益州刺史刘悛、梁州刺史阴智伯，并赃货巨万，辄收付廷尉治罪。临海太守沈昭略、永嘉太守庾昙隆，及诸郡二千石并大县官长，多被劾治，内外肃然。明帝谓淹曰："宋世以来，不复有严明中丞，君今日可谓近世独步。"

明帝即位，为车骑临海王长史。俄除廷尉卿，加给事中，迁冠军长史，加辅国将军。出为宣城太守，将军如故。在郡四年，还为黄门侍郎、领步兵校尉，寻为秘书监。永元中，崔慧景举兵围京城，衣冠悉投名刺，淹称疾不往。及事平，世服其先见。

东昏末，淹以秘书监兼卫尉，固辞不获免，遂亲职。谓人曰："此非吾任，路人所知，正取吾空名耳。且天时人事，寻当翻覆。孔子曰：'有文事者必有武备。'临事图之，何忧之有？"顷之，又副领军王莹。及义师至新林，淹微服来奔，高祖板为冠军将军，秘书监如故，寻兼司徒左长史。中兴元年，迁吏部尚书。二年，转相国右长

帝笑着说："你的言辞太过了。"当时部队的文书表记，全部让江淹来撰写起草。相国的官署成立后，补任记室参军事。南齐建元初年，又担任骠骑豫章王记室，兼任东武令，参与掌管天子的文告，并主持编修国史。不久改任中书侍郎。永明初年，迁任骁骑将军，掌管国史。出京担任建武将军、庐陵内史。在庐陵任职三年，回京担任骁骑将军兼尚书左丞，不久又以本官兼国子博士。齐少帝萧昭业登基之初，江淹以本官兼御史中丞。

当时明帝萧鸾正担任相职，就对江淹说："你当年在尚书台供职时，不是公事就绝不妄行，在岗位上宽缓与刚猛的措施都能够折衷并举；如今执掌御史台，必然足以震慑和整肃朝中百官。"江淹回答说："如今之事，只可谓为了官职的本分尽力而行，我更害怕自己才能拙劣意志薄弱，不足以符合天子圣明的用意。"他以长期有病荒废了帝王陵墓管理事宜的罪过弹劾了中书令谢朏、司徒左长史王缋、护军长史庾弘远；又以贪污受贿数额巨万的罪过弹劾了前豫州刺史刘悛、梁州刺史阴智伯，收系这些人交给廷尉治罪。临海太守沈昭略、永嘉太守庾昙隆以及诸郡太守及大县的长官，多有被他弹劾治罪的，于是朝廷内外风纪肃然。明帝对江淹说："自刘宋一朝以来，不曾有过法纪严明的御史中丞，今天你可谓独步于近世了。"

明帝即位后，江淹担任车骑临海王长史。不久，授予他廷尉卿的职位，加给事中，迁任冠军将军，又加辅国将军。出京担任宣城太守，将军的职衔照旧。在郡中任职四年，回到京师担任黄门侍郎、兼步兵校尉，不久担任秘书监。永元年间，崔慧景举兵包围了京城，当时城中的缙绅士大夫纷纷向崔慧景投递名刺以示效忠，只有江淹自称有病不去。后来乱事平定，世人都佩服他的先见之明。

东昏侯执政末期，江淹奉命以秘书监兼任卫尉，他坚决推辞任命但未获批准，就赴任了。他对人说："路上的行人都知道，这不是我该任的官职，不过是要利用我的虚名罢了。而且天时人事，往往很快就有反复转折发生。孔子说：'有文事的人必然要有武备。'遇到变故时就应变处理，何须为之忧虑呢？"不久，又担任领军王莹的副手。到了义军进抵新林时，江淹微服前来投奔，高祖板授他为冠军将

史，冠军将军如故。

天监元年，为散骑常侍、左卫将军，封临沮县开国伯，食邑四百户。淹乃谓子弟曰："吾本素宦，不求富贵，今之忝窃，遂至于此。平生言止足之事，亦以备矣。人生行乐耳，须富贵何时。吾功名既立，正欲归身草莱耳。"其年，以疾迁金紫光禄大夫，改封醴陵侯。四年，卒，时年六十二。高祖为素服举哀。赙钱三万，布五十匹。谥曰宪伯。

淹少以文章显，晚节才思微退，时人皆谓之才尽。凡所著述百余篇，自撰为前后集，并《齐史》十志，并行于世。

子蒍袭封嗣，自丹阳尹丞为长城令，有罪削爵。普通四年，高祖追念淹功，复封蒍吴昌伯，邑如先。

## 任昉

任昉，字彦昇，乐安博昌人，汉御史大夫敖之后也。父遥，齐中散大夫。遥妻裴氏，尝昼寝，梦有彩旗盖四角悬铃，自天而坠，其一铃落入裴怀中，心悸动，既而有娠，生昉。身长七尺五寸。幼而好学，早知名。宋丹阳尹刘秉辟为主簿。时昉年十六，以气忤秉子。久之，为奉朝请，举兖州秀才，拜太常博士，迁征北行参军。

永明初，卫将军王俭领丹阳尹，复引为主簿。俭雅钦重昉，以为当时无辈。迁司徒刑狱参军事，入为尚书殿中郎，转司徒竟陵王记室参军，以父忧去职。性至孝，居丧尽礼。服阕，续遭母忧，常庐于墓侧，哭泣之地，草为不生。服除，拜太子步兵校尉、管东宫书

军，秘书监的职衔不变，不久又兼任司徒左长史。中兴元年（501），迁任吏部尚书。中兴二年（502）转任相国右长史，冠军将军的职衔不变。

天监元年（502），担任散骑常侍、左卫将军，封为临沮县开国伯，食邑四百户。江淹对家族子弟说："我是出身平民的官员，本不求大富大贵，如今忝列侯伯，竟也到了这种地步。平生常说的知足常乐的事，如今可以实行到极致了。人生所求，不过是行乐事而已，追求富贵要到什么时候呢？我已功成名就，所想的正是回归平民的生活。"这一年，他因病迁任金紫光禄大夫，改封醴陵伯。天监四年（505）去世，时年六十二岁。高祖为他素服举哀，赐钱三万、布五十匹资助其丧葬。谥号为宪伯。

江淹年轻时以写得一手好文章著称，晚年才思稍有减退，时人都说江郎才尽。他的著述有百余篇，自己编纂为前后集，还著有《齐史》十志，并行于世。

儿子江蒍承袭爵位，从丹阳尹丞做到长城县令，因罪被削除爵位。普通四年（523），高祖追念江淹的功劳，又封江蒍为吴昌伯，食邑数和以前一样。

## 任昉

任昉字彦昇，乐安博昌人，是西汉御史大夫任敖的后人。父亲任遥，是南齐的中散大夫。任遥的妻子裴氏曾经在日间小睡，梦见有四角悬铃的彩色旗盖从天而降，其中一铃落入裴氏的怀中，她心中悸动，不久就有了身孕，于是生下任昉。任昉身高七尺五寸，年纪幼小时就爱好学习，很早就有名声。刘宋的丹阳尹刘秉征辟他为主簿，当时任昉年方十六，因血气方刚顶撞了刘秉之子。很久后，任奉朝请，被举荐为兖州秀才，拜为太常博士，迁任征北行参军。

永明初年，卫将军王俭兼任丹阳尹，再一次起用他为主簿。王俭很钦佩看重任昉，认为当时人物无与伦比。迁任司徒刑狱参军事，入京担任尚书殿中郎，转任司徒竟陵王记室参军，因父丧丁忧去职。任昉性情至为孝顺，居丧期间极尽哀礼。服丧刚结束，又紧接着遭遇

记。

初，齐明帝既废郁林王，始为侍中、中书监、骠骑大将军、开府仪同三司、扬州刺史、录尚书事，封宣城郡公，加兵五千，使昉具表草。其辞曰："臣本庸才，智力浅短。太祖高皇帝笃犹子之爱，降家人之慈；世祖武皇帝情等布衣，寄深同气。武皇大渐，实奉诏言。虽自见之明，庸近所蔽，愚夫一至，偶识量己，实不忍自固于缀衣之辰，拒违于玉几之侧，遂荷顾托，导扬末命。虽嗣君弃常，获罪宣德，王室不造，职臣之由。何者？亲则东牟，任惟博陆，徒怀子孟社稷之对，何救昌邑争臣之讥。四海之议，于何逃责。陵土未乾，训誓在耳，家国之事，一至于斯，非臣之尤，谁任其咎！将何以肃拜高寝，虔奉武园？悼心失图，泣血待旦。宁容复徼荣于家耻，宴安于国危。骠骑上将之元勋，神州仪刑之列岳，尚书是称司会，中书实管王言。且虚饰宠章，委成御侮，臣知不惬，物谁谓宜。但命轻鸿毛，责重山岳，存没同归，毁誉一贯。辞一官不减身累，增一职已黩朝经。便当自同体国，不为饰让。至于功均一匡，赏同千室，光宅近甸，奄有全邦，殒越为期，不敢闻命，亦愿曲留降鉴，即垂听许。钜平之恳诚必固，永昌之丹慊获申，乃知君臣之道，绰有余裕，苟曰易昭，敢守难夺。"帝恶其辞斥，甚愠，昉由是终建武中，位不过列校。

母丧，在墓侧筑草庐，他哭吊父母的地方，连草木也不生长。服丧结束后，被拜为太子步兵校尉、管东宫书记。

起初，齐明帝萧鸾废黜了郁林王，被任命为侍中、中书监、骠骑大将军、开府仪同三司、扬州刺史、录尚书事，封宣城郡公，加兵五千。萧鸾命任昉代为起草辞谢的奏表，他写道："微臣本是庸才，智力浅短。太祖高皇帝厚爱我如子，垂降家人般的慈爱；世祖武皇帝待我如同布衣之交，声气相通寄予厚望。武皇帝病危时，我确实接受了他的临终遗诏。虽然以我的自知之明，自己见识短浅庸碌，愚夫所思纵有一得，也不过是懂得估量自己，但因为实在不忍心在君主临终时固执己见，在圣驾侧畔抗拒违命，于是接受了顾命托孤的重任，以完成先帝临终的命令。虽然嗣位之君毁弃纲常，获罪于宣德皇后驾前；但王室之不幸，也是因微臣失职所致。何以这么说？以亲属关系而言，我乃先帝之侄，就和西汉东牟侯刘兴居一样；以任职而言，我是先帝托孤之臣，就像汉武帝托孤的博陆侯霍光一样。我徒然怀有霍光匡扶社稷的对策，却未能以谏诤之臣的忠言挽救如汉昌邑王刘贺一样的主上。天下之人议论起来，我怎能逃脱罪责？先帝陵墓的封土未干，先帝临终的训示犹在耳畔，而家国之事，已然沦落到如今这个样子，若非微臣之罪，还能归咎于谁！我还有何面目拜祭太祖高皇帝的寝陵，虔诚地侍奉世祖武皇帝的陵园呢？我伤悼的内心失魂落魄，眼泪哭干流出血来直至天明。岂容我因家耻而再受殊荣，在国家陷入危局之时宴游逸乐？骠骑大将军乃是上将中的元勋，是天下礼仪法则中至重之臣，尚书人称司会之官，中书监实际掌管传达帝王之言。况且身穿虚饰的荣宠礼服，被委以抵御外侮的重任，微臣深知并不相称，旁人又有谁会说适宜呢？只不过个人的生命轻于鸿毛，身负的职责重于山岳，无论生存还是毁灭，最终归宿都是一样，诋毁和赞誉终将伴随人一生。推辞一个官衔，并不能减轻身负的责任，为我增加一个职衔，则会亵渎朝廷的典章制度。我自当为体谅国家着想，并非虚饰谦让。不到功比管仲、勋堪封侯、光辉照耀京邑并且功成身殒的那一天，微臣绝不敢接受加官进爵之命。也希望圣上垂降圣鉴，允许我辞谢不受。当年钜平侯羊祜推辞封赏的诚恳之心坚不可昉雅善属文，尤长载笔，才思无穷，当世王公表奏，莫不请焉。昉起草即成，不加点窜。沈约一代词宗，深所推挹。明帝崩，迁中书侍郎。永元末，为司徒右长史。

高祖克京邑，霸府初开，以昉为骠骑记室参军。始高祖与昉遇竟陵王西邸，从容谓昉曰："我登三府，当以卿为记室。"昉亦戏高祖曰："我若登三事，当以卿为骑兵。"谓高祖善骑也。至是，故引昉符昔言焉。昉奉笺曰："伏承以今月令辰，肃膺典策，德显功高，光副四海，含生之伦，庇身有地；况昉受教君子，将二十年，咳唾为恩，眄睐成饰，小人怀惠，顾知死所。昔承清宴，属有绪言，提挈之旨，形乎善谑，岂谓多幸，斯言不渝。虽情谬先觉，而迹沦骄饵，汤沐具而非吊，大厦构而相欢。明公道冠二仪，勋超邃古，将使伊周奉瑟，桓文扶毂，神功无纪，化物何称。府朝初建，俊贤骧首，惟此鱼目，唐突玙璠。顾己循涯，实知尘忝，千载一逢，再造难答。虽则殒越，且知非报。"

梁台建，禅让文诰，多昉所具。高祖践阼，拜黄门侍郎，迁吏

摧，永昌县公庾亮坚辞封赏的丹诚之志得以表达，从他们身上可知君臣之道，加官封爵宜留有余裕。若要改变一片昭然赤诚之心，请恕微臣坚持已见不可动摇。"明帝憎恶这份奏表言辞中对他的斥责之意，非常恼怒，因此任昉在整个建武年间，官职始终都不曾超越校尉之列。

任昉擅长写文章，尤其擅长史传、制疏、表奏等类文字，才思无穷。当时的王公上奏表章，没有不请他代笔的。任昉草拟这些文字片刻即成，可以不需要任何修改。沈约是当时的一代词宗，也深深地推许任昉的文章。齐明帝驾崩后，他迁任中书侍郎。永元末年，担任司徒右长史。

高祖攻克建康，藩府初立，任命任昉为骠骑记室参军。起初，高祖与任昉在竞陵王萧子良的西邸中相识，他曾从容地对任昉说："我若进位三公，必当任命你做我的记室参军。"当时任昉也对高祖开玩笑说："我若官至三公，必当任命你做我的骑兵参军。"这是因为高祖很善骑马的缘故。到了此时，高祖就按照昔日的约定任命了任昉。任昉上书说："我承恩已于本月良辰，恭敬地接受了朝廷策命，获此殊荣令我德显功高，荣光显于四海，有生之年都有地方庇护此身了。况且任昉自从初次领受您的教诲，至今已近二十年，您的只言片语都是对我的恩典，您的一顾一盼都是我的荣耀，卑小之人承受恩惠，已经知道可效死的所在了。昔日有幸参加竞陵王清雅的宴集，您曾对我有言在先，提携的美意以善意戏谑的形式表露，何其幸运啊，您不曾食言。虽然这个情形与先知先觉不同，表面看来近乎以爵禄相诱，其实就像准备好汤沐之水后发现并非吊唁，大厦建成后燕雀欢欣庆贺一样。明公您的德行冠盖日月，功勋超越远古，伊尹、周公也要为您持缰驾车，齐桓、晋文也要为您扶毂随行，如此功绩如果不能留名青史，那就是造物主的不称职了。朝廷府署刚刚成立，群贤毕集，唯独我鱼目混珠厕身其间，冒犯了天下的美玉良才。反省自己的生涯轨迹，实在自知有辱如此高位，千年一遇的幸事，实难酬答明公的恩情。即便殒身效死，也深知不足以为报。"

高祖封为梁公后梁国官署建立，关于禅让的文书诰命，大多是任

部郎中，寻以本官掌著作。天监二年，出为义兴太守。在任清洁，儿妾食麦而已。友人彭城到溉，溉弟洽，从昉共为山泽游。及被代登舟，止有米五斛。既至无衣，镇军将军沈约遣裙衫迎之。重除吏部郎中，参掌大选，居职不称。寻转御史中丞，秘书监，领前军将军。自齐永元以来，秘阁四部，篇卷纷杂，昉手自雠校，由是篇目定焉。

六年春，出为宁朔将军、新安太守。在郡不事边幅，率然曳杖，徒行邑郭，民通辞讼者，就路决焉。为政清省，吏民便之。视事期岁，卒于官舍，时年四十九。阖境痛惜，百姓共立祠堂于城南。高祖闻问，即日举哀，哭之甚恸。追赠太常卿，谥曰敬子。

昉好交结，奖进士友，得其延誉者，率多升擢，故衣冠贵游，莫不争与交好，坐上宾客，恒有数十。时人慕之，号曰任君，言如汉之三君也。陈郡殷芸与建安太守到溉书曰："哲人云亡，仪表长谢。元龟何寄？指南谁托？"其为士友所推如此。昉不治生产，至乃居无室宅。世或讥其多乞贷，亦随复散之亲故。昉常叹曰："知我亦以叔则，不知我亦以叔则。"昉坟籍无所不见，家虽贫，聚书至万余卷，率多异本。昉卒后，高祖使学士贺纵共沈约勘其书目，官所无者，就昉家取之。昉所著文章数十万言，盛行于世。

初，昉立于士大夫间，多所汲引，有善己者则厚其声名。及卒，

昉所撰。高祖践阼登基后，拜他为黄门侍郎，迁任吏部郎中，不久以本官兼掌著作。天监二年（503），出京担任义兴太守。任昉在太守任上为官非常清廉，家中妻儿只进麦食而已。彭城人到溉是他的朋友，到溉的弟弟到洽，与任昉一起游历山川。到了他的太守之职被他人取代，将要登船回京时，他的行囊只有五斛米。到京之后一家人都没有像样的衣服，镇军将军沈约派人送来衫裙迎接他。朝廷再次授予他吏部郎中之职，参掌官员的选拔，他不能胜任这个职位。不久转任御史中丞，秘书监，兼前军将军。自从南齐永元年间以来，内府中所藏的经、史、子、集四部之书，篇目卷帙纷杂浩繁，任昉亲手加以校订，从此篇目就确定下来。

天监六年（507）春，出京担任宁朔将军、新安太守。他在郡中不修边幅，随意地拖着拐杖在郡邑徒步而行，百姓有案件诉讼的，他就在路上作出判决。为政清简省约，胥吏和人民都感到很方便。任职刚满一年，在官舍中去世，时年四十九岁。新安全境都痛感惋惜，百姓集资在城南为他修建了一座祠堂。高祖听闻他去世，当日就为他举哀，哭得十分伤心。追赠太常卿，谥号为敬子。

任昉喜好与人结交，奖掖提拔士子友人。被他赞许推荐的人，大多得到擢用升迁，因此凡衣冠之家无职的贵族，都争相与他交好。座上的宾客，常常有数十人之多。时人都仰慕他，称他为任君，拿他和东汉窦武、刘淑、陈蕃这"三君"相比。陈郡人殷芸给建安太守到溉写信说："贤者已逝，我辈的楷模永远地凋谢了。今后的命运该寄托于何处，仕进引荐还能托付给谁呢？"他被士子友人所推重到如此地步。任昉毕生不经营家产，以致没有家宅可住。时人颇有讥讽他四处告贷的，但他借来的财物也常常随即散赠给亲友。任昉常常叹息说："了解我的人以装楷与我作比，不了解我的人也以装楷与我作比。"任昉于经典无所不观，家里虽然贫困，藏书却达到万余卷，珍本罕本尤其多。任昉去世后，高祖派学士贺纵和沈约勘定他的藏书目录，内府中所没有的，就从任昉家取走。任昉所著的文章有数十万字，都盛行于世。

起初，任昉与众多士大夫交游，推举引荐了很多人，凡有和自己

诸子皆幼, 人罕赡恤之。平原刘孝标为著论曰:

客问主人曰:"朱公叔《绝交论》, 为是乎? 为非乎?"主人曰:"客奚此之问?"客曰:"夫草虫鸣则阜螽跃, 雕虎啸而清风起。故絪缊相感, 雾涌云蒸; 嘤鸣相召, 星流电激。是以王阳登则贡公喜, 罕生逝而国子悲。且心同琴瑟, 言郁郁于兰茝, 道叶胶漆, 志婉娈于埙篪。圣贤以此镂金版而镇盘盂, 书玉牒而刻钟鼎。若匠人辍成风之妙巧, 伯牙息流波之雅引。范、张款款于下泉, 尹、班陶陶于永夕。骆驿纵横, 烟霏雨散, 皆巧历所不知, 心计莫能测。而朱益州汨彝叙, 越谟训, 捶直切, 绝交游, 视黔首以鹰鹯, 媲人伦于豺虎。蒙有猜焉, 请辨其惑。"

主人听然曰:"客所谓抚弦徽音, 未达燥湿变响; 张罗沮泽, 不睹鹄雁高飞。盖圣人握金镜, 阐风烈, 龙骧蠖屈, 从道污隆。日月联璧, 叹叠叠之弘致; 云飞电薄, 显棣华之微旨。若五音之变化, 济九成之妙曲。此朱生得玄珠于赤水, 谟神睿而为言。至夫组织仁义, 琢磨道德, 欢其愉乐, 恤其陵夷。寄通灵台之下, 遗迹江湖之上, 风雨急而不辍其音, 霜雪零而不渝其色, 斯贤达之素交, 历万古而一遇。逮叔世民讹, 狙诈飙起, 谿谷不能逾其险, 鬼神无以究其变, 竞毛羽之轻, 趋锥刀之末。于是素交尽, 利交兴, 天下蚩蚩, 鸟惊雷骇。然利交同源, 派流则异, 较言其略, 有五术焉:

关系亲近的人就尽力抬高其声名。而他死后，几个儿子都很年幼，外人却很少抚恤资助他们。平原人刘孝标因此写文章议论说：

宾客问主人："朱穆写的那篇《绝交论》，说的对吗？或者说错了吗？"主人说："客人何来此问？"宾客说："草虫鸣叫则蚱蜢跳跃，猛虎长啸则清风乍起。天地二气相互感应，雾霭云霞相互蒸腾，凤叫鸾鸣相互召唤，流星闪电相互激荡。也因为这个道理，汉宣帝时王吉入朝做官，他的好友贡禹就很高兴；春秋时子皮去世，他的知己子产非常悲伤。如果两人的内心如同琴瑟一样和谐，其言辞就比兰茝更加芬芳；如果两人志同道合如胶似漆，其志趣就像埙和篪一样协调呼应。圣贤将此美德刻于金版之上，镌于盘盂之中，镂刻在玉牒和钟鼎上面。这就像善使斧斤的匠石自从友人去世就不再展露他巧妙的绝技，琴师俞伯牙在知音死后也停止演奏《流水》的雅乐。范式和张劭在黄泉路上仍忠诚相约话别，尹敏与班彪昼夜促膝谈心终夜不眠。人之交友往来，时而车马络绎不绝，时而却如烟雨过眼即散，再精通历算也难以知晓，再工于心计也不能预测。而前益州刺史朱穆打乱寻常的礼序，逾越经典和训诲，折断所谓直言切谏之道，杜绝了自己的交游，视市井平民如凶狠残忍之徒，将人伦交情比作豺狼虎豹。我对此有所困惑，请为我辨析疑惑吧。"

主人欣然回答道："客人所言，正如抚琴只记住音调之高低，没有考虑琴弦因环境干湿改变而出现的声响变化；就像在湿地沼泽张网罗雀，苦苦守候却不知鸿雁早已高飞在天。圣人身怀明德开辟风教，就如同巨龙飞腾、尺蠖屈缩一样，需要顺从道的隆兴与衰颓。太平时节日月联璧，是在感叹高尚杰出的至高品德；扰攘乱世云飞雷劈，是为了彰显棠棣之花开放后复又闭合的微妙权变之理。就像五音变化万千，方才成就了九阕神妙的乐曲。朱穆这个人，在赤水一样的世风之中，得了玄珠一般的大道，就以如神的谋略写下《绝交论》的文字。有的交往，是以仁义的德行互为组织，以高尚的道德互相琢磨，对方愉悦则为之欢畅，对方衰颓则体恤勉励。精神的寄托深深地联通于内心，形迹上的往来则相忘于江湖，疾风骤雨仍不中断音讯，风霜雪雨亦不改其本色，这就是贤者之间的素交，自古也难得

"若其宠钧董、石，权压梁、窦。雕刻百工，炉锤万物，吐漱兴云雨，呼吸下霜露，九域耸其风尘，四海叠其燻灼。靡不望影星奔，藉响川骛，鸡人始唱，鹤盖成阴，高门旦开，流水接轸。皆愿摩顶至踵，隳胆抽肠，约同要离焚妻子，誓徇荆卿湛七族。是曰势交，其流一也。

"富埒陶、白，赀巨程、罗，山擅铜陵，家藏金穴，出平原而联骑，居里闬而鸣钟。则有穷巷之宾，绳枢之士，冀宵烛之末光，邀润屋之微泽，鱼贯凫踊，飒沓鳞萃，分雁鹜之稻粱，沾玉斝之余沥。衔恩遇，进款诚，援青松以示心，指白水而旌信。是曰贿交，其流二也。

"陆大夫燕喜西都，郭有道人伦东国，公卿贵其籍甚，搢绅羡其登仙。加以颊颐蹔頟，涕唾流沫，骋黄马之剧谈，纵碧鸡之雄辩，叙温燠则寒谷成暄，论严枯则春丛零叶，飞沉出其顾指，荣辱定其一言。于是弱冠王孙，绮纨公子，道不结于通人，声未遒于云阁，攀其鳞翼，丐其余论，附骐骥之髦端，轶归鸿于碣石。是曰谈交，其流三也。

一遇。而时逢道衰的末世，民风多诡，狡诈之风骤起，高山深谷也不及人心之险，鬼怪神仙亦不能度测人心之变，人们竞争比羽毛还轻的微名，追逐比锥尖还细的小利。于是素交消失，利交兴起，天下扰攘，人心皆如惊鸟闻雷无所归宿。然而形形色色的利交虽然同出一源，其流派却又有所不同，粗略比较起来，分为五种：

"例如那些荣宠堪比西汉董贤、石显，权柄胜过东汉梁冀、窦宪，权势至高至大足以雕刻百工、造就万物之人，他们的一吐一嗽都会兴起云雨，一呼一吸都会降下霜露，九州境内都惧怕他们扬起的尘土，四海以内都害怕他们熏天的气焰。士族看到他们的影子无不像流星一般飞奔依附，听到他们的声响就百川一般地汇集响应。掌更漏者刚刚报晓，访客的车盖已经连成浓荫，高门大户刚刚开启，登门的车马已经像流水一般滔滔不绝。宾客们都愿意对他们摩顶放踵来行礼，抽肠裂胆地为他们效力，信誓旦旦要像烧死妻子的要离和诛灭七族的荆轲一样来酬答主人。这就叫做势交，是第一种流派。

"那些财富堪比先秦的陶朱公、白圭，家资超越汉代程郑、罗褒，坐拥铜山家藏金穴的富豪，他们出入平原之地而骑从成群，身居里巷之中而钟鸣鼎食。于是就有出身穷巷的宾客，来自寒门的士人，希图获得他们通宵达旦的灯火之烛照，得到那滋养豪宅的财富之润泽，鱼贯而来如野鸭般踊跃，迅速汇聚如鱼群游集，一如鸿雁分享园中的稻粱，分沾玉杯中的残酒。他们领受主人的恩遇，就报之以效忠，攀引青松以示忠心，手指白水以表信用。这就叫做贿交，是第二种流派。

"西汉陆贾在长安设宴交游，东汉郭泰在洛阳品评人物，公卿们都极看重他们的显赫声名，大臣们也都美慕他们自由自在如同登入仙班。加之他们爱好慷慨激昂地高谈阔论，唾沫横飞豪气干云，时而畅谈黄马非马，时而雄辩碧鸡非鸡，说及气候温暖时连冬季寒地的谷物也结出子实，论起严寒时连春季的草木丛中也飘降落叶，他们的一顾一指就能带来运势的腾达和阻厄，片言只语就能决定人的荣辱风评。于是就有刚成年的王孙和贵公子们，因尚未得到名人的推荐，名气还没有在上层社会流传，就前来攀龙附凤，请求他们对

　　"阳舒阴惨，生民大情，忧合欢离，品物恒性。故鱼以泉涸而
呴沫，鸟因将死而悲鸣。同病相怜，缀河上之悲曲；恐惧置怀，昭
《谷风》之盛典。斯则断金由于漱隘，刎颈起于苦盖。是以伍员濯
溉于宰嚭，张王抚翼于陈相。是曰穷交，其流四也。

　　"驰骛之俗，浇薄之伦，无不操权衡，秉纤纩。衡所以揣其轻
重，纩所以属其鼻息。若衡不能举，纩不能飞，虽颜、冉龙翰凤雏，
曾、史兰熏雪白，舒、向金玉渊海，卿、云黼黻河汉，视若游尘。遇
同土梗，莫肯费其半菽，罕有落其一毛。若衡重锱铢，纩微影撇，
虽共工之蒐慝，驩兜之掩义，南荆之跋扈，东陵之巨猾，皆为匍匐
委蛇，折枝舐痔，金膏翠羽将其意，脂韦便辟导其诚。故轮盖所
游，必非夷、惠之室；苞苴所入，实行张、霍之家。谋而后动，芒毫
寡忒。是曰量交，其流五也。

　　"凡斯五交，义同贾鬻，故桓谭譬之于阛阓，林回喻之于甘
醴。夫寒暑递进，盛衰相袭，或前荣而后瘁，或始富而终贫，或初
存而末亡，或古约而今泰，循环翻覆，迅若波澜。此则徇利之情未
尝异，变化之道不得一。由是观之，张、陈所以凶终，萧、朱所以隙
末，断焉可知矣。而翟公方规规然勒门以箴客，何所见之晚乎？

自己作只言片语的评论，如同蝇虻攀附在骏马的鬃毛末梢而远行千里，行程超过北飞碣石山的鸿雁。这就叫做谈交，是第三种流派。

"居于阳则舒展而处于阴则凄凉，这是一切生命的共同规律；爱其所近而悲其所思，这是万物万事的恒常性质。所以泉水干涸时鱼也能相濡以沫，鸟在将死之前其同类会阵阵哀鸣。因为同病相怜，伍子胥曾为伯嚭唱出河上的歌谣；内心对他人的恐惧感同身受，这也见载于《诗经·谷风》那不朽的典章中。正因如此，断金挚友常出于人的困窘之时，刎颈之交总起于人穷困之际。所以当年伍子胥曾提携后来忘恩负义的伯嚭，张耳曾扶持后来袭击了他的陈馀。这就叫做穷交，是第四种流派。

"驰逐名利的流俗，炎凉浇薄的风气，无不充满利弊权衡，心怀细丝以测风向。权衡是为了揣摩其人的轻重，细丝是为了测试其人的鼻息。若是其人无足轻重，细丝不能够飞升，则即便是颜渊、冉有一般的人中龙凤，曾参、史鱼一样的高洁君子，董仲舒、刘向那样的金玉之才如海之识，司马相如、扬雄那样的璀璨文章滔滔诗赋，也会被看作毫无价值的浮尘，给予泥塑偶人一样的冷遇，无人肯为其破费半粒豆子，或是为之拔己一毛了。若是对方权重千钧，细丝可以飘摇飞升，即便其人是共工一样的潜伏恶人，驩兜一般的不义之徒，庄蹻一样的跋扈匪盗，盗跖一样的奸猾贼子，世俗之人也会排起长队匍匐在其面前，极尽折枝舐痔讨好之能事，进献金丹翠羽以求其欢心，竭力谄媚逢迎以顺其意。所以车马冠盖云集之处，必然不是伯夷、柳下惠这些高洁之士的住所；丰厚馈礼所去往的地方，实际都是张安世、霍光一样位高权重的人家。深远谋算之后再有所行动，付出与所得都经过精打细算决不放空。这就叫做量交，是第五种流派。

"上述这五种利益之交，原理等同于商人买卖，所以东汉的桓谭曾将之比作市井商户，而春秋的林回将之比喻成小人之交甘如醴。世间寒暑交替，人的运势盛衰也交替相接，有的人先前荣耀而后衰微，有的人曾经富有而终于沦为穷人，有人曾经存活而今已然去世，有人曾经生活节俭而今天豪纵奢侈。运势盛衰循环往复，其迅捷有如水中波澜。这就是为利益而交往的世情未曾改变，而人们交际变

"然因此五交，是生三衅：败德殄义，禽兽相若，一衅也；难固易携，仇讼所聚，二衅也；名陷饕餮，贞介所羞，三衅也。古人知三衅之为梗，惧五交之速尤。故王丹威子以梫楚，朱穆昌言而示绝，有旨哉！

"近世有乐安任昉，海内髦杰，早绾银黄，夙招民誉。遒文丽藻，方驾曹、王；英特俊迈，联衡许、郭。类田文之爱客，同郑庄之好贤。见一善则盱衡扼腕，遇一才则扬眉抵掌。雌黄出其脣吻，朱紫由其月旦。于是冠盖辐凑，衣裳云合，辎軿击轊，坐客恒满。蹈其阃阈，若升阙里之堂；入其奥隅，谓登龙门之坂。至于顾盼增其倍价，翦拂使其长鸣，影组云台者摩肩，趋走丹墀者叠迹。莫不缔恩狎，结绸缪，想惠、庄之清尘，庶羊、左之徽烈。及瞑目东越，归骸雒浦，緫帐犹悬，门罕渍酒之彦；坟未宿草，野绝动轮之宾。藐尔诸孤，朝不谋夕，流离大海之南，寄命瘴疠之地。自昔把臂之英，金兰之友，曾无羊舌下泣之仁，宁慕郈成分宅之德。呜呼！世路险巇，一至于此！太行孟门，宁云崒绝。是以耿介之士，疾其若斯，裂裳裹足，弃之长骛。独立高山之顶，欢与麋鹿同群，皦皦然绝其雰浊，诚耻之也，诚畏之也。"

化之道有千差万别的原因。由此看来，张耳陈馀之所以会以互相攻杀告终，萧育、朱博之所以会先交好而后产生嫌隙而交恶，其原因也昭然若揭了。而西汉翟公尚不通时变在大门上题写"一贵一贱交情乃现"的告示，他觉悟得也太晚了！

"不过因为这五种利交，而产生了三种争端：败坏德行抛弃仁义，行为举止与禽兽相似，这是第一种争端；交情难以稳固而易于离散，发生种种矛盾纠纷，这是第二种争端；声名堕落成贪婪之辈，被正人君子所耻笑，这是第三种争端。古代的贤人已经知道这三种争端的妨害，害怕五种利交的迅猛祸患。所以东汉的王丹用荆条鞭挞警示儿子，朱穆写下了倡言以示谢绝交往，这是多么有深意啊！

"近世有乐安人任昉，乃是海内闻名的豪杰人物，早早就得任官职，长期在民众中享有清誉。他道劲的文笔和华丽的辞藻，可与建安七子的曹植、王粲并驾齐驱；优异杰出的才华气概，可堪比肩东汉的名士许劭、郭泰。他像战国孟尝君一样爱结交宾客，如西汉郑当时一样喜好贤才。看到一个有善德之人就会举目赞叹，遇到一个有才之士就会为之扬眉击掌。他唇齿间常常评价人的善恶，他的品评总能辨清人物的优劣。于是他家门前车马冠盖如云，宾朋络绎不绝，车辆拥挤碰撞，座上客总是济济一堂。人们踏进他的大门，就好像升入了孔子授课的阙里讲堂；进入他家内室，就好似登上了龙门。以致于他的顾盼也能倍增人的身价，他的举荐能使人一鸣惊人，他的宅邸中想入宫任官的人摩肩接踵，希望飞黄腾达者足迹相叠。宾客们莫不是在缔结与主人亲善的关系，为日后升迁作绸缪之备，向往着惠施和庄周那样的莫逆之交，希望留下羊角哀、左伯桃那样的美好友情。等到任昉在东越之地逝世，遗体运回京师之后，家中的灵帐徒然高悬，门前却少有吊丧的访客；坟头尚未长出隔年荒草，而郊野已经看不到乘车马来祭奠他的嘉宾。他身后那些幼小的孤儿，生活朝不保夕，流离在遥远的南方，谋生于瘴疠之地。从前那些把臂言欢的英杰，义结金兰的挚友，却毫无春秋时叔向见到友人的儿子而落泪的仁心，无人效仿邴成子将自家住宅分给亡友后人的美德。啊！人世之险恶，竟然到了如此地步！那巍巍太行山和孟门山与之相比，哪里谈得上险峻

　　昉撰《杂传》二百四十七卷、《地记》二百五十二卷、文章三十三卷。

　　昉第四子东里，颇有父风，官至尚书外兵郎。

　　陈吏部尚书姚察曰：观夫二汉求贤，率先经术；近世取人，多由文史。二子之作，辞藻壮丽，允值其时。淹能沉静，昉持内行，并以名位终始，宜哉。江非先觉，任无旧恩，则上秩显赠，亦末由也已。

奇绝呢？所以天下耿介之士，对此世相痛心疾首，宁可飞奔直至鞋履尽裂用衣裳来裹足，也要离弃俗世。独自站立在高山之巅，快乐地与麋鹿群一起生活，断然远离人世的污浊，实在是以之为耻，也实在是害怕它啊。"

任昉撰写有《杂传》二百四十七卷、《地记》二百五十二卷、文章三十三卷。

任昉的第四个儿子任东里，颇有他父亲的风度，官至尚书外兵郎。

陈朝吏部尚书姚察说：回首两汉时代，求贤注重经学；近代选拔人才，则多侧重文史。江淹、任昉二人的作品，辞藻壮丽，确实正逢其时代。江淹性格沉静，任昉注重平日居家之操行，二人都因此获得了名望和高位直至命终，多么恰当啊。江淹并没有先知先觉的能力，任昉对高祖也并无旧日恩义，这样看来则高祖赐予他们官位和封赏，也并无赏识其才华之外的其他理由了。

# 卷十五

## 列传第九
谢朏弟子览

### 谢朏

谢朏，字敬冲，陈郡阳夏人也。祖弘微，宋太常卿，父庄，右光禄大夫，并有名前代。朏幼聪慧，庄器之，常置左右。年十岁，能属文。庄游土山赋诗，使朏命篇，朏揽笔便就。琅邪王景文谓庄曰："贤子足称神童，复为后来特达。"庄笑，因抚朏背曰："真吾家千金。"孝武帝游姑孰，敕庄携朏从驾，诏使为《洞井赞》，于坐奏之。帝曰："虽小，奇童也。"

起家抚军法曹行参军，迁太子舍人，以父忧去职。服阕，复为舍人，历中书郎，卫将军袁粲长史。粲性简峻，罕通宾客，时人方之李膺。朏谒既退，粲曰："谢令不死。"寻迁给事黄门侍郎。出为临川内史，以贿见劾，案经袁粲，粲寝之。

齐高帝为骠骑将军辅政，选朏为长史，敕与河南褚炫、济阳江敩、彭城刘俣俱入侍宋帝，时号为天子四友。续拜侍中，并掌中书、散骑二省诏册。高帝进太尉，又以朏为长史，带南东海太守。高帝方图禅代，思佐命之臣，以朏有重名，深所钦属。论魏、晋故事，因曰："晋革命时事久兆，石苞不早劝晋文，死方恸哭，方之冯异，非知机也。"朏答曰："昔魏臣有劝魏武即帝位者，魏武曰：'如有用我，其为周文王乎！'晋文世事魏氏，将必身终北面；假使魏早依唐虞故事，亦当三让弥高。"帝不悦。更引王俭为左长史，以朏侍中，

## 谢朏

谢朏字敬冲，陈郡阳夏人。祖父谢弘微，在刘宋一朝任太常卿，父亲谢庄，任右光禄大夫，二人都在前代颇有名气。谢朏幼时聪慧，谢庄很器重他，常常带在身边。十岁时已能作文章。谢庄游土山时赋诗，让谢朏写作成篇，谢朏提笔即成。琅琊人王景文对谢庄说："令郎足以当得起神童的称号，日后必可显达。"谢庄笑了，就抚摸着谢朏的背说："真是我家的千金至宝啊。"宋孝武帝游姑孰，命谢庄带着谢朏随驾，让谢朏写作《洞井赞》，谢朏就在座中写成并奏上。孝武帝说："这孩子年纪虽小，是个奇童啊。"

初任抚军法曹行参军，转任太子舍人，因父丧丁忧而去职。服丧期满后，再次担任舍人，历任中书郎，卫将军袁粲长史。袁粲性格严肃，很少接待宾客，时人把他比作东汉的李膺。谢朏拜见袁粲告退后，袁粲说："中书令谢庄大人并没有死呀。"不久，谢朏迁任给事黄门侍郎。出京担任临川郡的内史，因受贿被弹劾，案件由袁粲经手，袁粲就将此案平息下去了。

齐高帝萧道成当时任骠骑将军辅佐朝政，选任谢朏为长史，命他与河南人褚炫、济阳人江斅、彭城人刘俣一同入宫侍奉宋帝，时人称为天子四友。不久官拜为侍中，同时掌管中书、散骑二省的天子文告。高帝进位为太尉后，又任命谢朏为他的长史，兼任南东海郡太守。萧道成当时正策划受禅取代刘宋，想寻找可辅佐他登基的臣属，因为谢朏深有名望，所以非常倚重他。有一次谈论起魏晋时的旧事，萧道成说："魏、晋鼎革之时，早已有了诸般预兆，石苞没有及早劝进晋文帝司马昭登大位，在晋文帝死后才大放悲声，与东汉初年力劝光武帝登基的冯异相比，真算不得了解天时了。"谢朏对答说："当年

领秘书监。及齐受禅，朏当日在直，百僚陪位，侍中当解玺，朏佯不知，曰："有何公事？"传诏云："解玺授齐王。"朏曰："齐自应有侍中。"乃引枕卧。传诏惧，乃使称疾，欲取兼人。朏曰："我无疾，何所道。"遂朝服，步出东掖门，乃得车，仍还宅。是日遂以王俭为侍中解玺。既而武帝言于高帝，请诛朏。帝曰："杀之则遂成其名，正应容之度外耳。"遂废于家。

　　永明元年，起家拜通直散骑常侍，累迁侍中，领国子博士。五年，出为冠军将军、义兴太守，加秩中二千石。在郡不省杂事，悉付纲纪，曰："吾不能作主者吏，但能作太守耳。"视事三年，征都官尚书、中书令。隆昌元年，复为侍中，领新安王师。未拜，固求外出。仍为征虏将军、吴兴太守，受召便述职。时明帝谋入嗣位，朝之旧臣皆引参谋策。朏内图止足，且实避事。弟瀹，时为吏部尚书。朏至郡，致瀹数斛酒，遗书曰："可力饮此，勿豫人事。"朏居郡每不治，而常务聚敛，众颇讥之，亦不屑也。

　　建武四年，诏征为侍中、中书令，遂抗表不应召。遣诸子还京师，独与母留，筑室郡之西郭。明帝下诏曰："夫超然荣观，风流自远；蹈彼幽人，英华罕值。故长揖楚相，见称南国；高谢汉臣，取贵

曹魏曾有臣下劝魏武帝早登大位，魏武帝说：'如果天命在我，我就做周文王吧！'晋文帝世代都辅佐曹魏，必将终身北面称臣；即便曹魏当年提早依唐尧让位给虞舜的先例举行禅让，晋文帝也应当再三辞让以表明更高的姿态。"萧道成听了很不高兴。于是另外选拔王俭出任左长史，让谢朏任侍中，兼任秘书监。待到齐朝接受禅让的那一天，谢朏当日正在宫中值班，百官都列队参加典礼，应当由侍中解下传国玉玺，谢朏装作不懂，说："有什么公事？"传诏官说："解下玉玺授予齐王。"谢朏说："齐朝自有齐朝的侍中。"于是拉过枕头躺下。传诏官害怕了，就派人报告说谢朏生病了，要再找兼领侍中之职的官员代替。谢朏说："我没有病，这说的是什么话。"于是他穿好朝服，步行走出东掖门，坐上车并回到宅邸。当天就以王俭为侍中，解下玉玺。事后武帝萧赜把事情经过报告给高帝，请求诛杀谢朏。高帝说："杀了他就成全了他的名声，应该法外开恩容留此人。"于是将他罢官于家中。

永明元年（483），为南齐起用为通直散骑常侍，累加升迁为侍中，兼国子博士。永明五年（487），出京任冠军将军、义兴太守，加秩中二千石。他在义兴郡不过问杂事，全都交付府中主簿处理，说："我不能作掌管具体事务的小吏，只能作太守而已。"任职三年，被征召任都官尚书、中书令。隆昌元年（494），再次担任侍中，兼任新安王师一职，未曾拜授，坚决请求出京任官。仍任命他为征虏将军、吴兴太守，他接受任命就到任了。当时齐明帝萧鸾正谋划登上皇位，朝中旧臣都受到召见出谋划策。谢朏心里打算借故不去，请求外任实为躲避风头。他的弟弟谢瀹，当时任吏部尚书。谢朏到了吴兴郡后，送给他几斛酒，并寄信中说："可勉力喝酒，不要掺和他人之事。"谢朏在郡中总不问政事，而常常致力聚敛财富，旁人对此颇多讥讽，他也不屑于辩驳。

建武四年（497），齐明帝诏命征召他为侍中、中书令，于是他抗命不应召。让几个儿子回到京师，自己独自与老母留在郡中，在郡城西郊筑起房舍住于其中。明帝下诏说："志向超越宫阙之间，风流才士远遁于江湖；追溯那些隐逸之士的踪迹，英华之才罕有其匹。所

良史。新除侍中、中书令朏，早藉羽仪，凤标清尚，登朝树绩，出守驰声。遂敛迹康衢，拂衣林泬，抱箕颍之余芳，甘颍颔而无闷。抚事怀人，载留钦想。宜加优礼，用旌素概。可赐床帐褥席，俸以卿禄，常出在所。"时国子祭酒庐江何胤亦抗表还会稽。永元二年，诏征朏为散骑常侍、中书监，胤为散骑常侍、太常卿，并不屈。三年，又诏征朏为侍中、太子少傅，胤散骑常侍、太子詹事。时东昏皆下在所，使迫遣之，值义师已近，故并得不到。

及高祖平京邑，进位相国，表请朏、胤曰："夫穷则独善，达以兼济。虽出处之道，其揆不同，用舍惟时，贤哲是蹈。前新除侍中、太子少傅朏，前新除散骑常侍、太子詹事、都亭侯胤，羽仪世胄，徽猷冠冕，道业德声，康济雅俗。昔居朝列，素无宦情，宾客简通，公卿罕预，簪绂未襫，而风尘摆落。且文宗儒肆，互居其长；清规雅裁，兼擅其美。并达照深识，预睹乱萌，见庸质之如初，知贻厥之无寄。拂衣东山，眇绝尘轨。虽解组昌运，实避昏时。家膺鼎食，而甘兹橡艾；世袭青紫，而安此悬鹑。自浇风肇扇，用南成俗，淳流素轨，余烈颇存。谁其激贪，功归有道，康俗振民，朝野一致。虽在江海，而勋同魏阙。今泰运甫开，贱贫为耻；况乎久蕴瑚琏，暂厌承明，而可得求志海隅，永追松子。臣负荷殊重，参赞万机，实赖群才，共成栋干。思挹清源，取镜止水。愚欲屈居僚首，朝夕咨诹，庶足以翼宣寡薄，式是王度。请并补臣府军咨祭酒，朏加后将军。"并不至。

以拒绝楚威王相位之命的庄周，一直得到楚地的称赞；辞谢汉光武帝征召的严光，也始终受到史籍的颂扬。新授任侍中、中书令谢朏，很早就成为官员的表率，长年享有清美的声誉，在朝中任职已有建树成绩，出外任太守也有驰名的官声。于是在城市中隐藏其行迹，隐居在山林水边，心中怀着许由隐居于颍水、箕山的高洁理想，甘愿体肤憔悴而心无烦忧。思其旧事念想其人，只留下无尽的钦慕。应该对其加以优待礼遇，以表彰此种高风亮节。可赐他床帐褥席，发给卿一级的俸禄，定时送到他所在之处。"当时国子祭酒庐江人何胤也抗命返回会稽隐居。永元二年（500），齐东昏侯下诏征召谢朏任散骑常侍、中书监，何胤任散骑常侍、太常卿，二人都不奉召。永元三年（501），又下诏征召谢朏任侍中、太子少傅，何胤任散骑常侍、太子詹事。当时东昏侯已经抵达他们所在州郡，派人强迫他们入京就职，但时逢高祖义师接近京师，所以二人得以不到任。

待到高祖平定京城，进位为相国，就上表为谢朏、何胤请求官职说："君子潦倒时就独善其身，闻达时则兼济天下。虽然出仕与隐逸之道，其标准不同，如何取舍惟视时势，效法古来贤哲的足迹。前新授侍中、太子少傅谢朏，前新授散骑常侍、太子詹事、都亭侯何胤，是名门世族的榜样，仕宦人家的典范，为官行事有品德高尚的声望，能使雅俗士庶皆得安乐。早年曾位列朝堂，却一直无心于仕途，极少结交宾客，与公卿之间鲜有往来，虽然官服的冠簪、缨带未曾脱去，却不愿卷入动荡乱局。而且他们的文章与儒学成就，皆取得登峰造极的成就；谨守的规范和雅正的佳作，都赢得极高的美誉。二人都有洞明的远见和深刻的见识，预先觉察到乱政的萌芽，看到东昏侯的平庸资质并无改变，知道嗣位之君不堪寄托希望。于是隐居东山，远离尘世。虽是在运势畅达之时辞官归田，实则是躲避昏乱的时局。以他们的煊赫家世本当钟鸣鼎食，却甘美地享受橡果、野蒿一类的粗糙食物；本来世代身穿大臣华贵的青紫袍服，却安然换上鹌鹑尾羽一般的破衣陋服。自从浇薄的世风兴起，由北至南渐成习俗，淳厚清高的德行，仍颇有余响尚存。谁可激浊扬清转变贪风，只有道之人可成此功，匡正时俗振奋民心，在朝和在野并无不同。他们虽远处

高祖践阼，征朏为侍中、左光禄大夫、开府仪同三司，胤散骑常侍、特进、右光禄大夫，又并不屈。仍遣领军司马王果宣旨敦譬。明年六月，朏轻舟出，诣阙自陈。既至，诏以为侍中、司徒、尚书令。朏辞脚疾不堪拜谒，乃角巾肩舆，诣云龙门谢。诏见于华林园，乘小车就席。明旦，舆驾出幸朏宅，醮语尽欢。朏固陈本志，不许；因请自还东迎母，乃许之。临发，舆驾复临幸，赋诗饯别。王人送迎，相望于道。到京师，敕材官起府于旧宅，高祖临轩，遣谒者于府拜授，诏停诸公事及朔望朝谒。

三年元会，诏朏乘小舆升殿。其年，遭母忧，寻有诏摄职如故。后五年，改授中书监、司徒、卫将军，并固让不受。遣谒者敦授，乃拜受焉。是冬薨于府，时年六十六。舆驾出临哭，诏给东园秘器，朝服一具，衣一袭，钱十万，布百匹，蜡百斤。赠侍中、司徒。谥曰靖孝。朏所著书及文章，并行于世。

子谖，官至司徒右长史，坐杀牛免官，卒于家。次子篹，颇有文

江海之间，而功勋仍与在朝中一样。如今我朝鸿运初开，君子若逢治世而困守贫贱则为耻辱；况且瑚琏之才不可久藏其光芒，只能暂时地远离朝堂，岂可在天涯海角寻找人生的志向，永久地追寻赤松子的仙踪呢？微臣肩负着特别沉重的责任，万般事务需要协助谋划，实在有赖于众多人才，共同担当国之重任。故而考虑从清激的水源中汲取人才，借助其静止如镜的水面作为自己的镜鉴。愚臣屈居群僚之首，希望能朝夕征询他们的意见，大概足以辅助微臣的寡识薄德，成为王道的楷模。请求将二人一同补为微臣府中的军咨祭酒，加谢朏后将军。"二人都没有就职。

高祖登基之后，征召谢朏为侍中、左光禄大夫、开府仪同三司，征召何胤为散骑常侍、特进、右光禄大夫，二人又不屈就。高祖又派遣领军司马王果前去宣旨敦促二人就职。第二年（503）六月，谢朏乘一叶轻舟出山，来到宫廷亲自陈述心意。他到京之后，高祖降诏任命他为侍中、司徒、尚书令。谢朏推辞说脚有病不堪入宫拜谒，就头戴隐士角巾乘坐着肩舆前往云龙门辞谢。高祖下诏与他在华林园相见，令他乘小车赴席。次日天明，圣驾临幸谢朏的住宅，宴会上君臣笑语尽欢。谢朏再三陈述隐逸的心愿，高祖不同意；于是请求东归迎接老母入京，高祖就答应了。临出发前，圣驾再次临幸，赋诗饯别。文武百官前来送行者，在道路上络绎不绝。谢朏回到京师后，高祖下令由材官将军在谢氏旧宅起造府邸，高祖登临皇宫前殿，派谒者前往谢朏府中拜授官职，并诏令谢朏不须处理各种公事以及行朔望日的朝谒之礼。

天监三年（504）元日，高祖朝会群臣，诏令谢朏乘小舆上殿。这一年，谢朏遭母丧丁忧，不久有诏书令他如前摄行职事。过了五年，改授他中书监、司徒、卫将军之职，他都坚辞不受。高祖派谒者敦促他领受，方才拜授官职。这年冬季在府中逝世，时年六十六岁。圣驾亲临吊丧，诏令赐给皇室专用棺木、朝服一具、衣一袭、钱十万、布百匹、蜡百斤。赠侍中、司徒。赐谥号靖孝。谢朏所著的书及文章，都在世上流行。

儿子谢谖，官至司徒右长史，因杀牛的罪过免官，逝于家中。次

才，仕至晋安太守，卒官。

谢览

览字景涤，朏弟瀹之子也。选尚齐钱唐公主，拜驸马都尉、秘书郎、太子舍人。高祖为大司马，召补东阁祭酒，迁相国户曹。天监元年，为中书侍郎，掌吏部事，顷之即真。

览为人美风神，善辞令，高祖深器之。尝侍座，受敕与侍中王暕为诗答赠。其文甚工。高祖善之，仍使重作，复合旨。乃赐诗云："双文既后进，二少实名家；岂伊止栋隆，信乃俱国华。"以母忧去职。服阕，除中庶子，又掌吏部郎事，寻除吏部郎，迁侍中。览颇乐酒，因醼席与散骑常侍萧琛辞相诋毁，为有司所奏。高祖以览年少不直，出为中权长史。顷之，敕掌东宫管记，迁明威将军、新安太守。

九年夏，山贼吴承伯破宣城郡，余党散入新安，叛吏鲍叙等与合，攻没黟、歙诸县，进兵击览。览遣郡丞周兴嗣于锦沙立坞拒战，不敌，遂弃郡奔会稽。台军平山寇，览复还郡，左迁司徒咨议参军、仁威长史、行南徐州事，五兵尚书。寻迁吏部尚书。览自祖至孙，三世居选部，当世以为荣。

十二年春，出为吴兴太守。中书舍人黄睦之家居乌程，子弟专横，前太守皆折节事之。览未至郡，睦之子弟来迎，览逐去其船，杖吏为通者。自是睦之家杜门不出，不敢与公私关通。郡境多劫，为东道患，览下车肃然，一境清谧。初，齐明帝及览父瀹、东海徐孝嗣，并为吴兴，号称名守，览皆欲过之。昔览在新安颇聚敛，至是遂称廉洁，时人方之王怀祖。卒于官，时年三十七。诏赠中书令。子子谢篡，颇有文才，官至晋安太守，在任上去世。

## 谢览

谢览字景涤，是谢朓弟弟谢瀹的儿子。婚配迎娶了南齐的钱塘公主，拜为驸马都尉、秘书郎、太子舍人。高祖任大司马时，召补为东阁祭酒，迁任相国户曹。天监元年（502），任中书侍郎，掌吏部事，不久获实授正式履职。

谢览为人风姿神美，善于辞令，高祖非常器重他。曾经侍座，高祖命他与侍中王暕作诗赠答，他的诗作得很精巧。高祖评价非常高，并让他再作，又很合心意。于是赐诗道："二位文士虽为学林后进，两位少年实乃诗文名家；他们岂止是栋梁之才，实乃国家之珍宝啊。"因母丧丁忧去职。服丧期满，任中庶子，又掌理吏部郎事，不久授任吏部郎，迁任侍中。谢览颇爱喝酒，因为在宴席上与散骑常侍萧琛言辞上发生龃龉，被有司参奏。高祖因谢览年少而不端庄，诏令他出京任中权长史。不久，命他掌东宫管记，迁任明威将军、新安太守。

天监九年（510）夏，山贼吴承伯攻破宣城郡，余党流窜到新安境内，郡中叛吏鲍叙等人与其勾结，攻占了黟县、歙县等地，又进兵攻打谢览。谢览派郡丞周兴嗣在锦沙构筑堡垒拒敌，无法抵挡，于是放弃新安逃奔会稽。官军平定山寇之后，谢览重回本郡，降职为司徒咨议参军、仁威长史、行南徐州事，五兵尚书。不久转任吏部尚书。谢览一家从祖父到孙子，三代都任吏部尚书，当世之人都认为非常荣耀。

天监十二年（513）春，出京任吴兴太守。中书舍人黄睦之的老家在乌程县，他家子弟非常专横，之前历任太守都自降身份去讨好他们。谢览尚未抵达郡中，黄睦之家族的子弟就前来迎接，谢览赶走了他们的船，杖责了为他们通消息的小吏。从此黄睦之家的人闭门不出，不敢再与公私方面往来。吴兴郡境内多有拦路抢劫者，成为东部地区商旅行路的一大祸患，谢览到任后治安迅速转好，全境都太平无事。早年间，齐明帝萧鸾及谢览的父亲谢瀹、东海人徐孝嗣，三罕，早卒。


　　陈吏部尚书姚察曰：谢朏之于宋代，盖忠义者欤？当齐建武之世，拂衣止足，永元多难，确然独善，其疏、蒋之流乎。洎高祖龙兴，旁求物色，角巾来仕，首陟台司，极出处之致矣。览终能善政，君子韪之。

人都做过吴兴郡的太守,号称名守,谢览准备全部超过他们。过去谢览在新安郡做太守时颇为注意聚敛财富,到吴兴后就以清正廉洁著称,时人将他与晋代的王述相比。在任上去世,时年三十七岁。高祖下诏赠中书令。他有个儿子谢罕,早逝。

陈朝吏部尚书姚察说:谢朏对于刘宋一朝来说,应该可称得上忠义之人了吧?时逢南齐的建武年间,他就隐居避世,永元年间的诸多灾祸劫难,他也确实做到了独善其身,可与西汉的隐士疏广、疏受以及蒋翊齐名了吧。高祖的新朝龙兴之后,致力访求贤才,他头戴角巾前来出仕,晋升官职至开府仪同三司,可谓出隐入仕的极致了。谢览最终能施行善政,正人君子都赞赏他。

# 卷十六

## 列传第十

王亮 张稷 王莹

### 王亮

王亮，字奉叔，琅邪临沂人，晋丞相导之六世孙也。祖偃，宋右光禄大夫、开府仪同三司。父攸，给事黄门侍郎。

亮以名家子，宋末选尚公主，拜驸马都尉、秘书郎，累迁桂阳王文学，南郡王友，秘书丞。齐竟陵王子良开西邸，延才俊以为士林馆，使工图画其像，亮亦预焉。迁中书侍郎、大司马从事中郎，出为衡阳太守。以南土卑湿，辞不之官，迁给事黄门侍郎。寻拜晋陵太守，在职清公有美政。时齐明帝作相，闻而嘉之，引为领军长史，甚见赏纳。及即位，累迁太子中庶子，尚书吏部郎，诠序著称，迁侍中。

建武末，为吏部尚书，是时尚书右仆射江祏管朝政，多所进拔，为士子所归。亮自以身居选部，每持异议。始亮未为吏部郎时，以祏帝之内弟，故深友祏，祏为之延誉，益为帝所器重；至是与情好携薄，祏昵之如初。及祏遇诛，群小放命，凡所除拜，悉由内宠，亮更弗能止。外若详审，内无明鉴，其所选用，拘资次而已，当世不谓为能。频加通直散骑常侍、太子右卫率，为尚书右仆射、中护军。既而东昏肆虐，淫刑已逞，亮倾侧取容，竟以免戮。

## 王亮

王亮字奉叔，琅琊临沂人，是东晋丞相王导的六世孙。祖父王偃，曾任刘宋的右光禄大夫、开府仪同三司。父亲王攸，曾任给事黄门侍郎。

王亮因为是名门之后，刘宋末年被选配给公主，拜为驸马都尉、秘书郎，累加升迁为桂阳王文学，南郡王友，秘书丞。南齐的竟陵王萧子良开设西邸，延揽天下才俊成立士林馆，让画工为他们画像，王亮也跻身其列。转任中书侍郎、大司马从事中郎，出京任衡阳太守。因为南方地气卑湿，他辞谢没有赴任，迁任给事黄门侍郎。不久拜为晋陵太守，在任上清廉公正，有美好的政声。当时齐明帝萧鸾担任相国，听说了他的名声非常之嘉许，擢升为领军长史，对他十分赏识信用。待到明帝登上皇位，王亮累加升迁为太子中庶子，尚书吏部郎，以办事极有条理次序而著称，迁任侍中。

建武末年，任吏部尚书。时值尚书右仆射江祏主持朝政，任用提拔了很多人，士大夫都归心于他。王亮因为自己身为吏部尚书，对此常持异议。在此之前王亮尚未担任吏部郎时，因江祏是明帝的内弟，所以与之友情颇深，江祏为王亮传扬声誉，因而令他更加受到明帝器重；到了此时王亮与江祏交情转向离薄，而江祏待他仍像最初一样亲热。后来江祏被东昏侯诛杀，朝中群小擅命，凡有所拜授拔擢，全部由东昏宠信的近侍决断，王亮更加无从禁约。从表面看来选官经过了详细的审核，其实内部并无明察严审，所选任者，只是论资历年次而已，时人并不认为所选者贤能。王亮累加官衔为通直散骑常侍、太子右卫率，担任尚书右仆射、中护军。后来东昏侯任情残暴，酷刑残杀已经恣意泛滥，王亮四处逢迎取悦，终于得以躲过杀身之祸。

义师至新林，内外百僚皆道迎，其未能拔者，亦间路送诚款，亮独不遣。及城内既定，独推亮为首。亮出见高祖，高祖曰："颠而不扶，安用彼相。"而弗之罪也。霸府开，以为大司马长史、抚军将军、琅邪、清河二郡太守。梁台建，授侍中、尚书令，固让不拜，乃为侍中、中书监，兼尚书令。高祖受禅，迁侍中、尚书令、中军将军，引参佐命，封豫宁县公，邑二千户。天监二年，转左光禄大夫，侍中、中军如故。元日朝会万国，亮辞疾不登殿，设馔别省，而语笑自若。数日，诏公卿问讯，亮无疾色，御史中丞乐蔼奏大不敬，论弃市刑。诏削爵废为庶人。

四年夏，高祖宴于华光殿，谓群臣曰："朕日昃听政，思闻得失。卿等可谓多士，宜各尽献替。"尚书左丞范缜起曰："司徒谢朏本有虚名，陛下擢之如此，前尚书令王亮颇有治实，陛下弃之如彼，是愚臣所不知。"高祖变色曰："卿可更余言。"缜固执不已，高祖不悦。御史中丞任昉因奏曰：

臣闻息夫历诋，汉有正刑；白褒一奏，晋以明罚。况乎附下讪上，毁誉自口者哉。风闻尚书左丞臣范缜，自晋安还，语人云："我不诣余人，惟诣王亮；不饷余人，惟饷王亮。"辄收缜白从左右万休到台辨问，与风闻符同。又今月十日，御饯梁州刺史臣珍国，宴私既洽，群臣并已谒退，时诏留侍中臣昂等十人，访以政道。缜不答所问，而横议沸腾，遂贬裁司徒臣朏，褒举庶人王亮。臣于时预奉恩留，肩随并立，耳目所接，差非风闻。窃寻王有游豫，亲御轩陛，义深推毂，情均《湛露》。酒阑宴罢，当宁正立，记事在前，记言在后，轸早朝之念，深求瘼之情，而缜言不逊，妄陈褒贬，伤济济之风，

　　高祖义师进抵新林，朝内朝外的臣僚都夹道迎候他，有未能脱身前来的也都派人抄小路前来表达诚意，唯独王亮不派人来。待到京师平定，百官都推举以王亮为首对高祖表示效忠。王亮出城拜见高祖，高祖说："人主跌倒而臣下不去扶正，那么任用相国又有何用。"但没有治他之罪。高祖藩府初开，任他为大司马长史、抚军将军、琅琊清河二郡太守。高祖受封梁公开台设官时，授予他侍中、中书监之职，他坚辞不就，就任命为侍中、中书监，兼尚书令。高祖受禅登基，王亮迁任侍中、尚书令、中军将军，因为参与辅佐高祖建立新朝，封为豫宁县公，食邑二千户。天监二年（503），转左光禄大夫，侍中、中军将军的职位依旧保留。元日高祖朝会众诸侯臣僚，王亮推辞生病没有上殿，却在别省设宴，谈笑自若。几天后，高祖召见公卿问讯，王亮毫无患病的气色，御史中丞乐蔼参奏他大不敬，判他弃市之刑。高祖下诏削除其爵位，废为庶人。

　　天监四年（505）夏，高祖在华光殿设宴，对群臣说："朕每每处理政务直至日斜，想听闻治理的得失。在座诸位可谓人才济济，应该各抒己见进言献策。"尚书左丞范缜起身说道："司徒谢朏本来徒有虚名，陛下如此提拔重用他，而前尚书令王亮颇有治政的实才，陛下却如此废弃疏远他，恕愚臣不知其中道理。"高祖变了脸色说："卿再说说其他的意见。"范缜仍坚持己见，高祖很不高兴。御史中丞任昉就参奏说：

　　微臣听闻西汉大臣息夫躬屡次危言诋毁他人，汉朝就执行了公正的刑罚；西晋左丞白褒曾不公正地参奏山涛，晋朝亦施予严明的处分。更何况那些对下依附而对上进谗，随口评定毁誉之人呢？微臣曾听到传闻，尚书左丞范缜，从晋安太守任上回京后，曾对人说："我不拜访别人，只拜访王亮；不宴请他人，唯独宴请王亮。"后来微臣将范缜左右的从人万休收系到御史台审问，他的供述与传闻一致。还有本月十日，陛下为梁州刺史王珍国饯行，宴会结束之后，群臣都已告退，当时陛下诏令留下侍中袁昂等共十人，向他们咨询为政之道。范缜不回答陛下所问，反而大放厥词，于是贬低司徒谢朏，褒扬庶人王亮。臣当时亦蒙恩留下，随众人一同侍立于前，耳闻目睹，并非

缺侧席之望。不有严裁，宪准将颓，缜即主。

　　臣谨案：尚书左丞臣范缜，衣冠绪余，言行舛驳，夸谐里落，喧诟周行。曲学谀闻，未知去代；弄口鸣舌，祇足饰非。乃者，义师近次，缜丁罹艰棘，曾不呼门，墨缞景附，颇同先觉，实奉龙颜。而今党协衅余，翻为矛楯，人而无恒，成兹奸诐。日者，饮至策勋，功微赏厚，出守名邦，入司管辖，苞苴罔遗，而假称折辕，衣裙所弊，谗激失所，许与疵废，廷辱民宗。自居枢宪，纠奏寂寞。顾望纵容，无至公之议；恶直丑正，有私诉之谈。宜置之徽纆，肃正国典。臣等参议，请以见事免缜所居官，辄勒外收付廷尉法狱治罪。应诸连逮，委之狱官，以法制从事。缜位应黄纸，臣辄奉白简。

　　诏闻可。玺书诘缜曰："亮少乏才能，无闻时辈，昔经冒入群英，相与岂薄，晚节谄事江祏，为吏部，末协附梅虫儿、茹法珍，遂执昏政。比屋罹祸，尽家涂炭，四海沸腾，天下横溃，此谁之咎！食乱君之禄，不死于治世。亮协固凶党，作威作福，靡衣玉食，女乐盈房，势危事逼，自相吞噬。建石首题，启靡请罪。朕录其白旗之来，贳其既往之咎。亮反覆不忠，奸贿彰暴，有何可论，妄相谈述？具以状对。"所诘十条，缜答支离而已。亮因屏居闭扫，不通宾客。遭母忧，居丧尽礼。

传闻。臣以为，陛下亲临践行宴饮，赴殿堂与臣僚共聚一堂，此义深远如同任命将帅的推毂之礼，此情堪比《诗·小雅·湛露》的名篇。酒宴结束，陛下当屏风居中正坐，前有记事之官，后有记言之臣，心中记挂早朝所思，怀着了解民间疾苦的深情，而范缜出言不逊，妄自陈言褒贬，有伤济济一堂建言献策之风，有负君主虚怀若谷的殷殷期望。若不严加制裁，朝廷法度恐将从此倾颓，范缜即为罪魁祸首。

微臣谨此说明：尚书左丞范缜，本是衣冠之家后裔，言行错谬矛盾，在市井中危言耸听，在朝堂之上放胆毁誉。才学浅陋专事奉承，不知天命之归向；搬弄口舌，仅足以文过饰非。之前，义师接近京师时，范缜当时正值丁忧，不经通报身穿黑色孝服径来投效，仿佛有先知先觉的明察，实际乃是阿谀奉承天子。而今他和东昏余孽纠为一党，自相矛盾，做人没有稳定的立场，终于成为奸邪之徒。先前我朝庆祝凯旋册封功臣，范缜功劳微小而封赏丰厚，出京则担任名郡太守，入朝则司职管辖监察，收刮财富巨细靡遗，而对外假称廉洁，以衣裙荫蔽朋党，抑扬不实，赞美被废黜之人，当廷折辱民望甚高的大臣。他自己身居要职，却罕有纠正和参奏之举。司职监察而姑息纵容，从来没有公道的议论；厌恶耿介之士，诋毁正直之人，放出背后攻讦的言论。应该将其下入牢狱，以整肃国法。臣等经过参议，请求以此事免除范缜所任官职，传令将其交付廷尉审问治罪。同时拘捕一应株连人等，交付狱官，依法治罪。范缜按官位应该用黄纸参奏，微臣因其性质严重特以白简奏闻。

天子下诏准奏。玺书诘问范缜说："王亮从少年时就缺乏才能，在同时代人中并无名望，曾经混迹于前朝群英，所得爵禄甚厚。晚年谄媚讨好江祏，担任吏部尚书，最后又依附梅虫儿、茹法珍，于是执掌混乱的朝政。当时惨祸横行，生灵涂炭，四海沸腾，天下扰乱，这是谁的罪过！身受昏君的爵禄，又苟全性命活到了治世。王亮是凶党的辅助帮凶，在朝中作威作福，生活上锦衣玉食，妻妾乐姬成群结队，到了情势危急时，才自相吞噬。他领头向驻扎石头城的义军归顺，输诚请罪。朕念他出城投诚，没有追究他往日的罪过。而王亮立场反覆不忠，奸邪的本心彰显暴露，这一切有什么可争议的，令你妄

八年，诏起为秘书监，俄加通直散骑常侍，数日迁太常卿。九年，转中书监，加散骑常侍。其年卒。诏赙钱三万，布五十匹。谥曰炀子。

### 张稷

张稷，字公乔，吴郡人也。父永，宋右光禄大夫。稷所生母遘疾历时，稷始年十一，夜不解衣而养，永异之。及母亡，毁瘠过人，杖而后起。性疏率，朗悟有才略，与族兄充、融、卷等具知名，时称之曰："充融卷稷，是为四张。"起家著作佐郎，不拜。频居父母忧，六载庐于墓侧。服除，为骠骑法曹行参军，迁外兵参军。

齐永明中，为剡县令，略不视事，多为山水游。会贼唐富之作乱，稷率历县人，保全县境。入为太子洗马，大司马东曹掾，建安王友，大司马从事中郎。武陵王晔为护军，转护军司马，寻为本州治中。明帝领牧，仍为别驾。时魏寇寿春，以稷为宁朔将军、军主，副尚书仆射沈文季镇豫州。魏众称百万，围城累日，时经略处分，文季悉委稷焉。军退，迁平西司马、宁朔将军、南平内史。魏又寇雍州，诏以本号都督荆、雍诸军事。时雍州刺史曹虎度樊城岸，以稷知州事。魏师退，稷还荆州，就拜黄门侍郎，复为司马、新兴永宁二郡太守。郡犯私讳，改永宁为长宁。寻迁司徒司马，加辅国将军。及江州刺史陈显达举兵反，以本号镇历阳、南谯二郡太守，迁镇南长史、寻阳太守、辅国将军、行江州事。寻征还，为持节、辅国将军、都督北徐州诸军事、北徐州刺史。出次白下，仍迁都督南兖州诸军

自为他辩驳？将详情奏报上来。"所诘问的十条，范缜只能支支吾吾勉强应答。王亮于是从此闭门不出，不接待宾客。后来遭母丧，完成服丧之礼。

天监八年（509），天子降诏起用他为秘书监，不久加通直散骑常侍，几天后迁任太常卿。天监九年（510），转任中书监，加散骑常侍。于当年去世。天子下诏赐钱三万、布五十匹资助其丧葬。谥号为炀子。

## 张稷

张稷字公乔，吴郡人。父亲张永，曾任刘宋一朝的右光禄大夫。张稷的生母染病不起多时，张稷当时才十一岁，夜不解衣地侍奉母亲，张永大为奇异。母亲病故后，张稷悲伤过度而身体消瘦的程度比其他人都重，必须挂杖才能起身。性格爽朗率直，颖悟而有才略，与同族兄弟张充、张融、张卷等都闻名于一时，时人称呼他们都说："张充、张融、张卷、张稷，合称四张。"初任著作佐郎，没有拜官。接连为父母亲服丧，在墓侧筑草庐而居长达六年。服丧结束后，任骠骑法曹行参军，转任外兵参军。

南齐永明年间，担任剡县令，不常治理，多游山玩水。时值贼人唐㝢之作乱，张稷统率激励县人防御，保全了县境。入朝担任太子洗马，大司马东曹掾，建安王友，大司马从事中郎。武陵王萧晔担任护军时，张稷转任护军司马，不久担任本籍所在的扬州治中。齐明帝萧鸾出任扬州牧时，他仍担任别驾。当时北魏进犯寿春，天子任命张稷为宁朔将军、军主，辅佐尚书仆射沈文季镇守豫州。北魏军号称百万，围困寿春很久，当时城中防务布置安排，沈文季全部交由张稷处理。北魏军撤退后，迁任平西司马、宁朔将军、南平内史。北魏又进犯雍州，天子诏命张稷以本号都督荆、雍诸军事。当时雍州刺史曹虎渡江移屯樊城，以张稷执掌州事。北魏军撤兵后，张稷回到荆州，就任黄门侍郎，后又担任司马、新兴永宁二郡太守。因郡名犯其父名讳，改永宁郡为长宁郡。不久迁任司徒司马，加辅国将军。江州刺史陈显达起兵造反，张稷以本号据守历阳、南谯二郡为太守，迁任镇南

事、南兖州刺史。俄进督北徐、徐、兖、青、冀五州诸军事，将军并如故。永元末，征为侍中，宿卫宫城。义师至，兼卫尉江淹出奔。稷兼卫尉，副王莹都督城内诸军事。

时东昏淫虐，义师围城已久，城内思亡而莫有先发。北徐州刺史王珍国就稷谋之，乃使直阁张齐害东昏于含德殿。稷召尚书右仆射王亮等列坐殿前西钟下，谓曰："昔桀有昏德，鼎迁于殷；商纣暴虐，鼎迁于周。今独夫自绝于天，四海已归圣主，斯实微子去殷之时，项伯归汉之日，可不勉哉。"乃遣国子博士范云、舍人裴长穆等使石头城诣高祖，高祖以稷为侍中、左卫将军。高祖总百揆，迁大司马左司马。梁台建，为散骑常侍、中书令。高祖受禅，以功封江安县侯，邑一千户。又为侍中、国子祭酒，领骁骑将军，迁护军将军、扬州大中正，以事免。寻为度支尚书、前将军、太子右卫率，又以公事免。俄为祠部尚书，转散骑常侍、都官尚书、扬州大中正，以本职知领军事。寻迁领军将军，中正、侯如故。

时魏寇青州，诏假节、行州事。会魏军退，仍出为散骑常侍、将军、吴兴太守，秩中二千石。下车存问遗老，引其子孙，置之右职，政称宽恕。进号云麾将军，征尚书左仆射。舆驾将欲如稷宅，以盛暑，留幸仆射省，旧临幸供具皆酬太官馔直，帝以稷清贫，手诏不受。出为使持节、散骑常侍、都督青冀二州诸军事、安北将军、青冀二州刺史。会魏寇朐山，诏稷权顿六里，都督众军。还，进号镇北将军。

初郁洲接边陲，民俗多与魏人交市。及朐山叛，或与魏通，

长史、寻阳太守、辅国将军、代理江州刺史。不久从驻地回朝，担任持节、辅国将军、都督北徐州诸军事、北徐州刺史。出京屯驻于白下，又迁任都督南兖州诸军事、南兖州刺史。不久进位为都督北徐州、徐州、兖州、青州、冀州诸军事，将军职衔照旧。永元末年，征召他为侍中，宿卫宫城。高祖义师打到京师时，兼卫尉江淹出奔归附义师，张稷兼任卫尉，辅佐王莹都督城内诸军事。

当时东昏侯荒淫暴虐，义师围城已久，城内人心都想逃亡但无人领头。北徐州刺史王珍国与张稷一起谋划，就让直阁将军张齐在含德殿杀害了东昏侯。张稷召尚书右仆射王亮等人列坐于含德殿前的西钟之下，对他们说："昔年夏桀昏庸失德，于是九鼎迁移至殷商；商纣残暴肆虐，则九鼎迁至周朝。如今独夫自绝于天，四海已然归心于圣主，现在实在是微子离弃殷商的时刻，项伯归顺汉高祖的日子，你我怎可不努力顺天而行啊。"于是派国子博士范云、舍人裴长穆等人前往石头城拜见高祖，高祖任命张稷为侍中、左卫将军。高祖总领百官后，张稷迁任大司马左司马。高祖获封梁公建立台府后，张稷任散骑常侍、中书令。高祖受禅登基，张稷因功封为江安县侯，食邑一千户。又出任侍中、国子祭酒，兼任骁骑将军，迁任护军将军、扬州大中正，因事免职。不久担任度支尚书、前将军、太子右卫率，又以公事免职。旋即担任祠部尚书，转任散骑常侍、都官尚书、扬州大中正，以本职掌领军事。不久迁任领军将军，大中正及侯的职衔照旧。

当时北魏进犯青州，天子诏命他假节行州事。到北魏军撤退，出京担任散骑常侍、将军、吴兴太守，品级为中二千石。到任后慰问郡中遗老，擢用其子孙，安置在重要职位，主政以宽缓不苛受到称道。进号为云麾将军，征召为尚书左仆射。高祖圣驾要临幸张稷的宅邸，因为夏季天气炎热，就改为前往宫中的仆射官署，依旧制天子驾临时臣子的供奉用度要向太官付钱采办，高祖因为张稷清贫，手书诏令命太官不受纳其资。出京担任使持节、散骑常侍、都督青冀二州诸军事、安北将军、青冀二州刺史。时逢北魏入侵朐山，高祖诏令张稷暂时屯扎在六里，都督众军。大军归来，张稷进号镇北将军。

起初郁洲地接边陲，当地人平时习惯与北魏人交易互市。到了朐

既不自安矣；且稷宽弛无防，僚吏颇侵渔之。州人徐道角等夜袭州城，害稷，时年六十三。有司奏削爵土。

稷性烈亮，善与人交。历官无蓄聚，俸禄皆颁之亲故，家无余财。初去吴兴郡，以仆射征，道由吴，乡人候稷者满水陆。稷单装径还京师，人莫之识，其率素如此。

稷长女楚瑗，适会稽孔氏，无子归宗。至稷见害，女以身蔽刃，先父卒。稷子嵊，别有传。

卷字令远，稷从兄也。少以知理著称，能清言，仕至都官尚书，天监初卒。

## 王莹

王莹，字奉光，琅邪临沂人也。父懋，光禄大夫、南乡僖侯。

莹选尚宋临淮公主，拜驸马都尉，除著作佐郎，累迁太子舍人，抚军功曹，散骑侍郎，司徒左西属。

齐高帝为骠骑将军，引为从事中郎。顷之，出为义兴太守，代谢超宗。超宗去郡，与莹交恶，既还，间莹于懋。懋言之于朝廷，以莹供养不足，坐失郡废弃。久之，为前军咨议参军，中书侍郎，大司马从事中郎，未拜，丁母忧。服阕，为给事黄门郎，出为宣城太守，迁为骠骑长史。复为黄门侍郎、司马、太子中庶子，仍迁侍中，父忧去职。服阕，复为侍中，领射声校尉，又为冠军将军、东阳太守。居郡有惠政，迁吴兴太守。明帝勤忧庶政，莹频处二郡，皆有能名。甚见褒美。还为太子詹事、中领军。

山发生叛乱时，有人与北魏暗通声气，已经出现了不安分的迹象；而且张稷治政宽缓未设防备，属官下吏对民众侵扰剥削颇重。州人徐道角等人趁夜袭击了州城，杀害了张稷，时年六十三岁。有司参奏降减其封爵食邑。

张稷性格刚烈正大，善与人结交。历任官职都无所积蓄，俸禄全都分赠亲友故旧，家无余财。之前他离开吴兴郡，应召赴京担任仆射，途经吴郡，沿途前来等候送别他的家乡父老挤满了水陆两途。而张稷单人轻装径直回到了京师，一路没有人认出他来，其简单朴素到如此程度。

张稷长女张楚瑗，许配给会稽郡孔氏，因没生育儿子而回归母家。当张稷被害时，楚瑗以身阻挡刀刃，先于其父而死。张稷的儿子张嵊，另外有传。

张卷字令远，是张稷的堂兄。年少时以通晓情理著称，擅长清谈，官至都官尚书，天监初年逝世。

## 王莹

王莹字奉光，琅琊临沂人。父亲王懋，曾任光禄大夫、南乡僖侯。

王莹被选配迎娶了刘宋的临淮公主，拜为驸马都尉，又授任著作佐郎，累次迁任太子舍人，抚军功曹，散骑常侍，司徒左西属等职。

齐高帝萧道成当时担任骠骑将军，引荐他出任从事中郎。不久，出京担任义兴太守，取代谢超宗。谢超宗离开义兴郡，与王莹关系恶化，回京之后，在王懋面前离间王莹。王懋表奏朝廷，以王莹不尽力奉养父亲的罪名，使他获罪革职为民。过了很久，出任前军咨议参军，中书侍郎，大司马从事中郎，他没有拜官，遭母丧丁忧。服丧期满后，担任给事黄门郎，出京任宣城太守，迁任为骠骑长史。后又担任黄门侍郎、司马、太子中庶子，仍迁任侍中，遭父丧丁忧去职。服丧期满，再次担任侍中，兼任射声校尉，又任冠军将军、东阳太守。在郡中实施惠民之政，迁任吴兴太守。齐明帝萧鸾为政事忧虑劳碌，王莹长期在东阳、吴兴二郡担任太守，有治郡有方的盛名，深受明帝褒奖美

永元初，政由群小，莹守职而不能有所是非。莹从弟亮既当朝，于莹素虽不善，时欲引与同事。迁尚书左仆射，未拜，会护军崔慧景自京口奉江夏王入伐，莹假节，率众拒慧景于湖头，夜为慧景所袭，众散，莹赴水，乘榜入乐游，因得还台城。慧景败，还居领军府。义师至，复假节，都督宫城诸军事。建康平，高祖为相国，引莹为左长史，加冠军将军，奉法驾迎和帝于江陵。帝至南州，逊位于别宫。高祖践阼，迁侍中、抚军将军，封建城县公，邑千户。寻迁尚书左仆射，侍中、抚军如故。顷之，为护军将军，复迁散骑常侍、中军将军、丹阳尹。视事三年，迁侍中、光禄大夫，领左卫将军。俄迁尚书令、云麾将军，侍中如故。累进号左、中权将军，给鼓吹一部。莹性清慎，居官恭恪，高祖深重之。

天监十五年，迁左光禄大夫、开府仪同三司，丹阳尹、侍中如故。莹将拜，印工铸其印，六铸而龟六毁，既成，颈空不实，补而用之。居职六日，暴疾卒。赠侍中、左光禄大夫、开府仪同三司。

陈吏部尚书姚察曰：孔子称“殷有三仁，微子去之，箕子为之奴，比干谏而死。”王亮之居乱世，势位见矣。其于取舍，何与三仁之异欤？及奉兴王，蒙宽政，为佐命，固将愧于心。其自取废败，非不幸也。《易》曰：“非所据而据之，身必危。”亮之进退，失所据矣。惜哉！张稷因机制变，亦其时也。王莹印章六毁，岂神之害盈乎？

誉。还京后担任太子詹事、中领军。

永元初年，朝政被小人把持，王莹忠于职守但不能有所纠正。王莹的堂弟王亮已掌权，虽然与王莹一向并不亲密，此时也想与他一起共事。迁任尚书左仆射，尚未拜授，时值护军崔慧景从京口尊奉江夏王萧宝玄前来攻打建康，王莹假节，率军在湖头拒敌崔慧景。夜间遭遇崔慧景袭击，部队溃散，王莹跳入水中，乘坐小船逃进乐游苑，因而得以返回台城。崔慧景军败后，王莹重回领军府任职。高祖义师打到建康时，王莹再次假节，都督宫城诸军事。建康平定后，高祖被封为相国，任王莹为左长史，加冠军将军，护送法驾仪仗到江陵迎接齐和帝。和帝到达南州，在行宫逊位。高祖践祚登基，王莹迁任侍中、抚军将军，封为建城县公，食邑一千户。不久迁任尚书左仆射，侍中、抚军之职照旧。稍后，出任护军将军，又迁任散骑常侍、中军将军、丹阳尹。任职三年，迁任侍中、光禄大夫，兼左卫将军。不久迁任尚书令、云麾将军，侍中之职照旧。累加进号为左中权将军，赐鼓吹乐班一部。王莹性情清正谨慎，任官职十分恭敬严谨，高祖非常器重他。

天监十五年（516），迁任左光禄大夫、开府仪同三司，丹阳尹、侍中之职照旧。王莹将要拜授官职时，印工为他铸造官印，先后铸造六次而每次印上的龟都毁坏了，铸成之后，龟颈空而不实，填补之后才可用。他居官六天，突发急病而死。追赠他侍中、左光禄大夫、开府仪同三司。

陈朝吏部尚书姚察说：孔子声言"殷商末年有三位仁人，微子离弃了纣王，箕子沦为奴隶，比干力谏而死"。王亮身居东昏侯当政的乱世，权势地位可谓很显赫了。他的取舍选择，与商朝的三位仁人相比何以如此不同呢？后来尊奉龙兴之主，身蒙宽宥之政，成为佐命之臣，他本该有愧于内心。其自取贬斥废黜，并不是命运不幸所致。《易》说："占据本不该占据的位置，其身必然陷入危境。"王亮的进退，就是占据了错误的位置。可惜啊！张稷能认清形势及时改变立场，能适应时势。王莹官印六次毁坏，莫非是神灵在对运势满盈者施加损害吗？

# 卷十七

## 列传第十一

王珍国　马仙琕　张齐

### 王珍国

王珍国，字德重，沛国相人也。父广之，齐世良将，官至散骑常侍、车骑将军。

珍国起家冠军行参军，累迁虎贲中郎将、南谯太守，治有能名。时郡境苦饥，乃发米散财，以拯穷乏。齐高帝手敕云："卿爱人治国，甚副吾意也。"永明初，迁桂阳内史，讨捕盗贼，境内肃清。罢任还都，路经江州，刺史柳世隆临渚钱别，见珍国还装轻素，乃叹曰："此真可谓良二千石也！"还为大司马中兵参军。武帝雅相知赏，每叹曰："晚代将家子弟，有如珍国者少矣。"复出为安成内史。入为越骑校尉，冠军长史、钟离太守。仍迁巴东、建平二郡太守。还为游击将军，以父忧去职。

建武末，魏军围司州，明帝使徐州刺史裴叔业攻拔涡阳，以为声援，起珍国为辅国将军，率兵助焉。魏将杨大眼大众奄至，叔业惧，弃军走，珍国率其众殿，故不至大败。永泰元年，会稽太守王敬则反，珍国又率众距之。敬则平，迁宁朔将军、青冀二州刺史，将军如故。

义师起，东昏召珍国以众还京师，入顿建康城。义师至，使珍国出屯朱雀门，为王茂军所败，乃入城。仍密遣郄纂奉明镜献诚於高祖，高祖断金以报之。时城中咸思从义，莫敢先发，侍中、卫尉张稷都督众军，珍国潜结稷腹心张齐要稷，稷许之。十二月丙寅

## 王珍国

王珍国字德重,沛国相县人。父亲王广之,是南齐一朝的良将,官至散骑常侍、车骑将军。

王珍国初任冠军行参军,累经迁任虎贲中郎将、南谯太守,治政以能干而闻名。当时南谯郡境内遭遇饥荒,王珍国分发米粮财物,以赈济穷乏百姓。齐高帝亲下敕令说:"卿爱护人民治理国土,很符合我的期望。"永明初年,迁任桂阳内史,征讨抓捕盗贼,令境内治安肃清。任期结束回京,路经江州,刺史柳世隆在江边为他饯行送别,见到王珍国回京行装轻便朴素,就感叹说:"这人真可谓是良太守啊。"回朝担任大司马中兵参军。武帝与他相知而非常赏识,常常叹息说:"近代以来将门子弟,像王珍国一样的人很少了。"又出京担任安成内史。入京出任越骑校尉、冠军长史、钟离太守。又迁任巴东、建平二郡太守。回京后任游击将军,因父丧丁忧去职。

建武末年,北魏军队围困司州,明帝派徐州刺史裴叔业攻克涡阳,声援司州,起用王珍国为辅国将军,率军前去援助。北魏将领杨大眼率大军忽然掩杀而至,裴叔业十分恐惧,弃军逃走,王珍国率部殿后,因而不至于遭受惨败。永泰元年(498),会稽太守王敬则造反,王珍国又率军拒敌。平定王敬则之后,迁任宁朔将军、青冀二州刺史,辅国将军的职衔照旧。

高祖义师起兵后,东昏侯召王珍国领兵回到京师,进入建康城屯驻。义师打到建康,东昏侯派王珍国出城屯于朱雀门,被王茂军打败,于是入城。王珍国秘密派遣郄纂送一面明镜向高祖表达投诚之意,高祖断金作为回报。当时城中守军都想顺从义师,无人敢先发动,侍中、卫尉张稷都督众军,王珍国暗地联络张稷的心腹张齐

旦，珍国引稷于卫尉府，勒兵入自云龙门，即东昏于内殿斩之，与稷会尚书仆射王亮等于西钟下，使中书舍人裴长穆等奉东昏首归高祖。以功授右卫将军，辞不拜；又授徐州刺史，固乞留京师。复赐金帛，珍国又固让。敕答曰："昔田子泰固辞绢谷。卿体国情深，良在可嘉。"后因侍宴，帝问曰："卿明镜尚存，昔金何在？"珍国答曰："黄金谨在臣肘，不敢失坠。"复为右卫将军，加给事中，迁左卫将军，加散骑常侍。天监初，封滠阳县侯，邑千户。除都官尚书，常侍如故。

五年，魏任城王元澄寇钟离，高祖遣珍国，因问讨贼方略。珍国对曰："臣常患魏众少，不苦其多。"高祖壮其言，乃假节，与众军同讨焉。魏军退，班师。出为使持节、都督梁秦二州诸军事、征虏将军、南秦梁二州刺史。会梁州长史夏侯道迁以州降魏，珍国步道出魏兴，将袭之，不果，遂留镇焉。以无功，累表请解，高祖弗许。改封宜阳县侯，户邑如前。征还为员外散骑常侍、太子右卫率，加后军。顷之，复为左卫将军。九年，出为使持节、都督湘州诸军事、信武将军、湘州刺史。视事四年，征还为护军将军，迁通直散骑常侍、丹阳尹。十四年，卒。诏赠车骑将军，给鼓吹一部，赗钱十万，布百匹。谥曰威。子僧度嗣。

## 马仙琕

马仙琕，字灵馥，扶风郿人也。父伯鸾，宋冠军司马。

仙琕少以果敢闻，遭父忧，毁瘠过礼，负土成坟，手植松柏。起家郢州主簿，迁武骑常侍，为小将，随齐安陆王萧缅。缅卒，事明

邀请张稷一同举事，张稷同意了。十二月丙寅日拂晓，王珍国引领张稷出卫尉府，率军从云龙门入宫，在内殿之前斩杀了东昏侯，与张稷在殿前西钟下召集尚书仆射王亮等人，派中书舍人裴长穆等将东昏侯首级送给高祖。因功授任右卫将军，他辞谢不拜官；又授任徐州刺史，他坚决请求留在京师。高祖又赐予金帛，王珍国又极力辞让。高祖敕令答复说："当年东汉末年田畴亦曾坚决辞让丝绢谷物的赏赐。卿体恤国家之情深如此，实在值得表彰。"后来，王珍国侍宴，高祖问他："卿送我的明镜尚存，当时回赠给卿的断金现在哪里？"王珍国回答说："黄金谨携于臣臂肘，不敢失坠。"再次任命为右卫将军，加给事中，迁任左卫将军，加散骑常侍。天监初年，封滠阳县侯，食邑千户。任命都官尚书，散骑常侍之职照旧。

天监二年（503），北魏任城王元澄进犯钟离，高祖派遣王珍国抵敌，问他讨贼方略如何。王珍国回答说："臣常担心北魏来的军队太少，不担心其多。"高祖认为他所言气魄豪壮，便让他假节，与众军共同出征。北魏军队撤退后，王珍国也班师。后出京担任使持节、都督梁秦二州诸军事、征虏将军、南秦梁二州刺史。时值梁州长史夏侯道迁以举州之地投降北魏，王珍国率部从魏兴郡出发进击，将要袭击他，未能成功，于是留下镇守边境。因为出兵没有战功，王珍国屡次上表请求解除职务，高祖不同意。改封他为宜阳县侯，食邑数照旧。征召他回京任员外散骑常侍、太子右卫率，加后军将军。不久，又任命为左卫将军。天监九年（510），出京任使持节、都督湘州诸军事、信武将军、湘州刺史。在任四年，征召回京任护军将军，迁任通直散骑常侍、丹阳尹。天监十四年（515），王珍国去世。高祖下诏追赠车骑将军，赐给鼓吹乐班一部，并赠钱十万，布百匹资助其丧葬。谥号为威。儿子王僧度继承爵位。

### 马仙琕

马仙琕字灵馥，扶风郿县人。父亲马伯鸾，刘宋时任冠军司马。

马仙琕年少时以勇敢果断闻名。遭父丧丁忧，哀伤过度超越礼法而形销骨立，身负泥土垒成坟丘，亲手种植松柏于其上。初任郢州主簿，迁任武骑常侍，以小将身份追随南齐安陆王萧缅。萧缅去世后，帝。永元中，萧遥光、崔慧景乱，累有战功，以勋至前将军。出为龙骧将军、南汝阴谯二郡太守。会寿阳新陷，魏将王肃侵边，仙琕力战，以寡克众，魏人甚惮之。复以功迁宁朔将军、豫州刺史。

义师起，四方多响应，高祖使仙琕故人姚仲宾说之，仙琕于军斩仲宾以徇。义师至新林，仙琕犹持兵于江西，日钞运漕，建康城陷，仙琕号哭经宿，乃觧兵归罪。高祖劳之曰："射钩斩袪，昔人弗忌。卿勿以戮使断运，苟自嫌绝也。"仙琕谢曰："小人如失主犬，后主饲之，便复为用。"高祖笑而美之。俄而仙琕母卒，高祖知其贫，赗给甚厚。仙琕号泣，谓弟仲艾曰："蒙大造之恩，未获上报。今复荷殊泽，当与尔以心力自效耳。"

天监四年，王师北讨，仙琕每战，勇冠三军，当其冲者，莫不摧破。与诸将论议，口未尝言功。人问其故，仙琕曰："丈夫为时所知，当进不求名，退不逃罪，乃平生愿也。何功可论！"授辅国将军、宋安、安蛮二郡太守，迁南义阳太守。累破山蛮，郡境清谧。以功封浛洭县伯，邑四百户，仍迁都督司州诸军事、司州刺史，辅国将军如故。俄进号贞威将军。

魏豫州人白皂生杀其刺史琅邪王司马庆曾，自号平北将军，推乡人胡逊为刺史，以悬瓠来降。高祖使仙琕赴之，又遣直阁将军武会超、马广率众为援。仙琕进顿楚王城，遣副将齐苟儿以兵二千助守悬瓠。魏中山王元英率众十万攻悬瓠，仙琕遣广、会超等守三关。十二月，英破悬瓠，执齐苟儿，遂进攻马广，又破广，生擒之，送

侍奉明帝萧鸾。永元年间，萧遥光、崔慧景等人叛乱，马仙琕屡建战功，因功升至前将军。出京任龙骧将军、南汝阴、谯二郡太守。当时寿阳陷落不久，北魏将领王肃侵犯边境，马仙琕率军力战，以少胜多，北魏军队非常忌惮他。后又因功迁任宁朔将军、豫州刺史。

高祖义师兴起后，四方多有响应者，高祖派马仙琕的故人姚仲宾去游说他，马仙琕在军中将姚仲宾斩首示众。义师进至新林，马仙琕仍然在长江西岸领兵，天天抄掠义师的漕粮运输。待到建康城被义师攻陷，马仙琕彻夜号哭，于是解散部队回京领罪。高祖慰劳他说："管仲曾一箭射中公子小白的带钩，寺人披曾斩断公子重耳的袖口，这二位都不曾忌恨在心。卿也不要因为曾杀死我的使者、断绝我军粮运而自生嫌隙而弃绝啊。"马仙琕谢罪说："小人如丧主之犬，后来之主若愿意饲养，我就愿效犬马之劳。"高祖笑着称赞他。不久马仙琕母亲去世，高祖知道他家颇为贫寒，赠赐的丧葬之资非常丰厚。马仙琕痛哭流泪，对弟弟马仲艾说："我已蒙再造之恩，没有得到报答的机会。今天再次接受非凡的恩泽，当与你尽心竭力报效主上。"

天监四年（505），王师北伐，马仙琕每次战斗都勇冠三军，他所面对的敌军全被击破。当他和众将议论起军事，口中从不曾提起自己的功劳。旁人问他其中缘故，马仙琕说："大丈夫受当今上所知遇，应当进不求名，退不逃罪，这是我平生之愿。有什么功劳值得一论呢？"授任为辅国将军、宋安、安蛮二郡太守，后迁任南义阳太守。他多次击破山蛮，于是郡境清静无扰。因功被封为浛洭县伯，食邑四百户，又迁任都督司州诸军事、司州刺史，辅国将军之职照旧。不久进号贞威将军。

北魏豫州人白皂生刺杀了该州刺史琅琊王司马庆曾，自号为平北将军，推举乡人胡逊为刺史，献悬瓠城投降梁朝。高祖派马仙琕前往悬瓠，又派直阁将军武会超、马广率军作为后援。马仙琕进屯楚王城，派遣副将齐苟儿领兵二千协助防守悬瓠城。北魏中山王元英率军十万进攻悬瓠，马仙琕派马广、武会超等人镇守三关。十二月，元英攻破悬瓠城，抓住齐苟儿，于是进攻马广，再度击败了梁军，生擒马

雉阳。仙琕不能救。会超等亦相次退散，魏军遂进据三关。仙琕坐征还，为云骑将军。出为仁威司马，府主豫章王转号云麾，复为司马，加振远将军。

十年，朐山民杀琅邪太守刘晰，以城降魏，诏假仙琕节，讨之。魏徐州刺史卢昶以众十余万赴焉。仙琕与战，累破之，昶遁走。仙琕纵兵乘之，魏众免者十一二，收其兵粮牛马器械，不可胜数。振旅还京师，迁太子左卫率，进爵为侯，增邑六百户。十一年，迁持节、督豫北豫霍三州诸军事、信武将军、豫州刺史，领南汝阴太守。

初，仙琕幼名仙婢，及长，以"婢"名不典，乃以"玉"代"女"，因成"琕"云。自为将及居州郡，能与士卒同劳逸。身衣不过布帛，所居无帷幕衾屏，行则饮食与厮养最下者同。其在边境，常单身潜入敌庭，伺知壁垒村落险要处所，故战多克捷，士卒亦甘心为之用，高祖雅爱仗之。在州四年，卒。赠左卫将军。谥曰刚。子岩夫嗣。

### 张齐

张齐，字子响，冯翊郡人。世居横桑，或云横桑人也。少有胆气。初事荆府司马垣历生。历生酗酒，遇下严酷，不甚礼之。历生罢官归，吴郡张稷为荆府司马，齐复从之，稷甚相知重，以为心腹，虽家居细事，皆以任焉。齐尽心事稷，无所辞惮。随稷归京师。稷为南兖州，又擢为府中兵参军，始委以军旅。

齐永元中，义师起，东昏征稷归，都督宫城诸军事，居尚书省。义兵至，外围渐急，齐日造王珍国，阴与定计。计定，夜引珍国就稷造膝，齐自执烛以成谋。明旦，与稷、珍国即东昏于内殿，齐手刃广，送到雒阳。马仙琕未能救援。武会超等人的部队也相继退散，北魏军队于是进据三关。马仙琕因这次战败被征召回京，任云骑将军。出京担任仁威将军司马，将军府主豫章王萧综转号云麾将军，马仙琕再次担任其司马，加振远将军。

天监十年（511），朐山的居民杀死了琅琊太守刘晰，献朐山城投降北魏。高祖假马仙琕节，前去征讨。北魏徐州刺史卢昶率军十余万人前往朐山。马仙琕与之接战，屡次击败北魏军，卢昶逃走。马仙琕派兵随后掩杀，北魏军队幸存者只有十之一二，缴获其军粮牛马器械不可胜数。马仙琕凯旋回到京师，迁任太子左卫率，进爵为侯，增加食邑六百户。天监十一年（512），迁任持节、都督豫、北豫、霍三州诸军事、信武将军、豫州刺史，兼领南汝阴太守。

起先，马仙琕小时候名叫仙婢，长大后，因为“婢”字作名字不够典雅，就以“玉”代替“女”，所以称为“琕”。从他担任将领直至及在州郡任职，能与士卒同甘共苦。身上所穿不过布帛，平日所居没有帷幕被卧屏风，行军则饮食与最底层的士卒一样。他驻守边境时，常常只身一人潜入敌境，探知壁垒村落险要所在，因此作战大多能打胜仗，士卒也甘心为他所用，高祖一直很器重并倚仗他。在豫州四年，去世。追赠左卫将军。谥号为刚。儿子马严夫继承爵位。

## 张齐

张齐字子响，冯翊郡人。世代居住在横桑，有人说他是横桑人。少年时就有胆气。最初事奉荆府司马垣历生。垣历生酗酒，对待下属很严酷，很少以礼相待。垣历生罢官回乡后，吴郡人张稷出任荆府司马，张齐又追随他，张稷对他知遇甚重，当作自己的心腹，即便是家居小事，都会委任他处理。张齐尽心辅佐张稷，无所推辞忌惮。跟随张稷返回京师。张稷担任南兖州刺史后，张齐又被擢升为府中兵参军，从此开始在军中任职。

南齐永元年间，高祖义师兴起，东昏侯征召张稷回到京师，都督宫城诸军事，住在尚书省。义军到达建康，城外围攻日渐紧急，张齐白天造访王珍国，暗中与他议定计谋。商定计策后，张齐夜里就领

焉。明年，高祖受禅，封齐安昌县侯，邑五百户，仍为宁朔将军、历阳太守。齐手不知书，目不识字，而在郡有清政，吏事甚修。

天监二年，还为虎贲中郎将。未拜，迁天门太守，宁朔将军如故。四年，魏将王足寇巴、蜀，高祖以齐为辅国将军救蜀。未至，足退走，齐进戍南安。七年秋，使齐置大剑、寒冢二戍，军还益州。其年，迁武旅将军、巴西太守，寻加征远将军。十年，郡人姚景和聚合蛮蜓，抄断江路，攻破金井。齐讨景和于平昌，破之。

初，南郑没于魏，乃于益州西置南梁州。州镇草创，皆仰益州取足。齐上夷獠义租，得米二十万斛。又立台传，兴冶铸，以应赡南梁。

十一年，进假节、督益州外水诸军。十二年，魏将傅竖眼寇南安，齐率众距之，竖眼退走。十四年，迁信武将军、巴西梓潼二郡太守。是岁，葭萌人任令宗因众之患魏也，杀魏晋寿太守，以城归款。益州刺史鄱阳王遣齐帅众三万，督南梁州长史席宗范诸军迎令宗。十五年，魏东益州刺史元法僧遣子景隆来拒齐师，南安太守皇甫谌及宗范逆击之，大破魏军于葭萌，屠十余城，魏将丘突、王穆等皆降。而魏更增傅竖眼兵，复来拒战，齐兵少不利，军引还，于是葭萌复没于魏。

齐在益部累年，讨击蛮獠，身无宁岁。其居军中，能身亲劳辱，与士卒同其勤苦。自画顿舍城垒，皆委曲得其便，调给衣粮资用，人人无所困乏。既为物情所附，蛮獠亦不敢犯，是以威名行于庸、

着王珍国去见张稷促膝密谈,张齐亲自为二人手执灯烛促成密谋。第二日天明,他与张稷、王珍国在内殿找到东昏侯,张齐亲手将其斩杀。第二年,高祖受禅,封张齐为安昌县侯,食邑五百户,并任宁朔将军、历阳太守。张齐手不能写,目不识字,但在郡中有清美的政声,政务管理得很有条理。

天监二年(503),回京出任虎贲中郎将。没有拜官,迁任天门太守,宁朔将军之职照旧。天监四年(505),北魏将领王足进犯巴蜀,高祖任命张齐为辅国将军救援蜀郡。张齐尚未抵达,王足已经退走,他就进驻南安。天监七年(508)秋,高祖命张齐设置大剑、寒冢二处戍所,大军回到益州。这一年,张齐迁任武旅将军、巴西太守,不久加征远将军。天监十年(511),郡中人姚景和纠集当地少数民族蛮蜒,截断长江交通,攻破金井。张齐在平昌与姚景和作战,击破了他。

起初,南郑被北魏占据,朝廷就在益州西部设置南梁州。州府初创,粮米物资都依靠益州的供给方得充足。张齐为南梁州输送向夷、獠等少数民族征收的义租,得米二十万斛。又置立台传,大兴冶炼铸造,以供应南梁州。

天监十一年(512),进位为假节、都督益州外水诸军。天监十二年(513),北魏将领傅竖眼进犯南安,张齐率军抵敌,傅竖眼退走。天监十四年(515),迁任信武将军、巴西梓潼二郡太守。这一年,葭萌人任令宗借民众不满北魏统治的机会,杀死北魏晋寿郡太守,献城归降。益州刺史鄱阳王萧恢派张齐率军三万,督率南梁州长史席宗范诸军迎接任令宗。天监十五年(516),北魏东益州刺史元法僧派儿子元景隆前来拒敌张齐的部队,南安太守皇甫谌及席宗范出兵阻击,在葭萌大破北魏军,连屠十几座敌城,北魏将领丘突、王穆等都投降了梁军。而北魏重新向傅竖眼增派援军,再次前来交战,张齐兵少不能取胜,率军撤退,至此葭萌又落入北魏手中。

张齐在益州多年,讨伐当地蛮獠,没有一年安宁无战事。他在军中,总能不避辛劳亲临一线,与士卒同甘共苦。自己筹划屯驻的营房和壁垒工事,都很妥帖便利,充分调配发放衣甲、粮食、军用物资,士卒每个人都不会困顿缺乏。因为他深得将士拥戴依附,蛮獠也不敢

蜀。巴西郡居益州之半，又当东道冲要，刺史经过，军府远涉，多所穷匮。齐沿路聚粮食，种蔬菜，行者皆取给焉。其能济办，多此类也。

十七年，迁持节、都督南梁州诸军事、智武将军、南梁州刺史。普通四年，迁信武将军、征西鄱阳王司马、新兴、永宁二郡太守。未发而卒，时年六十七。追赠散骑常侍、右卫将军。赙钱十万，布百匹。谥曰壮。

陈吏部尚书姚察曰：王珍国、申胄、徐元瑜、李居士，齐末咸为列将，拥强兵，或面缚请罪，或斩关献捷；其能后服，马仙琕而已。仁义何常，蹈之则为君子，信哉！及其临边抚众，虽李牧无以加矣。张齐之政绩，亦有异焉。胄、元瑜、居士入梁事迹鲜，故不为之传。

进犯，所以他的威名广行于庸蜀之地。巴西郡占据了益州的一半，又是向东道路上的要冲，每当刺史经过和军府人员出发到远处，常常在路上缺少物资供给。张齐沿道路聚集粮食，种植蔬菜，行路者都能取用这些作为给养。他的办事才干，大多类似于此。

天监十七年（518），迁任持节、都督南梁州诸军事、智武将军、南梁州刺史。普通四年（523），迁任信武将军、征西鄱阳王司马、新兴永宁二郡太守。尚未出发就去世了，时年六十七岁。追赠散骑常侍、右卫将军。赐钱十万，布百匹资助其丧葬。谥号为壮。

陈朝吏部尚书姚察说：王珍国、申胄、徐元瑜、李居士，他们在齐朝末年都是列将，掌握着重兵，有的捆绑自己向高祖请罪，有的献出自己据守的关隘向义军投诚；其中能坚持到最后才降服的，只有马仙琕一人而已。仁义无常规，依之而行的人就是君子，确实如此啊！待到他镇守边境带领军队，即使比之为战国时的大将李牧也不为过了。张齐的政绩，也有其不同寻常之处。申胄、徐元瑜、李居士进入梁朝后鲜有其事迹，所以不为这几人作传。

# 卷十八

## 列传第十二

张惠绍　冯道根　康绚　昌义之

### 张惠绍

张惠绍字德继，义阳人也。少有武干。齐明帝时为直阁，后出补竟陵横桑戍主。永元初，母丧归葬于乡里。闻义师起，驰归高祖，板为中兵参军，加宁朔将军、军主。师次汉口，高祖使惠绍与军主朱思远游遏江中，断郢、鲁二城粮运。郢城水军主沈难当帅轻舸数十挑战，惠绍击破，斩难当，尽获其军器。义师次新林、朱雀，惠绍累有战功。建康城平，迁辅国将军、前军，直阁、左细仗主。高祖践阼，封石阳县侯，邑五百户。迁骁骑将军，直阁、细仗主如故。时东昏余党数百人，窃入南北掖门，烧神虎门，害卫尉张弘策。惠绍驰率所领赴战，斩首数十级，贼乃散走。以功增邑二百户。迁太子右卫率。

天监四年，大举北伐，惠绍与冠军长史胡辛生、宁朔将军张豹子攻宿预，执城主马成龙，送于京师。使部将蓝怀恭于水南立城为掎角。俄而魏援大至，败陷怀恭，惠绍不能守，是夜奔还淮阴，魏复得宿预。六年，魏军攻钟离，诏左卫将军曹景宗督众军为援，进据邵阳。惠绍与冯道根、裴邃等攻断魏连桥，短兵接战，魏军大溃。以功增邑三百户，还为左骁骑将军。寻出为持节、都督北兖州诸军事、冠军将军、北兖州刺史。魏宿预、淮阳二城内附，惠绍抚纳有功，进号智武将军，益封二百户。入为卫尉卿，迁左卫将军。出为持节、都督司州诸军事、信威将军、司州刺史、领安陆太守。在州和理，吏民亲爱之。

## 张惠绍

张惠绍字德继，义阳郡人。少年时即有军事才干。齐明帝时担任直阁，后出京补任竟陵郡的横桑戍主。永元初年，因母丧归葬乡里。听闻高祖义军兴起，飞马归附高祖，被板授为中兵参军，加宁朔将军、军主。义军进抵汉口后，高祖派遣张惠绍与军主朱思远在江中巡弋，中断了郢城、鲁山二城间的粮运。郢城水军主沈难当率轻舟数十艘前来挑战，张惠绍击破了他，将他斩杀，尽数缴获其军资器械。义师打到新林、朱雀门，张惠绍屡立战功。建康城平定后，迁任辅国将军、前军，直阁、左细仗主。高祖践祚登基后，封他为石阳县侯，食邑五百户。迁任骁骑将军，直阁、细仗主的职衔照旧。当时东昏侯余党几百人，潜入南北掖门，火烧神虎门，杀害了卫尉张弘策。张惠绍飞马率领所部赶来作战，斩首数十，贼人就四散逃走。因功增加食邑二百户，迁任太子右卫率。

天监四年（505），梁朝大举北伐，张惠绍与冠军长史胡辛生、宁朔将军张豹子攻破宿预城，俘获城主马成龙，解送至京师。他派部将蓝怀恭在淮水南岸筑起壁垒，与宿预城成掎角之势。很快北魏的援军大批抵达，击败了蓝怀恭的部队，张惠绍防守不住，连夜向淮阴撤退，北魏于是重新占领宿预城。天监六年（507），北魏军进攻钟离，天子下诏令左卫将军曹景宗都督众军作为援军，进据邵阳，张惠绍与冯道根、裴邃等人进攻截断了北魏的连桥，双方短兵接战，北魏军大溃。战后张惠绍因功增加食邑三百户，回京担任左骁骑将军。不久出京任持节、都督北兖州诸军事、冠军将军、北兖州刺史。北魏宿预、淮阳二城归附梁朝，张惠绍抚纳有功，进号智武将军，增加食邑二百户。入京担任卫尉卿，迁任左卫将军。又出京任持节、都督司

征还为左卫将军，加通直散骑常侍，甲仗百人，直卫殿内。十八年，卒，时年六十三。诏曰："张惠绍志略开济，干用贞果。诚勤义始，绩闻累任。爰居禁旅，尽心朝夕。奄至殒丧，恻怆于怀。宜追宠命，以彰勋烈。可赠护军将军，给鼓吹一部，布百匹，蜡二百斤。谥曰忠。"子澄嗣。

澄初为直阁将军，丁父忧，起为晋熙太守，随豫州刺史裴邃北伐，累有战功，与湛僧智、胡绍世、鱼弘并当时之骁将。历官卫尉卿、太子左卫率。卒官，谥曰愍。

### 冯道根

冯道根，字巨基，广平酂人也。少失父，家贫，佣赁以养母。行得甘肥，不敢先食，必遽还以进母。年十三，以孝闻于乡里。郡召为主簿，辞不就。年十六，乡人蔡道斑为湖阳戍主，道斑攻蛮锡城，反为蛮所困，道根救之。匹马转战，杀伤甚多，道斑以免，由是知名。

齐建武末，魏主托跋宏寇没南阳等五郡，明帝遣太尉陈显达率众复争之。师入沟口，道根与乡里人士以牛酒候军，因说显达曰："沮水迅急，难进易退。魏若守隘，则首尾俱急。不如悉弃船舰于酂城，方道步进，建营相次，鼓行而前。如是，则立破之矣。"显达不听，道根犹以私属从军。及显达败，军人夜走，多不知山路；道根每及险要，辄停马指示之，众赖以全。寻为沟口戍副。

州诸军事、信威将军、司州刺史、兼领安陆太守。他在司州理政有方，下吏和百姓都很爱戴他。

应征召回京担任左卫将军，加通直散骑常侍，配属执仗甲士一百人，在殿内宿卫执勤。天监十八年（519）去世，时年六十三岁。高祖降诏说：“张惠绍以深谋远略创业济时，有正直果敢之才干。自义军初起即诚心勤王，累任官职都以业绩闻名。长期统领禁卫之军，朝夕竭心尽力拱卫我朝。忽然一夕陨逝，朕深怀悲伤怆痛之情。应该追加优宠策命，以表彰其卓越功勋。可追赠护军将军，赐鼓吹乐班一部，布一百匹，蜡二百斤。谥号为忠。”儿子张澄继承其爵位。

张澄最初任直阁将军，父丧丁忧去职，起用为晋熙太守，跟随豫州刺史裴邃北伐，屡建战功，与湛僧智、胡绍世、鱼弘一起被视为当时的骁勇战将。历任卫尉卿、太子左卫率。在任上去世，谥号为愍。

## 冯道根

冯道根字巨基，广平郡酇县人。少年丧父，家计贫困，他就为人做佣工以奉养母亲。每次得到甘美之食，不敢先吃，必然疾速回家献给母亲。年仅十三岁，已经以孝心闻名乡里。郡中征召他出任主簿，他辞谢不就职。十六岁时，同乡蔡道斑担任湖阳戍主，他在锡城攻打蛮贼，反被蛮贼所围困，被冯道根所救。冯道根单枪匹马四处转战，杀伤了非常多敌人，蔡道斑这才幸免不死，从此冯道根就扬名四方。

南齐建武末年，北魏国主拓跋宏出兵侵占了南阳等五郡，齐明帝派遣太尉陈显达率军前来收复。大军进入沟口，冯道根与乡里百姓献牛酒劳军，并劝陈显达说：“沟水水流湍急，大军逆流而上难进易退。北魏军若是坚守要隘，则大军首尾都陷入危急。不如将船舰全部留在酇城，沿陆路进军，依次结营，击鼓而进。这样的话，一定能很快击破北魏军。”陈显达没有听从这个建议，冯道根还是率领他私人的部属加入军中。后来陈显达被打败，士卒连夜溃逃，大多不知山路方向；冯道根每逢险要之处，就停马为众军指示路径，部队赖此得以保全。不久冯道根出任沟口戍的副戍主。

永元中，以母丧还家。闻高祖起义师，乃谓所亲曰："金革夺礼，古人不避，扬名后世，岂非孝乎？时不可失，吾其行矣。"率乡人子弟胜兵者，悉归高祖。时有蔡道福为将从军，高祖使道根副之，皆隶于王茂。茂伐沔，攻郢城，克加湖，道根常为前锋陷陈。会道福卒于军，高祖令道根并领其众。大军次新林，随王茂于朱雀航大战，斩获尤多。高祖即位，以为骁骑将军，封增城县男，邑二百户。领文德帅，迁游击将军。是岁，江州刺史陈伯之反，道根随王茂讨平之。

天监二年，为宁朔将军、南梁太守，领阜陵城戍。初到阜陵，修城隍，远斥候，有如敌将至者，众颇笑之。道根曰："怯防勇战，此之谓也。"修城未毕，会魏将党法宗、傅竖眼率众二万，奄至城下。道根堑垒未固，城中众少，皆失色。道根命广开门，缓服登城，选精锐二百人，出与魏军战，败之。魏人见意闲，且战又不利，因退走。是时魏分兵于大小岘、东桑等，连城相持。魏将高祖珍以三千骑军其间，道根率百骑横击破之，获其鼓角军仪。于是粮运既绝，诸军乃退。迁道根辅国将军。

豫州刺史韦叡围合肥，克之。道根与诸军同进，所在有功。六年，魏攻钟离，高祖复诏叡救之，道根率众三千为叡前驱。至徐州，建计据邵阳洲，筑垒掘堑，以逼魏城。道根能走马步地，计马足以赋功，城隍立办。及淮水长，道根乘战舰，攻断魏连桥数百丈，魏军败绩。益封三百户，进爵为伯。还迁云骑将军、领直阁将军，改封豫宁县，户邑如前。累迁中权中司马、右游击将军、武旅将军、历阳

　　永元年间，他因母丧丁忧回家。听闻高祖义师举事，就对自己亲近的人说："因从军作战而不能依礼守孝，古人尚且不避讳，能让家族扬名后世，岂能说是不孝呢？时机不可错失，我将要出发了。"于是率领同乡子弟中能够从军出征者，悉数投奔高祖。当时有个名叫蔡道福的将领随在军中，高祖就让冯道根做他的副将，二人都隶属于王茂。王茂进攻汉口，攻陷郢城，取得加湖大捷，冯道根常常作为先锋冲锋陷阵。后来蔡道福在军中去世，高祖令冯道根一并统领其部众。义军进抵新林后，他随王茂在朱雀桥大战敌军，斩获尤其多。高祖即位后，任命他为骁骑将军。封为增城县男，食邑二百户。兼任文德帅，迁任游击将军。这一年，江州刺史陈伯之造反，冯道根随同王茂征讨平定了叛乱。

　　天监二年（503），担任宁朔将军、南梁太守，兼领阜陵城戍。他刚一抵达阜陵，就下令修葺城墙堑壕，并远远地派出斥候，好像敌军将要打过来一样，众人多有嘲笑他的。冯道根说："小心防守，勇敢出击，所指的就是如此。"城池尚未修葺完毕，北魏将领党法宗、傅竖眼率军二万，忽然杀到城下，冯道根的堑壕、营垒都未巩固，城中兵力很少，士卒全都大惊失色。冯道根命令大开城门，穿着宽松的平时服装登城，选择了二百名精锐士卒，出城与北魏军接战，击败了敌军。北魏军见他气定神闲，而交战又占不到便宜，因此就退走了。这时北魏将兵力分散布置在大小岘、东桑等地，连接起营垒与梁军相持。北魏将领高祖珍率领三千骑兵驻扎在其间，冯道根率一百骑兵纵横冲突击破了这支部队，缴获了敌军的鼓角乐器和军用仪仗。于是北魏军粮运断绝，各支部队就撤退了。战后迁任冯道根为辅国将军。

　　豫州刺史韦叡围攻合肥，将之攻克，冯道根与诸军一起进发，所到之处立有战功。天监六年（507），北魏进攻钟离，高祖又诏命韦叡前往解救，冯道根率兵三千作为韦叡的先头部队。抵达徐州后，冯道根提出计策占据邵阳洲，构筑营垒深挖堑壕，以逼近北魏军的城垒。冯道根能够骑马丈量距离，计算马走的步数来布置劳工数量，垒栅堑壕迅速修成。等到淮水上涨，冯道根乘坐战舰，攻击截断北魏军架设的连桥数百丈，敌军被击败。增加他的食邑三百户，进爵位为

太守。八年，迁贞毅将军、假节、督豫州诸军事、豫州刺史、领汝阴太守。为政清简，境内安定。十一年，征为太子右卫率。十三年，出为信武将军、宣惠司马、新兴永宁二郡太守。十四年，征为员外散骑常侍、右游击将军，领朱衣直阁。十五年，为右卫将军。

　　道根性谨厚，木讷少言，为将能检御部曲，所过村陌，将士不敢虏掠。每所征伐，终不言功，诸将谨哗争竞，道根默然而已。其部曲或怨非之，道根喻曰："明主自鉴功之多少，吾将何事。"高祖尝指道根示尚书令沈约曰："此人口不论勋。"约曰："此陛下之大树将军也。"处州郡，和理清静，为部下所怀。在朝廷，虽贵显而性俭约，所居宅不营墙屋，无器服侍卫，入室则萧然如素士之贫贱者。当时服其清退，高祖亦雅重之，微时不学，既贵，粗读书，自谓少文，常慕周勃之器重。

　　十六年，复假节、都督豫州诸军事、信武将军、豫州刺史。将行，高祖引朝臣宴别道根于武德殿，召工视道根，使图其形像。道根踧踖谢曰："臣所可报国家，惟余一死；但天下太平，臣恨无可死之地。"豫部重得道根，人皆喜悦。高祖每称曰："冯道根所在，能使朝廷不复忆有一州。"

　　居州少时，遇疾，自表乞还朝，征为散骑常侍、左军将军。既至疾甚，中使累加存问。普通元年正月，卒，时年五十八。是日舆驾春祠二庙，既出宫，有司以闻。高祖问中书舍人朱异曰："吉凶同日，今行乎？"异对曰："昔柳庄寝疾，卫献公当祭，请于尸曰：'有臣柳

伯。返京后迁任云骑将军、兼任直阁将军，食邑改封为豫宁县，户数照旧。先后迁任中权中司马、右游击将军、武旅将军、历阳太守。天监八年（509），迁任贞毅将军、假节、都督豫州诸军事、豫州刺史、兼任汝阴太守。他治政清廉简约，州郡境内安定无事。天监十一年（512），征召他出任太子右卫率。天监十三年（514），出京任信武将军、宣惠司马、新兴永宁二郡太守。天监十四年（515），征召为员外散骑常侍、右游击将军、兼任朱衣直阁。天监十五年（516），任右卫将军。

冯道根性格严谨忠厚，木讷少言，做将领能约束部下，部队所过村庄，将士无人敢掳掠百姓。每次有所征伐，他始终不谈及自己的功劳，每逢诸将交口争功时，只有冯道根默然不语。他的部属曾有人为此埋怨他，冯道根晓喻他们说："明主自会洞察功劳的多少，我有什么可争的呢？"高祖曾经指着冯道根对尚书令沈约说："此人口中从不谈论功勋。"沈约说："这就是陛下的大树将军了。"在州郡任官时，治政和睦而清静无为，受到部属的拥护怀念。在朝中任职时，虽然地位显贵而性情简朴节约，住宅不曾广建高墙大屋，家无华器美服侍从卫士，进入内室则陈设简单得如同贫贱百姓之家。时人都佩服他的清廉谦退，高祖平素也赞赏看重他。他身份低微时不曾进学，显贵之后，方才略通文墨，自认为缺少文才，常仰慕汉代周勃的质朴厚重。

天监十六年（517），再次任假节、都督豫州诸军事、信武将军、豫州刺史。将要出发赴任时，高祖带领朝臣在武德殿为冯道根设宴饯行，召来画工看视他，画下他的形象。冯道根恭敬而不安，辞谢说："微臣能够用来报效国家的，只剩下这条性命；然而如今天下太平，微臣只恨得不到一处赴死之地。"豫州重得冯道根为刺史，人民都非常喜悦。高祖常常称赞说："冯道根所在之处，能使朝廷不再想起还有此一州。"

冯道根在豫州住不多时，遭遇疾病，上表乞求回归朝廷，高祖征召他任散骑常侍、左军将军。到京后病情转重，高祖多次派遣内侍探问病况。普通元年（520）正月，去世，时年五十八岁。当天圣驾前往太庙、小庙进行春祠，已经出了皇宫，有司报告冯道根的死讯。高祖问中书舍人朱异说："吉礼凶礼发生在同一天，今天要去吗？"

庄，非寡人之臣，是社稷之臣也，闻其死，请往。'不释祭服而往，遂以襚之。道根虽未为社稷之臣，亦有劳王室，临之，礼也。"高祖即幸其宅，哭之甚恸。诏曰："豫宁县开国伯、新除散骑常侍、领左军将军冯道根，奉上能忠，有功不伐，抚人留爱，守边难犯，祭遵、冯异、郭伋、李牧，不能过也。奄致殒丧，恻怆于怀。可赠信威将军、左卫将军，给鼓吹一部。赙钱十万，布百匹。谥曰威。"子怀嗣。

## 康绚

康绚，字长明，华山蓝田人也。其先出自康居。初，汉置都护，尽臣西域，康居亦遣侍子待诏于河西，因留为黔首，其后即以康为姓。晋时陇右乱，康氏迁于蓝田。绚曾祖因为苻坚太子詹事，生穆，穆为姚苌河南尹。宋永初中，穆举乡族三千余家，入襄阳之岘南。宋为置华山郡蓝田县，寄居于襄阳，以穆为秦、梁二州刺史。未拜，卒。绚世父元隆，父元抚，并为流人所推，相继为华山太守。

绚少俶傥有志气。齐文帝为雍州刺史，所辟皆取名家，绚特以才力召为西曹书佐。永明三年，除奉朝请。文帝在东宫，以旧恩引为直后，以母忧去职。服阕，除振威将军、华山太守。推诚抚循，荒余悦服。迁前军将军，复为华山太守。

永元元年，义兵起，绚举郡以应高祖，身率敢勇三千人，私马二百五十匹以从。除西中郎南康王中兵参军，加辅国将军。义师方围张冲于郢城，旷日持久，东昏将吴子阳壁于加湖，军锋甚盛，绚

朱异回答说："昔年卫国太史柳庄病重，正逢卫献公在祭祀，就向代表先人受祭的礼官请求说：'有大臣柳庄，不是寡人之臣，而是社稷之臣，听说他死了，请求前往吊唁。'他没有脱下祭祀的礼服就去了，并将祭服赠给柳庄。冯道根虽然还不是社稷之臣，也曾为王室辛勤操劳，前去吊唁是符合礼的。"高祖就前往冯道根的家宅吊唁，哭得非常伤心。下诏说："豫宁县开国伯、新任散骑常侍、领左军将军冯道根，事奉主上能忠心耿耿，立有功勋而不骄矜自夸，抚恤人民心存仁爱，守卫边陲敌不敢犯，即便是古代名将祭遵、冯异、郭伋、李牧，也不能超过他。忽然遭逢陨逝，朕深感悲恻怆痛。可追赠信威将军、左卫将军，赐给鼓吹乐班一部。赠予钱十万、布百匹资助其丧葬。谥号为威。"儿子冯怀继承爵位。

## 康绚

康绚字长明，华山蓝田人。他的先祖出自康居。起初，西汉设置西域都护，西域各国尽数称臣，康居也向河西派遣王子听候诏命，就留在当地成为百姓，其后裔就以康作为姓。晋朝时陇右动乱，康氏迁往蓝田。康绚的曾祖康因曾任前秦国君苻坚的太子詹事，生有儿子康穆，康穆任后秦国君姚苌的河南尹。刘宋永初年间，康穆率领同乡的宗族三千余家，入迁襄阳郡的岘南，刘宋为之设置华山郡蓝田县，侨治于襄阳，任命康穆为秦、梁二州刺史，他未曾拜授就去世了。康绚的大伯父康元隆、父亲康元抚，都被流民所推举，相继担任华山太守。

康绚少时豪爽洒脱有志气，齐文帝萧长懋任雍州刺史时，征辟任用的都是名家子弟，康绚因才力出众被召为西曹书佐。永明三年（485），任奉朝请。萧长懋立为太子后，康绚因旧日恩义被他任命为直后，因母丧丁忧而去职。服丧期满后，出任贞威将军、华山太守。他在任上治政以诚，安抚存恤人民，使偏远之民都心悦诚服。迁任前军将军，再次担任华山太守。

永元元年（499），高祖义兵举事，康绚以华山郡响应高祖，亲自率领勇士三千人，私马二百五十匹参加义军。出任西中郎南康王中兵参军，加辅国将军。义师正在郢城围困张冲，旷日持久，东昏侯的将

随王茂力攻屠之。自是常领游兵，有急应赴，斩获居多。天监元年，封南安县男，邑三百户。除辅国将军、竟陵太守。魏围梁州，刺史王珍国使请救，绚以郡兵赴之，魏军退。七年，司州三关为魏所逼，诏假绚节、武旅将军，率众赴援。九年，迁假节、督北兖州缘淮诸军事、振远将军、北兖州刺史。及朐山亡徒以城降魏，绚驰遣司马霍奉伯分军据嵁。魏军至，不得越朐城。明年，青州刺史张稷为土人徐道角所杀，绚又遣司马茅荣伯讨平之。征骠骑临川王司马，加左骁骑将军，寻转朱衣直阁。十三年，迁太子右卫率，甲仗百人，与领军萧景直殿内。

绚身长八尺，容貌绝伦，虽居显官，犹习武艺。高祖幸德阳殿戏马，敕绚马射，抚弦贯的，观者悦之。其日，上使画工图绚形，遣中使持以问绚曰：“卿识此图不？”其见亲如此。

时魏降人王足陈计，求堰淮水以灌寿阳。足引北方童谣曰：“荆山为上格，浮山为下格，潼沱为激沟，并灌钜野泽。”高祖以为然，使水工陈承伯、材官将军祖暅视地形，咸谓淮内沙土漂轻，不坚实，其功不可就。高祖弗纳，发徐、扬人，率二十户取五丁以筑之。假绚节、都督淮上诸军事，并护堰作，役人及战士，有众二十万。于钟离南起浮山，北抵巉石，依岸以筑土，合脊于中流。十四年，堰将合，淮水漂疾，辄复决溃，众患之。或谓江、淮多有蛟，能乘风雨决坏崖岸，其性恶铁，因是引东西二冶铁器，大则釜鬶，小则锸锄，数千万斤，沉于堰所。犹不能合，乃伐树为井干，填以巨石，加土其上。缘淮百里内，冈陵木石，无巨细必尽，负担者肩上皆穿。夏日疾疫，死者相枕，蝇虫昼夜声相合。高祖愍役人淹久，

领吴子阳在加湖设立营垒，其军队声势颇大，康绚随同王茂极力进攻，屠灭了敌军。从此他常常率领机动部队，随时赶赴战况紧急处，斩获甚多。天监元年（502），他被封为南安县男，食邑三百户。任辅国将军、竟陵太守。北魏包围梁州，刺史王珍国派使者向他求救，康绚率领郡中士卒前往救援，北魏军就撤退了。天监七年（508），司州三关被北魏威胁，高祖诏令康绚任假节、武旅将军，率军赴援。天监九年（510），迁任假节、督北兖州缘淮诸军事、振远将军、北兖州刺史。后来朐山城的亡命徒献城向北魏投降，康绚疾速派遣司马霍奉伯分兵把守各路要隘，北魏军来到后，无法越过朐山城。第二年，青州刺史张稷被当地人徐道角所杀，康绚又派司马茅荣伯讨伐平定了徐道角。朝廷征召他任骠骑临川王司马，加左骁骑将军，不久转任朱衣直阁。天监十三年（514），迁任太子右卫率，带领执仗甲士一百人，和领军萧景（萧昺）一起在殿内值班。

康绚身高八尺，容貌英伟绝伦，虽然身居显赫之职，仍然勤习武艺。高祖曾临幸德阳殿骑马作乐，下令让康绚骑马射箭，他弯弓搭箭一发中的，在场观看的人都很高兴。这一天，高祖让画工描画康绚的样貌，派内侍拿着画问康绚说："卿可曾认识这图中之人？"他就是这样受到天子亲信。

当时有北魏降人王足向朝廷陈说计谋，请求堰塞淮水以淹灌寿阳。王足引用北方的童谣称："以荆山作上格，以浮山作下格，以潼水作为冲激之沟，各条河渠共同汇聚注入钜野泽。"高祖同意他的意见，派遣水利官员陈承伯、材官将军祖暅前往审察地形，二人都说淮水河底的沙土轻飘疏松，不够坚实，堰坝工程将无法成功。高祖没有采纳，征发徐州、扬州百姓，每二十户抽壮丁五名修筑堰坝。任康绚为假节、都督淮上诸军事，并监护堰坝作业，徭役民夫和战士，人数达到二十万。在钟离以南起于浮山，以北直至巉石，沿淮水两岸筑土，在中流合龙。天监十四年（515），堰坝将要合龙，而淮水水流湍急，总是反复溃决，众人都很犯愁。有人说长江、淮河多有蛟出没，能乘风雨破坏山崖河岸，而蛟生性厌恶铁，于是筑堰者运来东、西两处冶铁所的铁器，大至釜鬵一类的大型炊具，小至耕田用的锄头，共

遣尚书右仆射袁昂、侍中谢举假节慰劳之，并加餧复。是冬又寒甚，淮、泗尽冻，士卒死者十七八，高祖复遣赐以衣袴。十一月，魏遣将杨大眼扬声决堰，绚命诸军撤营露次以待之。遣其子悦挑战，斩魏咸阳王府司马徐方兴，魏军小却。十二月，魏遣其尚书仆射李昙定督众军来战，绚与徐州刺史刘思祖等距之。高祖又遣右卫将军昌义之、太仆卿鱼弘文、直阁曹世宗、徐元和相次距守。十五年四月，堰乃成。其长九里，下阔一百四十丈，上广四十五丈，高二十丈，深十九丈五尺。夹之以堤，并树杞柳，军人安堵，列居其上。其水清洁，俯视居人坟墓，了然皆在其下。或人谓绚曰："四渎，天所以节宣其气，不可久塞。若凿湫东注，则游波宽缓，堰得不坏。"绚然之，开湫东注。又纵反间于魏曰："梁人所惧开湫，不畏野战。"魏人信之，果凿山深五丈，开湫北注，水日夜分流，湫犹不减。其月，魏军竟溃而归。水之所及，夹淮方数百里地。魏寿阳城戍稍徙顿于八公山，此南居人散就冈垄。

初，堰起于徐州界，刺史张豹子宣言于境，谓己必尸其事。既而绚以他官来监作，豹子甚惭。俄而敕豹子受绚节度，每事辄先咨焉，由是遂谮绚与魏交通，高祖虽不纳，犹以事毕征绚。寻以绚为持节、都督司州诸军事、信武将军、司州刺史，领安陆太守，增封二百户。绚还后，豹子不修堰，至其秋八月，淮水暴长，堰悉坏决，

计数千万斤，沉到堰坝所在的河水中。仍然不能合龙，于是砍伐树木制成井栏，里面以巨石填充，上面再添覆泥土。沿淮河一百里内，山岗丘陵上面的树木岩石，不论大小全都取用净尽，担运者肩上皮肉全部磨穿。夏季疫病暴发，死者互相枕藉，尸体上方蚊蝇昼夜飞集声音不绝。高祖怜惜徭役者长时间服役，派遣尚书右仆射袁昂、侍中谢举假节慰劳他们，并赦免其赋税。这一年冬季又格外寒冷，淮水、泗水全都结冻，士卒冻死者有十之七八，高祖又遣使者赐给御寒衣裤。十一月，北魏派将领杨大眼声言要开掘堰坝。康绚下令诸军撤离营垒全体露宿以候敌军。又派儿子康悦向北魏军挑战，斩杀了北魏咸阳王府的司马徐方兴，北魏军略作退却。十二月，北魏派尚书仆射李昙定督率军队前来交战，康绚与徐州刺史刘思祖等率部抵敌。高祖又陆续派右卫将军昌义之、太仆卿鱼弘文、直阁曹世宗、徐元和前来抵御防守。天监十五年（516）四月，堰坝终于筑成。长九里，下部宽一百四十丈，上部宽四十五丈，高二十丈，深十九丈五尺。两端夹以河堤，并种植了杞柳树，军民相安，并列居住于其上。堰中蓄积的水很清澈，从堰坝上俯视淹没的民居和坟墓，都在水下清晰可见。有人对康绚说："江、淮、河、济这四渎，是上天用来调节宣泄其呼吸的通路，不可长久堰塞。若能开凿水渠让水流向东倾注，则水流宽浅平缓，可保堰坝不坏。"康绚同意了，开凿水渠向东方引水。又派遣间谍到北魏声言："梁人不怕野战，只怕开凿沟渠。"北魏相信了这个流言，果然穿凿山体深达五丈，开水渠向北引水，水日夜分流，而堰坝所积蓄之水仍不减低。这个月，北魏军终于溃退。大水漫流所及，淹没了淮水两岸方圆数百里之地。北魏寿阳城戍稍作迁徙，移至八公山，居于其南面的百姓则纷纷寻找山岗高地定居。

起初，堰坝起于徐州境内，徐州刺史张豹子在州中扬言，声称自己必然会主管此事。后来康绚以非徐州本地官吏的身份来监管工程，张豹子感到非常羞惭。不久朝廷命令张豹子归属康绚节度，事事都要先向康绚咨询请示，于是张豹子就诬告康绚与北魏方面勾结，高祖虽不曾采信，还是以工程结束为由征召康绚回京。不久任命他为持节、都督司州诸军事、信武将军、司州刺史，兼任安陆太守，增封食邑

奔流于海，祖暅坐下狱。绚在州三年，大修城隍，号为严政。

十八年，征为员外散骑常侍，领长水校尉，与护军韦叡、太子右卫率周舍直殿省。普通元年，除卫尉卿，未拜，卒，时年五十七。舆驾即日临哭。赠右卫将军，给鼓吹一部。赙钱十万，布百匹。谥曰壮。

绚宽和少喜惧，在朝廷，见人如不能言，号为长厚。在省，每寒月见省官褴褛，辄遗以襦衣，其好施如此。子悦嗣。

## 昌义之

昌义之，历阳乌江人也。少有武干。齐代随曹虎征伐，累有战功。虎为雍州，以义之补防阁，出为冯翊戍主。及虎代还，义之留事高祖。时天下方乱，高祖亦厚遇之。义师起，板为辅国将军、军主，除建安王中兵参军。时竟陵芊口有邸阁，高祖遣驱，每战必捷。大军次新林，随王茂于新亭，并朱雀航力战，斩获尤多。建康城平，以为直阁将军、马右夹毂主。天监元年，封永丰县侯，邑五百户。除骁骑将军。出为盱眙太守。二年，迁假节、督北徐州诸军事、辅国将军、北徐州刺史，镇钟离。魏寇州境，义之击破之。三年，进号冠军将军，增封二百户。

四年，大举北伐，扬州刺史临川王督众军军洛口，义之以州兵受节度，为前军，攻魏梁城戍，克之。五年，高祖以征役久，有诏班师，众军各退散，魏中山王元英乘势追蹑，攻没马头，城内粮储，魏悉移之归北。议者咸曰："魏运米北归，当无复南向。"高祖曰：

二百户。康绚回京后，张豹子不再整修堰坝，到了这年的秋八月，淮水暴涨，堰坝全部毁坏溃决，积水奔流赴海，祖暅为此获罪下狱。康绚在司州任职三年，大规模修治城墙壕堑，执政以严格闻名。

天监十八年（519），他被征召出任员外散骑常侍，兼任长水校尉，与护军韦叡、太子右卫率周舍一起在宫中值班。普通元年（520），被任命为卫尉卿，未及拜官就去世了，时年五十七岁。当天圣驾降临为之哭吊。追赠右卫将军，赐给鼓吹乐班一部。赐钱十万、布百匹资助其丧葬。谥号为壮。

康绚为人宽厚和蔼，喜惧不形于色，他在朝中，见人时就像自己不能言语一样，人们都称赞他的恭谨仁厚。他在官署中，每当寒冬季节见到有属官衣衫单薄破旧时，就赠送棉衣给他们，他的乐善好施就是如此。儿子康悦继承爵位。

## 昌义之

昌义之，历阳乌江人。少年时就有军事才能。在南齐时曾随曹虎征伐，屡立战功。曹虎任雍州刺史时，让昌义之补防阁，出任冯翊戍主。后来曹虎被取代回京，昌义之留下来辅佐高祖。当时天下正陷入动乱，高祖也颇为厚待他。义师兴起后，高祖板授他为辅国将军、军主，授任为建安王中兵参军。当时竟陵郡芊口设有屯粮的仓廒，昌义之接受高祖调遣，每次作战必然取得胜利。义军进至新林，他跟随王茂在新亭垒作战，又在朱雀桥前奋力杀敌，斩获特别多。建康平定后，任直阁将军、马右夹毂主。天监元年（502），被封为永丰县侯，食邑五百户。授任为骁骑将军。出京担任盱眙太守。天监二年（503），迁任假节、都督北徐州诸军事、辅国将军、北徐州刺史，镇守钟离。北魏进犯州境，昌义之击破了敌军。天监三年（504），进号为冠军将军，增加封邑二百户。

天监四年（505），梁朝大举北伐，扬州刺史临川王萧宏都督众军屯驻在洛口，昌义之带领州中部队受他节度，作为前军，攻打北魏的梁城戍，将其攻克。天监五年（506），高祖因战士征伐服役时间很久了，下诏班师，各支部队纷纷退散，北魏中山王元英乘势追击梁军，攻占了马头，将城中的粮食储备悉数调往北方。朝中之人议论起

"不然，此必进兵，非其实也。"乃遣土匠修营钟离城，敕义之为战守之备。是冬，英果率其安乐王元道明、平东将军杨大眼等众数十万，来寇钟离。钟离城北阻淮水，魏人于邵阳洲西岸作浮桥，跨淮通道。英据东岸，大眼据西岸，以攻城。时城中众才三千人，义之督帅，随方抗御。魏军乃以车载土填堑，使其众负土随之，严骑自后蹙焉。人有未及回者，因以土迮之，俄而堑满。英与大眼躬自督战，昼夜苦攻，分番相代，坠而复升，莫有退者。又设飞楼及冲车撞之，所值城土辄颓落。义之乃以泥补缺，冲车虽入而不能坏。义之善射，其被攻危急之处，辄驰往救之，每弯弓所向，莫不应弦而倒。一日战数十合，前后杀伤者万计，魏军死者与城平。

六年四月，高祖遣曹景宗、韦叡帅众二十万救焉，既至，与魏战，大破之，英、大眼等各脱身奔走。义之因率轻兵追至洛口而还。斩首俘生，不可胜计。以功进号军师将军，增封二百户，迁持节、督青冀二州诸军事、征虏将军、青、冀二州刺史。未拜，改督南兖兖徐青冀五州诸军事、辅国将军、南兖州刺史。坐禁物出藩，为有司所奏免。其年，补朱衣直阁，除左骁骑将军，直阁如故。迁太子右卫率，领越骑校尉，假节。八年，出为持节、督湘州诸军事、征远将军、湘州刺史。九年，以本号还朝，俄为司空临川王司马，将军如故。十年，迁右卫将军。十三年，徙为左卫将军。

是冬，高祖遣太子右卫率康绚督众军作荆山堰。明年，魏遣将

来都说："北魏运米北归，应当不会再南下了。"高祖说："不对，这是必定要进兵的，运粮北归并非其实际用意。"于是派遣土木匠人修葺营建钟离城墙工事，并敕令昌义之做好防守战备。这年冬季，元英果然带着安乐王元道明、平东将军杨大眼等领兵几十万人，前来侵犯钟离。钟离城北面扼守淮水，北魏军在邵阳洲西岸制作浮桥，跨越淮水建立通道。元英占据着东岸，杨大眼占据西岸，准备攻城。当时钟离城中的梁军仅有三千人，昌义之督率他们，随机抗击敌军的进攻。北魏军于是用车载土来填平城外壕堑，让步卒背负泥土跟随在车后，督阵的骑兵在后面催促前进，前面有人填完土来不及撤回，后面的泥土已经紧跟着填埋下去，很快壕堑就被填满了。元英和杨大眼亲临城下督战，北魏军昼夜拼命攻城，分成几班轮番接替，从城上坠落下来的人又再度登上城去，没有退走的。又设置了飞楼和冲车撞击城墙，被撞的城墙上土石纷纷崩落。昌义之便以泥土填补城墙缺口，冲车虽然撞了进来但并不能使城墙倒塌。昌义之善于射箭，城上凡有被围攻陷入危急的地方，他就飞马前去救应，弯弓所射之处，敌军莫不应弦而倒。一天之内激战几十轮，前后杀伤了上万人，北魏军战死者尸体累积至与城墙等高。

天监六年（507）四月，高祖派曹景宗、韦叡率军二十万救援钟离，援军到达后，与北魏军接战，大败敌军，元英、杨大眼等各自脱身逃命。昌义之趁势率轻骑追逐逃敌直至洛口才回军，沿路斩杀以及俘虏的敌军不可胜数。昌义之因功进号为军师将军，增加封邑二百户，迁任持节、都督青冀二州诸军事、征虏将军、青冀二州刺史。还没有拜官，改任都督南兖兖徐青冀五州诸军事、辅国将军、南兖州刺史。后因违禁物品流出州境而获罪，被有司参奏免职。这一年，补朱衣直阁，又授任左骁骑将军，直阁之职照旧。迁任太子右卫率，兼任越骑校尉，假节。天监八年（509），出京担任持节、都督湘州诸军事、征远将军、湘州刺史。天监九年（510），以本号回归朝廷，不久出任司空临川王司马，将军之职照旧。天监十年（511），迁任为右卫将军。天监十三年（514），转任左卫将军。

这年冬季，高祖派太子右卫率康绚督率众军修筑荆山堰。第二

李昙定大众逼荆山，扬声欲决堰，诏假义之节，帅太仆卿鱼弘文、直阁将军曹世宗、徐元和等救绚，军未至，绚等已破魏军。魏又遣大将李平攻峡石，围直阁将军赵祖悦，义之又率朱衣直阁王神念等救之。时魏兵盛，神念攻峡石浮桥不能克，故援兵不得时进，遂陷峡石。义之班师，为有司所奏，高祖以其功臣，不问也。

十五年，复以为使持节、都督湘州诸军事、信威将军、湘州刺史。其年，改授都督北徐州缘淮诸军事、平北将军、北徐州刺史。义之性宽厚，为将能抚御，得人死力，及居藩任，吏民安之。俄给鼓吹一部，改封营道县侯，邑户如先。普通三年，征为护军将军，鼓吹如故。四年十月，卒。高祖深痛惜之，诏曰：“护军将军、营道县开国侯昌义之，干略沉济，志怀宽隐，诚著运始，效彰边服。方申爪牙，寄以禁旅；奄至殒丧，恻怆于怀。可赠散骑常侍、车骑将军，并鼓吹一部。给东园秘器，朝服一具。赙钱二万，布二百匹，蜡二百斤。谥曰烈。”

子宝业嗣，官至直阁将军、谯州刺史。

陈吏部尚书姚察曰：张惠绍、冯道根、康绚、昌义之，初起从上，其功则轻。及群盗焚门，而惠绍以力战显；合肥、邵阳之逼，而道根、义之功多；浮山之役起，而康绚典其事：互有厥劳，宠进宜矣。先是镇星守天江而堰兴，及退舍而堰决，非徒人事，有天道矣。

年，北魏派遣将领李昙定率大军逼近荆山，扬言要掘溃堰坝，高祖诏令昌义之假节，率太仆卿鱼弘文、直阁将军曹世宗、徐元和等救援康绚，大军还未抵达，康绚等已经打败了北魏军。北魏又派遣大将李平进攻峡石，包围了直阁将军赵祖悦，昌义之又率朱衣直阁王神念等救援赵祖悦。这时北魏军士气高涨，王神念进攻峡石浮桥而未能攻克，所以梁军援兵没能及时赶到，于是峡石陷于敌手。昌义之班师回京，被有司参奏，高祖因为他是有功之臣，不予追究。

天监十五年（516），朝廷再度任命昌义之为使持节、都督湘州诸军事、信威将军、湘州刺史。这一年，改授为都督北徐州缘淮诸军事、平北将军、北徐州刺史。昌义之性格宽厚，做将军带兵能抚恤统御部属，将士都愿以死效命，待到他出镇外藩，下吏和百姓都很安定。不久，朝廷赐他鼓吹乐班一部，改封为营道县侯，食邑户数不变。普通三年（522），征召他任护军将军，鼓吹的待遇照旧。普通四年（523）十月，昌义之去世。高祖深深为之伤痛惋惜，下诏说："护军将军、营道县开国侯昌义之，干练沉稳谋略有成，心怀宽厚隐忍谦抑，忠诚显露于国运肇兴之时，功勋彰显于国之偏远边陲。正待施展其国之爪牙的才干，委以统御禁军的重任，忽然遭此栋梁陨逝，朕心深感怆痛忧伤。可追赠散骑常侍、车骑将军，以及鼓吹乐班一部。赐给皇室棺木，朝服一具，赠钱二万，布二百匹，蜡烛二百斤资助其丧葬。谥号为烈。"

儿子昌宝业继承爵位，官至直阁将军、谯州刺史。

陈朝吏部尚书姚察说：张惠绍、冯道根、康绚、昌义之，他们起初追随高祖时，其功劳尚属较轻。待到群盗焚毁神虎门，而张惠绍以力战群贼立下殊勋；北魏军围逼合肥、邵阳洲，冯道根、昌义之立下了煊赫战功；浮山堰的工程兴起，康绚主持其事：他们各有功劳，获得荣宠和晋升确实是适宜的。在此之前土星守在天江星附近而浮山堰成功建成，后来土星退避远离而浮山堰就崩塌决口，则事情成败不止在乎人力，也有天道的作用啊。

# 卷十九

## 列传第十三

宗夬 刘坦 乐蔼

### 宗夬

宗夬，字明敭，南阳涅阳人也，世居江陵。祖炳，宋时征太子庶子不就，有高名。父繁，西中郎咨议参军。

夬少勤学，有局干。弱冠，举郢州秀才，历临川王常侍、骠骑行参军。齐司徒竟陵王集学士于西邸，并见图画，夬亦预焉。永明中，与魏和亲，敕夬与尚书殿中郎任昉同接魏使，皆时选也。

武帝嫡孙南郡王居西州，以夬管书记，夬既以笔札被知，亦以贞正见许，故任焉。俄而文惠太子薨，王为皇太孙，夬仍管书记。及太孙即位，多失德，夬颇自疏，得为秣陵令，迁尚书都官郎。隆昌末，少帝见诛，宠旧多罹其祸，惟夬及傅昭以清正免。

明帝即位，以夬为郢州治中，有名称职，以父老去官还乡里。南康王为荆州刺史，引为别驾。义师起，迁西中郎咨议参军，别驾如故。时西土位望，惟夬与同郡乐蔼、刘坦为州人所推信，故领军将军萧颖胄深相委仗，每事咨焉。高祖师发雍州，颖胄遣夬出自杨口，面禀经略，并护送军资，高祖甚礼之。中兴初，迁御史中丞，以父忧去职。起为冠军将军、卫军长史。天监元年，迁征虏长史、东海太守，将军如故。二年，征为太子右卫率。是冬，迁五兵尚书，参掌大选。三年，卒，时年四十九。子曜卿嗣。

## 宗夬

宗夬,字明敭,南阳涅阳人,世居江陵。祖父宗炳,刘宋时被征召出任太子庶子而没有就职,有高士之名。父亲宗繁,任西中郎咨议参军。

宗夬年少时勤于学习,有气度才干。二十岁时,举为郢州秀才,历任临川王常侍、骠骑行参军。南齐司徒竟陵王萧子良广集学士于西邸,并为他们画像,宗夬也与于俦列。永明年间,南齐与北魏和亲,天子下诏让宗夬与尚书殿中郎任昉一起接待北魏来使,二人都是一时之选。

齐武帝嫡孙南郡王在西州时,让宗夬掌管书记。宗夬既以文笔为其所知,又因忠贞正直受到称许,所以获得任命。不久文惠太子薨逝,南郡王成为皇太孙,宗夬仍然掌管书记。待到皇太孙即位,多有失帝德之举,宗夬主动疏远朝政,得以担任秣陵令,迁任尚书都官郎。隆昌末年,少帝被诛杀,其宠信的旧臣大多受牵连罹难,只有宗夬及傅昭因为为人清正而幸免。

齐明帝萧鸾即位后,任命宗夬为郢州治中。宗夬在任以工作称职而闻名,因父亲年老而辞官返回乡里。南康王出任荆州刺史后,任用他为别驾。高祖义师举事后,他迁任西中郎咨议参军,别驾之职照旧。当时荆州境内论地位名望,只有宗夬与同郡的乐蔼、刘坦受到州中人的推崇信任,所以领军将军萧颖胄非常信赖倚重他们,凡事必先向他们咨询。高祖的军队从雍州出发,萧颖胄派宗夬从杨口出荆州,当面向高祖禀报作战方略,并护送军资,高祖待他礼遇甚隆。中兴初年,迁任御史中丞,因父丧丁忧而去职。后起用为冠军将军、卫军长史。天监元年(502),迁任征虏长史、东海太守,将军之职照旧。天央从弟岳，有名行，州里称之，出于央右。仕历尚书库部郎，郢州治中，北中郎录事参军事。

## 刘坦

刘坦，字德度，南阳安众人也，晋镇东将军乔之七世孙。坦少为从兄虬所知。齐建元初，为南郡王国常侍，寻补屠陵令，迁南中郎录事参军，所居以干济称。

南康王为荆州刺史，坦为西中郎中兵参军，领长流。义师起，迁咨议参军。时辅国将军杨公则为湘州刺史，帅师赴夏口，西朝议行州事者，坦谓众曰："湘境人情，易扰难信。若专用武士，则百姓畏侵渔；若遣文人，则威略不振。必欲镇静一州城，军民足食，则无逾老臣。先零之役，窃以自许。"遂从之。乃除辅国长史、长沙太守，行湘州事。坦尝在湘州，多旧恩，道迎者甚众。下车简选堪事吏，分诣十郡，悉发人丁，运租米三十余万斛，致之义师，资粮用给。

时东昏遣安成太守刘希祖破西台所选太守范僧简于平都，希祖移檄湘部，于是始兴内史王僧粲应之。邵陵人逐其内史褚淳，永阳人周晖起兵攻始安郡，并应僧粲。桂阳人邵县弄、邓道介报复私仇，因合党亦同焉。僧粲自号平西将军、湘州刺史，以永阳人周舒为谋主，师于建宁。自是湘部诸郡，悉皆蜂起；惟临湘、湘阴、浏阳、罗四县犹全。州人咸欲泛舟逃走，坦悉聚船焚之，遣将尹法略距僧粲，相持未决。前湘州镇军钟玄绍潜谋应僧粲，要结士庶数百人，皆连名定计，刻日反州城。坦闻其谋，伪为不知，因理讼至夜，

监二年（503），朝廷征召他出任太子右卫率。这年冬季，迁任五兵尚书，参掌选任官员。天监三年（504），宗夬去世，时年四十九岁。儿子宗曜卿继嗣。

宗夬的堂弟宗岳，以品行端正闻名，受到州中乡里的称许，甚至超过了宗夬。历任尚书库部郎，郢州治中，北中郎录事参军事。

## 刘坦

刘坦字德度，南阳安众人，是东晋镇东将军刘乔的七世孙。刘坦年少时被堂兄刘虬所了解。南齐建元初年，出任南郡王封国的常侍，不久补任孱陵令，迁任南中郎录事参军，任官期间以精明能干著称。

南康王任荆州刺史时，刘坦任西中郎中兵参军，兼任长流参军。高祖义师兴起后，他迁任咨议参军。当时辅国将军杨公则任湘州刺史，他率军赴夏口与高祖会师，荆州朝廷讨论摄行湘州事的人选，刘坦对众臣说："湘州境内的民风人情，易于扰乱而难立威信。若专门选派武将去主政，则百姓会害怕受官府倾轧鱼肉；若是派遣文官，则朝廷之声威无法树立。一定要令州城镇静、军民丰衣足食的话，没有比我更佳的人选了。我愿效仿汉代老将赵充国降服先零的典故，斗胆自荐。"朝廷于是批准其请。授任为辅国长史、长沙太守，行湘州事。刘坦曾在湘州待过，在当地多有旧日恩遇故友，沿路迎候他的人非常多。到任后选择干练可靠的下吏，分别派遣到下属的十郡，征发人丁，调运租米三十余万斛，送往义师军营，作为军粮补给。

当时东昏侯派遣安成太守刘希祖在平都打败了荆州朝廷所选任的太守范僧简，刘希祖又向湘州境内发布讨伐檄文，于是始兴郡内史王僧粲起兵响应他。邵陵郡的当地人赶走了该郡内史褚洊，永阳县的周晖起兵攻打始安郡，两支队伍一同响应王僧粲。桂阳人邵昙弄、邓道介因报复私仇，也纠合党羽参与了叛乱。王僧粲自封为平西将军、湘州刺史，以永阳人周舒为参谋，在建宁集结叛军。自此湘州下属各郡，都蜂拥而起附会叛军；只有临湘、湘阴、浏阳和罗县四个县仍得保全。州城的人都想坐船逃走，刘坦将船只全部收缴焚毁，派遣将领尹法略抵敌王僧粲，两军相持未决。前湘州镇军钟玄绍密谋响应

而城门遂不闭，以疑之。玄绍未及发，明旦诣坦问其故。坦久留与语，密遣亲兵收其家书。玄绍在坐未起，而收兵已报具得其文书本末，玄绍即首伏，于坐斩之。焚其文书，其余党悉无所问，众愧且服，州部遂安。法略与僧粲相持累月，建康城平，公则还州，群贼始散。

　　天监初，论功封荔浦县子，邑三百户。迁平西司马、新兴太守。天监三年，迁西中郎长史，卒，时年六十二。子泉嗣。

### 乐蔼　乐法才

　　乐蔼，字蔚远，南阳淯阳人，晋尚书令广之六世孙，世居江陵。其舅雍州刺史宗悫，尝陈器物，试诸甥侄。蔼时尚幼，而所取惟书，悫由此奇之。又取史传各一卷授蔼等，使读毕，言所记。蔼略读具举，悫益善之。

　　宋建平王景素为荆州刺史，辟为主簿。景素为南徐州，复为征北刑狱参军，迁龙阳相。以父忧去职，吏民诣州请之，葬讫起焉。时齐豫章王嶷为武陵太守，雅善蔼为政，及嶷为荆州刺史，以蔼为骠骑行参军、领州主簿，参知州事。嶷尝问蔼风土旧俗、城隍基趾、山川险易，蔼随问立对，若按图牒，嶷益重焉。州人嫉之，或谮蔼廨门如市，嶷遣觇之，方见蔼闭阁读书。嶷还都，以蔼为太尉刑狱参军，典书记，迁枝江令。还为大司马中兵参军，转署记室。

王僧粲，串通了士人平民几百人，都联名制定好计划，限定日期准备在州城发动反叛。刘坦听闻了他们的计谋，装作不知情，审理诉讼直至深夜，而州城的城门也不关闭，以迷惑他们。钟玄绍还未起事，次日清晨拜访刘坦询问城门大开的缘故。刘坦长时间留他谈话，秘密派亲兵前往他家搜查文书，钟玄绍在座位上还没起身，搜查的士兵已经回来报告查获反叛者文书的经过，钟玄绍当即自首伏罪，就在座位上被斩杀。刘坦将文书全部焚毁，参与叛乱的余党都不予追究，众人羞愧并对刘坦心悦诚服，州城于是得以安宁。尹法略与王僧粲相持数月，建康城已经平定，杨公泽返回湘州，群贼这才四散。

天监初年时，论功封刘坦为荔浦县子，食邑三百户。迁任平西司马、新兴太守。天监三年（504），迁任西中郎长史，去世，时年六十二岁。儿子刘泉继承其爵位。

### 乐蔼　乐法才

乐蔼字蔚远，南阳淯阳人，是东晋尚书令乐广的六世孙，世居江陵。他的舅舅雍州刺史宗悫，曾经陈列出各种器物，试探他的诸外甥子侄。乐蔼当时还很幼小，而所选取的只有书本，宗悫因此大感惊奇。又取史书交给乐蔼等人每人各一卷，让他们读完之后，讲述所记得的内容。乐蔼粗读一遍就能详细复述，宗悫愈发喜爱他。

刘宋建平王刘景素担任荆州刺史，征辟乐蔼为主簿。刘景素任南徐州刺史后，乐蔼又出任征北刑狱参军，迁任龙阳相。因父丧丁忧去职，下吏百姓前往州城请求恢复其职，于是下葬之后又起用了他。当时南齐豫章王萧嶷任武陵太守，一直欣赏乐蔼治政的水平，待到萧嶷任荆州刺史时，就任命乐蔼为骠骑行参军，兼任州主簿，参与州政。萧嶷曾经向乐蔼询问州内的风土旧俗、城墙基址、山川险要等等，乐蔼对答如流，就和看着地图作答一样，萧嶷更加看重他。州中有人嫉妒他，就诬陷说向乐蔼钻营请托的人多得让官署门前好像集市一样，萧嶷派人偷偷去查看，只见乐蔼正在闭门读书。萧嶷回到京师后，任命乐蔼为太尉刑狱参军，主持书记，迁任为枝江令。回京后任大司马中兵参军，转而代管记室。

永明八年，荆州刺史巴东王子响称兵反，既败，焚烧府舍，官曹文书，一时荡尽。武帝引见蔼，问以西事，蔼上对详敏，帝悦焉。用为荆州治中，敕付以修复府州事。蔼还州，缮修廨署数百区，顷之咸毕，而役不及民。荆部以为自晋王忱移镇以来府舍，未之有也。

十年，豫章王嶷薨，蔼解官赴丧，率荆、湘二州故吏，建碑墓所。累迁车骑平西录事参军、步兵校尉，求助成西归。

南康王为西中郎，以蔼为咨议参军。义师起，萧颖胄引蔼及宗夬、刘坦，任以经略。梁台建，迁镇军司马、中书侍郎、尚书左丞。时营造器甲，舟舰军粮，及朝廷仪宪，悉资蔼焉。寻迁给事黄门侍郎，左丞如故。和帝东下，道兼卫尉卿。

天监初，迁骁骑将军，领少府卿；俄迁御史中丞，领本州大中正。初，蔼发江陵，无故于船得八车辐，如中丞健步避道者，至是果迁焉。蔼性公强，居宪台甚称职。时长沙宣武王将葬，而车府忽于库火油络，欲推主者。蔼曰："昔晋武库火，张华以为积油万石必然。今库若有灰，非吏罪也。"既而检之，果有积灰。时称其博物弘恕焉。

二年，出为持节、督广交越三州诸军、冠军将军、平越中郎将、广州刺史。前刺史徐元瑜罢归，道遇始兴人士反，逐内史崔睦舒，因掠元瑜财产。元瑜走归广州，借兵于蔼，托欲讨贼，而实谋袭蔼。蔼觉之，诛元瑜。寻进号征虏将军，卒官。

蔼姊适征士同郡刘虬，亦明识有礼训。蔼为州，迎姊居官舍，

永明八年（490），荆州刺史巴东王萧子响举兵反叛，兵败后，纵火焚烧府舍，官署和文书一时全都被毁。齐武帝召见乐蔼，问他荆州事务，乐蔼对答既详细又敏捷，齐武帝很高兴。任用他为荆州治中，下令委派他负责荆州府署的修复。乐蔼回到荆州，修缮廨署数百处，短期内就全部竣工，而劳役并未征发百姓。荆州人认为自从东晋王忱移镇该州以来，府舍官署从没有像这般齐整的。

永明十年（492），豫章王萧嶷薨逝，乐蔼解职前往奔丧，率领荆、湘二州的故吏，在萧嶷墓前立碑悼念。屡经升迁为车骑平西录事参军、步兵校尉，他请求协助戍守边境而西归。

南康王出任西中郎，任命乐蔼为咨议参军。高祖义军兴起后，萧颖胄任用乐蔼及宗夬、刘坦，委以筹划治理的重任。高祖受封梁公建台治事后，乐蔼迁任镇军司马、中书侍郎、尚书左丞。当时凡营造军器盔甲，调拨舟船军粮，以及朝廷仪典制度，都倚仗乐蔼。不久迁任给事黄门侍郎，左丞之职照旧。和帝沿江东下，中途以他兼任卫尉卿。

天监初年，迁任骁骑将军、兼少府卿；不久迁任御史中丞，兼任本籍所属州的大中正。起初，乐蔼从江陵出发前往京师，无缘无故在船中得到八根车辐，就像是中丞的清道仪仗一样，到此时果然迁任为御史中丞。乐蔼个性公正而坚定，官居御史台非常称职。当时长沙宣武王萧懿将要下葬，而车府忽然在库房中丢失了车上装饰的油络，将要问责主事的官吏。乐蔼说："当年西晋武库失火，张华认为府库存积油料上万石必然会造成燃烧。今天若府库中有灰烬，就不是库吏的罪过。"后来检视府库，果然有积灰，时人都为此称许他的博闻强识和宽宏仁恕。

天监二年（503），出京任持节、督广交越三州诸军、冠军将军、平越中郎将、广州刺史。前任刺史徐元瑜罢官回京，途中遇到始兴郡的人民造反，赶走了内史崔睦舒，趁机劫掠了徐元瑜的财产。徐元瑜逃回广州，向乐蔼借兵，托词说要讨伐叛贼，而实际上密谋袭击乐蔼。乐蔼发觉了这个阴谋，诛杀了徐元瑜。不久进号为征房将军，在官任上去世。

乐蔼的姐姐许配给了同郡隐士刘虬，也有聪明有识且谙守礼

参分禄秩，西土称之。

子法才，字元备，幼与弟法藏俱有美名。少游京师，造沈约，约见而称之。齐和帝为相国，召为府参军，镇军萧颖胄辟主簿。梁台建，除起部郎。天监二年，蔼出镇岭表，法才留任京邑，迁金部郎，父忧去官。服阕，除中书通事舍人，出为本州别驾。入为通直散骑侍郎，复掌通事，迁尚书右丞。晋安王为荆州，重除别驾从事史。复征为尚书右丞，出为招远将军、建康令。不受俸秩，比去任，将至百金，县曹启输台库。高祖嘉其清节，曰："居职若斯，可以为百城表矣。"即日迁太舟卿。寻除南康内史，耻以让俸受名，辞不拜。俄转云骑将军、少府卿。出为信武长史、江夏太守。因被代，表便道还乡。至家，割宅为寺，栖心物表。皇太子以法才旧臣，累有优令，召使东下，未及发而卒，时年六十三。

陈吏部尚书姚察曰：萧颖胄起大州之众以会义，当其时，人心未之能悟。此三人者，楚之镇也。经营缔构，盖有力焉。方面之功，坦为多矣；当官任事，蔼则兼之。咸登宠秩，宜乎！

训。乐蔼担任州官时，迎接其姐居住于官舍中，将俸禄的三分之一给她，荆州人对此都很称许。

乐蔼的儿子乐法才，字元备，小时候和弟弟乐法藏都有美好的名声。少年时曾到京师游历，拜访沈约，沈约见后也称赞他。齐和帝任相国时，召乐法才任府参军，镇军萧颖胄辟他为主簿。高祖获封梁公建立台府后，授任他为起部郎。天监二年（503），乐蔼出京镇守岭南，乐法才留任京师，迁任金部郎，因父丧丁忧去职。服丧期满后，被任命为中书通事舍人，出京任本籍所属州的别驾。入京任通直散骑侍郎，再度掌管通事，迁任尚书右丞。晋安王萧纲任荆州刺史后，乐法才再度担任别驾从事史。后来再次征召他出任尚书右丞，出京担任招远将军、建康县令。他不接受俸禄，到他离任时，所辞俸禄将近一百金，县曹上奏将这笔钱输入国库。高祖赞赏他高洁的节操，说："像这样担任官职，可以做百城的表率了。"当日就迁任他为太舟卿。不久授任为南康郡内史，他耻于因辞让俸禄而享受名望，就辞谢不拜官。不久转任云骑将军、少府卿。出京担任信武长史、江夏太守。后因被取代，上表申请顺道回乡。到家之后，舍家宅为寺院，不再过问俗事。皇太子萧纲因乐法才是他的旧臣，多次颁发优抚奖掖他的命令，召他东下任职。乐法才未及出发而去世，时年六十三岁。

陈朝吏部尚书姚察说：萧颖胄以偌大的荆楚之地参与高祖义军的起事，在那个时候，人们心中都不能领悟其缘故。这三个人，乃是镇守荆楚的柱石人物。经营后勤缔造新朝，他们都起了很大的作用。论配合义军独当一面的功劳，刘坦立下较多；论担任官职处理政事，则乐蔼有兼顾之功。他们都登上了荣宠高位，何其适宜啊！

# 卷二十

## 列传第十四
刘季连　陈伯之

### 刘季连

刘季连，字惠续，彭城人也。父思考，以宋高祖族弟显于宋世，位至金紫光禄大夫。

季连有名誉，早历清官。齐高帝受禅，悉诛宋室近属，将及季连等，太宰褚渊素善之，固请乃免。

建元中，季连为尚书左丞。永明初，出为江夏内史，累迁平南长沙内史，冠军长史、广陵太守，并行府州事。入为给事黄门侍郎，转太子中庶子。建武中，又出为平西萧遥欣长史、南郡太守。时明帝诸子幼弱，内亲则仗遥欣兄弟，外亲则倚后弟刘暄、内弟江祏。遥欣之镇江陵也，意寄甚隆；而遥欣至州，多招宾客，厚自封殖，明帝甚恶之。季连族甥琅邪王会为遥欣咨议参军，美容貌，颇才辩，遥欣遇之甚厚。会多所傲忽，于公座与遥欣竞侮季连，季连憾之，乃密表明帝，称遥欣有异迹。明帝纳焉，乃以遥欣为雍州刺史。明帝心德季连，四年，以为辅国将军、益州刺史，令据遥欣上流。季连父，宋世为益州，贪鄙无政绩，州人犹以义故，善待季连。季连下车，存问故老，抚纳新旧，见父时故吏，皆对之流涕。辟遂宁人龚惬为府主簿。惬，龚颖之孙，累世有学行，故引焉。

## 刘季连

刘季连字惠续，彭城人。父亲刘思考，因是宋高祖刘裕的族弟而在刘宋一朝地位荣显，官至金紫光禄大夫。

刘季连享有美好的声誉，很早就担任过职事清简的官职。齐高帝受禅登基后，将刘宋皇室近枝悉数予以诛除，将要殃及刘季连等，太宰褚渊与刘季连平素交好，坚持为他求情才得以幸免。

建元年间，刘季连担任尚书左丞。永明初年，他出京担任江夏内史，屡经升迁为平南长沙内史，冠军长史、广陵太守，并掌管府州事务。回京担任给事黄门侍郎，转任太子中庶子。建武年间，又出京任平西将军萧遥欣的长史、南郡太守。当时齐明帝的几个儿子年纪尚小，宗室之中就仰仗萧遥欣兄弟，外戚之中则倚重皇后的弟弟刘暄、内弟江祏。萧遥欣出镇江陵，明帝对他本来寄予厚望；而萧遥欣到达州城后，广招宾客门人，大肆蓄积财富，明帝对此很是厌恶。刘季连的族外甥琅琊人王会担任萧遥欣的咨议参军，他容貌俊美，颇有口才能言善辩，萧遥欣对他非常看重欣赏。王会待人时常骄傲轻慢，曾在公堂座前与萧遥欣竞相侮辱刘季连，刘季连对此心怀愤恨，于是秘密上表给明帝，称萧遥欣有心怀异志的迹象，明帝听取了他的报告，就任命萧遥欣为雍州刺史。明帝心里认为刘季连忠诚可靠，建武四年（497），任命他为辅国将军、益州刺史，令他镇守萧遥欣的上流之地以作牵制。刘季连的父亲，刘宋时曾任益州刺史，贪婪鄙俗而缺乏政绩，但益州人仍以旧日恩义的缘故，善待刘季连。刘季连到任后，探望访问故交老友，安抚旧客招纳新宾，见到父亲主政时代的故吏，都对着他们流泪。刘季连征辟遂宁人龚惬为州府的主簿。龚惬

东昏即位，永元元年，征季连为右卫将军，道断不至。季连闻东昏失德，京师多故，稍自骄矜。本以文吏知名，性忌而褊狭，至是遂严愎酷狠，土人始怀怨望。其年九月，季连因聚会，发人丁五千人，声以讲武，遂遣中兵参军宋买率之以袭中水。穰人李托豫知之，设备守险，买与战不利，还州，郡县多叛乱矣。是月，新城人赵续伯杀五城令，逐始平太守。十月，晋原人乐宝称、李难当杀其太守，宝称自号南秦州刺史，难当益州刺史。十二月，季连遣参军崔茂祖率众二千讨之，赍三日粮。值岁大寒，群贼相聚，伐树塞路，军人水火无所得，大败而还，死者十七八。明年正月，新城人帛养逐遂宁太守谯希渊。三月，巴西人雍道晞率群贼万余逼巴西，去郡数里，道晞称镇西将军，号建义。巴西太守鲁休烈与涪令李膺婴城自守，季连遣中兵参军李奉伯率众五千救之。奉伯至，与郡兵破擒道晞，斩之涪市。奉伯因独进巴西之东乡讨余贼。李膺止之曰："卒惰将骄，乘胜履险，非良策也。不如小缓，更思后计。"奉伯不纳，悉众入山，大败而出，遂奔还州。六月，江阳人程延期反，杀太守何法藏。鲁休烈惧不自保，奔投巴东相萧慧训。十月，巴西人赵续伯又反，有众二万，出广汉，乘佛舆，以五彩裹青石，诳百姓云："天与我玉印，当王蜀。"愚人从之者甚众。季连进讨之，遣长史赵越常前驱。兵败，季连复遣李奉伯由涪路讨之。奉伯别军自潺亭与大军会于城，进攻其栅，大破之。

时会稽人石文安字守休，隐居乡里，专行礼让，代季连为尚书

是龚颖的孙子，家中世代都素有学识品行，所以受到征辟。

东昏侯即位，永元元年（499），征召刘季连为右卫将军，因道路中断没有成行。刘季连听闻东昏侯有失帝德，京师多有事变发生，自己就变得有些骄矜。他本来以执法吏事而知名，性格猜忌而偏狭，到此时就变得刚愎严酷、手段狠辣，益州本地人开始心怀怨恨。这年九月，刘季连借聚会之机，征发壮丁五千人，声称要讲习武事，就派遣中兵参军宋买率领他们去袭击中水县。穰县人李托预先知道了这个消息，派兵把守住险要临路，宋买与之交战不利，撤回州城，益州的郡县就多有叛乱发生了。这个月，新城人赵续伯杀死五城县令，赶走了始平郡太守。十月，晋原人乐宝称、李难当杀死其太守，乐宝称自号为南秦州刺史，李难当自号为益州刺史。十二月，刘季连派参军崔茂祖率军二千前去讨伐他们，只带了三天的干粮。时值严冬大寒，群贼聚集在一起砍树阻塞住道路，军人得不到粮食补给，大败而归，死者有十之七八。第二年（永元二年，500）正月，新城人帛养赶走了遂宁太守谯希渊。三月，巴西人雍道晞率群贼一万余人逼近巴西郡，驻扎在距离郡城几里以外的地方，雍道晞自称镇西将军，号建义。巴西太守鲁休烈与涪县令李膺环城自守，刘季连派中兵参军李奉伯率军五千前去救援。李奉伯赶到后，和郡兵合力击破并生擒了雍道晞，在涪县的街市上将他处斩。李奉伯要率孤军前往巴西郡东部的乡间剿灭残余的贼人。李膺劝阻他说：“现在士卒懈怠而将校轻敌，若乘胜深入险要之地，不是良策。不如稍微缓一缓，再考虑以后的方略。”李奉伯没有听从，带领全军进入山区，结果大败逃出山来，于是向州城败退。六月，江阳人程延期反叛，杀死太守何法藏。鲁休烈怕无法自保，出逃投奔巴东相萧慧训。十月，巴西人（前文为新城人）赵续伯又反叛，麾下叛军有两万人，出广汉县，乘坐着佛舆，用五彩丝绸包裹一块青石，骗百姓说：“上天赐给我玉印，合该称王于蜀地。”信从他的愚民非常多。刘季连进军讨伐他，派长史赵越常为前锋。赵越常兵败，刘季连又派李奉伯从涪县进剿。李奉伯分兵从潺亭与大军在城下会合，进攻叛军营栅，大败叛军。

当时会稽人石文安，字守休，隐居在乡里，专行礼让之事，他代

左丞，出为江夏内史，又代季连入为御史中丞，与季连相善。子仲渊字钦回，闻义师起，率乡人以应高祖。天监初，拜郢州别驾，从高祖平京邑。

明年春，遣左右陈建孙送季连弟通直郎子渊及季连二子使蜀，喻旨慰劳。季连受命，饬还装。高祖以西台将邓元起为益州刺史。元起，南郡人。季连为南郡之时，素薄元起。典签朱道琛者，尝为季连府都录，无赖小人，有罪，季连欲杀之，逃叛以免。至是说元起曰："益州乱离已久，公私府库必多耗失，刘益州临归空竭，岂办复能远遣候递。道琛请先使检校，缘路奉迎；不然，万里资粮，未易可得。"元起许之。道琛既至，言语不恭，又历造府州人士，见器物辄夺之，有不获者，语曰："会当属人，何须苦惜。"于是军府大惧，谓元起至必诛季连，祸及党与，竞言之于季连。季连亦以为然；又恶昔之不礼元起也，益愤懑。司马朱士略说季连，求为巴西郡，留三子为质，季连许之。顷之，季连遂召佐史，矫称齐宣德皇后令，聚兵复反，收朱道琛杀之。书报朱士略，兼召李膺。膺、士略并不受使。使归，元起收兵于巴西以待之，季连诛士略三子。

天监元年六月，元起至巴西，季连遣其将李奉伯等拒战。兵交，互有得失，久之，奉伯乃败退还成都。季连驱略居人，闭城固守。元起稍进围之。是冬，季连城局参军江希之等谋以城降，不果，季连诛之。蜀中丧乱已二年矣，城中食尽，升米三千，亦无所籴，饿死者相枕。其无亲党者，又杀而食之。季连食粥累月，饥窘无计。二

刘季连出任尚书左丞,出京任江夏内史,又代刘季连入朝任御史中丞,与刘季连关系很好。儿子石仲渊,字钦回,听闻高祖义师起兵,率乡人响应高祖,跟随高祖平定京师。天监初年,拜为郢州别驾。

第二年春季,高祖派左右陈建孙护送刘季连的弟弟通直郎刘子渊及刘季连的两个儿子前往蜀地,晓喻安抚慰劳的旨意。刘季连领命,开始打点返京的行装。高祖任命荆州将领邓元起为益州刺史。邓元起是南郡人,刘季连做南郡太守的时候,一向对邓元起很轻慢鄙薄。一个叫朱道琛的典签,曾经任刘季连太守府的都录,他是个无赖小人,犯了罪,刘季连要杀掉他,他逃亡而幸免一死。到这时他就来劝邓元起说:"益州遭遇叛乱战祸已经很久,公私府库必然消耗损失很大,刘刺史回京之际仓廪空虚,岂能远远地派人在驿站迎候您呢?我请求先行前往检点物资,沿路安排奉迎您;不这样的话,赴益州路途万里,沿途需要的物资粮食恐不容易得到。"邓元起同意了。朱道琛到达益州后,出言不敬,又屡屡造访府州人士,见到贵重器物就抢夺拿走,有人不肯给,他就说:"早晚也是属于别人的,何必苦苦吝惜?"于是军府上下大感惊惧,以为邓元起来到之后必定要诛杀刘季连,还会祸及党羽,就竞相对刘季连说起此事。刘季连也认为会如此,又加上心中悔恨当初对待邓元起无礼,愈加感到愤懑。司马朱士略游说刘季连,请求出任巴西郡太守,留下三个儿子在州城作为人质,刘季连同意了。不久,刘季连就召集佐吏,假称奉南齐宣德皇后之令,聚兵反叛,抓捕朱道琛将他杀掉。传书信告知朱士略,并召唤李膺返讯。李膺、朱士略都不听从他的驱使。传书的使者回来后,邓元起收编了巴西郡的军队以待益州军来攻,刘季连就诛杀了朱士略的三个儿子。

天监元年(502)六月,邓元起抵达巴西,刘季连派他的将领李奉伯等拒敌。两军交战,互有得失,相持很久后,李奉伯就败退撤回成都。刘季连驱赶掳掠居民,关闭城门固守。邓元起引军稍进包围了成都。这年冬季,刘季连麾下的城局参军江希之等人密谋献城投降,事情败露,刘季连诛杀了他们。蜀中反叛战乱已经历时二年,城中粮

年正月，高祖遣主书赵景悦宣诏降季连，季连肉袒请罪。元起迁季连于城外，俄而造焉，待之以礼。季连谢曰："早知如此，岂有前日之事。"元起诛李奉伯并诸渠帅，送季连还京师。季连将发，人莫之视，惟龚惬送焉。

初，元起在道，惧事不集，无以为赏，士之至者，皆许以辟命，于是受别驾、治中檄者，将二千人。

季连既至，诣阙谢，高祖引见之。季连自东掖门入，数步一稽颡，以至高祖前。高祖笑谓曰："卿欲慕刘备而曾不及公孙述，岂无卧龙之臣乎。"季连复稽颡谢。赦为庶人。四年正月，因出建阳门，为蜀人蔺道恭所杀。季连在蜀，杀道恭父，道恭出亡，至是而报复焉。

### 陈伯之

陈伯之，济阴睢陵人也。幼有膂力。年十三四，好著獭皮冠，带刺刀，候伺邻里稻熟，辄偷刈之。尝为田主所见，呵之云："楚子莫动！"伯之谓田主曰："君稻幸多，一担何苦？"田主将执之，伯之因杖刀而进，将刺之，曰："楚子定何如！"田主皆反走，伯之徐担稻而归。及年长，在钟离数为劫盗，尝授面觇人船，船人斫之，获其左耳。后随乡人车骑将军王广之，广之爱其勇，每夜卧下榻，征伐尝自随。

齐安陆王子敬为南兖州，颇持兵自卫。明帝遣广之讨子敬，广之至欧阳，遣伯之先驱，因城开，独入斩子敬。又频有战功，以勋累

食耗尽，一升米价值升至三千钱，也无处买得到，饿死的人互相枕藉。那些无亲无故的居民，被人杀死作为食物吃掉。刘季连连续数月只能食粥，饥饿困窘无计可施。天监二年（503）正月，高祖派主书赵景悦宣诏招降刘季连，刘季连赤裸上身向他请罪。邓元起将刘季连迁移至城外，随后造访他，对他以礼相待。刘季连谢罪说："早知如此，怎会有前日之事。"邓元起诛杀了李奉伯及其他叛军首领，送刘季连回到京师。刘季连将要出发时，没有人去看他，只有龚恮为他送行。

起初，邓元起在前往益州的路上，担心事情不能成功，没有东西可以奖赏激励部下，凡是应召而来的士卒，都许诺将会委任官职，于是接受别驾、治中委任文书的人，有接近二千人。

刘季连到京后，入朝谢罪，高祖接见了他。刘季连从东掖门入宫，几步一叩头，直到来到高祖面前。高祖笑着对他说："卿想要仿效刘备，最终却比不上割据蜀中的公孙述，是没有卧龙那样的谋臣吗？"刘季连又叩头谢罪。高祖赦免了他的罪过，废为庶人。天监四年（505）正月，刘季连出建阳门，被蜀人蔺道恭所杀。刘季连在蜀地时，曾杀掉蔺道恭的父亲，蔺道恭出逃，至此而报了父仇。

## 陈伯之

陈伯之，济阴睢陵人。自幼膂力过人。十三四岁时，喜欢戴獭皮制的冠，身佩刺刀，等到邻家田里稻子熟了，就偷偷去收割。曾有一次被稻田主人看见，呵斥他说："坏小子不要动！"陈伯之对稻田主人说："您的稻子还有许多，何苦因为少了一担而为难我？"稻田主人将要擒住他，陈伯之就抽刀而进，比划着要刺他，说："坏小子又如何！"稻田主人转身逃走了，陈伯之慢慢地挑着稻子回去了。长大后，在钟离多次做强盗打劫，曾经探头窥视人家的船只，船家挥刀砍去，砍掉了他的左耳。后来他追随同乡人车骑将军王广之，王广之喜爱他勇敢无畏，每夜都让他睡在下首的榻上，出征作战也常让他伴随自己。

南齐安陆王萧子敬出任南兖州刺史，多有拥兵自重之举。齐明帝派王广之讨伐萧子敬，王广之进抵欧阳埭，派陈伯之做先锋，他迁为冠军将军、骠骑司马,封鱼复县伯,邑五百户。

义师起,东昏假伯之节、督前驱诸军事、豫州刺史,将军如故。寻转江州,据寻阳以拒义军。郢城平,高祖得伯之幢主苏隆之,使说伯之,即以为安东将军、江州刺史。伯之虽受命,犹怀两端,伪云"大军未须便下"。高祖谓诸将曰:"伯之此答,其心未定,及其犹豫,宜逼之。"众军遂次寻阳,伯之退保南湖,然后归附。进号镇南将军,与众俱下。伯之顿篱门,寻进西明门。建康城未平,每降人出,伯之辄唤与耳语。高祖恐其复怀翻覆,密语伯之曰:"闻城中甚忿卿举江州降,欲遣刺客中卿,宜以为虑。"伯之未之信。会东昏将郑伯伦降,高祖使过伯之,谓曰:"城中甚忿卿,欲遣信诱卿以封赏。须卿复降,当生割卿手脚;卿若不降,复欲遣刺客杀卿。宜深为备。"伯之惧,自是无异志矣。力战有功。城平,进号征南将军,封丰城县公,邑二千户,遣还之镇。

伯之不识书,及还江州,得文牒辞讼,惟作大诺而已。有事,典签传口语,与夺决于主者。

伯之与豫章人邓缮、永兴人戴永忠并有旧,缮经藏伯之息英免祸,伯之尤德之。及在州,用缮为别驾,永忠记室参军。河南褚緭,京师之薄行者,齐末为扬州西曹,遇乱居闾里;而轻薄互能自致,惟緭独不达。高祖即位,緭频造尚书范云,云不好緭,坚距之。緭益怒,私语所知曰:"建武以后,草泽底下,悉化成贵人,吾何罪而见弃。今天下草创,饥馑不已,丧乱未可知。陈伯之拥强兵在江州,非代来臣,有自疑意;且荧惑守南斗,讵非为我出。今者一行,趁城门打开时，独自一人冲进州城斩杀了萧子敬。又屡立战功，因功屡经升迁为冠军将军、骠骑司马，封为鱼复县伯，食邑五百户。

高祖义师兴起后，东昏侯任陈伯之假节、督前驱诸军事、豫州刺史，将军之职照旧。不久转任江州，据守寻阳以抵御义军。郢城平定之后，高祖俘获陈伯之的幢主苏隆之，派他劝降陈伯之，当即任命陈伯之为安东将军、江州刺史。陈伯之虽然接受了高祖的任命，还是心怀首鼠两端的打算，假意称"请大军不要立刻东下"。高祖对众将说："陈伯之如此答复，其心未定，正当他游疑的时候，应该紧逼他。"众军于是进抵寻阳，陈伯之退保南湖，然后归附了义军。进号为镇南将军，随义军一同东下。陈伯之屯驻在建康的篱门外，不久进屯西明门。建康城尚未平定，每逢有人出城投降，陈伯之就会叫来与其耳语一阵。高祖担心他还是心怀反覆之谋，就秘密对陈伯之说："听闻城中很怨恨你献出江州投降，正要派刺客杀你，应该多加小心。"陈伯之不信。时值东昏侯的将领郑伯伦投降，高祖派他去陈伯之处，对陈伯之说："城中对你甚是怨恨，要派人投书以封赏劝诱你。待你重新投降朝廷，就要活割你的手脚；若你不降，就要派刺客来刺杀你。最好做好准备。"陈伯之感到恐惧，从此不再有异心。作战很努力，立有功劳。建康城平定后，进号为征南将军，封为丰城县公，食邑二千户，派他回到江州镇守。

陈伯之不识字，回到江州后，凡是收到公函文书或诉讼材料，只是作核批画行而已。遇到有公事，由典签向他口头通报，实际决策都由主事官吏来定夺。

陈伯之与豫章人邓缮、永兴人戴永忠都有旧交，邓缮曾经藏匿陈伯之的儿子陈英助他免祸，陈伯之尤其感激他。他到江州之后，任邓缮为别驾，戴永忠为记室参军。河南人褚緭，是京师的一个行为不端之人，南齐末年曾任扬州西曹，遇到战乱避居闾巷间。轻薄无德之人本来可以互相帮助彼此成就，唯独褚緭无法发迹。高祖登基后，褚緭频频造访尚书范云，范云对他没有好感，坚决拒绝他的请托。褚緭心中更加恼怒，私下对友人说："自南齐建武年间以来，草根底层之人，全都当上了贵人，我有何罪，如此被本朝抛弃？现在新事若无成，入魏，何遽减作河南郡。"于是遂投伯之书佐王思穆事之，大见亲狎。及伯之乡人朱龙符为长流参军，并乘伯之愚暗，恣行奸险，刑政通塞，悉共专之。

伯之子虎牙，时为直阁将军，高祖手疏龙符罪，亲付虎牙，虎牙封示伯之。高祖又遣代江州别驾邓缮，伯之并不受命。答高祖曰："龙符骁勇健儿，邓缮事有绩效，台所遣别驾，请以为治中。"缮于是日夜说伯之云："台家府库空竭，复无器仗，三仓无米，东境饥流，此万代一时也，机不可失。"缙、永忠等每赞成之。伯之谓缮："今段启卿，若复不得，便与卿共下。"使反高祖敕部内一郡处缮，伯之于是集府州佐史谓曰："奉齐建安王教，率江北义勇十万，已次六合，见使以江州见力运粮速下。我荷明帝厚恩，誓死以报。今便纂严备办。"使缙诈为萧宝夤书，以示僚佐。于厅事前为坛，杀牲以盟。伯之先饮，长史已下次第歃血。缙说伯之曰："今举大事，宜引众望，程元冲不与人同心；临川内史王观，僧虔之孙，人身不恶，便可召为长史，以代元冲。"伯之从之。仍以缙为寻阳太守，加讨逆将军；永忠辅义将军；龙符豫州刺史，率五百人守大雷。大雷戍主沈慧休，镇南参军李延伯。又遣乡人孙邻、李景受龙符节度，邻为徐州，景为郢州。豫章太守郑伯伦起郡兵距守。程元冲既失职，于家合率数百人，使伯之典签吕孝通、戴元则为内应。伯之每旦常作伎，日晡辄卧，左右仗身皆休息。元冲因其解弛，从北门入，径至厅事前。伯之闻叫声，自率出荡，元冲力不能敌，走逃庐山。

朝初立，四方饥荒未止，再次遭遇丧乱也未可知。陈伯之在江州自拥强兵，而且不是天子亲近的旧臣，有自己被怀疑的忧虑；而且现在火星镇守在南斗附近，焉知它不是为我而出现？如今我前去投靠，若是不能成事，就投奔北魏，何愁不做个河南郡守的官？"于是就投托在陈伯之的书佐王思穆门下，非常受亲近宠信。待到陈伯之的同乡朱龙符任长流参军时，这二人一起趁陈伯之愚昧暗弱的机会，恣意作奸行险，刑狱和政事的通达或闭塞，全由他们二人一同决断。

陈伯之的儿子陈虎牙，当时任直阁将军，高祖亲笔写下朱龙符的罪状，并亲手交付陈虎牙，由他封缄并交给陈伯之；高祖又派官员去取代江州别驾邓缮，陈伯之不接受这两项安排。他答复高祖说："朱龙符是骁勇的战将，邓缮在任上颇有政绩，朝廷所派的别驾，请让他出任治中。"邓缮当夜劝说陈伯之说："朝廷府库空竭，且缺乏衣甲兵器，三仓之中又无粮米，东部地区饥荒流民十分严重，这是万代一遇的时机啊，机不可失。"褚緭、戴永忠等人都赞同此说。陈伯之对邓缮说："我现在再为你向朝廷启奏，若还不得同意，就与你一起造反。"高祖闻奏，敕令他将邓缮安置在州内的一郡，陈伯之于是召集府州的佐吏对他们说："收到南齐建安王的命令，他率领江北义勇十万人，已经到了六合，现在要江州以现有力量运粮迅速东下。我身受明帝的厚恩，愿誓死报答齐朝，现在起就戒严备办。"让褚緭伪造了一封萧宝夤的来信，出示给僚佐们看。就在官厅前设坛，宰杀牲畜以盟誓，陈伯之第一个把酒喝下，长史以下每人都依次歃血为盟。褚緭劝陈伯之说："今日举大事，应该任用深孚众望之人。程元冲不与众人同心；临川内史王观，乃是王僧虔的孙子，为人立身没有恶名，可以召他做长史，来代替程元冲。"陈伯之同意了，并任命褚緭为寻阳太守，加讨逆将军；戴永忠为辅义将军；朱龙符为豫州刺史，率五百人守大雷。大雷戍主沈慧休，镇南参军李延伯。又派同乡人孙邻、李景受朱龙符节度，孙邻为徐州刺史，李景为郢州刺史。豫章太守郑伯伦发动郡兵据守城池。程元冲被解除官职之后，在家里召集率领了数百人，让陈伯之的典签吕孝通、戴元则作内应。陈伯之每天天明听歌观舞，到黄昏时分就睡觉，身边卫士也都去休息。程元冲趁他们戒初，元冲起兵，要寻阳张孝季，孝季从之。既败，伯之追孝季不得，得其母郎氏，蜡灌杀之。遣信还都报虎牙兄弟，虎牙等走盱眙，盱眙人徐安、庄兴绍、张显明邀击之，不能禁，反见杀。高祖遣王茂讨伯之。伯之闻茂来，谓绢等曰："王观既不就命，郑伯伦又不肯从，便应空手受困。今先平豫章，开通南路，多发丁力，益运资粮，然后席卷北向，以扑饥疲之众，不忧不济也。"乃留乡人唐盖人守城，遂相率趣豫章。太守郑伯伦坚守，伯之攻之不能下。王茂前军既至，伯之表里受敌，乃败走，间道亡命出江北，与子虎牙及褚绢俱入魏。魏以伯之为使持节、散骑常侍、都督淮南诸军事、平南将军、光禄大夫、曲江县侯。

天监四年，诏太尉、临川王宏率众军北讨，宏命记室丘迟私与伯之书曰：

陈将军足下无恙，幸甚。将军勇冠三军，才为世出。弃燕雀之小志，慕鸿鹄以高翔。昔因机变化，遭逢明主，立功立事，开国承家，朱轮华毂，拥旄万里，何其壮也！如何一旦为奔亡之虏，闻鸣镝而股战，对穹庐以屈膝，又何劣耶？寻君去就之际，非有他故，直以不能内审诸己，外受流言，沉迷猖蹶，以至于此。圣朝赦罪论功，弃瑕录用，收赤心于天下，安反侧于万物，将军之所知，非假仆一二谈也。朱鲔涉血于友于，张绣剚刃于爱子，汉主不以为疑，魏君待之若旧。况将军无昔人之罪，而勋重于当世。

备松懈的机会，从北门进入府署，径直来到厅前。陈伯之听见喊叫声，亲自率领卫士出来格斗，程元冲抵挡不住，逃进了庐山。

起初，程元冲起兵时，邀约了寻阳人张孝季，张孝季随他起兵。元冲兵败之后，陈伯之追捕张孝季而不得，抓获了他的母亲郎氏，用蜡灌注杀死了她。陈伯之派人通报陈虎牙兄弟，陈虎牙等人逃往盱眙，盱眙人徐安、庄兴绍、张显明截击他，没能拦住，反被他所杀。高祖派王茂讨伐陈伯之。陈伯之听说王茂领军前来，就对褚緭等人说：“王观既不来听我调遣，郑伯伦又不肯归顺我，就该空手被我围困。如今先平定豫章，打开向南的通路，再多多征发壮丁，运送军资粮秣，然后席卷北上，去扑灭饥饿疲劳之敌，不愁大事不济。”就留下同乡唐盖人守城，率领部队前往豫章。豫章太守郑伯伦坚守城池，陈伯之攻不下来。王茂的前锋已经逼近，陈伯之腹背受敌，于是败退，抄小路逃亡到江北，与儿子陈虎牙及褚緭都进入北魏境内。北魏任命陈伯之为使持节、散骑常侍、都督淮南诸军事、平南将军、光禄大夫、曲江县侯。

天监四年(505)，高祖诏令太尉、临川王萧宏率众军北伐，萧宏命令记室参军丘迟写私信给陈伯之说：

陈将军足下无恙，幸甚。将军勇冠三军，乃是不世出的英才。抛弃燕雀的渺小志向，仰慕鸿雁高高飞翔的气度。当年随机应变，遭逢了我朝明主，您立功立事，开启了国家的基业，乘坐着朱红的车轮华丽的车毂，仪仗的旗旄绵延万里，何其雄壮啊！而一朝成为出奔逃亡的索虏，听到鸣镝声就双股战栗，对着异族的毡帐屈膝事奉，这又是何等的狼狈！探寻您离弃我朝投奔北国的原因，不是别的缘故，乃是不能内省自身，而外受流言蛊惑，迷惑狂妄，以至于此。圣朝一向考虑功劳而赦免罪人，录用人才不计其瑕疵，广收天下忠义之士，安然容纳有反覆之举的人才，这是将军所知道的，并非出自我一两句言语杜撰。当年朱鲔之手沾有刘秀兄长的血，张绣亦曾杀死曹操的爱子，而汉光武帝不曾怀疑朱鲔之降，魏武帝也待二度归附的张绣如同故友。更何况将军并无此二人的罪愆，而功勋又重于当世呢。

夫迷涂知反，往哲是与；不远而复，先典攸高。主上屈法申恩，吞舟是漏。将军松柏不翦，亲戚安居；高台未倾，爱妾尚在。悠悠尔心，亦何可述。今功臣名将，雁行有序。怀黄佩紫，赞帷幄之谋；乘轺建节，奉疆埸之任。并刑马作誓，传之子孙。将军独靦颜借命，驱驰异域，宁不哀哉！

夫以慕容超之强，身送东市；姚泓之盛，面缚西都。故知霜露所均，不育异类；姬汉旧邦，无取杂种。北虏僭盗中原，多历年所，恶积祸盈，理至燋烂。况伪孽昏狡，自相夷戮，部落携离，酋豪猜贰，方当系颈蛮邸，悬首藁街。而将军鱼游于沸鼎之中，燕巢于飞幕之上，不亦惑乎！

暮春三月，江南草长，杂花生树，群莺乱飞。见故国之旗鼓，感平生于畴日，抚弦登陴，岂不怆恨。所以廉公之思赵将，吴子之泣西河，人之情也。将军独无情哉！想早励良图，自求多福。

伯之乃于寿阳拥众八千归。虎牙为魏人所杀。

伯之既至，以为使持节、都督西豫州诸军事、平北将军、西豫州刺史，永新县侯，邑千户。未之任，复以为通直散骑常侍、骁骑将军，又为太中大夫。久之，卒于家。其子犹有在魏者。

褚緭
褚緭在魏，魏人欲擢用之。魏元会，緭戏为诗曰："帽上著笼

迷途而知返，昔日的哲人都赞许此举；走错路不远而回头，这是《易》所推许的做法。我主变通法度来彰示恩德，即便吞舟的鲸鲵也可网开一面。将军祖坟安然无恙，亲族安居乐业；房屋宅舍未被焚毁，宠爱的姬妾仍在家中。您那悠悠牵挂之心，还有什么可说的呢。而今功臣名将，全都如雁行一般有序。文官怀金印佩紫绶，辅佐主上运筹帷幄；武将乘轻车树旄节，尊奉疆场杀敌的命令。全都杀白马歃血盟誓，荣华富贵传承子孙。只有将军您一人厚着脸皮来苟且偷生，在异域奔走驱驰效命，难道不觉得悲哀吗？

当年南燕皇帝慕容超国富兵强，仍被刘裕打败送往刑场引颈受戮；后秦国君姚泓军容鼎盛，依旧不敌东晋被反绑双手在长安斩杀。由此可知霜露滋润万物，惟不养育异类；周朝汉朝的旧山河，全不收留杂种。北方异族僭占中原已经久历年月，恶贯满盈罪祸累累，按理必然将要崩溃动乱。何况如今魏国君主昏乱狡诈，诸王作乱互相屠戮，部落纷纷分崩离析，首领猜忌各怀异心，也将要从官邸被绑赴到京城斩首示众了。而将军有如鱼儿悠游于沸腾锅鼎之中，燕子筑巢在飘摇帐幕之上，岂不糊涂！

暮春三月，江南草长，杂花开满枝头，黄莺成群飞舞。与梁国对垒的您见到故国的旗鼓，回想昔日在梁朝的生活，手抚弓弦登城远望，岂不会伤怀遗憾。之所以廉颇奔魏后还想重做赵将，吴起离开西河之际对河悲泣，这是因为顾恋故乡的人之常情啊。难道将军您就无情吗？愿将军早作良图，自求多福。

陈伯之于是在寿阳领军八千归附梁朝。陈虎牙被北魏诛杀。

陈伯之来到建康后，高祖任命他为使持节、都督西豫州诸军事、平北将军、西豫州刺史，永新县侯，食邑千户。他没有赴任，又被任命为通直散骑常侍、骁骑将军，又任太中大夫。很久以后，在家中去世。他的儿子还有留在北魏的。

褚緭

褚緭在北魏，北魏朝廷想提拔任用他。元旦北魏君臣朝会的冠，裤上着朱衣，不知是今是，不知非昔非。"魏人怒，出为始平太守。日日行猎，堕马死。

史臣曰：刘季连之文吏小节，而不能以自保全，习乱然也。陈伯之小人而乘君子之器，群盗又诬而夺之，安能长久矣。

时候，褚緭作诗戏谑称："牧人帽上戴笼冠，骑手袴上套朱衣。不知今日对是对，不知昨日错为错。"北魏君臣很生气，令他出朝任始平郡太守。他日日行围打猎，一日坠马而死。

史臣说：刘季连以执法小吏的节操，而不能保全自己，是因为习于作乱的缘故。陈伯之本是小人，借助君主的宽宏器量而居高位，群贼又诬妄蒙蔽他而篡夺其权柄，岂能长久呢。

# 卷二十一

## 列传第十五
王瞻 王志 王峻 王暕子训 王泰

王份孙锡 金 张充 柳恽 蔡撙 江蒨

### 王瞻

王瞻，字思范，琅邪临沂人，宋太保弘从孙也。祖柳，光禄大夫、东亭侯。父猷，廷尉卿。瞻年数岁，尝从师受业，时有伎经其门，同学皆出观，瞻独不视，习诵如初。从父尚书仆射僧达闻而异之，谓瞻父曰："吾宗不衰，寄之此子。"年十二，居父忧，以孝闻。服阕，袭封东亭侯。

瞻幼时轻薄，好逸游，为闾里所患。及长，颇折节有士操，涉猎书记，于棋射尤善。

起家著作佐郎，累迁太子舍人、太尉主簿、太子洗马。顷之，出为鄱阳内史，秩满，授太子中舍人。又为齐南海王友，寻转司徒竟陵王从事中郎，王甚相宾礼。南海王为护军将军，瞻为长史。又出补徐州别驾从事史，迁骠骑将军王晏长史。晏诛，出为晋陵太守。瞻洁己为政，妻子不免饥寒。时大司马王敬则举兵作乱，路经晋陵，郡民多附敬则。军败，台军讨贼党，瞻言于朝曰："愚人易动，不足穷法。"明帝许之，所全活者万数。征拜给事黄门侍郎，抚军建安王长史，御史中丞。

高祖霸府开，以瞻为大司马相国咨议参军，领录事。梁台建，为侍中，迁左民尚书，俄转吏部尚书。瞻性率亮，居选部，所举多

## 王瞻

王瞻字思范，琅琊临沂人，是刘宋一朝太保王弘的兄弟之孙。祖父王柳，官至光禄大夫、东亭侯。父亲王猷，官至廷尉卿。王瞻几岁时，曾经跟从老师受业，时值有伎乐艺人经过门前，同学都出门观看，唯独王瞻不去看，习诵如初。伯父尚书仆射王僧达听说了此事，认为他很不寻常，对王瞻父亲说："我们王氏宗族兴盛不衰的希望，就寄托在这孩子身上。"十二岁那一年，为父服丧，有孝子之名。服丧结束后，继承东亭侯的封爵。

王瞻年幼时举止轻薄，游手好闲，成为邻里眼中的祸患。长大之后，改变自己的志趣行为，有士人的节操，涉猎书记，尤其擅长围棋和射箭。

初任著作佐郎，屡经升迁为太子舍人、太尉主簿、太子洗马。不久，出京担任鄱阳内史，任职期满后，授任太子中舍人。又担任南齐南海王友，不久转任司徒竟陵王从事中郎，竟陵王待他甚为尊重礼让。南海王担任护军将军时，王瞻出任其长史。又出京补任徐州别驾从事史，迁任骠骑将军王晏长史。王晏被齐明帝诛杀后，王瞻出京任晋陵太守。王瞻为政洁身自好，妻儿有饥寒之忧。当时大司马王敬则举兵作乱，路过晋陵郡，郡民多有归附王敬则的，叛军战败后，官军讨伐贼党，王瞻向朝廷进言说："愚民易受鼓动，用不着严法深究。"明帝很赞许他，赦罪活命者数以万计。征召他任给事黄门侍郎，抚军建安王长史，御史中丞。

高祖藩府初开，任命王瞻为大司马相国咨议参军，兼任录事。高祖被封梁公建台治事后，王瞻担任侍中，迁任左民尚书，不久转任吏

行其意。颇嗜酒，每饮或竟日，而精神益朗赡，不废簿领。高祖每称瞻有三术，射、棋、酒也。寻加左军将军，以疾不拜，仍为侍中，领骁骑将军，未拜，卒，时年四十九。谥康侯。子长玄，著作佐郎，早卒。

## 王志

王志，字次道，琅邪临沂人。祖昙首，宋左光禄大夫、豫宁文侯；父僧虔，齐司空、简穆公：并有重名。

志年九岁，居所生母忧，哀容毁瘠，为中表所异。弱冠，选尚宋孝武女安固公主，拜驸马都尉、秘书郎。累迁太尉行参军，太子舍人，武陵王文学。褚渊为司徒，引志为主簿。渊谓僧虔曰："朝廷之恩，本为殊特，所可光荣，在屈贤子。"累迁镇北竟陵王功曹史、安陆南郡二王友。入为中书侍郎。寻除宣城内史，清谨有恩惠。郡民张倪、吴庆争田，经年不决。志到官，父老乃相谓曰："王府君有德政，吾曹乡里乃有此争。"倪、庆因相携请罪，所讼地遂为闲田。征拜黄门侍郎，寻迁吏部侍郎。出为宁朔将军、东阳太守。郡狱有重囚十余人，冬至日悉遣还家，过节皆返，惟一人失期，狱司以为言。志曰："此自太守事，主者勿忧。"明旦，果自诣狱，辞以妇孕，吏民益叹服之。视事三年，齐永明二年，入为侍中，未拜，转吏部尚书，在选以和理称。崔慧景平，以例加右军将军，封临汝侯，固让不受，改领右卫将军。

义师至，城内害东昏，百僚署名送其首。志闻而叹曰："冠虽

部尚书。王瞻性格直率诚信,他主持吏部,选拔人才往往一出己意。他还很爱喝酒,一喝常常就喝一天,而精神越喝越健朗,从不耽误文书公务。高祖常常说王瞻有三项技艺,射箭、下棋、喝酒。不久加左军将军,他因病不拜官,仍任侍中,兼任骁骑将军,还没有拜授就去世了,时年四十九岁。谥号为康侯。儿子王长玄,官至著作佐郎,早逝。

## 王志

王志字次道,琅琊临沂人。祖父王昙首,刘宋一朝官至左光禄大夫、豫宁文侯;父亲王僧虔,官至南齐司空、简穆公,二人都德高望重。

王志九岁那年,遭生母丧,他哀痛过度以至形销骨立,亲戚都认为他很不寻常。二十岁时,被选配迎娶了刘宋孝武帝的女儿安固公主,拜为驸马都尉、秘书郎。屡经升迁为太尉行参军、太子舍人、武陵王文学。褚渊任司徒时,任用王志为主簿。褚渊对王僧虔说:"朝廷的恩典,本是很特殊的,足可光荣门户,就委屈贤公子担任这样的职务了。"屡经升迁为镇北竟陵王功曹史、安陆南郡二王友。入京担任中书侍郎。不久被任命为宣城内史,在官任上清廉谨慎有恩惠之政。郡民张倪、吴庆二人争夺田地的归属,纠纷多年未得解决。王志上任之后,郡中父老就对他二人说:"王府君广施德政,而我们这一带乡里竟然有这等争执。"张倪、吴庆于是相约请罪道歉,他们所争之田地就成了一块闲田。朝廷征召王志拜为黄门侍郎,不久迁任吏部侍郎。出京担任宁朔将军、东阳太守。东阳郡的监牢有重罪囚徒十几人,冬至那天王志将他们悉数遣返回家,节日过后犯人全都返回监牢,唯有一人没按时返回,监狱官吏向王志汇报了此事。王志说:"这是太守自己的责任,主事者不必担忧。"第二天清晨,那个囚犯果然自己来到狱中,向官吏解释因媳妇有孕而迟归,官吏和百姓愈发叹服王志的德政。他任职三年,南齐永明二年(484),入京担任侍中,没有拜官,转任吏部尚书,选任官员以平和合理著称。崔慧景叛乱平定后,朝廷依例加给他右军将军的职位,封临汝侯,他坚决辞让不受,改为兼任右卫将军。

高祖义师打到建康,城中杀死东昏侯,百官署名送其首级出城

弊，可加足乎！”因取庭中树叶按服之，伪闷，不署名。高祖览笺无志署，心嘉之，弗以让也。霸府开，以志为右军将军、骠骑大将军长史。梁台建，迁散骑常侍、中书令。

天监元年，以本官领前军将军。其年，迁冠军将军、丹阳尹。为政清静，去烦苛。京师有寡妇无子，姑亡，举债以敛葬，既葬而无以还之。志愍其义，以俸钱偿焉。时年饥，每旦为粥于郡门，以赋百姓，民称之不容口。三年，为散骑常侍、中书令，领游击将军。志为中书令，及居京尹，便怀止足。常谓诸子侄曰：“谢庄在宋孝武世，位止中书令，吾自视岂可以过之。”因多谢病，简通宾客。迁前将军、太常卿。六年，出为云麾将军、安西始兴王长史、南郡太守。明年，迁军师将军、平西鄱阳郡王长史、江夏太守，并加秩中二千石。九年，迁为散骑常侍、金紫光禄大夫。十二年，卒，时年五十四。

志善草隶，当时以为楷法。齐游击将军徐希秀亦号能书，常谓志为“书圣”。

志家世居建康禁中里马蕃巷，父僧虔以来，门风多宽恕，志尤惇厚。所历职，不以罪咎劾人。门下客尝盗脱志车辖卖之，志知而不问，待之如初。宾客游其门者，专覆其过而称其善。兄弟子侄皆笃实谦和，时人号马蕃诸王为长者。普通四年，志改葬，高祖厚赗赐之。追谥曰安。有五子缉、休、諲、操、素，并知名。

## 王峻

王峻，字茂远，琅邪临沂人。曾祖敬弘，有重名于宋世，位至左

请降。王志听说后叹息道："头上的冠冕虽然破败了，岂可戴到脚上去？"于是摘下院子里的树叶搽烂后吞下，假装中毒不省人事，没有署名。高祖浏览请降的信笺，没有看到王志的署名，内心嘉许他的气节，没有怪罪他。高祖藩府初开，任命王志为右军将军、骠骑大将军长史。高祖被封为梁公建台治事后，迁任王志为散骑常侍、中书令。

天监元年（502），王志以本官兼任前军将军。这一年，他迁任冠军将军、丹阳尹。他在任上为政清静简省，减少扰民的苛政。京师有一个寡妇没有子嗣，婆婆去世后，她举债来加以安葬，葬礼过后没钱还债，王志同情她的义举，就用俸禄替她还了债。时逢饥年，王志每天清晨都在郡府门口布施粥糜，以赈济百姓，人民对他赞不绝口。天监三年（504），担任散骑常侍、中书令，兼任游击将军。王志担任中书令，等到做了京官后，就心怀止步仕途之意。他常常对子侄辈说："谢庄在宋孝武帝时，官位止于中书令，我自视并不如他，岂能做高于他的官？"因而常常称病，很少与宾客往来。迁任前将军、太常卿。天监六年（507），出京任云麾将军、安西始兴王长史、南郡太守。第二年，迁任军师将军、平西鄱阳王长史、江夏太守，都加到了中二千石的品级。天监九年（510），迁任散骑常侍、金紫光禄大夫。天监十二年（513），王志去世，时年五十四岁。

王志擅长草书和隶书，时人将其作为典范。南齐游击将军徐希秀也以书法著称，常常称王志为"书圣"。

王志家世代居住在建康的禁中里马蕃巷，自他父亲王僧虔以来，门风大多宽仁忠恕，王志尤为淳朴厚道。他历任官职，从不以罪过弹劾他人。他的门客曾经偷卖王志车轿的帷幔，王志知道了也没有追问，还是和从前一样待他。有宾客登门交游，他总是对其掩过扬善。他的兄弟子侄也都笃实谦和，所以时人称马蕃巷的王家人为长者。普通四年（523），王志改葬，高祖厚加赏赐资助，追加谥号为安。王志有五个儿子，王缉、王休、王諲、王操、王素，都很有名望。

### 王峻

王峻字茂远，琅邪临沂人。他的曾祖父王敬弘，在刘宋一朝享

光禄大夫、开府仪同三司。祖瓒之，金紫光禄大夫。父秀之，吴兴太守。

峻少美风姿，善举止。起家著作佐郎，不拜，累迁中军庐陵王法曹行参军，太子舍人，邵陵王文学，太傅主簿。府主齐竟陵王子良甚相赏遇。迁司徒主簿，以父忧去职。服阕，除太子洗马，建安王友。出为宁远将军、桂阳内史。会义师起，上流诸郡多相惊扰，峻闭门静坐，一郡帖然，百姓赖之。

天监初，还除中书侍郎。高祖甚悦其风采，与陈郡谢览同见赏擢。俄迁吏部，当官不称职，转征虏安成王长史，又为太子中庶子、游击将军。出为宣城太守，为政清和，吏民安之。视事三年，征拜侍中，迁度支尚书。又以本官兼起部尚书，监起太极殿。事毕，出为征远将军、平西长史、南郡太守。寻为智武将军、镇西长史、蜀郡太守。还为左民尚书，领步兵校尉。迁吏部尚书，处选甚得名誉。

峻性详雅，无趋竞心。尝与谢览约，官至侍中，不复谋进仕。览自吏部尚书出为吴兴郡，平心不畏强御，亦由处世之情既薄故也。峻为侍中以后，虽不退身，亦淡然自守，无所营务。久之，以疾表解职，迁金紫光禄大夫，未拜。普通二年，卒，时年五十六，谥惠子。

子琮、玩。琮为国子生，尚始兴王女繁昌县主，不慧，为学生所嗤，遂离婚。峻谢王，王曰："此自上意，仆极不愿如此。"峻曰："臣太祖是谢仁祖外孙，亦不藉殿下姻媾为门户。"

## 王暕
王暕，字思晦，琅邪临沂人。父俭，齐太尉、南昌文宪公。

有盛名，官至左光禄大夫、开府仪同三司。祖父王瓒之，官至金紫光禄大夫。父亲王秀之，官至吴兴太守。

王峻少年时风姿俊美，举止文雅。初任著作佐郎，没有拜官，屡经升迁为中军庐陵王法曹行参军，太子舍人，邵陵王文学，太傅主簿。府主南齐竟陵王萧子良对他甚为赏识厚待。迁任司徒主簿，因父丧丁忧去职。服丧期满后，被任命为太子洗马，建安王友。出京担任宁远将军、桂阳内史。时值高祖义军兴起，上游各郡大多惊扰不安，而王峻闭门静坐，桂阳郡内安定无事，百姓都很仰赖他。

天监初年，回到京师担任中书侍郎。高祖很欣赏他的风采，与陈郡的谢览一同受到嘉赏擢升。不久迁任吏部，在位不称职，转任征虏安成王长史，又任太子中庶子、游击将军。出京任宣城太守，治政清明平和，下吏和百姓都很安定。任职三年，朝廷征召他出任侍中，迁任度支尚书。又以本身官职兼任起部尚书，监督起造太极殿。工程结束后，出京任征远将军、平西长史、南郡太守。不久任智武将军、镇西长史、蜀郡太守。回京出任左民尚书，兼步兵校尉。迁任吏部尚书，选拔任用官员深受好评。

王峻性格安详温雅，没有竞逐功利之心。他曾经和谢览约定，官至侍中后，就不再追求仕进。谢览从吏部尚书任上出京担任吴兴郡太守，用心公平不畏豪强，也是因为处世的心情已经淡薄的缘故。王峻出任侍中之后，虽然没有从仕途隐退，也淡然自守，没有经营追求什么。过了很久，称病上表请求解除职务，转任金紫光禄大夫，没有拜官。普通二年（521），王峻去世，时年五十六岁，谥号为惠子。

儿子有王琮、王玩。王琮做国子学的学生时，被选配迎娶了始兴王萧憺的女儿繁昌县主，妻子不太聪明，被同学们嘲笑，王琮就与繁昌县主离了婚。王峻向始兴王道歉，始兴王说："这本是天子的旨意，我本极不愿结姻。"王峻说："臣的太祖父是东晋谢尚的外孙，亦不需凭借殿下的姻亲来光大门户。"

## 王暕

王暕字思晦，琅琊临沂人。父亲王俭，官至南齐太尉、南昌文宪公。

　　暕年数岁, 而风神警拔, 有成人之度。时文宪作宰, 宾客盈门, 见暕相谓曰: "公才公望, 复在此矣。"弱冠, 选尚淮南长公主, 拜驸马都尉, 除员外散骑侍郎, 不拜, 改授晋安王文学, 迁庐陵王友、秘书丞。明帝诏求异士, 始安王遥光表荐暕及东海王僧孺曰: "臣闻求贤暂劳, 垂拱永逸, 方之疏壤, 取类导川。伏惟陛下道隐旒纩, 信充符玺, 白驹空谷, 振鹭在庭; 犹惧隐鳞卜祝, 藏器屠保, 物色关下, 委裘河上。非取制于一狐, 谅求味于兼采。而五声倦响, 九工是询; 寝议庙堂, 借听舆皂。臣位任隆重, 义兼邦家, 实欲使名实不违, 侥幸路绝。势门上品, 犹当格以清谈; 英俊下僚, 不可限以位貌。窃见秘书丞琅邪王暕, 年二十一, 七叶重光, 海内冠冕, 神清气茂, 允迪中和。叔宝理遣之谈, 彦辅名教之乐, 故以晖映先达, 领袖后进。居无尘杂, 家有赐书; 辞赋清新, 属言玄远; 室迩人旷, 物疏道亲。养素丘园, 台阶虚位; 庠序公朝, 万夫倾首。岂徒荀令可想, 李公不亡而已哉! 乃东序之秘宝, 瑚琏之茂器。"除骠骑从事中郎。

　　高祖霸府开, 引为户曹属, 迁司徒左长史。天监元年, 除太子中庶子, 领骁骑将军, 入为侍中。出为宁朔将军、中军长史。又为侍中, 领射声校尉, 迁五兵尚书, 加给事中, 出为晋陵太守。征为吏部尚书, 俄领国子祭酒。暕名公子, 少致美称, 及居选曹, 职事修理;

　　王暕才几岁时，风度敏悟超群拔俗，有成年人一般的气宇。当时王俭担任宰相，宾客盈门，见到王暕后都说："父亲的才识名望，又出现在儿子身上了。"二十岁时，被选配迎娶了淮南长公主，拜为驸马都尉，任员外散骑侍郎，不拜官，改任晋安王文学，迁任庐陵王友、秘书丞。齐明帝曾降诏访求优异人才，始安王萧遥光上表举荐王暕和东海人王僧孺说："微臣听说访求贤才的暂时辛劳，将换得一劳永逸的垂拱而治，可以比作疏松土壤，也可喻为疏浚河川。陛下天子之道潜隐于旒纩之中，信义充盈于符玺之外，已囊括名驹一般的俊杰以致山谷空寂，使白鹭一般的高洁之士尽数汇集在朝堂之前；却仍然担心有才俊像严君平一样在民间卜祝为生，忧虑有大器之才像姜太公和伊尹一样在市井屠牛佣保，所以极力广求贤才加以任用。精美的裘皮并非出自一狐之毛，追求至高美味也需要兼采众味。而当君王倾听五声治理国政疲倦了的时候，就向九官进行咨询；暂时停歇高官重臣的朝议，而听取地位低微者的意见。微臣职位责任重大，身为国家大臣又是皇族宗室，实在希望能使进贤名实相符，杜绝侥幸履职之路。对于出自高第望族者，仍应以清谈加以检拔；对英才俊秀的低级官僚，不可因地位低下而限制其发展。臣见到秘书丞琅琊人王暕，二十一岁的年纪，出自七代冠冕不绝的家族，誉满海内，他神情俊茂，允蹈中和之气。具有卫玠清谈玄理的才华，不乏乐广以名教为乐的见地，其风度辉映着先贤，才识领先于后辈。他的居处纤尘不染，家中藏有先皇的赐书；辞赋绮丽清新，言谈玄妙高远；居室邈远而宾客稀疏，疏远外物而亲近大道。在乡间养守清高的品格，台阶空寂远离名利；无论是庠学还是朝廷，他的风采受到万人俯首。岂止是像荀顗、李固那样深有父祖之风而已啊！实在是学堂的宝藏，国家的英才。"授予王暕骠骑从事中郎的职位。

　　高祖藩府初开，任他为户曹属，迁任司徒左长史。天监元年（502），任他为太子中庶子，兼任骁骑将军，入朝任侍中。出京担任宁朔将军、中军长史。又出任侍中，兼任射声校尉，迁任五兵尚书，加官给事中。出京担任晋陵太守。征召回京出任吏部尚书，不久兼任国子祭酒。王暕是名门公子，少年时即有美名，到了主持吏部时，本职工

然世贵显，与物多隔，不能留心寒素，众颇谓为刻薄。迁尚书右仆射，寻加侍中。复迁左仆射，以母忧去官。起为云麾将军、吴郡太守。还为侍中、尚书左仆射，领国子祭酒。普通四年冬，暴疾卒，时年四十七。诏赠侍中、中书令、中军将军，给东园秘器，朝服一具，衣一袭，钱十万，布百匹。谥曰靖。有四子，训、承、稺、訏，并通显。

王训

训字怀范，幼聪警有识量，征士何胤见而奇之。年十三，暕亡忧毁，家人莫之识。十六，召见文德殿，应对爽彻。上目送久之，顾谓朱异曰："可谓相门有相矣。"补国子生，射策高第，除秘书郎，迁太子舍人、秘书丞。转宣城王文学、友、太子中庶子，掌管记。俄迁侍中，既拜入见，高祖从容问何敬容曰："褚彦回年几为宰相？"敬容对曰："少过三十。"上曰："今之王训，无谢彦回。"

训美容仪，善进止，文章之美，为后进领袖。在春宫特被恩礼。以疾终于位，时年二十六。赠本官。谥温子。

## 王泰

王泰，字仲通，志长兄慈之子也。慈，齐时历侍中、吴郡，知名在志右。

泰幼敏悟，年数岁时，祖母集诸孙侄，散枣栗于床上，群儿皆竞之，泰独不取。问其故，对曰："不取，自当得赐。"由是中表异之。既长，通和温雅，人不见其喜愠之色。起家为著作郎，不拜，改除秘书郎，迁前将军法曹行参军、司徒东阁祭酒、车骑主簿。

作处理得井然有序；然而他家世显贵，与外界社会多有隔阂，不能留心寒门出身的人，人们都议论说他很刻薄。迁任尚书右仆射，不久加官侍中。又迁任左仆射，因母丧丁忧去职。后来起用为云麾将军、吴郡太守。回京后担任侍中、尚书左仆射，兼国子祭酒。普通四年（523）冬，王暕染暴病去世，时年四十七岁。高祖下诏追赠侍中、中书令、中军将军，赐给皇室棺木，朝服一具，衣冠一袭，钱十万，布百匹。谥号为靖。有四个儿子，王训、王承、王穉、王訏，都仕途通畅显达。

### 王训

王训字怀范，从小聪慧机警有见识，隐士何胤见到他后觉得很不寻常。年仅十三岁，父亲王暕去世，他哀伤得形销骨立，连家人都认不出来。十六岁时，被高祖召见于文德殿，应对言辞清爽透彻。高祖目送他退下很久，回头对朱异说："可以说是相门有相了。"补国子生，考试策论成绩优等，授官秘书郎，迁任太子舍人、秘书丞。转任宣城王文学、友、太子中庶子，执掌管记。不久迁任侍中，拜官后入宫觐见，高祖从容地问何敬容："褚彦回是多大年纪做的宰相？"何敬容回答说："三十出头。"高祖说："今天这个王训，不亚于褚彦回啊。"

王训仪容俊美，善于进退，文章之美，被视为文坛后辈的领袖。他在太子东宫受到特别的恩典礼遇。因病在任上去世，时年二十六岁。追赠以本身官职。谥号为温子。

### 王泰

王泰字仲通，是王志的兄长王慈的儿子。王慈，南齐时历任侍中、吴郡太守，声名在王志之上。

王泰自幼聪敏颖悟，只有几岁时，祖母召集诸位孙辈侄儿，把枣栗等零食散放在床上，这群孩子就争着抢吃，只有王泰不取食。问他是何缘故，他回答说："不取食，自然会获得赏赐。"从此他的堂、表兄弟姐妹都对他刮目相看。长大后，他个性通达平和温文尔雅，人们从来看不到他的喜怒形于色。初任著作郎，他辞谢不拜官，改任为秘书郎，迁任前将军法曹行参军、司徒东阁祭酒、车骑主簿。

高祖霸府建，以泰为骠骑功曹史。天监元年，迁秘书丞。齐永元末，后宫火，延烧秘书，图书散乱殆尽。泰为丞，表校定缮写，高祖从之。顷之，迁中书侍郎。出为南徐州别驾从事史，居职有能名。复征中书侍郎，敕掌吏部郎事。累迁给事黄门侍郎、员外散骑常侍，并掌吏部如故，俄即真。自过江，吏部郎不复典大选，令史以下，小人求竞者辐凑，前后少能称职。泰为之不通关求，吏先至者即补，不为贵贱请嘱易意，天下称平。累迁为廷尉，司徒左长史。出为明威将军、新安太守，在郡和理得民心。征为宁远将军，安右长史，俄迁侍中。寻为太子庶子、领步兵校尉，复为侍中。仍迁仁威长史、南兰陵太守，行南康王府、州、国事。王迁职，复为北中郎长史、行豫章王府、州、国事，太守如故。入为都官尚书。泰能接人士，士多怀泰，每愿其居选官。顷之，为吏部尚书，衣冠属望，未及选举，仍疾，改除散骑常侍、左骁骑将军。未拜，卒，时年四十五。谥夷子。

初泰无子，养兄子祁，晚有子廓。

## 王份 王琳

王份，字季文，琅邪人也。祖僧朗，宋开府仪同三司、元公。父粹，黄门侍郎。

份十四而孤，解褐车骑主簿。出为宁远将军、始安内史。袁粲之诛，亲故无敢视者，份独往致恸，由是显名。迁太子中舍人，太尉属。出为晋安内史。累迁中书侍郎，转大司农。

高祖藩府初建，任命王泰为骠骑功曹史。天监元年（502），迁任秘书丞。南齐永元末年，后宫失火，延烧到秘书官署，图书在混乱中散失殆尽。王泰做秘书丞后，上表请求校对勘定并加以缮写，高祖准奏。不久，他迁任中书侍郎。出京担任南徐州别驾从事史，在任上以称职能干而闻名。再度被征召为中书侍郎，奉命执掌尚书吏部郎的职事。累加升迁为给事黄门侍郎，员外散骑常侍，并照旧执掌尚书吏部郎的职事，不久获得正式任命。自晋室南渡以来，尚书吏部郎常常主持铨叙授官，令史以下地位低微的求官者像车轮的辐条一样萦绕巴结他们，一直很少有公正称职者。王泰为吏部郎，不通关节，候补吏员先到先补，不因为其人的贵贱或关照请托而改变决定，时人都称赞他的公平。累加升迁为廷尉，司徒左长史。出京担任明威将军、新安太守，在郡中治政和洽而得当，深得民心。被征召为宁远将军，安右长史，很快迁任侍中。不久出任太子庶子、兼任步兵校尉，并再度担任侍中。后又迁任仁威长史、南兰陵太守，代行南康王府、州、国事。南康王迁任他职之后，王泰又出任北中郎长史，代行豫章王府、州、国事，太守的任职不变。后来入京担任都官尚书。王泰能够结交亲近士人，士族大多感念王泰，都希望他能够出任吏部选官。不久，王泰出任吏部尚书，士人望族都对他寄予期望，还没有到选官之时，他就患了病，改授为散骑常侍、左骁骑将军，尚未拜官就去世了，时年四十五岁。谥号为夷子。

起初王泰没有儿子，收养了兄长的儿子王祁，后来生了儿子王廓。

### 王份 王琳

王份字季文，琅琊人。祖父王僧朗，刘宋时官至开府仪同三司、元公。父亲王粹，官至黄门侍郎。

王份十四岁丧父，出仕后担任车骑主簿。出京任宁远将军、始安内史。袁粲反叛被诛杀后，亲族和友人都不敢去其家中探视，王份独自前往吊唁，从此声名得显。迁任太子中舍人，太尉属。出京担任晋安内史。累加迁任中书侍郎，转任大司农。

份兄奂于雍州被诛，奂子肃奔于魏，份自拘请罪，齐世祖知其诚款，喻而遣之。属肃屡引魏人来侵疆场，世祖尝因侍坐，从容谓份曰："比有北信不？"份敛容对曰："肃既近忘坟柏，宁远忆有臣。"帝亦以此亮焉。寻除宁朔将军、零陵内史。征为黄门侍郎，以父终于此职，固辞不拜，迁秘书监。

天监初，除散骑常侍、领步兵校尉、兼起部尚书。高祖尝于宴席问群臣曰："朕为有为无？"份对曰："陛下应万物为有，体至理为无。"高祖称善。出为宣城太守，转吴郡太守，迁宁朔将军、北中郎豫章王长史、兰陵太守，行南徐府州事。迁太常卿、太子右率、散骑常侍，侍东宫，除金紫光禄大夫。复为智武将军、南康王长史，秩中二千石。复入为散骑常侍、金紫光禄、南徐州大中正，给亲信二十人。迁尚书左仆射，寻加侍中。

时修建二郊，份以本官领大匠卿，迁散骑常侍、右光禄大夫，加亲信为四十人。迁侍中、特进、左光禄，复以本官监丹阳尹。普通五年三月，卒，时年七十九。诏赠本官，赙钱四十万，布四百匹，蜡四百斤，给东园秘器，朝服一具，衣一袭。谥胡子。

长子琳，字孝璋，举南徐州秀才，释褐征虏建安王法曹、司徒东阁祭酒，南平王文学。尚义兴公主，拜驸马都尉。累迁中书侍郎，卫军谢朏长史，员外散骑常侍。出为明威将军、东阳太守，征司徒左长史。

王锡

锡字公嘏，琳之第二子也。幼而警悟，与兄弟受业，至应休散，常独留不起。年七八岁，犹随公主入宫，高祖嘉其聪敏，常为朝

王份的兄长王奂在雍州伏诛，王奂的儿子王肃逃往北魏，王份捆绑自己赴官请罪，齐世祖知道他忠心耿耿，慰喻并释放了他。时值王肃屡次带着北魏军入侵南齐边境，齐世祖曾经趁王份侍坐时，从容地对王份说："近来有北边的来信否？"王份神情严肃地说："王肃既已忘记了自家的祖宗，又岂能记得微臣？"齐世祖也因此认为王份很忠贞。不久授任为宁朔将军、零陵内史。后征召他为黄门侍郎，王份因为父亲就是在这个职位上去世的，坚决辞谢不拜官，迁任秘书监。

天监初年，授任为散骑常侍，兼领步兵校尉，兼起部尚书。高祖曾经在宴席间对群臣发问说："朕是有还是无呢？"王份回答说："陛下响应万物，故为有；体现至高真理，故为无。"高祖认为他说得很对。出京担任宣城太守，转任吴郡太守，迁任宁朔将军、北中郎豫章王长史、兰陵太守，代行南徐府州事。迁任太常卿、太子右卫率、散骑常侍，侍奉太子，任命金紫光禄大夫。后来又任命为智武将军、南康王长史，品级中二千石。后又入京任散骑常侍、金紫光禄大夫、南徐州大中正，赐亲信护卫二十人。迁任尚书左仆射，不久加官侍中。

当时京师正修建南北二郊，王份以本身官职兼大匠卿，迁任散骑常侍、右光禄大夫，增加护卫为四十人。后迁任侍中、特进、左光禄大夫，又以本身官职代理丹阳尹。普通五年（524）三月去世，时年七十九岁。天子下诏追赠本身官职，赐钱四十万、布四百匹、蜡四百斤资助其丧葬，并赐予皇室规格的棺木、朝服一套、衣冠一袭。谥号为胡子。

王份的长子王琳，字孝璋，被举荐为南徐州秀才，入仕出任征虏将军建安王法曹，司徒东阁祭酒，南平王文学。被选配迎娶了义兴公主，拜为驸马都尉。累加升迁为中书侍郎，卫军谢朏长史，员外散骑常侍。出京担任明威将军、东阳太守，征召为司徒左长史。

王锡

王锡字公嘏，是王琳的次子。他从小聪颖机警，和兄弟一起受业读书时，到了应该下课的时候，他常留在座中不起。七八岁时，仍跟

士说之。精力不倦，致损右目。公主每节其业，为饰居宇。虽童稚之中，一无所好。十二，为国子生。十四，举清茂，除秘书郎，与范阳张伯绪齐名，俱为太子舍人。丁父忧，居丧尽礼。服阕，除太子洗马。时昭明尚幼，未与臣僚相接。高祖敕：“太子洗马王锡、秘书郎张缵，亲表英华，朝中髦俊，可以师友事之。”以戚属封永安侯，除晋安王友，称疾不行，敕许受诏停都。王冠日，以府僚摄事。

普通初，魏始连和，使刘善明来聘，敕使中书舍人朱异接之，预宴者皆归化北人。善明负其才气，酒酣谓异曰：“南国辩学如中书者几人？”异对曰：“异所以得接宾宴者，乃分职是司。二国通和，所敦亲好；若以才辩相尚，则不容见使。”善明乃曰：“王锡、张缵，北间所闻，云何可见？”异具启，敕即使于南苑设宴，锡与张缵、朱异四人而已。善明造席，遍论经史，兼以嘲谑，锡、缵随方酬对，无所稽疑，未尝访彼一事，善明甚相叹挹。佗日谓异曰：“一日见二贤，实副所期，不有君子，安能为国！”

转中书郎，迁给事黄门侍郎、尚书吏部郎中，时年二十四。谓亲友曰：“吾以外戚，谬被时知，多叨人爵，本非其志；兼比羸病，庶务难拥，安能舍其所好而徇所不能。”乃称疾不拜。便谢遣胥徒，拒绝宾客，掩扉覃思，室宇萧然。中大通六年正月，卒，时年三十六。赠侍中，给东园秘器，朝服一具，衣一袭。谥贞子。子泛、湜。

随义兴公主入宫，高祖赞赏他的聪敏，常常对朝臣谈起他。王锡读书极用精力不知疲倦，致使右眼视力受损。公主常常节制他的学习，为他装饰所居住的屋宇。他虽然还是童稚年纪，对学业以外别无爱好。十二岁那年，成为国子生。十四岁时，被举荐为秀才，任命为秘书郎，与范阳人张缵齐名，二人同为太子舍人。后来遭父丧丁忧，居丧期间恪守礼仪。服丧结束后，被授予太子洗马。当时昭明太子还很年幼，不曾与臣僚来往接触。高祖对他说："太子洗马王锡、秘书郎张缵，是皇亲国戚中的精英人才，朝臣中的才智杰出之士，你可以与他们作为师友来交往。"王锡因身为外戚皇亲而获封永安侯，任命为晋安王友，他称病不赴任，天子准许他接受诏令而留在京师。晋安王行加冠礼的那一天，他以府僚的身份主持仪式。

普通初年，北魏开始与梁朝连和，派遣刘善明前来访问，天子让中书舍人朱异接待他，参与宴会的都是归附梁朝的北方人士。刘善明自负其才，酒至半酣对朱异说："南朝人里面辩才和学问像您这样的有几人呢？"朱异回答说："朱异之所以能款待贵客，乃是职分司职于此。两国和平交往，目的是敦睦亲善；若是以学问、辩才为标准，则我不应受到指派。"刘善明就说："王锡、张缵，他们的名声在北朝也有所耳闻，如何可与他们相见？"朱异向天子详细奏报此事，天子敕令在南苑设宴，出席者除了刘善明只有王锡、张缵和朱异。刘善明来到宴席上，畅谈经史，同时加以嘲讽戏谑，王锡、张缵随机酬答，毫无滞碍游疑，也不曾请教对方一事，刘善明深觉赞叹。另一天，他对朱异说："一日之内见到了两位贤士，实在是满足了我的期待，若是没有君子，怎能成其为国家呢！"

后来王锡转任中书郎，迁为给事黄门侍郎、尚书吏部郎中，这时他二十四岁。他对亲友说："我因身为外戚，谬受圣上知遇，屡屡进位加爵，其实本非我的志向；况且身体多病，职事庶务难以襄理，怎能舍弃所爱好之事而行己所难呢？"于是称病不拜官。他遣散了属吏差役，谢绝了门下宾客，闭门深思，屋宇沉寂。中大通六年（534）正月，王锡去世，时年三十六岁。追赠他为侍中，赐给皇室规格的棺木，朝服一具，衣冠一袭。谥号为贞子。他的儿子有王泛、王湜。

王佥

佥字公会，锡第五弟也。八岁丁父忧，哀毁过礼。服阕，召补国子生，祭酒袁昂称为通理。策高第，除长兼秘书郎中，历尚书殿中郎，太子中舍人，与吴郡陆襄对掌东宫管记。出为建安太守。山酋方善、谢稀聚徒依险，屡为民患，佥潜设方略，率众平之，有诏褒美，颁示州郡。除武威将军、始兴内史，丁所生母忧，固辞不拜。又除宁远将军、南康内史，属循垆作乱，复转佥为安成内史，以镇抚之。还除黄门侍郎，寻为安西武陵王长史、蜀郡太守。佥惮岨峻，固以疾辞，因以黜免。久之，除戎昭将军、尚书左丞，复补黄门侍郎，迁太子中庶子，掌东宫管记。太清二年十二月，卒，时年四十五。赠侍中，给东园秘器，朝服一具，衣一袭。承圣三年，世祖追诏曰："贤而不伐曰恭，谥恭子。"

## 张充

张充，字延符，吴郡人。父绪，齐特进、金紫光禄大夫，有名前代。充少时，不持操行，好逸游。绪尝请假还吴，始入西郭，值充出猎，左手臂鹰，右手牵狗，遇绪船至，便放绁脱鞲，拜于水次。绪曰："一身两役，无乃劳乎？"充跪对曰："充闻三十而立，今二十九矣，请至来岁而敬易之。"绪曰："过而能改，颜氏子有焉。"及明年，便修身改节。学不盈载，多所该览，尤明《老》《易》，能清言，与从叔稷俱有令誉。

起家抚军行参军，迁太子舍人、尚书殿中郎、武陵王友。时尚书令王俭当朝用事，武帝皆取决焉。武帝尝欲以充父绪为尚书仆射，访于俭，俭对曰："张绪少有清望，诚美选也；然东士比无所

### 王金

王金字公会，是王锡的五弟。八岁时遭父丧丁忧，哀伤过度而致健康受损。服丧结束后，受召补为国子生，国子祭酒袁昂称赞他通达事理。策论考试成绩优等，任命为长兼秘书郎中，历任尚书殿中郎，太子中舍人，和吴郡人陆襄共同掌理东宫管记。出京任建安太守。山贼首领方善、谢稀聚集匪徒凭据险要，屡屡为患民间，王金暗中设下方略，率军平定了他们，朝廷下诏褒扬赞美他，并传示各州郡作为榜样。任命为武威将军、始兴内史，这时他遭母丧丁忧，坚决辞谢不拜官。又任命为宁远将军、南康内史，时值循垆作乱，又转任王金为安成内史，以镇抚该郡。回京后任黄门侍郎，不久出任安西武陵王长史、蜀郡太守。王金害怕入蜀的路途崎岖艰险，坚持称病推辞任命，因而被罢黜免官。很久之后，被任命为戎昭将军、尚书左丞，再次补为黄门侍郎，迁任太子中庶子，掌理东宫管记。太清二年（548）十二月，王金去世，时年四十五岁。追赠为侍中，赐给皇室规格的棺木、朝服一具、衣冠一袭。承圣三年（555），世祖追降诏书说："贤德而不自夸为恭，赠谥号为恭子。"

### 张充

张充字延符，吴郡人。父亲张绪，南齐时官至特进、金紫光禄大夫，在前朝颇有声名。张充年少时，品行节操不良，喜欢纵情游乐。张绪曾经请假回到吴郡，刚刚进入西面的外城，正值张充出城打猎，他左臂栖着猎鹰右手牵着猎狗，恰逢张绪的船到，就放开狗绳脱下袖套，在水边拜见父亲。张绪说："一身两用，你不累吗？"张充跪下回答说："听说人三十而立，今年我二十九岁了，请允许我来年改弦更张。"张绪说："有过而能改，颜回就是如此。"到了第二年，张充就修身求学改易节操。学习不到一年，已经读了许多书，尤其通晓《老》《易》，能作清谈，与堂叔张稷都享有美誉。

初任抚军行参军，迁任太子舍人、尚书殿中郎、武陵王友。当时正值尚书令王俭主持朝政，齐武帝把大小政事都交给他决策。齐武帝曾经想要任命张充的父亲张绪为尚书仆射，征询王俭的意见，王俭回

执，绪诸子又多薄行，臣谓此宜详择。"帝遂止。先是充兄弟皆轻侠，充少时又不护细行，故俭言之。充闻而愠，因与俭书曰：


吴国男子张充致书于琅邪王君侯侍者：顷日路长，愁霖韬晦，凉暑未平，想无亏摄。充幸以鱼钓之闲，镰采之暇，时复以卷轴自娱，逍遥前史。从横万古，动默之路多端；纷纶百年，升降之途不一。故以圆行方止，器之异也；金刚水柔，性之别也。善御性者，不违金水之质；善为器者，不易方圆之用。所以北海挂簪带之高，河南降玺书之贵。充生平少偶，不以利欲干怀，三十六年，差得以栖贫自澹。介然之志，峭耸霜崖；确乎之情，峰横海岸。影缨天阁，既谢廊庙之华；缀组云台，终惭衣冠之秀。所以摈迹江皋，阳狂陇畔者，实由气岸疏凝，情涂狷隔。独师怀抱，不见许于俗人；孤秀神崖，每遭回于在世。故君山直上，蹙压于当年；叔阳复举，辗轹乎千载。充所以长群鱼鸟，毕影松阿。半顷之田，足以输税；五亩之宅，树以桑麻。啸歌于川泽之间，讽味于沼池之上，泛滥于渔父之游，偃息于卜居之下。如此而已，充何谢焉。


若夫惊岩罩日，壮海逢天；竦石崩寻，分危落仞。桂兰绮靡，丛杂于山幽；松柏森阴，相缭于涧曲。元卿于是乎不归，伯休亦以兹长往。若乃飞竿钓渚，濯足沧洲；独浪烟霞，高卧风月。悠悠琴

答说："张绪年少时即有清美的声望，诚然是上佳之选。然而江东士人近世以来很少有人出任此职，张绪的几个儿子又大多品行不佳，微臣认为这一人选还需详加抉择。"齐武帝就没有任命张绪。在此之前，张充几兄弟行事都剽轻任侠，张充年少时又不拘小节，所以王俭会这么说。张充听说后很生气，就向王俭写信说：

吴国男子张充投书于琅琊王君侯左右：近来路途漫长，阴雨连绵难见日光，暑热久久不得平息，希望您不曾摄养有亏。张充有幸，在钓鱼耕种之余，又以读书来自娱自乐，畅游史海。纵横万古，出仕和隐逸的道路有千万条；纷纭百年，人事升降的途径也非止一端。所以圆形能滚动而方形稳稳不动，是因为器物形状有差异；金性刚硬而水性柔和，是因其性质有别。善于利用物性者，不会违背金与水的本质；善于制造器物者，不会颠倒使用方与圆。故而东汉有逢萌解下冠带高挂于城门而隐居不仕，西汉有河南太守丞黄霸受到皇帝玺书赞美的尊荣。我生平孤僻寡合，不把利益之欲放在心上，活了三十六年，略微能安守贫穷的生活澹泊自处。这种执着的志向，挺立得比白雪覆盖的悬崖还要陡峭；此等坚定的情怀，如同海岸横亘的山峰一样不可动摇。我入仕进入尚书台，已经很感谢朝廷的恩典；在宫廷之内任职，始终羞惭于置身杰出缙绅之间。之所以流连在江水之滨，佯狂于田埂侧畔，实在是因为自己意气懒散而又固执，性情拘谨而不合群。专恣己心一意孤行，不曾被世俗之人称许；神情气概孤芳自赏，故而人生多有曲折徘徊。所以东汉有桓谭直言上书，在当时受到排斥而郁郁不得志；又有朱勃才高志远，终生都困顿坎坷。因此我长久地与游鱼飞鸟为伴，将身影留在松林和山岳之间。半顷薄田，足够我交纳赋税；五亩寒宅，遍种了桑与麻。在河流山泽之间长啸放歌，在沤池之上讽诵玩味，在渔父游钓的地方搏浪泛舟，在自己选择的住宅歇止休息。如此而已，我还有什么可抱歉的呢？

高耸的巨岩遮住了日光，壮阔的海面与长天相接；耸立的巨石日久崩裂，从万仞高处坠落山脚。桂树和兰树绮丽美好，它们的花丛混杂在山谷幽深之处；青松与翠柏交织成浓荫，在山涧蜿蜒曲折的地方相互围绕。置身于这等景致中，连西汉的蒋元卿也要去职不归，东

酒，岫远谁来？灼灼文谈，空罢方寸。不觉郁然千里，路阻江川。每至西风，何尝不眷？聊因疾隙，略举诸襟；持此片言，轻枉高听。

丈人岁路未强，学优而仕；道佐苍生，功横海望。入朝则协长倩之诚，出议则抗仲子之节。可谓盛德维时，孤松独秀者也。素履未详，斯旅尚眇。茂陵之彦，望冠盖而长怀；霸山之氓，仁衣车而耸叹。得无惜乎？若鸿装撰御，鹤驾轩空，则岸不辞枯，山被其润。奇禽异羽，或岩际而逢迎；弱雾轻烟，乍林端而奄蔼。东都不足奇，南山岂为贵。

充昆西之百姓，岱表之一民。蚕而衣，耕且食，不能事王侯，觅知己，造时人，骋游说，蓬转于屠博之间，其欢甚矣。丈人早遇承华，中逢崇礼。肆上之眷，望溢于早辰；乡下之言，谬延于造次。然举世皆谓充为狂，充亦何能与诸君道之哉？是以披闻见，扫心胸，述平生，论语默，所以通梦交魂，推衿送抱者，其惟丈人而已。

关山夐阻，书罢莫因，傥遇樵者，妄尘执事。

俭言之武帝，免充官，废处久之。后为司徒咨议参军，与琅邪

汉的韩伯休也要在此地久住。还有在江渚上挥竿垂钓,濯足于沧浪之洲;在满天烟霞中独自戏浪,高卧于无边风月。隐士抚琴而酌的悠然之乐,谁人愿来这遥远的山中体会;冠冕堂皇的文章清谈,只会白白地令人内心疲乏而倦怠。不知不觉自己已经与京城远隔千里,大江大河阻断了归路。每当西风吹起时,我何尝不曾像先贤张翰一样眷恋故乡?聊且趁此病隙,略微阐发一下自己的胸臆;以自己的片言只语,有劳您明鉴与倾听。

老丈您年纪未到四十的时候,已然学而优则仕;践行大道佐助苍生,功勋卓著海内瞩目。在朝中做官则怀有萧望之的忠诚之心,出京任职则身负陈仲子的崇高气节。可以称得上盛德无匹于当世,气节独秀于松林了。前路未知,道阻且长。西汉病居茂陵的司马相如,望见您的冠盖也要心怀惭愧;东汉隐居霸陵的高士梁鸿,经过您的车舆也要自叹弗如。您不曾感到过惋惜吗?若是您穿上鸿涯栖隐修仙的羽衣,效仿王子乔驾鹤远遁,则江湖的水岸不会徒然枯寂,群山亦将受到润泽。珍奇而罕见的禽鸟,都会在岩石上迎接您的降临;纤薄的雾霭和缥缈的烟岚,都将乍现于森林边缘变得云气弥漫。汉代的二疏辞官于东都的传说,与您相较都会不足为奇;晋代陶潜归隐于南山的典故,与您相比都将难称高贵了。

张充我不过是昆山西面的一介布衣,泰山以南的一个小民。事桑蚕而得衣穿,务农耕而得粮食,不能够事奉王侯、寻觅知己、造访时贤、驰骋游说,只是周游于市井之间,就已经非常快乐了。老丈您早年得到太子的赏识恩遇,中年又得以主持尚书省的要职。庙堂之上对您眷顾有加,您的名望早已满溢多年;乡下民间对我的诸种传言,轻率仓促而多有谬误。然而世人都说我张充是狂放之人,我又如何能对诸君诉尽衷肠呢?故而我在此写出见闻,抒发胸臆,叙述平生,讲论出仕与退隐;我所希望能够梦境相通、魂魄相交、坦然推心置腹的人,就只有老丈您一人而已。

我与您远隔关山,书信无人可寄托,偶遇樵夫,就斗胆托他转达吧。

王俭将此事报告给了齐武帝,于是朝廷免去了张充的官职,罢黜

王思远、同郡陆慧晓等，并为司徒竟陵王宾客。入为中书侍郎，寻转给事黄门侍郎。

明帝作相，以充为镇军长史。出为义兴太守，为政清静，民吏便之。寻以母忧去职，服阕，除太子中庶子，迁侍中。

义师近次，东昏召百官入宫省，朝士虑祸，或往来酣宴，充独居侍中省，不出阁。城内既害东昏，百官集西钟下，召充不至。

高祖霸府开，以充为大司马咨议参军，迁梁王国郎中令、祠部尚书、领屯骑校尉，转冠军将军、司徒左长史。天监初，除太常卿。寻迁吏部尚书，居选称为平允。俄为散骑常侍、云骑将军。寻除晋陵太守，秩中二千石。征拜散骑常侍、国子祭酒。充长于义理，登堂讲说，皇太子以下皆至。时王侯多在学，执经以拜，充朝服而立，不敢当也。转左卫将军，祭酒如故。入为尚书仆射，顷之，除云麾将军、吴郡太守。下车恤贫老，故旧莫不欣悦。以疾自陈，征为散骑常侍、金紫光禄大夫，未及还朝，十三年，卒于吴，时年六十六。诏赠侍中、护军将军。谥穆子。子最嗣。

### 柳恽 柳偃

柳恽，字文畅，河东解人也。少有志行，好学，善尺牍。与陈郡谢瀹邻居，瀹深所友爱。

初，宋世有嵇元荣、羊盖，并善弹琴，云传戴安道之法，恽幼从之学，特穷其妙。齐竟陵王闻而引之，以为法曹行参军，雅被赏狎。王尝置酒后园，有晋相谢安鸣琴在侧，以授恽，恽弹为雅弄。子良曰："卿巧越嵇心，妙臻羊体，良质美手，信在今辰。岂止当世称

了很长时间。后来张充出任司徒咨议参军，与琅琊人王思远、同郡人陆慧晓等，一起做了司徒竟陵王的宾客。入朝担任中书侍郎，不久转任给事黄门侍郎。

齐明帝担任相职的时候，任命张充为镇军长史。后来张充出京担任义兴太守，为政清静无为，下吏和百姓都称道他的简便之政。不久因母丧丁忧去职，服丧结束后，被授任为太子中庶子，迁任侍中。

高祖义师打到建康近郊时，东昏侯集合文武百官入住到禁宫中，朝中的官员担忧会遭遇祸难，有些人就聚会饮宴以求一醉，唯有张充独自住在侍中的官署中，不出署门。城中杀死东昏侯之后，百官都集中在殿外西钟之下商议献城投降的事，召唤张充而他不来。

高祖的藩府初建，任命张充为大司马咨议参军，迁任梁王国的郎中令、祠部尚书、兼任屯骑校尉，转任冠军将军、司徒左长史。天监初年，任命为太常卿。不久迁任吏部尚书，他主持选官有公平而恰当的名声。不久担任散骑常侍、云骑将军。很快又被任命为晋陵太守，品级中二千石。后来征召他为散骑常侍、国子祭酒。张充擅长讲授义理，他登堂讲解时，自皇太子以下都来听讲。当时的王侯贵族大都在国子学中，手持经书拜见张充，张充身穿朝服站立，不敢受拜。转任左卫将军，祭酒一职照旧。入朝担任尚书仆射，不久，被任命为云麾将军、吴郡太守。他到任后抚恤贫穷孤老者，故人相识都欢欣喜悦。后因病上书自述，被征为散骑常侍、金紫光禄大夫，还没等到回朝，于天监十三年（514）在吴郡去世，时年六十六岁。天子下诏追赠他为侍中、护军将军。谥号为穆子。儿子张最继承爵位。

## 柳恽 柳偃

柳恽字文畅，河东解县人。年少时就有大志洁行，好学不倦，擅长写作。他与陈郡人谢瀹相邻而居，两人友情很深。

起初，刘宋一朝的嵇元荣、羊盖二人，都擅长弹琴，声称传承了东晋戴逵的琴技，柳恽小时候跟随二人习琴，尽得其真传。南齐竟陵王萧子良听闻了他的琴艺，将他请来，任命他为法曹行参军，厚加赏赐宠信。竟陵王曾在后园置酒设宴，他收藏有一张东晋丞相谢安

奇，足可追踪古烈。"累迁太子洗马，父忧去官。服阕，试守鄱阳相，听吏属得尽三年丧礼，署之文教，百姓称焉。还除骠骑从事中郎。

高祖至京邑，恽候谒石头，以为冠军将军、征东府司马。时东昏未平，士犹苦战，恽上笺陈便宜，请城平之日，先收图籍，及遵汉祖宽大爱民之义，高祖从之。会萧颖胄薨于江陵，使恽西上迎和帝，仍除给事黄门侍郎，领步兵校尉，迁相国右司马。天监元年，除长兼侍中，与仆射沈约等共定新律。

恽立行贞素，以贵公子早有令名，少工篇什。始为诗曰："亭皋木叶下，陇首秋云飞。"琅邪王元长见而嗟赏，因书斋壁。至是预曲宴，必被诏赋诗。尝奉和高祖《登景阳楼》中篇云："太液沧波起，长杨高树秋。翠华承汉远，雕辇逐风游。"深为高祖所美。当时咸共称传。

恽善奕棋，帝每敕侍坐，仍令定棋谱，第其优劣。二年，出为吴兴太守。六年，征为散骑常侍，迁左民尚书。八年，除持节、都督广交桂越四州诸军事、仁武将军、平越中郎将、广州刺史。征为秘书监，领左军将军。复为吴兴太守六年，为政清静，民吏怀之。于郡感疾，自陈解任，父老千余人拜表陈请，事未施行。天监十六年，卒，时年五十三。赠侍中、中护军。

用过的琴，取来交给柳恽，柳恽弹奏了一首很高雅的琴曲。萧子良说："您的技巧已经超越了嵇元荣的匠心，妙艺胜于羊盖的境界，举世无匹的琴心与手技，就在今日展露无遗。岂止要称赞您为当世奇才，简直足可直追古代琴家中的英杰了。"累加升迁为太子洗马，因父丧丁忧而去官。服丧结束后，他试任鄱阳相，允许下属官吏完成三年的服丧之礼，代理礼乐法度的职事，百姓都称赞他的政绩。回京后被任命为骠骑从事中郎。

高祖进军至京城郊外，柳恽在石头城等候并谒见了高祖，被任命为冠军将军、征东府司马。当时东昏侯尚未平定，义军战士仍在苦战，柳恽上书陈言方略，请求在建康平定之日，先收存地图和户籍册，并遵照汉高祖宽大爱民的方略行事，高祖听取了他的意见。这时候正值萧颖胄在江陵薨逝，高祖就派柳恽西上迎接齐和帝，又任命他为给事黄门侍郎，兼步兵校尉，迁任相国右司马。天监元年（502），他被任命为长兼侍中，与仆射沈约等人共同制定新律法。

柳恽立身行事正直清白，身为贵公子早年即已享有盛名，自年少时就擅长诗歌创作。他最开始作诗时曾经写道："亭皋木叶下，陇首秋云飞。"琅琊人王融见到此诗深为赞叹激赏，将之题写在书斋的壁上。从此柳恽凡出席宫廷宴会，必定会被天子点名要求赋诗。曾经奉诏作过一首诗与高祖的《登景阳楼》相唱和，诗中写道："太液沧波起，长杨高树秋。翠华承汉远，雕辇逐风游。"这首诗深得高祖赞赏。时人都称道和传扬他的诗才。

柳恽善弈棋，高祖常常召他侍座，又令他评定棋谱，品评其优劣。天监二年（503），出京担任吴兴太守。天监六年（507），被征召出任散骑常侍，迁任左民尚书。天监八年（509），被授任为持节、都督广交桂越四州诸军事、仁武将军、平越中郎将、广州刺史。后征召他为秘书监，兼左军将军。后来再次担任吴兴太守长达六年，为政清静无为，百姓和下吏都很感念他的德政。他在郡中感染了疾病，自己上书请求卸任，吴兴境内的父老一千多人联名上书希望他留任，就未能解职。天监十六年（517），柳恽去世，时年五十三岁。追赠为侍中、中护军。

恽既善琴，尝以今声转弃古法，乃著《清调论》，具有条流。

少子偓，字彦游。年十二引见。诏问读何书，对曰《尚书》。又曰："有何美句？"对曰："德惟善政，政在养民。"众咸异之。诏尚长城公主，拜驸马都尉，都亭侯，太子舍人，洗马，庐陵、鄱阳内史。大宝元年，卒。

### 蔡撙

蔡撙字景节，济阳考城人。父兴宗，宋左光禄大夫、开府仪同三司，有重名前代。

撙少方雅退默，与兄寅俱知名。选补国子生，举高第，为司徒法曹行参军。齐左卫将军王俭高选府僚，以撙为主簿。累迁建安王文学，司徒主簿、左西属。明帝为镇军将军，引为从事中郎。迁中书侍郎，中军长史，给事黄门侍郎。丁母忧，庐于墓侧。齐末多难，服阕，因居墓所。除太子中庶子，太尉长史，并不就。梁台建，为侍中，迁临海太守，坐公事左迁太子中庶子。复为侍中，吴兴太守。

天监九年，宣城郡吏吴承伯挟袄道聚众攻宣城，杀太守朱僧勇。因转屠旁县，逾山寇吴兴，所过皆残破，众有二万，奄袭郡城。东道不习兵革，吏民惶扰奔散，并请撙避之。撙坚守不动，募勇敢固郡。承伯尽锐攻撙，撙命众出拒，战于门，应手摧破，临阵斩承伯，余党悉平。加信武将军。征度支尚书，迁中书令。复为信武将军、晋陵太守。还除通直散骑常侍、国子祭酒。迁吏部尚书，居选，弘简有名称。又为侍中，领秘书监，转中书令，侍中如故。普通二年，出为宣毅将军、吴郡太守。四年，卒，时年五十七。追赠侍中、金紫光禄大夫、宣惠将军。谥康子。

柳恽精通琴艺，曾经以当时的曲调转换替代古曲调式，写成《清调论》，详细列有条目。

柳恽的小儿子柳偓，字彦游。他十二岁时被带入宫中拜见天子。天子问他读什么书，他回答说《尚书》。天子又问："书中可有什么喜欢的句子吗？"他答道："德惟善政，政在养民。"众人都觉得这个孩子不一般。被选配迎娶了长城公主，拜为驸马都尉，都亭侯，太子舍人，太子洗马，庐陵、鄱阳内史。大宝元年（550），柳偓去世。

## 蔡撙

蔡撙字景节，济阳考城人。父亲蔡兴宗，在刘宋一朝官至左光禄大夫、开府仪同三司，在前朝享有盛名。

蔡撙年少时方正文雅为人谦逊，与兄长蔡寅都颇有名气。被选补为国子生，考试成绩优等，出任司徒法曹行参军。南齐左卫将军王俭选任府僚，任命蔡撙为主簿。累加升迁为建安王文学，司徒主簿、左西属。齐明帝担任镇军将军时，任命蔡撙为从事中郎，迁任中书侍郎，中军长史，给事黄门侍郎。他遭母丧丁忧，在墓侧修起一座茅庐住在其中。南齐末年时局多难，他服丧结束后，就继续住在墓旁。被任命为太子中庶子，太尉长史，他都不去就职。高祖被封梁公建立台府后，蔡撙任侍中，迁任临海太守，因公事牵连被降职为太子中庶子。后重新任侍中，吴兴太守。

天监九年（510），宣城郡吏吴承伯裹挟信奉妖道的暴众攻打宣城，杀死了太守朱僧勇，并趁势转移屠戮附近的县域，翻过山岭侵犯吴兴郡，所过之处一路摧残破坏，贼兵多达二万人，直扑吴兴郡城。吴兴所在的东部地区很少经历战事，下吏和民众都恐惧惊慌四散奔逃，并请求蔡撙也出逃避乱。蔡撙坚守不动，招募勇士固守郡城。吴承伯率领麾下精锐全力攻击蔡撙，蔡撙下令守军出城拒敌，在城门前大战，敌军顿时瓦解，临阵斩杀了吴承伯，余党也全都被平定了。他被加官为信武将军。后朝廷征召他为度支尚书，迁任中书令。又出任信武将军、晋陵太守。回京后任通直散骑常侍、国子祭酒。迁任吏部尚书，主管选官，有宽宏简易的美好政声。又任侍中，兼秘书监，转任

子彦熙，历官中书郎，宣城内史。

## 江蒨

江蒨字彦标，济阳考城人。曾祖湛，宋左光禄、仪同三司；父敳，齐太常卿：并有重名于前世。

蒨幼聪警，读书过目便能讽诵。选为国子生，通《尚书》，举高第。起家秘书郎，累迁司徒东阁祭酒、庐陵王主簿。居父忧以孝闻，庐于墓侧，明帝敕遣齐仗二十人防墓所。服阕，除太子洗马，累迁司徒左西属，太子中舍人，秘书丞。出为建安内史，视事期月，义师下次江州，遣宁朔将军刘谇之为郡，蒨帅吏民据郡拒之。及建康城平，蒨坐禁锢。俄被原，起为后军临川王外兵参军。累迁临川王友，中书侍郎，太子家令，黄门侍郎，领南兖州大中正。迁太子中庶子，中正如故。转中权始兴王长史。出为伏波将军、晋安内史。在政清约，务在宽惠，吏民便之。诏征为宁朔将军、南康王长史，行府、州、国事。顷之，迁太尉临川王长史，转尚书吏部郎，右将军。

蒨方雅有风格。仆射徐勉以权重自遇，在位者并宿士敬之，惟蒨及王规与抗礼，不为之屈。勉因蒨门客翟景为第七儿勰求蒨女婚，蒨不答，景再言之，乃杖景四十，由此与勉有忤。除散骑常侍，不拜。是时勉又为子求蒨弟葺及王泰女，二人并拒之。葺为吏部郎，坐杖曹中干免官，泰以疾假出宅，乃迁散骑常侍，皆勉意也。初，天监六年，诏以侍中、常侍并侍帷幄，分门下二局入集书，其官

中书令,侍中之职照旧。普通二年(521),出京担任宣毅将军、吴郡太守。普通四年(523),蔡撙去世,时年五十七岁。追赠为侍中、金紫光禄大夫、宣惠将军。谥号为康子。

儿子蔡彦熙,历任中书郎,宣城内史。

## 江蒨

江蒨字彦标,济阳考城人。他的曾祖父江湛,刘宋时官至左光禄、仪同三司;父亲江斆,南齐时官至太常卿,二人都在前朝享有盛名。

江蒨自幼聪明机警,读书可以过目成诵。被选为国子生,通晓《尚书》经义,考试成绩优等。初任秘书郎,累次升迁为司徒东阁祭酒、庐陵王主簿。遭父丧丁忧,以孝行闻名,在墓旁建茅庐而居,齐明帝敕令派遣斋阁仪仗武士二十人驻于墓园。服丧结束后,他被任为太子洗马,累加升迁为司徒左西属,太子中舍人,秘书丞。出京担任建安内史,视事刚满一个月,高祖的义军顺江而下抵达江州,派遣宁朔将军刘谈之担任建安郡太守,江蒨率领属吏百姓据守郡城抵抗他。等到建康城平定之后,江蒨坐罪被关入监狱,不久被赦免,起用他为后军将军临川王外兵参军。累加升迁为临川王友,中书侍郎,太子家令,黄门侍郎,兼南兖州大中正。迁任太子中庶子,大中正一职照旧。转任中权将军始兴王长史。出京担任伏波将军、晋安内史。为政清省简约,以宽缓惠民为要务,下吏和百姓都大感便利。朝廷降诏征他为宁朔将军、南康王长史,代行府、州和封国政务。不久,迁任太尉临川王长史,转任尚书吏部郎,右将军。

江蒨为人方正文雅而有名士风骨。仆射徐勉以执掌大权的重臣自居,在位的官员和资深士人都敬重他,唯有江蒨和王规和他分庭抗礼,不屈从其权势。徐勉委托江蒨的门客翟景为自己的七儿子徐繇向江蒨提亲,江蒨不回答,翟景再次请求,江蒨就杖责翟景四十,从此与徐勉产生龃龉。江蒨被任命为散骑常侍,没有拜授官职。这时徐勉又为儿子向江蒨的弟弟江葺及王泰提亲,二人都拒绝了他。江葺担任吏部郎,因为杖责官署的办事人员而坐罪免官,王泰请病

品视侍中，而非华胄所悦，故勉斥泰为之。蒨寻迁司徒左长史。

初，王泰出阁，高祖谓勉云："江蒨资历，应居选部。"勉对曰："蒨有眼患，又不悉人物。"高祖乃止。迁光禄大夫。大通元年，卒，时年五十三。诏赠本官。谥肃子。

蒨好学，尤悉朝仪故事，撰《江左遗典》三十卷，未就，卒。文集十五卷。

子紓，经在《孝行传》。

史臣曰：王氏自姬姓已降，及乎秦汉，继有英哲。泊东晋王茂弘经纶江左，时人方之管仲。其后蝉冕交映，台衮相袭，勒名帝籍，庆流子孙，斯为盛族矣。王瞻等承藉兹基，国华是贵，子有才行，可得而称。张充少不持操，晚乃折节，在于典选，实号廉平。柳恽以多艺称，蔡撙以方雅著，江蒨以风格显，俱为梁室名士焉。

假离家，被迁任为散骑常侍，这些都是徐勉的意思。起初，天监六年（507），天子下诏让侍中、散骑常侍共同侍奉帷幄，从门下省划分二局进入集书省，其官品比照侍中，朝中贵族都不喜欢此职，故而徐勉让王泰来担任。江蒨不久迁任为司徒左长史。

起初，王泰离开尚书省，高祖对徐勉说："以江蒨的资历，应该担任吏部尚书。"徐勉回答说："江蒨患有眼病，又不熟悉他人的门第和才能。"高祖就不再要求。后江蒨迁任光禄大夫。大通元年（527），江蒨去世，时年五十三岁。天子下诏追赠本身官职。谥号为肃子。

江蒨好学，尤其熟悉历朝礼仪掌故，撰有《江左遗典》三十卷，没有完成就去世了。有文集十五卷。

儿子江紑，生平记录在《孝行传》里。

史臣说：王氏一族自周朝以来，历经秦、汉，富有才华和远见的杰出人物层出不穷。到了东晋，王茂弘治理江东，时人将他比作管仲。其后金紫交映、公侯相袭，在皇室典籍中留下名姓，福庆延及子孙，真乃一大盛族。王瞻等人继承了这样的出身，成为尊贵的国家精英人物，子嗣亦有出众的才能和操行，足以受到认可和称赞。张充年少时不曾修持操守，后来改变了志趣行为，他在吏部主持选官，实有清廉公正的官声。柳恽因多才多艺而闻名，蔡撙以方正文雅而著称，江蒨以风骨格调而显名，他们都是有梁一代的名士。

# 卷二十二

## 列传第十六

### 太祖五王

太祖十男。张皇后生长沙宣武王懿、永阳昭王敷、高祖、衡阳宣王畅。李太妃生桂阳简王融。懿及融，齐永元中为东昏所害；敷、畅，建武中卒：高祖践阼，并追封郡王。陈太妃生临川靖惠王宏，南平元襄王伟。吴太妃生安成康王秀，始兴忠武王憺。费太妃生鄱阳忠烈王恢。

#### 临川王萧宏

临川靖惠王宏字宣达，太祖第六子也。长八尺，美须眉，容止可观。齐永明十年，为卫军庐陵王法曹行参军，迁太子舍人。时长沙王懿镇梁州，为魏所围，明年，给宏精兵千人赴援，未至，魏军退。迁骠骑晋安王主簿，寻为北中郎桂阳王功曹史。衡阳王畅，有美名，为始安王萧遥光所礼。及遥光作乱，逼畅入东府，畅惧祸，先赴台。高祖在雍州，常惧诸弟及祸，谓南平王伟曰："六弟明于事理，必先还台。"及信至，果如高祖策。

高祖义师下，宏至新林奉迎，拜辅国将军。建康平，迁西中郎将、中护军，领石头戍军事。天监元年，封临川郡王，邑二千户。寻为使持节、散骑常侍、都督扬南徐州诸军事、后将军、扬州刺史，又给鼓吹一部。三年，加侍中，进号中军将军。

四年，高祖诏北伐，以宏为都督南北兖北徐青冀豫司霍八州北讨诸军事。宏以帝之介弟，所领皆器械精新，军容甚盛，北人以

太祖生有十个儿子。张皇后生下了长沙宣武王萧懿、永阳昭王萧敷、高祖、衡阳宣王萧畅。李太妃生下了桂阳简王萧融。萧懿及萧融，在南齐永元年间被东昏侯害死；萧敷、萧畅，在建武年间去世。高祖践阼登基后，二人都追封为郡王。陈太妃生下了临川靖惠王萧宏，南平元襄王萧伟。吴太妃生下了安成康王萧秀，始兴忠武王萧憺。费太妃生下了鄱阳忠烈王萧恢。

## 临川王萧宏

临川靖惠王萧宏字宣达，是太祖的第六子。他身高八尺，美须眉，容貌举止都很可观。南齐永明十年（492），担任卫军庐陵王法曹行参军，迁任太子舍人。当时长沙王萧懿镇守梁州，被北魏军围困，第二年，朝廷配给萧宏精兵千人前往救援，还未抵达，北魏军撤退了。迁任骠骑晋安王主簿，不久任北中郎桂阳王功曹史。衡阳王萧畅，有美好的声望，受到始安王萧遥光的礼遇。后来萧遥光谋反，要逼迫萧畅进入东府城，萧畅怕卷入祸乱，先期进入台城。高祖在雍州时，常常害怕几个弟弟遭遇祸患，对南平王萧伟说："六弟明于事理，必然能先回到台城。"后来得到消息，果然和高祖想的一样。

高祖义师东下，萧宏到新林迎接，被拜为辅国将军。建康平定之后，迁任西中郎将、中护军，兼掌石头戍军事。天监元年（502），封为临川郡王，食邑二千户。不久担任使持节、散骑常侍、都督扬南徐州诸军事、后将军、扬州刺史，又赐鼓吹乐班一部。天监三年（504），加官侍中，进号为中军将军。

天监四年（505），高祖下诏北伐，任命萧宏为都督南北兖、北徐青冀豫司霍八州北讨诸军事。萧宏因是天子御弟，所领军队的兵器

为百数十年所未之有。军次洛口，宏前军克梁城，斩魏将晜清。会征役久，有诏班师。六年夏，迁骠骑将军、开府仪同三司，侍中如故。其年，迁司徒，领太子太傅。八年夏，为使持节、都督扬南徐二州诸军事、司空、扬州刺史，侍中如故。其年冬，以公事左迁骠骑大将军，开府同三司之仪，侍中如故。未拜，迁使持节、都督扬、徐二州诸军事、扬州刺史，侍中、将军如故。十二年，迁司空，使持节、侍中、都督、刺史、将军并如故。

十五年春，所生母陈太妃寝疾，宏与母弟南平王伟侍疾，并衣不解带，每二宫参问，辄对使涕泣。及太妃薨，水浆不入口者五日，高祖每临幸慰勉之。宏少而孝谨，齐之末年，避难潜伏，与太妃异处，每遣使参问起居。或谓宏曰："逃难须密，不宜往来。"宏衔泪答曰："乃可无我，此事不容暂废。"寻起为中书监、骠骑大将军、使持节、都督如故，固辞弗许。

十七年夏，以公事左迁侍中、中军将军、行司徒。其年冬，迁侍中、中书监、司徒。普通元年，迁使持节、都督扬南徐州诸军事、太尉、扬州刺史，侍中如故。二年，改创南、北郊，以本官领起部尚书，事竟罢。七年三月，以疾累表自陈，诏许解扬州，余如故。四月，薨，时年五十四。自疾至于薨，舆驾七出临视。及葬，诏曰："侍中、太尉临川王宏，器宇冲贵，雅量弘通。爰初弱龄，行彰素履；逮于应务，嘉猷载缉。自皇业启基，地惟介弟，久司神甸，历位台阶，论道登朝，物无异议。朕友于之至，家国兼情，方弘燮赞，仪刑列辟。天不慭遗，奄焉不永，哀痛抽切，震恸于厥心。宜增峻礼秩，式昭懋典。可赠侍中、大将军、扬州牧、假黄钺，王如故。并给羽葆鼓吹一部，增班剑为六十人。给温明秘器，敛以衮服。谥曰靖惠。"宏性宽

甲胄都是精良簇新的，军容非常盛大，北魏人认为一百多年来从未有过。大军驻扎在洛口，萧宏的前军攻克了梁城，斩杀了北魏将领霍清。当时士卒征发服役的时间过久，朝廷降诏班师。天监六年（507）夏，迁任骠骑将军、开府仪同三司，侍中之职照旧。这一年，他又迁任司徒，兼领太子太傅。天监八年（509）夏，出任使持节、都督扬南徐二州诸军事、司空、扬州刺史，侍中之职照旧。这年冬天，因为公事坐罪被降职为骠骑大将军，开府同三司之仪，侍中之职照旧。尚未拜官，迁任使持节、都督徐扬二州诸军事、扬州刺史，侍中、将军之职照旧。天监十二年（513），迁任司空，使持节、侍中、都督、刺史、将军之职照旧。

天监十五年（516）春，生母陈太妃病重，萧宏与同母弟弟南平王萧伟侍奉在病床前，二人衣不解带，每当皇帝和太子派人询问病况，就对着使者泪流不止。到太妃薨逝时，水浆不沾口长达五天，高祖屡次驾临劝慰他。萧宏自幼孝顺恭谨，南齐末年，他因为避乱躲藏，与陈太妃身居两地，经常派使者去问候她的起居。有人对萧宏说："逃难需要隐秘，不宜与家人往来。"萧宏含着眼泪说："可以没有性命，但此事不可暂废。"不久被起用为中书监，骠骑大将军、使持节、都督等职照旧，他坚持辞谢不获批准。

天监十七年（518）夏，因公事被降职为侍中、中军将军、代行司徒事。这年冬天，迁任侍中、中书监、司徒。普通元年（520），迁任使持节、都督扬南徐州诸军事、太尉、扬州刺史，侍中之职照旧。普通二年（521），天子命改建南、北郊祭祀设施，萧宏以本身官职兼领起部尚书，工程结束后免除此职。普通七年（526）三月，因身体患病多次上表陈说，天子降诏准许他解除扬州刺史之职，其余职衔照旧。四月，萧宏薨逝，时年五十四岁。自患病到薨逝，高祖圣驾出宫前来探视七次。到了下葬的时候，降诏说："侍中、太尉临川王萧宏，器宇冲和高贵，雅量宽宏通达。他自幼弱时起，就表现出质朴清白的品行；到了成年后处理事务，治国良谋屡屡见于朝堂记录。自从皇业肇兴，他身为御弟，长期掌管京畿扬州政务，位列三公之阶，在朝中谈论治国之道，百官对他从无异议。朕与他兄弟情深之至，既有家人的感

和笃厚，在州二十余年，未尝以吏事按郡县，时称其长者。

宏有七子：正仁，正义，正德、正则，正立，正表，正信。世子正仁，为吴兴太守，有治能。天监十年，卒，谥曰哀世子。无子，高祖诏以罗平侯正立为世子，由宏意也。宏薨，正立表让正义为嗣，高祖嘉而许之，改封正立为建安侯，邑千户。卒，子贲嗣。正义先封平乐侯，正德西丰侯，正则乐山侯，正立罗平侯，正表封山侯，正信武化侯，正德别有传。

## 安成王萧秀

安成康王秀字彦达，太祖第七子也。年十二，所生母吴太妃亡，秀母弟始兴王憺时年九岁，并以孝闻，居丧，累日不进浆饮，太祖亲取粥授之。哀其早孤，命侧室陈氏并母二子。陈亦无子，有母德，视二子如亲生焉。秀既长，美风仪，性方静，虽左右近侍，非正衣冠不见也，由是亲友及家人咸敬焉。齐世，弱冠为著作佐郎，累迁后军法曹行参军，太子舍人。

永元中，长沙宣武王懿入平崔慧景，为尚书令，居端右；弟衡阳王畅为卫尉，掌管籥。东昏日夕逸游，出入无度。众颇劝懿因其出，闭门举兵废之，懿不听。帝左右既恶懿勋高，又虑废立，并间

情又有国之君臣的情分，正欲委以辅助理政的重任，作为公卿诸侯的榜样。只恨上天不肯假辅臣以天年，他忽然陨丧离世，朕深感切肤哀痛，内心充满震动悲恸之情。应该增加其殡葬的礼仪级别，用盛大的葬仪彰显其功勋。可追赠为侍中、大将军、扬州牧、假黄钺，王的封爵照旧。并赐给鼓吹乐班一部，佩斑纹宝剑的护卫武士增加为六十人。赠以皇室专用的温明棺，遗体身着衮服入殓。谥号为靖惠。"萧宏性格宽和笃厚，在州二十多年，不曾为了政务而稽查下属郡县，时人都称其为仁厚长者。

萧宏有七个儿子：萧正仁、萧正义、萧正德、萧正则、萧正立、萧正表、萧正信。世子萧正仁，任吴兴太守，颇有治理政务的能力。天监十年（511），萧正仁去世，谥号为哀世子。他没有儿子，高祖下诏将罗平侯萧正立册立为世子，这是出自萧宏的意见。萧宏薨逝之后，萧正立上表将世子之位让给萧正义，高祖赞扬他的美德并准许了，改封萧正立为建安侯，食邑一千户。萧正立去世后，儿子萧贲继承爵位。萧正义之前被封为平乐侯，萧正德为西丰侯，萧正则为乐山侯，萧正立为罗平侯，萧正表为封山侯，萧正信为武化侯。萧正德单另有传。

### 安成王萧秀

安成康王萧秀字彦达，是太祖的第七子。他十二岁那年，生母吴太妃去世，萧秀的同母弟弟始兴王萧憺当时只有九岁，他二人都以孝顺闻名，居丧期间，数日不进水浆，太祖亲自取粥饭让他们进食。太祖可怜他们幼年丧母，让偏房陈氏收二人为子。陈氏没有儿子，颇有母德，对他们视同己出。萧秀长大后，风姿仪态俊美，性格方正安静，即便是和左右近侍相处，若衣冠不够端正也不见人，因此亲友及家人都敬重他。他在南齐时，二十岁出任著作佐郎，累加升迁为后军法曹行参军，太子舍人。

永元年间，长沙宣武王萧懿入京平定崔慧景的叛乱，被任命为尚书令，是朝廷的宰辅重臣；其弟衡阳王萧畅担任卫尉，掌禁宫门户。东昏侯日夜出宫游乐，出入无度，众人多有劝萧懿趁东昏侯出宫时闭门举兵废黜他的，萧懿不听。东昏侯左右的小人既忌恨萧懿的

懿，懿亦危之，自是诸王侯咸为之备。及难作，临川王宏以下诸弟
侄各得奔避。方其逃也，皆不出京师，而罕有发觉，惟桂阳王融及
祸。

　　高祖义师至新林，秀与诸王侯并自拔赴军，高祖以秀为辅国将
军。是时东昏弟晋熙王宝嵩为冠军将军、南徐州刺史，镇京口，长
史范岫行府州事，遣使降，且请兵于高祖。以秀为冠军长史、南东
海太守，镇京口。建康平，仍为使持节、都督南徐、兖二州诸军事、
南徐州刺史，辅国将军如故。天监元年，进号征虏将军，封安成郡
王，邑二千户。京口自崔慧景作乱，累被兵革，民户流散，秀招怀抚
纳，惠爱大行。仍值年饥，以私财赡百姓，所济活甚多。二年，以本
号征领石头戍事，加散骑常侍。三年，进号右将军。五年，加领军、
中书令，给鼓吹一部。

　　六年，出为使持节、都督江州诸军事、平南将军、江州刺史。
将发，主者求坚船以为斋舫。秀曰："吾岂爱财而不爱士。"乃教所
由，以牢者给参佐，下者载斋物。既而遭风，斋舫遂破。及至州，闻
前刺史取征士陶潜曾孙为里司。秀叹曰："陶潜之德，岂可不及后
世！"即日辟为西曹。时盛夏水泛长，津梁断绝，外司请依旧偰度，
收其价直。秀教曰："刺史不德，水潦为患，可利之乎！给船而已。"
七年，遭慈母陈太妃忧，诏起视事。寻迁都督荆湘雍益宁南北梁南
北秦州九州诸军事、平西将军、荆州刺史。其年，迁号安西将军。
立学校，招隐逸。下教曰："夫鹑火之禽，不匿影于丹山；昭华之宝，
乍耀采于蓝田。是以江汉有濯缨之歌，空谷著来思之咏，弘风阐
道，靡不由兹。处士河东韩怀明、南平韩望、南郡庾承先、河东郭

功高位重，又担心他会废黜天子，就一齐进谗挑拨离间，萧懿自己也感到身处危险之中，因此他的几个弟弟都作了防备。到祸难发生的时候，临川王萧宏以下几兄弟和子侄辈都得以逃亡避难。他们逃亡都没有离开建康，而少有被外人觉察到的，只有桂阳王萧融受祸罹难而死。

高祖义师打到新林，萧秀和诸兄弟都自行前来投奔义军，高祖任命萧秀为辅国将军。当时，东昏侯的弟弟晋熙王萧宝嵩正担任冠军将军、南徐州刺史，镇守京口，由长史范岫代理州府政事，派使者前来纳降，并向高祖请求派军队前去驻守。高祖就任命萧秀为冠军长史、南东海太守，镇守京口。建康平定后，高祖又任命萧秀为使持节、都督南徐兖二州诸军事、南徐州刺史，辅国将军之职照旧。天监元年（502），萧秀进号为征虏将军，封为安成郡王，食邑二千户。京口自从崔慧景作乱以来，屡遭兵祸摧残，户口流失散亡，萧秀加以抚恤招纳，大行仁爱恩惠之政。当时仍是饥荒盛行的年景，他以私财赈济百姓，被他救活的人民数量很多。天监二年（503），他被征召以本号兼领石头戍事，加官散骑常侍。天监三年（504），进号为右将军。天监五年（506），加官领军、中书令，赐给鼓吹乐班一部。

天监六年（507），他出京担任使持节、都督江州诸军事、平南将军、江州刺史。将要出发时，主事官员搜求坚固的船只来运载斋库财物。萧秀说："我岂是爱财而不爱下属的人？"于是让负责人用坚固的船只来载运参佐官吏，以下等船用来运输斋库财物。出发后遭遇风浪，运输斋库财物的船只遭受破损。到了江州之后，他听闻前任刺史曾经任命隐士陶潜的曾孙为地方上的低级官吏。萧秀叹气道："陶潜的崇高品德，岂可不泽被后人！"当天就征辟其为西曹书佐。时值盛夏，江水暴涨，过江的渡口和桥梁都中断了，当地管事官员请求依照旧制出租渡船，收取租金。萧秀命令说："刺史没有品德，导致洪水为患，竟可以借之渔利吗？提供船只就可以了。"天监七年（508），遭养母陈太妃丧丁忧去职，高祖降诏起用他视事。不久迁任为都督荆湘雍益宁南北梁南北秦州九州诸军事、平西将军、荆州刺史。这一年，萧秀转号安西将军。他在荆州设立学校，招揽隐士。下教令说：

麻，并脱落风尘，高蹈其事。两韩之孝友纯深，庾、郭之形骸枯槁，或橡饭菁羹，惟日不足，或葭墙艾席，乐在其中。昔伯武贞坚，就仕河内，史云孤劭，屈志陈留。岂曰场苗，实惟攻玉。可加引辟，并遣喻意。既同魏侯致礼之请，庶无辟彊三缄之叹。"

是岁，魏悬瓠城民反，杀豫州刺史司马悦，引司州刺史马仙琕，仙琕签荆州求应赴。众咸谓宜待台报，秀曰："彼待我而为援，援之宜速，待救虽旧，非应急也。"即遣兵赴之。先是，巴陵马营蛮为缘江寇害，后军司马高江产以郢州军伐之，不克，江产死之，蛮遂盛。秀遣防阁文炽率众讨之，燔其林木，绝其蹊径，蛮失其崄，期岁而江路清，于是州境盗贼遂绝。及沮水暴长，颇败民田，秀以谷二万斛赡之。使长史萧琛简府州贫老单丁吏，一日散遣五百余人，百姓甚悦。

十一年，征为侍中、中卫将军，领宗正卿、石头戍事。十三年，复出为使持节、散骑常侍、都督郢司霍三州诸军事、安西将军、郢州刺史。郢州当涂为剧地，百姓贫，至以妇人供役，其弊如此。秀至镇，务安之。主者或求召吏。秀曰："不识救弊之术；此州凋残，不可扰也。"于是务存约己，省去游费，百姓安堵，境内晏然。先是夏

"朱雀凤凰,不在丹穴之山隐匿其踪影;光彩照人的宝玉,在蓝田的田野中绽放其华彩。所以江汉之间有沧浪之水可以濯缨的歌谣,空谷中有皎皎白驹贲然来思的诗篇,要想弘扬高洁之风阐明任贤之道,没有不借助于此的。隐士如河东人韩怀明、南平人韩望、南郡人庾承先、河东人郭麻,都放纵形骸,玩世隐居。韩怀明、韩望二人孝敬父母友爱兄弟之情纯洁深厚,庾承先、郭麻二人生活简朴,有时以橡实为食以蔓菁为羹,即便如此也每天吃不饱,有时还以葭芦为墙艾蒿为席,二人仍乐在其中。昔年东汉高弘为人忠贞坚毅,出仕于河内,范冉性格孤高自励,隐居陈留坚持不仕。岂止应如《诗》所说以场苗饲养白驹一样招揽人才,实在是需要以高洁的贤士来砥砺刺史的道德。可对此四人加以召辟,并派人传达我的本意。既符合古时魏公子无忌礼请贤士的典故,也希望不要有黄帝三缄其口的感叹。"

这一年,北魏悬瓠城的人民造反,杀死了北魏豫州刺史司马悦,联络梁朝的司州刺史马仙琕,马仙琕传书荆州请求派军赴援。众人都说应该等待朝廷的指示,萧秀说:"马仙琕正等待我军伸出援手,救援宜速不宜迟,等待朝廷敕令虽是旧制,不是应急的正确方略。"立即派部队前去增援。在此之前,巴陵郡有马营蛮在长江沿岸作盗贼为害,后军司马高江产率领郢州军队去讨伐他们,未能取胜,高江产阵亡,马营蛮于是声势壮大起来。萧秀派防阁文炽领军征讨,焚烧敌军盘踞的山林,断绝了他们的交通,马营蛮无险可据,一年过后沿江的道路就变得清静安宁,于是荆州境内的盗贼完全平息了。后来沮水暴涨,冲坏了很多民田,萧秀拨发稻谷二万斛赈济灾民。又派长史萧琛精简府州官署的贫困老迈无子的差役下吏,一天就遣散了五百多人,百姓都感到非常欣喜。

天监十一年(512),朝廷征召萧秀为侍中、中卫将军,兼领宗正卿、石头戍事。天监十三年(514),再度出任使持节、散骑常侍、都督郢司霍三州诸军事、安西将军、郢州刺史。郢州地处要冲,为战略要地,百姓都很贫穷,甚而至于以妇女充徭役,政事凋敝如此。萧秀到任,一意安抚。属吏请求增加救援。萧秀说:"这是不懂得纠正弊端的办法;此州如此凋残,不能再有所扰乱了。"于是他务求存活百姓

口常为兵冲，露骸积骨于黄鹤楼下，秀祭而埋之。一夜，梦数百人拜谢而去。每冬月，常作襦袴以赐冻者。时司州叛蛮田鲁生、弟鲁贤、超秀，据蒙笼来降。高祖以鲁生为北司州刺史，鲁贤北豫州刺史，超秀定州刺史，为北境捍蔽。而鲁生、超秀互相谗毁，有去就心，秀抚喻怀纳，各得其用，当时赖之。

十六年，迁使持节、都督雍梁南北秦四州郢州之竟陵司州之随郡诸军事、镇北将军、宁蛮校尉、雍州刺史，便道之镇。十七年春，行至竟陵之石梵，薨，时年四十四。高祖闻之，甚痛悼焉。遣皇子南康王绩缘道迎候。

初，秀之西也，郢州民相送出境，闻其疾，百姓商贾咸为请命。既薨，四州民裂裳为白帽，哀哭以迎送之。雍州蛮迎秀，闻薨，祭哭而去。丧至京师，高祖使使册赠侍中、司空，谥曰康。

秀有容观，每朝，百僚属目。性仁恕，喜愠不形于色。左右尝以石掷杀所养鹄，斋帅请治其罪。秀曰："吾岂以鸟伤人。"在京师，且临公事，厨人进食，误而覆之，去而登车，竟朝不饭，亦不之消也。精意术学，搜集经记，招学士平原刘孝标，使撰《类苑》，书未及毕，而已行于世。秀于高祖布衣昆弟，及为君臣，小心畏敬，过于疏贱者，高祖益以此贤之。少偏孤，于始兴王憺尤笃。梁兴，憺久为荆州刺史，自天监初，常以所得俸中分与秀，秀称心受之，亦弗辞多也。昆弟之睦，时议归之。故吏夏侯亶等表立墓碑，诏许焉。当世高才游王门者，东海王僧孺、吴郡陆倕、彭城刘孝绰、河东裴子野，各制其文，古未之有也。世子机嗣。

减省己政，砍去各种不必要的费用，百姓生活安定下来，境内治安也很平靖。在此之前夏口城战乱频仍，无人掩埋的骸骨都积累在黄鹤楼下，萧秀祭奠并掩埋了枯骨。一天夜里，他梦见几百个人对他拜谢后远去。每到寒冬腊月，他总会安排制作衣裤赐给受冻的贫民。当时北魏司州反叛的蛮族人田鲁生，以及弟弟田鲁贤、田超秀，占据了蒙笼城向梁朝投降，高祖任命田鲁生为北司州刺史，田鲁贤为北豫州刺史，田超秀为定州刺史，以驻扎守卫北部边境。但田鲁生、田超秀二人互相诋毁，有再次投靠北魏的心思。萧秀极力安抚劝谕，使他们各得其用，成为当时边疆上颇为倚重的人物。

天监十六年（517），萧秀迁任使持节、都督雍梁南北秦四州郢州之竟陵、司州之随郡诸军事、镇北将军、宁蛮校尉、雍州刺史，不必入朝而直接赴雍州上任。天监十七年（518）春，萧秀走到竟陵的石梵就去世了，时年四十四岁。高祖听到这个消息，非常伤心悲痛。派遣皇子南康王萧绩在途中迎候灵柩。

起初，萧秀西上赴任时，郢州百姓自发为他送行出境，听说他生病后，百姓商贾都为他祷告祈寿。他死后，雍梁南北秦四州的民众撕破衣裳做成白帽，伤心恸哭为他送葬。雍州的蛮族出迎萧秀，听说他去世了，哭着祭奠他后才返回。灵柩运回京师后，高祖派使者追赠册封他为侍中、司空，谥号为康。

萧秀外貌俊美可观，每次参加朝会，百官瞩目。性格仁慈宽厚，喜怒不形于色。他的一个侍从曾经扔石头砸死了他养的天鹅，府中管事请求治其罪过。萧秀说："我岂能因一只鸟而伤人。"在京师时，有天清晨需要外出处理公事，厨人端来早餐，不小心打翻了，他出门登车，竟然一上午没有吃饭，也没有责备下人。他着意精进学术，四处搜集经书典籍，招募了学士平原人刘孝标，让他撰写《类苑》，书尚未写完，已经流行于世。萧秀与高祖尚未显贵时就是要好的兄弟，后来成为君臣，萧秀始终小心敬畏地侍奉高祖，比那些关系更疏远、地位更低微的人都要更甚一筹，高祖为此而更加赞赏他。他年少时就遭遇母丧，和胞弟始兴王萧憺的感情尤其亲密。梁朝建立后，萧憺长期担任荆州刺史，从天监初年开始，经常将所得的俸禄分一半给萧

## 萧机

机字智通，天监二年，除安成国世子。六年，为宁远将军、会稽太守。还为给事中。普通元年，袭封安成郡王，其年为太子洗马，迁中书侍郎。二年，迁明威将军、丹阳尹。三年，迁持节、督湘衡桂三州诸军事、宁远将军、湘州刺史。大通二年，薨于州，时年三十。机美姿容，善吐纳。家既多书，博学强记；然而好弄，尚力，远士子，近小人。为州专意聚敛，无治绩，频被案劾。及将葬，有司请谥，高祖诏曰："王好内怠政，可谥曰炀。"所著诗赋数千言，世祖集而序之。子操嗣。

## 萧推

南浦侯推，字智进，机次弟也。少清敏，好属文，深为太宗所赏。普通六年，以王子例封。历宁远将军、淮南太守。迁轻车将军、晋陵太守，给事中，太子洗马，秘书丞。出为戎昭将军、吴郡太守。所临必赤地大旱，吴人号"旱母"焉。侯景之乱，守东府城，贼设楼车，尽锐攻之，推随方抗拒，频击挫之。至夕，东北楼主许郁华启关延贼，城遂陷，推握节死之。

## 南平王萧伟

南平元襄王伟字文达，太祖第八子也。幼清警好学。齐世，起

秀，萧秀也很满意地收下，不因数额很多而推辞。他们兄弟二人的和睦情谊，广受时人赞誉。他过去的属吏夏侯亶等上表请求为他树立墓碑，高祖下诏准许。当时在诸王之间交游的才士，包括东海人王僧孺、吴郡人陆倕、彭城人刘孝绰、河东人裴子野，各自撰文悼念他，此种情形自古以来还从未有过。世子萧机继承其爵位。

萧机

萧机字智通，天监二年（503），任命为安成王国世子。天监六年（507），任宁远将军、会稽太守。回到京师任给事中。普通元年（520），袭封安成郡王，这一年出任太子洗马，迁任中书侍郎。普通二年（521），迁任明威将军、丹阳尹。普通三年（522），迁任持节、都督湘衡桂三州诸军事、宁远将军、湘州刺史。大通二年（528），在湘州薨逝，时年三十岁。萧机姿态容貌美好，善言谈议论。家中藏书又多，博闻强记；然而他喜好玩乐，崇尚武力，疏远士人，亲近小人。在湘州刺史任上一力聚敛财物，没有治政的成绩，屡次被参奏弹劾。到了他去世下葬时，有司请求评定他的谥号，高祖下诏说："安成王好色而政事怠惰，可赐谥号为炀。"萧机所著诗赋有数千字，梁元帝萧绎将之整理成集并作序。儿子萧操继承爵位。

萧推

南浦侯萧推，字智进，是萧机的二弟。年少时思维清晰机敏，喜作文章，深受简文帝赞赏。普通六年（525），以安成王之子的身份按例封侯。历任宁远将军、淮南太守。迁任轻车将军、晋陵太守，给事中，太子洗马，秘书丞。出京担任戎昭将军、吴郡太守。他所任职之地必然会有赤地千里的大旱灾情出现，因此吴郡人叫他"旱母"。侯景之乱时，萧推镇守东府城，贼军架设楼车，以精锐部队尽力攻打他，萧推随机应变进行抵抗，屡屡挫败贼军攻势。入夜时，东北城楼的楼主许郁华开启城门引贼入城，东府城于是陷落，萧推手握符节与城共亡。

# 南平王萧伟

南平元襄王萧伟字文达，是太祖的第八子。自幼聪颖机警勤奋

家晋安镇北法曹行参军，府迁骠骑，转外兵。高祖为雍州，虑天下
将乱，求迎伟及始兴王憺来襄阳。俄闻已入沔，高祖欣然谓佐吏曰：
"吾无忧矣。"义师起，南康王承制，板为冠军将军，留行雍州州府
事。义师发后，州内储备及人皆虚竭。魏兴太守裴师仁、齐兴太守
颜僧都并据郡不受命，举兵将袭雍州，伟与始兴王憺兵于始平郡待
师仁等，要击大破之，州境以安。

高祖既克郢、鲁，下寻阳，围建业，而巴东太守萧慧训子璝及
巴西太守鲁休烈起兵逼荆州，屯军上明，连破荆州。镇军萧颖胄遣
将刘孝庆等距之，反为璝所败，颖胄忧愤暴疾卒，西朝凶惧。尚书
仆射夏侯详议征兵雍州，伟乃割州府将吏，配始兴王憺往赴之。憺
既至，璝等皆降。和帝诏以伟为使持节都督雍梁南北秦四州郢州
之竟陵司州之随郡诸军事、宁蛮校尉、雍州刺史，将军如故。寻加
侍中，进号镇北将军。天监元年，加散骑常侍，进督荆、宁二州，余
如故。封建安郡王，食邑二千户，给鼓吹一部。四年，徙都督南徐州
诸军事、南徐州刺史，使持节、常侍、将军如故。五年，至都，改为
抚军将军、丹阳尹，常侍如故。六年，迁使持节、都督扬南徐二州诸
军事、右军将军、扬州刺史。未拜，进号中权将军。七年，以疾表解
州，改侍中、中抚军，知司徒事。九年，迁护军、石头戍军事，侍中、
将军、鼓吹如故。其年，出为使持节、散骑常侍、都督江州诸军事、
镇南将军、江州刺史，鼓吹如故。十一年，以本号加开府仪同三司。
其年，复以疾陈解。十二年，征为中抚将军，仪同、常侍如故，以疾
不拜。十三年，改为左光禄大夫。加亲信四十人，岁给米万斛，布绢
五千匹，药直二百四十万，厨供月二十万，并二卫两营杂役二百人，
倍先。置防阁白直左右职局一百人。伟末年疾浸剧，不复出藩，故
俸秩加焉。

好学。南齐时，初任晋安镇北法曹行参军，府迁骠骑，转任外兵参军。高祖出任雍州刺史后，预计到天下将乱，设法迎接萧伟及始兴王萧儋前来襄阳。不久听说他们二人已经进入汉水，高祖欣然对属吏说："我没有什么忧虑了。"义师起兵后，南康王承制行事，板授萧伟为冠军将军，留守代理雍州州府事。义师出兵后，雍州内部的物资储备及人力都陷入空虚枯竭。魏兴太守裴师仁、齐兴太守颜僧都两人都盘踞在郡中不接受命令，举兵将要袭击雍州，萧伟与始兴王萧儋派兵在始平郡等候裴师仁等人的军队，进行截击并大破敌军，雍州境内于是安定下来。

　　高祖攻克郢城、鲁山之后，东下寻阳，包围建康城，而巴东太守萧慧训之子萧璝及巴西太守鲁休烈起兵进逼荆州，屯驻在上明，接连击败荆州军。镇军萧颖胄派遣将领刘孝庆等前往拒敌，反被萧璝打败，萧颖胄忧虑激愤交加，暴病而死，荆州朝廷上下恐慌忧惧。尚书仆射夏侯详提议向雍州征调援军，萧伟于是分配州府的将官，交给始兴王萧儋前往救援。萧儋到达荆州之后，萧璝等投降。齐和帝下诏任命萧伟为使持节、都督雍梁南北秦四州郢州之竟陵司州之随郡诸军事、宁蛮校尉、雍州刺史，将军之职照旧。不久加官侍中，进号为镇北将军。天监元年（502），加官散骑常侍，加督荆、宁二州，其余职衔照旧。封为建安郡王，食邑二千户，赐给鼓吹乐班一部。天监四年（505），迁任都督南徐州诸军事、南徐州刺史，使持节、常侍、将军之职照旧。天监五年（506），回到京师，改任抚军将军、丹阳尹，常侍之职照旧。天监六年（507），迁任使持节、都督扬南徐二州诸军事、右军将军、扬州刺史。没有拜官，进号为中权将军。天监七年（508），他因病上表请求解除州刺史的职位，改任侍中、中抚军，兼掌司徒之事。天监九年（510），迁任护军、石头戍军事，侍中、将军、鼓吹仪仗等照旧。这一年，他出京担任使持节、散骑常侍、都督江州诸军事、镇南将军、江州刺史，鼓吹乐班的仪仗照旧。天监十一年（512），以本号加官开府仪同三司。这一年，他又因病上表请求解除职务。天监十二年（513），朝廷征召他为中抚将军，仪同、常侍之职照旧，他因病没有拜官。天监十三年（514），改任左光禄大夫。加赐护卫四十十五年，所生母陈太妃寝疾，伟及临川王宏侍疾，并衣不解带。及太妃薨，毁顿过礼，水浆不入口累日，高祖每临幸譬抑之。伟虽奉诏，而毁瘠殆不胜丧。

十七年，高祖以建安土瘠，改封南平郡王，邑户如故。迁侍中、左光禄大夫、开府仪同三司。普通四年，增邑一千户。五年，进号镇卫大将军。中大通元年，以本官领太子太傅。四年，迁中书令、大司马。五年，薨，时年五十八。诏敛以衮冕，给东园秘器。又诏曰："旌德纪功，前王令典；慎终追远，列代通规。故侍中、中书令、大司马南平王伟，器宇宏旷，鉴识弘简。爰在弱龄，清风载穆，翼佐草昧，勋高樊、沔，契阔艰难，劬劳任寄。及赞务论道，弘兹衮职。奄焉薨逝，朕用震恸于厥心。宜隆宠命，式昭茂典。可赠侍中、太宰，王如故。给羽葆鼓吹一部，并班剑四十人。谥曰元襄。"

伟少好学，笃诚通恕，趋贤重士，常如不及。由是四方游士，当世知名者，莫不毕至。齐世，青溪宫改为芳林苑，天监初，赐伟为第，伟又加穿筑，增植嘉树珍果，穷极雕丽，每与宾客游其中，命从事中郎萧子范为之记。梁世藩邸之盛，无以过焉。而性多恩惠，尤愍穷乏。常遣腹心左右，历访闾里人士，其有贫困吉凶不举者，即遣赡恤之。太原王曼颖卒，家贫无以殡敛，友人江革往哭之，其

人，每年拨给稻米一万斛，布匹丝绢五千匹，药品价值二百四十万，厨下供奉每月二十万，以及二卫两营杂役二百人，比先前增加一倍，并设置充任侍卫的白值左右职局一百人。萧伟晚年病情转重，不再出京开藩，因而增加了俸禄品级。

天监十五年（516），萧伟的生母陈太妃病重，萧伟及临川王萧宏侍奉在病床前，二人都衣不解带。后来太妃薨逝，萧伟哀伤过度超越了礼节，多日水浆不入口，高祖常常驾临劝解。萧伟虽然接受诏令，但身体依旧因哀痛而衰弱得几乎不能胜任葬礼。

天监十七年（518），高祖因为建安土地贫瘠，改封萧伟为南平郡王，食邑户数照旧。迁任侍中、左光禄大夫、开府仪同三司。普通四年（523），增加食邑一千户。普通五年（524），进号为镇卫大将军。中大通元年（529），以本身官职兼领太子太傅。中大通四年（532），迁任中书令、大司马。中大通五年（533），萧伟薨逝，时年五十八岁。天子下诏以衮冕礼服收殓安葬，赐给皇室专用棺木。又下诏说："褒扬美德记录功勋，乃是前王流传的法典；慎重对待去世之臣追怀往日的成绩，是历朝历代通行的规章。已故侍中、中书令、大司马南平王萧伟，器宇宽宏广阔，见识宏大精到。他尚在幼弱之时，温厚的诗文已经广受赞誉，辅佐我朝草创基业，在樊城汉水间立下卓著的功勋，又与朕长久分离历经艰难，身肩托付的重任不辞辛劳。后来参与国朝政务讲论治理之道，光大了三公的职事。忽然一朝薨逝，朕的内心震荡悲痛难抑。应该以隆重优宠的诰命册封，用以昭显厚待功臣的盛大典例。可追赠为侍中、太宰，王的爵位照旧。赐给有羽葆仪仗的鼓吹乐班一部，以及佩斑纹宝剑的武士四十人。谥号为元襄。"

萧伟少年时即勤奋好学，笃厚诚恳通达仁恕，仰慕贤人看重士子，厚待之犹恐不及。自此四方游学的饱学之士，当时知名的学者，都竞相云集于他的门下。南齐时，青溪宫改成芳林苑，梁朝天监初年，天子将芳林苑赐给萧伟作为府第，萧伟又在苑中加以修葺筑设，增种奇异珍罕的树木花果，极尽华丽雕饰，常与宾客在其中游玩，命令从事中郎萧子范写作芳林苑记。有梁一代论藩王府邸的华贵，无人可与之相比。而萧伟性格多肯施人恩惠，尤其同情穷乏百姓。他常常

妻儿对革号诉。革曰："建安王当知，必为营理。"言未讫而伟使至，给其丧事，得周济焉。每祁寒积雪，则遣人载樵米，随乏绝者即赋给之。晚年崇信佛理，尤精玄学，著《二旨义》，别为新通。又制《性情》《几神》等论，其义，僧宠及周舍、殷钧、陆倕并名精解，而不能屈。

伟四子：恪，恭，虔，祇。世子恪嗣。

### 萧恭　萧静

恭字敬范。天监八年，封衡山县侯，以元襄功，加邑至千户。初，乐山侯正则有罪，敕让诸王，独谓元襄曰："汝儿非直无过，并有义方。"

恭起家给事中，迁太子洗马。出为督齐安等十一郡事、宁远将军、西阳武昌二郡太守。征为秘书丞，迁中书郎，监丹阳尹，行徐南徐州事，转衡州刺史，母忧去职。寻起为云麾将军、湘州刺史。

恭善解吏事，所在见称。而性尚华侈，广营第宅，重斋步櫩，模写宫殿。尤好宾友，酣宴终辰，座客满筵，言谈不倦。时世祖居藩，颇事声誉，勤心著述，卮酒未尝妄进。恭每从容谓人曰："下官历观世人，多有不好欢乐，乃仰眠床上，看屋梁而著书，千秋万岁，谁传此者。劳神苦思，竟不成名，岂如临清风，对朗月，登山泛水，肆意酣歌也。"寻以雍州蛮文道拘引魏寇，诏恭赴援，仍除持节、仁威将军、宁蛮校尉、雍州刺史，便道之镇。太宗少与恭游，特被赏狎，至是手令曰："彼士流肮脏，有关辅余风，黔首扞格，但知重剑

派遣心腹左右，四处走访市井闾巷的居民，其中如有贫困之家无力操持婚丧之仪的，就派人赠以财物赈济他们。太原人王曼颖去世后，家中贫困无力收殓安葬，他的朋友江革前往哭吊，王曼颖的妻子儿女对他哭诉困窘的情形。江革说："建安王应该会知道此事，必然会为你们主持料理。"话音未落，萧伟派的使者就到了，资助他们收殓安葬，于是得以周全置办。每当天气严寒积雪多时，萧伟就派人以车运载柴米，遇到穷乏断粮的民家就接济他们。萧伟晚年崇信佛理，尤其精通玄学，著有《二旨义》，另辟蹊径通达其奥义。又撰写有《性情》《几神》等论说文章，其中的义理，高僧法宠及周舍、殷钧、陆倕都有精于解读经义的名声，却不能将其驳倒。

萧伟有四个儿子：萧恪、萧恭、萧虔、萧祗。世子萧恪继承爵位。

### 萧恭 萧静

萧恭字敬范。天监八年（509），封为衡山县侯，因父亲萧伟的功劳，加食邑至一千户。起初，乐山侯萧正则有罪，天子下敕令责备诸王，唯独对萧伟说："你的儿子不止无过，而且行事全都合乎正理。"

萧恭初任给事中，迁任太子洗马。出京担任督齐安等十一郡事、宁远将军、西阳武昌二郡太守。后朝廷征召为秘书丞，迁任中书郎，监理丹阳尹，代行徐、南徐州事，转任衡州刺史，遭母丧丁忧去职。不久被起用为云麾将军、湘州刺史。

萧恭善于处理政事，在所任职位上常被人称道，而性情崇尚奢华豪侈，四处营建宅邸，里面楼台重重步道雕栏，模仿宫廷殿阁的形制。尤其喜欢结交宾客友人，终日酒宴欢饮，座客满堂，高谈不倦。当时元帝萧绎居于藩镇，很注意自己的声誉，勤于著述，从不随意饮酒。萧恭常常从容地对他人说："下官遍观世人，多有不喜欢寻欢作乐的，只会仰卧在床上，看着屋梁而闭门写书，千秋万岁之后，谁还会传看这些著作。劳累心神苦苦思索，最终也不能成名，哪里比得上身临清风，面对朗月，登山泛舟，酣畅尽兴地高歌呢。"不久因为雍州蛮人文道勾引北魏军进犯，朝廷令萧恭率军赴援，并任命为持节、

轻死。降胡惟尚贪惏，边蛮不知敬让，怀抱不可皂白，法律无所用施。愿充实边戍，无数迁徙，谍候惟远，箱庾惟积，长以控短，静以制躁。早蒙爱念，敢布腹心。"恭至州，治果有声绩，百姓陈奏，乞于城南立碑颂德，诏许焉。

先高祖以雍为边镇，运数州之粟，以实储仓，恭后多取官米，赡给私宅，为荆州刺史庐陵王所启，由是免官削爵，数年竟不叙用。侯景乱，卒于城中，时年五十二。诏特复本封。世祖追赠侍中、左卫将军。谥曰僖。

世子静，字安仁，有美名，号为宗室后进。有文才，而笃志好学，既内足于财，多聚经史，散书满席，手自雠校。何敬容欲以女妻之，静忌其太盛，距而不纳，时论服焉。历官太子舍人、东宫领直。迁丹阳尹丞，给事黄门侍郎，深为太宗所爱赏。太清三年，卒，赠侍中。

### 鄱阳王萧恢

鄱阳忠烈王恢，字弘达，太祖第九子也。幼聪颖，年七岁，能通《孝经》《论语》义，发摘无所遗。既长，美风表，涉猎史籍。齐隆昌中，明帝作相，内外多虞，明帝就长沙宣武王懿求诸弟有可委以腹心者，宣武言恢焉。明帝以恢为宁远将军，甲仗百人卫东府，且引为骠骑法曹行参军。明帝即位，东宫建，为太子舍人，累迁北中郎外兵参军，前军主簿。宣武之难，逃在京师。

仁威将军、宁蛮校尉、雍州刺史，不必入朝而直接赴任。简文帝萧纲年少时曾与萧恭一起游历，受到萧恭的赏识亲近，此时他就手书谕令给萧恭说："雍州地区士人的风气刚直倔强，颇有关中三辅地区的余风，百姓格格不入，只知尚武而轻死。归附的胡人只知贪图利益，边境蛮族则不知礼敬谦让，是非曲直都不能区分，法律没有用武之地。愿你充实边境的守备，不要频繁调动征发，远远地派遣间谍斥候，多多蓄积甲胄粮草，以长控短，以静制躁。我早年蒙您的喜爱顾念，故此陈说肺腑之言。"萧恭到达雍州后，治政果然颇有声望和成绩，百姓上书，请求在城南为萧恭立碑歌颂他的功德，天子降诏准许。

　　起初，高祖因为雍州是边防重镇，将好几个州的粮粟转运来此，以充实州中的仓廪，萧恭后来多有取用官仓粮米供自己私宅使用的行为，被荆州刺史庐陵王萧续参奏弹劾，从此被免除官职削除爵位，连续数年不得任用。建康发生侯景之乱时，萧恭在城中去世，时年五十二岁。天子下诏特别恢复了他原有的封爵。元帝追赠他为侍中、左卫将军。谥号为僖。

　　他的世子萧静，字安仁，有美好的名声，号称宗室中的后起之秀。萧静有文才，而矢志治学，因为家资丰厚，得以大量收集经史典籍，散乱的书籍布满座席，他亲手加以校对。尚书令何敬容想把女儿嫁给他为妻，萧静嫌他的权势太盛，就拒绝了没有迎娶其女，当时的舆论都很佩服他。历任太子舍人、东宫领直。迁任丹阳尹丞，给事黄门侍郎，深受简文帝宠爱赏识。太清三年（549），萧静去世，朝廷追赠他为侍中。

### 鄱阳王萧恢

　　鄱阳忠烈王萧恢，字弘达，是太祖的第九子。自幼聪明颖悟，七岁时，能通晓《孝经》《论语》的经义，解说疑难无所遗漏。长大后，风姿仪态美好出众，又广泛浏览史籍。南齐隆昌年间，齐明帝担任相职，内外多有祸乱，齐明帝就向长沙宣武王萧懿询问其子弟中有谁可以委托心腹机要的，萧懿说萧恢可以。明帝就任命萧恢为宁远将军，统率甲士一百人保卫东府，并荐举他为骠骑法曹行参军。明帝登基之后，建立太子东宫，任命萧恢为太子舍人，累加升迁为北中郎外

　　高祖义兵至，恢于新林奉迎，以为辅国将军。时三吴多乱，高祖命出顿破岗。建康平，还为冠军将军、右卫将军。天监元年，为侍中、前将军，领石头戍军事，封鄱阳郡王，食邑二千户。二年，出为使持节、都督南徐州诸军事、征虏将军、南徐州刺史。四年，改授都督郢司二州诸军事、后将军、郢州刺史，持节如故。义兵初，郢城内疾疫死者甚多，不及藏殡，及恢下车，遽命埋掩。又遣四使巡行州部，境内大治。七年，进号云麾将军，进督霍州。八年，复进号平西将军。十年，征为侍中、护军将军、石头戍军事，领宗正卿。十一年，出为使持节、都督荆湘雍益宁南北梁南北秦九州诸军事、平西将军、荆州刺史，给鼓吹一部。十三年，迁散骑常侍、都督益宁南北秦沙七州诸军事镇西将军益州刺史，使持节如故，便道之镇。成都去新城五百里，陆路往来，悉订私马，百姓患焉，累政不能改。恢乃市马千匹，以付所订之家，资其骑乘，有用则以次发之，百姓赖焉。十七年，征为侍中、安前将军、领军将军。十八年，出为使持节、散骑常侍、都督荆湘雍梁益宁南北秦八州诸军事、征西将军、开府仪同三司、荆州刺史。普通五年，进号骠骑大将军。七年九月，薨于州，时年五十一。诏曰："故使持节、散骑常侍、都督荆湘雍梁益宁南北秦八州诸军事、骠骑大将军、开府仪同三司、荆州刺史鄱阳王恢，风度开朗，器情凝质。爰在弱岁，美誉克宣，洎于从政，嘉猷载缉。方入正论道，弘燮台阶，奄焉薨逝，朕用伤恸于厥心。宜隆宠命，以申朝典。可赠侍中、司徒，王如故。并给班剑二十人。谥曰忠烈。"遣中书舍人刘显护丧事。

兵参军、前军主簿。萧懿被东昏侯杀害后，萧恢逃匿于京城中。

高祖义军来到京师后，萧恢到新林迎接归附他，被任命为辅国将军。当时三吴地区多有叛乱，高祖命令他出屯破岗。建康平定后，他回到京城担任冠军将军、右卫将军。天监元年（502），任侍中、前将军、兼领石头戍军事。封为鄱阳郡王，食邑二千户。天监二年（503），出京担任使持节、都督南徐州诸军事、征虏将军、南徐州刺史。天监四年（505），改任都督郢司二州诸军事、后将军、郢州刺史，持节的职位不变。高祖义军初起时，郢城内因感染瘟疫而死的人非常多，来不及殓葬，待到萧恢到任后，立刻下令加以掩埋。又派遣四个使者在州内巡行，境内出现大治的局面。天监七年（508），进号为云麾将军，增督霍州。天监八年（509），又进号平西将军。天监十年（511），朝廷征召他为侍中、护军将军、石头戍军事，兼领宗正卿。天监十一年（512），出京任使持节、都督荆湘雍益宁南北梁南北秦九州诸军事、平西将军、荆州刺史，赐给鼓吹乐班一部。天监十三年（514），迁任散骑常侍、都督益宁南北秦沙七州诸军事、镇西将军、益州刺史，使持节之职照旧，不必入朝而直接赴任。成都距离新城有五百里路，陆路上的往来全都靠征用私人马匹，百姓以此为患，历任刺史都不能对此加以改进。萧恢就采购马匹一千匹，交给被征用马匹的民家，供其骑乘，官府用马时则依次序征发，百姓都赖此而受益。天监十七年（518），朝廷征召他为侍中、安前将军、领军将军。天监十八年（519），出京任使持节、散骑常侍、都督荆湘雍梁益宁南北秦八州诸军事、征西将军、开府仪同三司、荆州刺史。普通五年（524），进号为骠骑大将军。普通七年（526）九月，萧恢在荆州薨逝，时年五十一岁。天子降诏说："已故使持节、散骑常侍、都督荆湘雍梁益宁南北秦八州诸军事、骠骑大将军、开府仪同三司、荆州刺史鄱阳王萧恢，风度开阔明朗，性情凝重端庄。尚在幼弱之年时，即有美好声誉传扬，到了参与朝政之后，嘉良的执政方略建言不断。正待征召他入朝品评治政之道，光大三公之位，忽然遭遇薨逝，朕内心极为哀伤悲恸。应该加以隆重而优宠的任命，以申张朝廷的恩典。可追赠为侍中、司徒，王的爵位照旧。并赐予佩斑纹宝剑的武士二十

恢有孝性，初镇蜀，所生费太妃犹停都，后于都下不豫，恢未之知，一夜忽梦还侍疾，既觉忧遑，便废寝食。俄而都信至，太妃已瘳。后又目有疾，久废视瞻，有北渡道人慧龙得治眼术，恢请之。既至，空中忽见圣僧，及慧龙下针，豁然开朗，咸谓精诚所致。

恢性通恕，轻财好施，凡历四州，所得俸禄随而散之。在荆州，常从容问宾僚曰："中山好酒，赵王好吏，二者孰愈？"众未有对者。顾谓长史萧琛曰："汉时王侯，藩屏而已，视事亲民，自有其职。中山听乐，可得任性；彭祖代吏，近于侵官。今之王侯，不守藩国，当佐天子临民，清白其优乎！"坐宾咸服。世子范嗣。

### 萧范　萧嗣

范字世仪，温和有器识。起家太子洗马、秘书郎，历黄门郎，迁卫尉卿。每夜自巡警，高祖嘉其劳苦。出为益州刺史，开通剑道，克复华阳，增邑一千户，加鼓吹。征为领军将军、侍中。

范虽无学术，而以筹略自命。爱奇玩古，招集文才，率意题章，亦时有奇致。复出为使持节、都督雍梁东益南北秦五州诸军事、镇北将军、雍州刺史。范作牧莅民，甚得时誉；抚循将士，尽获欢心。太清元年，大举北伐，以范为使持节、征北大将军、总督汉北征讨诸军事，进伐穰城。寻迁安北将军、南豫州刺史。侯景败于涡阳，退保寿阳，乃改范为合州刺史，镇合肥。时景已蓄奸谋，不臣将露，范屡启言之，朱异每抑而不奏。及景围京邑，范遣世子嗣与裴之高

人。谥号为忠烈。"天子又派中书舍人刘显护送萧恢的灵柩回京。

萧恢天性孝顺,他出任益州刺史之初,生母费太妃还留在京城里,后来在京染病,萧恢还不知晓,一天夜里他忽然梦见自己回京料理母疾,醒来后感到忧虑不安,就寝食俱废。不久京城里传来消息,费太妃已经病愈。后来费太妃又得了眼病,长期无法用眼看东西,有一位北地来的道人慧龙有治眼疾的医术,萧恢把他请来。他来到之后,空中忽然出现一个圣僧,到了慧龙用针后,费太妃只觉眼前豁然开朗,众人都说这是萧恢的孝心精诚所至。

萧恢性格通达仁恕,轻财好施,他先后在四州任职,所得俸禄都随即分发亲友。他在荆州时,曾经从容地问众位宾客僚属:"西汉的中山王刘胜喜欢饮酒,其兄赵王刘彭祖喜欢做执法吏的工作,二者哪一个更好?"众人无人作答。萧恢回头对长史萧琛说:"汉代的王侯,只是国家的藩篱屏障而已,处理政事抚恤百姓,自有其司职的官员。中山王刘胜饮酒作乐,能够放任性情;赵王刘彭祖代吏执法,就近乎超越权限侵夺官员的职权了。今天的王侯,无需镇守藩国,应当辅佐天子治理黎民,清正廉洁才可算是优异啊。"在座宾客全都服膺。萧恢的世子萧范继承爵位。

## 萧范 萧嗣

萧范字世仪,性格温和而有器量见识。初任太子洗马、秘书郎,历任黄门郎,迁任卫尉卿。每天夜里亲自巡逻警卫,高祖很赞赏他的勤勉辛劳。出京担任益州刺史,开通剑阁道,收复了华阳郡,朝廷增加其食邑一千户,增加了鼓吹乐班。征召他任领军将军、侍中。

萧范虽然没有学术上的成就,但自认为善于筹划谋略,又爱好珍奇古玩,召集文人才士,随意命题作文,也不时有奇思妙趣。后来他再次出京担任使持节、都督雍梁东益南北秦五州诸军事、镇北将军、雍州刺史。萧范身为一州之封疆大吏治理百姓,甚受时人赞誉;他抚慰勉励将士,受到部队的衷心拥护。太清元年(547),朝廷大举北伐,任命萧范为使持节、征北大将军、总督汉北征讨诸军事,前进攻击穰城。不久迁任安北将军、南豫州刺史。侯景在涡阳被北魏击

等入援，迁开府仪同三司，进号征北将军。京城不守，范乃弃合肥，出东关，请兵于魏，遣二子为质。魏人据合肥，竟不出师助范，范进退无计，乃溯流西上，军于枞阳，遣信告寻阳王。寻阳要还九江，欲共治兵西上，范得书大喜，乃引军至溢城，以晋熙为晋州，遣子嗣为刺史。江州郡县，辄更改易，寻阳政令所行，惟存一郡，时论以此少之。既商旅不通，信使距绝，范数万之众，皆无复食，人多饿死。范恚，发背薨，时年五十二。

世子嗣，字长胤。容貌丰伟，腰带十围。性骁果有胆略，倜傥不护细行，而能倾身养士，皆得其死力。范之薨也，嗣犹据晋熙，城中食尽，士乏绝，景遣任约来攻，嗣躬擐甲胄，出垒距之。时贼势方盛，咸劝且止。嗣按剑叱之曰："今之战，何有退乎？此萧嗣效命死节之秋也。"遂中流矢，卒于阵。

## 始兴王萧憺

始兴忠武王憺，字僧达，太祖第十子也。数岁，所生母吴太妃卒，憺哀感傍人。齐世，弱冠为西中郎法曹行参军，迁外兵参军。义师起，南康王承制，以憺为冠军将军、西中郎咨议参军，迁相国从事中郎，与南平王伟留守。

和帝立，以憺为给事黄门侍郎。时巴东太守萧慧训子璝等及巴西太守鲁休烈举兵逼荆州，屯军上明，镇军将军萧颖胄暴疾卒，西朝甚惧，尚书仆射夏侯祥议征兵雍州，南平王伟遣憺赴之。憺以书

败，退保寿阳，朝廷就改任萧范为合州刺史，镇守合肥。当时侯景已经心怀袭击梁朝的阴谋，不臣之心即将暴露，萧范多次上奏报告此事，每次都被朱异扣压下来没有上奏高祖。到了侯景包围京师时，萧范派世子萧嗣与裴之高等人进京救援，迁任开府仪同三司，进号为征北将军。京城失守后，萧范就放弃合肥，出东关，向北魏请兵，并派两个儿子前去做人质。北魏军占据了合肥，竟拒不发兵帮助萧范，萧范进退两难，就溯江西上，驻军于枞阳，送信告知寻阳王萧大心。寻阳王邀请他回师九江，想要一起整顿军队西上，萧范接到书信大喜，就领军来到溢城，将晋熙设置为晋州，派他的儿子萧嗣做晋州刺史。江州的郡县，经过反复的区划变革，以致寻阳王政令所能推行的范围，仅仅限于一郡之中，当时的舆论因此而贬低萧范。后来商旅不能通行，信使也断绝了消息，萧范所率数万人的军队，都得不到军粮供应，饿死了很多人。萧范愤恨难平，背疮发作而死，时年五十二岁。

世子萧嗣，字长胤。他外形健硕壮伟，腰带达到十围。性格骁勇果敢又有胆略，行事洒脱不拘细节，而能尽心抚恤士卒，得到部下的誓死效力。萧范薨逝之后，萧嗣仍占据着晋熙，城里粮草空竭，士卒困乏没有给养，侯景派任约前来攻打，萧嗣亲自穿戴好甲胄，出营拒敌。当时贼兵声势正大，部下都劝他不要交锋。萧嗣手按佩剑呵斥说："今日之战，哪里还有退路？现在就是萧嗣为国效命以死明节的时候了。"于是他作战时身中流矢，死于军阵之中。

## 始兴王萧憺

始兴忠武王萧憺字僧达，是太祖的第十子。他才几岁时，生母吴太妃去世，萧憺悲伤哀痛，旁人都深受感动。南齐时代，他二十岁时被起用为西中郎法曹行参军，迁任外兵参军。高祖义师兴起后，南康王承制行事，任命萧憺为冠军将军、西中郎咨议参军，迁任相国从事中郎，与南平王萧伟留守雍州。

和帝登基后，任命萧憺为给事黄门侍郎。当时巴东太守萧慧训之子萧璝等人以及巴西太守鲁休烈起兵反叛进逼荆州，军队驻扎在上明，镇军将军萧颖胄此时暴病而死，荆州朝廷上下非常惊惧，尚书仆射夏侯详建议向雍州征调援军，南平王萧伟派萧憺赴援。萧憺发喻瑱等,旬日皆请降。是冬,高祖平建业。明年春,和帝将发江陵,诏以憺为使持节、都督荆湘益宁南北秦六州诸军事、平西将军、荆州刺史,未拜。天监元年,加安西将军,都督、刺史如故。封始兴郡王,食邑二千户。时军旅之后,公私空乏,憺厉精为治,广辟屯田,减省力役,存问兵死之家,供其穷困,民甚安之。憺自以少年始居重任,思欲开导物情。乃谓佐吏曰:"政之不臧,士君子所宜共惜。言可用,用之可也;如不用,于我何伤? 吾开怀矣,尔其无吝。"于是小人知恩,而君子尽意。民辞讼者,皆立前待符教,决于俄顷。曹无留事,下无滞狱,民益悦焉。三年,诏加鼓吹一部。

六年,州大水,江溢堤坏,憺亲率府将吏,冒雨赋丈尺筑治之。雨甚水壮,众皆恐,或请憺避焉。憺曰:"王尊尚欲身塞河堤,我独何心以免。"乃刑白马祭江神。俄而水退堤立。邴州在南岸,数百家见水长惊走,登屋缘树,憺募人救之,一口赏一万,估客数十人应募救焉,州民乃以免。又分遣行诸郡,遭水死者给棺槽,失田者与粮种。是岁,嘉禾生于州界,吏民归美,憺谦让不受。

七年,慈母陈太妃薨,水浆不入口六日,居丧过礼,高祖优诏勉之,使摄州任。是冬,诏征以本号还朝。民为之歌曰:"始兴王,民之爹徒可反。赴人急,如水火。何时复来哺乳我?"八年,为平北将军、护军将军、领石头戍事。寻迁中军将军、中书令,俄领卫尉

书信晓喻萧璝等人，十日之内他们全都归降。这年（501）冬天，高祖平定了建康。第二年春季，和帝将要从江陵出发前往京师，下诏任命萧憺为使持节、都督荆湘益宁南北秦六州诸军事、平西将军、荆州刺史，他没有拜官。天监元年（502），萧憺加官安西将军，都督、刺史之职照旧。被封为始兴郡王，食邑二千户。当时荆州战事刚刚结束，官府和私人都很穷乏，萧憺励精图治，广泛开辟屯田，减省人民的徭役负担，抚恤存问因战亡人的家庭，供养其中穷困的民户，州中民生大为安定。萧憺认为自己年少而初临重任要职，想要引导人们畅所欲言。就对佐史说："政事没得到治理，是士人和君子都应该感到惋惜的事情。建言若是有用，采用就行了；若是不能采用，对于我又有何妨害呢？我已敞开了建言的门径，尔等切勿吝惜忠言。"于是地位低下者知道长官施恩，而士人君子也知无不言。民间有纠纷诉讼的，都在官署前站立等待判决，片刻就能得到决断。府署中没有遗留的公事，地方上也没有滞留的狱讼，人民更加喜悦。天监三年（504），天子下诏加赐萧憺鼓吹乐班一部。

天监六年（507），荆州发大水，江水满溢江堤崩坏，萧憺亲自率领府中的文武将吏，冒雨测量水深修筑堤防治水。暴雨很大，水势凶猛，众人都有惧意，有人请求萧憺暂避。萧憺说："汉朝治水的王尊尚且打算以肉身填塞河堤，我岂能独求自身幸免。"于是杀白马祭奠江神。不久大水退去而堤防建成。邬州在长江南岸，数百家居民看到洪水上涨惊慌逃走，登上屋顶攀援着树木，萧憺招募人手救援他们，救出一人就赏钱一万，有做生意的客商数十人应募前去施救，这些民众才得以逃生。他又派人去各郡巡行，对遭受水灾而死的民众赐予棺木，对农田被毁者分发口粮和种子。这一年，有嘉禾出现在荆州境内，下吏和民众都认为是萧憺的美政所致，萧憺谦让而不居功。

天监七年（508），萧憺的养母陈太妃薨逝，他连续六日水浆不进，服丧超越了礼法，高祖降下优厚的诏命劝勉他，让他摄行州中政事。这年冬天，征召他以本身官号回朝。百姓为此作歌唱道："始兴郡王，黎民慈父。解人危急，如救水火。何时再来哺育我？"天监八年（509），萧憺任平北将军、护军将军、兼领石头戍事。不久迁任中

卿。憺性劳谦，降意接士，常与宾客连榻而坐，时论称之。是秋，出为使持节、散骑常侍、都督南北兖徐青冀五州诸军事、镇北将军、南兖州刺史。九年春，迁都督益宁南梁南北秦沙六州诸军事、镇西将军、益州刺史。开立学校，劝课就业，遣子映亲受经焉，由是多向方者。时魏袭巴南，西围南安，南安太守垣季珪坚壁固守，憺遣军救之，魏人退走，所收器械甚众。十四年，迁都督荆湘雍宁南梁南北秦七州诸军事、镇右将军、荆州刺史。同母兄安成王秀将之雍州，薨于道。憺闻丧，自投于地，席稿哭泣，不饮不食者数日，倾财产赙送，部伍小大皆取足焉。天下称其悌。十八年，征为侍中、中抚将军、开府仪同三司、领军将军。普通三年十一月，薨，时年四十五。追赠侍中、司徒、骠骑将军。给班剑三十人，羽葆鼓吹一部。册曰：“咨故侍中、司徒、骠骑将军始兴王：夫忠为令德，武谓止戈，于以用之，载在前志。王有佐命之元勋，利民之厚德，契阔二纪，始终不渝，是用方轨往贤，稽择故训，鸿名美义，允臻其极。今遣兼大鸿胪程爽，谥曰忠武。魂而有灵，歆兹显号。呜呼哀哉！”

憺未薨前，梦改封中山王，策授如他日，意颇恶之，数旬而卒。世子亮嗣。

史臣曰：自昔王者创业，广植亲亲，割裂州国，封建子弟。是以大旆少帛，崇于鲁、卫，盘石凝脂，树斯梁、楚。高祖远遵前轨，藩屏懿亲。至于安成、南平、鄱阳、始兴，俱以名迹著，盖亦汉之间、

军将军、中书令，后兼领卫尉卿。萧憺性格勤勉谦逊，平易近人亲近士人，常与宾客连榻而坐，时人对此称道有加。这年秋季，他出京任使持节、散骑常侍、都督南北兖徐青冀五州诸军事、镇北将军、南兖州刺史。天监九年（510）春，迁任都督益宁南梁南北秦沙六州诸军事、镇西将军、益州刺史。他在益州开设学校，劝勉民众上学受业，并派儿子萧映亲自入学校学习经义，从此州中接受教化的人越来越多。当时北魏袭击巴南，在西面围攻南安，南安太守垣季珪依托壁垒固守城池，萧憺派军队去救援，北魏军退走，梁军缴获的军资器械非常多。天监十四年（515），萧憺迁任为都督荆湘雍宁南梁南北秦七州诸军事、镇右将军、荆州刺史。他的胞兄安成王萧秀将要赴雍州上任，中途薨逝。萧憺听闻噩耗，瘫倒在地，坐在稻草垫上痛哭，数日不吃不喝，又倾尽家财资助萧秀的丧葬，连萧秀的部下都得到了充足的资助。天下人都称赞他对兄弟的友爱。天监十八年（519），朝廷征他为侍中、中抚将军、开府仪同三司、领军将军。普通三年（522）十一月，萧憺薨逝，时年四十五岁。追赠为侍中、司徒、骠骑将军。赐给佩斑纹宝剑的武士三十人，带羽葆仪仗的鼓吹乐班一部。他的哀册文中写道："哀叹已故侍中、司徒、骠骑将军始兴王：忠乃是美好的德行，武乃是止息兵戈，二者皆为国所用，记录于往日的典籍。始兴王有辅佐我朝创立的盛大功勋，泽被万民的深厚恩德，他佐政已有二十多年，始终忠贞不渝，因此效法昔日的贤哲，遵循过去圣人的训示，弘扬声名褒美大义，令之臻于极尽。现派遣大鸿胪程爽，赠予始兴王谥号忠武。逝去的魂魄泉下有灵，必当歆享此显赫之尊号。啊，多么的伤痛！"

萧憺未薨逝以前，曾经梦见自己改封为中山王，册封授命的情景同往日一样，他心中很厌恶这个征兆，果然几十天后就去世了。世子萧亮继承爵位。

史臣说：自古以来帝王创建基业，都会广泛地扶植近亲，割裂州国，封建子弟。所以周天子用龙旗和少帛的旗帜，来分封有功的鲁周公和卫康公。汉初分封宗室有如巨石和凝脂一般坚实严密，建立起梁王和楚王的封国。梁高祖遵循古时的典例，册立皇室至亲作为藩平矣。

镇屏障。安成王、南平王、鄱阳王、始兴王，他们都以美名善迹而著称，大约也近似于西汉之河间王刘德、东汉之东平王刘苍了。

# 卷二十三

## 列传第十七

长沙嗣王渊业　永阳嗣王伯游

衡阳嗣王元简　桂阳嗣王象

### 长沙嗣王萧渊业

长沙嗣王渊业字静旷，高祖长兄懿之子也。懿字元达，少有令誉。解褐齐安南邵陵王行参军，袭爵临湘县侯。迁太子舍人、洗马、建安王友。出为晋陵太守，曾未期月，讼理人和，称为善政。入为中书侍郎。永明季，授持节、都督梁南北秦沙四州诸军事、西戎校尉、梁南秦二州刺史，加冠军将军。是岁，魏人入汉中，遂围南郑。懿随机拒击，伤杀甚多，乃解围遁去。懿又遣氐帅杨元秀攻魏历城、皋兰、骆谷、坑池等六戍，克之，魏人震惧，边境遂宁。进号征虏将军，增封三百户，迁督益宁二州军事、益州刺史。入为太子右卫率、尚书吏部郎、卫尉卿。永元二年，裴叔业据豫州反，授持节、征虏将军、督豫州诸军事、豫州刺史，领历阳南谯二郡太守，讨叔业。叔业惧，降于魏。既而平西将军崔慧景入寇京邑，奉江夏王宝玄围台城。齐室大乱，诏征懿。懿时方食，投箸而起，率锐卒三千人援城。慧景遣其子觉来拒，懿奔击大破之，觉单骑走。乘胜而进，慧景众溃，追斩之。授侍中、尚书右仆射，未拜，仍迁尚书令、都督征讨水陆诸军事，持节、将军如故，增邑二千五百户。时东昏肆虐，茹法珍、王咺之等执政，宿臣旧将，并见诛夷，懿既立元勋，独居朝右，深为法珍等所惮，乃说东昏曰："懿将行隆昌故事，陛下命在晷刻。"东昏信之，将加酷害，而懿所亲知之，密具舟江渚，劝令西奔。懿曰："古皆有死，岂有叛走尚书令耶？"遂遇祸。中兴元年，

### 长沙嗣王萧渊业

长沙嗣王萧渊业（原文避唐讳无渊字）字静旷，是高祖长兄萧懿的儿子。萧懿字元达，从少年时起就有美好的声誉。入仕担任南齐安南邵陵王行参军，承袭临湘县侯的爵位。迁任为太子舍人、洗马、建安王友。出京任晋陵太守，上任不足一个月，狱讼断决合乎情理，民心和睦，时人都称颂他善于治政。入京担任中书侍郎。永明末年，授任为持节、都督梁南北秦沙四州诸军事、西戎校尉、梁南秦二州刺史，加官冠军将军。这一年，北魏入侵汉中，随即包围了南郑。萧懿随机应变抵抗敌军，杀伤敌人很多，北魏军于是撤围逃遁。萧懿又派遣氏族人的首领杨元秀攻打北魏的历城、皋兰、骆谷、坑池等六处戍所，全都攻克了，北魏人震惊恐惧，于是边境安定下来。进号为征虏将军，增加食邑三百户，迁任都督益宁二州军事、益州刺史。后来入京任太子右卫率、尚书吏部郎、卫尉卿。永元二年（500），裴叔业凭据豫州反叛，朝廷授任萧懿为持节、征虏将军、督豫州诸军事、豫州刺史，兼领历阳、南谯二郡太守，前往讨伐裴叔业，裴叔业感到恐惧，投降了北魏。后来平西将军崔慧景进犯京城，尊奉江夏王萧宝玄围攻台城，南齐朝廷大乱，下诏征召萧懿入京。萧懿当时正在吃饭，接到诏令扔下筷子就起身，率领精锐士卒三千人救援台城。崔慧景派他的儿子崔觉来抵敌萧懿，萧懿奔袭他，大破敌军，崔觉孤身一人骑马逃走。萧懿乘胜进军，崔慧景的部队溃散逃跑，萧懿就追击并斩杀了崔慧景。朝廷任命他为侍中、尚书右仆射，他没有拜授，又迁任尚书令、都督征讨水陆诸军事，持节、将军的职衔照旧，增加封邑二千五百户。当时东昏侯肆意妄为，茹法珍、王咺之等小人执政，

追赠侍中、中书监、司徒。宣德太后临朝，改赠太傅。天监元年，追崇丞相，封长沙郡王，谥曰宣武。给九旒、鸾辂、辒辌车，黄屋左纛，前后部羽葆鼓吹，挽歌二部，虎贲班剑百人，葬礼一依晋安平王故事。

渊业幼而明敏，识度过人。仕齐为著作郎、太子舍人。宣武之难，与二弟渊藻、象俱逃匿。高祖既至，乃赴于军，以为宁朔将军。中兴二年，除辅国将军、南琅邪、清河二郡太守。天监二年，袭封长沙王，征为冠军将军，量置佐史，迁秘书监。四年，改授侍中。六年，转散骑常侍、太子右卫率，迁左骁骑将军，寻为中护军，领石头戍军事。七年，出为使持节、都督南兖兖徐青冀五州诸军事、仁威将军、南兖州刺史。八年，征为护军。九年，除中书令，改授安后将军、镇琅邪彭城二郡、领南琅邪太守。十年，征为安右将军、散骑常侍。十四年，复为护军，领南琅邪、彭城，镇于琅邪。复征中书令，出为轻车将军、湘州刺史。

渊业性敦笃，所在留惠。深信因果，笃诚佛法，高祖每嘉叹之。普通三年，征为散骑常侍、护军将军。四年，改为侍中、金紫光禄大夫。七年，薨，时年四十八。谥曰元。有文集行于世。子孝俨嗣。

朝中的旧臣宿将，已经全被屠戮殆尽，萧懿立有大功，独居高位，深受茹法珍等人忌惮，他们就劝东昏侯说："萧懿将要模仿隆昌年间明帝弑杀郁林王萧昭业的旧事，陛下性命危在旦夕。"东昏侯相信了他们，将要加害萧懿，这个消息被萧懿的亲信探知，秘密在江边备下船只，劝萧懿西逃。萧懿说："自古只有死节的臣子，哪有叛逃的尚书令呢？"于是罹难。中兴元年（501），朝廷追赠他为侍中、中书监、司徒。宣德太后临朝听政后，改赠他为太傅。天监元年（502），高祖追崇萧懿为丞相，封为长沙郡王，谥号为宣武。赐给九旒之旗、鸾辂车、辒辌车，又赐黄缯做衬里的车盖，车衡左侧树立牦牛尾装饰，前后各一部带羽葆仪仗的鼓吹乐班，丧歌唱班二部，佩斑纹宝剑的虎贲卫士一百人，葬礼制度参照西晋安平献王司马孚下葬之仪。

萧渊业小时候聪明敏锐，见识度量都胜于常人。在南齐出仕担任著作郎、太子舍人。萧懿蒙难时，萧渊业与两个弟弟萧渊藻、萧象一起逃跑躲藏起来。高祖的义军打到京城之后，他们就前往军中归附，萧渊业出任宁朔将军。中兴二年（502），任辅国将军、南琅邪清河二郡太守。天监二年（503），继承封爵成为长沙王，朝廷征召他为冠军将军，设置了辅佐的属吏，迁任秘书监。天监四年（505），改任侍中。天监六年（507），转任散骑常侍、太子右卫率，迁任左骁骑将军，不久任中护军，兼领石头戍军事。天监七年（508），出京任使持节、都督南兖兖徐青冀五州诸军事、仁威将军、南兖州刺史。天监八年（509），朝廷征召他为护军。天监九年（510），被任命为中书令，改授为安后将军、镇守琅邪彭城二郡、兼领南琅邪太守。天监十年（511），征召他为安右将军、散骑常侍。天监十四年（515），再次任护军，兼领南琅邪、彭城二郡，镇守于琅邪。后来，再次被征召为中书令，出京任轻车将军、湘州刺史。

萧渊业生性敦睦笃厚，在职位上常实行恩惠之政。他深信因果报应，虔心信仰佛法，高祖常常赞叹和嘉奖他。普通三年（522），朝廷征召他为散骑常侍、护军将军。普通四年（523），改任侍中、金紫光禄大夫。普通七年（526），萧渊业薨逝，时年四十八岁，谥号为元。萧渊业有文集流行世间。他的儿子萧孝俨继承爵位。

萧孝俨

孝俨字希庄，聪慧有文才。射策甲科，除秘书郎、太子舍人。从幸华林园，于座献《相风乌》《华光殿》《景阳山》等颂，其文甚美，高祖深赏异之。普通元年，薨，时年二十三。谥曰章。子慎嗣。

萧藻

藻字靖艺，元王弟也。少立名行，志操清洁。齐永元初，释褐著作佐郎。天监元年，封西昌县侯，食邑五百户。出为持节、都督益宁二州诸军事、冠军将军、益州刺史。时天下草创，边徼未安，州民焦僧护聚众数万，据郫、繁作乱。渊藻年未弱冠，集僚佐议，欲自击之。或陈不可，渊藻大怒，斩于阶侧。乃乘平肩舆，巡行贼垒。贼弓乱射，矢下如雨，从者举楯御箭，又命除之，由是人心大安。贼乃夜遁，渊藻命骑追之，斩首数千级，遂平之。进号信威将军，九年，征为太子中庶子。十年，为左骁骑将军、领南琅邪太守。入为侍中。

藻性谦退，不求闻达。善属文辞，尤好古体，自非公宴，未尝妄有所为，纵有小文，成辄弃本。十一年，出为使持节、都督雍梁秦三州竟陵随二郡诸军事、仁威将军、宁蛮校尉、雍州刺史。十二年，征为使持节、都督南兖兖徐青冀五州诸军事、兖州刺史，军号如故。频莅数镇，民吏称之。推善下人，常如弗及。征为太子詹事。普通三年，迁领军将军，加侍中。六年，为军师将军，与西丰侯正德北伐涡阳，辄班师，为有司所奏，免官削爵土。七年，起为宗正卿。八年，复封爵，寻除左卫将军，领步兵校尉。大通元年，迁侍中、中护军。时涡阳始降，乃以藻为使持节、北讨都督、征北大将军，镇于涡

### 萧孝俨

萧孝俨字希庄，聪慧而有文采。射策考试成绩优等，授任为秘书郎、太子舍人。在华林园中随侍高祖，在座前献上《相风乌》《华光殿》《景阳山》等颂，文辞非常华美，高祖深为赞赏，认为他非同寻常。普通元年（520），萧孝俨薨逝，时年二十三岁。谥号为章。儿子萧慎继承爵位。

### 萧藻

萧藻（删渊而避唐讳）字靖艺，是长沙元王萧渊业的弟弟。年少时他的名声和品行已广为人知，志向节操清白高洁。南齐永元初年，他入仕担任著作佐郎。天监元年（502），封为西昌县侯，食邑五百户。出京担任持节、都督益宁二州诸军事、冠军将军、益州刺史。当时梁朝初建，边境尚未安定，益州人焦僧护聚合了数万人，占据郫县、繁县作乱。萧渊藻当时不到二十岁，集合幕僚属吏商议，打算亲自率兵出击。有人进言说不可如此，萧渊藻大怒，在台阶旁将其斩杀。于是他乘坐平肩舆，在贼军营垒前巡行。贼军的弓箭乱射，箭矢如雨点般落下，萧渊藻的随从举盾牌挡箭，萧渊藻命令拿掉盾牌，因而军心大为安定。贼军趁夜逃遁，萧渊藻下令出动骑兵追击，斩首数千，于是平定了叛乱。事后他进号为信威将军。天监九年（510），朝廷征他为太子中庶子。天监十年（511），任左骁骑将军、兼领南琅邪太守。后来入京任侍中。

萧渊藻性情谦抑退让，不求闻达。擅长写文作诗，尤其爱好古体诗，但除了在公事宴会上面，不曾随便创作，即便写了短篇文章，写成之后就抛弃不要了。天监十一年（512），他出京任使持节、都督雍梁秦三州竟陵随二郡诸军事、仁威将军、宁蛮校尉、雍州刺史。天监十二年（513），朝廷征他为使持节、都督南兖兖徐青冀五州诸军事、兖州刺史，军职称号照旧。他屡次掌管多个边境州，民众和下吏都称赞其政绩。他经常推崇善举，降尊临卑，时常唯恐不及。朝廷征召他为太子詹事。普通三年（522），迁任领军将军，加官侍中。普通六年（525），任军师将军，与西丰侯萧正德北伐涡阳，他很快就班师返回，被有司参奏，免去了官职并削除封爵食邑。普通七年（526），

阳。二年，为中权将军、金紫光禄大夫，置佐史，加侍中。中大通元
年，迁护军将军，中权如故。三年，为中军将军、太子詹事，出为丹
阳尹。高祖每叹曰："子弟并如迦叶，吾复何忧。"迦叶，藻小名也。
入为安左将军、尚书左仆射，加侍中，藻固辞不就，诏不许。大同五
年，迁中卫将军、开府仪同三司、中书令，侍中如故。

　　藻性恬静，独处一室，床有膝痕，宗室衣冠，莫不楷则。常以
爵禄太过，每思屏退，门庭闲寂，宾客罕通，太宗尤敬爱之。自遭
家祸，恒布衣蒲席，不食鲜禽，非在公庭，不听音乐。高祖每以此称
之。出为使持节、督南徐州刺史。侯景乱，藻遣长子彧率兵入援，
及城开，加散骑常侍、大将军。景遣其仪同萧邕代之，据京口，藻因
感气疾，不自疗。或劝奔江北，藻曰："吾国之台铉，位任特隆，既不
能诛剪逆贼，正当同死朝廷，安能投身异类，欲保余生。"因不食累
日。太清三年，薨，时年六十七。

### 永阳嗣王萧伯游　萧敷

　　永阳嗣王伯游，字士仁，高祖次兄敷之子。敷字仲达，解褐齐
后将军、征虏行参军，辅太子舍人，洗马，迁丹阳尹丞。入为太子中
舍人，除建威将军、随郡内史。招怀远近，黎庶安之，以为前后之政
莫之及也。进号宁朔将军，征为庐陵王咨议参军。建武四年，薨。高
祖即位，追赠侍中、司空，封永阳郡王，谥曰昭。

被起用为宗正卿。普通八年(527),恢复了他的封爵,不久任命为左卫将军,兼领步兵校尉。大通元年(527),迁任侍中、中护军。当时涡阳刚刚归降梁朝,朝廷于是任命萧渊藻为使持节、北讨都督、征北大将军,镇守涡阳。大通二年(528),萧渊藻任中权将军、金紫光禄大夫,配置了佐吏,加官侍中。中大通元年(529),迁任护军将军,中权将军之职照旧。中大通三年(531),任中军将军、太子詹事,出京担任丹阳尹。高祖常常叹息说:"若宗室子弟都像迦叶一样,我还有什么可担忧的呢?"迦叶,乃是萧渊藻的小名。入京任安左将军、尚书左仆射,加官侍中,萧渊藻坚持辞谢不就职,高祖下诏不予批准。大同五年(539),迁任中卫将军、开府仪同三司、中书令,侍中之职照旧。

萧渊藻性格恬静,常独处一室,他跪坐的床具上有膝盖的印痕,宗室和缙绅士大夫之家,没有不把他视为楷模的。他常常自以爵禄太过显赫,想要避世退隐,他家的门庭空闲寂静,来往宾客很少,简文帝萧纲尤其敬爱他。自从父亲萧懿遇害,他经常穿布衣坐蒲席,不吃鲜鱼活禽,若不在公庭之上就不听音乐,高祖常常以此称赞他。出京担任使持节、都督南徐州刺史。侯景叛乱之后,萧渊藻派遣长子萧彧率兵入京救援,后来京城开放,加官散骑常侍、大将军。侯景派其麾下的仪同萧邕来取代他,占据了京口,萧渊藻因为心怀气愤而染病,自己不加治疗。有人劝他投奔北魏,萧渊藻说:"我是国家的台鼎,爵位任命特别优隆,既然不能诛杀剪除逆贼,正应该与朝廷一同赴死,怎能投靠异族,苟且偷生。"于是数日不肯进食。太清三年(549),萧渊藻薨逝,时年六十七岁。

### 永阳嗣王萧伯游 萧敷

永阳嗣王萧伯游字士仁,是高祖二哥萧敷之子。萧敷字仲达,入仕南齐后将军、征虏行参军,辅太子舍人,洗马,迁任丹阳尹丞。入京任太子中舍人,被任命为建威将军、随郡内史。他在郡中招纳优抚远近之民,黎民百姓生活都很安定,认为前任、后任的官员都比不上他。进号为宁朔将军,朝廷征召他任庐陵王咨议参军。建武四年(497),萧敷薨逝。高祖登基之后,追赠他为侍中、司空,封为永阳郡伯游美风神,善言玄理。天监元年四月,诏曰:"兄子伯游,虽年识未弘,意尚粗可。浙东奥区,宜须抚莅,可督会稽东阳新安永嘉临海五郡诸军事、辅国将军、会稽太守。"二年,袭封永阳郡王。五年,薨,时年二十三。谥曰恭。

### 衡阳嗣王萧元简

衡阳嗣王元简,字熙远,高祖第四弟畅之子。畅仕齐至太常,封江陵县侯,卒。天监元年,追赠侍中、骠骑大将军、开府仪同三司。封衡阳郡王。谥曰宣。

元简三年袭封,除中书郎,迁会稽太守。十三年,入为给事黄门侍郎,出为持节、都督广交越三州诸军事、平越中郎将、广州刺史。还为太子中庶子,迁使持节、都督郢司霍三州诸军事、信武将军、郢州刺史。十八年正月,卒于州。谥曰孝。子俊嗣。

### 桂阳嗣王萧象

桂阳嗣王象,字世翼,长沙宣武王第九子也。初,叔父融仕齐至太子洗马。永元中,宣武之难,融遇害。高祖平京邑,赠给事黄门侍郎。天监元年,加散骑常侍、抚军大将军,封桂阳郡王。谥曰简。无子,乃诏象为嗣,袭封爵。

象容止闲雅,善于交游,事所生母以孝闻。起家宁远将军、丹阳尹。到官未几,简王妃薨,去职。服阕,复授明威将军、丹阳尹。象生长深宫,始亲庶政,举无失德,朝廷称之。出为持节、督司霍郢三州诸军事、征远将军、郢州刺史。寻迁湘衡二州诸军事、轻车将军、湘州刺史。湘州旧多虎暴,及象在任,为之静息,故老咸称德政所感。除中书侍郎,俄以本官行石头戍军事,转给事黄门侍郎、王，谥号为昭。

萧伯游风度神态十分俊美，善于讲谈玄理。天监元年（502）四月，高祖下诏说："朕兄长之子萧伯游，虽然年龄不大见识未广，吾意看来尚可任用。浙江东部的山区，现需官员抚问治理，可任命萧伯游为督会稽东阳新安永嘉临海五郡诸军事、辅国将军、会稽太守。"天监二年（503），萧伯游袭封永阳郡王。天监五年（506），萧伯游薨逝，时年二十三岁。谥号为恭。

### 衡阳嗣王萧元简

衡阳嗣王萧元简字熙远，是高祖四弟萧畅之子。萧畅在南齐官至太常，封为江陵县侯，后去世。天监元年（502），高祖追赠他为侍中、骠骑大将军、开府仪同三司。封为衡阳郡王。谥号为宣。

萧元简于天监三年（504）继承封爵，被任命为中书郎，迁任会稽太守。天监十三年（514），入京任给事黄门侍郎，出京任持节、都督广交越三州诸军事、平越中郎将、广州刺史。回京后任太子中庶子，迁任使持节、都督郢司霍三州诸军事、信武将军、郢州刺史。天监十八年（519）正月，萧元简在郢州去世。谥号为孝。儿子萧俊继承爵位。

### 桂阳嗣王萧象

桂阳嗣王萧象字世翼，是长沙宣武王萧懿的第九子。起初，他的叔父萧融在南齐官至太子洗马。永元年间，萧懿蒙难时，萧融也随之遇害。高祖平定京师后，追赠萧融为给事黄门侍郎。天监元年（502），又为萧融加官散骑常侍、抚军大将军，封为桂阳郡王。谥号为简。萧融没有儿子，高祖就下诏以萧象作为萧融的后嗣，继承其封爵。

萧象形容举止安闲优雅，善于与人交游，事奉生母以孝顺而闻名。他初任宁远将军、丹阳尹。他到任不久，萧融的王妃薨逝，萧象就丁忧去职。服丧结束后，朝廷再度授任他为明威将军、丹阳尹。萧象虽然生长于宫廷之中，刚刚开始接触外界政事，但他举措合宜没有失德之处，朝廷上下都称道他。出京任持节、都督司霍郢三州诸军事、征远将军、郢州刺史。不久迁任湘衡二州诸军事、轻车将军、湘州刺史。湘州往日多有猛虎为患，到了萧象在任时，虎患为之平息，州兼领军，又以本官兼宗正卿。寻迁侍中、太子詹事，未拜，改授持节、督江州诸军事、信武将军、江州刺史。以疾免。寻除太常卿，加侍中，迁秘书监、领步兵校尉。大同二年，薨，谥曰敦。子愷嗣。

史臣曰：长沙诸嗣王，并承袭土宇，光有藩服。桂阳王象以孝闻，在于牧湘，猛虎息暴，盖德惠所致也。昔之善政，何以加焉。

中父老都称赞这是被他的德政所感化所致。任命为中书侍郎，不久以本身官号代行石头戍军事，转任给事黄门侍郎、兼领军，又以本身官职兼宗正卿。不久迁任侍中、太子詹事，未拜官，改任持节、都督江州诸军事、信武将军、江州刺史。他因病免官。不久被任命为太常卿，加官侍中，任秘书监、兼领步兵校尉。大同二年(536)，萧象薨逝，谥号为敦。儿子萧慆继承爵位。

　　史臣说：长沙王的诸位嗣王，都承袭了各自的封邑，成为国家广泛的藩篱。桂阳王萧象以孝亲闻名，在他治理湘州时，猛虎也停息了暴行，这是他的德政惠泽所致。那些往昔的善政佳话，哪里能超过他呢？

# 卷二十四

## 列传第十八

萧景弟昌 昂 昱

### 萧景

萧景，字子昭，高祖从父弟也。父崇之字茂敬，即左光禄大夫道赐之子。道赐三子：长子尚之，字茂先；次太祖文皇帝；次崇之。初，左光禄居于乡里，专行礼让，为众所推。仕历宋太尉江夏王参军，终于治书侍御史。齐末，追赠散骑常侍、左光禄大夫。尚之敦厚有德器，为司徒建安王中兵参军，一府称为长者；琅邪王僧虔尤善之，每事多与议决。迁步兵校尉，卒官。天监初，追谥文宣侯。尚之子灵钧，仕齐广德令。高祖义师至，行会稽郡事，顷之卒。高祖即位，追封东昌县侯，邑一千户。子睿嗣。崇之以干能显，为政尚严厉，官至冠军将军、东阳太守。永明中，钱唐唐寓之反，别众破东阳，崇之遇害。天监初，追谥忠简侯。

景八岁随父在郡，居丧以毁闻。既长好学，才辩能断。齐建武中，除晋安王国左常侍，迁永宁令，政为百城最。永嘉太守范述曾居郡，号称廉平，雅服景为政，乃榜郡门曰："诸县有疑滞者，可就永宁令决。"顷之，以疾去官。永嘉人胡仲宣等千人诣阙，表请景为郡，不许。还为骠骑行参军。永元二年，以长沙宣武王懿勋，除步兵校尉。是冬，宣武王遇害，景亦逃难。高祖义师至，以景为宁朔将军、行南兖州军事。时天下未定，江北伧楚各据坞壁。景示以威信，渠帅相率面缚请罪，旬日境内皆平。中兴二年，迁督南兖州诸军事、

## 萧景

萧景（即萧昺，避唐讳而改，下同），字子昭，是高祖的堂弟。父亲萧崇之，字茂敬，是左光禄大夫萧道赐之子。萧道赐有三个儿子：长子萧尚之，字茂先；次子就是太祖文皇帝萧顺之；小儿子就是萧崇之。起初，萧道赐居住在乡里，奉行礼让之事，被民众推戴，出任刘宋一朝的太尉江夏王参军，官至治书侍御史，齐朝末年，追赠他为散骑常侍、左光禄大夫。萧尚之为人敦厚，有仁德器量，任司徒建安王中兵参军，一府上下都称赞他是仁厚长者；琅琊人王僧虔尤其与他交好，每每遇事多与他商议决定。迁任步兵校尉，在任中去世。天监初年，追赠他为文宣侯。萧尚之的儿子萧灵钧，南齐时任广德县令。高祖义师到了以后，萧灵均代行会稽郡政事，不久去世。高祖登基后，追封他为东昌县侯，食邑一千户。他的儿子萧謇继承爵位。萧崇之以有才华、能力强著称，治政崇尚严厉，官至冠军将军、东阳太守。永明年间，钱塘人唐寓之造反，部下中的一支攻破了东阳郡，萧崇之遇害。天监初年，追赠其为忠简侯。

萧景八岁时跟随父亲在郡中，父亲死后他因服丧过于悲痛损害了健康而闻名。长大后爱好学习，有辩才，做事果断。南齐建武年间，被任命为晋安王封国的左常侍，迁任永宁令，政绩居百城之首。永嘉太守范述曾在郡中，有清廉公平的官声，一直很佩服萧景治政的能力，就在郡城大门贴出榜文说："各县如有疑难案件积压滞留的，可以交给永宁令判决。"不久，萧景因病去职。永嘉人胡仲宣等上千人来到皇宫前，上书请求任命萧景为该郡太守，皇帝没有批准。萧景回京后任骠骑行参军。永元二年（500），萧景因长沙宣武王萧懿的功勋被任命为步兵校尉。这年冬季，萧懿遇害，萧景也出逃避难。高祖

辅国将军、监南兖州。高祖践阼，封吴平县侯，食邑一千户，仍为使持节、都督南北兖青冀四州诸军事、冠军将军、南兖州刺史。诏景母毛氏为国太夫人，礼如王国太妃，假金章紫绶。景居州，清恪有威裁，明解吏职，文案无壅，下不敢欺，吏人畏敬如神。会年荒，计口赈恤，为饘粥于路以赋之，死者给棺具，人甚赖焉。

天监四年，王师北伐，景帅众出淮阳，进屠宿预。丁母忧，诏起摄职。五年，班师，除太子右卫率，迁辅国将军、卫尉卿。七年，迁左骁骑将军，兼领军将军。领军管天下兵要，监局官僚，旧多骄侈，景在职峻切，官曹肃然。制局监皆近倖，颇不堪命，以是不得久留中。寻出为使持节、督雍梁南北秦郢州之竟陵司州之随郡诸军事、信武将军、宁蛮校尉、雍州刺史。八年三月，魏荆州刺史元志率众七万寇潺沟，驱迫群蛮，群蛮悉渡汉水来降。议者以蛮累为边患，可因此除之。景曰："穷来归我，诛之不祥。且魏人来侵，每为矛盾，若悉诛蛮，则魏军无碍，非长策也。"乃开樊城受降。因命司马朱思远、宁蛮长史曹义宗、中兵参军孟惠俊击志于潺沟，大破之，生擒志长史杜景。斩首万余级，流尸盖汉水，景遣中兵参军崔缵率军士收而瘗焉。

景初到州，省除参迎羽仪器服，不得烦扰吏人。修营城垒，申

义军打到京师，任命萧景为宁朔将军、代行南兖州军事。当时天下没有平定，江北楚地之人各自据守在壁垒中，萧景对他们示以军威和信用，楚人的头领就相继捆绑了自己前来请罪，十日之内境内全部平定。中兴二年（502），萧景迁任督南兖州诸军事、辅国将军、监南兖州。高祖践阼登基之后，封萧景为吴平县侯，食邑一千户，并任使持节、都督南北兖青冀四州诸军事、冠军将军、南兖州刺史。又降诏封萧景的母亲毛氏为国太夫人，礼仪规格比照王国的太妃，给予金章紫绶。萧景治理南兖州，清廉谨恪，裁断有威严，对于下吏的职责了解得很明白，案牍公文没有滞塞的，下面的人不敢欺瞒，吏人对他十分敬畏如同神明。遇到荒年时，萧景根据人口数量施以赈济抚恤，在路上分施稠粥给穷人，为死者提供棺木安葬，人民都非常依赖他。

天监四年（505），朝廷大军北伐，萧景率军出淮阳，进占宿预并屠杀军民。因母丧丁忧去职，天子下诏起用他统摄官职。天监五年（506），大军班师，他被除授为太子右卫率，迁任辅国将军、卫尉卿。天监七年（508），迁任左骁骑将军，兼领军将军。领军将军掌管天下军事机要，帐下监局的官僚，旧时颇多骄横放纵者，萧景居此职作风严厉迫切，下属各部门都变得严肃恭敬。而制局监的官员是天子宠信的近臣，难于命令节制，因此萧景难以长久留任朝中。不久他出京担任使持节、都督雍梁南北秦郢州之竟陵司州之随郡诸军事、信武将军、宁蛮校尉、雍州刺史。天监八年（509）三月，北魏荆州刺史元志率军七万入侵漻沟，驱赶压迫那里的蛮族，群蛮都渡过汉水向梁朝投降。有提议者说这些蛮族一直是边境上的祸患，可以趁此机会除掉他们。萧景说："他们走投无路前来归附我们，若是诛杀会很不吉利。而且北魏军进犯我朝，常常会与蛮族发生矛盾，若是诛除尽净，则北魏军再无阻碍，非长久之计。"于是打开樊城城门接受其归降。趁势命令司马朱思远、宁蛮长史曹义宗、中兵参军盂会偶前往漻沟攻打元志，大败敌军，活捉元志的长史杜景。梁军斩首一万余级，敌尸漂满汉水，萧景派中兵参军崔缋率领军士加以收敛掩埋。

萧景初到雍州，下令裁省了参拜迎接所用的仪仗器物和服饰，以

警边备，理辞讼，劝农桑。郡县皆改节自励，州内清肃，缘汉水陆千余里，抄盗绝迹。十一年，征右卫将军、领石头戍军事。十二年，复为使持节、督南北兖北徐青冀五州诸军事、信威将军、南兖州刺史。十三年，征为领军将军，直殿省，知十州损益事，月加禄五万。

　　景为人雅有风力，长于辞令。其在朝廷，为众所瞻仰。于高祖属虽为从弟，而礼寄甚隆，军国大事，皆与议决。十五年，加侍中。十七年，太尉、扬州刺史临川王宏坐法免。诏曰："扬州应须缉理，宜得其人。侍中、领军将军吴平侯景才任此举，可以安右将军监扬州，并置佐史，侍中如故，即宅为府。"景越亲居扬州，辞让甚恳恻，至于涕泣，高祖不许。在州尤称明断，符教严整。有田舍老姥尝诉得符，还至县，县吏未即发，姥语曰："萧监州符，火爡汝手，何敢留之！"其为人所畏敬如此。

　　十八年，累表陈解，高祖未之许。明年，出为使持节、散骑常侍、都督郢司霍三州诸军事、安西将军、郢州刺史。将发，高祖幸建兴苑饯别，为之流涕。既还宫，诏给鼓吹一部。在州复有能名。齐安、竟陵郡接魏界，多盗贼，景移书告示，魏即焚坞戍保境，不复侵略。普通四年，卒于州，时年四十七。诏赠侍中、中抚军、开府仪同三司。谥曰忠。子劢嗣。

免给吏民造成扰乱负担。他修葺营建城郭壁垒,整顿边境的巡警与战备,审理狱讼,劝勉奖掖农桑之业。各郡县全都改变了风气自我勉励,雍州境内被治理得整肃太平,汉水沿岸一千多里的水路和陆路,都不再有盗贼出没。天监十一年(512),朝廷征萧景为右卫将军、兼领石头戍军事。天监十二年(513),他再次出任使持节、督南北兖北徐青冀五州诸军事、信威将军、南兖州刺史。天监十三年(514),被征召为领军将军,进入禁宫殿省内值班,参与管理十个州的财政盈亏事宜,一个月增加俸禄五万钱。

萧景为人很有风骨气节,善于辞令。他在朝中,受到百官的敬仰。他虽然只是高祖的堂弟,高祖对他的礼遇和期望却非常之高,但凡军国大事,都会与他商议决定。天监十五年(516),他加官侍中。天监十七年(518),太尉、扬州刺史临川王萧宏因触犯法律而被免职。高祖降诏说:“扬州需要整顿治理,应该由合适的人选来主政。侍中、领军将军吴平侯萧景的才能堪任此职,可任命他为安右将军,监扬州事,并设置佐使,侍中之职照旧,就在其宅邸开府治事。”扬州刺史惯例上应由天子的弟弟或儿子担任,萧景主政扬州就超越了亲属关系,他非常诚恳迫切地辞让这个任命,乃至流下泪来,高祖没有同意。萧景在扬州以决断公正而著称,批示政令十分严格有序。曾经有个乡下的老太太打官司得到了批示判决,她回到县里,县吏没有即刻发布判决,老太太对他说:“萧监州的批示判决,像烫手一样十万火急,你怎敢扣留不发!”萧景就是这样受到人们的敬畏。

天监十八年(519),他屡次上表请求解职,高祖没有同意。第二年,他出京任使持节、散骑常侍、都督郢司霍三州诸军事、安西将军、郢州刺史。将要出发时,高祖驾临建兴苑设宴饯行,为之落泪。回宫后,高祖下诏赐给鼓吹乐班一部。萧景在郢州任上也以能干闻名。齐安、竟陵二郡地界和北魏接壤,多有盗贼出没,萧景发送文书通告北魏,北魏就烧毁其壁坞保守疆界,不再侵扰边境。普通四年(523),萧景在郢州去世,时年四十七岁。天子下诏追赠为侍中、中抚军、开府仪同三司。谥号为忠。儿子萧劢继承爵位。

萧昌

昌字子建，景第二弟也。齐豫章末，为晋安王左常侍。天监初，除中书侍郎，出为豫章内史。五年，加宁朔将军。六年，迁持节、督广交越桂四州诸军事、辅国将军、平越中郎将、广州刺史。七年，进号征远将军。九年，分湘州置衡州，以昌为持节、督广州之绥建湘州之始安诸军事、信武将军、衡州刺史，坐免。十三年，起为散骑侍郎，寻以本官兼宗正卿。其年，出为安右长史。累迁太子中庶子、通直散骑常侍，又兼宗正卿。

昌为人亦明悟，然性好酒，酒后多过。在州郡，每醉辄径出入人家，或独诣草野。其于刑戮，颇无期度。醉时所杀，醒或求焉，亦无悔也。属为有司所劾，入留京师，忽忽不乐，遂纵酒虚悸。在石头东斋，引刀自刺，左右救之，不殊。十七年，卒，时年三十九。子伯言。

萧昂

昂字子明，景第三弟也。天监初，累迁司徒右长史，出为轻车将军、监南兖州。初，兄景再为南兖，德惠在人，及昂来代，时人方之冯氏。征为琅邪、彭城二郡太守，军号如先。复以轻车将军出为广州刺史。普通二年，为散骑常侍、信威将军。四年，转散骑侍郎、中领军、太子中庶子，出为吴兴太守。大通二年，征为仁威将军、卫尉卿，寻为侍中，兼领军将军。中大通元年，为领军将军。二年，封湘阴县侯，邑一千户。出为江州刺史。大同元年，卒，时年五十三。谥曰恭。

## 萧昌

萧昌字子建，是萧景（萧嵩）的二弟。南齐末年，萧昌任晋安王左常侍。天监初年，除授为中书侍郎，出京担任豫章郡内史。天监五年（506），加官宁朔将军。天监六年（507），迁任持节、督广交越桂四州诸军事、辅国将军、平越中郎将、广州刺史。天监七年（508），进号为征远将军。天监九年（510），朝廷从湘州中划分出一片区域设置了衡州，任命萧昌为持节、督广州之绥建湘州之始安诸军事、信武将军、衡州刺史，因获罪而免官。天监十三年（514），萧昌被起用为散骑侍郎，不久以本身官职兼任宗正卿。这一年，他出京任安右长史。累加迁任为太子中庶子、通直散骑常侍，又兼任宗正卿。

萧昌为人也很聪明颖悟，但生性爱饮酒，酒后多有过失。他在州郡任官时，每次喝醉常径直出入别人家中，或是独自走去荒野。他执掌刑狱杀罚，颇为随意无度。醉酒时下令所杀的人，酒醒后有时还会召唤，得知已经杀死后也不曾后悔。接着被有司弹劾，应召入京留下来，他闷闷不乐，于是终日酗酒，身体虚弱心神不宁。他曾经在石头城的东斋，拔刀刺向自己，左右急忙救下来，才没有死去。天监十七年（518），萧昌去世，时年三十九岁。儿子叫萧伯言。

## 萧昂

萧昂字子明，是萧景的三弟。天监初年，他累加迁任为司徒右长史，出京任轻车将军、代管南兖州。起初，他的兄长萧景两次出任南兖州刺史，其德政为人民带来很多恩惠，待到萧昂代管南兖州，时人将他二人比作汉代的冯野王、冯立兄弟。后被征召出任琅琊、彭城二郡太守，将军称号照旧。之后又以轻车将军出任广州刺史。普通二年（521），他任散骑常侍、信威将军。普通四年（523），转任散骑侍郎、中领军、太子中庶子，出京任吴兴太守。大通二年（528），朝廷征召他为仁威将军、卫尉卿，不久任侍中，兼领军将军。中大通元年（529），他担任领军将军。中大通二年（530），被封为湘阴县侯，食邑一千户。出京担任江州刺史。大同元年（535），萧昂去世，时年五十三岁。谥号为恭。

### 萧昱

昱字子真，景第四弟也。天监初，除秘书郎，累迁太子舍人，洗马、中书舍人、中书侍郎。每求自试，高祖以为淮南、永嘉、襄阳郡，并不就。志愿边州，高祖以其轻脱无威望，抑而不许。迁给事黄门侍郎。上表曰："夏初陈启，未垂采照，追怀惭惧，实战胸心。臣闻暑雨祁寒，小人犹怨；荣枯宠辱，谁能忘怀！臣藉以往因，得预枝戚之重；缘报既杂，时逢坎壈之运。昔在齐季，义师之始，臣乃幼弱，粗有识虑，东西阻绝，归赴无由，虽未能负戈擐甲，实衔泪愤懑。潜伏东境，备履艰危，首尾三年，亟移数处，虽复饥寒切身，亦不以冻馁为苦。每涉惊疑，惶怖失魄，既乖致命之节，空有项领之忧，希望开泰，冀蒙共乐；岂期二十余年，功名无纪，毕此身骸，方填沟壑，丹诚素愿，溘至长罢，俯自哀怜，能不伤叹！夫自媒自衒，诚哉可鄙；自誉自伐，实在可羞。然量己揆分，自知者审，陈力就列，宁敢空言，是以常愿一试，屡成干请。夫上应玄象，实不易叨；锦不轻裁，诚难其制。过去业郢，所以致乖算测。圣监既谓臣愚短，不可试用，岂容久居显禁，徒秽黄枢。忝窃稍积，恐招物议，请解今职，乞屏退私门。伏愿天照，特垂允许。臣虽叨荣两宫，报效无地，方违省闼，伏深恋悚。"高祖手诏答曰："昱表如此。古者用人，必前明试，皆须绩用既立，乃可自退之高。昔汉光武兄子章、兴二人，并有名宗室，就欲习吏事，不过章为平阴令，兴为缑氏宰，政事有能，方迁郡守，非直政绩见称，即是光武犹子。昱之才地，岂得比类焉！往岁处以淮南郡，既不肯行；续用为招远将军、镇北长史、襄阳太守，又以边外致辞；改除招远将军、永嘉太守，复云内地非愿；复问晋安、临川，随意所择，亦复不行。解巾临郡，事不为薄，数有致辞，意欲何在？且昱诸兄递居连率，相继推毂，未尝缺岁。其同产兄景，今正居藩镇。朕岂厚于景而薄于昱，正是朝序物议，次第若斯，于其一门，差自无愧。无论今日不得如此；昱兄弟昔在布衣，以

## 萧昱

萧昱字子真，是萧景（萧昺）的四弟。天监初年，他被除授为秘书郎，累加迁任为太子舍人，太子洗马，中书舍人，中书侍郎。他常常向高祖自荐为官，高祖先后任命他为淮南、永嘉、襄阳郡太守，他都不去就任。他的志向是出镇边州，高祖因为他为人轻佻缺乏威望，就抑制其愿望不予批准。后萧昱又迁任给事黄门侍郎。他上表说："夏初时节曾经陈言启奏，未蒙陛下采纳照准，回想起来惭愧惊惧，实在是内心战栗不安。微臣听闻夏季大雨冬季严寒，则地位低微者也会有怨言；人臣政治上的得意和失意，荣宠和折辱，谁又能够将之忘怀呢！微臣借由前世的因缘，得以成为显贵的皇室宗亲；因缘报应的关系纷杂，遭逢的命运也坎坷不平。昔日在齐朝末年，义师初起兵时，微臣当时仍属幼弱，已粗略有些见识，建康与雍州东西阻绝，无法前去归附于陛下，虽未能负金戈穿铁甲在军前效力，实际仍是眼含热泪满怀愤懑地期待讨贼立功。我潜藏在建康城中，饱历艰难危险，前后跨越三年，期间数次转移藏身之处，虽然切身体会到饥寒交迫，也不以冻饿为苦。避难时每逢惊险疑虑，内心就惶惑恐惧失魂落魄，自己既背离了舍生取义的气节，徒有为项上之首提心吊胆的忧虑，只望有朝一日重见光明，能与家人共享欢乐；谁曾想现在空有二十余岁年纪，功名尚无着落，一旦身死，将要一事无成填入土堆沟壑中，心中那一片丹诚夙愿，将要永久地陷入寂灭，对自己深深地哀怜，岂能不感伤兴叹！自卖自夸，诚然是可鄙夷的行为；自赞自美，实在是可耻之举。然而度量自己的才力天分，是自知者认真对待的事情，施展才力就任官职，岂敢凭空放言，因此微臣常愿一试己才，屡次向朝廷申请。微臣之血脉能荣列皇族，实在不是随随便便就有的事；锦缎不加以剪裁，诚然难以制成嘉美的袍服。自己过往所犯之罪业，导致了悖逆内心测算的结果。圣上既然认为微臣愚鲁短浅，不堪试用，岂容我久居宫中显位，白白玷污中枢禁地。忝列职位已稍有时日，久而久之恐怕将要招惹非议，请陛下解除我目前的职务，令我退居自家宅门。伏地祈愿上天恩准，垂赐同意准许。微臣虽身蒙陛下与太子两处成长，于何取立，岂得任情反道，背天违地。孰谓朝廷无有宪章，特是未欲致之于理。既表解职，可听如启。”坐免官。因此杜门绝朝觐，国家庆吊不复通。

　　普通五年，坐于宅内铸钱，为有司所奏，下廷尉，得免死，徙临海郡。行至上虞，有敕追还，且令受菩萨戒。昱既至，恂恂尽礼，改意蹈道，持戒又精洁，高祖甚嘉之，以为招远将军、晋陵太守。下车励名迹，除烦苛，明法宪，严于奸吏，优养百姓，旬日之间，郡中大化。俄而暴疾卒，百姓行坐号哭，市里为之喧沸，设祭奠于郡庭者四百余人。田舍有女人夏氏，年百余岁，扶曾孙出郡，悲泣不自胜。其惠化所感如此。百姓相率为立庙建碑，以纪其德。又诣京师求赠谥。诏赠湘州刺史。谥曰恭。

宫恩宠，却无处报效朝廷国家，就要离开朝堂，深深地伏拜内心感到怀念而畏惧。"高祖手书诏书答复说："萧昱所上表如此。古来用人，必定要先加以试用，须有既成的政绩效用之后，才可以由低至高加以升迁。昔年汉光武帝兄长的儿子刘章、刘兴二人，都在宗室子弟中享有盛名，他们想要学习任官治事，也不过是刘章出任平阴县令，刘兴出任缑氏县宰而已，治政有能力，方才迁任郡守的职务，不仅二人政绩受到称赞，也因是光武帝之侄而成为美谈。萧昱论才能品质，岂能与他二人相提并论！旧年曾经任命他为淮南太守，他不肯接受赴任；后又任用为招远将军、镇北长史、襄阳太守，他又以边远偏僻为由推辞；改任为招远将军、永嘉太守，又说这是内地郡并非他所愿；又用晋安、临川二郡问他之意，任他选择其一，而他又不就任。出仕治理一郡，职事不算低微轻薄，屡屡上奏推辞，究竟意欲何为？况且萧昱的诸位兄长都位居郡守，朝廷接连加以任命，从未有哪一年中断过。他的同产胞兄萧景，如今正官居藩镇。难道是朕厚待萧景而薄待萧昱不成？这是依据朝廷官员序列和风评议论，才有如此之次序，对于他们一家，并无任何亏待有愧之处。且不说今日不能如此；萧昱兄弟昔年都是布衣之身，成长于无官职的背景，他们怎样任用除授，岂能任由己意违反常道，背天违地！谁说朝廷没有规章典例，只是不想用执法官来处罚于他而已。既然他上表自求解职，可听任准许其奏。"于是萧昱免官。从此他闭门不再入朝觐见，国家庆典和祭祀也不再过问参与。

　　普通五年（524），萧昱因在宅内私铸银钱犯罪，被有司参奏，交付廷尉审判，被免除一死，流徙临海郡。他走到上虞县时，天子有敕令将他追回，并且命他受菩萨戒。萧昱回到京师后，事事小心尽礼，改变意气遵循正道，持戒又非常精严高洁，高祖对他颇为嘉许，任命他为招远将军、晋陵太守。他到任后砥砺自己的名声和政绩，除去烦扰民众的苛政，申明法度规章，严惩贪官污吏，优厚地对待百姓，不足一月，郡中的教化传布广远而深入。不久萧昱暴病去世，百姓无不大声号哭，市井为之喧哗沸腾，在郡府院内设祭礼祭奠他的有四百多人。乡间有一个姓夏的女人，年纪有百余岁了，和她的曾孙挽

　　史臣曰：高祖光有天下，庆命傍流，枝戚属婡，咸被任遇。萧景之才辩识断，益政佐时，盖梁宗室令望者矣。

扶着来到郡府，哭泣到难以自持。萧昱的惠政感化民众到如此地步。百姓纷纷为他立庙建碑，纪念他的功德。人们又前往京师请求朝廷追赠萧昱谥号。高祖下诏追赠为湘州刺史。谥号为恭。

史臣说：高祖广有天下，可庆的时运惠及族内旁支，有亲戚关系的人，都获得了任官的待遇。萧景（萧昺）的能力辩才见识判断，辅翼了朝政而有助益于时务，可谓梁朝宗室中享有美名的一个了。

# 卷二十五

## 列传第十九
周舍 徐勉

### 周舍

周舍，字昇逸，汝南安城人，晋左光禄大夫颙之八世孙也。父颙，齐中书侍郎，有名于时。舍幼聪颖，颙异之，临卒谓曰："汝不患不富贵，但当持之以道德。"既长，博学多通，尤精义理，善诵书，背文讽说，音韵清辩。

起家齐太学博士，迁后军行参军。建武中，魏人吴包南归，有儒学，尚书仆射江祏招包讲。舍造坐，累折包，辞理遒逸，由是名为口辩。王亮为丹阳尹，闻而悦之，辟为主簿，政事多委焉。迁太常丞。

梁台建，为奉常丞。高祖即位，博求异能之士。吏部尚书范云与颙素善，重舍才器，言之于高祖，召拜尚书祠部郎。时天下草创，礼仪损益，多自舍出。寻为后军记室参军、秣陵令。入为中书通事舍人，累迁太子洗马，散骑常侍，中书侍郎，鸿胪卿。时王亮得罪归家，故人莫有至者，舍独敦恩旧，及卒，身营殡葬，时人称之。迁尚书吏部郎，太子右卫率，右卫将军，虽居职屡徙，而常留省内，罕得休下。国史诏诰，仪体法律，军旅谋谟，皆兼掌之。日夜侍上，预机密，二十余年未尝离左右。舍素辩给，与人泛论谈谑，终日不绝口，而竟无一言漏泄机事，众尤叹服之。性俭素，衣服器用，居处床席，如布衣之贫者。每入官府，虽广厦华堂，闺阁重邃，舍居之则尘埃满

## 周舍

周舍，字昇逸，汝南安成人，是晋朝左光禄大夫周顗的八世孙。父亲周颙，官职南齐的中书侍郎，在当时颇有名气。周舍自幼聪明颖悟，周颙认为他很不寻常，在临终前曾对他说："你不必担心不能富贵，不过应该以道德修养来持己。"他长大后，博学多才触类旁通，尤其精通经义名理，善于诵读典籍，背诵文章和传说典故，音韵清晰明辩。

周舍初任南齐的太学博士，迁任后军行参军。建武年间，北魏人吴包南下归附齐朝，他很有儒学造诣，尚书仆射江祏招来吴包公开讲学，周舍前来拜访入座听讲，屡屡反驳吴包，他的言辞义理都刚劲有力，从此因辩论口才而出了名。王亮当时正担任丹阳尹，听说后很喜欢，征辟为主簿，政事公务大多都委派他办理。后来周舍迁任太常丞。

高祖受封为梁公建台治事后，周舍任奉常丞。高祖登基即位后，广泛地搜求有特殊才能的人士，吏部尚书范云平日与周颙关系一直很好，很看重周舍的才华，对高祖说起他，于是召他拜为尚书祠部郎。当时新朝代刚刚建立，礼仪制度的斟酌损益，大多由周舍定夺。不久他担任后军记室参军、秣陵令。入京任中书通事舍人，累加升迁为太子洗马，散骑常侍，中书侍郎，鸿胪卿。当时王亮获罪被废黜居家，再没有一个旧友登门，唯独周舍还不忘旧日的恩义，到王亮去世后，周舍为他料理殡葬，时人都称赞他。迁任尚书吏部郎，太子右卫率，右卫将军，虽然他的职位经常变更，却始终居于禁省之内，很少能休假离宫。从各朝历史和诏命文诰，到仪典制度法律规章，再到军事策略运筹，他都参与掌理。不分日夜地侍奉高祖，参与机密要务，历时

积。以获为郭，坏亦不营。为右卫，母忧去职，起为明威将军、右骁骑将军。服阕，除侍中，领步兵校尉，未拜，仍迁员外散骑常侍、太子左卫率。顷之，加散骑常侍、本州大中正，迁太子詹事。

普通五年，南津获武陵太守白涡书，许遗舍面钱百万，津司以闻。虽书自外入，犹为有司所奏，舍坐免。迁右骁骑将军，知太子詹事。以其年卒，时年五十六。上临哭，哀恸左右。诏曰："太子詹事、豫州大中正舍，奄至殒丧，恻怆于怀。其学思坚明，志行开敏，勤劳机要，多历岁年，才用未穷，弥可嗟恸。宜隆追远，以旌善人。可赠侍中、护军将军，鼓吹一部，给东园秘器，朝服一具，衣一袭，丧事随由资给。谥曰简子。"明年，又诏曰："故侍中、护军将军简子舍，义该玄儒，博穷文史，奉亲能孝，事君尽忠，历掌机密，清贞自居。食不重味，身靡兼衣。终亡之日，内无妻妾，外无田宅，两儿单贫，有过古烈。往者，南司白涡之劾，恐外议谓朕有私，致此黜免，追愧若人一介之善。外可量加褒异，以旌善人。"二子：弘义，弘信。

二十多年不曾离开左右。周舍一向能言善辩，与他人高谈阔论戏谑聊天，整日不停，而从没有泄露过一丝机密，众人对此尤其叹服。他性格崇尚节俭朴素，自己的服装器物用具，住处的床席卧具，就和贫寒之家的百姓一样。每次入住官邸，虽然府署高大厅堂华丽，院落楼堂深之又深，周舍入住后总会积满尘埃。以荻草制成屏风隔扇，坏掉了也不加修整。他担任右卫将军时，因母丧丁忧而去职，被起用为明威将军、右骁骑将军。服丧结束后，被除授为侍中，兼领步兵校尉，未及拜官，又迁任为员外散骑常侍、太子左卫率。不久，加任散骑常侍、本州大中正，迁任太子詹事。

　　普通五年（524），南津查获了武陵太守白涡给周舍的一封书信，信中许诺赠送给周舍见面礼一百万钱，南津的官员将此事上奏朝廷。虽然书信是白涡写给周舍的，周舍并没有收到钱，周舍仍然受到有司的参奏，坐罪免职。后来他迁任右骁骑将军，知太子詹事。周舍在这一年去世，时年五十六岁。天子亲临哭吊，哀伤之情感动了左右侍从。下诏说："太子詹事、豫州大中正周舍，突然逝世，朕心哀伤。周舍多学勤思坚定聪明，志向远大行动敏锐，不辞劳苦处理机要，勤政工作了很多年，未及充分发挥其才干就英年早逝，实在可堪悲叹哀悼。应该对逝者追加隆重的恩遇，以表彰鼓励有德之人。可追赠为侍中、护军将军，赐给鼓吹乐班一部，并赏赐皇室规格的棺木，朝服一具，衣冠一袭，丧事所需经费物资由朝廷供给。谥号为简子。"第二年（525），又下诏说："已故侍中、护军将军简子周舍，精通玄学与儒学的奥义，博涉文学与史学的研究，奉养双亲以孝行闻名，侍奉主君能竭力尽忠，长期执掌枢密机要，以清白坚贞的品格自处。饮食简单，着装简朴。他去世之时，家中没有成群妻妾，在外也没有置办田宅地产，两个儿子过着孤单贫寒的生活，与古贤相比有过之而无不及。以前，御史中丞因白涡书信一事弹劾了周舍，朕恐怕外界会非议朕私心回护朝臣，故而将他罢黜免职，现在追思起来愧对此人耿介的善德。外朝可对他多加褒扬，以表彰善人。"周舍有两个儿子：周弘义，周弘信。

## 徐勉

徐勉，字修仁，东海郯人也。祖长宗，宋高祖霸府行参军。父融，南昌相。

勉幼孤贫，早励清节。年六岁，时属霖雨，家人祈霁，率尔为文，见称耆宿。及长，笃志好学。起家国子生。太尉文宪公王俭时为祭酒，每称勉有宰辅之量。射策举高第，补西阳王国侍郎。寻迁太学博士，镇军参军，尚书殿中郎，以公事免。又除中兵郎、领军长史。琅邪王元长才名甚盛，尝欲与勉相识，每托人召之。勉谓人曰："王郎名高望促，难可轻褋衣裾。"俄而元长及祸，时人莫不服其机鉴。

初与长沙宣武王游，高祖深器赏之。及义兵至京邑，勉于新林谒见，高祖甚加恩礼，使管书记。高祖践阼，拜中书侍郎，迁建威将军、后军咨议参军、本邑中正、尚书左丞。自掌枢宪，多所纠举，时论以为称职。

天监二年，除给事黄门侍郎、尚书吏部郎，参掌大选。迁侍中。时王师北伐，候驿填委。勉参掌军书，劬劳夙夜，动经数旬，乃一还宅。每还，群犬惊吠。勉叹曰："吾忧国忘家，乃至于此。若吾亡后，亦是传中一事。"六年，除给事中、五兵尚书，迁吏部尚书。勉居选官，彝伦有序，既闲尺牍，兼善辞令，虽文案填积，坐客充满，应对如流，手不停笔。又该综百氏，皆为避讳。常与门人夜集，客有虞暠求詹事五官，勉正色答云："今夕止可谈风月，不宜及公事。"故时人咸服其无私。

## 徐勉

徐勉字修仁，东海郯县人。祖父徐长宗，官至南朝宋高祖刘裕藩府的行参军。父亲徐融，官至南昌相。

徐勉幼年丧父生活贫困，很早就砥砺自己的节操。他六岁时，连日暴雨，家人祷告祈求雨停，他很快信笔撰写成祷文，受到长辈宿儒的称许。长大成人后，徐勉笃志好学。最初进入国子学成为生员。太尉文宪公王俭当时担任国子祭酒，常常称赞徐勉有宰辅之才。他在射策考试中成绩优等，补任西阳王国侍郎。不久迁任太学博士，镇军参军，尚书殿中郎，因为公事免职。又被除授为中兵郎、领军长史。琅邪人王融的才学名气极大，曾想要与徐勉结识，多次托人召唤他。徐勉对来人说："王郎的名气很高声望提升极快，难以轻易高攀结交。"不久王融被赐死，当时的人都佩服徐勉的机警和鉴察力。

起初徐勉曾与长沙宣武王萧懿交游往来，高祖对他非常器重赏识。义军打到建康后，徐勉在新林求见，高祖给予他深厚的恩赐礼遇，让他掌管书记。高祖践阼登基后，拜他为中书侍郎，迁任建威将军、后军咨议参军、本邑中正、尚书左丞。徐勉自执掌枢密机要以来，多有纠察弹劾和举荐人才的举措，时人都认为他非常称职。

天监二年（503），徐勉被除授为给事黄门侍郎、尚书吏部郎，掌管铨叙选官。后迁任侍中。当时朝廷大军北伐，候望传递军机情报的驿传使者往来不绝。徐勉参掌军机，日夜操劳，常常在官署工作数十天才回一次家。每次回家，宅中家犬都不认识他了，对他惊声狂吠。徐勉叹息说："我因忧国操劳而忘家，竟然至于如此地步。若是我离开人世，这也可以作为收进传记的一桩轶事了。"天监六年（507），除授为给事中、五兵尚书，迁任礼部尚书。徐勉主持选拔官员，依据人伦礼法有条不紊，写作公文十分娴熟，又善于辞令，即使文牍繁多堆积如山，座中又坐满宾客，他也能应对如流，手不停笔。他又熟知南渡的诸多望族高门，授任官职时都能准确地为之避讳。时常与宾客夜间集会，客人中有一个虞暠请求担任太子詹事的属官，徐勉严肃地答复他说："今夜只适合谈风月之事，不宜谈及公事。"所以当时

除散骑常侍，领游击将军，未拜，改领太子右卫率。迁左卫将军，领太子中庶子，侍东宫。昭明太子尚幼，敕知宫事。太子礼之甚重，每事询谋。尝于殿内讲《孝经》，临川靖惠王、尚书令沈约备二傅，勉与国子祭酒张充为执经，王莹、张稷、柳恽、王暕为侍讲。时选极亲贤，妙尽时誉，勉陈让数四。又与沈约书，求换侍讲，诏不许，然后就焉。转太子詹事，领云骑将军，寻加散骑常侍，迁尚书右仆射，詹事如故。又改授侍中，频表解宫职，优诏不许。

时人间丧事，多不遵礼，朝终夕殡，相尚以速。勉上疏曰："《礼记·问丧》云：'三日而后敛者，以俟其生也。三日而不生，亦不生矣。'自顷以来，不遵斯制。送终之礼，殡以期日，润屋豪家，乃或半晷，衣衾棺椁，以速为荣，亲戚徒隶，各念休反。故属纩才毕，灰钉已具，忘狐鼠之顾步，愧燕雀之徊翔。伤情灭理，莫此为大。且人子承衾之时，志惛心绝，丧事所资，悉关他手，爱憎深浅，事实难原。如觇视或爽，存没违滥，使万有其一，怨酷已多。岂若缓其告敛之晨，申其望生之冀。请自今士庶，宜悉依古，三日大敛。如有不奉，加以纠绳。"诏可其奏。

寻授宣惠将军，置佐史，侍中、仆射如故。又除尚书仆射、中

人都佩服他的铁面无私。

后来他被除授为散骑常侍，兼领游击将军，尚未拜官，改兼领太子右卫率。迁任左卫将军，兼领太子中庶子，侍奉太子。昭明太子当时还年幼，诏令徐勉掌管东宫事务。太子对他礼遇非常深重，凡遇事都向他咨询参谋。太子曾经在殿内讲解《孝经》，临川靖惠王萧宏、尚书令沈约分别作为太子太傅和太子少傅，徐勉和国子祭酒张充当执经人，王莹、张稷、柳憕、王暕当侍讲人。一时所选皆是朝中受亲近宠信的贤臣，尽收当时名士，徐勉先后四次辞谢推让。又向沈约致信，请求换人作侍讲人，天子下诏不批准，之后他才接受。转任太子詹事，兼领云骑将军，不久加官散骑常侍，迁任尚书右仆射，太子詹事之职照旧。又改任侍中，他屡次上表请求解除官职，天子降下优厚的诏书不予批准。

当时民间遇有丧事，大多不遵守礼制，早上去世晚上就出殡下葬，竞相推崇快速殡葬。徐勉上奏疏说："《礼记·问丧》中说：'逝者停丧三天而后再收殓安葬，是为了期待其人复生；三天而不能复生，就不会再复生了。'近世以来，不再遵守这个礼制。送终的礼节，当天就出殡下葬，那些饶有资财的富户豪家，有的仅半天就下葬，备办寿衣棺椁，以迅速为荣，亲戚和下人仆役，都只挂念自己休息而快快返回。所以逝者才刚刚咽气，棺木的灰泥和铁钉已经封敛完毕，人们已忘记死者对故庐如狐死首丘般的不舍，有愧于燕雀围绕逝者徘徊飞翔的行为。伤害亲情违背天理的事，没有比这个更严重的了。而且死者之子在遭逢亲丧时，情绪悲痛心思断绝，办丧事的一应事务，都由他人经手料理，这些人与死者之间爱憎感情的深浅，都是难以追溯的。倘若他们观察有误，判断错了人一息尚存还是已经亡殁，即便只有万分之一的可能，悲剧导致的仇怨与酷毒也已很深重了。这哪里比得上延缓宣告亡故并加以收殓安葬的时限，来满足亲属希望死者复生的愿望呢？请朝廷下令从今往后无论士族还是庶民，都依照古制，去世三天之后再行收殓安葬。如有不遵照奉行者，则加以纠察举正。"天子下诏批准其奏。

不久授任为宣惠将军，设置下属佐吏，侍中、仆射之职照旧。又

卫将军。勉以旧恩，越升重位，尽心奉上。知无不为。爰自小选，迄于此职，常参掌衡石，甚得士心。禁省中事，未尝漏泄。每有表奏，辄焚藁草。博通经史，多识前载。朝仪国典，婚冠吉凶，勉皆预图议。普通六年，上修五礼表曰：

臣闻"立天之道，曰阴与阳；立人之道，曰仁与义。"故称"导之以德，齐之以礼"。夫礼所以安上治民，弘风训俗，经国家，利后嗣者也。唐虞三代，咸必由之。在乎有周，宪章尤备，因殷革夏，损益可知。虽复经礼三百，曲礼三千，经文三百，威仪三千，其大归有五，即宗伯所掌典礼：吉为上，凶次之，宾次之，军次之，嘉为下也。故祠祭不以礼，则不齐不庄；丧纪不以礼，则背死忘生者众；宾客不以礼，则朝觐失其仪；军旅不以礼，则致乱于师律；冠婚不以礼，则男女失其时。为国修身，于斯攸急。

洎周室大坏，王道既衰，官守斯文，日失其序。礼乐征伐，出自诸侯，《小雅》尽废，旧章缺矣。是以韩宣适鲁，知周公之德；叔侯在晋，辨郊劳之仪。战国从横，政教愈泯；暴秦灭学，扫地无余。汉氏郁兴，日不暇给，犹命叔孙于外野，方知帝王之为贵。末叶纷纶，递有兴毁，或以武功锐志，或好黄老之言，礼义之式，于焉中止。及东京曹褒，南宫制述，集其散略，百有余篇，虽写以尺简，而终阙平奏。其后兵革相寻，异端互起，章句既沦，俎豆斯辍。方领矩步之容，事灭于旌鼓；兰台石室之文，用尽于帷盖。至乎晋初，爰定新礼，荀顗制之于前，挚虞删之于末。既而中原丧乱，罕有所遗；江左

被除授为尚书仆射、中卫将军。徐勉因蒙天子旧恩，现在升迁到重要的高位，就尽心侍奉主上。凡他所知之事无不亲力亲为。他从担任吏部郎开始，直到出任尚书仆射，经常参与掌管人才选拔，颇得士人的爱戴。宫中机要政事，他从未泄露到宫外。每逢写好表章要上奏，就把草稿全部焚毁。他又博览通晓各类经史典籍，非常熟悉前代的典章制度。无论是朝廷礼法国家仪典，还是皇家婚娶冠礼等吉凶仪式，徐勉都参与策划计议。普通六年（525），他奏上修五礼表说：

微臣听说"立天之道，在阴与阳；立人之道，在仁与义"。因此有"以道德来引导国家，以礼制来规范国家"之说。所谓礼制，是用来安定朝政治理万民，弘扬风气规训民俗，治理国家而造福后代的工具。上古尧舜禹三代，全都依礼来治国。到了有周一代，典章制度尤其完备，因循殷商而革新夏礼，其损益得失都清晰可知。虽然又有治国的经礼三百种，修身的曲礼三千种，阐述经礼的文章三百篇，展示曲礼的威仪三千项，归其大要只有五种，即是宗伯所掌的典礼：吉礼为上，凶礼次之，宾礼次之，军礼次之，嘉礼为下。所以宗祠之祭若不依礼而行，则典礼仪式就不够整齐庄严；丧葬纪念若不依礼而行，则背弃死者意愿忘记生者责任的人会越来越多；对待远来异邦若不依礼而行，则朝觐时将失去恰当的仪轨；行军打仗若不依礼而行，则会导致部队纪律的扰乱；加冠、婚娶若不依礼而行，则男女将要错失成人与结合的时机。无论治国还是修身，此五礼最是攸关紧要。

到了周朝纲纪崩坏，王道衰落不振，朝廷官方的操守规范，日益失去秩序，礼乐征伐，全部都出自诸侯。《诗·小雅》中的礼制尽数荒废，旧的典章制度从此就中断了。因此韩宣子出访到鲁国后，才知道周公的美德；女叔齐身在晋国，却能够辨别郊劳的礼仪。战国时各国合纵连横征伐不休，政治上的礼制教化愈发衰退；残暴的秦朝翦灭儒学，礼教荡然无存。汉代兴起之后，虽然政事繁忙，仍然命令叔孙通在野外制定和演练礼仪，汉高祖方才知晓帝王的尊贵。其后汉世变乱纷纭，国运兴衰交替，有的帝王锐意于开创武功，有的皇帝崇尚黄老之学，而对礼仪规范的追求，这时就中断了。到了东汉有曹褒，他在南宫重新编定阐述礼制的规范，收集整理已经散佚的礼仪

草创，因循而已。厘革之风，是则未暇。

伏惟陛下睿明启运，先天改物，拨乱惟武，经世以文。作乐在乎功成，制礼弘于业定。光启二学，皇枝等于贵游；辟兹五馆，草莱升以好爵。爰自受命，迄于告成，盛德形容备矣，天下能事毕矣。明明穆穆，无德而称焉。至若玄符灵贶之祥，浮渭机山之赆，固亦日书左史，副在司存，今可得而略也。是以命彼群才，搜甘泉之法；延兹硕学，阐曲台之仪。淄上淹中之儒，连踪继轨；负笈怀铅之彦，匪旦伊夕。谅以化穆三雍，人从五典，秩宗之教，勃焉以兴。

伏寻所定五礼，起齐永明三年，太子步兵校尉伏曼容表求制一代礼乐，于时参议置新旧学士十人，止修五礼，咨禀卫将军丹阳尹王俭，学士亦分住郡中，制作历年，犹未克就。及文宪薨殂，遗文散逸，后又以事付国子祭酒何胤，经涉九载，犹复未毕。建武四年，胤还东山，齐明帝敕委尚书令徐孝嗣。旧事本末，随在南第。永元中，孝嗣于此遇祸，又多零落。当时鸠敛所余，权付尚书左丞蔡仲熊、骁骑将军何佟之，共掌其事。时修礼局住在国子学中门外，东

经义，得到百余篇，虽然都誊写在尺牍文书上，但终究没有让有司辨析清楚后一一上奏。后来汉末兵祸相连，非正统的思想接连兴起，古典经义的研究已然没落，礼仪礼器都被人们所遗忘。儒生的直领服饰与合乎规范的步态，已经在兵祸战乱中沦落无踪；兰台、石室等宫廷库房收藏的缣帛图书，流落成为乱军的帷幔铺盖。直到晋朝初年，才颁定新的礼制，先有荀顗撰成晋礼，后又有挚虞删削考正旧典。后来中原陷入丧乱，战祸所及很少有幸免之地；晋室南渡江东创立东晋，只能因循旧礼而已。厘清礼制革旧图新的政风，还来不及实行。

陛下智明达开启国运，生来就肩负改革时世的使命，以武功拨乱反正，以文治经世致用。在定乱成功后大兴礼乐，在王业奠定后制定礼法。开启国学和州郡学这两种学校，使皇室宗亲和无官职的贵族子弟并肩学习；又开辟教授五经的学馆，平民由此也能逐步升至高官显爵。自从陛下受命于天，直至帝业告成，盛德之政的局面已经形成，天下诸事已毕。陛下功业昭然可鉴，德行之高不可尽言。至于上天显现瑞兆和神灵所赐福瑞，蛮夷之人翻山跨海呈上贡礼，这些事件都见于当日史官的记录，亦有副本保存于有司，如今可以略去不书。故此令那朝中群才，搜罗前朝在甘泉宫制定的法例；延揽饱学之士，详阐先代在曲台殿著述的仪典。天下精通礼学的儒士，纷纷继承前人的治学轨迹；背负书箱携带笔墨的好学之士，勤奋研习不分朝夕。谅必能令教化遍及辟雍、明堂、灵台这三大祭祀典礼之地，人人遵从父义、母严、兄友、弟恭、子孝的五种伦理，令郊庙祭祀的礼官之教化，从此勃郁而兴盛。

追溯所制定的五礼，起源于南齐永明三年（485），太子步兵校尉伏曼容上表请求制定该朝的礼乐，当时商议决定设置新旧学士十人，只修定五礼，向当时的卫将军丹阳尹王俭咨询并禀报，这些学士也散居在各郡中，经过多年制定，仍然没有完成。后来王俭薨逝，遗留的文字流散轶亡，后来又将这项工作交给国子祭酒何胤，前后历经九年，还是未能完成。建武四年（497），何胤归隐东山，齐明帝敕令尚书令徐孝嗣接手。历年次第已经完成的文字，都随他一起收于华林省。永元年间，徐孝嗣在华林省蒙难遇害，这些篇章又多有零落。

昏之代，频有军火，其所散失，又逾太半。天监元年，佟之启审省置之宜，敕使外详。时尚书参详，以天地初革，庶务权舆，宜俟隆平，徐议删撰。欲且省礼局，并还尚书仪曹。诏旨云："礼坏乐缺，故国异家殊，实宜以时修定，以为永准。但顷之修撰，以情取人，不以学进；其掌知者，以贵总一，不以稽古，所以历年不就，有名无实。此既经国所先，外可议其人，人定，便即撰次。"于是尚书仆射沈约等参议，请五礼各置旧学士一人，人各自举学士二人，相助抄撰。其中有疑者，依前汉石渠、后汉白虎，随源以闻，请旨断决。乃以旧学士右军记室参军明山宾掌吉礼，中军骑兵参军严植之掌凶礼，中军田曹行参军兼太常丞贺玚掌宾礼，征虏记室参军陆琏掌军礼，右军参军司马褧掌嘉礼，尚书左丞何佟之总参其事。佟之亡后，以镇北咨议参军伏暅代之。后又以暅代严植之掌凶礼。暅寻迁官，以《五经》博士缪昭掌凶礼。复以礼仪深广，记载残缺，宜须博论，共尽其致，更使镇军将军丹阳尹沈约、太常卿张充及臣三人同参厥务。臣又奉别敕，总知其事。末又使中书侍郎周舍、庾於陵二人复豫参知。若有疑义，所掌学士当职先立议，通咨五礼旧学士及参知，各言同异，条牒启闻，决之制旨。疑事既多，岁时又积，制旨裁断，其数不少。莫不网罗经诰，玉振金声，义贯幽微，理入神契。前儒所不释，后学所未闻。凡诸奏决，皆载篇首，具列圣旨，为不刊之则。洪规盛范，冠绝百王；茂实英声，方垂千载。宁孝宣之能拟，岂孝章之足云。

当时收集余下的篇章，暂时交付尚书左丞蔡仲熊、骁骑将军何佟之，二人共同执掌修礼工作。当时修礼局设在国子学的中门外，东昏侯执政时，内府频繁失火，这些文字毁于火灾的，又有一大半。天监元年（502），何佟之请求朝廷考虑制礼工作的存废事宜，陛下敕令外朝详加讨论。当时尚书建议，因为我朝初立，很多事务百废待兴，应该待政通人和之后，再慢慢商议撰删礼法之事，并打算取消制礼局，将官员并入尚书仪曹。陛下下诏说："礼法崩坏礼乐缺失，因而令国与家的运作都变得异常，实在应该及时修定礼制，作为恒久流传的标准。但以往修撰礼制，以人情来决定人选，没有以学识来选任；执掌其事的官员，以门第高贵为统一标准，没有考虑其对古制的研究水平，所以拖延多年而没有完成，徒有修礼之名而无实际效果。此事既是治国的当先要务，外朝可以对修礼人选详加商议，人选确定之后，立即开始修撰。"于是尚书仆射沈约等人参与商议，请求五礼各设置旧学士一人，每人又各自举荐学士二人，以辅助誊抄撰写。对于其中有疑问的内容，依照西汉在石渠阁探讨经学、东汉在白虎观辨析经义的先例，将问题的本源上奏天子，请求降旨决断。于是让旧学士右军记室参军明山宾负责吉礼，中军骑兵参军严植之负责凶礼，中军田曹行参军兼太常丞贺玚负责宾礼，征虏记室参军陆琏负责军礼，右军参军司马褧负责嘉礼，尚书左丞何佟之总掌其事。何佟之去世后，以镇北咨议参军伏暅代替他。后又以伏暅代替严植之负责凶礼。不久伏暅迁任他官，以五经博士缪昭负责凶礼。后来因为礼仪的学问渊深广远，记载残缺不全，应该广加商讨议论，一同得出其制度的细节，就另派镇军将军丹阳尹沈约、太常卿张充及微臣等三人共同参与修礼工作。微臣还遵奉陛下另外的敕令总掌此事。后来又派遣中书侍郎周舍、庾於陵两人参加进来。若有疑惑的经义，负责该领域的学士就先行发起参议，遍询五礼旧学士及参与此事的人员，各自陈述相同和不同的意见，形成文字上奏，待圣旨决断。因为有疑惑的内容有很多，时间久远，故借助圣旨决断者为数不少，它们无不经过搜罗旧有经义和诰命，从始至终无不精妙，其大义深入幽微之处，道理鞭辟入里十分神妙，多有前代儒者未曾解释清晰，以及后来

　　五礼之职，事有繁简，及其列毕，不得同时。《嘉礼仪注》以天监六年五月七日上尚书，合十有二秩，一百一十六卷，五百三十六条；《宾礼仪注》以天监六年五月二十日上尚书，合十有七秩，一百三十三卷，五百四十五条；《军礼仪注》以天监九年十月二十九日上尚书，合十有八秩，一百八十九卷，二百四十条；《吉礼仪注》以天监十一年十一月十日上尚书，合二十有六秩，二百二十四卷，一千五条；《凶礼仪注》以天监十一年十一月十七日上尚书，合四十有七秩，五百一十四卷，五千六百九十三条：大凡一百二十秩，一千一百七十六卷，八千一十九条。又列副秘阁及《五经》典书各一通，缮写校定，以普通五年二月始获洗毕。

　　窃以撰正履礼，历代罕就，皇明在运，厥功克成。周代三千，举其盈数；今之八千，随事附益。质文相变，故其数兼倍，犹如八卦之爻，因而重之，错综成六十四也。昔文武二王，所以纲纪周室，君临天下，公旦修之，以致太平龙凤之瑞。自斯厥后，甫备兹日。孔子曰："其有继周，虽百世可知。"岂所谓齐功比美者欤！臣以庸识，谬司其任，淹留历稔，允当斯责；兼勒成之初，未遑表上，实由才轻务广，思力不周，永言惭惕，无忘寤寐。自今春舆驾将亲六师，搜寻军礼，阅其条章，靡不该备。所谓郁郁文哉，焕乎洋溢，信可以悬诸日月，颁之天下者矣。愚心喜抃，弥思陈述；兼前后联官，一时皆逝，臣虽幸存，耄已将及，虑皇世大典，遂阙腾奏，不任下情，辄具载撰修始末，并职掌人、所成卷秩、条目之数，谨拜表以闻。

的学人闻所未闻的问题。这些上奏和决断，都记录在篇首，详细列出圣旨所言，作为不可改易的法则。这些恢弘盛大的仪轨和典范，堪称历代帝王制礼成就之冠；丰硕的成果和英明的判断，必将永垂万世千载。此等功绩，岂是西汉孝宣皇帝所能比拟，又怎会是东汉孝章皇帝所足以并论的呢？

修定五礼的工作，因事情有繁有简，其列论完成的时间，无法做到同时完毕。《嘉礼仪注》于天监六年（507）五月七日交付尚书，共计十二秩，一百一十六卷，五百三十六条；《宾礼仪注》于天监六年（507）五月二十日交付尚书，共计十七秩，一百三十三卷，五百四十五条；《军礼仪注》于天监九年（510）十月二十九日交付尚书，共计十八秩，一百八十九卷，二百四十条；《吉礼仪注》于天监十一年（512）十一月十日交付尚书，共计二十六秩，二百二十四卷，一千零五条；《凶礼仪注》于天监十一年（512）十一月十七日交付尚书，共计四十七秩，五百一十四卷，五千六百九十三条：总计共有一百二十秩，一千一百七十六卷，八千零一十九条。又陈列副本于秘阁以及《五经》典书处各一套，经缮写并校订，在普通五年（524）二月才收笔完成。

微臣认为撰定礼制，是历代罕能完成的功业，全仗陛下圣明国朝运通，方才得以成功。周代礼法三千条，乃是举其满千的概数；如今制定的礼法八千条，则是随事物发展而有所附加和增益。古今之礼有朴素和繁复的变化，所以其数量出现倍增，这正如八卦的爻象，随着变化而增多，错综成为六十四卦。昔年周文王和周武王，就是凭借这些礼法治理周朝，君临天下，周公旦又加以修定，从而出现了太平龙凤的祥瑞。从那以后，直到今日方才制定完备。孔子说过："后面或会有能继承周礼的朝代，即便相隔百世也可以考知其礼的源出。"今日礼制之成就岂非正是与周礼相比美的功业吗？微臣以平庸之见识，担任这项工作的主持人，历经多年，一直身负此重任；而五礼撰成之初，未及表奏皇上，实在是因为微臣才能轻薄而此事繁重，研究和精力并不周全，常常对工作心怀惭愧警惕，即使睡梦中也不敢忘却。自从今年春天陛下圣驾将要亲临六师，搜检查询军礼的

　　诏曰："经礼大备，政典载弘，今诏有司，案以行事也。"又诏曰："勉表如此。因革允厘，宪章孔备，功成业定，于是乎在。可以光被八表，施诸百代，俾万世之下，知斯文在斯。主者其按以遵行，勿有失坠。"寻加中书令，给亲信二十人。勉以疾自陈，求解内任。诏不许，乃令停下省，三日一朝，有事遣主书论决。脚疾转剧，久阙朝觐，固陈求解，诏乃赉假，须疾差还省。

　　勉虽居显位，不营产业，家无蓄积，俸禄分赡亲族之穷乏者。门人故旧或从容致言。勉乃答曰："人遗子孙以财，我遗之以清白。子孙才也，则自致辎軿；如其不才，终为他有。"尝为书诫其子崧曰：

　　吾家世清廉，故常居贫素，至于产业之事，所未尝言，非直不经营而已。薄躬遭逢，遂至今日，尊官厚禄，可谓备之。每念叨窃若斯，岂由才致，仰藉先代风范及以福庆，故臻此耳。古人所谓："以清白遗子孙，不亦厚乎。"又云："遗子黄金满籝，不如一经。"详求

记录,阅览了撰定的条文篇章,没有不完备之处。古人所谓郁郁乎文哉,这种气象已然充溢于新制定的礼法中,相信一定能够永垂日月之间,足可颁行于天下了。微臣内心欢喜,未曾想到上奏陈述制礼的经过;更兼因前后共同参与制礼的官员,目前都已辞世,微臣虽尚幸存于世,也已年近七十,考虑到陛下的皇朝大典,就没有主动上奏,然而终究不能抑制自己内心的感情,就详细地介绍了五礼的撰写修定始末,以及相关负责人、所成的卷秩和条目数量,恭敬地上表启奏陛下得知。

高祖下诏说:"国朝的大礼制度已经完备,政事的仪典已很弘盛,现在诏命有司,按照五礼之制来行事。"又下诏说:"徐勉上表如此。新礼对旧制的继承与革新都十分合理,各项典章制度皆已制定完备,我朝多年的功业和成就,就体现于此五礼的完成。可以用它来感召天下八方,施行于后世百代,令万世之后的人们,能够知晓我朝文明教化的赫赫之功。各主事官员要依据它来加以遵行,不可有所偏失。"不久加官徐勉为中书令,赐给他护卫亲信二十人。徐勉上书陈言自己年老多病,请求解除宫内之职,天子下诏不予批准,令他常住于尚书下省,三天朝觐一次,有事情就派遣主书令史商讨决定。徐勉的脚病病情加重,长时间未能朝觐天子,就上书坚持请求解职,天子下诏赐他病假休息,待病愈后再返回内省。

徐勉虽然身居显赫的高位,从不经营私产,他的家中没有积蓄,为官的俸禄都分赠给家族中的贫困穷乏之人。他的门人故交曾经委婉地劝他积累家资。徐勉就回答说:"他人把钱财留给子孙后代,我是把清白的节操留给他们。子孙若是成器,自会发家致富;子孙若是不成器,虽万贯家资也终会为他人所有。"他曾经写信告诫他的儿子徐崧说:

我家世代清白廉洁,所以常常安于贫寒朴素的生活,至于私人产业之事,从来不曾说起过,何止是不加经营而已。我一生淡泊自奉,直到现在,尊贵的官位和丰厚的俸禄,可以说已经很完备了。我每每反思自己有如此际遇,哪里是自己的才能换来的,是仰仗先人的家风以及福庆的庇佑,才得以有此荣宠。古人所谓"把清白的节

此言，信非徒语。吾虽不敏，实有本志，庶得遵奉斯义，不敢坠失。所以显贵以来，将三十载，门人故旧，亟荐便宜，或使创辟田园，或劝兴立邸店，又欲舳舻运致，亦令货殖聚敛。若此众事，皆距而不纳。非谓拔葵去织，且欲省息纷纭。

中年聊于东田间营小园者，非在播艺，以要利入，正欲穿池种树，少寄情赏。又以郊际闲旷，终可为宅，傥获悬车致事，实欲歌哭于斯。慧日、十住等，既应营婚，又须住止，吾清明门宅，无相容处。所以尔者，亦复有以；前割西边施宣武寺，既失西厢，不复方幅，意亦谓此逆旅舍耳，何事须华？常恨时人谓是我宅。古往今来，豪富继踵，高门甲第，连闼洞房，宛其死矣，定是谁室？但不能不为培塿之山，聚石移果，杂以花卉，以娱休沐，用托性灵。随便架立，不在广大，惟功德处，小以为好。所以内中逼促，无复房宇。近营东边儿孙二宅，乃藉十住南还之资，其中所须，犹为不少，既牵挽不至，又不可中涂而辍，郊间之园，遂不办保，货与韦黯，乃获百金，成就两宅，已消其半。寻园价所得，何以至此？由吾经始历年，粗已成立，桃李茂密，桐竹成阴，塍陌交通，渠畎相属，华楼迥榭，颇有临眺之美；孤峰丛薄，不无纠纷之兴。渎中并饶菰蒋，湖里殊富芰莲。虽云人外，城阙密迩，韦生欲之，亦雅有情趣。追述此事，非有吝心，盖是笔势所至耳。忆谢灵运《山家诗》云：“中为天地物，今成鄙夫有。”吾此园有之二十载矣，今为天地物，物之与我，相校几何哉！此吾所余，今以分汝，营小田舍，亲累既多，理亦须此。且释氏之教，以财物谓之外命；儒典亦称“何以聚人曰财”。况汝曹常情，安得忘此。闻汝所买姑孰田地，甚为舄卤，弥复何安。所以如此，非物竞故也。虽事异寝丘，聊可仿佛。孔子曰：“居家理，故治可移于

操留给子孙，岂不是也很丰厚吗"，又说："留给子孙黄金满筐，不如留下经书一部。"细细地品味这些话，实在并非空谈啊。我虽不够聪敏，实际的确有志于此，故而遵奉这个道理，不敢有所偏失。所以自从身处显贵之位以来，将近三十年，我的门人故旧，屡屡推荐一些足以营利的事务，有的让我开辟创建田庄，有的劝我开立店铺货栈，又有人希望我投资船运货物，也有让我经商聚敛财富的。像这些营利致富的建议，我都拒绝没有采纳。不仅是因为我居官不愿与民争利，而且也是想要省却俗务的纷扰。

我中年时曾于东田一带营建一处小园，目的不在种植花木以求利润，而是想开挖池塘种植树木，稍稍寄托个人的情怀加以赏玩。又因为郊外清静空旷，最终可以作为自用的住宅，倘若蒙圣上恩准辞官退职，实在想要终老于此。慧日、十住他们两兄弟，既已男大当婚，且需要宅院自立门户，我在京城清明门的宅第，没有容留他们的地方。之所以如此，也有其原因。之前我将宅第西边的院落分割布施给了宣武寺，宅院既已经失去西边的厢房，不再构成完整的方形，我心中也想住宅不过是人生暂时栖居的旅店而已，何须华丽的营造？常常不满的就是时人都知道它是我的家宅。古往今来，豪门富户相继不绝，那些高门甲第，庭院深深门户重重，到了其主人死去之后，又将会是谁的华屋？只是我不能不在宅院中堆起小丘，聚集些山石移栽些果树，并杂以四时花卉，作为任职之余休假时的娱乐，并用以怡情养性。园中的一切都是随意架设，不在乎空间的广阔，唯独念佛诵经之处，布置得稍好一些。所以园中空间逼仄，再没有多余的地方可新建房舍。近来在东边营建供儿孙居住的两所住宅，靠的是十住南归带来的积蓄，营宅所需资金，仍有不小的缺口，既无处得到资助援引，又不能建到半途而废，我那东郊的小园，就不经中间人，卖给了韦黯，售得一百金，两所住宅修成，已花去了这笔钱的半数。推想东郊小园的售价，何以能卖百金？这是因为我多年对它的打理，已令它粗具规模，园中桃树李树茂盛浓密，修竹美桐连片成荫，园中小路纵横，沟渠相连。园中的楼台阁榭，颇有登临远眺的美景；兀立的山峰草木丛生，不乏山林层叠的意趣。小渠中茭白茂密生长，湖池里多有

官。”既已营之，宜使成立。进退两亡，更贻耻笑。若有所收获，汝可自分赡内外大小，宜令得所，非吾所知，又复应沾之诸女耳。汝既居长，故有此及。

凡为人长，殊复不易，当使中外谐缉，人无间言，先物后己，然后可贵。老生云：“后其身而身先。”若能尔者，更招巨利。汝当自勖，见贤思齐，不宜忽略以弃日也。非徒弃日，乃是弃身，身名美恶，岂不大哉！可不慎欤？今之所敕，略言此意。正谓为家已来，不事资产，既立墅舍，以乖旧业，陈其始末，无愧怀抱。兼吾年时朽暮，心力稍殚，牵课奉公，略不克举，其中余暇，裁可自休。或复冬日之阳，夏日之阴，良辰美景，文案间隙，负杖蹑屩，逍遥陋馆，临池观鱼，披林听鸟，浊酒一杯，弹琴一曲，求数刻之暂乐，庶居常以待终，不宜复劳家间细务。汝交关既定，此书又行，凡所资须，付给如别。自兹以后，吾不复言及田事，汝亦勿复与吾言之。假使尧水汤旱，吾岂知如何；若其满庾盈箱，尔之幸遇。如斯之事，并无俟令吾知也。《记》云：“夫孝者，善继人之志，善述人之事。”今且望汝全

菱角与莲花。虽然地处人群之外，离京城宫阙却很近，韦黯想要买下，也是喜欢此园雅致有情趣。现在我追述这件事，并不是有吝惜之心，不过信笔所至而已。回想起谢灵运的《山家诗》写道："中为天地物，今成鄙夫有。"我拥有这处小园已经有二十年了，如今它重又为天地所有，天地所有与我所拥有之间，又有多大的区别呢！我售园余下的钱款，现在都交给你，以作经营田舍之用，你身为长子要照顾众多家人，所以理应如此。而且佛教中把财富称为身外之物，儒家典籍也说"所谓财产是用来聚集人的东西"。何况你们兄弟间的人伦常情，岂能忘记。听说你所购置的姑孰田产，土地非常瘠薄，哪有比这更让人安心的呢。之所以会如此，是不与外物竞争的缘故啊。虽然此事与楚国孙叔敖临终让儿子请封于贫瘠之地寝丘的典故有所不同，也可以说差不多了。孔子说过："居家治理家政的道理，可以移用到做官治理国政。"你既然已经经营此田，就应该把它经营好。若是举棋不定进退失据，更会招人耻笑。若是田地有收入，你可以自己分配来赡养家中的内外老少，令人人各得其所，这就不是我可尽知的了，而且还应分润家中的几个女儿。因你身为长子，所以我要说起这些。

　　凡为人长兄，实非容易之事，应使家庭内外和谐，外人无闲言可说，凡事先人后己，这样之后方能家业兴旺。老子说过："遇事谦退人后才能身居人先。"倘若能够如此，定会带来巨大的利益。你应当自己努力，见贤思齐，不要糊里糊涂荒废时日。否则不止是虚度了日子，更是抛弃了自身，一个人自身名节的好与坏，岂不是一件大事吗？可以随随便便地对待吗？现在我所告诫你的，大致说的就是这个宗旨，正因为我们家一直以来并不经营家产，现在有了宅院田舍，似乎已背离了以往的初心，就对你陈述一番往事的始末，这样才无愧于自己的胸怀。更兼我已是衰朽暮年，心力已接近穷尽，挂念履行朝中公事，已是力不从心，公余略有闲暇时，才可以自己休养一下。也许在寒冬的稍暖之日，盛夏的凉爽之时，遇有良辰美景，在文牍工作的间隙，肩荷竹杖足跋草鞋，在简陋的馆阁中逍遥游乐，到池边观鱼，去林中听鸟，饮浊酒一杯，奏琴曲一阕，求得片刻的欢乐，希望能常常如此直至命终，不适合再为家中的琐细事务而劳心。你田产交接既然

吾此志，则无所恨矣。

勉第二子悱卒，痛悼甚至，不欲久废王务，乃为《答客喻》。其辞曰：

普通五年春二月丁丑，余第二息晋安内史悱丧之问至焉，举家伤悼，心情若陨。二宫并降中使，以相慰勖，亲游宾客，毕来吊问，辄怮哭失声，悲不自已，所谓父子天性，不知涕之所从来也。

于是门人虑其肆情所钟，容致委顿，乃敛衽而进曰："仆闻古往今来，理运之常数；春荣秋落，气象之定期。人居其间，譬诸逆旅，生寄死归，著于通论，是以深识之士，悠尔忘怀。东门归无之旨，见称往哲；西河丧明之过，取诮友朋。足下受遇于朝，任居端右，忧深责重，休戚是均，宜其遗情下流，止哀加饭，上存奉国，俯示隆家。岂可纵此无益，同之儿女，伤神损识，或亏生务？门下窃议，咸为君侯不取也。"

余雪泣而答曰："彭殇之达义，延吴之雅言，亦常闻之矣；顾所以未能弭意者，请陈其说。夫植树阶庭，钦柯叶之茂；为山累仞，惜覆篑之功。故秀而不实，尼父为之叹息；析彼歧路，杨子所以留

已定，又收到我这封书信，凡经营所需钱款，都另外交付与你。从此以后，我不会再过问田产之事，你也不要再同我说起。假如遇上水旱灾情，我岂能知道如何应付；若是田产收获丰厚，也是你的幸运造化。像这样一类的事，都无需让我得知。《礼记》中说："所谓孝，就是对先人的志向善加继承，对先人的事迹善加记述。"现在只望你能实现我的这个志愿，则我就没有什么遗憾了。

徐勉的次子徐悱亡故，他十分痛心哀悼，又不想因此长时间耽误公事，就作了一篇《答客喻》。其文写道：

普通五年（524）春二月丁丑日，我的次子晋安内史徐悱的丧讯传来，全家人都伤心痛悼，心情如同坠落深谷。皇帝陛下和太子殿下都派来使者，劝慰勉励我，众多亲友和宾客，也都来吊唁慰问，我痛哭失声，不能抑制悲伤之情，正所谓父子情深，不知道眼泪从何而来。

对此有门人顾虑到我尽情伤痛悲哭，已令容颜疲乏困顿，就提起衣襟向我进言道："在下听闻古往今来岁月流逝，这是事物的恒久常理；草木春日向荣秋日凋零，乃是节气的不变规律。人生于天地间，就像是一个过客，活着是借住于人间而去世乃是回归家园，这个道理有很多通达的议论业已讲述过了，因此那些见识深远的人士，看待生死之事都能超然忘怀。战国时东门吴将丧子视作复归于无的达观典故，受到往昔圣哲的称许；孔门弟子子夏因丧子而在西河哭瞎双目的事情，受到友人朋辈的批评。足下深受朝廷恩遇，位居宰辅高位，心忧国事而身担重任，已与国朝休戚与共，理应放下儿女私情，终止哀哭努力进食，对上存留报效国家之身躯，对下示范兴隆家族之决心。岂能放纵这种徒劳无益的感情，将自己等同于妇人，伤损心神与理智，甚至折损自己的生命呢？门下宾客私下里计议，都替君侯感到不可取啊。"

我擦拭眼泪回答他说："庄子所论长寿与夭折都应以尽其天年为标准的通达义理，还有吴国延陵季札丧子后认为骨肉归土而魂魄长存的高雅之言，我也时常有所听闻；之所以未能平息悲痛之意的

连。事有可深，圣贤靡抑。今吾所悲，亦以恓始逾立岁，孝悌之至，自幼而长，文章之美，得之天然，好学不倦，居无尘杂，多所著述，盈帙满笥，淡然得失之际，不见喜愠之容。及翰飞东朝，参伍盛列，其所游往，皆一时才俊，赋诗颂咏，终日忘疲。每从容谓吾以遭逢时来，位隆任要，当应推贤下士，先物后身，然后可以报恩明主，克保元吉。俾余二纪之中，忝窃若是，幸无大过者，繄此子之助焉。自出闽区，政存清静，冀其旋反，少慰衰暮，言念今日，眇然长往。加以阇棺千里之外，未知归骨之期，虽复无情之伦，庸讵不痛于昔！夷甫孩抱中物，尚尽恸以待宾；安仁未及七旬，犹殷勤于词赋。况夫名立官成，半途而废者，亦焉可已哉。求其此怀，可谓苗实之义。诸贤既贻格言，喻以大理，即日辍哀，命驾修职事焉。”

中大通三年，又以疾自陈，移授特进、右光禄大夫、侍中、中卫将军，置佐史，余如故。增亲信四十人。两宫参问，冠盖结辙；服膳医药，皆资天府。有敕每欲临幸，勉以拜伏有亏，频启停出，诏许之，遂停舆驾。大同元年，卒，时年七十。高祖闻而流涕，即日车驾临殡，乃诏赠特进、右光禄大夫、开府仪同三司，余并如故。给东园秘器，朝服一具，衣一袭。赠钱二十万，布百匹。皇太子亦举哀朝堂。谥曰简肃公。

原因，请让我在此陈说。人们在庭园阶前种植树木，是因为希慕其枝叶的茂密；堆积土山若是已有数仞之高，此时土筐倾覆则会叹息前功尽弃。所以颜回贤明而不寿，孔子也曾为之哀伤叹息；大路分成南北两支，杨朱见了也曾为之流连长哭。事情背后若有深刻的感悟，则圣贤也不会抑制自己的情感。如今我深深地悲叹，也是因为徐悱刚刚度过而立之年，性格至为孝悌，从小到大，他的文章之美，浑然天成，而且好学不倦，居止之处纤尘不染，又多有著述，留下作品满箱满囊，每逢有得失之时总能淡然处之，从不见他喜怒形之于色。后来他前往东宫任职，与众宾客才士共事太子，所交游往来之人，都是一时的才俊，一起赋诗唱和吟咏，从早到晚不知疲倦。他常从容地对我说自己生逢其时，受到重用担任要职，理当推贤下士，先人后己，这样才可报答明主的知遇之恩，以保我朝国运大吉。回顾我二十年来，能够如此谬受朝廷恩宠，侥幸没有留下大的过失，我这个儿子实在多有助力。自从他出京赴晋安郡任职，政事清简安宁，我本期望他不久就能返京，稍可安慰我的衰朽晚年，谁知今日，他已一去不返。更加上他灵柩远在千里之外，不知何时才能归家入葬，即便是无情之人，又怎能不面对历历往事而感到痛心！晋代的王衍遭遇幼子夭折，尚且尽情恸哭之后再接待宾客；潘岳六十多岁丧子，也含悲写下情深意切的悼亡词赋。更何况徐悱的声名已立仕途已通，竟至中途陨丧，我又怎能对之无动于衷呢。推想起我的心怀，就好像是种下幼苗盼望果实一样啊。诸位贤达既然以格言规劝我，以大理晓喻我，我从今日起就中止哀伤，命令驾车前去处理本职工作。"

中大通三年（531），徐勉又上书陈言自己患病请求解职，朝廷迁任他为特进、右光禄大夫、侍中、中卫将军，设置下属官吏，其余职衔照旧。增赐他亲信护卫四十人。天子和皇太子都关心慰问他的病情，探问病情的宫中使者车辆冠盖在路上相连；他所用的膳食和医药，都由宫中供应。天子每次想要驾临探视他，徐勉就以自己无法伏拜圣上的理由，频频请求圣驾停止来访，天子下诏同意其请，圣驾就暂停出宫。大同元年（535），徐勉去世，时年七十岁。高祖听闻他的死讯当即落泪，当天圣驾亲临吊唁，下诏赠他特进、右光禄大夫、开

勉善属文，勤著述，虽当机务，下笔不休。尝以起居注烦杂，乃加删撰为《流别起居注》六百卷；《左丞弹事》五卷；在选曹，撰《选品》五卷；齐时，撰《太庙祝文》二卷；以孔释二教殊途同归，撰《会林》五十卷。凡所著前后二集四十五卷，又为《妇人集》十卷，皆行于世。大同三年，故佐史尚书左丞刘览等诣阙陈勉行状，请刊石纪德，即降诏许立碑于墓云。

### 徐悱

悱字敬业，幼聪敏，能属文。起家著作佐郎，转太子舍人，掌书记之任。累迁洗马、中舍人，犹管书记。出入宫坊者历稔，以足疾出为湘东王友，迁晋安内史。

陈吏部尚书姚察曰：徐勉少而厉志忘食，发愤修身，慎言行，择交游；加运属兴王，依光日月，故能明经术以绾青紫，出闾阎而取卿相。及居重任，竭诚事主，动师古始，依则先王，提衡端轨，物无异议，为梁宗臣，盛矣。

府仪同三司，其余职衔都照旧。赐给皇室规格的棺木，朝服一具，衣冠一袭。又赠钱二十万，布一百匹。皇太子也在朝堂上为他举哀。谥号为简肃公。

徐勉擅长写文章，勤于著述，虽然掌理枢密政务，仍然笔耕不辍。他曾经因为起居注过于麻烦琐碎，就加以删削写成《流别起居注》六百卷；《左丞弹事》五卷；他在尚书吏部曹任官时，撰有《选品》五卷；南齐时，他撰有《太庙祝文》二卷；因儒释二教殊途同归，又撰有《会林》五十卷。他所著述前后共有二集四十五卷，又写了《妇人集》十卷，都通行于世间。大同三年（537），徐勉过去的佐吏尚书左丞刘览等人入朝陈述他的生平，请求为之立碑纪德，天子当即下诏准许在其墓前立碑。

徐悱

徐悱字敬业，自幼聪敏，会写文章。初任著作佐郎，转任太子舍人，掌管书记。累加升迁为洗马、中舍人，仍然掌管书记。他长期出入宫禁之中，后因脚有病而出京任湘东王友，迁任晋安内史。

陈朝吏部尚书姚察说：徐勉从小就砥砺志向忘记进食，发奋修身，谨言慎行，择贤而交；又加之其身逢梁朝肇兴的时运，借助日月的光明，因此能通晓治理之术而获取高官厚禄，出入宫廷之中而有卿相的际遇。他身居要职之后，竭诚侍奉天子，举措师法古代的典制，参照先王的规则，掌管朝廷决策，众人对他没有非议，他作为梁朝备受尊崇的重臣，声名何其隆盛啊。

# 卷二十六

## 列传第二十
范岫 傅昭弟映 萧琛 陆杲

### 范岫

范岫,字懋宾,济阳考城人也。高祖宣,晋征士。父羲,宋兖州别驾。

岫早孤,事母以孝闻,与吴兴沈约俱为蔡兴宗所礼。泰始中,起家奉朝请。兴宗为安西将军,引为主簿。累迁临海、长城二县令,骠骑参军,尚书删定郎,护军司马,齐司徒竟陵王子良记室参军。

累迁太子家令。文惠太子之在东宫,沈约之徒以文才见引,岫亦预焉。岫文虽不逮约,而名行为时辈所与,博涉多通,尤悉魏晋以来吉凶故事。约常称曰:"范公好事该博,胡广无以加。"南乡范云谓人曰:"诸君进止威仪,当问范长头。"以岫多识前代旧事也。

迁国子博士。永明中,魏使至,有诏妙选朝士有词辩者,接使于界首,以岫兼淮阴长史迎焉。还迁尚书左丞,母忧去官,寻起摄职。出为宁朔将军、南蛮长史、南义阳太守,未赴职,迁右军咨议参军,郡如故。除抚军司马。出为建威将军、安成内史。入为给事黄门侍郎,迁御史中丞、领前军将军、南北兖二州大中正。永元末,出为辅国将军、冠军晋安王长史,行南徐州事。义师平京邑,承制征为尚书吏部郎,参大选。梁台建,为度支尚书。天监五年,迁散骑常侍、光禄大夫,侍皇太子,给扶。六年,领太子左卫率。七年,徙通直散骑常侍、右卫将军,中正如故。其年表致事,诏不许。八年,出

## 范岫

范岫字懋宾，济阳考城人。高祖父范宣，是晋朝隐士。父亲范义，在刘宋一朝官至兖州别驾。

范岫早年丧父，以侍奉母亲至孝而闻名，与吴兴人沈约一起受到蔡兴宗的礼遇。刘宋泰始年间，他初任奉朝请。蔡兴宗任安西将军时，任用他为主簿。累加升迁为临海、长城二县令，骠骑参军，尚书删定郎，护军司马，南齐司徒竟陵王萧子良记室参军。

累加升迁为太子家令。文惠太子在东宫时，沈约等人因为文才出众受到太子的任用，范岫也在其中。范岫的文采虽然不及沈约，但名气品行都受到当时名人的推崇，他涉猎广博触类旁通，尤其熟悉魏晋以来吉礼、凶礼的旧事。沈约常称许他说："范公喜好前代故事而极为渊博，即便是东汉的胡广也不及他。"南乡人范云曾对人说："各位关于进退礼仪如有疑问，应该去问范长头。"因为范岫非常了解前代的旧事。

后迁任国子博士。永明年间，北魏派遣使者前来，南齐天子下诏选拔朝中擅言辞有辩才的官员，去边界上迎接来使，就让范岫兼任淮阴长史去迎接。回京后迁任尚书左丞，因母丧丁忧去职，不久被朝廷起用摄行职事。出京任宁朔将军、南蛮长史、南义阳太守，未曾赴职，转任右军咨议参军，郡守之职照旧。除授为抚军司马。出京任建威将军、安成内史。回京担任给事黄门侍郎，迁任御史中丞、兼领前军将军、南北兖二州大中正。永元末年，他出京任辅国将军、冠军晋安王长史，摄行南徐州政事。高祖义军平定京师后，秉承皇命征召任尚书吏部郎，参掌铨叙选官。高祖被封为梁公建立台府后，范岫

为晋陵太守，秩中二千石。九年，入为祠部尚书，领右骁骑将军，其年迁金紫光禄大夫，加亲信二十人。十三年，卒官，时年七十五。赙钱五万，布百匹。

岫身长七尺八寸，恭敬俨恪，进止以礼。自亲丧之后，蔬食布衣以终身。每所居官，恒以廉洁著称。为长城令时，有梓材巾箱至数十年，经贵遂不改易。在晋陵，惟作牙管笔一双，犹以为费。所著文集、《礼论》、《杂仪》、《字训》行于世。二子褒，伟。

### 傅昭

傅昭，字茂远，北地灵州人，晋司隶校尉咸七世孙也。祖和之，父淡，善《三礼》，知名宋世。淡事宋竟陵王刘诞，诞反，淡坐诛。昭六岁而孤，哀毁如成人者，宗党咸异之。十一，随外祖于朱雀航卖历日。为雍州刺史袁顗客，顗尝来昭所，昭读书自若，神色不改。顗叹曰："此儿神情不凡，必成佳器。"司徒建安王休仁闻而悦之，因欲致昭，昭以宋氏多故，遂不往。或有称昭于廷尉虞愿，愿乃遣车迎昭。时愿宗人通之在坐，并当世名流，通之赠昭诗曰："英妙擅山东，才子倾洛阳。清尘谁能嗣，及尔遘遗芳。"太原王延秀荐昭于丹阳尹袁粲，深为所礼，辟为郡主簿，使诸子从昭受学。会明帝崩，粲造哀策文，乃引昭定其所制。每经昭户，辄叹曰："经其户，寂若无人，披其帷，其人斯在，岂非名贤。"寻为总明学士、奉朝请。齐永明中，累迁员外郎、司徒竟陵王子良参军、尚书仪曹郎。

任度支尚书。天监五年（506），迁任散骑常侍、光禄大夫，侍奉皇
太子，赐给扶持之人。天监六年（507），兼领太子左卫率。天监七年
（508），转任通直散骑常侍、右卫将军，中正之职照旧。这一年他上
表请求告老还乡，天子下诏不予批准。天监八年（509），他出京担任
晋陵太守，秩中二千石。天监九年（510），入京担任祠部尚书，兼领
右骁骑将军，在这一年他迁任金紫光禄大夫，增加亲信护卫二十人。
天监十三年（514），他在任上去世，时年七十五岁。朝廷赠钱五万，
布百匹资助其丧葬。

　　范岫身高七尺八寸，为人恭敬严谨，进退应对都很注意礼节。
自从父母去世后，他就只吃素食穿布衣，直至去世。每任一官，总以
清正廉洁著称。他担任长城县令时，有一个梓木制成的巾箱，使用了
几十年，后来他显贵后也不曾换过。在晋陵任太守时，只做了一对象
牙笔管的毛笔，还嫌它过于靡费。他所著文集以及《礼论》《杂仪》
《字训》都通行于世。他有两个儿子范褰、范伟。

## 傅昭

　　傅昭，字茂远，北地灵州人，是晋朝司隶校尉傅咸的七世孙。他
的祖父傅和之，父亲傅淡，都擅长《三礼》，在刘宋一朝颇有名望。
傅淡侍奉刘宋的竟陵王刘诞，刘诞谋反，傅淡受牵连被诛杀。傅昭
六岁丧父，异常伤心而毁损了健康，就像是成年人一样，宗族里的人
都认为他很不寻常。十一岁时，他跟随外祖父在朱雀桥卖历书。后来
做了雍州刺史袁顗的门下宾客，袁顗曾经来到傅昭的住处，傅昭仍
旧和先前一样读书，神色不改。袁顗叹息说："这个孩子神情非凡，
必能成大器。"司徒建安王刘休仁听说后很喜欢他，因而想召他来自
己府中任职，傅昭因为当时刘宋朝政动荡多有变故，就没有前往。有
人在廷尉虞愿的面前称赞了傅昭，虞愿就派车迎傅昭入见。当时虞
愿的同宗虞通之也在座上，他也是当时的名流，虞通之赠给傅昭一
首诗说："英妙擅山东，才子倾洛阳。清尘谁能嗣，及尔遘遗芳。"太
原人王延秀向丹阳尹袁粲推荐傅昭，傅昭深受袁粲礼遇，被征辟为
丹阳郡主簿，袁粲还让几个儿子都跟从傅昭学习。时逢宋明帝驾崩，

先是，御史中丞刘休荐昭于武帝，永明初，以昭为南郡王侍读。王嗣帝位，故时臣隶争求权宠，惟昭及南阳宗夬，保身守正，无所参入，竟不罹其祸。明帝践阼，引昭为中书通事舍人。时居此职者，皆势倾天下，昭独廉静，无所干豫。器服率陋，身安粗粝。常插烛于板床，明帝闻之，赐漆合烛盘等，敕曰："卿有古人之风，故赐卿古人之物。"累迁车骑临海王记室参军，长水校尉，太子家令，骠骑晋安王咨议参军。寻除尚书左丞、本州大中正。

高祖素悉昭能，建康城平，引为骠骑录事参军。梁台建，迁给事黄门侍郎，领著作郎，顷之，兼御史中丞，黄门、著作、中正并如故。天监三年，兼五兵尚书，参选事，四年，即真。六年，徙为左民尚书，未拜，出为建威将军、平南安成王长史、寻阳太守。七年，入为振远将军、中权长史。八年，迁通直散骑常侍，领步兵校尉，复领本州大中正。十年，复为左民尚书。

十一年，出为信武将军、安成内史。安成自宋已来兵乱，郡舍号凶。及昭为郡，郡内人夜梦见兵马铠甲甚盛，又闻有人云"当避善人"，军众相与腾虚而逝。梦者惊起。俄而疾风暴雨，倏忽便至，数间屋俱倒，即梦者所见军马践蹈之所也。自后郡舍遂安，咸以昭正

袁粲奉命撰写哀册文，就请傅昭为他改定文章。袁粲每次经过傅昭的门前，常常叹息说："经过他门前，静悄悄的好像没有人，拉开帷幔一看，他正在其中，此人岂非名流贤士？"傅昭不久出任总明学士、奉朝请。南齐永明年间，他累加迁任为员外郎、司徒竟陵王萧子良参军、尚书仪曹郎。

在此之前，御史中丞刘休曾经向齐武帝推荐傅昭，永明初年，齐武帝任命傅昭为南郡王萧昭业的侍读。南郡王后来继承帝位，他往日的属臣争相追求权位和荣宠，只有傅昭和南阳人宗央二人，明哲保身坚守正道，没有参与权力斗争，最终都在萧昭业被废杀的祸乱中幸免于难。齐明帝践阼登基后，起用傅昭为中书通事舍人。当时凡是身居此职者，无不权倾天下，唯独傅昭任职廉洁清静，不曾擅权自专。服饰器皿都草率粗陋，立身安于简朴粗粝。他常常将蜡烛插在自己的板床之上，齐明帝听说后，赐他漆盒烛台等物，传敕令说："卿有古人之风，所以赐给卿古人之物。"傅昭累加升迁为车骑临海王记室参军，长水校尉，太子家令，骠骑晋安王咨议参军。不久被除授为尚书左丞、本州大中正。

高祖一向知晓傅昭的才能，建康城平定后，就任命他为骠骑录事参军。高祖被封为梁公建立台府后，傅昭迁任给事黄门侍郎，兼领著作郎，不久，又兼任御史中丞，黄门侍郎、著作郎、大中正之职照旧。天监三年（504），他兼任五兵尚书，参掌选拔官员，天监四年（505），正式就任五兵尚书。天监六年（507），迁任为左民尚书，未曾拜授，出京担任建威将军、平南安成王长史、寻阳太守。天监七年（508），入京担任振远将军、中权长史。天监八年（509），迁任通直散骑常侍，兼领步兵校尉，后又兼领本州大中正。天监十年（511），再度担任左民尚书。

天监十一年（512），傅昭出京担任信武将军、安成内史。安成郡自刘宋以来累遭兵祸，郡中房舍多有被称为凶宅的。到了傅昭任职时，郡中有人夜晚梦见非常多的兵马披挂铠甲，又听见有人说"应该回避善人"，这些兵马就一起升入虚空中消失了。做梦的人惊醒坐起来。不久狂风暴雨袭来，片刻之间风雨大作，城中几间房屋都因而倒

直所致。郡溪无鱼，或有暑月荐昭鱼者，昭既不纳，又不欲拒，遂委于门侧。

十二年，入为秘书监，领后军将军。十四年，迁太常卿。十七年，出为智武将军、临海太守。郡有蜜岩，前后太守皆自封固，专收其利。昭以周文之囿，与百姓共之，大可喻小，乃教勿封。县令常饷栗，置绢于薄下，昭笑而还之。普通二年，入为通直散骑常侍、光禄大夫，领本州大中正，寻领秘书监。五年，迁散骑常侍、金紫光禄大夫，中正如故。

昭所莅官，常以清静为政，不尚严肃。居朝廷，无所请谒，不畜私门生，不交私利。终日端居，以书记为乐，虽老不衰。博极古今，尤善人物，魏晋以来，官宦簿伐，姻通内外，举而论之，无所遗失。性尤笃慎。子妇尝得家饷牛肉以进，昭召其子曰："食之则犯法，告之则不可，取而埋之。"其居身行己，不负暗室，类皆如此。京师后进，宗其学，重其道，人人自以为不逮。大通二年九月，卒，时年七十五。诏赙钱三万，布五十匹，即日举哀，谥曰贞子。长子谞，尚书郎，临安令。次子肫。

傅映

映字徽远，昭弟也。三岁而孤。兄弟友睦，修身厉行，非礼不行。始昭之守临海，陆倕钱之，宾主俱欢，日昏不反，映以昭年高，不可连夜极乐，乃自往迎候，同乘而归，兄弟并已斑白，时人美而服焉。及昭卒，映丧之如父，年逾七十，哀戚过礼，服制虽除，每言

塌，正是做梦者所见军马践踏的所在。从此以后郡中房舍就安宁了，人们都认为是傅昭为人正直所致。郡中的溪流不产鱼，有人夏天向傅昭献鱼，傅昭既不收下，又不想坚拒，就把鱼放在门边。

天监十二年（513），傅昭入京任秘书监，兼领后军将军。天监十四年（515），迁任太常卿。天监十七年（518），出京担任智武将军、临海太守。临海郡有一块能产蜜的岩地，傅昭之前的历任太守都把这里封锁起来，专享其利。傅昭认为周文王尚且将自己的苑囿与百姓共享，以大可以喻小，就下令不得封锁蜜岩。县令曾经赠给他栗子，将丝绢放在盛栗子的苇箬下面，傅昭笑笑将绢送还给他。普通二年（521），他入京任通直散骑常侍、光禄大夫，兼领本州大中正，不久兼领秘书监。普通五年（524），迁任散骑常侍、金紫光禄大夫，中正之职照旧。

傅昭每任一官，常采取清静简省的政风，不崇尚严厉整肃。他在朝廷时，不去拜谒请托，不蓄养门生，不为私利四处结交。终日只是端坐家中，以读书写作为乐，即便老迈后仍乐此不疲。他的知识渊博贯通古今，尤其熟知人物，魏、晋以来，但凡官宦家世门阀，内外姻亲关系，他都能信手拈来加以论述，从没有遗漏的。性格尤其笃厚谨慎。他的儿媳曾经得到娘家送来的牛肉奉上给他，傅昭召来他的儿子说："吃了就要犯法，去告发则不可行，你拿去把它埋掉吧。"他为人处事严于律己，即便独处也不违背原则，其事大多如此。京师里的后辈，尊崇他的学识，看重他的道义，人人都认为比不上他。大通二年（528）九月，傅昭去世，时年七十五岁。天子下诏赠钱三万、布五十匹资助其丧葬，当日就为他举哀，谥号为贞子。他的长子傅谞，官至尚书郎，临安令。次子傅肱。

傅映

傅映字徽远，是傅昭的弟弟。三岁即丧父。他和兄弟之间友爱和睦，注重修身砥砺言行，不合于礼法的事就不去做。当傅昭出任临海太守时，陆倕为他饯行，宾主双方都很愉快，太阳下山了也不见傅昭回家，傅映因为傅昭年事已高，不可彻夜饮宴作乐，就亲自前往迎

辄感恸。


映泛涉记传，有文才，而不以篇什自命。少时与刘绘、萧琛相友善，绘之为南康相，映时为府丞，文教多令具草。褚彦回闻而悦之，乃屈与子贲等游处。年未弱冠，彦回欲令仕，映以昭未解褐，固辞，须昭仕乃官。


永元元年，参镇军江夏王军事，出为武康令。及高祖师次建康，吴兴太守袁昂自谓门世忠贞，固守诚节，乃访于映曰："卿谓时事云何？"映答曰："元嘉之末，开辟未有，故太尉杀身以明节，司徒当寄托之重，理无苟全，所以不顾夷险，以殉名义。今嗣主昏虐，狎近群小，亲贤诛戮，君子道消，外难屡作，曾无悛改。今荆、雍协举，乘据上流，背昏向明，势无不济。百姓思治，天人之意可知；既明且哲，忠孝之途无爽。愿明府更当雅虑，无祇悔也。"寻以公事免。天监初，除征虏鄱阳王参军，建安王中权录事参军，领军长史，乌程令。所受俸禄，悉归于兄。复为临川王录事参军，南台治书，安成王录事，太子翊军校尉，累迁中散大夫、光禄卿，太中大夫。大同五年，卒，年八十三。子弘。


## 萧琛

萧琛，字彦瑜，兰陵人。祖僧珍，宋廷尉卿。父惠训，太中大夫。琛年数岁，从伯惠开抚其背曰："必兴吾宗。"

候他，二人同乘一车而回，兄弟俩都已经两鬓斑白，这一景象被当时的人传为美谈，愈发佩服傅映。到了傅昭去世的时候，傅映伤心得如同父亲故去一般，自己年过七十，却仍悲伤哀悼超过了礼制，后来虽然已经脱去丧服，每当谈及傅昭时他还常常感怀恸哭。

傅映广泛涉猎历史传记，有文才，而不以文章自夸。他年少时与刘绘、萧琛友情很深，刘绘担任南康相时，傅映当时正任府丞，文书命令刘绘大多让傅映草拟。褚渊听说了此事非常高兴，就要傅映屈节与他的儿子褚贲等交游相处。傅映尚未满二十岁，褚渊想让他出仕任官，傅映以兄长傅昭尚未入仕为由，坚决推辞，等到傅昭出仕后他才任官。

永元元年（499），傅映任镇军江夏王参军，出京任武康令。高祖义军打到建康时，吴兴太守袁昂认为自己家族世代忠贞不渝，应为齐朝固守臣节，就拜访傅映说：“您对时事有何看法？”傅映回答说：“刘宋元嘉末年，乱事可谓史无前例，因此太尉袁淑杀身以明节，司徒袁粲身负明帝托孤的重任，没有苟全性命的道理，所以他不顾艰险，最终以一死殉其名节。如今嗣位的新君昏庸暴虐，亲近小人，大肆诛杀皇亲与贤臣，君子之道已然没落了，外部的危难屡屡发作，他仍无忌惮悔改之意。现在荆、雍二州联手举事，占据了上游之势，抛弃昏暗拥抱光明，观其形势没有不成功的道理。百姓都思念太平治世，上天和黎民的意愿都已清楚可知；明智而又通达的人士，忠孝之路绝不会看错。希望明公您再仔细考虑一下，不要留下悔恨。”不久傅映因公事免职。天监初年，他被除授为征虏鄱阳王参军，建安王中权录事参军，领军长史，乌程令。他将自己所得的俸禄，悉数交给兄长。又担任临川王录事参军，南台治书，安城王录事，太子翊军校尉，累加升迁为中散大夫、光禄卿，太中大夫。大同五年（539），傅映去世，时年八十三岁。儿子叫傅弘。

### 萧琛

萧琛字彦瑜，兰陵郡人。祖父萧僧珍，官至刘宋廷尉卿。父亲萧惠训，官至太中大夫。萧琛年仅几岁时，堂伯父萧惠开抚摸着他的背说：“你必定能使我们的宗族兴隆。”

　　琛少而朗悟，有纵横才辩。起家齐太学博士。时王俭当朝，琛年少，未为俭所识，负其才气，欲候俭。时俭宴于乐游苑，琛乃著虎皮靴，策桃枝杖，直造俭坐，俭与语，大悦。俭为丹阳尹，辟为主簿，举为南徐州秀才，累迁司徒记室。

　　永明九年，魏始通好，琛再衔命到桑乾，还为通直散骑侍郎。时魏遣李道固来使，齐帝宴之。琛于御筵举酒劝道固，道固不受，曰：“公庭无私礼，不容受劝。”琛徐答曰：“《诗》所谓‘雨我公田，遂及我私’。”座者皆服，道固乃受琛酒。迁司徒右长史。出为晋熙王长史、行南徐州事。还兼少府卿、尚书左丞。

　　东昏初嗣立，时议以无庙见之典，琛议据《周颂·烈文》《闵予》皆为即位朝庙之典，于是从之。高祖定京邑，引为骠骑咨议，领录事，迁给事黄门侍郎。梁台建，为御史中丞。天监元年，迁庶子，出为宣城太守。征为卫尉卿，俄迁员外散骑常侍。三年，除太子中庶子、散骑常侍。九年，出为宁远将军、平西长史、江夏太守。

　　始琛在宣城，有北僧南度，惟赍一葫芦，中有《汉书序传》。僧曰：“三辅旧老相传，以为班固真本。”琛固求得之，其书多有异今者，而纸墨亦古，文字多如龙举之例，非隶非篆，琛甚秘之。及是行也，以书饷鄱阳王范，范乃献于东宫。

　　琛寻迁安西长史、南郡太守，母忧去官，又丁父艰。起为信武将军、护军长史，俄为贞毅将军、太尉长史。出为信威将军、东阳

萧琛从小聪明颖悟，有纵横豪放的辩才。从家中被起用为南齐太学博士。当时正值王俭主持朝政，萧琛年纪轻，王俭不认识他。萧琛自负其才气，想要拜访王俭。当时王俭正在乐游苑内举行宴会，萧琛就穿着虎皮靴，手拄着桃枝杖，径直走到王俭的座位前，王俭与他交谈，大为欣喜。王俭担任丹阳尹后，征辟萧琛为主簿，又举荐他为南徐州秀才，累加升迁为司徒记室。

永明九年（491），北魏开始与南齐通好，萧琛两次奉命前往北魏桑干郡，回朝后担任通直散骑侍郎。当时北魏派李道固出使齐朝，齐武帝宴请他，萧琛在酒筵上举杯向李道固劝酒，李道固不接受，说："公庭上不行私礼，不容我接受您的劝酒。"萧琛不紧不慢地说："《诗》中说，'雨我公田，遂及我私'。"在座的人全都佩服他的口才，李道固于是接受了萧琛的敬酒。迁任司徒右长史。出京任晋熙王长史、行南徐州事。回京后兼任少府卿、尚书左丞。

东昏侯继承皇位之初，当时的朝议认为古时并无进入朝庙拜见新君的旧典，萧琛引用《诗经·周颂·烈文》《闵予小子》，认为这些都是庙见新君的典制，于是遵照其议而行。高祖平定京邑后，任用他为骠骑咨议，兼领录事，迁任给事黄门侍郎。高祖被封梁公建立台府后，萧琛任御史中丞。天监元年（502），迁任为太子庶子，出京任宣城太守。后征召他为卫尉卿，不久迁任员外散骑常侍。天监三年（504），除授为太子中庶子、散骑常侍。天监九年（510），出京担任宁远将军、平西长史、江夏太守。

萧琛在宣城任太守时，有个北朝的僧人南渡，只带着一个葫芦，其中有一本《汉书序传》。僧人说："此乃三辅一带的老辈人所传，他们说是班固的真本。"萧琛坚持请求最终得到了这本书，此书多有与今日流传之《汉书》相异之处，而纸墨也很古老，文字大多犹如游龙般飞动，既非隶书又非篆书，萧琛非常珍视此书。到了他出任江夏太守时，就将此书赠给了鄱阳王萧范，萧范把书呈交给东宫。

萧琛不久迁任安西长史、南郡太守，因母丧丁忧去官，又因父丧守制。被起用为信武将军、护军长史，不久任贞毅将军、太尉长史。出京担任信威将军、东阳太守，后迁任吴兴太守。吴兴郡中有项羽庙，

太守，迁吴兴太守。郡有项羽庙，土民名为愤王，甚有灵验，遂于郡厅事安施床幕为神座，公私请祷，前后二千石皆于厅拜祠，而避居他室。琛至，徙神还庙，处之不疑。又禁杀牛解祀，以脯代肉。

琛频莅大郡，不治产业，有阙则取，不以为嫌。普通元年，征为宗正卿，迁左民尚书，领南徐州大中正，太子右卫率。徙度支尚书，左骁骑将军，领军将军，转秘书监、后军将军，迁侍中。

高祖在西邸，早与琛狎，每朝宴，接以旧恩，呼为宗老。琛亦奉陈昔恩，以"早簉中阳，夙忝同闬，虽迷兴运，犹荷洪慈。"上答曰："虽云早契阔，乃自非同志；勿谈兴运初，且道狂奴异。"

琛常言："少壮三好，音律、书、酒。年长以来，二事都废，惟书籍不衰。"而琛性通脱，常自解灶，事毕馂余，必陶然致醉。

大通二年，为金紫光禄大夫，加特进，给亲信三十人。中大通元年，为云麾将军、晋陵太守，秩中二千石，以疾自解，改授侍中、特进、金紫光禄大夫。卒，年五十二。遗令诸子，与妻同坟异藏，祭以蔬菜，葬日止车十乘，事存率素。乘舆临哭甚哀。诏赠本官，加云麾将军，给东园秘器，朝服一具，衣一袭，赙钱二十万，布百匹。谥曰平子。

## 陆杲 陆煦

陆杲，字明霞，吴郡吴人。祖徽，宋辅国将军、益州刺史。父

当地居民称之为愤王，颇为灵验，人们就在郡守的公厅里设置床幕作其神座，官吏与百姓都向之祈祷，前面的历任郡守都在公厅上祭拜它，自己则避居其他房间。萧琛来到后，将神座迁往远处的庙中，泰然处之毫无疑虑。又禁止民间举行杀牛禳除灾异的祭祀，下令以肉干替代鲜肉行祭。

萧琛多次主政大郡，却不经营私人产业，生活上有贫乏时就在任上征取，并不视为忌讳。普通元年（520），朝廷征召他为宗正卿，迁任左民尚书，兼领南徐州大中正，太子右卫率。转任度支尚书，左骁骑将军，领军将军，转秘书监、后军将军，迁任侍中。

高祖在竟陵王萧子良的西邸交游时，早已与萧琛关系亲近，后来每逢朝堂宴宴，对萧琛都会以旧日恩义相待，称呼他为宗老。萧琛也陈述往日的恩情，说"早年曾经沐浴阳光，愧列圣上门墙，虽然国运初兴时自己迷惑未曾投效麾下，今日仍能蒙受圣上的洪大恩遇"。高祖回答他说："虽说早年就是生死之交，实际当时志向并不相同；国运初兴时的事就不要再提了，我知道你这狂放不羁之人已经转变了。"

萧琛常说："我年轻时有三个爱好，音律、书籍和酒。上了年纪之后，其中两个都已经停止了，唯有对书籍的喜好仍未衰减。"而萧琛性格通达洒脱，常常自己祭祀灶神求福消祸，祭祀完后余下的祭品，他必会其乐陶陶地享用直至醉去。

大通二年（528），萧琛任金紫光禄大夫，加官特进，赐亲信护卫三十人。中大通元年（529），任云麾将军、晋陵太守，秩中二千石，他以患病为由上书请求解职，改授为侍中、特进、金紫光禄大夫。不久去世，时年五十二岁。临终时他对几个儿子留下遗言，要求和妻子同坟异室安葬，以蔬菜祭奠，下葬之日送葬队伍只许有十辆车，务必让丧事简单朴素。天子驾临吊唁，哭得非常伤心。下诏追赠他本身官职，加官云麾将军，赐给皇室规格的棺木，朝服一具，衣冠一袭，并赠钱二十万，布一百匹资助其丧葬。谥号为平子。

### 陆杲 陆煦

陆杲字明霞，吴郡吴县人。祖父陆徽，刘宋时官至辅国将军、益

叡,扬州治中。

杲少好学,工书画,舅张融有高名,杲风韵举动,颇类于融,时称之曰:"无对日下,惟舅与甥。"起家齐中军法曹行参军,太子舍人,卫军王俭主簿。迁尚书殿中曹郎,拜日,八座丞郎并到上省交礼,而杲至晚,不及时刻,坐免官。久之,以为司徒竟陵王外兵参军,迁征虏宜都王功曹史,骠骑晋安王咨议参军,司徒从事中郎。梁台建,以为骠骑记室参军,迁相国西曹掾。天监元年,除抚军长史,母忧去职。服阕,拜建威将军、中军临川王咨议参军,寻迁黄门侍郎,右军安成王长史。五年,迁御史中丞。

杲性婞直,无所顾望。山阴令虞肩在任,赃污数百万,杲奏收治。中书舍人黄睦之以肩事托杲,杲不答。高祖闻之,以问杲,杲答曰"有之"。高祖曰:"卿识睦之不?"杲答曰:"臣不识其人。"时睦之在御侧,上指示杲曰:"此人是也。"杲谓睦之曰:"君小人,何敢以罪人属南司?"睦之失色。领军将军张稷,是杲从舅,杲尝以公事弹稷,稷因侍宴诉高祖曰:"陆杲是臣通亲,小事弹臣不贷。"高祖曰:"杲职司其事,卿何得为嫌!"杲在台,号称不畏强御。

六年,迁秘书监,顷之为太子中庶子、光禄卿。八年,出为义兴太守,在郡宽惠,为民下所称。还为司空临川王长史、领扬州大中正。十四年,迁通直散骑侍郎,俄迁散骑常侍,中正如故。十五年,迁司徒左长史。十六年,入为左民尚书,迁太常卿。普通二年,出为仁威将军、临川内史。五年,入为金紫光禄大夫,又领扬州大中正。中大通元年,加特进,中正如故。四年,卒,时年七十四。谥曰质子。

州刺史。父亲陆叡,官至扬州治中。

陆杲自幼好学,擅长书法绘画,他的舅舅张融有高士之名,陆杲的风韵举止,颇有类似张融之处,当时的人称他们为:"世上无双,一对舅甥。"初任南齐中军法曹行参军,太子舍人,卫军王俭主簿。迁任尚书殿中曹郎,拜授之日,尚书八座和诸丞、郎都到尚书上省中互相见礼,而陆杲来晚了,没有赶上,因此获罪免官。很久以后,才出任司徒竟陵王外兵参军,迁任征虏宜都王功曹史,骠骑晋安王咨议参军,司徒从事中郎。高祖获封梁公建立台府后,任命他为骠骑记室参军,迁任相国西曹掾。天监元年(502),除授为抚军长史,遭母丧丁忧去职。服丧期满后,拜授为建威将军、中军临川王咨议参军,不久迁任黄门侍郎,右军安成王长史。天监五年(506),迁任御史中丞。

陆杲性格刚直不阿,没有顾忌避讳者。山阴令虞肩在其官任上,贪污赃款达数百万,陆杲参奏他将他收治下狱。中书舍人黄睦之为了虞肩的事情向陆杲请托,陆杲没有答复他。高祖听说了这件事,就向陆杲询问,陆杲回答说"确有此事"。高祖说:"卿认识黄睦之吗?"陆杲回答道:"臣不识其人。"当时黄睦之正在御座旁,高祖便指给陆杲看,说:"就是这个人。"陆杲对黄睦之说:"您真乃小人,怎敢为罪人向御史台请托?"黄睦之的脸色大变。领军将军张稷,本是陆杲母亲的叔伯兄弟,陆杲曾因公事弹劾张稷,张稷借御宴的机会向高祖诉苦:"陆杲是微臣的亲戚,竟然因小事弹劾微臣毫不容情。"高祖说:"这是陆杲职务分内之事,卿岂能为此而生嫌怨!"陆杲主持御史台,号称不畏强权。

天监六年(507),陆杲迁任秘书监,不久任太子中庶子、光禄卿。天监八年(509),出京担任义兴太守,他在郡中实施宽惠之政,受到民众下吏的称赞。回京后任司空临川王长史、兼领扬州大中正。天监十四年(515),迁任通直散骑侍郎,不久迁任散骑常侍,中正之职照旧。天监十五年(516),迁任司徒左长史。天监十六年(517),入京任左民尚书,迁任太常卿。普通二年(521),出京任仁威将军、临川内史。普通五年(524),入京任金紫光禄大夫,再度兼领扬州杲素信佛法,持戒甚精,著《沙门传》三十卷。

弟煦,学涉有思理。天监初,历中书侍郎,尚书左丞,太子家令,卒。撰《晋书》未就。又著《陆史》十五卷、《陆氏骊泉志》一卷,并行于世。

子罩,少笃学,有文才,仕至太子中庶子、光禄卿。

史臣曰:范岫、傅昭,并笃行清慎,善始令终,斯石建、石庆之徒矣。萧琛、陆杲俱以才学著名。琛朗悟辩捷,加谙究朝典,高祖在田,与琛游旧,及践天历,任遇甚隆,美矣。杲性婞直,无所忌惮,既而执法宪台,纠绳不避权幸,可谓允兹正色。《诗》云:"彼己之子,邦之司直。"杲其有焉。

大中正。中大通元年（529），加官特进，中正之职照旧。中大通四年（532），陆杲去世，时年七十四岁。谥号为质子。

陆杲一向笃信佛法，修持戒律非常精严，著有《沙门传》三十卷。

陆杲的弟弟陆煦，学问广博有思辨能力。天监初年，他历任中书侍郎，尚书左丞，太子家令，后去世。撰写《晋书》未及完成。又著有《陆史》十五卷、《陆氏骊泉志》一卷，都通行于世。

陆杲的儿子陆罩，自幼笃志向学，有文才，官至太子中庶子、光禄卿。

史臣说：范岫、傅昭，二人都谨守清白谨慎的行事作风，美好的声名从开始保持到了结束，堪称是汉代石建、石庆一样的能臣了。萧琛、陆杲都以才学知名。萧琛聪颖机敏有辩才，又非常熟悉历代典章制度，高祖在野时，曾与萧琛结识交游，到了践阼登基之后，对萧琛的任用礼遇十分隆盛，真是美谈啊。陆杲性情刚直，无所忌惮，后来主持朝中司职执法的御史台，监察纠劾从不避讳位高宠亲者，可称得上公正严肃了。《诗》中写道："他是这样一个人，为国执法不偏私。"陆杲颇有此风范。

# 卷二十七

## 列传第二十一
陆倕 到洽 明山宾 殷钧 陆襄

### 陆倕

陆倕，字佐公，吴郡吴人也。晋太尉玩六世孙。祖子真，宋东阳太守。父慧晓，齐太常卿。

倕少勤学，善属文。于宅内起两间茅屋，杜绝往来，昼夜读书，如此者数载。所读一遍，必诵于口。尝借人《汉书》，失《五行志》四卷，乃暗写还之，略无遗脱。幼为外祖张岱所异，岱常谓诸子曰："此儿汝家之阳元也。"年十七，举本州秀才。刺史竟陵王子良开西邸延英俊，倕亦预焉。辟议曹从事参军、庐陵王法曹行参军。天监初，为右军安成王外兵参军，转主簿。

倕与乐安任昉友善，为《感知己赋》以赠昉，昉因此名以报之曰："信伟人之世笃，本侯服于陆乡。缅风流与道素，袭衮衣与绣裳。还伊人而世载，并三骏而龙光。过龙津而一息，望风条而曾翔。彼白玉之虽洁，此幽兰之信芳。思在物而取譬，非斗斛之能量。匹耸峙于东岳，比凝厉于秋霜。不一饭以妄过，每三钱以投渭。匪蒙袂之敢嗟，岂沟壑之能衣。既蕴藉其有余，又淡然而无味。得意同乎卷怀，违方似乎仗气。类平叔而靡雕，似子云之不朴。冠众善而贻操，综群言而名学。折高、戴于后台，异邹、颜乎董幄。采三《诗》于河间，访九师于淮曲。术兼口传之书，艺广铿锵之乐。时坐睡而梁悬，裁枝梧而锥握。既文过而意深，又理胜而辞缛。咨余生

## 陆倕

陆倕字佐公，吴郡吴县人。是晋朝太尉陆玩的六世孙。祖父陆子真，官至刘宋一朝的东阳太守。父亲陆慧晓，官至南齐太常卿。

陆倕自幼勤奋学习，擅长写文章。他在家宅中造起两间茅舍，不与外界往来，日夜攻读，像这样有数年之久。书籍凡读一遍，必能在口中背诵出来。他曾借阅别人的《汉书》，发现缺失《五行志》四卷，就把缺失部分默写出来再还回去，几乎毫无遗漏处。从小就被外祖父张岱视为非同寻常之人，张岱常常对几个儿子说："这孩子就是我家的魏阳元啊。"陆倕十七岁时，被举荐为本州秀才。此时竟陵王萧子良开辟西邸延揽四方才俊，陆倕也位列其中。被征辟为议曹从事参军、庐陵王法曹行参军。天监初年，陆倕任右军安成王外兵参军，后转任主簿。

陆倕与乐安人任昉交情甚好，曾作了一篇《感知己赋》赠给任昉，任昉就以此为题撰文回赠他，写道："君乃伟人之后裔无疑，先祖本在陆乡为天子斥候而服事。自古陆氏一族风采杰出、道德高洁的人物辈出，历代不乏身着衮衣绣裳而位列公侯之人。到了您这里已经累世见载于史册，您兄弟三人犹如人称'三俊'的陆机、陆云、顾荣一样文采飞扬。路过您的府第稍作歇息，此处如同高梧曾飞旋神鸟凤凰。那美丽的白玉虽然清白，怎及您高洁如幽兰吐露芬芳。想在世间万物中选取一种来为您作比喻，您的才器远非寻常斗斛可以度量。学问堪比那巍峨耸峙的泰山，德行如同清冽寒凉的秋霜。从不取食于人而妄失小节，每饮于渭水必投钱三枚。即便身陷困顿也绝无人敢呼喝您进食，就算辗转于沟壑也不会接受他人轻率的施舍。

之荏苒，迫岁暮而伤情。测徂阴于堂下，听鸣钟于洛城。唯忘年之陆子，定一遇于班荆。余获田苏之价，尔得海上之名。信落魄而无产，终长对于短生。饥虚表于徐步，逃责显于疾行。子比我于叔则，又方余于耀卿。心照情交，流言靡惑。万类暗求，千里悬得。言象可废，蹄筌自默。居非连栋，行则同车。冬日不足，夏日靡余。肴核非饵，丝竹岂娱。我未舍驾，子已回舆。中饭相顾，怅然动色。邦壤既殊，离会莫测。存异山阳之居，没非要离之侧。似胶投漆中，离娄岂能识。"其为士友所重如此。

迁骠骑临川王东曹掾。是时礼乐制度，多所创革，高祖雅爱倕才，乃敕撰《新漏刻铭》，其文甚美。迁太子中舍人，管东宫书记。又诏为《石阙铭记》。奏之。敕曰："太子中舍人陆倕所制《石阙铭》，辞义典雅，足为佳作。昔虞丘辨物，邯郸献赋，赏以金帛，前史

风度优雅而含蓄，个性冲和又淡泊。正逢人生得意之时却超脱如收敛行迹的隐士，有时反常道而行又好像任性使气的豪杰。才气堪比何平叔却又不事雕饰，风度近似扬子云的文质相副不故作朴实。博采众善陶冶了您的情操，综览群言使您的学问享有盛名。足可在宫廷辩论中折服汉代欧阳高、戴凭这样的鸿儒，亦必能在董仲舒垂帷讲学的讲坛上力压邹生、颜生。您曾像汉代河间献王一样广泛搜集各家经典，又曾像汉淮南王刘安一样在国内遍访名师。您的学术研究兼及口耳相传的古书，您的艺术造诣广涉铿锵动听的乐曲。您勤奋用功时睡觉也端坐将头发悬于梁上，才刚刚睡醒就以锥刺股发奋努力。您的作品文采超越他人而涵义深远，以哲理取胜又文辞繁密。可叹啊我的生命多么短暂，已经接近暮年令人伤怀感喟。看着堂下日影在缓缓移动，听着洛阳悬钟的悠悠长鸣。只有与我忘年之交的陆倕，是我遇见的可以坐而论道的知音。我获得田苏那样好仁的评价，您也有鲁仲连一般高洁的名声。我确实落魄清贫不治家产，这短暂的一生将在长久的寂寞中告终。我步履缓慢是因为饥饿虚弱，快步疾行则是为了逃避任官的种种职责。您将我比作裴楷，又将我喻为袁涣。可知你我心意相通肝胆相照，外界流言也不能令我迷惑。万物都在本能地寻求同类，远隔千里也能最终相遇。言辞和表象都是可以忽略的，人们讲经说法时手中的麈尾自是默然不语。作为知己虽不能比邻而居，只愿日日能同车出行。冬季我的资用匮乏不足，夏日我也无盈余之资。我既没有精美的食物招待您，也没有悦耳的音乐娱乐您。我尚未下车，您已经返回了。日中吃饭时看不到您，令人惆怅而失色。如今你我身处异地，离别与再会都难以预测。在世时没有像嵇康寓居山阳那样接近知己的居处，死去也不能像皋伯通葬梁鸿于要离墓侧那样入土下葬。你我的友谊如胶似漆，即使是古之明目者离娄又怎能区分得开。"陆倕就是如此受到士人朋友的看重。

迁任骠骑临川王东曹掾。当时的礼乐制度，多有创造革新，高祖很喜爱陆倕的才华，就令他撰写了一篇《新漏刻铭》，文辞十分优美。迁任太子中舍人，掌管东宫书记。高祖又令陆倕写作《石阙铭记》，他写成奏上。高祖下敕令说："太子中舍人陆倕所作《石阙

美谈，可赐绢三十匹。"迁太子庶子、国子博士，母忧去职。服阕，为中书侍郎，给事黄门侍郎，扬州别驾从事史，以疾陈解。迁鸿胪卿，入为吏部郎，参选事。出为云麾晋安王长史、寻阳太守、行江州府州事。以公事免，左迁中书侍郎、司徒司马，太子中庶子，廷尉卿。又为中庶子，加给事中、扬州大中正。复除国子博士，中庶子、中正并如故。守太常卿，中正如故。普通七年，卒，年五十七。文集二十卷，行于世。

第四子缵，早慧，十岁通经，为童子奉车郎，卒。

## 到洽

到洽，字茂沿，彭城武原人也。宋骠骑将军彦之曾孙。祖仲度，骠骑江夏王从事中郎。父坦，齐中书郎。

洽年十八，为南徐州迎西曹行事。洽少知名，清警有才学士行。谢朓文章盛于一时，见洽深相赏好，日引与谈论。每谓洽曰："君非直名人，乃亦兼资文武。"朓后为吏部，洽去职，朓欲荐之，洽睹世方乱，深相拒绝。除晋安王国左常侍，不就。遂筑室岩阿，幽居者积岁。乐安任昉有知人之鉴，与洽兄沼、溉并善。尝访洽于田舍，见之叹曰："此子日下无双。"遂申拜亲之礼。

天监初，沼、溉俱蒙擢用，洽尤见知赏，从弟沆亦相与齐名。高祖问待诏丘迟曰："到洽何如沆、溉？"迟对曰："正清过于沆，文章不减溉；加以清言，殆将难及。"即召为太子舍人。御华光殿，诏洽及沆、萧琛、任昉侍宴，赋二十韵诗，以洽辞为工，赐绢二十匹。高祖谓昉曰："诸到可谓才子。"昉对曰："臣常窃议，宋得其武，梁

铭》，辞义典雅，堪称佳作。古代有吾丘寿王辨识汉鼎，邯郸淳献《投壶赋》，当时的君主都以金帛赏赐给他们，成为史书中的美谈。可赐陆倕丝绢三十匹。"迁任太子庶子、国子博士，因母丧丁忧去职。服丧结束后，陆倕任中书侍郎，给事黄门侍郎，扬州别驾从事史，因患病上书解除职务，迁任鸿胪卿，入京任吏部郎，参掌选官之事。出京任云麾晋安王长史、寻阳太守、行江州府州事。因公事免职，降职为中书侍郎，司徒司马，太子中庶子，廷尉卿。出任中庶子，加官给事中，扬州大中正。又被除授为国子博士，中庶子、中正之职都照旧。又试任太常卿，中正之职照旧。普通七年（526），陆倕去世，时年五十七岁。有文集二十卷，通行于世。

陆倕第四个儿子陆缵，聪明早慧，十岁就通晓经书，任童子奉车郎，后去世。

### 到洽

到洽字茂沿，彭城五原人。他是刘宋骠骑将军到彦之的曾孙。祖父到仲度，官至骠骑江夏王从事中郎。父亲到坦，官至南齐中书郎。

到洽十八岁时，担任南徐州迎西曹行事。到洽年少时就很有名，清高机警，有才学且深具士族的操行。谢朓当时文章风靡一时，他见到到洽后深深地赏识他，天天召他高谈阔论。他常对到洽说："您不仅是名士，而且是个文武全才。"谢朓后来任尚书吏部郎，到洽去职后，谢朓想要举荐他，到洽看到世道正乱，就坚决地拒绝了他。被除授为晋安王国左常侍，他不去就职，就在山岩下修筑了一间屋子，隐居其中长达数年。乐安人任昉有识人的眼光，和到洽的兄长到沼、到溉关系都很好。任昉曾经在田舍中拜访到洽，见到他后叹息说："这个人真是天下无双啊。"就对到洽施以拜见朋友父母的礼仪。

天监初年，到沼、到溉都受到朝廷的提拔任用，而到洽尤其受到知遇赏识，他的堂弟到沆也与他齐名。高祖曾问待诏丘迟说："到洽与到沆、到溉相比如何？"丘迟回答说："到洽正直清白胜于到沆，文章则不在到溉之下；加上他擅长清谈，沆、溉二人恐怕难以企及。"高祖当即征召他为太子舍人。御驾升临华光殿，下诏让到洽及到沆、萧

得其文。"

二年，迁司徒主簿，直待诏省，敕使抄甲部书。五年，迁尚书殿中郎。洽兄弟群从，递居此职，时人荣之。七年，迁太子中舍人，与庶子陆倕对掌东宫管记。俄为侍读，侍读省仍置学士二人，洽复充其选。九年，迁国子博士，奉敕撰《太学碑》。十二年，出为临川内史，在郡称职。十四年，入为太子家令，迁给事黄门侍郎，兼国子博士。十六年，行太子中庶子。普通元年，以本官领博士。顷之，入为尚书吏部郎，请托一无所行。俄迁员外散骑常侍，复领博士，母忧去职。五年，复为太子中庶子，领步兵校尉，未拜，仍迁给事黄门侍郎，领尚书左丞。准绳不避贵戚，尚书省贿赂莫敢通。时銮舆欲亲戎，军国容礼，多自洽出。六年，迁御史中丞，弹纠无所顾望，号为劲直，当时肃清。以公事左降，犹居职。旧制，中丞不得入尚书下舍，洽兄溉为左民尚书，洽引服亲不应有碍，刺省详决。左丞萧子云议许入溉省，亦以其兄弟素笃，不能相别也。七年，出为贞威将军、云麾长史、寻阳太守。大通元年，卒于郡，时年五十一。赠侍中。谥曰理子。昭明太子与晋安王纲令曰："明北兖、到长史遂相系凋落，伤恒悲惋，不能已已。去岁陆太常殂殁，今兹二贤长谢。陆生资忠履贞，冰清玉洁，文该四始，学遍九流，高情胜气，贞然直上。明公儒学稽古，淳厚笃诚，立身行道，始终如一，傥值夫子，必升孔堂。到子风神开爽，文义可观，当官莅事，介然无私。皆海内之俊义，东序之秘宝。此之嗟惜，更复何论。但游处周旋，并淹岁序，造膝忠规，岂可胜说，幸免祇悔，实二三子之力也。谈对如昨，音言在耳，零落相仍，皆成异物，每一念至，何时可言。天下之宝，理当恻怆。近张新安又致故，其人文笔弘雅，亦足嗟惜，随弟府朝，东西日久，尤当伤怀也。比人物零落，特可伤惋，属有今信，乃复及之。"

琛、任昉侍宴，赋诗二十韵，以到洽的诗作文辞最精工，就赐他丝绢二十匹。高祖对任昉说："到氏诸子真可谓才子啊。"任昉回答说："微臣常常私下议论，刘宋一朝得了到家武将，我梁朝则得了到家文臣。"

天监二年（503），到洽迁任司徒主簿，在待诏省值班，奉命抄写经部图书。天监五年（506），迁任尚书殿中郎。到洽的几位叔伯兄弟，先后都曾担任过此职，时人都认为是莫大的光荣。天监七年（508），迁任太子中舍人，与太子庶子陆倕一起掌理东宫管记。不久任侍读，侍读省又设置了学士二人，到洽依旧是其中的人选。天监九年（510），迁任国子博士，奉天子敕令撰写《太学碑》。天监十二年，出京担任临川内史，在郡中十分称职。天监十四年（515），入京担任太子家令，迁任给事黄门侍郎，兼国子博士。天监十六年（517），迁任太子中庶子。普通元年（520），以本身官职兼领博士。不久，入宫任尚书吏部郎，他人的请托在到洽这里全然行不通。不久迁任员外散骑常侍，又一次兼领博士，因母丧丁忧去职。普通五年（524），再度出任太子中庶子，兼领步兵校尉，没有拜授，又迁任给事黄门侍郎，兼领尚书左丞，执行法度不避讳朝中贵戚，尚书省再无人敢收受贿赂。当时天子想要御驾亲征，国家军队的诸多军容礼仪，大都出自到洽的决策。普通六年（525），迁任御史中丞，弹劾纠察朝臣没有避讳顾忌者，有刚劲正直之称，一时朝中纲纪得以整肃。后因公事遭降级，仍然在职。按照旧制，御史中丞不能进入尚书下省，到洽的兄长到溉正任左民尚书，到洽援引服侍亲人不应受到阻碍的道理，建议尚书省详加商议后决断。尚书左丞萧子云主张允许他进入到溉的省舍，也是因为他们兄弟一向关系亲密，不能够忍受分别。普通七年（526），出京任贞威将军、云麾长史、寻阳太守。大通元年（527），到洽在郡中去世，时年五十一岁。追赠他为侍中。谥号为理子。昭明太子向晋安王萧纲颁令说："明山宾、到洽相继辞世，实在令人哀痛惋惜，不能抑制。去年陆倕去世，如今这二位贤臣又与世长辞。陆倕秉持忠心行事坚贞，冰清玉洁，文才具备《风》《小雅》《大雅》《颂》的精髓，学识兼通各种学术流派，高尚的情操不凡的气度，始终如一傲然独立。明山宾精通儒学详察古事，为人淳厚笃实，

洽文集行于世。子伯淮、仲举。

## 明山宾

明山宾，字孝若，平原鬲人也。父僧绍，隐居不仕，宋末国子博士征，不就。

山宾七岁能言名理，十三博通经传，居丧尽礼。服阕，州辟从事史。起家奉朝请。兄仲璋婴痼疾，家道屡空，山宾乃行干禄。齐始安王萧遥光引为抚军行参军，后为广阳令，顷之去官。义师至，高祖引为相府田曹参军。梁台建，为尚书驾部郎，迁治书侍御史，右军记室参军，掌治吉礼。时初置《五经》博士，山宾首膺其选。迁北中郎咨议参军，侍皇太子读。累迁中书侍郎，国子博士、太子率更令，中庶子，博士如故。天监十五年，出为持节、督缘淮诸军事、征远将军、北兖州刺史。普通二年，征为太子右卫率，加给事中，迁御史中丞。以公事左迁黄门侍郎、司农卿。四年，迁散骑常侍，领青冀二州大中正。东宫新置学士，又以山宾居之，俄以本官兼国子祭酒。

立身行事始终如一，若当孔子之时，必可成为孔门高弟。到洽风度开阔神韵俊爽，文义卓然可观，任官主事皆公正无私。这些人都是海内的俊杰，国子学中的秘宝。他们的故去令人叹惋痛惜，还有什么可说呢。只是与他们的交游来往，历时多年，曾屡屡促膝以忠言规劝我，哪里数得尽，我侥幸没有留下大的悔恨，实际都是因为这几位的助力啊。与他们的交谈还恍在昨日，声音和话语仍在耳畔，他们却相继凋零，与我已生死相隔，每当念及此，总是悲哀得说不出话。痛失天下至宝，理当悲怆伤怀。近日新安太守张率也去世了，此人文笔高雅，实在也值得嗟叹惋惜，他追随贤弟在你的王府中任职，与我东西相隔已经很久，故而我尤感伤心。近时我朝屡有人物凋零，特别令人伤痛惋惜，今又逢到洽的丧讯传来，于是再度有所感慨。"

到洽有文集通行于世。儿子到泊淮、到仲举。

## 明山宾

明山宾字孝若，平原鬲县人。父亲明僧绍，隐居不出仕，刘宋末年朝廷征他出任国子博士，他不去就职。

明山宾七岁就能讲述事物的是非道理，十三岁已广泛通晓经书和史传，为父母居丧恪守礼节。服丧结束后，州里征辟他为从事史。初任奉朝请。他的兄长明仲璋患有顽疾，家道屡屡为此而空虚，明山宾就寻求任官职以得俸禄。南齐始安王萧遥光任用他为抚军行参军，后来担任广阳令，不久去职。义师到来时，高祖任命他为相府田曹参军。高祖被封为梁公建台治事后，明山宾任尚书驾部郎，迁任治书侍御史，右军记室参军，负责修定吉礼。当时是首次设置《五经》博士，明山宾是第一个确定的人选。迁任北中郎咨议参军，侍皇太子读。累加迁任为中书侍郎，国子博士，太子率更令，中庶子，博士之职照旧。天监十五年（516），出京任持节、督缘淮诸军事、征远将军、北兖州刺史。普通二年（521），被征入朝任太子右卫率，加官给事中，迁任御史中丞。因为公事被降职为黄门侍郎、司农卿。普通四年（523），迁任散骑常侍，兼领青、冀二州大中正。太子东宫新设置学

初，山宾在州，所部平陆县不稔，启出仓米以赡人。后刺史检州曹，失簿书，以山宾为耗阙，有司追责，籍其宅入官，山宾默不自理，更市地造宅。昭明太子闻筑室不就，有令曰："明祭酒虽出抚大藩，拥旄推毂，珥金拖紫，而恒事屡空。闻构宇未成，今送薄助。"并贻诗曰："平仲古称奇，夷吾昔擅美。令则挺伊贤，东秦固多士。筑室非道傍，置宅归仁里。庚桑方有系，原生今易拟。必来三径人，将招《五经》士。"

山宾性笃实，家中尝乏用，货所乘牛。既售受钱，乃谓买主曰："此牛经患漏蹄，治差已久，恐后脱发，无容不相语。"买主遽追取钱。处士阮孝绪闻之，叹曰："此言足使还淳反朴，激薄停浇矣。"

五年，又为国子博士，常侍、中正如故。其年以本官假节，权摄北兖州事。大通元年，卒，时年八十五。诏赠侍中、信威将军。谥曰质子。昭明太子为举哀，赗钱十万，布百匹，并使舍人王颙监护丧事。又与前司徒左长史殷芸令曰："北兖信至，明常侍遂至殒逝，闻之伤恒。此贤儒术该通，志用稽古，温厚淳和，伦雅弘笃。授经以来，迄今二纪。若其上交不谄，造膝忠规，非显外迹，得之胸怀者，盖亦积矣。摄官连率，行当言归，不谓长往，眇成畴日。追忆谈绪，皆为悲端，往矣如何！昔经联事，理当酸怆也。"

士的职位，又让明山宾出任此职，不久以本身官职兼任国子祭酒。

起初，明山宾在州中任职时，所辖的平陆县歉收，他启奏朝廷请求拿出官仓中的粮米救济饥民，后来的刺史检查该州官署，发现遗失簿册记录，认为明山宾造成了官仓亏损，有司追究责任，把明山宾的宅第没收入官，明山宾默然不声辩，另外购地建宅。昭明太子听说他建宅未成，就颁令说："明祭酒虽然出镇大州，手持旄节辅助朝廷镇边，地位显贵，而自己的日常用度屡屡陷入空乏。听说他建宅未成，现在送上微薄的资助。"并赠诗说："齐相晏婴自古称奇，名臣管仲昔人赞美。这些贤者留下嘉美的典范，齐地实在是盛产贤士之地。修筑屋宇并不在道旁而久未落成，是因为主人将宅第营造在仁义之地。抱朴隐居的庚桑已经后继有人，安守贫困的原宪现在也容易效仿了。一定要寻访安贫乐道之人，就去招揽那位通晓《五经》的博士吧。"

明山宾性格朴实敦厚，他家中曾经缺钱使用，将拉车的牛拿去售卖。卖得了钱后，就对买主说："这头牛曾经得过漏蹄的病症，治愈很久了，怕今后万一会复发，不能不告知你。"买主即刻追讨回了买牛钱。隐士阮孝绪听说后，感叹说："这番话足以使人重返淳朴厚道，遏止浮浪浇薄的风气。"

普通五年（524），又出任国子博士，常侍、中正之职照旧。这一年以本身官职假节，暂时代理北兖州政事。大通元年（527），明山宾去世，时年八十五岁。天子下诏追赠他为侍中、信威将军。谥号为质子。昭明太子为他举哀，赠钱十万、布百匹资助其丧葬，并派舍人王颙监护殡葬事宜。又向前司徒左长史殷芸颁令说："北兖州的丧讯传来，明常侍已然辞世，听闻消息伤心悲痛。这位贤者精通儒术，以详察古事为志趣，为人温厚淳和，高雅而笃实。自他传经授业以来，到现在已经二十载。像他这样对主上毫不谄媚，促膝以忠言规劝，喜怒并不显于外在，而所言必出自胸臆的性格，实在也是蕴积已久。自从他代行州事，本以为不久就会回朝，不料一去不返，竟成永忆。追忆与他交谈的景象，都成为悲情哀思的端绪，逝者已远又能如何！过去曾同与他交往，如今理当酸楚悲怆。"

山宾累居学官，甚有训导之益，然性颇疏通，接于诸生，多所狎比，人皆爱之。所著《吉礼仪注》二百二十四卷、《礼仪》二十卷、《孝经丧礼服义》十五卷。

子震，字兴道，亦传父业。历官太学博士，太子舍人，尚书祠部郎，余姚令。

## 殷钧

殷钧，字季和，陈郡长平人也。晋太常融八世孙。父叡，有才辩，知名齐世，历官司徒从事中郎。叡妻王奂女。奂为雍州刺史、镇北将军，乃言于朝，以叡为镇北长史、河南太守。奂诛，叡并见害。钧时年九岁，以孝闻。及长，恬静简交游，好学有思理。善隶书，为当时楷法，南乡范云、乐安任昉并称赏之。高祖与叡少旧故，以女妻钧，即永兴公主也。

天监初，拜驸马都尉，起家秘书郎，太子舍人、司徒主簿、秘书丞。钧在职，启校定秘阁四部书，更为目录。又受诏料检西省法书古迹，别为品目。迁骠骑从事中郎，中书郎，太子家令，掌东宫书记。顷之，迁给事黄门侍郎，中庶子，尚书吏部郎，司徒左长史，侍中。东宫置学士，复以钧为之。公事免。复为中庶子，领国子博士、左骁骑将军，博士如故。出为明威将军、临川内史。

钧体羸多疾，闭阁卧治，而百姓化其德，劫盗皆奔出境。尝禽劫帅，不加考掠，但和言诮责。劫帅稽颡乞改过，钧便命遣之，后遂为善人。郡旧多山疟，更暑必动，自钧在任，郡境无复疟疾。母忧去职，居丧过礼，昭明太子忧之，手书诫喻曰："知比诸德，哀顿为过，又所进殆无一溢，甚以酸耿。迥然一身，宗奠是寄，毁而灭性，

明山宾长期任国子学的官员，多有训导学生的教益，然而他性格疏放通达，和学生相处，往往关系亲昵密切，受到广泛的爱戴。他著有《吉礼仪注》二百二十四卷、《礼仪》二十卷、《孝经丧礼服义》十五卷。

儿子明震，字兴道，也传承了父亲的学业。历任太学博士，太子舍人，尚书祠部郎，余姚令。

## 殷钧

殷钧字季和，陈郡长平人。他是晋朝太常殷融的八世孙。父亲殷叡，有舌辩之才，在南齐一朝颇为知名，官至司徒从事中郎。殷叡的妻子是王奂的女儿。王奂担任雍州刺史、镇北将军，就对朝廷建言，任命殷叡为镇北长史、河南太守。王奂获罪伏诛后，殷叡也一并遇害。殷钧当时年仅九岁，以孝亲而知名。他长大后，性格恬静不喜交游，好学不倦有思辨能力。擅长隶书，他的字是当时人们模仿的对象，南乡人范云、乐安人任昉都称许赞赏他。高祖与殷叡是小时候的旧相识，将女儿嫁给殷钧为妻，就是永兴公主。

天监初年，殷钧拜为驸马都尉，初任秘书郎，太子舍人，司徒主簿，秘书丞。殷钧在职位上，启奏请求校订秘阁所藏的经、史、子、集四部图书，并为之增加目录。又奉诏整理中书省所藏的名家书法古迹，一一辨别制成品目。迁任骠骑从事中郎，中书郎，太子家令，掌管东宫书记。不久，迁任给事黄门侍郎，中庶子，尚书吏部郎，司徒左长史，侍中。太子东宫设置学士，又让殷钧出任。后因公事而免职。再度担任中庶子，兼领国子博士、左骁骑将军，博士之职照旧。出京担任明威将军、临川内史。

殷钧体弱多病，不开阁门卧在床上治政，而百姓都被他的德政感化，劫匪盗贼全都奔逃出境。殷钧曾经抓获劫匪头目，没有刑讯拷问，只是用温和的话语谴责他。劫匪头目叩头请求改过自新，殷钧就下令将他放走，此人就从此成为良民。临川郡的山区过去常常有疟疾流行，一到夏季必然暴发，自从殷钧来到任上，郡境内不再出现疟

圣教所不许。宜微自遣割，俯存礼制，饘粥果蔬，少加勉强。忧怀既深，指故有及，并令缪道臻口具。"钧答曰："奉赐手令，并缪道臻宣旨，伏读感咽，肝心涂地。小人无情，动不及礼，但禀生尪劣，假推年岁，罪戾所钟，复加横疾。顷者绵微，守尽晷漏，目乱玄黄，心迷哀乐，惟救危苦，未能以远理自制。姜桂之滋，实闻前典，不避粱肉，复忝今慈，臣亦何人，降此忧愍。谨当循复圣言，思自补续，如脱申延，实由亭造。"服阕，迁五兵尚书，犹以顿瘵经时，不堪拜受，乃更授散骑常侍，领步兵校尉，侍东宫。寻改领中庶子。昭明太子薨，官属罢，又领右游击，除国子祭酒，常侍如故。中大通四年，卒，时年四十九。谥曰贞子。二子：构，渥。


## 陆襄

陆襄，字师卿，吴郡吴人也。父闲，齐始安王遥光扬州治中，永元末，遥光据东府作乱，或劝闲去之。闲曰："吾为人吏，何所逃死。"台军攻陷城，闲见执，将刑，第二子绛求代死，不获，遂以身蔽刃，刑者俱害之。襄痛父兄之酷，丧过于礼，服释后犹若居忧。

天监三年，都官尚书范岫表荐襄，起家擢拜著作佐郎，除永宁令。秩满，累迁司空临川王法曹，外兵，轻车庐陵王记室参军。昭明太子闻襄业行，启高祖引与游处，除太子洗马，迁中舍人，并掌管

疾。遭母丧丁忧去职，居丧期间哀伤消瘦超过礼仪，昭明太子很担心他，亲手写信劝诫晓喻他说："得知您近来的德行，因过于哀伤而折损了健康，而且所进之食不足一溢，我为此十分心酸。您孑然一身，是宗族希望的寄托所在，毁损健康乃至伤害生命，这是圣教所不准许的。应该稍稍排遣割舍一下悲苦的情绪，保全执行礼制的躯体，稠粥和果蔬食品，应勉强自己进食一些。我的担忧挂怀已深，故而在书信中写及，并令缪道臻亲口转述。"殷钧答复说："接到您赐予的手令，和缪道臻所宣钧旨，伏地读罢感动呜咽，肝脑涂地。卑小之人素来无情，举止哪里称得上符合礼义之道，只是生来羸弱多病，虚度了许多年岁，积累了许多罪愆，如今又生起暴病来了。之前病情尚微时，终日守丧，只觉目眩神迷，心中沉湎于哀伤的情绪，只想着救赎危难困苦中的生灵，未能以高远的道理来约束自己。居丧染疾而加强饮食的道理，确实在古代典籍中曾有所听闻，不应回避精细的膳食，而现在又蒙太子殿下关爱，臣何许人也，竟值得您忧心垂怜。我自当恭敬地重新遵循圣明良言，心存补益健康延续生命之念，倘若果能延长寿命，实则借助了殿下的洪福。"服丧结束后，殷钧迁任五兵尚书，仍因为卧病多时，无力拜授，就改授为散骑常侍，兼领步兵校尉，侍奉太子东宫。不久改兼领中庶子。昭明太子薨逝后，东宫官署裁撤，殷钧又兼领右游击，被除授为国子祭酒，常侍之职照旧。中大通四年，殷钧去世，时年四十九岁。谥号为贞子。有两个儿子：殷构，殷渥。

### 陆襄

陆襄字师卿，吴郡吴县人。父亲陆闲，官至南齐始安王萧遥光扬州治中，永元末年，萧遥光占据东府城谋反作乱，有人劝陆闲离开他。陆闲说："我身为属吏，岂能临事逃避一死。"禁军攻陷东府城，陆闲被俘，将要受刑时，次子陆绛请求代父受死，没有获准，就以身体阻挡兵刃，行刑者将他父子二人都杀害了。陆襄悲痛于父兄罹难的酷烈，居丧哀毁超过了礼制，服丧结束后仍然像在居丧期间一样。

天监三年（504），都官尚书范岫上表举荐陆襄，于是他初任著作佐郎，除授为永宁令。任期届满后，累加升迁为司空临川王法曹，外兵，轻车庐陵王记室参军。昭明太子听说了陆襄的品行之后，奏请

记。出为扬州治中，襄父终此官，固辞职，高祖不许，听与府司马换廨居之。昭明太子敬耆老，襄母年将八十，与萧琛、傅昭、陆杲每月常遣存问，加赐珍羞衣服。襄母尝卒患心痛，医方须三升粟浆，是时冬月，日又逼暮，求索无所。忽有老人诣门货浆，量如方剂，始欲酬直，无何失之，时以襄孝感所致也。累迁国子博士、太子家令，复掌管记，母忧去职。襄年已五十，毁顿过礼，太子忧之，日遣使诫喻。服阕，除太子中庶子，复掌管记。中大通三年，昭明太子薨，官属罢，妃蔡氏别居金华宫，以襄为中散大夫、领步兵校尉、金华宫家令、知金华宫事。

　　七年，出为鄱阳内史。先是，郡民鲜于琛服食修道法，尝入山采药，拾得五色幡眊，又于地中得石玺，窃怪之。琛先与妻别室，望琛所处，常有异气，益以为神。大同元年，遂结其门徒，杀广晋令王筠，号上愿元年，署置官属。其党转相诳惑，有众万余人。将出攻郡，襄先已帅民吏修城隍，为备御，及贼至，连战破之，生获琛，余众逃散。时邻郡豫章、安成等守宰，案治党与，因求贿货，皆不得其实，或有善人尽室离祸，惟襄郡部枉直无滥。民作歌曰："鲜于平后善恶分，民无枉死，赖有陆君。"又有彭李二家，先因忿争，遂相诬告，襄引入内室，不加责诮，但和言喻之，二人感恩，深自咎悔。乃为设酒食，令其尽欢，酒罢，同载而还，因相亲厚。民又歌曰："陆君政，无怨家，斗既罢，仇共车。"在政六年，郡中大治，民李睍等四百二十人诣阙拜表，陈襄德化，求于郡立碑，降敕许之。又表乞留襄，襄固求还，征为吏部郎，迁秘书监，领扬州大中正。太清元年，迁度支尚书，中正如故。

高祖召他与自己交游相处，除授为太子洗马，迁任中舍人，并掌管书记。出京任扬州治中，因陆襄的父亲在此职位上去世，他坚持辞让此职，高祖不予批准，而是听任他与府司马调换官署入居。昭明太子敬重老人，陆襄的母亲年将八十，太子与萧琛、傅昭、陆杲每月常常派人问候她，赐以精美的食物和衣服。陆襄之母曾经忽然患上心痛的病症，医生开的药方需要三升小米浆，当时正值冬月，天色将晚，方药无处求得，忽然有位老人登门出售小米浆，数量正好和药方中的剂量一样，正要给他钱款时，老人忽然消失，时人都认为这是陆襄孝心感动上天所致。累加升迁为国子博士，太子家令，再度掌管书记，因母丧丁忧去职。陆襄已经年过五十，依旧因哀伤过度身体消瘦超越礼法，太子很担心，天天派使者劝诫晓喻他。服丧结束后，被除授为太子中庶子，再度掌管书记。中大通三年（531），昭明太子薨逝，东宫官署裁撤，太子妃蔡氏搬至金华宫，朝廷任命陆襄为中散大夫、兼领步兵校尉、金华宫家令、知金华宫事。

中大通七年（中大通无七年，或为中大通六年即534年），陆襄出京任鄱阳内史。在此之前，郡中有个平民鲜于琛服食丹药修炼道法，曾经进山采药，捡到了五色旗帜，又在地里挖得石玺，私下里觉得很怪异。鲜于琛之前与妻子异室而居，妻子看鲜于琛所居的房屋，常常有奇怪的云气萦绕，此时愈发认为他通神。大同元年（535），鲜于琛就纠合其门徒，杀死广晋令王筠，宣布年号为上愿元年，设置官署和属吏，他的党羽在民间欺骗蛊惑，有追随者万余人。贼兵将要出发攻打郡城，陆襄已经先行率领下吏和民众修筑好城垣沟堑，做好了防守的准备，贼兵杀到后，官军接连作战击败了他们，活捉了鲜于琛，剩下的徒众四散逃窜。当时相邻的豫章、安成等郡的郡守县令，立案捉拿鲜于琛的党羽，借机勒索贿赂，案件全都不是实情，甚至有的良民全家罹难，只有陆襄治理的鄱阳郡没有滥兴冤狱。人民作歌谣唱道：“鲜于之乱平定后善恶分明，百姓无人枉死，全赖有陆使君。”郡中又有彭、李两家人，此前曾因争执纠纷，就互相诬告，陆襄将二人引入内室，不加谴责，只是和言劝解晓喻他们，二人感恩，非常内疚悔恨。陆襄就为他们设置酒宴，让他们尽情欢饮，酒席散

二年，侯景举兵围宫城，以襄直侍中省。三年三月，城陷，襄逃还吴。贼寻寇东境，没吴郡。景将宋子仙进攻钱塘，会海盐人陆黯举义，有众数千人，夜出袭郡，杀伪太守苏单于，推襄行郡事。时淮南太守文成侯萧宁逃贼入吴，襄遣迎宁为盟主，遣黯及兄子映公帅众拒子仙。子仙闻兵起，乃退还，与黯等战于松江，黯败走，吴下军闻之，亦各奔散。襄匿于墓下，一夜忧愤卒，时年七十。

襄弱冠遭家祸，终身蔬食布衣，不听音乐，口不言杀害五十许年。侯景平，世祖追赠侍中、云麾将军。以建义功，追封余干县侯，邑五百户。

陈吏部尚书姚察曰：陆倕博涉文理，到洽匪躬贞劲，明山宾儒雅笃实，殷钧静素恬和，陆襄淳深孝性，虽任遇有异，皆列于名臣矣。

后，二人同车而回，关系于是变得很亲密。人民又作歌谣道："陆君之政，民无冤家，争斗平息，仇家同车。"陆襄在鄱阳治政六年，郡中实现大治，平民李睍等四百二十人入朝上表，陈述陆襄的德政教化，请求在郡中为他立碑，天子降旨予以批准。百姓又上表请求陆襄留任，陆襄坚持要求回京，朝廷征他为吏部郎，迁任秘书监，兼领扬州大中正。太清元年（547），迁任度支尚书，中正之职照旧。

太清二年（548），侯景兴兵包围宫城，高祖让陆襄在侍中省值班。天监三年（504）三月，宫城陷落，陆襄逃回吴郡。乱贼不久进犯东部郡县，攻占了吴郡。侯景的将领宋子仙进攻钱塘，遇海盐人陆黯举义，集合了数千人，夜里出击袭击郡城，杀死了伪太守苏单于，推举陆襄代行吴郡政事。当时淮南太守文成侯萧宁逃避贼兵进入吴郡，陆襄派人迎立萧宁为盟主，派陆黯及兄长之子陆映公率兵拒敌宋子仙。宋子仙听说吴郡起兵抵抗，就率军后撤，与陆黯等人在松江交战，陆黯战败逃走，吴郡的守军听到消息，也都各自逃散。陆襄藏身于墓下，一天夜里忧愤而亡，时年七十岁。

陆襄自二十岁遭遇家祸，终身吃素食穿布衣，不听音乐，绝口不提杀生长达五十年。侯景之乱平定后，元帝追赠他为侍中、云麾将军。因他有率兵举义的功勋，追封为余干县侯，食邑五百户。

陈朝吏部尚书姚察说：陆倕广涉文史义理，到洽尽忠不畏权贵，明山宾儒雅温厚笃实，殷钧朴素恬静冲和，陆襄淳朴深有孝心，虽然他们的职务际遇各有不同，都可以列入名臣的行列了。

## 列传第二十二

裴邃兄子之高 之平 之横

夏侯亶弟夔 鱼弘 韦放

**裴邃** 裴之礼

裴邃，字渊明，河东闻喜人，魏襄州刺史绰之后也。祖寿孙，寓居寿阳，为宋武帝前军长史。父仲穆，骁骑将军。

邃十岁能属文，善《左氏春秋》。齐建武初，刺史萧遥昌引为府主簿。寿阳有八公山庙，遥昌为立碑，使邃为文，甚见称赏。举秀才，对策高第，奉朝请。

东昏践阼，始安王萧遥光为抚军将军、扬州刺史，引邃为参军。后遥光败，邃还寿阳，值刺史裴叔业以寿阳降魏，豫州豪族皆被驱掠，邃遂随众北徙。魏主宣武帝雅重之，以为司徒属，中书郎，魏郡太守。魏遣王肃镇寿阳，邃固求随肃，密图南归。天监初，自拔还朝，除后军咨议参军。邃求边境自效，以为辅国将军、庐江太守。时魏将吕颇率众五万奄来攻郡，邃率麾下拒破之，加右军将军。

五年，征邵阳洲，魏人为长桥断淮以济。邃筑垒逼桥，每战辄克，于是密作没突舰。会甚雨，淮水暴溢，邃乘舰径造桥侧，魏众惊溃，邃乘胜追击，大破之。进克羊石城，斩城主元康。又破霍丘城，斩城主甯永仁。平小岘，攻合肥。以功封夷陵县子，邑三百户。迁冠军长史、广陵太守。

## 裴邃 裴之礼

裴邃字渊明，河东闻喜人，是北魏襄州刺史裴绰的后代。祖父裴寿孙，寓居在寿阳，任刘宋武帝前军长史。父亲裴仲穆，官至骁骑将军。

裴邃十岁就能写文章，擅长解读《左氏春秋》。南齐建武初年，刺史萧遥昌任命他为府主簿。寿阳有八公山庙，萧遥昌为庙立碑，让裴邃写作碑文，其碑文深受萧遥昌称许赞赏。举荐为秀才，在对策考试中成绩优秀，任奉朝请。

东昏侯登基后，始安王萧遥光任抚军将军、扬州刺史，引荐裴邃任参军。后来萧遥光谋反败亡，裴邃回归寿阳，时值刺史裴叔业献出寿阳投降北魏，豫州境内的豪族大户都被驱赶掳掠，裴邃就随众人迁往北朝，北魏君主宣武帝很器重他，任命他为司徒属，中书郎，魏郡太守。北魏派王肃镇守寿阳，裴邃坚持请求跟随王肃，暗中图谋南归。天监初年，裴邃自己逃归梁朝，被除授为后军咨议参军。裴邃请求去边境效力，朝廷任命他为辅国将军、庐江太守。当时北魏将领吕颇率军五万突然来攻打庐江郡，裴邃率部击破敌军，加官为右军将军。

天监五年（506），裴邃出征邵阳洲，北魏军队构筑长桥跨越淮水以渡河。裴邃在逼近长桥的地方修筑营垒，每战必胜，于是暗中制造没突舰。时值连日大雨，淮水暴涨，裴邃乘舰直抵桥侧，北魏军队惊慌溃退，裴邃乘胜追击，大破敌军。他进军攻克羊石城，斩杀了城主元康。又攻破霍丘城，斩杀了城主宁永仁。平定小岘，攻克合

　　邃与乡人共入魏武庙，因论帝王功业。其妻甥王篆之密启高祖，云"裴邃多大言，有不臣之迹。"由是左迁为始安太守。邃志欲立功边陲，不愿闲远，乃致书于吕僧珍曰："昔阮咸、颜延有'二始'之叹。吾才不逮古人，今为三始，非其愿也，将如之何！"未及至郡，会魏攻宿预，诏邃拒焉。行次直渎，魏众退。迁右军咨议参军、豫章王云麾府司马，率所领助守石头。出为竟陵太守，开置屯田，公私便之。迁为游击将军、朱衣直阁，直殿省。寻迁假节、明威将军、西戎校尉、北梁秦二州刺史。复开创屯田数千顷，仓廪盈实，省息边运，民吏获安。乃相率饷绢千余匹。邃从容曰："汝等不应尔；吾又不可逆。"纳其绢二匹而已。还为给事中、云骑将军、朱衣直阁将军，迁大匠卿。


　　普通二年，义州刺史文僧明以州叛入于魏，魏军来援。以邃为假节、信武将军，督众军讨焉。邃深入魏境，从边城道，出其不意。魏所署义州刺史封寿据檀公岘，邃击破之，遂围其城，寿面缚请降，义州平。除持节、督北徐州诸军事、信武将军、北徐州刺史，未之职，又迁督豫州北豫霍三州诸军事、豫州刺史，镇合肥。


　　四年，进号宣毅将军。是岁，大军将北伐，以邃督征讨诸军事，率骑三千，先袭寿阳。九月壬戌，夜至寿阳，攻其郛，斩关而入，一日战九合，为后军蔡秀成失道不至，邃以援绝拔还。于是邃复整兵，收集士卒，令诸将各以服色相别。邃自为黄袍骑，先攻狄丘、甓城、黎浆等城，皆拔之。屠安成、马头、沙陵等戍。是冬，始修芍

肥。因战功被封为夷陵县子,食邑三百户。迁任冠军长史、广陵太守。

裴邃与同乡人一起进入魏武庙,并谈论到帝王功业。他的妻子的外甥王篡之秘密启奏高祖,称"裴邃说了许多大话,有谋反的心迹"。因此裴邃被降职为始安太守。裴邃的志向是想在边疆建立功勋,不愿在清闲的远州任职,就写信给吕僧珍说:"前代的阮咸、颜延之曾有'二始'的志不获骋之叹,我的才华不及古人,如今任始安太守可称为'三始'了,此职并非我志向所在,该怎么办啊!"他还未到达郡中,时逢北魏进攻宿预,朝廷诏令他前往拒敌。梁军抵达直渎后,北魏退兵。裴邃迁任为右军咨议参军、豫章王云麾府司马,率所领部队协助防守石头城。后出京担任竟陵太守,他开辟设置屯田,官府和民众都因而得到便利之益。迁任游击将军、朱衣直阁,进入殿省值班。不久迁任假节、明威将军、西戎校尉、北梁秦二州刺史。裴邃又开创屯田数千顷,仓廪充实,运往边境的粮运徭役也得以简省停息,百姓和下吏都得享安宁。他们就集体捐献出丝绢一千余匹,裴邃从容地对他们说:"你们不应如此,我又不能违逆你们的心意。"只收下了其中的两匹丝绢而已。回京后任给事中、云骑将军、朱衣直阁将军,迁任大匠卿。

普通二年(521),义州刺史文僧明叛变献出该州加入北魏,北魏军赶来援助。梁朝任命裴邃为假节、信武将军,督率各路部队去征讨他。裴邃深入北魏境内,沿边城县的道路进军,出其不意,北魏任命的义州刺史封寿占据了檀公岘,裴邃将他击破,于是包围了义州,封寿捆缚了自己出城请降,义州得以平定。裴邃被除授为持节、督北徐州诸军事、信武将军、北徐州刺史,没有到任,又迁任督豫北豫霍三州诸军事、豫州刺史,镇守合肥。

普通四年(523),裴邃进号为宣毅将军。这一年,梁朝大军将要北伐,朝廷任命裴邃为督征讨诸军事,他率领骑兵三千,先行袭击寿阳。九月壬戌日,裴邃夜间抵达寿阳,攻其外城,攻破城门进入其中,一天之内大战九次,由于后军蔡秀成部迷路未能赶到战场,裴邃后援断绝而撤兵。裴邃于是重新整顿部队,收拢集结士卒。他下令诸将以各部队军服的颜色相区别。裴邃亲率本部黄袍骑兵,先进攻狄

陂。明年，复破魏新蔡郡，略地至于郑城，汝颍之间，所在响应。魏寿阳守将长孙稚、河间王元琛率众五万，出城挑战。邃勒诸将为四甄以待之，令直阁将军李祖怜伪遁以引稚，稚等悉众追之，四甄竞发，魏众大败。斩首万余级。稚等奔走，闭门自固，不敢复出。其年五月，卒于军中。追赠侍中、左卫将军，给鼓吹一部，进爵为侯，增邑七百户。谥曰烈。

邃少言笑，沉深有思略，为政宽明，能得士心。居身方正有威重，将吏惮之，少敢犯法。及其卒也，淮、肥间莫不流涕，以为邃不死，洛阳不足拔也。

子之礼，字子义，自国子生推第，补邵陵王国左常侍、信威行参军。王为南兖，除长流参军，未行，仍留宿卫，补直阁将军。丁父忧，服阕袭封，因请随军讨寿阳，除云麾将军，迁散骑常侍。又别攻魏广陵城，平之，除信武将军、西豫州刺史，加轻车将军，除黄门侍郎，迁中军宣城王司马。寻为都督北徐仁睢三州诸军事、信武将军、北徐州刺史。征太子左卫率，兼卫尉卿，转少府卿。卒，谥曰壮。子政，承圣中，官至给事黄门侍郎。江陵陷，随例入西魏。

### 裴之高

之高字如山，邃兄中散大夫髦之子也。起家州从事、新都令、奉朝请，迁参军。颇读书，少负意气，常随叔父邃征讨，所在立功，甚为邃所器重，戎政咸以委焉。

寿阳之役，邃卒于军所，之高隶夏侯夔，平寿阳，仍除平北豫

丘、瞫城、黎浆等城，全都攻克。屠灭了安城、马头、沙陵等戍所。这年冬天，开始修葺水利工程芍陂。第二年（524），裴邃率梁军又击破北魏的新蔡郡，攻掠土地直到郑城，汝水、颍水之间的地区，人民纷纷响应梁军。北魏的寿阳守将长孙稚、河间王元琛率军五万，出城挑战，裴邃分派诸将布下四座阵势以待敌军，下令直阁将军李祖怜假装败逃以引诱长孙稚，长孙稚等全军追击，梁军四座军阵争相出击，北魏军大败。斩首一万余级。长孙稚等人逃跑回寿阳，闭门固守，不敢再出战。这一年的五月，裴邃在军中去世。朝廷追赠他为侍中、左卫将军，赐给鼓吹乐班一部，进爵为侯，增加食邑七百户。谥号为烈。

裴邃不苟言笑，性格深沉有谋略，主政宽仁开明，能得到部下的衷心拥戴。他为人方正有威严，将领和下吏都惧怕他，少有敢犯法者。到了他去世的时候，淮水、肥水之间的军民没有不流泪的，都认为倘若裴邃不死，洛阳就不难攻克了。

裴邃之子裴之礼，字子义，以国子生的身份被擢用，补任邵陵王国左常侍、信威行参军。邵陵王萧纶出任南兖州刺史，除授裴之礼为长流参军，没有上任，仍留在邵陵王身边宿卫，补任直阁将军。因父丧丁忧去职，服丧结束后承袭封爵，就请求随军讨伐寿阳，除授为云麾将军，迁任散骑常侍。他又另领一军攻打北魏的广陵城，攻克了该城，被除授为信武将军、西豫州刺史，加官轻车将军，除授为黄门侍郎，迁任中军宣城王司马。不久任都督北徐仁睢三州诸军事、信武将军、北徐州刺史。朝廷征召他任太子左卫率，兼卫尉卿，转任少府卿。裴之礼去世，谥号为壮。他的儿子裴政，承圣年间，官至给事黄门侍郎。江陵城被攻陷后，他随被俘的官民一起进入西魏。

裴之高

裴之高字如山，是裴邃兄长中散大夫裴髦之子。初任州从事、新都令、奉朝请，迁任参军。他读书颇多，少年时以才气自负，常常追随叔父裴邃东征西讨，所到之处屡立战功，深受裴邃器重，军政事务都委托给他办理。

寿阳之战，裴邃在军中去世，裴之高隶属于夏侯夔，攻克寿章长史、梁郡太守，封都城县男，邑二百五十户。时魏汝阴来附，敕之高应接，仍除假节、飚勇将军、颍州刺史。士民夜反，逾城而入，之高率家僮与麾下奋击，贼乃散走。父忧还京。起为光远将军，合讨阴陵盗贼，平之，以为谯州刺史。又还为左军将军，出为南谯太守、监北徐州，迁员外散骑常侍。寻除雄信将军、西豫州刺史，余如故。

侯景乱，之高率众入援，南豫州刺史、鄱阳嗣王范命之高总督江右援军诸军事，顿于张公洲。柳仲礼至横江，之高遣船舸二百余艘迎致仲礼，与韦粲等俱会青塘立营，据建兴苑。及城陷，之高还合肥，与鄱阳王范西上。稍至新蔡，众将一万，未有所属。元帝遣萧慧正召之，以为侍中、护军将军。到江陵，承制除特进、金紫光禄大夫。卒，时年七十三。赠侍中、仪同三司，鼓吹一部。谥曰恭。

子畿，累官太子右卫率、隽州刺史。西魏攻陷江陵，畿力战死之。

### 裴之平

之平字如原，之高第五弟。少亦随逿征讨，以军功封都亭侯。历武陵王常侍、扶风弘农二郡太守，不行，除谯州长史、阳平太守。拒侯景，城陷后，迁散骑常侍、右卫将军、太子詹事。

### 裴之横

之横字如岳，之高第十三弟也。少好宾游，重气侠，不事产业。之高以其纵诞，乃为狭被蔬食以激厉之。之横叹曰："大丈夫富贵，必作百幅被。"遂与僮属数百人，于苟陂大营田墅，遂致殷积。太宗在东宫，闻而要之，以为河东王常侍、直殿主帅，迁直阁将阳后，又被除授为平北豫章王长史、梁郡太守，封为都城县男，食邑二百五十户。当时北魏汝阴郡归附梁朝，天子敕令裴之高接应，任命他为假节、飙勇将军、颍州刺史。汝阴郡军民夜间造反，越过城墙攻入城，裴之高率领家仆和部下奋力反击，贼众四散逃走。后遭父丧丁忧回京。被起用为光远将军，会同其他部队征讨阴陵郡的盗贼，平定了他们，出任谯州刺史。又回京担任左军将军，出京任南谯太守、监北徐州，迁任员外散骑常侍。不久被除授为雄信将军、西豫州刺史，其余职衔照旧。

侯景之乱爆发后，裴之高率军入京救援，南豫州刺史、鄱阳嗣王萧范命令裴之高总督江右援军诸军事，驻扎在张公洲。柳仲礼抵达横江后，裴之高派战船二百多艘迎接柳仲礼部，与韦粲等人一起集结在青塘建立营栅，占据了建兴苑。台城被攻陷后，裴之高回到合肥，与鄱阳王萧范西上。刚刚到达新蔡，部队将近一万人，没有归属，梁元帝派萧慧正来征召他，任命他为侍中、护军将军。裴之高到达江陵，元帝秉承天子旨意除授他为特进、金紫光禄大夫。裴之高去世，时年七十三岁。追赠他为侍中、仪同三司，并赠鼓吹乐班一部。谥号为恭。

裴之高的儿子裴畿，历任太子右卫率、隽州刺史。西魏攻陷江陵城时，裴畿力战而死。

裴之平

裴之平字如原，是裴之高的五弟。他年少时也追随裴邃东征西讨，因军功封为都亭侯。历任武陵王常侍、扶风弘农二郡太守，没有赴任，除授为谯州长史、阳平太守。他率军拒敌侯景，台城陷落后，迁任为散骑常侍、右卫将军、太子詹事。

裴之横

裴之横字如岳，是裴之高的十三弟。他少年时喜欢四处周游，注重义气行事任侠，从不经营家产。裴之高因为他行事放纵不羁，就只供给他很窄的被卧和粗陋的蔬食以激励他。裴之横叹息道："大丈夫若得富贵，一定要做一条百幅宽的被子。"于是他和家中仆人数百

军。侯景乱，出为贞威将军，隶鄱阳王范讨景。景济江，仍与范长子嗣入援。连营度淮，据东城。京都陷，退还合肥，与范溯流赴溢城。景遣任约上逼晋熙，范令之横下援，未及至，范薨，之横乃还。

时寻阳王大心在江州，范副梅思立密要大心袭溢城，之横斩思立而拒大心。大心以州降景。之横率众与兄之高同归元帝，承制除散骑常侍、廷尉卿，出为河东内史。又随王僧辩拒侯景于巴陵，景退，迁持节、平北将军、东徐州刺史，中护军，封豫宁侯，邑三千户。又随僧辩追景，平郢、鲁、江、晋等州，恒为前锋陷阵。仍至石头，破景，景东奔，僧辩令之横与杜崱入守台城。及陆纳据湘州叛，又隶王僧辩南讨焉。于阵斩纳将李贤明，遂平之。又破武陵王于硖口。还除吴兴太守，乃作百幅被，以成其初志。

后江陵陷，齐遣上党王高涣挟贞阳侯攻东关，晋安王方智承制，以之横为使持节、镇北将军、徐州刺史，都督众军，给鼓吹一部，出守蕲城。之横营垒未周，而齐军大至，兵尽矢穷，遂于阵没，时年四十一。赠侍中、司空公，谥曰忠壮。子凤宝嗣。

### 夏侯亶 夏侯详

夏侯亶，字世龙，车骑将军详长子也。齐初，起家奉朝请。永元末，详为西中郎南康王司马，随府镇荆州，亶留京师，为东昏听政主帅。及崔慧景作乱，亶以捍御功，除骁骑将军。及高祖起师，

人，在苟陵大规模开辟田宅，渐至殷实富裕。当时太宗皇帝萧纲还是太子，听闻此事后邀请他，任命他为河东王常侍、直殿主帅，迁任直阁将军。侯景之乱时，裴之横在京外任贞威将军，受鄱阳王萧范统属前来征讨侯景。侯景渡江后，裴之横与萧范的长子萧嗣入京救援。他们的部队连营渡过秦淮河，占据了东府城。台城陷落后，他们退回合肥，与萧范溯江而上前往溢城。侯景派任约西上逼近晋熙郡，萧范命令裴之横顺江而下支援晋熙，还未抵达，萧范薨逝，裴之横就撤了回来。

当时寻阳王萧大心在江州，萧范的副将梅思立秘密邀请萧大心袭击溢城，裴之横斩杀了梅思立而拒敌萧大心。萧大心献出江州投降侯景。裴之横率军与兄长裴之高一起归附元帝，元帝秉承天子旨意除授他为散骑常侍、廷尉卿，出任河东内史。裴之横又跟随王僧辩在巴陵拒敌侯景，侯景败退，裴之横迁任持节、平北将军、东徐州刺史、中护军，封为豫宁侯，食邑三千户。裴之横又随王僧辩追击侯景军，相继平定了郢州、鲁山城、江州、晋州等地，常常打头阵冲锋陷阵。部队到达石头城，大破侯景军，侯景东逃，王僧辩命令裴之横与杜崱进入建康镇守台城。后来陆纳占据湘州反叛，裴之横又受王僧辩统辖南讨陆纳。他在两军阵前斩杀了陆纳的将领李贤明，于是平定了叛乱。又在峡口打败了武陵王萧纪。裴之横回到江陵被除授为吴兴太守，就做了一条百幅宽的被子，实现了他最初的志向。

后来江陵城陷落，北齐派上党王高涣挟持贞阳侯萧渊明攻打东关，晋安王萧方智秉承天子旨意，任命裴之横为使持节、镇北将军、徐州刺史，都督各路人马，赐给鼓吹乐班一部，出守蕲城。裴之横的营宅尚未扎稳，北齐军马大批杀到，梁军矢石告罄死伤殆尽，裴之横就战死于军阵之中，时年四十一岁。朝廷追赠他为侍中、司空公，谥号为忠壮。儿子裴凤宝继承爵位。

### 夏侯亶 夏侯详

夏侯亶，字世龙，是车骑将军夏侯详的长子。南齐初年，初任奉朝请。永元末年，夏侯详任西中郎南康王司马，跟随王府镇守荆州，夏侯亶留在京师，任东昏侯的听政主帅。到了崔慧景作乱反叛时，夏

详与长史萧颖胄协同义举，密遣信下都迎亶，亶乃赍宣德皇后令，令南康王纂承大统，封十郡为宣城王，进位相国，置僚属，选百官。建康城平，以亶为尚书吏部郎，俄迁侍中，奉玺于高祖。天监元年，出为宣城太守。寻入为散骑常侍，领右骁骑将军。六年，出为平西始兴王长史、南郡太守，父忧解职。居丧尽礼，庐于墓侧，遗财悉推诸弟。八年，起为持节、督司州诸军事、信武将军、司州刺史，领安陆太守。服阕，袭封丰城县公。居州甚有威惠，为边人所悦服。十二年，以本号还朝，除都官尚书，迁给事中、右卫将军、领豫州大中正。十五年，出为信武将军、安西长史、江夏太守。十七年，入为通直散骑常侍、太子右卫率，迁左卫将军，领前军将军。俄出为明威将军、吴兴太守。在郡复有惠政，吏民图其像，立碑颂美焉。普通三年，入为散骑常侍，领右骁骑将军，转太府卿，常侍如故。以公事免，未几，优诏复职。五年，迁中护军。

六年，大举北伐。先遣豫州刺史裴邃帅谯州刺史湛僧智、历阳太守明绍世、南谯太守鱼弘、晋熙太守张澄，并世之骁将，自南道伐寿阳城，未克而邃卒。乃加亶使持节，驰驿代邃，与魏将河间王元琛、临淮王元彧等相拒，频战克捷。寻有密敕，班师合肥，以休士马，须堰成复进。七年夏，淮堰水盛，寿阳城将没，高祖复遣北道军元树帅彭宝孙、陈庆之等稍进，亶帅湛僧智、鱼弘、张澄等通清流涧，将入淮、肥。魏军夹肥筑城，出亶军后，亶与僧智还袭，破之。进攻黎浆，贞威将军韦放自北道会焉。两军既合，所向皆降下。凡降城五十二，获男女口七万五千人，米二十万石。诏以寿阳依前代置豫州，合肥镇改为南豫州，以亶为使持节、都督豫州缘淮南豫

侯亶因防卫有功，被除授为骁骑将军。后来高祖义军兴起，夏侯详与长史萧颖胄共同参与举义，秘密派使者到建康迎接夏侯亶，夏侯亶就带来宣德皇后的手令，令南康王继承齐朝大统，以十个郡封南康王为宣城王，进位为相国，设置僚属，选任百官。建康城平定后，任命夏侯亶为尚书吏部郎，不久迁任侍中，向高祖进献传国玉玺。天监元年（502），夏侯亶出京任宣城太守。不久入京任散骑常侍，兼领右骁骑将军。天监六年（507），出京任平西始兴王长史、南郡太守，遭父丧丁忧解职。居丧期间竭尽礼仪，在墓侧结庐而居，父亲的遗产全都留给几个弟弟。天监八年（509），被起用为持节、督司州诸军事、信武将军、司州刺史，兼领安陆太守。服丧结束后，袭封为丰城县公。他在司州颇有威信惠政，受到边境人民的服从拥戴。天监十二年（513），以本身官职回朝，除授为都官尚书，迁任给事中、右卫将军、兼领豫州大中正。天监十五年（516），出京任信武将军、安西长史、江夏太守。天监十七年（518），入京任通直散骑常侍、太子右卫率，迁任左卫将军，兼领前军将军。不久出京任明威将军、吴兴太守。他在郡中又施行惠民之政，下吏百姓将他画成图像，立碑称颂赞美他。普通三年（522），夏侯亶入京任散骑常侍，兼领右骁骑将军，转任太府卿，常侍之职照旧。因公事免职，不久天子降下优厚的诏命让他官复原职。普通五年（524），迁任中护军。

普通六年（525），梁朝大举北伐，先派遣豫州刺史裴邃率领谯州刺史湛僧智、历阳太守明绍世、南谯太守鱼弘、晋熙太守张澄，都是当世的骁勇战将，从南路进攻寿阳城，尚未攻取而裴邃去世。朝廷于是加官夏侯亶为使持节，乘坐驿马前往军营代替裴邃，与北魏将领河间王元琛、临淮王元彧等相拒敌，屡次取得胜利。不久有秘密敕令传来，令他班师回到合肥，休养士卒战马，待浮山堰筑成后再进兵。普通七年（526）夏，淮水被堰塞而上涨，寿阳城将要被水淹没，高祖又派遣北路军的元树率领彭宝孙、陈庆之等部稍向前进军，夏侯亶率领湛僧智、鱼弘、张澄等部疏通清流涧，将要进入淮水、肥水。北魏军夹肥水两岸筑城，出现在夏侯亶的后方，夏侯亶与湛僧智回军袭击北魏军，击破敌军。梁军进攻黎浆，贞威将军韦放

霍义定五州诸军事、云麾将军、豫、南豫二州刺史。寿春久罹兵荒，百姓多流散，亶轻刑薄赋，务农省役，顷之民户充复。大通二年，进号平北将军。三年，卒于州镇。高祖闻之，即日素服举哀，赠车骑将军。谥曰襄。州民夏侯简等五百人表请为亶立碑置祠，诏许之。

亶为人美风仪，宽厚有器量，涉猎文史，辩给能专对。宗人夏侯溢为衡阳内史，辞曰，亶侍御坐，高祖谓亶曰："夏侯溢于卿疏近？"禀答曰："是臣从弟。"高祖知溢于亶已疏，乃曰："卿伧人，好不辨族从。"亶对曰："臣闻服属易疏，所以不忍言族。"时以为能对。

亶历为六郡三州，不修产业，禄赐所得，随散亲故。性俭率，居处服用，充足而已，不事华侈。晚年颇好音乐，有妓妾十数人，并无被服姿容。每有客，常隔帘奏之，时谓帘为夏侯妓衣也。

亶二子：谊，损。谊袭封丰城公，历官太子舍人，洗马。太清中，侯景入寇，谊与弟损帅部曲入城，并卒围内。

### 夏侯夔　夏侯谭

夔字季龙，亶弟也。起家齐南康王府行参军。中兴初，迁司徒属。天监元年，为太子洗马，中舍人，中书郎。丁父忧，服阕，除大匠卿，知造太极殿事。普通元年，为邵陵王信威长史，行府国事。

从北路与之会师。两军合兵之后,所当之敌全都投降。共计有五十二城归降梁朝,获得男女人口七万五千人,米二十万石。朝廷下诏将寿阳依照前朝的区划设为豫州,将合肥改为南豫州治所,任命夏侯亶为使持节、都督豫州源淮南豫霍义定五州诸军事、云麾将军、豫南豫二州刺史。寿春一地久经战火,百姓多已流散他处,夏侯亶减轻刑罚简省赋税,发展农耕免除徭役,很快民户数量就再度充实起来。大通二年(528),夏侯亶进号为平北将军。大通三年(529),夏侯亶在州城去世。高祖听说后,当天就换上素服为他举哀,追赠为车骑将军。谥号为襄。豫州百姓夏侯简等五百人上表请求为夏侯亶立碑设祠,高祖下诏批准。

夏侯亶为人风姿仪表俊美,性格宽厚有器量,博通文史,有辩才能随机应对。他的同族人夏侯溢出任衡阳内史,向天子辞行的那一天,夏侯亶在御前侍座,高祖对夏侯亶说:"夏侯溢与卿的关系亲疏如何?"夏侯亶答道:"是臣的堂弟。"高祖知道夏侯溢和夏侯亶的宗族关系已属较疏,就说:"你这北方人,好不识族从亲疏。"夏侯亶回答道:"臣听说同服的亲属容易疏远,所以不忍心说是同族。"时人都认为他善于对答。

夏侯亶前后历任六郡太守三州刺史,却不治产业,所得俸禄和赏赐,都随即分发给了亲戚故交。生性节俭简朴,居家的服饰和用具,只是够用而已,不事奢华。他晚年颇喜好音乐,有歌妓侍妾十几人,都没有华美的服饰和过人的姿色。每当有客来,夏侯亶常让她们隔着竹帘奏乐,时人就把竹帘称为夏侯妓衣。

夏侯亶有两个儿子:夏侯谊,夏侯损。夏侯谊袭封丰城公,历任太子舍人,洗马。太清年间,侯景入寇京师,夏侯谊与弟弟夏侯损率领部曲入城护驾,都在围城中去世。

夏侯夔 夏侯谭

夏侯夔字季龙,是夏侯亶的弟弟。初任齐朝南康王府行参军。中兴初年,迁任司徒属。天监元年(502),担任太子洗马,中舍人,中书郎。遭父丧丁忧去职,服丧结束后,任大匠卿,执掌起造太极殿的

其年，出为假节、征远将军，随机北讨，还除给事黄门侍郎。二年，副裴邃讨义州，平之。三年，代兄亶为吴兴太守，寻迁假节、征远将军、西阳武昌二郡太守。七年，征为卫尉，未拜，改授持节、督司州诸军事、信武将军、司州刺史，领安陆太守。

八年，敕爽帅壮武将军裴之礼、直阁将军任思祖出义阳道，攻平静、穆陵、阴山三关，克之。是时谯州刺史湛僧智围魏东豫州刺史元庆和于广陵，入其郛。魏将元显伯率军赴援，僧智逆击破之，爽自武阳会僧智，断魏军归路。庆和于内筑栅以自固，及爽至，遂请降。爽让僧智，僧智曰："庆和志欲降公，不愿降僧智，今往必乖其意；且僧智所将为乌合募人，不可御之以法。公持军素严，必无犯令，受降纳附，深得其宜。"于是爽乃登城拔魏帜，建官军旗鼓，众莫敢妄动，庆和束兵以出，军无私焉。凡降男女口四万余人，粟六十万斛，余物称是。显伯闻之夜遁，众军追之，生擒二万余人，斩获不可胜数。诏以僧智领东豫州，镇广陵。爽引军屯安阳。爽又遣偏将屠楚城，尽俘其众，由是义阳北道遂与魏绝。

大通二年，魏郢州刺史元愿达请降，高祖敕郢州刺史元树往迎愿达，爽亦自楚城会之，遂留镇焉。诏改魏郢州为北司州，以爽为刺史，兼督司州。三年，迁使持节，进号仁威将军，封保城县侯，邑一千五百户。中大通二年，征为右卫将军，丁所生母忧去职。

工程。普通元年（520），担任邵陵王信威长史，代理王府国事。这一年，夏侯夔出京任假节、征远将军，伺机北讨，班师后除授为给事黄门侍郎。普通二年（521），作为裴邃的副将征讨义州，平定了该州。普通三年（522），代替兄长夏侯亶任吴兴太守，不久迁任假节、征远将军、西阳武昌二郡太守。普通七年（526），朝廷征召他任卫尉，没有拜授，改授为持节、督司州诸军事、信武将军、司州刺史，兼领安陆太守。

普通八年（527），高祖敕令夏侯夔率领壮武将军裴之礼、直阁将军任思祖从义阳道出兵，进攻平静、穆陵、阴山三关，全都攻克。这时谯州刺史湛僧智在广陵包围了北魏东豫州刺史元庆和，梁军攻进了外城。北魏将领元显伯率军前来救援，湛僧智迎头击破了他，夏侯夔从武阳与湛僧智会师，截断了北魏军的归路。元庆和在城内修筑寨栅以固守，到了夏侯夔率军抵达城下后，就向他请降。夏侯夔把受降的荣耀谦让给湛僧智，湛僧智说："元庆和的本意是想向您请降，不愿向我请降，如今我去受降必然违背他的意愿；而且我统领的是招募来的乌合之众，不能以军法约束他们。您治军一向军纪严明，必然无人违犯军令，受降纳附，正好相宜。"于是夏侯夔登上城楼拔去北魏旗帜，设置梁军的旗鼓，军队无人敢擅动，元庆和捆扎起军器出城投降，梁军也没有私藏战利品的。共计接纳了投降男女人口四万多人，缴获粮米六十万斛，以及相应的其他物资。元显伯听说这个消息连夜遁逃，梁军乘胜追击，活捉二万多人，斩首不计其数。高祖下诏让湛僧智兼领东豫州刺史，镇守广陵。夏侯夔率部屯扎在安阳。夏侯夔又派遣偏将屠灭楚城，将北魏守军尽数俘获，从此义阳北路与北魏的交通就断绝了。

大通二年（528），北魏郢州刺史元愿达请求投降，高祖敕令郢州刺史元树前往接应元愿达，夏侯夔也从楚城出发与之会师，于是留在该城镇守。高祖下诏改北魏的郢州为北司州，任命夏侯夔为刺史，兼督司州。大通三年（529），夏侯夔迁任使持节，进号为仁威将军，封为保城县侯，食邑一千五百户。中大通二年（530），征召他为右卫将军，遭母丧丁忧去职。

时魏南兖州刺史刘世明以谯城入附，诏遣镇北将军元树帅军应接，起夔为云麾将军，随机北讨。寻授使持节、督南豫州诸军事、南豫州刺史。六年，转使持节、督豫淮陈颍建霍义七州诸军事、豫州刺史。豫州积岁寇戎，人颇失业，夔乃帅军人于苍陵立堰，溉田千余顷。岁收谷百余万石，以充储备，兼赡贫人，境内赖之。夔兄宣先经此任，至是夔又居焉。兄弟并有恩惠于乡里，百姓歌之曰："我之有州，频仍夏侯；前兄后弟，布政优优。"在州七年，甚有声绩，远近多附之。有部曲万人，马二千匹，并服习精强，为当时之盛。性奢豪，后房伎妾曳罗縠饰金翠者亦有百数。爱好人士，不以贵势自高，文武宾客常满坐，时亦以此称之。大同四年，卒于州，时年五十六。有诏举哀，赙钱二十万，布二百匹。追赠侍中、安北将军。谥曰桓。

子撰嗣，官至太仆卿。撰弟譒，少粗险薄行，常停乡里，领其父部曲，为州助防，刺史萧渊明引为府长史。渊明彭城战没，复为侯景长史。景寻举兵反，譒前驱济江，顿兵城西士林馆，破掠邸第及居人富室，子女财货，尽略有之。渊明在州有四妾，章、于、王、阮，并有国色。渊明没魏，其妾并还京第，譒至，破第纳焉。

## 鱼弘

鱼弘，襄阳人。身长八尺，白皙美姿容。累从征讨，常为军锋，历南谯、盱眙、竟陵太守。常语人曰："我为郡，所谓四尽：水中鱼鳖尽，山中麑鹿尽，田中米谷尽，村里民庶尽。丈夫生世，如轻尘栖

当时北魏南兖州刺史刘明献出谯州城投降，高祖下诏派镇北将军元树率军接应他，又起用夏侯夔为云麾将军，伺机北讨，不久授任他为使持节、督南豫州诸军事、南豫州刺史。中大通六年（534），转任使持节、督豫淮陈颍建霍义七州诸军事、豫州刺史。豫州连年战祸，人民大多失去生业，夏侯夔就率领军人在苍陵建设围堰，灌溉农田千余顷，一年内收获谷物一百多万石，以充实储备，兼救济穷苦百姓，境内百姓都仰赖他。夏侯夔的兄长夏侯亶之前曾任此职，到这时夏侯夔又居此官。他兄弟二人都对豫州乡中父老有恩惠之政，百姓作歌唱道："主持我们豫州，几度都是夏侯；前后兄弟相继，施政惠民优优。"夏侯夔在豫州七年，政声政绩十分出色，远近之人多有来归附他的。他拥有部曲一万人，战马二千匹，都操练得十分精强，是为当时梁朝的一支劲旅。夏侯夔性格奢侈豪放，后宅蓄养的歌伎侍妾有上百人，都身穿丝罗头戴金翠。他喜好结交人物，从不因位高有权而自高自大，座中文武宾客总是济济一堂，时人也因此而称许他。大同四年（538），夏侯夔在州中去世，时年五十六岁。天子下诏为他举哀，赐钱二十万，布二百匹资助其丧葬。追赠为侍中、安北将军。谥号为桓。

儿子夏侯譔继承爵位，官至太仆卿。夏侯譔的弟弟夏侯譒，从小粗鲁险诈行为轻薄，常常住在乡里，率领他父亲的部曲，协助州中防务，刺史萧渊明任命他为府长史。萧渊明在彭城战败被俘后，夏侯譒又出任侯景的长史。侯景不久就举兵叛梁，夏侯譒担任他的前锋渡江，驻军在城西的士林馆，攻破劫掠该地的官员宅第和富户人家，将其子女和财货全都抢掠一空。萧渊明在豫州有四个侍妾，章氏、于氏、王氏、阮氏，都有倾国的姿色。萧渊明被北魏俘虏之后，他的侍妾都回到京师的宅第中，夏侯譒来到之后，打破其宅邸将她们纳为己有。

鱼弘

鱼弘，襄阳人。身高八尺，皮肤白皙容貌俊美。屡次从军征讨，常常担当大军前锋，历任南谯、盱眙、竟陵太守。他常对人说："我当郡守，有所谓四尽：水中鱼鳖尽，山中獐鹿尽，田中米谷尽，村里庶民

弱草，白驹之过隙。人生欢乐富贵几何时！”于是恣意酣赏，侍妾百余人，不胜金翠，服玩车马，皆穷一时之绝。迁为平西湘东王司马、新兴永宁二郡太守，卒官。

## 韦放

韦放，字元直，车骑将军叡之子。初为齐晋安王宁朔迎主簿，高祖临雍州，又召为主簿。放身长七尺七寸，腰带八围，容貌甚伟。天监元年，为盱眙太守，还除通直郎，寻为轻车晋安王中兵参军，迁镇右始兴王咨议参军，以父忧去职。服阕，袭封永昌县侯，出为轻车南平王长史、襄阳太守。转假节、明威将军、竟陵太守。在郡和理，为吏民所称。

六年，大举北伐，以放为贞威将军，与胡龙牙会曹仲宗进军。七年，夏侯亶攻黎浆不克，高祖复使帅军自北道会寿春城。寻迁云麾南康王长史、寻阳太守。放累为藩佐，并著声绩。

普通八年，高祖遣兼领军曹仲宗等攻涡阳，又以放为明威将军，帅师会之。魏大将费穆帅众奄至，放军营未立，麾下止有二百余人。放从弟洵骁果有勇力，一军所仗，放令洵单骑击刺，屡折魏军，洵马亦被伤不能进，放胄又三贯流矢。众皆失色，请放突去。放厉声叱之曰：“今日唯有死耳。”乃免胄下马，据胡床处分。于是士皆殊死战，莫不一当百。魏军遂退，放逐北至涡阳。魏又遣常山王元昭、大将军李奖、乞佛宝、费穆等众五万来援，放率所督将陈度、赵伯超等夹击，大破之。涡阳城主王纬以城降。放乃登城，简出降口四千二百人，器仗充牣；又遣降人三十，分报李奖、费穆等。魏人弃诸营垒，一时奔溃，众军乘之，斩获略尽。擒穆弟超，并王纬送于

尽。大丈夫人生在世，就像一粒微尘落在纤弱的草叶上，短暂得好像白马跃过石缝。人生的欢乐和富贵能延续多久呢！"于是恣意饮宴赏赐，有侍妾一百多人，金翠首饰华贵至极，服装玩好车马用具，都堪称一时之绝。迁任平西湘东王司马、新兴永宁二郡太守，在官任上去世。

## 韦放

韦放字元直，是车骑将军韦叡之子。起初担任南齐晋安王宁朔迎主簿，高祖出镇雍州时，又召他任主簿。韦放身高七尺七寸，腰带长达八围，容貌十分魁梧英伟。天监元年(502)，担任盱眙太守，回京后除授为通直郎，不久任轻车晋安王中兵参军，迁任镇右始兴王咨议参军，遭父丧丁忧去职。服丧结束后，继承封爵为永昌县侯，出京任轻车南平王长史、襄阳太守。转任假节、明威将军、竟陵太守。他在竟陵郡治政和谐通达事理，受到下吏和百姓的称道。

普通六年(525年，原文无"普通"二字，结合上下应为普通六年事)，朝廷大举北伐，任命韦放为贞威将军，与胡龙牙会合曹仲宗共同进军。普通七年(526)，夏侯亶进攻黎浆不能攻克，高祖又派韦放率军从北路前往寿城与之会师。不久迁任云麾南康王长史、寻阳太守。韦放屡次出任藩镇佐官，都颇有声誉政绩。

普通八年(527)，高祖派兼领军曹仲宗等人攻打涡阳，又任命韦放为明威将军，率军与曹仲宗会师。北魏大将费穆率兵忽然杀到，韦放的军营尚未扎好，麾下只有二百多人。韦放的堂弟韦洵骁勇果敢颇有膂力，是全军仰仗的骁将，韦放命令韦洵单骑突击，屡屡挫败北魏军，韦洵的战马也受伤不能前进，而韦放的头盔又三度被流矢贯穿。众军士都大惊失色，请求韦放突围逃走。韦放厉声叱责说："今天唯有一死而已。"就解盔下马，坐在胡床上指挥。于是士卒全都拼死作战，无不以一挡百。北魏军就向后撤退，韦放北上追击直至涡阳。北魏又派遣常山王元昭、大将军李奖、乞佛宝、费穆等率军五万前来救援，韦放率所督将领陈度、赵伯超等人夹击北魏军，大破敌军。涡阳城主王纬献城投降。韦放登上城墙，从降人中挑选了四千二百人，

京师。还为太子右卫率，转通直散骑常侍。出为持节、督梁南秦二州诸军事、信武将军、梁南秦二州刺史。中大通二年，徙督北徐州诸军事、北徐州刺史，增封四百户，持节、将军如故。在镇三年，卒，时年五十九。谥曰宜侯。

　　放性弘厚笃实，轻财好施，于诸弟尤雍睦。每将远别及行役初还，常同一室卧起，时称为"三姜"。初，放与吴郡张率皆有侧室怀孕，因指为婚姻。其后各产男女，未及成长而率亡，遗嗣孤弱，放常赡恤之。及为北徐州，时有势族请姻者，放曰："吾不失信于故友。"乃以息岐娶率女，又以女适率子，时称放能笃旧。长子粲嗣，别有传。

　　史臣曰：裴邃之词采早著，兼思略沉深，夏侯亶之好学辩给，夔之奢豪爱士，韦放之弘厚笃行，并遇主逢时，展其才用矣。及牧州典郡，破敌安边，咸著功绩，允文武之任，盖梁室之名臣欤。

配发了甲胄兵器；又派遣降人三十名，分头向李奖、费穆等报告兵败的消息。北魏军抛弃了各自营垒，一时间争相溃退，梁军乘势追击，将北魏军斩杀俘虏殆尽。活捉了费穆的弟弟费超，与王纬一起押送往京师。韦放回京出任太子右卫率，转任通直散骑常侍。出京任持节、督梁南秦二州诸军事、信武将军、梁南秦二州刺史。中大通二年(530)，迁任为督北徐州诸军事、北徐州刺史，增加封邑四百户，持节、将军之职照旧。他在藩镇三年，去世，时年五十九岁。谥号为宜侯。

韦放性情宽厚笃实，轻财富好施舍，和几个弟弟的关系尤其亲密和睦。每逢将要远行离别以及外任结束刚刚返回，常常兄弟几人聚在同一室中坐卧起居，时人称他们为"三姜"。起初，韦放与吴郡人张率都有侧室怀孕，他们就相约指腹为婚。后来各自生下男女，孩子尚未长大成人而张率就已亡故，留下的后代孤苦幼弱，韦放常常接济抚恤他们。到了他出任北徐州刺史时，有豪族大户请求与他联姻，韦放说："我不能失信于已故的朋友。"就让儿子韦岐娶了张率的女儿，又将女儿嫁给了张率的儿子，时人都称许韦放能顾念旧交。长子韦粲继承爵位，另外有传。

史臣说：裴邃的文才幼年时已经显著，更兼思虑深沉富有谋略，夏侯亶好学不倦善于言辩，夏侯夔奢侈豪放广交士人，韦放为人宽厚品行笃实，他们都得遇明主身逢时运，施展了各自的才干。这些人治理边州主政下郡，挫败强敌安定边疆，都有显赫的功绩，称职于文武之任，真乃有梁一代的名臣啊。

## 列传第二十三

### 高祖三王

高祖八男：丁贵嫔生昭明太子统、太宗简文皇帝、庐陵威王续，阮修容生世祖孝元皇帝；吴淑媛生豫章王综；董淑仪生南康简王绩；丁充华生邵陵携王纶；葛修容生武陵王纪。综及纪别有传。

**南康简王萧绩** 萧会理　萧通理

南康简王绩字世谨，高祖第四子。天监八年，封南康郡王，邑二千户。出为轻车将军，领石头戍军事。十年，迁使持节、都督南徐州诸军事、南徐州刺史，进号仁威将军。绩时年七岁，主者有受货，洗改解书，长史王僧孺弗之觉，绩见而辄诘之，便即时首服，众咸叹其聪警。十六年，征为宣毅将军、领石头戍军事。十七年，出为使持节、都督南北兖徐青冀五州诸军事、南兖州刺史，在州著称。寻有诏征还，民曹嘉乐等三百七十人诣阙上表，称绩尤异一十五条，乞留州任，优诏许之，进号北中郎将。普通四年，征为侍中、云麾将军，领石头戍军事。五年，出为使持节、都督江州诸军事、江州刺史。丁董淑仪忧，居丧过礼，高祖手诏勉之，使摄州任，固求解职，乃征授安右将军、领石头戍军事，寻加护军。羸瘠弗堪视事。大通三年，因感病薨于任，时年二十五。赠侍中、中军将军、开府仪同三司，给鼓吹一部。谥曰简。

　　高祖共有八个儿子：丁贵嫔生下昭明太子萧统、太宗简文皇帝萧纲、庐陵威王萧续，阮修容生下世祖孝元皇帝萧绎，吴淑媛生下豫章王萧综，董淑仪生下南康简王萧绩，丁充华生下邵陵携王萧纶，葛修容生下武陵王萧纪。萧综和萧纪另外有传。

### 南康简王萧绩　萧会理　萧通理

　　南康简王萧绩字世谨，是高祖第四子。天监八年（509），封为南康郡王，食邑二千户。出京任轻车将军，兼领石头戍军事。天监十年（511），迁任使持节、都督南徐州诸军事、南徐州刺史，进号为仁威将军。萧绩时年七岁，府中主事者收受了他人财货，洗去字迹篡改了解送的文书，长史王僧孺没有发觉，萧绩见到文书后就诘问主事者，其人当即自首认罪，众人都叹服萧绩的聪明机警。天监十六年（517），朝廷征召他为宣毅将军、领石头戍军事。天监十七年（518），出京任使持节，都督南北兖、徐、青、冀五州诸军事，南兖州刺史，在州中因政绩卓著出名。不久朝廷有诏令征他回京，州中百姓曹嘉乐等三百七十人入朝上书，称赞萧绩突出的政绩一十五条，乞求将他留在南兖州任职，高祖传下优厚的诏令予以批准，进号为北中郎将。普通四年（523），征召他任侍中、云麾将军，兼领石头戍军事。普通五年（524），出京任使持节、都督江州诸军事、江州刺史。遇生母董淑仪去世丁忧去职，居丧期间因哀伤过度健康受损超越了礼法，高祖手书诏令劝慰勉励他，让他摄行州刺史之职，萧绩坚持请求解职，高祖就征授他为安右将军、领石头戍军事，不久加官为护军。萧绩因体弱消瘦不堪治事。大通三年（529），因为染病在官任上薨逝，时年二十五岁。追赠他为侍中、中军将军、开府仪同三司，赐给

绩寡玩好，少嗜欲，居无仆妾，躬事约俭，所有租秩，悉寄天府。及薨后，府有南康国无名钱数千万。

子会理嗣，字长才。少聪慧，好文史。年十一而孤，特为高祖所爱，衣服礼秩与正王不殊。年十五，拜轻车将军、湘州刺史，又领石头戍军事。迁侍中，兼领军将军。寻除宣惠将军、丹阳尹，置佐史。出为使持节、都督南北兖北徐青冀东徐谯七州诸军事、平北将军、南兖州刺史。太清元年，督众军北讨，至彭城，为魏师所败，退归本镇。

二年，侯景围京邑，会理治严将入援，会北徐州刺史封山侯正表将应其兄正德，外托赴援，实谋袭广陵，会理击破之，方得进路。台城陷，侯景遣前临江太守董绍先以高祖手敕召会理，其僚佐咸劝距之，会理曰："诸君心事，与我不同，天子年尊，受制贼虏，今有手敕召我入朝，臣子之心，岂得违背。且远处江北，功业难成，不若身赴京都，图之肘腋。吾计决矣。"遂席卷而行，以城输绍先。至京，景以为侍中、司空、兼中书令。虽在寇手，每思匡复，与西乡侯劝等潜布腹心，要结壮士。时范阳祖皓斩绍先，据广陵城起义，期以会理为内应。皓败，辞相连及，景矫诏免会理官，犹以白衣领尚书令。

是冬，景往晋熙，京师虚弱，会理复与柳敬礼谋之。敬礼曰："举大事必有所资，今无寸兵，安可以动？"会理曰："湖熟有吾旧兵三千余人，昨来相知，克期响集，听吾日定，便至京师。计贼守兵不过千人耳，若大兵外攻，吾等内应，直取王伟，事必有成。纵景后

鼓吹乐班一部。谥号为简。

萧绩少有珠宝珍玩，没什么嗜好欲求，居家也没有仆从姬妾，身体力行简朴节约之德，所得的田赋俸禄，全都交入官府。他薨逝之后，府中有南康国没有名目的钱数千万。

儿子萧会理承袭爵位，字长才。他自幼聪明早慧，爱好文史。十一岁丧父，特别受高祖宠爱，服饰仪仗和俸禄都与正王一样。十五岁时，拜为轻车将军、湘州刺史，又兼领石头戍军事。迁任侍中，兼领军将军。不久除授为宣惠将军、丹阳尹，设置了下属佐吏。出京任使持节，都督南北兖、北徐、青、冀、东徐、谯七州诸军事，平北将军，南兖州刺史。太清元年(547)，督率众军北伐，进至彭城时，被北魏军击败，退归本镇。

太清二年(548)，侯景包围京师，萧会理整理行装将要入京救援，时值北徐州刺史、封山侯萧正表将要响应其兄萧正德，对外假托入京救援，实际阴谋袭击广陵，萧会理击破了他，才得以进军。台城陷落后，侯景派遣前临江太守董绍先传达高祖手书的敕令召萧会理入京，萧会理的僚属佐吏都劝他拒绝奉诏，萧会理说："诸君心中所想，与我不同，天子年事已高，受制于贼虏，现在有手书的敕令召我入朝，我身为臣子，岂能违抗？况且我如今远处江北，难以成就安邦定国的功业，不如赶赴京师，在叛贼腹心侧畔进行谋划。我的主意已经决定了。"于是带着全部物资出发，将城池交给董绍先。到达京城后，侯景任命他为侍中、司空、兼中书令。萧会理虽然身陷敌手，仍然不忘匡复社稷，与西乡侯萧劝等人秘密安插心腹，邀集结交勇士。当时范阳人祖皓斩杀了董绍先，占据广陵城起义，希望萧会理作他的内应。后来祖皓兵败，供词牵连出萧会理，侯景就矫诏罢免了萧会理的官职，但仍以平民的身份兼领尚书令。

这年冬天，侯景前往晋熙，京师空虚，萧会理又与柳敬礼谋划起事。柳敬礼说："凡举大事必然要有所凭借，现在你我手无寸铁，怎么能起事？"萧会理说："在湖熟有我的旧部三千多人，昨天前来告知我，等到举事时就集结响应，待我定下日期，他们就会进军京师。估算叛贼守军不过千余人，若是大军在外围攻，我们作为内应，径直

归，无能为也。"敬礼曰"善"，因赞成之。于时百姓厌贼，咸思用命，自丹阳至于京口，靡不同之。后事不果，与弟祁阳侯通理并遇害。

通理字仲宣，位太子洗马，封祁阳侯。

萧乂理

通理弟乂理，字季英，会理第六弟也。生十旬而简王薨，至三岁而能言，见内人分散，涕泣相送，乂理问其故，或曰："此简王宫人，丧毕去尔。"乂理便号泣，悲不自胜，诸宫人见之，莫不伤感，为之停者三人焉。服阕后，见高祖，又悲泣不自胜。高祖为之流涕，谓左右曰："此儿大必为奇士。"大同八年，封安乐县侯，邑五百户。

乂理性慷慨，慕立功名，每读书见忠臣烈士，未尝不废卷叹曰："一生之内，当无愧古人。"博览多识，有文才，尝祭孔文举墓，并为立碑，制文甚美。

太清中，侯景内寇，乂理聚宾客数百，轻装赴南兖州，随兄会理入援，恒亲当矢石，为士卒先。及城陷，又随会理还广陵，因入齐为质，乞师。行二日，会侯景遣董绍先据广陵，遂追会理，因为所获。绍先防之甚严，不得与兄弟相见，乃伪请先还京，得入辞母，谓其姊安固公主曰："事既如此，岂可合家受毙。兄若至，愿为言之，善为计自勉，勿赐以为念也。家国阽危，虽死非恨，前途亦思立效，但未知天命何如耳。"至京师，以魏降人元贞立节忠正，可以托孤，乃以玉柄扇赠之。贞怪其故，不受。乂理曰："后当见忆，幸勿推辞。"会祖皓起兵，乂理奔长芦，收军得千余人。其左右有应贼者，因间劫会理，其众遂骇散，为景所害，时年二十一。元贞始悟其前

拿下王伟，大事必成。就算侯景回军来救，也会无可奈何了。"柳敬礼说"好"，就帮助他实施这个计划。当时百姓痛恨贼军，都想为梁军效力，从丹阳直到京口，民众没有不同仇敌忾的。后来举事不成，萧会理与弟弟祁阳侯萧通理一起遇害。

萧通理字仲宣，官至太子洗马，封祁阳侯。

萧义理

萧通理的弟弟萧义理字季英，是萧会理的六弟。他出生一百天时简王萧绩薨逝，到三岁会说话了，见到许多宫人分离散去流泪相别，萧义理问是何缘故，有人说："这些是简王的宫人，她们服丧期满就要出宫离去了。"萧义理就嚎啕大哭，悲伤得无法自持，那些宫人见到了，没有不伤感的，因此而留下来的有三人。他服丧结束后，见到高祖，又伤心痛哭不能自持。高祖为此而流泪，对左右说："这孩子长大必是个奇士。"大同八年（542），封为安乐县侯，食邑五百户。

萧义理性情豪迈慷慨，渴望建立功名，每逢读书读到忠臣烈士，总会掩卷长叹道："我这一生之中，必当无愧于古人。"他博览群书多有见识，有文才，曾经祭奠孔融之墓，并为之立碑，所写的碑文十分优美。

太清年间，侯景入寇京师，萧义理聚集了门下宾客几百人，轻装奔赴南兖州，跟随兄长萧会理入京救援，总是亲冒矢石，身先士卒。后来台城陷落，他又跟随萧会理回到广陵，就前往北齐作人质，请求北齐出兵讨伐侯景。出发两天后，碰上侯景派董绍先占据了广陵，就追赶萧义理，于是被其抓获。董绍先对他防范很严密，无法与兄弟相见，萧义理就假装请求先行回京，得以入见向母亲辞别，对他的姐姐安固公主说："事情已经到了如此地步，岂能全家坐以待毙。兄长若是来了，请代我向他转述，请妥善谋划自我勉励，不要再挂念我。家国面临危亡，即便赴死也不算遗憾，我此去也想报效国家，只是不知天命如何。"他到达京师后，因为北魏降人元贞为人节操忠正，可以托付后事，就将玉柄扇赠送给他。元贞不知其故觉得很奇怪，不

言，往收葬焉。

### 庐陵威王萧续

庐陵威王续，字世䜣，高祖第五子，天监八年，封庐陵郡王，邑二千户。十年，拜轻车将军、南彭城琅邪太守。十三年，转会稽太守。十六年，为都督江州诸军事、云麾将军、江州刺史。普通元年，征为宣毅将军，领石头戍军事。

续少英果，膂力绝人，驰射游猎，应发命中。高祖常叹曰："此我之任城也。"尝与临贺王正德及胡贵通、赵伯超等驰射于高祖前，续冠于诸人，高祖大悦。三年，为使持节、都督雍梁秦沙四州诸军事、西中郎将、雍州刺史。七年，加宣毅将军。中大通二年，又为使持节、都督雍梁秦沙四州诸军事、平北将军、宁蛮校尉、雍州刺史，给鼓吹一部。续多聚马仗，畜养骁雄，金帛内盈，仓廪外实。四年，迁安北将军。大同元年，为使持节、都督江州诸军事、安南将军、江州刺史。三年，征为护军将军、领石头戍军事。五年，为骠骑将军、开府仪同三司。又出为使持节、都督荆郢司雍南北秦梁巴华九州诸军事、荆州刺史。中大同二年，薨于州，时年四十四。赠司空、散骑常侍、骠骑大将军，鼓吹一部，谥曰威。长子安嗣。

### 邵陵携王萧纶 萧坚　萧确

邵陵携王纶，字世调，高祖第六子也。少聪颖，博学善属文，尤工尺牍。天监十三年，封邵陵郡王，邑二千户。出为宁远将军、琅邪彭城二郡太守，迁轻车将军、会稽太守。十八年，征为信威将军。

接受。萧义理说："今后您应该会记得我,请勿推辞。"到了祖皓起兵时,萧义理奔赴长芦,收拢军队得到一千余人。他左右有串通叛贼的人,趁机劫持了他,其部众就惊骇逃散了,萧义理被侯景杀害,时年二十一岁。元贞这才醒悟其之前的话语,前去收葬了他。

### 庐陵威王萧续

庐陵威王萧续字世䜣,是高祖第五子。天监八年(509),封为庐陵郡王,食邑二千户。天监十年(511),拜为轻车将军、南彭城琅琊太守。天监十三年(514),转任会稽太守。天监十六年(517),任都督江州诸军事、云麾将军、江州刺史。普通元年(520),征召他为宣毅将军,领石头戍军事。

萧续年少时英勇果敢,膂力过人,驰马射箭参加游猎,总能应声命中。高祖常常感叹说:"这是我家的任城王曹彰啊。"萧续曾与临贺王萧正德及胡贵通、赵伯超等人在高祖面前骑马射箭,萧续射技居众人之冠,高祖非常高兴。普通三年(522),萧续出任使持节,都督雍、梁、秦、沙四州诸军事,西中郎将,雍州刺史。普通七年(526),加官宣毅将军。中大通二年(530),又出任使持节,都督雍、梁、秦、沙四州诸军事,平北将军,宁蛮校尉,雍州刺史,赐给鼓吹乐班一部。萧续在雍州大量聚集战马军器,蓄养骁勇战士,府库中金帛丰盈,仓廪中粮秣充实。中大通四年(532),迁任安北将军。大同元年(535),任使持节、都督江州诸军事、安南将军、江州刺史。大同三年(537),朝廷征他为护军将军、领石头戍军事。大同五年(539),任骠骑将军、开府仪同三司。又出京任使持节,都督荆、郢、司、雍、南北秦、梁、巴、华九州诸军事,荆州刺史。中大同二年(536),在荆州薨逝,时年四十四岁。追赠为司空、散骑常侍、骠骑大将军,赐鼓吹乐班一部,谥号为威。长子萧安继承爵位。

### 邵陵携王萧纶　萧坚　萧确

邵陵携王萧纶字世调,是高祖第六子。自幼聪明颖悟,博学善写文章,尤其精通尺牍。天监十三年(514),封为邵陵郡王,食邑二千户。出京任宁远将军、琅琊彭城二郡太守,迁任轻车将军、会稽太守。

普通元年，领石头戍军事，寻为江州刺史。五年，以西中郎将权摄南兖州，坐事免官夺爵。七年，拜侍中。大通元年，复封爵，寻加信威将军，置佐史。中大通元年，为丹阳尹。四年，为侍中、宣惠将军、扬州刺史。以侵渔细民，少府丞何智通以事启闻，纶知之，令客戴子高于都巷刺杀之。智通子诉于阙下，高祖令围纶第，捕子高，纶匿之，竟不出。坐免为庶人。顷之，复封爵。大同元年，为侍中、云麾将军。七年，出为使持节、都督郢定霍司四州诸军事、平西将军、郢州刺史，迁为安前将军、丹阳尹。中大同元年，出为镇东将军、南徐州刺史。

太清二年，进位中卫将军、开府仪同三司。侯景构逆，加征讨大都督，率众讨景。将发，高祖诫曰："侯景小竖，颇习行阵，未可以一战即殄，当以岁月图之。"纶次钟离，景已度采石。纶乃昼夜兼道，游军入赴。济江中流风起，人马溺者十一二。遂率宁远将军西丰公大春、新淦公大成等，步骑三万，发自京口。将军赵伯超曰："若从黄城大道，必与贼遇，不如径路直指钟山，出其不意。"纶从之。众军奄至，贼徒大骇，分为三道攻纶，纶与战，大破之，斩首千余级。翌日，贼又来攻，相持日晚，贼稍引却，南安侯骏以数十骑驰之。贼回拒骏，骏部乱。贼因逼大军，军遂溃。纶至钟山，众裁千人，贼围之，战又败，乃奔还京口。

三年春，纶复与东扬州刺史大连等入援，至于骠骑洲。进位司空。台城陷，奔禹穴。大宝元年，纶至郢州，刺史南平王恪让州于

天监十八年（519），朝廷征召他为信威将军。普通元年（520），兼领石头戍军事，不久出任江州刺史。普通五年（524），以西中郎将的身份暂时代理南兖州刺史，因事被罢免官职并除去爵位。普通七年（526），拜授为侍中。大通元年（527），恢复了封爵，不久加官信威将军，设置了下属佐史。中大通元年（529），任丹阳尹。中大通四年（532），任侍中、宣惠将军、扬州刺史。因萧纶侵夺鱼肉百姓，少府丞何智通将此事启奏高祖闻知，萧纶知道后，让门客戴子高在京师的小巷中刺杀了何智通。何智通之子入朝告发此事，高祖下令包围萧纶的府邸，抓捕戴子高，萧纶将他藏匿起来，竟拒不交人。获罪被废为庶人。过了一些时，高祖又恢复了他的封爵。大同元年（535），任侍中、云麾将军。大同七年（541），出京任使持节、都督郢定霍司四州诸军事、平西将军、郢州刺史，迁任为安前将军、丹阳尹。中大同元年（535），出京任镇东将军、南徐州刺史。

太清二年（548），进位为中卫将军、开府仪同三司。侯景反叛，萧纶加官征讨大都督，率军讨伐侯景。将要发兵时，高祖告诫他说："侯景虽是无赖小人，但是很有作战经验，不可能一战就剿灭他，应该作好长期应敌的准备。"萧纶屯军钟离，此时侯景已经从采石渡过长江。萧纶就昼夜兼程，率机动部队赶赴京师。渡至江心时刮起大风，人马溺水折损了十之一二。于是率宁远将军西丰公萧大春、新淦公萧大成等，统领步卒和骑兵三万人，从京口出发。将军赵伯超说："如果从黄城大道入京，必然会与贼兵相遇，不如径直奔向钟山，出其不意。"萧纶听从了他的建议。大军忽然杀到，贼军大惊，分成三路攻击萧纶，萧纶与之交战，大破敌军，斩首千余级。第二天，贼军又来进攻，相持到日暮，贼军稍作退却，南安侯萧骏率数十骑兵紧随其后追击。贼军回身拒敌萧骏，萧骏所部大乱，贼军就趁势逼近萧纶的大部队，梁军就此溃败。萧纶退至钟山，麾下士卒仅剩千人，贼军围困他们，萧纶交战再次败北，就逃回京口。

太清三年（549）春，萧纶又与东扬州刺史萧大连等人入京救援，到达骠骑洲。进位为司空。台城陷落后，萧纶逃奔禹穴。大宝元年（550），萧纶来到郢州，刺史南平王萧恪要将郢州让给他，萧纶不

纶，纶不受，乃上纶为假黄钺、都督中外诸军事。纶于是置百官，改厅事为正阳殿。数有灾怪，纶甚恶之。时元帝围河东王誉于长沙既久，内外断绝，纶闻其急，欲往救之，为军粮不继，遂止。乃与世祖书曰：

伏以先朝圣德，孝治天下，九亲雍睦，四表无怨，诚为国政，实亦家风。唯余与尔，同奉神训，宜敦旨喻，共承无改。且道之斯美，以和为贵，况天时地利，不及人和，岂可手足肱支，自相屠害。日者闻誉专情失训，以幼陵长，湘、峡之内，遂至交锋。方等身遇乱兵，毙于行阵，殒于吴局，方此非冤。闻问号怛，惟增摧愤，念以兼悼，当何可称。吾在州所居遥隔，虽知其状，未喻所然。及届此藩，备加规访，咸云誉应接多替，兵粮闭壅；弟教亦不悛，故兴师以伐。誉未识大体，意断所行，虽存急难，岂知窃思。不能礼争，复以兵来。萧墙兴变，体亲成敌，一朝至此，能不鸣呼。既有书问，云雨传流，噂嗒其间，委悉无因详究。

方今社稷危耻，创巨痛深，人非禽虫，在知君父。即日大敌犹强，天仇未雪，余尔昆季，在外三人，如不匡难，安用臣子。唯应剖心尝胆，泣血枕戈，感誓苍穹，凭灵宗祀，昼谋夕计，共思匡复。至于其余小忿，或宜宽贷。诚复子憾须臾，将奈国冤未逞。正当轻重相推，小大易夺，遣无益之情，割下流之悼，弘豁以理，通识勉之。今已丧钟山，复诛犹子，将非扬汤止沸，吞冰疗寒。若以誉之无道，近远同疾，弟复效尤，攸非独罪。幸宽于众议，忍以事宁。如使外寇未除，家祸仍构，料今访古，未或弗亡。

接受，萧恪就上表奉萧纶为假黄钺、都督中外诸军事。萧纶于是设置百官，改郢州官厅为正阳殿。屡屡有灾异出现，萧纶非常厌恶这些征兆。当时元帝萧绎在长沙围困河东王萧誉历时已久，长沙城内外交通断绝，萧纶听说萧誉危在旦夕，想要前去救援，由于军粮难以为继，就停了下来。他写信给元帝萧绎说：

先帝之朝圣德至高，以孝道治理天下，皇亲九族亲密和睦，天下四方没有怨仇，这诚然属于国政，实际上也是家风。我与你二人，同受先帝训导，应该遵崇他的教诲，共同继承不加改变。而且大道的美善之处，在于以和为贵，何况天时地利，都不及人和，岂能手足四肢之间，竟至自相戕害。之前听闻萧誉一意孤行不听教训，以晚辈侵陵长辈，致使湘州与荆州之间，落得兵戎相见。萧方等身处乱军之中，死于混战之间，殒身于吴楚七国之乱那样的乱局之下，如此类比也不算冤枉。听闻他的死讯我号哭哀伤，心中更添愤恨，念及连年哀悼皇室之丧，其情不可名状。我在本州与你相隔遥远，虽得知其死难之事，未能了解背后缘由。待我来到郢州，多方询问查访，都说萧誉与勤王诸军接洽屡屡中断，拒不遣运兵粮；贤弟教谕他仍不听劝告，所以贤弟兴兵讨伐他。萧誉不识大体，独断专行，虽然心存国之危难，却不知反思己过。你既不能以礼力争，就先礼而后兵。于是祸起萧墙之内，同为宗室却翻作仇敌，短时间内发展到这种地步，怎能不令人生出悲叹。既有书信传来，传言反覆不定，各种消息夹杂，实在都无法全部详加推究。

如今社稷正处在危难国耻之中，创痛深重。人之所以异于禽兽，在于知晓君父纲常。现在大敌仍强，先帝之仇尚未洗雪，你我众兄弟，身在外藩的仅有三人，如果不匡正国难，还要我们这些臣子何用。只应当剖心尝胆，泣血枕戈，对苍天立誓，借助祖宗庇佑，昼夜谋划，一同思索光复京师之计。至于其他小的嫌怨，或许应该宽容饶恕。即便片刻间报了杀子之仇，又奈何国家仇冤未能申张。正应该掂量轻重，权衡大小，抛下无益的情绪，割舍丧子的哀痛，以正大之理开导胸怀，以通达之识勉励自己。现在已经失陷了建康，若再诛杀侄子萧誉，岂不是扬汤止沸，吞冰疗寒。萧誉行事无道，远近都忌恨

　　夫征战之理，义在克胜；至于骨肉之战，愈胜愈酷，捷则非功，败则有丧，劳兵损义，亏失多矣。侯景之军所以未窥江外者，正为藩屏盘固，宗镇强密。若自相鱼肉，是代景行师。景便不劳兵力，坐致成效，丑徒闻此，何快如之。又庄铁小竖作乱，久挟观宁、怀安二侯，以为名号，当阳有事克擒，殊废备境，第闻征伐，复致分兵，便是自于瓜州至于湘、雍，莫非战地，悉以劳师。侯景卒承虚藉衅，浮江豕突，岂不表里成虞，首尾难救？可为寒心，其事已切。弟若苦陷洞庭，兵戈不戢，雍州疑迫，何以自安，必引进魏军，以求形援。侯景事等内痈，西秦外同瘤肿。直置关中，已为咽气，况复贪狼难测，势必侵吞。弟若不安，家国去矣。吾非有深鉴，独能弘理，正是采藉风谣，博参物论，咸以为疑，皆欲解体故耳。

　　自我国五十许年，恩格玄穹，德弥赤县，虽有逆难，未乱邕熙。溥天率土，忠臣愤慨，比屋罹祸，忠义奋发，无不抱甲负戈，冲冠裂眦，咸欲剚刃于侯景腹中，所须兵主唱耳。今人皆乐死，赴者如流。弟英略振远，雄伯当代，唯德唯艺，资文资武，拯溺济难，朝野咸属，一匡九合，非弟而谁？岂得自违物望，致招群嚣！其间患难，具如所陈。斯理皎然，无劳请箸；验之以实，宁须确引。吾所以间关险道，出自东川，政谓上游诸藩，必连师狎至，庶以残命，预在行间；

他，贤弟再去效尤，就不再是他一人之罪了。望你能宽大包容以平息众议，虚怀忍让以息事宁人。如果外来贼寇未除，又酿亲族惨祸，古往今来，没有不招致灭亡的。

征战之理，要义在于克敌制胜；至于骨肉之战，愈是胜利则愈是惨酷，胜则非有功，败则必有丧亡，劳苦部队伤害道义，亏蚀可谓很大了。侯景军之所以未敢窥探江外之地，正是因为藩镇的屏障坚实稳固，镇守的宗室强大严密。若是自相倾轧吞并，这是替侯景兴兵，侯景就能不费一兵一卒，坐收渔翁之利，胡虏听闻这个消息，将会何等之畅快。庄铁这个小人作乱，长时间挟持观宁侯、怀安侯，打着他们的名号行事，当阳公萧大心受到其牵制掣肘，境内防务严重废弛，近来听闻有战事，又使兵力进一步分散，如此一来从瓜州直到湘州、雍州，没有一处地方不是战场，处处都需要部队苦战。若侯景忽然趁我们空虚薄弱，沿江纵横突击，那么岂不是内外皆有忧患，首尾难以救应？这实在让人心惊胆寒，事情已然十分紧急。贤弟你若是在湘州陷入苦战，兵连祸结，则岳阳王萧詧难免会疑虑急迫，无法自安，到时必然会向西魏借兵，以求得援手。侯景之乱等同于体内的恶性脓疮，而西魏则是机体外部的赘瘤。西魏在关中建立新都，已经令我朝气息难通，何况他们贪婪如同豺狼，势必将要南下侵吞我朝。贤弟若不安守疆境，则家国都要一同毁灭了。我并非有洞察未来的眼力，只是根据事理来推理，我作此结论正是因为采集民间歌谣并广泛考察街谈巷议，发现民间对我朝前途疑虑重重，人心都已离散的缘故。

自我国朝肇建五十九年，皇恩感通苍天，厚德泽被天下，虽曾有过逆境和劫难，毕竟太平之世未曾扰乱。而今普天之下率土之滨，忠正之臣满腔愤懑，人民普遍受害遭难，忠义之士奋发图强，无不怀抱盔甲背负武器，怒发冲冠目眦尽裂，都想一刀捅进侯景的肚腹，所需者就是军队主帅振臂一呼而已。现在人人都乐于为国捐躯，赴国难者不绝如流。贤弟英伟的谋略震慑远藩，雄风称霸于当世，德艺兼备，文武双全，拯救溺水的百姓，赈济落难的苍生，朝野上下全都寄望于你，能够纠合诸侯一匡天下者，除了贤弟还能有谁？怎能自己辜负

及到九江，安北兄遂溯流更上，全由饩馈悬断，卒食半菽，阻以菜色，无因进取。侯景方延假息，复缓诛刑，信增号愤，启处无地。计潇湘谷粟，犹当红委，若阻弟严兵，唯事交切，至于运转，恐无暇发遣。即日万心慊望，唯在民天，若遂等西河，时事殆矣。必希令弟豁照兹途，解汨川之围，存社稷之计，使其运输粮储，应赡军旅，庶协力一举，指日宁泰。宗庙重安，天下清复，推弟之功，岂非幸甚。吾才懦兵寡，安能为役，所寄令弟，庶得申情，朝闻夕死，万殒何恨。聊陈闻见，幸无怪焉。临纸号迷，诸失次绪。

世祖复书，陈河东有罪，不可解围之状。纶省书流涕曰："天下之事，一至于斯！"左右闻之，莫不掩泣。于是大修器甲，将讨侯景。元帝闻其强盛，乃遣王僧辩帅舟师一万以逼纶，纶将刘龙武等降僧辩，纶军溃，遂与子踬等十余人轻舟走武昌。

时纶长史韦质、司马姜律先在于外，闻纶败，驰往迎之。于是复收散卒，屯于齐昌郡，将引魏军共攻南阳。侯景将任约闻之，使铁骑二百袭纶，纶无备，又败走定州。定州刺史田龙祖迎纶，纶以龙祖荆镇所任，惧为所执，复归齐昌。行至汝南，西魏所署汝南城主李素者，纶之故吏，闻纶败，开城纳之。纶乃修浚城池，收集士

外界期望，而招致众人的怨言非议！这其中的弊端害处，正如已经详细陈述的那样。这个道理昭然若揭，无需用筷子作算筹来列举；尽可以实情来检验它，哪里还需要确实引证？我之所以穿越崎岖小路和重重险阻，从长江下游出来，正是认为镇守上游的诸位藩王，必定会接连起兵携手而来，希望以我余下的生命，交付于行伍之间；到了九江之后，堂兄安北将军萧范就溯江而上，全因粮草匮乏，士卒口粮半是杂豆，饿得面有菜色，无法再进兵。侯景正在趁机休养生息，若再延缓对他的讨伐，将会成倍增加天下的激愤之情，令我等无地自容。我估计湘州境内粮米，还应当有十分充足的储备，若他们要全力对抗贤弟的大军，事态紧急之下，恐怕无暇再遣运粮米出境。当前各方面都缺乏而切盼的，就只在粮食供应上，如果发展到像当年吴起被迫弃楚而奔魏的地步，天下的事就危险了。万望贤弟打开粮运的通路，解除对湘州的围困，心存以社稷为重的谋算，让湘州将储粮外运，供应勤王的军队，希望各方协力，尽快恢复国家的太平。令宗庙重获安宁，天下再次清静，届时首推贤弟的功劳，岂非一大幸事。我懦弱无才又兵微将寡，怎能担此重任，寄语贤弟的这些话，希望能够表达我的心情，若算你朝闻而我夕死，我也万死而无憾。以上陈述了我的听闻和见解，请你休要怪罪。面对信纸流泪迷乱，已顾不上言辞的条理。

元帝回信，仍述说河东王有罪，不可解除湘州之围云云。萧纶看完信垂泪道："天下的事，竟然到了如此地步！"左右的人听了，全都掩面而泣。于是萧纶大规模整备军器衣甲，准备出兵征讨侯景。元帝听说他实力强盛，就派王僧辩统领水师一万人进逼他。萧纶的将领刘龙武等投降了王僧辩，萧纶军溃散，他就和儿子萧踬等十几人乘轻舟逃往武昌。

当时萧纶的长史韦质、司马姜律在此之前身在外地，听闻萧纶兵败，驰马前来迎接他，于是萧纶重新收合分散的士卒，屯扎在齐昌郡，将要招引西魏的军队一起攻打南阳郡。侯景的将领任约听说后，派二百名铁骑袭击萧纶，萧纶没有防备，又败走定州。定州刺史田龙祖前来迎纳萧纶，萧纶因为田龙祖是荆州任命的，怕被他擒住，退还齐昌郡。走到汝南时，西魏所任命的汝南城主李素，是萧纶过

卒，将攻竟陵。西魏安州刺史马岫闻之，报于西魏，西魏遣大将军杨忠、仪同侯几通率众赴焉。二年二月，忠等至于汝南，纶婴城自守。会天寒大雪，忠等攻之不能克，死者甚众。后李素中流矢卒，城乃陷。忠等执纶，纶不为屈，遂害之。投于江岸，经日颜色不变，鸟兽莫敢近焉。时年三十三。百姓怜之，为立祠庙，后世祖追谥曰携。

长子坚，字长白。大同元年，以例封汝南侯，邑五百户。亦善草隶，性颇庸短。侯景围城，坚屯太阳门，终日蒲饮，不抚军政。吏士有功，未尝申理，疫疠所加，亦不存恤，士咸愤怨。太清三年三月，坚书佐董勋华、白昙朗等以绳引贼登楼，城遂陷，坚遇害。

弟确，字仲正。少骁勇，有文才。大同二年，封为正阶侯，邑五百户，后徙封永安。常在第中习骑射，学兵法，时人皆以为狂。左右或以进谏，确曰："听吾为国家破贼，使汝知之。"除秘书丞，太子中舍人。

钟山之役，确苦战，所向披靡，群虏惮之。确每临阵对敌，意气详赡。带甲据鞍，自朝及夕，驰骤往反，不以为劳，诸将服其壮勇。及侯景乞盟，确在外，虑为后患，启求召确入城。诏乃召确为南中郎将、广州刺史，增封二千户。确知此盟多贰，城必沦没，因欲南奔。携王闻之，逼确使入，确犹不肯。携王流涕谓曰："汝欲反邪！"时台使周石珍在坐，确谓石珍曰："侯景虽云欲去，而不解长围，以意而推，其事可见。今召我入，未见其益也。"石珍曰："敕旨如此，侯岂得辞？"确执意犹坚，携王大怒，谓赵伯超曰："谯州，卿为我斩之，当赍首赴阙。"伯超挥刃眄确曰："我识君耳，刀岂识君？"确于是流涕而出，遂入城。及景背盟复围城，城陷，确排闼入，启高祖

去的属吏，听说萧纶军败，就开城接纳他。萧纶就修整城墙护城河，收集士卒，将要进攻竟陵。西魏的安州刺史马岫听说此事，向西魏报告，西魏派大将军杨忠、仪同侯几通率军赶来。大宝二年（551）二月，杨忠等人到达汝南，萧纶固守城池。时值寒冬大雪，杨忠等攻不下汝南城，士卒死亡甚多。后来李素被流矢射中而死，汝南城陷落。杨忠等抓住了萧纶，萧纶宁死不屈，于是遇害，尸体被抛掷在江边，过了很多天面色也不曾改变，鸟兽都不敢靠近。萧纶这时三十三岁。百姓都怜悯他，为他建立祠庙，后来元帝追赠谥号为携。

萧纶长子萧坚，字长白。大同元年（535），按例封为汝南侯，食邑五百户。他也擅长草书隶书，但性情颇为平庸短浅。侯景包围台城时，萧坚屯守于太阳门，整天赌钱饮酒，不理军务。军吏士卒有功劳的，他从来不曾奏请封赏，部队饱受瘟疫之苦，他也不去慰问抚恤，军士都很恼怒怨恨。太清三年（549）三月，萧坚的书佐董勋华、白昙朗等用绳索招引贼兵登城，台城就陷落了，萧坚遇害。

萧坚的弟弟萧确，字仲正。少有勇力，亦有文才。大同二年（536），封为正阶侯，食邑五百户，后来封邑转移至永安。萧确常常在府中练习骑射，学习兵法，当时的人都认为他发疯了。左右的人曾经有人劝谏他，萧确说："等到我为国家破灭贼寇，让你们知道我的本事。"朝廷除授他为秘书丞，太子中舍人。

萧纶攻打钟山之役，萧确率部苦战，所向披靡，贼兵都很忌惮他。萧确每次出阵对敌，意气风发精神饱满，全身披挂坐于马鞍上，从早到晚，来回纵马奔驰，不觉得辛苦，诸将都佩服他的壮勇。后来侯景请求休战盟誓，萧确领兵在外，侯景担心他成为后患，请求高祖召唤萧确入宫。诏令就召萧确出任南中郎将、广州刺史，增加封邑二千户。萧确知道侯景的盟誓有诈，台城必将陷落，所以想南下出逃，萧纶听说后，逼萧确入宫去。萧确还是不愿意，萧纶流泪对他说："你想要谋反吗？"当时台使周石珍正好在座，萧确对周石珍说："侯景虽然说将要北归，却不解除台城之围，按照如此用意来推测，他的行事可以预见。如今召我入宫，看不出有何益处。"周石珍说："圣上敕旨如此，永安侯怎能拒绝？"萧确的态度还是很坚决，

曰：“城已陷矣。”高祖曰：“犹可一战不？”对曰：“不可。臣向者亲格战，势不能禁，自缒下城，仅得至此。”高祖叹曰：“自我得之，自我失之，亦复何恨。”乃使确为慰劳文。

确既出见景，景爱其膂力，恒令在左右。后从景行，见天上飞鸢，群虏争射不中，确射之，应弦而落。贼徒忿嫉，咸劝除之。先是携王遣人密导确，确谓使者曰：“侯景轻佻，可一夫力致，确不惜死，正欲手刃之；但未得其便耳。卿还启家王，愿勿以为念也。”事未遂而为贼所害。

史臣曰：自周、汉广树藩屏，固本深根；高祖之封建，将遵古制也。南康、庐陵并以宗室之贵，据磐石之重，绩以孝著，续以勇闻。纶聪警有才学，性险躁，屡以罪黜，及太清之乱，忠孝独存，斯可嘉矣。

萧纶大怒，对赵伯超说："谯州，你为我斩了他，拿着他的首级进台城去。"赵伯超挥刀斜视着萧确说："我认得您，这口刀难道认得您吗？"萧确只得流着眼泪出来，于是进入台城。后来侯景违背盟誓再度围攻台城，台城陷落，萧确推开宫中小门入内，启奏高祖说："台城已经失陷了。"高祖说："还能一战吗？"萧确答道："不能了。臣之前亲自上城作战，兵败之势已经无法约禁，我自己缒城而下，方能来到这里。"高祖叹气道："经我手而取得，又经我手而失去，还有什么好遗憾的。"就让萧确撰写文告慰劳部队。

萧确出宫面见侯景，侯景喜爱他的膂力，常常命他伴随左右。后来萧确随侯景出行，见到天上有老鹰在飞，群贼争相射箭而没能射中，萧确发箭，飞鹰应弦而落。贼党嫉恨，都劝侯景除掉他。在此之前萧纶派人暗中劝导萧确，萧确对来使说："侯景为人轻佻，可以用一人之力解决，萧确不惜一死，正想要亲手杀死他，只是没有遇上机会而已。你回去禀告家王，请他不要担心贼之不灭。"事情未能成功，而萧确被贼党杀害了。

史臣说：自从周、汉二代广泛树立藩国屏障，强固了国家的根本；高祖的分封藩国，乃是要遵从古制。南康王、庐陵王二人身为宗室贵枝，据守磐石一样的重镇，萧绩以孝心著称，萧续以勇力闻名。萧纶聪明警悟有才学，性情凶险急躁，屡屡因犯罪被废黜，到了太清之乱时，却独能保全其忠孝气节，这是值得嘉许的了。